*** Ga voor informatie over een (proef)abonnement op Van Dale Online basis** naar **www.vandale.nl/pocketactie** of **www.vandale.be/pocketactie.**

Van Dale Online is:
overal toegang tot de nieuwste en beste woordenboeken **Nederlands, Engels, Frans en Duits**.

Met het onlinewoordenboek Nederlands basis bijvoorbeeld, heb je toegang tot 60.000 trefwoorden met uitgebreide context en handige kaderinformatie.

- **In een eenvoudig te bedienen zoekinterface**
- **Op elke computer met een internetverbinding**
- **Altijd de nieuwste versie, dus altijd up-to-date**
- **Geen installatie nodig**
- **Zonder banners of advertenties**

Van Dale Pocketwoordenboeken

Nederlands
Nederlands voor de basisschool
Nederlands als tweede taal (NT2)

Engels-Nederlands
Nederlands-Engels

Frans-Nederlands
Nederlands-Frans

Duits-Nederlands
Nederlands-Duits

Spaans-Nederlands
Nederlands-Spaans

Italiaans-Nederlands
Nederlands-Italiaans

Van Dale Pocketwoordenboek
Duits-Nederlands

Vierde editie

Onder redactie van J.V. Zambon

Utrecht – Antwerpen

Omslagontwerp: LIFT marketing communicatie bv
Vormgeving binnenwerk: TEFF (www.teff.nl)
Zetwerk voorwerk: Julius de Goede
Zetwerk woordenboekgedeelte: Van Dale Uitgevers, TEFF
Druk- en bindwerk: Clausen & Bosse, Leck, Duitsland

Dit woordenboek bevat enkele trefwoorden die als handelsnaam of merknaam worden gebruikt of van een dergelijke naam zijn afgeleid. Zulke woorden zijn te herkennen aan de aanduiding MERK. Uit opname van deze woorden kan niet worden afgeleid dat afstand wordt gedaan van bepaalde (eigendoms)rechten, dan wel dat Van Dale zulke rechten miskent. Meer informatie vindt u op www.vandale.nl/merknamen.

Van Dale Pocketwoordenboek Duits-Nederlands

vierde editie
eerste oplage 2009

ISBN 978 90 6648 851 9
D/2009/0108/750
R.8851401
NUR 627

Slagen doe je met Van Dale

Dit woordenboek is heel geschikt als je een taal begint te leren, bijvoorbeeld in de onderbouw van het middelbaar onderwijs. Als je verder komt, wil je steeds meer woorden kunnen opzoeken en dan is een *Van Dale Middelgroot woordenboek* of een *Van Dale Groot woordenboek* een betere keuze.

In dit woordenboek zijn 45.000 woordbetekenissen opgenomen. Van die woordbetekenissen is zorgvuldig nagegaan hoe frequent en actueel ze zijn, of met andere woorden, hoe vaak ze voorkomen in (school)boeken, tijdschriften, op internet enzovoorts. Hierdoor is de kans groot dat je woorden die je wilt opzoeken ook vindt in dit woordenboek; vaker dan in vergelijkbare producten.

De vormgeving is er helemaal op gericht om het zoeken zo snel en makkelijk mogelijk te maken. De duimblokken helpen bijvoorbeeld om snel bij de goede letter in het alfabet te komen, en door de trefwoorden in kleur kun je makkelijk het woord vinden dat je zoekt. Door het handige formaat blijven de boeken ook mooi in je tas.

Als deze kenmerken je aanspreken, is dit *Van Dale Pocketwoordenboek Duits-Nederlands* de beste keuze.

Met *Van Dale Online basis* is zoeken helemaal makkelijk. Bijvoorbeeld thuis, op school of via mobiel internet, altijd en overal heb je toegang tot de nieuwste en beste *Van Dalewoordenboeken* met krachtige zoekfunctionaliteit. Ga naar www.vandale.nl of www.vandale.be en neem een (proef)abonnement.

Een woordenboek is nooit af. Ondanks alle aan het woordenboek bestede zorg blijft het voor verbetering vatbaar. Wij houden ons voor commentaar en suggesties dan ook van harte aanbevolen.

Tot slot hopen we dat je veel plezier mag hebben van het gebruik van dit woordenboek.

Utrecht – Antwerpen,
Ferdi Gildemacher, uitgever

Lijst van afkortingen

aanw vnw	aanwijzend voornaamwoord
aardr	aardrijkskunde
afk	afkorting
algem	algemeen
anat	anatomie
apoth	apotheek, farmacie
astrol	astrologie
Belg	Belgisch, in België
betr vnw	betrekkelijk voornaamwoord
bez	bezittelijk
Bijb	Bijbel(s)
biol	biologie
bn	bijvoeglijk naamwoord
boekh	boekhouden
bouwk	bouwkunde
bw	bijwoord
comp	computer
DDR	(de voormalige) Duitse Democratische Republiek
dierk	dierkunde
econ	economie
elektr	elektriciteit, elektronica
ev	enkelvoud
fig	figuurlijk
geol	geologie
godsd	godsdienst(ig)
hist	historisch
hulpww	hulpwerkwoord
iem(s)	iemand(s)
inform	informeel
intr	intransitief, onovergankelijk
jmd(s)	jemand(s)
jmdm	jemandem
jmdn	jemanden
jur	juridisch
landb	landbouw
lett	letterlijk
luchtv	luchtvaart
lw	lidwoord
m	mannelijk
med	medisch
meetk	meetkunde
mijnb	mijnbouw
muz	muziek
myth	mythen en sagen
N-Dui	Noord-Duitsland
nvl	naamval
o	onzijdig
onbep vnw	onbepaald voornaamwoord
ond	onderwijs
ongev	ongeveer
onpers	onpersoonlijk
Oostenr	Oostenrijk(s)
plantk	plantkunde
r-k	rooms-katholiek
scheepv	scheepvaart
scheldw	scheldwoord
sp	sport
spoorw	spoorwegen
st	sterk werkwoord
sterrenk	sterrenkunde

taalk	taalkunde
techn	techniek
telw	telwoord
theat	theater, toneel
tr	transitief, overgankelijk
tw	tussenwerpsel
typ	typografie, drukkunst
v	vrouwelijk
vd	van de
verk	verkorting
vero	verouderd
vh	van het
vrag vnw	vragend voornaamwoord
vw	voegwoord
vz	voorzetsel
wdkd	wederkerend
wisk	wiskunde
ww	werkwoord
Z-Dui	Zuid-Duitsland
zw	zwak werkwoord
Zwits	Zwitsers, in Zwitserland

Gebruiksaanwijzing

De gebruikte afkortingen worden verklaard in de Lijst van afkortingen op de voorgaande pagina's.

De trefwoorden zijn in kleur gedrukt

steil steil

Onder de klinker(s) in de beklemtoonde lettergreep staat een streepje

sattblau diepblauw

Direct na het trefwoord kan nog een tweede trefwoord komen. Dat heeft dan precies dezelfde betekenis als het eerste trefwoord

stet, stetig gestaag, constant, continu

Trefwoorden die gelijk geschreven worden, maar in woordsoort of herkomst verschillen, worden voor aan de regel genummerd met **1**, **2** enz.

^{1}**sieben** *ww* zeven, ziften
^{2}**sieben** *telw* zeven
^{1}**steinreich** schatrijk, steenrijk
^{2}**steinreich** vol stenen, stenig

Van trefwoorden die afkortingen zijn, wordt eerst de (Duitse) uitschrijving gegeven

St. 1 *afk van Sankt* Sint (*afk* St.) **2** *afk van Stück* stuk **3** *afk van Stunde* uur

Hoog gezette cijfertjes verwijzen naar onderdelen van het grammaticaal overzicht achter in het boek. Zo wordt verwezen naar het gebruik van de naamvallen (1 t/m 4) , de verbuigingen en het meervoud van de zelfstandige naamwoorden (5 t/m 41) en naar de vervoeging van sterke en onregelmatige werkwoorden (112 t/m 320). Bij de verwijzingen naar de naamvallen wordt dikwijls een plusteken gebruikt. In het voorbeeld hiernaast betekent *über*$^{+4}$ dat *über* de vierde naamval (accusatief) regeert

Säge *v*^{21} zaag
segelfliegen^{159} zweefvliegen
spötteln spotten: ~ *über*$^{+4}$ de draak steken met

Grammaticale gegevens waarnaar niet verwezen kan worden in het overzicht achter in het boek, worden direct na het trefwoord gegeven. In het voorbeeld hiernaast betekent dit dat *Spekulatius* in de tweede naamval (genitief) en in het meervoud niet verandert. *Saal* heeft de naamvalsuitgangen die in het grammaticale overzicht achter in het boek onder 6 worden weergegeven, maar het meervoud wijkt af van het daar gegeven patroon

Spekulatius *m (2e nvl -; mv -)* speculaas
Saal *m*^{6} *(mv Säle)* zaal

Zelfstandig gebruikte bijvoeglijke naamwoorden worden gekenmerkt door de tussen haakjes staande uitgang (r) of (s)

Standesbeamte(r) *m*^{40a} ambtenaar van de burgerlijke stand
Stadtinnere(s) *o*^{40c} binnenstad, centrum

Vertalingen die zeer dicht bij elkaar liggen, worden gescheiden door een komma

säbeln snijden, hakken

Is het verschil wat groter, dan staat tussen de vertalingen een puntkomma; vaak wordt dan ook tussen haakjes een verklaring van dit kleine verschil in betekenis gegeven

spärlich karig, schaars, schraal; spaarzaam *(van verlichting)*; dun *(van haar)*

Wanneer het trefwoord duidelijk verschillende betekenissen heeft, worden de vertalingen genummerd met **1**, **2** enz.

Sattel *m*[10] **1** zadel **2** inzinking, pas *(in gebergte)*

Soms is bij de vertaling een toelichting nodig, een beperking van het gebruik van een woord, een vakgebied, een korte verklaring. Zo'n toelichting staat cursief tussen haakjes

[1]Satz *m*[6] **1** *(taalk)* zin **2** stelling, these **3** deel *(van symfonie, sonate)* **4** *(muz)* zetting **5** *(muz)* periode **6** *(comp)* record **7** nest *(schalen)*; serie *(postzegels)*; set *(gereedschap)*; stel *(gewichten)* **8** sprong **9** bezinksel **10** *(sp)* set **11** tarief, percentage

De vertaling kan worden gevolgd door voorbeelden en uitdrukkingen. Deze staan cursief; het trefwoord wordt weergegeven door het teken ~. Voorbeelden en uitdrukkingen worden altijd gevolgd door een vertaling

Schabernack *m*[5] lelijke poets, (kwajongens)streek: *jmdm einen ~ spielen* iem een poets bakken

Als een voorbeeldzin of uitdrukking meer dan één betekenis heeft, worden de vertalingen onderscheiden met *a)*, *b)* enz.

selbstständig zelfstandig, onafhankelijk: *sich ~ machen: a)* een eigen zaak beginnen; *b) (fig)* weglopen, ervandoor gaan; pootjes krijgen

Soms wordt een trefwoord alleen in één of meer uitdrukkingen gegeven, zonder dat het zelf vertaald wordt. De uitdrukking volgt dan direct na een dubbelepunt

Stegreif: *aus dem ~* onvoorbereid

Alternatieve vormen worden tussen haakjes gezet en ingeleid met *of*

säumig langzaam, traag: *ein ~er Schuldner* (of: *Zahler)* een wanbetaler

Voorbeelden of uitdrukkingen die niet duidelijk aansluiten bij een van de betekenissen van het trefwoord, worden achteraan behandeld en van de (genummerde) betekenissen gescheiden door het teken ||

Saft *m*[6] **1** sap **2** vleesnat **3** *(fig)* kracht, energie || *(inform) roter ~* bloed; *ohne ~ und Kraft* zonder pit, slap

In de nieuwe Duitse spelling worden vele woorden anders gespeld dan voorheen, waarvan hiernaast enkele voorbeelden; zo worden *Schiffahrt* en *Schlegel* nu geschreven als *Schifffahrt* en *Schlägel*. Ook wordt in de nieuwe spelling een groot aantal samenstellingen met werkwoorden bij voorkeur of alleen nog los geschreven: *spazierengehen* wordt nu geschreven als *spazieren gehen*, dat in het woordenboek is te vinden bij het trefwoord *spazieren*

Schiffahrt *oude spelling voor* Schifffahrt, *zie* Schifffahrt
Schlegel *oude spelling voor* Schlägel, *zie* Schlägel
spazierengehen *oude spelling voor* spazieren gehen, *zie* spazieren

Van sommige trefwoorden wordt de uitspraak gegeven. Het gaat meestal om woorden die uit een andere taal zijn overgenomen. Bij de uitspraakweergave worden enkele vreemde tekens gebruikt:

ç duidt een gj-klank aan (ongeveer zoals in *wiegje*) — **Chemie** [çemie]

e betekent: toonloze of stomme e (sjwa) — **surfen** [su:fen]

~ op *an*, *en*, *on* en *un* betekent: de klinker door de neus uitspreken — **Chanson** [sjañ soñ]

: na een klinker betekent: de klinker lang aanhouden — **Coup** [koe:]

a

a. *afk van am: a. Rhein* aan de Rijn
A *afk van Austria* Oostenrijk
Aachen *o*^{39} Aken
Aal *m*^{5} aal, paling
^{1}**aalen** *intr* peuren, paling vissen
^{2}**aalen, sich** lekker languit liggen
Aas *o*^{29} *(mv ook Äser)* **1** kadaver, aas **2** kreng, loeder **3** handige jongen, kei || *kein ~* niemand
Aasgeier *m*^{9} *(ook fig)* aasgier
^{1}**ab** *bw* af: *ab sein: a)* eraf zijn; *b)* niet meer kunnen; *Hut ab!* daar neem ik mijn petje voor af!; *links ab* linksaf; *ab und an, ab und zu* nu en dan, soms; *ich bin sehr ab* ik ben doodmoe
^{2}**ab**$^{+3,\ soms\ +4}$ *vz* vanaf: *ab heute* vanaf vandaag; *ab erstem* (of: *ab ersten) Oktober* vanaf 1 oktober; *Kinder ab zwölf Jahren* (of: *Jahre)* kinderen van 12 jaar en ouder; *(handel) ab Werk* af fabriek
abändern veranderen, wijzigen
Abänderung *v*^{20} verandering, wijziging
^{1}**abarbeiten** *tr* **1** afwerken, afmaken, voltooien **2** *(een schuld)* door te werken voldoen **3** wegwerken, verwijderen || *ein abgearbeiteter Mensch* een afgetobde man, vrouw; *abgearbeitete Hände* werkhanden
^{2}**abarbeiten, sich** zich afsloven, zich doodwerken
Abart *v*^{20} variëteit
abarten afwijken
abartig gestoord, abnormaal, afwijkend
Abbau *m*^{19} **1** *(mijnb)* winning, ontginning **2** demontage, (het) afbreken **3** *(chem, biol)* afbraak **4** *(van personeel)* afvloeiing, inkrimping, ontslag **5** *(van lonen, prijzen)* verlaging **6** *(van krachten)* achteruitgang **7** (het) geleidelijke opheffen, afschaffen
^{1}**abbauen** *intr* achteruitgaan
^{2}**abbauen** *tr* **1** *(mijnb)* winnen, ontginnen **2** afbreken, demonteren **3** *(chem, biol)* afbreken **4** *(personeel)* doen afvloeien, inkrimpen, ontslaan **5** *(lonen, prijzen)* verlagen **6** geleidelijk opheffen, afschaffen
abbeißen^{125} afbijten
abbeizen afbijten, wegbijten
^{1}**abbekommen**^{193} *intr* gewond raken; beschadigd worden
^{2}**abbekommen**^{193} *tr* **1** krijgen, ontvangen **2** *(iets ergens)* afkrijgen; *(schoenen)* uitkrijgen
abberufen^{226} **1** terugroepen: *einen Botschafter ~* een ambassadeur terugroepen; *Gott hat ihn ~* God heeft hem tot zich geroepen **2** overplaatsen; ontslaan
abbestellen afbestellen; afzeggen, opzeggen
abbezahlen afbetalen
^{1}**abbiegen**^{129} *intr* **1** afslaan, inslaan **2** *(van de koers)* afwijken **3** *(mbt een straat)* een bocht maken
^{2}**abbiegen**^{129} *tr* **1** buigen, krommen **2** een andere wending geven
Abbiegespur *v*^{20} voorsorteerstrook
Abbild *o*^{31} evenbeeld, kopie; weerspiegeling
abbilden afbeelden, voorstellen
^{1}**Abbildung** *v*^{28} (het) afbeelden
^{2}**Abbildung** *v*^{20} afbeelding, beeld; afspiegeling
^{1}**abbinden**^{131} *intr (mbt cement)* hard worden
^{2}**abbinden**^{131} *tr* **1** losmaken, losbinden, afdoen **2** afbinden **3** *(een vloeistof)* binden, verdikken
Abbitte *v*^{21} vergiffenis: *~ tun* vergiffenis vragen
abbitten^{132}: *jmdm etwas ~* iem om vergiffenis voor iets vragen
abblasen^{133} **1** afblazen **2** afgelasten
abblättern **1** afbladderen, afschilferen **2** de bladeren verliezen; *(mbt bloem)* uitvallen
abblenden *(licht, koplamp)* afdekken, dimmen
Abblendlicht *o*^{31} dimlicht
abblitzen geen succes hebben, afgewezen worden: *sie hat ihn ~ lassen* zij heeft hem een blauwtje laten lopen
abblocken *(sp)* blokkeren, blokken, afweren; *(fig)* verhinderen
^{1}**abbrausen** *intr* wegscheuren
^{2}**abbrausen** *tr (onder de douche)* afspoelen
^{3}**abbrausen, sich** zich douchen
^{1}**abbrechen**^{137} *intr* plotseling ophouden
^{2}**abbrechen**^{137} *tr* **1** afbreken; plukken **2** demonteren, slopen **3** voortijdig beëindigen, stoppen met **4** afbreken, opbreken
abbremsen *(ook fig)* (af)remmen
^{1}**abbrennen**^{138} *intr* afbranden, opbranden
^{2}**abbrennen**^{138} *tr* **1** afbranden, platbranden **2** *(vuurwerk)* afsteken **3** *(kanon)* afvuren
abbringen^{139} **1** *(iem ergens van)* afbrengen **2** afkrijgen van
abbröckeln **1** afbrokkelen, kruimelen **2** *(mbt koersen, prijzen)* dalen
Abbruch *m*^{19} **1** (het) afbreken, afbraak, sloop: *~ tun* schade berokkenen, afbreuk doen **2** (het) afbreken, (het) verbreken
Abbrucharbeiten *mv v*^{20} sloopwerkzaamheden
abbuchen afschrijven, afboeken
abbürsten afborstelen, wegborstelen
abbüßen **1** boeten, boete doen voor **2** *(een straf)* uitzitten **3** weer goed maken
^{1}**abdampfen** *intr* **1** verdampen, uitdampen **2** vertrekken
^{2}**abdampfen** *tr* laten verdampen
abdämpfen *(geluid)* dempen; *(licht)* temperen

abdanken ontslag nemen, aftreden, afstand doen van de troon

Abdankung *v*[20] **1** ontslag **2** aftreden

abdecken **1** wegnemen, afhalen **2** *(een bed)* afhalen; *(een tafel)* afruimen **3** *(het dak)* eraf rukken **4** bedekken, afdekken, toedekken **5** *(sp)* dekken **6** *(schulden)* voldoen, aflossen **7** *(risico)* dekken **8** *(behoefte)* voorzien in

abdichten (af)dichten, afsluiten, isoleren

Abdichtung *v*[20] (af)dichting, tochtstrip, pakking

abdrängen verdringen, wegdringen

[1]**abdrehen** *intr* **1** zich afwenden **2** van richting veranderen

[2]**abdrehen** *tr* **1** uitdraaien, uitdoen, afzetten **2** afdraaien: *jmdm die Gurgel* (of: *den Hals)* ~ iem ruïneren **3** *(film)* afdraaien

abdrosseln *(benzine-, gastoevoer)* afsluiten: *den Motor* ~ gas minderen

[1]**Abdruck** *m*[6] afdruk *(in gips, van vinger e.d.)*

[2]**Abdruck** *m*[5] *(foto, typ)* afdruk, druk, editie

[3]**Abdruck** *m*[19] (het) afdrukken

abdrucken afdrukken

abdrücken **1** *(een wapen)* afdrukken, (af)vuren, (af)schieten **2** afduwen **3** afknijpen: *jmdm die Luft* ~ iems keel dichtknijpen **4** *(een kind)* knuffelen, tegen zich aan drukken **5** afdrukken, een afdruk maken

abdüsen met een straalvliegtuig vertrekken

abebben afnemen, bedaren, verminderen

Abend *m*[5] **1** avond: *heute* ~ vanavond; *gestern* ~ gisteravond; *morgen* ~ morgenavond; *gegen* ~ tegen de avond; *am* ~ (of: *des ~s)* 's avonds; *eines ~s* op zekere avond; *zu* ~ *essen* het avondeten gebruiken; *der Heilige* ~ kerstavond **2** westen || *(inform) er kann mich am* ~ *besuchen* hij kan de pot op

Abendbrot *o*[39] avondeten, avondmaaltijd

Abenddämmerung *v*[20] avondschemering; *(Belg)* valavond

abendländisch westers

abendlich in de avond, avond-

Abendmahl *o*[29] avondeten; *(godsd)* Laatste Avondmaal: *(prot) das (heilige)* ~ het (Heilig) Avondmaal

abends 's avonds

Abenteuer *o*[33] avontuur

abenteuerlich avontuurlijk; zonderling, vreemd

[1]**aber** *bw* nog eens: ~ *und ~mals* telkens opnieuw

[2]**aber** *vw* maar, echter: *(inform)* ~, *~!* foei dan toch!; ~ *nein!* nee toch!, natuurlijk niet!; *nun ~!* wat nu!; *oder* ~ ofwel; ~ *dennoch* toch; ~ *ja!* ja, natuurlijk!; *du bist* ~ *groß geworden!* wat ben jij groot geworden!; *das war* ~ *ein Genuss!* dat was nog eens heerlijk!

Aber *o*[33] maar, bezwaar: *es ist ein* ~ *dabei* er is een maar bij

Aberglaube *m*[18] *(geen mv)* bijgeloof

abergläubisch bijgelovig

Aberhunderte, aberhunderte *mv o*[29] vele honderden

aberkennen[189] *(bij vonnis)* ontzeggen

Aberkennung *v*[20] ontzegging *(bij vonnis)*

abermalig herhaald, tweede

abermals nog eens, weer

Abertausende, abertausende *mv o*[29] vele duizenden

Aberwitz *m*[19] waanzin, dwaasheid

aberwitzig waanzinnig, dwaas

[1]**abessen**[152] *intr* afeten

[2]**abessen**[152] *tr* opeten, leegeten

abfackeln affakkelen

[1]**abfahren**[153] *intr* **1** vertrekken, wegrijden, wegvaren: *fahr ab!* maak dat je wegkomt! **2** sterven **3** *(op slee, ski's)* afdalen **4** afgepoeierd worden: *jmdn* ~ *lassen* iem afpoeieren

[2]**abfahren**[153] *tr* **1** afvoeren **2** afrijden **3** *(film, radio, tv)* starten

Abfahrt *v*[20] **1** vertrek, afvaart **2** *(sp)* afdaling **3** *(sp)* helling **4** afrit *(ve autoweg)* **5** afvoer, transport

Abfahrtslauf *m*[6] *(sp)* afdaling, afdalingswedstrijd

Abfahrtsplan *m*[6] dienstregeling

Abfahrtsrennen *o*[35] *(sp)* afdalingswedstrijd

[1]**Abfall** *m*[19] **1** helling, glooiing **2** afval, ontrouw **3** vermindering, (het) teruglopen, daling

[2]**Abfall** *m*[6] *(meestal mv)* afval

Abfalleimer *m*[9] afvalemmer; vuilnisbak

abfallen[154] **1** schuin aflopen **2** (af)vallen, naar beneden vallen **3** afvallig, ontrouw worden **4** *(vooral sp)* afvallen, achteropraken **5** *(mbt materiaal, geld)* overblijven **6** in kracht afnemen **7** afvallen, vermageren

abfällig afkeurend, ongunstig: ~ *beschieden werden* een weigerend antwoord krijgen

Abfallprodukt *o*[29] afvalproduct

Abfallverwertung *v*[28] afvalverwerking

abfälschen *(sp)* onopzettelijk van richting veranderen, effect geven

abfangen[155] **1** (iem) opvangen, opwachten **2** (iem) tegenhouden; aanhouden **3** *(een brief)* onderscheppen **4** stutten, schragen **5** *(sp)* opvangen **6** *(voertuig)* onder controle krijgen

abfärben **1** de kleur verliezen **2** *(mbt kleuren)* afgeven: ~ *auf*[+4] invloed hebben op

abfassen schrijven, opstellen, redigeren

[1]**abfegen** *intr* wegstuiven

[2]**abfegen** *tr* (af)vegen

abfertigen **1** verzendklaar maken; *(trein, vliegtuig)* laten vertrekken **2** *(sp)* inmaken **3** *(klanten)* bedienen, helpen **4** *(mbt douane)* controleren **5** *(aanvraag)* behandelen **6** (iem) afschepen, afpoeieren

abfeuern *(een schot)* lossen; *(een vuurwapen)* afschieten, afvuren

[1]**abfinden**[157] *tr* (gedeeltelijk) schadeloosstellen; tevredenstellen

[2]**abfinden**[157], **sich** zich schikken: *sich mit*[+3] *etwas* ~ zich in iets schikken; *sich mit jmdm* ~ met iem een schikking treffen

Abfindung *v*[20] schadeloosstelling; schikking
[1]**abflachen** *tr* vlak maken, afschuinen
[2]**abflachen, sich 1** platter worden; afnemen **2** *(mbt niveau, peil)* dalen
abflauen afnemen, minder worden: *die Konjunktur flaut ab* de conjunctuur daalt
[1]**abfliegen**[159] *intr* wegvliegen, vertrekken, starten
[2]**abfliegen**[159] *tr* **1** per vliegtuig evacueren **2** vanuit de lucht inspecteren
abfließen[161] wegvloeien, wegstromen
Abflug *m*[6] **1** (het) wegvliegen **2** vertrek, start
[1]**Abfluss** *m*[6] afvoer
[2]**Abfluss** *m*[19] (het) weglopen, (het) wegstromen: *der ~ von Geld ins Ausland* het wegvloeien van geld naar het buitenland
Abflussrohr *o*[29] afvoerpijp
Abfolge *v*[21] reeks, volgorde
abfordern eisen: *jmdm etwas ~* iets van iem eisen
abfragen 1 *(een les)* overhoren **2** *(door te vragen)* te weten komen **3** *(comp)* opvragen
Abfuhr *v*[20] **1** afvoer **2** smadelijke nederlaag, afgang **3** terechtwijzing
[1]**abführen** *intr* laxeren
[2]**abführen** *tr* **1** *(een arrestant)* opbrengen; *(na verhoor)* afvoeren **2** *(water)* afvoeren **3** *(vd goede weg, vh onderwerp)* afbrengen **4** *(geld)* afdragen
Abführmittel *o*[33] laxeermiddel
abfüllen vullen; (af-, over)tappen: *auf* (of: *in*) *Flaschen ~* bottelen
[1]**Abgabe** *v*[21] **1** afgifte, (af)levering **2** verkoop **3** *(meestal mv)* belastingen, heffingen, rechten
[2]**Abgabe** *v*[28] **1** *(sp)* (het) afgeven *(van de bal);* de afgegeven bal **2** *(sp)* verlies *(ve punt, set, titel)* **3** (het) lossen *(van schot)* **4** (het) geven *(van advies): die ~ der Stimmen* het stemmen **5** afgifte *(van warmte, energie)*
abgabenfrei vrij van belasting
abgabenpflichtig belastingplichtig
[1]**Abgang** *m*[19] **1** vertrek, (het) weggaan; (het) opstappen; aftocht; (het) afgaan *(vh toneel);* verzending *(van goederen);* (het) verlaten *(vd school): der natürliche ~* het natuurlijk verloop **2** afzet, verkoop **3** afgang, ontlasting
[2]**Abgang** *m*[6] **1** miskraam **2** dood, (het) overlijden, sterfgeval
Abgangsprüfung *v*[20] eindexamen
Abgas *o*[29] verbrandingsgas, uitlaatgas
[1]**abgeben**[166] *tr* **1** afgeven, overhandigen; indienen **2** *(schoolwerk)* inleveren **3** *(boeken)* teruggeven **4** *(bagage, kleren)* in bewaring geven **5** afstaan; *(sp)* verliezen, inleveren **6** *(warmte)* uitstralen; *(sp)* afgeven, afspelen *(de bal): einen Schuss ~* een schot lossen **7** verkopen **8** *(functie)* neerleggen **9** *(verklaring)* afleggen; *(advies)* uitbrengen; *(belofte)* doen **10** *(stem)* uitbrengen **11** *(een rol)* spelen || *er wird einen tüchtigen Offizier ~* hij zal een flink officier worden
[2]**abgeben**[166]**, sich** (met *mit*[+3]) zich inlaten, bemoeien (met)
abgebrannt *(fig)* blut, platzak*; zie ook* abbrennen
abgebrüht 1 afgestompt **2** geslepen
abgedroschen alledaags, afgezaagd
abgefeimt doortrapt, geraffineerd
abgegriffen 1 afgedragen, versleten **2** beduimeld, stukgelezen *(boek)* **3** afgezaagd, banaal
abgehärmt door zorgen en verdriet verteerd: *~ aussehen* er afgetobd uitzien
[1]**abgehen**[168] *intr* **1** weggaan; *(toneel)* afgaan; van school gaan **2** aftrek vinden **3** verzonden worden **4** het lichaam verlaten **5** *(mbt een schot)* afgaan **6** *(sp)* afspringen **7** sterven **8** afzien van, opgeven **9** ontbreken, missen
[2]**abgehen**[168] *tr* inspecteren
abgekämpft moe gestreden; bekaf, doodmoe
abgekartet afgesproken, bekonkeld: *ein ~es Spiel* doorgestoken kaart
abgeklärt helder, bezonken *(oordeel);* gelouterd, rijp *(mens)*
abgelebt 1 afgeleefd, oud **2** verouderd
abgelegen afgelegen, afgezonderd
abgelten[170] betalen, vereffenen, afdoen
abgemacht: *~!* akkoord!, afgesproken!, oké!
abgemessen afgemeten, beheerst, stijf
abgeneigt afwijzend, afkerig van
abgenutzt, abgenützt versleten, afgedragen
Abgeordnetenhaus *o*[32] huis van afgevaardigden
Abgeordnete(r) *m*[40a], *v*[40b] afgevaardigde
abgerissen 1 onsamenhangend; afgebroken, hortend *(van woorden e.d.)* **2** haveloos, in lompen gekleed **3** afgedragen, versleten *(kleren)*
Abgesandte(r) *m*[40a], *v*[40b] (af)gezant, afgevaardigde
abgeschabt kaal, afgesleten; sjofel
abgeschieden 1 eenzaam, afgelegen **2** overleden, dood
Abgeschiedene(r) *m*[40a], *v*[40b] overledene, dode
Abgeschiedenheit *v*[28] afzondering
abgeschlossen 1 afgezonderd, geïsoleerd **2** gesloten, besloten **3** afgerond, volmaakt
abgeschmackt smakeloos, laf, afgezaagd
abgesehen: *es auf etwas, jmdn ~ haben* het op iets, iem gemunt hebben
Abgesondertheit *v*[28] afzondering
abgespannt doodmoe, afgemat
abgestanden 1 verschaald *(bier);* bedorven, niet fris *(lucht)* **2** nietszeggend, afgezaagd
abgestumpft afgestompt, ongevoelig
abgetakelt afgetakeld, verlopen
abgewinnen[174] winnen van; veroveren op: *ich kann diesem Spiel keinen Geschmack ~* ik kan geen aardigheid vinden in dat spel
abgewirtschaftet: *~ haben* afgedaan hebben
abgewöhnen afwennen, afleren
abgießen[175] afgieten, een afgietsel maken van
Abglanz *m*[19] **1** weerschijn, weerglans **2** afstraling, glimp

abgleiten[178] **1** afglijden **2** *(fig)* afdwalen **3** verminderen, slechter worden; dalen
Abgott *m*[8] afgod *(ook fig)*
Abgötterei *v*[28] afgoderij: ~ *treiben* aan afgoderij doen
abgöttisch afgodisch, hartstochtelijk
abgraben[180] afgraven, weggraven
abgrämen, sich door verdriet verteerd worden
abgrasen 1 afgrazen, kaal vreten **2** afgrazen, afzoeken
abgreifen[181] **1** beduimelen **2** betasten
abgrenzen afgrenzen, afbakenen
Abgrenzung *v*[20] begrenzing, afbakening
Abgrund *m*[6] *(ook fig)* afgrond, kloof, diepte
abgründig 1 onpeilbaar **2** ondoorgrondelijk, mysterieus **3** onvoorstelbaar, buitengewoon **4** heel, zeer
abgucken afkijken; spieken
Abgunst *v*[28] afgunst
Abguss *m*[6] **1** afgietsel **2** gootsteen
abhaben[182] **1** *(hoed, bril)* af hebben; *(sluiting)* los hebben **2** krijgen: *er will etwas* ~ hij wil er wat van hebben; *er hat sein(en) Teil ab* hij heeft zijn portie, zijn straf te pakken
abhaken 1 afhaken **2** een haakje zetten bij
abhalten[183] **1** (iem, iets) weghouden, op een afstand houden: *ein Kind* ~ een kind zijn behoefte laten doen **2** afweren, tegenhouden, bescherming bieden tegen **3** *(iem van iets)* afhouden, weerhouden **4** *(conferentie e.d.)* houden; *(parade)* afnemen
Abhaltung *v*[20] *zie* abhalten
abhandeln 1 kopen van **2** afdingen **3** *(een onderwerp, thema)* (uitputtend) behandelen
abhandenkommen[193] kwijt-, zoekraken
Abhandlung *v*[20] **1** behandeling **2** verhandeling; artikel, opstel
Abhang *m*[6] helling, glooiing
[1]**abhängen** *intr, st* afhankelijk zijn
[2]**abhängen** *tr, zw* **1** *(schilderij)* van de haak nemen **2** afkoppelen, loskoppelen **3** de telefoon opleggen, ophangen **4** (iem) achter zich laten, (iem) overtreffen **5** (iem) laten schieten, laten vallen: *sie hat ihn abgehängt* zij heeft hem de bons gegeven **6** *(sp)* afschudden
abhängig afhankelijk
Abhängigkeit *v*[20] afhankelijkheid
abhärmen, sich tobben (over)
abhärten harden, stalen
[1]**abhauen** *intr, zw* ervandoor gaan, hem smeren
[2]**abhauen** *tr, st* afhouwen, afhakken, afslaan; *(werk van medeleerling)* overschrijven
[1]**abheben**[186] *intr (mbt vliegtuig)* opstijgen
[2]**abheben**[186] *tr* **1** afnemen, wegnemen, afbeuren, aftillen **2** *(telecom)* de hoorn van de haak nemen **3** *(geld van rekening)* opnemen **4** onderstrepen, wijzen op
[3]**abheben**[186]**, sich** loslaten: *sich* ~ *von*[+3] zich aftekenen tegen
Abhebung *v*[20] opname
abhelfen[188+3] **1** verhelpen, afhelpen: *dem Übel* ~ het kwaad verhelpen **2** voorzien in
abhetzen afjakkeren, afbeulen
Abhilfe *v*[28] hulp, uitkomst, (het) uit de weg ruimen van een misstand: *für* ~ *sorgen* (of: ~ *schaffen)* uitkomst brengen
abhold[+3] ongenegen tot, wars van, afkerig van
abholen 1 afhalen **2** *(inform)* arresteren
abholzen 1 vellen, kappen **2** ontbossen
abhorchen 1 afluisteren **2** beluisteren
abhören 1 afluisteren **2** beluisteren **3** luisteren naar **4** overhoren
Abi *o*[36] *(pop) verk van Abitur* eindexamen *(vh vwo)*
abirren afdwalen
Abitur *o*[29] eindexamen *(vh vwo); (Belg)* maturiteitsexamen: *sein* ~ *machen* (of: *bauen)* eindexamen doen
Abiturient *m*[14] eindexamenkandidaat
[1]**abjagen** *tr* afpakken: *jmdm etwas* ~ iem iets afhandig maken
[2]**abjagen, sich** zich afjakkeren
abkämmen uitkammen *(ook fig)*
abkanzeln: *jmdn* ~ iem zijn vet geven
abkapiteln *zie* abkanzeln
abkapseln afsluiten, inkapselen: *sich* ~ *gegen*[+4] (of: *von*[+3]) zich afsluiten voor
[1]**abkassieren**[320] *intr* afrekenen (met)
[2]**abkassieren**[320] *tr* geld innen (van)
abkaufen 1 kopen: *jmdm etwas* ~ iets van iem kopen **2** geloven: *niemand wird uns dies* ~ niemand zal dit willen geloven
Abkehr *v*[28] afwending, (het) zich afkeren (van)
abkehren afwenden, afkeren (van)
abklappern *(de stad, winkels)* aflopen
abklären ophelderen, duidelijk maken
Abklatsch *m*[5] (slechte) imitatie; kopie
abklatschen 1 (slecht) namaken, kopiëren **2** *(door in de handen te klappen)* onderbreken **3** *(sp) (de bal)* (met de handen) tegenhouden
abklingen[191] *(mbt geluid)* wegsterven, zwakker worden; *(mbt onweer, ziekte)* afnemen, minder worden
abklopfen 1 afkloppen; *(muur)* afbikken; *(kleding)* afkloppen, uitkloppen **2** *(bij het dirigeren)* aftikken **3** *(med)* bekloppen; *(fig)* onderzoeken
abknabbern afknabbelen, afbijten
abknallen 1 afvuren **2** doodschieten
[1]**abknicken** *intr* een knik maken
[2]**abknicken** *tr* **1** afbreken **2** een einde maken aan **3** knakken
abknöpfen 1 losknopen, afknopen **2** *(fig)* aftroggelen
abknutschen *(inform)* knuffelen, vrijen met
abkochen 1 koken **2** *(med)* (uit)koken, steriliseren **3** *(kruiden)* aftrekken
abkommandieren[320] detacheren: *an die Front* ~ naar het front sturen

abkommen[193] **1** afkomen, zich verwijderen: *vom Weg ~* de weg kwijtraken, verdwalen; *vom Thema ~* van zijn onderwerp afdwalen **2** *(sp)* wegkomen, starten **3** in onbruik raken
Abkommen *o*[35] overeenkomst, verdrag, akkoord, schikking
Abkömmling *m*[5] afstammeling, nakomeling
abkoppeln 1 afkoppelen **2** loskoppelen
[1]**abkratzen** *intr* **1** ervandoor gaan **2** de pijp uitgaan
[2]**abkratzen** *tr* afkrabben, afschrappen
[1]**abkriegen** *intr* beschadigd worden; gewond raken
[2]**abkriegen** *tr* **1** krijgen: *etwas ~* slaag, een oplawaai, straf, een standje krijgen **2** *(iets ergens)* afkrijgen; *(schoenen)* uitkrijgen; *(een vlek)* eruit krijgen
[1]**abkühlen** *tr* afkoelen
[2]**abkühlen, sich** afkoelen, koeler worden
Abkühlung *v*[20] afkoeling, verkoeling
abkündigen afkondigen
Abkunft *v*[28] oorsprong, afkomst
abkuppeln afkoppelen, loskoppelen
abkürzen afkorten, bekorten, inkorten
Abkürzung *v*[20] afkorting, bekorting
abladen[196] **1** afladen, lossen **2** *(iem ergens)* afzetten **3** afwentelen (op)
Ablage *v*[21] **1** archief **2** archiefstuk **3** garderobe
[1]**ablagern** *intr* belegen (oud) worden
[2]**ablagern** *tr* **1** *(slib, zand)* afzetten **2** *(puin)* deponeren, storten **3** *(goederen)* opslaan
[3]**ablagern, sich** *(mbt stoffen)* neerslaan, zich afzetten, bezinken
[1]**Ablagerung** *v*[20] neerslag, afzetting, bezinksel
[2]**Ablagerung** *v*[28] (het) storten; (het) opslaan
[1]**Ablass** *m*[6] **1** afloop **2** korting **3** *(r-k)* aflaat
[2]**Ablass** *m*[19] (het) uitstromen, (het) uitwateren
[1]**ablassen**[197] *intr* afzien van, opgeven
[2]**ablassen**[197] *tr* **1** aftappen **2** laten leeglopen; *(stoom)* laten ontsnappen **3** *(trein)* laten vertrekken; *(duiven)* loslaten; *(ballon)* oplaten **4** eraf laten **5** korting geven
[1]**Ablauf** *m*[6] **1** afvoer *(ve wasbak e.d.)* **2** verloop *(van gebeurtenissen e.d.)*; *(radio, tv)* volgorde *(vh programma)* **3** *(sp)* start
[2]**Ablauf** *m*[19] **1** (het) weglopen, (het) wegvloeien **2** (het) verlopen *(ve tijdsduur, termijn)*
[1]**ablaufen**[198] *intr* **1** beginnen te lopen; *(sp)* starten **2** *(mbt water)* weglopen, aflopen; *(mbt de vloed)* afnemen **3** *(scheepv)* van stapel lopen **4** *(mbt een weg)* afbuigen **5** *(mbt vat)* leeglopen **6** *(mbt film, uurwerk)* aflopen **7** *(mbt congres)* verlopen **8** *(mbt verdrag, termijn)* aflopen
[2]**ablaufen**[198] *tr* **1** afpoeieren: *jmdn ~ lassen* iem afschepen **2** *(de stad)* aflopen **3** *(schoenen)* aflopen
ablauschen afluisteren, bespieden
ableben sterven, overlijden
Ableben *o*[39] overlijden, dood
ablecken aflikken
[1]**ablegen** *intr (mbt schip)* afvaren || *es auf*[+4] *etwas ~* het op iets aanleggen
[2]**ablegen** *tr* **1** uitdoen, uittrekken, afleggen, afdoen: *bitte legen Sie ab!* doet u alstublieft uw jas uit!; *abgelegte Kleider* afgedankte kleren **2** (iets) neerzetten, neerleggen **3** opbergen **4** *(fouten)* afleren **5** *(eed, belofte, bekentenis)* afleggen
Ableger *m*[9] **1** loot, stek **2** uitloper **3** spruit, kind **4** *(handel)* filiaal
ablehnen 1 afwijzen, weigeren, bedanken voor, van de hand wijzen, afslaan, verwerpen: *dankend ~* bedanken voor; *etwas glatt ~* iets beslist weigeren **2** *(een rechter, getuige)* wraken, niet erkennen **3** afwijzend staan tegenover
Ablehnung *v*[20] afwijzing; *zie ook* ablehnen
ableiern 1 opdreunen **2** *(muziek)* afdraaien **3** *(leuzen, verhalen)* tot vervelens toe herhalen: *abgeleiert* afgezaagd
ableisten vervullen: *seine Wehrpflicht ~* zijn dienstplicht vervullen
ableiten 1 *(water)* afvoeren; *(bliksem)* afleiden; *(een rivier)* verleggen **2** *(toorn)* afwenden **3** *(iem van iets)* afbrengen **4** afleiden
[1]**Ableitung** *v*[28] **1** (het) afvoeren, (het) afleiden, (het) verleggen **2** (het) afwenden
[2]**Ableitung** *v*[20] afleiding
ablenken 1 van richting doen veranderen **2** afleiden **3** *(iem vh rechte pad)* afbrengen **4** (iem) afleiding bezorgen **5** afwenden **6** *(een stoot)* afweren
Ablenkungsmanöver *o*[33] afleidingsmanoeuvre
ablesen[201] **1** voorlezen, aflezen **2** *(gasmeter, thermometer)* aflezen, de stand opnemen **3** aflezen, opmaken: *etwas von jmds Gesicht ~* iets op iems gezicht lezen
ableugnen ontkennen, loochenen
ablichten (foto)kopiëren
Ablichtung *v*[20] fotokopie
abliefern (af)leveren, overhandigen
ablisten aftroggelen
ablöschen 1 doven, blussen **2** *(wat op papier staat)* afvloeien **3** uitvegen **4** *(cul)* blussen
[1]**ablösen** *tr* **1** losmaken **2** (iem) aflossen: *ein Jahr löst das andere ab* het ene jaar volgt op het andere **3** aflossen, betalen: *eine Hypothek ~* een hypotheek aflossen
[2]**ablösen, sich** elkaar aflossen; loslaten
Ablösesumme *v*[21] transfersom
abluchsen 1 aftroggelen **2** ontfutselen
Abluft *v*[28] verbruikte lucht
abmachen 1 afhalen, afnemen, afdoen, losmaken: *den Preis ~* het prijsje er afhalen **2** *(mil)* uitdienen **3** *(straf)* uitzitten **4** regelen, schikken **5** verwerken: *etwas mit*[+3] *sich allein ~* iets alleen verwerken **6** afspreken, overeenkomen
Abmachung *v*[20] schikking, regeling, afspraak, overeenkomst
abmagern 1 vermageren **2** afslanken
Abmarsch *m*[6] afmars, aftocht
abmarschieren[320] afmarcheren
abmatten afmatten

^{1}**abmelden** *tr* **1** afmelden **2** opzeggen **3** *(sp)* buiten spel zetten
^{2}**abmelden, sich** zich afmelden
abmessen^{208} *(ook fig)* afmeten, opmeten: *der Schaden ist noch nicht abzumessen* de schade is nog niet te overzien
^{1}**Abmessung** v^{28} (het) (af)meten, opmeten
^{2}**Abmessung** v^{20} afmeting, grootte
abmontieren^{320} demonteren
abmühen, sich zich afmatten
Abnahme v^{21} **1** (het) afnemen, verwijdering: *~ eines Armes* amputatie van een arm **2** afzet, afname: *~ finden* aftrek vinden **3** afneming, vermindering, daling
^{1}**abnehmen**^{212} *intr* **1** *(mbt de maan)* afnemen; *(mbt dagen)* korten; *(mbt prijzen)* dalen **2** afvallen
^{2}**abnehmen**^{212} *tr* **1** afhalen, afnemen, verwijderen; *(hoed)* afnemen; *(med)* afzetten, amputeren **2** in beslag nemen, afnemen **3** *(een prijs)* rekenen, vragen **4** *(om zelf te dragen)* overnemen **5** uit handen nemen: *jmdm eine Arbeit ~* voor iem een werk(je) doen **6** overnemen: *jmdm die Verantwortung ~* de verantwoordelijkheid van iem overnemen **7** aanvaarden **8** *(vingerafdruk)* nemen **9** *(examen, eed)* afnemen
Abnehmer m^{9} afnemer, koper, klant
Abneigung v^{20} afkeer, antipathie, tegenzin
abnorm abnormaal
Abnormität v^{20} abnormaliteit, onregelmatigheid; *(ziekelijke)* afwijking
abnötigen afdwingen
^{1}**abnutzen, abnützen** *tr* (af-, ver)slijten
^{2}**abnutzen, sich, abnützen, sich** (af-, ver)slijten
Abnutzung, Abnützung v^{20} (het) (af)slijten, slijtage
Abonnement o^{36} abonnement
Abonnent m^{14} abonnee
abonnieren^{320} zich abonneren op: *eine Zeitung ~* zich op een krant abonneren
abordnen afvaardigen
Abordnung v^{20} afvaardiging, delegatie
^{1}**Abort** m^{5} wc, toilet
^{2}**Abort** m^{5} *(med)* abortus, miskraam
abpassen 1 afwachten, afmikken **2** opwachten **3** (af)passen, passend maken
abpfeifen^{214} *(sp)* affluiten
Abpfiff m^{5} *(sp)* (het) affluiten; eindsignaal
abplagen, sich zich afsloven, zwoegen
Abprall m^{5} (het) terugspringen, terugkaatsing, (het) afstuiten
abprallen afstuiten, terugspringen, terugkaatsen
Abpraller m^{9} *(sp)* terugspringende bal
abpressen 1 afpersen: *jmdm Geld ~* iem geld afpersen; *jmdm den Atem ~* iems keel dichtsnoeren **2** (uit)persen
abpumpen 1 wegpompen **2** lenen van: *jmdm 10 Euro ~* van iem 10 euro lenen
abputzen afpoetsen, afvegen, schoonmaken
Abputzer m^{9} uitbrander
abquälen, sich zich afsloven, zwoegen
abqualifizieren^{320} diskwalificeren
abquetschen afklemmen
abrackern, sich zich afsloven
abraten^{218} afraden: *jmdm von^{+3} etwas ~* iem iets afraden, ontraden
Abraum m^{19} **1** puin **2** waardeloze grondmassa
abräumen afruimen, opruimen, wegruimen
abrechnen 1 aftrekken **2** afrekenen
Abrechnung v^{20} **1** aftrek, mindering **2** afrekening **3** vereffening
Abrede v^{21} afspraak: *etwas in ~ stellen* iets ontkennen, betwisten
^{1}**abreiben**^{219} *intr* (ver)slijten
^{2}**abreiben**^{219} *tr* **1** afwrijven, wegwrijven **2** (af)raspen **3** afdrogen
^{1}**Abreibung** v^{20} **1** pak slaag **2** standje
^{2}**Abreibung** v^{28} (het) (af)wrijven
Abreise v^{21} vertrek
abreisen vertrekken
Abreißblock m^{13}, m^{6} blocnote
^{1}**abreißen**^{220} *intr* **1** *(mbt knoop)* losraken **2** *(mbt veter)* kapot gaan **3** *(mbt telefoonverbinding, contacten)* verbroken worden **4** ophouden
^{2}**abreißen**^{220} *tr* **1** aftrekken, afscheuren, afbreken **2** *(bril, muts)* snel afnemen, snel afzetten **3** afbreken, slopen **4** (ver)slijten
Abreißkalender m^{9} scheurkalender
^{1}**abreiten**^{221} *intr* wegrijden
^{2}**abreiten**^{221} *tr* **1** afrijden, afjakkeren **2** *(te paard)* inspecteren
^{1}**abrennen**^{222} *intr* wegrennen, weghollen
^{2}**abrennen**^{222} *tr* aflopen
abrichten africhten, dresseren
Abrieb m^{19} slijtage
abriegeln (ver)grendelen; *(fig)* afsluiten
abringen^{224} dwingen tot, afdwingen
abrinnen^{225} afvloeien, weglopen
^{1}**Abriss** m^{5} **1** schets, beknopt overzicht **2** strook *(van kaartje)*
^{2}**Abriss** m^{19} (het) afbreken, slopen
Abrissarbeiten *mv* v^{20} sloopwerkzaamheden
^{1}**abrollen** *intr* **1** wegrijden **2** verlopen **3** *(sp)* (af)rollen
^{2}**abrollen** *tr* afrollen, ontrollen; *(film)* afdraaien
^{1}**abrücken** *intr* **1** weggaan, vertrekken **2** ervandoor gaan **3** wegschuiven **4** *(fig)* zich distantiëren (van)
^{2}**abrücken** *tr* wegzetten, wegschuiven
Abruf m^{5} **1** (het) wegroepen, (het) weggeroepen worden; terugroeping **2** afroep, (het) opvragen
abrufen^{226} **1** wegroepen **2** *(diplomaat)* terugroepen: *abgerufen werden* sterven **3** afroepen, opvragen **4** *(banktegoeden)* opnemen **5** *(namen)* afroepen
abrunden 1 afronden **2** *(fig)* vervolmaken
abrüsten 1 ontwapenen **2** de bewapening verminderen
Abrüstung v^{20} ontwapening
abrutschen 1 uitglijden **2** afglijden (van) **3** weg-

glijden **4** *(luchtv)* afglijden **5** *(mbt cijfers, peil, prestaties)* dalen

[1]**absacken** *intr* **1** *(mbt schip)* zinken **2** *(luchtv)* hoogte verliezen **3** *(mbt grond)* verzakken **4** verzwakken, slechter, minder worden **5** op het slechte pad geraken

[2]**absacken** *tr* in zakken doen

Absage *v*[21] afzegging, afgelasting

absagen **1** afzeggen, afgelasten **2** afzweren **3** *(telecom)* afkondigen

Absatz *m*[6] **1** hak *(ve schoen)* **2** overloop *(ve trap)* **3** alinea, lid van een wetsartikel **4** hoofdstuk **5** onderbreking *(in rede)* **6** *(handel)* afzet **7** *(geol)* afzetting

absatzfähig goed verkoopbaar, gewild

Absatzmarkt *m*[6] markt, afzetgebied

Absatztrick *m*[13] *(sp)* hakje

absaugen[229] afzuigen, wegzuigen

absausen wegstuiven

abschaben afkrabben

abschaffen **1** afschaffen, wegdoen; *(personeel)* ontslaan **2** opheffen

[1]**abschalten** *intr* **1** zich geheel ontspannen **2** niet meer opletten, niet meer luisteren

[2]**abschalten** *tr* uitschakelen, afzetten

abschatten **1** schakeren, nuanceren **2** verduisteren

abschätzen **1** schatten, taxeren, ramen **2** beoordelen, onderzoeken

Abschätzer *m*[9] taxateur, schatter

abschätzig geringschattend, afkeurend

Abschaum *m*[19] schuim

[1]**abscheiden**[232] *intr* sterven, overlijden; *zie ook* abgeschieden

[2]**abscheiden**[232] *tr* (af)scheiden

Abscheu *m*[19], *v*[28] afschuw, afkeer, hekel: *~ vor*[+3] *etwas haben* een hekel aan iets hebben; *(großen) ~ erregend* (grote) afschuw wekkend

abscheuern **1** afschuren, wegschuren **2** afboenen **3** afschaven **4** *(kleding)* (ver)slijten

abscheuerregend afschuwwekkend

abscheulich afschuwelijk

abschicken afzenden, wegzenden, verzenden; afvaardigen

abschieben[237] **1** wegschuiven: *die Schuld ~* de schuld afschuiven **2** wegwerken, lozen: *jmdn ~* iem lozen **3** uitwijzen: *jmdn über die Grenze ~* iem over de grens zetten

Abschied *m*[5] **1** afscheid **2** ontslag: *jmdm den ~ geben* iem ontslaan

abschießen[238] **1** afschieten, afvuren **2** (af)schieten, neerhalen: *ein Flugzeug ~* een vliegtuig neerhalen; *einen Panzer ~* een tank kapotschieten || *jmdn ~* iem wegwerken, iem lozen

abschinden[239]**, sich** zich afbeulen

abschirmen afschermen, beschermen

abschlachten afslachten, uitmoorden

Abschlag *m*[6] **1** prijsverlaging **2** korting **3** *(sp)* uittrap, uitworp **4** voorschot, afbetaling

abschlagen[241] **1** afslaan, afhakken **2** *(sneeuw)* afkloppen **3** *(steigers)* afbreken; *(kamp)* opbreken **4** *(aanval)* afslaan; *(gevaar)* afweren **5** afslaan, weigeren **6** *(van prijs)* afdoen **7** vellen: *den Wald ~* het bos kappen **8** *(sp)* uittrappen, uitslaan

abschlägig weigerend, afwijzend

Abschlagszahlung *v*[20] afbetaling, termijnbetaling

[1]**abschleifen**[243] *tr* **1** (af)slijpen, wegslijpen **2** *(fig)* afwennen **3** (aan)slijpen

[2]**abschleifen**[243]**, sich** **1** (af)slijten **2** *(fig)* zich aanpassen **3** minder worden

Abschleppbetrieb, Abschleppdienst *m*[5] sleepdienst, takelbedrijf

[1]**abschleppen** *tr* **1** (af)slepen, wegslepen **2** meeslepen

[2]**abschleppen, sich** sjouwen

Abschleppseil *o*[29] sleepkabel

Abschleppwagen *m*[11] takelwagen

abschleudern afwerpen

[1]**abschließen**[245] *intr* **1** voltooien **2** *(deur, lening, koop)* sluiten **3** *(balans)* afsluiten **4** sluiten, overeenkomen **5** eindigen, sluiten: *mit jmdm ~* de relatie met iem beëindigen

[2]**abschließen**[245] *tr* **1** afsluiten, op slot doen **2** wegsluiten

[3]**abschließen**[245]**, sich** zich afzonderen, zich afsluiten

abschließend ten slotte; samenvattend

[1]**Abschluss** *m*[6] **1** transactie **2** afsluiting, balans **3** akkoord *(bij cao-onderhandelingen)* **4** examen: *seinen ~ machen* eindexamen doen **5** (af)sluiting, (af)sluiter

[2]**Abschluss** *m*[19] **1** (het) sluiten, beëindigen: *etwas zum ~ bringen* iets beëindigen; *zum ~ kommen* (of: *gelangen)* tot een einde komen **2** (het) afsluiten *(ve contract)*

Abschlussbericht *m*[5] eindrapport

Abschlussprüfung *v*[20] eindexamen

Abschlusszeugnis *o*[29a] einddiploma

abschmecken **1** proeven **2** op smaak afmaken

[1]**abschmieren** *intr (luchtv)* neerstorten

[2]**abschmieren** *tr* **1** *(auto)* doorsmeren **2** *(schoolwerk)* overschrijven

[1]**abschnallen** *intr* afhaken, opgeven

[2]**abschnallen** *tr* **1** afgespen **2** *(schaatsen)* afbinden

[1]**abschnappen** *intr* **1** ophouden **2** *(inform)* sterven

[2]**abschnappen** *tr* te pakken krijgen

abschneiden[250] **1** afsnijden *(ook fig)* **2** (af)knippen **3** *(de mogelijkheid)* ontnemen, beroven van **4** *(een gesprek)* afbreken, een einde maken aan: *jmdm das Wort ~* iem in de rede vallen || *gut bei*[+3] *etwas ~* het er goed afbrengen

Abschnitt *m*[5] **1** strook, bon, coupon **2** hoofdstuk, paragraaf **3** periode **4** segment *(van bol, cirkel)* **5** cesuur **6** deel van een gebied, sector

abschnüren **1** afsnoeren, afbinden **2** belemmeren **3** afgrendelen

abschöpfen **1** afscheppen **2** afromen

abschotten afschermen
abschrauben afschroeven, losschroeven
abschrecken 1 afschrikken: *~des Beispiel* afschrikwekkend voorbeeld **2** *(eieren)* laten schrikken **3** *(metaal)* harden
Abschreckung *v*[20] afschrikking, intimidatie
abschreiben[252] **1** afschrijven, kopiëren **2** *(bedrag)* aftrekken **3** *(handel)* afschrijven
Abschreibung *v*[20] afschrijving; (het) aftrekken
abschreiten[254] **1** afpassen, afmeten **2** inspecteren
Abschrift *v*[20] afschrift; kopie
abschuften, sich zich afsloven
Abschuss *m*[6] **1** (het) schieten *(van wild);* (het) neerschieten, (het) neerhalen **2** afschot, geschoten wild **3** lancering
Abschussbasis *v (mv -basen)* lanceerbasis
abschüssig hellend, aflopend, steil
Abschussrampe *v*[21] lanceerplatform
abschütteln 1 afschudden **2** uitschudden, uitkloppen **3** *(vervolgers)* van zich afschudden **4** *(juk)* afwerpen
[1]**abschwächen** *tr* **1** verzwakken, verminderen **2** afzwakken, verzachten
[2]**abschwächen, sich** afnemen, verminderen
Abschwächung *v*[20] **1** verzwakking, vermindering **2** afzwakking, verzachting
abschweifen afdwalen
Abschweifung *v*[20] afdwaling
abschwenken zwenken, afbuigen: *von der Straße ~* van de weg afslaan
abschwindeln aftroggelen
abschwören[260] *(geloof, alcohol)* afzweren
Abschwung *m*[6] **1** afzwaai, afsprong **2** recessie, economische achteruitgang
absegeln 1 afzeilen, wegzeilen **2** weggaan
absegnen goedkeuren, zijn zegen geven aan
absehbar afzienbaar, te overzien: *in ~er Zeit* binnen afzienbare tijd
[1]**absehen**[261] *intr* **1** afzien van, intrekken **2** buiten beschouwing laten
[2]**absehen**[261] *tr* **1** afzien, afkijken **2** zien aan, lezen op, aflezen van **3** overzien **4** munten (op): *man hat es auf mich abgesehen* men heeft het op mij gemunt
[1]**abseilen 1** aan een touw neerlaten **2** met touw afzetten
[2]**abseilen** abseilen
absein *oude spelling voor* ab sein, *zie* ab
abseitig 1 afgelegen, geïsoleerd **2** onnatuurlijk, afwijkend
[1]**abseits** *bw* **1** terzijde, afzijdig, achteraf: *sich ~ halten* zich afzijdig houden **2** *(sp)* buitenspel
[2]**abseits**[+2] *vz* terzijde van, ver van
Abseits *o (2e nvl -; mv -) (sp)* buitenspel: *(fig) im ~ landen* buitenspel komen te staan
Abseitsstellung *v*[20] *(sp)* buitenspelpositie
absenden[263] afzenden, uitzenden, (ver)zenden
Absender *m*[9] afzender
abservieren[320] **1** *(tafel)* afruimen **2** ontslaan **3** (iem) onschadelijk maken **4** *(sp)* inmaken
absetzbar 1 afzetbaar **2** verkoopbaar: *leicht ~* gewild **3** *(fiscaal)* aftrekbaar
[1]**absetzen** *intr* ophouden: *ohne abzusetzen* zonder onderbreking
[2]**absetzen** *tr* **1** *(bril)* afzetten, afnemen **2** *(koffer)* neerzetten **3** *(ve paard)* afwerpen **4** afgelasten, niet door laten gaan **5** afbreken, stoppen met: *etwas von der Tagesordnung ~* iets van de agenda afvoeren **6** *(handel)* verkopen **7** *(fiscaal)* aftrekken **8** ontslaan, afzetten **9** *(med)* afzetten, amputeren **10** *(boot)* afzetten, afduwen **11** *(met kant)* afzetten
[3]**absetzen, sich 1** zich afzetten, bezinken, neerslaan **2** stilletjes vertrekken **3** *(mil)* zich terugtrekken
absichern 1 beveiligen, beschermen **2** afzetten
Absicht *v*[20] bedoeling, plan: *ich habe die ~* ik ben van plan; *in der ~* met het doel, met de bedoeling; *mit ~* met opzet
absichtlich opzettelijk, met opzet, expres
absichtslos zonder opzet, onopzettelijk
absichtsvoll opzettelijk
absinken[266] **1** wegzinken **2** dalen **3** afzakken
[1]**absitzen**[268] *intr* **1** *(van een rijdier)* afstijgen **2** *(van een fiets)* afstappen **3** *(sp)* afspringen
[2]**absitzen**[268] *tr* **1** *(straf)* uitzitten **2** *(tijd)* slijten, uitdienen
absolut absoluut
Absolution *v*[20] absolutie
Absolutismus *m*[19a] absolutisme
Absolvent *m*[14] abituriënt, afgestudeerde
absolvieren[320] **1** voltooien, slagen: *eine Prüfung ~* voor een examen slagen **2** *(een school e.d.)* aflopen, doorlopen: *ein Training ~* een training volgen **3** *(studie)* afmaken, voltooien
absonderlich eigenaardig, vreemd
[1]**absondern** *tr* afzonderen, (af)scheiden
[2]**absondern, sich** zich afzonderen; zich afscheiden
Absonderung *v*[20] afzondering, (af)scheiding
absorbieren[320] absorberen
Absorption *v*[20] absorptie
[1]**abspalten** *tr* afsplijten, afsplitsen
[2]**abspalten, sich** zich afsplitsen
abspannen 1 *(paarden)* uitspannen **2** *(een voertuig)* afkoppelen **3** *(spieren, veer)* ontspannen **4** *(met kabels)* vastzetten
abspecken vermageren, afslanken
abspenstig: *~ machen* afhandig maken
absperren 1 (af)sluiten **2** afzonderen **3** afzetten, versperren **4** *(stroom, water)* afsluiten
Absperrung *v*[20] **1** afsluiting **2** versperring, blokkade **3** afzetting *(door politie)*
abspiegeln afspiegelen, weerspiegelen
Abspiel *o*[39] **1** (het) doorgeven *(vd bal)* **2** pass
[1]**abspielen** *tr* **1** afspelen, uitspelen **2** *(muz)* van het blad spelen **3** *(bal)* afspelen, passen, doorgeven
[2]**abspielen, sich** (zich af)spelen

absplittern afsplinteren, afspringen
Absprache *v*[21] afspraak
[1]**absprechen**[274] *tr* **1** afspreken, overeenkomen **2** ontzeggen, betwisten **3** ontzeggen, weigeren
[2]**absprechen**[274]**, sich** met elkaar afspreken
abspringen[276] **1** (af)springen, wegspringen **2** springen van, springen uit; omlaagspringen **3** losspringen **4** afstuiten **5** afspringen, afhaken: *von einer Partei ~* uit een partij treden
abspritzen 1 afspuiten **2** bespuiten **3** een spuitje geven
Absprung *m*[6] **1** (het) springen, sprong **2** (het) omlaagspringen **3** (het) afspringen
abspulen 1 afhaspelen **2** *(tekst)* opdreunen **3** afdraaien
abspülen afspoelen, schoonspoelen
abstammen (af)stammen, afkomstig zijn
Abstammung *v*[20] afstamming, afkomst, herkomst
Abstand *m*[6] **1** afstand, tussenruimte: *(fig) ~ nehmen von*[+3] zich distantiëren van; *er ist mit ~ der Beste* hij is verreweg de beste **2** tussenpoos
abstatten 1 *(bezoek)* afleggen, brengen **2** *(dank)* betuigen: *jmdm seinen Glückwunsch ~* iem gelukwensen **3** *(verslag)* uitbrengen, geven, doen
abstauben, abstäuben 1 afstoffen **2** (iem) de mantel uitvegen **3** gappen, pikken
Abstauber *m*[9] **1** *(sp)* gelukstreffer **2** goaltjesdief
abstechen[277] **1** slachten, doodsteken **2** *(turf)* steken; *(graszoden)* afsteken || *~ gegen*[+4] (of: *von*[+3]) afsteken tegen, contrasteren met
Abstecher *m*[9] **1** uitstapje *(tijdens reis)* **2** (het) afdwalen *(van thema)*
abstecken 1 afbakenen, vastleggen **2** losspelden **3** *(jurk)* afspelden
abstehen[279] **1** *(mbt planten)* doodgaan **2** afzien, afstand doen **3** (af)staan || *sich die Beine ~* staan tot men niet meer kan*; zie ook* abgestanden
abstehlen[280] ontstelen
Absteige *v*[21] pied-à-terre
absteigen[281] **1** *(van een fiets)* afstappen; *(van een paard)* afstijgen; *(van een berg)* afdalen: *~de Linie* neerdalende lijn **2** *(vero)* afstappen: *in einem Hotel ~* zijn intrek nemen in een hotel **3** *(sp)* degraderen
Absteigequartier *o*[29] **1** pied-à-terre **2** nachtverblijf
Absteiger *m*[9] *(sp)* degraderende club, gedegradeerde club
Abstellbahnhof *m*[6] remise
abstellen 1 neerzetten **2** *(auto)* wegzetten, parkeren, stallen **3** *(gas)* uitdoen; *(motor, radio)* afzetten; *(kraan)* dichtdraaien; *(klok)* stilzetten; *(machine)* stopzetten **4** beschikbaar stellen **5** overplaatsen **6** *(leiding)* afsluiten **7** een einde maken aan || *~ auf*[+4] afstemmen op
Abstellgleis *o*[29] zijspoor, dood spoor
Abstellkammer *v*[21] bergruimte, rommelkamer
Abstellplatz *m*[6] parkeerplaats
Abstellraum *m*[6] bergruimte, rommelkamer
abstempeln afstempelen, bestempelen
absterben[282] **1** (af)sterven **2** gevoelloos worden **3** uitsterven **4** *(mbt motor)* afslaan
[1]**Abstieg** *m*[5] **1** neergang, achteruitgang **2** *(sp)* degradatie **3** afdaling
[2]**Abstieg** *m*[19] (het) afdalen
abstiegsgefährdet: *der Verein ist ~* de club dreigt te degraderen
[1]**abstimmen** *intr (verkiezing)* stemmen
[2]**abstimmen** *tr* **1** *(telecom)* afstemmen **2** *(fig)* afstemmen **3** controleren
[3]**abstimmen, sich** afspreken: *sich mit jmdm ~* met iem afspreken
Abstimmung *v*[20] **1** stemming: *etwas zur ~ bringen* iets in stemming brengen **2** *(telecom)* afstemming **3** controle
Abstinent *m*[14] geheelonthouder
Abstinenz *v*[28] geheelonthouding
Abstinenzler *m*[9] geheelonthouder
[1]**abstoppen** *intr* stoppen
[2]**abstoppen** *tr* **1** tot stilstand brengen **2** *(motor)* afzetten **3** *(productie)* stopzetten **4** *(met stopwatch)* de tijd opnemen
Abstoß *m*[6] **1** (het) afstoten, afduwen **2** *(sp)* doeltrap
[1]**abstoßen**[285] *intr* wegvaren
[2]**abstoßen**[285] *tr* **1** afstoten, afduwen **2** afkomen (van); *(schulden)* betalen; *(waren)* snel verkopen **3** afstoten, beschadigen; *(vel)* schaven **4** (iem) afstoten **5** *(een bal)* uitschieten
abstoßend stuitend *(gedrag);* afstotend
abstottern *(in termijnen)* afbetalen
abstrahlen 1 afstralen, uitzenden **2** zandstralen
abstrampeln, sich 1 zich doodfietsen **2** zich afsloven
abstreichen[286] **1** afstrijken, afhalen; *(modder van schoenen)* afvegen; *(bier)* afschuimen **2** aftrekken, afdoen **3** afzoeken: *ein Gelände ~* een terrein afzoeken
[1]**abstreifen** *intr* afdwalen: *vom Wege ~* afdwalen
[2]**abstreifen** *tr* **1** afdoen, uitdoen, uittrekken, afleggen **2** afhalen, verwijderen **3** vegen: *sich die Füße ~* zijn voeten vegen **4** afzoeken
abstreiten[287] **1** betwisten **2** ontkennen
Abstrich *m*[5] **1** neerhaal **2** (het) afgestrekene **3** *(med)* uitstrijkje **4** aftrek, korting: *~e am Budget machen* in de begroting schrappen
abstrus duister, verward
abstufen 1 trapsgewijs bouwen **2** rangschikken, schakeren **3** *(loon, belasting)* in groepen indelen
Abstufung *v*[20] **1** rangschikking; indeling **2** schakering, nuance
abstumpfen afstompen *(ook fig)*
Abstumpfung *v*[28] afstomping, ongevoeligheid
Absturz *m*[6] **1** val **2** afgrond
abstürzen 1 neerstorten **2** steil afhellen
abstützen 1 stutten **2** *(fig)* steunen
absuchen afzoeken, doorzoeken

absurd ongerijmd, onzinnig, absurd
Abszess *m*[5] abces
Abt *m*[6] abt
[1]**abtanzen** *intr* weggaan
[2]**abtanzen** *tr (schoenen)* afdansen
abtasten betasten, aftasten
abtauen ontdooien
Abtei *v*[20] abdij
Abteil *o*[29] **1** coupé **2** gedeelte, stuk
Abteilung *v*[20] **1** afdeling, indeling, verdeling **2** afgescheiden ruimte
abtippen overtikken, overtypen
Äbtissin *v*[22] abdis
abtönen schakeren, nuanceren
Abtönung *v*[20] **1** schakering **2** nuance
abtöten 1 doden **2** vernietigen
Abtrag *m*[19] nadeel, afbreuk: *jmdm ~ tun* iem benadelen
abtragen[288] **1** *(heuvel)* afgraven **2** *(gebouw)* slopen **3** *(med)* verwijderen **4** *(tafel)* afruimen **5** naar beneden brengen **6** *(schuld)* aflossen **7** *(kleding)* verslijten, afdragen **8** *(geld)* afdragen
abträglich schadelijk, nadelig
Abtransport *m*[5] (het) wegvoeren, afvoer
abtransportieren[320] wegvoeren, afvoeren
[1]**abtreiben**[290] *intr* afdrijven, wegdrijven
[2]**abtreiben**[290] *tr* **1** doen afdrijven, afdrijven **2** aborteren **3** *(vee)* naar het dal drijven
Abtreibung *v*[20] *(med)* abortus
abtrennen 1 lostornen, losknippen **2** afscheiden **3** afscheuren
Abtrennung *v*[20] (af)scheiding*; zie ook* abtrennen
[1]**abtreten**[291] *intr* **1** aftreden **2** *(vh toneel)* afgaan **3** weggaan, vertrekken; *(mil)* inrukken
[2]**abtreten**[291] *tr* **1** afstampen: *sich die Schuhe* (of: *die Füße) ~* zijn voeten vegen **2** verslijten **3** afstaan, overdragen: *eine Forderung ~* een vordering overdragen **4** aftrappen
Abtretung *v*[20] (het) afstaan, overdracht
Abtritt *m*[5] **1** (het) aftreden, (het) heengaan, dood **2** toilet, wc
Abtrockentuch *o*[32] (af)droogdoek
[1]**abtrocknen** *intr* droog worden, drogen
[2]**abtrocknen** *tr* afdrogen; droogmaken
abtropfen druipen; uitdruipen: *Salat ~ lassen* sla laten uitlekken
abtrotzen afdwingen
abtrumpfen 1 aftroeven **2** de les lezen
abtrünnig[+3] afvallig (van), ontrouw (aan)
Abtrünnige(r) *m*[40a], *v*[40b] afvallige
abtun[295] **1** afdoen, uitdoen **2** zich afmaken van **3** *(fig)* afleggen **4** met minachting behandelen **5** afdoen, regelen
abtupfen afbetten
aburteilen berechten, vonnissen, veroordelen
Aburteilung *v*[20] berechting, veroordeling
abverlangen 1 eisen: *jmdm etwas ~* van iem iets eisen **2** *(prijs)* vragen
abwägen[303] afwegen, overwegen
Abwägung *v*[20] (het) afwegen, overweging
abwählen 1 niet herkiezen **2** *(een schoolvak)* laten vallen
abwälzen afwentelen, afschuiven: *die Kosten auf die Preise ~* de kosten in de prijzen doorberekenen
abwandeln variëren, wijzigen
Abwand(e)lung *v*[20] variatie, wijziging
[1]**abwandern** *intr* wegtrekken, (heen)gaan; *(sp)* van club veranderen
[2]**abwandern** *tr* trekken: *eine Gegend ~* door een streek trekken
Abwanderung *v*[20] (het) (weg)trekken*; zie ook* abwandern
Abwärme *v*[28] afvalwarmte
abwarten afwachten, wachten op
abwärts afwaarts, benedenwaarts, naar beneden; bergafwaarts
abwärtsgehen[168] **1** bergaf, naar beneden gaan **2** *(fig)* achteruitgaan
Abwasch *m*[19] afwas || *das ist ein ~* dat gaat in één moeite door
Abwaschbecken *o*[35] gootsteen
abwaschen[304] **1** afwassen, afspoelen **2** de vaat doen **3** *(schande)* uitwissen
Abwasser *o*[34] rioolwater, afvalwater
Abwasserkläranlage *v*[21], **Abwasserklärwerk** *o*[29] waterzuiveringsinstallatie
abwechseln afwisselen; aflossen
abwechselnd (af)wisselend, beurtelings
Abwechslung *v*[20] (af)wisseling, variatie
abwechslungsreich vol afwisseling
Abweg *m*[5] dwaalweg, zijweg, verkeerde weg: *(fig) auf ~e führen* op het verkeerde pad brengen
abwegig 1 onjuist, verkeerd **2** vreemd, eigenaardig
Abwehr *v*[28] **1** afweer, tegenstand **2** *(mil en sp)* verdediging **3** contraspionage
Abwehrdienst *m*[5] contraspionagedienst
abwehren 1 afweren, afslaan **2** afwijzen **3** verdrijven
Abwehrspieler *m*[9] verdediger
[1]**abweichen** *zw* **1** losweken **2** losraken
[2]**abweichen** *st* afwijken, verschillen
abweichend afwijkend, verschillend
Abweichung *v*[20] **1** afwijking **2** verschil
abweisen[307] afslaan; afwijzen, van de hand wijzen, weigeren
Abweisung *v*[20] afwijzing, weigering
abwenden[308] afwenden: *den Blick ~* de blik afkeren; *die Gefahr ~* het gevaar bezweren; *seine Hand von jmdm ~* zijn handen van iem aftrekken
abwerfen[311] **1** afwerpen, afgooien; naar beneden gooien **2** opbrengen, afwerpen, opleveren: *Bomben ~* bommen werpen; *Ballast ~* ballast droppen; *das Geschäft wirft nicht viel ab* de zaak brengt niet veel op
abwerten devalueren: *~de Kritik* afkeurende kritiek

Abwertung v^{20} devaluatie
abwesend **1** afwezig, absent **2** verstrooid
Abwesende(r) m^{40a}, v^{40b} afwezige
Abwesenheit v^{20} afwezigheid, verstrooidheid: *in ~ verurteilen* bij verstek veroordelen
abwickeln afwikkelen
Abwick(e)lung v^{20} afwikkeling, regeling, liquidatie
abwiegen^{312} (af)wegen
abwimmeln (iem) afpoeieren, afschepen; (iets) afwimpelen
abwinden^{313} afwinden, afhaspelen
^{1}**abwinken** *intr* een afwijzend gebaar maken
^{2}**abwinken** *tr* afwenken: *ein Rennen ~* een race afvlaggen
^{1}**abwirtschaften** *intr* te gronde gaan: *die Monarchie hat abgewirtschaftet* de monarchie heeft afgedaan
^{2}**abwirtschaften** *tr* te gronde richten
abwischen afvegen, schoonmaken
abwohnen *(een huis)* uitwonen
abwracken slopen
Abwurf m^{6} **1** (het) afwerpen: *der ~ von Bomben* het werpen van bommen **2** *(sp)* uitgooi
abwürgen **1** wurgen; *(fig)* de kop indrukken **2** *(motor)* laten afslaan
abzahlen afbetalen; *(Belg)* afkorten
abzählen aftellen
Abzahlung v^{20} afbetaling
abzapfen aftappen: *jmdm Geld ~* iem geld uit de zak kloppen
abzäunen omheinen, afrasteren
Abzeichen o^{35} **1** onderscheidingsteken, (ken)teken; *(mil)* distinctief **2** speldje, insigne
^{1}**abzeichnen** *tr* **1** natekenen **2** *(stukken)* paraferen, ondertekenen
^{2}**abzeichnen, sich** zich aftekenen
^{1}**abziehen**^{318} *intr* **1** weggaan, afmarcheren, wegtrekken **2** *(sp)* uithalen, plotseling hard schieten
^{2}**abziehen**^{318} *tr* **1** aftrekken, uittrekken, weghalen: *den Hut vor jmdm ~* de hoed voor iem afnemen **2** *(dier)* villen; *(bonen)* afhalen **3** *(bed)* afhalen **4** *(vuurwapen)* afschieten **5** afleiden **6** geven: *eine Fete ~* een fuifje geven **7** bottelen **8** *(geld)* aftrekken **9** kopiëren, een afdruk maken van **10** *(mil)* terugtrekken
abzielen (met *auf*$^{+4}$) doelen op, beogen
abzischen, abzittern *(inform)* 'm smeren
Abzocke v^{28}, **Abzockerei** v^{20} afzetterij, oplichterij
abzocken afzetten, oplichten
Abzug m^{6} **1** *(mil)* aftocht, terugtocht **2** afvoer(pijp), afvoerkanaal **3** aftrek, mindering; korting: *nach ~ der Kosten* na aftrek van de kosten; *in ~ bringen* in mindering brengen **4** *(mv)* inhoudingen **5** trekker *(van geweer)* **6** *(foto)* afdruk
abzüglich: *~ der Kosten* na aftrek van, verminderd met de kosten
abzugsfähig *(fiscaal)* aftrekbaar
abzugsfrei belastingvrij
Abzugsrohr o^{29} afvoerpijp
Abzweig m^{5} aftakking
^{1}**abzweigen** *intr* afbuigen, zich afsplitsen
^{2}**abzweigen** *tr* afsplitsen: *Geld ~* geld achteroverdrukken
Abzweigung v^{20} **1** splitsing, aftakking **2** zijweg, zijstraat, zijarm, zijspoor; *(fig)* tak
abzwicken afknijpen, afknippen
abzwingen^{319} afdwingen
Account m^{13}, o^{36} *(comp)* account
ach *tw* ach!, och!: *~ ja!* o ja!, ja, natuurlijk!; *~ was!, ~ wo!* helemaal niet!, kom nou!
Ach o^{36}: *~ und Weh schreien* ach en wee roepen; *mit ~ und Krach* ternauwernood, op het nippertje
Achillesferse v^{21} achilleshiel: *das ist seine ~* dat is zijn zwakke plek
Achse v^{21} as, spil: *per ~* per wagen; *er ist dauernd auf ~* (of: *auf der ~)* hij is voortdurend op reis
Achsel v^{21} **1** schouder, oksel: *die ~n* (of: *mit den ~n) zucken* de schouders ophalen **2** *(plantk)* oksel || *etwas auf die leichte ~ nehmen* iets gemakkelijk opnemen; *jmdn über die ~ ansehen* neerkijken op iem
Achselgrube, Achselhöhle v^{21} okselholte
Achselzucken o^{39} (het) schouderophalen
achselzuckend schouderophalend
acht acht: *wir waren unser ~* (of: *zu ~(en))* we waren met z'n achten
^{1}**Acht** v^{28} **1** (rijks)ban: *jmdn in die ~ erklären* iem in de ban doen **2** aandacht, oplettendheid: *außer ~* (of: *aus der ~) lassen* buiten beschouwing laten; *nimm dich in ~!* kijk uit!; *~ geben* oppassen, uitkijken; *~ geben auf*$^{+4}$ letten op; *auf jmdn, etwas ~ haben* op iem, iets letten
^{2}**Acht** v^{20} **1** *(cijfer)* acht **2** lijn acht *(van tram, bus)*
achtbar achtenswaardig, respectabel
achtel achtste: *ein ~ Liter* een achtste liter
Achtel o^{33} achtste (deel): *ein ~ Wein* een achtste liter wijn
Achtelfinale o^{33} achtste finale
^{1}**achten** *intr* acht slaan op, letten op: *auf die Enkel ~* op de kleinkinderen letten
^{2}**achten** *tr* **1** achten, achting betonen **2** *(leeftijd, de wet)* eerbiedigen
ächten **1** in de ban doen, vogelvrij verklaren **2** uitstoten, uitsluiten, boycotten; *(maatschappelijk)* doodverklaren
achtenswert achtenswaardig, achtbaar
Achter m^{9} **1** achtriemsgiek, acht; *(figuurrijden)* acht **2** acht *(cijfer, getal)* **3** slag in het wiel
Achterbahn v^{20} achtbaan
Achterschiff o^{29} achterschip
achtgeben^{166} oppassen, uitkijken: *~ auf jmdn, etwas* op iem, iets letten
achthaben^{182}: *auf jmdn, etwas ~* op iem, iets letten
achtlos achteloos

ac

achtsam 1 oplettend 2 behoedzaam
Achtsamkeit *v*[28] 1 oplettendheid 2 behoedzaamheid
Achtstundentag *m*[5] achturige werkdag
Achtung *v*[28] 1 achting, aanzien, eerbied: *~ vor dem Gesetz* eerbied voor de wet; *alle ~!* daar neem ik mijn petje voor af!; *~ gebietend* imponerend 2 oplettendheid: *~!* attentie!, voorzichtig!, opgepast!
Ächtung *v*[20] 1 (het) vogelvrij verklaren 2 verbanning, uitsluiting, boycot, uitstoting
achtunggebietend imponerend
achtungsvoll eerbiedig, respectvol
achtzig tachtig: *auf ~ kommen* (of: *sein*) hels worden, woedend zijn
achtziger 1 van (uit) het jaar tachtig 2 tussen '80 en '90: *die ~ Jahre* de jaren tachtig
Achtziger *m*[9] tachtiger: *er ist in den ~n* hij is in de tachtig
Achtzigerjahre *mv o*[29]: *die ~* de jaren tachtig
ächzen zuchten, steunen, kreunen; kraken
Acker *m*[10] akker, veld, land
Ackerbau *m*[19] landbouw, akkerbouw
Ackerbauer *m*[15] landbouwer
Ackergerät *o*[29] landbouwgereedschap
[1]**ackern** *intr* ploeteren
[2]**ackern** *tr* (be)ploegen, het land bebouwen
Acquisition *v*[27] acquisitie
a.d. *afk van an der* aan de
a.D. *afk van außer Dienst* buiten dienst
ADAC *afk van Allgemeiner Deutscher Automobil-Club*
Adamsapfel *m*[10] adamsappel
Adamskostüm *o*[29] adamskostuum: *im ~* in adamskostuum, naakt
adäquat adequaat, overeenkomstig
addieren[320] optellen
Addition *v*[20] optelling
ade *tw* vaarwel, adieu!
Ade *o*[36] vaarwel
Adel *m*[19] 1 adel 2 adellijke titel
adeln 1 adelen, in de adelstand verheffen 2 adelen, veredelen
Adept *m*[14] adept, ingewijde; volgeling
Ader *v*[21] ader: *jmdn zur ~ lassen* iem aderlaten; *keine ~ für*[+4] *etwas haben* ergens geen aanleg voor hebben
aderig, äderig geaderd
adern, ädern aderen, marmeren
ADHS *v*[28] *afk van Aufmerksamkeitsdefizit-Hyperaktivitätsstörung* attention deficit hyperactivity disorder (*afk* ADHD)
Adjektiv *o*[29] bijvoeglijk naamwoord
adjektivisch bijvoeglijk
Adjutant *m*[14] adjudant
Adler *m*[9] adelaar, arend
Adlerblick *m*[5] arendsblik
adlig adellijk, van adel, edel
Administration *v*[20] 1 administratie, bestuur, beheer 2 (*DDR*) bureaucratie
administrativ 1 administratief 2 (*DDR*) bureaucratisch
Admiral *m*[5], *m*[6] admiraal
Admiralität *v*[20] admiraliteit
adoptieren[320] adopteren, aannemen
Adoption *v*[20] adoptie
Adoptiveltern *mv* pleegouders
Adressat *m*[14] geadresseerde; (*Belg*) bestemmeling
Adressbuch *o*[32] adresboek; (*comp*) notebook
Adresse *v*[21] adres: *bei jmdm an die falsche* (of: *verkehrte*) *~ kommen* bij iem aan het verkeerde adres zijn
Adressenverzeichnis *o*[29a] adressenlijst; adressenbestand
adressieren[320] 1 adresseren 2 richten 3 (*sp*) afgeven
adrett keurig; smaakvol
Adria *v*[28], **Adriatisches Meer** *o*[39] (*2e nvl -n -(e) s*) Adriatische Zee
ADSL *o*[39a] *afk van asymmetric digital subscriber line* ADSL
Advent *m*[5] advent
Adverb *o* (*2e nvl -s; mv Adverbien*) bijwoord
Aerodynamik *v*[28] aerodynamica
Affäre *v*[21] affaire, onaangename kwestie, zaak
Affe *m*[15] 1 aap 2 sukkel 3 (*mil*) ransel 4 stuk in de kraag, roes: *so ein blöder ~!* zo'n stommeling!; *einen ~n an jmdm gefressen haben* gek op iem zijn; *einen ~n haben* (of: *sitzen haben*) dronken zijn
Affekt *m*[5] affect, gemoedsbeweging
affektiert geaffecteerd, gemaakt, aanstellerig
affenartig aapachtig, als (van) een aap
Affenhitze *v*[28] grote hitte, ondraaglijke hitte
Affenliebe *v*[28] apenliefde
Affenschande *v*[28] grof schandaal
Affentheater *o*[39] (*fig*) poppenkast
affig aanstellerig, geaffecteerd, ijdel
affirmativ affirmatief, bevestigend
affirmieren[320] bevestigen
After *m*[9] (*anat*) anus, aars
Afterhourparty, After-Hour-Party *v*[27] afterparty
Aftersun-Lotion, Aftersunlotion *v*[27] aftersun
AG *afk van Aktiengesellschaft* naamloze vennootschap (*afk* NV)
Agenda *v* (*mv Agenden*) 1 agenda 2 zakagenda
Agent *m*[14] agent, vertegenwoordiger
Agentur *v*[20] agentschap, agentuur
Agglomerat *o*[29] agglomeraat
Agglomeration *v*[20] agglomeratie
Aggregat *o*[29] aggregaat
Aggression *v*[20] agressie
aggressiv agressief
[1]**Aggressivität** *v*[20] agressieve daad
[2]**Aggressivität** *v*[28] agressiviteit
agieren[320] 1 ageren, handelen, te werk gaan 2 (*theat*) spelen 3 gesticuleren

agil vlug, behendig, beweeglijk
Agitation v^{20} **1** agitatie **2** politieke propaganda
Agitator m^{16} agitator
agitieren^{320} **1** agiteren **2** propaganda maken
Agrarerzeugnis o^{29a} landbouwproduct
Agrarstaat m^{16} landbouwstaat
Agroingenieur m^{5} landbouwkundig ingenieur
Agronom m^{14} landbouwkundige
Ahn m^{14}, m^{16} voorvader, stamvader, voorouder
ahnden vergelden, straffen, wreken
Ahndung v^{20} vergelding, straf, wraak
ähneln: *jmdm ~* (ge)lijken op iem
ahnen vermoeden, een vermoeden, voorgevoel hebben van: *mir ahnt nichts Gutes* ik voorzie niet veel goeds
ähnlich *bn* **1** dergelijk, gelijksoortig, overeenkomstig: *etwas Ähnliches* iets dergelijks, zoiets; *20 oder so ~* 20 of zoiets dergelijks; *und Ähnliches* en dergelijke **2** gelijkend: *jmdm ~ sein* (of: *sehen*) (op) iem lijken; *das sieht ihm ~* dat is net iets voor hem **3** *(meetk)* gelijkvormig
Ähnlichkeit v^{20} overeenkomst, gelijkenis
Ahnung v^{20} voorgevoel, vermoeden: *keine (blasse) ~ von*$^{+3}$ *etwas haben* geen (flauwe) notie van iets hebben; *hast du eine ~!* jij snapt er ook niets van!; *keine ~!* geen flauw idee!
ahnungslos argeloos, zonder enig vermoeden
Ahnungslosigkeit v^{28} argeloosheid
ahnungsvoll vol (bange) voorgevoelens
Ahorn m^{5} *(plantk)* esdoorn, ahorn
Ähre v^{21} *(plantk)* aar
Aidskranke(r) m^{40a}, v^{40b} aidspatiënt(e)
Akademie v^{21} academie, hogeschool
Akademiker m^{9} academicus
akademisch academisch
akklimatisieren^{320}**, sich** acclimatiseren
Akkord m^{5} **1** *(muz)* akkoord, samenklank **2** *(jur)* akkoord, overeenkomst, vergelijk **3** *(vero)* overeenstemming: *einen ~ abschließen* een akkoord sluiten **4** stukloon, akkoordloon: *im* (of: *in, auf*) *~ arbeiten* in akkoordloon werken
Akkordarbeit v^{28} akkoordwerk
Akkordeon o^{36} accordeon
Akkreditiv o^{29} **1** geloofsbrief **2** accreditief
Akku m^{13} accu
Akkulader m^{9}, **Akkuladegerät** o^{39} batterijlader
akkumulieren^{320} accumuleren, opstapelen
^{1}**akkurat** *bn* nauwgezet, accuraat
^{2}**akkurat** *bw* precies
Akkusativ m^{5} accusatief, vierde naamval
Akkusativobjekt o^{29} lijdend voorwerp
Akrobat m^{14} acrobaat
Akt m^{5} **1** handeling, daad **2** plechtigheid: *der ~ der Taufe* de doopplechtigheid **3** geslachtsdaad, coïtus **4** *(jur)* proces **5** bedrijf *(ve toneelstuk)*; akte *(ve opera)* **6** nummer *(in circus)* **7** naakt *(in de kunst)*
Akte v^{21} (proces)stuk, akte: *etwas zu den ~n legen: a)* iets bij de stukken voegen; *b) (fig)* iets als afgedaan beschouwen
Aktenkoffer m^{9} diplomatenkoffertje
Aktentasche v^{21} aktetas
Aktenzeichen o^{35} dossiernummer
Akteur m^{5} acteur, speler; handelende persoon
Aktie v^{21} (bewijs van) aandeel
Aktiengesellschaft v^{20} naamloze vennootschap, maatschappij op aandelen
Aktieninhaber m^{9} aandeelhouder
Aktienkapital o^{29} *(mv ook -ien)* aandelenkapitaal
Aktion v^{20} actie: *in ~ treten* in actie komen
Aktionär m^{5} aandeelhouder
Aktionsbereich m^{5} actieradius
Aktionskomitee o^{36} actiecomité
Aktionspunkt m^{5} actiepunt
aktiv actief, werkzaam
Aktiv o^{29} *(taalk)* actieve vorm, bedrijvende vorm
Aktiva *mv* actief (vermogen), activa *(mv)*
Aktive(r) m^{40a}, v^{40b} actief lid, actief sportbeoefenaar
aktivieren^{320} **1** als actief op de balans zetten **2** tot meer activiteit brengen, activeren; *(chem)* actief maken
Aktivismus m^{19a} activisme
Aktivist m^{14} activist
Aktivität v^{20} activiteit
Aktivsaldo m^{13} *(mv ook -salden en -saldi)* actief saldo, batig saldo
Aktstudie v^{21} naaktstudie
aktualisieren^{320} actualiseren
Aktualität v^{20} actualiteit
aktuell actueel
akupunktieren^{320} acupunctuur toepassen
Akupunktur v^{20} acupunctuur
Akustik v^{28} **1** akoestiek **2** geluidsleer
akustisch akoestisch
akut acuut, plotseling opkomend
Akzent m^{5} accent
akzentuieren^{320} accentueren
Akzept o^{29} **1** aanneming, acceptatie: *das ~ einholen* de wissel laten accepteren **2** geaccepteerde wissel, accept
akzeptabel acceptabel, aannemelijk
akzeptieren^{320} aannemen, accepteren
Alarm m^{5} alarm
Alarmanlage v^{21} alarminstallatie
alarmbereit in alarmtoestand
Alarmbereitschaft v^{28} *(mil)* alarmtoestand: *in höchster ~* in hoogste staat van paraatheid
alarmieren^{320} **1** alarmeren **2** doen schrikken
Alb m^{16} **1** boze geest **2** nachtmerrie
Albdruck m^{6}, **Albdrücken** o^{39} nachtmerrie
albern onnozel, dom; dwaas, zot, mal: *~es Geschwätz* dom geklets; *~es Zeug* onzin
Albernheit v^{20} kinderachtigheid; gekheid
Albtraum m^{6} nachtmerrie
Album *o (2e nvl -s; mv Alben)* album
Alge v^{21} alg, zeewier
Algebra v^{28} algebra

algebraisch algebraïsch
Alibi o^{36} alibi
Alien m^{13}, o^{36} alien
Aliment o^{29}, **Alimentation** v^{20} alimentatie
Alinea o^{36} alinea
Alkohol m^{5} alcohol
Alkoholeinfluss m^{19}, **Alkoholeinwirkung** v^{28}: *unter ~ stehen* onder invloed verkeren
alkoholfrei alcoholvrij: *~es Bier* malt
Alkoholiker m^{9} alcoholist
Alkoholismus m^{19a} alcoholisme
Alkoholkonsum m^{19} alcoholverbruik
alkoholsüchtig aan alcohol verslaafd
Alkoholsüchtige(r) m^{40a}, v^{40b} alcoholist(e)
all^{68} al(les), allemaal: *~ und jeder* iedereen; *~es Schöne* al het mooie; *~e drei Tage* om de drie dagen; *wer kommt denn ~es?* wie komen er allemaal?; *er war ~es andere als zufrieden* hij was allesbehalve tevreden; *bei ~ und jeder Gelegenheit* bij elke gelegenheid; *bei ~em* ondanks alles; *in ~er Frühe* heel vroeg in de morgen; *~es in ~em* alles bij elkaar genomen; *trotz ~em* ondanks alles; *Freiheit über ~es* vrijheid bovenal; *zu ~em Unglück* tot overmaat van ramp
All o^{39} al, heelal
allabendlich iedere avond (plaatsvindend)
allbekannt welbekend, alombekend
alle op, verbruikt: *das Brot, mein Geld ist ~* het brood, mijn geld is op; *ich bin (ganz) ~* ik ben doodmoe, ik kan niet meer; *~ werden* opraken
alledem dat al(les): *trotz ~* ondanks alles
Allee v^{21} laan; *(Belg)* lei
allein **1** alleen, eenzaam: *~ stehend, ~ erziehend* alleenstaand **2** maar, echter **3** alleen, slechts: *ich wollte ihm helfen, ~ ich konnte es nicht* ik wilde hem helpen, maar ik kon het niet; *~ selig machend, seligmachend* alleenzaligmakend || *von ~* vanzelf; *etwas von ~ wissen* iets uit zichzelf weten
Alleinbesitz m^{19} alleenbezit
Alleinbesitzer m^{9} enige bezitter
Alleinerbe m^{15} enig(e) erfgenaam
alleinerziehend alleenstaand
Alleinflug m^{6} solovlucht
Alleingang m^{6} (het) zijn eigen weg gaan, soloprestatie: *im ~* alleen
Alleinherrschaft v^{28} alleenheerschappij
alleinig enig, uitsluitend
alleinseligmachend *oude spelling voor* allein selig machend, *zie* allein
alleinstehend alleenstaand
Alleinstehende(r) m^{40a}, v^{40b} alleenstaande
allemal **1** telkens **2** in ieder geval; *zie ook* ^{1}Mal
allenfalls **1** desnoods, zo nodig **2** hoogstens, op z'n hoogst **3** misschien, eventueel
allenthalben overal, alom, allerwegen
allerart allerlei
allerdings: *~!* zeker!, inderdaad!, zeg dat wel!; *er hatte seine Lektion ~ gelernt, aber …* hij had zijn les wel(iswaar) geleerd, maar …
allererst allereerst
allergisch allergisch: *~ gegen* allergisch voor
allerhand allerhande, allerlei: *er weiß ~* hij weet heel wat; *das ist ~!* dat is niet mis!
allerhöchst allerhoogst
allerlei allerlei, allerhande: *das ist ~* dat is wel sterk
Allerlei o^{36} allegaartje, mengelmoes
allerletzt allerlaatst
allermeist allermeest
allerorten, allerorts overal
allerschlimmst allerergst
allerseits aan alle kanten, allerwegen
Allerweltskerl m^{5} duivelskunstenaar, kei
allesamt allemaal, allen tezamen
Allesfresser m^{9} omnivoor
Alleskönner m^{9} iem die alles kan
allgegenwärtig alomtegenwoordig
allgemein algemeen: *im Allgemeinen* in het algemeen, over het algemeen; *~ bildend* algemeen vormend; *~ gültig* algemeengeldend; *~ verständlich* voor allen begrijpelijk
Allgemeinbefinden o^{39} algemene gezondheidstoestand
allgemeinbildend algemeen vormend
Allgemeinbildung v^{28} algemene ontwikkeling
allgemeingültig algemeengeldend
^{1}**Allgemeinheit** v^{20} vage beschouwing, gemeenplaats
^{2}**Allgemeinheit** v^{28} **1** algemeenheid **2** gemeenschap, openbaarheid
allgemeinverständlich voor allen begrijpelijk
Allgewalt v^{28} almacht
Allianz v^{20} alliantie, verbond
Alliierte(r) m^{40a}, v^{40b} **1** geallieerde **2** bondgenoot
All-inclusive-Reise v^{21} all-inreis
Alliteration v^{20} alliteratie, stafrijm
alljährlich jaarlijks, (van) elk jaar
Allmacht v^{28} almacht, alvermogen
allmächtig almachtig, alvermogend
allmählich langzamerhand, allengs, geleidelijk
allmonatlich maandelijks
Allradantrieb m^{5} aandrijving op alle wielen
allseitig veelzijdig, algemeen
allseits van alle kanten, overal
^{1}**Alltag** m^{5} werkdag
^{2}**Alltag** m^{19} dagelijks leven, dagelijkse sleur
alltäglich **1** daags, doordeweeks **2** alledaags, gewoon **3** dagelijks
^{1}**Alltäglichkeit** v^{28} alledaagsheid
^{2}**Alltäglichkeit** v^{20} banaliteit, alledaagsheid
Alltagsleben o^{39} (het) dagelijkse leven
Alltagsmensch m^{14} alledaags mens
Alltagstrott m^{19} dagelijkse sleur
allwissend alwetend
Allwissenheit v^{28} alwetendheid
allwöchentlich (van) iedere week, wekelijks
Allzeithoch o^{36} alltime high
allzu al te: *~ viel* al te veel

Alm v^{20} bergweide, alpenweide
Almanach m^{5} almanak
Almosen o^{35} aalmoes
Alp v^{20} bergweide, alpenweide
Alpdruck m^{6}, **Alpdrücken** o^{39} nachtmerrie
Alpe v^{21} bergweide, alpenweide
Alphabet o^{29} alfabet, abc
alphabetisch alfabetisch
alphabetisieren^{320} alfabetiseren
alpin van de Alpen, in de Alpen, alpen-, alpine
Alptraum m^{6} nachtmerrie
als 1 als: *nicht so reich ~ er* niet zo rijk als hij; *er ist zu klug, ~ dass er etwas sagt* hij is te verstandig om iets te zeggen; *verschiedene Getreide, ~ da sind …* verschillende granen als (zoals) daar zijn …; *dies dient ~ Nachricht* dit dient ter (te uwer) informatie **2** dan: *röter ~ Blut* roder dan (als) bloed; *er hat mehr ~ er braucht* hij heeft meer dan hij nodig heeft **3** als, alsof: *er tat, ~ wenn* (of: *~ ob)* hij deed alsof **4** toen, dat: *~ wir ihn sahen* toen wij hem zagen; *eines Tages, ~* op een keer, toen; op een dag, dat **5** daar, aangezien || *er war alles andere ~ zufrieden* hij was allesbehalve tevreden
alsbald dadelijk, meteen, terstond; spoedig daarna, weldra
also 1 dus **2** aldus, zo **3** dus, dat wil zeggen **4** nu dan: *~, auf Wiedersehen!* nou, tot ziens dan! || *na ~!* daar zie je het nou!
alt^{58} oud: *(inform) mein ~er Herr* mijn oude heer *(mijn vader); (inform) meine ~e Dame* mijn moeder; *(inform) mein Alter: a)* mijn vader; *b)* mijn man; *(inform) meine Alte: a)* mijn moeder; *b)* mijn vrouw; *der Alte* de ouwe; *die Alte: a)* de oude vrouw; *b)* het moederdier
^{1}**Alt** m^{5} alt, altstem
^{2}**Alt** m^{19} altpartij
altangesehen gunstig bekendstaand
altansässig vanouds gevestigd
Altar m^{6} altaar
altbacken oudbakken
Altbau *m (2e nvl -(e)s; mv -ten)* oud huis, oude huizen *(mv);* oud gebouw, oude gebouwen *(mv)*
altbekannt vanouds bekend
altbewährt vanouds beproefd
Altenheim o^{29} bejaardentehuis
Altenwohnheim o^{29} serviceflat
Alter o^{33} **1** ouderdom, leeftijd: *in meinem ~* op mijn leeftijd; *er ist* (of: *steht) in meinem ~* hij is van mijn leeftijd; *im ~ von 19 Jahren* op negentienjarige leeftijd **2** ouderdom: *im hohen ~* op hoge leeftijd **3** oude mensen
Alte(r) m^{40a}, v^{40b} *zie* alt
^{1}**altern** *intr* oud worden, verouderen: *er ist* (of: *hat) stark gealtert* hij is erg oud geworden
^{2}**altern** *tr* oud maken
Alternative v^{21} alternatief, keus
Altersbeschwerde v^{21} ouderdomskwaal
Altersbezug m^{6} ouderdomsuitkering
Altersfürsorge v^{28} bejaardenzorg
Altersgeld o^{31} ouderdomsuitkering
Altersgenosse m^{15} leeftijdsgenoot
Altersheim o^{29} bejaardentehuis
Altersrente v^{21}, **Altersruhegeld** o^{31} ouderdomspensioen
Altersschwäche v^{21} ouderdomszwakte, verval van krachten
Altersstufe v^{21} leeftijdsgroep
Altertum o^{39} klassieke oudheid
Altertümer *mv* o^{32} antiquiteiten
altertümlich oud, antiek; ouderwets
Altertumsforschung v^{28} oudheidkunde, archeologie
Älteste(n) m^{40a}, v^{40b} **1** oudste, ouderling **2** oudste zoon, oudste dochter
Altglasbehälter, Altglascontainer m^{9} glasbak
althergebracht, altherkömmlich traditioneel
altklug vroegrijp, wijsneuzig
ältlich oudachtig, ouwelijk
Altmetall o^{29} oud metaal; schroot
altmodisch ouderwets
Altöl o^{29} afgewerkte olie
Altpapier o^{39} oud papier
Altstadt v^{25} oude binnenstad
Altwaren *mv* v^{21} tweedehands goederen
Altweibergeschwätz o^{39}, **Altweibergewäsch** o^{39}, **Altweiberklatsch** m^{19} kletskoek
Alu o^{39}, **Aluminium** o^{39} aluminium
Alzheimer m^{19} alzheimer
Alzheimerkrankheit, Alzheimer-Krankheit v^{28} ziekte van Alzheimer
am *samentr van an dem: die Stadt war am Verhungern* de stad verhongerde; *er ist am Schreiben* hij schrijft, hij is aan het schrijven
a.M. *afk van am Main* aan de Main
Amateur m^{5} amateur
amateurhaft amateuristisch, stumperig
Ambition v^{20} ambitie
ambitiös ambitieus
ambivalent ambivalent
Amboss m^{5} aambeeld, aanbeeld
ambulant ambulant; rondtrekkend: *~er Handel* ambulante handel, straathandel, (het) venten; *~er Patient* lopend patiënt
Ambulanz v^{20} **1** ambulance **2** ambulancewagen **3** verbandkamer **4** polikliniek
Ameise v^{21} mier
Ameisenhaufen m^{11} mierenhoop
Amen o^{35} *(zelden mv)* amen: *das ist so sicher wie das ~ in der Kirche* dat is zo zeker als 2 × 2 vier is
Amerikaner m^{9} Amerikaan
amerikanisch Amerikaans
Ameublement o^{36} ameublement
Amnestie v^{21} amnestie
amnestieren^{320} amnestie verlenen
amoralisch amoreel
Amortisation v^{20} **1** amortisatie, schulddelging **2** amortisatie, ongeldigverklaring
^{1}**amortisieren**^{320} *tr* amortiseren, delgen

²**amortisieren**^{320}**, sich** rendabel zijn
Ampel v^{21} **1** (hang)lamp **2** verkeerslicht
Amphibie v^{21} amfibie
Amphibienfahrzeug o^{29} amfibievoertuig
Amphibienflugzeug o^{29} amfibievliegtuig
Ampulle v^{21} ampul
Amputation v^{20} amputatie
amputieren^{320} amputeren
Amsel v^{21} merel
Amt o^{32} **1** ambt, post, betrekking, functie: *im ~ sein* in functie zijn; *das ist nicht meines ~es* dat is mijn taak niet; *von ~s wegen* ambtshalve **2** kantoor, bureau, dienst, bestuur, instantie, ministerie **3** *(r-k)* gezongen mis
amtieren^{320} **1** een ambt bekleden, in functie zijn: *der ~de Weltmeister* de huidige wereldkampioen **2** fungeren
amtlich ambtelijk, officieel, ambts-, dienst-
Amtsantritt m^{5} ambtsaanvaarding
Amtsbereich m^{5}, **Amtsbezirk** m^{5} ressort, ambtsgebied
Amtsenthebung, Amtsentsetzung v^{20} ontzetting uit een ambt, ontslag
Amtsgericht o^{29} kantongerecht; *(Belg)* vredegerecht
amtshalber ambtshalve
Amtsperson v^{20} functionaris
Amtsrichter m^{9} kantonrechter; *(Belg)* vrederechter
Amtsschimmel m^{19} bureaucratie: *den ~ reiten* zich overdreven precies aan de voorschriften houden; *hier wiehert der ~* het gaat er hier bureaucratisch aan toe
Amtsschreiben o^{35} officieel schrijven
Amtssitz m^{5} **1** bestuurszetel **2** dienstgebouw
¹**Amtssprache** v^{21} officiële taal; *(Belg)* bestuurstaal
²**Amtssprache** v^{28} ambtelijke taal
Amtsträger m^{9} functionaris
Amtswohnung v^{20} dienstwoning
Amtszeichen o^{35} *(telecom)* kiestoon
Amulett o^{29} amulet, talisman
amüsant amusant
amüsieren^{320} amuseren
¹**an** *bw: Licht an!* licht aan!; *von Anfang an* vanaf het begin; *von Jugend an* van kindsbeen af; *von heute an* van nu af; *an sein* aan zijn; *an die tausend Mann* ongeveer duizend man
²**an**$^{+3,+4}$ *vz* **1** aan: *bis an den Abend* tot (aan) de avond; *er hängt an seinem Bruder* hij is aan zijn broer gehecht; *gesund an Leib und Seele* naar lichaam en ziel gezond; *das liegt mir am Herzen* dat ligt mij na aan het hart; *am Rhein* aan de Rijn; *es liegt mir nichts an der Sache* er is me niets aan gelegen **2** bij: *er wohnt am Dom* hij woont bij de domkerk; *am Ofen sitzen* bij de kachel zitten; *sich an den Ofen setzen* bij de kachel gaan zitten **3** in: *wir loben an ihm den großen Fleiß* wij prijzen in hem zijn grote vlijt; *jmdm an Kenntnissen nachstehen, gleichstehen, überlegen sein* in kennis bij iem achterstaan, met iem gelijk staan, boven iem staan; *am Leben sein* in leven zijn; *an einem Ort wohnen* in een plaats wonen; *der Schnee schmilzt an der Sonne* de sneeuw smelt in de zon; *wenn ich an Ihrer Stelle wäre* als ik in uw plaats was **4** jegens: *redlich an jmdm handeln* eerlijk jegens iem handelen **5** met: *an Krücken gehen* met krukken lopen **6** langs: *er kam an meinem Hause vorbei* hij kwam langs mijn huis **7** op: *am Abend* op de avond, 's avonds; *an der Börse* op de beurs; *Kritik üben an*$^{+3}$ kritiek uitoefenen op; *der Mord an L.* de moord op L.; *an Ort und Stelle* ter plaatse; *am Sonntag* op zondag; *sich an jmdm rächen* zich op iem wreken; *an und für sich* op zichzelf (beschouwd) **8** tegen: *sich an die Wand lehnen* tegen de muur leunen **9** tot: *sich an jmdn wenden* zich tot iem wenden || *jmdm an die Hand gehen* iem een handje helpen; *ich bin an der Reihe* het is mijn beurt; *Sie sind am Zuge!* u moet spelen, het is uw beurt!; *es liegt nur an ihm* het hangt alleen van hem af; *er schreibt am schönsten* hij schrijft het mooist; *sich an jmdn erinnern* zich iem herinneren
Anachronismus *m (2e nvl -; mv -men)* anachronisme
anal anaal
Analogie v^{21} analogie, overeenkomst: *in ~ zu*$^{+3}$ naar analogie van
Analphabet m^{14} analfabeet
Ananas *v (mv -(se))* ananas
Anarchie v^{21} anarchie
Anästhesie v^{21} anesthesie, narcose
Anästhesist m^{14} anesthesist, narcotiseur
Anatomie v^{28} anatomie
¹**anbacken**^{121} *intr* aanbakken, vastbakken
²**anbacken**^{121} *tr* even bakken
¹**anbahnen** *tr* voorbereiden, de weg banen voor: *eine Verständigung ~* een toenadering teweegbrengen; *eine Verbindung ~* een relatie aanknopen
²**anbahnen, sich** ontstaan, beginnen
anbändeln, anbandeln: *mit jmdm ~* met iem ruzie zoeken; *mit einem Mädchen ~* met een meisje flirten
¹**Anbau** m^{19} **1** teelt, (het) verbouwen **2** (het) bouwen
²**Anbau** *m (2e nvl -(e)s; mv -ten)* aanbouw, nieuw gedeelte *(ve gebouw)*
anbauen **1** telen, verbouwen **2** aanbouwen, bijbouwen
Anbaufläche v^{21} bebouwde oppervlakte, areaal
Anbauküche v^{21} aanbouwkeuken
Anbeginn m^{19} begin
anbehalten^{183} *(zijn jas)* aanhouden
anbei ingesloten, bijgaand
anbeißen^{125} **1** (aan)bijten: *der Fisch beißt an* de vis bijt, ik krijg beet **2** *(fig)* toehappen
anbelangen betreffen, aangaan

anberaumen *(tijdstip)* vaststellen, bepalen; *(vergadering)* beleggen, uitschrijven
anbeten aanbidden
Anbeter *m*[9] aanbidder; vereerder
Anbetracht: *in ~ dieser Sache* met het oog op deze zaak
anbetreffen[289] betreffen, aangaan
Anbetung *v*[28] aanbidding
anbezahlen aanbetalen
anbiedern, sich: *sich bei jmdm ~* lief en aardig tegen iem doen, met iem aanpappen
anbieten[130] aanbieden: *zum Verkauf ~* te koop bieden
Anbieter *m*[9] aanbieder
[1]**anbinden**[131] *intr (met iem)* ruzie zoeken
[2]**anbinden**[131] *tr* **1** vastbinden **2** *(een schip)* vastleggen, meren
anblasen[133] **1** aanblazen, aanwakkeren **2** (iem) afblaffen, uitkafferen
Anblick aanblik: *bei diesem ~* toen we dat zagen
anblicken aanzien, aankijken
anblinzeln met knipperende ogen aankijken; knipogen tegen
anbraten[136] even braden, aanbraden
anbrausen aanstormen
[1]**anbrechen**[137] *intr* aanbreken, beginnen, komen
[2]**anbrechen**[137] *tr* aanbreken, openen, aansnijden
[1]**anbrennen**[138] *intr* vlam vatten, ontbranden; aanbranden
[2]**anbrennen**[138] *tr* aansteken
anbringen[139] **1** aanbrengen, bevestigen, plaatsen **2** komen aanzetten met **3** (iem) onderbrengen **4** verkopen, kwijtraken **5** *(klacht, verzoek, wens)* uiten, tonen, kenbaar maken
[1]**Anbruch** *m*[19] (het) aanbreken, begin
[2]**Anbruch** *m*[6] scheur
anbrüllen brullen tegen, afblaffen
[1]**Andacht** *v*[20] korte godsdienstoefening, (morgen-, avond)wijding; *(r-k)* lof
[2]**Andacht** *v*[28] gebed, meditatie; concentratie
andächtig **1** vroom, devoot: *~ beten* devoot bidden **2** plechtig **3** geboeid, aandachtig: *~ zuhören* aandachtig luisteren
andauern voortduren, aanhouden
andauernd voortdurend, aanhoudend
Andenken *o*[35] **1** herinnering, gedachtenis, aandenken **2** aandenken, souvenir
ander ander: *am ~en Tage* de volgende dag; *ein Mal übers ~e* telkens weer, keer op keer; *alles ~e als schön* allesbehalve mooi; *der eine oder ~e* deze of gene; *die Frau ist in ~en Umständen* de vrouw is in verwachting; *einer um den ~n* om de beurt; *einen Tag um den ~en, um den ~en Tag* om de andere dag; *unter ~em* onder andere; *zum ~en* ten tweede; *etwas ~es* iets anders; *~er Ansicht* (of: *~en Sinnes) werden* van mening veranderen; *sich eines ~en besinnen* zich bedenken; *auf der ~en Seite* aan de andere kant
änderbar veranderbaar, te veranderen
anderenfalls anders, in het andere geval
andererseits aan de andere kant, anderzijds
andermal: *ein ~* een andere keer
[1]**ändern** *tr* veranderen, wijzigen, vermaken: *ich kann es nicht ~* ik kan er niets aan doen
[2]**ändern, sich** veranderen, anders worden: *daran lässt sich nichts ~* daar is niets aan te doen
anders anders, op een andere wijze, verschillend: *~ als sonst* anders dan anders; *irgendwo ~* ergens anders, elders; *es wird noch ganz ~ kommen* het zal nog wel heel anders worden; *sich ~ besinnen* zijn plannen veranderen
andersartig andersoortig, van andere soort
anderseits *zie* andererseits
andersgläubig andersdenkend, andersgezind
andersherum andersom, omgekeerd
anderswie anders, op een andere wijze
anderswo ergens anders, elders
anderthalb anderhalf: *~ Stunden* anderhalf uur
Änderung *v*[20] verandering, wijziging
[1]**anderweitig** *bn* ander
[2]**anderweitig** *bw* elders, ergens anders
[1]**andeuten** *tr* **1** te kennen geven, aanduiden **2** zinspelen op **3** aangeven **4** aankondigen
[2]**andeuten, sich** zich aftekenen, zichtbaar worden
Andeutung *v*[20] **1** aanduiding **2** zinspeling, toespeling **3** (het) vluchtig aangeven
andeutungsweise terloops, vaag
andocken *(ruimtevaart)* aankoppelen, vastkoppelen, koppelen
[1]**andonnern** *intr* met veel lawaai naderen
[2]**andonnern** *tr* toebrullen: *jmdn ~* tegen iem tekeergaan || *wie angedonnert* als door de bliksem getroffen
Andrang *m*[19] (aan)drang; toevloed, drukte
andrehen **1** *(licht)* aandraaien; *(radio)* aanzetten; *(kraan)* opendraaien **2** vastdraaien **3** *(inform)* aansmeren
andrerseits *zie* andererseits
andringen[143] opdringen, aanstormen
androhen: *jmdm etwas ~* iem met iets dreigen
Androhung *v*[20] bedreiging
andrücken **1** aandrukken **2** *(licht)* aanknippen
aneignen, sich **1** zich eigen maken **2** zich (onrechtmatig) toe-eigenen
Aneignung *v*[20] **1** (het) zich eigen maken **2** (onrechtmatige) toe-eigening
aneinander aan elkaar, samen, aaneen
aneinandergeraten[218] slaags raken
Anekdote *v*[21] anekdote
anekeln doen walgen, afkeer inboezemen: *das ekelt mich an* daar walg ik van
anempfehlen[147] aanbevelen, aanraden
anerkannt erkend
anerkennen[189] **1** erkennen; *(sp)* homologeren **2** goedkeuren: *(sp) ein Tor nicht ~* een doelpunt afkeuren; *~d mit dem Kopf nicken* goedkeurend, instemmend knikken **3** respecteren
Anerkennung *v*[20] **1** erkenning, legitimatie

2 waardering 3 instemming, goedkeuring
Anerkennungsprämie v^{21} bonus
anerziehen[318] door de opvoeding bijbrengen, aankweken: *das ist ihm anerzogen* daar is hij in opgevoed
anessen[152]**, sich** door te veel eten krijgen: *sich einen Bauch* ~ een buikje krijgen
anfachen 1 *(vuur)* aanblazen 2 *(hartstocht)* opwekken 3 *(oorlog)* ontketenen
[1]**anfahren**[153] *intr* 1 beginnen te rijden, optrekken 2 komen aanrijden, komen aanvaren
[2]**anfahren**[153] *tr* 1 *(goederen met voertuig)* brengen, aanvoeren: *(drank)* ~ *lassen* laten aanrukken 2 (iem) afsnauwen, uitvaren tegen 3 (iem) aanrijden 4 *(een plaats)* aandoen
Anfahrt v^{20} 1 (het) komen aanrijden, aankomst 2 rijtijd 3 toegangsweg, oprit
[1]**Anfall** m^{6} 1 aanval, beroerte 2 *(fig)* aanval, vlaag
[2]**Anfall** m^{19} opbrengst
[1]**anfallen**[154] *intr* ontstaan, voorkomen: *die ~den Nebenprodukte* de hierbij verkregen bijproducten; *alle ~den Arbeiten* alle voorkomende werkzaamheden
[2]**anfallen**[154] *tr* 1 aanvallen, overvallen 2 *(fig)* overvallen, bekruipen: *Fieber fällt jmdn an* iem krijgt een koortsaanval 3 toesnauwen
anfällig 1 *(med)* vatbaar 2 *(fig)* gevoelig
Anfälligkeit v^{20} 1 *(med)* vatbaarheid 2 *(fig)* gevoeligheid
Anfang m^{6} aanvang, begin: *im ~, zu ~, am ~* in het begin; *von ~ an* van het begin af (aan); *von ~ bis Ende* van het begin tot het einde; *~ am …* met ingang van …; *~ Januar* begin januari; *sie ist ~ zwanzig* zij is even in de twintig; *den ~ machen* een begin maken; *seinen ~ nehmen* beginnen, aanvangen; *aller ~ ist schwer* alle begin is moeilijk; *die ersten Anfänge* het eerste begin
anfangen[155] beginnen, aanvangen: *wieder von vorn ~* van voren af aan beginnen; *er fing damit an, dass er …* hij begon te …; *von Politik ~* over politiek beginnen; *er fängt immer wieder davon an* hij begint er telkens weer over; *es ungeschickt* (of: *verkehrt*) ~ het verkeerd aanleggen
Anfänger m^{9} beginneling
anfänglich aanvankelijk, in het begin
anfangs aanvankelijk, eerst, in het begin: *gleich ~* al meteen
Anfangsbuchstabe m^{18} beginletter
Anfangsgehalt o^{32} aanvangssalaris; *(Belg)* beginwedde
Anfangszeit v^{20} aanvangstijd
[1]**anfassen** *intr: mit ~* een handje helpen
[2]**anfassen** *tr* 1 aanvatten, aanpakken, aangrijpen; aanraken 2 aanpakken, bejegenen 3 aanpakken, ter hand nemen
anfauchen 1 blazen tegen, sissen tegen 2 uitvallen, uitvaren tegen, toesnauwen
anfechten[156] 1 *(een testament)* aanvechten, betwisten 2 verontrusten
anfertigen vervaardigen, fabriceren
Anfertigung v^{20} vervaardiging, fabricage
anfeuchten bevochtigen
anfeuern *(fig)* aanvuren, aanwakkeren
anflehen smeken, bidden, aanroepen
[1]**anfliegen**[159] *intr* 1 (komen) aanvliegen; naderen 2 verschijnen
[2]**anfliegen**[159] *tr (vliegveld)* aandoen: *Amsterdam ~* naar Amsterdam vliegen || *ein Gedanke flog ihm an* een idee kwam plotseling bij hem op; *es fliegt ihm alles an* alles waait hem aan
Anflug m^{6} 1 *(luchtv)* nadering, (het) aanvliegen 2 zweem, vleugje, tikje
anfordern 1 (dringend) vragen 2 *(stukken)* opvragen 3 opeisen, vorderen
Anforderung v^{20} 1 (dringend) verzoek 2 (het) opvragen 3 eis: *hohe ~en an jmdn stellen* hoge eisen aan iem stellen
Anfrage v^{21} informatie, vraag
anfragen 1 informeren, vragen 2 interpelleren: *bei jmdm wegen etwas ~* bij iem naar iets informeren
anfreunden, sich *(haben)* 1 bevriend raken (met) 2 wennen (aan), vertrouwd raken (met)
[1]**anfühlen** *tr* voelen, betasten: *jmdm etwas ~* aan iem iets merken
[2]**anfühlen, sich** aanvoelen
Anfuhr v^{20} aanvoer, toevoer
anführen 1 aanvoeren, leiden 2 *(redenen, voorbeelden)* geven, noemen: *etwas zu seiner Entschuldigung ~* iets als excuus aanvoeren 3 citeren, aanhalen 4 voor de gek houden
Anführer m^{9} commandant, aanvoerder
Anführung v^{20} 1 bevel, leiding 2 citaat
Anführungsstriche *mv* m^{5}, **Anführungszeichen** *mv* o^{35} aanhalingstekens
Angabe v^{21} 1 aangifte, opgave, informatie; gegeven 2 opschepperij, bluf 3 *(sp)* service, geserveerde bal, serve
angaffen aangapen
[1]**angeben**[166] *intr* 1 opscheppen 2 *(sp)* serveren
[2]**angeben**[166] *tr* 1 opgeven, noemen, vermelden 2 aangeven, bepalen: *das Tempo ~* het tempo bepalen 3 aanduiden 4 verraden
Angeber m^{9} 1 opschepper 2 verrader
Angeberei v^{20} opschepperij, bluf
angeberisch opschepperig, ballerig
angeblich zogenaamd; naar men zegt
Angebot o^{29} 1 aanbod, aanbieding, offerte: *~ und Nachfrage* vraag en aanbod 2 eerste bod 3 aanbod, keuze
angebracht passend, gepast, opportuun
Angedenken o^{39} herinnering, nagedachtenis
angegriffen vermoeid, uitgeput
angeheitert aangeschoten
[1]**angehen**[168] *intr* 1 opkomen, optreden: *gegen*[+4] *etwas ~* tegen iets vechten 2 beginnen 3 *(mbt licht, vuur)* aangaan 4 wortel schieten || *sobald es angeht* zodra het mogelijk is; *es geht nicht an!* dat

kun je niet maken!; *der Verlust geht noch an* het verlies valt nog wel mee

[2]**angehen**[168] *tr* **1** aanvallen, de strijd aanbinden met **2** ter hand nemen, aanpakken, beginnen: *eine Kurve ~* een bocht ingaan **3** vragen, verzoeken **4** betreffen, aangaan: *was mich angeht* wat mij betreft; *das geht dich nichts an!* dat gaat je niets aan!; *das geht dich einen Dreck* (of: *den Teufel) an!* dat gaat je geen donder aan!

angehend beginnend, aankomend: *~er Arzt* beginnend arts

angehören toebehoren, behoren aan, tot, bij

Angehörige(r) *m*[40a], *v*[40b] **1** bloedverwant, familielid **2** lid, aanhanger, medewerker: *meine Angehörigen* mijn verwanten, mijn familie; *Angehörige der Polizei* politieambtenaren

Angeklagte(r) *m*[40a], *v*[40b] verdachte, beklaagde

Angel *v*[21] **1** scharnier, hengsel **2** (vis)haak **3** hengel **4** doorn, angel *(ve degen, mes)*

angelegen: *sich etwas ~ sein lassen* zich bekommeren om, zich interesseren voor

Angelegenheit *v*[20] aangelegenheid, zaak, probleem: *ich komme in wichtigen ~en* ik kom voor belangrijke zaken

angelegentlich **1** intensief, grondig **2** belangstellend *(informeren)* **3** dringend *(verzoeken)* **4** nadrukkelijk *(aanbevelen)* || *sich ~ bemühen* heel veel moeite doen

angeln **1** hengelen *(eig en fig)*: *er angelt nach Komplimenten* hij vist naar complimenten **2** vissen

Angelpunkt *m*[5] draaipunt, hoofdzaak: *der ~ des Problems* de kern van het probleem

Angelschein *m*[5] visakte; *(Belg)* visverlof

angemessen **1** passend, geschikt, gepast, behoorlijk **2** beantwoordend aan, evenredig aan: *das Honorar ist der Arbeit ~* het salaris is in overeenstemming met het werk

angenehm aangenaam, prettig, verheugend: *~e Reise!* goede reis!; *~e Ruhe!* welterusten!; *ein ~er Mensch* een sympathiek persoon

angeregt levendig, geanimeerd

Angeschuldigte(r) *m*[40a], *v*[40b] verdachte

angesehen gezien, geacht, vooraanstaand

Angesicht *o*[31] **1** (aan)gezicht, gelaat **2** (het) zien, aanblik

angesichts[+2] **1** in het gezicht van **2** ten aanzien (van), met het oog op

angespannt **1** geconcentreerd, ingespannen **2** gespannen, bedenkelijk, kritiek

Angestellte(r) *m*[40a], *v*[40b] bediende, employé, employee: *die Angestellten* het personeel

angestrengt ingespannen, geconcentreerd

angetan: *er hat es ihr ~* zij is weg van hem; *er war von ihr ~* hij was weg van haar; *(nicht) danach ~ sein* (of: *(nicht) dazu ~ sein)* (niet) gunstig, geschikt zijn om, voor

Angetraute(r) *m*[40a], *v*[40b] *(iron)* wederhelft

angetrunken aangeschoten

angewandt toegepast

angewiesen: *auf jmdn, etwas ~ sein* op iem, iets aangewezen zijn

angewöhnen: *sich etwas ~* zich iets aanwennen; *jmdm etwas ~* iem aan iets wennen

Angewohnheit *v*[20] (slechte) gewoonte

angezeigt geraden, raadzaam, gepast

angleichen[176] aanpassen, gelijkmaken

Angler *m*[9] hengelaar, visser

angliedern aansluiten, inlijven

anglotzen aangapen

angreifen[181] **1** *(tegenstander)* aanvallen **2** *(mening)* bestrijden **3** aantasten: *angegriffen aussehen* er slecht uitzien **4** *(voorraden, reserves)* aanspreken **5** aanpakken, beginnen

Angreifer *m*[9] aanvaller, agressor

angrenzen (met *an*[+4]) grenzen aan

Angriff *m*[5] **1** aanval, offensief **2** (hevige) kritiek: *(sp) einen ~ starten* een offensief beginnen || *etwas in ~ nehmen* met iets beginnen

angriffslustig vechtlustig, agressief

Angst *v*[25] angst, vrees, schrik, ongerustheid: *in ~ sein* in angst zitten; *es mit der ~ zu tun kriegen* (of: *bekommen)* bang worden

ängstigen beangstigen, verontrusten: *sich vor jmdm* (of: *um jmdn), vor einer Sache* (of: *um eine Sache) ~* zich over iem, over iets ongerust maken

ängstlich **1** angstig, bang **2** beschroomd, schuchter **3** angstvallig, uiterst nauwgezet

angucken aankijken, bekijken

angurten de (veiligheids)gordel omdoen

anhaben[182] **1** *(kleren, schoenen)* aanhebben, dragen **2** deren: *keiner kann ihm etwas ~* niemand kan hem iets maken

anhaften **1** (vast)kleven, (vast)plakken **2** *(fig)* aankleven, eigen zijn

Anhalt *m*[5] houvast, aanknopingspunt

[1]**anhalten**[183] *intr* **1** stilhouden, stoppen **2** aanhouden, voortduren **3** (met *um*[+4]) verzoeken: *um eine Stelle ~* solliciteren naar een baan

[2]**anhalten**[183] *tr* **1** stilzetten, stoppen, tot stilstand brengen: *den Schritt ~* blijven staan; *den Atem ~* de adem inhouden **2** aansporen **3** arresteren

anhaltend aanhoudend, voortdurend

Anhalter *m*[9] lifter: *per ~ fahren* (of: *reisen)* liften

Anhaltspunkt *m*[5] aanknopingspunt, houvast

anhand[+2]: *~ des Buches, ~ von Unterlagen* aan de hand van het boek, aan de hand van gegevens

Anhang *m*[6] **1** aanhangsel, bijvoegsel **2** aanhang, vrienden, aanhangers **3** familie

[1]**anhängen** *intr, st* **1** hangen aan, gehecht zijn aan **2** aanhanger zijn van, toegedaan zijn **3** behoren bij, eigen zijn aan

[2]**anhängen** *tr, zw* **1** (op)hangen **2** aankoppelen **3** toevoegen, bijvoegen: *noch 3 Tage Urlaub ~* er nog 3 dagen vakantie aan vastknopen **4** in de schoenen schuiven: *jmdm einen Prozess ~* iem een proces aandoen **5** aanpraten, aansmeren

[3]**anhängen, sich** zich aansluiten (bij), zich voegen (bij)

an

Anhänger *m*[9] **1** aanhanger, volgeling **2** hanger *(sieraad)* **3** aanhangwagen **4** label
anhänglich aanhankelijk, trouw
Anhängsel *o*[33] **1** aanhangsel **2** hanger *(sieraad)*
anhang(s)weise als, bij wijze van aanhangsel
Anhauch *m*[19] adem, ademtocht; *(fig)* zweem, waas, vleugje
anhauchen **1** beademen, ademen tegen, op **2** uitvaren tegen: *jmdn ~* iem uitkafferen || *idealistisch angehaucht* een beetje idealistisch
anhäufen op(een)hopen, opstapelen
[1]**anheben**[186] *intr* beginnen, aanvangen
[2]**anheben**[186] *tr* **1** even optillen, optrekken **2** *(lonen, prijzen)* verhogen
Anhebung *v*[20] verhoging
anheften bevestigen, vastmaken, opspelden
anheimeln weldadig, prettig aandoen
anheimelnd gezellig, behaaglijk, vertrouwd
anheimfallen[154+3] ten deel, te beurt vallen, toevallen
anheizen **1** aanmaken, aansteken **2** versterken, aanwakkeren
anherrschen uitvaren tegen, toesnauwen
anheuern aanmonsteren
Anhieb *m*[19]: *auf (den ersten) ~* direct, onmiddellijk, bij de eerste poging
anhimmeln dwepend aankijken; dwepen met
Anhöhe *v*[21] hoogte, heuvel, verhevenheid
[1]**anhören** *tr* **1** aanhoren; (aandachtig) luisteren naar **2** aanhoren, horen aan: *jmdm ~, dass er erkältet ist* aan iem horen, dat hij verkouden is
[2]**anhören, sich** klinken, lijken: *es hört sich an, als ob es regnet* het lijkt net of het regent
Anhörung *v*[20] hoorzitting, hearing
animieren[320] animeren
Anis *m*[5] anijs
ankämpfen: *gegen*[+4] *etwas ~* tegen iets vechten, strijden; optornen *(tegen de storm)*
Ankauf *m*[6] (aan-, in)koop, aanschaf
ankaufen aankopen, kopen, aanschaffen
Anker *m*[9] anker *(alle bet): den ~ auswerfen* het anker uitwerpen, laten vallen; *~ werfen* (of: *vor ~ gehen)* voor anker gaan
ankern **1** voor anker gaan **2** voor anker liggen
anketten ketenen, aan de ketting leggen
Anklage *v*[21] aanklacht, beschuldiging: *unter ~ stellen* in staat van beschuldiging stellen; *unter ~ stehen* beschuldigd worden
Anklagebank *v*[25] beklaagdenbank
anklagen **1** aanklagen: *jmdn des Diebstahls ~* iem wegens diefstal aanklagen **2** beschuldigen, verwijten, aanklagen
Anklagepunkt *m*[5] punt van aanklacht
Ankläger *m*[9] (aan)klager
Anklageschrift *v*[20] akte van beschuldiging
[1]**anklammern** *tr* bevestigen, vastmaken: *Wäsche ~* wasgoed ophangen
[2]**anklammern, sich** (met *an*[+4]) zich vastklampen, zich vastklemmen (aan)
Anklang *m*[6] **1** herinnering, reminiscentie **2** overeenkomst: *~ finden* weerklank, instemming, bijval vinden
[1]**ankleben** *intr* kleven, vastplakken (aan)
[2]**ankleben** *tr* opplakken
Ankleidekabine *v*[21] kleedhokje; paskamer
ankleiden (aan)kleden
anklicken aanklikken
anklingen[191] **1** doorklinken, te bespeuren zijn, hoorbaar zijn **2** herinneren aan
anklopfen aankloppen: *an die* (of: *der) Tür ~* op de deur kloppen
anknipsen aanknippen, aandoen
[1]**anknüpfen** *intr* (aan)knopen: *~ an*[+4] aanknopen bij
[2]**anknüpfen** *tr (gesprek, onderhandelingen)* aanknopen, beginnen
Anknüpfungspunkt *m*[5] aanknopingspunt
[1]**ankommen**[193] *intr* **1** aankomen, arriveren **2** een baan krijgen, aangesteld worden **3** succes hebben, goed aanslaan *(ve boek, film)* **4** tegen iem (*of:* iets) op kunnen: *gegen jmdn anzukommen suchen* proberen tegen iem op te kunnen **5** komen aanzetten **6** aankomen, afhangen van: *es kommt auf dich an!* het hangt van jou af!
[2]**ankommen**[193] *tr* **1** bekruipen, overvallen: *Angst kam mich an* angst bekroop mij **2** moeite kosten: *es kommt mich schwer an* het valt mij zwaar || *es auf*[+4] *etwas ~ lassen* het op iets laten aankomen; *es kommt darauf an* het hangt er van af; *auf ein paar Euro kommt es mir nicht an* ik kijk niet op een paar euro; *bei jmdm gut, schlecht ~* bij iem aan het juiste, verkeerde adres zijn; *damit kommt er bei mir nicht an!* daarmee hoeft hij bij mij niet aan te komen
Ankömmling *m*[5] (pas) aangekomene, nieuweling
ankoppeln aankoppelen
ankotzen **1** kotsen op, over **2** doen kotsen, doen walgen: *es kotzt mich an* ik walg ervan **3** uitschelden, uitkafferen
ankreiden **1** *(schuld)* opschrijven **2** (hoogst) kwalijk nemen
ankreuzen aankruisen
ankriegen aankrijgen
[1]**ankündigen** *tr* aankondigen, aanzeggen
[2]**ankündigen, sich** zich aankondigen
Ankündigung *v*[20] aankondiging
Ankunft *v*[25] (aan)komst: *die ~ einer Tochter* de geboorte van een dochter
ankurbeln aanzwengelen
anlächeln glimlachen naar, tegen
anlachen aanlachen, toelachen: *jmdn ~* iem toelachen, tegen iem lachen
Anlage *v*[21] **1** aanleg, (het) aanleggen **2** park, plantsoen **3** fabriek, installatie: *die elektrische ~* de elektrische installatie; *militärische ~n* militaire installaties **4** opzet, ontwerp, plan **5** aanleg: *eine ~ zur Musik* een aanleg voor muziek; *gute ~n haben*

begaafd zijn **6** (geld)belegging **7** bijlage: *als ~ (*of: *in der ~)* ingesloten
Anlageberater *m*[9] beleggingsadviseur
Anlagekapital *o*[29] belegd kapitaal
[1]**anlanden** *intr* **1** aanleggen, meren **2** aanslibben
[2]**anlanden** *tr* naar de wal, aan land brengen
[1]**anlangen** *intr* (aan)komen, bereiken
[2]**anlangen** *tr* betreffen, aangaan
Anlass *m*[6] **1** aanleiding, beweegreden: *ohne allen ~* zonder enige aanleiding **2** reden **3** gelegenheid: *aus ~*[+2] bij gelegenheid van
[1]**anlassen**[197] *tr* **1** starten, aanzetten **2** *(kleding)* aan laten **3** aan laten: *das Licht ~* het licht laten branden
[2]**anlassen**[197]**, sich** beginnen, starten
Anlasser *m*[9] starter *(ve motor)*
Anlassfarbe *v*[21] aanloopkleur
anlässlich[+2] bij gelegenheid van, ter gelegenheid van
anlasten ten laste leggen, aanwrijven
Anlauf *m*[6] **1** *(sp)* aanloop **2** begin, start **3** poging **4** aanval, bestorming
[1]**anlaufen**[198] *intr* **1** *(mbt motor)* beginnen te lopen, starten **2** beginnen **3** (aan)lopen, oplopen (tegen): *gegen Vorurteile ~* vooroordelen bestrijden **4** *(sp)* een aanloop nemen **5** oplopen; stijgen **6** *(mbt bril, glas)* beslaan **7** *(mbt kleuren)* aanlopen **8** (op)zwellen
[2]**anlaufen**[198] *tr (haven)* aandoen
anläuten 1 *(sp)* de bel luiden (voor) **2** *(regionaal)* opbellen
[1]**anlegen** *intr (mbt schip)* aanleggen, meren
[2]**anlegen** *tr* **1** *(geweer)* aanleggen: *auf jmdn ~* op iem mikken **2** aanleggen: *das Baby ~* de baby aanleggen, de borst geven **3** aantrekken, aandoen: *den Sicherheitsgurt ~* de veiligheidsgordel aandoen **4** ontwerpen, opzetten, aanleggen: *groß angelegt* groots opgezet; *ein breit angelegter Roman* een breed opgezette roman **5** munten: *er hat es auf mich angelegt* hij heeft het op mij gemunt **6** *(geld)* beleggen, investeren; betalen, uitgeven
[3]**anlegen, sich** ruzie zoeken
Anleger *m*[9] belegger, investeerder
[1]**anlehnen** *tr* **1** plaatsen **2** op een kier laten staan: *die Tür war angelehnt* de deur stond op een kier
[2]**anlehnen, sich 1** (met *an*[+4]) leunen tegen **2** (met *an*[+4]) tot voorbeeld nemen
Anlehnung *v*[20] **1** navolging, (het) aanleunen **2** (het) steunen op, steun: *die ~ an einen mächtigen Nachbarn* het steunen op een machtige buur
Anleihe *v*[21] **1** lening: *eine ~ aufnehmen* (of: *machen)* een lening sluiten **2** (het) overnemen (van), ontlenen (aan): *eine ~ machen bei*[+3] overnemen van *(componist of schrijver)*
anleinen aanlijnen; vastbinden
anleiten 1 leren, instrueren **2** aansporen
Anleitung *v*[20] **1** instructie, onderricht: *unter ~* (of: *unter der ~) des Lehrers* onder leiding van de leraar **2** gebruiksaanwijzing, handleiding
[1]**anlernen** *tr* (iem) opleiden, inwerken
[2]**anlernen, sich** zich aanleren, zich eigen maken
anliegen[202] **1** aansluiten: *eng* (of: *knapp) ~ (mbt kleren)* glad (*of:* nauwsluitend) zitten **2** na aan het hart liggen; *(voor iem)* van groot belang zijn **3** te doen zijn
Anliegen *o*[35] wens, verzoek, verlangen
anliegend 1 aangrenzend, naburig **2** ingesloten *(in brief);* bijgaand
Anlieger *m*[9] aanwonende: *~ frei!* alleen bestemmingsverkeer!
anlocken aanlokken, aantrekken
anlügen beliegen, voorliegen
Anm. *afk van Anmerkung* opmerking; aantekening
anmachen 1 bevestigen, vastmaken **2** *(vuur)* aansteken, aanmaken **3** *(licht)* aandoen; *(radio)* aanzetten **4** *(sla)* aanmaken, aanmengen **5** stimuleren, meeslepen **6** proberen te versieren
anmahnen aanmanen
Anmahnung *v*[20] aanmaning
anmailen mailen
[1]**anmalen** *tr* schilderen, verven
[2]**anmalen, sich** zich (opvallend) opmaken, schminken
Anmarsch *m*[19] **1** opmars **2** aantocht: *einen langen ~ haben* ver van het werk wonen
anmarschieren[320] **1** aanmarcheren, oprukken **2** zich aanmatigen
anmaßen, sich zich aanmatigen
anmaßend aanmatigend, arrogant
Anmaßung *v*[20] aanmatiging, arrogantie
Anmeldeformular *o*[29] aanmeldingsformulier, inschrijvingsbiljet
anmelden 1 aankondigen, aandienen, aanmelden **2** aangeven, laten inschrijven, opgeven **3** naar voren brengen, uiten
Anmeldepflicht *v*[28] aanmeldingsplicht
Anmeldung *v*[20] **1** aanmelding, aankondiging **2** aangifte, inschrijving **3** (het) naar voren brengen, uiting
anmerken 1 zien: *jmdm etwas ~* aan iem iets merken, zien; *sich nichts ~ lassen* niets laten merken **2** opmerken **3** noteren, aantekenen
Anmerkung *v*[20] opmerking; aantekening
anmieten huren
anmustern aanmonsteren
Anmut *v*[28] bevalligheid, lieftalligheid, gratie
anmuten aandoen: *das mutet mich seltsam an* dat maakt op mij een vreemde indruk
anmutig liefelijk, lieftallig, bekoorlijk, gracieus
annageln (vast)spijkeren, vastnagelen
[1]**annähern**[+3] *tr* nader brengen: *Standpunkte einander ~* standpunten nader tot elkaar brengen
[2]**annähern, sich** naderen *(ook fig);* benaderen
annähernd bij benadering, ongeveer
Annäherung *v*[20] **1** (het) naderen **2** toenadering
Annäherungspolitik *v*[20] toenaderingspolitiek
Annäherungsversuch *m*[5] poging tot toenadering

annäherungsweise bij benadering, ongeveer
Annahme *v*[21] **1** (het) aannemen, (het) in ontvangst nemen **2** (het) aannemen, aanvaarding, goedkeuring **3** adoptie: ~ *an Kindes statt* adoptie **4** (het) aannemen, aanstelling **5** vermoeden, veronderstelling **6** inleveradres
annehmbar *(voorstel)* acceptabel, aanvaardbaar; *(prijs)* behoorlijk
[1]**annehmen**[212] *tr* **1** *(geschenk)* aannemen, in ontvangst nemen; *(erfenis, vonnis)* aanvaarden; *(voorstel, wet)* aannemen, goedkeuren **2** *(weddenschap)* aangaan **3** *(manieren)* overnemen **4** *(een leerling)* toelaten; *(arbeiders)* aannemen **5** adopteren, aannemen **6** (iets) veronderstellen **7** opnemen **8** *(sp)* aannemen
[2]**annehmen**[212+2]**, sich** zich bekommeren om
annehmlich 1 aangenaam **2** acceptabel
Annehmlichkeit *v*[20] genoegen, gemak
annektieren[320] annexeren
anno anno: ~ *dazumal* in het jaar nul
Annonce *v*[21] annonce, advertentie
annoncieren[320] annonceren, adverteren
annullieren[320] annuleren, nietig verklaren
anöden 1 vervelen **2** lastigvallen
anomal anomaal, onregelmatig, afwijkend
anonym anoniem
anordnen 1 ordenen, rangschikken, inrichten **2** bepalen, voorschrijven
Anordnung *v*[20] **1** ordening, rangschikking **2** bepaling, voorschrift
anormal abnormaal, ongewoon, afwijkend
anpacken aanpakken *(ook fig)*; vastgrijpen || *der Hund packt an* de hond bijt
[1]**anpassen**[+3] *tr* aanpassen
[2]**anpassen**[+3]**, sich** zich aanpassen
Anpassung *v*[20] aanpassing
anpassungsfähig in staat zich aan te passen
Anpassungsfähigkeit *v*[20], **Anpassungsvermögen** *o*[35] aanpassingsvermogen
anpfeifen[214] **1** *(sp)* het aanvangssignaal geven (voor) **2** uitkafferen
Anpfiff *m*[5] **1** *(sp)* beginsignaal **2** uitbrander
anpflanzen 1 planten **2** verbouwen, telen **3** *(tuin)* beplanten
anpöbeln 1 grof beledigen **2** lastigvallen
anpochen (aan)kloppen
Anprall *m*[19] schok, botsing, stoot
anprallen (met *an*[+4]) (aan)botsen (tegen); *(mbt regen)* kletteren (tegen)
anprangern aan de kaak stellen
anpreisen[216] aanprijzen, roemen
anprobieren[320] (aan)passen
anpumpen geld lenen, te leen vragen
Anrainer *m*[9] buurman; aanwonende
anraten[218] (aan)raden, aanbevelen
anrechnen 1 aanrekenen, berekenen, in rekening brengen **2** in mindering brengen, aftrekken **3** *(diensttijd)* meetellen **4** aanrekenen, beschouwen
Anrechnung *v*[20] **1** (het) berekenen, (het) in rekening brengen **2** mindering, aftrek: *unter ~ der Untersuchungshaft* onder aftrek van het voorarrest **3** (het) meetellen *(vd diensttijd)*
Anrecht *o*[29] recht: ~ *auf*[+4] recht op
Anrede *v*[21] **1** aanspreekvorm, aanspreektitel **2** aanspreking; (het) aanspreken
anreden (iem) aanspreken: *sie redete mich auf meine Nachbarin hin an* ze sprak me aan over mijn buurvrouw
anregen 1 inspireren **2** opwekken, prikkelen, stimuleren: *~de Mittel* stimulerende middelen **3** aansporen, aanzetten, bewegen
Anregung *v*[20] **1** opwekking, prikkeling **2** initiatief, impuls, stoot; aansporing **3** voorstel **4** (het) op gang brengen
anreichern 1 verzamelen, opslaan, ophopen **2** verbeteren, verrijken: *angereichertes Uran* verrijkt uranium
anreihen 1 *(kralen)* aanrijgen **2** toevoegen
Anreise *v*[21] **1** heenreis **2** aankomst
anreisen 1 reizen (naar) **2** aankomen
anreißen[220] **1** een scheur in iets maken **2** *(voorraad)* aanbreken; *(pakje)* openen **3** *(motor)* starten **4** *(klanten)* lokken **5** *(kwestie)* aansnijden
Anreiz *m*[5] prikkel, aansporing, stimulans
anreizen aansporen, prikkelen, stimuleren
anrempeln: *jmdn ~: a)* opzettelijk tegen iem aanlopen; *b)* tegen iem uitvaren, iem beledigen
anrennen[222] **1** (met *an*[+4]) aanlopen (tegen), aanbotsen (tegen) **2** bestormen, stormlopen: *gegen das Schicksal ~* tegen het noodlot strijden
anrichten 1 *(spijzen)* (toe)bereiden, klaarmaken **2** *(schade, verwarring)* aanrichten, veroorzaken
anrollen 1 beginnen te rijden: *der Zug rollte an* de trein zette zich in beweging **2** komen aanrijden
anrüchig 1 berucht, ongunstig bekendstaand **2** aanstootgevend
[1]**anrucken** *intr* zich met een schok in beweging zetten
[2]**anrucken** *tr* met rukken trekken aan
[1]**anrücken** *intr* aanrukken, naderen
[2]**anrücken** *tr* bijschuiven, schuiven (naar)
Anruf *m*[5] **1** aanroep **2** telefoontje
Anrufbeantworter *m*[9] antwoordapparaat
anrufen[226] **1** (aan)roepen, toeroepen **2** een beroep doen op **3** opbellen, telefoneren
anrühren 1 beroeren, aanraken: *Reserven ~* reserves aanspreken **2** ontroeren, treffen **3** *(beslag)* aanmaken
Ansage *v*[21] **1** aankondiging, bekendmaking **2** *(sp)* (tactische) aanwijzing
[1]**ansagen** *tr* **1** aankondigen; bekendmaken: *im Rundfunk ~* omroepen **2** *(brief)* dicteren
[2]**ansagen, sich** zijn bezoek aankondigen
Ansager *m*[9] omroeper, nieuwslezer
[1]**ansammeln** *tr* verzamelen, vergaren, ophopen
[2]**ansammeln, sich** zich verzamelen, zich ophopen
Ansammlung *v*[20] verzameling, op(een)hoping;

oploop, samenscholing
ansässig woonachtig, gevestigd; inheems
Ansatz *m*[6] **1** (het) aanzetten **2** *(techn)* aanzetstuk, verlengstuk **3** mondstuk **4** begin *(ve blad, wortel, buikje)* **5** taxatie, raming, schatting **6** vorming **7** aanslag, bezinksel
Ansatzpunkt *m*[5] aanknopingspunt
[1]**anschaffen** *intr* **1** tippelen **2** stelen, gappen
[2]**anschaffen** *tr* aanschaffen, kopen: *sich Kinder ~* kinderen krijgen
Anschaffer *m*[9] dief
Anschaffung *v*[20] aanschaf; aankoop
anschalten inschakelen, aanzetten
anschauen 1 aankijken **2** bekijken: *sich die Stadt ~* de stad bezichtigen
anschaulich aanschouwelijk, duidelijk
[1]**Anschauung** *v*[28] (het) aanschouwen, beschouwen
[2]**Anschauung** *v*[20] opvatting, zienswijze, mening: *aus eigener ~ wissen* uit eigen ervaring weten
Anschein *m*[19] schijn, indruk: *dem ~ nach* (of: *allem ~ nach)* naar het schijnt; *es hat den ~ als ob …* het schijnt, dat …; *sich den ~ geben* doen alsof
anscheinen[233] beschijnen
anscheinend naar het schijnt, kennelijk
anschicken, sich zich gereedmaken; op het punt staan
anschieben[237] **1** vooruit duwen; *(auto)* aanduwen **2** schuiven (naar, tegen)
[1]**anschießen**[238] *intr* toesnellen
[2]**anschießen**[238] *tr* **1** aanschieten **2** *(voetbal)* tegen iem aanschieten **3** *(sp)* het startschot geven
Anschiss *m*[5] uitbrander
Anschlag *m*[6] **1** bekendmaking, mededeling **2** aanslag, overval **3** (het) aanslaan **4** aanslag *(ook muz, mil, techn)* **5** *(handel)* raming, schatting
Anschlagbrett *o*[31] mededelingenbord
[1]**anschlagen**[241] *intr* **1** *(mbt hond)* aanslaan **2** *(sp)* aantikken **3** baten, succes hebben **4** dik maken **5** botsen, stoten, slaan (tegen)
[2]**anschlagen**[241] *tr* **1** bekendmaken, meedelen **2** *(kinderspel)* aftikken **3** aanslaan: *eine Taste ~* een toets aanslaan **4** slaan **5** *(sp)* aanslaan **6** schatten
Anschlagtafel *v*[21] mededelingenbord
[1]**anschließen**[245] *intr* **1** *(mbt kleding)* aansluiten **2** grenzen
[2]**anschließen**[245] *tr* **1** vastmaken, vastleggen **2** aansluiten, verbinden **3** toevoegen: *eine Bemerkung ~* er een opmerking aan toevoegen
anschließend in aansluiting daarop, daarna
Anschluss *m*[6] **1** aansluiting, verbinding: *seinen ~ verpassen* zijn aansluiting missen **2** contact: *im ~ an: a)* in aansluiting op; *b)* in navolging van **3** aansluiting, inlijving
Anschlusstor *o*[29], **Anschlusstreffer** *m*[9] *(sp)* doelpunt, waardoor de achterstand nog maar één punt is
Anschlusszug *m*[6] aansluitende trein
anschmiegen, sich *(mbt kleding)* nauw sluiten: *sich ~ an*[+4] dicht aankruipen tegen
[1]**anschmieren** *tr* **1** bekladden **2** bedriegen: *jmdm etwas ~* iem iets aansmeren
[2]**anschmieren, sich 1** zich besmeuren **2** een wit voetje trachten te halen
[1]**anschnallen** *tr* aangespen; *(schaatsen)* onderbinden, aanbinden
[2]**anschnallen, sich** de veiligheidsgordel aandoen
Anschnallgurt *m*[5] veiligheidsgordel
anschnauzen uitkafferen, afbekken
Anschnauzer *m*[9] uitbrander, snauw
anschneiden[250] **1** *(brood)* aansnijden **2** ter sprake brengen **3** *(sp) (bal)* effect geven **4** *(foto, film)* gedeeltelijk in beeld brengen **5** *(sp, verkeer)* de binnenbocht nemen, (de bocht) afsnijden
anschreiben[252] **1** schrijven op: *an die Tafel ~* op het bord schrijven **2** *(verschuldigd bedrag)* opschrijven **3** aanschrijven
anschreien[253]: *jmdn ~* tegen iem schreeuwen
Anschrift *v*[20] adres
anschuldigen beschuldigen
anschwärzen 1 zwart maken **2** *(fig)* zwartmaken
[1]**anschwellen** *intr, st* **1** aanzwellen, luider worden **2** (op)zwellen, opzetten **3** toenemen, (aan)zwellen
[2]**anschwellen** *tr, zw* **1** *(zeilen)* doen bollen **2** doen zwellen **3** *(fig)* opblazen
anschwemmen aanspoelen, aanslibben
anschwindeln beliegen, voorliegen
[1]**ansehen**[261] *tr* **1** aankijken, aanzien: *jmdn von oben (herab) ~* op iem neerkijken; *ich werde mir die Sache mal ~* ik zal die zaak eens bekijken **2** bekijken, bezichtigen **3** aanzien, zien aan: *man sieht ihm sein Alter nicht an* je zou niet zeggen dat hij al zo oud is **4** beschouwen, achten: *etwas als* (:of *für) seine Pflicht ~* iets als zijn plicht beschouwen
[2]**ansehen**[261]**, sich** er uitzien: *etwas sieht sich gut, schlecht an* iets ziet er goed, slecht uit; *es sah sich an, als …* het zag ernaar uit dat …
Ansehen *o*[39] **1** aanzien, achting: *in hohem ~ stehen* hoog in aanzien zijn **2** aanzien, uiterlijk, voorkomen
ansehenswert bezienswaardig
ansehnlich 1 aanzienlijk: *ein ~er Betrag* een aanzienlijk bedrag **2** statig, groot
ansein *oude spelling voor* an sein, *zie* [1]an
[1]**ansetzen** *intr* **1** beginnen **2** beginnen, inzetten: *zum Reden ~* beginnen te spreken **3** aanzetten, aanbranden
[2]**ansetzen** *tr* **1** zetten tegen: *die Feder ~* de pen op het papier zetten **2** aanzetten, aanbrengen **3** krijgen: *die Pflanze setzt Knospen an* de plant krijgt knoppen; *Eisen setzt Rost an* ijzer roest; *Fett ~* dik worden **4** vaststellen, bepalen **5** ramen, taxeren **6** inzetten, inschakelen: *(sp) einen Spieler auf einen anderen ~* een speler met mandekking belasten **7** mengen, bereiden
Ansicht *v*[20] **1** mening, opvatting: *nach meiner ~* (of: *meiner ~ nach)* mijns inziens **2** afbeelding,

prent: ~ *von Delft* gezicht op Delft **3** aanzicht: *vordere* ~ vooraanzicht || *zur* ~ ter inzage
Ansichtskarte *v*[21] ansicht(kaart)
Ansichtssache *v*[28]: *das ist* ~ daarover kan men van mening verschillen
[1]**ansiedeln** *tr* een woonplaats geven; onderbrengen
[2]**ansiedeln, sich** zich vestigen, gaan wonen
Ansiedlung *v*[20] vestiging, nederzetting
Ansinnen *o*[35] eis, voorstel
ansonsten **1** overigens, verder **2** anders
anspannen **1** aan-, voor-, inspannen **2** aanspannen, strakker spannen **3** inspannen, spannen
Anspiel *o*[29] **1** begin van het spel: *das ~ haben* uitkomen, beginnen **2** (het) aanspelen
[1]**anspielen** *intr* **1** zinspelen, een toespeling maken **2** *(bij schaakspel)* openen; *(voetbal)* aftrappen
[2]**anspielen** *tr* **1** beginnen te spelen **2** *(sp)* aanspelen, passen naar
Anspielung *v*[20] zinspeling, toespeling
anspitzen (aan)punten, slijpen: *jmdn* ~ iem aansporen, aanzetten
Ansporn *m*[19] aansporing, prikkel
anspornen **1** de sporen geven **2** aansporen
Ansprache *v*[21] toespraak
[1]**ansprechen**[274] *intr (mbt boek, lezing, schilderij)* aanspreken, in de smaak vallen
[2]**ansprechen**[274] *tr* **1** aanspreken **2** toespreken: *die Bürger* ~ de burgers toespreken **3** aanspreken, zich wenden tot: *jmdn um*[+4] *etwas* ~ iem om iets vragen; *dadurch fühle ich mich nicht angesprochen* dat gaat mij niets aan **4** aansnijden, ter sprake brengen
ansprechend innemend, prettig, aangenaam
Ansprechpartner *m*[9] contactpersoon
[1]**anspringen**[276] *intr* **1** *(mbt motor)* aanslaan **2** aanspringen (tegen) **3** *(fig)* reageren
[2]**anspringen**[276] *tr* bespringen: *Angst sprang ihn an* angst bekroop hem
Anspruch *m*[6] **1** aanspraak, eis: ~ *auf*[+4] *etwas erheben* aanspraak op iets maken; *jmds Hilfe in ~ nehmen* een beroep doen op iems hulp; *Ansprüche stellen* eisen stellen; *etwas nimmt viel Zeit in* ~ iets neemt veel tijd in beslag **2** aanspraak, recht
anspruchslos zonder pretenties, bescheiden
anspruchsvoll veeleisend, pretentieus
anspülen aanspoelen
anstacheln prikkelen, aanzetten, aansporen
Anstalt *v*[20] **1** inrichting, instituut **2** psychiatrisch ziekenhuis; kliniek voor alcoholici, drugsverslaafden **3** bedrijf || *(keine) ~en machen* (geen) aanstalten maken
Anstand *m*[19] **1** fatsoen: *den ~ wahren* zijn fatsoen houden **2** bezwaar: *(keinen) ~ an etwas nehmen* (geen) bezwaar tegen iets hebben
anständig **1** fatsoenlijk, net, correct **2** behoorlijk: *ein ~er Preis* een behoorlijke prijs **3** behoorlijk, flink
Anständigkeit *v*[28] netheid, fatsoen
anstandshalber fatsoenshalve
anstandslos zonder (enig) bezwaar
anstarren aankijken, aanstaren
anstatt[+2] in plaats van
anstechen[277] prikken in, steken in
[1]**anstecken** *tr* **1** vastspelden, opspelden **2** *(ring)* aandoen **3** in brand steken **4** besmetten, infecteren, aansteken: *~de Krankheit* besmettelijke ziekte
[2]**anstecken, sich** besmet worden
Ansteckung *v*[20] besmetting
anstehen[279] **1** in de rij staan **2** aarzelen: *nicht ~, etwas zu tun* niet aarzelen iets te doen **3** op afhandeling wachten: *~de Fragen* kwesties, die afgehandeld moeten worden **4** ophanden zijn: *die ~den Wahlen* de ophanden zijnde verkiezingen
ansteigen[281] *(mbt weg, berg, temperatuur)* stijgen, oplopen; *(mbt water)* wassen; *(mbt omzet, verkeer)* toenemen
anstelle[+2] in plaats van
[1]**anstellen** *tr* **1** aanstellen, benoemen **2** aan het werk zetten **3** doen, regelen, organiseren, op touw zetten: *was hat er wieder angestellt?* wat heeft hij weer uitgehaald? **4** *(machine, radio e.d.)* aanzetten: *den Hahn* ~ de kraan opendraaien **5** doen, uitvoeren; *(onderzoek)* instellen: *Vermutungen* ~ vermoeden **6** zetten, stellen
[2]**anstellen, sich** **1** in de rij gaan staan **2** zich gedragen, zich aanstellen
Anstellerei *v*[20] aanstellerij
Anstellung *v*[20] aanstelling; baan
[1]**Anstieg** *m*[19] **1** stijging **2** verhoging, toename, vermeerdering
[2]**Anstieg** *m*[5] **1** (het) beklimmen, klim **2** pad naar de top *(ve berg)*
anstieren aanstaren
anstiften **1** aanstichten, veroorzaken **2** overhalen, aanzetten: *jmdn zum Verrat* ~ iem tot verraad aanzetten
Anstifter *m*[9] aanstichter, aanstoker
Anstiftung *v*[20] aanstichting, aanzetting, ophitsing
anstimmen inzetten, aanheffen
Anstoß *m*[6] **1** stoot, schok **2** stoot, impuls: *den ~ zu etwas geben* de (eerste) stoot tot iets geven **3** aanstoot, ergernis: ~ *bei jmdm erregen* iem aanstoot geven **4** aftrap *(bij voetbal)*
[1]**anstoßen**[285] *intr* **1** stoten, botsen **2** aanstoot geven **3** *(met glazen)* klinken **4** grenzen aan: *das ~de Zimmer* de aangrenzende kamer
[2]**anstoßen**[285] *tr* **1** (aan)stoten **2** aanzetten **3** *(voetbal)* trappen tegen; aftrappen
anstößig onbetamelijk, aanstoot gevend
anstrahlen bestralen, verlichten
anstreichen[286] **1** schilderen, verven **2** aanstrepen, onderstrepen **3** *(lucifer)* aanstrijken
Anstreicher *m*[9] schilder
[1]**anstrengen** *tr* **1** inspannen **2** vermoeien **3** *(jur)* aanhangig maken

^{2}**anstrengen, sich** zich inspannen
anstrengend inspannend, vermoeiend
Anstrengung *v*^{20} **1** inspanning: *vergebliche ~en* vergeefse moeite **2** vermoeienis
^{1}**Anstrich** *m*^{19} **1** *(fig)* tintje, cachet, zweem **2** verflaag **3** (het) schilderen, verfje
^{2}**Anstrich** *m*^{5} kleur, verf, tint
Ansturm *m*^{6} aanval, stormloop *(ook fig)*
anstürmen: *gegen etwas ~: a)* op iets aanstormen; *b) (fig)* tegen iets stormlopen
antanzen komen aanzetten, op bezoek komen: *jmdn ~ lassen* iem laten opdraven
antasten 1 (voorzichtig) aanraken: *ein Thema ~* een onderwerp even aanroeren **2** *(iems eer, rechten)* aantasten **3** *(voorraad)* aanspreken
Anteil *m*^{5} **1** (aan)deel, portie **2** aandeel **3** deelneming, belangstelling: *~ nehmen an: a)* deelnemen aan; *b)* zich interesseren voor
anteilig evenredig
Anteilnahme *v*^{28} **1** deelneming, medewerking **2** deelneming, belangstelling
Antenne *v*^{21} antenne
Anthrax *m*^{19a} antrax, miltvuur
Antialkoholiker *m*^{9} geheelonthouder
Antibabypille *v*^{21} anticonceptiepil
antik antiek
^{1}**Antike** *v*^{28} klassieke oudheid
^{2}**Antike** *v*^{21}: *die ~n* de kunstwerken uit de klassieke oudheid
antippen 1 aantikken **2** *(fig)* aanstippen, aanroeren: *bei jmdm ~* iem polsen
Antiquar *m*^{5} **1** antiquaar **2** antiquair
antiquarisch 1 antiquarisch **2** tweedehands
Antiquitätenhändler *m*^{9} antiquair, handelaar in antiek
Antisemitismus *m*^{19a} antisemitisme
antizipieren^{320} anticiperen
Antlitz *o*^{29} gelaat, gezicht
Antrag *m*^{6} **1** verzoek, rekest, aanvraag: *ein ~ auf* een aanvraag tot **2** aanvraagformulier **3** voorstel, motie: *auf ~ von* op voorstel van **4** (huwelijks)aanzoek
antragen^{288} aanbieden
Antragsformular *o*^{29} aanvraagformulier
Antragsteller *m*^{9} iem die een verzoek indient, aanvrager, rekestrant
antreffen^{289} aantreffen
^{1}**antreiben**^{290} *intr* (komen) aandrijven, aanspoelen
^{2}**antreiben**^{290} *tr* **1** aandrijven, voortdrijven **2** *(machine)* aandrijven, in beweging brengen **3** drijven naar, aandrijven
^{1}**antreten**^{291} *intr* **1** *(op het werk)* komen, verschijnen **2** *(mil)* aantreden **3** *(sp)* aantreden, uitkomen **4** *(sp)* versnellen, demarreren
^{2}**antreten**^{291} *tr* **1** *(functie, regering, terugtocht)* aanvaarden **2** beginnen: *wann können Sie die Stelle ~?* wanneer kunt u in dienst treden? **3** *(motor)* aantrappen **4** *(aarde)* aanstampen
Antrieb *m*^{5} **1** aandrijving **2** drang; prikkel, impuls: *aus eigenem* (of: *freiem*) *~* eigener beweging
antrinken^{293} een beetje drinken van: *eine angetrunkene Flasche* een aangebroken fles; *sich Mut ~* zich moed indrinken
Antritt *m*^{19} **1** aanvaarding **2** begin: *~ eines Amtes* indiensttreding
^{1}**antun**^{295} *tr* **1** bewijzen, betonen: *jmdm die Ehre ~* iem de eer bewijzen **2** aandoen: *jmdm etwas ~* iem iets aandoen; *sich etwas ~* de hand aan zichzelf slaan
^{2}**antun**^{295}**, sich** aantrekken
Antwort *v*^{20} antwoord: *zur ~ geben* ten, tot, als antwoord geven
antworten antwoorden
anvertrauen (toe)vertrouwen: *sich jmdm ~* vertrouwen in iem stellen
anvisieren^{320} **1** mikken op **2** *(afstand)* peilen **3** *(fig)* nastreven, op het oog hebben
Anwachs *m*^{19} **1** aanwas, toename **2** *(jur)* aanwas
anwachsen^{302} **1** aangroeien, vastgroeien **2** wortel schieten **3** aangroeien, toenemen
Anwalt *m*^{6} **1** advocaat, procureur **2** verdediger, pleitbezorger **3** gevolmachtigde
Anwaltschaft *v*^{28} **1** advocaatschap **2** balie, advocatuur
Anwaltskanzlei *v*^{20} advocatenkantoor
anwandeln bekruipen; opkomen
Anwandlung *v*^{20} lichte aanval *(van ziekte);* opwelling, bevlieging
anwärmen (even) verwarmen; opwarmen
Anwärter *m*^{9} **1** kandidaat, aspirant **2** pretendent *(naar de kroon)* **3** *(sp)* favoriet
Anwartschaft *v*^{20} **1** (voor)uitzicht, aanspraak **2** recht van opvolging *(bij een vacature)*
^{1}**anwehen** *intr* (komen) aanwaaien
^{2}**anwehen** *tr* **1** toewaaien **2** *(bladeren)* opwaaien
anweisen^{307} **1** opdragen **2** onderrichten, instrueren **3** *(geld)* overmaken **4** *(kamer)* toewijzen; *(plaats)* aanwijzen
Anweisung *v*^{20} **1** aanwijzing, opdracht, bevel; toewijzing: *die ~en des Arztes* de voorschriften van de dokter **2** handleiding, gebruiksaanwijzing **3** cheque **4** overschrijving
anwendbar aanwendbaar, bruikbaar; toepasselijk, van toepassing
anwenden^{308} **1** aanwenden, gebruiken **2** toepassen
Anwendung *v*^{20} **1** aanwending, gebruik **2** toepassing: *~ finden* toepassing vinden **3** *(comp)* applicatie
Anwendungsprogramm *o*^{29} applicatie
anwerben^{309} (aan)werven, in dienst nemen
anwerfen^{311} **1** (aan)werpen tegen **2** *(motor)* aanzetten
anwesend aanwezig, tegenwoordig
Anwesende(r) *m*^{40a}, *v*^{40b} aanwezige
Anwesenheit *v*^{28} aanwezigheid
anwettern uitkafferen

anwidern doen walgen, tegenstaan: *das widert mich an* daar walg ik van
Anwohner *m*[9] aanwonende, buur
Anwuchs *m*[6] aanwas, groei; aanplant
anwurzeln wortel schieten
Anzahl *v*[28] aantal
anzahlen een aanbetaling doen, aanbetalen
Anzahlung *v*[20] aanbetaling
anzapfen **1** *(vat)* aanslaan, aansteken **2** *(telefoon, stroom, boom)* aftappen
Anzeichen *o*[35] (ken)teken, aanwijzing; voorteken, symptoom
Anzeige *v*[21] **1** advertentie: *eine ~ aufgeben* (of: *einrücken)* een advertentie opgeven, plaatsen **2** kennisgeving **3** aangifte *(bij de politie);* klacht: *~ erstatten* aangifte doen **4** stand **5** proces-verbaal
anzeigen **1** aangeven, aanwijzen **2** kennis geven van, aankondigen, laten weten **3** aangifte doen van, aangeven
Anzeiger *m*[9] **1** aangever **2** (nieuws- en advertentie)blad **3** meter, wijzer, verklikker
Anzeigetafel *v*[21] scorebord
anzetteln *(fig)* op touw zetten, aanstichten; *(complot)* smeden: *Intrigen ~* intrigeren
[1]**anziehen**[318] *intr* **1** *(mbt prijzen)* stijgen; *(mbt koersen)* aantrekken **2** *(mbt trein)* zich in beweging zetten
[2]**anziehen**[318] *tr* **1** *(kleding)* aantrekken **2** *(vocht)* opnemen **3** aantrekken: *die Blicke ~* de blikken op zich vestigen **4** *(knieën, schouders)* optrekken **5** *(deur)* tot op een kier sluiten **6** *(publiek, kopers)* trekken **7** aanhalen, citeren **8** *(ketting, snaar)* spannen; *(handrem)* aantrekken **9** *(schroef)* aandraaien
anziehend aantrekkelijk, bekoorlijk
Anziehung *v*[20] aantrekking(skracht)
Anziehungskraft *v*[25] aantrekkingskracht
[1]**Anzug** *m*[19] *(sp)* garnituur, keus || *im ~ sein* naderen, op komst zijn
[2]**Anzug** *m*[6] kostuum, pak
anzüglich **1** hatelijk **2** dubbelzinnig, schuin
anzünden **1** ontsteken, aanmaken *(vuur)* **2** *(licht)* opsteken, aansteken
anzweifeln in twijfel trekken, betwijfelen
Apartment *o*[36] appartement
Apartmenthaus *o*[32] appartementengebouw, flatgebouw
Apfel *m*[10] **1** appel **2** appelboom
Apfelkuchen *m*[11] appelgebak
Apfelmus *o*[39] appelmoes
Apfelsaft *m*[6] appelsap
Apfelsine *v*[21] sinaasappel
Apfelstrudel *m*[9] appelgebak
Apoplexie *v*[21] beroerte, attaque, CVA
Apostel *m*[9] apostel
Apostroph *m*[5] apostrof, weglatingsteken
Apotheke *v*[21] **1** apotheek **2** *(fig)* dure zaak
Apothekenhelferin *v*[22] apothekersassistente
apothekenpflichtig alleen in apotheken te verkrijgen
Apotheker *m*[9] apotheker
Apparat *m*[5] **1** apparaat, toestel **2** telefoon: *bleiben Sie bitte am ~!* blijft u a.u.b. aan het toestel!
Apparatur *v*[20] apparatuur
Appartement *o*[36] appartement
Appell *m*[5] **1** appel, beroep **2** appel, verzameling van de troepen **3** appel, oproep
appellieren[320] *(met an*[+4]*)* een beroep doen op
Appetit *m*[5] eetlust: *~ auf*[+4] trek in; *ich habe ~ nach Meeresluft* ik verlang naar zeelucht; *guten ~!* eet smakelijk!
appetitanregend **1** de eetlust opwekkend **2** smakelijk, lekker
appetitlich appetijtelijk
applaudieren[320] applaudisseren
Applaus *m*[5] applaus: *jmdm ~ spenden* voor iem applaudisseren
Applikation *v*[20] applicatie
Apposition *v*[20] appositie, bijstelling
appretieren[320] appreteren, opmaken
Après-Ski *o*[39a] après-ski: *sich beim ~ vergnügen* après-skiën
Aprikose *v*[21] abrikoos
April *m*[5] *(2e nvl ook -)* april
Aprilwetter *o*[39] maartse buien; *(lett)* aprilweer
Aquädukt *m*[5], *o*[29] aquaduct
Aquajoggen *o*[39] aquajoggen
Aquajogging *o*[39] aquajogging
Aquaplaning *o*[39], *o*[39a] aquaplaning
Aquarell *o*[29] aquarel
Aquarium *o (2e nvl -s; mv Aquarien)* aquarium
Äquator *m*[16] equator
äquivalent *bn* equivalent, gelijkwaardig
Araber *m*[9] Arabier; *(paard)* arabier
Arabien *o*[39] Arabië
arabisch Arabisch
Arbeit *v*[20] **1** arbeid, werk, bezigheid; *(mv)* werkzaamheden: *das kostet* (of: *macht, verursacht) viel ~* dat kost, veroorzaakt veel moeite; *öffentliche ~en* publieke werken; *an die ~ gehen, sich an die ~ machen* aan het werk gaan; *bei der ~ sein* aan het werk zijn **2** bewerking, uitvoering: *etwas in ~ geben* iets laten maken; *das Kleid ist in ~* de jurk is in de maak **3** taak, opgave, tentamen, proefwerk, overhoring, so: *die Schüler schreiben eine ~* de leerlingen maken een so **4** werkstuk, studie, geestesproduct **5** baan: *bei jmdm in ~ sein* (of: *stehen)* bij iem in dienst zijn
[1]**arbeiten** *intr* arbeiden, werken, bezig zijn: *an einer Sache ~* aan iets werken; *das Holz arbeitet* het hout werkt; *das Schiff arbeitet* het schip stampt
[2]**arbeiten** *tr* **1** maken, bewerken: *der Schrank ist gut gearbeitet* de kast is goed gemaakt **2** *(hond)* africhten; *(paard)* afrijden
[3]**arbeiten, sich** zich werken: *sich zu Tode ~* zich doodwerken
Arbeiter *m*[9] arbeider, werkman
Arbeitermangel *m*[19] tekort aan arbeiders
Arbeiterschaft *v*[28] (de gezamenlijke) arbeiders

Arbeitgeber *m*[9] werkgever, patroon
Arbeitnehmer *m*[9] werknemer
Arbeitsablauf *m*[6] arbeidsproces
arbeitsam arbeidzaam, werkzaam
Arbeitsamt *o*[32] arbeidsbureau
Arbeitsausfall *m*[6] werkverlet
Arbeitsausschuss *m*[6] werkcomité, werkgroep
Arbeitsbedingung *v*[20] arbeidsvoorwaarde
Arbeitsbeschaffung *v*[28] werkverschaffing
Arbeitsbewilligung *v*[20], **Arbeitserlaubnis** *v*[24] werkvergunning
arbeitsfähig in staat om te werken
Arbeitsgemeinschaft *v*[20] werkgemeenschap; samenwerkingsverband
Arbeitsgenehmigung *v*[20] werkvergunning
Arbeitsgericht *o*[29] rechtbank voor arbeidszaken; *(Belg)* arbeidsgerecht
Arbeitsgruppe *v*[21] werkgroep
Arbeitskraft *v*[25] werkkracht
Arbeitsleiste *v*[21] *(comp)* werkbalk
arbeitslos werk(e)loos
Arbeitslosengeld *o*[31], **Arbeitslosenhilfe** *v*[28], **Arbeitslosenunterstützung** *v*[28] werkloosheidsuitkering; *(Belg)* stempelgeld, werklozensteun
Arbeitslosenversicherung *v*[20] werkloosheidsverzekering
Arbeitslosenzahl *v*[20], **Arbeitslosenziffer** *v*[21] werkloosheidscijfer
Arbeitslose(r) *m*[40a], *v*[40b] werkloze; *(Belg)* stempelaar
Arbeitslosigkeit *v*[28] werkloosheid
Arbeitsmarkt *m*[6] arbeidsmarkt
Arbeitsplatz *m*[5] arbeidsplaats
arbeitsscheu werkschuw
Arbeitsstelle *v*[21] **1** betrekking, werkkring **2** afdeling
Arbeitsstunde *v*[21] arbeidsuur, manuur
Arbeitsteilung *v*[28] werkverdeling
arbeitsunfähig arbeidsongeschikt
Arbeitsverhältnis *o*[29a] **1** arbeidscontract, arbeidsovereenkomst **2** arbeidsvoorwaarde
Arbeitsvermittlung *v*[28] **1** arbeidsbemiddeling **2** arbeidsbureau
Arbeitsvertrag *m*[6] arbeidscontract
Arbeitswillige(r) *m*[40a], *v*[40b] werkwillige
Arbeitszeit *v*[20] werktijd: *gleitende ~* glijdende, variabele werktijd
Arbeitszeitverkürzung *v*[28] arbeidstijdverkorting
Arbeitszimmer *o*[33] werkvertrek, werkkamer
Arbitrage *v*[21] arbitrage
Archäologe *m*[14] archeoloog
archäologisch archeologisch
Arche *v*[21] ark(e)
Archipel *m*[5] archipel
Architekt *m*[14] architect
architektonisch architectonisch
Architektur *v*[20] architectuur
Archiv *o*[29] archief
Archivar *m*[5] archivaris
ARD *afk van Arbeitsgemeinschaft der öffentlich-rechtlichen Rundfunkanstalten der Bundesrepublik Deutschland* omroeporganisatie in de BRD
arg[58] **1** erg, ernstig; groot; *(inform)* zeer, heel: *ein ~er Fehler* een grove fout; *er treibt es zu ~* hij maakt het te bont **2** slecht: *Arges von jmdm denken* kwaad van iem denken; *es liegt im Argen* het is er slecht mee gesteld
Ärger *m*[19] ergernis, ontstemming, wrevel
ärgerlich **1** ergerlijk **2** onaangenaam, hinderlijk, vervelend **3** boos, nijdig
[1]**ärgern** *tr* **1** ergeren, boos maken **2** plagen
[2]**ärgern, sich** zich ergeren, zich kwaad maken
Ärgernis *o*[29a] **1** ergernis, aanstoot **2** onaangenaamheid
Arglist *v*[28] arglist, boosaardigheid, valsheid
arglistig arglistig, boosaardig
arglos argeloos
Arglosigkeit *v*[28] argeloosheid
Argument *o*[29] argument
Argumentation *v*[20] argumentatie
argumentieren[320] argumenteren
Argwohn *m*[19] argwaan, achterdocht
argwöhnen achterdocht koesteren, vermoeden
argwöhnisch argwanend, achterdochtig
Arie *v*[21] aria
Aristokrat *m*[14] aristocraat
Aristokratie *v*[21] aristocratie
aristokratisch aristocratisch
arm[58] **1** arm *(ook fig)*; behoeftig **2** beklagenswaardig: *der Arme, ein Armer* de arme, een arme; *der Ärmste!* de stumper!
Arm *m*[5] arm: *einer Dame den ~ bieten* (of: *reichen)* een dame een arm geven; *jmdn auf den ~ nehmen* iem voor de gek houden; *jmdm unter die ~e greifen* iem een handje helpen
Armatur *v*[20] **1** armatuur **2** (water)kraan **3** instrumenten
Armaturenbrett *o*[31] instrumentenbord, dashboard
Armband *o*[32] armband
Armbanduhr *v*[20] polshorloge
Armbinde *v*[21] **1** mitella **2** (arm)band
Armee *v*[21] leger
Ärmel *m*[9] mouw: *die ~ hochkrempeln* de mouwen opstropen
Ärmelkanal *m*[19] Kanaal
ärmellos zonder mouwen
Armenfürsorge *v*[28], **Armenpflege** *v*[28] armenzorg
Armgelenk *o*[29] armgewricht
Armhöhle *v*[21] oksel
Armlehne *v*[21] armleuning
Armleuchter *m*[9] **1** armluchter **2** sukkel
ärmlich armoedig, armelijk, armzalig
armselig armzalig, ellendig, armoedig, shabby, sjofel

Armsessel m^{9}, **Armstuhl** m^{6} armstoel, leunstoel
Armut v^{28} armoede, behoeftigheid, gebrek
Armutsfalle v^{21} armoedeval
Armutszeugnis o^{29a} *(jur)* bewijs van onvermogen; *(fig)* brevet van onvermogen
Aroma o^{36} *(mv ook -ta en Aromen)* aroma, geur
aromatisch aromatisch, geurig
arrangieren^{320} arrangeren, organiseren: *sich mit jmdm ~* met iem een akkoord sluiten; *Blumen ~* bloemen schikken
Arrest m^{5} **1** arrest, hechtenis: *(mil) leichter ~* licht arrest; *mittlerer* (of: *geschärfter) ~* verzwaard arrest; *strenger ~* streng arrest **2** beslag: *~ auf*$^{+4}$ *etwas legen, etwas mit ~ belegen* beslag op iets leggen
arrogant arrogant
Arroganz v^{28} arrogantie
Arsch m^{6} *(plat)* gat, kont, reet
Arschloch o^{32} *(plat)* reet, gat: *du ~!* rotzak!
Art v^{20} **1** manier, wijze: *auf diese ~* op deze manier; *die ~ und Weise, wie ...* de manier waarop ... **2** aard, natuur, manier van doen: *die Verhältnisse waren nicht der ~, dass ...* de omstandigheden waren niet zó dat ...; *das ist keine ~* dat is geen manier; *er hat keine ~* hij heeft geen manieren; *aus der ~ schlagen* ontaarden; *nach ~ der Chinesen* op de manier van de Chinezen **3** soort, ras: *aller ~* van allerlei soort
arten aarden: *~ nach*$^{+3}$ aarden naar
Arterie v^{21} arterie, slagader
Arterienverkalkung v^{20} aderverkalking
Artgenosse m^{15} soortgenoot
Arthrose v^{21} artrose
artig zoet, lief
Artikel m^{9} **1** artikel **2** lidwoord
Artikulation v^{20} articulatie
^{1}**artikulieren**^{320} *tr* **1** articuleren **2** onder woorden brengen, formuleren
^{2}**artikulieren**^{320}, **sich** tot uitdrukking komen, zich uiten
Artillerie v^{21} artillerie
Artischocke v^{21} artisjok
Artist m^{14} artiest
Arznei v^{20}, **Arzneimittel** o^{33} geneesmiddel
Arzt m^{6} arts, dokter
Arzthelferin v^{22} doktersassistente
Ärztin v^{22} (vrouwelijke) arts
ärztlich geneeskundig, medisch: *~es Attest* doktersattest; *sich ~ behandeln lassen* zich onder (geneeskundige) behandeling stellen; *in ~er Behandlung stehen* onder behandeling zijn; *~e Hilfe in Anspruch nehmen* doktershulp inroepen
Asbest m^{5} asbest
Asche v^{21} **1** as **2** kleingeld
Aschenbahn v^{20} sintelbaan
Aschenbecher m^{9}, **Ascher** m^{9} asbak(je)
Aschermittwoch m^{5} Aswoensdag
Asiat m^{14} Aziaat
asiatisch Aziatisch
Asien o^{39} Azië
Askese v^{28} ascese, onthouding: *~ üben* versterven
asozial asociaal
Aspekt m^{5} aspect
Asphalt m^{5} asfalt
asphaltieren^{320} asfalteren
Aspiration v^{20} aspiratie
Ass o^{29} **1** *(kaartspel)* aas **2** uitblinker, topper **3** *(tennis, golf)* ace
Assessment o^{36} assessment
Assessor m^{16} assessor
Assi m^{13} **1** aso, asociaal persoon **2** assistent
Assimilation v^{20} assimilatie
assimilieren^{320} assimileren
Assist m^{13} assist
Assistent m^{14} assistent
Assistentin v^{22} assistente
Assistenz v^{20} assistentie
assistieren^{320} assisteren
Assortiment o^{29} assortiment
Assoziation v^{20} associatie
assoziieren^{320} associëren
Ast m^{6} **1** (dikke) tak **2** tak *(ve bloedvat, zenuw)* **3** knoest, kwast *(in hout)* **4** rug **5** *(inform)* bochel, bult
Aster v^{21} aster
Ästhetik v^{28} esthetica
ästhetisch esthetisch
Asthma o^{39} astma
Asthmatiker m^{9} astmalijder
astrein **1** zonder kwasten *(in hout)* **2** *(fig)* zuiver, onberispelijk **3** gaaf, tof
Astrologe m^{15} astroloog, sterrenwichelaar
Astrologie v^{28} astrologie
Astronaut m^{14} astronaut, ruimtevaarder
Astronautik v^{28} astronautiek, ruimtevaart
Astronom m^{14} astronoom
Astronomie v^{28} astronomie
Asyl o^{29} asiel: *um ~ bitten* asiel vragen
Asylant m^{14} asielzoeker, asielaanvrager
Asylantrag m^{6} asielaanvraag
Asylbewerber m^{9}, **Asylsuchende(r)** m^{40a}, v^{40b} asielzoeker, asielaanvrager: *unbegleiteter minderjähriger ~* alleenstaande minderjarige asielzoeker *(afk* ama)
at *(comp)* at
Atem m^{19} **1** adem: *~ holen* (of: *schöpfen)* ademhalen; *außer ~ kommen* (of: *geraten)* buiten adem raken; *jmdm den ~ verschlagen* iem sprakeloos maken; *wieder zu ~ kommen* weer op adem komen; *nach ~ ringen* naar lucht snakken **2** ademhaling
atemberaubend adembenemend
atemlos ademloos, buiten adem
Atemnot v^{28} benauwdheid, ademnood
Atempause v^{21} adempauze
atemraubend adembenemend
Atemschutz m^{5} **1** mondmasker, mondkapje **2** adembescherming

Atemzug m^{6} ademtocht, ademhaling: *in einem (of: im gleichen, im selben) ~* tegelijk
Äther m^{19} ether
Athlet m^{14} atleet
Athletik v^{28} atletiek
Athletin v^{22} atlete
athletisch atletisch
Atlantik m^{19} Atlantische Oceaan
atlantisch Atlantisch
Atlas m^{5} *(2e nvl -(ses); mv -se en Atlanten)* atlas
atm, Atm. *afk van Atmosphäre* atmosfeer
atmen ademen, ademhalen; in-, uitademen
Atmosphäre v^{21} **1** atmosfeer, dampkring **2** stemming, sfeer **3** omgeving, milieu
atmosphärisch atmosferisch
Atmung v^{20} ademhaling
Atom o^{29} atoom
Atomabfall m^{6} radioactief afval
Atomantrieb m^{19} kernvoortstuwing
atomar atomair, atoom-, kern-
Atomaufrüstung v^{28} kernbewapening
atombetrieben aangedreven door kernenergie
Atombombe v^{21} atoombom
Atomenergie v^{21} kernenergie, atoomenergie
Atomforschung v^{20} kernonderzoek
atomgetrieben *zie* atombetrieben
Atomkraft v^{28} atoomkracht
Atomkraftwerk o^{29} kerncentrale
Atommeiler m^{9} kernreactor
Atommüll m^{19} atoomafval
Atomrüstung v^{28} kernbewapening
Atomspaltung v^{20} kernsplitsing
Atomstrom m^{19} atoomstroom
Atomunterseeboot o^{29} atoomduikboot
Atomversuch m^{5} kernproef, atoomproef
Atomwaffe v^{21} kernwapen
atomwaffenfrei kernwapenvrij
At-Sign o^{36} at-teken
Attaché m^{13} attaché
Attacke v^{21} **1** attaque, (ruiter)aanval **2** *(med)* attaque, beroerte
attackieren^{320} attaqueren, aanvallen
Attentat o^{29} aanslag
Attentäter m^{9} dader van de (een) aanslag
Attest o^{29} attest, attestatie, bewijs: *ärztliches ~* doktersattest
Attitude, Attitüde v^{20} attitude
Attraktion v^{20} attractie; *(Belg)* animatie
attraktiv attractief
Attrappe v^{21} **1** zeer goede nabootsing **2** lege verpakking, dummy **3** schijn
Attribut o^{29} attribuut
At-Zeichen o^{35} at-teken
ätzen **1** etsen **2** (uit)bijten, branden **3** *(fig)* bijten, krenken
ätzend bijtend
auch ook, eveneens: *wenn … ~* al … (ook); *und wenn ~!* dat doet er niet toe!; *wer … ~* wie … ook; *wie … ~* hoe … ook; *so … ~* hoe … ook; *nicht nur …, sondern ~ …* niet alleen … maar ook …; *wer ~ immer* wie ook; *was ~ (immer)* wat ook; *welche ~ seine Pläne sein mögen* wat voor plannen hij ook moge hebben; *er tat es, wenn ~ zögernd* hij deed het al was het ook aarzelend; *vielen Dank ~!* dank u wel!
Audienz v^{20} audiëntie, gehoor
Audiobuch o^{32} audioboek, luisterboek
audiovisuell audiovisueel
Audit o^{36}, m^{13} audit
Auditor m^{13} auditor
Aue v^{21} **1** weide, beemd **2** rivierland
¹auf *bw* op, naar boven: *~ und ab* (of: *~ und nieder)* op en neer, heen en weer || *von Jugend ~* (of: *von klein ~)* van jongs af; *die Tür ist ~* de deur is open; *~ und davon* ervandoor
²auf$^{+3, +4}$ *vz* **1** aan: *~ beiden Augen blind sein* aan beide ogen blind zijn; *~ dieser Seite* aan deze kant; *ich gebe nichts ~ sein Urteil* ik hecht geen waarde aan zijn oordeel **2** op: *~ das Äußerste gefasst* op het ergste voorbereid; *~ Ihre Gesundheit* op uw gezondheid; *~ Reisen* op reis; *~ die Straße gehen* de straat opgaan; *die Tür geht ~ die Straße* de deur komt op de straat uit; *sich ~ den Weg machen* op weg gaan; *~ Ihren Wunsch* op uw verzoek; *alle bis ~ einen* allen op één na; *~s Beste* (of: *~s beste)* uitstekend **3** in: *~ alle Fälle* (of: *~ jeden Fall)* in alle geval; *~ Lateinisch* in het Latijn; *~ Ihr Schreiben* naar aanleiding van uw schrijven **4** langs: *~ gesetzlichem Wege* langs wettelijke weg **5** per **6** met: *~ einen Blick* met één oogopslag **7** naar: *einen Brief ~ die Post bringen* een brief naar de post brengen; *~s Land reisen* naar buiten gaan; *es geht ~ zehn Uhr* het loopt naar tienen **8** onder: *~ welchen Namen ist er eingeschrieben?* onder welke naam staat hij ingeschreven? **9** van: *~ eine Sache verzichten* van een zaak afzien **10** voor: *~ eine Woche* voor een week **11** tot: *~ Wiedersehen!* tot ziens **12** over: *ein Viertel ~ zehn* kwart over negen **13** tegen: *es geht hart ~ hart* het gaat hard tegen hard || *~ dem Lande wohnen* buiten wonen; *sich ~ die Beine machen* weglopen; *das hat nichts ~ sich* dat heeft niets te betekenen; *~s Freundlichste* (of: *~s freundlichste)* zeer vriendelijk
aufarbeiten **1** wegwerken **2** *(materiaal)* geheel verwerken, opgebruiken **3** opknappen **4** *(fig)* verwerken
aufatmen **1** diep ademhalen **2** *(fig)* herademen
aufbahren opbaren
¹Aufbau m^{19} **1** (op)bouw **2** bouw **3** wederopbouw
²Aufbau *m (2e nvl -(e)s; mv -ten)* opbouw *(ve schip)*; carrosserie *(ve auto)*
¹aufbauen *intr* steunen, berusten: *~ auf*$^{+3}$ berusten op
²aufbauen *tr* **1** opbouwen, oprichten; opstellen **2** naar voren schuiven, promoten
³aufbauen, sich **1** gaan staan **2** ontstaan: *sich ~ auf*$^{+3}$ berusten op
aufbäumen, sich steigeren; zich oprichten; zich

au

verzetten, in opstand komen
aufbauschen doen bollen; *(fig)* opblazen
Aufbauten *mv (scheepv)* opbouw
aufbegehren 1 opkomen **2** zich verzetten
aufbehalten[183] **1** *(hoed)* ophouden **2** *(paraplu)* openhouden
aufbekommen[193] **1** openkrijgen **2** *(eten, hoed, huiswerk)* opkrijgen
aufbereiten 1 *(water)* zuiveren **2** gereedmaken voor gebruik **3** *(splijtstof)* opwerken **4** *(cijfermateriaal)* verwerken
aufbessern verbeteren; *(salaris)* verhogen
aufbewahren bewaren
[1]**Aufbewahrung** *v*[28] (het) bewaren: *etwas zur ~ geben* iets in bewaring geven
[2]**Aufbewahrung** *v*[20] *(spoorw)* (bagage)depot
aufbieten[130] **1** oproepen, een beroep doen op **2** *(militairen, politie)* inzetten **3** *(invloed, middelen)* gebruiken, aanwenden: *alle Kräfte ~* alle krachten inspannen || *ein Brautpaar ~* een bruidspaar afkondigen
Aufbietung *v*[28] **1** oproep, appel **2** inzet **3** huwelijksafkondiging; *zie ook* aufbieten
aufbinden[131] **1** *(planten)* opbinden **2** *(boeken)* binden **3** *(strik, veter)* losmaken **4** vastbinden **5** *(haar)* opsteken || *damit hast du dir was aufgebunden!* daarmee heb je je wat op de hals gehaald!; *jmdm etwas ~* iem iets wijsmaken
[1]**aufblähen** *tr* **1** doen bollen **2** opblazen; *(neusgaten)* opensperren
[2]**aufblähen, sich 1** zwellen **2** *(fig)* gewichtig doen
[1]**aufblasen**[133] *tr* opblazen
[2]**aufblasen**[133]**, sich** opscheppen
aufbleiben[134] **1** opblijven **2** openblijven
aufblenden 1 opflitsen **2** *(mbt auto)* groot licht inschakelen: *mit aufgeblendeten Scheinwerfern* met groot licht
Aufblick *m*[5] blik, (het) opkijken
aufblicken opkijken: *zu jmdm ~* naar iem opzien
aufblitzen 1 opflitsen **2** *(mbt gedachte)* plotseling opkomen
aufbrausen opbruisen; *(fig)* opstuiven
aufbrausend opvliegend
[1]**aufbrechen**[137] *intr* **1** *(mbt bloem)* opengaan; *(mbt gezwel)* doorbreken **2** *(mbt controverse)* aan het daglicht treden **3** weggaan, vertrekken
[2]**aufbrechen**[137] *tr* **1** *(straat)* opbreken; *(slot)* openbreken; *(brief)* openen **2** omploegen
[1]**aufbrennen**[138] *intr* **1** plotseling beginnen te branden, oplaaien **2** in vlammen opgaan
[2]**aufbrennen**[138] *tr* **1** inbranden **2** *(met snijbrander)* openbranden
aufbrezeln, sich zich optutten
aufbringen[139] **1** *(geld)* opbrengen **2** in zwang brengen, invoeren **3** *(gerucht)* verspreiden **4** openkrijgen **5** aanbrengen **6** (iem) woedend maken
[1]**Aufbruch** *m*[19] vertrek, (het) opbreken: *sich zum ~ rüsten* zich voor het vertrek gereedmaken
[2]**Aufbruch** *m*[6] scheur, barst, spleet || *Afrika ist im ~* Afrika ontwaakt
aufbrühen *(koffie, thee)* zetten
aufbrummen *(straf)* opleggen, geven
aufbürden 1 *(last)* te dragen geven: *sich*[3] *zu viel ~* te veel hooi op zijn vork nemen **2** *(fig)* op de hals schuiven, belasten: *jmdm die Verantwortung für etwas ~* iem voor iets verantwoordelijk stellen
aufdecken 1 de bedekking wegnemen; *(fundamenten)* blootleggen; *(bed)* openleggen **2** *(kaarten)* openleggen **3** aan het licht brengen, onthullen
aufdonnern, sich zich optutten
aufdrängen: *jmdm etwas ~* iem iets opdringen
[1]**aufdrehen** *intr* **1** gas geven **2** *(sp)* het tempo opvoeren
[2]**aufdrehen** *tr* **1** opendraaien, losdraaien: *das Radio ~* de radio hard zetten **2** *(klok)* opwinden
aufdringlich opdringerig
aufdrucken opdrukken
aufdrücken 1 opendrukken, openduwen **2** openen **3** opdrukken, drukken op
aufeinander op elkaar, tegen elkaar; opeen
aufeinanderbeißen[125]**:** *die Zähne ~* tanden op elkaar klemmen
Aufeinanderfolge *v*[21] opeenvolging
aufeinandergeraten[218]**, aufeinanderprallen, aufeinanderstoßen**[285] **1** tegen elkaar botsen **2** *(fig)* botsen
aufeinandertreffen[289] **1** tegen elkaar botsen **2** *(sp)* tegen elkaar uitkomen
Aufenthalt *m*[5] **1** verblijf **2** verblijfplaats, woonplaats **3** oponthoud, vertraging
Aufenthaltsbewilligung *v*[20]**, Aufenthaltserlaubnis** *v*[24]**, Aufenthaltsgenehmigung** *v*[20] verblijfsvergunning
Aufenthaltsort *m*[5] **1** verblijfplaats **2** woonplaats
Aufenthaltsraum *m*[6] **1** kantine **2** recreatiezaal
Aufenthaltsstatus *m (2e nvl -s; mv -)* verblijfsstatus
auferlegen *(belasting, straf)* opleggen
auferstehen[279] opstaan, verrijzen
Auferstehung *v*[20] opstanding, verrijzenis
auferwecken opwekken, doen verrijzen
Auferweckung *v*[20] opwekking
aufessen[152] opeten
[1]**auffahren**[153] *intr* **1** botsen tegen, rijden op; *(mbt schip)* lopen op **2** voorrijden **3** *(mbt kanon)* in stelling komen; *(mbt tanks)* naar voren gaan **4** *(uit de slaap)* opschrikken; *(van vreugde)* opspringen; *(van schrik)* opvliegen **5** *(ten hemel)* opstijgen || *dicht ~* vlak achter iem (gaan) rijden
[2]**auffahren**[153] *tr* **1** *(materiaal)* aanvoeren **2** *(kanon)* in stelling brengen: *(fig) schweres* (of: *grobes*) *Geschütz ~* met grof geschut beginnen **3** *(spijzen, dranken)* laten aanrukken **4** *(weg)* stukrijden
auffahrend opvliegend, driftig
Auffahrt *v*[20] **1** weg, tocht naar boven **2** oprit *(ve autoweg, brug)*; oprijlaan **3** (het) voorrijden

Auffahrunfall *m*[6] kop-staartbotsing
auffallen[154] **1** opvallen, in het oog vallen **2** vallen op, neerkomen **3** *(mbt licht)* (in)vallen
auffallend, auffällig opvallend
auffangen[155] **1** opvangen **2** *(brief)* onderscheppen; *(spion)* grijpen **3** *(slag)* pareren; *(aanval)* afslaan
auffassen 1 opvatten, opnemen **2** begrijpen
Auffassung *v*[20] opvatting, mening
auffinden[157] vinden
auffischen opvissen, ophalen; *(drenkelingen)* oppikken; *(meisje)* opscharrelen
aufflackern opflikkeren, opvlammen
aufflammen 1 opvlammen **2** *(mbt hartstochten)* oplaaien **3** vlammen schieten
aufflattern opfladderen
auffliegen[159] **1** opvliegen, omhoogvliegen **2** *(mbt bende)* opgerold worden **3** *(mbt raam)* openvliegen **4** mislukken, mislopen
auffordern 1 uitnodigen, vragen **2** aanmanen, dringend verzoeken **3** ten dans vragen
Aufforderung *v*[20] **1** uitnodiging **2** verzoek; aanmaning; eis
aufforsten (her)bebossen
[1]**auffrischen** *intr (mbt wind)* toenemen
[2]**auffrischen** *tr* **1** opknappen, vernieuwen **2** *(voorraden)* aanvullen **3** *(kennis)* opfrissen **4** *(kennismaking)* hernieuwen
[1]**aufführen** *tr* **1** opvoeren, spelen **2** bouwen, oprichten **3** vermelden, noemen
[2]**aufführen, sich** zich gedragen
[1]**Aufführung** *v*[20] **1** opvoering, uitvoering: *zur ~ gelangen* opgevoerd, uitgevoerd worden **2** bouw, (het) oprichten **3** (het) vermelden, (het) noemen
[2]**Aufführung** *v*[28] gedrag
auffüllen 1 *(tank)* (bij)vullen; *(voorraad)* aanvullen **2** opscheppen
Auffüllung *v*[20] (het) (bij)vullen*; zie ook* auffüllen
Aufgabe *v*[21] **1** afgifte **2** (het) opgeven *(ve bestelling)* **3** opdracht, taak **4** opgave, werk; *(mv)* huiswerk **5** thema, vraagstuk, som **6** opheffing, liquidatie **7** opgave, (het) opgeven || *das ist keine leichte ~* dat is geen sinecure
Aufgang *m*[6] **1** trap, opgang **2** weg naar boven **3** opgang, opkomst *(vd zon)* **4** *(sp)* opsprong
[1]**aufgeben**[166] *intr* opgeven, ophouden met
[2]**aufgeben**[166] *tr* **1** *(bestelling)* opgeven **2** opdragen, bevelen **3** *(eten)* opscheppen **4** opheffen, liquideren: *den Geist ~* de geest geven **5** opgeven; als verloren beschouwen
Aufgebot *o*[29] **1** oproep(ing) *(van erfgerechtigden, schuldeisers)* **2** afkondiging van voorgenomen huwelijk: *das ~ bestellen* in ondertrouw gaan **3** inzet, ingezet materieel **4** *(sp)* team, ploeg
aufgebracht kwaad, nijdig
aufgehen[168] **1** *(mbt zon)* opkomen, opgaan **2** *(mbt deeg)* rijzen **3** *(mbt gedachten, vermoeden, zaad)* opkomen **4** *(mbt deur, wond)* opengaan **5** *(mbt deling)* opgaan
aufgehoben *zie* aufheben
aufgekratzt vrolijk, opgewekt
aufgelegt: *gut ~ sein* goed gemutst zijn; *zu*[+3] *etwas ~ sein* zin in iets hebben; *ein ~er Schwindel* een duidelijk bedrog
aufgeregt opgewonden, druk
aufgeschlossen openstaand, open(hartig): *~ für*[+4] open voor, ontvankelijk voor
aufgeweckt bijdehand, pienter
aufgießen[175] *(koffie, thee)* opgieten, zetten
aufgreifen[181] **1** oppakken, opvatten: *eine Frage (wieder) ~* een kwestie oprakelen **2** (iem) oppakken, aanhouden
aufgrund[+2] op grond van, krachtens
Aufguss *m*[6] **1** aftreksel **2** *(fig)* aftreksel, weergave
aufhaben[182] **1** *(eten, hoed, huiswerk)* ophebben **2** *(ogen, mond, winkel)* open hebben
aufhalsen op de hals laden: *sich*[3] *etwas ~* zich iets op de hals halen
[1]**aufhalten**[183] *tr* **1** stuiten, tegenhouden, tot staan brengen **2** openhouden
[2]**aufhalten**[183]**, sich 1** zich ophouden, verblijven; *(ergens)* zijn **2** zich bezighouden: *sich bei*[+3] *etwas ~* stilstaan bij iets
aufhängen[184] **1** ophangen **2** *(telecom)* de hoorn op de haak leggen || *jmdm etwas ~: a)* iem iets wijsmaken; *b)* iem iets aansmeren; *c)* iem iets op de hals schuiven
Aufhänger *m*[9] **1** lus **2** *(fig)* aanleiding
Aufhängung *v*[28] ophanging
[1]**aufhäufen** *tr* ophopen, opstapelen
[2]**aufhäufen, sich** zich ophopen
aufheben[186] **1** oprapen, optillen; *(sluier)* oplichten; *(jurk)* opnemen **2** bewaren **3** *(ogen, faillissement)* opheffen; *(zitting)* sluiten; *(vonnis)* vernietigen || *gut aufgehoben sein* goed geborgen zijn
Aufheben *o*[39] drukte, ophef: *viel ~* (of: *viel ~s*) *machen von*[+3] veel drukte, ophef maken van
Aufhebung *v*[20] opheffing, vernietiging
[1]**aufheitern** *tr* opvrolijken
[2]**aufheitern, sich** opklaren
aufhelfen[188+3] **1** ophelpen, op de been helpen **2** verbeteren, vergroten
[1]**aufhellen** *tr* **1** licht(er) maken, ophelderen **2** *(fig)* opvrolijken **3** *(misdrijf)* ophelderen
[2]**aufhellen, sich** opklaren: *das Rätsel hat sich aufgehellt* het raadsel is opgelost
aufhetzen 1 *(wild)* opjagen **2** *(honden)* ophitsen **3** opstoken, opruien, aanzetten (tot)
aufheulen luid (beginnen te) huilen; *(mbt sirene)* luid (beginnen te) loeien
[1]**aufholen** *intr* **1** de achterstand inhalen **2** in koers stijgen
[2]**aufholen** *tr* **1** *(achterstand)* inhalen **2** *(leemte)* aanvullen **3** *(zeil)* hijsen **4** *(anker)* lichten
aufhorchen scherp (toe)luisteren, de oren spitsen: *~ lassen* de aandacht trekken
aufhören ophouden, stoppen, uitscheiden
aufhübschen opleuken

aufkaufen opkopen
Aufkäufer *m*[9] opkoper
aufkeimen opkomen, ontkiemen *(ook fig)*
[1]**aufklappen** *intr* opengaan
[2]**aufklappen** *tr* **1** openklappen, openen **2** *(kraag)* opzetten; *(bed)* opklappen
aufklaren *(mbt het weer)* opklaren
[1]**aufklären** *tr* **1** verklaren, duidelijk maken **2** ophelderen **3** *(misverstand)* uit de weg ruimen **4** inlichten, voorlichten: *Jugendliche ~* jongeren seksuele voorlichting geven **5** *(mil)* verkennen **6** onderzoeken
[2]**aufklären, sich 1** duidelijk worden **2** *(mbt gezicht, weer)* opklaren
Aufklärer *m*[9] **1** *(mil)* verkenner; verkenningsvliegtuig **2** *(hist)* aanhanger van de verlichting
aufklärerisch 1 voorlichtend **2** verlicht
[1]**Aufklärung** *v*[28] rationalisme, verlichting
[2]**Aufklärung** *v*[20] **1** verklaring **2** opheldering **3** *(seksuele)* voorlichting **4** *(mil)* verkenning
aufkleben (op)plakken; (op)kleven
Aufkleber, Aufklebezettel *m*[9] **1** sticker **2** etiket
aufknacken *(noot)* kraken; *(safe)* openbreken
aufknöpfen openknopen, losknopen
aufknüpfen 1 opknopen **2** losknopen
[1]**aufkochen** *intr* beginnen te koken
[2]**aufkochen** *tr* **1** aan de kook brengen **2** opwarmen
aufkommen[193] **1** opkomen, opstaan; *(mbt zieke)* herstellen **2** komen opzetten; *(mbt wind)* opsteken **3** *(mbt gerucht)* ontstaan **4** *(mbt twijfel, vermoeden)* opkomen **5** in de mode komen, ingang vinden **6** *(sp)* achterstand inlopen, terugkomen **7** (met *für*[+4]) opkomen voor, instaan voor
Aufkommen *o*[35] **1** herstel **2** opbrengst, inkomsten *(van belastingen); zie ook* aufkommen
aufkratzen 1 openkrabben, openschrammen **2** opmonteren
aufkrempeln opstropen, oprollen
aufkreuzen 1 *(scheepv)* laveren **2** *(inform)* komen aanzetten, opduiken
aufladen[196] **1** (op)laden: *sich*[3] *etwas ~: a)* iets op de rug nemen; *b)* iets op zich nemen **2** *jmdm etwas ~* iem iets op de hals schuiven **3** *(comp)* uploaden
Auflage *v*[21] **1** oplage, druk **2** productie, geproduceerde hoeveelheid **3** voorwaarde **4** opdracht, bevel **5** bedekking, dun laagje **6** steun
auflassen[197] **1** *(deur)* openlaten **2** *(hoed)* ophouden **3** *(kind)* laten opblijven **4** *(ballon)* oplaten; *(postduiven)* lossen **5** *(jur)* overdragen
auflauern[+3] loeren op, opwachten
Auflauf *m*[6] **1** oploop **2** soufflé
[1]**auflaufen**[198] *intr* **1** *(mbt schip)* stranden **2** botsen, oplopen, oprijden tegen **3** *(mbt gewas)* opkomen **4** oplopen, toenemen **5** *(mbt water)* stijgen || *(sp) zur Spitze ~* naar de kop oprukken
[2]**auflaufen**[198]**, sich** zich stuklopen
aufleben 1 opleven, herleven **2** *(fig)* opleven, levendig worden **3** *(mbt strijd)* opnieuw ontbranden || *neu ~ lassen* doen herleven
auflegen 1 neerleggen, leggen op: *den Hörer ~* de hoorn op de haak leggen; *eine Schallplatte ~* een plaat opzetten; *Schminke ~* zich opmaken **2** *(lasten)* opleggen **3** gaan produceren **4** *(een lening)* uitschrijven; *(aandelen)* uitgeven **5** ter inzage leggen **6** *(schip)* opleggen **7** *(boek)* drukken: *neu ~* herdrukken
Auflegung *v*[20] (het) (op)leggen*; zie ook* auflegen
[1]**auflehnen** *tr* leunen op
[2]**auflehnen, sich** in verzet, in opstand komen
Auflehnung *v*[20] verzet, opstand
auflesen[201] **1** oprapen **2** *(ziekte)* oplopen
aufleuchten opflikkeren, opvlammen; *(fig)* stralen
aufliegen[202] **1** liggen (op) **2** *(mbt plicht)* rusten (op) **3** openliggen **4** ter inzage liggen
auflisten een lijst maken van
auflockern 1 loswerken **2** losser maken **3** opvrolijken, afwisselen **4** *(bedden)* (op)schudden || *aufgelockerte Bewölkung* licht bewolkt
auflodern 1 opvlammen, oplaaien **2** in vlammen opgaan
[1]**auflösen** *tr* **1** oplossen *(ook chem)* **2** *(haar, riem)* losmaken **3** ontcijferen, oplossen **4** *(leger, parlement)* ontbinden; *(vereniging, zaak)* opheffen: *(wisk) die Klammern ~* de haken wegwerken
[2]**auflösen, sich 1** losraken, losgaan **2** oplossen, uiteenvallen **3** opgelost worden
Auflösung *v*[20] **1** oplossing, ontknoping **2** ontbinding *(ve leger, parlement);* opheffing *(ve vereniging, zaak)* **3** (het) optrekken *(vd mist)* **4** verwarring
[1]**aufmachen** *tr* **1** openmaken, losmaken **2** *(zaak)* openen **3** opmaken; *(theat)* aankleden: *eine Zeitung mit Schlagzeilen ~* een krant van vette koppen voorzien; *etwas groß ~* veel aandacht aan iets besteden **4** *(rekening)* opmaken
[2]**aufmachen, sich 1** zich op weg begeven **2** zich gereedmaken **3** zich opmaken *(met cosmetica)* **4** *(mbt wind)* opsteken
Aufmachung *v*[20] **1** opmaak, presentatie **2** *(typ)* opmaak **3** blikvanger **4** kleding
Aufmarsch *m*[6] **1** opmars **2** (het) opmarcheren
aufmarschieren[320] opmarcheren: *~ lassen (ook)* laten aanrukken
aufmerksam 1 oplettend, aandachtig: *jmdn auf*[+4] *etwas ~ machen* iem op iets attent maken **2** voorkomend, beleefd
Aufmerksamkeit *v*[20] **1** oplettendheid **2** attentie
aufmöbeln 1 opknappen **2** (iem) opmonteren, opkikkeren **3** *(kennis)* opfrissen
aufmucken, aufmucksen tegenstribbelen
aufmuntern 1 opmonteren **2** aanmoedigen
Aufnahme *v*[21] **1** opname, ontvangst, onthaal: *freundliche ~ finden* een vriendelijk onthaal vinden **2** ontvangkamer, afdeling opname **3** toelating **4** (het) opnemen *(van vocht)* **5** (het) sluiten *(ve lening)* **6** begin **7** (het) aanknopen *(van betrekkingen)* **8** (het) opmaken *(ve inventaris, proces-ver-*

baal) **9** *(foto)* opname **10** (het) in kaart brengen
Aufnahmefähigkeit v^{28} **1** opnemingsvermogen **2** capaciteit
Aufnahmeprüfung v^{20} toelatingsexamen
aufnehmen^{212} **1** optillen, opnemen; *(telefoon)* van de haak nemen **2** opnemen, opdweilen **3** *(steken)* opnemen **4** *(spoor)* volgen **5** *(gast, bestelling, lening)* opnemen; *(inventaris, proces-verbaal)* opmaken **6** *(school)* toelaten, aannemen **7** kunnen bevatten **8** begrijpen, leren: *beifällig ~* gunstig ontvangen **9** beginnen; aangaan; *(lening)* sluiten **10** *(betrekkingen)* aanknopen **11** opname(n) maken **12** in kaart brengen **13** *(bal)* aannemen **14** *(studie)* beginnen || *es mit jmdm ~* het tegen iem opnemen
aufnötigen opdringen
^{1}**aufopfern** *tr* opofferen
^{2}**aufopfern, sich** zich opofferen
aufpäppeln *(een zieke)* erbovenop helpen
^{1}**aufpassen** *intr* oppassen, opletten
^{2}**aufpassen** *tr (hoed)* oppassen
Aufpasser m^{9} **1** opzichter **2** spion **3** wachter
aufpeitschen opzwepen *(ook fig)*
aufpeppen oppeppen
^{1}**aufpflanzen** *tr* opstellen, oprichten, plaatsen
^{2}**aufpflanzen, sich** zich posteren: *sich vor jmdm ~* breed voor iem gaan staan
aufplatzen openspringen, barsten
aufpolieren^{320} **1** glanzend maken, polijsten **2** *(fig)* glans geven aan **3** *(kennis)* opfrissen
aufprägen stempelen op, drukken op
Aufprall m^{5} botsing, (het) botsen (tegen)
aufprallen **1** botsen, opvliegen (tegen) **2** met een klap neerkomen
Aufpreis m^{5} toeslag
aufputschen **1** opruien, ophitsen **2** stimuleren, oppeppen **3** *(sp)* opzwepen
Aufputschmittel o^{33} pepmiddel
Aufputz m^{19} opschik, tooi
aufputzen **1** tooien, opschikken, versieren **2** oppoetsen, mooier maken
aufquellen^{217} opzwellen
^{1}**aufraffen** *tr* **1** *(snel)* pakken, oprapen **2** *(jurk)* opnemen
^{2}**aufraffen, sich** **1** *(met moeite)* opstaan, overeind komen **2** zich vermannen
aufragen oprijzen, omhoogsteken, zich verheffen
aufräumen opruimen: *mit*$^{+3}$ *etwas ~* een eind aan iets maken
Aufräumung v^{20} opruiming
aufrechnen **1** in rekening brengen **2** aanrekenen || *~ gegen*$^{+4}$ verrekenen met
Aufrechnung v^{20} *(jur)* verrekening, compensatie; *zie ook* aufrechnen
aufrecht **1** rechtop, overeind; recht **2** eerlijk, oprecht **3** onvervaard, moedig
aufrechterhalten^{183} handhaven, bewaren
Aufrechterhaltung v^{28} handhaving
^{1}**aufregen** *tr* opwinden
^{2}**aufregen, sich** (met *über*$^{+4}$) zich opwinden (over)
aufregend opwindend
Aufregung v^{20} opwinding, beroering
aufreiben^{219} **1** stukwrijven **2** *(mil)* vernietigen, in de pan hakken **3** afmatten, uitputten: *~d* uitputtend, enerverend, slopend
aufreißen^{220} **1** openrukken, opentrekken: *seine Klappe* (of: *das Maul) ~* een grote mond opzetten **2** *(mond, ogen)* wijd openen **3** openscheuren; *(straat)* opbreken; *(aarde)* omploegen **4** *(wolken)* uiteendrijven **5** *(huid)* openhalen **6** *(techn)* tekenen **7** *(problemen)* schetsen **8** *(meisje)* versieren
aufreizen **1** prikkelen **2** ophitsen, opruien
aufrichten **1** optillen, oprichten, opheffen **2** *(oren)* spitsen **3** oprichten, bouwen **4** *(fig)* opbeuren, doen opleven
aufrichtig oprecht, eerlijk, openhartig
Aufrichtigkeit v^{28} oprechtheid
Aufrichtung v^{28} **1** oprichting **2** opbeuring
Aufriss m^{5} schets, beknopt overzicht
aufrollen **1** oprollen **2** uitrollen, ontrollen **3** ter sprake brengen **4** *(mouwen)* opstropen **5** *(deur)* openrollen **6** *(proces)* heropenen
aufrücken **1** aansluiten, opschuiven **2** bevorderd worden, opklimmen
Aufruf m^{5} **1** oproep, appel **2** (het) opgeroepen worden **3** (het) opvragen *(ve computerprogramma)* **4** dagvaarding
aufrufen^{226} **1** oproepen **2** de naam afroepen van **3** een beurt geven **4** *(computerprogramma)* opvragen **5** dagvaarden
Aufruhr m^{5} **1** oproer, opstand **2** beroering
aufrühren **1** (om)roeren **2** (weer) ophalen; *(twist)* oprakelen **3** in beroering brengen
Aufrührer m^{9} opstandeling, muiter, rebel
aufrührerisch oproerig, rebels
aufrunden naar boven afronden
^{1}**aufrüsten** *intr* de bewapening opvoeren
^{2}**aufrüsten** *tr* **1** bewapenen **2** uitrusten
Aufrüstung v^{20} bewapening; opvoering van de bewapening
aufrütteln wakker schudden
aufsagen *(gedicht, les, dienst)* opzeggen
aufsammeln **1** oprapen **2** oppakken, inrekenen **3** vergaren, verzamelen
aufsässig weerbarstig, opstandig
Aufsatz m^{6} **1** opstel, (wetenschappelijk) artikel **2** bovenstuk **3** opzet *(op orgel)*
aufsaugen^{229} opzuigen, absorberen; *(fig)* in zich opnemen
aufschauen opkijken, opzien: *zu jmdm ~* iem bewonderen
aufscheuchen opjagen, (doen) opschrikken
aufschichten opstapelen, ophopen
aufschieben^{237} **1** opschuiven, opzijschuiven, omhoogschuiven, omhoogduwen **2** openschuiven **3** uitstellen, opschorten

Aufschiebung *v*[20] verschuiving, uitstel*; zie ook* aufschieben
Aufschlag *m*[6] **1** (het) neerkomen, val **2** toeslag, prijsverhoging **3** omslag *(ve broek);* revers, omgeslagen rand *(ve hoed)* **4** (oog)opslag **5** *(sp)* service, opslag **6** *(bosbouw)* opslag
[1]**aufschlagen**[241] *intr* **1** hard neerkomen **2** *(deur, raam)* openslaan **3** oplaaien **4** stijgen **5** *(sp)* serveren, opslaan
[2]**aufschlagen**[241] *tr* **1** opslaan **2** stukslaan **3** door een val verwonden **4** *(boek)* openslaan; *(ogen)* opslaan; *(bed)* openleggen **5** *(kraag)* opzetten; *(rand)* omslaan **6** *(tent)* opzetten **7** (de prijs) verhogen
Aufschlaglinie *v*[21] servicelijn *(bij tennis)*
[1]**aufschließen**[245] *intr (sp)* aansluiting vinden, inhalen
[2]**aufschließen**[245] *tr* **1** openen, opendoen, openmaken, ontsluiten *(ook fig)* **2** duidelijk maken, verklaren **3** *(gelederen)* sluiten
aufschluchzen luid snikken
Aufschluss *m*[6] **1** opheldering, uitsluitsel, inlichting, verklaring **2** (het) openen
aufschlussreich informatief, leerzaam, instructief; veelzeggend
aufschnallen 1 losgespen **2** vastgespen
[1]**aufschneiden**[250] *intr* opscheppen, pochen
[2]**aufschneiden**[250] *tr* **1** opensnijden **2** in stukken snijden
aufschneiderisch snoeverig, opschepperig
Aufschnitt *m*[19] (boterham)beleg; gesneden kaas, worst en vlees
aufschrauben 1 openschroeven, opendraaien **2** (vast)schroeven op
[1]**aufschrecken** *intr, st* opschrikken, van schrik opspringen
[2]**aufschrecken** *tr, zw* (doen) opschrikken
Aufschrei *m*[5] kreet, gil
aufschreiben[252] opschrijven, aantekenen, noteren: *jmdn ~* iem een bekeuring geven
aufschreien[253] schreeuwen, gillen
Aufschrift *v*[20] **1** opschrift **2** inscriptie **3** adres
Aufschub *m*[6] uitstel: *ohne ~* onmiddellijk
aufschütteln opschudden
aufschütten 1 op een hoop gooien **2** opwerpen, bouwen **3** ophogen **4** afzetten
aufschwatzen, aufschwätzen aanpraten
[1]**aufschwingen**[259] *intr* **1** openzwaaien **2** opzwaaien
[2]**aufschwingen**[259]**, sich 1** opvliegen **2** zich zetten (tot) **3** zich opwerken **4** zich opwerpen
Aufschwung *m*[6] **1** (hoge) vlucht, opleving, bloei **2** *(sp)* opzwaai **3** impuls
aufsehen[261] opzien, opkijken
Aufsehen *o*[39] opzien, sensatie: *~ machen* (of: *erregen)* opzien baren
aufsehenerregend opzienbarend: *das ist sehr ~* dat is heel opzienbarend
Aufseher *m*[9] opzichter; cipier; suppoost
aufsein *oude spelling voor* auf sein, *zie* [1]auf
aufseiten[+2] *vz* aan de kant van
[1]**aufsetzen** *intr* landen
[2]**aufsetzen** *tr* **1** opzetten, zetten op **2** *(voet)* neerzetten **3** *(brief, contract)* opstellen **4** *(sp)* laten stuiten **5** rechtop zetten **6** aan de grond zetten
aufseufzen zuchten, een zucht slaken
Aufsicht *v*[28] opzicht, toezicht, inspectie: *die ~ führen über*[+4] toezicht houden op
Aufsichtführende(r), Aufsicht Führende(r) *m*[40a], *v*[40b] toezichthouder, opzichter
Aufsichtsamt *o*[32], **Aufsichtsbehörde** *v*[21] inspectie, controledienst
Aufsichtsrat *m*[6] **1** raad van commissarissen **2** raad van toezicht **3** commissaris, lid van de raad van toezicht
[1]**aufsitzen**[268] *(sein)* te paard stijgen; *(op een fiets e.d.)* opstappen
[2]**aufsitzen**[268] *(haben)* **1** opblijven **2** *(in bed)* rechtop zitten **3** bevestigd zijn op, rusten op
aufsperren 1 opensperren, (wijd) openzetten, openspalken **2** openmaken
[1]**aufspielen** *intr* **1** *(muz)* spelen, musiceren: *zum Tanz ~* dansmuziek spelen **2** *(sp)* spelen
[2]**aufspielen, sich 1** gewichtig doen **2** zich voordoen (als), zich uitgeven (voor)
aufspießen 1 opprikken **2** op de hoorns nemen **3** *(fig)* aan de kaak stellen
aufspringen[276] **1** opspringen, omhoogspringen **2** springen op **3** *(mbt deur)* openvliegen; *(mbt knop)* openspringen
aufspüren opsporen
aufstacheln 1 opzetten, aanzetten **2** aansporen
Aufstand *m*[6] opstand, oproer
aufständisch oproerig, opstandig
Aufständische(r) *m*[40a], *v*[40b] oproerling(e), opstandeling(e)
aufstapeln 1 opstapelen **2** opslaan
aufstecken 1 opspelden, opsteken, ophangen **2** *(ring)* aandoen; *(kaars)* op de kandelaar zetten **3** *(plan, studie)* opgeven
[1]**aufstehen**[279] *(haben)* **1** openstaan **2** op de grond staan
[2]**aufstehen**[279] *(sein)* **1** opstaan **2** opkomen, ontstaan **3** in opstand komen
aufsteigen[281] **1** opstijgen; *(mbt zon)* opgaan **2** *(mbt ochtend)* aanbreken; *(mbt onweer)* komen opzetten **3** *(mbt gedachte)* opkomen **4** promotie maken **5** *(sp)* promoveren **6** opstappen, stappen op *(fiets, tractor);* stijgen op *(rijdier)* **7** *(mbt bergen)* oprijzen
Aufsteiger *m*[9] **1** promoverende ploeg **2** iem die carrière gemaakt heeft
aufstellen 1 opstellen, opzetten, oprichten, neerzetten, plaatsen: *jmdn als Kandidaten ~* iem kandidaat stellen **2** *(leger)* opstellen **3** *(bewijzen, getuigen)* aanvoeren **4** *(elftal)* samenstellen **5** *(balans)* opmaken; *(programma)* maken, opstellen; *(regel, wet)* formuleren: *eine Behauptung ~* be-

weren; *eine Vermutung* ~ vermoeden **6** *(kraag)* opzetten **7** *(sp)* behalen: *einen Rekord* ~ een record vestigen
Aufstellung *v*[20] (het) opstellen; *zie ook* aufstellen
Aufstieg *m*[5] **1** (het) opstijgen *(ve ballon)*; start *(ve raket)* **2** klim, (het) beklimmen **3** naar boven lopende weg **4** *(fig)* carrière, opkomst **5** promotie
Aufstiegschance *v*[21], **Aufstiegsmöglichkeit** *v*[20] promotiekans
aufstöbern **1** opjagen **2** opsporen
[1]**aufstoßen**[285] *intr* **1** stoten **2** boeren, oprispen **3** *(mbt eten)* opbreken
[2]**aufstoßen**[285] *tr* **1** *(deur)* openduwen **2** *(glas)* hard neerzetten **3** openstoten, kapotstoten
aufstrahlen **1** helder, fel schijnen **2** schitteren **3** *(fig)* stralen
aufstreben **1** oprijzen, zich verheffen **2** *(fig)* opkomen, opbloeien
aufstrebend dynamisch
aufstreichen[286] smeren op
Aufstrich *m*[5] **1** beleg **2** ophaal *(ve letter)*
aufstülpen **1** zetten op **2** *(muts)* opzetten
aufstützen leunen op: *die Arme* (of: *sich)* ~ met de armen leunen op; *sich im Bett* ~ zich in bed oprichten; *einen Kranken* ~ een zieke overeind helpen
aufsuchen **1** bezoeken, opzoeken: *den Arzt* ~ naar de dokter gaan **2** opzoeken, zoeken naar **3** oprapen
[1]**auftakeln** *tr* optuigen
[2]**auftakeln, sich** zich opdirken
Auftakt *m*[5] **1** *(muz)* opslag, opmaat **2** *(fig)* inleiding, voorspel **3** begin
auftanken tanken; *(ook fig)* bijtanken
auftauchen **1** opduiken, boven water komen **2** opdoemen **3** komen opdagen **4** *(mbt gedachten)* opkomen, (op)rijzen
auftauen *(ook fig)* ontdooien
aufteilen verdelen, opdelen; indelen
auftischen **1** opdienen **2** *(fig)* opdissen
Auftrag *m*[6] **1** opdracht: *im* ~ *(onder brieven)* namens, voor deze **2** order, bestelling **3** taak
auftragen[288] **1** *(spijzen)* opdienen **2** aanbrengen: *Puder* ~ zich poederen **3** *(kleren)* afdragen **4** opdragen, de opdracht geven || *(fig) dick* ~ overdrijven
Auftraggeber *m*[9] opdrachtgever
Auftragsbestätigung *v*[20] orderbevestiging
[1]**auftreiben**[290] *intr* (op)zwellen
[2]**auftreiben**[290] *tr* **1** opjagen **2** doen (op)rijzen, doen (op)zwellen **3** opzoeken, opscharrelen
[1]**auftreten**[291] *intr* **1** lopen **2** optreden **3** *(mbt acteur)* opkomen **4** plotseling de kop opsteken
[2]**auftreten**[291] *tr* opentrappen, stuktrappen
Auftrieb *m*[5] **1** opwaartse druk **2** stijgkracht **3** impuls, nieuwe moed, kracht, elan
Auftritt *m*[5] **1** (het) optreden **2** scène, toneel **3** opstapje
[1]**auftun**[295] *tr* **1** opendoen, openen **2** *(eten)* opscheppen **3** *(bril, hoed)* opzetten **4** ontdekken
[2]**auftun**[295]**, sich** **1** opengaan; *(mbt afgrond)* gapen **2** geopend worden
aufwachen ontwaken
aufwachsen[302] (op)groeien
Aufwand *m*[19] **1** (het) aanwenden, gebruik, inzet **2** kosten, uitgaven **3** luxe, verspilling, verkwisting
aufwändig *zie* aufwendig
[1]**aufwärmen** *tr* **1** opwarmen **2** *(fig)* ophalen
[2]**aufwärmen, sich** zich warmen; *(sp)* zich warmlopen
aufwarten **1** aanbieden, voorzetten: *mit etwas* ~ iets aanbieden **2** te bieden hebben
aufwärts opwaarts, naar boven, stroomopwaarts: *von 10 Euro* ~ vanaf 10 euro
Aufwärtsbewegung *v*[20] opwaartse beweging, stijgende lijn, stijging
Aufwartung *v*[20] bediening || *jmdm seine* ~ *machen* iem zijn opwachting maken
Aufwasch *m*[19] afwas, vaat
aufwaschen[304] de vaat doen
aufwecken wekken, wakker maken
[1]**aufweichen** *intr* week worden
[2]**aufweichen** *tr* **1** weken, week maken **2** *(fig)* ondermijnen
aufweisen[307] **1** wijzen op **2** *(gebreken, sporen)* vertonen || *etwas aufzuweisen haben* op iets kunnen bogen
aufwenden[308] aanwenden, besteden: *Mühe* ~ moeite doen; *alle Kräfte* ~ al zijn krachten inspannen; *Zeit* ~ tijd besteden; *alles* ~ alles in het werk stellen
aufwendig **1** duur, kostbaar, luxueus **2** grootscheeps
Aufwendung *v*[20] **1** aanwending **2** *(mv)* uitgaven, kosten; *zie ook* aufwenden
aufwerfen[311] **1** opengooien **2** opgooien, omhooggooien **3** *(dam)* opwerpen **4** *(probleem)* aan de orde stellen || *sich* ~ *zu* zich opwerpen als
aufwerten revalueren; opwaarderen
Aufwertung *v*[20] revaluatie; verhoging
aufwickeln **1** opwinden, oprollen, opwikkelen **2** loswikkelen, openmaken
Aufwiegelei *v*[20] opruiing
aufwiegeln opruien
aufwiegen[312] opwegen tegen
Aufwiegler *m*[9] opruier
aufwieglerisch opruiend, demagogisch
Aufwind *m*[5] **1** *(luchtv)* thermiek **2** *(fig)* opleving; impuls: *im* ~ *sein* in de lift zitten
[1]**aufwirbeln** *intr* opdwarrelen
[2]**aufwirbeln** *tr* (doen) opwaaien, opjagen: *Staub* ~ stof doen opwaaien
aufwischen opnemen, opdweilen
aufwühlen **1** omwroeten, omwoelen **2** *(een weg)* stukrijden **3** loswoelen
aufzählen **1** voortellen **2** opsommen
aufzeichnen **1** tekenen **2** vastleggen, opnemen **3** opslaan

^{1}**aufzeigen** *intr (pop)* de vinger opsteken
^{2}**aufzeigen** *tr* aantonen, aanwijzen
^{1}**aufziehen**^{318} *intr: ein Gewitter zieht auf* een onweer komt opzetten
^{2}**aufziehen**^{318} *tr* **1** optrekken; *(een brug)* ophalen; *(vlag, zeil)* hijsen **2** *(uurwerk)* opwinden **3** opplakken **4** *(snaar)* spannen: *einen Reifen ~* een band monteren; *gelindere Saiten ~* water in de wijn doen **5** openen, opentrekken **6** grootbrengen, opvoeden, opkweken **7** op touw zetten, organiseren
^{3}**aufziehen**^{318}**, sich** opklaren
Aufzug *m*^{6} **1** lift **2** (het) opmarcheren, (het) optrekken **3** nadering **4** kleding, uiterlijk **5** *(theat)* bedrijf **6** optocht, stoet
^{1}**aufzwingen**^{319} *tr (iem iets)* opdringen
^{2}**aufzwingen**^{319}**, sich** zich opdringen
Auge *o*^{38} oog *(ook van aardappel, dobbelsteen, op soep): aus den ~n, aus dem Sinn* uit het oog, uit het hart; *jmdn nicht aus den ~n lassen* iem in het oog houden; *etwas im ~ behalten* iets in het oog houden; *das fällt* (of: *springt) in die ~n (of: ins ~)* dat valt, springt in het oog; *etwas ins ~ fassen* iets bezien, beschouwen; iets op het oog hebben; *mit bloßem ~* met het blote oog; *jmdm etwas vor ~n stellen* (of: *halten, führen)* iem iets onder het oog brengen
äugeln **1** lonken **2** *(plantk)* enten
Augenarzt *m*^{6} oogarts
Augenblick *m*^{5} ogenblik: *im ~* op het ogenblik; *im letzten ~* op het nippertje
augenblicklich **1** onmiddellijk **2** op het ogenblik, momenteel
Augenbraue *v*^{21} wenkbrauw
augenfällig in het oog lopend, duidelijk
Augenfehler *m*^{9} oogafwijking
Augenhöhle *v*^{21} oogholte, oogkas
Augenlid *o*^{31} ooglid
Augenmaß *o*^{39}: *ein gutes ~ haben* iets goed *(op het oog)* kunnen schatten; *nach ~* op het oog; *politisches ~* politiek inzicht
Augenmerk *o*^{39} aandacht
Augenschein *m*^{19} waarneming: *in ~ nehmen* in ogenschouw nemen
augenscheinlich klaarblijkelijk, blijkbaar
Augenweide *v*^{28} lust voor het oog
Augenwinkel *m*^{9} ooghoek
Augenwischerei *v*^{20} *(inform)* bedrog, nep
Augenzeuge *m*^{15} ooggetuige
^{1}**August** *m*^{5} August(us): *der dumme ~* de clown
^{2}**August** *m*^{5} *(2e nvl ook -)* augustus
Auktion *v*^{20} veiling, auctie
Auktionsseite *v*^{21}, **Auktionssite** *v*^{27} veilingsite
au pair au pair
Au-pair-Mädchen *o*^{35} au pair
Au-pair-Stelle *v*^{21} betrekking als au pair
^{1}**aus** *bw* uit: *von Berlin ~* vanuit Berlijn; *von Haus ~* van huis uit; *weder ~ noch ein wissen* geen raad meer weten; *~ sein* voorbij zijn, uit zijn; *die Kalbsleber ist ~* er is geen kalfslever meer; *von mir ~* wat mij betreft
^{2}**aus**$^{+3}$ *vz* uit, van, omwille van: *~ einer Laune heraus* bij wijze van gril; *~ Eisen* van ijzer; *~ Erfahrung* uit ervaring; *~ diesem Grunde* om die reden; *~ Leibeskräften* uit alle macht; *~ ihm wird nichts* van hem komt niets terecht; *~ Versehen* bij vergissing
Aus *o*^{39a}: *der Ball ging* (of: *rollte) ins ~* de bal ging uit
ausarbeiten uitwerken, samenstellen, opstellen
ausatmen uitademen
ausbaden: *etwas ~ müssen* voor iets moeten opdraaien, iets moeten bezuren
Ausbau *m*^{19} **1** demontage: *der ~ des Motors* de demontage van de motor **2** uitbreiding, vergroting **3** *(fig)* ontwikkeling **4** verbouwing
ausbauen **1** demonteren, halen uit **2** uitbreiden: *das Straßennetz ~* het wegennet uitbreiden **3** vergroten, verbeteren **4** verbouwen
ausbedingen^{141}: *sich etwas ~* iets bedingen; *sich das Recht ~* zich het recht voorbehouden
ausbeißen^{125}**, sich** stukbijten: *(fig) sich die Zähne an*$^{+3}$ *etwas ~* zijn tanden op iets stukbijten
ausbekommen^{193} uitkrijgen
ausbessern repareren, herstellen, verstellen
Ausbesserung *v*^{20} reparatie, herstel
ausbeulen **1** uitdeuken **2** uitlubberen
Ausbeute *v*^{21} opbrengst, rendement
ausbeuten **1** exploiteren, ontginnen **2** gebruikmaken van, benutten **3** uitbuiten
Ausbeutung *v*^{20} **1** exploitatie, ontginning **2** uitbuiting **3** misbruik; *zie ook* ausbeuten
^{1}**ausbilden** *tr* vormen, ontwikkelen; opleiden
^{2}**ausbilden, sich** zich vormen, zich ontwikkelen: *sich in Gesang ~* zich in het zingen bekwamen
Ausbilder *m*^{9} opleider, instructeur
Ausbildung *v*^{20} ontwikkeling, vorming; opleiding
Ausbildungsbeihilfe *v*^{20}, **Ausbildungsförderung** *v*^{20} studietoelage
Ausbildungsplatz *m*^{6} opleidingsplaats
Ausbildungsvertrag *m*^{6} leerovereenkomst; *(Belg)* leercontract
ausbitten^{132}: *sich etwas ~: a)* iets vragen, om iets verzoeken; *b)* iets lenen; *c)* iets eisen; *sich Ruhe ~* stilte eisen
ausbleiben^{134} uitblijven, wegblijven
Ausblick *m*^{5} uitzicht
ausblicken uitkijken, uitzien
^{1}**ausbluten** *(haben)* ophouden te bloeden
^{2}**ausbluten** *(sein)* leegbloeden, doodbloeden
ausbooten **1** ontschepen **2** debarkeren: *(fig) jmdn ~* iem aan de dijk zetten
ausborgen (uit)lenen
^{1}**ausbrechen**^{137} *intr* **1** uitbreken, ontsnappen **2** *(mbt oorlog, ziekte)* uitbreken **3** *(mbt vulkaan)* uitbarsten **4** *(mbt auto)* slippen
^{2}**ausbrechen**^{137} *tr* **1** uitbreken, (los)breken **2** uitbraken
Ausbrecher *m*^{9} uitbreker

[1]**ausbreiten** *tr* **1** uitspreiden **2** uitbreiden, vergroten **3** verspreiden, uitstrooien **4** uitstallen **5** uiteenzetten

[2]**ausbreiten, sich** zich uitbreiden, zich uitstrekken

ausbremsen **1** inhalen **2** *(fig)* buitenspel zetten

[1]**ausbrennen**[138] *intr* uitbranden, opbranden

[2]**ausbrennen**[138] *tr* uitbranden

ausbringen[139] **1** uitbrengen **2** uitkrijgen

Ausbruch *m*[6] **1** uitbraak **2** *(mil)* doorbraak **3** (het) uitbreken *(ve oorlog)* **4** uitbarsting

ausbrüten uitbroeden *(ook fig)*

ausbügeln **1** *(kreukels)* wegstrijken **2** strijken, oppersen **3** *(fig)* herstellen

Ausbund *m*[6] toonbeeld, model, type

ausbündig buitengewoon

ausbürgern het staatsburgerschap ontnemen

Ausdauer *v*[28] volharding, uithoudingsvermogen

ausdauern volhouden, het uithouden

ausdauernd volhardend, met volharding; *(plantk)* overblijvend

[1]**ausdehnen** *tr* **1** (doen) uitzetten **2** *(verblijf)* verlengen **3** *(macht)* uitbreiden: *ausgedehnte Praxis* grote praktijk

[2]**ausdehnen, sich** **1** zich uitbreiden **2** zich uitstrekken **3** duren

Ausdehnung *v*[20] **1** uitbreiding **2** uitzetting **3** verlenging **4** omvang, grootte; *(wisk)* dimensie

[1]**ausdenken**[140] *tr* **1** bedenken **2** uitdenken, doordenken

[2]**ausdenken**[140]**, sich** zich voorstellen, verzinnen

ausdorren uitdrogen, verdorren

[1]**ausdörren** *intr* uitdrogen, verdorren

[2]**ausdörren** *tr* uitdrogen; droog maken

ausdrehen **1** uitdraaien, uitzetten **2** *(ergens)* uitdraaien

[1]**Ausdruck** *m*[6] **1** uitdrukking **2** (gelaats)uitdrukking **3** uitdrukkingswijze, stijl **4** kenmerk, symbool

[2]**Ausdruck** *m*[5] *(comp)* print, (computer)uitdraai, afdruk

ausdrucken **1** *(typ)* afdrukken, drukken **2** printen

[1]**ausdrücken** *tr* **1** uitpersen, uitknijpen, uitdrukken **2** uitdrukken, formuleren

[2]**ausdrücken, sich** zich uiten, zich uitdrukken

ausdrücklich uitdrukkelijk, nadrukkelijk

ausdrucksvoll sprekend, expressief

Ausdrucksweise *v*[21] manier waarop men zich uitdrukt, uitdrukkingswijze

ausdünnen uitdunnen

ausdunsten, ausdünsten uitwasemen, uitdampen, uitzweten

Ausdunstung, Ausdünstung *v*[20] uitdamping, transpiratie, uitwaseming

auseinander uit elkaar, uiteen, van elkaar

auseinanderfallen[154] uiteenvallen

auseinandergehen[168] **1** uit elkaar gaan, scheiden **2** uit elkaar vallen, losraken **3** *(mbt meningen)* uiteenlopen, verschillen || *(inform) sie ist ziemlich auseinandergegangen* ze is vrij dik geworden

auseinanderleben, sich (van elkaar) vervreemden

auseinandermachen **1** uit elkaar nemen **2** *(inform)* openen, openvouwen: *die Beine ~* de benen spreiden

[1]**auseinandersetzen** *tr* uiteenzetten, verklaren || *(jur) Besitz ~* gemeenschappelijk bezit verdelen, boedel scheiden

[2]**auseinandersetzen, sich**: *sich mit*[+3] *etwas ~* zich intensief met iets bezighouden; *sich mit jmdm ~* met iem een discussie aangaan

Auseinandersetzung *v*[20] **1** uiteenzetting, verklaring **2** bespreking, discussie **3** conflict, woordenwisseling, ruzie: *es kam zu ~en* het kwam tot woorden; *blutige ~en* bloedige vechtpartijen

auserkoren uitverkoren

[1]**auserlesen** *bn* uitgelezen, buitengewoon

[2]**auserlesen** *tr*[201] uitverkiezen

ausersehen[261] uit(ver)kiezen, voorbestemmen

auserwählen uitkiezen, verkiezen, uitverkiezen

Auserwählte(r) *m*[40a], *v*[40b] uitverkorene; geliefde

Auserwählung *v*[20] uitverkiezing

[1]**ausfahren**[153] *intr* **1** uitrijden, wegrijden; uitvaren, wegvaren; vertrekken **2** uit rijden gaan

[2]**ausfahren**[153] *tr* **1** gaan rijden met **2** *(weg)* stukrijden: *die Kurve ~* de buitenbocht nemen **3** *(wedstrijd)* houden **4** bezorgen **5** de capaciteit volledig benutten **6** *(landingsgestel)* uitklappen; *(anker)* uitwerpen; *(antenne)* uitschuiven

Ausfahrt *v*[20] **1** (het) uitvaren, vertrek **2** (het) naar buiten rijden *(van auto)* **3** uitrit **4** havenuitgang **5** afrit

Ausfall *m*[6] **1** uitval *(ook bij het schermen)* **2** uitslag, uitkomst, resultaat **3** (het) uitvallen, (het) vervallen **4** (het) verminderen, verlies, tekort

ausfallen[154] **1** *(mbt haar, tanden, letter, licht, motor)* uitvallen **2** vervallen

ausfallend, ausfällig grof, beledigend

Ausfallstraße *v*[21] uitvalsweg

ausfertigen **1** opstellen, (uit)schrijven **2** *(een pas)* afgeven **3** ondertekenen: *Gesetze ~* wetten ondertekenen, uitvaardigen

Ausfertigung *v*[20] **1** (het) opstellen, (het) (uit)schrijven: *in zweifacher ~* in duplo **2** afgifte *(van pas)* **3** *(jur)* afschrift **4** ondertekening *(van wet door staatshoofd)*

ausfinden[157] vinden: *sich ~ in*[+3] zich thuis voelen in, overweg kunnen met

ausfindig: *~ machen* opsporen, ontdekken

[1]**ausfliegen**[159] *intr* **1** uitvliegen, wegvliegen **2** een luchtruim verlaten **3** *(inform)* een uitstapje maken

[2]**ausfliegen**[159] *tr* met een vliegtuig naar elders brengen, evacueren

ausflippen **1** zijn toevlucht tot drugs nemen **2** de maatschappij de rug toekeren **3** overstuur raken **4** buiten zichzelf zijn

Ausflucht *v*[25] uitvlucht, voorwendsel

Ausflug *m*[6] **1** (het) uitvliegen **2** uitstapje, tochtje, excursie **3** vlieggat *(ve bijenkorf)*
Ausflügler *m*[9] dagrecreant, dagjesmens
Ausfluss *m*[6] **1** afvoer, uitloop **2** (het) weglopen, uitstromen **3** *(med)* afscheiding **4** gevolg, uitvloeisel
ausfransen rafelen
ausfressen[162] **1** uit(vr)eten, leeg(vr)eten **2** *(fig)* uithalen, uitvoeren
Ausfuhr *v*[20] uitvoer, export
ausführbar uitvoerbaar, mogelijk, doenlijk
Ausfuhrbewilligung *v*[20] uitvoervergunning
ausführen **1** (iem) mee uit nemen, uitgaan met: *den Hund ~* de hond uitlaten **2** uitvoeren, exporteren **3** uitvoeren, realiseren: *einen Auftrag, Befehl ~* een opdracht, bevel uitvoeren **4** *(een ontwerp)* uitwerken **5** *(strafschop)* nemen **6** uiteenzetten, verklaren
Ausführende(r) *m*[40a], *v*[40b] uitvoerende
Ausfuhrgenehmigung *v*[20] uitvoervergunning
ausführlich uitvoerig, in detail
Ausfuhrsperre *v*[21] uitvoerverbod
Ausführung *v*[20] **1** uitvoering, verwezenlijking: *zur ~ gelangen* (of: *kommen)* uitgevoerd worden **2** uitvoering, kwaliteit **3** uitwerking *(van ontwerp)* **4** (het) uitvoeren *(van bevel, werk): die ~ eines Freistoßes* het nemen van een vrije trap **5** uiteenzetting
ausfüllen **1** vullen; *(sloot)* dempen; *(gat)* dichten: *Lücken in der Gesetzgebung ~* leemten in de wetgeving aanvullen **2** invullen **3** *(betrekking)* vervullen; *(ambt)* bekleden || *die Hausarbeit füllt sie nicht aus* de huishouding bevredigt haar niet
Ausgabe *v*[21] **1** (het) uitgeven, (het) verdelen, verdeling **2** afgifte **3** uitgifte *(van aandelen)* **4** uitgave *(van geld, boek)* **5** output *(van computer)* **6** loket **7** *(bevel)* uitvaardiging **8** oplage **9** editie **10** uitvoering
Ausgang *m*[6] **1** (het) uitgaan; wandeling: *~ haben* vrij hebben **2** uitgang *(van gebouw)* **3** eind *(van dorp, tijdperk)* **4** afloop, einde **5** uitgangspunt *(van gesprek)*
Ausgangspunkt *m*[5] uitgangspunt
Ausgangssperre *v*[21] uitgaansverbod
ausgären[164] **1** uitgisten **2** *(fig)* rijpen
[1]**ausgeben**[166] *tr* **1** uitreiken, verstrekken, afgeven: *eine* (of: *einen) Runde ~* een rondje geven **2** *(aandelen, boeken, geld)* uitgeven **3** *(bevel)* uitvaardigen **4** *(instructies)* geven **5** *(comp)* uitprinten, afdrukken
[2]**ausgeben**[166], **sich** zich geven: *sich ~ für*[+4] zich uitgeven voor
ausgebrannt uitgeput
Ausgeburt *v*[20] **1** voortbrengsel, product, uitwas **2** *(ongunstig)* toppunt
ausgefallen apart, origineel
ausgeglichen **1** harmonisch, evenwichtig, gelijkmatig **2** *(mbt wedstrijd)* gelijkopgaand
ausgehen[168] **1** uitgaan, naar buiten gaan: *auf Abenteuer ~* op avontuur uitgaan **2** opraken: *der Artikel ist ausgegangen* het artikel is uitverkocht; *der Atem ging ihm aus* hij raakte buiten adem; *mein Geld ist mir ausgegangen* mijn geld is op; *die Haare gehen ihr aus* haar haar valt uit; *der Vorrat geht aus* de voorraad raakt op **3** (met *von*[+3]) uitgaan van **4** *(mbt vuur, licht)* uitgaan; *(mbt motor)* afslaan **5** *(mbt kleding)* uitgaan **6** uitgaan, eindigen || *das ~de Mittelalter* de late middeleeuwen; *frei ~* vrijuit gaan; *gut, schlecht ~* goed, slecht aflopen
ausgekocht uitgekookt, geraffineerd
ausgelassen uitgelaten, doldwaas
ausgelernt uitgeleerd, volleerd
ausgemacht **1** zeker, vaststaand: *eine ~e Sache* een uitgemaakte zaak **2** uitgesproken **3** zeer, buitengewoon
ausgenommen uitgezonderd, met uitzondering van, behalve
ausgerechnet juist, net
ausgeschlossen uitgesloten, onmogelijk
ausgeschnitten uitgesneden, gedecolleteerd
ausgesprochen **1** uitgesproken **2** bepaald
ausgesucht **1** uitgezocht, uitgelezen, select **2** zeer groot, buitengewoon
ausgewachsen volgroeid
ausgewogen harmonisch, evenwichtig
Ausgewogenheit *v*[28] harmonie
ausgezeichnet uitstekend, voortreffelijk
ausgiebig overvloedig, uitgebreid, rijkelijk
ausgießen[175] **1** uitgieten, uitstorten, leeggieten **2** (gietend) blussen **3** *(techn)* volgieten
Ausgleich *m*[5] **1** vergelijk, schikking, vereffening: *zum ~* (of: *als ~)* ter vereffening **2** compensatie, vergoeding **3** *(sp)* handicap, voorgift **4** gelijkmaker *(doelpunt)*
[1]**ausgleichen**[176] *intr (sp)* gelijkmaken
[2]**ausgleichen**[176] *tr* **1** *(twist)* bijleggen, uit de weg ruimen **2** met elkaar in overeenstemming brengen **3** compenseren, goedmaken **4** *(rekening)* vereffenen **5** *(grond)* gelijkmaken, nivelleren
[3]**ausgleichen**[176], **sich** vereffend worden, tegen elkaar opwegen, elkaar opheffen
Ausgleichsfonds *m (2e nvl -; mv -)* egalisatiefonds; *(Belg)* compensatiekas
Ausgleichsgeschäft *o*[29] compensatietransactie
Ausgleichstor *o*[29], **Ausgleichstreffer** *m*[9] *(sp)* gelijkmaker
ausgleiten[178] **1** uitglijden **2** ten einde glijden
ausgliedern losmaken; buiten beschouwing laten
ausgraben[180] **1** uitgraven, opgraven **2** graven
Ausgrabungsort *m*[5] opgraving
ausgrenzen losmaken, buitensluiten
Ausgrenzung *v*[20] uitsluiting, buitensluiting: *soziale ~* sociale uitsluiting
Ausguck *m*[5] uitkijk: *~ halten* op de uitkijk staan
ausgucken **1** bekijken **2** uitkijken
Ausguss *m*[6] **1** gootsteen **2** afvoerbuis

aushaben[182] **1** *(boek, schoenen)* uit hebben **2** leeggedronken, leeggegeten hebben || *wann habt ihr heute aus?* hoe laat zijn jullie vandaag klaar op school?
aushaken loshaken; uit de hengsels lichten
[1]**aushalten**[183] *intr* het uithouden, het volhouden
[2]**aushalten**[183] *tr* **1** doorstaan, verduren, bestand zijn tegen **2** *(ongunstig)* onderhouden
aushandeln overeenkomen, tot stand brengen
aushändigen overhandigen
Aushang *m*[6] openbare bekendmaking
[1]**aushängen** *intr, st (mbt bekendmaking)* aangeplakt, opgehangen zijn
[2]**aushängen** *tr, zw* aanplakken, ophangen
Aushängeschild *o*[31] **1** uithangbord **2** *(fig)* dekmantel
ausharren volhouden, het uithouden, volharden
aushauchen uitademen, uitblazen
ausheben[186] **1** *(boom)* uitgraven **2** *(kanaal)* graven **3** *(nest)* uithalen **4** *(aarde)* afgraven **5** *(maag)* leegpompen **6** *(deur)* uit de hengsels lichten **7** *(bende)* oprollen **8** ontwrichten
aushebern *(maag)* leegpompen
Aushebung *v*[20] **1** (het) uitgraven, (het) graven **2** (het) oprollen, arrestatie **3** lichting
aushecken uitbroeden, uitdenken, verzinnen
aushelfen[188] helpen, bijspringen; *(voor iem)* invallen
Aushilfe *v*[21] hulp, bijstand; invaller, noodhulp: *zur ~* als noodhulp
Aushilfskraft *v*[25] noodhulp, invaller
aushöhlen uithollen; *(fig)* ondermijnen
ausholen **1** *(bij klap)* uithalen **2** *(bij vertellen)* breedvoerig zijn: *(weit) ~de Schritte* (zeer) grote stappen
aushorchen: *jmdn ~* iem uithoren
aushungern uithongeren
auskämmen uitkammen; kammen
auskennen[189]**, sich** de weg weten, thuis zijn in, verstand hebben van
ausklammern buiten beschouwing laten
Ausklang *m*[6] einde, slot
ausklarieren[320] uitklaren
auskleiden **1** uitkleden, ontkleden **2** betimmeren, bekleden
ausklingen[191] **1** ophouden te klinken **2** wegsterven **3** *(fig)* eindigen
ausklügeln uitkienen
auskneifen[192] ertussenuit knijpen, 'm smeren
ausknobeln **1** dobbelen om **2** uitkienen
auskochen **1** uitkoken **2** uitdenken
auskommen[193] **1** uitkomen **2** *(mbt brand)* uitbreken **3** overweg kunnen: *mit jmdm ~* het met iem kunnen vinden **4** rondkomen, uitkomen
Auskommen *o*[39] inkomen: *ein gutes ~ haben* goed kunnen leven || *mit ihm ist kein ~* niemand kan het met hem vinden
auskömmlich voldoende, behoorlijk
auskosten: *etwas ~* ten volle van iets genieten; *etwas ~ müssen* iets moeten doorstaan
[1]**auskratzen** *intr* ervandoor gaan
[2]**auskratzen** *tr* uitkrassen, wegkrassen; uitkrabben
auskugeln *(arm)* ontwrichten
auskundschaften **1** verkennen **2** opsporen
Auskunft *v*[25] **1** inlichting(en), informatie(s): *~ über etwas*[4] *erteilen, einholen* inlichtingen omtrent iets geven, inwinnen **2** *(loket, afdeling)* Inlichtingen
Auskunftei *v*[20] informatiebureau
Auskunftsbüro *o*[36], **Auskunftsstelle** *v*[21] informatiebureau; *(toerisme)* VVV-kantoor
auskurieren[320] grondig genezen, geheel genezen
[1]**auslachen** *tr* uitlachen, lachen om
[2]**auslachen, sich** naar hartenlust lachen
[1]**ausladen**[196] *intr* uitsteken, uitspringen || *die Gäste wieder ~* de gasten afzeggen
[2]**ausladen**[196] *tr* uitladen, lossen
Auslage *v*[21] **1** uitgestalde artikelen **2** etalage **3** *(sp)* uitgangspositie **4** *(mv)* gemaakte onkosten
Ausland *o*[39] **1** buitenland **2** vreemde
Ausländer *m*[9] buitenlander
Ausländerin *v*[22] buitenlandse
ausländisch **1** buitenlands **2** exotisch
Auslandsbeziehungen *mv v*[20] buitenlandse betrekkingen
Auslandsgespräch *o*[29] internationaal (telefoon)gesprek
Auslandsreise *v*[21] buitenlandse reis
Auslandsschutzbrief *m*[5] internationale reis- en kredietbrief
auslassen[197] **1** laten ontsnappen: *seine schlechte Laune an jmdm ~* z'n slechte humeur op iem afreageren; *seine Wut an jmdm ~* zijn woede op iem koelen **2** *(woord)* weglaten **3** zich laten ontgaan **4** overslaan **5** *(kleding)* uitleggen **6** uitlaten, niet aandoen
auslasten **1** volledig benutten **2** op volle kracht laten draaien **3** het laadvermogen volledig benutten **4** in beslag nemen
Auslastung *v*[20] volledige belasting, volledige benutting
Auslauf *m*[6] **1** uitloop, monding, uitweg **2** (kippen)ren **3** vertrek, (het) uitlopen *(ve schip)* **4** *(sp)* uitloop(baan) **5** ruimte
auslaufen[198] **1** *(scheepv)* uitlopen, vertrekken **2** weglopen, lekken **3** leeglopen **4** *(mbt kleur)* doorlopen **5** *(sp)* uitlopen **6** eindigen, aflopen **7** tot stilstand komen **8** *(mbt model)* niet meer gemaakt worden
Ausläufer *m*[9] **1** uitloper *(ve gebergte)* **2** loot, spruit *(ve plant)*
ausleeren **1** leeggieten **2** legen
auslegen **1** uitstallen **2** ter inzage leggen **3** neerleggen **4** poten, zaaien **5** *(kabel)* leggen **6** beleggen, bekleden **7** *(met ivoor, hout)* inleggen **8** *(geld)* voorschieten **9** uitleggen, verklaren
Ausleger *m*[9] uitlegger, interpreet

Ausleihe *v*[21] **1** (het) uitlenen **2** uitleenbureau; *(Belg)* bedieningspost
ausleihen[200] (uit)lenen: *sich bei (of: von) jmdm ein Buch ~* een boek van iem lenen
auslernen zijn leertijd, schooltijd voltooien: *man lernt nie aus* men raakt nooit uitgeleerd
Auslese *v*[21] **1** keus, selectie **2** elite, puikje **3** *(mbt wijn)* eerste kwaliteit
auslesen[201] **1** uitlezen **2** uitkiezen, uitzoeken
ausliefern **1** uitleveren **2** afleveren
Auslieferung *v*[20] **1** uitlevering **2** aflevering
Auslieferungsantrag *m*[6], **Auslieferungsbegehren** *o*[35] verzoek tot uitlevering
ausliegen[202] **1** uitgestald zijn **2** uitgezet zijn **3** ter inzage liggen
auslöffeln uitlepelen, oplepelen, leeglepelen
ausloggen zich uitloggen
auslöschen **1** blussen, doven **2** *(gas, licht)* uitdoen **3** *(sporen)* uitwissen
auslosen loten, door het lot aanwijzen
auslösen **1** *(techn)* op gang brengen, in werking stellen: *(foto) den Verschluss ~* de sluiter openen **2** *(fig)* (ver)wekken, teweegbrengen, veroorzaken **3** *(uitspraak)* uitlokken
Auslöser *m*[9] *(foto)* ontspanner
Auslösung *v*[20] **1** (het) in werking stellen **2** reiskostenvergoeding; *zie ook* auslösen
ausloten **1** *(diepte, muren)* loden, peilen **2** *(fig)* doorgronden
ausmachen **1** uitdoen, uitmaken, doven, afzetten **2** afspreken, overeenkomen **3** uitvechten **4** vormen, uitmaken **5** bedragen **6** waarnemen **7** bepalen
[1]**ausmalen** *tr* **1** beschilderen **2** kleuren **3** *(fig)* schilderen, beschrijven
[2]**ausmalen, sich** zich voorstellen
Ausmaß *o*[29] **1** omvang, afmeting **2** mate, maat
ausmerzen **1** schrappen, verwijderen **2** vernietigen, verdelgen
ausmessen[208] (op)meten
ausmisten uitmesten
ausmünden uitmonden, uitlopen, uitkomen
ausmustern **1** *(mil)* afkeuren **2** uitsorteren, afdanken, buiten gebruik stellen
Ausnahme *v*[21] uitzondering
Ausnahmezustand *m*[6] uitzonderingstoestand: *den ~ verhängen über*[+4] de uitzonderingstoestand afkondigen voor
ausnahmslos zonder uitzondering
ausnahmsweise bij (wijze van) uitzondering
[1]**ausnehmen**[212] *tr* **1** uitnemen, halen uit; leeghalen; schoonmaken; *(vis)* van ingewanden ontdoen; *(nest)* uithalen **2** uitsluiten, uitzonderen
[2]**ausnehmen**[212]**, sich** staan, klinken, een … indruk maken: *das nimmt sich hübsch aus* dat ziet er aardig uit || *jmdn ~* iem geld afhandig maken
ausnutzen, ausnützen **1** gebruiken, benutten, (ten volle) gebruikmaken van, profiteren van, exploiteren **2** uitbuiten
Ausnutzung, Ausnützung *v*[28] (het) gebruiken; *zie ook* ausnutzen, ausnützen
auspacken **1** uitpakken **2** (uitvoerig) vertellen **3** bekennen, alles verraden **4** ongezouten de waarheid zeggen
ausplaudern rondvertellen, verklappen
ausplündern uitplunderen, leegplunderen
auspolstern **1** bekleden **2** (op)vullen
ausposaunen uitbazuinen, rondbazuinen
[1]**ausprägen** *tr (goud)* aanmunten; *(penning)* slaan
[2]**ausprägen, sich** **1** tot uitdrukking komen, zich uiten **2** zich ontwikkelen || *ausgeprägt* geprononceerd, uitgesproken
auspressen **1** uitpersen **2** *(fig)* uitbuiten **3** *(fig)* uithoren, uitvragen
ausproben, ausprobieren (uit)proberen; beproeven, testen
Auspuff *m*[5] **1** uitlaat **2** uitstoot
auspusten uitblazen
Ausputzer *m*[9] *(sp)* ausputzer, laatste man
ausquetschen **1** uitpersen **2** ondervragen, uithoren
ausradieren **1** wegkrabben, uitgommen **2** *(mil)* met de grond gelijk maken **3** uitroeien, uit de weg ruimen
ausrangieren[320] afdanken
ausrasten **1** *(techn)* losspringen **2** over zijn toeren raken
ausrauben **1** beroven **2** leegplunderen
ausräumen **1** (uit-, ont)ruimen, legen **2** leegroven **3** uit de weg ruimen
ausrechnen uitrekenen, berekenen: *sich etwas ~* iets berekenen, nagaan; *sich etwas ~ können* iets kunnen nagaan
Ausrede *v*[21] uitvlucht, smoesje
[1]**ausreden** *intr* uitspreken, uitpraten
[2]**ausreden** *tr* uit het hoofd praten: *jmdm etwas ~* iem iets uit het hoofd praten
ausreichen voldoende zijn, toereikend zijn
ausreichend voldoende
Ausreise *v*[21] vertrek uit het land, uitreis
ausreisen (uit)reizen, het land verlaten
[1]**ausreißen**[220] *intr* **1** losscheuren, uitscheuren **2** weglopen **3** deserteren **4** *(sp)* ontsnappen
[2]**ausreißen**[220] *tr* uitrukken; uitscheuren
Ausreißer *m*[9] **1** wegloper, vluchteling **2** *(mil)* deserteur **3** *(sp)* vluchter
ausrenken verrekken, ontwrichten
ausrichten **1** *(peloton)* richten **2** *(techn)* zuiver stellen **3** *(boodschap)* overbrengen, mededelen; *(groeten)* doen **4** voorbereiden, organiseren **5** uitrichten, bereiken, tot stand brengen **6** richten, afstemmen, oriënteren
Ausrichtung *v*[28] **1** (het) richten **2** (het) zuiver stellen **3** (het) oriënteren **4** (het) overbrengen **5** (het) voorbereiden, (het) organiseren **6** ontsluiting; *zie ook* ausrichten
[1]**ausrollen** *intr* uitlopen; tot stilstand komen
[2]**ausrollen** *tr* plat rollen; uitrollen, afrollen

ausrotten uitroeien, verdelgen
ausrücken **1** uitrukken **2** 'm smeren
Ausruf *m*[5] **1** uitroep, kreet **2** (het) afroepen, (het) omroepen
ausrufen[226] **1** uitroepen, uitschreeuwen **2** uitroepen, proclameren **3** afroepen, omroepen **4** te koop aanbieden
Ausrufezeichen *o*[35] uitroepteken
[1]**ausruhen** *intr* uitrusten
[2]**ausruhen, sich** uitrusten
ausrüsten uitrusten, toerusten
Ausrüstung *v*[20] uitrusting, toerusting
ausrutschen uitglijden; *(mbt hand)* uitschieten; *(fig)* een misstap begaan
aussäen *(ook fig)* zaaien
Aussage *v*[21] **1** mening, oordeel, uitspraak **2** verklaring, getuigenis **3** zeggingskracht
aussagen verklaren; getuigen, uitdrukken
Aussagepflicht *v*[20] plicht om te getuigen
Aussatz *m*[19] melaatsheid, lepra
Aussätzige(r) *m*[40a], *v*[40b] melaatse
ausschachten (uit)graven
ausschalten *(ook fig)* uitschakelen
Ausschank *m*[6] **1** (het) schenken *(van drank)* **2** café, kroeg **3** tapkast, buffet
Ausschau *v*[28] (het) uitzien: ~ *halten nach*[+3] uitzien, uitkijken naar
ausschauen uitkijken, uitzien
[1]**ausscheiden**[232] *intr* **1** niet in aanmerking komen **2** uittreden, aftreden **3** *(de dienst)* verlaten **4** *(sp)* uitgeschakeld worden, uitvallen
[2]**ausscheiden**[232] *tr* **1** afscheiden, uitscheiden **2** uitzoeken, uitsorteren
Ausscheidung *v*[20] **1** (het) afscheiden, uitscheiden **2** (het) uitvallen **3** ontlasting, urine: ~*en* uitwerpselen **4** *(sp)* voorronde
ausschenken **1** schenken, tappen **2** *(koffie)* inschenken; *(soep)* opscheppen
ausscheren **1** de file verlaten, uitwijken **2** *(mbt aanhangwagen)* uitzwenken
[1]**ausschiffen** *tr* **1** ontschepen **2** lossen **3** *(fig)* de laan uitsturen
[2]**ausschiffen, sich** ontschepen
ausschildern **1** bewegwijzeren **2** door verkeersborden aangeven
ausschimpfen een uitbrander geven
ausschlachten **1** *(slachtvee)* schoonmaken **2** *(de huid)* afstropen **3** alle bruikbare onderdelen halen uit *(een oude auto)* **4** *(een affaire)* uitbuiten
[1]**ausschlafen** *intr* uitslapen
[2]**ausschlafen, sich** uitslapen
Ausschlag *m*[6] **1** *(med)* uitslag **2** (het) uitslaan, uitslag *(van wijzer)* **3** *(fig)* doorslag: *den ~ geben* de doorslag geven
[1]**ausschlagen**[241] *intr* **1** *(mbt wijzer)* uitslaan **2** *(plantk)* uitlopen, uitbotten
[2]**ausschlagen**[241] *tr* **1** *(een tand)* uitslaan **2** bekleden, stofferen, voeren **3** afslaan, van de hand wijzen, weigeren **4** uitslaan, doven
ausschlaggebend doorslaggevend
ausschließen[245] uitsluiten, buitensluiten
[1]**ausschließlich** *bn* uitsluitend, bijzonder, exclusief
[2]**ausschließlich** *bw* uitsluitend, alleen
[3]**ausschließlich**[+2] *vz* behalve, buiten
ausschlüpfen uitkomen
ausschlürfen uitslurpen; leegdrinken
Ausschluss *m*[6] uitsluiting: *unter ~ der Öffentlichkeit* met gesloten deuren
ausschmücken versieren, (op)tooien; *(verhaal)* opsmukken
ausschneiden[250] **1** uitsnijden, wegsnijden **2** uitknippen **3** snoeien
Ausschnitt *m*[5] **1** opening, gat **2** decolleté **3** knipsel **4** stuk, fragment **5** sector *(van cirkel)*
ausschöpfen **1** scheppen uit **2** leegscheppen **3** uitputten **4** *(onderwerp)* volledig behandelen
ausschrauben (uit)schroeven
ausschreiben[252] **1** *(rekening)* uitschrijven; *(volmacht)* schrijven **2** *(formulier)* invullen **3** voluit schrijven; *(getal)* in letters schrijven **4** *(vergadering)* uitschrijven **5** *(beloning, prijs)* uitloven **6** *(handel)* aanbesteden
Ausschreibung *v*[20] (het) uitschrijven: *öffentliche ~* openbare aanbesteding; *zie ook* ausschreiben
ausschreien[253] **1** schreeuwend venten met, schreeuwend te koop aanbieden **2** uitschreeuwen
Ausschreitung *v*[20] **1** gewelddadigheid **2** uitspatting: ~*en* ongeregeldheden
Ausschuss *m*[6] **1** commissie, comité **2** uitschot, bocht
ausschütteln uitschudden
ausschütten **1** (uit)schudden; uitstorten, uitgieten **2** uitkeren, uitbetalen
ausschwärmen (uit)zwermen
ausschweifend **1** overdreven, mateloos **2** losbandig
Ausschweifung *v*[20] **1** mateloosheid, overdrijving **2** losbandigheid, uitspatting
ausschweigen[255]**, sich** zwijgen als het graf
[1]**ausschwenken** *intr* uitzwenken
[2]**ausschwenken** *tr (hijskraan)* naar buiten draaien
[1]**ausschwingen**[259] *intr* **1** uitslingeren, uitzwaaien **2** ophouden, eindigen
[2]**ausschwingen**[259] *tr* heen en weer zwaaien || *nach links ~* een bocht naar links maken *(bij het skiën)*
aussehen[261] **1** uitzien, uitkijken **2** eruitzien: *es sieht nach Regen aus* het ziet er naar uit, dat het gaat regenen; *(inform) so siehst du aus!* dat had je gedacht!; *sehe ich danach aus?* (of: *sehe ich so aus?)* zie je me daarvoor aan?
Aussehen *o*[39] **1** schijn **2** uiterlijk, voorkomen
aussein *oude spelling voor* aus sein, *zie* aus
außen (van) buiten, aan de buitenkant: *von ~* van buiten, uitwendig
außen-, Außen- buiten-, buitenlands

au

Außenbahn *v*^{20} *(sp)* buitenbaan
aussenden^{263} (uit)zenden, (uit)sturen
Außendienst *m*^{5} buitendienst
Außenhandel *m*^{19} buitenlandse handel
Außenminister *m*^{9} minister van Buitenlandse Zaken
Außenpolitik *v*^{28} buitenlandse politiek
außenpolitisch van de (in de) buitenlandse politiek, wat de buitenlandse politiek betreft
Außenseite *v*^{21} buitenzijde, buitenkant
Außenseiter *m*^{9} buitenstaander, outsider
Außenspiegel *m*^{9} zijspiegel, buitenspiegel
Außenstände *mv m*^{6} uitstaande gelden, uitstaande vorderingen; openstaande posten
Außenstehende(r) *m*^{40a}, *v*^{40b} buitenstaander
Außenstürmer *m*^{9} *(sp)* vleugelspeler, buitenspeler
Außenviertel *o*^{33} buitenwijk
^{1}**außer**$^{+3,\text{ zelden }+2}$ *vz* buiten; behalve: ~ *Atem* buiten adem; ~ *Betrieb* buiten bedrijf; ~ *Bett (van zieke)* op; ~ *Dienst (a.D.)* buiten dienst, gepensioneerd; ~ *sich* van zijn stuk; ~ *Landes sein* in het buitenland zijn
^{2}**außer** *vw* behalve; tenzij: ~ *dass* behalve dat; ~ *wenn* tenzij
äußer buitenst, uiterlijk, uitwendig, buiten-: *der ~e Schein* de uiterlijke schijn; *eine ~e Verletzung* een uitwendige verwonding
außerdem bovendien, daarenboven
Äußere(s) *o*^{40c} uiterlijk, voorkomen; uitwendige, buitenkant
außergewöhnlich buitengewoon, bijzonder
^{1}**außerhalb** *bw* buiten: ~ *wohnen* buiten de stad wonen
^{2}**außerhalb**$^{+2}$ *vz* buiten
außerirdisch **1** buitenaards **2** bovenaards
Außerkraftsetzung *v*^{20} buitenwerkingstelling
äußerlich **1** uiterlijk, uitwendig **2** oppervlakkig
Äußerlichkeit *v*^{20} uiterlijkheid
^{1}**äußern** *tr* uiten, te kennen geven, uitspreken
^{2}**äußern, sich** **1** zich openbaren **2** zich uiten
außerordentlich buitengewoon, uitzonderlijk
außerparlamentarisch buitenparlementair
außerschulisch buitenschools
äußerst uiterst, laatst: *der ~e Preis* de uiterste, laagste prijs; *in ~er Verlegenheit* in de grootste verlegenheid; *aufs Äußerste* (of: *aufs ~e) erschrocken* hevig geschrokken
außerstand(e) niet in staat
Äußerste(s) *o*^{40c} uiterste, ergste: *sein Äußerstes tun* zijn uiterste best doen; *aufs Äußerste gefasst* op het ergste voorbereid
Äußerung *v*^{20} **1** uiting, teken **2** uitlating
außerunterrichtlich buitenschools: *~e Aktivitäten* buitenschoolse activiteiten
^{1}**aussetzen** *intr* ophouden, stokken, afslaan, uitvallen: *der Atem setzt aus* de adem stokt; *der Motor setzt aus* de motor slaat af; *an*$^{+3}$ *etwas, an jmdm etwas auszusetzen haben* iets aan te merken hebben op iets, op iem
^{2}**aussetzen** *tr* **1** *(boot)* uitzetten **2** *(aan gevaar)* blootstellen **3** *(een kind)* te vondeling leggen **4** *(beloning, prijs)* uitloven, uitschrijven **5** onderbreken, schorsen **6** uitstellen, opschorten **7** aan land brengen
Aussetzung *v*^{20} **1** (het) uitzetten **2** uitloving **3** aanmerking; *zie ook* aussetzen
Aussicht *v*^{20} **1** uitzicht, (ver)gezicht **2** (voor)uitzicht, kans, verwachting: *er hat gute ~en* hij heeft goede vooruitzichten; *in ~ stellen* in het vooruitzicht stellen
aussichtslos uitzichtloos, hopeloos
aussichtsreich veelbelovend
aussieben **1** uitzeven, uitziften **2** selecteren
aussiedeln expatriëren, evacueren
Aussiedler *m*^{9} **1** emigrant **2** evacué
Aussiedlung *v*^{20} verdrijving, evacuatie
^{1}**aussöhnen** *tr (met elkaar)* verzoenen
^{2}**aussöhnen, sich** zich verzoenen
Aussöhnung *v*^{20} verzoening
aussortieren^{320} uitsorteren, uitselecteren
^{1}**ausspähen** *intr* uitzien, uitkijken
^{2}**ausspähen** *tr* bespieden, bespioneren
^{1}**ausspannen** *intr* uitrusten, rust nemen
^{2}**ausspannen** *tr* **1** (strak) spannen **2** uitspannen, losmaken **3** lenen, meenemen **4** afhandig maken
aussparen uitsparen, overslaan
aussperren buitensluiten; *(stakers)* uitsluiten
Aussperrung *v*^{20} buitensluiting; uitsluiting
^{1}**ausspielen** *intr (bij het kaarten)* uitkomen
^{2}**ausspielen** *tr* **1** *(sp) (mbt beker, kampioenschap)* spelen om **2** *(sp)* omspelen **3** *(personen)* uitspelen **4** *(theat)* tot in de details goed spelen
Ausspielung *v*^{20} trekking *(van loterij, lotto)*
ausspinnen^{272} uitspinnen, uitwerken
ausspionieren^{320} **1** ontdekken **2** uithoren
Aussprache *v*^{21} **1** uitspraak **2** discussie
aussprechbar uitspreekbaar, uit te spreken
^{1}**aussprechen**^{274} *intr* uitspreken *(ten einde spreken)*
^{2}**aussprechen**^{274} *tr* **1** *(woord)* uitspreken **2** uiten **3** *(een vonnis)* vellen
^{3}**aussprechen**^{274}**, sich** **1** zich uiten, zich uitlaten **2** zijn hart uitstorten **3** uit te spreken zijn: *sich für, gegen*$^{+4}$ *etwas* ~ zich voor, tegen iets verklaren; *sich über jmdn, etwas* ~ over iem, iets zijn mening geven
Ausspruch *m*^{6} uitspraak, gezegde
ausspucken **1** (uit)spuwen **2** betalen, dokken **3** opbiechten, bekennen
ausspülen **1** (uit-, om)spoelen **2** uithollen
ausstaffieren^{320} **1** van kleren voorzien **2** meubileren, inrichten **3** uitdossen
Ausstand *m*^{6} staking: *in den ~ treten* het werk neerleggen; *im ~ sein* staken
Ausständige(r) *m*^{40a}, *v*^{40b}, **Ausständler** *m*^{9} staker
ausstatten inrichten, meubileren, stofferen || ~

mit+3 uitrusten met, voorzien van, geven
Ausstattung *v*20 **1** inrichting **2** uitzet **3** uitrusting **4** uitvoering, afwerking
ausstechen277 **1** uitsteken; *(sloot)* graven **2** uitsnijden, graveren **3** overtreffen, verdringen
[1]**ausstehen**279 *intr* **1** uitgestald zijn **2** op zich laten wachten, ontbreken
[2]**ausstehen**279 *tr (honger)* lijden; *(angst)* uitstaan: *jmdn nicht ~ können* iem niet kunnen uitstaan; *~de Forderungen* uitstaande vorderingen
aussteigen281 **1** uitstappen **2** *(mbt piloot)* uit het vliegtuig springen **3** gaan uit **4** *(sp)* opgeven, de strijd staken || *(sp) jmdn ~ lassen* iem passeren
Aussteiger *m*9 alternatieveling
ausstellen **1** *(posten)* uitzetten **2** uitzetten, uitdoen, uitschakelen **3** uitstallen, tentoonstellen **4** (uit)schrijven **5** afgeven
Aussteller *m*9 **1** exposant, inzender **2** persoon die iets afgeeft, instantie die iets afgeeft
Ausstellung *v*20 **1** tentoonstelling **2** (het) uitzetten **3** afgifte
Ausstellungsgegenstand *m*6 tentoongesteld voorwerp
aussterben282 uitsterven; verdwijnen
Aussteuer *v*21 uitzet
Ausstieg *m*5 **1** (het) uitstappen **2** uitgang
ausstopfen **1** (op)vullen **2** *(dier)* opzetten
Ausstoß *m*6 capaciteit, productie
ausstoßen285 **1** uitstoten, uitsteken **2** *(een kreet, zucht)* slaken; *(klanken)* uitstoten **3** produceren
ausstrahlen **1** uitstralen *(ook fig)* **2** *(telecom)* uitzenden **3** goed verlichten
Ausstrahlung *v*20 **1** uitstraling *(ook fig)* **2** *(telecom)* uitzending
[1]**ausstrecken** *tr* uitstrekken, uitsteken
[2]**ausstrecken, sich** zich uitstrekken
ausstreichen286 **1** uitstrijken, uitsmeren **2** gladstrijken **3** *(voegen)* vullen **4** *(woord)* doorhalen **5** insmeren
Ausstrich *m*5 *(biol)* uitstrijkje
[1]**ausströmen** *intr* uitstromen; uitstralen
[2]**ausströmen** *tr* verspreiden
aussuchen uitzoeken
Austausch *m*19 (uit)wisseling, ruil
austauschbar verwisselbaar, omwisselbaar
austauschen (om-, ver)wisselen, (om)ruilen
Austauschmotor *m*16, *m*5 ruilmotor
Austauschstudent *m*14 uitwisselingsstudent
austeilen uitdelen, verdelen, uitreiken, geven
Auster *v*21 oester
austesten testen, uitproberen
austilgen **1** uitwissen **2** verdelgen, uitroeien
[1]**austoben** *intr* uitrazen, uitwoeden
[2]**austoben, sich** uitrazen
Austrag *m*6 **1** (het) uitvechten **2** (het) houden *(van een wedstrijd): zum ~ bringen* uitvechten; *(sp) die Meisterschaft kommt zum ~* er wordt om het kampioenschap gespeeld
austragen288 **1** bezorgen, rondbrengen **2** *(een wedstrijd)* spelen **3** uitvechten **4** *(een gerucht)* verspreiden **5** *(een kind)* uitdragen **6** doorhalen
Austräger *m*9 bezorger, besteller
Austragung *v*20 **1** (het) uitvechten **2** *(sp)* (het) spelen
[1]**austreiben**290 *intr* uitbotten, uitlopen
[2]**austreiben**290 *tr* **1** uitdrijven, drijven uit **2** *(vee)* naar de weide drijven
[1]**austreten**291 *intr* **1** bedanken, uittreden **2** *(uit de rij)* uittreden **3** naar het toilet gaan **4** tevoorschijn komen, vrijkomen, ontsnappen **5** *(mbt rivier)* buiten de oevers treden
[2]**austreten**291 *tr* **1** *(vuur)* uittrappen **2** *(schoenen)* aftrappen, uitlopen **3** *(treden)* uitlopen, uitslijten
austricksen **1** *(sp)* handig omspelen **2** *(fig)* te slim af zijn
austrinken293 opdrinken; leegdrinken
Austritt *m*5 **1** (het) uitgaan, (het) uittreden, (het) verlaten, (het) ontsnappen **2** (het) opzeggen van het lidmaatschap
[1]**austrocknen** *intr* uitdrogen, verdrogen
[2]**austrocknen** *tr* (uit)drogen; droogleggen
austüfteln uitdenken, uitdokteren, uitpluizen
austun295 **1** uitdoen, uittrekken **2** doven, uitmaken
ausüben uitoefenen, beoefenen
Ausübung *v*20 uitoefening
ausufern *(sein)* **1** buiten de oevers treden **2** *(fig)* ontaarden
Ausverkauf *m*6 uitverkoop
ausverkaufen uitverkopen
Auswahl *v*28 **1** *(handel)* keuze, assortiment **2** keur **3** *(sp)* selectie
auswählen (uit)kiezen, uitzoeken
Auswanderer *m*9 emigrant
auswandern **1** emigreren **2** uitwijken
Auswanderung *v*20 emigratie
auswärtig **1** buitenlands: *Minister des Auswärtigen* minister van Buitenlandse Zaken; *das Auswärtige Amt* het ministerie van Buitenlandse Zaken **2** elders gevestigd, van buiten *(de stad)*
auswärts **1** naar buiten **2** in een andere plaats: *~ essen* buitenshuis eten; *(sp) ~ spielen* een uitwedstrijd spelen
Auswärtsspiel *o*29 *(sp)* uitwedstrijd
auswaschen304 **1** uitwassen **2** uitspoelen; *(door water)* uithollen, eroderen
auswechselbar verwisselbaar, vervangbaar
auswechseln (uit)wisselen, verwisselen, vervangen
Auswechselspieler *m*9 *(sp)* wisselspeler
Ausweg *m*5 uitweg, redding
ausweglos hopeloos, uitzichtloos
ausweichen306+3 **1** uitwijken **2** ontwijken, mijden: *eine ~de Antwort* een ontwijkend antwoord
Ausweis *m*5 **1** legitimatiebewijs; *(Belg)* identiteitskaart **2** *(bank)* staat, overzicht
[1]**ausweisen**307 *tr* **1** uitwijzen **2** bewijzen, aantonen **3** voorzien in: *jmdn aus dem Land ~* iem uitwijzen

[2]**ausweisen**[307]**, sich** zich legitimeren
Ausweiskontrolle *v*[21] legitimatiecontrole; *(Belg)* identiteitscontrole
Ausweispapiere *mv o*[29] legitimatiepapieren
Ausweisung *v*[28] uitwijzing *(uit een land)*
ausweiten **1** uitrekken **2** oprekken **3** uitbreiden
Ausweitung *v*[20] uitbreiding, vergroting
auswendig van buiten, uit het hoofd: *~ lernen* van buiten leren
auswerfen[311] **1** *(het anker)* uitwerpen **2** *(bloed, vuur)* spuwen, uitbraken **3** *(geld)* uittrekken, uitkeren **4** produceren **5** uitgooien
auswerten **1** gebruikmaken van, productief maken, in praktijk brengen **2** evalueren
auswickeln uitpakken, loswikkelen
auswirken, sich zich doen gevoelen, een invloed hebben, gevolgen hebben
Auswirkung *v*[20] uitwerking
auswischen **1** schoonmaken, aanvegen **2** uitvegen, wegvegen || *jmdm eins ~* iem te grazen nemen
Auswuchs *m*[6] **1** *(med)* woekering, gezwel **2** *(fig)* uitwas, wantoestand
[1]**auszahlen** *tr* **1** uitbetalen **2** het loon uitbetalen
[2]**auszahlen, sich** renderen, lonend zijn
[1]**auszehren** *tr* uitteren
[2]**auszehren, sich** wegteren, wegkwijnen
[1]**auszeichnen** *tr* **1** (iem) onderscheiden **2** *(waren)* prijzen **3** kenmerken, doen uitblinken
[2]**auszeichnen, sich** zich onderscheiden; *zie ook* ausgezeichnet
Auszeichnung *v*[20] **1** onderscheiding *(ook fig)* **2** (het) prijzen: *eine Prüfung mit ~ bestehen* met lof voor een examen slagen
Auszeit *v*[20] *(sp)* time-out
ausziehbar uitschuifbaar, uittrekbaar
[1]**ausziehen**[318] *intr* **1** uitrijden, er op uit trekken **2** (ver)trekken
[2]**ausziehen**[318] *tr* **1** uittrekken; *(kies)* trekken **2** uitkleden *(ook fig)* **3** uittrekken, excerperen **4** *(kruiden)* aftrekken **5** *(vierkantswortel)* trekken **6** *(tafel)* uittrekken, uitschuiven
Auszubildende(r) *m*[40a], *v*[40b] leerling(e) *(met een leerovereenkomst); (Belg)* leergast
Auszug *m*[6] **1** uittocht **2** (het) uittrekken **3** (het) verlaten, (het) ontruimen *(van woning)* **4** uittreksel, excerpt **5** aftreksel, extract **6** uitschuifbaar deel *(van toestel)*; schuifblad, schuifla; *(foto)* balg **7** *(muz)* bewerking
authentisch authentiek, echt, betrouwbaar
Auto *o*[36] auto
Autobahn *v*[20] autosnelweg
Autobahnauffahrt *v*[20] oprit van de autosnelweg
Autobahnausfahrt *v*[20] afrit van de autosnelweg
Autobahndreieck *o*[29] splitsing van de autosnelweg
Autobahngebühr *v*[20] tol *(op autosnelweg)*
Autobahnkreuz *o*[29] ongelijkvloerse kruising
Autobahnrasthof *m*[6], **Autobahnraststätte** *v*[20] motel *(aan autosnelweg)*
Autobahnzubringer *m*[9] (toegangs)weg naar de autosnelweg
Autobus *m*[5] *(2e nvl -ses; mv -se)* autobus
Autobushaltestelle *v*[21] bushalte
autochthon autochtoon
Autochthone *m*[15] autochtoon, oorspronkelijke bewoner
Autofähre *v*[21] autoveer(boot)
Autofahren *o*[39] (het) autorijden
Autofahrer *m*[9] automobilist
Autofahrt *v*[20] autorit
autofrei autovrij, autoloos
Autofriedhof *m*[6] autokerkhof
Autogas *o*[29] lpg
Autohilfe *v*[28] Wegenwacht
Autoindustrie *v*[21] auto-industrie
Autoknacker *m*[9] autokraker
Autokratie *v*[21] autocratie
autokratisch autocratisch
Automarke *v*[21] automerk
Automat *m*[14] automaat
Automatik *v*[20] *(techn)* automatic, automatische bediening
Automatikgetriebe *o*[33] automatische versnellingsbak
Automation *v*[28] automatie, automatisering
automatisch automatisch
automatisieren[320] automatiseren
Automatismus *m (2e nvl -; mv -men)* automatisme
Automechaniker *m*[9] automonteur
Automobil *o*[29] automobiel
Automobilausstellung *v*[20] autotentoonstelling
Autopilot *m*[14] *(luchtv)* automatische piloot
Autor *m*[16] auteur, schrijver
Autoradio *o*[36] autoradio
Autoreifen *m*[11] autoband
Autoreisezug *m*[6] autoslaaptrein
Autorennen *o*[35] autorace
Autorennfahrer *m*[9] autocoureur
autorisieren[320] autoriseren
autoritär autoritair, eigenmachtig
Autorität *v*[20] **1** autoriteit, gezag **2** deskundige
Autoschlange *v*[21] file
Autoschlosser *m*[9] automonteur
Autostopp *m*[19]: *~ machen, mit ~* (of: *per ~*) *fahren* liften
Autostraße *v*[21] autoweg
Autotelefon *o*[29] autotelefoon
Autounfall *m*[6] auto-ongeluk
Autoverkehr *m*[19] autoverkeer
Autoverleih *m*[5] autoverhuur, autoverhuurbedrijf
Autowaschstraße *v*[21] autowasstraat
Autowerkstatt *v (mv -stätten)* garagebedrijf
Autozubehör *o*[39] autoaccessoires *(mv)*
Autozug *m*[6] autoslaaptrein
avancieren[320] **1** bevorderd worden **2** opklimmen

Aversion *v*[20] aversie, afkeer
Axt *v*[25] aks, (grote) bijl
Azubi *m*[13], *v*[27] *verk van Auszubildende(r); zie* Auszubildende(r)

b

B *afk van Bundesstraße* rijksweg
babbeln 1 brabbelen **2** babbelen, kletsen
Babe o^{36} babe
Baby o^{36} baby
Babyboom m^{13} babyboom
Babyboomer m^{9}, m^{13} babyboomer
Bach m^{6} beek
Bachelor m^{13} *(2e nvl ook -)* bachelor
Bachelor-Master-Struktur v^{20} bamastructuur
Backblech o^{29} bakplaat
Backbord o^{39} bakboord
Backe v^{21}, **Backen** m^{11} **1** wang **2** bil || *au ~!* goeie genade!
^{1}**backen** *intr, zw (mbt sneeuw e.d.)* plakken, vastkleven
^{2}**backen** *tr, st* bakken; braden
Backenbart m^{6} bakkebaard
Backenzahn m^{6} kies
Bäcker m^{9} bakker
Backerei v^{28} *(ongev)* (het) bakken
Bäckerei v^{20} **1** bakkerij, bakkerswinkel **2** (het) bakken **3** bakkersvak
Bäckergeselle m^{15} bakkersknecht; *(Belg)* bakkersgast
Bäckermeister m^{9} meester-bakker
Backfisch m^{5} **1** gebakken vis, bakvis **2** *(fig)* bakvis
Backhendl o^{37} *(mv -n)* gebraden kip
Backhuhn o^{32} *(Oostenr) zie* Backhendl
Backofen m^{12} bak(kers)oven
Backpacker m^{9} backpacker, rugzaktoerist
Backpulver o^{33} bakpoeder
Backstein m^{5} baksteen
Bad o^{32} **1** bad, zwembad **2** badkamer **3** badplaats, kuuroord
Badeanstalt v^{20} zwembad
Badeanzug m^{6} badpak, zwempak
Badehaube v^{21} badmuts
Badehose v^{21} zwembroek
Badekabine v^{21} badhokje, badcel
Badekappe v^{21} badmuts
Badelatsche v^{21} badslipper
Bademantel m^{10} badjas, badmantel
Bademeister m^{9} badmeester
Bademütze v^{21} badmuts
baden baden, zwemmen: *mit seinen Plänen ~ gehen* met zijn plannen geen succes hebben; *jmdn ~* iem in het bad doen; *~ gehen* gaan zwemmen
Badeort m^{5} badplaats, kuuroord
Baderaum m^{6} badkamer
Badetuch o^{32} baddoek, badlaken
Badewanne v^{21} badkuip
Badezeug o^{39} badgoed
Badezimmer o^{33} badkamer
BAföG, Bafög o^{39}, o^{39a} *afk van Bundesausbildungsförderungsgesetz* **1** studiefinancieringsregeling **2** studiebeurs
Bagage v^{21} **1** bagage **2** gespuis
Bagatelle v^{21} bagatel, kleinigheid
bagatellisieren^{320} bagatelliseren
Bagger m^{9} baggermolen; dragline
Baggerer, Baggerführer m^{9} draglinemachinist, baggeraar
baggern baggeren
Bahn v^{20} **1** trein, tram, spoor, spoorwegen: *zur ~ bringen* naar de trein, het station brengen; *sich auf die ~ setzen* in de trein, tram stappen; *per ~* per spoor **2** spoorbaan, trambaan **3** baan *(van planeet)*; loop, weg **4** rijstrook **5** baan *(van stof, zeil)* || *sich ~ brechen* veld winnen; *(fig) auf die schiefe* (of: *abschüssige) ~ geraten* op een hellend vlak raken
Bahnanschluss m^{6} spoorverbinding
Bahnbeamte(r) m^{40a} spoorwegbeambte
bahnbrechend baanbrekend
Bahndamm m^{6} spoordijk
bahnen: *sich einen Weg ~* zich een weg banen; *jmdm einen Weg ~* voor iem een weg banen
Bahnfahrt v^{20} treinreis
Bahngleis o^{29} spoor, rails *(mv)*
Bahnhof m^{6} station
Bahnhofsgaststätte v^{21} stationsrestauratie
Bahnhofshalle v^{21} stationshal
bahnlagernd *bw* station restante
Bahnlinie v^{21} spoorlijn
Bahnpolizei v^{28} spoorwegpolitie
Bahnsteig m^{5} perron
Bahnstrecke v^{21} baanvak, sectie
Bahnüberführung v^{20} spoorwegviaduct
Bahnübergang m^{6} overweg: *(un)gesicherter ~* (on)bewaakte overweg
Bahnunterführung v^{20} spoorwegtunnel
Bahre v^{21} (draag)baar
Bai v^{20} baai, inham, bocht
Bajonett o^{29} bajonet
Bakterie v^{21} bacterie
Balance v^{21} evenwicht
balancieren^{320} balanceren
bald^{65} **1** gauw, spoedig, weldra: *bis ~!* (of: *auf ~!)* tot ziens!; *möglichst ~* (of: *so ~ wie möglich)* zo spoedig mogelijk **2** gauw, gemakkelijk, licht **3** bijna, haast: *ich hätte ~ was gesagt* ik had haast wat gezegd || *~ ..., ~* nu eens ..., dan weer
Baldachin m^{5} baldakijn
baldig spoedig
baldigst, baldmöglichst zo spoedig mogelijk

[1]**Balg** m^{6} vel, huid
[2]**Balg** m^{6}, m^{8}, o^{30}, o^{32} bengel
balgen, sich **1** stoeien **2** vechten
Balken m^{11} balk
Balkon m^{5}, m^{13} balkon
Balkonzimmer o^{33} balkonkamer
Ball m^{6} **1** bal: ~ *spielen* ballen; *(fig) am ~ sein* (of: *bleiben)* niet opgeven **2** bol **3** bal
Ballaststoffe *mv* ballaststoffen, voedingsvezels
Bällebad o^{32} ballenbak
[1]**ballen** *tr* ballen: *die Faust ~* de vuist ballen
[2]**ballen, sich** zich samenballen; pakken
ballern **1** bonzen **2** schieten, knallen
Ballett o^{29} ballet
Balletttänzer m^{9} balletdanser
Ballführung v^{20} balcontrole
Balljunge m^{15} ballenjongen
Ballon m^{5}, m^{13} **1** ballon **2** glazen fles, kolf **3** *(inform)* kop, test
Ballonfahrer m^{9} ballonvaarder
Ballspiel o^{29} balspel
Ballung v^{21} opeenhoping, concentratie
Ballungsgebiet o^{29}, **Ballungsraum** m^{6} agglomeratie, dichtbevolkt gebied
Balsam m^{5} balsem
Balsamico m^{19} balsamico(azijn)
Bambus m^{5} *(2e nvl -ses; mv -se)* bamboe
Bammel m^{19} *(inform)* angst
bammeln bungelen, bengelen
banal banaal
Banalität v^{20} banaliteit
Banane v^{21} banaan
[1]**Band** m^{6} (boek)deel, band
[2]**Band** [bent] v^{27} *(muz)* band
[3]**Band** o^{29} band: *die ~e der Freundschaft* de banden van de vriendschap
[4]**Band** o^{32} **1** band, lint: *(fig) am laufenden ~* aan de lopende band; *auf ~ nehmen* (of: *aufnehmen)* op de (geluids)band opnemen **2** band *(om vat, van gewricht)* **3** (scharnier)hengsel
Bandage v^{21} bandage, zwachtel, verband: *mit harten ~n kämpfen* verwoed vechten
Bandaufzeichnung v^{20} **1** bandopname **2** video-opname
Bande v^{21} **1** bende, troep **2** (biljart)band **3** *(bij ijshockey)* balustrade
Bandenführer m^{9} bendeleider, bendehoofd
Bänderriss m^{6} scheuring van de gewrichtsbanden
Bänderzerrung v^{20} verrekking van de gewrichtsbanden
bändigen *(dier)* temmen, in bedwang houden; *(hartstocht)* beteugelen
Bändiger m^{9} temmer
Bandit m^{14} bandiet, schurk
Bandmaß o^{29} meetlint, rolbandmaat
Bandsäge v^{21} lintzaag
Bandscheibe v^{21} tussenwervelschijf
Bandscheibenschaden m^{12}, **Bandscheibenvorfall** m^{6} hernia
Bandwurm m^{6}, m^{8} lintworm
bang(e)^{59} bang, angstig: ~ *um jmdn sein* zich over iem ongerust maken
Bange v^{28} *(N-Dui)* angst: *(keine) ~ haben* (niet) bang zijn
bangen zich ongerust maken: *(sich) um jmdn ~* zich over iem ongerust maken
Bangigkeit v^{20} angst
[1]**Bank** v^{25} (zit-, zand)bank
[2]**Bank** v^{20} (geld)bank || *durch die ~* zonder uitzondering; *auf die lange ~ schieben* op de lange baan schuiven
Bankangestellte(r) m^{40a}, v^{40b} bankemployé, bankemployee
Bankautomat m^{14} geldautomaat
Banker m^{9} *(inform)* bankier
[1]**Bankett** o^{29} banket, feestmaal
[2]**Bankett** o^{29}, **Bankette** v^{21} zijkant van weg, berm: ~ *nicht befahrbar!* zachte berm!
Bankhaus o^{32} bank(iersfirma)
Bankier [bangkjee] m^{13} bankier
Bankkaufmann *m (2e nvl -s; mv -leute)* bankemployé
Bankkonto o^{36} *(mv ook -ten, -ti)* bankrekening
Banknote v^{21} bankbiljet
Bankräuber m^{9} bankrover
bankrott *bn* bankroet, failliet
Bankrott m^{5} bankroet, faillissement: ~ *machen* failliet gaan
bankrottgehen^{168} failliet gaan
Bankscheck m^{13} cheque; *(Belg)* bankcheque
Banküberfall m^{6} bankoverval
Bann m^{5} **1** (kerkelijke) ban **2** rechtsgebied **3** ban, betovering: *jmdn in seinen ~ schlagen* iem betoveren
bannen **1** verbannen **2** in de ban doen **3** betoveren, boeien **4** *(geesten)* bezweren
Banner o^{33} **1** banier, vaandel, vlag **2** *(comp)* banner
Bannkreis m^{5} invloed, invloedssfeer
bar **1** naakt: *mit ~em Haupt* met ontbloot hoofd **2** zuiver; klinkklaar *(onzin)*: *(fig) für ~e Münze nehmen* blindelings geloven **3** baar, contant *(geld)*: *etwas in ~ zahlen* iets contant betalen; *gegen ~* à contant
[1]**Bär** m^{14} beer *(zoogdier, mannelijk varken)*: *jmdm einen ~en aufbinden* iem iets op de mouw spelden
[2]**Bär** m^{5}, m^{16} heiblok
Baracke v^{21} barak
Barbar m^{14} barbaar
Barbarei v^{20} barbaarsheid, wreedheid, ruwheid; gebrek aan beschaving
barbarisch **1** barbaars **2** *(fig)* vreselijk
bärbeißig kribbig, nors
Bardame v^{21} barmeisje, barjuffrouw
Bärendienst m^{5}: *jmdm einen ~ leisten* iem een slechte dienst bewijzen
Bärenhunger m^{19} honger als een paard

Bärenkälte *v*[28] Siberische kou
Bärenmütze *v*[21] berenmuts
bärenstark beresterk
Barett *o*[29], *o*[36] baret
barfuß barrevoets, blootsvoets
barfüßig blootsvoets, barrevoets
Bargeld *o*[39] contant geld
bargeldlos zonder contant geld; giraal: *~er Verkehr* giroverkeer
barhaupt, barhäuptig blootshoofds
Barhocker *m*[9] barkruk
Barkauf *m*[6] koop à contant
Barkeeper *m*[9] barkeeper
Barleistung *v*[20] betaling in contanten
barmherzig barmhartig
Barmherzigkeit *v*[28] barmhartigheid
Barmixer *m*[9] barkeeper
barock barok
Barock *m*[19], *o*[39] barok
Baron *m*[5] **1** baron **2** magnaat
Baronin *v*[22] *(gehuwd)* barones
Barras *m*[19a] **1** militaire dienst: *beim ~ sein* in dienst zijn **2** kuch
Barren *m*[11] **1** brug *(turntoestel)* **2** baar
Barriere *v*[21] barrière; *(Zwits)* slagboom
Barrikade *v*[21] barricade
barrikadieren[320] barricaderen
barsch bars, nors
Barsch *m*[5] baars
Barschaft *v*[20] contanten *(mv)*; contant geld
Bart *m*[6] baard *(alle bet)*; *(van dieren)* snorharen: *der ~ ist ab!* nou is het genoeg geweest!
bärtig baardig, gebaard
Bartwuchs *m*[6] baardgroei
Barvermögen *o*[35] vermogen in geld
Barzahlung *v*[20] contante betaling
Basalt *m*[5] basalt
Basar *m*[5] bazaar, fancy fair, rommelmarkt
Baseball *m*[19] baseball, honkbal: *~ spielen* baseballen
Baseballkappe *v*[21] baseballcap, honkbalpet
Baseballschläger *m*[9] honkbalknuppel
Basel *o*[39] Bazel
basieren[320] (met *auf*[+3]) gebaseerd zijn (op), steunen (op)
Basilika *v (mv Basiliken)* basiliek, basilica
Basilikum *o*[39] basilicum
Basis *v (mv Basen)* basis, grondslag
Basisgruppe *v*[21] actiegroep
Baskenmütze *v*[21] alpino(pet)
[1]**Basketball** *m*[6] basketbal
[2]**Basketball** *m*[19] basketbal
Bass *m*[6] bas
Bassin *o*[36] bassin
Bassist *m*[14] bassist
Bastelei *v*[20] knutselarij, (het) knutselen
basteln **1** knutselen **2** sleutelen **3** maken
Bastelraum *m*[6] hobbyruimte
Bastion *v*[20] bastion
Bastler *m*[9] knutselaar
Bataillon *o*[29] bataljon
Batist *m*[5] batist
Batterie *v*[21] **1** batterij **2** accu
Batteriegerät *o*[29] apparaat op batterijen
Batzen *m*[11] kluit, brok, klomp: *ein ~ Geld* een hoop geld
[1]**Bau** *m (2e nvl -(e)s; mv -ten)* bouwwerk, gebouw
[2]**Bau** *m*[5] **1** mijngang **2** hol, huis
[3]**Bau** *m*[19] **1** bouw, aanleg: *im* (of: *in*) *~ sein* in aanbouw zijn; *auf dem ~ arbeiten* bouwvakker zijn **2** bouw, structuur **3** *(mil)* arrest **4** *(mil)* bak
Bauabschnitt *m*[5] bouwfase
Bauarbeiter *m*[9] bouwvakarbeider, bouwvakker
Bauart *v*[20] **1** bouw, constructie, type **2** bouwwijze, stijl
Bauch *m*[6] buik *(ook van voorwerpen)*; binnenste: *einen ~ ansetzen* een buikje krijgen; *sich den ~ halten* (of: *sich vor Lachen den ~ halten*) z'n buik vasthouden van het lachen; *sich den ~ vollschlagen* zijn buik vol eten
Bauchfell *o*[29] buikvlies
bauchfrei de buik (gedeeltelijk) onbedekt latend: *ein ~es T-Shirt* een naveltruitje, een buiktruitje
Bauchhöhle *v*[21] buikholte
bauchig, bäuchig buikig, corpulent
Bauchlandung *v*[20] buiklanding
bäuchlings op de buik
Bauchmuskel *m*[17] buikspier
Bauchredner *m*[9] buikspreker
Bauchschmerzen *mv m*[16] buikpijn
Bauchschuss *m*[6] buikschot
Bauchspeicheldrüse *v*[21] alvleesklier
Bauchtanz *m*[6] buikdans
Bauchtänzerin *v*[22] buikdanseres
Bauchweh *o*[39] buikpijn
bauen **1** bouwen *(alle bet)*; construeren, maken **2** *(kanaal, weg)* aanleggen **3** *(gewassen)* verbouwen || *das Examen ~* examen doen; *Mist ~* alles verkeerd doen; *einen Unfall ~* een ongeluk veroorzaken
[1]**Bauer** *m*[15], *m*[17] **1** boer, landman **2** pion *(schaakstuk)*; boer *(speelkaart)*
[2]**Bauer** *o*[33], *m*[9] (vogel)kooi
Bäuerin *v*[22] boerin
bäuerisch *zie* bäurisch
bäuerlich boeren-
Bauernbrot *o*[29] boerenbrood
Bauernfrau *v*[20] boerin
Bauernfrühstück *o*[29] gebakken aardappels met eieren en spek
Bauernhof *m*[6] boerderij
baufällig bouwvallig, vervallen
Baufirma *v (mv Baufirmen)* aannemersbedrijf
Bauflucht *v*[20], **Baufluchtlinie** *v*[21] rooilijn
Baugelände *o*[33] bouwterrein
Baugenehmigung *v*[20] bouwvergunning
Baugerüst *o*[29] stelling, steiger
Baugewerbe *o*[33] bouwnijverheid, bouw

Baugrube v^{21} bouwput
Bauherr m^{14} *(2e, 3e, 4e nvl ev -n)* opdrachtgever, bouwheer
Baukasten m^{12} bouwdoos
Baukastensystem o^{29} **1** aanbouwsysteem **2** systeembouw
Baukunst v^{28} bouwkunst
Bauland o^{39} bouwgrond
baulich architectonisch, bouw-, bouwkundig
Baulichkeit v^{20} gebouw, bouwwerk; opstal
Baulöwe m^{15} projectontwikkelaar
Baum m^{6} **1** boom **2** *(inform)* kerstboom || *Bäume ausreißen können* zeer veel aankunnen
Baumarkt m^{6} bouwmarkt, doe-het-zelfzaak
Baumaterial *o (2e nvl -s; mv -materialien)* bouwmateriaal
Baumeister m^{9} bouwmeester, architect
baumeln slingeren, bengelen, bungelen
bäumen, sich steigeren; *(fig)* in opstand komen
Baumgrenze v^{21} boomgrens
baumhoch zo hoog als een boom
Baumkrone v^{21} boomkruin
baumlang zo lang als een boom, stakerig
baumlos boomloos
Baumschule v^{21} boomkwekerij
Baumstamm m^{6} boomstam
Baumstock, Baumstrunk, Baumstumpf m^{6} boomstomp, boomstronk
Baumwoll... katoen..., katoenen ...
Baumwolle v^{28} katoen
baumwollen katoenen
Bauordnung v^{20} bouwverordening
Bauplan m^{6} bouwplan, bouwtekening
Bauplatz m^{6} bouwterrein
bäurisch boers, lomp, onbehouwen
Bausatz m^{6} bouwpakket
Bausch m^{5}, m^{6} prop, dot, verdikking: *in ~ und Bogen* in zijn geheel, alles bij elkaar
[1]**bauschen** *intr* bollen
[2]**bauschen** *tr* opblazen, opbollen
[3]**bauschen, sich** bollen, bol gaan staan
Bauschreiner m^{9} timmerman *(bouwvakker)*
Bausparer m^{9} bouwspaarder
Bausparkasse v^{21} bouwkas, bouwspaarkas
Bausparvertrag m^{6} contract voor bouwsparen
Bausperre v^{21} bouwstop, bouwverbod
Baustein m^{5} **1** bouwsteen **2** *(fig)* hoeksteen
Baustelle v^{21} bouwterrein: *Achtung, ~!* werk in uitvoering!
Baustil m^{5} bouwstijl
Baustoff m^{5} **1** bouwstof **2** bouwmateriaal
[1]**Bauteil** m^{5} deel van gebouw
[2]**Bauteil** o^{29} geprefabriceerd element, onderdeel
Bauunternehmer m^{9} aannemer
Bauwirtschaft v^{28} bouwnijverheid
Bauxit m^{5} bauxiet
Bayer m^{15} Beier
bayerisch Beiers
Bayern o^{39} Beieren
bayrisch Beiers
Bazille v^{21}, **Bazillus** *m (2e nvl -; mv -len)* bacil
beabsichtigen beogen, van plan zijn
beachten **1** letten op, nota nemen van **2** in acht nemen: *die Spielregeln ~* zich aan de spelregels houden
beachtenswert opmerkelijk
beachtlich belangrijk, aanzienlijk
Beachtung v^{28} (het) letten op, inachtneming: *~ finden* de aandacht trekken
Beachvolleyball, Beach-Volleyball m^{19}, o^{39} beachvolleybal
beackern **1** bebouwen **2** bestuderen, doorwerken || *jmdn ~* iem bepraten
Beamer m^{9} beamer
Beamtenschaft v^{28} ambtenarenkorps
Beamte(r) m^{40a} ambtenaar; *(Belg)* bediende
beamtet in overheidsdienst
Beamtin v^{22} ambtenares
beängstigen verontrusten, beangstigen
Beängstigung v^{20} **1** zorg, angst **2** bangmakerij
beanspruchen **1** aanspraak maken op, eisen, opeisen **2** in beslag nemen, belasten **3** gebruikmaken van
Beanspruchung v^{20} **1** eis, (het) aanspraak maken op **2** inbeslagneming **3** *(techn)* belasting
beanstanden **1** bezwaar hebben tegen, bezwaar maken tegen, aanmerking maken op **2** afkeuren
Beanstandung v^{20} **1** bezwaar, protest, reclamatie **2** afkeuring **3** kritiek
beantragen **1** verzoeken om, aanvragen **2** *(jur)* eisen **3** voorstellen
beantworten beantwoorden
Beantwortung v^{20} beantwoording, antwoord
bearbeiten **1** bewerken **2** behandelen
Bearbeiter m^{9} **1** bewerker **2** bevoegd ambtenaar, medewerker
beargwöhnen **1** wantrouwen **2** verdenken
Beat m^{19}, m^{19a} *(muz)* beat
beatmen beademen
Beatmung v^{20} beademing
beaufsichtigen toezicht uitoefenen op, controleren, surveilleren
Beaufsichtigung v^{20} toezicht, controle, surveillance
beauftragen belasten met, opdragen
Beauftragte(r) m^{40a}, v^{40b} gevolmachtigde
bebauen bebouwen
Bebauung v^{20} bebouwing
Bebauungsplan m^{6} bestemmingsplan
beben beven, sidderen, (t)rillen: *~ vor jmdm* beven voor iem; *~ um*$^{+4}$ in angst zitten over
Beben o^{35} **1** (het) beven **2** aardbeving
bebildern illustreren, verluchten
Becher m^{9} **1** beker **2** *(plantk)* beker, dop
Becken o^{35} bekken *(alle bet)*; kom, bassin
Beckenhöhle v^{21} *(anat)* bekkenholte
bedacht bedachtzaam, omzichtig: *~ sein auf*$^{+4}$ bedacht zijn op

Bedacht: *ohne* ~ onbezonnen; *mit* ~, *voll* ~ weloverwogen
bedächtig 1 bedachtzaam, omzichtig 2 bedaard, langzaam
bedachtsam bedachtzaam, behoedzaam
bedanken, sich bedanken, danken: *sich bei jmdm für etwas* ~ iem voor iets (be)danken; *dafür bedanke ich mich* daar dank ik voor
Bedarf *m*[19] behoefte, benodigde, vraag: *(je) nach* ~ al naargelang; *seinen* ~ *decken* zich van het benodigde voorzien; *bei* ~ indien nodig
Bedarfsartikel *mv m*[9] benodigdheden
Bedarfsfall: *im* ~ zo nodig; *für den* ~ ingeval er behoefte aan bestaat
Bedarfsgüter *mv o*[32] gebruiksgoederen
bedauerlich betreurenswaardig; beklagenswaardig
bedauern 1 betreuren: *ich bedaure, dass ...* het spijt mij, dat ... 2 beklagen, medelijden hebben met
Bedauern *o*[39] 1 spijt 2 medelijden
bedauernswert, bedauernswürdig betreurenswaard(ig); beklagenswaard(ig), te beklagen
bedecken bedekken: *(weerk) bedeckt* bedekt, zwaar bewolkt
Bedeckung *v*[20] 1 (het) bedekken 2 bedekking; overdekking, afdak
[1]**bedenken**[140] *tr* 1 nadenken over, overwegen 2 denken aan, bedenken
[2]**bedenken**[140]**, sich** zich bedenken, zich beraden, nadenken
[1]**Bedenken** *o*[39] overweging, bedenking, (het) nadenken
[2]**Bedenken** *o*[35] *(meestal mv)* bedenking, twijfel, bezwaar: ~ *haben* (of: *tragen)* bedenkingen hebben, aarzelen
bedenkenlos 1 zonder enig bezwaar 2 zonder scrupules
Bedenkenträger *m*[9] bezwaarde
bedenklich bedenkelijk, twijfelachtig, zorgelijk
bedeuten 1 betekenen 2 duidelijk maken
bedeutend 1 van belang, belangrijk 2 beduidend, aanzienlijk
bedeutsam 1 van belang, belangrijk 2 beroemd 3 uitstekend
Bedeutung *v*[20] 1 betekenis 2 belang
bedeutungslos onbetekenend, onbelangrijk
bedeutungsvoll 1 belangrijk 2 veelbetekenend
[1]**bedienen** *tr* 1 bedienen 2 *(klanten)* helpen 3 besturen 4 *(bij voetbal)* de bal toespelen
[2]**bedienen, sich** 1 zich bedienen, opscheppen 2 *(met 2e nvl)* gebruikmaken van
Bedienung *v*[20] 1 bediening 2 kelner, verkoper
[1]**bedingen** *tr, st* bedingen
[2]**bedingen** *tr, zw* 1 (ver)eisen, veronderstellen 2 veroorzaken, teweegbrengen || *bedingt sein durch* afhangen van, afhankelijk zijn van
bedingt 1 afhankelijk, gebonden 2 voorwaardelijk, betrekkelijk, beperkt: *~e Entlassung* voorwaardelijke invrijheidstelling
Bedingung *v*[20] voorwaarde, conditie: *unter der* ~ op voorwaarde
bedingungslos onvoorwaardelijk
bedrängen 1 *(stad)* bedreigen 2 lastigvallen, in het nauw brengen 3 kwellen
Bedrängnis *v*[24]**, Bedrängung** *v*[20] benarde omstandigheden, benardheid, nood
bedrohen (iem) bedreigen
bedrohlich dreigend, gevaarlijk
Bedrohung *v*[20] bedreiging
bedrucken bedrukken
bedrücken 1 verdrukken, onderdrukken 2 beklemmen, bezwaren, deprimeren
Bedrücktheit *v*[28] neerslachtigheid
bedürfen[145+2] nodig hebben, behoeven
Bedürfnis *o*[29a] 1 behoefte, verlangen 2 *(mv)* benodigdheden
Bedürfnisanstalt *v*[20] openbaar toilet, urinoir
bedürfnislos eenvoudig, bescheiden
bedürftig behoeftig, armoedig
Beefsteak *o*[36] biefstuk: *deutsches* ~ gehakt(bal)
[1]**beehren** *tr* 1 vereren 2 met een bezoek vereren
[2]**beehren, sich** de eer hebben
beeiden, beeidigen onder ede bevestigen, bezweren; beëdigen
beeifern, sich zich beijveren
beeilen, sich zich haasten, haast maken
beeindrucken indruk maken op: *beeindruckt sein* onder de indruk zijn
beeinflussen invloed uitoefenen op, van invloed zijn op
beeinträchtigen benadelen, schaden, afbreuk doen aan, belemmeren
beenden, beendigen beëindigen, een einde maken aan, besluiten, afmaken, voltooien
Beendigung, Beendung *v*[20] beëindiging, voltooiing, einde
beengen 1 benauwen 2 beperken
beerdigen begraven, ter aarde bestellen
Beerdigung *v*[20] begrafenis, teraardebestelling
Beerdigungsunternehmen *o*[35] begrafenisonderneming
Beere *v*[21] bes
Beet *o*[29] (bloem)bed, (bloem)perk
Beete *v*[21] biet
befähigen bekwamen, geschikt maken, in staat stellen
befähigt 1 bekwaam, geschikt 2 begaafd
Befähigung *v*[20] 1 geschiktheid, bekwaamheid 2 begaafdheid, aanleg
befahrbar 1 berijdbaar 2 bevaarbaar
befahren[153] 1 berijden, rijden op, rijden in 2 bevaren, varen op
Befall *m*[19] aantasting *(door schimmels enz)*
befallen[154] overvallen, bekruipen: *Angst befiel ihn* angst maakte zich van hem meester; *von einer Krankheit* ~ *werden* een ziekte krijgen, ziek worden

befangen 1 schuchter, verlegen **2** bevooroordeeld, partijdig
[1]**befassen** *tr* belasten: *jmdn mit etwas ~* iem met iets belasten
[2]**befassen, sich** (met *mit*[+3]) zich bezighouden met
Befehl *m*[5] bevel, order: *zu ~, Herr Oberst!* tot uw orders, kolonel!
befehlen[122] **1** bevelen, gelasten **2** (het) bevel voeren over **3** ontbieden
befehlerisch gebiedend, bevelend
befehligen *(mil)* commanderen, aanvoeren
Befehlshaber *m*[9] bevelhebber, commandant
Befehlsverweigerung *v*[20] insubordinatie
befestigen 1 bevestigen, vastmaken **2** versterken, verstevigen **3** *(een weg)* verharden: *nicht befestigt* onverhard
Befestigung *v*[20] **1** bevestiging **2** versterking, versteviging **3** verharding **4** fortificatie, versterking(swerk)
befeuchten bevochtigen
befeuern 1 stoken **2** onder vuur nemen, beschieten **3** bekogelen **4** *(fig)* aanvuren
[1]**befinden** *tr* vinden, bevinden, oordelen; houden voor: *für nötig ~* nodig vinden
[2]**befinden, sich** zich bevinden, zijn: *sich im Irrtum ~* zich vergissen
Befinden *o*[39] **1** gezondheidstoestand **2** inzicht, mening
befindlich aanwezig, voorhanden, zich bevindend: *im Bau ~* in aanbouw zijnde
befingern (met de vingers) betasten
beflecken 1 bevlekken **2** *(fig)* bezoedelen
befleißigen, sich streven naar, zich toeleggen op; zijn best doen
beflissen 1 ijverig **2** opzettelijk
beflügeln 1 bevleugelen **2** aansporen
befolgen *(voorbeeld, raad)* opvolgen; naleven, in acht nemen
Beförderer *m*[9] **1** transportbedrijf, vervoerbedrijf **2** bevorderaar, beschermer
befördern 1 vervoeren, transporteren, verzenden: *jmdn an die Luft* (of: *ins Freie*) *~* iem de deur uit zetten **2** *(in rang)* bevorderen **3** bevorderen, begunstigen
[1]**Beförderung** *v*[28] transport, vervoer, verzending
[2]**Beförderung** *v*[20] bevordering, promotie
befragen (onder)vragen: *jmdn nach*[+3] (of: *um*[+4], *über*[+4], *wegen*[+2]) *etwas ~* iem naar iets vragen; *ein Buch ~* een boek raadplegen; *sich über*[+4] *etwas ~* naar iets informeren
Befragte(r) *m*[40a], *v*[40b] ondervraagde
Befragung *v*[20] **1** ondervraging **2** enquête
befreien 1 bevrijden, verlossen, vrijmaken **2** vrijstellen, ontheffen **3** ontdoen
Befreier *m*[9] bevrijder, redder
Befreiung *v*[20] **1** bevrijding, verlossing **2** vrijstelling, dispensatie
Befreiungsschlag *m*[6] icing *(ijshockeyterm)*
befremden bevreemden, verwonderen
Befremdung *v*[28] bevreemding
befreunden, sich 1 vriendschap sluiten, bevriend raken **2** zich vertrouwd maken (met), gewend raken (aan)
befrieden 1 vrede brengen **2** kalmeren
befriedigen 1 (iem) bevredigen, tevredenstellen **2** *(honger)* stillen
befriedigend 1 *(ond)* ruim voldoende **2** bevredigend
Befriedigung *v*[28] **1** bevrediging **2** voldoening
befristen een termijn bepalen voor: *befristet: a)* aan een termijn gebonden; *b)* tijdelijk
befruchten 1 bevruchten **2** inspireren
Befugnis *v*[24] bevoegdheid, recht
befugt bevoegd, gerechtigd
befühlen bevoelen, betasten
befummeln friemelen aan, betasten
Befund *m*[5] bevinding; *(med)* uitslag, diagnose
befürchten vrezen, duchten
Befürchtung *v*[20] vrees
befürworten een goed woordje doen voor, bepleiten, voorstaan
Befürworter *m*[9] verdediger, voorstander
begabt begaafd, getalenteerd
Begabte(r) *m*[40a], *v*[40b] begaafde, talent
Begabung *v*[20] **1** begaafdheid, talent **2** talent, talentvol persoon
begeben[166]**, sich 1** zich begeven, gaan **2** gebeuren, voorvallen, geschieden **3** *(met 2e nvl)* afzien van, afstand doen van
Begebenheit *v*[20] gebeurtenis, voorval
begegnen[+3] *(sein)* **1** ontmoeten, tegenkomen **2** aantreffen, vinden **3** overkomen, gebeuren **4** het hoofd bieden, bestrijden, opkomen tegen **5** behandelen, bejegenen
Begegnung *v*[20] **1** ontmoeting, samenkomst **2** kennismaking, confrontatie **3** bejegening, behandeling **4** ontmoeting, wedstrijd
Begegnungsstätte *v*[21] ontmoetingscentrum
begehbar begaanbaar
begehen[168] **1** begaan, lopen op: *eine Grenze ~* langs een grens patrouilleren **2** *(een feest)* vieren **3** plegen, bedrijven, begaan
begehren 1 verlangen, eisen **2** begeren
Begehren *o*[35] begeerte, wens, verlangen
begehrenswert begerenswaard(ig)
begehrlich begerig
[1]**begeistern** *tr* verrukken, bezielen, in geestdrift brengen
[2]**begeistern, sich** geestdriftig worden
begeisternd bezielend
begeistert geestdriftig, enthousiast, verrukt
Begeisterung *v*[28] geestdrift, enthousiasme
Begier *v*[28], **Begierde** *v*[21] begeerte, verlangen
begierig begerig, verlangend: *~ nach*[+3] (of: *auf*[+4]) begerig naar
begießen[175] **1** begieten, (be)sproeien **2** drinken op

Beginn *m*^{19} begin, aanvang
beginnen^{124} *(haben)* beginnen, aanvangen
beglaubigen 1 bekrachtigen, bevestigen **2** waarmerken **3** legaliseren **4** *(diplomaat)* accrediteren
Beglaubigung *v*^{20} **1** (het) waarmerken, legalisatie **2** gerechtelijke bekrachtiging **3** (het) accrediteren
Beglaubigungsschreiben *o*^{35} geloofsbrief
begleichen^{176} **1** vereffenen, betalen **2** uit de weg ruimen, uit de wereld helpen
begleiten begeleiden; escorteren: *von Erfolg begleitet sein* succes hebben
Begleiter *m*^{9} begeleider
Begleiterscheinung *v*^{20} begeleidend verschijnsel, bijkomend verschijnsel
Begleitschreiben *o*^{35} begeleidend schrijven
Begleitumstände *mv m*^{6} bijkomende omstandigheden
Begleitung *v*^{20} begeleiding, gevolg; escorte: *in ~*$^{+2}$ vergezeld (van)
beglücken gelukkig maken, verblijden
beglückwünschen: *jmdn zu*$^{+3}$ *etwas ~* iem met iets gelukwensen, feliciteren
begnadet begenadigd
begnadigen gratie verlenen
Begnadigung *v*^{20} gratie
Begnadigungsgesuch *o*^{29} gratieverzoek
begnügen, sich: *sich mit*$^{+3}$ *etwas ~* genoegen met iets nemen
Begonie *v*^{21} begonia
begraben^{180} begraven, bedelven; *(eis, hoop)* opgeven
Begräbnis *o*^{29a} begrafenis
begradigen recht maken; *(rivier)* normaliseren
^{1}**begreifen**^{181} *tr* **1** begrijpen, bevatten **2** zien, opvatten
^{2}**begreifen**^{181}**, sich:** *es begreift sich, dass …* het spreekt vanzelf dat …
begreiflich begrijpelijk, te begrijpen: *jmdm etwas ~ machen* iem iets duidelijk maken
begrenzen 1 begrenzen **2** beperken
Begrenztheit *v*^{20} begrensdheid, beperktheid
Begrenzung *v*^{20} **1** begrenzing **2** grens
Begriff *m*^{5} **1** begrip: *ist Ihnen der Name ein ~?* zegt de naam u iets?; *er ist schwer von ~* hij is traag van begrip **2** voorstelling, opvatting, idee || *im ~ sein* (of: *stehen)* op het punt staan
begriffen: *im Aufbruch ~ sein* op het punt staan te vertrekken; *in der Arbeit ~* aan het werk; *im Bau ~* in aanbouw
begrifflich abstract, theoretisch; als begrip
Begriffsbestimmung *v*^{20} begripsbepaling, definitie
begriffsstutzig traag van begrip
begründen 1 motiveren, met redenen omkleden, staven: *in*$^{+3}$ (of: *durch*$^{+4}$*) etwas begründet sein* zijn oorzaak in iets vinden; *begründete Ansprüche* gerechtvaardigde aanspraken **2** funderen, baseren **3** de grondslag leggen van, voor
Begründer *m*^{9} stichter, grondlegger
Begründung *v*^{20} **1** motivering, grond **2** oprichting, stichting
begrüßen 1 begroeten, verwelkomen **2** toejuichen, begroeten
begrüßenswert zeer toe te juichen
begucken bekijken
begünstigen 1 begunstigen, bevoordelen **2** steunen **3** medeplichtig zijn aan
Begünstigung *v*^{20} begunstiging *(ook jur)*
begutachten rapport, advies uitbrengen over
Begutachter *m*^{9} **1** adviseur **2** expert
Begutachtung *v*^{20} advies, rapport
begütert gegoed, vermogend
begütigen kalmeren, tot bedaren brengen
behaart behaard, harig
Behaarung *v*^{20} beharing
behäbig 1 log, dik en traag **2** gemakkelijk **3** langzaam; op z'n gemak
behaftet *(met iets)* behept: *mit Kopfweh ~ sein* last van hoofdpijn hebben
behagen behagen, bevallen
Behagen *o*^{39} behagen, welgevallen
behaglich behaaglijk, gezellig; gemakkelijk
behalten^{183} **1** (be)houden **2** bij zich houden: *etwas für*$^{+4}$ *sich ~* iets voor zich houden
Behälter *m*^{9} **1** reservoir, tank, container **2** fles **3** (gas)houder **4** laadkist **5** tas, zak
Behälterschiff *o*^{29} containerschip
behämmert niet goed snik, getikt
behänd(e) behendig, handig, vlug
behandeln 1 behandelen **2** bewerken
Behandlung *v*^{20} **1** behandeling **2** bewerking
behängen behangen, bedekken, bekleden
beharren volharden, blijven bij: *auf seinen Plänen ~* bij zijn plannen blijven
beharrlich volhardend, standvastig
Beharrlichkeit *v*^{28} volharding, standvastigheid
^{1}**behaupten** *tr* **1** beweren: *steif und fest ~* bij hoog en bij laag volhouden **2** staande houden, handhaven
^{2}**behaupten, sich 1** zich staande houden, zich handhaven **2** *(sp)* standhouden, winnen || *sich ~ gegen*$^{+4}$ *(ook)* trotseren
Behauptung *v*^{20} **1** bewering: *eine ~ aufstellen* iets beweren **2** *(wisk)* stelling **3** handhaving
Behausung *v*^{20} behuizing, woning, verblijf
beheben^{186} uit de weg ruimen; herstellen, verhelpen
beheimatet: *~ sein* woonachtig zijn
beheizen verwarmen; stoken
Behelf *m*^{5} **1** noodoplossing, hulpmiddel, redmiddel **2** surrogaat
behelfen^{188}**, sich** zich behelpen
Behelfsausfahrt *v*^{20} tijdelijke afrit
Behelfsbrücke *v*^{21} noodbrug
behelfsmäßig voorlopig, provisorisch
behelligen lastigvallen, hinderen
behend(e) *oude spelling voor* behänd(e), *zie* behänd(e)

beherbergen **1** herbergen, huisvesten **2** herbergen, plaats bieden aan
beherrschen **1** heersen over **2** beheersen, beteugelen **3** zich verheffen boven
Beherrschung *v*[28] **1** beheersing **2** zelfbeheersing
beherzigen ter harte nemen
beherzt moedig, dapper, flink, kordaat
behexen beheksen, betoveren
behilflich: *jmdm bei*[+3] *etwas ~ sein* iem bij iets behulpzaam zijn
behindern hinderen, belemmeren: *(med) behindert* gehandicapt
Behinderte(r) *m*[40a], *v*[40b] gehandicapte
Behinderung *v*[20] **1** (het) hinderen **2** belemmering **3** handicap, gebrek
Behörde *v*[21] **1** overheid, instantie: *die zuständige ~* de bevoegde instantie **2** *(mv)* autoriteiten **3** bureau, kantoor
behördlich van overheidswege, officieel
behördlicherseits van overheidswege
behüten behoeden, bewaren; bewaken
Behüter *m*[9] (be)hoeder, beschermer
behutsam behoedzaam, voorzichtig
bei[+3] *vz* **1** bij: *~m Bahnhof* bij het station; *er ist nicht ~ sich* hij is niet bij zijn positieven **2** op: *~ hellem Tage* op klaarlichte dag **3** per: *~ Frau W.: a)* per adres mevrouw W.; *b) (telefoon)* met het huis van mevrouw W. **4** in: *~ guter Gesundheit sein* in goede gezondheid verkeren **5** aan: *~m Lesen sein* aan het lezen zijn **6** in: *~ Laune sein* in een goede bui zijn **7** met: *~ verschlossenen Türen* met gesloten deuren; *~ alledem* met dat al || *~ Nacht* 's nachts; *~ Weitem* (of: *~ weitem)* verreweg
beibehalten[183] (be)houden, bewaren, vasthouden aan; handhaven
Beibehaltung *v*[28] behoud, (het) bewaren; handhaving: *unter ~*[+2] met behoud van
Beiblatt *o*[32] bijlage, bijblad
beibringen[139] **1** *(iem iets)* bijbrengen, leren **2** *(iem iets)* vertellen **3** *(nederlaag, wond)* toebrengen **4** *(medicijn)* geven, toedienen **5** aanvoeren, bijeenbrengen, overleggen, leveren
Beichte *v*[21] biecht *(ook fig)*
beichten biechten *(ook fig)*
Beichtstuhl *m*[6] biechtstoel
beide[68] beide: *alle ~* allebei, alle twee; *~s ist richtig* het is allebei goed
beiderseitig **1** wederzijds, onderling **2** aan beide zijden
[1]**beiderseits** *bw* **1** aan beide kanten **2** wederzijds
[2]**beiderseits**[+2] *vz* aan weerszijden van
beieinander bij elkaar, bijeen, samen
Beifahrer *m*[9] **1** bijrijder **2** (naast de bestuurder zittende) passagier
Beifall *m*[19] **1** bijval, instemming **2** applaus
beifällig instemmend, goedkeurend
Beifallsbezeigung *v*[20] bijvalsbetuiging
Beifall(s)klatschen *o*[39] applaus
beifügen bijvoegen, toevoegen, insluiten
Beifügung *v*[20] toevoeging
Beigabe *v*[21] **1** toevoeging **2** *(muz)* toegift
beige beige
beigeben[166] toevoegen, meegeven: *klein ~* een toontje lager zingen
Beigeordnete(r) *m*[40a], *v*[40b] wethouder; *(Belg)* schepen
Beigeschmack *m*[19] bijsmaak
beigesellen, sich zich voegen bij
Beiheft *o*[29] **1** supplement **2** apart nummer
[1]**Beihilfe** *v*[21] *(financiële)* hulp, steun, ondersteuning: *staatliche ~* staatssubsidie
[2]**Beihilfe** *v*[28] *(jur)* medeplichtigheid: *~ zum Mord* medeplichtigheid aan moord
Beiklang *m*[6] **1** bijgeluid **2** *(fig)* ondertoon
beikommen[193] **1** (tegen iem) opgewassen zijn, (iem) aankunnen: *ihm ist nicht beizukommen* je kunt geen vat op hem krijgen **2** oplossen, onder de knie krijgen
Beil *o*[29] bijl
Beilage *v*[21] **1** bijlage **2** bijgerecht
beiläufig **1** terloops **2** achteloos
Beiläufigkeit *v*[20] **1** bijkomstigheid **2** nonchalance, onverschilligheid
beilegen **1** toevoegen, insluiten **2** geven, toekennen **3** *(ruzie)* bijleggen
beileibe: *~ nicht!* om de dooie dood niet!
Beileid *o*[39] rouwbeklag, deelneming: *jmdm sein ~ ausdrücken* (of: *aussprechen)* iem zijn deelneming betuigen, condoleren
Beileidsschreiben *o*[35] condoleantiebrief
beiliegen[202] bijgevoegd, ingesloten zijn
beiliegend ingesloten, bijgaand
beimengen bijmengen, toevoegen aan
beimessen[208+3] toekennen, toeschrijven, hechten aan
beimischen bijmengen, bijvoegen
Bein *o*[29] **1** been, poot: *sich*[3] *die ~e nach*[+3] *etwas ablaufen* zich voor iets de benen uit het lijf lopen; *jmdm ein ~ stellen (ook fig)* iem beentje lichten; *sich*[3] *die ~e vertreten* de benen strekken **2** poot *(van stoel)* **3** broekspijp **4** been, bot || *jmdm ~e machen: a)* iem achter de broek zitten; *b)* iem wegjagen; *(fig) jmdm auf die ~e helfen* iem er bovenop helpen; *etwas auf die ~e stellen* iets op poten zetten; *wieder auf die ~e kommen (ook fig)* weer opkrabbelen; *sich auf die ~e machen* op weg gaan
beinah(e) bijna, haast
Beiname *m*[18] bijnaam
Beinbruch *m*[6] beenbreuk
beinern **1** benen, van been **2** benig
beinhalten omvatten, inhouden, behelzen
Beinschoner, Beinschützer *m*[9] *(sp)* beenbeschermer
beiordnen toevoegen aan
beipacken bijvoegen, insluiten
beipflichten instemmen met, gelijk geven
Beirat *m*[6] adviescollege

beirren van de wijs brengen, in de war brengen
beisammen bijeen, bij elkaar, samen
beisammenhaben[182] bij elkaar hebben
Beisammensein *o*[39] (het) bijeenzijn, samenzijn
Beischlaf *m*[19] bijslaap: *den ~ ausüben* (geslachts)gemeenschap hebben
Beisein *o*[39] bijzijn, tegenwoordigheid
beiseite **1** opzij, naar de kant **2** terzijde, afzijdig: *Scherz* (of: *Spaß*) *~!* zonder gekheid!
beiseiteschaffen[230] **1** (iem) uit de weg ruimen **2** (iets) achteroverdrukken
beiseitestehen[279] achterblijven, niet meedoen
beisetzen begraven, bijzetten
Beisetzung *v*[20] begrafenis, bijzetting
beisitzen[268] *(proces)* bijwonen, bijzitter zijn
Beisitzer *m*[9] bijzitter
Beispiel *o*[29] voorbeeld: *zum ~* bijvoorbeeld
beispielgebend, beispielhaft voorbeeldig
beispiellos ongekend, weergaloos
beispielsweise bijvoorbeeld
beispringen[276]: *jmdm ~* iem bijspringen
[1]**beißen**[125] *tr en intr* bijten
[2]**beißen**[125]**, sich** vloeken: *die Farben ~ sich* de kleuren vloeken
[1]**Beistand** *m*[19] bijstand, hulp
[2]**Beistand** *m*[6] *(jur)* raadsman
beistehen[279] (iem) bijstaan, helpen
beisteuern bijdragen, een bijdrage leveren
beistimmen instemmen met
Beistrich *m*[5] komma
Beitrag *m*[6] **1** bijdrage **2** premie *(van sociale verzekering)* **3** contributie
beitragen[288] (met *zu*[+3]) bijdragen (tot)
Beitragsbemessungsgrenze *v*[21] premiegrens
beitragspflichtig premieplichtig
Beitragssatz *m*[6] **1** premietarief **2** hoogte van de bijdrage
Beitragszahler *m*[9] premiebetaler, contributiebetaler
beitreiben[290] invorderen, innen
beitreten[291+3] toetreden tot; zich aansluiten bij, lid worden van
Beitritt *m*[5] toetreding, (het) zich aansluiten, (het) lid worden van
Beitrittsgebühr *v*[20] inschrijvingsgeld
beiwohnen[+3] bijwonen, aanwezig zijn
Beiwort *o*[32] bijvoeglijk naamwoord
Beize *v*[21] **1** beits *(voor hout)* **2** marinade
beizeiten bijtijds, tijdig, op tijd
beizen **1** beitsen **2** marineren
bejahen **1** een bevestigend antwoord geven op **2** beamen, instemmen met: *das Leben ~* positief staan tegenover het leven
bejahend bevestigend
bejahrt bejaard, op leeftijd
Bejahung *v*[20] bevestiging; instemming
bejammern bejammeren, betreuren
bejammernswert, bejammernswürdig beklagenswaardig, betreurenswaardig
bejubeln bejubelen
bekämpfen bestrijden, bevechten
bekannt bekend: *~er Niederländer* BN'er; *~er Flame* BV; *~ geben* bekendmaken; *~ machen* bekendmaken; *jmdn mit jmdm ~ machen* iem aan iem voorstellen
Bekanntenkreis *m*[5] kennissenkring
Bekannte(r) *m*[40a], *v*[40b] kennis
Bekanntgabe *v*[21] bekendmaking, kennisgeving
bekanntgeben[166] bekendmaken
Bekanntheit *v*[28] bekendheid
bekanntlich zoals men weet, zoals bekend is
bekanntmachen bekendmaken
Bekanntmachung *v*[20] bekendmaking, kennisgeving, publicatie
Bekanntschaft *v*[20] **1** kennismaking **2** relatie **3** kennissenkring, kennis **4** bekendheid, kennis: *jmds ~ machen* met iem kennismaken
[1]**bekehren** *tr* bekeren
[2]**bekehren, sich** zich bekeren
[1]**bekennen**[189] *tr* **1** bekennen, toegeven **2** belijden
[2]**bekennen**[189]**, sich** **1** belijden: *sich zu einer Religion ~* een godsdienst belijden **2** bekennen te zijn, uitkomen voor: *sich als* (of: *für*) *schuldig ~* schuld bekennen; *sich zu jmdm ~* het voor iem opnemen, iems zijde kiezen
Bekenner *m*[9] belijder; aanhanger
Bekenntnis *o*[29a] **1** belijdenis **2** bekentenis **3** instemming (met)
Bekenntnisfreiheit *v*[28] godsdienstvrijheid
Bekenntnisschule *v*[21] confessionele school
[1]**beklagen** *tr* beklagen, betreuren
[2]**beklagen, sich** klagen, zich beklagen
beklagenswert beklagenswaardig
Beklagte(r) *m*[40a], *v*[40b] *(jur)* gedaagde
[1]**bekleckern** *tr* bemorsen, morsen op, knoeien op
[2]**bekleckern, sich** *(op zijn kleren)* morsen, knoeien
beklecksen besmeuren, bekladden
bekleiden **1** kleden: *bekleidet sein mit*[+3] aan hebben, dragen **2** bekleden
Bekleidung *v*[20] **1** kleding **2** bekleding
beklemmen beklemmen, benauwen
Beklemmung *v*[20] beklemdheid, benauwdheid
beklommen **1** bedrukt **2** benauwd, beklemd
bekloppt getikt, niet goed snik, gek
[1]**bekommen**[193] *intr* bekomen: *die Reise ist ihm schlecht ~* de reis heeft hem geen goed gedaan; *wohl bekomm's!* wel bekome het u!
[2]**bekommen**[193] *tr* (ver)krijgen, ontvangen: *Angst ~* bang worden; *Risse ~* scheuren, barsten; *einen Schrecken ~* schrikken
bekömmlich licht (verteerbaar), gezond
beköstigen de kost geven, onderhouden
bekräftigen bekrachtigen; bevestigen
bekreuzigen, sich een kruis(teken) maken
bekritzeln volkrabbelen
bekrönen bekronen *(vooral bouwk)*; kronen
[1]**bekümmern** *tr* **1** (iem) verdriet doen, bedroeven

2 bezorgd maken 3 aangaan
[2]**bekümmern, sich** (met *um*[+4]) zich bekommeren om
bekümmert bedroefd; bezorgd
[1]**bekunden** *tr* 1 laten blijken, tonen 2 *(jur)* verklaren
[2]**bekunden, sich** blijken, tot uiting komen
Bekundung *v*[20] verklaring, uiting
belächeln glimlachen om
beladen[196] 1 (be)laden 2 *(fig)* overladen
Belag *m*[6] 1 (vloer)bedekking 2 voering *(van rem)* 3 garnering 4 beleg *(van boterham)* 5 aanslag *(op ruit, tong)* 6 wegdek
Belagerer *m*[9] belegeraar
belagern belegeren *(ook fig)*
Belagerung *v*[20] beleg, belegering
Belang *m*[5] belang: *von ~* van belang
belangen ter verantwoording roepen: *jmdn gerichtlich ~* iem gerechtelijk vervolgen; *was mich belangt* wat mij betreft
belanglos onbelangrijk, zonder belang
belassen[197] (zo) laten
belasten 1 belasten, bezwaren: *einen Angeklagten ~* voor de verdachte bezwarende verklaringen afleggen 2 debiteren
belästigen lastigvallen, hinderen
Belästigung *v*[20] hinder, last, (het) lastigvallen
Belastung *v*[20] 1 belasting 2 vracht, last 3 *(handel)* debitering
belauern bespieden, beloeren
[1]**belaufen**[198] *tr* 1 lopen over 2 *(winkels)* aflopen
[2]**belaufen**[198]**, sich** bedragen, belopen
belauschen 1 afluisteren 2 bespieden
[1]**beleben** *tr* doen herleven, de levensgeesten weer opwekken, stimuleren
[2]**beleben, sich** 1 levend, levendig worden 2 drukker worden
belebt 1 levend 2 levendig, druk
Belebtheit *v*[28] levendigheid, drukte
Belebung *v*[20] (het) doen herleven; *zie ook* beleben
Beleg *m*[5] bewijs, (bewijs)stuk, document
belegen 1 leggen op, bedekken, beleggen: *mit Bomben ~* bombarderen; *jmdn mit einer Strafe ~* iem een straf opleggen; *mit Abgaben ~* belasting leggen op 2 bezetten, innemen 3 reserveren, bespreken; *(Belg)* voorbehouden 4 bewijzen 5 zich laten inschrijven voor *(college)*
Belegschaft *v*[20] (gehele) personeel
belegt 1 belegd: *ein ~es Brötchen* een belegd broodje 2 *(telecom)* in gesprek 3 bezet: *alle Betten sind ~* alle bedden zijn bezet; *zie ook* belegen
belehren 1 onderrichten 2 inlichten 3 de les lezen: *sich ~ lassen* met zich laten praten, rede verstaan
Belehrung *v*[20] terechtwijzing, les, lering
beleibt zwaarlijvig, gezet, corpulent
beleidigen beledigen, krenken
Beleidigung *v*[20] belediging
beleuchten 1 belichten, verlichten, beschijnen 2 *(fig)* belichten
Beleuchtung *v*[20] 1 belichting, verlichting 2 (het) belichten
Belgien *o*[39] België
Belgier *m*[9] Belg
belgisch Belgisch
belichten 1 belichten 2 verlichten
Belichtung *v*[20] 1 belichting 2 verlichting
belieben believen, wensen, willen
Belieben *o*[39] believen, welgevallen, goeddunken: *nach ~* naar believen
beliebig naar believen; willekeurig
beliebt geliefd, gezien, populair; gewild
Beliebtheit *v*[28] populariteit, geliefdheid
beliefern leveren aan: *~ mit* voorzien van
bellen 1 blaffen 2 hard hoesten 3 bulderen
belohnen belonen
Belohnung *v*[20] beloning
belüften ventileren
Belüftung *v*[28] ventilatie
belügen[204] beliegen, voorliegen
belustigen vermaken, amuseren
belustigend vermakelijk, amusant
[1]**Belustigung** *v*[28] vermaak
[2]**Belustigung** *v*[20] attractie
bemächtigen[+2]**, sich** 1 zich meester maken van 2 (iem) overmeesteren
bemalen beschilderen
bemängeln (be)kritiseren, aanmerkingen maken op
bemannen bemannen
Bemannung *v*[20] bemanning
bemänteln 1 goedpraten 2 verdoezelen
bemerkbar merkbaar, zichtbaar, waarneembaar: *sich ~ machen: a)* te bemerken zijn, zich doen gevoelen; *b)* de aandacht trekken
bemerken 1 bemerken, opmerken 2 zeggen
bemerkenswert opmerkelijk, opvallend
Bemerkung *v*[20] 1 opmerking 2 aantekening
[1]**bemessen**[208] *tr* (af-, op)meten, opnemen, vaststellen, bepalen, berekenen
[2]**bemessen**[208]**, sich** vastgesteld worden: *sich ~ nach*[+3] berekend worden naar
Bemessungsgrundlage *v*[21] belastinggrondslag
bemitleiden medelijden hebben met
bemitleidenswert beklagenswaardig
bemittelt bemiddeld, in goede doen
[1]**bemühen** *tr* 1 hulp inroepen, hulp inschakelen 2 lastigvallen 3 aanhalen
[2]**bemühen, sich** 1 moeite doen, zijn best doen 2 zich begeven: *wollen Sie sich hierher ~?* wilt u zo goed zijn hier te komen? 3 trachten te bereiken, trachten te verkrijgen
Bemühen *o*[39] inspanning, streven, moeite: *vergebliches ~* vergeefse moeite
bemüht 1 ingespannen: *~ sein* zijn best doen 2 gewild, geforceerd
Bemühung *v*[20] poging, moeite, inspanning
bemuttern bemoederen
benachbart naburig, nabijgelegen

benachrichtigen **1** op de hoogte brengen, berichten **2** waarschuwen
Benachrichtigung *v*[20] **1** bericht, inlichting **2** waarschuwing
benachteiligen benadelen, achterstellen
benebeln benevelen
Benefizspiel *o*[29] benefietwedstrijd
[1]**benehmen**[212] *tr* benemen, wegnemen
[2]**benehmen**[212]**, sich** zich gedragen
Benehmen *o*[39] gedrag, manier van doen
beneiden benijden: *jmdn um*[+4] (of: *wegen*[+2]) *etwas ~* iem om iets benijden
beneidenswert benijdenswaardig
benennen[213] **1** benoemen, noemen **2** aanwijzen
[1]**Benennung** *v*[28] (het) noemen
[2]**Benennung** *v*[20] **1** benaming, naam **2** aanwijzing
Bengel *m*[9] **1** kwajongen **2** jongetje
benommen verdoofd, versuft, beneveld
Benommenheit *v*[28] verdoving, versuftheid
benoten een cijfer geven
benötigen nodig hebben
Benotung *v*[20] **1** (het) geven van een cijfer, van cijfers **2** cijfer, cijfers
benutzen, benützen **1** gebruiken, gebruikmaken van **2** waarnemen, benutten
Benutzer *m*[9] gebruiker
benutzerfreundlich gebruikersvriendelijk
Benutzung, Benützung *v*[28] **1** gebruikmaking, benutting **2** gebruik
Benzin *o*[29] benzine
Benziner *m*[9] auto met benzinemotor
Benzinkanister *m*[9] jerrycan
beobachten **1** gadeslaan, waarnemen, observeren **2** constateren, bemerken **3** in acht nemen
Beobachter *m*[9] waarnemer *(ook mil)*
Beobachtung *v*[20] **1** waarneming, observatie **2** bevinding **3** (het) in acht nemen
bepflastern plaveien, bestraten
bequatschen **1** (iets) bespreken **2** (iem) overreden, overhalen
bequem **1** gemakkelijk, comfortabel, gerieflijk; prettig, aangenaam **2** gemakzuchtig
bequemen, sich **1** ongaarne besluiten **2** zich verwaardigen **3** zich voegen
bequemlich gerieflijk, gemakkelijk
[1]**Bequemlichkeit** *v*[28] gemakzucht
[2]**Bequemlichkeit** *v*[20] gemak, comfort, gerieflijkheid
bequemlichkeitshalber gemakshalve
berappen betalen, dokken
[1]**beraten**[218] *intr* overleggen, beraadslagen
[2]**beraten**[218] *tr* **1** (iem) raden, raad geven, adviseren **2** behandelen, bespreken
[3]**beraten**[218]**, sich** overleg plegen, beraadslagen
beratend raadgevend, adviserend
Berater *m*[9] raadgever, adviseur, consultant
beratschlagen beraadslagen
Beratung *v*[20] **1** bespreking, beraadslaging **2** advies **3** adviesbureau
Beratungsgremium *o (2e nvl -s; mv -gremien)* adviesorgaan
Beratungsstelle *v*[21] **1** adviesbureau **2** consultatiebureau
berauben beroven
Beraubung *v*[20] beroving
[1]**berauschen** *tr* dronken maken, bedwelmen
[2]**berauschen, sich** **1** in vervoering raken **2** zich bedrinken
berauschend **1** bedwelmend **2** koppig *(van wijn)* || *nicht ~* niet bijzonder
berechenbar berekenbaar
berechnen berekenen
Berechnung *v*[20] berekening
berechtigen **1** (iem) het recht geven, de bevoegdheid geven **2** rechtvaardigen
berechtigt **1** gerechtigd, bevoegd **2** gerechtvaardigd **3** geldig
Berechtigte(r) *m*[40a], *v*[40b] rechthebbende
berechtigterweise terecht
Berechtigung *v*[20] **1** recht, bevoegdheid **2** grond, gegrondheid
bereden **1** bespreken, bepraten **2** *(iem tot iets)* overhalen, overreden, bepraten
beredsam (wel)bespraakt, welsprekend
Beredsamkeit *v*[28] welsprekendheid
beredt welsprekend, (wel)bespraakt
Bereich *m*[5] **1** gebied, terrein, domein **2** bereik: *im ~ der Möglichkeiten* binnen het bereik van het mogelijke **3** sector
bereichern verrijken
Bereicherung *v*[20] verrijking
bereifen van banden voorzien
bereift berijpt
Bereifung *v*[20] (de) banden
bereinigen **1** *(misverstanden, moeilijkheden)* uit de weg ruimen; *(geschil)* bijleggen, beslechten; *(kwestie)* regelen, oplossen **2** *(schuld)* vereffenen, betalen
Bereinigung *v*[20] (het) uit de weg ruimen*; zie ook* bereinigen
bereisen bereizen, reizen door
bereit **1** gereed, klaar **2** bereid
[1]**bereiten** *zw* **1** bereiden, gereedmaken, klaarmaken: *sich zu*[+3] *etwas ~* zich op iets voorbereiden **2** *(schande, verdriet)* aandoen **3** bezorgen **4** veroorzaken
[2]**bereiten** *st (paard)* berijden
bereithalten[183] gereedhouden
bereits reeds, al
Bereitschaft *v*[20] **1** gereedheid; *(mil)* paraatheid: *~ haben: a) (mil)* paraat zijn; *b) (van arts)* dienst hebben **2** bereidheid, bereidwilligheid **3** parate eenheid der politie
Bereitschaftsarzt *m*[6] dienstdoend arts
Bereitschaftsdienst *m*[5] parate hulpdienst; *(Belg)* urgentiedienst
Bereitschaftspolizei *v*[28] mobiele eenheid, oproerpolitie

bereitstellen klaarzetten, gereedzetten, gereedhouden; *(geld)* beschikbaar stellen
Bereitung *v*[20] bereiding
bereitwillig bereidwillig
Bereitwilligkeit *v*[28] bereidwilligheid
bereuen berouwen, berouw hebben over
Berg *m*[5] **1** berg **2** hoop, stapel || *er ist über alle ~e* hij is ervandoor; *zu ~* stroomopwaarts
bergab **1** bergaf(waarts) **2** stroomafwaarts
bergan bergopwaarts, stroomopwaarts
Bergarbeiter *m*[9] mijnwerker
bergauf **1** bergopwaarts **2** stroomopwaarts
Bergbahn *v*[20] bergspoor
Bergbau *m*[19] mijnbouw
bergen[126] **1** bergen, in veiligheid brengen **2** verbergen **3** bevatten
Bergfahrt *v*[20] **1** vaart stroomopwaarts **2** bergtocht
Bergführer *m*[9] berggids
Berggipfel *m*[9] bergtop
bergig bergachtig
Bergmann *m (2e nvl -(e)s; mv -leute)* mijnwerker
Bergpass *m*[6] bergpas
Bergsport *m*[19] alpinisme, bergsport
Bergsteiger *m*[9] bergbeklimmer
Bergtour *v*[20] bergtocht
Bergung *v*[20] berging
Bergwanderung *v*[20] bergtocht
bergwärts **1** bergwaarts **2** stroomopwaarts
Bergwerk *o*[29] mijn
Bericht *m*[5] **1** verslag, rapport: *~ erstatten* verslag doen, verslag uitbrengen **2** bericht
berichten **1** berichten, mededelen, melden **2** verslag doen, rapport uitbrengen
Berichter *m*[9] **1** verteller **2** verslaggever
Berichterstatter *m*[9] **1** verslaggever, correspondent **2** rapporteur
berichtigen verbeteren, corrigeren
Berichtigung *v*[20] verbetering, correctie
[1]**beriechen**[223] *tr* beruiken
[2]**beriechen**[223]**, sich** heel voorzichtig contact hebben
berieseln **1** bevloeien **2** besproeien
Berlin *o*[39] Berlijn
[1]**Berliner** *m*[9] Berlijner
[2]**Berliner** *bn* Berlijns
berlinerisch Berlijns
Bernhardiner *m*[9] bernardshond
Bernstein *m*[19] barnsteen
bersten[127] barsten, springen
berüchtigt berucht
berücksichtigen rekening houden met, in aanmerking nemen
Berücksichtigung *v*[20] (het) rekening houden met: *unter* (of: *in*) *~ der Umstände* de omstandigheden in aanmerking genomen
Beruf *m*[5] beroep: *einen ~ ausüben, im ~ stehen* een beroep uitoefenen
[1]**berufen** *bn* **1** geroepen **2** bevoegd
[2]**berufen** *tr*[226] **1** benoemen, aanstellen, beroepen **2** bijeenroepen
[3]**berufen**[226]**, sich** (met *auf*[+4]) zich beroepen op
beruflich voor het beroep, beroepsmatig, beroeps-: *die ~e Fortbildung* de voortgezette beroepsopleiding; *~ verreisen* voor zijn beroep op reis gaan
Berufsausbildung *v*[28] beroepsopleiding
Berufsberater *m*[9] beroepskeuzeadviseur
Berufsberatung *v*[20] beroepsvoorlichting; *(Belg)* beroepsoriëntering
berufsbildend beroepsgericht, vakgericht
Berufsfachschule *v*[21] school voor lager beroepsonderwijs
Berufsfahrer *m*[9] **1** chauffeur **2** testrijder
berufsmäßig beroepshalve, beroepsmatig
Berufsschule *v*[21] technische school, streekschool; *(Belg)* beroepsschool
Berufsspieler *m*[9] *(sp)* professional
berufstätig in een beroep werkzaam
Berufsunfähigkeitsversicherung *v*[20] arbeidsongeschiktheidsverzekering
Berufsverkehr *m*[19] spitsverkeer
Berufswahl *v*[20] beroepskeuze
Berufung *v*[20] **1** uitnodiging, beroep **2** roeping **3** (het) zich beroepen (op): *unter ~ auf*[+4] met een beroep op **4** hoger beroep: *(jur) ~ einlegen* in hoger beroep gaan
beruhen berusten: *~ auf*[+3] berusten op; *etwas auf sich ~ lassen* iets laten rusten
[1]**beruhigen** *tr* geruststellen, kalmeren, tot bedaren brengen
[2]**beruhigen, sich** kalmeren
beruhigend geruststellend
Beruhigung *v*[20] geruststelling; kalmering
Beruhigungsmittel *o*[33] kalmerend middel
berühmt beroemd, vermaard
Berühmtheit *v*[20] beroemdheid
[1]**berühren** *tr* **1** aanraken **2** *(meetk)* raken **3** even bezoeken, aandoen **4** even noemen, aanstippen, ter sprake brengen **5** indruk maken op
[2]**berühren, sich** elkaar (aan)raken
Berührung *v*[20] **1** aanraking, contact **2** (het) noemen, (het) aanroeren **3** *(meetk)* (het) raken
Berührungsbildschirm *m*[5] aanraakscherm, touchscreen
besagen **1** zeggen, luiden **2** betekenen
besagt genoemd
besamen bevruchten
Besamung *v*[20] bevruchting
besänftigen sussen, kalmeren
Besatz *m*[6] **1** belegsel, garnering **2** wildstand
Besatzer *m*[9] *(mil)* bezetter
Besatzung *v*[20] **1** bezetting **2** bezettingstroepen **3** garnizoen **4** bemanning
besaufen[228]**, sich** zich bedrinken
beschädigen beschadigen, havenen
Beschädigung *v*[20] **1** beschadiging **2** letsel
[1]**beschaffen** *bn* van die aard, geaard: *wie ist es damit ~?* hoe is het daarmee gesteld?
[2]**beschaffen** *tr* **1** verschaffen, bezorgen **2** verwerven, (ver)krijgen

be

Beschaffenheit *v*[28] gesteldheid, aard; hoedanigheid, toestand, kwaliteit

Beschaffung *v*[28] aanschaffing; *zie ook* beschaffen

[1]**beschäftigen** *tr* **1** bezighouden **2** in dienst hebben, tewerkstellen

[2]**beschäftigen, sich** zich bezighouden

beschäftigt **1** *(met iets)* bezig: *die Wollindustrie war gut* ~ de wolindustrie had veel werk; *sehr* ~ *sein* het zeer druk hebben **2** *(bij iem)* werkzaam

Beschäftigte(r) *m*[40a], *v*[40b] **1** werknemer **2** *(mv)* personeel

Beschäftigung *v*[20] **1** bezigheid, werk **2** baan, betrekking **3** werkgelegenheid, bezetting **4** bedrijvigheid *(in industrie)* || *eine* ~ *haben* iets omhanden hebben

Beschäftigungslage *v*[21] **1** bedrijvigheid *(in de industrie)* **2** werkgelegenheidssituatie

Beschäftigungspakt *m*[5] werkgelegenheidsakkoord

Beschäftigungstherapeut *m*[14] bezigheidstherapeut

beschämen beschamen, beschaamd maken

beschatten **1** beschaduwen, overschaduwen **2** (iem) schaduwen **3** *(sp)* dekken, bewaken

Beschatter *m*[9] **1** achtervolger **2** bewaker

beschauen bekijken

beschaulich **1** beschouwend **2** rustig, stil

Bescheid *m*[5] antwoord, inlichtingen: ~ *geben* antwoorden *(op vraag)*, inlichtingen verstrekken; *jmdm* ~ *sagen: a)* iem waarschuwen; *b)* iem zijn mening zeggen; ~ *wissen* op de hoogte zijn

[1]**bescheiden** *bn* **1** bescheiden **2** matig

[2]**bescheiden** *tr*[232] **1** schenken: *es war ihm nicht beschieden* het was hem niet gegeven **2** een beslissing meedelen: *jmdn abschlägig* ~ iem afwijzen **3** (iem) ontbieden

[3]**bescheiden**[232]**, sich** (met *mit*[+3]) zich tevredenstellen (met), genoegen nemen (met)

Bescheidenheit *v*[28] bescheidenheid

bescheinen[233] beschijnen, bestralen

bescheinigen **1** *(schriftelijk)* verklaren **2** bevestigen

Bescheinigung *v*[20] verklaring, attest

bescheißen[234] *(inform)* belazeren *(plat)*; bedonderen

beschenken ten geschenke geven

Beschenkte(r) *m*[40a], *v*[40b] begiftigde

bescheren **1** met Kerstmis geven, schenken **2** ten deel laten vallen **3** bezorgen, opleveren

Bescherung *v*[20] **1** (het) geven van geschenken *(op kerstavond)* **2** kerstgeschenk **3** geschenk || *eine schöne* ~*!* een mooie geschiedenis!; *da haben wir die* ~*! (plat)* daar heb je het gelazer!

bescheuert **1** getikt **2** onaangenaam **3** suf

beschichten met een laag bedekken

beschießen[238] **1** beschieten **2** *(nat)* bombarderen **3** *(fig)* bestoken

beschildern bewegwijzeren

beschimpfen uitschelden, beledigen

Beschimpfung *v*[20] belediging; (het) uitschelden

Beschiss *m*[19] bedrog, verlakkerij

beschissen ellendig, belabberd, rot

beschlafen[240] **1** een nachtje slapen over **2** slapen met, gemeenschap hebben met

Beschlag *m*[6] **1** (metalen) beslag **2** beslag, hoefijzers **3** aanslag *(van vocht)* || *mit* ~ *belegen, in* ~ *nehmen* in beslag nemen

[1]**beschlagen**[241] *intr* **1** *(mbt ruit, spiegel)* beslaan **2** *(mbt kaas e.d.)* beschimmelen

[2]**beschlagen**[241] *tr* **1** *(paarden)* beslaan **2** bekleden

Beschlagnahme *v*[21] beslag, inbeslagneming

beschlagnahmen in beslag nemen

beschleichen[242] **1** besluipen **2** bekruipen

beschleunigen **1** bespoedigen **2** accelereren, versnellen **3** *(nat)* versnellen

Beschleunigung *v*[20] **1** versnelling **2** acceleratie **3** spoed, haast

beschließen[245] **1** besluiten **2** *(een voorstel, wetsontwerp)* aannemen **3** besluiten, eindigen

[1]**Beschluss** *m*[6] besluit, beslissing: *einen* ~ *fassen* een besluit nemen

[2]**Beschluss** *m*[19] slot, einde: *zum* ~ tot besluit

beschlussfähig in staat besluiten te nemen

beschmieren besmeren, smeren op; besmeuren; *(papier)* bekladden

beschmutzen vuilmaken; *(fig)* bezoedelen

beschneiden[250] **1** *(boom, heg)* snoeien, knippen **2** gelijksnijden, afsnijden **3** *(fig)* beknotten, besnoeien **4** *(lonen)* verlagen || *jmdn* ~ iem besnijden

beschnüffeln, beschnuppern besnuffelen

beschönigen vergoelijken

Beschönigung *v*[20] vergoelijking

beschranken van slagbomen voorzien

[1]**beschränken** *tr* beperken

[2]**beschränken, sich** (met *auf*[+4]) zich bepalen tot, zich beperken tot

beschränkt **1** beperkt, bekrompen **2** behoeftig

Beschränkung *v*[20] beperking

beschreiben[252] *(cirkel, papier)* beschrijven

beschreiten[254] **1** lopen op **2** betreden

beschriften van een opschrift, onderschrift, nummer, tekst voorzien

Beschriftung *v*[20] opschrift, onderschrift

beschuldigen beschuldigen: *jmdn eines Dinges* ~ iem van iets beschuldigen

Beschuldigte(r) *m*[40a], *v*[40b] verdachte

Beschuldigung *v*[20] beschuldiging

beschummeln *(inform)* beduvelen, beetnemen

Beschuss *m*[19] beschieting: *unter* ~ *nehmen* onder vuur nemen

beschützen beschutten, beschermen

Beschützer *m*[9] **1** beschermer **2** beschermheer

beschwatzen, beschwätzen bepraten, overhalen; bespreken, praten over

Beschwerde *v*[21] **1** moeite, inspanning **2** kwaal, last, gebrek, ongemak **3** klacht, beklag: ~ *führen* klagen, reclameren

Beschwerdeführer *m*[9] klager, reclamant
beschweren 1 iets zwaars leggen op, verzwaren **2** *(fig)* belasten, drukken op: *sich bei jmdm über*[+4] *etwas ~* bij iem over iets klagen
beschwerlich vermoeiend, moeizaam, moeilijk: *jmdm ~ fallen: a)* iem lastigvallen; *b)* iem moeilijk vallen
Beschwerlichkeit *v*[20] moeite, ongemak, last
beschwichtigen tot bedaren brengen, kalmeren, sussen, stillen
beschwindeln 1 beliegen **2** bedriegen
beschwingt 1 enthousiast **2** opgewekt
beschwipst *(fig)* aangeschoten
beschwitzt bezweet
beschwören[260] bezweren
Beschwörer *m*[9] bezweerder
Beschwörung *v*[20] bezwering
beseelen bezielen *(ook fig)*
besehen[261] bekijken; beschouwen
beseitigen 1 verwijderen, opruimen **2** vermoorden, liquideren **3** verhelpen
Besen *m*[11] **1** bezem **2** stoffer
besessen bezeten
besetzen 1 bezetten **2** bemannen **3** *(met bont, kant)* afzetten **4** *(huis)* kraken
besetzt bezet; *(telefoon)* in gesprek
Besetztzeichen *o*[35] *(telefoon)* bezettoon
Besetzung *v*[20] **1** (het) bezetten, bezetting **2** opstelling, ploeg, team
besichtigen 1 bezichtigen **2** inspecteren
Besichtigung *v*[20] **1** bezichtiging **2** inspectie
besiedeln 1 koloniseren **2** gaan wonen in, bevolken
besiegeln bezegelen
besiegen overwinnen
besinnen[267]**, sich 1** nadenken, rustig overleggen: *ohne sich zu ~* zonder zich te bedenken **2** zich herinneren: *sich auf*[+4] *etwas ~* zich iets herinneren **3** zich bezinnen: *sich anders ~* tot andere gedachten komen
besinnlich 1 bedachtzaam **2** beschouwelijk
Besinnung *v*[28] **1** bewustzijn **2** bezinning **3** (het) zich bezinnen (op)
besinnungslos 1 bewusteloos, buiten kennis **2** buiten zichzelf *(van angst)*
Besitz *m*[5] bezit: *von*[+3] *etwas ~ ergreifen* iets in bezit nemen; *(fig) ~ von jmdm ergreifen* zich van iem meester maken
besitzanzeigend: *~es Fürwort* bezittelijk voornaamwoord
besitzen[268] bezitten, hebben
Besitzer *m*[9] bezitter; eigenaar
Besitzergreifung *v*[28] inbezitneming
besitzlos zonder bezit, onvermogend
Besitznahme *v*[28] inbezitneming
Besitztum *o*[32]**, Besitzung** *v*[20] eigendom, bezitting
besoffen bezopen, dronken
besolden bezoldigen, salariëren
Besoldung *v*[20] bezoldiging, salariëring, loon, salaris, soldij
besonder bijzonder: *im Besonderen* in het bijzonder
Besonderheit *v*[20] bijzonderheid
besonders 1 vooral, in het bijzonder **2** afzonderlijk, apart **3** bijzonder, buitengewoon
besonnen bezonnen, bedachtzaam
Besonnenheit *v*[28] bezonnenheid
besorgen 1 zorgen voor, verzorgen, doen: *den Haushalt ~* het huishouden doen **2** zorgen voor, kopen **3** *(een opdracht)* uitvoeren **4** *(doelpunt)* maken
Besorgnis *v*[24] bezorgdheid, ongerustheid
besorgt bezorgd, ongerust
Besorgung *v*[20] **1** boodschap, inkoop **2** (het) doen *(van werk, zaken); zie ook* besorgen
bespannen 1 bespannen **2** bekleden
bespielen bespelen, spelen in, spelen op: *eine Schallplatte ~* een plaat opnemen
bespitzeln bespioneren
bespötteln, bespotten bespotten
besprechen[274] **1** bespreken, spreken over **2** recenseren, bespreken
Besprechung *v*[20] bespreking
bespritzen 1 bespatten **2** besproeien
besprühen besproeien, bespuiten
besser beter: *(etwas) Besseres* iets beters; *sich zum Besseren wenden* zich ten goede keren; *jmdn eines Besseren belehren* iem uit de droom helpen; *sich eines Besseren besinnen* van gedachte veranderen
[1]**bessern** *tr* verbeteren, beter maken
[2]**bessern, sich 1** zijn leven beteren, beter worden **2** *(mbt prijzen e.d.)* stijgen
Besserung *v*[20] verbetering; beterschap
Besserwisser *m*[9] betweter
best *zie* beste
[1]**Bestand** *m*[6] **1** bestand **2** *(waren)* voorraad, inventaris **3** opstand, bomen *(in een bos)*
[2]**Bestand** *m*[19] **1** (het) bestaan, (het) voortbestaan **2** bestendigheid: *~ haben, von ~ sein* duurzaam zijn, van lange duur zijn
beständig 1 bestendig, duurzaam, vast: *~er Druck* constante druk **2** voortdurend **3** bestand (tegen)
Beständigkeit *v*[28] bestendigheid, duurzaamheid; (het) bestand zijn
Bestandsaufnahme *v*[21] inventarisatie
bestärken (ver)sterken, stijven, bevestigen
bestätigen bevestigen, bekrachtigen, homologeren
Bestätigung *v*[20] bevestiging, bekrachtiging
bestatten begraven, ter aarde bestellen
Bestattung *v*[20] begrafenis, teraardebestelling
Bestattungsinstitut *o*[29]**, Bestattungsunternehmen** *o*[35] begrafenisonderneming
bestäuben 1 bestrooien **2** *(plantk)* bestuiven
bestaunen verbaasd kijken naar

beste beste: *das Beste* het beste; *sein Bestes tun* zijn best doen; *am ~n* het best(e); *aufs Beste, aufs ~: a)* zo goed mogelijk; *b)* prima; *zum Besten haben (*of: *halten)* voor de gek houden
bestechen[277] **1** omkopen **2** (iem) voor zich innemen, betoveren; imponeren
bestechend 1 uitstekend **2** innemend
bestechlich omkoopbaar, corrupt
Bestechung *v*[20] omkoping, corruptie
Bestechungsgelder *mv o*[31] steekpenningen
Besteck *o*[29] **1** bestek, couvert **2** set instrumenten **3** *(scheepv)* bestek
[1]**bestehen**[279] *intr* **1** bestaan **2** (het) er goed afbrengen; *(concurrentie, onderzoek)* doorstaan
[2]**bestehen**[279] *tr* slagen voor *(examen)* || *(fig) auf*[+3] *etwas ~* op iets staan, aan iets vasthouden
bestehlen[280] bestelen
besteigen[281] **1** bestijgen, beklimmen **2** stappen in, stappen op
bestellen 1 bestellen; reserveren **2** afspreken (met), ontbieden: *jmdn zu sich*[3] *~* iem bij zich ontbieden **3** benoemen **4** *(boodschap)* overbrengen; *(groeten)* doen; *(krant, post)* bezorgen **5** *(akker)* bebouwen, bewerken || *es ist gut mit ihm* (of: *um ihn) bestellt* het gaat goed met hem
Besteller *m*[9] besteller
Bestellung *v*[20] **1** bestelling, order **2** benoeming **3** boodschap, bericht **4** bestelling, bezorging **5** bewerking, bebouwing
bestenfalls in het gunstigste geval
bestens uitstekend, zeer goed; zeer hartelijk: *ich danke ~* ik dank u zeer
besteuern belasten, belasting heffen op
Besteuerung *v*[20] belasting, belastingheffing
besticken borduren
Bestie *v*[21] beest *(ook fig);* roofdier
bestimmbar bepaalbaar, definieerbaar
bestimmen 1 bepalen, vaststellen **2** *(plantk)* determineren **3** definiëren, omschrijven **4** beschikken, beslissen **5** bestemmen; benoemen
[1]**bestimmt** *bn* **1** duidelijk, precies **2** beslist, vastbesloten **3** bepaald
[2]**bestimmt** *bw* beslist, zeker
Bestimmtheit *v*[28] **1** beslistheid **2** zekerheid
Bestimmung *v*[20] **1** bepaling **2** (het) determineren **3** bestemming, doel **4** beschikking, lot
Bestimmungsort *m*[5] plaats van bestemming
Bestimmwort *o*[32] bepalend woord
Bestleistung *v*[20] record
bestmöglich zo goed mogelijk
bestrafen (be)straffen
Bestrafung *v*[20] bestraffing, straf, afstraffing
bestrahlen beschijnen; *(med)* bestralen
bestreben, sich streven naar, trachten: *er ist bestrebt, seine Kunden zufriedenzustellen* hij tracht zijn klanten tevreden te stellen
Bestreben *o*[39] (het) streven, poging
Bestrebung *v*[20] poging, (het) streven
bestreichen[286] bestrijken, besmeren
bestreiken platleggen
bestreiten[287] **1** betwisten, bestrijden, tegenspreken **2** betalen, dragen **3** verzorgen **4** *(sp)* deelnemen aan
bestreuen bestrooien
bestürmen 1 bestormen **2** *(fig)* overstelpen
Bestürmung *v*[20] bestorming
bestürzen ontstellen, doen schrikken
bestürzt ontsteld, ontdaan
Bestürzung *v*[28] ontsteltenis, ontzetting
Besuch *m*[5] bezoek, visite: *auf* (of: *zu) ~: a)* op bezoek; *b)* te logeren; *jmdm einen ~ abstatten, bei jmdm einen ~ machen* iem een bezoek brengen; *mein ~ in Amsterdam* mijn bezoek aan Amsterdam
besuchen bezoeken, komen opzoeken
Besucher *m*[9] bezoeker
Besucherzentrum *o (2e nvl -s; mv -zentren)* bezoekerscentrum
Besuchszeit *v*[20] bezoekuur, bezoekuren
besudeln bezoedelen *(ook fig);* besmeuren
betagt oud, bejaard
betasten betasten, bevoelen
[1]**betätigen** *tr* **1** *(techn)* in werking stellen, bedienen **2** in praktijk brengen, in daden omzetten
[2]**betätigen, sich** werkzaam zijn, actief zijn
Betätigung *v*[20] **1** *(techn)* (het) in werking stellen, bediening **2** activiteit **3** bezigheid
betäuben 1 verdoven, bedwelmen: *~der Lärm* oorverdovend lawaai; *ein ~der Duft* een bedwelmende geur **2** suf maken
Betäubung *v*[20] verdoving, bedwelming
beteiligen laten delen: *jmdn am Gewinn ~* iem in de winst laten delen; *an*[+3] *etwas beteiligt sein* aan iets deelnemen, meedoen, betrokken zijn bij iets; *die beteiligten Kreise* de betrokken kringen
Beteiligte(r) *m*[40a], *v*[40b] **1** belanghebbende, betrokkene **2** deelnemer
Beteiligung *v*[20] **1** deelneming **2** aandeel **3** belangstelling
beten bidden; *(na het eten)* danken
beteuern betuigen, verzekeren, bezweren
Beteuerung *v*[20] betuiging, verzekering
betexten van een tekst voorzien
betiteln betitelen; *(inform)* noemen
Beton *m*[13], *m*[5] beton
betonen de nadruk leggen op, beklemtonen: *etwas ~* iets onderstrepen
betont nadrukkelijk, opvallend; demonstratief
Betonung *v*[20] **1** nadruk, klem(toon), accent **2** accentuering
betören 1 verleiden, verblinden **2** betoveren
betr. *afk van betreffend, betreffs* met betrekking tot
Betr. *afk van Betreff* onderwerp
Betracht *m*[19]: *außer ~ bleiben* niet in aanmerking komen; *außer ~ lassen* buiten beschouwing laten; *in ~ ziehen* in aanmerking nemen; *in ~ kommen* in aanmerking komen

betrachten 1 beschouwen 2 bekijken: *genau betrachtet* welbeschouwd
Betrachter *m*^{9} 1 waarnemer 2 kijker
beträchtlich aanmerkelijk, aanzienlijk
Betrachtung *v*^{20} beschouwing, overdenking: *bei genauerer ~* bij nadere beschouwing; *~en anstellen über*$^{+4}$ *etwas* iets overpeinzen
Betrag *m*^{6} bedrag, som: *im ~e von*$^{+3}$ ten bedrage van
^{1}**betragen**^{288} *tr* bedragen
^{2}**betragen**^{288}**, sich** zich gedragen
Betragen *o*^{39} gedrag
betrauen: *jmdn mit*$^{+3}$ *etwas ~* iem iets toevertrouwen, opdragen
betrauern betreuren; rouwen over
Betreff *m*^{5} onderwerp *(van brief)*: *in ~*$^{+2}$ betreffend, wat betreft
betreffen^{289} 1 betreffen, aangaan 2 overkomen, treffen 3 kwetsen, raken
betreffend 1 bevoegd 2 desbetreffend
betreffs^{+2} wat betreft, inzake
betreiben^{290} 1 *(een zaak, handel)* drijven; *(een bedrijf, beroep)* uitoefenen; *(Belg)* uitbaten; *(politiek, proces)* voeren; *(verbouwing)* uitvoeren: *Sport ~* aan sport doen 2 *(elektrisch, met stoom)* aandrijven
Betreiben *o*^{39}: *auf sein ~* op aandringen van hem
^{1}**betreten**^{291} *st* betreden
^{2}**betreten** *bn* verlegen, bedremmeld, beduusd, onthutst
betreuen 1 verzorgen, zorgen voor 2 begeleiden: *in einer betreuten Wohngemeinschaft wohnen* begeleid wonen
Betreuer *m*^{9} 1 *(sp)* verzorger 2 begeleider 3 verzorgende
betreut begeleid: *~es Wohnen* begeleid wonen
Betreuung *v*^{28} 1 verzorging 2 begeleiding
Betreuungsstaat *m*^{16} verzorgingsstaat
^{1}**Betrieb** *m*^{19} 1 dienst, werking, bedrijf: *in ~ sein* in bedrijf zijn; *in ~ setzen* in bedrijf stellen; *außer ~ sein* buiten dienst, buiten werking zijn 2 bedrijvigheid, drukte: *reger ~* druk verkeer 3 exploitatie 4 aandrijving
^{2}**Betrieb** *m*^{5} bedrijf, onderneming
betrieblich bedrijfs-
betriebsam actief, bedrijvig, nijver
Betriebsanleitung *v*^{20} handleiding
Betriebsergebnis *o*^{29a} bedrijfsresultaat
betriebsfähig, betriebsfertig bedrijfsklaar
Betriebsgeheimnis *o*^{29a} fabrieksgeheim
Betriebskapital *o*^{39} bedrijfskapitaal
Betriebslehre *v*^{28} bedrijfseconomie, bedrijfsleer; *(Belg)* handelswetenschappen
Betriebsleitung *v*^{20} bedrijfsleiding
Betriebsrat *m*^{6} ondernemingsraad
Betriebsunfall *m*^{6} bedrijfsongeval; *(Belg)* werkongeval
Betriebswirt *m*^{5} bedrijfseconoom; *(Belg)* handelsingenieur
Betriebswirtschaft, Betriebswirtschaftslehre *v*^{28} bedrijfseconomie
betrinken^{293}**, sich** zich bedrinken
betroffen 1 onthutst, ontsteld 2 getroffen
Betroffene(r) *m*^{40a}, *v*^{40b} betrokkene: *der vom Unfall Betroffene* de door het ongeval getroffene
Betroffenheit *v*^{28} ontsteltenis
betrüben bedroeven
betrüblich bedroevend, droevig
Betrübnis *v*^{24} droefenis, droefheid
betrübt bedroefd, treurig
Betrug *m*^{19} bedrog, oplichterij
betrügen^{294} bedriegen, oplichten
Betrüger *m*^{9} bedrieger, oplichter
Betrügerei *v*^{20} bedriegerij, bedrog
betrügerisch bedrieglijk, frauduleus
betrunken beschonken, dronken
Bett *o*^{37} 1 bed: *ins ~ (of: zu ~) gehen* naar bed gaan 2 bedding, bed 3 dekbed
Bettbezug *m*^{6} dekbedovertrek
Bettcouch *v*^{20} slaapbank
Bettdecke *v*^{21} 1 (bedden)deken 2 sprei
Bettelei *v*^{20} bedelarij, gebedel
betteln bedelen: *~ gehen* uit bedelen gaan
betten 1 naar bed brengen 2 voorzichtig leggen: *(fig) weich gebettet sein* op rozen zitten
Bettgestell *o*^{29} ledikant
bettlägerig bedlegerig
Bettler *m*^{9} bedelaar
Bettstatt *v (mv -stätten)*, **Bettstelle** *v*^{21} ledikant
Betttuch *o*^{32} (bedden)laken
Bettüberzug *m*^{6} dekbedovertrek
Bettwäsche *v*^{28} lakens en slopen
Bettzeug *o*^{39} beddengoed
betucht welgesteld, bemiddeld
betulich 1 zorgzaam 2 rustig, op z'n gemak
betupfen 1 deppen, betten 2 bestippen
Beuge *v*^{21} 1 knieholte, binnenkant van de elleboog 2 *(sp)* buiging 3 kromming
beugen 1 buigen, krommen 2 *(het recht)* verkrachten 3 *(taalk)* verbuigen; vervoegen 4 *(lichtstraal)* breken 5 *(fig) jmdn ~* iem kleinkrijgen
Beugung *v*^{20} 1 buiging 2 *(jur)* rechtsverdraaiing 3 *(taalk)* verbuiging; vervoeging 4 breking
Beule *v*^{21} 1 buil, bult 2 bluts, deuk
beunruhigen verontrusten, ongerust maken
Beunruhigung *v*^{20} verontrusting
beurkunden *(schriftelijk)* vastleggen; *(door notaris e.d.)* een akte opmaken van
beurlauben: *jmdn ~: a)* iem verlof geven; *b)* iem op non-actief stellen
beurteilen beoordelen
Beurteiler *m*^{9} beoordelaar
Beurteilung *v*^{20} beoordeling
Beute *v*^{28} 1 buit 2 prooi
Beutel *m*^{9} 1 buidel, beurs, portemonnee 2 zak
^{1}**bevölkern** *tr* bevolken
^{2}**bevölkern, sich** volstromen
Bevölkerung *v*^{20} bevolking

bevollmächtigen volmacht geven, machtigen
Bevollmächtigte(r) *m*[40a], *v*[40b] gemachtigde
Bevollmächtigung *v*[20] volmacht
bevor voordat, voor, eer, alvorens
bevormunden bevoogden, als voogd optreden over
Bevormundung *v*[20] voogdijschap, curatele; bevoogding
bevorraten bevoorraden
Bevorratung *v*[20] bevoorrading
bevorrechtigt 1 bevoorrecht **2** preferent
bevorschussen een voorschot geven (op)
bevorstehen[279] op komst zijn, ophanden zijn, te wachten staan: *ihm steht etwas bevor* hem staat iets te wachten; *die ~den Wahlen* de aanstaande verkiezingen
bevorteilen bevoordelen
bevorzugen 1 verkiezen, de voorkeur geven aan **2** voortrekken, bevoorrechten
bewachen bewaken
bewachsen[302] begroeien, groeien op
Bewachung *v*[20] bewaking
bewaffnen (be)wapenen
Bewaffnung *v*[20] bewapening
bewahren 1 behoeden **2** behouden, bewaren: *die Fassung* ~ zijn kalmte bewaren
bewähren, sich 1 betrouwbaar blijken te zijn, voldoen **2** zich waarmaken
bewahrheiten, sich waar blijken te zijn
bewährt beproefd, deugdelijk, betrouwbaar
Bewährung *v*[20] **1** bewijs van geschiktheid: *auf ~ entlassen* voorwaardelijk in vrijheid stellen; *drei Monate Gefängnis mit* ~ drie maanden voorwaardelijk; *ohne* ~ onvoorwaardelijk **2** (het) zich waarmaken
Bewährungsfrist *v*[20] proeftijd
Bewährungshelfer *m*[9] reclasseringsambtenaar
Bewährungsprobe *v*[21] proef
bewalden bebossen
bewältigen 1 aankunnen, de baas worden, onder de knie krijgen; *(problemen)* oplossen; *(moeilijkheden)* overwinnen; *(het verleden)* verwerken: *eine Portion nicht ~ können* een portie niet op kunnen **2** verwerken
Bewältigung *v*[20] **1** (het) aankunnen **2** (het) verwerken*; zie ook* bewältigen
bewandert ervaren, bedreven; *(op een bepaald gebied)* goed thuis, doorkneed
bewandt: *damit ist es so* ~ dat zit als volgt in elkaar
Bewandtnis *v*[24] gesteldheid: *es hat damit folgende* ~ het is er zo mee gesteld
bewässern irrigeren, bewateren, bevloeien
Bewässerung *v*[20] bevloeiing, irrigatie
[1]**bewegen** *tr, st* bewegen, overhalen
[2]**bewegen** *tr, zw* **1** bewegen, in beweging brengen **2** ontroeren, treffen: *das bewegt mich seit Langem, seit langem* dat houdt me al lange tijd bezig
[3]**bewegen, sich** *zw* zich bewegen
Beweggrund *m*[6] beweegreden, motief
beweglich 1 beweegbaar: *~e Habe* roerende goederen **2** levendig, beweeglijk **3** roerend
Beweglichkeit *v*[28] **1** beweegbaarheid **2** beweeglijkheid, levendigheid
bewegt 1 bewogen **2** onrustig, roerig
Bewegtheit *v*[28] bewogenheid, ontroering
Bewegung *v*[20] **1** beweging **2** ontroering
Bewegungsfreiheit *v*[28] bewegingsvrijheid
bewegungslos roerloos, bewegingloos
beweinen bewenen, betreuren
Beweis *m*[5] bewijs; *(fig)* blijk: *den ~ beibringen* het bewijs leveren; *unter ~ stellen* bewijzen
beweisen[307] **1** bewijzen **2** doen blijken
Beweisführung *v*[20] bewijsvoering
bewenden: *es bei*[+3] (of: *mit*[+3]) *etwas ~ lassen* het bij iets laten
Bewenden *o*[39]: *damit hat es sein* ~ daarbij blijft het
bewerben[309]**, sich** solliciteren: *sich ~ um*[+4] solliciteren naar, dingen naar
Bewerber *m*[9] **1** mededinger **2** sollicitant, kandidaat, gegadigde **3** aanbidder
Bewerbung *v*[20] **1** sollicitatie **2** aanzoek
Bewerbungsgespräch *o*[29] sollicitatiegesprek
Bewerbungsschreiben *o*[35] sollicitatiebrief
bewerfen[311] **1** bekogelen **2** *(muur)* bepleisteren
bewerkstelligen bewerkstelligen
bewerten 1 waarderen, beoordelen **2** taxeren, schatten
Bewertung *v*[20] **1** taxatie, schatting **2** waardering, beoordeling
bewilligen toestaan, toewijzen, goedkeuren: *einen Kredit* ~ een krediet verlenen
Bewilligung *v*[20] **1** (het) toestaan, toewijzing, goedkeuring **2** vergunning
bewillkommnen verwelkomen
bewirken veroorzaken, bewerken
bewirten gastvrij ontvangen, onthalen
bewirtschaften 1 exploiteren, beheren **2** rantsoeneren **3** *(land)* bewerken, bebouwen
Bewirtung *v*[20] **1** ontvangst, onthaal **2** traktatie **3** bediening
bewohnen bewonen
Bewohner *m*[9] bewoner
bewölken, sich bewolken, betrekken
bewölkt bewolkt, betrokken
Bewölkung *v*[28] bewolking
Bewölkungsauflockerung *v*[28] opklaring(en)
Bewunderer *m*[9] bewonderaar
bewundern bewonderen
bewundernswert, bewundernswürdig bewonderenswaardig
Bewunderung *v*[20] bewondering
bewusst bewust: *sich einer Sache ~ sein* zich van iets bewust zijn
bewusstlos bewusteloos, buiten kennis: *~ werden* buiten kennis raken
Bewusstlosigkeit *v*[28] bewusteloosheid

Bewusstsein o^{39} bewustzijn, besef: *zu* (of: *zum*) *~ kommen* bijkomen; *etwas kommt jmdm zu* (of: *zum*) *~* iem wordt zich ergens van bewust
bez.$^{+2}$ *afk van bezüglich* met betrekking tot (*afk* m.b.t.); voor wat betreft (*afk* v.w.b.)
Bezahlautomat m^{14} pinapparaat
bezahlen betalen: *sich bezahlt machen* de moeite lonen; *eine Rechnung über 100 € ~* een factuur van €100 betalen
Bezahlfernsehen o^{39} betaaltelevisie, abonneetelevisie, pay-tv
Bezahlung v^{20} betaling
bezähmen bedwingen, beheersen
bezaubern bekoren, betoveren
bezaubernd charmant, bekoorlijk; betoverend
bezeichnen **1** merken, aangeven, markeren **2** noemen, aanduiden, beschrijven **3** karakteriseren, typeren
bezeichnend tekenend, kenmerkend
Bezeichnung v^{20} **1** aanduiding, markering **2** benaming, naam
bezeigen te kennen geven, betuigen, (be)tonen
Bezeigung v^{20} betuiging, betoning
bezeugen getuigen, verklaren, verzekeren
bezichtigen betichten, beschuldigen
[1]**beziehen**^{318} *tr* **1** overtrekken, betrekken: *ein Bett frisch ~* een bed verschonen **2** (*viool, racket*) bespannen **3** (*huis*) betrekken **4** (*goederen*) betrekken, krijgen; (*loon*) ontvangen **5** (*krant*) geabonneerd zijn op
[2]**beziehen**^{318}**, sich** (*mbt lucht*) betrekken: *sich ~ auf* betrekking hebben op, slaan op; *ich beziehe mich auf Ihre Erklärung* ik beroep mij op uw verklaring
Bezieher m^{9} **1** koper, afnemer **2** ontvanger **3** abonnee
Beziehung v^{20} **1** betrekking, relatie **2** samenhang, verband: *in dieser ~* in dit opzicht
beziehungsweise **1** of liever gezegd **2** respectievelijk
[1]**beziffern** *tr* **1** becijferen **2** nummeren
[2]**beziffern, sich** (met *auf*$^{+4}$) bedragen, belopen
Bezirk m^{5} **1** district; (*Belg*) arrondissement **2** wijk (*van stad*) **3** rayon **4** gebied
[1]**Bezug** m^{6} overtrek, sloop, bekleding
[2]**Bezug** m^{19} **1** betrekking: *in ~ auf*$^{+4}$ met betrekking tot, voor wat betreft; *mit ~ auf ihn* met betrekking tot hem **2** uitkering; (het) betrekken (*van waren*) **3** abonnement **4** (de) snaren (*van viool*); bespanning (*van tennisracket*) || *Bezüge* inkomsten, salaris; *~ nehmen auf*$^{+4}$ verwijzen naar; *mit ~* (of: *unter ~*) *auf*$^{+4}$ met referte aan
[1]**bezüglich** *bn* **1** betrekkelijk: *~es Fürwort* betrekkelijk voornaamwoord **2** betrekking hebbend
[2]**bezüglich**$^{+2}$ *vz* met betrekking tot, voor wat betreft
Bezugnahme v^{28} betrekking, verwijzing: *unter ~ auf*$^{+4}$ onder verwijzing naar
Bezugspreis m^{5} **1** abonnementsprijs **2** inkoopprijs
bezuschussen subsidiëren
bezw. *afk van beziehungsweise* respectievelijk
bezwecken bedoelen, beogen
bezweifeln betwijfelen
bezwingen^{319} **1** bedwingen, overwinnen **2** (*berg*) beklimmen
Bezwinger m^{9} veroveraar; overwinnaar
Bf. *afk van Bahnhof* station
bfr *afk van belgischer Franc* Belgische frank (*afk* BEF)
BI *afk van Bürgerinitiative* actiegroep
Bibel v^{21} Bijbel, Schrift
[1]**Biber** m^{9} bever
[2]**Biber** m^{19}, o^{39} bever(bont)
Bibliothek v^{20} bibliotheek
Bibliothekar m^{5} bibliothecaris
Bibliothekarin v^{22} bibliothecaresse
biblisch Bijbels
bieder **1** braaf, rechtschapen **2** zeer naïef
Biedermann m^{8} **1** brave kerel, rechtschapen man **2** burgermannetje
Biedermeier o^{39} biedermeiertijd, biedermeierstijl, biedermeier
biegbar buigbaar
[1]**biegen**^{129} *tr* **1** buigen, krommen **2** (*taalk*) verbuigen; vervoegen
[2]**biegen**^{129}**, sich** (zich) buigen, bukken
biegsam buigzaam, lenig, soepel
Biegsamkeit v^{28} buigzaamheid, lenigheid, soepelheid
Biegung v^{20} **1** buiging **2** kromming, bocht **3** (*taalk*) verbuiging; vervoeging
Biene v^{21} **1** bij **2** (*inform*) meisje
Bienenstich m^{5} **1** bijensteek **2** soort gebak
Bienenstock m^{6} bijenkast
Bienenzüchter m^{9} bijenhouder, imker
Bier o^{29} bier: (*inform*) *das ist nicht mein ~* dat is mijn zaak niet
Bierdeckel m^{9} bierviltje
Bierdose v^{21} bierblikje
Biest o^{31} **1** beest **2** (*fig*) kreng, bruut **3** (*fig*) kreng, rotding
bieten^{130} **1** bieden, aanbieden: *jmdm den Arm ~* iem een arm geven; *jmdm die Hand ~* iem de hand reiken **2** (ver)tonen || *das lasse ich mir nicht ~!* dat neem ik niet!
Bikini m^{13} bikini
Bilanz v^{20} balans: *die ~ ziehen* (of: *aufstellen*) de balans opmaken
Bild o^{31} **1** afbeelding, foto, plaat, portret, prent, schilderij **2** beeld: *sich ein ~ von*$^{+3}$ *etwas machen* zich een voorstelling van iets maken **3** tafereel **4** aanblik, gezicht || (*fig*) *im ~e sein* op de hoogte zijn; *jmdn über etwas ins ~ setzen* iem van iets op de hoogte brengen
Bildband m^{6} plaatwerk
Bildbericht m^{5} fotoreportage
[1]**bilden** *tr* **1** vormen **2** ontwikkelen, vormen, opleiden **3** vormen, modelleren

²bilden, sich zich vormen, zich ontwikkelen, ontstaan
bildend 1 (uit)beeldend: *die ~en Künste* de beeldende kunsten **2** vormend
Bilderbuch *o*[32] prentenboek
Bilderrätsel *o*[33] **1** rebus **2** zoekplaatje
Bildersprache *v*[28] beeldspraak
Bildfläche *v*[21] doek, vlak; *(telecom)* beeldvlak: *(fig) auf der ~ erscheinen* op het toneel verschijnen
Bildfunk *m*[19] beeldtelegrafie
Bildgeschichte *v*[21] stripverhaal
bildhaft aanschouwelijk, beeldend, plastisch
Bildhauer *m*[9] beeldhouwer
Bildhauerei *v*[28] beeldhouwkunst
bildhübsch beeldschoon, beeldig
bildlich 1 figuratief **2** figuurlijk
Bildnis *o*[29a] beeltenis, portret; *(op munten)* beeldenaar
Bildpunkt *m*[5] pixel
Bildröhre *v*[21] *(telecom)* beeldbuis
Bildschirm *m*[5] *(telecom)* beeldscherm
Bildschirmschoner *m*[9] screensaver
Bildschirmtext *m*[19], **Bildschirmzeitung** *v*[28] teletekst
bildschön beeldschoon; prachtig
Bildung *v*[20] **1** vorming; vorm **2** ontwikkeling; beschaving; opleiding
Bildungsanstalt *v*[20] onderwijsinstelling
Bildungslücke *v*[21] hiaat in de ontwikkeling, hiaat in de kennis
Bildungspolitik *v*[20] onderwijsbeleid
Bildungsstätte *v*[21] vormingscentrum
Bildungsstufe *v*[21] ontwikkelingsniveau
Bildungssystem *o*[29] onderwijssysteem, onderwijsstelsel
Bildungsweg *m*[5]: *der zweite ~* het tweedekansonderwijs, het volwassenenonderwijs
Bildungswesen *o*[39] onderwijssector
Billard [biljart] *o*[29] biljart: *~ spielen* biljarten
Billardstock *m*[6] (biljart)keu
Billett *o*[29], *o*[36] **1** kaart(je) **2** briefje
billig 1 goedkoop *(ook fig)* **2** redelijk, rechtvaardig, billijk
billigen billijken, goedkeuren
Billigflieger *m*[9] goedkope vliegmaatschappij, budgetmaatschappij
Billigkeit *v*[28] **1** goedkoopheid **2** redelijkheid
Billiglohnland *o*[32] lagelonenland
Billigung *v*[20] billijking, goedkeuring
Billigwaren *mv* *v*[21] goedkope artikelen
Billion *v*[20] biljoen
bimmeln bellen, tingelen, luiden
Binde *v*[21] **1** verband **2** draagverband, mitella **3** ooglap **4** band *(om de mouw)* **5** stropdas
Bindegewebe *o*[33] bindweefsel
Bindeglied *o*[31] schakel, verbinding
Bindemittel *o*[33] bindmiddel
¹binden[131] *tr* binden, verbinden, vastbinden; *(stropdas)* strikken
²binden[131]**, sich** zich (ver)binden, zich hechten
Binder *m*[9] **1** das **2** bindmiddel
Bindestrich *m*[5] koppelteken
Bindewort *o*[32] voegwoord
Bindfaden *m*[12] touw
Bindung *v*[20] **1** verbinding, band **2** *(chem, psych)* binding **3** *(sp)* skibinding
binnen[+3, zelden +2] *vz* binnen, in: *~ Kurzem, ~ kurzem* binnenkort
Binnengewässer *mv* *o*[33] binnenwateren
Binnenhandel *m*[19] binnenlandse handel
Binnenmarkt *m*[6] **1** binnenlandse markt **2** interne markt *(vd EU)*
Binnenschiff *o*[29] binnenschip
Binse *v*[21] *(plantk)* bies: *in die ~n gehen* naar de maan gaan, mislukken
Binsenwahrheit, Binsenweisheit *v*[20] waarheid als een koe
Biobauer *m*[15] bioboer
biodynamisch macrobiotisch
Bioladen *m*[12] winkel voor macrobiotische producten
Biologie *v*[28] biologie
biologisch biologisch
Biomüll *m*[19] gft, gft-afval
Birke *v*[21] berk
Birnbaum *m*[6] **1** perenboom **2** perenhout
Birne *v*[21] **1** peer **2** perenboom **3** gloeilamp **4** *(inform)* hoofd, kop
¹bis[+4] *vz* **1** tot: *~ kommenden Sonntag* tot a.s. zondag **2** à: *zwei ~ drei Tage* twee à drie dagen
²bis *vw* **1** tot(dat): *warten Sie, ~ ich komme* wacht tot ik kom **2** voordat: *tu es nicht, ~ ich es dir sage* doe het niet voordat ik het je zeg
³bis *(bijwoordelijk samen met ander voorzetsel)* tot: *~ zum Bahnhof* tot (aan) het station; *alle ~ auf einen* op één na
Bisamratte *v*[21] bisamrat, muskusrat
Bischof *m*[6] bisschop *(ook drank)*
bisher tot nu toe, tot dusver, tot nog toe
bisherig: *das ~e Wetter* het weer tot nu toe
bislang tot nu toe
Bison *m*[13] bizon
Biss *m*[5] **1** beet **2** inzet, vuur
bisschen beetje
Bissen *m*[11] beet, hap, brok, stuk
bissig 1 bijtachtig **2** bits, vinnig **3** *(sp)* fel
Bistum *o*[32] bisdom
bisweilen soms, somtijds
Bit *o (2e nvl -(s); mv -(s)) (comp)* bit
Bittbrief *m*[5] verzoekschrift, rekest
bitte alstublieft, alsjeblieft: *~, können Sie mir sagen …* neemt u mij niet kwalijk, kunt u mij ook zeggen …; *wünschen Sie noch Tee? (ja,) ~!* wilt u nog thee? heel graag!; *(bij deur) ~!* gaat uw gang!; *danke schön! ~!* bedankt! tot uw dienst!; *wie ~?* pardon?; *(aan telefoon) ja, ~?* hallo!; *(na) ~!* zie je wel!
Bitte *v*[21] verzoek

bitten^{132+4} **1** vragen, verzoeken: *jmdn um etwas ~* iem om iets verzoeken; *wenn ich ~ darf!* als ik u verzoeken mag!, alstublieft! **2** uitnodigen: *jmdn zum Essen ~* iem ten eten vragen **3** smeken || *da muss ich doch sehr ~!* dat gaat te ver!; *(aber) ich bitte Sie!* hoe kunt u zoiets zeggen!; *dürfte ich um das Salz ~?* zou u me het zout even willen aangeven?; *darf ich um Ihren Namen ~?* mag ik uw naam weten?

bitter **1** bitter *(ook fig)* **2** *(mbt kou)* snijdend

Bitterkeit v^{20} bitterheid; verbittering

bitterlich enigszins bitter; bitter

Bitternis v^{24} **1** bittere smaak **2** bitterheid

Bittgesuch o^{29}, **Bittschrift** v^{20} verzoekschrift, rekest; *(Belg)* smeekschrift

Biwak o^{29}, o^{36} bivak

biwakieren^{320} bivakkeren

bizarr bizar, zonderling

Bizeps m^{5} *(2e nvl ook -)* biceps

BKA m^{19a} *afk van Bundeskriminalamt* Duitse federale recherche

blaffen, bläffen **1** blaffen **2** *(fig)* snauwen

^{1}**blähen** *intr* opzwellen, opzetten; winden veroorzaken

^{2}**blähen** *tr* opblazen, doen zwellen

^{3}**blähen, sich** **1** zwellen, bollen, bol gaan staan **2** *(fig)* opscheppen

Blähung v^{20} wind; *(mv)* winderigheid

Blamage v^{21} blamage

^{1}**blamieren**^{320} *tr* blameren

^{2}**blamieren**^{320}**, sich** zich blameren

blank **1** blank, blinkend, glimmend **2** *(mbt ogen)* stralend **3** bloot, naakt; *(mbt sabel)* blank **4** *(mbt munt)* klinkend || *~ sein* blut zijn

blanko blanco

Blase v^{21} **1** blaas, blaar **2** luchtbel, gasbel, bobbel **3** *(anat)* blaas **4** bende

blasen^{133} blazen: *ich blase ihm was!* hij kan naar de maan lopen!

Blasenentzündung v^{20} blaasontsteking

Bläser m^{9} *(mijnb, muz)* blazer

blasiert geblaseerd, blasé

Blasinstrument o^{29} blaasinstrument

Blaskapelle v^{21} blaaskapel

Blasphemie v^{21} blasfemie, godslastering

Blasrohr o^{29} blaaspijp

blass^{59} bleek, vaal: *~e Augen* fletse ogen; *~e Erinnerung* vage herinnering

Blässe v^{28} bleekheid

Blatt o^{32} **1** blad *(van plant, boom e.d.)* **2** blad, vel **3** blad *(ve roer, zaag, tafel)* **4** krant, blad **5** *(sp)* kaart: *ein gutes ~ haben* goede kaarten hebben; *das steht auf einem anderen ~: a)* dat is een heel andere zaak; *b)* daar hebben wij het nu niet over; *das ~ hat sich gewendet* de situatie is veranderd

Blättergebläse o^{33} bladblazer

^{1}**blättern** *intr* **1** bladeren **2** bladderen

^{2}**blättern** *tr* neertellen

Blattern *mv* v^{21} pokken

Blätterteig m^{19} bladerdeeg, feuilletee

Blätterwerk o^{39} gebladerte, loof

Blattgemüse o^{33} bladgroente

blattlos bladerloos

Blattsalat m^{5} kropsla

blau **1** blauw **2** *(inform)* dronken || *Fahrt ins Blaue* tochtje met onbekende bestemming

blauäugig **1** blauwogig **2** *(fig)* naïef

bläuen **1** blauw kleuren **2** wasgoed met blauwsel behandelen **3** afranselen

bläulich blauwachtig

Blaulicht o^{31} (blauw) zwaailicht

blaumachen spijbelen; niet werken

Blausäure v^{28} blauwzuur

Blech o^{29} **1** blik **2** plaatstaal **3** *(muz)* koper **4** bakblik **5** *(iron)* onderscheiding **6** onzin **7** geld

Blechbüchse v^{21} blikken bus, blik

Blechdose v^{21} **1** trommeltje **2** blikje

blechen dokken, over de brug komen

blechern **1** blikken, van blik **2** holklinkend

Blechschaden m^{12} blikschade, plaatschade

Blechtrommel v^{21} blikken trommel

blecken *(de tanden)* laten zien

^{1}**Blei** m^{5} brasem

^{2}**Blei** m^{5}, o^{29} *(inform)* potlood

^{3}**Blei** o^{29} **1** lood **2** peillood

Bleibe v^{21} *(inform)* onderdak, woning

bleiben^{134} **1** blijven: *am Leben ~* in leven blijven **2** resteren, overblijven **3** sneuvelen || *das bleibt abzuwarten* dat moeten we afwachten; *etwas ~ lassen* iets (achterwege) laten

bleibenlassen^{197} (achterwege) laten

bleich bleek, vaal

^{1}**bleichen** *intr* verbleken, verschieten

^{2}**bleichen** *tr* bleken, blonderen

Bleichmittel o^{33} bleekmiddel

bleiern **1** loden **2** loodzwaar **3** loodgrijs

bleifrei loodvrij

bleihaltig loodhoudend

Bleirohr o^{29} loden pijp

bleischwer loodzwaar

Bleistift m^{5} potlood

Bleistiftabsatz m^{6} naaldhak

Bleistiftspitzer m^{9} potloodslijper

Bleivergiftung v^{20} loodvergiftiging

Blende v^{21} **1** diafragma **2** *(mil)* blindering **3** oogklep *(voor paard)* **4** strook, bies

blenden **1** blind maken **2** verblinden **3** *(raam)* blinderen **4** imponeren

blendend **1** verblindend: *~ weiß* stralend wit **2** schitterend: *sie ist eine ~e Erscheinung* ze is buitengewoon mooi

Blendung v^{20} **1** (het) blind maken **2** (het) verblind worden **3** (oog)verblinding

Blesse v^{21} bles

bleuen *oude spelling voor* bläuen, *zie* bläuen 3

Blick m^{5} **1** blik, oogopslag: *auf den ersten ~* op het eerste gezicht; *mit einem ~* met één oogopslag **2** uitzicht

bl

blicken blikken, kijken, zien: *das lässt tief ~* dat geeft te denken; *sich nicht ~ lassen* zich niet laten zien
Blickfang *m*[6] blikvanger
Blickfeld *o*[31] gezichtsveld: *ins ~ rücken* onder de algemene aandacht brengen
Blickpunkt *m*[5] **1** oogpunt **2** belangstelling: *im ~ stehen* in de belangstelling staan
Blickrichtung *v*[20] **1** richting **2** gerichtheid
Blickwinkel *m*[9] gezichtshoek
blind 1 blind: *auf einem Auge ~* aan één oog blind; *~er Alarm* loos alarm **2** dof, mat
Blinddarm *m*[6] blindedarm
Blind Date *o*[36] *(2e nvl ook -)* blind date
Blindekuh: *~ spielen* blindemannetje spelen
Blindenanstalt *v*[20] blindeninstituut
Blindenführer *m*[9] geleider van een blinde
Blindenheim *o*[29] blindeninstituut
Blindenhund *m*[5] blindengeleidehond
Blindenschrift *v*[20] brailleschrift
Blinde(r) *m*[40a], *v*[40b] blinde
Blindflug *m*[6] vlucht alleen op instrumenten
Blindgänger *m*[9] **1** blindganger **2** nul
blindgläubig goedgelovig, lichtgelovig
Blindheit *v*[28] blindheid *(ook fig)*
blindlings blindelings
blinken 1 schitteren **2** glanzen **3** lichtsignalen geven **4** knipperen
Blinker *m*[9] knipperlicht, clignoteur
blinkern 1 fonkelen, schitteren **2** *(met de ogen)* knipperen
Blinkfeuer *o*[39] **1** schitterlicht *(van vuurtoren)* **2** knipperlicht
Blinkleuchte *v*[21] knipperlicht, clignoteur
Blinklicht *o*[31] knipperlicht *(bij kruispunt)*
Blinkzeichen *o*[35] lichtsignaal
blinzeln 1 (met de ogen) knipperen **2** knipogen
Blitz *m*[5] bliksem(straal): *wie ein ~ aus heiterem Himmel* als een donderslag bij heldere hemel
Blitzableiter *m*[9] bliksemafleider
blitzartig bliksemsnel
Blitzbesuch *m*[5] bliksembezoek
blitzblank zeer schoon, kraakhelder
blitzen 1 bliksemen **2** *(foto)* flitsen **3** streaken
Blitzgerät *o*[29] *(foto)* flitsapparaat
Blitzkrieg *m*[5] bliksemoorlog
Blitzlicht *o*[31] *(foto)* flitslicht
blitzsauber brandschoon, kraakhelder
Blitzschlag *m*[6] blikseminslag
blitzschnell bliksemsnel
Blitzstrahl *m*[16] bliksemstraal, bliksemschicht
Block *m*[6], *m*[13] **1** blok **2** huizenblok **3** schrijfblok
Blockade *v*[21] blokkade
Blockflöte *v*[21] blokfluit
blockfrei niet-gebonden: *die ~en Staaten* de niet-gebonden landen
blockieren[320] blokkeren *(ook sp)*
blöd(e) 1 zwakzinnig, idioot **2** dom, stom: *ein blöder Hund* een stommeling **3** vervelend
Blödelei *v*[20] onzin, gekheid
blödeln onzin vertellen, gekheid maken
blöderweise stom genoeg
Blödhammel *m*[9], *m*[10] stommeling
Blödheit *v*[20] **1** zwakzinnigheid **2** onzin
Blödian *m*[5], **Blödling** *m*[5], **Blödmann** *m*[8] sufferd
Blödsinn *m*[19] onzin: *~ machen* een stomme streek uithalen
blödsinnig zwakzinnig, idioot, stom
Blog *o*[36] blog
Blogger *m*[9] blogger
blöken 1 *(mbt schapen)* blaten **2** *(mbt koeien)* loeien
blond blond, licht(gekleurd): *~es Bier* pils
blondieren[320] blonderen
bloß 1 bloot, naakt: *mit ~en Füßen* blootsvoets; *mit ~em Kopf* blootshoofds; *~ legen* blootleggen; *~ liegen* blootliggen **2** enkel, louter, alleen maar: *der ~e Gedanke* alleen de gedachte al **3** toch: *was die sich ~ erzählen!* wat die elkaar vertellen!; *tue das ~ nicht* doe dat liever niet
Blöße *v*[21] **1** blootheid, naaktheid **2** open plek *(in bos)* **3** *(fig)* zwakke plek || *sich eine ~ geben* zich blootgeven
bloßlegen blootleggen
bloßliegen[202] blootliggen
[1]**bloßstellen** *tr* **1** blootstellen **2** in verlegenheid brengen
[2]**bloßstellen, sich** zich blootgeven
blubbern 1 *(mbt golven)* klotsen, klokken, borrelen **2** mompelen
Bluejeans *mv* spijkerbroek
Bluff *m*[13] bluf
bluffen bluffen: *jmdn ~* iem overbluffen
blühen 1 bloeien *(ook fig)* **2** te wachten staan: *ihm blüht etwas* hem staat iets te wachten
blühend 1 bloeiend **2** blakend *(van gezondheid)* **3** fleurig
Blümchen *o*[35] bloempje
Blume *v*[21] **1** bloem *(ook fig)* **2** bouquet *(van wijn)* **3** schuimkraag *(op bier)*
Blumenarrangement *o*[36] bloemstuk
Blumenbeet *o*[29] bloembed, bloemperk
Blumenkasten *m*[12] bloembak
Blumenkohl *m*[5] bloemkool
blumenreich rijk aan bloemen; *(fig)* bloemrijk
Blumenstand *m*[6] bloemenstalletje
Blumenstrauß *m*[6] ruiker, boeket
Blumentopf *m*[6] bloempot
Blumenzucht *v*[28] bloementeelt
Blumenzwiebel *v*[21] bloembol
blumig 1 *(fig)* bloemrijk **2** naar bloemen ruikend **3** met een heerlijke geur *(wijn)*
Bluse *v*[21] **1** bloes **2** *(inform)* meisje
Blut *o*[39] bloed: *das macht böses ~* dat zet kwaad bloed; *bis aufs ~* tot het uiterste; *das liegt jmdm im ~* dat zit iem in het bloed
blutarm 1 bloedarm **2** doodarm
Blutarmut *v*[28] bloedarmoede

Blutbad *o*[32] bloedbad
Blutblase *v*[21] bloedblaar
Blutdruck *m*[19] bloeddruk: *gesteigerter* (of: *vermehrter)* ~ verhoogde bloeddruk
blutdürstig bloeddorstig
Blüte *v*[21] **1** bloesem; *(fig)* bloem **2** bloei || *wunderliche ~n treiben* tot excessen leiden
bluten **1** bloeden **2** *(inform)* betalen
Blütenstaub *m*[19] stuifmeel
Blutentnahme *v*[21] bloedafname
blütenweiß helderwit, sneeuwwit
Bluterguss *m*[6] bloeduitstorting
Blütezeit *v*[20] bloeitijd(perk)
Blutfleck *m*[5], **Blutflecken** *m*[11] bloedvlek
Blutgefäß *o*[29] bloedvat
Blutgruppe *v*[21] bloedgroep
Bluthund *m*[5] bloedhond *(ook fig)*
blutig bloedig; bebloed: *~er Ernst* bittere ernst; *~er Laie* volslagen leek
blutjung piepjong
Blutkörperchen *o*[35] bloedlichaampje
Blutkreislauf *m*[6] bloedsomloop
Blutlache *v*[21] bloedplas
blutleer, blutlos bloedeloos
Blutprobe *v*[21] bloedonderzoek; bloedproef
Blutrache *v*[28] bloedwraak
blutrot bloedrood
blutrünstig bloeddorstig
Blutsauger *m*[9] bloedzuiger *(ook fig)*
Blutschande *v*[28] bloedschande, incest
Blutspender *m*[9] donor, bloedgever
blutstillend bloedstelpend
Bluttransfusion *v*[20], **Blutübertragung** *v*[20] bloedtransfusie
Blutung *v*[20] **1** bloeding **2** menstruatie
blutunterlaufen bloeddoorlopen
Blutuntersuchung *v*[20] bloedonderzoek
Blutvergießen *o*[39] bloedbad
Blutvergiftung *v*[20] bloedvergiftiging
Blutverlust *m*[5] bloedverlies
Blutzuckerwert *m*[5] bloedsuikerwaarde
Bö *v*[20] (wind)vlaag, windstoot, rukwind
Boa *v*[27] boa *(slang en bont)*
Bob *m*[13] bob, bobslee
Bobsleigh *m*[13] bob, bobslee
Bock *m*[6] bok: *keinen* ~ (of: *null ~) auf etwas haben* geen zin hebben in iets
bocken **1** koppig, weerbarstig zijn **2** haperen, niet werken
bockig koppig, weerbarstig
Bocksprung *m*[6] bokkensprong; haasje-over
Bockwurst *v*[25] gekookte worst, kookworst
Boden *m*[12] **1** bodem, grond: *zu ~ werfen* op de grond werpen, omverwerpen **2** vloer **3** zolder **4** grondslag || ~ (of: *an ~) gewinnen* veld winnen; *(fig)* ~ (of: *an ~) verlieren* terrein verliezen; *zu ~ schicken* neerslaan, vloeren
Bodenbelag *m*[6] vloerbedekking
Bodenbeschaffenheit *v*[28] grondgesteldheid, bodemgesteldheid
Bodenfläche *v*[21] grondoppervlakte, oppervlakte
Bodenhaftung *v*[20] wegligging *(van auto)*
Bodenheizung *v*[20] vloerverwarming
Bodenkammer *v*[21] zolderkamer
bodenlos **1** bodemloos **2** *(fig)* ongehoord
Bodennebel *m*[19] laaghangende mist
Bodenorganisation *v*[20] *(luchtv)* gronddienst
Bodenpersonal *o*[39] *(luchtv)* grondpersoneel
Bodenreform *v*[20] hervorming van het grondbezit
Bodensatz *m*[6] bezinksel, grondsop
Bodenschätze *mv* *m*[6] bodemschatten
bodenständig eigen, nationaal, autochtoon
Bodenstation *v*[20] grondstation
Bodenverhältnisse *mv* *o*[29a] bodemgesteldheid
Bodenwelle *v*[21] **1** golving van de grond, terreinplooi **2** oneffenheid van de bodem
Bodypainting *o*[39] bodypainting
Böe *v*[21] (wind)vlaag, windstoot, rukwind
Bogen *m*[11] **1** boog, kromming **2** strijkstok **3** handboog **4** blad papier, vel || *er hat den ~ heraus* (of: *spitz)* hij is erachter; *den ~ überspannen* te ver gaan
Bogenbrücke *v*[21] boogbrug
bogenförmig **1** boogvormig **2** gewelfd
Bogengewölbe *o*[33] booggewelf
Bogenschießen *o*[39] (het) boogschieten
Bogenweite *v*[21] spanwijdte, spanning
Bohle *v*[21] *(dikke)* plank
böhmisch Boheems: *das kommt mir ~ vor* dat komt mij vreemd voor
Bohne *v*[21] boon: *nicht die ~* totaal niet(s)
bohnen boenen, wrijven *(met was)*
Bohnenstange *v*[21] bonenstaak *(ook fig)*
bohnern boenen, wrijven *(met was)*
Bohnerwachs *o*[39] boenwas
Bohrarbeiten *mv* *v*[20] boorwerkzaamheden
bohren **1** boren: *in der Nase ~* in de neus peuteren **2** aandringen
Bohrer *m*[9] **1** boor **2** boorder
Bohrinsel *v*[21] booreiland
Bohrloch *o*[32] boorgat
Bohrmaschine *v*[21] boormachine
Bohrturm *m*[6] boortoren
Bohrung *v*[20] **1** boring **2** boorgat
böig **1** winderig **2** *(scheepv)* buiig
Boiler *m*[9] boiler
Boje *v*[21] boei, ankerboei
Bollwerk *o*[29] **1** bolwerk, bastion **2** kade
Bolzen *m*[11] **1** bout **2** pen, pin **3** wig
bolzengerade kaarsrecht
Bombardement *o*[36] bombardement
bombardieren[320] bombarderen, bestoken
Bombe *v*[21] **1** bom **2** bolhoed **3** *(sp)* keihard schot, kanonschot
Bombenangriff *m*[5] bomaanval
Bombenattentat *o*[29] bomaanslag
Bombenerfolg *m*[5] reuzesucces
bombengeschädigt door bommen beschadigd

bo

Bombengeschäft *o*[29] zeer lucratieve zaak
bombensicher **1** bomvrij **2** absoluut zeker
Bombenstimmung *v*[28] reuzestemming
Bomber *m*[9] **1** bommenwerper **2** *(sp)* goalgetter
bombig kolossaal, reusachtig
Bon *m*[13] bon, tegoedbon
Bonbon *m*[13], *o*[36] **1** snoepje **2** *(fig)* iets aparts
Bonusmeile *v*[21] airmile
Bonze *m*[15] bonze, bons
Bookmark *o*[36], *m*[13], *v*[27] *(comp)* bookmark
Boom [boe:m] *m*[13] boom, hausse, opleving
boomen een boom beleven
Boot *o*[29] boot, sloep, schuit, bootje
Bootsausflug *m*[6] boottocht, vaartocht
Bootsfahrt *v*[20] boottocht, vaartocht
Bootshaus *o*[32] boothuis, botenhuis
Bootslänge *v*[21] bootlengte
Bootsmann *m (2e nvl -(es); mv -leute)* bootsman
Bootsrolle *v*[21] sloepenrol
[1]**Bootsverleih** *m*[19] verhuur van boten
[2]**Bootsverleih** *m*[5] botenverhuurbedrijf
[1]**Bord** *m*[5] boord: *an ~* aan boord; *über ~* overboord
[2]**Bord** *o*[29] plank *(aan de muur)*
Bordcomputer *m*[9] boordcomputer
Bordell *o*[29] bordeel
Borderliner *m*[9] *(psych)* borderliner
Bordfunk *m*[19] boordradio
Bordingenieur *m*[5] boordwerktuigkundige
Bordkanone *v*[21] boordkanon, boordgeschut
Bordkante *v*[21] trottoirband
Bordkarte *v*[21] *(luchtv)* instapkaart
Bordmechaniker *m*[9], **Bordmonteur** *m*[5] boordwerktuigkundige
Bordstein *m*[5] trottoirband
borgen lenen: *sich bei* (of: *von) jmdm etwas ~* iets van iem lenen
Borke *v*[21] **1** schors **2** korst
borniert geborneerd, bekrompen
[1]**Borniertheit** *v*[28] geborneerdheid
[2]**Borniertheit** *v*[20] kleingeestigheid
Börse *v*[21] **1** *(econ)* beurs **2** beurs, portemonnee
Börsenbericht *m*[5] beursbericht
Börsenkurs *m*[5] beurskoers
Börsensturz *m*[6] beurskrach
Börsenzettel *m*[9] koerslijst
Borste *v*[21] **1** borstel *(van varken)* **2** haar *(van borstel, kwast)* **3** *(mv)* haar *(van mens)*
Borstenvieh *o*[39] *(inform)* varkens
borstig **1** borstelig, stekelig **2** stug
Borte *v*[21] rand, boordsel, galon
bösartig boosaardig, kwaadaardig
Bösartigkeit *v*[28] boosaardigheid, kwaadaardigheid
Böschung *v*[20] **1** berm **2** talud, glooiing
böse *bn* **1** boos, kwaad **2** slecht **3** ondeugend: *~ dran sein* er slecht aan toe zijn; *ein ~r Finger* een ontstoken vinger; *ein ~s Kind* een ondeugend Kind; *~s Wetter* slecht weer; *jmdm* (of: *mit jmdm, auf jmdn) ~ sein* kwaad op iem zijn
Böse(s) *o*[40c] kwaad: *Böses tun* kwaad doen
Bösewicht *m*[5], *m*[7] **1** booswicht **2** stouterd
boshaft boosaardig, kwaadaardig
Boshaftigkeit *v*[20] **1** hatelijkheid, boosaardigheid **2** sarcasme
Bosheit *v*[20] **1** boosheid **2** slechtheid **3** hatelijkheid, boosaardigheid
Boss *m*[5] boss, baas
böswillig kwaadwillig, boosaardig
Botanik *v*[28] botanie, plantkunde
Botaniker *m*[9] botanicus, plantkundige
botanisch botanisch, plantkundig
Bote *m*[15] bode; voorbode
Botschaft *v*[20] **1** ambassade **2** tijding
Botschafter *m*[9] ambassadeur
Bottich *m*[5] kuip, tobbe
Boulevard *m*[13] boulevard
Boulevardblatt *o*[32], **Boulevardzeitung** *v*[20] boulevardblad, roddelblad, tabloid
Bouquet *o*[36] **1** boeket **2** bouquet
Boutique *v*[21, zelden 27] boetiek
Bowle *v*[21] bowl *(kom en drank)*
Bowling *o*[36] *(sp)* bowling
Box *v*[20] **1** box **2** pits *(bij autorace)*
boxen boksen, stompen
Boxer *m*[9] **1** *(sp)* bokser **2** boxer *(hond)*
Boxkampf *m*[6] bokswedstrijd
Boykott *m*[5], *m*[13] boycot
boykottieren[320] boycotten
brach *(ook fig)* braak
Brachfeld *o*[31], **Brachflur** *v*[20] braakland
Brachgelände *o*[33] braakliggend terrein
brachliegen[202] *(ook fig)* braak liggen
brackig **1** brak, zilt **2** bedorven, rot
Brackwasser *o*[33] brak water
Bramsegel *o*[33] bramzeil
Branche *v*[21] branche, bedrijfstak
Branchenverzeichnis *o*[29a] gouden gids
Brand *m*[6] **1** brand, vuur; *(fig)* gloed: *in ~ setzen* (of: *stecken)* in brand steken; *einen ~ legen* (of: *anlegen)* brandstichten **2** *(med)* koudvuur, gangreen
Brandblase *v*[21] brandblaar
Brandbombe *v*[21] brandbom
Brandbrief *m*[5] brandbrief, maanbrief
branden **1** *(mbt golven)* breken, slaan **2** woeden **3** *(mbt verkeer)* razend druk zijn
Brandgasse *v*[21] brandgang
Brandgeruch *m*[6] brandlucht
brandheiß **1** zeer actueel **2** dringend
Brandherd *m*[5] brandhaard
brandig *(alle bet)* branderig
Brandkatastrophe *v*[20] rampzalige brand
Brandmal *o*[29, zelden 32] **1** brandmerk **2** *(fig)* schandvlek **3** wijnvlek
Brandmalerei *v*[20] brandschilderkunst
brandmarken brandmerken *(ook fig)*
brandneu gloednieuw

Brandopfer *o*[33] **1** brandoffer **2** slachtoffer van een brand
brandrot vuurrood
Brandschaden *m*[12] brandschade
brandschatzen brandschatten
Brandschatzung *v*[20] brandschatting
Brandstifter *m*[9] brandstichter
Brandstiftung *v*[20] brandstichting
Brandung *v*[20] branding
Brandwunde *v*[21] brandwond
Branntwein *m*[5] brandewijn
Brasilien *o*[39] Brazilië
Brasse *v*[21] **1** brasem **2** bras *(aan het zeil)*
braten[136] braden; bakken: *auf dem Rost ~* roosteren
Braten *m*[11] gebraden vlees, braadstuk: *(fig) ein fetter ~* een buitenkansje
bratfertig panklaar
Bratfett *o*[29] braadvet, bakvet
Bratfisch *m*[5] **1** gebakken vis **2** bakvis
Brathähnchen *o*[35] gebraden kippetje, braadkip
Brathuhn *o*[32] gebraden kip, braadkip
Bratkartoffeln *mv v*[21] gebakken aardappelen
Bratpfanne *v*[21] braadpan, koekenpan
Bratrost *m*[5] braadrooster
Bratsche *v*[21] altviool
Bratspieß *m*[5] braadspit
Bratwurst *v*[25] braadworst
Brauch *m*[6] gebruik, gewoonte, traditie
brauchbar bruikbaar, te gebruiken
Brauchbarkeit *v*[28] bruikbaarheid
brauchen **1** nodig hebben, behoeven **2** hoeven: *Sie ~ nicht zu arbeiten* u hoeft niet te werken **3** gebruiken
Brauchtum *o*[32] gebruiken en gewoonten
Braue *v*[21] wenkbrauw
brauen brouwen *(ook fig): Nebel ~ im Tal* het wordt mistig in het dal
Brauer *m*[9] brouwer
Brauerei *v*[20] brouwerij
braun **1** bruin **2** *(ongunstig)* nationaalsocialistisch
braunäugig met bruine ogen, bruinogig
Bräune *v*[28] **1** bruine kleur **2** angina
[1]**bräunen** *intr* bruin worden
[2]**bräunen** *tr* bruinen, bruin branden: *Zwiebeln in Butter ~* uien in boter fruiten
[3]**bräunen, sich** bruin worden
Braunkohle *v*[21] bruinkool
bräunlich bruinachtig
Brause *v*[21] **1** douche: *unter die ~ gehen* een douche nemen **2** sproeier **3** (prik)limonade
Brausebad *o*[32] douche
Brausekopf *m*[6] driftkop
[1]**brausen** *intr* **1** bruisen, loeien **2** *(mbt applaus)* daveren **3** suizen, gieren **4** stuiven
[2]**brausen** *tr* douchen
Braut *v*[25] **1** bruid **2** verloofde, meisje
Brautausstattung *v*[20] uitzet
Bräutigam *m*[5], *m*[13] **1** bruidegom **2** verloofde
Brautkleid *o*[31] bruidsjapon, trouwjapon
Brautpaar *o*[29] bruidspaar
brav **1** zoet, gehoorzaam, braaf **2** net, degelijk **3** netjes, braaf
Bravour *v*[20] **1** bravoure **2** bravourestuk
Bravur *zie* Bravour
BRD *afk van Bundesrepublik Deutschland* Duitse Bondsrepubliek
brechbar breekbaar
Brechbarkeit *v*[28] breekbaarheid
Brechbohne *v*[21] slaboon, sperzieboon
[1]**brechen**[137] *intr* breken: *in die Knie ~* in elkaar zakken
[2]**brechen**[137] *tr* **1** breken: *(wisk) gebrochene Zahl* gebroken getal, breuk **2** *(akker)* ploegen, omploegen **3** *(bloemen)* plukken **4** *(bloed, gal)* opgeven; braken, overgeven **5** *(papier)* vouwen **6** (ver)breken, schenden: *die Ehe ~* echtbreuk plegen
[3]**brechen**[137]**, sich** breken: *sich Bahn ~* veld winnen
Brecher *m*[9] breker *(een golf)*
Brechmittel *o*[33] braakmiddel
Brechreiz *m*[5] braakneiging
Brechstange *v*[21] breekijzer
Brechung *v*[20] **1** breking **2** klankverandering
Breezer *m*[13] breezer
Brei *m*[5] **1** brij, pap **2** moes **3** puree
breit breed: *die ~e Öffentlichkeit* het grote publiek; *die ~e Masse des Volkes* de grote massa; *~ gefächert* zeer gevarieerd
Breitband *o*[39] breedband
Breitband-Internet *o*[39] breedbandinternet
breitbeinig wijdbeens
Breitbildfernseher *m*[9] breedbeeld-tv
Breitbildfernsehgerät *o*[29] breedbeeld-tv
Breite *v*[21] **1** breedte, wijdte: *in die ~ gehen: a)* uitweiden; *b)* breed, dik worden **2** gebied, streek: *in unseren ~n ist das nicht üblich* bij ons is dat niet de gewoonte **3** baan *(van behang, stof)* **4** breedsprakigheid
[1]**breiten** *tr* (uit)spreiden, uitslaan
[2]**breiten, sich** zich uitbreiden, zich uitstrekken
Breitengrad *m*[5] breedtegraad
Breitenkreis *m*[5] breedtecirkel
Breitensport *m*[19] volkssport
breitgefächert zeer gevarieerd
breitmachen, sich **1** veel plaats innemen **2** gewichtig doen **3** om zich heen grijpen
breitrandig breedgerand
breitschlagen[241] overreden, overhalen
breitschult(e)rig breedgeschouderd
Breitseite *v*[21] lange kant, langszij
breitspurig **1** *(spoorw)* met breedspoor **2** verwaand, opschepperig
breittreten[291] **1** doorzeuren over **2** rondbazuinen
Bremsbacke *v*[21] remblok
Bremsbelag *m*[6] remvoering
Bremse *v*[21] **1** rem **2** brems, daas
bremsen remmen, afremmen

br

Bremsflüssigkeit v^{20} remvloeistof
Bremsklotz m^{6} remblok
Bremskraftverstärker m^{9} rembekrachtiging
Bremslicht o^{31} remlicht
Bremspedal o^{29} rempedaal
Bremsprobe v^{21} remproef
Bremsspur v^{20} remspoor
brennbar brandbaar
Brennbarkeit v^{28} brandbaarheid
^{1}**brennen**^{138} *intr* branden: *lichterloh ~* branden als een fakkel
^{2}**brennen**^{138} *tr* **1** branden **2** stoken: *Branntwein ~* jenever stoken **3** bakken: *Ziegel ~* pannen bakken **4** *(vee)* brandmerken || *wo brennt's denn?* wat is er aan de hand?; *auf*$^{+4}$ *etwas ~* op iets gebrand zijn
brennend **1** brandend: *ein ~es Problem* een acuut probleem **2** buitengewoon, zeer: *etwas ~ gern wollen* iets heel graag willen; *~ nötig* dringend nodig
Brenner m^{9} brander
Brennerei v^{20} **1** (brandewijn)stokerij, branderij **2** (het) branden
Brennessel *oude spelling voor* Brennnessel, *zie* Brennnessel
Brennglas o^{32} brandglas
Brennholz o^{39} brandhout
Brennnessel, Brenn-Nessel v^{21} brandnetel
Brennofen m^{12} brandoven; emailleeroven
Brennstoff m^{5} brandstof
brenzlig **1** aangebrand, branderig **2** bedenkelijk, hachelijk, netelig
Bresche v^{21} bres
Brett o^{31} **1** plank **2** dienblad, presenteerblad **3** schaakbord, dambord **4** *(mv)* toneel, (de) planken **5** *(mv)* ski's || *bei jmdm einen Stein im ~ haben* bij iem een wit voetje hebben
Bretterbude v^{21} houten keet
Bretterzaun m^{6} (houten) schutting
Brettspiel o^{29} bordspel
Brief m^{5} brief: *offener ~* open brief
Briefbogen m^{11}, m^{12} vel(letje) schrijfpapier
Brieffreund m^{5} correspondentievriend
Briefgeheimnis o^{29a} briefgeheim
Briefkarte v^{21} correspondentiekaart
Briefkasten m^{12} **1** brievenbus **2** lezersrubriek
Briefklammer v^{21} paperclip
Briefkopf m^{6} briefhoofd
Briefkurs m^{5} laatkoers, verkoopkoers
brieflich per brief, schriftelijk
Briefmarke v^{21} postzegel
Brieföffner m^{9} briefopener
Briefpapier o^{39} postpapier
Brieftasche v^{21} portefeuille
Brieftaube v^{21} postduif
Briefträger m^{9} brievenbesteller, postbode
Briefumschlag m^{6} enveloppe, couvert
Briefverkehr m^{19}, **Briefwechsel** m^{9} briefwisseling, correspondentie
Brigade v^{21} **1** brigade **2** keukenbrigade
Brikett o^{29}, o^{36} briket
brillant schitterend, briljant
Brillant m^{14} briljant
Brillanz v^{28} **1** glans; virtuositeit **2** *(foto)* beeldscherpte **3** onvervormde geluidsweergave
Brille v^{21} bril
Brillenetui o^{36}, **Brillenfutteral** o^{29} brillenkoker
Brillengestell o^{29} brilmontuur
Brillenglas o^{32} brillenglas
Brillenträger m^{9} brildrager
bringen^{139} **1** brengen **2** publiceren, uitzenden, brengen **3** (iets) klaarspelen, in staat zijn tot: *es nicht über sich ~ können* het niet over zijn hart kunnen verkrijgen **4** opleveren: *Gewinn ~* winst afwerpen || *das bringt nichts!* dat is verloren moeite!; *etwas an sich ~* iets inpikken; *sich nicht aus der Ruhe ~ lassen* zich niet op stang laten jagen; *hinter sich ~* voltooien; *in Gang* (of: *in Fluss*) *~* op gang brengen; *jmdn um etwas ~* iem iets doen verliezen, iem van iets beroven; *jmdm etwas zum Bewusstsein ~* iem iets aan zijn verstand brengen; *jmdn zu*$^{+3}$ *sich ~* iem weer bijbrengen
brisant **1** brisant, explosief **2** zeer actueel
Brise v^{21} bries: *steife ~* stijve bries
Britannien o^{39} Brittannië
Brite m^{15} Brit
britisch Brits
bröckelig brokkelig, broos, kruimelig
bröckeln brokkelen, kruimelen
Brocken m^{11} brok, hap, stuk: *ein paar ~ Englisch können* een paar woorden Engels kennen
brockenweise broksgewijze
brodeln **1** opstijgen **2** borrelen, pruttelen, koken; *(fig)* gisten
Brodem m^{19} **1** warme damp **2** lucht, stank
Brokat m^{5} brokaat
Brokkoli *mv* broccoli
Brombeere v^{21} **1** braam(struik) **2** braambes
Bronchie v^{21} bronchië
Bronze v^{21} **1** brons **2** bronzen voorwerp
bronzefarben, bronzefarbig bronskleurig
Bronzezeit v^{28} bronsperiode, bronstijd
Brosche v^{21} broche
Bröschen o^{35} kalfszwezerik
Broschüre v^{21} brochure
Brot o^{29} brood: *ein belegtes ~* een boterham met beleg; *dunkles ~* bruinbrood
Brotbelag m^{6} broodbeleg
Brotbüchse v^{21} broodtrommeltje
Brötchen o^{35} broodje: *(fig) kleine* (of: *kleinere*) *~ backen* een stapje terug doen
Broterwerb m^{5} broodwinning
Brotkrume v^{21} broodkruimel
Brotlaib m^{5} (heel) brood: *ein ~* een brood
brotlos **1** brodeloos **2** niets opbrengend
Brotneid m^{19} broodnijd
Brotrinde v^{21} broodkorst
Brotröster m^{9} broodrooster
Brotschnitte v^{21} snee brood
Brownie m^{13} brownie

browsen browsen
Browser *m*^{9} browser
Browsing *o*^{39} (het) browsen
^{1}**Bruch** *m*^{6} **1** breuk *(ook med, geol, rekenk);* barst, scheur **2** (het) breken, schending **3** steengroeve **4** *(inform)* inbraak
^{2}**Bruch** *m*^{6}, *o*^{30} **1** moeras(land) **2** broek(land) || *~ machen* brokken maken; *zu ~* (of: *in die Brüche) gehen: a)* kapotgaan, in duigen vallen; *b) (fig)* mislukken, stranden; *zu ~ fahren* in de prak rijden
bruchfest onbreekbaar
brüchig **1** bros, brokkelig **2** *(fig)* broos **3** rauw, schor *(van stem)*
bruchlanden crashen, neerstorten
Bruchlandung *v*^{20} crash
Bruchstück *o*^{29} brokstuk, fragment
bruchstückhaft, bruchstückweise fragmentarisch
Bruchteil *m*^{5} fractie, klein gedeelte
Bruchzahl *v*^{20} *(rekenk)* breuk
Brücke *v*^{21} **1** brug **2** viaduct **3** brug *(in gebit, op schip, turntoestel)* **4** klein, smal tapijt
Brückenbau *m*^{19} bruggenbouw
Brückengeländer *o*^{33} brugleuning
Brückenkopf *m*^{6} *(mil)* bruggenhoofd
Brückenpfeiler *m*^{9} brugpijler
Brückentag *m*^{5} brugdag
Bruder *m*^{10} broer, broeder: *ein warmer ~* een homoseksueel; *ein lustiger ~* een vrolijke klant; *gleiche Brüder, gleiche Kappen* gelijke monniken, gelijke kappen; *das kostet unter Brüdern 100 Euro* de vriendenprijs is 100 euro
brüderlich broederlijk
Brüderlichkeit *v*^{28} broederlijkheid, broederschap
Bruderschaft *v*^{20} *(r-k)* broederschap
Brüderschaft *v*^{20} broederschap, vriendschap: *~ trinken* broederschap drinken
Brühe *v*^{21} **1** (vlees)nat, bouillon **2** slappe koffie, slappe thee; slootwater **3** drab
brühen **1** broeien **2** *(koffie, thee)* zetten
brühheiß kokendheet
Brühwürfel *m*^{9} bouillonblokje
Brüllaffe *m*^{15} brulaap
brüllen brullen; *(mbt kanon)* donderen
Brummbär *m*^{14}, **Brummbart** *m*^{6} knorrepot, brombeer
brummeln mompelen
brummen **1** brommen, grommen **2** gonzen || *der Schädel brummt ihm: a)* hij heeft hoofdpijn; *b)* zijn hoofd loopt om
Brummer *m*^{9} **1** bromvlieg **2** zware vrachtauto **3** log persoon **4** bommenwerper
Brummfliege *v*^{21} bromvlieg
Brummi *m*^{13} zware vrachtauto
brummig brommig, knorrig
Brummschädel *m*^{9} zwaar hoofd, kater
Brunch *m*^{13}, *m*^{5} *(2e nvl ook -)* brunch
brünett bruin(harig)
Brünette *v*^{21} brunette
Brunft *v*^{25} bronst(tijd)
Brunnen *m*^{11} **1** put **2** bron **3** mineraalwater, bronwater **4** fontein
Brunnenwasser *o*^{33} pompwater, bronwater, putwater
Brunst *v*^{25} bronst(tijd)
brünstig **1** bronstig, loops **2** vurig **3** *(inform)* heet
Brunstzeit *v*^{20} bronsttijd
brüsk bruusk
brüskieren^{320} bruuskeren
Brüssel *o*^{39} Brussel
^{1}**Brüsseler** *m*^{9} Brusselaar
^{2}**Brüsseler** *bn* Brussels
Brust *v*^{25} borst *(ook van kledingstuk): 400 Meter ~* 400 meter schoolslag; *aus voller ~* uit volle borst
Brustbein *o*^{29} borstbeen
Brustbild *o*^{31} borstbeeld
brüsten, sich een hoge borst opzetten, pochen: *sich mit*$^{+3}$ *etwas ~* zich op iets beroemen
Brustfell *o*^{29} borstvlies
Brustflosse *v*^{21} borstvin
Brusthöhle *v*^{21} borstholte
Brustkasten *m*^{12}, **Brustkorb** *m*^{6} borstkas
Brustkrebs *m*^{19} borstkanker
Brustnahrung *v*^{28} borstvoeding
Brustschwimmen *o*^{39} schoolslag
Brusttasche *v*^{21} borstzak
Brüstung *v*^{20} **1** borstwering **2** balustrade
Brustwarze *v*^{21} tepel
Brustwehr *v*^{20} borstwering
Brut *v*^{20} **1** (het) broeden **2** broedsel, (de) jongen *(mv)* **3** *(iron)* kinderen **4** gespuis, geboefte
brutal **1** bruut, ruw, meedogenloos **2** geweldig
Brutalität *v*^{20} bruutheid, ruwheid, meedogenloosheid
Brutalo *m*^{13} **1** bruut, gewelddadige kerel **2** geweldsfilm
brüten **1** broeden: *über*$^{+3}$ *etwas ~* over iets peinzen **2** broeien
Brüter *m*^{9} **1** broedvogel **2** kweekreactor: *schneller ~* snellekweekreactor
Brutgebiet *o*^{29} broedgebied
Bruthenne *v*^{21} broedkip
Bruthitze *v*^{28} broeierige hitte: *es herrscht eine ~* het is broeierig heet
Brutkasten *m*^{12} *(med)* couveuse; *(fig)* broeikas
Brutstätte *v*^{21} **1** broedplaats, kweekplaats **2** *(ongunstig)* broeinest
brutto bruto
Bruttobetrag *m*^{6} brutobedrag
Bruttoeinkommen *o*^{35} bruto-inkomen
Bruttoertrag *m*^{6} bruto-opbrengst
Bruttosozialprodukt *o*^{29} bruto nationaal product
Brutzeit *v*^{20} broedtijd
brutzeln **1** bakken, braden **2** spetteren

BSE v^{28} *afk van bovine spongiforme Enzephalopathie* BSE, gekkekoeienziekte
Bube m^{15} boer *(in het kaartspel)*
bubenhaft jongensachtig
Bubenstreich m^{5} kwajongensstreek
Bubenstück o^{29}, **Büberei** v^{20} schurkenstreek
Buch o^{32} boek; draaiboek, scenario || *in die Bücher eintragen* boeken; ~ (of: *die Bücher) führen* boekhouden
Buchdruck m^{19} **1** boekdrukkunst **2** (het) boekdrukken
Buchdrucker m^{9} boekdrukker
Buchdruckerei v^{20} boekdrukkerij; boekdrukkunst
Buchdruckerkunst v^{28} boekdrukkunst
Buche v^{21} **1** beuk, beukenboom **2** beukenhout
Buchecker v^{21} beukennootje
Bucheinband m^{6} boekband
^{1}**buchen** *bn* beuken
^{2}**buchen** *ww* boeken
Buchenholz o^{39} beukenhout
Bücherbord o^{29}, **Bücherbrett** o^{31} boekenplank
Bücherei v^{20} bibliotheek, boekerij
Bücherfreund m^{5} boekenliefhebber
Büchergestell o^{29} boekenrek
Büchergutschein m^{5} boekenbon
Bücherregal o^{29} boekenrek
Bücherrevisor m^{16} accountant; *(Belg)* bedrijfsrevisor
Bücherschrank m^{6} boekenkast
Bücherverbrennung v^{20} boekverbranding
Bücherwurm m^{8} **1** boekworm *(insect)* **2** *(fig)* boekenwurm, boekenworm
Buchführer m^{9} boekhouder
Buchführung v^{20} boekhouding
Buchhalter m^{9} boekhouder
Buchhaltung v^{20} boekhouding
Buchhändler m^{9} boekhandelaar
Buchhandlung v^{20} boekhandel, boekwinkel
Büchlein o^{35} boekje
Buchmacher m^{9} bookmaker
Buchmesse v^{21} boekenbeurs
Buchprüfer m^{9} accountant
Büchse v^{21} **1** (conserven)blik **2** bus, potje, doosje **3** collectebus **4** buks
Büchsenfisch m^{19} vis in blik
Büchsenfleisch o^{39} vlees in blik
Büchsenöffner m^{9} blikopener
Buchstabe m^{18} letter: *großer* ~ hoofdletter; *kleiner* ~ kleine letter
buchstabieren^{320} spellen
buchstäblich **1** letterlijk **2** gewoonweg
Bucht v^{20} **1** bocht, inham, baai **2** bocht, lus **3** parkeerhaven
buchtig bochtig; met bochten, met inhammen
Buchtitel m^{9} boektitel
Buchung v^{20} boeking
Buchverleih m^{5} leesbibliotheek, uitleen
Buckel m^{9} **1** bochel, bult, hoge rug **2** bult, heuvelrug **3** *(inform)* rug: *einen breiten ~ haben (fig)* een brede rug hebben **4** hobbel || *er kann mir den ~ runterrutschen* (of: *entlang rutschen, raufsteigen)* hij kan naar de maan lopen
buckelig **1** gebocheld **2** hobbelig
bücken, sich bukken, buigen; zich buigen
Bückling m^{5} **1** (diepe) buiging **2** bokking
buddeln graven, wroeten
Bude v^{21} **1** kraam *(op kermis, markt)* **2** keet, barak **3** krot **4** tent, zaak **5** *(min)* woning, kamer **6** *(stud)* kast **7** kiosk, stalletje || *jmdm die ~ einlaufen* (of: *einrennen)* bij iem de deur platlopen; *die ~ auf den Kopf stellen* de boel op stelten zetten; *die ~ zumachen* de tent sluiten; *das bringt Leben in die ~* dat brengt leven in de brouwerij
Budget [buudzjee] o^{36} budget, begroting
Büfett o^{29}, o^{36} buffet: *kaltes* ~ koud buffet
Büfettdame v^{21} buffetjuffrouw
Büffel m^{9} **1** buffel **2** *(fig)* stommeling, ezel
Büffelei v^{20} geblok, gezwoeg
büffeln blokken, zwoegen
^{1}**Bug** m^{6} **1** schoft *(van paard)* **2** schouder(stuk) *(van kalf)*
^{2}**Bug** m^{5} *(scheepv)* boeg
Bügel m^{9} **1** kleerhanger **2** beugel *(van tas, tram, zaag)* **3** stijgbeugel **4** veer *(van bril)*
Bügelbrett o^{31} strijkplank
Bügeleisen o^{35} strijkijzer, strijkbout
bügelfrei strijkvrij, zelfstrijkend, no-iron
bügeln **1** strijken, persen **2** *(sp)* inmaken
Bügelschloss o^{32} beugelslot
bugsieren^{320} slepen
Bugsierer m^{9} sleepboot, sleper
buhlen liefkozen, vrijen: *um die Gunst der Menge ~* naar de gunst van de massa dingen
Buhne v^{21} kribbe, strandhoofd, dam
Bühne v^{21} **1** toneel, schouwburg: *auf die ~ bringen* opvoeren; *über die ~ gehen: a)* opgevoerd worden; *b) (fig)* verlopen **2** podium, stellage, plankier **3** hefbrug, brug *(voor auto)* || *(inform) etwas über die ~ bringen* iets klaarspelen
Bühnenautor m^{16} toneelschrijver
Bühnenbearbeitung v^{20} toneelbewerking
Bühnenbild o^{31} decor
Bühnenbildner m^{9} decorontwerper
Bühnendekoration v^{20} decor
Bühnendichter m^{9} toneelschrijver
Bühnendichtung v^{20} drama
Bühnenfassung v^{20} toneelbewerking
Bühnenkünstler m^{9} acteur, toneelspeler
Bühnenstück o^{29} toneelstuk
Buhruf m^{5} boegeroep
Bukett o^{29}, o^{36} **1** boeket, ruiker **2** bouquet
Bulgare m^{15} Bulgaar
Bulgarien o^{39} Bulgarije
Bullauge o^{38} patrijspoort
Bulldogge v^{21} buldog
^{1}**Bulle** m^{15} **1** stier, bul **2** onbehouwen kerel **3** potige vent **4** smeris **5** hoge ome

^{2}**Bulle** v^{21} bul; *(pauselijke)* oorkonde
Bullenbeißer m^{9} **1** buldog **2** *(fig)* bullebak
Bullenhitze v^{28} vreselijke hitte
Bully o^{36} *(hockey)* bully; *(ijshockey)* face-off
bum *tw* bom!, boem!
Bumerang m^{5}, m^{13} boemerang
Bummel m^{9} **1** wandeling **2** kroegentocht
Bummelant m^{14} treuzelaar; flierefluiter
Bummelei v^{20} **1** getreuzel **2** gelanterfant
bummeln 1 *(een eindje)* wandelen, slenteren **2** boemelen **3** treuzelen **4** lanterfanten
Bummelstreik m^{13} langzaamaanactie
Bummelzug m^{6} boemeltrein, stoptrein
Bummler m^{9} **1** boemelaar **2** lanterfant **3** wandelaar **4** treuzelaar
Bums m^{5} **1** klap, bons **2** ordinaire tent **3** *(sp)* schot
bumsen 1 bonzen, dreunen **2** *(voetbal)* knallen, schieten **3** *(plat)* naaien; *(inform)* neuken
Bumskneipe v^{21}, **Bumslokal** o^{29} ordinaire tent
^{1}**Bund** m^{6} **1** bond, verbond: *der Dritte im ~e* de derde partij, de derde man; *im ~e mit* in vereniging met **2** centrale regering, bondsregering **3** leger **4** band *(van broek, rok)* **5** toets *(van gitaar e.d.)*
^{2}**Bund** o^{29} **1** bundel, bos, bosje **2** pak *(garen, wol)*
Bündel o^{33} bosje, pak(je), bundel: *sie ist ein ~ Nerven* ze is één bonk zenuwen; *sein ~ schnüren* zijn boeltje pakken
bündeln bundelen, binden
bündelweise in bundels, in bosjes
Bundes- federaal, bonds-
Bundesanzeiger m^{9} Staatscourant
Bundesautobahn v^{20} autosnelweg
Bundesbahn v^{20} spoorwegen: *Deutsche ~* Duitse Spoorwegen
Bundesbank v^{20} nationale bank: *Deutsche ~* Duitse nationale bank
Bundesbeamte(r) m^{40a} federaal ambtenaar
Bundesbehörde v^{21} federale instantie
Bundesbürger m^{9}, **Bundesdeutsche(r)** m^{40a}, v^{40b} Duitse(r)
Bundesebene v^{21}: *auf ~* op federaal niveau
Bundesgenosse m^{15} bondgenoot
Bundesgerichtshof m^{6} hoogste federaal gerechtshof
Bundesgrenzschutz m^{19} federale grenspolitie
Bundeshaus o^{32} parlementsgebouw, parlement
Bundeskanzler m^{9} bondskanselier
Bundesland o^{32} deelstaat
Bundesliga v^{28} *(sp)* eredivisie
Bundesligist m^{31} club van de eredivisie, speler in de eredivisie
Bundesminister m^{9} federaal minister, bondsminister
Bundespräsident m^{14} bondspresident
Bundesrat m^{19} Bondsraad
Bundesregierung v^{20} bondsregering, federale regering
Bundesrepublik v^{20} bondsrepubliek: *die ~ Deutschland* de Duitse Bondsrepubliek
Bundesstraße v^{21} rijksweg
Bundestag m^{19} Bondsdag
Bundestagsabgeordnete(r) m^{40a}, v^{40b} lid van de Bondsdag
Bundesverfassungsgericht o^{29} constitutioneel hof
Bundeswehr v^{28} Duitse strijdkrachten
bundesweit in de gehele Bondsrepubliek, de gehele Bondsrepubliek betreffend
bündig 1 bondig: *kurz und ~* kort en bondig **2** overtuigend *(bewijs)*
Bündnis o^{29a} verbond, bondgenootschap
Bungalow m^{13} bungalow
Bungalowdorf o^{32} bungalowpark
Bungee-Jumping, Bungeejumping o^{39} bungeejumpen: *~ machen* bungeejumpen
Bunker m^{9} **1** bunker **2** bak, gevangenis **3** bunker, zandkuil *(golfspel)*
bunkern bunkeren
bunt bont, veelkleurig, geschakeerd; rommelig: *es geht ~ zu* (of: *her*) het gaat er raar toe; *es kommt immer ~er* het wordt hoe langer hoe gekker
Buntdruck m^{5} kleurendruk: *im ~* full colour; *eine Anzeige im ~* een fullcolouradvertentie
buntfarbig bont, kleurig
buntscheckig bont, veelkleurig
Buntstift m^{5} kleurpotlood
Buntwäsche v^{28} bonte was, bontgoed
Bürde v^{21} last, vracht
Burg v^{20} **1** burcht *(ook fig)* **2** kuil *(op het strand)*
Bürge m^{15} borg
bürgen (voor iem, iets) borg staan, instaan, (iets) garanderen
Bürger m^{9} burger
Bürgeranhörung v^{20} hoorzitting
Bürgerbeauftragte(r) m^{40a}, v^{40b} ombudsman, ombudsvrouw
Bürgerentscheid m^{5} referendum
Bürgergeld o^{39} basisinkomen
Bürgerin v^{22} burgeres
Bürgerinitiative v^{21} actiegroep
bürgerlich 1 burgerlijk, civiel **2** bekrompen: *Bürgerliches Gesetzbuch (BGB)* Burgerlijk Wetboek; *~e Küche* burgerkost
Bürgermeister m^{9} burgemeester
Bürgermeisteramt o^{32} **1** burgemeestersambt **2** gemeentehuis
Bürgerpflicht v^{20} burgerplicht
Bürgerrecht o^{29} burgerrecht, burgerschap
Bürgerschaft v^{20} **1** burgerij **2** *(in Bremen, Hamburg)* parlement **3** gemeenteraad
Bürgersinn m^{19} burgerzin; *(Belg)* civisme
Bürgersteig m^{5} stoep, trottoir
Bürgertum o^{39} burgerstand, burgerij
Bürgerversicherung v^{20} basisverzekering
Bürgschaft v^{20} **1** (waar)borg **2** borgtocht || *~ leisten* (of: *eine ~ übernehmen*) *für*$^{+4}$ borg staan voor
Burka v^{27} boerka

bu

Burn-out, Burnout *o*[36] burn-out
Büro *o*[36] bureau, kantoor: *ins ~ gehen* naar kantoor gaan
Büroangestellte(r) *m*[40a], *v*[40b] kantoorbediende, employé, employee, administratieve kracht
Bürobedarf *m*[19] kantoorbenodigdheden
Bürocomputer *m*[9] desktop
Bürokauffrau *v*[20] kantoorbediende, commercieel employee
Bürokaufmann *m (2e nvl -(e)s; mv -leute)* kantoorbediende, commercieel employé
Büroklammer *v*[21] paperclip
Bürokrat *m*[14] bureaucraat
Bürokratie *v*[21] bureaucratie
Bursche *m*[15] **1** knaap, jongen **2** jongeman **3** *(ongunstig)* kerel **4** lid van een studentencorps **5** oppasser **6** knaap, kanjer
burschenhaft jongensachtig
burschikos vlot
Bürste *v*[21] **1** borstel **2** kort stekeltjeskapsel
bürsten borstelen
Bus *m*[5] *(2e nvl Busses; mv Busse)* (auto)bus
Busch *m*[6] **1** struik, heester **2** struikgewas **3** klein bos **4** oerwoud **5** bos *(bloemen, haar)* || *(fig) (bei jmdm) auf den ~ klopfen* (iem) polsen
Büschel *o*[33] **1** bos(je) **2** *(meetk)* bundel
büschelweise bij bosjes
buschig **1** dicht, ruig **2** met struikgewas begroeid
Busen *m*[11] **1** boezem, borst **2** hart **3** baai
Busenfreund *m*[5] boezemvriend
Busfahrer *m*[9] buschauffeur
Busfahrt *v*[20] bustocht, busrit
Bushaltestelle *v*[21] bushalte
Bussard *m*[5] buizerd
Buße *v*[21] boete, boetedoening
büßen *(voor iets)* boeten: *das sollst du mir ~!* dat zal ik je betaald zetten!
Büßer *m*[9] boeteling
bußfertig boetvaardig, berouwvol
Bußgeld *o*[31] boete
Bußgeldbescheid *m*[5] bekeuring
Büste *v*[21] buste, borstbeeld
Büstenhalter *m*[9] bustehouder, bh, beha
Butt *m*[5] bot *(vis)*
Büttenrede *v*[21] (grappige) carnavalsspeech
Butter *v*[28] boter: *er lässt sich nicht die ~ vom Brot nehmen* hij laat zich de kaas niet van het brood eten; *die Sache ist in ~* (of: *in bester ~)* de zaak is helemaal in orde
Butterblume *v*[21] boterbloem
Butterbrot *o*[29] boterham
Butterdose *v*[21] botervlootje
Buttermilch *v*[28] karnemelk; *(Belg)* botermelk
[1]**buttern** *intr* boter maken, karnen
[2]**buttern** *tr* **1** boter smeren op *(brood);* met boter insmeren, beboteren *(bakvorm)* **2** *(voetbal)* hard schieten
butterweich **1** zo zacht als boter, boterzacht **2** zacht
Buzzer *m*[9] buzzer
BVG *afk van Bundesverfassungsgericht* constitutioneel hof
b.w. *afk van bitte wenden!* zie ommezijde *(afk z.o.z.)*
Byte *o*[36] *(2e nvl ook -; mv ook -)* byte
bzw. *afk van beziehungsweise* respectievelijk *(afk resp.)*

C

C *afk van Celsius* Celsius
ca. *afk van circa* circa, ongeveer
Caddy *m*[13] caddy
Café *o*[36] tearoom, lunchroom
Callcenter, Call-Center *o*[33] callcenter
Calvinismus *m*[19a] calvinisme
Camcorder *m*[9] camcorder
campen [kempen] kamperen
Camper [kemper] *m*[9] kampeerder
Camping [kemping] *o*[39] (het) kamperen
Campingbus *m*[5] *(2e nvl -busses; mv -busse)* kampeerauto, camper
Campingplatz *m*[6] camping
Caravan, Caravan [kaaravvan, karraavan, kereven] *m*[13] **1** caravan **2** stationcar
Cashewnuss [kesjoe-] *v*[25] cashewnoot
cbm *afk van Kubikmeter* kubieke meter *(afk* m³)
CD *v*[27] *(mv ook -) afk van compact disc* compact disc *(afk* cd)
CD-Brenner *m*[9] cd-brander
CD-Player *m*[9] cd-speler
CD-R *v*[27] *(mv ook -) afk van compact disc recordable* cd-r
CD-ROM *v*[27] *(mv ook -)* cd-rom
CD-RW *v*[27] *(mv ook -) afk van compact disc rewritable* cd-rw
CD-Spieler *m*[9] cd-speler
CDU *afk van Christlich-Demokratische Union*
Cellist *m*[14] cellist
Cello [tsjeloo, sjeloo] *o*[36] *(mv ook Celli)* cello, violoncel
Cellophan *o*[39] cellofaan
Celsius [tselzie·oes] Celsius: 5° ~ 5° Celsius
CFS *o*[39a], *o*[39] *afk van Chronic-Fatigue-Syndrom* chronischevermoeidheidssyndroom *(afk* CVS)
Chaise [sje:ze] *v*[21] **1** stoel **2** sjees
Chalet [sjaalee, sjale] *o*[36] chalet
Chamäleon [ka-] *o*[36] kameleon
Champagner *m*[9] champagne
Champignon [sjampinjong] *m*[13] champignon
Champion [tsjempjen, sjanpjon] *m*[13] kampioen
Chance [sjanse] *v*[21] kans
Chancengleichheit *v*[28] gelijkheid van kansen
Chanson [sjanson] *o*[36] chanson, lied
Chansonnier, Chansonier [sjansonjee] *m*[13] chansonnier
Chaos [kaaos] *o*[39a] chaos
Chaot *m*[14] **1** anarchist **2** chaoot
chaotisch chaotisch
Charakter [kaarakter] *m*[5] **1** karakter **2** letter
Charakterfehler *m*[9] karakterfout
charakterfest vast van karakter
charakterisieren[320] karakteriseren
Charakteristik *v*[20] karakteristiek
Charakteristikum *o (2e nvl -s; mv -ka)* kenmerkende eigenschap
charakteristisch karakteristiek
charakterlich karakter-, qua karakter
charakterlos karakterloos
Charakterzug *m*[6] karaktertrek
Charge [sjarzje] *v*[21] **1** charge, partij **2** *(mil)* rang: *höhere ~n* hogere officieren
chargieren[320] [sjarzjieren] chargeren
Charisma [ka-] *o (2e nvl -s; mv Charismen, Charismata)* charisma
charmant [sjarmant] charmant
Charme [sjarm] *m*[19] charme
Charta [kartaa] *v*[27], **Charte** [sjarte] *v*[21] handvest, charta
Charter [tsjarter, sjarter] *m*[13] charter
Charterflug *m*[6] chartervlucht
Charterflugzeug *o*[29] chartervliegtuig
Chartergesellschaft *v*[20] chartermaatschappij
chartern *(schip, vliegtuig)* charteren
Chassis [sjaasie] *o (2e nvl -; mv -)* chassis
Chat *m*[13] chat
Chatbox, Chat-Box *v*[20] chatbox
Chatgroup, Chat-Group *v*[27] chatgroep
Chatline, Chat-Line *v*[27] chatlijn
Chatraum *m*[6], **Chatroom, Chat-Room** *m*[13] chatroom
Chatter *m*[9] chatter
Chatterin *v*[22] chatster
Chauffeur [sjofeu:r] *m*[5] chauffeur
chauffieren[320] **1** chaufferen **2** rijden
Chaussee [sjoosee, sjosee] *v*[21] straatweg
Chauvinismus [sjoovienismoes] *m*[19a] chauvinisme
Chauvinist *m*[14] chauvinist
chauvinistisch chauvinistisch
Chef [sjef] *m*[13] **1** chef, baas, hoofd **2** boss, aanvoerder
Chefarzt *m*[6] *(med)* **1** geneesheer-directeur **2** chef de clinique
Chefin [sjefin] *v*[22] **1** cheffin **2** *(inform)* vrouw van de chef
Chefingenieur *m*[5] hoofdingenieur
Chefpilot *m*[14] gezagvoerder
Chefredakteur *m*[5] hoofdredacteur
Chefsache *v*[21] zeer belangrijke kwestie
Chefsteward *m*[13] *(luchtv)* purser
Chemie [çeemie] *v*[28] chemie, scheikunde
Chemiefaser *v*[21] kunstvezel
Chemikalien [çeemiekaalieen] *mv v*[21] chemicaliën

ch

Chemiker *m*[9] chemicus, scheikundige
chemisch scheikundig, chemisch
Chemotechniker *m*[9] analist
Chicorée [sjikooree] *m*[19], *v*[28] witlof
Chiffre [sjifre] *v*[21] **1** geheim teken **2** nummer *(in advertenties)* **3** getal, cijfer
chiffrieren[320] coderen, in geheimschrift schrijven
Chile [tsjielee, çielee] *o*[39] Chili
chillen chillen
China [çienaa] *o*[39] China
Chinese [çieneeze] *m*[15] Chinees
chinesisch Chinees
Chinin [çienien] *o*[39] kinine
Chip [tsjip] *m*[13] **1** fiche *(bij roulette)* **2** chip *(geroosterd schijfje aardappel)* **3** chip *(microprocessor)*
Chipkarte *v*[21] chipknip, chippas: *mit der ~ bezahlen* chippen
Chirurg [çieroerk] *m*[14] chirurg
Chirurgie *v*[21] **1** chirurgie **2** afdeling chirurgie
chirurgisch chirurgisch
Chlor [kloor] *o*[39] *(chem)* chloor
chlorhaltig chloorhoudend
Choke [tsjook] *m*[13] *(techn)* choke
Cholera [kooleeraa] *v*[28] cholera
Cholesterin [çoolesteerien, koo-] *o*[39] cholesterol
Cholesterinspiegel *m*[9] cholesterolspiegel
[1]**Chor** [koor] *m*[6] *(muz)* koor
[2]**Chor** [koor] *m*[5], *m*[6], *o*[29], *o*[30] koor, priesterkoor
Choral *m*[6] koraal, koorzang
Choreograf [koo-] *m*[14] choreograaf
Choreografie *v*[21] choreografie
Choreograph *zie* Choreograf
Choreographie *zie* Choreografie
Chorknabe *m*[15] koorknaap
[1]**Christ** [krist] *m*[19a] Christus
[2]**Christ** [krist] *m*[14] christen
Christabend *m*[5] kerstavond *(24 december)*
Christbaum *m*[6] kerstboom
Christbaumschmuck *m*[19] kerstboomversiering
Christblume *v*[21] kerstroos
Christdemokrat *m*[14] christendemocraat
christdemokratisch christendemocratisch
Christenheit *v*[28] christenheid
Christentum *o*[39] christendom
Christfest *o*[29] kerstfeest
christianisieren[320] kerstenen
Christkind *o*[31] kindje Jezus, Kerstkind
christlich christelijk
Christlichkeit *v*[28] christelijkheid
Christmesse *v*[21] kerstmis, nachtmis
Christmette *v*[21] nachtmis; kerkdienst
Christnacht *v*[25] kerstnacht
Christrose *v*[21] kerstroos
Christus [kristoes] *m (2e nvl Christi; 3e nvl - en Christo; 4e nvl - en Christum; aanspreekvorm - en Christe)* Christus: *vor Christo, vor ~, vor Christi Geburt* vóór Christus
Chrom [kroom] *o*[39] chroom
Chromosom [kroomoozoom] *o*[37] chromosoom
Chronik [kroonik] *v*[20] kroniek
chronisch [kroonisj] **1** chronisch **2** voortdurend
Chronist [kroonist] *m*[14] kroniekschrijver
Chronologie *v*[21] chronologie
chronologisch chronologisch
Chronometer *o*[33] chronometer
Chrysantheme [kruuzanteeme] *v*[21] chrysant
Cineast [sieneeast] *m*[14] cineast
circa [tsirkaa] circa, ongeveer *(afk* ca.)
City [sitie] *v*[27] city, binnenstad
cl *afk van Zentiliter* centiliter *(afk* cl)
clever [klever] clever, slim, gewiekst
Clinch [klintsj, klinsj] *m*[19] clinch
Clique [klike, klieke] *v*[21] **1** kliek **2** groepje
Clou [kloe:] *m*[13] clou
Clown [klaun] *m*[13] clown
cm *afk van Zentimeter* centimeter *(afk* cm)
Co, Co. *afk van Kompanie, Kompagnon*
Cockpit [kokpit] *o*[36] cockpit
Cocktail [kokteel] *m*[13] cocktail
Code *m*[13] code
codieren[320] coderen
Codierung *v*[20] codering
Coffeeshop *m*[13] **1** koffiehuis; koffieshop **2** coffeeshop
Collier [koljee] *o*[36] collier
Combo *v*[27] *(muz)* combo
Comic [komik] *m*[13] strip(verhaal)
Compact Disc, Compact Disk *v*[27] compact disc
Computer [kompjoe:ter] *m*[9] computer
Computerausdruck *m*[5] computeruitdraai
Computerfachmann *m*[8] *(mv meestal -fachleute)* computerdeskundige
Computerlaie *m*[15] digibeet
Computerspiel *o*[29] computerspel
Computertomogramm *o*[29] CT-scan
Computervirus *m, o (2e nvl -; mv -viren)* computervirus
Consultant *m*[13] *(2e nvl ook -)* consultant
Container [konteener] *m*[9] container
Containerschiff *o*[29] containerschip
Controller *m*[9] controller
cool cool
Cool-down *o*[36] coolingdown
Cord *m*[5], *m*[13] ribfluweel, corduroy
Cordhose *v*[21] ribfluwelen broek
Couch [kautsj] *v*[27], *v*[20] bank, couch
Couchgarnitur *v*[20] bankstel
Couch-Potato, Couchpotato *v (mv -es)* couch-potato, bankbintje
Couchtisch *m*[5] salontafel
Coup [koe:] *m*[13] coup, slag, stoot: *einen ~ starten* (of: *landen)* zijn slag slaan, een slag toebrengen
Coupé [koepee] *o*[36] *(alle bet)* coupé
Coupon *m*[13] coupon *(ook van stoffen)*
Courage [koerazje] *v*[28] courage, moed
Cousin [koezẽ] *m*[13] neef *(zoon van oom of tante)*

Cousine [koeziene] *v*[21] nicht *(dochter van oom of tante)*
Creme [kreem, kre:m] *v*[27] *(ook fig)* crème
cremefarben, cremefarbig crème
cremig [kreemiç, kre:miç] romig
Crew [kroe:] *v*[27] crew, bemanning; groep
CSU *afk van Christlich-Soziale Union*
Curry [ku:rie, kuri] *m*[19], *o*[39] kerrie, curry
Cursor [ke:ser] *m*[13] cursor
Cyberspace *m (2e nvl -; mv -)* cyberspace

d

[1]**da** *bw* **1** daar, op die plaats: *da sein* er zijn; bestaan, leven; wakker zijn; bij bewustzijn zijn; *von da* van daar **2** toen: *von da an* van toen af **3** dan || *da und dort: a)* hier en daar; *b)* soms, nu en dan

[2]**da** *vw* **1** toen, terwijl **2** daar, omdat: *jetzt, da ...* nu ...

dabehalten[183] (bij zich) houden

dabei daarbij, erbij: ~ *sein: a)* (erbij) zijn, aanwezig zijn; *b)* bezig zijn; *er bleibt* ~ hij blijft erbij; *es ist doch nichts* ~ dat is toch niet erg || *ich finde nichts* ~ ik zie er niets verkeerds in

dabeihaben[182] **1** bij zich hebben **2** erbij hebben

dabeisein *oude spelling voor* dabei sein, *zie* dabei

dableiben[134] blijven

Dach *o*[32] **1** dak **2** kap, dak *(van auto)* **3** *(fig)* kop, hersens

Dachboden *m*[12] zolder

Dacherker *m*[9] dakkapel

Dachfenster *o*[33] dakvenster, dakraam

Dachgepäckträger *m*[9] imperiaal

Dachgeschoss *o*[29] zolderverdieping

Dachgesellschaft *v*[20] holding, holdingcompany

Dachkammer *v*[21] zolderkamertje

Dachorganisation *v*[20] overkoepelende organisatie

Dachrinne *v*[21] dakgoot

Dachs *m*[5] *(dierk)* das: *(fig) junger* ~ onervaren jongeman; *ein frecher* ~ een brutaaltje

Dachverband *m*[6] overkoepelende organisatie

Dachziegel *m*[9] dakpan

Dackel *m*[9] **1** dashond, teckel **2** *(fig)* ezel

dadurch, dadurch **1** daardoor, daar door(heen) **2** daardoor, door middel daarvan: *er rettete uns ~, dass er sich selbst aufopferte* hij redde ons door zichzelf op te offeren

dafür, dafür **1** daarvoor, ervoor: *diese Operation muss er selbst ausführen, ~ ist er Chefarzt* deze operatie moet hij zelf verrichten, per slot van rekening is hij chef de clinique **2** daarentegen: *sie ist hässlich, ~ aber reich* ze is lelijk, maar daartegenover staat, dat ze rijk is **3** met het oog op: ~, *dass er erst kurz hier ist, spricht er die Sprache schon sehr gut* als je bedenkt, dat hij nog maar kort hier is, dan spreekt hij de taal zeer goed

dafürkönnen[194]: *nichts* ~ er niets aan kunnen doen

dagegen, dagegen **1** daartegen, ertegen; ertegenaan: *ich bin* ~ ik ben ertegen **2** daarentegen **3** daarbij; daarmee vergeleken **4** daarvoor

dagegenhalten[183] antwoorden

daheim thuis *(ook fig)*

Daheim *o*[39] tehuis, thuis

daher, daher **1** daarvandaan, vandaar *(van die plaats)* **2** daarom, derhalve

daher- **1** voort- **2** naderbij

daherkommen[193] **1** er aankomen **2** zijn

daherreden kletsen

dahin, dahin daarheen, erheen: *das gehört nicht ~: a)* dat hoort daar niet; *b)* dat heeft daar niets mee te maken; ~ *sein* op, verloren, voorbij zijn; *der Brief lautete* ~ de brief luidde (als volgt); *eine ~ zielende Eingabe* een verzoekschrift met die strekking; *unsere Meinung geht ~, dass ...* we zijn van mening, dat ...; ~ *und dorthin* overal heen; *mir geht's* (of: *steht's*) *bis ~!* het zit me tot hier!; *wir haben uns ~ geeinigt, dass ...* we zijn het erover eens geworden, dat ...; ~ *ist es mit ihm gekommen* zover is het met hem gekomen; *bis ~: a)* tot daar, tot die tijd; *b)* tot zolang; *c)* ondertussen

dahinab daar naar beneden

dahinauf daar naar boven

dahinaus daarheen, die kant uit

dahindämmern in een schemertoestand verkeren

dahineilen **1** voortsnellen **2** voorbijvliegen

dahinein daar naar binnen, daarin

dahinfließen[161] **1** voortstromen **2** *(fig)* verlopen

dahingegen daarentegen, echter

dahingehen[168] **1** voorbijlopen **2** verlopen, voorbijgaan **3** heengaan, overlijden **4** weglopen

dahingestellt: *es bleibt ~, ob ...* (of: *wir wollen es ~ sein lassen, ob ...*) we laten in het midden of ...

dahinleben **1** voortleven **2** vegeteren

dahinraffen *(fig)* wegnemen, wegrukken

dahinscheiden[232] heengaan, overlijden

dahinsiechen wegkwijnen

dahinstehen[279] onbeslist, onzeker zijn

dahinten daar achter

dahinter erachter, daarachter: *es ist etwas* ~ daar steekt wat achter

dahinterher: ~ *sein* er achterheen zitten

dahinterklemmen, sich zich inspannen

dahinterknien, sich zich inspannen

dahinterkommen[193] erachter komen

dahinterstecken **1** erachter zitten **2** te betekenen hebben

dahinterstehen[279] *(fig)* erachter staan

Dahlie *v*[21] dahlia

dalli *tw* vlug!: ~ *machen* zich haasten

dam *afk van Dekameter* decameter *(afk* dam)

damalig toenmalig, van toen

damals toen, destijds, toentertijd

Damast *m*[5] damast

Dame *v*[21] **1** dame **2** damspel: ~ *spielen* dammen **3** dam **4** *(in schaakspel)* koningin **5** *(in kaartspel)* vrouw

Damebrett *o*^{31} dambord
Damenbekleidung *v*^{28} dameskleding
Damenbinde *v*^{21} maandverband
Damendoppel *o*^{33} damesdubbel(spel)
Dameneinzel *o*^{33} damesenkel(spel)
Damenwäsche *v*^{28} lingerie
Damespiel *o*^{29} damspel
Damestein *m*^{5} damsteen
^{1}**damit, damit** *bw* **1** daarmee, ermee **2** dus, bijgevolg || *heraus ~!* geef op!, zeg op!; *~ ging er fort* met die woorden ging hij weg; *er fing ~ an, dass er mir gratulierte* hij begon met mij te feliciteren
^{2}**damit, damit** *vw* opdat
dämlich dom, stom, suf
Damm *m*^{6} **1** dam **2** dijk **3** rijweg || *jmdn wieder auf den ~ bringen: a)* iem beter maken; *b)* iem er weer bovenop helpen
Dammbruch *m*^{6} dijkbreuk, damdoorbraak
dämmen 1 afdammen **2** indammen, beteugelen **3** verlichten, verzachten **4** *(het geluid)* dempen **5** isoleren
dämmerig 1 schemerig **2** somber
Dämmerlicht *o*^{39} schemerlicht
dämmern 1 schemeren: *der Morgen dämmert* de ochtend breekt aan; *es dämmert: a)* het schemert; *b)* het begint licht, donker te worden **2** dommelen || *jetzt dämmert es mir* (of: *bei mir)* nu begint het me duidelijk te worden
Dämmerschlaf *m*^{19} lichte slaap
Dämmerung *v*^{20} schemering
Dämmstoff *m*^{5} isolatiemateriaal
Dämon *m*^{16} demon, kwade genius
dämonisch demonisch, duivels
dämonisieren^{320} demoniseren
Dampf *m*^{6} **1** damp **2** rook **3** stoom: *~ ablassen (ook fig)* stoom afblazen; *~ drauf haben* met hoge snelheid rijden || *~ hinter etwas machen* vaart achter iets zetten; *jmdm ~ machen* iem opjagen
Dampfbügeleisen *o*^{35} stoomstrijkijzer
dampfen 1 dampen, uitwasemen **2** stomen
dämpfen 1 *(eten)* stomen, stoven **2** *(kleding)* oppersen **3** *(geluid, licht)* dempen, temperen **4** *(koorts)* verminderen; *(pijn)* verzachten **5** *(emoties)* beteugelen
Dampfer *m*^{9} stoomboot, stoomschip
Dämpfer *m*^{9} **1** demper **2** domper
Dampfkessel *m*^{9} stoomketel
Dampfkochtopf *m*^{6} snelkookpan
Dampflok *v*^{27}, **Dampflokomotive** *v*^{21} stoomlocomotief
Dampfmaschine *v*^{21} stoommachine
Dampftopf *m*^{6} snelkookpan
Dampfturbine *v*^{21} stoomturbine
Dämpfung *v*^{20} demping, tempering, onderdrukking, verzwakking; *zie ook* dämpfen
Dampfwalze *v*^{21} stoomwals
Damwild *o*^{39} damhert
danach, danach 1 daarna, daarop, vervolgens **2** daarachter, daarna **3** ernaar, daarnaar: *er sieht (nicht) ~ aus* hij ziet er (niet) naar uit; *der Sinn steht mir nicht ~* (of: *mir ist nicht ~)* mijn hoofd staat er niet naar
Dance *m*^{19a} dance
Däne *m*^{15} Deen
daneben 1 daarnaast, ernaast **2** daarnaast, bovendien **3** in vergelijking daarmee
danebenbenehmen^{212}**, sich** zich onbehoorlijk gedragen
danebengehen^{168} **1** ernaast gaan, missen **2** mislukken
danebengreifen^{181} misgrijpen; *(fig)* ernaast zitten
danebenhalten^{183} vergelijken met
danebenhauen^{185} **1** ernaast slaan **2** *(fig)* de plank misslaan
danebenliegen^{202} ernaast zitten
danebenraten^{218} misraden
danebenschießen^{238} **1** ernaast schieten **2** *(fig)* ernaast zitten
danebentreffen^{289} **1** missen, niet raken **2** *(fig)* zich vergalopperen
Dänemark *o*^{39} Denemarken
danieder terneer, neer, neder
daniederliegen^{202} **1** het bed houden **2** *(fig)* een kwijnend bestaan leiden, niet floreren
Dänin *v*^{22} Deense
dänisch Deens
dank$^{+2,\,+3}$ *vz* dankzij
Dank *m*^{19} dank(zegging), dankbaarheid: *jmdm ~ sagen* iem dankzeggen; *vielen ~!, besten ~!, herzlichen ~!* dank u zeer!; *tausend ~!* heel, heel hartelijk bedankt!; *jmdm seinen ~ abstatten* (of: *aussprechen)* iem zijn dank betuigen; *jmdm zu ~ verpflichtet sein* iem zeer erkentelijk zijn; *(vielen) ~ für die Blumen!* dank je feestelijk!
dankbar dankbaar, erkentelijk
Dankbarkeit *v*^{28} dankbaarheid
danken^{+3} **1** (iem) (be)danken: *danke schön!, danke sehr!, danke bestens!* hartelijk bedankt!; *ja, danke!* graag!; *das danke ich ihm* dat heb ik aan hem te danken; *na, ich danke!* dank je lekker! **2** te danken hebben aan
Danksagung *v*^{20} dankbetuiging
dann 1 dan: *bis ~!* tot kijk!; *~ und wann* nu en dan **2** dan, toen, daarna **3** dan, in dat geval **4** dan, daarbij, verder
dannen: *von ~* weg
daran, daran daaraan, eraan: *nahe* (of: *dicht) ~ sein* op het punt staan; *(fig) da ist etwas ~* daar zit wel iets in; *jetzt bin ich ~* nu is het mijn beurt; *er hat recht ~ getan* hij heeft juist gehandeld; *ich weiß nicht, wie ich mit ihm ~ bin* ik weet niet wat ik aan hem heb; *mir liegt viel ~* er is mij veel aan gelegen; *er ist gut ~* hij is goed af; *wir waren schlimm* (of: *übel) ~* we waren er slecht aan toe
darangeben^{166} eraan geven
darangehen^{168} beginnen
darankommen^{193} aan de beurt komen

daranmachen, sich beginnen

[1]**daransetzen** *tr* op het spel zetten: *alles ~* alles in het werk stellen

[2]**daransetzen, sich** beginnen

darauf, darauf 1 daarop, erop: *es kommt ~ an* het hangt ervan af; *ich gebe nichts ~* ik hecht er totaal geen waarde aan; *~ los* erop los **2** daarna, vervolgens || *(fig) ~ wollte ich hinaus* daar wilde ik heen

daraufhin, daraufhin 1 dientengevolge, als gevolg daarvan **2** met het oog daarop, hiertoe

daraus, daraus daaruit, eruit: *~ wird nichts* daar komt niets van terecht; *ich mache mir nichts ~* ik geef er niet om, ik trek mij er niets van aan

darben gebrek lijden, nood lijden

[1]**darbieten**[130] *tr* **1** aanbieden **2** opvoeren

[2]**darbieten**[130]**, sich** zich vertonen, zich voordoen

Darbietung *v*[20] vertoning, uitvoering, opvoering, nummer

darbringen[139] **1** aanbieden, betuigen **2** *(offers)* brengen

darein, darein daarin, erin

dareinfinden[157]**, sich** zich erin schikken, erin berusten

dareinmischen, sich zich ermee bemoeien

darin, darin 1 daarin, erin **2** op dit punt

darlegen uiteenzetten, verklaren

Darlegung *v*[20] uiteenzetting, verklaring

Darlehen *o*[35] lening, voorschot

Darm *m*[6] darm

darreichen 1 aanbieden **2** aanreiken, toereiken; *(hand)* uitsteken, reiken

darstellbar 1 vertoonbaar **2** speelbaar *(van een rol e.d.)*; uit te beelden

[1]**darstellen** *tr* **1** uitbeelden, afbeelden, voorstellen **2** *(een rol)* spelen **3** beschrijven, schetsen **4** *(een onderwerp)* behandelen **5** betekenen, vormen, zijn || *(inform) etwas ~* iets voorstellen; *~de Künste* beeldende kunsten

[2]**darstellen, sich 1** zich voordoen, zich presenteren **2** blijken te zijn

Darsteller *m*[9] *(theat)* speler, acteur

Darstellerin *v*[22] speelster, actrice

Darstellung *v*[28] uitbeelding; afbeelding; voorstelling; beschrijving; *zie ook* darstellen

Dartboard *o*[36] dartsbord

Darts *o*[39a] darts

Dartscheibe *v*[21] dartsbord

dartun[295] **1** (aan)tonen **2** uiteenzetten

darüber, darüber 1 daarover, erover; daarboven, erboven **2** intussen, ondertussen **3** daardoor: *~ hinaus* bovendien; *ein Jahr und ~* meer dan een jaar

darum, darum daarom, erom; eromheen: *seien Sie ~ nicht besorgt* wees daarover niet bezorgd; *ich gäbe etwas ~, wenn …* ik gaf er wat voor, als …; *er weiß ~* hij weet ervan; *100 Euro oder ~ herum* 100 euro of zoiets

darunter, darunter 1 daaronder, eronder **2** daaronder, daarbij **3** daarbeneden

[1]**das** *aanw vnw*[76] dit, dat, deze, die

[2]**das** *betr vnw*[78] dat, die

[3]**das** *lw*[66] het, de

dasein *oude spelling voor* da sein, *zie* [1]da 1

Dasein *o*[39] bestaan, leven

Daseinskampf *m*[6] strijd om het bestaan

dasjenige datgene: *~, was* dat(gene), wat

dass dat; opdat; zodat; omdat: *es sei denn, ~* tenzij

daß *oude spelling voor* dass, *zie* dass

dasselbe hetzelfde

dastehen[279] staan, erbij staan, ervoor staan: *jetzt steht er ganz anders da* nu staat hij er heel anders voor

Date *o*[36] *(2e nvl ook -)* date

Datei *v*[20] (computer)bestand, file; gegevens

daten daten

Daten *mv* **1** gegevens, data **2** datums, data

Datenautobahn *v*[20] elektronische snelweg

Datenbank *v*[20] databank

Datenbestand *m*[6] gegevensbestand, databestand, bestand

Datenverarbeitung *v*[20] informatieverwerking, gegevensverwerking

Datenverarbeitungsanlage *v*[21] computer

datieren[320] dateren

Datierung *v*[20] dagtekening, datering

Dativ *m*[5] *(taalk)* datief, derde naamval

Dativobjekt *o*[29] *(taalk)* datiefobject, meewerkend voorwerp

Dattel *v*[21] dadel

Datum *o (2e nvl -s; mv Daten)* **1** datum, dagtekening: *welches ~?* de hoeveelste? **2** *(mv)* feiten, gegevens

Dauer *v*[28] **1** duur **2** duurzaamheid: *eine Stelle auf ~ haben* een vaste baan hebben; *auf ~* (of: *auf die ~)* op de(n) duur; *von ~* duurzaam; *von kurzer ~* van korte duur

Dauerarbeitslose(r) *m*[40a], *v*[40b] langdurig werkloze

Dauerauftrag *m*[6] **1** machtiging tot automatische afschrijving **2** automatische afschrijving; *(Belg)* domiciliëring

Dauerausstellung *v*[20] permanente tentoonstelling

Dauerbeschäftigung *v*[28] vaste baan

Dauerflug *m*[6] non-stopvlucht

dauerhaft duurzaam, solide

Dauerhaftigkeit *v*[28] duurzaamheid, soliditeit, bestendigheid

Dauerkarte *v*[21] abonnementskaart, seizoenkaart

Dauerlauf *m*[6] langeafstandsloop

[1]**dauern** *intr* duren, aanhouden

[2]**dauern** *tr* medelijden hebben met: *du dauerst mich* ik heb medelijden met je

dauernd 1 blijvend **2** voortdurend

Dauerparker *m*[9] langparkeerder

Dauerregen *m*[19] aanhoudende regen

Dauerrennen *o*[35] langeafstandsrace

Dauersitzung v^{20} marathonzitting
Dauerstellung v^{20} vaste betrekking
Dauerwelle v^{21} permanent (wave)
Daumen m^{11} **1** duim: *jmdm (*of: *für jmdn) den (*of: *die) ~ drücken (*of: *halten)* voor iem duimen **2** *(techn)* nok, tand || *über den ~ peilen* ruw schatten
Daumenschraube v^{21} duimschroef
Daune v^{21} donsveer; *(mv)* dons
Daunenbett o^{37} donzen dekbed
davon, davon daarvan, ervan; daarvandaan: *nichts mehr ~!* praat er niet over!; *was habe ich ~?* wat heb ik eraan?
davoneilen wegsnellen
davonfahren[153] wegrijden, wegvaren
davonfliegen[159] wegvliegen
davongehen[168] **1** weggaan **2** sterven
davonkommen[193] er afkomen: *mit dem Schrecken ~* met de schrik vrijkomen
davonlassen[197]: *die Finger ~* met de vingers er afblijven
davonlaufen[198] **1** weglopen; de benen nemen **2** *(fig)* uit de hand lopen || *zum Davonlaufen* niet om uit te houden
davonmachen, sich 1 ervandoor gaan **2** sterven
davontragen[288] **1** *(overwinning)* behalen **2** *(ziekte)* oplopen, opdoen **3** wegdragen
davonziehen[318] wegtrekken, heengaan; *(sp)* een voorsprong nemen (op)
davor, davor daarvoor, ervoor
dazu, dazu 1 daartoe, ertoe: *ich bin nicht der Mann ~* ik ben er de man niet naar; *was sagen (*of: *meinen) Sie ~?* wat zegt, denkt u ervan?; *er riet mir ~* hij raadde het mij aan; *sie wollte sich ~ nicht äußern* ze wilde zich er niet over uitlaten **2** daarvoor, ervoor: *er eignete sich nicht ~* hij was er niet geschikt voor **3** daarbij, erbij, bovendien
dazugeben[166] erbij geven
dazugehören erbij behoren
dazugehörig erbij behorend, bijbehorend
dazukommen[193] erbij komen
dazukönnen[194]: *nichts ~* er niets aan kunnen doen
dazumal toen: *anno ~* heel lang geleden
dazutun[295] erbij doen
dazuverdienen bijverdienen
dazwischen daartussen, ertussen
dazwischenfahren[153] **1** tussenbeide komen, ingrijpen **2** in de rede vallen
dazwischenkommen[193] **1** ertussen komen **2** tussenbeide komen
dazwischenreden 1 *jmdm ~* iem onderbreken **2** zich in het gesprek mengen
dazwischentreten[291] tussenbeide komen
DB *afk van Deutsche Bundesbahn* Duitse spoorwegen
DDR *afk van Deutsche Demokratische Republik* Duitse Democratische Republiek *(afk* DDR)
Deal m^{13} deal
Debatte v^{21} debat, discussie: *zur ~ stehen* aan de orde zijn, ter discussie staan; *zur ~ stellen* ter discussie stellen
debattieren[320] debatteren
Debet o^{36} debet
debitieren[320] debiteren
Debüt [deebuu] o^{36} debuut
Debütant m^{14} debutant
debütieren[320] debuteren
Deck o^{36} **1** *(scheepv)* dek: *alle Mann an ~!* alle hens aan dek! **2** verdieping, dek *(van bus)*
Deckbett o^{37} dekbed
Deckblatt o^{32} **1** dekblad **2** *(plantk)* schutblad
Decke v^{21} **1** deken, dekkleed **2** (tafel)kleed **3** wegdek **4** zoldering, plafond **5** *(boek)* band **6** buitenband || *(mit jmdm) unter einer ~ stecken* (met iem) onder één hoedje spelen; *sich nach der ~ strecken* de tering naar de nering zetten
Deckel m^{9} **1** deksel **2** band *(van boek)* **3** hoed || *eins auf den ~ bekommen* (of: *kriegen)* op zijn donder krijgen
[1]**decken** *tr* **1** dekken *(ook fig)* **2** *(biol)* dekken, paren met
[2]**decken, sich** overeenkomen, congruent zijn
Deckmantel m^{19} dekmantel
Deckung v^{20} **1** dekking *(alle bet)* **2** gelijkheid, overeenstemming
decodieren[320] decoderen
defekt defect, kapot
Defekt m^{5} defect, gebrek
defensiv defensief, verdedigend
Defensive v^{21} verdediging
Defilee o^{38}, o^{36} defilé
defilieren[320] defileren
definieren[320] definiëren
Definition v^{20} definitie
definitiv definitief
Defizit o^{29} deficit, tekort
deftig *(inform)* **1** voedzaam, stevig **2** ruw, schuin **3** behoorlijk, flink
Degen m^{11} **1** degen **2** *(hist)* held
Degeneration v^{20} degeneratie, ontaarding
degenerieren[320] degenereren, ontaarden
degradieren[320] degraderen
dehnbar rekbaar *(ook fig);* elastisch
[1]**dehnen** *tr* **1** (uit)rekken **2** uitstrekken **3** slepend spreken
[2]**dehnen, sich 1** zich uitrekken, langer worden, uitzetten **2** zich uitstrekken **3** lang duren
Dehnung v^{20} rekking, uitzetting, verlenging, rek *(van draad)*
Deich m^{5} dijk
Deichsel v^{21} dissel(boom)
dein[69] jouw, uw: *tue das Deine* (of: *das ~e)* doe het jouwe (*of:* uwe); *die Deinen, die ~en* de jouwen, de uwen
deinerseits jouwerzijds, van jouw kant; uwerzijds, van uw kant
deinesgleichen jouws gelijke(n), uws gelijke(n);

de

mensen zoals jij, zoals u
deinetwegen ter wille van jou, van u
deinetwillen: *um* ~ omwille van jou, omwille van u; voor jou, voor u
deinige: *(der, die, das) Deinige* (of: *~*) (de, het) jouwe; (de, het) uwe; *mein Buch und das ~* mijn boek en het jouwe
Dekameter *m*9, *o*33 decameter
Dekan *m*5 *(r-k)* deken
Deklamation *v*20 declamatie
deklamieren320 declameren
Deklaration *v*20 declaratie
deklarieren320 declareren
Deklination *v*20 declinatie; verbuiging
deklinieren320 declineren, verbuigen
dekodieren *zie* decodieren
Dekor *m*5, *m*13, *o*29, *o*36 decor
Dekorateur *m*5 **1** etaleur **2** decorateur
Dekoration *v*20 **1** decoratie, versiering **2** orde, onderscheiding **3** *(theat)* decors
dekorieren320 decoreren
Dekret *o*29 decreet, besluit, verordening
Delegation *v*20 delegatie
delegieren320 delegeren
Delegierte(r) *m*40a, *v*40b afgevaardigde, gedelegeerde
1Delfin *m*5 dolfijn
2Delfin *o*39 *(sp)* vlinderslag
delikat delicaat *(alle bet)*
1Delikatesse *v*21 delicatesse, lekkernij
2Delikatesse *v*28 fijngevoeligheid, kiesheid
Delikt *o*29 delict, misdrijf, vergrijp
Delle *v*21 deuk
Delphin *zie* Delfin
Delta *o*36 *(mv ook Delten)* delta
Deltadrachen *m*11, **Deltagleiter** *m*9 *(sp)* deltavlieger, hangglider
1dem *aanw vnw*76 dit, dat, deze, die, hem: *wie ~ auch sei* hoe het ook zij
2dem *betr vnw*78 wie, die, waaraan, dat
3dem *lw*66 de, het
demaskieren320 demaskeren, ontmaskeren
dementieren320 dementeren, ontkennen
dementsprechend dienovereenkomstig
demgegenüber daartegenover, daarentegen
demgemäß dienovereenkomstig, navenant
demnach dus, bijgevolg, derhalve
demnächst binnenkort, eerstdaags, spoedig
Demo *v*27 demonstratie
Demokrat *m*14 democraat
Demokratie *v*21 democratie
demokratisch democratisch
demokratisieren320 democratiseren
demolieren320 **1** vernielen **2** afbreken
Demonstrant *m*14 demonstrant
Demonstration *v*20 demonstratie *(alle bet)*
Demonstrationszug *m*6 stoet demonstranten, protestmars
demonstrativ demonstratief
demonstrieren320 demonstreren *(alle bet)*
demontabel demontabel, demonteerbaar
Demontage *v*21 **1** demontage **2** ontmanteling, afbraak, sloop
demontieren320 **1** demonteren **2** ontmantelen
demoralisieren320 demoraliseren
Demut *v*28 deemoed, nederigheid
demütig deemoedig, nederig
demütigen vernederen, deemoedigen
Demütigung *v*20 vernedering
demzufolge dientengevolge, daardoor
1den *aanw vnw* deze, die, dit, dat, hem
2den *betr vnw* die, dat
3den *lw* de, het
1denen *aanw vnw*76 hen, hun, die, diegenen, zij
2denen *betr vnw*78 die, wie, welke
Denkart *v*20 denkwijze
denkbar **1** denkbaar **2** uiterst, zeer: *die ~ besten Waren* de allerbeste waren
1denken140 *intr* denken || *ich dächte gar!* och kom!; *denk mal an!: a) (bewonderend, met instemming)* verbeeld je!; *b) (iron)* stel je voor!; *denkste!* dat had je gedacht!; *gedachter Herr* de bewuste heer
2denken140**, sich** zich (in)denken, zich voorstellen: *das habe ich mir gleich gedacht!* dat heb ik wel gedacht!; *(inform) das hast du dir gedacht!* dat had je gedacht!; *das kann man sich ~!* dat is te begrijpen!
Denker *m*9 denker, filosoof
Denkfähigkeit *v*28 denkvermogen
Denkfehler *m*9 denkfout
Denkmal *o*32 **1** gedenkteken, monument **2** cultuurmonument
Denkmalspflege *v*28, **Denkmal(s)schutz** *m*19 monumentenzorg
Denkweise *v*21 **1** denkwijze **2** mentaliteit
denkwürdig gedenkwaardig, heuglijk
Denkwürdigkeit *v*20 gedenkwaardigheid: *~en* memoires, gedenkschriften
Denkzettel *m*9 lesje dat iem zal heugen; afstraffing
1denn *bw* dan, eigenlijk, toch: *wieso ~?* hoe zo dan?; *es sei ~, dass* tenzij
2denn *vw* **1** want: *er kommt nicht, ~ er ist krank* hij komt niet, want hij is ziek **2** dan, als: *mehr ~ je* meer dan ooit
dennoch nochtans, toch, evenwel
denunzieren320 aanbrengen, verklikken
Deo *o*36, **Deodorant** *o*29, *o*36 deodorant
Deponie *v*21 (vuil)stortplaats
deponieren320 deponeren
Deportation *v*20 deportatie, verbanning
deportieren320 deporteren, verbannen
Depositen *mv* deposito's
Depot [deepoo] *o*36 **1** depot, bewaarneming **2** opslagplaats **3** pakhuis, magazijn **4** depot
Depression *v*20 depressie *(alle bet)*
depressiv depressief

deprimieren[320] deprimeren
Deputation *v*[20] deputatie
[1]**der** *aanw vnw*[76] deze, die, dit, dat, hij, degene, diegene, hetgeen, datgene
[2]**der** *betr vnw*[78] die, dat
[3]**der** *lw*[66] de, het
derart zo(danig), dusdanig
derartig zulk, dergelijk, zodanig
derb **1** stevig, solide **2** stevig, flink **3** ruw, grof
deregulieren dereguleren
Deregulierung *v*[20] deregulering
dereinst **1** eens, later **2** *(vero)* vroeger
[1]**deren** *aanw vnw*[76] van haar, van hen, van deze; haar, hun, er, ervan
[2]**deren** *betr vnw*[78] wier, van wie, waarvan
derenthalben, derentwegen om harentwil, om hunnentwil; om haar, om hen
derentwillen: *um ~* ter wille van haar, hen
derer *aanw vnw* van haar, van hen
dergestalt zodanig, zo, dusdanig
dergleichen **1** dergelijke, zulke **2** zoiets
derjenige *aanw vnw* degene
dermaßen dermate, zo
derselbe *aanw vnw* dezelfde, hetzelfde
[1]**derweil, derweilen** *bw* onderwijl, ondertussen, intussen
[2]**derweil, derweilen** *vw* terwijl
derzeit **1** tegenwoordig **2** *(vero)* vroeger
des *lw* van de, van het, des
desertieren[320] deserteren
desgleichen desgelijks, evenzo
deshalb daarom, derhalve
Design [diezajn] *o*[36] design, ontwerp
Desinfektion *v*[20] desinfectie
desinfizieren[320] desinfecteren
Desktop *m*[13] desktop
Desktopcomputer *m*[9] desktop
Despot *m*[14] despoot
[1]**dessen** *aanw vnw*[76] van hem, van degene; diens, zijn
[2]**dessen** *betr vnw*[78] wiens, van wie; waarvan
Dessin [desen̄] *o*[36] **1** dessin, patroon **2** tekening, ontwerp
Destillation *v*[20] **1** distillatie **2** distilleerderij
destillieren[320] distilleren
desto des te, zoveel te
destruktiv destructief, vernietigend
deswegen derhalve, daarom
detachieren[320] detacheren
Detail [deetaj] *o*[36] detail
Detektiv *m*[5] **1** detective **2** rechercheur
Determinativ *o*[29], **Determinativpronomen** *o (2e nvl -s; mv -mina),* **Determinativum** *o (2e nvl -s; mv -tiva)* bepalingaankondigend voornaamwoord
determinieren[320] determineren
Detonation *v*[20] detonatie, ontploffing
detonieren[320] detoneren, ontploffen
[1]**deuten** *intr* wijzen, duiden: *auf jmdn, etwas ~* naar iem, iets wijzen
[2]**deuten** *tr* verklaren, uitleggen, interpreteren: *jmdm etwas übel ~* iem iets euvel duiden
deutlich duidelijk; niet mis te verstaan
Deutlichkeit *v*[28] duidelijkheid
deutsch Duits: *(fig) mit jmdm ~ sprechen* (of: *reden)* iem onverbloemd zijn mening zeggen
Deutsch *o*[41] Duits, (de) Duitse taal: *auf (gut) ~* duidelijk gezegd; *auf ~* (of: *in ~*), *(zu: ~)* in het Duits
Deutsche(r) *m*[40a], *v*[40b] Duitse(r)
deutschfeindlich anti-Duits
deutschfreundlich pro-Duits, Duitsgezind
Deutschkunde *v*[28] kennis van de Duitse taal en cultuur
Deutschland *o*[39], *o*[39a] Duitsland
Deutschlehrer *m*[9] leraar Duits
deutschsprachig **1** Duits sprekend, Duitstalig **2** Duits, in de Duitse taal
Deutschstunde *v*[21] Duitse les
Deutschtum *o*[39] Duitse aard
Deutschunterricht *m*[19] onderwijs in de Duitse taal (en letterkunde)
Deutung *v*[20] uitleg, verklaring, interpretatie
Devise *v*[20] devies, leus
Devisen *mv v*[21] deviezen *(geldswaarden)*
devot **1** devoot **2** deemoedig, onderdanig
Dezember *m*[9] *(2e nvl ook -)* december
dezent **1** decent, discreet, beschaafd **2** heel fijn, teer, gedempt **3** onopvallend
Dezernat *o*[29] afdeling, tak van dienst
Deziliter *m*[9], *o*[33] deciliter
dezimal decimaal
Dezimale, Dezimalstelle *v*[21] decimaal
Dezimalsystem *o*[29] decimaal stelsel
[1]**Dezimeter** *m*[9], *o*[33] decimeter
[2]**Dezimeter** *m*[9], *o*[33] decimeter
dezimieren[320] decimeren
d.h. *afk van das heißt* dat wil zeggen *(afk* d.w.z.)
Dia *o*[36] dia
Diabetes *m*[19a] diabetes, suikerziekte
Diabetiker *m*[9] diabeticus, suikerzieke
Diadem *o*[29] diadeem
Diagnose *v*[21] diagnose
diagnostizieren[320] de, een diagnose stellen (van), diagnosticeren
diagonal diagonaal
Diakonisse *v*[21] diacones
Dialekt *m*[5] dialect
Dialog *m*[5] dialoog, tweespraak
Diamant *m*[14] diamant
Diamantschmuck *m*[19] diamanten sieraad
Diameter *m*[9] diameter
Diapositiv *o*[29] diapositief, dia
Diarahmen *m*[11] diaraampje
Diät *v*[20] dieet: *~ leben* op dieet leven
Diäten *mv* vergoeding, vacatiegeld
dich *(4e nvl van* du*)* jou, je, u
dicht **1** dicht: *~ an ~* (of: *~ bei ~*) dicht opeen; *(inform) nicht ganz ~ sein* een gaatje in zijn hoofd

hebben; ~ *bewölkt* zwaarbewolkt **2** vlak, dicht(bij): ~ *neben* vlak naast

dichtbewölkt zwaarbewolkt

Dichte v^{28} dichtheid

dichten 1 dichten, verzen maken **2** verzinnen, fantaseren **3** dichten, dichtmaken

Dichter m^{9} **1** schrijver **2** dichter, poëet

dichterisch dichterlijk, poëtisch

dichthalten^{183} zwijgen, zijn mond houden

Dichtkunst v^{28} **1** dichtkunst **2** literatuur, poëzie

dichtmachen 1 sluiten **2** *(sp)* afgrendelen

Dichtung v^{20} **1** literair werk **2** dichtkunst, literatuur **3** fantasie **4** *(techn)* (het) afdichten, dichten **5** *(techn)* afsluiting, dichting **6** *(techn)* pakking

dick dik: *~er Auftrag* grote order; *~er Bauer* rijke boer; *ein ~es Auto* een dure slee; *ein ~er Fehler* een zware fout; *etwas, jmdn ~ haben* iets, iem zat zijn; ~ *auftragen* overdrijven; *sich (mit etwas) ~ machen* (met iets) opscheppen

Dickdarm m^{6} dikke darm

Dicke v^{21} dikte

Dicke(r) m^{40a}, v^{40b} dikzak

dickfellig dikhuidig *(ook fig);* onverschillig

Dickhäuter m^{9} **1** dier met een dikke huid **2** *(fig)* iem met een dikke huid

Dickicht o^{29} **1** kreupelhout, struikgewas **2** *(fig)* warwinkel, warnet

Dickkopf m^{6} stijfkop

dickköpfig stijfhoofdig, eigenzinnig

dickleibig dik, zwaarlijvig, corpulent

Dickschädel m^{9} stijfkop

Dicktuer m^{9} opschepper, dikdoener

Didaktik v^{28} didactiek

Didaktiker m^{9} didacticus

didaktisch didactisch

die^{66} *zie* der

Dieb m^{5} dief

Diebesgut o^{32} gestolen goed

Diebin v^{22} dievegge

diebisch 1 diefachtig **2** heimelijk: *sich ~ freuen* zich enorm verheugen

Diebstahl m^{6} diefstal

diejenige *aanw vnw* degene

Diele v^{21} **1** plank **2** hal, portaal **3** dancing

dienen^{+3} dienen *(ook mil): jmdm, dem Staat ~* iem, de staat dienen; *zu ~!* tot uw dienst!; *womit kann ich ~?* waarmee kan ik u van dienst zijn?; *zum Spott ~* uitgelachen worden; *lass dir das als* (of: *zur) Warnung ~!* laat dat een waarschuwing voor je zijn!

Diener m^{9} dienaar, bediende, knecht

dienlich dienstig, nuttig, van dienst: *jmdm ~ sein* goed voor iem zijn

Dienst m^{5} dienst: ~ *habend* (of: ~ *tuend)* dienstdoend, van dienst; ~ *am Kunden* service; *General außer ~ (a.D.)* generaal buiten dienst (b.d.); ~ *nach Vorschrift* stiptheidsactie; *zu ~en stehen* ten dienste, ter beschikking staan; *was steht zu ~en?* wat is er van uw dienst?

Dienstag m^{5} dinsdag

Dienstalter o^{39} diensttijd, anciënniteit

Dienstantritt m^{5} indiensttreding

Dienstausweis m^{5} legitimatiebewijs; pasje

dienstbar dienstbaar, gedienstig

dienstbereit 1 dienstwillig, gedienstig **2** *(van apotheek)* geopend

Dienstbote m^{15} dienstbode

diensteifrig gedienstig

dienstfrei vrij van dienst

Dienstgrad m^{5} *(mil)* rang

diensthabend dienstdoend, van dienst

Dienstleistung v^{20} **1** dienst, dienstbetoon, hulp **2** service, dienstverlening

Dienstleistungsbetrieb m^{5} dienstverlenend bedrijf

Dienstleistungssektor m^{16} dienstverlenende sector

dienstlich ambtelijk, officieel, dienst-

Dienstmädchen o^{35} dienstmeisje

Dienstrang m^{6} *(mil)* rang

Dienststelle v^{21} **1** kantoor, bureau **2** instantie

Dienststunden *mv* v^{21} diensttijd, werktijd: ~ *von … bis …* geopend van … tot …

diensttauglich geschikt voor de dienst

diensttuend *zie* diensthabend

dienstunfähig, dienstuntauglich ongeschikt voor de dienst, afgekeurd voor de dienst

Dienstverhältnis o^{29a} **1** dienstverband, (dienst)betrekking **2** arbeidscontract

Dienstweg m^{5} officiële weg, ambtelijke weg

dienstwidrig in strijd met de dienstvoorschriften

dienstwillig 1 dienstwillig **2** behulpzaam

dies dit

¹diesbezüglich *bn* desbetreffend, hierop betrekking hebbend

²diesbezüglich *bw* daaromtrent, hieromtrent

Diesel m^{9} *(2e nvl ook -)* **1** diesel(motor) **2** diesel(auto) **3** diesel(olie)

dieselbe *aanw vnw, zie* derselbe

dieser$^{68, 77}$ *(diese, dieses, dies)* deze, dit: ~ *und jener* deze en gene

diesig nevelig, heiig, wazig

diesjährig van dit jaar

diesmal deze keer

diesseitig 1 aan deze kant, van deze kant **2** aards, wereldse

diesseits^{+2} *vz* aan deze kant van

Diesseits o^{39a} aardse leven, wereld

Dietrich m^{5} loper *(een sleutel)*

Differential *zie* Differenzial

Differenz v^{20} verschil

Differenzial o^{29} *(wisk)* differentiaal; *(techn)* differentieel

diffus 1 diffuus **2** vaag, onduidelijk

digital digitaal

Digitalfernsehen o^{39} digitale televisie

Digitalkamera v^{27} digitale camera

Digitalrechner *m*[9] digitale computer
Digitaltechnik *v*[28] digitale techniek
Digitaluhr *v*[20] digitale klok, digitaal horloge
Diktat *o*[29] **1** dictaat **2** dictee
Diktator *m*[16] dictator
diktatorisch dictatoriaal
Diktatur *v*[20] dictatuur
diktieren[320] **1** dicteren **2** bepalen
Diktiergerät *o*[29] dictafoon
Dilettant *m*[14] **1** dilettant, amateur **2** prutser
Dimension *v*[20] dimensie, afmeting
Diminutiv *o*[29], **Diminutivum** *o (2e nvl -s; mv Diminutiva)* verkleinwoord
DIN *afk van Deutsche Industrie-Norm(en)*
Diner *o*[36] diner
[1]**Ding** *o*[29] **1** ding: *vor allen ~en* vooral, in de eerste plaats; *guter ~e sein* opgewekt zijn **2** voorval, gebeurtenis: *nach Lage der ~e* de omstandigheden in aanmerking genomen; *unverrichteter ~e* onverrichter zake; *es ist ein ~ der Unmöglichkeit* het is volstrekt onmogelijk; *das geht nicht mit rechten ~en zu* dat is niet in de haak
[2]**Ding** *o*[31] **1** ding: *ein ~ drehen* zijn slag slaan; *krumme ~er machen* slinkse streken uithalen **2** meisje
dingen[141] *zelden zw* **1** in dienst nemen **2** huren
dingfest: *jmdn ~ machen* iem arresteren
dinglich 1 reëel, concreet **2** zakelijk
dinieren[320] dineren
Diözese *v*[21] diocees, bisdom
Dip *m*[13] dipsaus
Diphtherie *v*[21] difterie, difteritis
Diphthong *m*[5] tweeklank, diftong
Diplom *o*[29] **1** *(universitair)* diploma, bul **2** akte van bekwaamheid **3** diploma
Diplomarbeit *v*[20] afstudeeropdracht, doctoraalscriptie
Diplomat *m*[14] diplomaat
Diplomatenkoffer *m*[9] diplomatenkoffertje
Diplomatie *v*[28] diplomatie
Diplomchemiker *m*[9] scheikundig ingenieur
Diplomingenieur *m*[5] ingenieur *(opgeleid aan een technische universiteit)*
Diplomkaufmann *m (2e nvl -(e)s; mv -leute)* econoom
Diplomlandwirt *m*[5] landbouwkundig ingenieur
dippen dippen, indopen
dir *(3e nvl van* du*)* (aan) jou, je, (aan) u
[1]**direkt** *bn* **1** direct, rechtstreeks: *eine ~e Lüge* een aperte leugen **2** direct, onmiddellijk
[2]**direkt** *bw* **1** direct **2** bepaald, gewoonweg
Direktbank *v*[20] internetbank, directbank
Direktflug *m*[6] rechtstreekse vlucht
Direktion *v*[20] **1** directie **2** directieruimte(n)
Direktor *m*[16] directeur; rector
Direktorin *v*[22] directrice; rectrix
Direktsendung, Direktübertragung *v*[20] *(telecom)* rechtstreekse uitzending, live-uitzending
Dirigent *m*[14] dirigent
dirigieren[320] **1** dirigeren **2** leiden
[1]**Dirndl** *o*[33] dirndljurk
[2]**Dirndl** *o*[38] *(Z-Dui)* meisje
Dirne *v*[21] *(inform)* hoer, prostituee
Disco *v*[27] disco(theek)
Diskette *v*[21] *(comp)* diskette, floppy, floppydisk
Diskettenlaufwerk *o*[29] *(comp)* diskettestation, diskdrive
Disko *v*[27] disco(theek)
Diskont *m*[5] **1** disconto **2** discontovoet
Diskothek *v*[20] discotheek
Diskrepanz *v*[20] discrepantie, tegenstrijdigheid
diskret discreet *(alle bet)*
Diskretion *v*[28] discretie, kiesheid, tact
Diskrimination *v*[20] discriminatie
diskriminieren[320] discrimineren
Diskurs *m*[5] **1** betoog **2** gesprek
Diskussion *v*[20] discussie, gedachtewisseling
diskutabel acceptabel, het overwegen waard
diskutieren[320] discussiëren
Dispensation *v*[20] dispensatie, ontheffing
dispensieren[320] dispenseren
disponieren[320] disponeren, beschikken
Disposition *v*[20] **1** dispositie, beschikking: *seine ~en treffen* zijn voorbereidingen treffen **2** plan, indeling **3** regeling **4** aanleg
Disqualifikation *v*[20] diskwalificatie
disqualifizieren[320] diskwalificeren
dissen dissen
Dissertation *v*[20] dissertatie, proefschrift
Dissonanz *v*[20] **1** dissonant(ie) **2** *(fig)* wanklank
Distanz *v*[20] distantie, afstand: *~ wahren* afstand bewaren; *auf ~ gehen* afstand nemen
[1]**distanzieren**[320] *tr (sp)* achter zich laten, verslaan
[2]**distanzieren**[320], **sich** zich distantiëren
Distel *v*[21] distel
distinguiert gedistingeerd, voornaam
distribuieren[320] distribueren, verdelen
Distribution *v*[20] distributie
Distrikt *m*[5] district, gebied, regio
[1]**Disziplin** *v*[28] discipline, tucht, orde *(op school)*
[2]**Disziplin** *v*[20] discipline, leer, studierichting
disziplinär, disziplinarisch disciplinair
Disziplinarmaßnahme *v*[21] disciplinaire maatregel
Disziplinarrecht *o*[39] tuchtrecht
Disziplinarstrafe *v*[21] disciplinaire straf
diszipliniert 1 gedisciplineerd **2** beheerst
Divali *o*[39a] Divali
divers divers, verschillend
Dividend *m*[14] deeltal; *(van breuk)* teller
Dividende *v*[21] dividend, winstaandeel
dividieren[320] delen
Division *v*[20] **1** *(rekenk)* deling **2** *(mil)* divisie
Diwali *o*[39a] Divali
d.J. *afk van dieses Jahres* jongstleden
Djembe *v*[21] djembé
DJH *afk van Deutsche Jugendherberge* Duitse Jeugdherbergcentrale
dl *afk van Deziliter* deciliter *(afk* dl*)*

dm *afk van Dezimeter* decimeter *(afk* dm)
d.M. *afk van dieses Monats* dezer, van deze maand
DM *afk van Deutsche Mark* Duitse mark
D-Mark *v*[28] Duitse mark
DNA *v*[28] *afk van desoxyribonucleic acid* DNA
DNS *v*[28] *afk van Desoxyribonukleinsäure* DNA
doch **1** toch: *pass ~ auf!* let toch op! **2** maar, echter **3** *(na een ontkennende vraag of uitspraak)* jawel || *er ging weg, sah er ~, dass …* hij ging weg, hij zag immers, dat …; *wären wir ~ zu Hause!* waren we maar thuis!
Docht *m*[5] pit
Dock *o*[36], *o*[29] dok
docken **1** *(schepen)* dokken **2** (aan elkaar) koppelen
Docker *m*[9] dokwerker
Dogge *v*[21] dog *(een hond)*
Dogma *o (2e nvl -s; mv Dogmen)* dogma
dogmatisch dogmatisch
Dohle *v*[21] kauw, torenkraai
Doktor *m*[16] **1** doctor: *~ der Medizin (Dr. med.)* doctor in de medicijnen; *~ der Rechte (Dr. jur.)* doctor in de rechten; *seinen ~ machen* (of: *bauen)* promoveren **2** dokter: *ja Herr ~!* ja dokter!
Doktorand *m*[14] promovendus
Doktorarbeit *v*[20] proefschrift
Doktorin *v*[22] **1** (vrouwelijke) doctor **2** (vrouwelijke) arts
Doktrin *v*[20] doctrine
Dokument *o*[29] document
Dokumentarbericht, Dokumentarfilm *m*[5] documentaire
[1]**dokumentieren**[320] *tr* documenteren
[2]**dokumentieren**[320]**, sich** naar voren komen
Dolch *m*[5] dolk
Dolchmesser *o*[33] dolkmes
Dolchstich *m*[5], **Dolchstoß** *m*[6] dolkstoot
Dolde *v*[21] bloemscherm
Dollar *m*[13] *(2e nvl ook -)* dollar
dolmetschen **1** tolken **2** mondeling vertalen
Dolmetscher *m*[9] tolk
Dom *m*[5] **1** dom, kathedraal **2** *(fig)* koepel
Domain *v*[27], *o*[36] *(2e nvl ook -)* domeinnaam
Domäne *v*[21] domein
dominieren[320] domineren; overheersen
Dominikaner *m*[9] dominicaan
Domizil *o*[29] domicilie, woonplaats, adres
Dompteur *m*[5] dompteur
Dompteuse *v*[21] dompteuse
Donner *m*[9] donder; gebulder *(van kanon): wie vom ~ gerührt* als door de bliksem getroffen*; zie ook* donnern
donnern **1** donderen **2** razen, tieren **3** *(mbt geschut)* dreunen, bulderen **4** *(mbt treinen e.d.)* denderen || *~ in*[+4] kwakken in
Donnerschlag *m*[6] donderslag
Donnerstag *m*[5] donderdag
Donnerwetter *o*[33] **1** onweer **2** *(inform)* gedonder, ruzie
doof **1** dom, stom, onnozel **2** vervelend
Dope *o*[39] dope
dopen *(sp)* dope geven
Doping *o*[36] *(sp)* doping
Doppel *o*[33] **1** duplicaat **2** *(tennis)* dubbel
Doppelbett *o*[37] tweepersoonsbed
Doppeldecker *m*[9] **1** *(luchtv)* tweedekker **2** dubbeldeksbus, dubbeldekstrein
doppeldeutig **1** voor tweeërlei uitleg vatbaar **2** dubbelzinnig
Doppelehe *v*[21] bigamie
Doppelfehler *m*[9] *(sp)* dubbele fout
Doppelgänger *m*[9] dubbelganger
Doppelhaus *o*[32] tweekapper
Doppelkinn *o*[29] onderkin
Doppelleben *o*[39] dubbelleven
Doppelpass *m*[6] *(sp)* een-tweetje
Doppelpunkt *m*[5] dubbelepunt
doppelseitig **1** dubbelzijdig, aan twee kanten **2** van twee pagina's
Doppelspiel *o*[29] **1** *(tennis)* dubbel **2** *(fig)* dubbel spel, dubbelhartigheid
Doppelstunde *v*[21] blokuur
doppelt dubbel; tweemaal: *das ist ~ gemoppelt* dat is dubbelop; *(fig) ~ und dreifach* dubbel en dwars; *~ so viel* tweemaal zoveel
Doppelverdiener *m*[9] **1** *(alleen mv)* tweeverdieners **2** iem met twee inkomens
Doppelzimmer *o*[33] tweepersoonskamer
doppelzüngig vals, onoprecht
Dorf *o*[32] dorp
Dörfler *m*[9] dorpeling
Dorfleute *mv* dorpelingen
[1]**Dorn** *m*[5] tong *(van gesp);* stift, doorn
[2]**Dorn** *m*[16], *m*[8] doorn
Dornbusch *m*[6] doornstruik
Dornenhecke *v*[21] doornhaag
Dornenstrauch *m*[8] doornstruik
dornig doornig: *~e Frage* netelige kwestie
Dornröschen *o*[39] Doornroosje
[1]**dörren** *intr* (uit)drogen
[2]**dörren** *tr* laten (uit)drogen
Dörrfleisch *o*[39] gedroogd vlees
Dörrobst *o*[39] gedroogde vruchten *(mv)*
Dorsch *m*[5] kabeljauw
dort daar, ginds: *(telecom) wer ~?* met wie spreek ik?; *~ drüben* daar aan de overkant; *von ~* daarvandaan
dorther daarvandaan, vandaar
dorthin daarheen, daar
dortig van die plaats, aldaar
Dose *v*[21] **1** doos, potje **2** (conserven)blik **3** dosis **4** stopcontact
dösen suffen; soezen, dommelen
Dosenbier *o*[29] bier in blik
Dosenöffner *m*[9] blikopener
Dosenpfand *o*[32] statiegeld op blikjes en wegwerpflessen
dosieren[320] doseren

Dosierung v^{20} dosering
dösig **1** suf, sufferig **2** doezelig
Dosis *v (mv Dosen)* dosis; hoeveelheid
Döskopf, Döskopp m^{6} sufferd
dotieren^{320} **1** doteren **2** betalen
Dotter m^{9}, o^{33} dooier
Dotterblume v^{21} dotterbloem
Double o^{36} **1** *(film, muziek)* double **2** dubbelganger
Doublé o^{36} doublé
Download m^{13}, o^{36} download
downloaden downloaden
Dozent m^{14} docent, leraar
dozieren^{320} **1** doceren **2** schoolmeesteren
dpa *afk van Deutsche Presse-Agentur* Duits persbureau
Dr. *afk van Doktor* doctor; *zie ook* Doktor
Drache m^{15} draak
Drachen m^{11} **1** vlieger **2** *(fig)* draak, onuitstaanbaar mens **3** deltavlieger
Drachenfliegen o^{39} deltavliegen
Drachenflieger m^{9} deltavlieger
Draht m^{6} **1** draad **2** telefoonleiding; lijn: *(telecom) heißer ~* hotline || *auf ~ sein* goed opletten, zijn kans waarnemen; *er ist nicht auf ~* hij is niet op dreef
Drahtanschrift v^{20} telegramadres
Drahtauslöser m^{9} *(foto)* draadontspanner
Drahtbürste v^{21} staalborstel
drahten telegraferen
Drahtesel m^{9} stalen ros; fiets
Drahtgeflecht o^{29}, **Drahtgitter** o^{33} kippengaas
drahtig **1** ruig, ruwharig **2** pezig
Drahtseilbahn v^{20} kabelbaan, kabelspoor
Drahtverhau m^{5}, o^{29} prikkeldraadversperring
Drahtzaun m^{6} afrastering *(van draad)*
Drahtzieher m^{9} machthebber, man die aan de touwtjes trekt
drainieren^{320} draineren
drakonisch draconisch, zeer streng
drall **1** stevig, flink, struis **2** bol
Drall m^{5} **1** draaiing **2** neiging
Drama *o (2e nvl -s; mv Dramen)* drama *(ook fig)*
Dramatiker m^{9} dramaticus, toneelschrijver
dramatisch dramatisch
dramatisieren^{320} dramatiseren
dran *zie* daran
dranbleiben^{134} **1** erbij blijven **2** aan de telefoon blijven **3** in de gaten blijven houden
Drang m^{6} aandrang, drift
drangehen^{168} aan de gang gaan, beginnen
Drängelei v^{20} **1** gedrang **2** gezeur
drängeln **1** dringen **2** zeuren
^{1}**drängen** *intr* **1** dringen **2** aandringen, aansporen: *auf Zahlung ~* op betaling aandringen **3** opdringen, aanvallend spelen: *es drängt nicht* het heeft geen haast
^{2}**drängen** *tr* **1** dringen, drukken, persen **2** aandringen, aansporen; *zie ook* gedrängt
^{3}**drängen, sich** (zich) dringen, elkaar verdringen: *sich in den Vordergrund ~ (ook fig)* zich op de voorgrond dringen
Drängler m^{9} **1** voordringer **2** bumperklever
Drangsal v^{23}, o^{29} kwelling, lijden, tegenspoed
drangsalieren^{320} kwellen, pijnigen
dränieren^{320} draineren
drankommen^{193} aan de beurt komen
dranmachen, sich beginnen
drannehmen^{212} een beurt geven
drastisch drastisch; ingrijpend
drauf: *~ und dran sein* op het punt staan
Draufgänger m^{9} **1** waaghals **2** vechtjas
draufgängerisch **1** strijdlustig **2** onverschrokken
draufgeben^{166} toegeven: *jmdm eins ~: a)* iem een tik geven; *b)* iem terechtwijzen
draufgehen^{168} **1** eraan gaan **2** verloren gaan, verbruikt worden
drauflegen erbij leggen
drauflos erop los: *immer ~!* vooruit!
drauflosgehen^{168} erop afgaan
draufzahlen **1** erbij leggen **2** erop toeleggen
draus *zie* daraus
draußen buiten; ver weg; op zee; te velde
drechseln **1** *(techn)* draaien **2** in elkaar draaien
Dreck m^{19} drek, vuil, smeerboel: *~ am Stecken haben* boter op zijn hoofd hebben; *einen ~* niets, geen steek; *kümmre dich um deinen eignen ~!* bemoei je met je eigen zaken!; *bei jedem ~* bij iedere kleinigheid; *jmdn in den ~ ziehen* (of: *treten)* iem door de modder halen; *im ~ sitzen* (of: *stecken)* in de puree zitten
Dreckarbeit v^{20} vuil werk; rotwerk
dreckig smerig, vuil, vies: *es geht ihm ~* het gaat hem beroerd; *~ lachen* gemeen lachen
Drecksarbeit v^{20} vuil werk, rotwerk
Dreckskerl m^{5} *(inform)* smeerlap
Dreh m^{5}, m^{13} *(inform)* **1** draai, draaiing **2** idee: *er wird schon den richtigen ~ finden* hij zal er wel achter komen; *den (richtigen) ~ heraushaben* de (juiste) slag te pakken hebben
Dreharbeit v^{20} (film)opname
Drehbank v^{25} draaibank
drehbar draaibaar
Drehbleistift m^{5} vulpotlood
Drehbuch o^{32} *(film)* draaiboek
^{1}**drehen** *tr* **1** draaien **2** omdraaien, wenden, keren || *einen Film ~* filmen, een film maken; *jmdm den Rücken ~* iem de rug toe draaien; *was hat er wieder gedreht?* wat heeft hij weer uitgevreten?; *ein Ding ~* een kraak zetten
^{2}**drehen, sich** draaien; zich (om)draaien: *(fig) sich ~ und winden* zich in allerlei bochten wringen
Drehmoment o^{29} *(techn)* koppel
Drehorgel v^{21} draaiorgel
Drehscheibe v^{21} **1** draaischijf **2** *(fig)* knooppunt
Drehtür v^{20} draaideur
Drehung v^{20} draaiing, omwenteling
Drehzahl v^{20} toerental

Drehzahlmesser m^{9} toerenteller
drei drie
Drei v^{20} **1** *(het cijfer)* drie **2** lijn drie *(van tram, bus)* **3** *(als rapportcijfer)* ruim voldoende
Dreieck o^{29} driehoek
dreieckig driehoekig
dreieinhalb drie-en-een-half, drieënhalf
Dreieinigkeit v^{28} drie-eenheid, drie-enigheid
dreierlei drieërlei
dreifach drievoudig
Dreifaltigkeit v^{20} Drievuldigheid
Dreikäsehoch m^{13} *(mv ook -)* dreumes
Dreikönige *mv*, **Dreikönigsfest** o^{29} Driekoningen, driekoningenfeest
drein *zie* darein
dreinblicken kijken
dreinfinden^{157}**, sich** zich erin schikken
dreingeben^{166}**, sich** zich erin schikken
dreinmischen, sich zich ermee bemoeien
dreinreden zich ermee bemoeien: *jmdm ~* zich met iems zaken bemoeien
dreinschauen kijken
dreinschlagen^{241} erop los slaan
dreinsehen^{261} kijken
Dreirad o^{32} driewieler
dreisilbig drielettergrepig
Dreisprung m^{6} *(sp)* hink-stap-sprong
dreißig dertig
dreißiger 1 uit het jaar dertig **2** tussen '30 en '40: *die ~ Jahre* de jaren dertig
Dreißiger m^{9} dertiger
dreist brutaal, vrijpostig
Dreistigkeit v^{20} brutaliteit, vrijpostigheid
Dreistufenrakete v^{21} drietrapsraket
Dreitausender m^{9} berg van minstens drieduizend meter
dreiteilig driedelig
Dreiviertelstunde v^{21} drie kwartier
Dreivierteltakt m^{19} *(muz)* driekwartsmaat
dreizehn dertien
Dresche v^{28} slaag, ransel
dreschen^{142} **1** dorsen **2** *(inform)* slaan, (af)ranselen **3** keihard schieten
Drescher m^{9} dorser
Dreschmaschine v^{21} dorsmachine
Dress m^{5} (sport)kleding
Dresscode m^{13} *(2e nvl ook -)* dresscode
dressieren^{320} **1** dresseren **2** garneren
Dressur v^{20} **1** dressuur **2** dressuurnummer
dribbeln dribbelen
Drift v^{20} **1** drift, stroming **2** wrakgoed
driften drijven
drillen 1 drillen, boren **2** *(rekruten, leerlingen)* drillen, africhten
Drilling m^{5} **1** drieling **2** drieloopsgeweer
drin erin, daarin: *mehr ist nicht ~* meer zit er niet in; *zie ook* darin
dringen^{143} dringen: *in jmdn ~* er bij iem op aandringen; *auf*$^{+4}$ *etwas ~* op iets aandringen
dringend, dringlich dringend, urgent, spoedeisend: *das Dringendste* het noodzakelijkste; *~er Verdacht* ernstige verdenking
Dringlichkeit v^{28} urgentie, haast, spoed
Drink m^{13} *(2e nvl ook -)* drankje, glaasje
drinnen 1 (daar)binnen **2** in het binnenland
drinsitzen^{268} **1** erin zitten **2** in de problemen zitten
drinstecken^{278} **1** erin zitten **2** in de problemen zitten
dritt: *zu ~* met z'n drieën
dritte derde || *an einem ~n Ort* op een neutrale plaats
Drittel o^{33} derde (deel)
drittens ten derde
Dritte-Welt-Land o^{32} derdewereldland
drittklassig derderangs
Drittweltland o^{32} *(Zwits)* derdewereldland
Dr. jur. *afk van doctor juris* doctor in de rechten
Dr. med. *afk van doctor medicinae* doctor in de medicijnen
droben (daar)boven
Droge v^{21} drug: *harte, weiche ~n* hard-, softdrugs; *intelligente ~* smartdrug
drogenabhängig aan drugs verslaafd
Drogenabhängige(r) m^{40a}, v^{40b} drugsverslaafde
Drogenkonsum m^{19} drugsgebruik
Drogenkurier m^{5} drugsrunner
Drogenpilz m^{5} paddo
Drogenszene v^{21} drugsscene
Drogerie v^{21} drogisterij
Drogist m^{14} drogist
Drohbrief m^{5} dreigbrief
drohen^{+3} dreigen: *jmdm ~* iem dreigen
Drohne v^{21} **1** dar **2** *(fig)* parasiet
dröhnen dreunen, daveren
Drohung v^{20} bedreiging, dreigement: *leere ~en* bangmakerij
drollig 1 grappig, leuk **2** schattig **3** raar
Dromedar o^{29} dromedaris
Drops *o, m (2e nvl -; mv -)* zuurtje
Droschke v^{21} **1** huurrijtuig **2** *(vero)* taxi
Drossel v^{21} **1** lijster **2** ventiel, klep
drosseln beperken, afremmen: *den Motor ~* gas terugnemen
drüben 1 aan de overkant **2** daarginds
drüber erboven, erover; *zie ook* darüber
^{1}**Druck** m^{5} *(typ)* druk: *in ~ geben* laten drukken
^{2}**Druck** m^{6} druk, pressie
Druckbogen m^{11} blad papier, vel, vel druks
Druckbuchstabe m^{18} drukletter
Drückeberger m^{9} iem die zich drukt
drucken *(letters, figuren)* drukken
^{1}**drücken** *tr* **1** drukken *(ook fig)*: *jmdn an sich ~* iem huggen **2** duwen, persen **3** belasten, wringen: *es drückt mich, dass ...* het belast me, dat ... **4** *(lonen, prijzen)* drukken, verlagen: *einen Rekord ~* een record verbeteren || *die Schulbank ~* op school zitten

[2]**drücken, sich** stilletjes verdwijnen: *sich von*[+3] (of: *vor*[+3]) *etwas* ~ zich onttrekken aan iets
drückend drukkend, zwaar
Drucker *m*[9] **1** drukker **2** printer
Drücker *m*[9] **1** (deur)klink **2** trekker *(van geweer)* **3** *(elektr)* drukknop || *am ~ sitzen* (of: *sein)* veel in de melk te brokkelen hebben
Druckerei *v*[20] drukkerij
Drückerei *v*[20] *(inform)* lijntrekkerij
Druckerschwärze *v*[28], **Druckfarbe** *v*[21] drukinkt
Druckknopf *m*[6] **1** drukknoop **2** *(elektr)* drukknop
Druckluftbremse *v*[21] luchtdrukrem
Druckmesser *m*[9] manometer
Druckmittel *o*[33] *(fig)* pressiemiddel
Druckpresse *v*[21] drukpers
druckreif persklaar
Drucksache *v*[21] drukwerk
Druckschrift *v*[20] **1** gedrukt stuk **2** drukletters
Drucktaste *v*[21] *(elektr)* druktoets
drum daarom, erom: *mit allem Drum und Dran* met alles wat erbij hoort; *zie ook* darum
drunten daarginds, daar beneden
drunter daaronder, eronder: *es* (of: *alles) geht ~ und drüber* het wordt een chaos; *zie ook* darunter
Drüse *v*[21] klier
Dschihad *m*[19a] jihad
Dschungel *m*[9], *o*[33] jungle, rimboe
Dtzd. *afk van Dutzend* dozijn
du *pers vnw* jij, je, u, men: *wenn ich du wäre* als ik jou was; *du, komm mal her!* zeg, kom eens hier!
Dübel *m*[9] plug, deuvel
dübeln met pluggen bevestigen
dubios, dubiös dubieus, twijfelachtig
Dublee *o*[36] doublé
[1]**ducken** *tr* **1** intrekken **2** kleineren
[2]**ducken, sich** **1** zich bukken **2** zich onderwerpen, gehoorzamen
Duckmäuser *m*[9] **1** stiekemerd, gluiper **2** stil, schuchter mannetje
dudeln **1** *(mbt draaiorgel)* jengelen **2** spelen
Dudelsack *m*[6] *(muz)* doedelzak
Duell *o*[29] duel, tweegevecht
duellieren[320]**, sich** duelleren
Duett *o*[29] *(muz)* duet
Duft *m*[6] **1** geur, reuk **2** *(iron)* stank **3** waas, nevelsluier **4** charme, sfeer
dufte *(inform)* te gek, tof, hip, leuk, fijn
duften **1** geuren **2** *(iron)* stinken
duftig **1** wazig, nevelig **2** ragfijn, luchtig
Duftstoff *m*[5] reukstof
dulden **1** dulden, lijden, verdragen **2** dulden, toestaan, gedogen
Dulder *m*[9] dulder
Duldermiene *v*[21] martelaarsgezicht
duldsam **1** tolerant **2** vol geduld
Duldsamkeit *v*[28] verdraagzaamheid, tolerantie
Duldung *v*[20] (het) dulden
dumm[58] **1** dom, onnozel **2** dwaas, gek **3** duizelig **4** vervelend, naar || *der Dumme sein* de sigaar zijn; *eine ~e Geschichte* een vervelende geschiedenis; *~es Zeug* onzin; *das ist zu ~* dat is al te gek
Dummheit *v*[20] **1** domheid, onnozelheid **2** dwaasheid, stommiteit
Dummkopf *m*[6] stommeling, ezel
dümmlich dom, onnozel
dumpf dof, gedempt *(van toon, stem)*: *ein ~es Gefühl* een vaag gevoel; *~e Luft* zware, benauwde, muffe lucht; *eine ~e Sehnsucht* een onbestemd verlangen
Dumpfbacke *v*[21] dombo, sukkel
Dumpfheit *v*[28] **1** dofheid **2** muffigheid **3** vaagheid
dumpfig bedompt, muf
Düne *v*[21] duin
Dung *m*[19] mest
Düngemittel *o*[33] bemestingsmiddel
düngen (be)mesten
Dünger *m*[9] mest
Düngerhaufen *m*[11] mesthoop
Düngung *v*[20] **1** bemesting **2** mest
dunkel **1** donker, duister *(ook fig)*: *im Dunkeln tappen* in het duister tasten; *eine dunkle Stimme* een zware stem **2** onduidelijk, onbegrijpelijk: *eine dunkle Ahnung* een vaag voorgevoel **3** zwak, vaag *(van herinnering)* **4** moeilijk te begrijpen
Dunkel *o*[39] donker, duisternis
Dünkel *m*[19] verwaandheid, eigendunk
dunkelfarbig donker van kleur, donkerkleurig
dünkelhaft verwaand, laatdunkend
Dunkelheit *v*[28] **1** duisternis **2** donkere kleur
Dunkelkammer *v*[21] *(foto)* donkere kamer
Dunkelmann *m*[8] louche figuur
dunkeln donker worden
Dunkelziffer *v*[21] onbekend aantal
[1]**dünken**[144] *tr* dunken, voorkomen: *mich* (of: *mir) dünkt* mij dunkt
[2]**dünken**[144]**, sich** zich verbeelden
dünn dun, fijn, spichtig, mager: *~ lächeln* flauwtjes glimlachen; *~e Suppe* waterige soep; *~e Resultate* magere resultaten; *~ besiedelt* dunbevolkt
dünnbesiedelt dunbevolkt
Dünndarm *m*[6] dunne darm
dünn(e)machen, sich ervandoor gaan
Dunst *m*[6] **1** damp, uitwaseming, wasem **2** nevel **3** stank, lucht || *jmdm blauen ~ vormachen* iem iets op de mouw spelden
dunsten **1** dampen, uitwasemen **2** stinken
[1]**dünsten** *intr* dampen, uitwasemen
[2]**dünsten** *tr* stoven
Dunstglocke, Dunsthaube *v*[21] smog
dunstig **1** dampig, nevelig **2** bedompt
Dunstkreis *m*[5] **1** dampkring **2** atmosfeer
Dünung *v*[20] deining
düpieren[320] duperen
Duplikat *o*[29] duplicaat
Dur *o*[39a] *(muz)* grote terts
[1]**durch** *bw* door: *~ sein: a)* erdoor, erlangs, voorbij zijn; het achter de rug hebben *(ook fig)*; *b) (fig)* door zijn, kapot zijn; *c)* rijp zijn, gaar zijn; *bei*

jmdm unten ~ sein bij iem eruit liggen; *es ist schon 9 Uhr ~* het is al over negenen
[2]**durch**[+4] *vz* **1** door, doorheen **2** door, door middel van, via, ten gevolge van: *~ Feuer zerstört* door vuur verwoest **3** gedurende: *~ 25 Jahre* 25 jaar lang || *~ die Post* per post; *~ Urkunde* bij akte
durchackern grondig doornemen
durcharbeiten 1 doorwerken **2** *(deeg)* kneden

du

durchaus, durchaus 1 volledig, volstrekt **2** beslist, absoluut, met alle geweld: *~ nicht* volstrekt niet
[1]**durchbeißen**[125] *tr* doorbijten
[2]**durchbeißen**[125]**, sich** zich erdoor slaan
durchbekommen[193] **1** erdoor krijgen **2** doorkrijgen
durchbiegen[129] doorbuigen
durchbilden trainen, ontwikkelen
durchblättern, durchblättern doorbladeren
durchbläuen afranselen
durchbleuen *oude spelling voor* durchbläuen, *zie* durchbläuen
Durchblick *m*[5] **1** doorkijk **2** *(fig)* overzicht
durchblicken 1 kijken door **2** begrijpen || *etwas ~ lassen* iets laten doorschemeren
durchbluten doorbloeden
durchbohren *(mbt dolk, ogen)* doorboren
[1]**durchboxen** *tr* (iets) erdoor drukken
[2]**durchboxen, sich 1** zich een weg banen door **2** zich slaan door
durchbraten[136] goed gaar braden
[1]**durchbrechen**[137] breken door, doorbreken: *die Blockade ~* de blokkade breken
[2]**durchbrechen**[137] *intr* **1** zakken door **2** *(bij aanval)* doorbreken; *(mbt tanden)* doorkomen
[3]**durchbrechen**[137] *tr (stok, muur)* doorbreken
durchbrennen[138] **1** doorbranden **2** *(fig)* ervandoor gaan
[1]**durchbringen**[139] *tr* **1** over de grens brengen **2** *(wet, zieke, kandidaat)* erdoor krijgen, erdoor helpen **3** *(geld)* verkwisten
[2]**durchbringen**[139]**, sich** zich erdoor slaan, zijn brood verdienen
Durchbruch *m*[6] **1** doorbraak, (het) doorbreken **2** (het) doorkomen *(van tanden)*
durchdacht doordacht, weloverwogen
durchdenken[140] doordenken, overwegen
[1]**durchdrehen** *intr* doordraaien, over zijn toeren raken
[2]**durchdrehen** *tr* draaien door
[1]**durchdringen**[143] doordringen: *~de Kälte* doordringende kou; *mit einer Ansicht ~* een opvatting ingang doen vinden
[2]**durchdringen**[143] dringen door; doordringen, vervullen: *von*[+3] *etwas durchdrungen sein* van iets doordrongen zijn
durchdrücken 1 drukken door, persen door **2** voorzichtig wassen **3** *(fig)* erdoor krijgen, erdoor drukken
durcheinander door elkaar, dooreen, overhoop: *~ sein* overstuur zijn
Durcheinander *o*[39] verwarring, wanorde, warboel, chaos
[1]**durchfahren**[153] **1** (aan één stuk) doorrijden **2** doorvaren, doorrijden
[2]**durchfahren**[153] **1** *(fig)* schieten door: *ihn durchfuhr ein heftiger Schreck* een hevige schrik voer hem door de leden **2** *(een traject)* afleggen **3** rijden door
Durchfahrt *v*[20] doorvaart, doortocht, doorrit
Durchfahrtsstraße *v*[21] weg voor doorgaand verkeer
Durchfall *m*[6] **1** *(med)* diarree **2** mislukking, fiasco **3** (het) afgewezen worden, (het) zakken
durchfallen[154] **1** vallen door **2** *(mbt toneelstuk e.d.)* een fiasco worden **3** *(voor een examen)* zakken **4** niet gekozen worden
[1]**durchfechten**[156] *tr* erdoor halen, tot een goed einde brengen; uitvechten
[2]**durchfechten**[156]**, sich** zich erdoor slaan
durchfinden[157]**, sich** de weg vinden: *(sich) nicht mehr ~* er niet meer uit wijs kunnen
[1]**durchfliegen**[159] **1** *(een afstand)* vliegen **2** *(een boek, brief)* doorvliegen **3** vliegen door
[2]**durchfliegen**[159] **1** vliegen door **2** doorvliegen **3** *(voor een examen)* zakken
durchforschen onderzoeken, bestuderen
durchfragen, sich vragend de weg vinden
durchfrieren[163] **1** tot op de bodem bevriezen **2** verkleumen: *ganz durch(ge)froren* door en door verkleumd
Durchfuhr *v*[20] doorvoer, transito
durchführbar uitvoerbaar
durchführen 1 doorvoeren **2** realiseren, uitvoeren **3** doen, verrichten, houden, organiseren
Durchführung *v*[20] verwezenlijking; uitvoering; verrichting; (het) houden: *zur ~ bringen* uitvoeren; *zie ook* durchführen
Durchgang *m*[6] **1** doorgang, doortocht, passage **2** *(sp)* manche, ronde, serie, speelhelft **3** ronde *(bij verkiezingen)* || *(pol) im ersten ~* in eerste lezing
durchgängig algemeen, doorgaans, geregeld
Durchgangsstraße *v*[21] weg voor het doorgaand verkeer
Durchgangsverkehr *m*[19] doorgaand verkeer
[1]**durchgehen**[168] *intr* **1** gaan door, erdoor gaan **2** (aan één stuk) doorgaan, doorlopen **3** aangenomen worden, geaccepteerd worden **4** ervandoor gaan
[2]**durchgehen**[168] *tr* doornemen, nazien || *jmdm etwas ~ lassen* van iem iets door de vingers zien
durchgehend 1 *(van rijtuig, trein)* doorgaand **2** *(van werktijd)* ononderbroken: *~ geöffnet* de hele dag geopend
durchgreifen[181] **1** erdoor grijpen **2** doortasten, krachtig optreden
durchgreifend doortastend: *~e Änderungen* ingrijpende veranderingen
durchhalten[183] volhouden
Durchhaltevermögen *o*[39] doorzettingsvermogen

¹durchhauen[185] *tr* 1 doorhouwen, doorhakken 2 afranselen
²durchhauen[185]**, sich** 1 *(fig)* zich erdoor slaan 2 zich een weg banen
¹durchhelfen[188+3] *intr* (iem) erdoor helpen
²durchhelfen[188]**, sich** zich redden
durchixen doorhalen
¹durchkämpfen doorworstelen
²durchkämpfen *intr* doorvechten
³durchkämpfen *tr* doorzetten
⁴durchkämpfen, sich 1 zich (vechtend) een weg banen 2 *(fig)* zich erdoorheen slaan
durchkommen[193] 1 erdoor komen 2 *(mbt berichten)* doorkomen 3 succes hebben; *(voor een examen)* slagen
¹durchkreuzen doorstrepen
²durchkreuzen 1 doorkruisen 2 verijdelen
Durchlass *m*[6] 1 doorgang, doorlaat 2 (het) doorlaten
durchlassen[197] 1 doorlaten 2 erdoor laten, toelaten 3 door de vingers zien
durchlässig lek, poreus
Durchlauf *m*[6] 1 *(comp)* programmarun 2 *(sp)* manche
¹durchlaufen[198] 1 *(een school)* doorlopen 2 *(een afstand)* lopen, afleggen 3 lopen door
²durchlaufen[198] *intr* 1 lopen door 2 *(mbt vloeistoffen)* doorlopen
³durchlaufen[198] *tr* doorlopen, stuklopen
Durchlauferhitzer *m*[9] geiser
durchleben doormaken, beleven
durchleiten distribueren *(van stroom)*
durchlesen[201] doorlezen
durchleuchten 1 doorlichten, met licht doordringen 2 *(fig)* onder de loep nemen, kritisch bekijken 3 *(med)* doorlichten
Durchleuchtung *v*[20] *(med)* (het) doorlichten
¹durchliegen[202] *tr* doorliggen, stuk liggen
²durchliegen[202]**, sich** (zich) doorliggen
durchlochen perforeren, ponsen
durchlöchern 1 gaten maken in, doorboren, perforeren 2 *(fig)* uithollen, verzwakken
¹durchmachen *intr* (aan één stuk) doorgaan
²durchmachen *tr* 1 *(opleiding, school)* volgen, doorlopen 2 doormaken, meemaken, doorstaan
¹Durchmarsch *m*[6] doormars
²Durchmarsch *m*[19] *(inform)* diarree
durchmessen[208] 1 lopen door 2 afleggen
Durchmesser *m*[9] middellijn, diameter
durchnässen doorweken
durchnehmen[212] 1 doornemen; behandelen 2 over de hekel halen
durchorganisieren[320] grondig organiseren
durchpauken *(fig)* 1 erdoor drukken 2 er instampen
durchpeitschen 1 *(met de zweep)* afranselen 2 *(fig)* erdoor jagen
durchplanen tot in de details plannen
durchqueren lopen door, trekken door
durchrasseln *(inform)* zakken
durchrechnen narekenen, doorrekenen
durchregnen doorregenen
Durchreiche *v*[21] doorgeefluik
Durchreise *v*[21] doorreis
¹durchreisen 1 reizen door 2 doorreizen
²durchreisen doorreizen, reizen maken door
Durchreisende(r) *m*[40a], *v*[40b] iem op doorreis
¹durchreißen[220] *intr* scheuren
²durchreißen[220] *tr* doorscheuren, stukscheuren
durchringen[224]**, sich:** *sich ~ zu* na innerlijke strijd komen tot
durchs *samentr van durch das* door het
Durchsage *v*[21] bericht, mededeling
durchsagen doorgeven, omroepen
durchsägen doorzagen
durchschalten doorschakelen, doorverbinden
¹durchschauen 1 kijken door 2 *(fig)* begrijpen
²durchschauen doorzien, doorgronden
durchschießen[238] 1 met een schot doorboren 2 *(mbt gedachte)* flitsen door
Durchschlag *m*[6] 1 *(techn)* drevel 2 keukenzeef, vergiet 3 doorslag *(bij het typen)*
¹durchschlagen[241] *(mbt projectiel)* doorboren
²durchschlagen[241] *intr* 1 doorslaan, vocht doorlaten 2 *(elektr) (mbt zekeringen)* doorslaan 3 doorwerken, zijn uitwerking hebben
³durchschlagen[241] *tr* 1 doorslaan 2 zeven
⁴durchschlagen[241]**, sich** zich erdoor(heen) slaan
durchschlagend doorslaand, overtuigend
durchschleusen 1 sluizen, schutten 2 loodsen door
durchschlüpfen 1 kruipen door, glippen door 2 ontkomen
¹durchschneiden[250] doorsnijden, doorknippen
²durchschneiden[250] 1 doorsnijden, doorknippen 2 *(fig)* doorsnijden; *(golven)* doorklieven
Durchschnitt *m*[5] 1 doorsnede, profiel 2 gemiddelde: *im ~* gemiddeld
durchschnittlich 1 gemiddeld 2 middelmatig
Durchschnitts... gemiddeld(e), doorsnee...
Durchschnittsalter *o*[33] gemiddelde leeftijd
Durchschnittsarbeitnehmer *m*[9] modale werknemer
Durchschrift *v*[20] doorslag, kopie
¹durchsehen[261] *intr* 1 kijken door 2 begrijpen, doorzien
²durchsehen[261] *tr* nakijken, controleren; *(vluchtig)* doorkijken
durchsein *oude spelling voor* durch sein, *zie* durch
¹durchsetzen vermengen, doormengen
²durchsetzen *tr* doorzetten, doordrijven, gedaan krijgen; *(wet)* erdoor krijgen
³durchsetzen, sich 1 zich handhaven, succes hebben 2 *(mbt opvatting e.d.)* terrein winnen
Durchsicht *v*[28] 1 doorkijk 2 (het) doorkijken, controle *(van boeken e.d.)*
durchsichtig doorzichtig *(ook fig)*; duidelijk

durchsickern 1 doorsijpelen, sijpelen door 2 *(fig)* uitlekken, bekend worden

Durchspiel *o*[29] *(sp)* doorbraak

[1]**durchspielen** *intr* doorspelen

[2]**durchspielen** *tr* doornemen

[3]**durchspielen, sich** *(sp)* doorbreken

durchsprechen[274] *(een plan)* doorspreken

Durchstart *m*[13] *(ook fig)* doorstart

[1]**durchstarten** *(ook fig)* doorstarten

[2]**durchstarten** 1 *(mbt vliegtuig)* doorstarten 2 (flink) gas geven

[1]**durchstechen**[277] steken door, prikken door

[2]**durchstechen**[277] doorsteken, doorboren

durchstehen[279] doorstaan, doormaken

durchstellen *(telecom)* doorverbinden

Durchstich *m*[5] 1 (het) doorsteken 2 doorsteek

[1]**durchstoßen**[285] stoten door; *(mil)* doorbreken

[2]**durchstoßen**[285] *intr (vooral mil)* doorstoten, doorbreken

[3]**durchstoßen**[285] *tr* stoten door, duwen door

[1]**durchstreichen**[286] doorhalen, doorstrepen

[2]**durchstreichen**[286] zwerven door

durchstreifen zwerven door

durchströmen stromen door

durchsuchen doorzoeken; fouilleren

Durchsuchungsbefehl *m*[5] bevel tot huiszoeking

durchtelefonieren[320] telefonisch doorgeven

durchtrainieren[320] zeer hard trainen

durchtränken doordrenken

durchtreten[291] 1 *(het gaspedaal)* intrappen 2 doorlopen, verslijten

durchtrieben sluw, geslepen, doortrapt

durchwachen wakend doorbrengen

durchwachsen 1 doorregen 2 middelmatig

Durchwahl *v*[28] *(telecom)* 1 (het) doorkiezen 2 doorkiesmogelijkheid

durchwählen *(telecom)* doorkiezen

Durchwahlnummer *v*[21] doorkiesnummer

durchwärmen, durchwärmen door en door verwarmen, warm maken

durchweg, durchwegs zonder uitzondering

[1]**durchweichen** doorweekt, kletsnat worden

[2]**durchweichen** doorweken

durchwinden[313]**, sich** zich wringen door

durchwollen[315] erdoor willen

durchwühlen 1 doorwoelen 2 doorzoeken

[1]**durchziehen**[318] 1 trekken door 2 doorsnijden 3 *(fig)* lopen door 4 vervullen

[2]**durchziehen**[318] *intr (ergens)* doortrekken, doorreizen

[3]**durchziehen**[318] *tr* 1 halen door, trekken door 2 ten einde brengen, uitvoeren

durchzucken schieten door, flitsen door

[1]**Durchzug** *m*[6] doortocht

[2]**Durchzug** *m*[19] tocht, trek: ~ *machen* het laten doorwaaien

dürfen[145] mogen, toestemming hebben: *dürfte ich Sie bitten?* zou ik u mogen, mag ik u verzoeken?; *das dürfte wohl falsch sein* dat kon weleens verkeerd zijn; *das darf doch nicht wahr sein* dat kan toch niet waar zijn

dürftig 1 armoedig, behoeftig, schamel, schraal, karig: *~e Nachrichten* schaarse berichten 2 gebrekkig, onvoldoende, armzalig

Dürftigkeit *v*[28] 1 armoede, behoeftigheid 2 gebrekkigheid

dürr dor, droog, verdord; (uit)gedroogd, schraal; mager; *(fig)* pover, armetierig

Dürre *v*[21] dorheid, droogte; *zie ook* dürr

Durst *m*[19] dorst *(ook fig)*; begeerte, zucht (naar)

dursten dorst hebben, dorst lijden

dürsten dorst hebben: *mich dürstet, es dürstet mich* ik heb dorst

durstig 1 dorstig 2 begerig

durstlöschend, durststillend dorstlessend

Dusche *v*[21] douche

duschen douchen

Duschraum *m*[6] doucheruimte

Düse *v*[21] 1 sproeier 2 straalpijp

Dusel *m*[19] 1 mazzel 2 duizeligheid, sufheid

duselig doezelig, soezerig, suf

duseln doezelen, soezen

düsen *(sein)* snel vliegen, snel rijden, snel lopen

Düsenjäger *m*[9] straaljager

Dussel *m*[9] sufferd, slaapkop

dusselig 1 dom, stom 2 *(regionaal)* suf, versuft

dusslig 1 dom, stom 2 *(regionaal)* suf, versuft

düster 1 donker, duister 2 somber, triest 3 vaag 4 akelig

Dutzend *o*[29] dozijn: *~e* (of: *dutzende) (von) Menschen* tientallen mensen

Dutzendware *v*[21] ramsj, ongeregeld goed

dutzendweise bij tientallen

duzen met jij en jou aanspreken, tutoyeren

Duzfreund *m*[5] goede vriend, intieme vriend

DV *afk van Datenverarbeitung* informatieverwerking

DVD *v*[27] *afk van digital versatile disc* dvd

DVD-Brenner *m*[9] dvd-brander

DVD-Player *m*[9] dvd-speler

DVD-Recorder, DVD-Rekorder *m*[9] dvd-recorder

DVD-Spieler *m*[9] dvd-speler

Dynamik *v*[28] 1 dynamica 2 dynamiek

dynamisch dynamisch

Dynamit *o*[39] dynamiet

Dynamo *m*[13] dynamo

D-Zug *m*[6] D-trein

e

Ebbe *v*[21] eb
[1]**eben** *bn* **1** effen, glad **2** vlak, plat: *zu ~er Erde* gelijkvloers, parterre
[2]**eben** *bw* **1** juist, net, precies **2** net nog **3** inderdaad, zeker **4** (zo)juist, (zo)net, zo-even **5** nu eenmaal **6** bepaald: *nicht ~ schön* niet bepaald mooi
Ebenbild *o*[31] evenbeeld
ebenbürtig **1** van gelijke stand, van gelijke geboorte, van gelijke afkomst **2** gelijkwaardig
Ebene *v*[21] **1** vlakte **2** *(meetk)* plat vlak **3** *(fig)* terrein, gebied; niveau
ebenerdig gelijkvloers
ebenfalls eveneens, evenzo, insgelijks
ebenmäßig gelijkmatig, regelmatig, symmetrisch
ebenso even, evenzo
Eber *m*[9] beer *(mannelijk varken)*
ebnen effenen
Echo *o*[36] echo
Echse *v*[21] hagedis
echt echt, waar, zuiver, onvervalst
Echtheit *v*[28] echtheid*; zie ook* echt
Eck *o*[29] hoek *(ook ve doel)*
Eckball *m*[6] *(sp)* hoekbal, corner
Eckbank *v*[25] hoekbank
Eckdaten *mv* basisgegevens
Ecke *v*[21] **1** hoek, straathoek **2** *(wisk)* hoek **3** *(sp)* hoekbal, corner; *(boksen)* hoek **4** *(regionaal)* afstand, stuk
Eckfahne *v*[21] *(sp)* hoekvlag
eckig **1** hoekig **2** *(fig)* onbeholpen, ruw
Ecklohn *m*[6] cao-loon, basisloon
Eckpfeiler *m*[9] **1** hoekpilaar **2** *(fig)* hoeksteen
Eckpunkt *m*[5] uitgangspunt
Eckstoß *m*[6] *(sp)* hoekschop, corner
Eckzahn *m*[6] hoektand
E-Commerce *m*[19] e-commerce
[1]**Ecstasy** *v*[27] *(pil)* ecstasy
[2]**Ecstasy** *o*[39], *o*[39a] *(stofnaam)* ecstasy
edel edel
Edelholz *o*[32] fijn hout
Edelkoralle *v*[21] bloedkoraal
Edelmut *m*[19] edelmoedigheid
edelmütig edelmoedig
Edelstahl *m*[19] roestvrij staal
Edelstein *m*[5] edelsteen
Edeltanne *v*[21] zilverspar
Edelwild *o*[39] rood wild
Edition *v*[20] editie, uitgave
EDV *afk van elektronische Datenverarbeitung* elektronische informatieverwerking
EDV-Anlage *v*[21] computer
Efeu *m*[19] *(plantk)* klimop
Effekt *m*[5] effect, uitwerking
Effekten *mv* effecten
effektiv **1** effectief, werkelijk **2** effectief, doeltreffend **3** absoluut
effektuieren[320] effectueren, uitvoeren
effizient efficiënt, doelmatig
Effizienz *v*[20] efficiëntie, doelmatigheid
EG *v*[28] *afk van Europäische Gemeinschaft* Europese Gemeenschap *(afk* EG)
egal **1** egaal, gelijk **2** *(inform)* onverschillig: *es ist mir ~* het is mij om het even
egalisieren[320] egaliseren, effenen: *(sp) einen Rekord ~* een record evenaren
Egge *v*[21] *(landb)* eg, egge
eggen eggen
Egoismus *m (2e nvl -; mv Egoismen)* egoïsme
Egoist *m*[14] egoïst
eh *bw* eertijds: *seit eh und je* sinds mensenheugenis; *wie eh und je* zoals altijd
ehe eer(dat), voor(dat), alvorens
Ehe *v*[21] huwelijk, echt
Eheanbahnung *v*[20] huwelijksbemiddeling
ehebrechen[137] echtbreken
Ehebrecher *m*[9] echtbreker
ehebrecherisch overspelig
Ehebruch *m*[6] echtbreuk, overspel
Ehebund *m*[19], **Ehebündnis** *o*[29a] echtverbintenis
ehedem eertijds, voorheen, vroeger
Ehefrau *v*[20] echtgenote, eega
Ehegatte *m*[15] **1** echtgenoot **2** *(mv)* echtelieden
Ehegattin *v*[22] echtgenote, eega
Eheleute *mv* echtelieden
ehelos ongehuwd
Ehelosigkeit *v*[28] ongehuwde staat
ehemalig voormalig, vroeger, gewezen, oud-
ehemals eertijds, vroeger
Ehemann *m*[8] echtgenoot, man
Ehepaar *o*[29] echtpaar
Ehepartner *m*[9] huwelijkspartner
eher **1** eerder, vroeger **2** eerder, liever **3** veeleer
Ehering *m*[5] trouwring
ehern **1** ijzeren, metalen **2** *(fig)* onverbiddelijk
Ehescheidung *v*[20] echtscheiding
Eheschließung *v*[20] huwelijksvoltrekking
ehest: *am ~en: a)* het eerst, het vroegst; *b)* het liefst; *c)* het gemakkelijkst
Ehestand *m*[19] huwelijk, gehuwde staat: *in den ~ treten* huwen, in het huwelijk treden
ehestens op zijn vroegst
Ehestifter *m*[9] huwelijksbemiddelaar
ehrbar eerbaar
Ehre *v*[21] eer: *auf ~* op mijn eer; *bei meiner ~* op

mijn eer; *in ~n halten* in ere houden; *in allen ~n* in alle eer en deugd; *er hat mit ~n bestanden* hij is met lof geslaagd
ehren eren, vereren, eer bewijzen
ehrenamtlich ere-, honorair, onbezoldigd
Ehrendoktor *m*[16] doctor honoris causa
Ehrengeleit *o*[29] eregeleide, ere-escorte
Ehrenmal *o*[32], *o*[29] gedenkteken, monument
Ehrenmitglied *o*[31] erelid
Ehrenmord *m*[5] eerwraak
ehrenrührig beledigend, krenkend
Ehrentor *o*[29] *(sp)* enige tegendoelpunt bij een nederlaag
Ehrentribüne *v*[21] eretribune
ehrenvoll eervol
ehrenwert achtbaar, respectabel
Ehrenwort *o*[39] erewoord
ehrerbietig eerbiedig, met respect
Ehrerbietung *v*[28] eerbied, respect
Ehrfurcht *v*[28] eerbied, ontzag
ehrfürchtig, ehrfurchtsvoll eerbiedig
Ehrgeiz *m*[5] eerzucht, ambitie
ehrgeizig eerzuchtig, ambitieus
ehrlich eerlijk
Ehrlichkeit *v*[28] eerlijkheid
ehrlos eerloos
Ehrlosigkeit *v*[28] eerloosheid
Ehrsucht *v*[28] eerzucht
ehrsüchtig eerzuchtig
Ehrung *v*[20] eerbetoon, huldiging; eerbewijs
ehrwürdig eer(bied)waardig
Ei *o*[31] **1** ei: *Eier ablegen (mbt vissen)* kuit schieten **2** *(sp)* bal, ei **3** *(inform)* bom **4** *(mv, inform)* piek **5** *(meestal mv, inform)* ballen
Eibe *v*[21] *(plantk)* taxus
Eiche *v*[21] eik, eikenboom
Eichel *v*[21] eikel
[1]**eichen** *bn* eiken
[2]**eichen** *ww* ijken
Eichenholz *o*[32] eikenhout
Eichhorn *o*[32], **Eichhörnchen** *o*[35], **Eichkätzchen** *o*[35], **Eichkatze** *v*[21] *(dierk)* eekhoorn
Eid *m*[5] eed
eidbrüchig: *~ werden* de eed breken
Eidechse *v*[21] *(dierk)* hagedis
Eidotter *o*[33], *m*[9] eierdooier
Eierbecher *m*[9] eierdopje
Eierkuchen *m*[11] omelet
Eierlikör *m*[5] advocaat
Eierschale *v*[21] eierdop
Eierschaum, Eierschnee *m*[19] (stijf)geklopt eiwit
Eifer *m*[19] ijver, geestdrift, vuur
eifern 1 streven (naar) **2** ijveren (voor, tegen): *~ gegen*[+4] zich kanten tegen
Eifersucht *v*[25] na-ijver, jaloezie
eifersüchtig jaloers
eifrig ijverig, vurig, enthousiast: *~ reden* druk praten
Eigelb *o*[29] eigeel
eigen 1 eigen; zelf: *sich*[3] *etwas zu ~ machen* zich iets eigen maken **2** kenmerkend
Eigen *o*[39] eigendom, bezit
[1]**Eigenart** *v*[28] eigen aard, bijzonder karakter
[2]**Eigenart** *v*[20] eigenaardigheid
eigenartig eigenaardig, merkwaardig, vreemd
Eigenbedarf *m*[19] eigen behoefte: *für den ~* voor eigen gebruik
Eigenbrötler *m*[9] eenzelvig persoon; zonderling
eigenbrötlerisch eenzelvig; zonderling
Eigenheim *o*[29] eigen huis
Eigenheit *v*[20] eigenaardigheid
eigenmächtig eigenmachtig
Eigennutz *m*[19] eigenbelang, eigenbaat
eigennützig baatzuchtig, egoïstisch
eigens speciaal; uitdrukkelijk; uitsluitend
Eigenschaft *v*[20] eigenschap, hoedanigheid
Eigenschaftswort *o*[32] bijvoeglijk naamwoord
Eigensinn *m*[19] koppigheid, stijfhoofdigheid
eigensinnig eigenzinnig, koppig
eigenstaatlich 1 de eigen staat betreffend **2** soeverein
eigenständig zelfstandig, onafhankelijk
Eigensucht *v*[28] zelfzucht, egoïsme
eigensüchtig zelfzuchtig, egoïstisch
[1]**eigentlich** *bn* eigenlijk, werkelijk, echt
[2]**eigentlich** *bw* eigenlijk, welbeschouwd
Eigentor *o*[29] schot in eigen doel
Eigentum *o*[39] eigendom
Eigentümer *m*[9] eigenaar
eigentümlich, eigentümlich 1 kenmerkend, karakteristiek **2** eigenaardig, merkwaardig
Eigentumswohnung *v*[20] koopflat, eigen woning
eigenwillig 1 eigenzinnig **2** zelfstandig
[1]**eignen** *intr* eigen zijn
[2]**eignen, sich**: *sich ~ für*[+4] (of: *zu*[+3]), *sich ~ als* geschikt zijn voor
Eignung *v*[28] geschiktheid
Eilbote *m*[15] koerier: *durch ~n* per expresse
Eilbrief *m*[5] expresbrief
Eile *v*[28] haast, spoed
[1]**eilen** *intr* **1** ijlen, zich haasten, snellen **2** haast hebben
[2]**eilen, sich** zich haasten
eilig 1 gehaast, haastig, vlug: *er hat es ~* hij heeft haast **2** dringend
eiligst ijlings
Eilsendung *v*[20] spoedzending
Eimer *m*[9] emmer: *im ~ sein (inform)* naar de maan zijn
[1]**ein** *vnw*[67] **1** *(onbepaald)* één, éne: *wir sind ~er Meinung* we hebben één en dezelfde mening **2** iemand, men; je: *so ~er* zo iemand; *du bist mir ~er* je bent me er een
[2]**ein** *bw* in, naar binnen: *weder ~ noch aus wissen* geen raad weten
[3]**ein** *telw*[67] één: *es ist ~ Uhr* het is één uur; *~ für alle Mal(e)* voorgoed, definitief; *jmds Ein und Alles sein* voor iem alles betekenen; *in ~em fort* aan één stuk door

[4]**ein** *lw*[67] een, ene
Einakter *m*[9] eenakter
einander elkaar, elkander
einarbeiten 1 inwerken **2** verwerken (in)
einäschern 1 cremeren **2** in de as leggen
Einäscherungshalle *v*[21] crematorium
einatmen inademen
Einbahnstraße *v*[21] straat met eenrichtingsverkeer
Einband *m*[6], **Einbanddecke** *v*[21] (boek)band
einbändig in één band, eendelig
[1]**Einbau** *m (2e nvl -s; mv -ten)* ingebouwd deel
[2]**Einbau** *m*[19] (het) inbouwen
einbauen 1 inbouwen, plaatsen **2** invoegen, inpassen
Einbauküche *v*[21] inbouwkeuken
einbegriffen: *(mit)* ~ inbegrepen
einbehalten[183] inhouden, niet (uit)betalen
einberufen[226] **1** bijeenroepen **2** oproepen
Einberufungsbefehl *m*[5] oproep voor militaire dienst
einbetten inbedden
Einbettzimmer *o*[33] eenpersoonskamer
einbeziehen[318] **1** (met *in*[+4]) betrekken in **2** meetellen, meerekenen
Einbeziehung *v*[28]: *unter ~ von* meegerekend
einbiegen[129] inslaan, afslaan: *in eine Straße ~* een weg inslaan
einbilden, sich 1 zich inbeelden **2** zich verbeelden, zich laten voorstaan
Einbildung *v*[20] **1** fantasie **2** inbeelding **3** verbeelding, verwaandheid, arrogantie
einbinden[131] **1** inbinden **2** inpakken
einbläuen instampen, hardhandig in het geheugen prenten
[1]**einblenden** *tr (telecom)* **1** *(naam, ondertiteling)* in het beeld projecteren **2** invoegen, inlassen **3** overschakelen (naar)
[2]**einblenden, sich** de uitzending hervatten, overschakelen (naar)
einbleuen *oude spelling voor* einbläuen, *zie* einbläuen
Einblick *m*[5] **1** inkijk (in) **2** inzage **3** inzicht (in); kijk (op)
[1]**einbrechen**[137] *intr* **1** inbreken **2** binnendringen, binnenvallen **3** invallen, aanbreken **4** inzakken, instorten **5** *(inform)* een zware nederlaag lijden
[2]**einbrechen**[137] *tr (deur)* openbreken
Einbrecher *m*[9] inbreker
einbringen[139] **1** inbrengen, binnenbrengen: *die Ernte ~* de oogst binnenhalen **2** *(voortvluchtigen)* oppakken **3** *(wetsontwerp)* indienen **4** *(winst)* opbrengen
einbrocken inbrokk(el)en: *jmdm etwas ~* iem een koopje leveren; *sich etwas ~* zich iets op de hals halen
Einbruch *m*[6] **1** (het) inbreken, inbraak **2** (het) binnendringen **3** *(mil)* bres, penetratie **4** (het) aanbreken, invallen **5** (het) inzakken, instorten
[1]**einbürgern** *tr* inburgeren, naturaliseren
[2]**einbürgern, sich** ingeburgerd raken
Einbürgerung *v*[20] inburgering, naturalisatie
Einbürgerungskurs *m*[5] inburgeringscursus
Einbuße *v*[21] verlies, schade
einbüßen verliezen, inboeten
einchecken inchecken
eincremen met crème insmeren
eindämmen 1 indammen, indijken **2** *(fig)* indammen; beteugelen
[1]**eindecken** *tr* afdekken, bedekken
[2]**eindecken, sich** zich van een voorraad voorzien
eindeichen indijken, inpolderen
eindeutig ondubbelzinnig, duidelijk
eindosen inblikken
eindrängen afstormen (op), bestormen
eindringen[143] **1** indringen, binnendringen, doordringen **2** binnenvallen **3** bedreigen
eindringlich nadrukkelijk, krachtig
Eindringling *m*[5] indringer
Eindruck *m*[6] indruk *(ook fig)*
[1]**eindrücken** *tr* **1** indrukken, induwen **2** drukken in
[2]**eindrücken, sich** een spoor achterlaten
eindrucksvoll indrukwekkend
eineinhalb anderhalf
Einelternfamilie *v*[21] eenoudergezin
einen verenen, verenigen
einengen 1 (in zijn bewegingsvrijheid) beperken **2** beperken, begrenzen
Einer *m*[9] **1** *(rekenk)* eenheid **2** *(sp)* eenpersoonskano
einerlei, einerlei 1 om het even, onverschillig **2** hetzelfde, eender
Einerlei, Einerlei *o*[39] eentonigheid, sleur
einerseits aan de ene kant, enerzijds
einesteils eensdeels, enerzijds
einfach 1 enkel(voudig): *eine ~e Fahrkarte* een enkeltje **2** eenvoudig, simpel **3** eenvoudig, gewoon **4** gewoon(weg), eenvoudig(weg)
Einfachheit *v*[28] eenvoud
[1]**einfädeln** *tr (draad)* insteken; *(film)* inleggen
[2]**einfädeln, sich** *(in het verkeer)* invoegen
[1]**einfahren**[153] *intr* binnenrijden, binnenkomen, binnenvaren; *(mijnb)* afdalen
[2]**einfahren**[153] *tr* **1** binnenbrengen **2** *(auto)* inrijden **3** *(landingsgestel)* intrekken
Einfahrt *v*[20] **1** (het) binnenrijden, binnenvaren **2** inrit, oprijlaan **3** afslag, oprit
Einfall *m*[6] inval, (het) invallen
einfallen[154] **1** invallen; te binnen schieten: *was fällt Ihnen denn ein!* wat denkt u wel!; *sich etwas ~ lassen* een oplossing bedenken **2** instorten **3** invallen, naar binnen vallen *(mbt licht)* **4** invallen, plotseling beginnen **5** *(een land)* binnenvallen
einfallslos fantasieloos; saai
einfallsreich fantasievol, fantasierijk
Einfallstraße *v*[21] invalsweg
Einfalt *v*[28] **1** eenvoud **2** onnozelheid

ei

einfältig onnozel, naïef
Einfältigkeit *v*[28] onnozelheid, naïviteit
Einfamilienhaus *o*[32] eengezinswoning
einfangen[155] **1** vangen, te pakken krijgen **2** weergeven, vastleggen
einfassen 1 invatten; inlijsten, omlijsten **2** (om)-boorden
Einfassung *v*[28] **1** (het) invatten **2** omlijsting
einfetten invetten
einfeuchten invochten
einfinden[157]**, sich** verschijnen
[1]**einfliegen**[159] *intr* invliegen, binnenvliegen
[2]**einfliegen**[159] *tr* per vliegtuig aanvoeren
einflößen 1 te drinken geven; toedienen **2** *(vrees)* inboezemen
Einflugschneise *v*[21] aanvliegroute
Einfluss *m*[6] invloed
Einflussbereich *m*[5] invloedssfeer
einfordern invorderen, opeisen
einförmig eenvormig, eentonig
einfressen[162]**, sich** invreten
einfrieden, einfriedigen omheinen
Einfriedigung, Einfriedung *v*[20] **1** (het) omheinen **2** omheining, haag, muur
[1]**einfrieren**[163] *intr* in-, vast-, bevriezen; verstarren
[2]**einfrieren**[163] *tr* **1** diepvriezen, invriezen **2** *(lonen)* bevriezen; *(onderhandelingen)* stopzetten
[1]**einfügen** *tr* invoegen, inzetten
[2]**einfügen, sich** (met *in*[+4]) zich schikken in, zich aanpassen aan
einfühlen, sich zich inleven: *sich ~ in*[+4] zich inleven in, aanvoelen
Einfuhr *v*[20] invoer, import
Einfuhrbeschränkung *v*[20] invoerbeperking
einführen 1 inbrengen, invoeren: *Daten in einen Computer ~* gegevens in een computer invoeren **2** invoeren, importeren **3** invoeren, in zwang brengen
Einfuhrlizenz *v*[20] invoervergunning
Einführung *v*[20] **1** (het) invoeren **2** introductie
Einfuhrzoll *m*[6] invoerrecht
einfüttern 1 voeren **2** *(comp)* invoeren
[1]**Eingabe** *v*[21] verzoekschrift
[2]**Eingabe** *v*[28] **1** *(comp)* invoer, input **2** toediening *(van een medicament)*
[1]**Eingang** *m*[6] **1** ingang; deur; poort **2** toegang **3** begin; inleiding *(ve tekst)* **4** *(mv)* ingekomen post, ingekomen stukken
[2]**Eingang** *m*[19] (het) binnenkomen, ontvangst *(van geld, brieven)*
eingangs aan het begin
eingeben[166] **1** *(medicament)* toedienen **2** *(in computer)* invoeren **3** *(verzoekschrift)* indienen
eingebildet verwaand, arrogant
eingeboren 1 inheems **2** aangeboren
Eingeborene(r) *m*[40a], *v*[40b] inboorling
Eingebung *v*[20] ingeving, inval
eingefleischt 1 onverbeterlijk **2** verstokt
[1]**eingehen**[168] *intr* **1** ingang vinden, opgenomen worden **2** *(mbt brieven, geld)* binnenkomen **3** *(inform)* begrijpen: *es geht ihm nicht ein, dass …* hij begrijpt niet dat … **4** (in)krimpen **5** *(mbt planten, dieren)* wegkwijnen, sterven **6** *(mbt bedrijf)* ophouden te bestaan **7** *(sp)* de boot ingaan **8** ingaan (op)
[2]**eingehen**[168] *tr (huwelijk, verplichtingen)* aangaan; *(risico's)* op zich nemen
eingehend grondig, nauwkeurig, uitvoerig
Eingekochte(s), Eingemachte(s) *o*[40c] inmaak
eingemeinden *(bij grotere gemeente)* inlijven
eingenommen ingenomen
eingeschlossen ingesloten, inbegrepen
eingeschnappt beledigd, gepikeerd
Eingeständnis *o*[29a] bekentenis
eingestehen[279] bekennen, toegeven
eingetragen ingeschreven, geregistreerd
Eingeweide *o*[33] ingewanden *(mv)*; *(fig)* binnenste
Eingeweihte(r) *m*[40a], *v*[40b] ingewijde, insider
[1]**eingewöhnen** *tr* laten wennen
[2]**eingewöhnen, sich** wennen
eingipsen *(med)* in het gips zetten
eingleisig enkelsporig
eingliedern opnemen, inpassen, integreren
Eingliederung *v*[20] integratie
eingraben[180] **1** ingraven **2** planten **3** *(ook fig)* inprenten
eingreifen[181] **1** ingrijpen **2** *(techn)* pakken, grijpen **3** interveniëren
Eingreiftruppe *v*[21] interventiemacht
eingrenzen begrenzen
Eingriff *m*[5] **1** inbreuk **2** *(med)* ingreep
[1]**einhaken** *intr* reageren
[2]**einhaken** *tr* inhaken, met een haak bevestigen
[3]**einhaken, sich** inhaken, een arm geven
Einhalt *m*[19]: *jmdm, einer Sache ~ gebieten* (of: *tun)* iem, iets een halt toeroepen
[1]**einhalten**[183] *intr* inhouden, ophouden, stoppen
[2]**einhalten**[183] *tr* nakomen, zich houden aan
[1]**einhandeln** *tr (door handel, ruil)* verkrijgen
[2]**einhandeln, sich 1** zich op de hals halen **2** *(ziekte)* oplopen
einhändig eenhandig, met één hand
einhängen 1 (in)hangen **2** de hoorn op de haak leggen; *(de telefoon)* ophangen
einheimisch autochtoon, inheems, inlands
Einheimische(r) *m*[40a], *v*[40b] autochtoon, ingezetene; *(mv ook)* inheemsen, inlanders
Einheit *v*[20] eenheid *(ook mil, meetk)*
einheitlich uniform
Einheitlichkeit *v*[28] uniformiteit
einheizen 1 stoken, verwarmen **2** zuipen **3** ongezouten de waarheid zeggen
einhellig eenstemmig, eensgezind
einhergehen[168] **1** rondlopen **2** voortlopen: *~ mit*[+3] gepaard gaan met
einholen 1 inhalen **2** (in)kopen **3** *(inlichtingen)* inwinnen

Einholnetz o^{29} boodschappennet
einhüllen inhullen, inwikkelen, hullen (in)
^{1}**einig** *bn* **1** eensgezind, eens **2** verenigd
^{2}**einig** *onbep vnw, telw* **1** enig, wat, een beetje **2** enige, enkele, een paar: *~e wenige* slechts een paar **3** heel wat
^{1}**einigen** *tr* verenigen
^{2}**einigen, sich** het eens worden, tot overeenstemming komen
einigermaßen **1** enigszins **2** tamelijk, nogal
Einigkeit v^{28} eensgezindheid, eendracht
Einigung v^{20} **1** overeenstemming **2** eenmaking, eenwording
einimpfen inenten, vaccineren
Einimpfung v^{20} inenting, vaccinatie
einkalkulieren^{320} meerekenen, incalculeren
einkapseln inkapselen
einkassieren^{320} **1** incasseren **2** inpikken
Einkauf m^{6} (het) inkopen, inkoop
einkaufen (in)kopen
Einkäufer m^{9} inkoper
Einkaufsabteilung v^{20} inkoopafdeling
Einkaufsbummel m^{19} (het) winkelen
Einkaufscenter o^{33} *zie* Einkaufszentrum
Einkaufstasche v^{21} boodschappentas
Einkaufswagen m^{11} winkelwagen(tje)
Einkaufszentrum *o (2e nvl -s; mv -zentren)* winkelcentrum
Einkehr v^{28} inkeer, (zelf)bezinning
einkehren **1** komen **2** weerkeren
einklammern tussen haakjes zetten
Einklang m^{6} harmonie, overeenstemming
einkleben inplakken, inlijmen
einkleiden **1** kleden, van kleren voorzien **2** *(fig)* inkleden
einklemmen **1** (af)knellen **2** (in)klemmen
einkochen inkoken, inmaken
einkommen^{193} **1** *(mbt geld)* binnenkomen **2** finishen **3** verzoeken: *~ um*$^{+4}$ verzoeken om
Einkommen o^{39} inkomen, inkomsten
Einkommensgrenze v^{21} inkomensgrens
einkommensschwach minderbedeeld
Einkommensschwache(n) mv^{40} minima; *(Belg)* minstbedeelden
einkratzen inkrassen, inkerven
einkreisen **1** omcirkelen **2** omsingelen
Einkünfte *mv* v^{25} inkomsten
einladen^{196} **1** (in)laden **2** uitnodigen
einladend aanlokkelijk, verleidelijk
Einladung v^{20} **1** (het) (in)laden **2** uitnodiging
Einlage v^{21} **1** bijlage **2** tussenvoering **3** *(cul)* soepballetje, soepgroente **4** inlegwerk **5** steunzool, inlegzool **6** *(med)* noodvulling **7** intermezzo **8** inleg
einlagern *(goederen)* opslaan
^{1}**Einlass** m^{19} toegang, toelating
^{2}**Einlass** m^{6} ingang, poortje, deur
^{1}**einlassen**^{197} *tr* **1** binnenlaten **2** *(water)* laten lopen (in) **3** inleggen, inzetten
^{2}**einlassen**^{197}**, sich**: *sich mit jmdm ~* zich met iem inlaten; *sich in* (of: *auf) etwas ~* ingaan op iets
^{1}**Einlauf** m^{6} **1** *(sp)* volgorde van binnenkomst **2** opening, gat
^{2}**Einlauf** m^{19} *(sp)* **1** (het) finishen **2** finish
^{1}**einlaufen**^{198} *intr* **1** *(sp)* het speelveld opkomen **2** *(sp) (de laatste ronde)* ingaan **3** *(mbt trein)* binnenkomen; *(mbt schip)* binnenlopen **4** *(mbt water)* stromen in **5** krimpen
^{2}**einlaufen**^{198} *tr* inlopen
^{3}**einlaufen**^{198}**, sich** *(sp)* zich warm lopen
einlegen **1** doen in, leggen in: *ein Tonband ~* een (geluids)band opzetten; *den Rückwärtsgang ~ (auto)* in zijn achteruit zetten **2** *(cul) (vruchten)* inleggen **3** met inlegwerk versieren **4** *(geld)* inleggen, storten **5** *(haar)* in model brengen **6** *(pauze)* inlassen **7** *(hoger beroep, protest)* aantekenen
einleiten **1** aanzwengelen, beginnen, instellen **2** inleiden **3** lozen
Einleitung v^{20} **1** inleiding **2** begin
^{1}**einlenken** *intr* **1** *(een weg)* inslaan **2** bijdraaien
^{2}**einlenken** *tr (auto)* sturen in, insturen
^{1}**einlesen**^{201} *tr (gegevens in een computer)* inlezen
^{2}**einlesen**^{201}**, sich** zich inlezen
einleuchten duidelijk zijn
einleuchtend helder, duidelijk, plausibel
einliefern **1** *(arrestant)* opbrengen **2** inleveren, afgeven, brengen
Einlieferung v^{20} **1** inlevering **2** opsluiting **3** afgifte **4** (het) binnenbrengen
einliegend bijgaand, ingesloten, inliggend
einlochen gevangenzetten, opsluiten
einloggen, sich inloggen
einlösen **1** verzilveren, inwisselen, innen **2** *(pand)* inlossen **3** *(belofte)* nakomen
einmachen inmaken
einmal *bw* **1** eenmaal, één keer: *auf ~: a)* plotseling; *b)* tegelijk **2** ooit, eens **3** *(versterkend)* nu eenmaal **4** *(beperkend)* eens
Einmaleins o^{39a} **1** tafels (van vermenigvuldiging) **2** *(fig)* allereerste beginselen
einmalig **1** eenmalig **2** uniek
Einmarsch m^{6} (het) binnenrukken, intocht
einmarschieren^{320} marcherend binnentrekken, binnenrukken
einmischen, sich zich mengen in, zich bemoeien met
Einmischung v^{20} inmenging
einmütig eensgezind, eenstemmig
einnähen **1** innaaien **2** *(een jurk)* innemen
^{1}**Einnahme** v^{21} *(meestal mv)* inkomsten
^{2}**Einnahme** v^{28} **1** (het) innemen **2** inbezitneming
Einnahmequelle v^{21} bron van inkomsten
einnehmen^{212} **1** *(geld)* ontvangen, innen **2** gebruiken **3** innemen, inladen **4** innemen, veroveren **5** bezetten, bekleden **6** *(ruimte)* innemen **7** *(voor, tegen zich)* innemen
einnehmend innemend; bekoorlijk
einnicken indutten, indommelen
Einöde v^{28} afgelegen streek, eenzaamheid

ei

[1]**einordnen** *tr* rangschikken, ordenen
[2]**einordnen, sich 1** *(in het verkeer)* voorsorteren **2** zich aanpassen
einparken parkeren
einpauken inpompen, instampen
einpferchen opeenpakken; samendringen
einpflegen zorgvuldig invoeren
einplanen in een planning opnemen, plannen
einprägen 1 indrukken, instempelen **2** inprenten
einprägsam gemakkelijk te onthouden
einrahmen inlijsten, omlijsten
einräumen 1 inruimen, opbergen **2** toegeven **3** *(krediet)* verlenen, verstrekken
[1]**Einräumung** *v*[20] toegeving, concessie
[2]**Einräumung** *v*[28] verlening, verstrekking
Einrede *v*[21] tegenspraak, tegenwerping
[1]**einreden** *intr* inpraten (op)
[2]**einreden** *tr* aanpraten, wijsmaken
einreiben[219] inwrijven
einreichen 1 aanbieden, indienen **2** *(inform)* voorstellen
Einreiher *m*[9] colbert met één rij knopen
Einreise *v*[21] (het) binnenkomen, inreis
Einreiseerlaubnis *v*[24], **Einreisegenehmigung** *v*[20] visum, inreisvergunning
einreisen *(een land)* binnenkomen, inreizen
[1]**einreißen**[220] *intr* **1** inscheuren **2** om zich heen grijpen
[2]**einreißen**[220] *tr* **1** afbreken **2** inscheuren
einrenken 1 *(med)* zetten, in het lid draaien **2** *(inform)* in orde brengen
einrennen[222] inrennen, stuk rennen: *offene Türen ~* een open deur intrappen; *jmdm die Bude ~* iems deur platlopen
[1]**einrichten** *tr* **1** *(een woning)* inrichten **2** *(med)* *(gebroken arm)* zetten **3** *(techn)* instellen **4** regelen **5** oprichten, opzetten **6** *(muz)* arrangeren, bewerken
[2]**einrichten, sich 1** zich voorbereiden (op), rekenen (op) **2** zijn woning inrichten
[1]**Einrichtung** *v*[28] **1** (het) inrichten *(ve woning)* **2** *(med)* (het) zetten *(ve arm)* **3** oprichting **4** *(muz)* arrangement
[2]**Einrichtung** *v*[20] **1** inrichting **2** installatie, voorziening **3** instelling, lichaam, organisatie **4** gebruik, gewoonte
[1]**einrücken** *intr* **1** *(mil)* binnentrekken **2** *(mil)* opkomen
[2]**einrücken** *tr* **1** *(techn)* inschakelen, koppelen **2** *(een regel)* inspringen **3** *(in een krant)* opnemen, plaatsen
[1]**eins**[72] *bn* één; hetzelfde: *jmdm ~ sein* iem om het even zijn
[2]**eins**[72] *telw* één: *(sp) zwei zu ~* twee tegen één; *~ a* (of: *1a)* prima, eersterangs
Eins *v*[20] **1** *(het cijfer)* één **2** *(als rapportcijfer)* tien, uitstekend **3** lijn een *(van tram, bus)*
einsam eenzaam, alleen
Einsamkeit *v*[20] eenzaamheid
einsammeln inzamelen, bijeenbrengen
einsargen kisten
[1]**Einsatz** *m*[6] **1** *(bij kleding)* tussenzetsel **2** inzetstuk **3** inzet, inleg *(bij spel)*
[2]**Einsatz** *m*[19] (het) inzetten, inzet
einsatzbereit 1 bereid zich in te zetten **2** klaar voor gebruik **3** *(mil)* paraat
Einsatzbereitschaft *v*[28] **1** bereidheid om zich in te zetten **2** *(mil)* paraatheid
einsatzfähig 1 inzetbaar **2** *(mil)* operationeel
einsatzfreudig enthousiast; *(sp)* strijdlustig
Einsatzgruppe *v*[21], **Einsatzkommando** *o*[36] eenheid, commando(groep)
[1]**einschalten** *tr* **1** inschakelen, aanzetten, aandoen **2** inlassen, invoegen
[2]**einschalten, sich** *(met woorden)* ingrijpen, zich mengen in
Einschaltquote *v*[21] *(telecom)* kijkdichtheid, luisterdichtheid
einschärfen inscherpen, inprenten
einschätzen 1 (in)schatten, taxeren **2** *(belasting)* aanslaan
Einschätzung *v*[20] (in)schatting, taxatie
einschicken (in)zenden
einschieben[237] **1** inschuiven, schuiven in **2** inlassen, invoegen
Einschienenbahn *v*[20] monorail
[1]**einschießen**[238] *tr* **1** inschieten, stukschieten **2** *(een wapen)* inschieten **3** *(sp)* in het doel schieten **4** *(geld)* inleggen
[2]**einschießen**[238], **sich** zich inschieten
[1]**einschiffen** *tr* inschepen
[2]**einschiffen, sich** zich inschepen
einschlafen[240] **1** inslapen **2** *(mbt ledematen)* slapen
einschläfern 1 in slaap doen vallen, slaperig maken **2** onder narcose brengen **3** pijnloos doden **4** in slaap sussen
Einschlag *m*[6] **1** inslag, (het) inslaan **2** inslagkrater **3** inslag, karakter(trek)
[1]**einschlagen**[241] *intr* **1** inslaan **2** *(fig)* indruk maken, succes hebben, inslaan, aanslaan
[2]**einschlagen**[241] *tr* **1** slaan in, inslaan **2** inslaan, stukslaan **3** *(bomen)* kappen **4** inpakken **5** *(een weg)* inslaan, ingaan, nemen
einschlägig desbetreffend
[1]**einschleusen** *tr* binnenloodsen, binnensmokkelen
[2]**einschleusen, sich** ongemerkt binnenkomen
einschließen[245] **1** insluiten, opsluiten, wegsluiten **2** omsingelen
[1]**einschließlich** *bw: bis zum … ~* (of: *bis ~ …)* tot en met …
[2]**einschließlich**[+2] *vz* inclusief, met inbegrip van
Einschluss *m*[6] **1** (het) insluiten **2** *(geol)* insluitsel: *mit* (of: *unter) ~*[+2] inclusief, met inbegrip van
einschmeicheln: *sich bei jmdm ~* zich bij iem in de gunst dringen
einschmuggeln binnensmokkelen

einschnappen 1 dichtspringen 2 *(fig)* beledigd zijn
[1]**einschneiden**[250] *intr* insnijden, inknippen
[2]**einschneiden**[250] *tr* 1 snijden in, knippen in 2 *(film)* monteren
einschneidend diepgaand, ingrijpend
Einschnitt *m*[5] 1 insnijding *(ook fig);* snee, keep 2 gat 3 cesuur || *bedeutender ~* gewichtig moment
einschränken beperken, beknotten
Einschränkung *v*[20] beperking: *mit, ohne ~* onder, zonder voorbehoud
Einschreib(e)brief *m*[5] aangetekende brief
einschreiben[252] 1 inschrijven, registreren 2 aantekenen
einschreiten[254] ingrijpen, optreden
einschrumpfen 1 verschrompelen 2 *(fig)* kleiner worden
einschüchtern intimideren
Einschüchterung *v*[20] intimidatie
einschulen op een school doen
einschütten ingieten, instorten
einschwenken 1 indraaien 2 bijdraaien
einschwören[260] beëdigen
einsegnen 1 inzegenen, inwijden 2 aannemen
einsehen[261] 1 inzien, inkijken 2 inzien, begrijpen
Einsehen *o*[39]: *ein ~ haben* begrip hebben
einseifen 1 inzepen 2 inpakken, beetnemen
einseitig eenzijdig *(ook fig);* partijdig
einsenden[263] (in)zenden
Einsendeschluss *m*[6] sluiting van de inzendingstermijn
[1]**einsetzen** *intr* inzetten, beginnen
[2]**einsetzen** *tr* 1 zetten in, inzetten 2 aanstellen, benoemen 3 *(bij het spel)* inzetten 4 inschakelen, inzetten 5 *(zijn leven)* op het spel zetten
Einsetzung *v*[20] 1 (het) inzetten 2 aanstelling, benoeming
Einsicht *v*[20] 1 inzage 2 inzicht 3 inkijk: *haben Sie doch ~!* wees toch redelijk!
einsichtig 1 verstandig 2 begrijpelijk
einsichtsvoll verstandig, oordeelkundig
Einsiedler *m*[9] kluizenaar
einsilbig 1 eenlettergrepig 2 weinig spraakzaam
einsinken[266] 1 wegzakken 2 instorten
einsitzen[268] *(in de gevangenis)* zitten
einspannen 1 inspannen, voorspannen: *(fig) jmdn ~* iem voor zijn karretje spannen 2 spannen, zetten in
einsparen besparen, bezuinigen
Einsparung *v*[20] besparing, bezuiniging
Einsparungsmaßnahme *v*[21] bezuinigingsmaatregel
einspeichern opslaan; *(computer)* invoeren
einspeisen 1 brengen in, voeren in 2 *(computer)* invoeren
einsperren opsluiten; ophokken
einspielen 1 *(muz)* inspelen 2 een opname maken van 3 opbrengen
[1]**einsprechen**[274] *intr: auf jmdn ~* iem toespreken
[2]**einsprechen**[274] *tr* inspreken
einspringen[276] 1 invallen, inspringen 2 bijspringen, helpen 3 in het slot springen
einspritzen 1 injecteren 2 inspuiten
Einspruch *m*[6] protest, verzet, bezwaar: *~ gegen*[+4] *etwas erheben* bezwaar tegen iets maken
einspurig 1 eensporig 2 met één rijbaan
einst 1 eens, eertijds 2 eens, mettertijd
Einstand *m*[6] 1 *(Z-Dui)* indiensttreding 2 *(sp)* eerste wedstrijd 3 *(tennis)* deuce
einstecken 1 steken in, doen in 2 vastzetten, opsluiten 3 in zijn zak steken *(ook fig)*
einstehen[279] instaan, borg staan (voor)
einsteigen[281] 1 instappen, stappen in: *in ein Geschäft ~* tot een zaak toetreden; *in die Politik ~* de politiek ingaan; *(sp) hart ~* hard inkomen 2 naar binnen klimmen
[1]**einstellen** *tr* 1 (neer)zetten 2 aanstellen, in dienst nemen 3 zetten in, stallen 4 *(techn)* instellen, afstellen 5 stopzetten, staken, beëindigen || *den Weltrekord ~* het wereldrecord evenaren
[2]**einstellen, sich** 1 komen, verschijnen 2 zich voordoen 3 zich instellen
einstellig van één cijfer
Einstellplatz *m*[6] carport, parkeerplaats
Einstellung *v*[20] 1 instelling, mentaliteit, houding 2 aanstelling 3 staking, beëindiging, stopzetting 4 afstelling, instelling
Einstellungsgespräch *o*[29] 1 arbeidsvoorwaardengesprek 2 sollicitatiegesprek
Einstellungsstopp *m*[13] vacaturestop; *(Belg)* wervingsstop
Einstieg *m*[5] 1 toegang 2 ingang 3 toegankelijkheid
einstig vroeger
einstimmig 1 eenstemmig 2 met algemene stemmen
Einstimmigkeit *v*[28] eenstemmigheid
einstmals eens
einstöckig van één verdieping
einstreichen[286] 1 insmeren 2 *(geld)* opstrijken
einstufen inschalen, indelen
Einsturz *m*[6] instorting, (het) instorten
[1]**einstürzen** *intr* instorten
[2]**einstürzen** *tr* doen instorten
einstweilen 1 onderhand 2 voorlopig
einstweilig voorlopig
eintasten intoetsen
[1]**eintauchen** *intr* (in)duiken
[2]**eintauchen** *tr* (in)dopen
Eintausch *m*[19] (in)ruil, inwisseling
eintauschen inruilen, inwisselen
einteilen indelen, verdelen
Einteilung *v*[20] indeling, verdeling
eintönig eentonig
Eintönigkeit *v*[28] eentonigheid
Eintopf *m*, **Eintopfgericht** *o*[29] stamppot
Eintracht *v*[28] eendracht, eensgezindheid
einträchtig eendrachtig, eensgezind
Einträchtigkeit *v*[28] eendracht

Eintrag m^{6} aantekening, boeking: ~ *tun* benadelen, afbreuk doen
eintragen^{288} **1** inschrijven, boeken, registreren: *eingetragene Marke* gedeponeerd merk **2** naar binnen brengen **3** opleveren
einträglich winstgevend, voordelig
Eintragung v^{20} **1** inschrijving, boeking, registratie **2** notitie
eintreffen^{289} **1** aankomen **2** uitkomen, gebeuren
eintreiben^{290} innen, invorderen

^{1}**eintreten**^{291} *intr* **1** binnentreden, binnenkomen **2** toetreden (tot) **3** verdedigen: *für einen Plan ~* een plan verdedigen **4** beginnen, intreden, zich voordoen, gebeuren
^{2}**eintreten**^{291} *tr* **1** intrappen, in elkaar trappen **2** trappen in
eintrichtern **1** ingieten **2** *(iem iets)* bijbrengen, leren
Eintritt m^{5} **1** (het) binnentreden, binnenkomen **2** intrede, aanvang: *bei ~ der Dunkelheit* bij het invallen van de duisternis **3** toegang, entree: *~ frei* entree gratis
Eintrittsgeld o^{31} entree(prijs), toegangsprijs; *(Belg)* inkom
Eintrittskarte v^{21} toegangskaart
eintrocknen indrogen, opdrogen
eintröpfeln (in)druppelen
einüben **1** instuderen **2** inslijpen; aanleren
einverleiben inlijven, annexeren
Einverleibung v^{20} inlijving, annexatie
Einvernehmen o^{39} verstandhouding
einverstanden: ~ *sein mit*$^{+3}$ het eens zijn met, akkoord gaan met; *~!* akkoord!, oké!
Einverständnis o^{29a} instemming; goedkeuring: *sein ~ erklären* zijn goedkeuring geven
einwählen, sich inbellen
Einwand m^{6} tegenwerping, bedenking: *Einwände erheben (of: machen, vorbringen)* bedenkingen maken, bezwaren opperen
Einwanderer m^{9} immigrant; *(Belg)* inwijkeling
einwandern immigreren; *(Belg)* inwijken
Einwanderung v^{20} immigratie
einwandfrei **1** onberispelijk **2** overtuigend
einwärts binnenwaarts, naar binnen
einwechseln inwisselen, inruilen
Einwegflasche v^{21} wegwerpfles
einweichen weken, in de week zetten
einweihen **1** inwijden **2** plechtig in gebruik nemen **3** voor de eerste keer dragen, gebruiken
einweisen^{307} **1** brengen, plaatsen **2** installeren **3** instrueren; wegwijs maken, inwerken **4** dirigeren, sturen
Einweisung v^{20} **1** overbrenging, plaatsing **2** installatie **3** (het) instrueren **4** (het) dirigeren
einwenden^{308} inbrengen (tegen), tegenwerpen
Einwendung v^{20} tegenwerping, bedenking
einwerfen^{311} **1** ingooien, stukgooien **2** tegenwerpen
einwickeln inpakken, (in)wikkelen: *(inform) jmdn ~* iem inpalmen, iem inpakken
einwilligen toestemmen, inwilligen, toestaan: ~ *in*$^{+4}$ akkoord gaan met
Einwilligung v^{20} toestemming, verlof
einwirken inwerken, invloed hebben
Einwirkung v^{20} (in)werking, invloed
einwöchig één week durend
Einwohner m^{9} **1** inwoner **2** bewoner
Einwohnermeldeamt o^{32} bevolkingsbureau
Einwurf m^{6} **1** (het) inwerpen **2** *(sp)* ingooi **3** gleuf *(van brievenbus)* **4** tegenwerping
Einzahl v^{20} enkelvoud
einzahlen betalen, storten
Einzahlung v^{20} betaling, storting
Einzahlungsbeleg m^{5} stortingsbewijs
Einzeiler m^{9} oneliner
Einzel o^{33} enkelspel
Einzel- afzonderlijk, speciaal
Einzelfall m^{6} op zichzelf staand geval
Einzelgänger m^{9} eenzelvig iemand
Einzelhaft v^{28} eenzame opsluiting
Einzelhandel m^{19} detailhandel
Einzelheft o^{29} los nummer
Einzelheit v^{20} bijzonderheid, detail: *auf ~en eingehen* in details treden
einzeln alleenstaand, apart, enkel, afzonderlijk, één voor één: *~e Höfe* hier en daar een boerderij; *jeder ~e Besucher* iedere bezoeker (afzonderlijk); *im Einzelnen auf etwas eingehen* in bijzonderheden op iets ingaan
Einzelperson v^{20} individu
Einzelpreis m^{5} prijs per stuk
Einzelradaufhängung v^{20} onafhankelijke wielophanging
Einzelspiel o^{29} **1** *(sp)* enkelspel **2** solospel
Einzelteil o^{29} onderdeel, afzonderlijk deel
Einzelverkauf m^{6} detailverkoop
Einzelzimmer o^{33} eenpersoonskamer
^{1}**einziehen**^{318} *intr* **1** *(mbt vloeistof)* intrekken **2** binnentrekken; *(huis)* betrekken
^{2}**einziehen**^{318} *tr* **1** intrekken, binnenhalen **2** intrekken, ongeldig verklaren **3** innen **4** verbeurd verklaren, in beslag nemen **5** zetten in, maken in **6** oproepen **7** inademen || *Erkundigungen ~* inlichtingen inwinnen
^{1}**einzig** *bn* **1** enig, enkel **2** enig in zijn soort, uniek
^{2}**einzig** *bw* enig, enkel
einzigartig uniek, uitzonderlijk
Einzug m^{6} **1** (het) innen **2** intocht **3** (het) betrekken *(van huis)*
Einzugsgebiet o^{29} **1** verzorgingsgebied, regio **2** stroomgebied
einzwängen klemmen in, persen in
Eis o^{39} **1** ijs **2** ijsje; *zie ook* eislaufen
Eisbahn v^{20} ijsbaan
Eisbein o^{29} varkenspoot(je): *Erbsensuppe mit ~* erwtensoep met kluif
Eisbergsalat m^{5} ijsbergsla
Eisdiele v^{21} ijssalon

Eisen o^{35} **1** ijzer **2** hoefijzer **3** golfstok || *etwas zum alten ~ werfen* (of: *legen*) iets afschaffen; *zum alten ~ gehören* (of: *zählen*) afgedankt zijn
Eisenbahn v^{20} **1** spoorweg, spoorbaan **2** spoorwegen || *es ist (die) höchste ~* het is de hoogste tijd
Eisenbahnangestellte(r) m^{40a}, v^{40b}, **Eisenbahner** m^{9} spoorbeambte
Eisenbahnlinie v^{21} spoorlijn
Eisenbahnwagen m^{11} wagon
Eisenbeton m^{13}, m^{5} gewapend beton
Eisenblech o^{29} plaatstaal
Eisenerz o^{29} ijzererts
Eisenhütte v^{21}, **Eisenhüttenwerk** o^{29} hoogoven, ijzersmelterij
eisern 1 ijzeren **2** *(fig)* ijzeren, stalen, zeer sterk **3** *(fig)* ijzeren, onverbiddelijk, zeer streng || *die ~e Ration* het noodrantsoen
Eisfeld o^{31}, **Eisfläche** v^{21} ijsvlakte
Eisgang m^{6} ijsgang, (het) kruien
eisig 1 ijskoud, ijzig **2** *(fig)* ijzig, ongenaakbaar
eiskalt 1 ijskoud **2** *(fig)* ijskoud, onbewogen
Eiskübel m^{9} ijsemmer, koeler
Eiskunstlauf m^{19} (het) kunstrijden op de schaats
Eislauf m^{19} (het) schaatsen(rijden)
eislaufen^{198} schaatsen
Eisläufer m^{9} schaatser, schaatsenrijder
Eissalat m^{5} ijsbergsla
Eisschnelllauf, Eisschnell-Lauf m^{19} hardrijden op de schaats
Eisscholle v^{21} ijsschol, schots
Eistee m^{19} icetea
Eiszacke v^{21}, **Eiszapfen** m^{11} ijspegel
eitel 1 ijdel, verwaand **2** louter, enkel
Eitelkeit v^{20} ijdelheid
Eiter m^{19} etter, pus
Eiterbeule v^{21} *(ook fig)* etterbuil, abces
eiterig *zie* eitrig
eitern etteren, dragen
eitrig etterend, etterig
Eiweiß o^{29} eiwit
eiweißhaltig eiwithoudend
Eizelle v^{21} eicel, eitje
Ejakulation v^{20} ejaculatie, zaadlozing
EKD *afk van Evangelische Kirche in Deutschland* Evangelische Kerk in Duitsland
^{1}**Ekel** m^{19} tegenzin, afkeer, walging: *~ vor*$^{+3}$ afkeer van, tegenzin in
^{2}**Ekel** o^{33} mispunt
ekelerregend walgelijk
ekelhaft 1 weerzinwekkend, walgelijk **2** *(inform)* heel, erg, verschrikkelijk
ekeln met walging vervullen, tegenstaan: *ich ek(e)le mich vor*$^{+3}$*…, es ekelt mich* (of: *mir*) *vor*$^{+3}$ *…* ik walg van …
eklig 1 weerzinwekkend, walgelijk **2** erg, akelig
Ekstase v^{21} extase, verrukking
Ekzem o^{29} eczeem
elastisch 1 elastisch **2** flexibel
Elastizität v^{28} **1** elasticiteit, spankracht **2** flexibiliteit
Elch m^{5} eland
Elefant m^{14} olifant
Eleganz v^{28} elegantie
elektrifizieren^{320} elektrificeren
Elektrifizierung v^{20} elektrificatie
Elektriker m^{9} elektricien
elektrisch elektrisch
Elektrizität v^{28} elektriciteit
Elektrizitätserzeugung v^{28} elektriciteitsopwekking
Elektrizitätsversorgung v^{28} elektriciteitsvoorziening
Elektrizitätswerk o^{29} elektrische centrale
Elektroartikel m^{9} elektrisch artikel
Elektrogerät o^{29} elektrisch apparaat
Elektroherd m^{5} elektrisch fornuis
Elektromechaniker m^{9} elektricien
Elektromobil o^{29} scootmobiel
Elektronenrechner m^{9} elektronische rekenmachine
Elektronik v^{28} **1** elektronica **2** elektronische uitrusting
elektronisch elektronisch
Elektrorasierer m^{9} elektrisch scheerapparaat
Elektrozeitnahme v^{21} elektronische tijdopneming
Element o^{29} element *(alle bet)*
elementar 1 elementair **2** fundamenteel
Elementarbuch o^{32} leerboek voor beginners
Elementarkraft v^{25} natuurkracht
Elementarschule v^{21} basisschool
Elementarunterricht m^{19} basisonderwijs
^{1}**elend** *bn* **1** ellendig, jammerlijk **2** laag, gemeen **3** *(inform)* zeer groot, enorm **4** armzalig, ellendig **5** ellendig, ziek
^{2}**elend** *bw* zeer, enorm, erg
Elend o^{39} **1** ellende, nood, armoede **2** ellende, ongeluk, leed
Elendsquartier o^{29} krotwoning
Elendsviertel o^{33} krottenwijk, achterbuurt
elf elf
Elf v^{20} **1** *(het cijfer)* elf **2** lijn elf *(van tram, bus)* **3** elftal
Elfenbein o^{39} ivoor
elfenbeinern ivoren
Elfer m^{9} strafschop
Elferrat m^{6} raad van elf
Elfmeter m^{9} strafschop
Elfmetermarke v^{21} strafschopstip
Elfmeterschießen o^{39}: *durch ein ~* door het nemen van strafschoppen
eliminieren^{320} elimineren
Elite v^{21} elite
Elitetruppe v^{21} elitekorps
Ellbogen m^{11} elleboog
Ellbogenfreiheit v^{28} armslag
Elle v^{21} **1** *(anat)* ellepijp **2** *(vero)* el
Ellenbogen m^{11} *zie* Ellbogen
Ellipse v^{21} ellips

Elsass *o (2e nvl -(es))* de Elzas
Elster *v*^{21} ekster
elterlich ouderlijk: *~e Gewalt* ouderlijke macht
Eltern *mv* ouders
Elternausschuss *m*^{6}, **Elternbeirat** *m*^{6} oudercommissie
Elternhaus *o*^{32} ouderlijk huis
Elternliebe *v*^{28} ouderliefde
elternlos ouderloos
Elternteil *m*^{5} ouder
Email *o*^{36}, **Emaille** *v*^{21} email
E-Mail *v*^{27} *(Z-Dui, Zwits, Oostenr) o*^{36} e-mail, mailtje
E-Mail-Adresse *v*^{21} e-mailadres
Emanze *v*^{21} *(inform)* **1** geëmancipeerde vrouw **2** feministe
Emanzipation *v*^{20} emancipatie
emanzipatorisch op emancipatie gericht
emanzipieren^{320} emanciperen
Emblem *o*^{29} embleem, zinnebeeld
Emigrant *m*^{14} emigrant
Emigration *v*^{20} emigratie
emigrieren^{320} emigreren
emittieren^{320} **1** emitteren, uitgeven **2** emitteren, uitstralen **3** emitteren, lozen, uitstoten
Emoticon *o*^{36} emoticon
Emotion *v*^{20} emotie
emotional, emotionell emotioneel
Empfang *m*^{6} **1** ontvangst **2** receptie
empfangen^{146} ontvangen, krijgen
Empfänger *m*^{9} **1** ontvanger **2** ontvangtoestel
empfänglich ontvankelijk; vatbaar
Empfänglichkeit *v*^{28} ontvankelijkheid; vatbaarheid
Empfangnahme *v*^{28} ontvangst
Empfängnis *v*^{24} bevruchting, conceptie
Empfängnisverhütung *v*^{20} anticonceptie
Empfängnisverhütungsmittel *o*^{33} anticonceptiemiddel, voorbehoedmiddel
Empfangsbescheinigung *v*^{20} ontvangstbewijs, reçu
Empfangsbestätigung *v*^{20} ontvangstbevestiging
Empfangsdame *v*^{21} receptioniste
Empfangszimmer *o*^{33} ontvangkamer, salon
^{1}**empfehlen**^{147} *tr* aanbevelen, aanraden
^{2}**empfehlen**^{147}**, sich 1** zich aanbevelen **2** weggaan: *es empfiehlt sich* het verdient aanbeveling
empfehlenswert aanbevelenswaardig
Empfehlung *v*^{20} **1** aanbeveling, raad **2** groet, compliment
Empfehlungsbrief *m*^{5}, **Empfehlungsschreiben** *o*^{35} aanbevelingsbrief
empfinden^{157} **1** (ge)voelen **2** ervaren **3** opvatten
Empfinden *o*^{39} gevoelen, gevoel
empfindlich 1 gevoelig **2** vatbaar: *~ gegen*$^{+4}$ vatbaar voor **3** lichtgeraakt, prikkelbaar: *~ kalt* flink koud
Empfindlichkeit *v*^{20} **1** gevoeligheid **2** vatbaarheid **3** geprikkeldheid
empfindsam 1 sentimenteel **2** fijngevoelig
Empfindsamkeit *v*^{20} **1** sentimentaliteit **2** fijngevoeligheid
Empfindung *v*^{20} gevoel, gewaarwording
empor omhoog, in de hoogte, op(waarts)
emporarbeiten, sich zich omhoogwerken, zich opwerken
Empore *v*^{21} galerij
^{1}**empören** *tr* woedend, kwaad maken
^{2}**empören, sich 1** in opstand komen **2** verontwaardigd worden
empörend stuitend, weerzinwekkend
empörerisch opstandig, oproerig
emporfahren^{153} **1** opspringen, opvliegen **2** naar boven rijden
emporhalten^{183} omhooghouden
emporheben^{186} opheffen
emporkommen^{193} **1** omhoogkomen, opkomen **2** carrière maken
Emporkömmling *m*^{5} parvenu
emporragen uitsteken, oprijzen
emporschauen omhoogzien, opzien: *zu jmdm ~* naar, tegen iem opzien
emporsehen^{261} *zie* emporschauen
emporstehen^{279} omhoogstaan
emporsteigen^{281} **1** opstijgen, opklimmen **2** carrière maken
empört verontwaardigd
Empörung *v*^{20} **1** oproer, opstand **2** verontwaardiging
emsig ijverig, nijver, vlijtig, naarstig
Emsigkeit *v*^{28} naarstigheid, ijver, vlijt
Ende *o*^{38} eind(e), slot: *ein ~ Bindfaden* een stukje touw; *meine Geduld ist zu ~* mijn geduld is op; *der Weg nimmt kein ~* er komt geen eind aan de weg; *am ~* ten slotte; *kein ~ finden* niet tot een eind komen; *letzten ~s* ten slotte; *ein tragisches ~ nehmen* tragisch eindigen; *zu ~ bringen* (of: *führen)* afmaken; *zu ~ gehen* ten einde lopen
enden 1 eindigen, ophouden **2** aflopen, eindigen **3** sterven, eindigen
Endergebnis *o*^{29a} eindresultaat
endgültig definitief, voorgoed
Endivie *v*^{21} andijvie
Endkampf *m*^{6} **1** eindstrijd **2** *(sp)* finale
endlich 1 (uit)eindelijk **2** *(wisk)* eindig **3** vergankelijk
endlos eindeloos, zonder einde
endoskopisch endoscopisch: *~e Operation* kijkoperatie
Endphase *v*^{21} slotfase
Endpunkt *m*^{5} eindpunt
Endrunde *v*^{21} finale
Endspiel *o*^{29} **1** *(sp)* finale **2** eindspel *(bij schaken)*
Endung *v*^{20} *(taalk)* uitgang
Endverbraucher *m*^{9} consument
Energie *v*^{21} energie
Energiebedarf *m*^{19} energiebehoefte
Energiekrise *v*^{21} energiecrisis

Energiequelle *v*[21] energiebron
energiesparend energiebesparend
Energiesparlampe *v*[21] spaarlamp
Energieversorgung *v*[20] energievoorziening
energisch energiek
Energydrink *m*[13] *(2e nvl ook -)* energydrink
eng *bn* **1** eng, nauw **2** beperkt: *in ~en Verhältnissen leben* bekrompen leven **3** innig **4** dicht op elkaar
engagieren[320] [ãngazjieren] engageren
Enge *v*[21] **1** engte, nauw, nauwe doorgang **2** bekrompenheid
Engel *m*[9] engel
engherzig enghartig, kleinzielig
England *o*[39] Engeland
Engländer *m*[9] **1** Engelsman **2** Engelse sleutel
englisch Engels: *auf Englisch* op z'n Engels
engmaschig fijnmazig, met fijne mazen
Engpass *m*[6] **1** nauwe pas, smal weggedeelte **2** knelpunt, bottleneck
engstirnig bekrompen, geborneerd
Enkel *m*[9] **1** kleinkind **2** kleinzoon
Enkelin *v*[22] kleindochter
Enkelkind *o*[31] kleinkind
Enkelsohn *m*[6] kleinzoon
Enkeltochter *v*[26] kleindochter
enorm enorm
Ensemble [ãnsãnbel] *o*[36] ensemble
entarten ontaarden
entbehren ontberen, missen
entbehrlich overbodig
Entbehrung *v*[20] ontbering, gemis
entbieten[130] ontbieden
[1]**entbinden**[131] *intr* bevallen, baren
[2]**entbinden**[131] *tr* **1** ontslaan, ontheffen (van) **2** verlossen: *sie wurde von einem Sohn entbunden* zij heeft het leven geschonken aan een zoon
Entbindung *v*[20] **1** ontslag, ontheffing **2** verlossing, bevalling
Entbindungsabteilung *v*[20] kraamafdeling
Entbindungsanstalt *v*[20], **Entbindungsheim** *o*[29] kraamkliniek
[1]**entblättern** *tr* ontbladeren
[2]**entblättern, sich** **1** de bladeren verliezen **2** zich uitkleden
entblößen **1** ontbloten **2** beroven
entdecken **1** ontdekken **2** *(vero)* meedelen
Entdecker *m*[9] ontdekker
Entdeckung *v*[20] ontdekking
Ente *v*[21] **1** eend **2** *(fig)* canard **3** *(inform)* urinaal
entehren onteren, schenden
enteignen onteigenen
Entenbraten *m*[11] gebraden eend
Entengrütze *v*[28] eendenkroos
Enter *o*[39] *(comp)* **1** enter **2** entertoets
enterben onterven
Enterich *m*[5] woerd, mannetjeseend
Entertaste *v*[21] entertoets
entfachen ontsteken, doen ontvlammen
entfahren[153] ontsnappen, ontglippen
entfallen[154] **1** vallen uit **2** vervallen: *~ auf*[+4] vallen op || *der Name ist mir ~* de naam is mij ontschoten
[1]**entfalten** *tr* ontvouwen, ontplooien *(ook fig);* ontwikkelen, tentoonspreiden
[2]**entfalten, sich** **1** zich ontplooien, zich ontwikkelen **2** ontluiken
Entfaltung *v*[20] ontwikkeling, ontplooiing
[1]**entfernen** *tr* verwijderen
[2]**entfernen, sich** zich verwijderen, weggaan
entfernt **1** ver, verwijderd; veraf: *aus (weit) ~en Zeiten* uit verre tijden; *ich bin weit davon ~, dir zu glauben* ik geloof jou absoluut niet; *wir sind ~ verwandt* we zijn in de verte familie van elkaar; *nicht im Entferntesten* (of: *nicht ~)* in de verste verte niet **2** gering
Entfernung *v*[20] **1** verwijdering **2** afstand, verte **3** afwezigheid
Entfernungspauschale *v*[21] kilometervergoeding
entfesseln ontketenen *(ook fig)*
[1]**entflammen** *intr* ontvlammen
[2]**entflammen** *tr* **1** doen ontbranden, ontsteken **2** doen ontvlammen
entflechten[158] **1** losmaken, ontvlechten; *(een kartel)* ontbinden **2** ontwarren
Entflechtung *v*[20] losmaking: *~ der Kartelle* dekartellisatie, ontbinding der kartels
entfliegen[159] wegvliegen
entfliehen[160] **1** (ont)vluchten, ontsnappen **2** snel voorbijgaan
entfremden **1** vervreemden **2** aan zijn bestemming onttrekken
Entfremdung *v*[20] vervreemding
entführen **1** ontvoeren, schaken **2** kapen
Entführung *v*[20] **1** ontvoering, schaking **2** kaping
entgegen[+3] *vz* **1** tegemoet **2** tegen, in strijd met, in tegenspraak met
entgegenarbeiten[+3] tegenwerken
entgegenbringen[139] **1** *(naar iem)* toebrengen **2** *(liefde)* koesteren voor; *(vertrouwen)* schenken: *jmdm, etwas*[3] *Interesse ~* belangstelling tonen voor iem, iets
entgegeneilen[+3] tegemoet snellen
entgegengehen[168+3] tegemoet gaan *(ook fig);* tegemoet lopen
entgegengesetzt tegen(over)gesteld
entgegenkommen[193+3] tegemoetkomen *(ook fig): ~des Auto* tegenligger
Entgegennahme *v*[28] ontvangst
entgegennehmen[212] in ontvangst nemen, aannemen, aanvaarden
entgegensehen[261+3] tegemoet zien
entgegensetzen[+3] tegenoverstellen
entgegenstehen[279+3] **1** in de weg staan **2** bemoeilijken **3** in strijd zijn met
[1]**entgegenstellen**[+3] *tr* tegenoverstellen
[2]**entgegenstellen**[+3]**, sich** de doortocht belemmeren

entgegentreten[291+3] **1** tegemoet treden **2** tegenkomen **3** optreden tegen
entgegenwirken[+3] tegenwerken
entgegnen antwoorden
Entgegnung *v*[20] antwoord, reactie
entgehen[168] ontgaan, ontsnappen
entgeistert verbijsterd, versuft, wezenloos
Entgelt *o*[29] **1** vergoeding **2** beloning
entgelten[170] **1** ontgelden **2** vergoeden
entgleisen ontsporen *(ook fig)*
Entgleisung *v*[20] ontsporing *(ook fig)*
¹**enthalten**[183] *tr* bevatten, inhouden, behelzen: *das ist darin (mit) ~* dat is erbij inbegrepen
²**enthalten**[183]**, sich** zich onthouden: *ich konnte mich nicht ~, ihn zu tadeln* ik kon niet nalaten hem te berispen
enthaltsam matig, sober
Enthaltsamkeit *v*[28] matigheid, soberheid: *~ üben* versterven
¹**Enthaltung** *v*[28] matigheid, soberheid; onthouding
²**Enthaltung** *v*[20] blanco stem
enthaupten onthoofden
entheben[186] **1** *(iem van eed)* ontheffen, bevrijden **2** *(iem uit een ambt)* ontslaan
Enthebung *v*[20] ontheffing, vrijstelling
Enthefter *m*[9] ontnieter
entheiligen ontheiligen, ontwijden
enthüllen 1 onthullen **2** ontmaskeren
Enthüllungsjournalist *m*[14] onderzoeksjournalist
Enthusiasmus *m*[19a] enthousiasme
entjungfern ontmaagden
entkalken ontkalken
¹**entkeimen** *intr* ontkiemen
²**entkeimen** *tr* ontsmetten, kiemvrij maken
entkleiden 1 ontkleden, uitkleden *(ook fig)* **2** *(met 2e nvl)* ontdoen van, beroven van
entkolonialisieren[320] dekoloniseren
Entkolonialisierung *v*[20] dekolonisatie
entkommen[193] ontkomen, ontsnappen
entkorken ontkurken
entkräften verzwakken, uitputten; *(bewijzen)* ontzenuwen, weerleggen
entladen[196] **1** ontladen *(ook elektr)* **2** lossen
Entladung *v*[20] ontlading
entlang[+3, +4] *vz* langs
entlarven ontmaskeren
entlassen[197] ontslaan: *die Schüler wurden aus der Schule ~* de leerlingen gingen van school
Entlassung *v*[20] **1** ontslag **2** afdanking *(van troepen)* **3** invrijheidstelling
entlasten 1 ontlasten **2** dechargeren **3** *(voor een som geld)* crediteren
Entlastung *v*[20] **1** ontlasting **2** decharge
Entlastungszeuge *m*[15] getuige à decharge
entlauben ontbladeren
entlaufen[198] weglopen (bij)
¹**entledigen**[+2] *tr* ontdoen van
²**entledigen, sich 1** zich ontdoen van **2** zich kwijten van
entleeren ledigen, legen
entlegen 1 afgelegen, eenzaam **2** ongewoon, vreemd
entlehnen 1 lenen (van, uit) **2** ontlenen (aan)
entleihen[200] **1** lenen **2** ontlenen (aan)
entlohnen (uit)betalen
entlüften ventileren; ontluchten
Entlüftung *v*[20] **1** ventilatie **2** ontluchting **3** ventilatiesysteem
Entlüftungshaube *v*[21] afzuigkap
entmilitarisieren[320] demilitariseren
entmündigen onder curatele stellen
entmutigen ontmoedigen
Entnahme *v*[21] **1** (het) nemen, halen uit **2** onttrekking
entnehmen[212] halen, nemen (uit): *jmdm Blut ~* iem bloed afnemen; *dem* (of: *daraus) entnehme ich* daaruit maak ik op
entpuppen, sich zich ontpoppen *(ook fig)*
enträtseln ontraadselen, ontcijferen
entreißen[220] ontrukken, wegrukken
entrichten betalen, voldoen
entringen[224] ontworstelen, ontwringen
entrinnen[225] **1** weglopen, wegvloeien: *die Zeit entrinnt* de tijd vervliegt **2** ontlopen, ontsnappen aan
entrücken ontrukken, wegrukken, wegnemen: *entrückt: a)* in vervoering; *b)* afwezig
Entrückung *v*[20] **1** (het) wegnemen, (het) ontrukken, wegrukken **2** geestvervoering, geestverrukking
¹**entrüsten** *tr* boos maken
²**entrüsten, sich** boos, verontwaardigd worden
Entrüstung *v*[20] verontwaardiging
entsaften uitpersen
Entsafter *m*[9] vruchtenpers, sapcentrifuge
entsagen 1 berusten, zich schikken, resigneren **2** *(met 3e nvl)* afstand doen van
Entsagung *v*[20] **1** afstand, afzwering, verzaking **2** zelfverloochening
entschädigen (iem) schadeloosstellen
Entschädigung *v*[20] schadeloosstelling, schadevergoeding
entschärfen 1 onschadelijk maken **2** *(fig)* minder scherp maken, depolariseren
Entscheid *m*[5] **1** beslissing **2** uitspraak
¹**entscheiden**[232] *tr en intr* beslissen
²**entscheiden**[232]**, sich** een besluit, een beslissing nemen: *sich für jmdn ~* zijn keuze op iem laten vallen
entscheidend beslissend, afdoend
Entscheidung *v*[20] beslissing
Entscheidungskampf *m*[6] **1** beslissend gevecht **2** beslissingswedstrijd
Entscheidungslauf *m*[6] *(sp)* serie
Entscheidungsspiel *o*[29] beslissingswedstrijd
entschieden beslist, stellig, bepaald

Entschiedenheit *v*^{28} beslistheid, vastberadenheid
entschlafen^{240} ontslapen, sterven
Entschleunigung *v*^{28} onthaasting
entschließen^{245}**, sich** besluiten
Entschließung *v*^{20} **1** besluit **2** resolutie
entschlossen (vast)besloten, beslist
Entschlossenheit *v*^{28} vastberadenheid, beslistheid
Entschluss *m*^{6} besluit, beslissing
entschlüsseln **1** ontraadselen **2** decoderen
entschlusslos besluiteloos
^{1}**entschuldigen** *tr* verontschuldigen
^{2}**entschuldigen, sich** zich verontschuldigen: ~ *Sie!* pardon!
Entschuldigung *v*^{20} verontschuldiging
entschwinden^{258} verdwijnen
entseelt ontzield, dood
entsenden^{263} zenden, uitzenden; (iem) afvaardigen
^{1}**entsetzen** *tr* **1** *(mil)* ontzetten **2** ontstellen, ontzetten
^{2}**entsetzen, sich** ontsteld, ontzet zijn
Entsetzen *o*^{39} ontzetting, ontsteltenis
entsetzlich ontzettend, verschrikkelijk
entseuchen ontsmetten, desinfecteren
entsinnen^{267}**, sich** zich herinneren
entsorgen van afvalstoffen vrijmaken
Entsorgung *v*^{28} (het) verwijderen, opruimen, opslaan van afvalstoffen
Entsorgungsbehälter *m*^{9} kliko
Entsorgungsfrage *v*^{21} afvalproblematiek
Entsorgungsunternehmen *o*^{35} afvalverwerkingsbedrijf
^{1}**entspannen** *tr* ontspannen
^{2}**entspannen, sich** zich ontspannen
entspinnen^{272}**, sich** zich ontspinnen, ontstaan
entsprechen^{274+3} overeenstemmen met, beantwoorden aan, stroken met: *den Anforderungen ~* aan de eisen voldoen
^{1}**entsprechend** *bn, bw* **1** passend, adequaat, gepast: *eine ~e Entschädigung* een redelijke vergoeding **2** daaraan beantwoordend, daarbij passend **3** bevoegd, daarvoor aangewezen
^{2}**entsprechend**$^{+3}$ *vz* overeenkomstig
Entsprechung *v*^{20} **1** overeenkomst, analogie **2** *(taalk)* equivalent
entstammen afstammen van, stammen uit
entstehen^{279} ontstaan
Entstehung *v*^{20} (het) ontstaan
Entstehungsgeschichte *v*^{21} ontstaansgeschiedenis
entstellen misvormen, mismaken, ontsieren; *(een tekst)* verminken; *(de waarheid)* verdraaien
Entstellung *v*^{20} misvorming, verdraaiing, verminking
entstören ontstoren, storingvrij maken
enttäuschen teleurstellen, ontgoochelen
Enttäuschung *v*^{20} teleurstelling, ontgoocheling, tegenvaller
entwachsen^{302} ontspruiten uit; ontgroeien
entwaffnen ontwapenen
Entwaffnung *v*^{20} ontwapening
entwalden ontbossen
entwarnen het signaal 'veilig' geven
^{1}**entwässern** *intr* uitwateren
^{2}**entwässern** *tr* afwateren, droogleggen; *(med)* draineren
entweder, entweder: ~ ... *oder* of ... of
entweichen^{306} ontsnappen
entweihen ontwijden
entwenden^{308} wegnemen, ontvreemden
entwerfen^{311} ontwerpen
entwerten **1** in waarde verminderen **2** *(trein-, strippenkaart)* knippen, afstempelen
Entwerter *m*^{9} stempelautomaat
Entwertung *v*^{20} **1** ontwaarding, waardevermindering **2** (het) afstempelen
^{1}**entwickeln** *tr* **1** ontwikkelen *(ook foto)* **2** uiteenzetten
^{2}**entwickeln, sich** zich ontwikkelen
Entwickler *m*^{9} ontwikkelaar *(ook foto)*
Entwicklung *v*^{20} ontwikkeling, vorming
Entwicklungshelfer *m*^{9} ontwikkelingswerker; *(Belg)* coöperant
Entwicklungshilfe *v*^{28} ontwikkelingshulp
entwinden^{313} **1** ontrukken **2** ontwringen
entwirren ontwarren
entwischen ontsnappen
entwöhnen **1** ontwennen, afwennen **2** spenen, niet meer zogen
Entwurf *m*^{6} ontwerp, plan, schets
^{1}**entziehen**^{318} *tr* (iem, iets) onttrekken, ontnemen, afnemen, beroven van; *(het rijbewijs)* intrekken
^{2}**entziehen**^{318}**, sich** zich onttrekken aan
Entziehung *v*^{20} **1** onttrekking; intrekking **2** ontwenningskuur
Entziehungsanstalt *v*^{20} ontwenningskliniek
Entziehungskur *v*^{20} *(med)* ontwenningskuur
entziffern ontcijferen
entzücken verrukken, bekoren, betoveren
Entzücken *o*^{39} verrukking, vervoering
entzückend verrukkelijk, snoezig
Entzückung *v*^{20} verrukking, geestvervoering
Entzugserscheinungen *mv* *v*^{20} ontwenningsverschijnselen
entzündbar ontvlambaar, ontbrandbaar
^{1}**entzünden** *tr* ontsteken *(ook med)*; aansteken, in brand steken
^{2}**entzünden, sich** **1** ontvlammen, vuur vatten, ontbranden **2** ontstaan
Entzündung *v*^{20} ontsteking
entzwei stuk, in (aan) stukken, kapot
entzweigehen^{168} stukgaan
Enzian *m*^{5} gentiaan
Enzyklopädie *v*^{21} encyclopedie
Epidemie *v*^{21} epidemie
Epigone *m*^{15} epigoon, navolger

Epik v^{28} epiek
Epiker m^{9} episch dichter
Epilepsie v^{21} epilepsie, vallende ziekte
Epileptiker m^{9} epilepticus
Epilog m^{5} epiloog, narede
Epiphania v^{28}, **Epiphanias** o^{39a}, **Epiphanienfest** o^{29} driekoningenfeest
episch episch, verhalend
Episode v^{21} episode
Epistel v^{21} **1** epistel **2** *(inform)* strafpreek
Epo, EPO o^{39a}, o^{39} *afk van Erythropoietin* erytropoëtine *(afk* epo)
epochal **1** karakteristiek voor een tijdperk **2** baanbrekend, opzienbarend
Epoche v^{21} tijdperk
epochemachend, Epoche machend **1** een nieuw tijdperk inluidend **2** opzienbarend
Epos *o (2e nvl -; mv Epen)* epos
Equipe [ekip] v^{21} equipe, ploeg
er^{82} hij
erachten achten, menen, houden voor
Erachten o^{39} mening, inzicht: *meines ~s* (of: *nach meinem ~)* mijns inziens, volgens mij
erarbeiten **1** met werken verdienen **2** zich door studie eigen maken **3** *(een plan)* uitwerken
Erbanteil m^{5} erfdeel
^{1}**erbarmen** *tr* medelijden inboezemen
^{2}**erbarmen, sich** zich ontfermen: *sich jmds* (of: *sich über jmdn) ~* zich over iem ontfermen
Erbarmen o^{39} erbarming, medelijden
erbarmenswert deerniswekkend
erbärmlich **1** erbarmelijk, ellendig **2** verschrikkelijk **3** laag, verachtelijk
Erbarmung v^{20} erbarming, ontferming
erbarmungslos meedogenloos
erbauen **1** (op)bouwen **2** *(fig)* stichten: *von*$^{+3}$ (of: *über*$^{+4}$*) etwas nicht erbaut sein* niet blij zijn met iets
Erbauer m^{9} bouwer, stichter
erbaulich stichtelijk, verheffend
Erbauung v^{20} stichting
^{1}**Erbe** m^{15} erfgenaam
^{2}**Erbe** o^{39} erfenis
erben **1** erven **2** overerven **3** overnemen
erbeuten buitmaken; *(fig)* veroveren
Erbfehler m^{9} erfelijk gebrek, familiegebrek
erbieten^{130}, **sich** zich aanbieden, zich bereid verklaren
Erbin v^{22} erfgename
erbitten^{132} verzoeken, vragen (om)
erbittern verbitteren
erbittert verwoed, verbitterd
erblassen **1** bleek worden **2** sterven
^{1}**erbleichen** *st* sterven
^{2}**erbleichen** *zw* verbleken
erblich erfelijk
Erblichkeit v^{28} erfelijkheid
erblicken zien; beschouwen als
erblinden **1** blind worden **2** dof worden
erblühen opbloeien, tot bloei komen
Erbmasse v^{21} **1** boedel **2** *(biol)* erfmassa, (de) genen
^{1}**erbosen** *tr* boos maken
^{2}**erbosen, sich** boos worden, zich boos maken
Erbpacht v^{20} erfpacht
^{1}**erbrechen**^{137} *tr* **1** openbreken **2** uitbraken
^{2}**erbrechen**^{137}, **sich** braken, overgeven
Erbrecht o^{29} erfrecht
erbringen^{139} **1** *(het bedrag)* opbrengen **2** *(bewijs)* leveren **3** *(winst)* opleveren
Erbschaft v^{20} erfenis, nalatenschap
Erbschaftsmasse v^{21} boedel
Erbschaftssteuer v^{21} successierechten *(mv)*
Erbse v^{21} erwt
Erbsensuppe v^{21} erwtensoep, snert
Erbteil o^{29} **1** erfdeel **2** geërfde eigenschap
Erdarbeiten *mv* v^{20} grondwerk
Erdball m^{19} aardbol
Erdbeben o^{35} aardbeving
Erdbeere v^{21} aardbei
Erdboden m^{19} aardbodem, aarde, grond
Erde v^{21} **1** aarde, grond, bodem, aardbol **2** aarde, aardleiding
erden *(elektr)* aarden
erdenkbar denkbaar, te bedenken, mogelijk
erdenken^{140} uitdenken, bedenken, verzinnen
erdenklich denkbaar, te bedenken, mogelijk
Erdgas o^{39} aardgas
Erdgasvorkommen o^{35} gasbel, gasveld
Erdgeschoss o^{29} benedenverdieping, parterre, begane grond: *im ~* beneden
erdichten verdichten, verzinnen
erdichtet gefingeerd, fictief
Erdichtung v^{20} verzinsel; (het) verzinnen
Erdkabel o^{33} grondkabel
^{1}**Erdkugel** v^{21} globe
^{2}**Erdkugel** v^{28} aardbol
Erdkunde v^{28} aardrijkskunde, geografie
Erdleitung v^{20} aardleiding
Erdmasse v^{21} aardmassa, grondmassa
Erdnuss v^{25} aardnoot, pinda
Erdnussbutter v^{28} pindakaas
Erdöl o^{39} aardolie
Erdölbohrung v^{20} olieboring
Erdölfeld o^{31} olieveld
Erdölvorkommen o^{35} **1** aanwezigheid van aardolie **2** vindplaats van aardolie **3** hoeveelheid aardolie
Erdreich o^{39} aardrijk, bodem, grond
erdreisten, sich zich verstouten
erdrosseln **1** wurgen **2** *(fig)* smoren
erdrücken **1** platdrukken, bedelven **2** dooddrukken **3** *(fig)* wegdrukken
Erdrutsch m^{5} aardverschuiving
Erdsatellit m^{14} aardsatelliet
Erdteil m^{5} werelddeel
erdulden dulden, doorstaan, verdragen
Erdumfang m^{19} omtrek van de aarde

Erdumlaufbahn *v*[20] baan om de aarde
Erdung *v*[20] **1** aarding **2** aarde
ereifern, sich zich boos maken, zich opwinden
ereignen, sich gebeuren, voorvallen
Ereignis *o*[29a] gebeurtenis, voorval
ereilen achterhalen, overvallen
Erektion *v*[20] erectie
Eremit *m*[14] heremiet, kluizenaar
[1]**erfahren** *bn* ervaren, rijk aan ondervinding
[2]**erfahren** *ww*[153] **1** vernemen, te weten komen **2** ondervinden, ervaren **3** ondergaan
Erfahrenheit *v*[28] ervarenheid
Erfahrung *v*[20] ervaring, ondervinding: *aus ~* bij ervaring; *in ~ bringen* te weten komen
Erfahrungsaustausch *m*[19] (het) uitwisselen van ervaringen
erfassen **1** aanvatten, (aan)grijpen **2** beseffen, begrijpen **3** *(fig)* omvatten, zich uitstrekken tot **4** registreren **5** zich meester maken van
Erfassung *v*[20] **1** besef, begrip **2** registratie
erfinden[157] **1** uitvinden **2** bedenken, verzinnen
Erfinder *m*[9] uitvinder
erfinderisch vindingrijk, vernuftig
Erfindung *v*[20] **1** (uit)vinding **2** verdichtsel
Erfindungsgabe *v*[28], **Erfindungskraft** *v*[28] vindingrijkheid, vernuft, fantasie
Erfolg *m*[5] succes, welslagen: *~ versprechend* veelbelovend
erfolgen gebeuren, plaatshebben
erfolglos zonder resultaat, vergeefs
erfolgreich succesvol, geslaagd
erfolgversprechend veelbelovend
erforderlich vereist, noodzakelijk
erfordern vergen, vereisen
Erfordernis *o*[29a] eis, vereiste
erforschen navorsen, onderzoeken
Erforscher *m*[9] onderzoeker
Erforschung *v*[20] onderzoek, exploratie
erfragen door vragen te weten komen: *Näheres zu ~ bei*[+3] nadere inlichtingen bij
erfrechen, sich de brutaliteit hebben
[1]**erfreuen** *tr* verheugen, verblijden
[2]**erfreuen**[+2], **sich** zich verheugen in, genieten: *sich ~ an*[+3] genieten van
erfreulich verblijdend, heuglijk, verheugend
erfreulicherweise gelukkig
erfrieren[163] bevriezen, doodvriezen
erfrischen verfrissen, verkwikken
Erfrischung *v*[20] verfrissing
Erfrischungsraum *m*[6] kantine, lunchroom
[1]**erfüllen** *tr* **1** *(verzoek)* inwilligen **2** *(belofte, verdrag, verplichtingen)* nakomen **3** *(hoop)* verwezenlijken **4** *(zijn plicht)* vervullen
[2]**erfüllen, sich** uitkomen, vervuld worden
Erfüllung *v*[20] vervulling, verwezenlijking, nakoming; *zie ook* erfüllen
Erfüllungsgehilfe *m*[15] *(fig.)* jaknikker
ergänzen volledig maken, aanvullen
ergänzend aanvullend
Ergänzung *v*[20] aanvulling, completering
ergaunern bijeenstelen
[1]**ergeben** *bn* **1** toegedaan, genegen **2** berustend
[2]**ergeben** *tr*[166] opleveren, tot resultaat hebben, leiden tot
[3]**ergeben**[166], **sich** **1** blijken, voortkomen, ontstaan: *daraus ergibt sich, dass …* daaruit blijkt dat … **2** zich overgeven: *sich dem Trunk ~* aan de drank raken
Ergebenheit *v*[28] **1** toegenegenheid, gehechtheid **2** berusting
Ergebnis *o*[29a] uitslag, uitkomst, resultaat
Ergebung *v*[28] gelatenheid, berusting, overgave
[1]**ergehen**[168] *intr (mbt bevelen)* uitgaan; uitgevaardigd worden: *~ lassen* uitvaardigen
[2]**ergehen**[168], **sich** **1** zich vertreden **2** uitweiden: *sich ~ in*[+3] uitvoerig spreken over || *etwas über sich ~ lassen* iets over zich heen laten gaan; *wie wird es ihm ~?* hoe zal het hem (ver)gaan?
ergiebig vruchtbaar, rijk, winstgevend: *sehr ~ sein* veel opleveren
[1]**ergießen**[175] *tr* uitgieten, uitstorten
[2]**ergießen**[175], **sich** **1** zich uitstorten **2** uitlopen, uitmonden
ergötzen vermaken, amuseren
ergötzlich vermakelijk
ergreifen[181] **1** *(de gelegenheid)* (aan)grijpen; *(wapens)* opnemen **2** aangrijpen, roeren **3** pakken, arresteren **4** *(de vlucht, maatregelen, het woord)* nemen
ergreifend aandoenlijk, roerend
Ergreifung *v*[28] **1** (het) overnemen **2** arrestatie
ergriffen aangedaan, ontroerd
Ergriffenheit *v*[28] ontroering, bewogenheid
ergründen doorgronden, naspeuren
Erguss *m*[6] **1** *(med)* uitstorting **2** ontboezeming
erhaben verheven, groots
Erhabenheit *v*[20] verhevenheid, grootsheid
Erhalt *m*[19] **1** ontvangst **2** (het) bewaren
[1]**erhalten**[183] *tr* **1** (be)houden, bewaren: *jmdn am Leben ~* iem in het leven houden **2** krijgen, ontvangen **3** onderhouden
[2]**erhalten**[183], **sich** (blijven) bestaan, bewaard blijven
erhältlich verkrijgbaar, te koop
Erhaltung *v*[28] **1** instandhouding, behoud, handhaving **2** onderhoud, verzorging
erhängen ophangen
[1]**erhärten** *intr* hard worden
[2]**erhärten** *tr* **1** hardmaken **2** staven, bewijzen
[1]**erheben**[186] *tr* **1** *(ogen, zijn glas)* opheffen **2** *(zijn stem)* verheffen **3** *(belasting)* heffen **4** *(klacht)* indienen **5** *(gegevens)* verzamelen **6** *(aanspraak)* maken **7** *(protest)* aantekenen **8** *(schade)* vaststellen
[2]**erheben**[186], **sich** **1** zich verheffen, opstaan *(ook fig)*; overeind komen, oprijzen, verrijzen **2** in opstand komen
erheblich aanzienlijk, belangrijk

[1]**Erhebung** *v*[28] (het) verheffen
[2]**Erhebung** *v*[20] **1** verheffing, heuvel **2** heffing, invordering, inning **3** opstand **4** enquête
[1]**erheitern** *tr* opvrolijken, amuseren
[2]**erheitern, sich** **1** opklaren **2** vrolijk worden
[1]**erhellen** *tr* **1** verlichten **2** duidelijk maken: *daraus erhellt* daaruit blijkt
[2]**erhellen, sich** opklaren
[1]**erhitzen** *tr* verhitten *(ook fig)*
[2]**erhitzen, sich** heet worden; *(fig)* zich opwinden
erhöhen **1** ophogen **2** verhogen, vergroten, vermeerderen: *die Preise* ~ de prijzen verhogen
Erhöhung *v*[20] **1** verhoging **2** vermeerdering, vergroting **3** heuvel
erholen, sich **1** herstellen, genezen: *sich von dem Schreck* ~ van de schrik bekomen **2** zich ontspannen, uitrusten **3** weer stijgen
erholsam verkwikkend, verfrissend
Erholung *v*[28] herstel; ontspanning, rust
erhören verhoren
[1]**erinnern** *tr* herinneren
[2]**erinnern, sich** zich herinneren: *sich an eine Sache* (of: *sich einer Sache*[2]) ~ zich iets herinneren
Erinnerung *v*[20] **1** herinnering **2** aanmaning
Erinnerungsvermögen *o*[39] herinneringsvermogen
erkalten koud worden; *(fig)* bekoelen
erkälten, sich kouvatten
Erkaltung *v*[28] afkoeling; bekoeling
Erkältung *v*[20] verkoudheid, kou
erkennbar (her)kenbaar, zichtbaar, te onderscheiden
[1]**erkennen**[189] *intr* vonnissen: ~ *auf*[+4] veroordelen tot || *zu ~ geben* te kennen geven
[2]**erkennen**[189] *tr* **1** zien, onderscheiden **2** herkennen **3** inzien, beseffen
erkenntlich **1** duidelijk **2** erkentelijk
[1]**Erkenntlichkeit** *v*[28] erkentelijkheid
[2]**Erkenntlichkeit** *v*[20] bewijs van erkentelijkheid
Erkenntnis *v*[24] **1** inzicht, besef **2** kennis
Erkennung *v*[28] herkenning
Erkennungsdienst *m*[5] identificatiedienst
Erker *m*[9] erker
erklärbar verklaarbaar
[1]**erklären** *tr* verklaren, uitleggen
[2]**erklären, sich** **1** zich verklaren, zijn mening geven: *ein erklärter Gegner* een uitgesproken tegenstander **2** verklaarbaar zijn
erklärlich verklaarbaar, begrijpelijk
Erklärung *v*[20] verklaring, uitleg
erklecklich aanzienlijk, belangrijk
erkranken ziek worden: *erkrankt sein an*[+3] lijden aan
Erkrankung *v*[20] ziekte, (het) ziek zijn
erkunden *(mil)* verkennen, te weten komen
erkundigen, sich informeren: *sich ~ nach*[+3] inlichtingen inwinnen over
Erkundigung *v*[20] inlichting, informatie
Erkundung *v*[20] *(mil)* verkenning
erlahmen **1** verlammen **2** verflauwen
erlangen (ver)krijgen, behalen, verwerven
Erlass *m*[5] **1** decreet, besluit **2** kwijtschelding
erlassen[197] **1** uitvaardigen **2** kwijtschelden
erlauben veroorloven, toestaan, gedogen: ~ *Sie?* staat u mij toe?, mag ik?
Erlaubnis *v*[24] toestemming, vergunning
erläutern toelichten, verklaren, becommentariëren
Erläuterung *v*[20] verklaring, toelichting
Erle *v*[21] els, elzenboom
erleben beleven, ondervinden
Erlebnis *o*[29a] gebeurtenis, ervaring: *~se* wederwaardigheden, lotgevallen
Erlebnisgesellschaft *v*[20] vrijetijdsmaatschappij
Erlebnispark *m*[13], *m*[5] pretpark, attractiepark
[1]**erledigen** *tr* **1** afhandelen, afdoen **2** *(twijfel)* een einde maken aan **3** *(formaliteiten)* vervullen **4** *(bevel, bestelling)* uitvoeren **5** *(tegenstander)* uitschakelen: *jmdn ~: a)* iem doden; *b)* iem te gronde richten
[2]**erledigen, sich** in orde komen: *der Fall hat sich erledigt* de zaak is afgedaan
Erledigung *v*[20] afdoening, afhandeling, afwikkeling; *zie ook* erledigen
erlegen doden, neerschieten
erleichtern **1** verlichten, vergemakkelijken **2** lichter maken, beroven: *jmdn um etwas* ~ iem van iets beroven **3** opluchten
Erleichterung *v*[20] verlichting; vergemakkelijking; opluchting; faciliteit
erleiden[199] **1** *(een nederlaag, pijn)* lijden **2** *(veranderingen)* ondergaan; *(vertraging)* ondervinden: *Verletzungen* ~ gewond worden
erlernen (aan)leren
erleuchten verlichten *(ook fig)*
Erleuchtung *v*[20] verlichting, inzicht, ingeving
erliegen[202] het onderspit delven, bezwijken: *einer Krankheit* ~ aan een ziekte bezwijken; *zum Erliegen kommen* tot stilstand komen
Erlös *m*[5] opbrengst
erlöschen[150] **1** uitgaan, uitdoven **2** *(mbt geslacht)* uitsterven **3** aflopen, vervallen, ophouden te bestaan **4** verflauwen, zwakker worden
erlösen redden, bevrijden, verlossen
Erlöser *m*[9] **1** bevrijder **2** Verlosser, Heiland
Erlösung *v*[20] **1** bevrijding **2** verlossing
ermächtigen machtigen
Ermächtigung *v*[20] machtiging, volmacht
ermahnen vermanen, aanmanen, aansporen
Ermahnung *v*[20] vermaning
Ermangelung, Ermanglung *v*[28]: *in ~ eines Besseren* bij gebrek aan beter
ermäßigen matigen; verlagen
Ermäßigung *v*[20] **1** matiging, verlaging **2** korting
ermessen[208] begrijpen, beseffen, overzien
Ermessen *o*[39] oordeel, goeddunken: *nach menschlichem* ~ menselijkerwijs gesproken
ermitteln **1** vaststellen, opsporen **2** berekenen

3 een onderzoek instellen
Ermittlung *v*[20] 1 vaststelling, opsporing 2 onderzoek
Ermittlungsrichter *m*[9] rechter van instructie
ermöglichen mogelijk maken
ermorden vermoorden
Ermordung *v*[20] (het) vermoorden, moord
[1]**ermüden** *intr* moe worden
[2]**ermüden** *tr* vermoeien
Ermüdung *v*[20] vermoeidheid, moeheid
ermuntern 1 opmonteren 2 aanmoedigen
Ermunterung *v*[20] 1 aanmoediging 2 opmontering
ermutigen aanmoedigen
[1]**ernähren** *tr* voeden: *eine Familie* ~ een gezin onderhouden
[2]**ernähren, sich** in zijn onderhoud voorzien
Ernährer *m*[9] kostwinner
Ernährung *v*[28] 1 voeding, voedsel 2 (het) voeden, (het) gevoed worden 3 onderhoud
ernennen[213] benoemen; *(Belg)* affecteren
Ernennung *v*[20] benoeming; *(Belg)* affectatie
Ernennungsurkunde *v*[21] akte van benoeming; *(Belg)* aanstellingsbesluit
erneuerbar duurzaam: *~e Energie* duurzame energie
[1]**erneuern** *tr* 1 vernieuwen 2 *(schilderij)* restaureren 3 *(vriendschap)* hernieuwen
[2]**erneuern, sich** (weer) nieuw worden, zich vernieuwen
Erneuerung *v*[20] vernieuwing
erneut 1 vernieuwd, nieuw 2 opnieuw
erniedrigen 1 verminderen, verlagen 2 vernederen
Erniedrigung *v*[20] 1 vermindering, verlaging 2 vernedering
ernst ernstig
Ernst *m*[19] ernst: *es ist mir ~!* ik meen het in ernst!; *das ist nicht Ihr ~!* dat meent u niet!; *im* ~ in ernst, ernstig; *in allem* ~ in alle ernst; *tierischer* ~ gebrek aan humor
Ernstfall *m*[6] ernstig geval: *im* ~ in geval van nood
ernsthaft ernstig, serieus
ernstlich ernstig, serieus
Ernte *v*[21] oogst *(ook fig)*
Erntedankfest *o*[29] oogstfeest
Ernteertrag *m*[6] opbrengst van de oogst
ernten oogsten, inzamelen; *(aardappelen)* rooien
ernüchtern ontnuchteren *(ook fig)*
Ernüchterung *v*[20] ontnuchtering
erobern veroveren
Eroberung *v*[20] verovering
eröffnen 1 *(een tentoonstelling, winkel, testament, rekening)* openen 2 meedelen, te kennen geven || *den Konkurs* ~ de faillissementsprocedure beginnen
Eröffnung *v*[20] 1 opening 2 mededeling
erörtern (uitvoerig) bespreken
Erörterung *v*[20] uiteenzetting, betoog
Erosion *v*[20] erosie
Erotik *v*[28] erotiek
Erotika *mv* erotica
erotisch erotisch
erpicht (met *auf*[+4]) verzot op, belust op
erpressen afpersen: *jmdn* ~ iem chanteren
Erpresser *m*[9] afperser, chanteur
Erpressung *v*[20] afpersing, chantage
erproben beproeven, op de proef stellen
erquicken verkwikken, laven, verfrissen
erquicklich verkwikkend, verfrissend
Erquickung *v*[20] verkwikking, verfrissing
erraten[218] raden
errechnen uitrekenen, berekenen
erregbar prikkelbaar, gevoelig, lichtgeraakt
Erregbarkeit *v*[28] prikkelbaarheid
erregen veroorzaken, doen ontstaan, wekken; *(aanstoot)* geven; *(opzien)* baren; *(medelijden, verbazing)* wekken; *(eetlust)* opwekken; *(ergernis)* veroorzaken
Erreger *m*[9] *(med)* veroorzaker, verwekker
erregt opgewonden, levendig, opgewekt
Erregtheit *v*[28] opgewondenheid, opwinding
Erregung *v*[20] 1 opwinding, opgewondenheid, agitatie; emotie 2 veroorzaking
erreichbar bereikbaar, te bereiken
erreichen bereiken, reiken tot, reiken aan
errichten oprichten, stichten, vestigen
Errichtung *v*[28] oprichting, stichting, vestiging
erringen[224] *(door inspanning)* verwerven, verkrijgen, behalen, bevechten
erröten blozen, rood worden
Errungenschaft *v*[20] verworvenheid, aanwinst
Ersatz *m*[19] 1 vergoeding; schadeloosstelling: *jmdm ~ leisten* iem schadeloosstellen 2 vervanging, surrogaat 3 *(mil)* reservetroepen *(mv)* 4 vervanger; *(sp)* reserve
Ersatzanspruch *m*[6] schadeclaim, eis tot schadeloosstelling
Ersatzdienst *m*[5] *(mil)* vervangende dienst
Ersatzkasse *v*[21] ziekenfonds voor vrijwillig verzekerden
Ersatzleistung *v*[20] schadeloosstelling
Ersatzreifen *m*[11] reserveband
Ersatzstrafe *v*[21] alternatieve straf
Ersatzteil *o*[29] reserveonderdeel
Ersatztruppen *mv v*[21] reservetroepen
ersatzweise als vergoeding, ter vervanging
ersaufen[228] 1 verdrinken 2 onderlopen
erschaffen[230] scheppen, doen ontstaan
erschallen[231] (weer)klinken
erscheinen[233] 1 verschijnen, komen opdagen 2 verschijnen, zich vertonen 3 voorkomen, lijken
Erscheinung *v*[20] 1 verschijning, (droom)gezicht 2 verschijning, gestalte 3 verschijnsel
erschießen[238] doodschieten: *(fig) erschossen sein: a)* totaal verbouwereerd zijn; *b)* bekaf zijn
Erschießung *v*[20] (het) doodschieten
erschlaffen verslappen, verzwakken *(ook fig)*
Erschlaffung *v*[28] verslapping, verzwakking

er

erschlagen[241] doodslaan, doden: *ich bin ~: a)* ik ben verbluft; *b)* ik ben doodmoe
erschließen[245] **1** ontsluiten, openen **2** afleiden, opmaken
[1]**erschöpfen** *tr (zijn krachten, middelen, een thema)* uitputten
[2]**erschöpfen, sich** uitgeput raken
Erschöpfung *v*[20] uitputting, (het) uitputten
[1]**erschrecken** *st* schrikken, ontstellen
[2]**erschrecken** *zw* doen schrikken, verschrikken
erschreckend schrikwekkend
erschrocken geschrokken
Erschrockenheit *v*[28] verschriktheid, ontsteldheid
erschüttern **1** schokken **2** doen schudden, doen trillen **3** schokken, ontstellen
Erschütterung *v*[20] **1** schok **2** (het) schudden, (het) trillen **3** ontsteltenis
erschweren bemoeilijken
erschwinglich op te brengen, betaalbaar
ersehen[261] zien, besluiten
ersetzen vervangen; vergoeden, restitueren
ersichtlich duidelijk (te zien): *daraus wird ~* hieruit blijkt
ersinnen[267] verzinnen, bedenken
erspähen in het oog krijgen, ontdekken
ersparen (be)sparen, opzijleggen
Ersparnis *v*[24] **1** besparing **2** gespaarde geld
[1]**erst** *bw* **1** eerst; vooraf **2** pas: *eben ~* pas, net; *jetzt ~ recht!* nu juist!; *wäre ich doch ~ da!* was ik er maar (al)vast!
[2]**erst** *telw* eerst: *fürs Erste* vooreerst
erstarken aansterken, sterker worden
erstarren verstarren, verstijven, stollen
erstarrt verstijfd, verstard, gestold
Erstarrung *v*[20] verstijving, verstarring
erstatten terugbetalen, vergoeden || *Anzeige ~* aangifte doen *(bij de politie)*; *Bericht ~* verslag uitbrengen
Erstattung *v*[20] **1** teruggave, vergoeding, restitutie **2** (het) uitbrengen *(van verslag)*
Erstaufführung *v*[20] première
[1]**erstaunen** *intr* zich verbazen, verbaasd zijn
[2]**erstaunen** *tr* verbazen, verwonderen
Erstaunen *o*[39] verbazing, verwondering: *in ~ (ver)setzen* verbaasd doen staan
erstaunlich verbazingwekkend
erstechen[277] doodsteken
[1]**erstehen**[279] *intr* verrijzen, opstaan: *daraus ~ mir Schwierigkeiten* daaruit ontstaan voor mij moeilijkheden
[2]**erstehen**[279] *tr* weten te bemachtigen, kopen
Erstehung *v*[20] opstanding, verrijzenis
ersteigen[281] beklimmen, bestijgen
ersteigern (op een veiling) kopen
Ersteigung *v*[20] bestijging, beklimming
erstellen **1** oprichten, bouwen **2** uitwerken
erstens ten eerste, op de eerste plaats
erstere: *Ersterer, Erstere, Ersteres* de eerstgenoemde
[1]**ersticken** *intr* stikken
[2]**ersticken** *tr* doen stikken, smoren, verstikken
Erstickung *v*[20] verstikking
erstklassig eersteklas, prima
erstmalig (voor) de eerste keer, voor het eerst plaatsvindend
erstmals voor de eerste maal
erstrangig **1** belangrijk **2** eersteklas
erstreben streven naar, najagen
erstrebenswert begerenswaardig; waard dat men ernaar streeft
erstrecken, sich **1** zich uitstrekken **2** betrekking hebben
erstürmen stormenderhand nemen
ersuchen verzoeken
Ersuchen *o*[35] verzoek
ertappen betrappen
erteilen **1** geven **2** verlenen
ertönen (weer)klinken
Ertrag *m*[6] **1** opbrengst, oogst **2** winst
ertragen[288] verdragen, dulden, uithouden
erträglich (ver)draaglijk, uit te houden
ertragreich winstgevend, productief
ertränken *tr* verdrinken
ertrinken[293] *intr* verdrinken
[1]**erübrigen** *tr* overhouden, besparen
[2]**erübrigen, sich** overbodig zijn
erwachen wakker worden, ontwaken
[1]**erwachsen** *bn* volwassen
[2]**erwachsen** *tr*[302] **1** opgroeien **2** ontstaan: *daraus ~ Schwierigkeiten* daaruit vloeien moeilijkheden voort
Erwachsenenbildung *v*[28] volwasseneneducatie
Erwachsene(r) *m*[40a], *v*[40b] volwassene
erwägen[303] overwegen
Erwägung *v*[20] overweging: *in ~ ziehen* in overweging nemen
erwählen (ver)kiezen
erwähnen (terloops) vermelden, gewag maken van
erwähnenswert vermeldenswaard(ig)
Erwähnung *v*[20] (ver)melding
[1]**erwärmen** *tr* verwarmen
[2]**erwärmen, sich** warm worden: *sich ~ für*[+4] warmlopen voor
erwarten verwachten, afwachten
Erwartung *v*[20] afwachting, verwachting: *in ~*[+2] in afwachting van
erwartungsvoll vol verwachting, hoopvol
erwecken **1** wekken, wakker maken **2** wekken, veroorzaken
erwehren[+2]**, sich** afweren, zich van het lijf houden: *ich kann mich des Eindrucks nicht ~, dass ...* ik kan me niet aan de indruk onttrekken dat ...
[1]**erweichen** *intr* week worden
[2]**erweichen** *tr* weken, week maken; vertederen
Erweis *m*[5] bewijs
[1]**erweisen**[307] *tr* bewijzen
[2]**erweisen**[307]**, sich** zich betonen, blijken

erweitern **1** verwijden **2** *(macht, kennis)* uitbreiden; *(de oplage)* vermeerderen

Erweiterung v^{20} **1** verwijding **2** uitbreiding

Erwerb m^{5} **1** (het) verwerven, (het) verkrijgen **2** verdienste, loon **3** aankoop **4** broodwinning

erwerben^{309} **1** verkrijgen, verwerven **2** verdienen **3** (aan)kopen

Erwerbsausfall m^{6} inkomstenderving

erwerbsfähig in staat de kost te verdienen, valide, volwaardig

Erwerbsfähigkeit v^{28} geschiktheid om de kost te verdienen, volwaardigheid

Erwerbslosenfürsorge v^{28} **1** sociale dienst **2** sociale bijstand

Erwerbslose(r) m^{40a}, v^{40b} werk(e)loze

Erwerbsquelle v^{21} bron van bestaan

erwerbstätig een beroep uitoefenend

erwerbsunfähig arbeidsongeschikt

Erwerbszweig m^{5} bedrijfstak, branche

erwidern **1** antwoorden **2** *(een groet, bezoek)* beantwoorden

Erwiderung v^{20} **1** antwoord **2** (het) beantwoorden

erwiesenermaßen zoals gebleken is

erwischen betrappen; gevangen nemen; te pakken krijgen: *den Zug ~* de trein halen

erwünscht gewenst, aangenaam, welkom

erwürgen wurgen

Erz o^{29} **1** erts **2** brons

erzählen vertellen, verhalen

Erzähler m^{9} verteller, verhaler

Erzählung v^{20} vertelling, verhaal

Erzbischof m^{6} aartsbisschop

Erzbistum o^{32} aartsbisdom

erzdumm oliedom, aartsdom

^{1}**erzeigen** *tr (genade, een gunst)* betonen; *(een weldaad)* bewijzen

^{2}**erzeigen, sich** zich (be)tonen, zich doen kennen (als)

Erzengel m^{9} aartsengel

erzeugen **1** verwekken **2** voortbrengen, produceren; *(energie)* opwekken **3** veroorzaken, doen ontstaan

Erzeuger m^{9} **1** verwekker, vader; *(mv ook)* ouders **2** producent

Erzeugerland o^{32} land van oorsprong

Erzeugnis o^{29a} voortbrengsel, product

Erzeugung v^{20} **1** verwekking **2** voortbrenging, productie

erzfaul aartslui

Erzfeind m^{5} aartsvijand

Erzförderung v^{20} ertswinning

Erzherzog m^{6}, m^{5} aartshertog

erziehen^{318} **1** opvoeden **2** *(plantk)* kweken

Erzieher m^{9} opvoeder, pedagoog

Erzieherin v^{22} opvoedster, pedagoge

erzieherisch opvoedkundig, pedagogisch

Erziehung v^{28} opvoeding, vorming

Erziehungsanstalt v^{20}, **Erziehungsheim** o^{29} opvoedingsinrichting

Erziehungsgeld o^{31} ouderschapstoelage

erzielen behalen, bereiken

Erzlügner m^{9} aartsleugenaar

erzürnen vertoornen; boos maken

Erzvorkommen o^{35} vindplaats van erts

erzwingen^{319} (af)dwingen, afpersen

es^{82} *pers vnw* **1** het **2** er: *es gibt* er is, er zijn; *es war einmal* er was eens; *da schleicht es heran* daar komt iets aansluipen; *es heult der Sturm* de storm loeit

Esche v^{21} **1** es **2** essenhout

eschen essenhouten, essen

Esel m^{9} *(dierk, fig)* ezel

Eselei v^{20} domheid, stommiteit

Eselsbrücke v^{21} ezelsbrug

Eskalation v^{20} escalatie

eskalieren escaleren

Eskimo m^{13} *(2e nvl ook -; mv ook -)* Eskimo

eskortieren^{320} escorteren

Espe v^{21} ratelpopulier, esp(enboom)

Esperanto o^{39}, o^{39a} Esperanto

Essay [esee, esee] m^{13}, o^{36} essay, verhandeling

essbar eetbaar

Essbesteck o^{29} couvert

Essecke v^{21} eethoek

essen^{152} eten

Essen o^{35} eten, maal, maaltijd, spijs

Essenz v^{20} **1** essentie **2** aftreksel, essence

Esser m^{9} eter: *ein starker ~* een flinke eter

Essig m^{5} azijn

Esslöffel m^{9} eetlepel

Esslust v^{28} eetlust

Essstäbchen o^{35} eetstokje

Essstörung, Ess-Störung v^{20} eetstoornis

Esszimmer o^{33} eetkamer

^{1}**etablieren**^{320} *tr* stichten, oprichten

^{2}**etablieren**^{320}**, sich** zich vestigen

etabliert vaststaand, gevestigd

Etage [etazje] v^{21} **1** etage **2** etagewoning

Etagenbett o^{37} stapelbed

Etagenwohnung v^{20} flat

Etappe v^{21} **1** *(mil, sp)* etappe **2** *(fig)* fase

etappenweise in etappes, bij gedeelten

Etat [eta] m^{13} begroting, budget

Etatjahr o^{29} begrotingsjaar

etepetete preuts, gemaakt, overgevoelig

Ethik v^{28} ethiek, ethica, zedenleer

ethisch ethisch

ethnisch etnisch

Ethos o^{39a} ethos, zedelijke houding

Etikett o^{29}, o^{37}, o^{36} etiket

Etikette v^{21} etiquette

etikettieren^{320} etiketteren

etliche enige, sommige; ettelijke: *~s zu erzählen wissen* allerlei, van alles weten te vertellen

Etui [etvie, eettuuie] o^{36} **1** etui **2** smal bed

etwa **1** ongeveer, plusminus: *das ist in ~ dasselbe* dat is ongeveer hetzelfde **2** misschien, soms **3** bijvoorbeeld

etwaig mogelijk, eventueel
etwas wat, iets, een beetje, een weinig: *nein, so ~!* wel, heb je van je leven!
^{1}**euch** *pers vnw*^{82} (aan, voor) u, jullie
^{2}**euch** *wdkd vnw* je; elkaar: *ihr irrt ~* jullie vergissen je; *kennt ihr ~?* kennen jullie elkaar?
^{1}**euer** *pers vnw*^{82} (van) jullie
^{2}**euer** *bez vnw*^{80} jullie
Eule *v*^{21} uil *(vogel en vlinder)*
Eulenspiegel *m*^{9} schalk, grappenmaker
Euphemismus *m (2e nvl -; mv -men)* eufemisme
eurerseits van jullie kant
eurige *(der, die, das)* (die, dat) van jullie: *unsere Tochter und die ~* onze dochter en die van jullie; *das Eurige, das ~* het uwe; *die Eurigen, die ~n* de uwen
Euro *m*^{13} *(2e nvl ook -)* euro: *20 ~* 20 euro
Eurocent *m*^{13} *(2e nvl ook -; mv ook -)* eurocent: *5 ~* 5 eurocent
Eurocheque *m*^{13} eurocheque
Euroland *o*^{32} euroland
Euromünze *v*^{21} euromunt
Europa *o*^{39} Europa
Europäer *m*^{9} Europeaan
europäisch Europees: *Europäische Gemeinschaft (EG)* Europese Gemeenschap (EG)
Europameister *m*^{9} *(sp)* Europees kampioen
Europameisterschaft *v*^{20} *(sp)* Europees kampioenschap
Europaparlament *o*^{39} Europarlement
Eurovision *v*^{28} Eurovisie
Eurozeichen *o*^{35} euroteken
Euter *m*^{9}, *o*^{33} uier
ev. 1 *afk van eventuell* eventueel *(afk* ev.) **2** *afk van evangelisch* protestants *(afk* prot.)
e.V., E.V. *afk van eingetragener Verein, Eingetragener Verein* geregistreerde vereniging
Evakuation *v*^{20} evacuatie
evakuieren^{320} evacueren
Evakuierte(r) *m*^{40a}, *v*^{40b} evacué
Evakuierung *v*^{20} evacuering
Evaluation *v*^{20} evaluatie
evaluieren^{320} evalueren
Evaluierung *v*^{20} evaluatie
evangelisch 1 evangelisch **2** protestants
Evangelium *o (2e nvl -s; mv -lien)* evangelie
eventuell eventueel, mogelijk
Evolution *v*^{20} evolutie
evtl. *afk van eventuell* eventueel *(afk* ev., evt.)
E-Werk *o*^{29} *verk van Elektrizitätswerk* elektrische centrale
ewig eeuwig: *auf ~* voor eeuwig
Ewigkeit *v*^{20} eeuwigheid
exakt exact, nauwkeurig
Examen *o*^{35} *(mv ook Examina)* examen: *ein ~ ablegen* (of: *machen*) een examen doen; *ins ~ gehen* (of: *steigen*) examen gaan doen; *im ~ stehen* examen aan het doen zijn
Examinand *m*^{14} examinandus
Examinator *m*^{16} examinator
examinieren^{320} examineren
exekutieren^{320} executeren, uitvoeren
Exekution *v*^{20} executie, terechtstelling
exekutiv executief, uitvoerend
Exekutive, Exekutivgewalt *v*^{28} uitvoerende macht
Exempel *o*^{33} exempel, voorbeeld: *ein ~ statuieren* een voorbeeld stellen
Exemplar *o*^{29} exemplaar
exerzieren^{320} exerceren
Exerzierplatz *m*^{6} exercitieveld
Exhibitionismus *m*^{19a} exhibitionisme
Exhibitionist *m*^{14} exhibitionist
Exil *o*^{29} ballingschap; verbanningsoord
existentiell *zie* existenziell
Existenz *v*^{20} existentie, bestaan
Existenzbedingung *v*^{20} bestaansvoorwaarde
Existenzberechtigung *v*^{20} bestaansrecht
existenzfähig levensvatbaar
existenziell existentieel
Existenzkampf *m*^{6} strijd om het bestaan
Existenzminimum *o*^{39} bestaansminimum
existieren^{320} bestaan, existeren
Exitpoll, Exit-Poll *m*^{13} exitpoll
exklusiv 1 exclusief, chic **2** exclusief, uitsluitend
exklusive$^{+2, \text{ soms } +3}$ *vz* exclusief, niet inbegrepen
Exklusivität *v*^{28} exclusiviteit
Exkurs *m*^{5} uitweiding, excursie
Exkursion *v*^{20} excursie, uitstapje
exorbitant exorbitant
expandieren^{320} expanderen, uitzetten
Expansion *v*^{20} expansie
Expansionspolitik *v*^{28} expansiepolitiek
expansiv expansief
Expat *m*^{13} expat
expedieren^{320} expediëren, versturen
Expedition *v*^{20} expeditie
Experiment *o*^{29} experiment
experimentell experimenteel
experimentieren^{320} experimenteren
Experte *m*^{15} expert, deskundige
Explikation *v*^{20} explicatie, verklaring
explizieren^{320} expliceren, uitleggen
explodieren^{320} ontploffen, exploderen
Exploration *v*^{20} exploratie, onderzoek
explorieren^{320} exploreren, onderzoeken
Explosion *v*^{20} explosie, ontploffing
explosiv licht ontplofbaar, explosief
Export *m*^{5} export, uitvoer
Exporteur *m*^{5} exporteur
^{1}**Exportgeschäft** *o*^{29} exportzaak
^{2}**Exportgeschäft** *o*^{39} exporthandel
Exporthandel *m*^{19} exporthandel
exportieren^{320} exporteren
Expressionismus *m*^{19a} expressionisme
Expressionist *m*^{14} expressionist
expressiv expressief, sprekend
exquisit exquis, uitgelezen

Extension *v*[27] extensie
extern extern
extra **1** extra, bijzonder **2** speciaal **3** expres **4** apart
Extraausgabe *v*[21] **1** extra-uitgave **2** extra-editie
extrem extreem
Extrem *o*[29] uiterste
Extremismus *m (2e nvl -; mv -mismen)* extremisme
Extremist *m*[14] extremist
Extremität *v*[20] **1** extremiteit, uiterste **2** *(mv)* ledematen, extremiteiten
exzellent excellent
Exzellenz *v*[20] excellentie
exzentrisch excentriek *(ook fig)*
Exzeption *v*[20] exceptie, uitzondering
exzeptionell exceptioneel
Exzess *m*[5] exces
Ez. *afk van Einzahl* enkelvoud *(afk* enk.)

f

Fa. *afk van Firma* firma *(afk* fa.)
Fabel *v*[21] **1** fabel **2** verzinsel, fabel
fabelhaft fabelachtig, ongelofelijk: *das ist ja ~!* dat is enorm!; *ein ~er Kerl* een fantastische vent
Fabrik *v*[20] fabriek
Fabrikanlage *v*[21] fabrieksgebouw(en), fabrieksinstallatie(s), fabriekscomplex
Fabrikant *m*[14] fabrikant
Fabrikat *o*[29] fabricaat
Fabrikation *v*[20] fabricage
Fabrikbesitzer *m*[9] fabrikant
fabrizieren[320] fabriceren
fabulös fabelachtig
-fach -voudig
Fach *o*[32] **1** vak: *ein Mann vom ~* een vakman **2** *(theat)* genre
Facharbeiter *m*[9] geschoolde arbeider
Facharzt *m*[6] specialist
fachärztlich van (*of:* door) de specialist
Fachausdruck *m*[6] vakterm
Fachberater *m*[9] vakkundig adviseur
Fachbereich *m*[5] **1** vakgebied **2** *(ond)* vakgroep
fächeln **1** zacht waaien **2** waaieren **3** koelte toewaaien
Fächer *m*[9] waaier
Fachgebiet *o*[29] vakgebied
Fachgelehrte(r) *m*[40a], *v*[40b] vakgeleerde
fachgemäß, fachgerecht vakkundig
Fachgeschäft *o*[29] speciaalzaak
Fachhochschule *v*[21] school voor hoger beroepsonderwijs
Fachkenntnisse *mv v*[24] vakkennis
fachkundig vakkundig, vakbekwaam; *(Belg)* stielvaardig
Fachoberschule *v*[21] school voor middelbaar beroepsonderwijs
fachsimpeln altijd over zijn vak praten
Fachverband *m*[6] bedrijfschap; federatie
Fachwerk *o*[39] vakwerk *(constructie)*
Fackel *v*[21] fakkel, flambouw, toorts
fackeln aarzelen, treuzelen
fad, fade **1** laf, flauw, smakeloos **2** flauw, vervelend: *~es Zeug* flauwiteiten
fädeln **1** rijgen **2** *(een draad)* in de naald doen **3** ritselen, voor elkaar krijgen
[1]**Faden** *m*[12] draad *(ook fig)*
[2]**Faden** *m*[11] vadem
Fadennudeln *mv v*[21] vermicelli
fadenscheinig **1** kaal, tot op de draad versleten **2** *(fig)* weinig steekhoudend, twijfelachtig
[1]**Fadheit** *v*[28] flauwe smaak
[2]**Fadheit** *v*[20] flauwiteit
Fagott *o*[29] fagot
fähig **1** bekwaam, talentvol, knap **2** in staat (tot)
[1]**Fähigkeit** *v*[28] (het) in staat zijn, vermogen
[2]**Fähigkeit** *v*[20] bekwaamheid, capaciteit, talent
fahl vaal, grauw
Fähnchen *o*[35] **1** vaantje, vlaggetje, vlagje **2** goedkoop jurkje
fahnden speuren: *nach jmdm ~* iem opsporen, zoeken
Fahnder *m*[9] rechercheur
Fahndung *v*[20] speurwerk, opsporing
Fahndungsdienst *m*[5] recherche, opsporingsdienst
Fahne *v*[21] **1** vlag, vaandel **2** *(typ)* drukproef **3** *(mbt alcohol)* kegel: *eine ~ haben* naar sterkedrank ruiken
Fahnenflucht *v*[28] desertie; *(Belg)* vaandelvlucht
Fähnrich *m*[5] vaandrig
Fahrausweis *m*[5] **1** kaartje, plaatsbewijs **2** *(Zwits)* rijbewijs
Fahrbahn *v*[20] rijbaan, rijweg
Fahrbereich *m*[5] actieradius
fahrbereit **1** rijklaar **2** startklaar
Fähre *v*[21] (veer)pont; veer
[1]**fahren**[153] *intr* **1** varen, rijden **2** reizen **3** vertrekken **4** schieten, vliegen, slaan, springen: *der Blitz fuhr in den Baum* de bliksem sloeg in de boom; *in die Höhe ~* opspringen; *in die Hosen ~* zijn broek aanschieten; *jmdm an die Kehle ~* iem naar de strot vliegen
[2]**fahren**[153] *tr* **1** varen, rijden: *Schlitten ~* sleetje rijden; *Ski ~* skiën, skilopen **2** *(goederen)* rijden, vervoeren **3** *(een voertuig)* rijden, besturen **4** *(techn)* bedienen: *die Kamera ~* de camera bedienen; *eine Schicht ~* een ploegendienst draaien
[3]**fahren**[153]**, sich** rijden: *dieser Wagen fährt sich gut* deze auto rijdt goed; *hier fährt es sich schlecht* het is hier moeilijk rijden
Fahrer *m*[9] chauffeur, bestuurder
Fahrerflucht *v*[28] (het) doorrijden na een ongeval; *(Belg)* vluchtmisdrijf
Fahrerlaubnis *v*[24] **1** rijvaardigheidsbewijs **2** rijbewijs
Fahrgast *m*[6] passagier, reiziger
Fahrgeld *o*[31] reisgeld
Fahrgemeinschaft *v*[20] carpool
Fahrgestell *o*[29] **1** onderstel **2** landingsgestel **3** chassis
fahrig onrustig, gejaagd, nerveus
Fahrkarte *v*[21] kaartje, plaatsbewijs
Fahrkilometer *m*[9] afgelegde kilometer
fahrlässig slordig, achteloos, nonchalant: *~e Tötung* dood door schuld

Fahrlässigkeit v^{20} slordigheid, nonchalance, nalatigheid
Fahrlehrer m^{9} rijinstructeur
Fahrplan m^{6} dienstregeling, spoorboekje
Fahrpreis m^{5} ritprijs, vervoerprijs
Fahrprüfung v^{20} rijexamen
Fahrrad o^{32} fiets, rijwiel; *(Belg)* velo
Fahrradabstellanlage v^{21} fietsenstalling
Fahrradfahrer m^{9} fietser
Fahrradklingel v^{21} fietsbel
Fahrradmechaniker m^{9} fietsenmaker
Fahrradschlosser m^{9} fietsenmaker
Fahrradstand m^{6} **1** fietsenrek **2** fietsenstalling
Fahrrinne v^{21} vaargeul
Fahrschein m^{5} kaartje, reisbiljet
Fahrscheinentwerter m^{9} stempelautomaat
Fährschiff o^{29} veerboot, (veer)pont
Fahrschule v^{21} autorijschool; *(inform)* rijles
Fahrschüler m^{9} leerling van een autorijschool
Fahrspur v^{20}, **Fahrstreifen** m^{11} rijstrook
Fahrstuhl m^{6} **1** lift **2** rolstoel
Fahrstunde v^{21} rijles, autorijles
^{1}**Fahrt** v^{20} tocht, reis, rit
^{2}**Fahrt** v^{28} **1** (het) rijden, rit; vaart, (het) varen **2** vaart, snelheid || *in ~ kommen* (of: *geraten): a)* op gang komen; *b)* kwaad worden; *eine ~ ins Blaue* een tochtje met onbekende bestemming
Fährte v^{21} spoor *(van wild)*
Fahrtenbuch o^{32} rijtijdenboekje
Fahrtenschreiber m^{9} tachograaf
Fahrtüchtigkeit v^{20} **1** rijvaardigheid **2** (het) vervoerstechnisch in orde zijn
Fahrverbot o^{29} rijverbod
Fahrverhalten o^{39} rijgedrag
Fahrwasser o^{39} vaarwater
Fahrweise v^{21} rijstijl
Fahrzeug o^{29} **1** vaartuig **2** voertuig
Fahrzeugbrief m^{5} *(ongev)* kentekenbewijs
Fahrzeugpark m^{13} wagenpark
Fakt m^{13}, m^{16}, o^{36}, o^{37} feit
faktisch factisch, feitelijk, in feite
Faktor m^{16} factor *(ook rekenk)*
fakturieren^{320} factureren
Fakultät v^{20} faculteit
fakultativ facultatief
Falafel v^{21} falafel
Falke m^{15} valk: *(fig) ~n und Tauben* haviken en duiven
Fall m^{6} **1** val, (het) vallen, ondergang: *der ~ Trojas* de val van Troje; *zu ~ kommen* ten val komen **2** naamval **3** geval: *der ~ Müller* de zaak Müller; *auf jeden ~* (of: *auf alle Fälle)* in ieder geval
Falle v^{21} **1** val, valstrik: *jmdm eine ~ stellen* voor iem een valstrik spannen **2** *(inform)* bed: *in die ~ gehen: a)* in de val lopen; *b)* naar bed gaan **3** instinker
fallen^{154} **1** vallen: *eine Erbschaft fällt an jmdn* een erfenis valt iem toe **2** dalen, zakken: *das Barometer fällt* de barometer daalt; *ein Weg fällt* een weg helt (af) **3** sneuvelen
fällen **1** vellen, omhouwen, neerslaan **2** vellen, uitspreken
Fallgrube v^{21} valkuil
fällig **1** vervallen, betaalbaar: *~e Zinsen* verschenen rente **2** *(mbt vordering)* opeisbaar: *der Beitrag ist ~* de contributie moet betaald worden || *der Zug ist bald ~* de trein moet weldra aankomen
Fälligkeitstag m^{5} vervaldag
Fälligkeitstermin m^{5} vervaldatum
Fallmanager m^{19} casemanager
Fallobst o^{39} afgevallen fruit
Fallrückzieher m^{9} *(sp)* omhaal
falls voor het geval dat, indien
Fallschirm m^{5} valscherm, parachute
Fallschirmjäger m^{9} *(mil)* parachutist
Fallschirmspringen o^{39} (het) parachutespringen
Fallschirmspringer m^{9} parachutist
Fallstrick m^{5} valstrik
Fallstudie v^{21} case, casestudy
Fallsucht v^{28} epilepsie, vallende ziekte
falsch **1** vals, onjuist; onecht; vervalst: *~er Saum* loze zoom; *~ schwören* een valse eed afleggen **2** fout, verkeerd: *(telecom) ~ verbunden* verkeerd verbonden
fälschen vervalsen
Falschfahrer m^{9} spookrijder
Falschheit v^{28} **1** valsheid, onechtheid **2** onjuistheid **3** onbetrouwbaarheid
fälschlich, **fälschlicherweise** vals, valselijk, ten onrechte
falschliegen^{202} het mis hebben
Falschmeldung v^{20} **1** hoax **2** onjuist bericht
Falschmünzer m^{9} valsemunter
Falschparker m^{9} foutparkeerder
Fälschung v^{20} **1** vervalsing **2** (het) vervalsen
Faltboot o^{29} vouwboot
Falte v^{21} vouw, plooi, rimpel: *~n schlagen* (of: *werfen)* in plooien vallen
^{1}**falten** *tr* (op-, samen)vouwen, plooien; *(het voorhoofd)* fronsen
^{2}**falten, sich** rimpelen
faltenlos zonder plooien, vouwen, rimpels
Falter m^{9} vlinder
faltig **1** geplooid **2** gerimpeld **3** gekreukt
familiär **1** het gezin betreffend, familiaal **2** familiair **3** vrijpostig
Familie v^{21} gezin, familie: *keine ~ haben* geen (vrouw en) kinderen hebben
Familienanschluss m^{19}: *mit ~* met huiselijk verkeer
Familienname m^{18} achternaam, familienaam
Familienoberhaupt o^{32} gezinshoofd
Familienplanung v^{20} gezinsplanning
Familienstand m^{19} burgerlijke staat
Familientreffen o^{35} familiereünie
Familienzuwachs m^{6} gezinsuitbreiding
famos fameus, prachtig, reusachtig
Fan m^{13} fan
Fanatiker m^{9} fanaticus; fanatiekeling

fanatisch fanatiek
Fanatismus *m*[19a] fanatisme
Fang *m*[6] **1** vangst, buit **2** klauw
[1]**fangen**[155] *tr* **1** vangen, pakken, grijpen, betrappen **2** *(vlam)* vatten
[2]**fangen**[155]**, sich 1** in de val lopen **2** herstellen, het evenwicht hervinden
Fänger *m*[9] **1** vanger, jager **2** *(sp)* catcher
Fangfrage *v*[21] strikvraag
fangsicher klemvast *(van keeper)*
Fantasie *v*[21] **1** fantasie **2** *(mv)* koortsdromen, drogbeelden

fantasieren[320] **1** fantaseren **2** ijlen
Fantast *m*[14] fantast, dromer
fantastisch fantastisch
Fantasy *v*[28] fantasy
Farbaufnahme *v*[21] kleurenfoto
Farbbild *o*[31] kleurenfoto
Farbe *v*[21] **1** kleur, tint: *die ~ wechseln: a)* van kleur verschieten; *b)* van partij veranderen **2** verf
[1]**färben** *tr* verven, kleuren
[2]**färben, sich** een kleur krijgen
farbenblind kleurenblind
farbenfreudig, farbenfroh kleurrijk, fleurig
Farbfernsehen *o*[39] kleurentelevisie
Farbfernseher *m*[9] kleurentelevisietoestel
Farbfilm *m*[5] kleurenfilm
farbig kleurig, gekleurd, bont
Farbige(r) *m*[40a], *v*[40b] kleurling(e)
farblos kleurloos, bleek, saai
Farbstift *m*[5] kleurpotlood
Farbstoff *m*[5] kleurstof
Farbton *m*[6] tint
Färbung *v*[20] **1** schakering, nuance, tint **2** (het) kleuren, (het) verven **3** *(fig)* richting, tendens
Farn *m*[5], **Farnkraut** *o*[32] varen
Fasan *m*[5], *m*[16] fazant
Fasching *m*[5], *m*[13] *(Z-Dui)* carnaval
Faschismus *m*[19a] fascisme
Faschist *m*[14] fascist
faschistisch fascistisch
Faselei *v*[20] geleuter, geklets
faseln leuteren, zwammen
Faser *v*[21] vezel, draad(je)
faserig draderig, vezelig
fasernackt spiernaakt
Faserplatte *v*[21] board
Fass *o*[32] vat, ton: *(fig) ein ~ ohne Boden* een bodemloze put
Fassade *v*[21] **1** façade, voorgevel **2** façade, schijn: *die ~ wahren* de schijn redden **3** gezicht
Fassadenkletterer *m*[9] geveltoerist
fassbar 1 te vatten, begrijpelijk **2** concreet
[1]**fassen** *tr* **1** pakken, grijpen **2** laden, innemen **3** kunnen bevatten **4** vatten, begrijpen **5** vatten, inlijsten; *(edelstenen)* zetten; *(werktuigen)* klemmen, pakken || *Vertrauen zu jmdm ~* vertrouwen in iem krijgen
[2]**fassen, sich** zich beheersen, kalm worden: *sich ein Herz (of: Mut) ~* de stoute schoenen aantrekken
fasslich te vatten, begrijpelijk, duidelijk
Fasson [fasõn, faasoon] *v*[27] **1** vorm **2** snit, coupe: *keine ~ mehr haben* uit zijn fatsoen zijn; *aus der ~ geraten* dik worden; *jeder nach seiner ~* ieder op zijn manier
Fassonschnitt *m*[19] gedekt model *(van haren)*
Fassung *v*[20] **1** vatting, zetting *(ve edelsteen)* **2** montuur *(van bril)* **3** *(elektr)* fitting **4** formulering **5** redactie, versie **6** kalmte, zelfbeheersing: *jmdn aus der ~ bringen* iem van zijn stuk brengen
Fassungskraft *v*[28] bevattingsvermogen, begripsvermogen
fassungslos van zijn stuk, in de war, van streek
Fassungsvermögen *o*[39] inhoud, volume, capaciteit
Fasswein *m*[5] wijn van het vat
fast bijna, haast
fasten vasten
Fasten *mv* **1** vasten **2** vastentijd
Fastnacht *v*[28] Vastenavond
Fastnachtszeit *v*[20] carnavalstijd
faszinieren[320] fascineren, betoveren
fatal 1 fataal, noodlottig **2** onaangenaam
Fatwa *o*[36] fatwa
fauchen 1 *(mbt katten, locomotieven)* snuiven, blazen, sissen **2** snauwen
faul 1 (ver)rot, bedorven **2** twijfelachtig, bedenkelijk, verdacht: *eine ~e Sache* een vies zaakje; *die Sache ist ~* er zit een luchtje aan **3** lui: *auf der ~en Haut liegen* luilakken || *~e Ausreden* smoesjes
Fäule *v*[28] verrotting, bederf
faulen (ver)rotten, bederven
faulenzen luieren, luilakken
Faulenzer *m*[9] **1** luilak, luiaard **2** luie stoel
Faulenzerei *v*[20] geluier
Faulheit *v*[28] luiheid, gemakzucht
Fäulnis *v*[28] verrotting, bederf, ontbinding
Faulpelz *m*[5] luilak, luiwammes
Fauna *v (mv Faunen)* fauna
Faust *v*[25] vuist: *das passt wie die ~ aufs Auge: a)* dat slaat als een tang op een varken; *b)* dat sluit als een bus; *auf eigene ~* op eigen houtje
faustdick zo dik als een vuist: *er hat es ~ hinter den Ohren* hij heeft het achter zijn ellebogen
fausten *(sp): den Ball ~* de bal wegstompen
Fausthandschuh *m*[5], **Fäustling** *m*[5] want
Faustpfand *o*[32] vuistpand
Faustrecht *o*[39] vuistrecht, recht van de sterkste
Faustregel *v*[21] vuistregel
favorisieren[320] **1** favoriet verklaren **2** begunstigen
Favorit *m*[14] favoriet, gunsteling
Fax *o (2e nvl -; mv -(e))* **1** fax(bericht) **2** fax(apparaat)
faxen faxen
Faxen *mv v*[21] (flauwe) grappen, onzin
Faxgerät *o*[29] fax, faxapparaat

Fäzes *mv* fecaliën, uitwerpselen
Fazit o^{29}, o^{36} **1** conclusie **2** resultaat
FDP *afk van Freie Demokratische Partei*
Februar m^{5} *(2e nvl ook -)* februari
fechten^{156} schermen
Fechter m^{9} schermer
Feder v^{21} **1** veer, pluim: *(fig) ~n lassen müssen* een veer moeten laten **2** pen **3** *(techn)* veer
^{1}**Federball** m^{19} badminton
^{2}**Federball** m^{6} shuttle
Federballspiel o^{29} badminton
Federbett o^{37} veren dekbed
federführend bevoegd, verantwoordelijk
Federhalter m^{9} penhouder
Federkissen o^{35} veren kussen
federleicht (zo) licht als een veer
Federlesen o^{39}: *nicht viel ~(s) mit etwas machen* met iets korte metten maken; *ohne viel ~(s)* zonder omhaal, zonder drukte
Federmatratze v^{21} springveren matras
federn veren, meegeven
Federstrich m^{5} pennenstreek
Federung v^{20} vering, (het) veren
Federvieh o^{39} pluimvee, gevogelte
Fee v^{21} fee
Feedback, Feed-back [fiedbek] o^{36} feedback
feenhaft toverachtig, feeëriek
Fegefeuer o^{39} vagevuur
^{1}**fegen** *intr* vliegen, stuiven
^{2}**fegen** *tr* vegen
Fehde v^{21} vete, vijandschap, strijd
fehl verkeerd, mis: *das ist hier ~ am Ort* (of: *am Platz)* dat is hier niet op zijn plaats
Fehl m^{19}, o^{39} fout, gebrek
Fehlanzeige v^{21} mededeling dat iets niet klopt: *(inform) ~!* mis!
Fehlbestand, Fehlbetrag m^{6} tekort
Fehleinschätzung v^{20} verkeerde beoordeling
fehlen 1 falen, missen, mankeren: *weit gefehlt!* helemaal mis! **2** verkeerd handelen **3** ontbreken: *er fehlt mir* ik mis hem; *das hat mir gerade noch gefehlt!* dat ontbrak er nog maar aan! || *es fehlte nicht viel, und ...* het scheelde weinig, of ...
Fehlentscheidung v^{20} foutieve beslissing
Fehler m^{9} **1** fout, gebrek **2** fout, misslag
fehlerfrei 1 zonder fouten **2** zonder gebreken
fehlerhaft fout, verkeerd, foutief, gebrekkig
fehlerlos foutloos, zonder gebreken
Fehlgeburt v^{20} miskraam
fehlgehen^{168} **1** verkeerd lopen **2** missen, niet raken **3** *(fig)* (het) mis hebben, zich vergissen
Fehlgriff m^{5} misgreep
Fehlkauf m^{6} miskoop
fehlleiten in de verkeerde richting sturen
Fehlmeldung v^{20} valse melding
Fehlpass m^{6} *(sp)* foutieve pass
Fehlschlag m^{6} **1** misslag **2** mislukking, fiasco
fehlschlagen^{241} mislukken
Fehlschluss m^{6} verkeerde gevolgtrekking
Fehlschuss m^{6} misschot
Fehlstart m^{13}, m^{5} **1** *(sp)* valse start **2** *(luchtv)* mislukte start
Fehltritt m^{5} misstap
Fehlurteil o^{29} **1** verkeerd oordeel **2** onjuist vonnis
Feier v^{21} **1** feest **2** plechtigheid, viering
Feierabend m^{5} **1** rust(tijd na het werk) **2** einde van de werktijd: *~ machen* ophouden met werken; *für mich ist ~* ik houd ermee op
feierlich plechtig
Feierlichkeit v^{20} plechtigheid
feiern 1 vieren **2** vieren, huldigen, eren
Feierstunde v^{21} plechtigheid
Feiertag m^{5} feestdag: *gesetzliche ~e* algemeen erkende feestdagen
feig, feige laf, lafhartig
Feige v^{21} vijg
Feigheit v^{28} laf(hartig)heid
Feigling m^{5} lafaard
feilbieten^{130} te koop aanbieden
Feile v^{21} vijl: *er legt die letzte ~ an* hij brengt de laatste verbeteringen aan
feilen vijlen
feilschen (af)dingen, marchanderen
fein 1 fijn, dun, niet grof **2** fijn, fijngevoelig **3** voornaam, deftig, chic **4** *(inform)* fijn, prettig
Feind m^{5} vijand
feindlich vijandelijk; vijandig
Feindschaft v^{20} vijandschap, vijandigheid
feindschaftlich, feindselig vijandig
^{1}**Feindseligkeit** v^{28} vijandigheid
^{2}**Feindseligkeit** v^{20} *(mv)* vijandelijkheden
feinfühlig 1 fijngevoelig **2** *(techn)* gevoelig
Feinfühligkeit v^{28}, **Feingefühl** o^{39} fijngevoeligheid
feingliedrig fijngebouwd, slank
Feinheit v^{20} **1** fijnheid **2** fijne nuance **3** toespeling, zinspeling **4** voornaamheid, deftigheid
Feinkost v^{28} delicatessen *(mv)*
Feinkostgeschäft o^{29}, **Feinkosthandlung** v^{20}, **Feinkostladen** m^{12} delicatessenzaak
Feinmechaniker m^{9} instrumentmaker
Feinschmecker m^{9} fijnproever, lekkerbek
feinsinnig fijngevoelig, fijnzinnig
feist vet, dik
feixen grijnzen, grinniken
Feld o^{31} **1** veld: *das ~ der Wissenschaft* het terrein van de wetenschap **2** akker, stuk land **3** (slag)veld **4** vlak **5** *(sp)* groep, peloton
Feldbereinigung v^{20} ruilverkaveling
Feldbett o^{37} veldbed, stretcher
Feldflasche v^{21} veldfles
Feldforschung v^{20} fieldwork
Feldfrüchte *mv* v^{25} veldgewassen
Feldhuhn o^{32} veldhoen, patrijs
Feldjäger m^{9} lid van de militaire politie
Feldmaus v^{25} veldmuis
Feldsalat m^{5} veldsla
Feldstecher m^{9} veldkijker

fe

Feldverweis *m*[5] *(sp)* (het) uit het veld sturen
Feld-Wald-und-Wiesen- huis-tuin-en-keuken-; heel gewoon, alledaags
Feldwebel *m*[9] *(mil)* **1** sergeant-majoor, opperwachtmeester **2** kenau
Feldweg *m*[5] landweg
Feldzug *m*[6] veldtocht
Felge *v*[21] velg
Fell *o*[29] vel, huid, vlies: *ihm (*of: *ihn) juckt das ~* hij vraagt om een pak slaag
Fels *m*[14], **Felsen** *m*[11] rots(gesteente)
felsenfest rotsvast, onwrikbaar
felsig rotsig; vol rotsen, rotsachtig
Felswand *v*[25] rotswand
Feminismus *m*[19a] feminisme
Feministin *v*[22] feministe
feministisch feministisch
Fenster *o*[33] venster, raam || *weg vom ~ sein* uitgerangeerd zijn
Fensterbank *v*[25] vensterbank
Fensterbriefumschlag *m*[6] vensterenveloppe; *(Belg)* vensteromslag
Fensterleder *o*[33] zemen lap, zeemlap
Fensterrahmen *m*[11] raamkozijn
Fensterscheibe *v*[21] vensterruit
Ferien *mv* vakantie: *in die ~ gehen* met vakantie gaan; *~ machen* vakantie houden
Feriendorf *o*[32] bungalowpark
Feriengast *m*[6] vakantieganger
Ferienheim *o*[29] vakantietehuis
Ferienreise *v*[21] vakantiereis
Ferienwohnung *v*[20] vakantiehuis(je)
Ferkel *o*[33] **1** big(getje) **2** *(inform)* viezerik
[1]**fern** *bn* ver(af), ver(re), in de verte
[2]**fern**[+3] *vz* ver van: *~ der Heimat* ver van het vaderland
fernab ver verwijderd, in de verte
Fernbedienung *v*[20] afstandsbediening
fernbleiben[134+3] verre blijven van
Ferne *v*[21] verte, afstand, verschiet: *aus der ~* van verre; *das liegt noch in weiter ~* dat is nog veraf
[1]**ferner** *bn* verder, nader
[2]**ferner** *bw* verder, in de toekomst
[3]**ferner** *vw* verder, bovendien
fernerhin voortaan, in het vervolg, verder
Fernfahrer *m*[9] chauffeur voor lange afstanden
Fernflug *m*[6] langeafstandsvlucht
ferngelenkt draadloos bestuurd
Ferngespräch *o*[29] interlokaal telefoongesprek
ferngesteuert met afstandsbesturing
Fernglas *o*[32] verrekijker
[1]**fernhalten**[183] *tr* verre houden
[2]**fernhalten**[183], **sich** zich afzijdig houden; mijden
Fernheizung *v*[20] afstandsverwarming, stadsverwarming, wijkverwarming
fernher van verre
fernhin tot in de verte
Fernkopie *v*[21] faxbericht, fax
Fernkurs *m*[5] **1** schriftelijke cursus **2** radio-, televisiecursus
Fernlaster *m*[9], **Fernlastwagen** *m*[11] vrachtauto voor lange afstanden
Fernlenkung *v*[20] draadloze besturing
Fernlenkwaffe *v*[21] geleid projectiel
Fernlicht *o*[39] groot licht
Fernmeldeamt *o*[32] telefoon- en telegraafkantoor
Fernmeldewesen *o*[39] telecommunicatie
fernmündlich telefonisch
Fernost *m* (het) Verre Oosten: *in ~* in het Verre Oosten
Fernrohr *o*[29] **1** verrekijker **2** telescoop
Fernschreiben *o*[35] telexbericht, telex
Fernschreiber *m*[9] telexapparaat, telex
fernschriftlich per telex
Fernschule *v*[21] instituut voor afstandsonderwijs
Fernsehanstalt *v*[20] televisieomroep
Fernsehapparat *m*[5] televisietoestel
Fernsehaufzeichnung *v*[20] **1** ampexopname **2** video-opname
fernsehen[261] naar de televisie kijken
Fernsehen *o*[39] televisie: *im ~* op de televisie
Fernseher *m*[9] **1** televisietoestel **2** televisiekijker
Fernsehfilm *m*[5] televisiefilm
Fernsehgebühr *v*[20] kijkgeld
Fernsehgerät *o*[29] televisietoestel
Fernsehsender *m*[9] televisiezender
Fernsehsendung *v*[20] televisie-uitzending
Fernsehübertragung *v*[20] televisie-uitzending
Fernsprechamt *o*[32] telefoonkantoor
Fernsprechanschluss *m*[6] telefoonaansluiting
Fernsprecher *m*[9] telefoon, telefoontoestel
Fernsteuerung *v*[20] draadloze besturing
Fernstraße *v*[21] grote interlokale verkeersweg
Fernstudium *o (2e nvl -s; mv -studien)* afstandsonderwijs, teleonderwijs
Fernuniversität *v*[20] open universiteit
Fernunterricht *m*[19] afstandsonderwijs, teleonderwijs
Fernverkehrsstraße *v*[21] grote interlokale verkeersweg
Ferse *v*[21] hiel, hak
fertig 1 klaar, gereed, af: *(sp) auf die Plätze, ~, los!* op uw plaatsen, klaar, af!; *~ bringen* klaarkrijgen, klaarspelen; *~ machen* klaarmaken, afmaken; *~ stellen* voltooien, afmaken; *mit*[+3] *etwas ~ werden* met iets klaarkomen, iets klaarspelen **2** vaardig **3** uitgeput: *er ist (fix und) ~* hij kan niet meer
fertigbringen[139] klaarkrijgen, klaarspelen
fertigen vervaardigen
Fertigerzeugnis *o*[29a] eindproduct
Fertiggericht *o*[29] kant-en-klaarmaaltijd
Fertighaus *o*[32] geprefabriceerde woning
Fertigkeit *v*[20] vaardigheid, routine, handigheid
fertigmachen 1 (iets) klaarmaken, afmaken **2** (iem) murw maken; (iem) op zijn nummer zetten
fertigstellen voltooien, afmaken
Fertigstellung *v*[20] voltooiing
Fertigung *v*[20] fabricage, productie

Fertigware *v*[21] eindproduct
fertigwerden[310]: *mit*[+3] *etwas* ~ met iets klaarkomen, iets klaarspelen
Fessel *v*[21] **1** boei, keten, kluister **2** enkel
Fesselballon *m*[13] kabelballon
fesseln boeien, kluisteren *(ook fig)*
fest 1 vast, stevig, samenhangend **2** stevig, flink: ~ *arbeiten* flink werken **3** bestendig, standvastig **4** vast, definitief **5** energiek
Fest *o*[29] feest
Festakt *m*[5] feestelijke plechtigheid
Festangebot *o*[29] vaste offerte
festbinden[131] vastbinden
feste stevig, flink: *immer* ~*!* erop los!
Festessen *o*[35] feestmaal
[1]**festfahren**[153] *intr* vastlopen: *der Wagen ist festgefahren* de auto zit vast; *die Verhandlungen sind festgefahren* de onderhandelingen zijn vastgelopen
[2]**festfahren**[153]**, sich** vastlopen
Festfreude *v*[21] feestvreugde
Festgabe *v*[21] feestgeschenk
festhalten[183] **1** vasthouden **2** vastleggen **3** constateren
festigen 1 bevestigen, versterken, verstevigen **2** stabiliseren
Festigkeit *v*[28] **1** vastheid, stevigheid **2** stabiliteit **3** vastberadenheid
Festigung *v*[20] bevestiging, stabilisering
Festland *o*[32] vasteland, continent
festländisch vastelands-, continentaal
[1]**festlegen** *tr* **1** vastleggen, vaststellen **2** beleggen: *Geld* ~ geld vastzetten
[2]**festlegen, sich** zich vastleggen
festlich feestelijk: ~ *begehen* vieren
Festlichkeit *v*[20] feest, feestelijkheid
festmachen 1 vastmaken **2** (af)meren **3** vastleggen: *ein Geschäft* ~ een transactie afsluiten **4** vaststellen, bepalen
festnageln vastspijkeren
Festnahme *v*[21] gevangenneming, arrestatie
festnehmen[212] gevangennemen, arresteren
Festplatte *v*[21] *(comp)* harde schijf, harddisk
festsetzen 1 *(een prijs, dag)* vaststellen, bepalen **2** vastzetten, gevangenzetten
Festsetzung *v*[20] **1** vaststelling, bepaling **2** opsluiting
festsitzen[268] **1** vastzitten **2** aan de grond zitten **3** niet verder kunnen
Festspiel *o*[29] *(mv)* festival
feststehen[279] vaststaan
feststellen 1 vastzetten **2** vaststellen, constateren; *(de schade)* opnemen
Feststellung *v*[20] vaststelling, constatering: *eine* ~ *machen* constateren
Festtag *m*[5] **1** feestdag **2** *(mv)* festival
Festung *v*[20] vesting
festverzinslich met een vaste rente, vastrentend
Festzug *m*[6] optocht
Fete *v*[21] *(inform)* feest, fuif
fett *bn* **1** vet **2** dik
Fett *o*[29] vet: *jmdm sein* ~ *geben* iem z'n vet geven, iem flink de waarheid zeggen
Fettablagerung *v*[20] vetafzetting; vetlaag
Fettansatz *m*[6] vetvorming
fetten (in)vetten, smeren
Fettflecken *m*[11] vetvlek
fettig vet(tig)
Fettnäpfchen *o*[35] *(fig) bei jmdm ins* ~ *treten* het bij iem verbruien
Fetus *m (2e nvl - en -ses; mv -se)* foetus
Fetwa *o*[36] fatwa
Fetzen *m*[11] **1** vod, lap, lor **2** flard, stukje, snipper **3** poetslap || *er arbeitet, dass die* ~ *fliegen* hij werkt dat de stukken eraf vliegen
feucht vochtig, nat, klam
Feuchtigkeit *v*[28] vocht(igheid)
feuchtkalt waterkoud, kil
Feuer *o*[33] **1** vuur, brand: ~ *legen* brandstichten **2** vuur, enthousiasme **3** vuur, schittering
Feueralarm *m*[5] brandalarm
feuerbeständig vuurvast, bestand tegen vuur
Feuerbestattung *v*[20] crematie
Feuereinstellung *v*[20] (het) staakt het vuren
feuerfest vuurvast
Feuergefahr *v*[28] brandgevaar
feuergefährlich licht brandbaar
Feuerlöschapparat *m*[5], **Feuerlöscher** *m*[9] brandblusapparaat
Feuermelder *m*[9] brandmelder
[1]**feuern** *intr* **1** vuren, schieten **2** stoken
[2]**feuern** *tr* **1** stoken **2** *(inform)* smijten **3** *(sp)* hard schieten, knallen **4** *(inform)* ontslaan
Feuerprobe *v*[21] vuurproef
Feuersbrunst *v*[25] vuurzee
Feuerschaden *m*[12] brandschade
Feuerschiff *o*[29] lichtschip
feuersicher brandvrij
[1]**Feuerung** *v*[28] **1** verwarming, (het) stoken **2** brandstof
[2]**Feuerung** *v*[20] **1** stookinstallatie **2** verbrandingsruimte
Feuerversicherung *v*[20] brandverzekering
Feuerwaffe *v*[21] vuurwapen
Feuerwehr *v*[20] **1** brandweer **2** *(inform)* brandweerlieden || *wie die* ~ razend snel
Feuerwehrmann *m*[8] *(mv ook -leute)* brandweerman
Feuerwerk *o*[29] vuurwerk *(ook fig)*
Feuerwerkskörper *m*[9] stuk vuurwerk
Feuerzeug *o*[29] aansteker *(voor rokers)*
feurig vurig *(ook fig)*; fonkelend
ff. *afk van folgende (Seiten)* volgende (bladzijden)
FF *afk van französischer Franc* Franse frank
Fiasko *o*[36] fiasco
Fibel *v*[21] **1** eerste leesboekje **2** handleiding
[1]**Fiber** *v*[21] (spier)vezel
[2]**Fiber** *v*[28] fiber

Fiche *v*[27] fiche, speelpenning
Fichte *v*[21] spar, fijnspar
ficken *(plat)* naaien; *(inform)* neuken
fidel fideel, vrolijk
Fieber *o*[33] koorts
Fieberanfall *m*[6] koortsaanval
fieberfrei koortsvrij
fieberhaft, fieberig koortsig, koortsachtig
fieberkrank ziek van de koorts, koortslijdend
Fiebermesser *m*[9] koortsthermometer
fiebern koorts hebben: ~ *vor*[+3] *etwas* opgewonden zijn van iets; ~ *nach*[+3] koortsachtig verlangen naar
Fieberthermometer *o*[33] koortsthermometer
fiebrig koortsachtig, koortsig
fiedeln *(muz)* fiedelen, krassen
fies *(inform)* **1** vies, walgelijk, onsympathiek **2** vervelend, lastig
Figur *v*[20] **1** gestalte, figuur **2** afbeelding, beeld(je) **3** (schaak)stuk
Figurengruppe *v*[21] beeldengroep
figürlich 1 figuurlijk, oneigenlijk **2** qua figuur
Fiktion *v*[20] fictie, verdichting
fiktiv fictief
Filet [fielee] *o*[36] filet
Filiale *v*[21] filiaal
Filialleiter *m*[9] filiaalchef
Film *m*[5] **1** film, laagje **2** film: *einen ~ drehen* een film opnemen, draaien **3** filmbedrijf
Filmaufnahme *v*[21] filmopname
filmen 1 filmen **2** voor de film spelen
Filmkamera *v*[27] filmcamera
Filmkassette *v*[21] filmcassette
Filmschauspieler *m*[9] filmacteur, filmspeler
Filmstar *m*[13] filmster
Filmverleih *m*[19] **1** filmverhuur **2** filmverhuurkantoor
Filter *m*[9], *o*[33] filter
Filteranlage *v*[21] filtreerinrichting
filtern, filtrieren filtreren, filteren
Filz *m*[5] **1** vilt, bierviltje **2** vrek, duitendief
[1]**filzen** *bn* vilten
[2]**filzen** *intr* **1** vilten, vervilten **2** gierig zijn
[3]**filzen** *tr* **1** doorzoeken, fouilleren **2** bestelen
Filzschreiber *m*[9] viltstift
Fimmel *m*[9] **1** manie, tic **2** idee-fixe: *der hat doch einen ~!* die is toch gek!
Finale *o*[33] finale
Finalist *m*[14] finalist
Finanz *v*[28] **1** geldwezen **2** financiers
Finanzamt *o*[32] belastingdienst, belastingkantoor
Finanzbeamte(r) *m*[40a] belastingambtenaar
Finanzen *mv* financiën
finanziell financieel
finanzieren[320] financieren
Finanzierung *v*[20] financiering
Finanzlage *v*[28] financiële positie
Finanzminister *m*[9] minister van Financiën
Finanzspritze *v*[21] financiële injectie
Finanzwesen *o*[39] geldwezen, financiewezen
Findelkind *o*[31] vondeling
[1]**finden**[157] *tr* vinden, treffen, oordelen
[2]**finden**[157]**, sich 1** berusten **2** gevonden worden **3** tot bezinning komen
Finder *m*[9] vinder
Finderlohn *m*[19] beloning voor de vinder
findig vindingrijk, slim
Findling *m*[5] **1** vondeling **2** zwerfsteen
Finger *m*[9] vinger: *der kleine ~* de pink; *er rührt keinen ~* hij steekt geen hand uit; *keinen ~ krumm machen* niets uitvoeren
Fingerabdruck *m*[6] vingerafdruk
fingerfertig vingervlug, vlug
Fingerglied *o*[31] kootje
Fingerhut *m*[6] **1** vingerhoed **2** *(plantk)* vingerhoedskruid
[1]**fingern** *intr* vingeren, friemelen, plukken
[2]**fingern** *tr* **1** opvissen, opdiepen **2** klaarspelen, fiksen **3** jatten
Fingernagel *m*[10] vingernagel
Fingerspitze *v*[21] vingertop
Fingerspitzengefühl *o*[39] feeling, intuïtief gevoel
Fingerzeig *m*[5] vingerwijzing, wenk, hint
fingieren[320] verzinnen, fingeren
Fink *m*[14] vink
[1]**Finne** *m*[15] Fin
[2]**Finne** *v*[21] mee-eter, pukkel
finnisch Fins
Finnland *o*[39] Finland
finnländisch Fins
finster (zeer) donker, duister, somber: *ein ~er Geselle* een onguur personage; *im Finstern tappen* in het duister tasten, onzeker zijn
Finsternis *v*[24] **1** duisternis, donkerheid **2** *(sterrenk)* verduistering
Finte *v*[21] **1** *(sp)* schijnstoot, schijnbeweging **2** *(fig)* truc, afleidingsmanoeuvre
Firewall *v*[27], *m*[13] *(comp)* firewall
[1]**Firlefanz** *m*[19] **1** goedkoop spul, prullaria *(mv)* **2** onzin, nonsens
[2]**Firlefanz** *m*[5] kwibus, kwast
Firma *v (mv Firmen)* **1** firma **2** firma(naam)
Firmament *o*[29] firmament, uitspansel
firmen *(r-k)* het vormsel toedienen
Firmeninhaber *m*[9] eigenaar van de firma, firmant
Firmenname *m*[18] firma(naam)
Firmenzeichen *o*[35] handelsmerk, firmamerk
Firmung *v*[20] vormsel
Firn *m*[5], *m*[16] firn, eeuwige sneeuw
Firnis *m (2e nvl -ses; mv -se)* vernis *(ook fig)*
firnissen vernissen
First *m*[5] nok, (dak)vorst
Fisch *m*[5] vis || *großer* (of: *dicker*) *~: a)* zware jongen; *b)* belangrijke figuur; *faule ~e* smoesjes
Fischdampfer *m*[9] trawler
[1]**fischen** *intr* vissen
[2]**fischen** *tr* **1** vissen **2** *(fig)* opdiepen, vangen

Fischer m^{9} visser
Fischerei v^{28} visserij, (het) vissen
Fischfang m^{6} visvangst
Fischhändler m^{9} vishandelaar, visboer
Fischotter m^{9} visotter
Fischstäbchen o^{35} visstick
Fischsuppe v^{21} vissoep
fiskalisch fiscaal
Fiskus *m (2e nvl -; mv -se en Fisken)* fiscus
Fistel v^{21} **1** *(med)* fistel **2** *(muz)* falset
fit fit
Fitness v^{28} fitheid
Fittich m^{5} vlerk, wiek: *jmdn unter seine ~e nehmen* iem onder zijn hoede nemen
Fitting o^{36} fitting
fix 1 vlug, snel: *mach ~!* vlug! **2** *(van loon, prijzen)* vast || *~e Idee* idee-fixe; *~ und fertig: a)* kant-en-klaar; *b)* uitgeput, doodop; *c)* failliet
fixen *(drugs)* spuiten
Fixer m^{9} spuiter *(van drugs)*
fixieren^{320} fixeren
Fixierung v^{20} (het) fixeren
Fixstern m^{5} vaste ster
Fjord m^{5} fjord
FKK v^{28} *afk van Freikörperkultur* nudisme
fl., Fl. *afk van Florin* florijn *(afk* fl*)*
flach 1 plat *(bord, hak)* **2** vlak *(land)* **3** laag, ondiep *(water)* **4** oppervlakkig, banaal
Flachbildschirm m^{5} plat beeldscherm, flatscreen
Fläche v^{21} **1** (zij)vlak, oppervlak **2** vlakte, oppervlakte
Flächenbrand m^{6} uitgestrekte bos-, heidebrand
Flächeninhalt m^{5} oppervlak
Flächennutzungsplan m^{6} bestemmingsplan
flächentreu op schaal (weergegeven)
Flachheit v^{20} **1** vlakheid **2** oppervlakkigheid
Flachland o^{39} laagland, vlakte
Flachs m^{19} **1** *(plantk)* vlas **2** *(inform)* gekheid
flachsen gekheid maken
flackern flikkeren, flakkeren
Fladen m^{11} **1** vla, vlaai **2** (pannen)koek
Flagge v^{21} vlag: *unter ausländischer ~* onder buitenlandse vlag; *~ zeigen* kleur bekennen
flaggen vlaggen
Flaggenmast m^{5}, m^{16}, **Flaggenstange** v^{21}, **Flaggenstock** m^{6} vlaggenstok
[1]**Flak** v^{28} *verk van Flug(zeug)abwehrkanone* luchtafweer
[2]**Flak** v^{27} *(mv ook -) verk van Flug(zeug)abwehrkanone* luchtdoelgeschut
flambieren^{320} flamberen
Flame m^{15} Vlaming
flämisch Vlaams
Flamme v^{21} vlam *(ook fig)*
flammen vlammen, branden
Flammenmeer o^{29} vlammenzee
Flammenwerfer m^{9} vlammenwerper
Flandern o^{39} Vlaanderen
Flanell m^{5} flanel
flanellen flanellen
flanieren^{320} flaneren
Flanke v^{21} **1** flank, zijde **2** *(sp)* voorzet
flanken *(sp)* voorzetten
Flankenangriff m^{5} aanval vanaf de flank
flankieren^{320} flankeren, begeleiden
Flasche v^{21} **1** fles: *auf ~n ziehen* bottelen **2** katrol, blok **3** mislukkeling, prutser
Flaschenhals m^{6} **1** flessenhals **2** *(fig)* flessenhals, knelpunt, bottleneck
Flaschenpfand o^{39} statiegeld
Flaschenzug m^{6} takel
Flatscreen, Flat Screen m^{13} *(2e nvl ook -)* flatscreen
flatterhaft wispelturig
flatterig 1 onregelmatig, onrustig **2** wispelturig
flattern 1 fladderen, wapperen, dwarrelen **2** trillen, beven **3** slingeren
flattrig *zie* flatterig
flau 1 flauw *(van beurs, wind, handel)* **2** zwak, mat, slap: *mir ist ~* ik voel me slap
Flauheit v^{28} slapte, matheid, flauwheid
Flaum m^{19} **1** dons, veertjes **2** dons, haartjes **3** *(plantk)* fluwelige huid
Flausen *mv* v^{21} **1** smoesjes, kletspraatjes **2** malle, gekke ideeën
Flaute v^{21} **1** *(scheepv)* zwakke wind, windstilte **2** slapte, malaise **3** inzinking
Flechte v^{21} **1** vlecht **2** huiduitslag **3** korstmos
flechten^{158} vlechten
Fleck m^{5} **1** plek, plaats **2** vlek, smet || *er kommt nicht vom ~* hij schiet niet op; *vom ~ weg* onmiddellijk, meteen
flecken 1 vlekken, vlekken maken **2** opschieten, vorderen
Flecken m^{11} **1** vlek, smet **2** dorp, vlek
fleckenlos vlekkeloos, smetteloos
fleckig gevlekt, vlekkerig, vuil
Fledermaus v^{25} vleermuis
Fleece o^{39a} fleece
Flegel m^{9} **1** vlegel, dorsvlegel **2** vlegel, lomperd
Flegelei v^{20} vlegelachtigheid
flegelhaft, flegelig vlegelachtig
flegeln, sich onbehouwen gaan zitten
flehen smeken
flehentlich smekend, dringend
Fleisch o^{39} vlees
Fleischbrühe v^{21} bouillon
Fleischer m^{9} slager
Fleischerei v^{20} slagerij
Fleischergeselle m^{15} slagersknecht; *(Belg)* beenhouwersgast
fleischig vlezig
fleischlich vleselijk, zinnelijk
Fleischware v^{21} vleeswaar
Fleischwolf m^{6} vleesmolen
Fleiß m^{19} vlijt, ijver
fleißig 1 vlijtig, ijverig **2** geregeld, vaak
flektieren^{320} flecteren, verbuigen, vervoegen

flennen grienen, huilen
fletschen *(de tanden)* laten zien
flexibel **1** flexibel, soepel: ~ *einsetzbarer Mitarbeiter* flexwerker **2** verbuigbaar, vervoegbaar
Flexibilität v^{28} flexibiliteit
Flexion v^{20} **1** flexie, verbuiging, vervoeging **2** *(med)* buiging, flexie
flicken lappen, verstellen, repareren
Flicken m^{11} stuk, lap
Flickzeug o^{39} reparatiebenodigdheden
Flieder m^{9} *(plantk)* sering
Fliege v^{21} **1** *(dierk)* vlieg **2** vlinderdasje, strikje **3** snorretje, sikje
fliegen^{159} **1** vliegen **2** de laan uitgestuurd worden || *er flog am ganzen Körper* hij trilde over zijn hele lichaam
Fliegenfänger m^{9} vliegenvanger
Fliegenfenster o^{33} hor, horretje
Fliegenklappe, Fliegenklatsche v^{21} vliegenmepper
Fliegenpilz m^{5} vliegenzwam
Flieger m^{9} **1** vliegenier, vlieger **2** soldaat bij de luchtmacht **3** *(sp)* sprinter *(wielrenner)*
Fliegeralarm m^{5} luchtalarm
Fliegerbombe v^{21} vliegtuigbom
Fliegerhorst m^{5} vliegbasis
^{1}**fliehen**^{160} *intr* vluchten
^{2}**fliehen**^{160} *tr* (ver)mijden, (iets, iem) schuwen
Fliehkraft v^{28} middelpuntvliedende kracht
Fliese v^{21} tegel; muurtegel, vloertegel
fliesen betegelen
Fliesenleger m^{9} tegelzetter
Fließarbeit v^{28} lopendebandwerk
Fließband o^{32} lopende band
Fließbandarbeit v^{28} lopendebandwerk
fließen^{161} **1** stromen, vloeien **2** *(mbt elektrische stroom, neus)* lopen || ~ *aus*$^{+3}$ (voort)vloeien uit
fließend **1** stromend *(water)* **2** vloeiend, vlot, gemakkelijk: ~*e Grenzen* moeilijk te trekken grenzen
Fließheck o^{29}, o^{36} fastback *(van auto)*
Flimmer m^{9} **1** zwak schijnsel, flikkering **2** glimmer **3** klatergoud
Flimmerkiste v^{21} *(inform)* televisietoestel
flimmern flikkeren, glinsteren: *mir flimmerte es vor den Augen* het schemerde me voor de ogen
flink rap, behendig, kwiek
Flinte v^{21} geweer *(met schroot geladen)*: *die ~ ins Korn werfen* het bijltje erbij neerleggen
flippig vlot, tof, te gek
flirren **1** flikkeren **2** trillen
Flirt [flu:rt, flirt] m^{13} flirt
flirten [flu:rten, flirten] flirten
Flittchen o^{35} *(inform)* hoertje
Flitter m^{9} **1** lovertje **2** klatergoud
Flitterwochen *mv* v^{21} wittebroodsweken
flitzen **1** flitsen, schieten, vliegen **2** streaken
Flitzer m^{9} **1** snel autootje **2** streaker
Flitzerblitzer m^{9} radarcontrole
Flocke v^{21} vlok
flocken vlokken
Floh m^{6} **1** *(dierk)* vlo **2** *(mv; inform)* poen: *tausend Flöhe* duizend piek
Flohmarkt m^{6} luizenmarkt, rommelmarkt
Flop m^{13} **1** flop, mislukking **2** *(sp)* flop
floppen floppen
Floppy Disk, Floppy Disc v^{27} floppydisk
Flor m^{5} **1** keur, uitgelezen groep **2** bloei; weelde van bloemen
Florenz o^{39} Florence
Florett o^{29} floret
florieren^{320} floreren, bloeien
Florist m^{14} **1** bloemist **2** florist
Floskel v^{21} frase
Floß o^{30} **1** (hout)vlot **2** dobber, drijver
Flosse v^{21} **1** vin; *(sp)* zwemvlies **2** stabilisatievlak, horizontaal stabilo *(van vliegtuig)* **3** *(inform)* poot
Flöte v^{21} fluit
flöten **1** fluiten **2** flemen || *(inform)* ~ *gehen: a)* verloren gaan; *b)* stukgaan
flötengehen *oude spelling voor* flöten gehen, *zie* flöten
Flötenton m^{6} fluittoon: *jmdm (die) Flötentöne beibringen* iem mores leren
flott **1** flink, goed, vlot: ~*e Geschäfte machen* goede zaken doen; ~ *vorankommen* flink opschieten **2** vlot *(in de omgang)* **3** vlot, modieus *(van kleding)* || *ein ~es Leben* een leventje van plezier; *das Auto ist wieder ~* de auto is weer in orde; *er ist wieder ~* hij heeft weer geld
Flotte v^{21} vloot
Flottenbasis *v (mv -basen)* vlootbasis
flottmachen **1** *(een schip)* vlot krijgen **2** *(een auto)* weer in orde maken
flottweg vlotweg
Fluch m^{6} vloek, verwensing, vervloeking
fluchen vloeken: *jmdm ~* iem vervloeken; *auf* (of: *über) jmdn ~* op iem schelden
Flucht v^{20} **1** vlucht *(ook fig)*: *die ~ ergreifen* op de vlucht slaan **2** zwerm **3** (rooi)lijn **4** reeks, rij: *eine ~ von Zimmern* een reeks (ineenlopende) kamers
fluchtartig halsoverkop
^{1}**flüchten** *intr* vluchten
^{2}**flüchten** *tr* in veiligheid brengen
^{3}**flüchten, sich** vluchten, zich in veiligheid brengen
Fluchtgefahr v^{28} gevaar van ontvluchting
Fluchthelfer m^{9} helper bij het vluchten
flüchtig **1** voortvluchtig **2** lichtvoetig **3** voorbijgaand, vergankelijk **4** vluchtig, oppervlakkig **5** vluchtig *(blik, olie)*
Flüchtigkeit v^{20} **1** onnauwkeurigheid **2** vergankelijkheid, onbestendigheid **3** vluchtigheid, oppervlakkigheid **4** vluchtigheid
Flüchtigkeitsfehler m^{9} slordigheidsfout
Fluchtkapital o^{39} naar het buitenland overgebracht kapitaal
Flüchtling m^{5} vluchteling, voortvluchtige

Flüchtlingslager o^{33} vluchtelingenkamp
Fluchtlinie v^{21} rooilijn
Fluchtversuch m^{5} ontsnappingspoging
Flug m^{6} **1** vlucht, (het) vliegen **2** vlucht, vliegreis **3** zwerm **4** sprong *(bij het schansspringen)*
Flugabwehr v^{28} luchtafweer
Flugball m^{6} *(tennis)* volley
Flugbegleiter m^{9} steward
Flugbegleiterin v^{22} stewardess
Flugbereich m^{5} actieradius, vliegbereik
Flugblatt o^{32} pamflet, vlugschrift
Flügel m^{9} **1** vleugel **2** wiek
flügellahm vleugellam
Fluggast m^{6} passagier *(in vliegtuig)*
flügge **1** in staat om te vliegen **2** *(fig)* zelfstandig
Fluggesellschaft v^{20} luchtvaartmaatschappij
Flughafen m^{12} luchthaven
Flugkapitän m^{5} *(luchtv)* gezagvoerder
Fluglehrer m^{9} vlieginstructeur
Flugleiter m^{9} verkeersleider
Flugleitung v^{20} verkeersleiding
Fluglinie v^{21} **1** luchtvaartlijn, traject **2** luchtvaartmaatschappij
Fluglotse m^{15} verkeersleider
Flugplan m^{6} vliegdienstregeling
Flugplatz m^{6} vliegveld
flugs fluks, dadelijk, onmiddellijk
Flugsand m^{19} stuifzand
Flugschein m^{5} **1** vliegticket **2** vliegbrevet
Flugschneise v^{21} luchtcorridor
Flugschreiber m^{9} vluchtrecorder
Flugsicherung v^{20} luchtverkeersbeveiliging
Flugsteig m^{5} slurf, pier, aviobrug
Flugstrecke v^{21} vliegtraject
Flugverkehr m^{19} luchtverkeer
Flugzeug o^{29} vliegtuig
Flugzeugentführer m^{9} vliegtuigkaper
Flugzeugentführung v^{20} vliegtuigkaping
Flugzeugführer m^{9} piloot
Flugzeughalle v^{21} hangar, vliegtuigloods
Flugzeugkatastrophe v^{21} vliegramp
Flugzeugträger m^{9} vliegdekschip
Fluktuation v^{20} fluctuatie, schommeling
fluktuieren ^{320} fluctueren
Flunder v^{21} bot *(een vis)*
Flunkerei v^{20} **1** opschepperij **2** sterk verhaal
flunkern opscheppen, overdrijven
Fluor o^{39} fluor
fluoridieren, fluorieren, fluorisieren fluorideren
^{1}**Flur** m^{5} gang, vestibule, hal
^{2}**Flur** v^{20} **1** veld, beemd **2** bouwland
Flurbereinigung v^{20} ruilverkaveling
Flurbuch o^{32} kadaster
Flurschaden m^{12} veldschade
^{1}**Fluss** m^{19} stroom, stroming || *in ~ kommen* (of: *geraten)* op gang komen; *im ~ sein* in beweging zijn, lopen; *das Gespräch in ~ bringen* het gesprek op gang brengen
^{2}**Fluss** m^{6} rivier, stroom
flussab, flussabwärts stroomaf, stroomafwaarts
flussauf, flussaufwärts stroomop(waarts)
Flussbett o^{37} rivierbedding
flüssig **1** vloeibaar: *~e Nahrung* vloeibaar voedsel **2** vloeiend, vlot: *~er Stil* vlotte stijl **3** *(handel)* contant: *~e Gelder* contanten
Flüssiggas o^{29} vloeibaar gas
Flüssigkeit v^{20} **1** vloeistof **2** vlotheid *(van stijl)*
Flussschifffahrt v^{28} riviervaart, binnenvaart
flüstern fluisteren || *das kann ich dir ~!* daar kun je donder op zeggen!
Flüsterton m^{6}: *im ~* fluisterend
Flüstertüte v^{21} *(inform)* megafoon
Flut v^{20} vloed; *(fig)* vloed, stroom: *eine ~ von Licht* stromen licht; *Ebbe und ~* eb en vloed
^{1}**fluten** *intr* golven, stromen
^{2}**fluten** *tr (scheepv)* laten vollopen
Flutkatastrophe v^{21} overstromingsramp
Flutlicht o^{39} floodlight, strijklicht
^{1}**flutschen** *(sein)* wegfloepen, glippen
^{2}**flutschen** *(haben)* gesmeerd lopen
Flutwelle v^{21} vloedgolf
Fock v^{20} *(scheepv)* fok, fokkenzeil
Föderalismus m^{19a} federalisme
Föderation v^{20} federatie
föderativ federatief: *(Belg) ~e Behörde* Federale Overheidsdienst *(afk* FOD)
Föderativstaat m^{16} bondsstaat, federale staat
Fohlen o^{35} **1** veulen **2** *(sp)* jeugdspeler
Föhn m^{5} **1** föhn *(warme, droge valwind)* **2** haardroger, föhn
föhnen **1** *(mbt föhnwind)* waaien **2** föhnen, met een föhn drogen
Föhre v^{21} grove den
Folge v^{21} **1** gevolg, resultaat: *einem Befehl ~ leisten* een bevel opvolgen; *einer Bitte ~ leisten* aan een verzoek voldoen **2** reeks, vervolg **3** aflevering **4** toekomst: *in der ~* (of: *für die ~)* in het vervolg
Folgeerscheinung v^{20} nawerking, nasleep, gevolg
^{1}**folgen** $^{+3}$ *(sein)* volgen: *wie folgt* als volgt
^{2}**folgen** $^{+3}$ *(haben)* gehoorzamen
folgend volgend: *er las Folgendes* hij las het volgende; *im Folgenden* hieronder; *Folgendes* (of: *das Folgende)* het volgende
folgendermaßen op de volgende wijze, als volgt
folgenlos zonder gevolg(en)
folgenreich rijk aan gevolgen
folgenschwer met ernstige gevolgen
folgerecht, folgerichtig juist, logisch, consequent
Folgerichtigkeit v^{28} juistheid, consequentie
folgern afleiden, opmaken, concluderen
Folgerung v^{20} gevolgtrekking, conclusie: *daraus ergeben sich wichtige ~en* dat heeft belangrijke consequenties
folglich bijgevolg, dus, derhalve
folgsam gehoorzaam, volgzaam

Folgsamkeit *v*[28] gehoorzaamheid
Folie *v*[21] **1** folie **2** achtergrond
Folklore, Folklore *v*[28] folklore
folkloristisch folkloristisch
Folter *v*[21] **1** pijnbank **2** foltering, pijniging, marteling **3** kwelling
Folterer *m*[9] pijniger, beul
foltern folteren, martelen, pijnigen
Fond [fon] *m*[13] **1** grondslag, basis **2** achtergrond **3** achterbank
Fonds [fon] *m (2e nvl -; mv -)* **1** fonds, kapitaal, reserve **2** fonds, staatspapier, effect

fo

Fondue [fõduu] *o*[36], *v*[27] fondue
fönen *oude spelling voor* föhnen, *zie* föhnen
Fonetik *zie* Phonetik
Font *m*[13] *(comp)* font
Fontäne *v*[21] fontein
foppen voor de gek houden, foppen
forcieren[320] forceren
Förde *v*[21] *(N-Dui)* fjord, golf, inham
Förderband *o*[32] lopende band, transportband
Förderer *m*[9] **1** bevorderaar, beschermer, begunstiger **2** transporteur, laadbrug
förderlich bevorderlijk, nuttig, voordelig
fordern **1** vorderen, eisen, verlangen **2** *(prijzen)* vragen **3** *(sp)* tot een uiterste krachtsinspanning dwingen
fördern **1** bevorderen, steunen, vooruithelpen **2** *(mijnb)* delven; *(olie)* winnen **3** transporteren: *zutage* (of: *zu Tage)* ~ aan het licht brengen
Förderstufe *v*[21] brugperiode, brugjaar
Förderturm *m*[5] schachttoren
Forderung *v*[20] **1** vordering, eis, claim **2** *(handel)* vordering **3** uitdaging
Förderung *v*[20] **1** bevordering, bescherming, steun **2** *(mijnb)* winning, productie
Förderungsmaßnahme *v*[21] stimulerende maatregel
Förderungsmittel *mv o*[33] stimulerende middelen
Forelle *v*[21] forel
Forellenzucht *v*[28] forellenkweek
Form *v*[20] vorm: *(sp) in ~ sein* in vorm zijn
formal formeel
Formalität *v*[20] formaliteit
[1]**Format** *o*[29] formaat: *er hat ~* hij is een persoonlijkheid
[2]**Format** *o*[36] format
[1]**formatieren**[320] formatteren
[2]**formatieren**[320] *(comp)* formatteren
Formation *v*[20] formatie
formbeständig vormvast
Formblatt *o*[32] formulier, model
Formel *v*[21] **1** formule **2** formulering
Formel-1-Fahrer *m*[9] formule 1-coureur
formelhaft **1** geijkt *(van uitdrukking)* **2** in een formule
formell **1** vormelijk **2** formeel
formen vormen, formeren
Formenlehre *v*[28] vormleer
Formfehler *m*[9] fout tegen de vorm, vormfout
Formfrage *v*[21] formele kwestie
Formgebung *v*[20] vormgeving
formgerecht in de vereiste vorm
Formgestalter *m*[9] vormgever, ontwerper
formidabel formidabel, geducht
[1]**formieren**[320] *tr* formeren, opstellen
[2]**formieren**[320], **sich** zich opstellen, zich aaneensluiten
förmlich **1** formeel, officieel **2** vormelijk, stijfdeftig **3** letterlijk, gewoonweg
Förmlichkeit *v*[20] vormelijkheid, formaliteit
formlos **1** vorm(e)loos **2** niet in een voorgeschreven vorm **3** *(fig)* ongedwongen
Formular *o*[29] formulier
formulieren[320] formuleren
[1]**Formung** *v*[20] vormgeving
[2]**Formung** *v*[28] vorming
formvollendet volmaakt (van vorm)
forsch **1** krachtig, fors **2** energiek, resoluut
forschen onderzoeken, onderzoek verrichten
Forscher *m*[9] (wetenschappelijk) onderzoeker; *(Belg)* vorser
Forschung *v*[20] onderzoek, research
Forschungsinstitut *o*[29] researchinstituut
Forschungsreisende(r) *m*[40a], *v*[40b] ontdekkingsreiziger
Forschungsstätte *v*[21] researchinstituut
Forst *m*[5], *m*[16] *(geëxploiteerd)* bos, woud
Förster *m*[9] bosbouwkundige, houtvester
Försterei *v*[20] boswachterij, houtvesterij
Forstverwaltung *v*[20] bosbeheer
Forstwirtschaft *v*[28] bosbouw
fort *bw* **1** weg: *~ mit dir!* maak dat je wegkomt! **2** voort, verder, vooruit: *und so ~* enzovoort, en zo verder; *in einem ~* aan één stuk door **3** afwezig, weg
Fort [foor] *o*[36] *(mil)* fort
fortan voortaan, in het vervolg
fortbegeben[166], **sich** weggaan, vertrekken
Fortbestand *m*[19] voortbestaan
fortbestehen[279] voortbestaan, blijven bestaan, voortduren
fortbewegen voortbewegen
fortbilden **1** verder ontwikkelen **2** bijscholen
Fortbildung *v*[20] **1** verdere ontwikkeling **2** bijscholing
Fortbildungskurs *m*[5] bijscholingscursus
fortbleiben[134] wegblijven
fortbringen[139] **1** wegbrengen **2** van de plaats krijgen
fortdauern voortduren
fortdürfen[145] weg mogen, mogen weggaan
[1]**fortfahren**[153] *intr* **1** wegrijden, wegvaren, weggaan **2** voortgaan, doorgaan: *er fuhr fort in seiner Erzählung* hij ging voort met zijn verhaal; *er fuhr fort zu lesen* hij las door
[2]**fortfahren**[153] *tr* wegbrengen

fortfliegen[159] wegvliegen
fortführen **1** wegvoeren, wegbrengen **2** *(de zaken)* voortzetten
Fortgang *m*[19] **1** vertrek, (het) weggaan **2** voortgang, (het) voortduren, verloop
fortgehen[168] **1** (weg)gaan, vertrekken **2** doorgaan, verder gaan
fortgeschritten gevorderd: *in ~em Alter* op gevorderde leeftijd
Fortgeschrittene(r) *m*[40a], *v*[40b] gevorderde
fortgesetzt aanhoudend, voortdurend
forthelfen[188+3] voorthelpen, weghelpen
[1]**fortjagen** *intr* wegdraven, wegrennen, wegracen
[2]**fortjagen** *tr* wegjagen
fortkommen[193] **1** wegkomen **2** wegraken **3** vooruitkomen **4** gedijen
Fortkommen *o*[39] **1** carrière **2** (het) voortkomen, (het) vooruitkomen **3** levensonderhoud: *sein ~ finden* in zijn levensonderhoud voorzien
fortlaufen[198] **1** weglopen **2** doorlopen, doorgaan
fortleben voortleven, blijven leven
fortlegen wegleggen
[1]**fortmachen** *intr* **1** doorgaan **2** (weg)gaan
[2]**fortmachen, sich** maken dat men wegkomt
[1]**fortpflanzen** *tr* voortplanten
[2]**fortpflanzen, sich** zich voortplanten
Fortpflanzung *v*[20] voortplanting
fortreißen[220] **1** wegrukken, wegtrekken **2** meesleuren, meeslepen **3** afpakken
fortschaffen wegbrengen, wegdoen
fortschicken **1** wegsturen **2** verzenden
fortschieben[237] wegschuiven, wegduwen
fortschreiten[254] voortgaan; vorderen
Fortschritt *m*[5] vordering, vooruitgang
fortschrittlich vooruitstrevend, progressief
fortsetzen voortzetten, vervolgen
Fortsetzung *v*[20] voortzetting, vervolg: *~ folgt* wordt vervolgd
fortstehlen[280]**, sich** wegsluipen
forttragen[288] wegdragen, wegbrengen
forttreiben[290] **1** wegdrijven **2** wegjagen **3** doorgaan
fortwährend aanhoudend, voortdurend
fortwirken blijven werken, doorwerken
[1]**fortziehen**[318] *intr* vertrekken, wegtrekken
[2]**fortziehen**[318] *tr* wegtrekken
Forum *o (2e nvl -s; mv Foren, Fora)* forum
fossil **1** fossiel **2** versteend
Fossil *o (2e nvl -s; mv -ien)* fossiel *(ook fig)*
Foto *o*[36] foto
Fotoapparat *m*[5] fototoestel
Fotograf *m*[14] fotograaf
fotografieren[320] fotograferen
Fotohandy *o*[36] cameramobieltje, cameratelefoon
Fotokopie *v*[21] fotokopie
fotokopieren[320] fotokopiëren
fotoshoppen fotoshoppen
Fötus *m (2e nvl - en -ses; mv -se)* foetus
Fötushaltung *v*[20] foetushouding
Foul *o*[36] *(sp)* overtreding
Foulelfmeter *m*[9] *(sp)* strafschop wegens een overtreding in het strafschopgebied
foulen *(sp)* onsportief aanvallen, onderuithalen
Foulspiel *o*[29] *(sp)* overtreding
fr *afk van Franc* frank
Fr. **1** *afk van Franken* (Zwitserse) frank **2** *afk van Frau* mevrouw
Fracht *v*[20] **1** vracht **2** vracht(kosten)
Frachtbehälter *m*[9] container
Frachtbrief *m*[5] vrachtbrief
Frachter *m*[9] vrachtboot
frachtfrei vrachtvrij, franco
Frachtführer *m*[9] vervoerder, vrachtrijder
Frachtrate *v*[21], **Frachtsatz** *m*[6] vrachttarief
Frack *m*[6], *m*[13] rok(kostuum)
Frage *v*[21] **1** vraag **2** vraagstuk, kwestie: *etwas in ~ stellen* iets in twijfel trekken; *es kommt in ~* het komt in aanmerking; *das kommt nicht in ~* daar is geen sprake van; *ohne ~* ongetwijfeld
Fragebogen *m*[11], **Frageliste** *v*[21] vragenlijst
[1]**fragen**[+4] *tr* vragen, informeren: *dieser Artikel ist stark* (of: *sehr) gefragt* er is veel vraag naar dit artikel
[2]**fragen**[+4]**, sich** zich afvragen: *es fragt sich* het is de vraag
Fragestellung *v*[20] **1** vraagstelling **2** probleem, probleemstelling
Fragestunde *v*[21] *(pol)* vragenuurtje
Fragezeichen *o*[35] vraagteken
fraglich **1** onzeker, twijfelachtig **2** desbetreffend: *das ~e Haus* het huis in kwestie
fraglos ongetwijfeld, stellig
Fragment *o*[29] fragment
fragwürdig **1** twijfelachtig, dubieus **2** ongunstig bekendstaand, verdacht, obscuur
Fraktion *v*[20] fractie
Fraktionschef *m*[13], **Fraktionsführer** *m*[9] fractieleider
Fraktionsmitglied *o*[31] fractielid
Fraktionsvorsitzende(r) *m*[40a], *v*[40b] fractievoorzitter, -voorzitster
Fraktur *v*[20] **1** fractuur, breuk **2** gotische (druk)letter
Franc [frã] *m (2e nvl -; mv -s)* frank *(munt in België, Luxemburg, Frankrijk)*
[1]**Franken** *m*[11] (Zwitserse) frank
[2]**Franken** *o*[39] Frankenland
frankieren[320] frankeren
franko franco
Frankreich *o*[39] Frankrijk
Franse *v*[21] **1** franje **2** haarsliert
Franzose *m*[15] Fransman
Französin *v*[22] Française
französisch Frans
Französisch *o*[41] Frans
Fräse *v*[21] frees *(werktuig)*
fräsen frezen
Fraß *m*[5] **1** voer, vreten **2** slecht eten

Fratze *v*[21] **1** tronie **2** grimas: *~n schneiden* (of: *ziehen)* gekke bekken trekken **3** gezicht **4** masker
Frau *v*[20] **1** vrouw **2** vrouw, echtgenote **3** mevrouw: *gnädige ~* mevrouw
Frauenarzt *m*[6] vrouwenarts, gynaecoloog
Frauenbewegung *v*[28] **1** vrouwenbeweging **2** feminisme
Frauenhaus *o*[32] blijf-van-mijn-lijfhuis; *(Belg)* vluchthuis
Frauenmannschaft *v*[20] damesploeg, damesteam
Frauenzimmer *o*[33] vrouwspersoon, mens
fr
Fräulein *o*[35] juffrouw, jongedame
fraulich vrouwelijk
frech **1** brutaal, vrijpostig, onbeschaamd **2** koket, vlot
Frechdachs *m*[5] *(iron)* brutaaltje, boefje
Frechheit *v*[20] onbeschaamdheid, brutaliteit
Freesie *v*[21] fresia
Freeware *v*[27] freeware
frei **1** vrij: *im Freien schlafen* in de openlucht, buiten slapen; *ins Freie gehen* naar buiten gaan; *unter ~em Himmel* onder de blote hemel; *an der ~en Luft* in de openlucht; *eine ~e Arbeitsstelle* een vacante betrekking; *~er Eintritt* gratis entree; *ein ~ stehendes Haus* een vrijstaand huis **2** franco: *~ Haus* franco huis
Freibad *o*[32] openluchtzwembad
freibekommen[193] vrij krijgen
Freiberufler *m*[9] persoon die een vrij beroep uitoefent; zelfstandige
freiberuflich zelfstandig, freelance
Freibetrag *m*[6] belastingvrij bedrag
Freibeuter *m*[9] **1** vrijbuiter **2** kaper
freibleibend vrijblijvend
Freibrief *m*[5] vrijbrief
Freidenker *m*[9] vrijdenker
Freier *m*[9] aanstaande, vrijer
Freiexemplar *o*[29] presentexemplaar
Freifahrkarte *v*[21], **Freifahrschein** *m*[5] gratis kaartje, gratis reisbiljet, vrijbiljet
Freigabe *v*[28] (het) vrijlaten: *die ~ der Preise* het vrijlaten van de prijzen*; zie ook* freigeben
freigeben[166] **1** in vrijheid stellen, vrijlaten **2** vrijgeven, openstellen **3** vrij(af) geven **4** loslaten, opgeven: *den Ball ~* het spel laten hervatten
freigebig vrijgevig, royaal, gul
Freigebigkeit *v*[28] vrijgevigheid, gulheid
Freihafen *m*[12] vrijhaven
freihalten[183] vrijhouden
Freihandel *m*[19] vrijhandel
freihändig **1** handsfree: *~ telefonieren* handsfree telefoneren **2** uit de vrije hand *(tekenen, schieten)* **3** *(handel)* onderhands
Freiheit *v*[20] vrijheid: *ich nehme mir die ~* ik neem de vrijheid
freiheitlich vrijheidlievend
Freiheitsentzug *m*[19] gevangenisstraf, hechtenis, vrijheidsstraf
Freiheitsstrafe *v*[21] vrijheidsstraf
Freikarte *v*[21] vrijkaart(je)
Freikörperkultur *v*[28] *(FKK)* nudisme
Freilandgemüse *o*[33] groente van de koude grond
freilassen[197] vrijlaten, in vrijheid stellen
Freilassung *v*[20] vrijlating, invrijheidstelling
Freilauf *m*[6] *(techn)* vrijloop
freilegen blootleggen *(ook fig);* opgraven
freilich **1** natuurlijk, jazeker, heus **2** wel(iswaar) **3** maar, echter
Freilichtbühne *v*[21] openluchttheater
Freilichtmuseum *o (2e nvl -s; mv -museen)* openluchtmuseum
[1]**freimachen** *intr* vrij nemen
[2]**freimachen** *tr* **1** frankeren **2** ontbloten
[3]**freimachen, sich** **1** zich vrijmaken **2** zich uitkleden *(bij een arts)*
Freimarke *v*[21] frankeerzegel, postzegel
Freimaurer *m*[9] vrijmetselaar
freimütig vrijmoedig, openhartig
freischaffend zelfstandig, freelance
freischalten *(comp)* activeren
Freisprechanlage *v*[21] carkit
Freisprecheinrichtung *v*[20] carkit
freisprechen[274] vrijspreken
Freispruch *m*[6] *(jur)* vrijspraak
freistehen[279] **1** (iem) vrijstaan **2** *(mbt huis)* leegstaan
freistellen **1** *(iem iets)* overlaten **2** *(iem vh werk, van militaire dienst)* vrijstellen **3** *(arbeidskrachten)* ontslaan
Freistoß *m*[6] *(sp)* vrije trap
Freistunde *v*[21] vrij uur
Freitag *m*[5] vrijdag
Freitod *m*[19] suïcide, zelfmoord
Freiübung *v*[20] *(sp)* vrije oefening
Freiumschlag *m*[6] gefrankeerde enveloppe
freiweg ronduit; zonder aarzeling
freiwillig vrijwillig
Freiwillige(r) *m*[40a], *v*[40b] vrijwillig(st)er, volontair(e)
Freizeichen *o*[35] *(telecom)* kiestoon
Freizeit *v*[20] vrije tijd
Freizeitbeschäftigung, Freizeitgestaltung *v*[20] vrijetijdsbesteding
Freizeitgesellschaft *v*[20] vrijetijdsmaatschappij
Freizeitkleidung *v*[28] vrijetijdskleding
Freizeitsport *m*[19] recreatiesport
freizügig **1** vrij in de keuze van de woonplaats; vrij om zich te vestigen waar men wil **2** geen vaste woonplaats hebbend **3** vrij, liberaal **4** vrij, ongebonden **5** royaal
Freizügigkeit *v*[28] **1** recht om zich te vestigen waar men wil **2** vrijheid*; zie ook* freizügig
fremd **1** vreemd, buitenlands, onbekend **2** andermans, van een ander
fremdartig vreemd(soortig), ongewoon
Fremde *v*[28] buitenland
Fremdenbett *o*[37] **1** hotelbed **2** logeerbed

Fremdenführer m^{9} **1** gids, reisleider **2** *(boek)* reisgids
Fremdenhass m^{19} vreemdelingenhaat
Fremdenheim o^{29} pension
Fremdenverkehr m^{19} vreemdelingenverkeer, toerisme
Fremdenverkehrsverein m^{5} vereniging voor vreemdelingenverkeer
Fremdenzimmer o^{33} kamer, hotelkamer
Fremde(r) m^{40a}, v^{40b} vreemdeling, vreemde
Fremdfinanzierung v^{20} externe financiering
fremdgehen^{168} vreemdgaan
Fremdkörper m^{9} **1** vreemd voorwerp **2** *(fig)* indringer
fremdländisch **1** buitenlands **2** uitheems
Fremdsprache v^{21} vreemde taal
fremdsprachig **1** een vreemde taal sprekend **2** in een vreemde taal
Fremdwort o^{32} vreemd woord
frequent **1** frequent **2** *(med)* versneld
frequentieren^{320} frequenteren, vaak bezoeken, druk gebruiken
Frequenz v^{20} frequentie *(ook elektr)*
Fressalien *mv* etenswaar, bikkesementen
Fresse v^{21} bek, muil, smoel: *halt die ~!* hou je kop!
fressen^{162} vreten, (op)eten || *er frisst seinen Kummer in sich* hij kropt zijn verdriet op; *ihn frisst der Neid* hij wordt door nijd verteerd; *der Wagen frisst Benzin* de auto vreet benzine; *jmdn gefressen haben* iem niet kunnen uitstaan; *er hat es gefressen* hij heeft het begrepen
Fressen o^{35} vreten, eten, voer: *das war ein gefundenes ~ für ihn* dat was een kolfje naar zijn hand
Fressgier v^{28} vraatzucht
fressgierig vraatzuchtig
Fresskorb m^{6} **1** *(inform)* mand met levensmiddelen **2** *(inform)* picknickmand
Freude v^{21} vreugde, blijdschap, plezier, genoegen: *das macht mir keine ~* ik heb er geen plezier in
Freudenausbruch m^{6} uitbarsting van vreugde
Freudensprung m^{6} vreugde-, luchtsprong
Freudentaumel m^{9} roes van vreugde
freudestrahlend stralend van vreugde
freudig blij, heuglijk, vrolijk
^{1}**freuen** *tr* verheugen, plezier doen: *es freut mich* het doet me plezier
^{2}**freuen, sich** zich verheugen, blij zijn: *sich über*$^{+4}$ *etwas ~* zich over iets verheugen; *sich ~ auf*$^{+4}$ zich verheugen op; *sich ~ an*$^{+3}$ genieten van; *freut mich sehr!* aangenaam!
Freund m^{5} **1** vriend **2** liefhebber
Freundesdienst m^{5} vriendendienst
Freundeskreis m^{5} vriendenkring
Freundin v^{22} **1** vriendin **2** geliefde
freundlich vriendelijk: *~ zu jmdm sein* vriendelijk voor iem zijn
Freundlichkeit v^{20} **1** vriendelijkheid **2** dienst
Freundschaft v^{20} vriendschap
freundschaftlich vriendschappelijk
Freundschaftsbeweis m^{5} bewijs van vriendschap
Freundschaftsspiel o^{29}, **Freundschaftstreffen** o^{35} *(sp)* vriendschappelijke wedstrijd
Frevel m^{9} misdaad, misdrijf, vergrijp
frevelhaft misdadig, slecht
freveln een misdaad begaan, zondigen
Freveltat v^{20} misdaad, euveldaad
Frevler m^{9} **1** misdadiger **2** boosdoener
Friede m^{18}, **Frieden** m^{11} vrede, rust: *lass mich in ~n* laat me met rust
Friedensabschluss m^{6} (het) sluiten van de vrede
Friedensbewegung v^{20} vredesbeweging
Friedenseinsatz m^{6} vredesmissie
Friedensforscher m^{9} polemoloog
Friedensforschung v^{28} polemologie
Friedensoperation v^{20} vredesoperatie
Friedensprozess m^{5} vredesproces
Friedensunterhandlung, Friedensverhandlung v^{20} vredesonderhandeling
Friedensvertrag m^{6} vredesverdrag
friedfertig vreedzaam, vredelievend
Friedfertigkeit v^{28} vreedzaamheid, vredelievendheid
Friedhof m^{6} kerkhof
friedlich **1** vredelievend, vreedzaam **2** vredig
Friedlichkeit v^{28} vreedzaamheid, vredigheid
friedlos rusteloos
friedvoll vredig, vreedzaam
^{1}**frieren**^{163} *(haben)* **1** koud zijn, het koud hebben: *ich friere, mich friert, es friert mich* ik ben koud, ik heb het koud **2** vriezen: *es friert Stein und Bein* het vriest, dat het kraakt
^{2}**frieren**^{163} *(sein)* bevriezen
Friese m^{15} Fries
Friesin v^{22} Friezin, Friese
friesisch Fries
Frikadelle v^{21} platte en ronde gehaktbal
Frikandelle v^{21} **1** gestoofd vlees **2** gehaktbal
Frikassee o^{36} fricassee
Friktion v^{20} frictie, wrijving
^{1}**frisch** *bn* **1** vers *(van levensmiddelen)* **2** fris, vers *(water)* **3** fris, koel *(water, weer)*
^{2}**frisch** *bw* pas, vers: *~ gestrichen!* nat!; *~ rasiert* pas geschoren || *ein ~es Hemd* een schoon overhemd; *ein Bett ~ beziehen* een bed verschonen; *sich ~ machen* zich opknappen
frischauf! kom op!, komaan!
Frische v^{28} **1** frisheid, koelte **2** fitheid, kracht **3** versheid **4** frisheid
Frischfleisch o^{39} vers vlees
frisch-fröhlich opgewekt
Frischhaltebeutel m^{9} plastic zakje
Frischhaltefolie v^{21} huishoudfolie
Frischhaltepackung v^{20} vacuümverpakking
Frischluft v^{28} frisse lucht
Frischmilch v^{28} verse melk

Friseur [friezeu:r] m^{5} kapper
Friseuse v^{21} kapster
frisieren^{320} **1** kappen **2** *(een balans)* flatteren **3** *(een motor)* opvoeren
Frisör *zie* Friseur
Frisöse *zie* Friseuse
Frist v^{20} **1** termijn **2** uitstel
fristen verlengen, rekken
fristgemäß, fristgerecht met inachtneming van de gestelde termijn, binnen de gestelde termijn
fristlos onverwijld, onmiddellijk: *~ entlassen* op staande voet ontslaan
Frisur v^{20} kapsel
Friteuse *oude spelling voor* Fritteuse, *zie* Fritteuse
fritieren *oude spelling voor* frittieren, *zie* frittieren
Fritte v^{21} friet
Fritteuse v^{21} frituurpan, friteuse
frittieren^{320} frituren
froh vrolijk, blij, vergenoegd, opgeruimd: *~ gelaunt* blij gestemd
fröhlich vrolijk, blij
Fröhlichkeit v^{28} vrolijkheid, plezier, genoegen
frohlocken **1** juichen, jubelen **2** leedvermaak hebben
Frohmut m^{19} blijmoedigheid, opgeruimdheid
frohmütig blijmoedig, opgeruimd
Frohnatur v^{20} **1** vrolijke, opgewekte aard **2** opgewekt mens
Frohsinn m^{19} vrolijkheid, blijmoedigheid
fromm^{59} **1** vroom **2** mak **3** schijnheilig
frömmeln (overdreven) vroom doen
frommen baten, helpen
Frommheit, Frömmigkeit v^{28} vroomheid
frönen^{+3} zich overgeven aan, verslaafd zijn aan; *(lusten)* botvieren
Fronleichnam m^{19}, **Fronleichnamsfest** o^{29} Sacramentsdag
Front v^{20} **1** front *(ook mil)* **2** front, voorzijde, voorgevel
frontal frontaal
Frontalzusammenstoß m^{6} frontale botsing
Frontantrieb m^{5} voorwielaandrijving
Frontmotor m^{16}, m^{5} voorin geplaatste motor
Frontscheibe v^{21} voorruit
Frosch m^{6} **1** kikvors, kikker **2** slof *(van strijkstok)* **3** voetzoeker **4** wig, klamp
Froschschenkel m^{9} kikkerbilletje
Froschtest m^{5}, m^{13} *(med)* kikkerproef
Frost m^{6} **1** vorst, kou **2** rilling, huivering
frostbeständig vorstbestendig, winterhard
Frosteinbruch m^{6} koude-inval
frösteln *(van kou)* huiveren, rillen
Frösteln o^{39} koude rilling, huivering
frostempfindlich vorstgevoelig
frostig **1** zeer koud **2** koel, koud, ijzig
Frostschutzmittel o^{33} antivries(middel)
Frostwetter o^{39} vriezend weer, vorst

fr

Frottee, Frotté m^{13}, o^{36} *(2e nvl ook -)* badstof
frottieren^{320} wrijven, (stevig) afdrogen
Frottierhandtuch o^{32} badhanddoek
frotzeln **1** plagen, jennen **2** spotten
Frucht v^{25} vrucht
fruchtbar **1** *(ook fig)* vruchtbaar **2** vruchtdragend **3** productief
Fruchtbarkeit v^{28} vruchtbaarheid, productiviteit
Fruchtbaum m^{6} vruchtboom, fruitboom
fruchten helpen, baten
Fruchtfleisch o^{39} vruchtvlees
Fruchtjoghurt, Fruchtjogurt m^{13}, v^{27}, o^{36} *(2e nvl ook -; mv ook -)* vruchtenyoghurt
fruchtlos vruchteloos, nutteloos
Fruchtsaft m^{6} vruchtensap
früh vroeg(tijdig): *von ~ auf* van kindsbeen af; *am ~en Morgen* vroeg in de morgen; *heute ~* vanmorgen vroeg; *~er oder später* vroeg of laat
Frühe v^{28} vroegte: *in aller ~* in alle vroegte
früher **1** vroeger, eertijds **2** voormalig, vorig: *der ~e Minister* de voormalige minister
frühestens op z'n vroegst
Frühgeburt v^{20} **1** vroeggeboorte, te vroege geboorte **2** te vroeg geboren kind
Frühgemüse o^{33} vroege groente
Frühjahr o^{29} voorjaar
Frühling m^{5} lente, voorjaar
Frühlingsrolle v^{21} loempia
frühmorgens 's morgens vroeg
Frühpension v^{20} vroegpensioen, VUT
frühreif vroegrijp, voorlijk
Frührente v^{21} vervroegd pensioen, VUT
Frührentner m^{9} vutter
Frühschoppen m^{11} biertje, borreltje 's morgens
Frühsommer m^{9} voorzomer
Frühstück o^{29} ontbijt
frühstücken ontbijten
frühzeitig **1** vroeg(tijdig) **2** voortijdig
Frust m^{19}, **Frustration** v^{20} frustratie
frustrieren^{320} frustreren
Frustrierte(r) m^{40a}, v^{40b} frustraat
FS **1** *afk van Fernschreiben* telex(bericht) **2** *afk van Fernschreiber* telex(apparaat)
Fuchs m^{6} **1** vos *(ook bont)*: *ein alter, ein schlauer ~* een oude, een slimme vos **2** vos *(een paard)* **3** eerstejaars student
^{1}**fuchsen** *tr* ergeren, dwarszitten
^{2}**fuchsen, sich** zich ergeren
Fuchsie v^{21} fuchsia
fuchsig woedend, ongeduldig, razend
Fuchsjagd v^{20} vossenjacht
Fuchsschwanz m^{6} **1** vossenstaart **2** handzaag
fuchsteufelswild woest, woedend
Fuchtel v^{28} strenge tucht, knoet: *unter jmds ~ stehen* bij iem onder de plak zitten
fuchteln zwaaien
fuchtig kwaad, nijdig, woest
Fug m^{19}: *mit ~ (und Recht)* met recht, terecht
Fuge v^{21} **1** voeg, reet, spleet **2** *(muz)* fuga

fugen *(hout)* verbinden; *(een muur)* voegen
[1]**fügen** *tr* **1** voegen, verbinden **2** samenvoegen, invoegen, passen **3** beschikken
[2]**fügen, sich** zich voegen, zich schikken
fügsam gehoorzaam, meegaand, gedwee
Fügsamkeit *v*[28] gehoorzaamheid, meegaandheid, gedweeheid
Fügung *v*[20] **1** beschikking: *eine ~ des Schicksals* een lotsbeschikking **2** *(taalk)* woordgroep
fühlbar voelbaar, tastbaar
[1]**fühlen** *tr* (ge)voelen, gewaarworden; tasten
[2]**fühlen, sich** zich voelen
Fühler *m*[9], **Fühlerfaden** *m*[12], **Fühlhorn** *o*[32] (voel)spriet, voeldraad, voelhoorn, voeler
Fühlung *v*[20] voeling, contact: *~ mit jmdm (auf) nehmen* met iem contact opnemen; *in ~ bleiben* in verbinding blijven
Fühlungnahme *v*[21] contact, (het) contact zoeken
Fuhre *v*[21] **1** (wagen)lading **2** rit **3** vracht
[1]**führen** *intr* **1** leiden, de leiding hebben **2** voeren, leiden: *die Straße führt zum Bahnhof* de straat loopt naar het station
[2]**führen** *tr* **1** *(blinde, hond, kind)* (ge)leiden, voeren: *einen Graben um*[+4] *etwas ~* een gracht om iets graven; *eine Mauer um*[+4] *etwas ~* een muur om iets bouwen; *ein Geschäft ~* een zaak leiden **2** *(gesprek, proces, titel)* voeren, houden **3** *(een naam)* dragen **4** brengen, voeren: *den Löffel zum Mund ~* de lepel naar de mond brengen **5** leiden, besturen, commanderen **6** *(trein, vliegtuig, voertuig)* besturen **7** *(bezem, pen, zwaard)* voeren, hanteren **8** *(een ambt)* uitoefenen, bekleden **9** hebben, meedragen: *er führt den Pass immer bei sich* hij heeft zijn pas altijd bij zich; *Buch ~* boekhouden; *(das) Protokoll ~* notuleren **10** verkopen, in het assortiment hebben: *diesen Artikel ~ wir nicht* dit artikel verkopen we niet
[3]**führen, sich** zich gedragen; zich houden: *der Schüler hat sich tadellos geführt* de leerling heeft zich onberispelijk gedragen
führend leidend, toonaangevend, vooraanstaand
Führer *m*[9] **1** leider, gids **2** (reis)gids **3** aanvoerder
Führerschein *m*[5] rijbewijs
Führerscheinentzug *m*[19] (het) intrekken van het rijbewijs
Führersitz *m*[5] bestuurdersplaats
Fuhrpark *m*[13] wagenpark
Führung *v*[20] **1** leiding, bestuur, bevel **2** leiding, leidende positie **3** gedrag **4** (het) besturen *(ve voertuig)* **5** rondleiding *(in museum e.d.)* **6** (het) voeren *(ve proces, titel)* **7** (het) bijhouden *(vd boeken)* **8** *(techn)* geleiding **9** (het) hanteren *(ve camera)*
Führungskraft *v*[25] leidinggevende employé
Führungsspitze *v*[21] topleiding
Führungstor *o*[29], **Führungstreffer** *m*[9] doelpunt waarmee men de leiding neemt
Führungszeugnis *o*[29a] **1** bewijs van goed gedrag **2** getuigschrift
Fuhrunternehmen *o*[35] transportbedrijf
Fuhrunternehmer *m*[9] vervoerder
Fuhrwerk *o*[29] **1** wagen **2** vrachtauto
Fülle *v*[28] **1** overvloed, menigte, rijkdom **2** volheid **3** gevuldheid **4** zwaarlijvigheid
[1]**füllen** *tr* **1** (op)vullen, volmaken **2** *(in zakken, vaten)* doen: *Wein in Flaschen ~* wijn bottelen
[2]**füllen, sich** zich vullen, vol raken, vollopen
Füllen *o*[35] veulen
Füller *m*[9] vulpen
Füllfederhalter *m*[9] vulpen(houder)
Füllgewicht *o*[29] gewicht bij verpakking
füllig gevuld, volslank
Füllung *v*[20] **1** (het) vullen **2** *(tand)* vulling **3** *(cul)* vulling, vulsel **4** (deur)paneel
fummeln **1** frunniken, friemelen: *~ an*[+3] prutsen, friemelen aan **2** *(sp)* te veel dribbelen **3** vrijen, frunniken
Fund *m*[5] vondst, (het) vinden; ontdekking
Fundament *o*[29] fundament, grondslag, basis
fundamental fundamenteel
Fundamentalismus *m*[19a] fundamentalisme
Fundamt *o*[32], **Fundbüro** *o*[36] bureau voor gevonden voorwerpen
Fundgegenstand *m*[6] gevonden voorwerp
Fundgrube *v*[21] *(fig)* rijke bron, rijke vindplaats
Fundi *m*[13] *(pol)* fundamentalist
fundieren[320] **1** funderen **2** motiveren
Fundierung *v*[20] fundering; *zie ook* fundieren
fündig rijk *(aan bodemschatten)* || *~ werden* iets ontdekken, vinden
Fundort *m*[5] vindplaats
Fundsache *v*[21] gevonden voorwerp
Fundstätte, Fundstelle *v*[21] vindplaats
fünf vijf
Fünf *v*[20] **1** *(het cijfer)* vijf **2** lijn vijf *(van tram, bus)* **3** *(als rapportcijfer)* onvoldoende
Fünfer *m*[9] **1** vijfmarkstuk, vijfpfennigstuk; vijfeurobiljet, vijfcentstuk **2** vijf getallen goed *(bij lotto)* **3** *(tram, bus)* lijn vijf **4** vijf
Fünfkampf *m*[19] *(sp)* vijfkamp
Fünfmarkstück *o*[29] vijfmarkstuk
Fünfmeterraum *m*[6] *(sp)* doelgebied
fünfstellig van vijf cijfers
Fünftel *o*[33] vijfde (deel)
fünfzehn vijftien
fünfzig vijftig
fünfziger **1** van (uit) het jaar vijftig **2** tussen '50 en '60: *die ~ Jahre* de jaren vijftig
Fünfziger *m*[9] **1** *(inform)* vijftigpfennigstuk, vijftigcentstuk **2** vijftiger **3** *(inform)* briefje van 50 euro, briefje van 50 mark
Fünfzigerjahre *mv o*[29]: *die ~* de jaren vijftig
fungieren[320] fungeren
Funk *m*[19] **1** radiotelefonie, mobilofoon **2** radio
Funkanlage *v*[21] radiozendinstallatie
Funke *m*[18] vonk, sprank
funkeln fonkelen, schitteren, blinken
funkelnagelneu (spik)splinternieuw
[1]**funken** *intr* fonkelen, vonken

^{2}**funken** *tr* (draadloos) seinen
Funken m^{11} *zie* Funke
Funkgerät o^{29} radiozendinstallatie, mobilofoon
Funkhaus o^{32} omroepgebouw
Funkkontakt m^{5} radiocontact
Funkmeldung v^{20} radiobericht
Funksprechgerät o^{29} mobilofoon
Funkspruch m^{6} radiobericht
Funkstreifenwagen m^{11} surveillancewagen met mobilofoon
Funktion v^{20} functie
funktional functioneel
Funktionär m^{5} functionaris
funktionell functioneel
funktionieren^{320} **1** fungeren, dienstdoen **2** functioneren, werken
Funkturm m^{5} zendmast, radiomast
Funkverkehr m^{19} radioverkeer
Funkwerbung v^{20} ether-, radioreclame
für^{+4} *vz* voor, bestemd voor, ten behoeve van: *ein Mittel ~ Kopfweh* een middel tegen hoofdpijn; *Jahr ~ Jahr* jaar in, jaar uit; *Wasser ~ Wein* water in plaats van wijn; *~s Erste* voorlopig; *~ sich: a)* op zichzelf; *b)* voor zich alleen; *an und ~ sich* op zichzelf (beschouwd); *das hat viel ~ sich* daar is veel voor te zeggen; *das Für und Wider* het voor en tegen
Fürbitte v^{21} voorspraak
Furche v^{21} **1** voor **2** groef, rimpel
furchen 1 voren trekken **2** rimpelen, fronsen
Furcht v^{28} vrees, angst, bezorgdheid: *jmdn in ~ versetzen* (of: *jmdm ~ einjagen)* iem vrees aanjagen; *~ einflößend* (of: *~ erregend)* angstaanjagend
furchtbar vreselijk, verschrikkelijk, ontzettend: *~ gern* heel graag
Furchtbarkeit v^{20} verschrikkelijkheid
furchteinflößend angstaanjagend
^{1}**fürchten** *tr* vrezen, bang zijn voor
^{2}**fürchten, sich** (met *vor*$^{+3}$*)* bang zijn (voor), vrezen
fürchterlich vreselijk, verschrikkelijk, erg
furchterregend angstaanjagend
furchtlos onbevreesd, onverschrokken
furchtsam vreesachtig, bang(ig)
füreinander voor elkaar
Furie v^{21} furie
Fürsorge v^{21} **1** zorg **2** sociale zorg **3** sociale dienst **4** *(inform)* bijstandsuitkering, steun
Fürsorger m^{9} sociaal werker
Fürsprache v^{21} voorspraak: *~ für jmdn einlegen* een goed woordje doen voor iem
Fürsprecher m^{9} voorspraak, voorspreker
Fürst m^{14} vorst, heerser
Fürstenhaus o^{32} vorstenhuis; dynastie
Fürstentum o^{32} vorstendom
Fürstin v^{22} vorstin
fürstlich vorstelijk
Furt v^{20} doorwaadbare plaats
Furunkel m^{9}, o^{33} *(med)* steenpuist
Fürwort o^{32} voornaamwoord
Furz m^{6} *(plat)* wind, scheet
furzen *(plat)* een wind, scheet laten
Fusel m^{9} foezel, slechte jenever
füsilieren^{320} fusilleren
Fusion v^{20} fusie, samensmelting
fusionieren^{320} fuseren, een fusie aangaan
Fusionmusik v^{28} fusion
Fuß m^{6} voet, been, poot *(van dieren, meubels);* voetstuk, sokkel: *stehenden ~es* op staande voet; *auf freiem ~ sein* zich op vrije voeten bevinden; *sich die Füße nach*$^{+3}$ *etwas ablaufen* (of: *wund laufen)* zich voor iets de benen uit het lijf lopen; *gut, schlecht zu ~ sein* goed, slecht ter been zijn
Fußball m^{6} voetbal: *~ spielen* voetballen
Fußballen m^{11} bal van de voet
Fußballer m^{9} *(inform)* voetballer
Fußballfan m^{13} voetbalsupporter
Fußballfeld o^{31} voetbalveld
Fußballmannschaft v^{20} voetbalelftal, ploeg
Fußballplatz m^{6} voetbalveld
Fußballspiel o^{29} voetbalwedstrijd
Fußballspieler m^{9} voetbalspeler, voetballer
Fußballverband m^{6} voetbalbond
Fußballverein m^{5} voetbalvereniging, voetbalclub
Fußbank v^{25} voetenbank
Fußboden m^{12} vloer
Fußbodenbelag m^{6} vloerbedekking
Fussel v^{21}, m^{9}, m^{17} pluisje, draadje
fußen (met *auf*$^{+3}$*)* steunen op, berusten op
Fußgänger m^{9} voetganger
Fußgängerschutzweg m^{5}, **Fußgängerübergang** m^{6}, **Fußgängerüberweg** m^{5} voetgangersoversteekplaats
Fußgängerzone v^{21} voetgangersgebied
Fußgelenk o^{29} voetgewricht
Fußnote v^{21} voetnoot
Fußpfad m^{5} voetpad
Fußpflege v^{28} voetverzorging, pedicure
Fußreise v^{21} voetreis, voettocht
Fußstapfe v^{21}, **Fußstapfen** m^{11} voetstap
Fußsteig m^{5} trottoir
Fußtritt m^{5} trap, schop; *(fig)* trap
Fußweg m^{5} voetpad
Futsal m^{19}, m^{19a} futsal
futsch 1 weg, verdwenen, foetsie **2** kapot
^{1}**Futter** o^{33} **1** voering(stof) **2** lijstwerk *(om deuren en vensters)*
^{2}**Futter** o^{39} voer, eten
Futteral o^{29} foedraal, koker, hoes
futtern eten, bikken, vreten
füttern 1 voeren, voer geven, eten geven **2** voeren, van voering voorzien **3** *(in computer)* invoeren
Futterrübe v^{21} voederbiet
Fütterung v^{20} **1** (het) voeren **2** voering
Futur o^{29} *(taalk)* toekomende tijd
Futurologe m^{15} futuroloog

g

g *afk van Gramm* gram *(afk* g)
[1]**Gabe** *v*[21] **1** gave, gift, geschenk, aalmoes **2** gave, talent
[2]**Gabe** *v*[28] *(med)* **1** dosis **2** (het) toedienen, toediening
Gabel *v*[21] **1** vork; vertakking, splitsing **2** gaffel; vork **3** (telefoon)haak
[1]**gabeln** *tr* op de vork steken, oppikken
[2]**gabeln, sich** zich splitsen, zich vertakken
Gabelstapler *m*[9] heftruck, vorkheftruck
Gabelung *v*[20] splitsing, vertakking
gackeln, gackern, gacksen kakelen, snateren *(ook fig)*
gaffen gapen, met open mond staan kijken
Gaffer *m*[9] gaper
Gag [gek] *m*[13] **1** *(theat)* gag **2** geestigheid, grap
Gage *v*[21] gage, honorarium
gähnen geeuwen, gapen
Gala *v*[28] gala
galant **1** galant, hoffelijk **2** amoureus
Galeere *v*[21] *(scheepv)* galei
Galerie *v*[21] galerij
Galgen *m*[11] galg *(ook techn)*
Galgenfrist *v*[20] uitstel van executie
Galgenhumor *m*[19] galgenhumor
Galle *v*[21] gal
Gallenblase *v*[21] galblaas
Gallert *o*[29] gelatine, gelei, dril
gallertartig geleiachtig
gallig gallig; bitter
Galon *m*[13], **Galone** *v*[21] galon, tres
Galopp *m*[5], *m*[13] galop
galoppieren[320] galopperen
galvanisieren[320] galvaniseren
gamen gamen
gammeln **1** liggen rotten **2** rondhangen
Gammler *m*[9] leegloper; hippie, nozem
Gämse *v*[21] gems
gang: ~ *und gäbe sein* algemeen gebruikelijk zijn
[1]**Gang** *m*[6] **1** gang, wijze van lopen **2** gang, tocht: *einen ~ machen müssen* een boodschap moeten doen **3** *(techn)* versnelling: *den ersten ~ einlegen* in de eerste versnelling zetten **4** werking, (het) lopen *(van machine)* **5** gang *(bij diner);* ronde *(bij sport)* **6** verloop **7** gang *(in huis)*
[2]**Gang** [geng] *v*[27] gang, bende
Gangart *v*[20] gang, manier van lopen; *(sp)* manier van spelen, spel
gangbar **1** begaanbaar **2** gangbaar
Gängelband *o*[32] leiband: *jmdn am ~ führen* iem aan de leiband laten lopen
gängeln aan de leiband laten lopen
gängig **1** gangbaar, courant **2** begaanbaar **3** goed lopend
Gangschaltung *v*[20] *(techn)* schakeling: *ein Fahrrad mit ~* een fiets met versnelling
Ganove *m*[15] schavuit, schurk, boef
Gans *v*[25] gans *(ook fig)*
Gänseblümchen *o*[35] madeliefje
Gänsebraten *m*[11] gebraden gans
Gänsefüßchen *o*[35] aanhalingsteken
Gänsehaut *v*[28] *(fig)* kippenvel
Gänserich *m*[5] gent, mannetjesgans
[1]**ganz** *bn* **1** heel, gaaf, ongeschonden: *~e 50 Euro kosten* niet meer dan 50 euro kosten **2** (ge)heel **3** geheel en al
[2]**ganz** *bw* tamelijk, betrekkelijk, nogal: *das Wetter war ~ schön* het weer was tamelijk mooi; *eine ~e Menge* een flinke hoeveelheid || *~e Arbeit leisten* voortreffelijk werk verrichten; *~ gut* heel goed; *~ gewiss* zeer zeker; *~ und gar* geheel en al
Ganze(s) *o*[40c] **1** geheel, totaliteit: *im Ganzen* (of: *im großen Ganzen)* over het geheel **2** zaak, kwestie, alles
Ganzheit *v*[28] geheel, totaal, totaliteit
ganzjährig het hele jaar door
gänzlich geheel, volkomen, totaal; geheel en al
ganztägig de hele dag: *~ geöffnet* de hele dag open
Ganztagsarbeit, Ganztagsbeschäftigung *v*[28] volle baan, volledige betrekking, baan voor hele dagen
[1]**gar** *bn* gaar
[2]**gar** *bw* **1** helemaal, volstrekt: *das ist doch ganz und ~ nicht wahr* dat is toch volstrekt niet waar **2** *(Z-Dui, Oostenr, Zwits)* zeer, heel: *~ gut* zeer goed **3** toch || *am Ende bist du ~ böse?* uiteindelijk ben je nog boos ook?; *oder ~* of zelfs
Garage *v*[21] garage
Garant *m*[14] garant, borg
Garantie *v*[21] garantie, waarborg, borgstelling: *~ geben* (of: *leisten)* garantie geven
Garantiefrist *v*[20] garantietermijn, garantietijd
garantieren[320] garanderen, waarborgen
Garantieschein *m*[5] garantiebewijs
Garantiezeit *v*[20] garantietijd, garantietermijn
Garaus *m (inform): jmdm den ~ machen* iem van kant maken, vermoorden
Garbe *v*[21] **1** schoof **2** salvo, vuur
Garde *v*[21] garde
Garderobe *v*[21] **1** garderobe **2** kleedkamer
Garderobefrau, Garderobenfrau *v*[20] garderobejuffrouw
Garderobenmarke *v*[21] kaartje van de vestiaire, garderobepenning

Garderobenständer *m*[9] kapstok
Gardine *v*[21] vitrage, gordijn
Gardinenstange *v*[21] gordijnroede; gordijnrail
gären[164] gisten *(ook fig)*
Garküche *v*[21] gaarkeuken
Garn *o*[29] **1** garen **2** net: *jmdn ins ~ locken* iem in de val lokken
Garnele *v*[21] garnaal
garnieren[320] garneren
Garnierung *v*[20] **1** garnering **2** (het) garneren
Garnison *v*[20] garnizoen
Garnitur *v*[20] **1** garnituur, stel, set **2** garnering **3** keus
garstig 1 walgelijk, akelig **2** naar, vervelend
Garten *m*[12] tuin, hof
Gartenanlage *v*[21] plantsoen
Gartenarchitekt *m*[14] tuinarchitect
Gartenbau *m*[19] tuinbouw
Gartenbaubetrieb *m*[5] tuinderij
Gartenfest *o*[29] tuinfeest
Gartenhaus *o*[32] tuinhuisje
Gartenkresse *v*[21] *(plantk)* sterren-, tuinkers
Gartenkunst *v*[25] tuinarchitectuur
Gartenlaube *v*[21] prieel, tuinhuisje
Gartenmöbel *mv o*[33] tuinmeubelen
Gartenschlauch *m*[6] tuinslang
Gartenzwerg *m*[5] tuinkabouter *(ook fig)*
Gärtner *m*[9] tuinman, tuinier, tuinder
Gärtnerei *v*[20] tuinderij, bloemisterij
gärtnern tuinieren
Gärung *v*[20] gisting; (het) gisten; *(fig)* onrust
Gas *o*[29] gas: *(fig) jmdm das ~ abdrehen* iem de das omdoen; *aufs ~ treten: a)* gas geven; *b) (fig)* zich haasten
Gasanschluss *m*[6] gasaansluiting
gasbeheizt met gas verwarmd
gasförmig gasvormig
Gasgeruch *m*[19] gaslucht
Gashahn *m*[6] gaskraan
Gasheizung *v*[20] gasverwarming
Gasherd *m*[5] gasfornuis
Gaskocher *m*[9] gaskomfoor, gasstel
Gasmaske *v*[21] gasmasker
Gasofen *m*[12] gaskachel
Gaspedal *o*[29] gaspedaal
Gasse *v*[21] **1** steeg; straat **2** *(sp)* opening, ruimte *(tussen twee spelers)* **3** doorgang
Gassenbube *m*[15] straatjongen
Gast *m*[6] gast; logé
Gastarbeiter *m*[9] gastarbeider
Gästezimmer *o*[33] *zie* Gastzimmer
gastfrei gastvrij
Gastfreiheit *v*[28] gastvrijheid
Gastfreund *m*[5] gastheer
gastfreundlich gastvrij, hartelijk, gul
Gastfreundlichkeit *v*[28], **Gastfreundschaft** *v*[28] gastvrijheid
Gastgeber *m*[9] **1** gastheer **2** *(sp)* thuisclub
Gastgeberin *v*[22] gastvrouw
Gastgewerbe *o*[39] horecabedrijf, horecasector
Gasthaus *o*[32] **1** restaurant **2** hotel
Gasthof *m*[6] hotel
gastieren[320] **1** als gast optreden **2** *(sp)* een uitwedstrijd spelen
gastlich gastvrij
Gastronomie *v*[28] gastronomie
Gastspiel *o*[29] **1** gastvoorstelling **2** gastrol **3** uitwedstrijd
Gaststätte *v*[21] restaurant; horecabedrijf
Gaststättengewerbe *o*[39] horecasector
Gastwirt *m*[5] **1** eigenaar van een restaurant **2** caféhouder
Gastwirtschaft *v*[20] (eenvoudig) restaurant
Gastzimmer *o*[33] **1** gelagkamer **2** logeerkamer **3** hotelkamer
Gasuhr *v*[20] gasmeter
Gaswerk *o*[29] gasbedrijf, gasfabriek
Gate *o*[39] gate
Gatte *m*[15] man, echtgenoot
Gatter *o*[33] **1** hek, hekwerk **2** poortje
Gattin *v*[22] vrouw, echtgenote
Gattung *v*[20] **1** soort, klasse **2** geslacht **3** soort, genre
Gattungsbezeichnung *v*[20], **Gattungsname** *m*[18] soortnaam
GAU *m*[19], *m*[19a] *afk van größter anzunehmender Unfall* ernstigste storing die men zich in een kerncentrale kan voorstellen
gaukeln 1 dartelen, spelen **2** goochelen **3** bedriegen
Gaukler *m*[9] **1** goochelaar, kunstenmaker **2** bedrieger
Gaul *m*[6] **1** knol **2** paard
Gaumen *m*[11] gehemelte, verhemelte
Gaumenkitzel *m*[19] streling van het gehemelte
Gauner *m*[9] bedrieger, oplichter, boef
Gaunerei *v*[20] oplichterij, bedrog
Gaunersprache *v*[21] dieventaal, Bargoens
Gaunerstreich *m*[5] boevenstreek
Gaze *v*[21] gaas
Gazelle *v*[21] gazelle
Geächtete(r) *m*[40a], *v*[40b] **1** balling **2** paria
Geächze *o*[39] gesteun, gekreun, gezucht
geartet geaard, van … natuur, van … aard
Gebäck *o*[29] **1** gebak **2** koekjes **3** baksel
Gebärde *v*[21] **1** gebaar **2** manier van doen
gebärden, sich zich gedragen
Gebärdendolmetscher *m*[9] gebarentolk
Gebärdenspiel *o*[39] gebarenspel
Gebärdensprache *v*[21] gebarentaal
gebären[165] baren, ter wereld brengen
Gebärmutter *v*[26] baarmoeder
Gebäude *o*[33] **1** gebouw **2** stelsel, systeem
Gebein *o*[29] gebeente: *seine ~e: a)* zijn gebeente; *b)* zijn stoffelijk overschot
[1]**geben**[166] *tr* **1** geven: *alles wieder von sich ~* overgeven; *es jmdm ~: a)* iem de waarheid vertellen; *b)* iem een pak slaag geven **2** worden: *er wird einen*

guten Techniker ~ hij zal een goed technicus worden **3** zijn: *zwei mal zwei gibt vier* twee keer twee is vier **4** *(onpers) es gibt*[+4] er is, er zijn; *es gibt einen Gott* er is één God; *es gibt Regen* we krijgen regen; *es gibt noch ein Unglück, wenn …* er gebeurt nog een ongeluk, als …; *was gibt es?* wat is er?; *das gibt es bei uns nicht: a)* dat hebben we niet; *b)* dat doen we niet

[2]**geben**[166]**, sich 1** zich schikken: *sich in etwas* ~ zich in iets schikken **2** zich gedragen: *sie gab sich unbefangen* ze gedroeg zich onbevangen **3** zich voordoen: *wenn sich die Gelegenheit gibt* als de gelegenheid zich voordoet **4** verdwijnen: *die Schmerzen werden sich bald* ~ de pijn zal spoedig verdwijnen **5** in orde komen

Geber *m*[9] gever, schenker

Geberland *o*[32] donorland

Gebet *o*[29] gebed

Gebetbuch *o*[32] gebedenboek

Gebettel *o*[39] gebedel

Gebiet *o*[29] gebied, terrein, domein

[1]**gebieten**[130] *intr* **1** het bevel voeren; meester zijn **2** beschikken

[2]**gebieten**[130] *tr* gebieden, bevelen

Gebieter *m*[9] gebieder, heer, meester

gebieterisch gebiedend, bevelend, dwingend

Gebilde *o*[33] maaksel, schepping, product

gebildet beschaafd, ontwikkeld

Gebildete(r) *m*[40a], *v*[40b] beschaafd mens, ontwikkeld mens, intellectueel

Gebimmel *o*[39] gebeier, gelui

Gebinde *o*[33] boeket, krans, bloemstuk

Gebirge *o*[33] gebergte

gebirgig bergachtig

Gebirgsdorf *o*[32] bergdorp

Gebirgskette *v*[21], **Gebirgszug** *m*[6] bergketen

Gebiss *o*[29] gebit; bit

Gebläse *o*[33] **1** aanjager **2** compressor **3** ventilator, fan

Geborgenheit *v*[28] geborgenheid

Gebot *o*[29] **1** gebod, bevel **2** eis **3** bod || *zu ~(e) stehen* ten dienste staan

Gebotsschild *o*[31] gebodsbord

Gebratene(s) *o*[40c] gebakken, gebraden spijzen

Gebrauch *m*[6] **1** gebruik: *außer ~ kommen* in onbruik raken **2** gebruik, gewoonte, zede

gebrauchen gebruiken

gebräuchlich gebruikelijk, gewoon

Gebrauchsanleitung *v*[20], **Gebrauchsanweisung** *v*[20] gebruiksaanwijzing

gebrauchsfertig gebruiksklaar

Gebrauchsgegenstand *m*[6] gebruiksvoorwerp

Gebrauchswert *m*[5] gebruikswaarde

Gebrauchtwagen *m*[11] tweedehands auto

Gebrechen *o*[35] gebrek; *(lichamelijk)* ongemak

gebrechlich 1 zwak *(van ouderdom)* **2** broos

Gebrechlichkeit *v*[28] **1** zwakheid **2** broosheid

gebrochen 1 gebroken **2** gestoord

Gebrüder *mv* gebroeders

Gebrüll(e) *o*[39] **1** gebrul **2** geloei

Gebühr *v*[20] **1** (het) verschuldigde, bijdrage, vergoeding: *nach* ~ passend; *über* ~ overmatig, meer dan nodig **2** kosten **3** verschuldigd recht, leges, tarief, porto

[1]**gebühren** *intr* toekomen, passen

[2]**gebühren, sich** passen, betamen

gebührend passend, gepast, behoorlijk

Gebühreneinheit *v*[20] *(telecom)* gesprekseenheid

Gebührenfernsehen *o*[39] betaaltelevisie, abonneetelevisie, pay-tv

gebührenfrei kosteloos, vrij van rechten

Gebührenordnung *v*[20] vastgestelde tarieven

gebührenpflichtig niet kosteloos, aan rechten onderhevig: *~e Straße* tolweg

Gebührensatz *m*[6] tarief

Gebundenheit *v*[28] gebondenheid, verplichting

Geburt *v*[20] **1** geboorte, bevalling: *vor, nach Christi* ~ voor, na Christus **2** afkomst

Geburtenbeschränkung *v*[20] geboortebeperking

Geburtenkontrolle *v*[28] geboorteregeling

geburtenschwach met een laag geboortecijfer

geburtenstark met een hoog geboortecijfer

Geburtenzahl *v*[20], **Geburtenziffer** *v*[21] geboortecijfer

gebürtig geboortig, afkomstig

Geburtsanzeige *v*[21] **1** geboorteaankondiging **2** geboorteaangifte

Geburtsfehler *m*[9] aangeboren gebrek

Geburtshelfer *m*[9], **Geburtshelferin** *v*[22] verloskundige

Geburtshilfe *v*[28] **1** verloskundige hulp **2** verloskunde

Geburtsjahr *o*[29] geboortejaar

Geburtsort *m*[5] geboorteplaats

Geburtstag *m*[5] geboortedag; verjaardag

Geburtstagsgeschenk *o*[29] verjaarsgeschenk

Geburtstagskind *o*[31] jarige

Geburtswehen *mv v*[21] weeën

Gebüsch *o*[29] bosje, struikgewas, struiken

Gedächtnis *o*[29a] **1** geheugen **2** nagedachtenis, herinnering

Gedächtnisausfall *m*[6] black-out

Gedächtnisfeier *v*[21] herdenkingsplechtigheid

Gedächtnisrede *v*[21] herdenkingsrede

Gedächtnisschwund *m*[19] geheugenverlies

Gedächtnisstütze *v*[21] geheugensteuntje

Gedanke *m*[18] gedachte: *mir kam der* ~ de gedachte kwam bij me op; *sich mit dem ~n tragen* met het plan rondlopen; *seine ~n sammeln* zich concentreren

Gedankenarbeit *v*[28] geestelijke arbeid

Gedankenaustausch *m*[19] gedachtewisseling

gedankenlos gedachteloos, onnadenkend

gedankenreich rijk aan gedachten, ideeën; vol gedachten, ideeën

Gedankenstrich *m*[5] gedachtestreep

gedankenvoll 1 peinzend, in gedachten verzonken **2** vol gedachten

Gedankenwelt *v*[20] gedachtewereld
Gedärm *o*[29], **Gedärme** *o*[33] ingewanden
Gedeck *o*[29] **1** couvert **2** menu
Gedeih *m*[19]: *auf ~ und Verderb: a)* in voor- en tegenspoed; *b)* onvoorwaardelijk *(uitgeleverd)*
gedeihen[167] **1** gedijen, tieren **2** vorderen
gedeihlich 1 voorspoedig **2** vruchtbaar
gedenken[140] **1** gedenken, herdenken, denken aan **2** denken, van plan zijn
Gedenken *o*[39] **1** gedachtenis, herinnering **2** herdenkingstocht: *~ für ...* stille tocht voor ...
Gedenkfeier *v*[21] herdenkingsplechtigheid
Gedenkminute *v*[21] minuut stilte
Gedenkrede *v*[21] herdenkingsrede
Gedenkstätte *v*[21] gedenkplaats
Gedenkstein *m*[5] gedenksteen
Gedicht *o*[29] gedicht, vers
Gedichtform *v*[20] dichtvorm: *in ~* in verzen
Gedichtsammlung *v*[20] bundel gedichten
gediegen 1 gedegen **2** degelijk, flink *(karakter)* **3** eigenaardig, vreemd
gedient: *~er Soldat* oud-soldaat, veteraan
Gedränge *o*[39] **1** gedrang: *(fig) ins ~ kommen* (of: *geraten)* in het nauw komen **2** *(sp)* scrum
gedrängt 1 dicht opeen, gedrongen: *~ voll* propvol **2** compact, beknopt, bondig, kernachtig
gedrückt gedrukt, bedrukt, neerslachtig
gedrungen gedrongen
Geduld *v*[28] geduld: *sich in ~ fassen* geduld oefenen; *da riss mir die ~* (of: *ging mir die ~ aus)* toen was mijn geduld op
gedulden, sich geduld hebben
geduldig geduldig
gedunsen (op)gezwollen, opgeblazen, opgezet
geehrt geëerd, geacht
geeignet geschikt: *~ sein für*[+4] (of: *zu*[+3]) geschikt zijn voor
Gefahr *v*[20] gevaar: *auf die ~ hin, alles zu verlieren* op gevaar af alles te verliezen; *(handel) auf Ihre ~* voor uw risico
gefährden in gevaar brengen, bedreigen
Gefährdung *v*[20] bedreiging, gevaar
Gefahrenstelle *v*[21] gevaarlijke plaats
Gefahrenzulage *v*[21] gevarentoeslag
gefährlich gevaarlijk
Gefährlichkeit *v*[28] gevaar(lijkheid)
gefahrlos ongevaarlijk, niet gevaarlijk
Gefährte *m*[15] metgezel, makker, kameraad
gefahrvoll zeer gevaarlijk, gevaarvol
Gefälle *o*[33] **1** verval *(van rivier)* **2** helling **3** (niveau)verschil
gefallen[154] bevallen, aanstaan, behagen: *sich etwas ~ lassen* zich iets laten welgevallen
[1]**Gefallen** *m*[11] genoegen, plezier: *jmdm einen ~ erweisen* (of: *tun)* iem een plezier doen
[2]**Gefallen** *o*[39] behagen, genoegen: *~ haben* (of: *finden) an*[+3] plezier hebben in
gefällig 1 gedienstig, vriendelijk, voorkomend **2** prettig, aangenaam **3** bevallig
Gefälligkeit *v*[20] **1** gedienstigheid, vriendelijkheid **2** dienst, plezier **3** bevalligheid
gefälligst alsjeblieft
gefallsüchtig behaagziek, koket
gefangen gevangen: *~ nehmen: a)* gevangen nemen, arresteren; *b) (fig)* boeien; *~ sitzen* gevangenzitten
Gefangenenaufseher *m*[9] gevangenbewaarder, cipier
Gefangenenfürsorge *v*[28] reclassering
Gefangenenlager *o*[33] gevangen(en)kamp
Gefangenenwärter *m*[9] gevangenbewaarder
Gefangene(r) *m*[40a], *v*[40b] gevangene
Gefangennahme *v*[28] gevangenneming
gefangennehmen *oude spelling voor* gefangen nehmen, *zie* gefangen
Gefangenschaft *v*[28] gevangenschap
gefangensitzen *oude spelling voor* gefangen sitzen, *zie* gefangen
Gefängnis *o*[29a] gevangenis
Gefängnisstrafe *v*[21] gevangenisstraf
Gefängniswärter *m*[9] gevangenbewaarder
Gefasel *o*[39] geleuter, gebazel
Gefäß *o*[29] **1** vat *(ook biol)* **2** kom, schaal, bak
Gefäßerweiterung *v*[20] vaatverwijding
gefasst kalm, bedaard, rustig: *auf das Schlimmste ~* op het ergste voorbereid; *sich auf*[+4] *etwas ~ machen* zich op iets voorbereiden
Gefecht *o*[29] **1** gevecht, strijd **2** discussie: *Argumente ins ~ führen* argumenten aanvoeren
Gefechtsstand *m*[6] commandopost
gefeit (met *gegen*[+4]) gevrijwaard van, immuun voor
Gefieder *o*[33] gevederte, pluimage
gefiedert gevederd, gepluimd
Geflacker *o*[39] geflakker, geflikker
Geflatter *o*[39] gefladder, gewapper
Geflecht *o*[29] vlechtwerk, netwerk; web
gefleckt gevlekt, gestippeld
Geflimmer *o*[39] geflikker, gefonkel
geflissentlich opzettelijk, expres
Geflügel *o*[39] gevogelte; pluimvee
Geflügelgrippe *v*[21] vogelgriep
Geflügelhändler *m*[9] poelier
Geflügelpest *v*[28] vogelpest
Geflügelschere *v*[21] wildschaar
geflügelt gevleugeld
Geflügelzucht *v*[28] pluimveefokkerij
Geflüster *o*[39] gefluister
Gefolge *o*[33] gevolg: *im ~ haben* tot gevolg hebben
Gefolgschaft *v*[20] **1** gehoorzaamheid, trouw: *~ leisten* gehoorzamen **2** aanhangers, volgelingen
gefragt (veel)gevraagd, gewenst: *dieser Artikel ist stark ~* er is veel vraag naar dit artikel
gefräßig gulzig, vraatzuchtig
Gefräßigkeit *v*[28] gulzigheid, vraatzucht
Gefreite(r) *m*[40a] soldaat 1e klasse
gefrieren[163] **1** bevriezen **2** invriezen
Gefrierfach *o*[32] vriesvak

Gefrierfleisch *o*[39] diepgevroren vlees
Gefrierpunkt *m*[5] vriespunt
Gefrierschrank *m*[6] diepvrieskast
Gefriertruhe *v*[21] diepvrieskist
Gefüge *o*[33] **1** samenstel, bouw, structuur, constructie **2** bestel
gefügig buigzaam, plooibaar, meegaand
Gefühl *o*[29] gevoel(en), gewaarwording
gefühllos gevoelloos, ongevoelig
Gefühllosigkeit *v*[20] gevoelloosheid
gefühlsbetont met gevoel
Gefühlsduselei *v*[20] sentimentaliteit
gefühlskalt ongevoelig, koud
gefühlsmäßig gevoelsmatig, intuïtief
Gefühlsregung *v*[20] emotie, gevoelsopwelling
gefühlvoll gevoelvol, gevoelig
gefurcht gegroefd, gerimpeld, gefronst
Gegacker *o*[39] gekakel, gesnater
gegeben 1 gegeven **2** geschikt: *der ~e Mann* de geschikte man; *zu ~er Zeit* te zijner tijd
gegebenenfalls zo nodig, eventueel
Gegebenheit *v*[20] feit, gegeven
[1]**gegen** *bw* ongeveer: *~ hundert Mann* ongeveer honderd man
[2]**gegen**[+4] *vz* **1** tegen, jegens, voor **2** tegen, in strijd met **3** tegen, à: *~ bar* tegen contante betaling, à contant **4** tegen, vergeleken bij **5** tegen, naar: *~ Süden* naar het zuiden
Gegenangriff *m*[5] tegenaanval
Gegenargument *o*[29] tegenargument
Gegenbehauptung *v*[20] tegengestelde bewering
Gegenbeweis *m*[5] tegenbewijs
Gegenbild *o*[31] **1** pendant, tegenhanger **2** evenbeeld, kopie
Gegend *v*[20] **1** (land)streek, landschap **2** buurt, omgeving **3** richting
Gegendienst *m*[5] wederdienst: *zu ~en bereit* tot wederdienst bereid
gegeneinander tegen elkaar, voor elkaar, tegenover elkaar
gegeneinanderhalten[183] tegen elkaar houden
Gegenfahrbahn *v*[20] andere weghelft
Gegenforderung *v*[20] tegenvordering, tegeneis; *(Belg)* wedereis
Gegenfrage *v*[21] wedervraag
Gegengewicht *o*[29] **1** contragewicht **2** tegenwicht *(ook fig)*
Gegenklage *v*[21] *zie* Gegenforderung
Gegenleistung *v*[20] tegenprestatie, wederdienst
Gegenrevolution *v*[20] contrarevolutie
Gegenrichtung *v*[21] tegen(over)gestelde richting
Gegensatz *m*[6] tegenstelling; contrast
gegensätzlich tegen(over)gesteld
Gegenschlag *m*[6] **1** tegenaanval **2** *(sp)* counter: *zu einem ~ ausholen* tot een tegenaanval overgaan
Gegenseite *v*[21] **1** overkant, tegenoverliggende zijde **2** tegenpartij
gegenseitig wederzijds, wederkerig, onderling
Gegenseitigkeit *v*[28] wederkerigheid
Gegenstand *m*[6] **1** voorwerp, ding **2** onderwerp, thema, object
gegenständlich 1 concreet **2** realistisch
gegenstandslos 1 ongegrond **2** overbodig; niet steekhoudend **3** abstract
Gegenstoß *m*[6] **1** tegenstoot **2** *(mil)* tegenaanval
Gegenstück *o*[29] **1** pendant, tegenhanger **2** tegendeel, tegenovergestelde
Gegenteil *o*[29] tegendeel: *im ~* integendeel
gegenteilig tegen(over)gesteld
Gegentor *o*[29] tegendoelpunt
[1]**gegenüber** *bw* aan de overkant
[2]**gegenüber**[+3] *vz* **1** tegenover **2** in vergelijking met
Gegenüber *o*[33] overbuur(man, -vrouw)
gegenübersehen[261]**, sich** zich geplaatst zien tegenover, staan tegenover
[1]**gegenüberstehen**[279] *intr* tegenover (iets) staan
[2]**gegenüberstehen**[279]**, sich** tegenover elkaar staan
gegenüberstellen tegenover elkaar plaatsen: *jmdn jmdm ~* iem met iem confronteren
Gegenüberstellung *v*[20] **1** (het) tegenover elkaar plaatsen **2** confrontatie
Gegenverkehr *m*[19] **1** tegemoetkomend verkeer **2** verkeer in beide richtingen
Gegenvorschlag *m*[6] tegenvoorstel
Gegenwart *v*[20] **1** tegenwoordigheid, aanwezigheid **2** tegenwoordige tijd, heden
gegenwärtig 1 tegenwoordig, huidig; thans, nu **2** aanwezig, present: *das ist mir nicht mehr ~* (of: *das habe ich nicht mehr ~)* dat staat mij niet meer voor de geest
gegenwartsbezogen eigentijds
Gegenwartskunde *v*[28] maatschappijleer
gegenwartsnah(e) eigentijds, actueel
Gegenwind *m*[5] tegenwind
Gegenzug *m*[6] **1** trein uit de tegenovergestelde richting **2** tegenzet **3** *(sp)* tegenaanval
Gegner *m*[9] tegenstander, tegenpartij, vijand
gegnerisch van de tegenpartij, vijandelijk
Gegrübel *o*[39] gepieker
Gehabe *o*[39] **1** aanstellerij, gedoe **2** gedrag
Gehaben *o*[39] gedrag, manier van doen
gehabt bekend: *wie ~* zoals gebruikelijk
[1]**Gehalt** *m*[5] gehalte
[2]**Gehalt** *o*[32] salaris, bezoldiging, wedde
gehalten 1 gehouden, verplicht **2** gematigd, beheerst, kalm
gehaltlos 1 zonder inhoud, waardeloos, onbeduidend **2** weinig voedzaam
gehaltreich 1 waardevol, van waarde **2** rijk aan inhoud **3** voedzaam
Gehaltsabrechnung *v*[20] salarisspecificatie
Gehaltsabzug *m*[6] inhouding op het salaris
Gehaltsanspruch *m*[6] **1** recht op salaris **2** verlangd salaris
Gehaltsaufbesserung *v*[20] salarisverhoging
Gehaltsauszahlung *v*[20] uitbetaling van het salaris

Gehaltserhöhung v^{20} salarisverhoging, opslag
Gehaltsstufe v^{21} salarisschaal; *(Belg)* weddeschaal
Gehaltszulage v^{21} salaristoeslag
Gehänge o^{39} **1** versiering **2** (oor)hanger(s) **3** guirlande **4** zaakje *(mannelijke geslachtsdelen)* **5** (hang)borsten
geharnischt geharnast; *(fig)* scherp, fel
gehässig hatelijk
Gehässigkeit v^{20} hatelijkheid
Gehäuse o^{33} **1** koker, omhulsel **2** kast, huis **3** klokhuis **4** (slakken)huis **5** goal, doel
gehbehindert slecht ter been
Gehege o^{33} **1** omheinde ruimte, afgesloten terrein **2** park, wildbaan, verblijf || *jmdm ins ~ kommen (of: geraten)* in iems vaarwater komen
geheim **1** geheim **2** verborgen: *~ halten* geheimhouden; *im Geheimen* heimelijk
Geheimdienst m^{5} geheime dienst
geheimhalten *oude spelling voor* geheim halten, *zie* geheim
Geheimnis o^{29a} geheim
Geheimniskrämerei, Geheimnistuerei v^{28} geheimzinnigheid, geheimzinnig gedoe
geheimnisvoll geheimzinnig
Geheimwaffe geheim wapen
Geheiß o^{39} bevel: *auf sein ~* op zijn bevel
gehen[168] gaan, lopen: *meine Meinung geht dahin, dass …* mijn mening is, dat …; *der Teig geht* het deeg rijst; *es geht ein starker Wind* het waait flink; *ach geh!* ach kom!; *schlafen ~* gaan slapen; *es geht auf zwölf* het loopt tegen twaalven; *das geht auf mich* dat slaat op mij; *das Fenster geht auf die Straße* het raam ziet op de straat uit; *in sich ~* in zichzelf keren; *mit jmdm ~* met iem gaan; *miteinander ~* met elkaar gaan, verkering hebben; *vor sich ~* gebeuren, plaatshebben, zich afspelen
Gehen o^{39} (het) lopen: *im ~* onder het lopen
Gehetze o^{39} gejaag, gejakker
geheuer: *nicht ~* niet pluis, niet in de haak; *mir ist da nicht ~* ik voel mij daar niet op mijn gemak
Geheul o^{39} gehuil, geloei
Gehhilfe v^{21} looprek *(voor mindervaliden)*
Gehilfe m^{15} **1** assistent, hulp, bediende **2** helper **3** medeplichtige
Gehirn o^{29} hersens *(ook fig)*; brein
Gehirnerschütterung v^{20} hersenschudding
Gehirngeschwulst v^{25} hersentumor
Gehirnhautentzündung v^{20} hersenvliesontsteking
Gehirnschlag m^{6} beroerte, attaque, CVA
Gehirnverletzung v^{20} hersenletsel
Gehirnwäsche v^{21} hersenspoeling
gehoben **1** hoger, hoog **2** verheven, plechtig: *in ~er Stimmung* in een opgewekte stemming
Gehöft o^{29} hoeve, hofstede
Gehölz o^{29} **1** bosje **2** struikgewas
Gehör o^{39} gehoor: *nach dem ~ spielen* op het gehoor spelen
gehorchen gehoorzamen, luisteren naar
[1]**gehören** *intr* **1** (toe)behoren, horen, toekomen **2** nodig zijn: *dazu gehört Mut* daar is moed voor nodig
[2]**gehören, sich** (be)horen, passen, betamen
gehörgeschädigt gehoorgestoord, slechthorend
gehörig **1** passend, vereist, naar behoren **2** behoorlijk, flink **3** toebehorend
gehörlos gehoorloos, doof
Gehörorgan o^{29} gehoororgaan
gehorsam gehoorzaam
Gehorsam m^{19} gehoorzaamheid: *~ leisten* gehoorzamen
Gehsteig m^{5} stoep, trottoir
Gehwägelchen o^{35}, **Gehwagen** m^{11} rollator
Gehweg m^{5} **1** trottoir **2** voetpad
Geier m^{9} gier
Geifer m^{19} **1** speeksel **2** *(fig)* gal, venijn
geifern **1** kwijlen **2** razen, venijn spuwen
Geige v^{21} viool
geigen viool spelen
Geigenbogen m^{11} strijkstok
Geigenspieler, Geiger m^{9} violist
Geigerzähler m^{9} geigerteller
geil **1** *(inform)* geil, wellustig; *(inform)* heet: *auf etwas, jmdn ~ sein* op iets, iem tuk zijn **2** *(jeugdtaal)* fantastisch, tof, geweldig
Geisel v^{21} gijzelaar, gegijzelde
Geiselnahme v^{21} gijzeling
Geiselnehmer m^{9} gijzelhouder, gijzelnemer
Geiß v^{20} *(Z-Dui, Oostenr, Zwits)* geit
Geißblatt o^{39} kamperfoelie
Geißel v^{21} **1** gesel **2** *(fig)* gesel, plaag
geißeln geselen, kastijden
[1]**Geist** m^{5} geest, distillaat
[2]**Geist** m^{7} geest
[3]**Geist** m^{19} **1** geest, bewustzijn, verstand: *den ~ (of: seinen ~) aufgeben* de geest geven **2** vernuft, scherpzinnigheid **3** geest, ideeën, stemming
Geisterbeschwörung v^{20} geestenbezwering
Geistererscheinung v^{20} geestverschijning
Geisterfahrer m^{9} spookrijder
geisterhaft spookachtig
geistern rondwaren, spoken
Geisterstunde v^{21} spookuur
geistesabwesend verstrooid, afwezig
Geistesabwesenheit v^{20} verstrooidheid
Geistesarbeit v^{20} geestesarbeid, hersenarbeid
Geistesblitz m^{5} lumineus idee, ingeving
Geistesgegenwart v^{28} tegenwoordigheid van geest
geistesgestört geestelijk gestoord
geisteskrank geestesziek, krankzinnig
Geisteskrankheit v^{20} krankzinnigheid
geistesschwach zwak van geest, zwakzinnig
Geistesstärke v^{28} geestkracht
Geistesverfassung v^{28} geestesgesteldheid, gemoedstoestand
geistesverwandt geestverwant

Geistesverwirrung, Geisteszerrüttung v^{28} verstandsverbijstering
Geisteszustand m^{19} geestestoestand
geistig 1 onstoffelijk **2** geestelijk, verstandelijk, intellectueel || *~e Getränke* alcoholische dranken
geistlich geestelijk, religieus, godsdienstig, stichtelijk: *~e Musik* gewijde muziek
Geistliche(r) m^{40a} geestelijke
Geistlichkeit v^{28} geestelijkheid
geistlos geesteloos, onbenullig; saai
geistreich 1 scherpzinnig, vol esprit, geestrijk **2** geestig, grappig
geisttötend geestdodend
geistvoll geestvol, diepzinnig
Geiz m^{19} gierigheid, inhaligheid
geizen: *mit dem Geld ~* zuinig met het geld omgaan; *mit jeder Minute ~* geen minuut verloren laten gaan; *nach Ehre ~* naar eer hunkeren
Geizhals m^{6} gierigaard, vrek
geizig gierig
Geizkragen m^{11} vrek
Gejauchze o^{39} gejuich, gejubel
Gejohle o^{39} gejoel
Gejubel o^{39} gejuich, gejubel
Geklatsch(e) o^{39} **1** handgeklap **2** geklets, geroddel
Geklirr(e) o^{39} gekletter, gerammel, gerinkel
Geknatter(e) o^{39} geknetter
Geknister o^{39} **1** geknetter, geknapper *(van vuur)* **2** geritsel
gekonnt (vak)kundig, knap
Gekrächz(e) o^{39} gekras
Gekreisch(e) o^{39} gekrijs
Gekritzel o^{39} gekrabbel
gekünstelt gekunsteld, gemaakt
Gelächter o^{33} gelach
Gelage o^{33} feestmaal, gelag
gelähmt verlamd, kreupel
Gelände o^{33} **1** terrein **2** bouwterrein; *(Belg)* werf
Geländefahrzeug o^{29} terreinwagen, SUV
Geländelauf m^{6} *(sp)* crosscountry, veldloop
Geländer o^{33} leuning, balustrade, reling
Geländeritt m^{5} *(sp)* terreinrit, veldrit
Geländewagen m^{11} terreinwagen, SUV
gelangen geraken, komen: *ans Ziel* (of: *zum Ziel*) *~* het doel bereiken
Gelärm(e) o^{39} lawaai, spektakel
gelassen kalm, bedaard, beheerst
Gelassenheit v^{28} kalmte
Gelatine v^{28} gelatine
geläufig 1 vaardig, vlot **2** vertrouwd: *das ist mir ~* dat is mij bekend; *~e Redensart* gangbare uitdrukking
Geläufigkeit v^{28} **1** vaardigheid, vlotheid **2** gebruikelijkheid, bekendheid
gelaunt geluimd, gehumeurd
Geläute o^{39} gelui
gelb geel
gelblich gelig, geelachtig
Gelblicht o^{39} oranje *(verkeerslicht)*
Gelbsucht v^{28} geelzucht
Geld o^{31} geld: *kleines ~* kleingeld; *bares ~* contant geld; *zu ~e kommen* geld krijgen, vermogend worden; *wie kommen wir zu dem ~?* hoe komen we aan het geld?; *zu ~e machen* te gelde maken; *er schwimmt* (of: *er erstickt) im ~* hij bulkt van het geld; *das läuft ins ~* dat loopt in de papieren
Geldangelegenheit v^{20} geldkwestie
Geldanlage v^{21} geldbelegging
Geldausgabeautomat, Geldautomat m^{14} geldautomaat; *(Belg)* postomat
Geldbedarf m^{19} geldbehoefte
Geldbetrag m^{6} geldbedrag, geldsom
Geldbuße v^{21} (geld)boete
Geldeinwurf m^{6} (het) inwerpen van geld; sleuf voor het inwerpen van geld
Geldgeber m^{9} geldschieter
Geldgurt m^{9} moneybelt
Geldgürtel m^{9} moneybelt
Geldkarte v^{21} chipknip, chippas: *mit der ~ bezahlen* chippen
Geldkurs m^{5} biedkoers
geldlich geldelijk, financieel
Geldmangel m^{19} geldgebrek
Geldreform v^{20} geldzuivering, geldsanering
Geldschrank m^{6} brandkast
Geldspende v^{21} gift *(in geld)*
Geldstrafe v^{21} geldboete
Geldstück o^{29} geldstuk
Geldsumme v^{21} geldsom
Geldwäsche v^{28} het witwassen van geld
Geldzuwendung v^{20} geldelijke ondersteuning
Gelee m^{13}, o^{36} gelei
gelegen gelegen, geschikt, van pas
Gelegenheit v^{20} **1** gelegenheid, kans, mogelijkheid **2** toilet
Gelegenheitsarbeit v^{20} **1** los werk **2** *(mv)* klusjes, karweitjes
Gelegenheitsarbeiter m^{9} los werkman
Gelegenheitskauf m^{6} gelegenheidskoopje, occasion
[1]**gelegentlich** *bw* bij gelegenheid, toevallig; weleens, zo nu en dan
[2]**gelegentlich**$^{+2}$ *vz* ter gelegenheid van
gelehrig, gelehrsam leerzaam, leergierig
Gelehrsamkeit v^{28} geleerdheid
gelehrt geleerd
Gelehrte(r) m^{40a}, v^{40b} geleerde
Gelehrtheit v^{20} geleerdheid
Geleit o^{29} geleide, begeleiding, escorte, konvooi: *jmdm das letzte ~ geben* iem naar zijn laatste rustplaats begeleiden; *freies* (of: *sicheres*) *~* vrijgeleide
geleiten (be)geleiden, escorteren
Geleitschiff o^{29} escortevaartuig
Geleitwort o^{29} woord vooraf
Geleitzug m^{6} konvooi
gelenk *(vero) zie* gelenkig
Gelenk o^{29} **1** gewricht **2** *(techn)* scharnier

Gelenkbus *m*[5] *(2e nvl -ses; mv -se)* harmonicabus
gelenkig **1** geleed **2** lenig, soepel
Gelenkigkeit *v*[28] lenigheid
Gelenkwelle *v*[21] *(techn)* cardanas
gelernt gediplomeerd
Geliebte(r) *m*[40a], *v*[40b] geliefde, beminde
geliefert: ~ *sein* verloren, geruïneerd zijn
gelind, gelinde **1** zacht, mild, matig: *~e Strafe* lichte straf; ~ *gesagt* zacht uitgedrukt **2** *(inform)* niet gering, behoorlijk
gelingen[169] (ge)lukken, slagen
Gelingen *o*[39] (het) (wel)slagen
Gelispel *o*[39] gelispel, gefluister
[1]**gell** *bn* schril, schel
[2]**gell** *tw (Z-Dui): ~?* niet(waar)?

gellen gillen, galmen, schel klinken: *es gellt mir in den Ohren* mijn oren tuiten
[1]**geloben** *tr* plechtig beloven
[2]**geloben, sich** zich ernstig voornemen
Gelöbnis *o*[29a] gelofte
gelöst los, ontspannen
gelt *tw (Z-Dui): ~?* niet(waar)?
gelten[170] **1** gelden, waard zijn **2** geldig zijn: *das gilt nicht* dat geldt, telt niet **3** betreffen: *das gilt mir* dat slaat op mij **4** *(voor iets)* gehouden worden; doorgaan: *als klug* ~ voor slim gehouden worden || *es gilt einen Versuch* het moet geprobeerd worden; *was gilt's?* waarom gewed?; *jetzt gilt's!* nu komt het erop aan!
geltend geldend: *die ~en Ansichten* de heersende meningen; ~ *machen: a)* uiten, naar voren brengen; *b)* doen gelden; *sich ~ machen* zich manifesteren, zich uiten
Geltung *v*[28] geldigheid, (het) gelden: ~ *haben* (of: *in ~ sein)* gelden; *zur ~ bringen* doen gelden, doen uitkomen; *zur ~ kommen* uitkomen, tot zijn recht komen
Geltungsbedürfnis *o*[29a] geldingsdrang
Geltungsbereich *m*[5] geldigheidsgebied
Geltungsdauer *v*[28] geldigheidsduur
Gelübde *o*[33] gelofte
gelungen **1** geslaagd **2** leuk
gelüsten begeren, zin hebben, verlangen naar: *mich gelüstet nach* ik heb zin in
Gemach *o*[32] vertrek, kamer
gemächlich kalm, rustig, vredig, bedaard
Gemächlichkeit *v*[28] kalmte, gemak, rust
Gemahl *m*[5] gemaal, echtgenoot: *Ihr Herr* ~ uw man
Gemahlin *v*[22] gemalin, echtgenote: *Ihre Frau* ~ uw vrouw
Gemälde *o*[33] schilderij, schilderstuk
Gemarkung *v*[20] **1** gemeentegebied **2** grens
gemasert gevlamd, geaderd *(hout)*
[1]**gemäß** *bn* overeenkomstig, passend
[2]**gemäß**[+3] *vz* volgens, overeenkomstig, naar
gemäßigt gematigd, bescheiden
Gemäuer *o*[33] **1** muren **2** ruïne
gemein **1** algemeen: *das ~e Wohl* het algemeen belang **2** gemeen(schappelijk) **3** gewoon: *der ~e Mann* de gewone man **4** gemeen, laag
Gemeinde *v*[21] **1** gemeente **2** gemeente, parochie
Gemeindeamt *o*[32] gemeentesecretarie
Gemeindeglied *o*[31] *(prot)* lidmaat
Gemeindehaus *o*[32] *(r-k)* parochiehuis; *(prot)* wijkgebouw
Gemeinderat *m*[6] **1** gemeenteraad **2** gemeenteraadslid
Gemeindeschwester *v*[21] wijkzuster, wijkverpleegster
Gemeindevorstand *m*[6] **1** gemeentebestuur **2** burgemeester
Gemeindevorsteher *m*[9] burgemeester
Gemeineigentum *o*[39] gemeenschappelijk bezit
gemeinfasslich algemeen begrijpelijk
gemeingefährlich gevaarlijk voor de openbare veiligheid
gemeingültig algemeen geldig
Gemeingut *o*[39] gemeenschappelijk bezit
Gemeinheit *v*[20] gemeenheid, laagheid
gemeinhin gemeenlijk, gewoonlijk
gemeinnützig het algemeen belang dienend, tot nut van het algemeen: *~e Arbeit als Ersatzstrafe* taakstraf
gemeinsam gemeenschappelijk, gemeen
[1]**Gemeinsamkeit** *v*[28] saamhorigheid, verbondenheid
[2]**Gemeinsamkeit** *v*[20] overeenkomst
Gemeinschaft *v*[20] gemeenschap: *in häuslicher ~ leben* in gezinsverband leven
[1]**gemeinschaftlich** *bn* gemeenschappelijk
[2]**gemeinschaftlich** *bw* samen, gezamenlijk
Gemeinschaftsantenne *v*[21] centraal antennesysteem
Gemeinschaftsgeist *m*[19] gemeenschapszin
Gemeinschaftspraxis *v (mv Gemeinschaftspraxen)* artsenpraktijk; huisartsenpost
Gemeinschaftsproduktion *v*[20] coproductie
Gemeinschaftsraum *m*[6] conversatiezaal, recreatiezaal
Gemeinschaftsschule *v*[21] openbare school
gemeinverständlich algemeen begrijpelijk
Gemeinwesen *o*[39] **1** gemeente **2** gewest, regio **3** gemeenschap, staat
Gemeinwohl *o*[39] algemeen welzijn, algemeen belang
Gemenge *o*[33] **1** mengsel **2** mengelmoes **3** drukte, gedrang
gemessen **1** waardig, ernstig, afgemeten **2** passend
Gemessenheit *v*[28] waardigheid, ernst
Gemetzel *o*[33] bloedbad, slachting
Gemisch *o*[29] **1** mengsel **2** gemengde brandstof
gemischt **1** gemengd **2** ordinair, platvloers
Gemse *oude spelling voor* Gämse, *zie* Gämse
Gemunkel *o*[39] praatjes, gekonkel
Gemurmel *o*[39] gemompel
Gemurr(e) *o*[39] gemor

Gemüse *o*[33] groente || *junges ~* jongelui
Gemüsegarten *m*[12] moestuin
Gemüsehändler *m*[9] groenteman
Gemüt *o*[31] gemoed, hart, gevoel
gemütlich **1** gezellig, prettig, behaaglijk **2** gemoedelijk, ongedwongen
Gemütlichkeit *v*[28] **1** gezelligheid, behaaglijkheid **2** gemoedelijkheid
gemütsarm kil, ongevoelig
Gemütsbewegung *v*[20] gemoedsbeweging
Gemütsmensch *m*[14] gevoelsmens
Gemütsregung *v*[20] gemoedsaandoening
Gemütsverfassung *v*[20], **Gemütszustand** *m*[6] gemoedstoestand
Gen *o*[29] *(biol)* gen
genau juist, precies, net: *es mit*[+3] *etwas nicht so ~ nehmen* het met iets niet zo nauw nemen; *~ genommen* strikt genomen; *~!* zo is het!, precies!
genaugenommen *oude spelling voor* genau genommen, *zie* genau
Genauigkeit *v*[28] nauwkeurigheid, juistheid, stiptheid
genauso net zo: *~ gut* net zo goed, evengoed
genausogut *oude spelling voor* genauso gut, *zie* genauso
genehm aangenaam, welkom: *jmdm ~ sein* iem gelegen komen, iem aanstaan
[1]**genehmigen** *tr* **1** goedkeuren, toestaan, inwilligen **2** *(betalingen)* fiatteren
[2]**genehmigen, sich** zich trakteren op: *sich einen ~* er eentje pakken
Genehmigung *v*[20] inwilliging, goedkeuring; vergunning: *eine ~ einholen* een vergunning aanvragen
geneigt **1** genegen, geneigd, bereid **2** welwillend, goedgunstig
General *m*[5], *m*[6] generaal
Generalagent *m*[14] hoofdagent
Generalagentur *v*[20] hoofdagentschap
Generaldirektor *m*[16] **1** directeur-generaal, algemeen directeur **2** president-directeur
generalisieren[320] generaliseren
Generalprobe *v*[21] generale repetitie
Generalsekretär *m*[5] **1** algemeen secretaris **2** *(pol)* secretaris-generaal
Generalstaatsanwalt *m*[6] procureur-generaal
Generalstab *m*[6] generale staf
Generalstäbler *m*[9], **Generalstabsoffizier** *m*[5] stafofficier
Generalstreik *m*[13] algemene staking
generalüberholt geheel gereviseerd
Generalversammlung *v*[20] algemene vergadering
Generalvertreter *m*[9] hoofdvertegenwoordiger, algemeen vertegenwoordiger
Generalvertretung *v*[20] hoofdagentschap
Generalvollmacht *v*[20] algemene volmacht
Generalvorstand *m*[6] hoofdbestuur
Generation *v*[20] generatie, geslacht
Generationskonflikt *m*[5] generatieconflict
Generator *m*[16] generator
generell algemeen(geldig); in het algemeen
generös genereus, edelmoedig, royaal
genesen[171] **1** genezen, herstellen **2** bevallen: *eines Knaben ~* van een jongen bevallen
Genesung *v*[20] genezing, herstel
Genf *o*[39] Genève
genial, genialisch geniaal
Genick *o*[29] nek: *jmdn am ~ packen* iem in z'n nek grijpen
Genickschuss *m*[6] nekschot
genieren, sich zich generen
genießbar eetbaar, drinkbaar
genießen[172] **1** genieten: *die Natur ~* genieten van de natuur **2** nuttigen, eten, drinken
Genießer *m*[9] genieter
genießerisch genietend
Genitalien *mv* geslachtsdelen, genitaliën
Genitiv *m*[5] *(taalk)* genitief, tweede naamval
Gennahrung *v*[28] genvoedsel
Genom *o*[29] genoom
Genörgel *o*[39] gevit, vitterij
Genosse *m*[15] **1** kameraad **2** partijgenoot
Genossenschaft *v*[20] coöperatie
genossenschaftlich, Genossenschafts- coöperatief
Gentechnologie *v*[28] genentechnologie
genug genoeg: *der hat ~* hij kan niet meer; *nicht ~ damit* alsof dat nog niet genoeg was
Genüge *v*[28]: *zur ~* voldoende, genoeg
genügen **1** voldoende, toereikend zijn, volstaan **2** *(met 3e nvl)* voldoen aan, nakomen
genügend voldoende
genügsam bescheiden, matig, sober
Genügsamkeit *v*[28] bescheidenheid, matigheid
Genugtuung *v*[20] genoegdoening, voldoening
Genuss *m*[6] **1** genot **2** gebruik
genüsslich met genot, smakelijk, prettig
Genussmittel *o*[33] genotmiddel
genussreich heerlijk, genotvol
genusssüchtig genotzuchtig, genotziek
Geograf *m*[14] geograaf
Geografie *v*[28] geografie
Geograph *zie* Geograf
Geographie *zie* Geografie
Geologie *v*[28] geologie
Geometrie *v*[28] geometrie, meetkunde
Gepäck *o*[39] **1** bagage **2** *(mil)* bepakking
[1]**Gepäckabfertigung** *v*[20], **Gepäckannahme** *v*[21] bagagebureau
[2]**Gepäckabfertigung** *v*[28] inschrijving van de bagage
[1]**Gepäckaufbewahrung** *v*[20] bagagedepot
[2]**Gepäckaufbewahrung** *v*[28] (het) in bewaring nemen van de bagage
[1]**Gepäckaufgabe** *v*[28] afgifte van de bagage ter verzending
[2]**Gepäckaufgabe** *v*[21] bagagebureau

Gepäcknetz o^{29} bagagenet
Gepäckschließfach o^{32} bagagekluis
Gepäckträger m^{9} **1** witkiel, kruier **2** bagagedrager *(van fiets)* **3** imperiaal
gepfeffert gepeperd *(ook fig)*
gepflegt verzorgd
Gepflogenheit v^{20} gewoonte, gebruik
Geplapper o^{39} geklets, gebabbel
Geplärr(e) o^{39} geblèr, gehuil
Geplätscher o^{39} geklater, gekletter, gekabbel
Geplauder o^{39} gebabbel, gepraat
Gepolter o^{39} **1** geraas, spektakel **2** gemopper
^{1}**Gepräge** o^{33} stempel
^{2}**Gepräge** o^{39} karakter, stempel, cachet
Gequassel, Gequatsche o^{39} geklets
^{1}**gerade** *bn* **1** recht: ~ *Linie* rechte lijn **2** rechtop **3** juist, precies: *das ~ Gegenteil* juist het tegendeel **4** even: ~ *Zahl* even getal
^{2}**gerade** *bw* **1** juist, net **2** vlak, recht **3** bepaald **4** eventjes
Gerade v^{40b} **1** rechte (lijn) **2** *(sp)* rechte stuk *(ve baan)* **3** *(boksterm)* directe
geradeaus rechtuit; *(fig)* ronduit
geradeheraus ronduit
geradehin ondoordacht, lichtvaardig
geradeso juist zo, net zo
geradewegs rechtstreeks, direct
Geradheit v^{28} oprechtheid, rondborstigheid, openheid
geradlinig rechtlijnig
Gerangel o^{39} **1** *(inform)* gestoei **2** *(fig)* strijd
Geranie v^{21} geranium
^{1}**Gerät** o^{39} apparatuur; gereedschap
^{2}**Gerät** o^{29} toestel, apparaat
^{1}**geraten** *bn* geraden, raadzaam
^{2}**geraten**^{218} *intr, st* **1** gelukken, slagen, uitvallen **2** (ge)raken, komen, terechtkomen
Geräteturnen o^{39} *(sp)* (het) toestelturnen
Geratewohl, Geratewohl: *aufs ~* lukraak
geraum geruim: *~e Zeit* geruime tijd
geräumig ruim, royaal
Geräumigkeit v^{28} ruimte, grootte
Geraun(e) o^{39} gefluister
Geräusch o^{29} geruis, geluid
geräuschlos geruisloos, geluidloos
geräuschvoll luidruchtig, druk
Geräusper o^{39} (het) schrapen *(vd keel);* gekuch
gerben looien, leerlooien: *(fig) jmdn das Fell ~* iem afranselen
Gerber m^{9} (leer)looier
Gerberei v^{20} (leer)looierij
gerecht **1** rechtmatig, gerechtvaardigd, terecht **2** rechtvaardig, billijk: *jmdm ~ werden* iem recht doen wedervaren; *einer Anforderung ~ werden* aan een eis voldoen
Gerechtigkeit v^{28} rechtvaardigheid, gerechtigheid
Gerede o^{39} gepraat, praatjes; achterklap: *ins ~ kommen* in opspraak komen
geregelt geregeld, regelmatig
gereichen strekken, dienen: *zur Ehre ~* tot eer strekken
gereizt geprikkeld, geïrriteerd
Gereiztheit v^{28} geprikkeldheid, irritatie
^{1}**Gericht** o^{29} **1** gerecht, spijs, schotel **2** rechtbank, gerecht: *jmdn vor ~ laden* iem dagvaarden; *vor ~ stehen* aangeklaagd zijn **3** rechtsgebouw
^{2}**Gericht** o^{39} rechtspraak: *das Jüngste* (of: *Letzte*) *~* het laatste oordeel
gerichtlich gerechtelijk: *jmdn ~ belangen* iem vervolgen
Gerichtsakten *mv* v^{21} stukken, dossier
Gerichtsarzt m^{6} gerechtsarts; *(Belg)* wetsdokter
Gerichtshof m^{6} gerechtshof
Gerichtskanzlei v^{20} griffie
Gerichtskosten *mv* proceskosten, gerechtskosten
Gerichtsmediziner m^{9} gerechtsarts; *(Belg)* wetsdokter
Gerichtstag m^{5} zittingsdag, gerechtsdag
Gerichtstermin m^{5} rechtszitting
Gerichtsverfahren o^{35} proces, rechtsgeding
Gerichtsverhandlung v^{20} proces, zitting
Gerichtsvollzieher m^{9} deurwaarder
gerieben geslepen, geraffineerd, doortrapt
Geriesel o^{39} **1** gekabbel, gemurmel **2** geruis
gering gering, onaanzienlijk, klein: *~ schätzen* geringschatten, minachten; *nicht im Geringsten* niet in het minst; *kein Geringerer als ...* niemand minder dan ...
geringfügig onbeduidend, gering, nietig
^{1}**Geringfügigkeit** v^{28} onbeduidendheid
^{2}**Geringfügigkeit** v^{20} onbenulligheid, wissewasje
geringschätzen geringschatten, minachten
geringschätzig geringschattend, minachtend
gerinnen^{225} stollen, stremmen
Gerinnsel o^{33} bloedstolsel
Gerippe o^{33} **1** geraamte *(alle bet)* **2** *(plantk)* nervatuur
gerissen geslepen, sluw, gehaaid*; zie ook* reißen
Germane m^{15} Germaan
germanisch Germaans
Germanismus *m (2e nvl -; mv Germanismen) (taalk)* germanisme
gern(e)^{65} gaarne, graag, met genoegen: *jmdn ~ haben* iem graag mogen, van iem houden; *(iron) der kann mich ~ haben* hij kan naar de maan lopen; *~ geschehen!* graag gedaan!, tot uw dienst!
gern(e)haben^{182} graag mogen, van iem houden: *(iron) der kann mich ~* hij kan naar de maan lopen
Geröchel o^{39} gerochel, gereutel
Geröll o^{29}, **Gerölle** o^{33} rolstenen, losse stenen
geronnen geronnen, gestold, gestremd
Gerste v^{28} gerst
Gerte v^{21} **1** twijg, teen, gard **2** rijzweep
^{1}**Geruch** m^{6} reuk, geur, lucht
^{2}**Geruch** m^{19} reputatie

geruchlos reukloos
Geruchsorgan *o*[29] reukorgaan
Geruchssinn *m*[19], **Geruchsvermögen** *o*[39] reukzin
Gerücht *o*[29] gerucht
geruhen zich verwaardigen, goedvinden
geruhsam rustig en gezellig
Geruhsamkeit *v*[28] behaaglijke rust
Gerümpel *o*[39] oude rommel
Gerüst *o*[29] **1** steiger, stelling **2** *(fig)* geraamte, ontwerp, grondgedachte, plot
gesammelt **1** verzameld **2** geconcentreerd; beheerst, bedaard
gesamt geheel, totaal, al(le)
Gesamtausgabe *v*[21] volledige uitgave
Gesamtbetrag *m*[6] totaalbedrag, gehele bedrag
Gesamteindruck *m*[6] indruk van het geheel; globale indruk, totale indruk
Gesamterbe *m*[15] universeel erfgenaam
Gesamtergebnis *o*[29a] eindresultaat, -uitslag
Gesamtertrag *m*[6] totale opbrengst
Gesamtheit *v*[28] **1** totaliteit, geheel, totaal **2** gemeenschap, allen, algemeen
Gesamthochschule *v*[21] geïntegreerde universiteit *(integratie van universitair en hoger beroepsonderwijs)*
Gesamtkosten *mv* totale kosten
Gesamtnote *v*[21] eindcijfer
Gesamtschule *v*[21] scholengemeenschap
Gesamtwert *m*[5] totale waarde
Gesamtwertung *v*[20] algemeen klassement, eindklassement
Gesandte(r) *m*[40a], *v*[40b] (af)gezant
Gesandtschaft *v*[20] gezantschap
Gesang *m*[6] zang, gezang, (het) zingen, lied
Gesäß *o*[29] zitvlak, achterste
Gesäßtasche *v*[21] achterzak
Gesäusel *o*[39] gesuizel, gemurmel
Geschädigte(r) *m*[40a], *v*[40b] benadeelde, gedupeerde, slachtoffer
Geschäft *o*[29] **1** zaak, bedrijf, winkel **2** handel, transactie, zaak, affaire: *~e machen* zaken doen **3** bezigheid, werk: *(fig) sein (großes, kleines) ~ machen* (of: *erledigen)* een (grote, kleine) boodschap doen
geschäftig bezig, druk, bedrijvig
Geschäftigkeit *v*[28] bedrijvigheid, drukte
geschäftlich **1** zaken-, commercieel, zakelijk: *~ unterwegs sein* voor zaken op reis zijn **2** zakelijk, onpersoonlijk, formeel
Geschäftsablauf *m*[6] gang van zaken
Geschäftsabschluss *m*[6] transactie
Geschäftsbereich *m*[5] ressort, bevoegdheid: *Minister ohne ~* minister zonder portefeuille
Geschäftsbericht *m*[5] jaarverslag
Geschäftsbeziehung *v*[20] zakenrelatie
Geschäftsbrief *m*[5] zaken-, handelsbrief
Geschäftsfreund *m*[5] zakenvriend
geschäftsführend dienstdoend, verantwoordelijk
Geschäftsführer *m*[9] **1** directeur, bedrijfsleider **2** chef, manager; *(Belg)* zaakvoerder **3** secretaris *(ve vereniging)*
Geschäftsführung *v*[20] **1** directie, bedrijfsleiding **2** beheer, beleid, management **3** wijze van werken
Geschäftsgang *m*[6] gang van zaken
Geschäftsinhaber *m*[9] eigenaar *(ve zaak)*
Geschäftsjahr *o*[29] boekjaar
Geschäftskapital *o*[29] bedrijfskapitaal
Geschäftskosten *mv: auf ~* op kosten van de zaak
geschäftskundig ervaren in zaken
Geschäftslage *v*[21] **1** stand van zaken **2** stand: *Laden in bester ~* winkel op zeer goede stand
Geschäftsleute *mv* zakenmensen, -lieden
Geschäftsmann *m (2e nvl -(e)s; mv -leute)* zakenman
geschäftsmäßig zakelijk, voor zaken
Geschäftsordnung *v*[20] reglement (van orde), huishoudelijk reglement
Geschäftsreise *v*[21] zakenreis
Geschäftsschluss *m*[6] **1** winkelsluiting **2** sluitingstijd
Geschäftsstelle *v*[21] **1** bureau, kantoor **2** griffie **3** secretariaat
Geschäftsstraße *v*[21] winkelstraat
Geschäftsstunden *mv v*[20] **1** kantooruren **2** openingstijd
Geschäftsträger *m*[9] zaakgelastigde
geschäftstüchtig bekwaam, handig
Geschäftsverbindung *v*[20] zakenrelatie
Geschäftszweig *m*[5] bedrijfstak, branche
geschätzt geacht, gewaardeerd
geschehen[173] **1** gebeuren, geschieden **2** overkomen: *etwas ~ lassen* iets toelaten; *ihm geschieht ganz recht* hij krijgt zijn verdiende loon; *es ist um ihn ~* het is met hem gedaan; *gern ~!* graag gedaan!
Geschehen *o*[35] gebeuren, gebeurtenis(sen)
Geschehnis *o*[29a] gebeurtenis, voorval
gescheit schrander, pienter, intelligent: *aus*[+3] *etwas nicht ~ werden* uit iets geen wijs worden; *er ist nicht ganz* (of: *recht) ~* hij is niet goed wijs
Geschenk *o*[29] geschenk, cadeau: *jmdm ein ~ machen* iem iets cadeau doen
Geschichte *v*[21] **1** geschiedenis, historie **2** verhaal, vertelling **3** geschiedenis, zaak, geval, kwestie, affaire: *das sind alte ~n* dat is ouwe koek; *mach keine ~n!* stel je niet aan!
geschichtlich geschiedkundig, historisch
Geschichtsbewusstsein *o*[39] historisch bewustzijn
Geschichtsschreiber *m*[9] geschiedschrijver
Geschichtsstunde *v*[21] geschiedenisles
[1]**Geschick** *o*[29] lot, noodlot
[2]**Geschick** *o*[39] handigheid, bekwaamheid, behendigheid
Geschicklichkeit *v*[28] handigheid, bekwaamheid, vaardigheid, behendigheid

ge

geschickt handig, bekwaam, vaardig, behendig

Geschirr o^{29} **1** vaatwerk: *das ~ spülen* (of: *abwaschen*) afwassen **2** servies **3** gerei, gereedschap **4** (paarden)tuig

Geschirrspüler m^{9}, **Geschirrspülmaschine** v^{21} vaatwasser, afwasmachine

Geschirrtuch o^{32} theedoek, droogdoek

Geschlecht o^{31} **1** geslacht, sekse: *das dritte ~* de homoseksuelen **2** generatie

geschlechtlich geslachtelijk, seksueel

Geschlechtsakt m^{5} geslachtsdaad

Geschlechtskrankheit v^{20}, **Geschlechtsleiden** o^{35} geslachtsziekte

geschlechtslos geslachtloos

Geschlechtsorgan o^{29} geslachtsorgaan

Geschlechtsteil o^{29}, m^{5} geslachtsdeel

Geschlechtsverkehr m^{19} geslachtsgemeenschap, seksuele omgang

Geschlechtswort o^{32} *(taalk)* lidwoord

geschliffen geslepen, gepolijst, gecultiveerd

geschlossen **1** gemeenschappelijk, en bloc, unaniem, gezamenlijk **2** gesloten, besloten: *~e Ortschaft* bebouwde kom **3** hecht, harmonisch

Geschlossenheit v^{28} **1** geslotenheid, beslotenheid **2** hechtheid **3** eensgezindheid

Geschluchze o^{39} gesnik

Geschmack m^{6}, m^{8} smaak *(ook fig)*: *~ an* $^{+3}$ *etwas finden* plezier in iets hebben

geschmacklich de smaak betreffend, van smaak, qua smaak

geschmacklos **1** smaakloos **2** *(fig)* smakeloos

Geschmacklosigkeit v^{20} **1** smaakloosheid **2** *(fig)* smakeloosheid

Geschmack(s)sache v^{21} kwestie van smaak

geschmackvoll smaakvol

Geschmeichel o^{39} gevlei, vleierij, geflikflooi

geschmeidig **1** buigzaam, lenig, soepel **2** *(fig)* behendig, soepel, diplomatiek

Geschmeidigkeit v^{28} buigzaamheid; soepelheid

Geschmier(e) o^{39} geknoei, geklad

Geschmus(e) o^{39} gevrij, geknuffel

Geschnatter o^{39} gesnater, gekakel

geschniegelt keurig, in de puntjes (gekleed)

Geschöpf o^{29} **1** schepsel, wezen **2** figuur

Geschoss o^{29} **1** projectiel **2** *(sp)* schot **3** verdieping, etage

geschraubt opgeschroefd, geaffecteerd

Geschrei o^{39} geschreeuw, gegil, gekrijs

geschult geschoold

Geschütz o^{29} stuk geschut, kanon

Geschwader o^{33} **1** *(scheepv)* eskader, smaldeel **2** *(luchtv)* wing, eskader

Geschwafel o^{39} gewauwel, geleuter

Geschwätz o^{39} **1** gebabbel, geklets, geleuter **2** geroddel, kletspraatjes

geschwätzig praatziek

Geschwätzigkeit v^{28} praatzucht

geschweige: *~ (denn)* laat staan

geschwind vlug, snel

Geschwindigkeit v^{20} snelheid, vlugheid

Geschwindigkeitsbegrenzung, Geschwindigkeitsbeschränkung v^{20} snelheidsbeperking

Geschwindigkeitsmesser m^{9} snelheidsmeter

Geschwindigkeitsregler m^{9} cruisecontrol

Geschwindigkeitsüberschreitung v^{20} snelheidsovertreding

Geschwirr(e) o^{39} **1** gegons, gezoem **2** gefladder

Geschwister *mv* broer(s) en zuster(s)

Geschwisterpaar o^{29} broer en zus

geschwollen gezwollen, hoogdravend

Geschworene(r) m^{40a}, v^{40b} gezworene, jurylid

Geschwulst v^{25} gezwel, tumor

Geschwür o^{29} zweer, verzwering

Gesell m^{14}, **Geselle** m^{15} **1** gezel, knecht **2** makker, kameraad **3** vent, kerel

gesellen, sich zich voegen (bij), zich aansluiten (bij)

gesellig **1** gezellig **2** sociaal: *~e Tiere* in kudden levende dieren

Geselligkeit v^{28} **1** gezelligheid **2** partijtje

Gesellin v^{22} gezellin, kameraad

Gesellschaft v^{20} **1** maatschappij, samenleving **2** gezelschap: *jmdm ~ leisten* iem gezelschap houden; *eine ~ geben* een feestje, partijtje geven **3** society **4** vereniging, sociëteit **5** maatschappij, vennootschap: *~ mit beschränkter Haftung (GmbH)* besloten vennootschap (bv)

Gesellschafter m^{9} **1** (met)gezel **2** vennoot, firmant, compagnon

Gesellschafterin v^{22} **1** kameraad, gezellin **2** gezelschapsdame **3** vennoot, firmante, compagnon

gesellschaftlich **1** maatschappelijk **2** gemeenschappelijk, gezamenlijk **3** beschaafd: *~e Bildung* (of: *~er Schliff*) goede manieren

Gesellschaftsabend m^{5} party, feestavond

Gesellschaftsanzug m^{6} smoking; rok

Gesellschaftsdame v^{21} gezelschapsdame

gesellschaftsfähig **1** correct **2** maatschappelijk aanvaard, sociaal aanvaard

Gesellschaftskapital o^{29} maatschappelijk kapitaal

Gesellschaftskleidung v^{20} avondkleding

Gesellschaftslehre v^{28} **1** sociologie **2** maatschappijleer

Gesellschaftsordnung v^{28} maatschappelijk bestel, maatschappelijke orde

Gesellschaftspolitik v^{28} sociale politiek

Gesellschaftsraum m^{6} conversatiezaal, salon

Gesellschaftsreise v^{21} groepsreis

Gesetz o^{29} wet: *~ über …* wet op …

Gesetzbuch o^{32} wetboek

Gesetzentwurf m^{6} wetsontwerp

Gesetzesnovelle v^{21} wetswijziging, -herziening

Gesetzesvorlage v^{21} wetsontwerp

gesetzgebend wetgevend

Gesetzgeber m^{9} wetgever

gesetzgeberisch wetgevend

Gesetzgebung v^{20} wetgeving

gesetzlich wettelijk, wettig: ~ *geschützt* wettig gedeponeerd
gesetzlos wetteloos
Gesetzlosigkeit v^{28} wetteloosheid, anarchie
gesetzmäßig **1** wettig, wettelijk **2** wetmatig
Gesetzmäßigkeit v^{28} wetmatigheid
gesetzt bezadigd, bedaard: *im ~en Alter* op gevorderde leeftijd || ~ *den Fall, dass* gesteld dat
gesetzwidrig onwettig, in strijd met de wet
[1]**Gesicht** o^{31} gezicht: *es fällt* (of: *springt) ins* ~ het loopt in het oog; *den Tatsachen ins ~ sehen* de feiten onder ogen zien; *das Zweite* (of: *zweite)* ~ *haben* helderziende zijn
[2]**Gesicht** o^{29} visioen, (droom)gezicht, verschijning
Gesichtsausdruck m^{6} gezichtsuitdrukking
Gesichtsfarbe v^{21} gelaatskleur
Gesichtsfeld o^{31} gezichtsveld
Gesichtskreis m^{5} **1** horizon **2** gezichtskring
Gesichtspunkt m^{5} gezichtspunt, oogpunt
Gesichtsscan m^{13}, o^{36} gelaatsscan, gezichtsscan
Gesichtsschleier m^{19} gezichtssluier
Gesichtstäuschung v^{20} gezichtsbedrog
Gesichtswinkel m^{9} **1** gezichtshoek **2** gezichtspunt, oogpunt, optiek
Gesims o^{29} (kroon)lijst, richel
Gesindel o^{39} gepeupel, gespuis
gesinnt gezind
Gesinnung v^{20} gezindheid, gevoelens, instelling: *seine wahre ~ zeigen* zijn ware aard tonen
Gesinnungsgenosse m^{15} geestverwant
gesittet welgemanierd, welopgevoed, beschaafd
Gesittung v^{28} beschaving, welgemanierdheid
gesondert afzonderlijk, separaat, apart
gesonnen van plan, van zins
Gespann o^{29} **1** span, paar, stel **2** rijtuig, wagen **3** auto met aanhangwagen
gespannt **1** gespannen **2** nieuwsgierig: ~ *sein auf*$^{+4}$ benieuwd zijn naar
Gespanntheit v^{28} **1** spanning **2** gespannen verwachting **3** gespannenheid
Gespenst o^{31} spook, geest
Gespensterglaube m^{18} *(geen mv)* geloof aan spoken
gespensterhaft spookachtig
gespenstig, gespenstisch spookachtig
Gespinst o^{29} **1** weefsel **2** web, netwerk
Gespött o^{39} **1** gespot **2** voorwerp van spot
Gespräch o^{29} gesprek, onderhoud: *das ~ der Stadt sein* overal over de tong gaan
gesprächig spraakzaam
Gesprächigkeit v^{28} spraakzaamheid
Gesprächsminute v^{21} belminuut
Gesprächspartner m^{9} gesprekspartner
Gesprächsrunde v^{21} gespreksronde
Gesprächsthema *o (2e nvl -s; mv -themen)* punt van bespreking, onderwerp (van gesprek)
gespreizt **1** wijdbeens **2** hoogdravend **3** aanstellerig
Gespür o^{39} gevoel, feeling
Gestade o^{33} oever, kust, strand
Gestalt v^{20} **1** gestalte, gedaante, postuur, figuur, vorm **2** voorkomen
[1]**gestalten** *tr* **1** vormen, vorm geven **2** maken, organiseren
[2]**gestalten, sich** een vorm aannemen, worden, zich ontwikkelen: *sich zu einem Erfolg* ~ een succes worden
Gestalter m^{9} **1** schepper, maker **2** vormgever
gestalterisch **1** creatief **2** artistiek
gestaltlos vormloos
Gestaltung v^{20} **1** vorming, vormgeving, ontwikkeling, organisatie: *die ~ der Löhne* de loonvorming **2** gestalte, gedaante
Gestammel o^{39} gestamel, gestotter
gestanden ervaren, doorgewinterd
geständig: ~ *sein* bekennen
Geständnis o^{29a} bekentenis
Gestank m^{19} stank
gestatten **1** toestaan, goedvinden: ~ *Sie?* pardon! **2** mogelijk maken, in staat stellen
Geste v^{21} geste, gebaar
gestehen^{279} **1** bekennen **2** toegeven, erkennen: *offen gestanden* eerlijk gezegd
Gestehungskosten *mv* kostprijs
Gestein o^{29} gesteente, steen; rots
Gestell o^{29} **1** onderstel, voet(stuk), stellage, rek, statief **2** lijst, raam **3** frame **4** chassis *(van auto)* **5** montuur *(ve bril)*
gestern gisteren: ~ *Morgen* gistermorgen
gestikulieren^{320} gesticuleren, gebaren
Gestirn o^{29} gesternte, ster(renbeeld), hemellichaam
Gestöber o^{33} sneeuwjacht
gestochen zuiver, precies, keurig
Gestöhn(e) o^{39} gesteun, gekreun, gekerm
Gestolper o^{39} gestruikel, gestrompel
Gestotter o^{39} gestotter, gestamel
Gestrampel o^{39} **1** getrappel **2** gezwoeg
gestreift gestreept, met strepen
gestreng gestreng, streng
gestrichelt **1** gearceerd **2** gestippeld: *~e Linie* stippellijn
gestrig van gisteren: *am ~en Tag* gisteren
Gestrüpp o^{29} kreupelhout, struikgewas
Gestümper o^{39} gepruts, geknoei, gestuntel
Gestüt o^{29} stoeterij, stal
Gesuch o^{29} verzoek, rekest, verzoekschrift
gesucht **1** gezocht *(ook fig)* **2** gevraagd, gewild
Gesumm(e) o^{39} gegons, gebrom, gezoem
gesund^{59} gezond: *aber sonst bist du ~?* ben je wel helemaal goed wijs?
[1]**gesunden** *intr* gezond worden, herstellen
[2]**gesunden** *tr* gezond maken; saneren
Gesundheit v^{28} gezondheid: *bei guter ~ sein* in goede gezondheid zijn
gesundheitlich **1** gezondheids-, hygiënisch **2** wat de gezondheid betreft
Gesundheitsamt o^{32} geneeskundige dienst

Gesundheitsattest o^{29} medisch attest
Gesundheitsbehörde v^{21} geneeskundige dienst
Gesundheitsfürsorge v^{28} gezondheidszorg
gesundheitshalber gezondheidshalve
Gesundheitspflege v^{28} gezondheidszorg
gesundheitsschädigend, gesundheitsschädlich schadelijk voor de gezondheid
Gesundheitszeugnis o^{29a} medische verklaring
Gesundheitszustand m^{6} gezondheidstoestand
gesundmachen, sich er financieel bovenop komen
gesundschrumpfen *(een bedrijf)* afslanken, saneren
Gesundung v^{28} **1** herstel, genezing **2** sanering
Getäfel o^{39} lambrisering, betimmering
Getose, Getöse o^{39} geraas, gebulder, lawaai
getragen gedragen, plechtig
Getrampel o^{39} getrappel, gestampvoet
Getränk o^{29} drank(je): *geistiges* (of: *starkes, alkoholisches)* ~ sterkedrank
getrauen, sich wagen, durven
Getreide o^{33} graan, koren
getrennt gescheiden, los, apart, separaat
getreu trouw, getrouw
getreulich (ge)trouw
Getriebe o^{33} **1** *(techn)* transmissie, overbrenging **2** versnelling(sbak) **3** gedoe, drukte
getrost getroost, gerust, rustig
getrösten^{+2}**, sich** vertrouwen, hopen op
Getto o^{36} getto
Getue o^{39} gedoe, drukte
Getümmel o^{39} drukte, gewoel, gedrang
getüpfelt, getupft gestippeld
Getuschel o^{39} gefluister, gesmoes
geübt geoefend
Geübtheit v^{28} geoefendheid
Geviert o^{29} vierkant, kwadraat
Gewächs o^{29} **1** gewas **2** plant, aanplant **3** wijn(soort) **4** gezwel, tumor **5** type mens
gewachsen: *einer Sache, jmdm ~ sein* tegen iets, iem opgewassen zijn*; zie ook* wachsen
Gewächshaus o^{32} broeikas, kas, warenhuis
gewagt gewaagd, gedurfd, riskant
gewählt verzorgd, keurig
gewahr: ~ *werden*$^{+4,\ ook\ +2}$ gewaarworden, waarnemen, zien, bespeuren, opmerken
Gewähr v^{28} (waar)borg, garantie, zekerheid, borgtocht: *ohne* ~ onder voorbehoud; *für*$^{+4}$ *etwas ~ leisten* (of: *die ~ übernehmen)* iets garanderen
gewahren gewaarworden, waarnemen, bespeuren, zien, opmerken
gewähren 1 toestaan, inwilligen: *gewährt!* oké! **2** verlenen, verschaffen, geven || *jmdn ~ lassen* iem laten begaan
gewährleisten waarborgen, garanderen, instaan voor
Gewährleistung v^{20} **1** waarborg, garantie **2** *(jur)* vrijwaring
Gewahrsam m^{19} **1** bewaring, hoede: *(jur) in (sicherem) ~ haben* onder zijn hoede hebben; *in (sicheren) ~ nehmen* in bewaring nemen; *in (sicheren) ~ bringen* in zekerheid brengen **2** hechtenis: *jmdn in (polizeilichen) ~ bringen* (of: *nehmen)* iem in hechtenis nemen
Gewährsmann m^{8} *(mv ook -leute)* zegsman
Gewährung v^{20} **1** inwilliging **2** verlening **3** verschaffing*; zie ook* gewähren
Gewalt v^{20} **1** geweld: *höhere* ~ force majeure, overmacht; *sich ~ antun* zich geweld aandoen **2** macht, gezag, autoriteit **3** dwang **4** hevigheid, kracht || *die ~ über sein Fahrzeug verlieren* de macht over het stuur verliezen; *er hat sich in der ~* hij weet zich te beheersen
Gewaltakt m^{5} gewelddaad
Gewalthaber m^{9} machthebber
Gewaltherrschaft v^{20} despotisme, dwingelandij
Gewaltherrscher m^{9} despoot, dwingeland
gewaltig 1 geweldig, reusachtig, kolossaal **2** machtig **3** hevig, verschrikkelijk **4** heel, erg
gewaltsam gewelddadig, met geweld
Gewaltsamkeit v^{20} gewelddadigheid
Gewalttat v^{20} gewelddaad, geweldsmisdrijf
gewalttätig gewelddadig
Gewand o^{32} **1** gewaad, kleed **2** *(fig)* kleedje
gewandt 1 handig, behendig, vlug **2** vlot
Gewandtheit v^{28} **1** handigheid, behendigheid **2** gemak, vlotheid
gewärtig: *einer Sache² ~ sein* iets verwachten, voorbereid zijn op iets
gewärtigen (ver)wachten
Gewäsch o^{39} gepraat, gewauwel, geklets
Gewässer o^{33} water
Gewebe o^{33} **1** weefsel **2** web, netwerk
geweckt levendig, opgewekt; pienter, vlug
Gewehr o^{29} geweer
Geweih o^{29} gewei, hoorns
Gewerbe o^{33} **1** beroep, ambacht **2** bedrijf, nering, nijverheid: *Handel und ~* handel en nijverheid; *ein ~ ausüben* (of: *betreiben)* een bedrijf uitoefenen **3** bedrijfstak, branche
Gewerbeaufsichtsamt o^{32} arbeidsinspectie
Gewerbebetrieb m^{5} (industrieel) bedrijf
Gewerbegebiet o^{29} industrieterrein, -gebied
Gewerbeschule v^{21} school voor lager huishoud- en nijverheidsonderwijs, lagere technische school
Gewerbesteuer v^{21} bedrijfsbelasting
gewerbetreibend een bedrijf uitoefenend
Gewerbezweig m^{5} bedrijfstak
gewerblich 1 als beroep, beroeps- **2** industrieel, bedrijfs-: *~e Zwecke* commerciële doeleinden
gewerbsmäßig als beroep, beroeps-
Gewerkschaft v^{20} vakbond, vakvereniging
Gewerkschafter, Gewerkschaftler m^{9} **1** vakbondslid **2** vakbondsman
gewerkschaftlich vakbonds-, van de vakbond(en)

Gewerkschaftsbund m^{6} vakcentrale, vakverbond: *Deutscher ~ (DGB)* Duits Vakverbond
gewichst slim, uitgeslapen, gewiekst
Gewicht o^{29} gewicht *(ook fig); zwaarte: auf*$^{+4}$ *etwas ~ legen* waarde aan iets hechten; *(fig) ins ~ fallen* zwaar wegen
gewichten **1** op zijn waarde schatten, waarderen **2** *(statistiek)* wegen
Gewichtheber m^{9} gewichtheffer
gewichtig gewichtig, belangrijk
gewiegt handig, ervaren, doorkneed
gewillt: *~ sein* van zins zijn, van plan zijn
Gewimmel o^{39} gewriemel, gekrioel
Gewimmer o^{39} gejank, gekerm, geklaag
Gewinde o^{33} (schroef)draad
Gewinn m^{5} **1** winst, voordeel: *~ bringend* winstgevend, lucratief **2** prijs *(in loterij)*
Gewinnanteil m^{5} **1** winstaandeel, dividend **2** tantième
Gewinnausschüttung v^{20} winstuitkering
Gewinnbeteiligung v^{20} winstdeling, aandeel in de winst; *(Belg)* deelgerechtigdheid
gewinnbringend winstgevend, lucratief: *äußerst ~ anlegen* uiterst winstgevend beleggen
Gewinnchance v^{21} winstkans
gewinnen^{174} **1** winnen **2** *(overwinning, voordeel)* behalen **3** krijgen, verkrijgen: *Geschmack an etwas ~* plezier in iets krijgen **4** *(rijkdom, eer)* verwerven **5** *(haven, kust)* bereiken **6** *(goud, kolen)* winnen || *für so etwas ist er nicht zu ~* voor zoiets is hij niet te vinden
gewinnend innemend
Gewinner m^{9} winnaar
Gewinnliste v^{21} trekkingslijst
Gewinnmarge, Gewinnspanne v^{21} winstmarge
gewinnsüchtig winzuchtig, hebzuchtig
Gewinnträchtigkeit v^{28} winstgevendheid
Gewinnung v^{20} winning
Gewinsel o^{39} gejank, gekerm, gejammer
Gewirr o^{29}, **Gewirre** o^{33} **1** verwarring, warboel, wirwar, chaos **2** geroezemoes, gegons
gewiss zeker, bepaald: *ein ~er Ort* een zekere plaats *(toilet); ich bin meiner Sache ~* ik ben zeker van mijn zaak
Gewissen o^{35} geweten: *jmdm ins ~ reden* op iems gemoed werken; *jmdm etwas aufs ~ binden* iem iets op het hart drukken; *ich mache mir kein ~ daraus* ik maak er geen gewetenszaak van
gewissenhaft nauwgezet, stipt, consciëntieus
Gewissenhaftigkeit v^{28} nauwgezetheid, stiptheid
gewissenlos gewetenloos
Gewissensbiss m^{5} (gewetens)wroeging
Gewissensfreiheit v^{28} gewetensvrijheid
Gewissensruhe v^{28} gemoedsrust
gewissermaßen in zekere zin, zogezegd, tot op zekere hoogte
Gewissheit v^{20} zekerheid
Gewitter o^{33} onweer
gewitterig *zie* gewittrig
gewittern onweren *(ook fig)*
Gewitterneigung v^{28} kans op onweer
Gewitterregen m^{11}, **Gewitterschauer** m^{9} onweersbui
gewittrig onweersachtig
gewitzt gewiekst, handig
gewogen **1** gewogen **2** (toe)genegen, welgezind
Gewogenheit v^{28} (toe)genegenheid, welgezindheid
[1]**gewöhnen** *tr* (ge)wennen
[2]**gewöhnen, sich** (met *an*$^{+4}$) (ge)wennen (aan)
Gewohnheit v^{20} gewoonte, gebruik
gewohnheitsgemäß gewoontegetrouw
gewohnheitsmäßig uit gewoonte, routinematig
Gewohnheitstier o^{29} gewoontedier
gewöhnlich **1** gewoon, normaal, alledaags **2** ordinair **3** meestal, gewoonlijk
Gewöhnlichkeit v^{28} **1** alledaagsheid, gewoonheid **2** platheid
gewohnt gewoon, gewend
Gewöhnung v^{28} gewenning, (het) wennen
Gewölbe o^{33} gewelf
gewollt gewild, gekunsteld
Gewühl o^{39} **1** gewoel, gedrang, drukte **2** *(sp)* scrimmage, gedrang
gewürfelt geruit
Gewürz o^{29} specerij, kruiden, kruiderij
Gewürzessig m^{5} kruidenazijn
Gewürzgurke v^{21} augurkje, pickle
Gewürznelke v^{21} kruidnagel
gezackt getand, puntig
gezahnt, gezähnt getand, gekarteld
Gezänk, Gezanke o^{39} gekibbel, getwist
Gezeiten *mv* getijden, eb en vloed
Gezeitenwechsel m^{9} kentering *(vh getijde)*
Gezeter o^{39} **1** geschreeuw **2** geweeklaag
gezielt gericht
[1]**geziemen** *intr* passen, betamen
[2]**geziemen, sich** (be)horen, passen, betamen
geziemend betamelijk, passend, gepast
geziert aanstellerig, gemaakt, geaffecteerd
Geziertheit v^{28} aanstellerij, gekunsteldheid
Gezirp(e) o^{39} gesjirp, getjilp
Gezisch(e) o^{39} gesis, geblaas
Gezischel o^{39} gefluister
Gezwitscher o^{39} getjilp, gekweel
gezwungen gedwongen
gezwungenermaßen noodgedwongen
ggf. *afk van gegebenenfalls* eventueel
Gicht v^{28} jicht
Giebel m^{9} **1** puntgevel, topgevel **2** fronton **3** kokkerd, grote neus
Giebelhaus o^{32} puntgevelhuis
Gier v^{28} **1** begerigheid, begeerte, hebzucht **2** gretigheid, gulzigheid
gierig **1** begerig **2** gulzig, gretig
Gierigkeit v^{28} **1** begerigheid **2** gulzigheid
Gießbach m^{6} stortbeek, bergbeek

gießen^{175} gieten, schenken, (be)sproeien
Gießerei v^{20} gieterij(bedrijf)
Gießkanne v^{21} gieter
Gift o^{29} **1** gif, vergif **2** giftigheid
^{1}**giften** *intr* tekeergaan
^{2}**giften** *tr* kwaad maken, ergeren
^{3}**giften, sich** zich ergeren
Giftgas o^{29} gifgas
giftig 1 (ver)giftig **2** venijnig **3** *(sp)* verbeten
Giftigkeit v^{28} **1** vergiftigheid **2** giftigheid, venijnigheid **3** *(sp)* verbetenheid
Giftpilz m^{5} giftige paddenstoel
Giftschlange v^{21} gifslang
Gigant m^{14} gigant, reus
gigantisch gigantisch, reusachtig
gilben geel worden
Gilde v^{21} *(hist en fig)* gilde
Ginster m^{9} brem
Gipfel m^{9} **1** top, kruin **2** toppunt, hoogtepunt: *das ist (doch) der ~!* dat is het toppunt! **3** *(pol)* topconferentie
Gipfelkonferenz v^{20} topconferentie
Gipfelleistung v^{20} **1** topprestatie **2** record
gipfeln het hoogtepunt bereiken, culmineren
Gipfeltreffen o^{35} topconferentie
Gips m^{5} **1** gips, pleister **2** gipsverband
Giraffe v^{21} giraffe
Giralgeld [zjieral-] o^{31} giraal geld
Girlande v^{21} guirlande, slinger
Giro [zjie:roo] o^{36} **1** giro **2** endossement
Girokonto [zjie:roo-] o^{36} *(mv ook -konti, -konten)* girorekening
girren kirren
Gischt m^{5}, v^{20} schuim
Gitarre v^{21} gitaar
Gitter o^{33} **1** hek **2** traliewerk **3** rooster, raster
gitterartig tralieachtig, als een hek
Gitterstab m^{6} tralie, spijl
Gittertor o^{29} (tralie)hek
Gittertür v^{20} traliedeur, traliehek
Gitterzaun m^{6} traliehek
Gladiole v^{21} gladiool, zwaardlelie
Glanz m^{19} glans, schittering, luister: *mit ~* met glans, glansrijk
glänzen glanzen, schitteren, (uit)blinken
glänzend 1 schitterend, uitstekend **2** glanzend, blinkend
Glanzfarbe v^{21} glansverf; lak
Glanzleistung v^{20} schitterende prestatie
Glanzparade v^{21} *(sp)* schitterende redding
Glanzpunkt m^{5} hoogtepunt, glanspunt
glanzvoll 1 schitterend **2** glansrijk
Glanzzeit v^{20} bloeiperiode, bloeitijd
Glas o^{32} **1** glas: *ein ~ Marmelade* een potje jam **2** verrekijker **3** bril
glasartig glasachtig
Glasauge o^{38} glazen oog
Glaser m^{9} glaszetter
Glaserkitt m^{5} stopverf
gläsern 1 glazen, van glas **2** glazig
Glasfabrik v^{20} glasfabriek, glasblazerij
Glasfaser v^{21} glasvezel
Glasfenster o^{33} glasraam, ruit
Glasgeschirr o^{29} glaswerk
glasig 1 glazig, star **2** glazig, doorschijnend
Glaskugel v^{21} **1** glazen bol **2** kerstbal
Glasperle v^{21} glasparel, (glazen) kraal
Glasscheibe v^{21} (venster)ruit
Glastür v^{20} glazen deur
Glasur v^{20} glazuur
Glaswerk o^{29} **1** glaswerk **2** glasfabriek
Glasziegel m^{9} glazen dakpan
glatt^{59} **1** glad, glibberig **2** vlak, effen, glad: *~er Stoff* effen stof || *(med) ein ~er Bruch* een ongecompliceerde breuk; *ein ~er Geschäftsmann* een slimme zakenman; *eine ~e Landung* een vlotte landing; *eine ~e Lüge* een duidelijke leugen; *das ist ja ~er Unsinn* dat is klinkklare onzin; *etwas ~ ablehnen* iets zonder meer van de hand wijzen; *jmdm ~ überlegen sein* iem veruit de baas zijn; *jmdm etwas ~ ins Gesicht sagen* iem iets recht in zijn gezicht zeggen
Glätte v^{28} **1** gladheid, glibberigheid **2** vlakheid, effenheid **3** gladheid, huichelachtigheid
Glatteis o^{39} ijzel
^{1}**glätten** *tr* **1** gladmaken, gladstrijken, gladschaven **2** *(fig)* schaven, polijsten **3** *(fig)* tot bedaren brengen
^{2}**glätten, sich 1** glad worden **2** bedaren
Glattheit v^{28} *zie* Glätte
glattmachen betalen, vereffenen
glattweg gladweg, gewoonweg
Glatze v^{21} kaal hoofd, kale kruin
Glatzkopf m^{6} **1** kaalkop **2** kaal hoofd
Glaube m^{18}, **Glauben** m^{11} geloof: *im guten* (of: *in gutem) ~n* te goeder trouw
glauben geloven, menen: *ich glaube, ja* ik geloof van wel; *das will ich ~* dat zou ik menen; *das kannst du mir ~!* neem dat maar van mij aan!
Glaubensbekenntnis o^{29a} geloofsbelijdenis
Glaubensgemeinschaft v^{20} geloofsgemeenschap
Glaubenslehre v^{21} geloofsleer
glaubhaft geloofwaardig, aannemelijk
Glaubhaftigkeit v^{28} geloofwaardigheid
gläubig 1 gelovig, vroom **2** goedgelovig
Gläubiger m^{9} schuldeiser, crediteur
Gläubige(r) m^{40a}, v^{40b} gelovige
glaublich: *das ist kaum ~* dat is niet te geloven
glaubwürdig geloofwaardig, betrouwbaar
Glaubwürdigkeit v^{28} geloofwaardigheid
^{1}**gleich** *bn* gelijk, (de)zelfde, hetzelfde: *~ alt* even oud; *es ist mir ~* het is mij onverschillig; *Gleiches mit Gleichem vergelten* met gelijke munt betalen
^{2}**gleich** *bw* **1** dadelijk, onmiddellijk **2** ineens, gelijk **3** maar liefst: *bis ~!* tot zo! || *wie hieß doch ~ der Pianist?* hoe heette de pianist ook alweer?
^{3}**gleich**$^{+3}$ *vz* (zo)als, net als: *~ einem Adler* (net) als een adelaar

gleichalterig, gleichaltrig van gelijke leeftijd
gleichartig gelijksoortig
gleichbedeutend van gelijke betekenis, synoniem: ~ *sein mit*+3 gelijkstaan met
gleichberechtigt gelijkgerechtigd
Gleichberechtigung *v*28 gelijkheid, rechtsgelijkheid, gelijkstelling
gleichen176 gelijken, lijken op
gleichermaßen in gelijke mate, evenzeer, even
gleichfalls evenzo, eveneens: ~*!* insgelijks!
gleichförmig **1** van gelijke vorm, gelijkvormig **2** eentonig
Gleichförmigkeit *v*28 gelijkvormigheid
gleichgeschlechtlich **1** van hetzelfde geslacht **2** homoseksueel
Gleichgewicht *o*39 evenwicht
gleichgültig **1** onverschillig: *es ist mir* ~ het is me om het even **2** onbelangrijk
Gleichgültigkeit *v*28 **1** onverschilligheid **2** onbelangrijkheid
Gleichheit *v*20 gelijkheid
Gleichklang *m*6 harmonie, overeenstemming
gleichkommen193 **1** evenaren **2** gelijkstaan met
gleichmäßig **1** gelijkmatig, regelmatig **2** gelijk, evenredig
gleichmütig gelijkmoedig, kalm, bedaard
gleichnamig gelijknamig
Gleichnis *o*29a gelijkenis, parabel
gleichsam als het ware
Gleichschaltung *v*20 gelijkschakeling
Gleichschritt *m*19: *im* ~ in de pas; *im* ~*, marsch!* voorwaarts, mars!
gleichsetzen gelijkstellen: *sich* ~ *mit*+3 zich identificeren met
Gleichsetzung *v*28 gelijkstelling
gleichstellen: *jmdn (mit) jmdm* ~ iem met iem gelijkstellen
Gleichstellung *v*20 gelijkstelling, gelijkheid
Gleichstellungspolitik *v*28 emancipatiebeleid
Gleichstrom *m*6 gelijkstroom
Gleichtakt *m*19 gelijkmatig ritme, regelmaat
gleichtun295: *es jmdm* ~ iem evenaren, op kunnen tegen iem
Gleichung *v*20 vergelijking
gleichviel onverschillig, om het even
gleichwertig gelijkwaardig
gleichwie evenals, zoals, als
gleichwohl *bw* toch, evenwel, nochtans
gleichzeitig **1** gelijk(tijdig) **2** tegelijkertijd, tevens
gleichziehen318 **1** inhalen, op hetzelfde peil komen, volgen **2** *(sp)* de gelijkmaker scoren, de achterstand inlopen
Gleis *o*29 **1** spoor, rails **2** spoor, perron || *wieder ins (rechte)* ~ *bringen* weer in orde brengen
Gleisanschluss *m*6 spooraansluiting
gleiten178 **1** glijden: ~*de Arbeitszeit* variabele werktijd **2** glippen, slippen
Gleitzeit *v*20 **1** variabele werktijd **2** (variabele) werkuren
Gletscher *m*9 gletsjer
Glied *o*31 **1** lid, kootje **2** lid, lidmaat *(van kerk)* **3** geslacht **4** schakel **5** gelid: *der Schreck fuhr ihm in die* (of: *durch alle)* ~*er* de schrik sloeg hem om het hart
Gliederarmband *o*32 schakelarmband
Gliederkette *v*21 schakelketting
Gliederlähmung *v*20 verlamming
1**gliedern** *tr* verdelen, indelen, onderverdelen
2**gliedern, sich** ingedeeld worden, ingedeeld zijn
Gliederpuppe *v*21 ledenpop, marionet
Gliederung *v*20 **1** indeling **2** structuur, bouw, opbouw **3** formatie
Gliedmaße *v*21 lidmaat: ~*n* ledematen
glimmen179 **1** smeulen **2** gloeien
glimmern glimmen, glanzen
glimpflich vrij goed, mild: ~ *davonkommen* er schappelijk afkomen
glitschen glijden, glippen, slippen
glitscherig, glitschig, glitschrig glad, glibberig
glitzern glinsteren, fonkelen, flonkeren
global **1** wereldomvattend, mondiaal **2** over het geheel genomen, globaal
Globalisierung *v*20 globalisering
Globalisierungsgegner *m*9 antiglobalist
Globus *m (2e nvl - en -ses; mv Globen en Globusse)* globe, aardbol
Glocke *v*21 **1** klok, bel **2** stolp **3** ballon *(van lamp)*
Glockengeläut(e) *o*39 klokgelui, klokkenspel
Glockengießer *m*9 klokkengieter
Glockenschlag *m*6 klokslag
Glockenspiel *o*29 klokkenspel, carillon
Glockenturm *m*6 klokkentoren
Glöckner *m*9 klokkenluider
Glorie *v*21 **1** glorie, roem, glans, luister **2** krans
Glorienschein *m*5 aureool
glorifizieren320 verheerlijken, roemen
glorreich luisterrijk, glorierijk
Gloss *o (2e nvl -; mv -)* gloss
Glosse *v*21 **1** glosse, kanttekening **2** kort commentaar
glossy glossy
Glotzauge *o*38 uitpuilend oog, koeienoog
Glotze *v*21 *(inform)* kastje, kijkkast *(tv)*
glotzen **1** grote ogen opzetten **2** kastje kijken
Glotzkasten *m*12, **Glotzkiste** *v*21 kijkkast
Glück *o*39 geluk, voorspoed, fortuin: *ich kann von* ~ *sagen* (of: *reden)* ik kan van geluk spreken; *zum* ~ gelukkig; *sein* ~ *machen* fortuin maken
glücken gelukken, lukken
gluckern **1** klotsen **2** klokken
1**glücklich** *bn* gelukkig, voorspoedig, gunstig
2**glücklich** *bw* **1** gelukkig **2** eindelijk
glücklicherweise gelukkig
Glücksbote *m*15 geluksbode
glückselig gelukzalig, dolgelukkig
glucksen **1** *(mbt vloeistoffen)* klokken **2** hikken
Glücksfall *m*6 gelukkig toeval, bof
Glückskind *o*31 gelukskind

gl

Glückspilz *m*[5] geluksvogel
Glücksritter *m*[9] gelukzoeker
Glückssache *v*[28] kwestie van geluk
Glücksspiel *o*[29] kansspel, hazardspel
Glücksstern *m*[5] gelukkig gesternte
Glückstreffer *m*[9] toevalstreffer
Glückwunsch *m*[6] gelukwens, felicitatie
Glühbirne *v*[21] gloeilamp
[1]**glühen** *intr* gloeien, branden *(ook fig)*
[2]**glühen** *tr* gloeien *(gloeiend maken)*
Glühwein *m*[5] warme wijn
Glut *v*[20] **1** (vuur)gloed, hitte **2** vuur, brand **3** gloed, hartstocht
glutrot vuurrood, roodgloeiend
Glyzerin *o*[39] glycerol, glycerine
GmbH *afk van Gesellschaft mit beschränkter Haftung* besloten vennootschap *(afk* BV)
Gnade *v*[21] genade, gunst, gratie
Gnadenfrist *v*[20] laatste uitstel
Gnadengesuch *o*[29] gratieverzoek
gnadenlos genadeloos, hardvochtig
gnadenreich genadig, genaderijk
Gnadenstoß *m*[6] genadestoot, genadeslag
gnädig genadig; minzaam: *~e Frau!* mevrouw!
Gnom *m*[14] gnoom, kabouter, aardmannetje
Gokart *m*[13] *(2e nvl ook -)* kart; gocart; skelter: *~ fahren* karten, skelteren
Gold *o*[39] goud
Goldader *v*[21] goudader
Goldbarren *m*[11] staaf goud, baar goud
goldehrlich (zo) eerlijk als goud, goudeerlijk
golden gouden; *(fig ook)* gulden: *das Goldene* (of: *~e) Zeitalter* de gouden eeuw; *~e Regel* gulden regel; *(meetk) der Goldene* (of: *~e) Schnitt* de gulden snede
Golden Goal *o (2e nvl - -s; mv - -s)* golden goal
Goldfisch *m*[5] **1** goudvis **2** rijke huwelijkskandidaat
Goldgräber *m*[9] goudzoeker, gouddelver
Goldgrube *v*[21] goudmijn *(ook fig)*
goldig **1** gouden **2** lief, schattig **3** aardig
Goldjunge *m*[15] **1** schat van een jongen **2** *(sp)* winnaar van een gouden medaille
Goldkind *o*[31] schat (van een kind)
Goldmünze *v*[21] gouden munt
Goldregen *m*[11] **1** onverwachte rijkdom **2** *(plantk)* goudenregen
Goldring *m*[5] gouden ring
Goldschmuck *m*[19] gouden sieraad
Goldstück *o*[29] **1** goudstuk **2** iem uit duizenden
Goldwaage *v*[21] goudschaal(tje)
[1]**Golf** *m*[5] golf, bocht, boezem
[2]**Golf** *o*[39] golf(spel)
Golfer *m*[9] golfspeler
Golfplatz *m*[6] golfbaan, golfterrein
Golfschläger *m*[9] club, golfstok
Gondel *v*[21] gondel
Gondelbahn *v*[20] kabelbaan
gondeln **1** gondelen **2** reizen, trekken **3** lopen
Gong *m*[13], *o*[36] gong
gönnen gunnen
Gönner *m*[9] begunstiger, beschermer, mecenas
gönnerhaft minzaam, neerbuigend
Gönnermiene *v*[21] neerbuigende minzaamheid
googeln googelen
Gör *o*[37], **Göre** *v*[21] **1** kind **2** blaag, wicht
Gosse *v*[21] goot *(in straat): (fig) jmdn* (of: *jmds Namen) durch die ~ ziehen* (of: *schleifen)* iem door de modder halen
gothic gothic
Gothic Rock *m (2e nvl - - en - -s)* gothic rock
Gotik *v*[28] gotiek
gotisch gotisch
[1]**Gott** *m*[19] God: *um ~es willen! (inform)* in godsnaam!; *leider ~es* jammer genoeg
[2]**Gott** *m*[8] *(myth)* god
Götterbild *o*[31] afgodsbeeld, godenbeeld
gottergeben berustend, onderdanig
Götterspeise *v*[21] **1** godenspijs, ambrozijn **2** gelatinepudding
Gottesdienst *m*[5] godsdienstoefening, (kerk)-dienst
Gottesfurcht *v*[28] godsvrucht, vroomheid
gottesfürchtig godvruchtig, vroom
Gotteshaus *o*[32] godshuis, kerk
Gotteslästerung *v*[20] godslastering
Gotteslohn *m*[19]: *um (einen) ~* voor niets, pro Deo
Gottheit *v*[20] **1** godheid **2** goddelijkheid
Göttin *v*[22] godin
göttlich goddelijk
gottlob *tw* goddank!
gottlos goddeloos
Gottlose(r) *m*[40a], *v*[40b] goddeloze, atheïst
Gottlosigkeit *v*[20] goddeloosheid
gottvergessen *(inform)* **1** godvergeten **2** godverlaten
gottverlassen van God verlaten: *eine ~e Gegend* een (god)verlaten, eenzame streek
Götze *m*[15] afgod, afgodsbeeld
Götzenbild *o*[31] afgodsbeeld
Gouverneur [goeverneu:r] *m*[5] gouverneur
GPS *o*[39a] *afk van Global Positioning System* gps
GPS-Ortung *v*[28] gps-positiebepaling
Grab *o*[32] graf: *jmdn zu ~e tragen* iem ten grave dragen; *einen Wunsch zu ~e tragen* een wens opgeven
graben[180] **1** (uit)graven; delven **2** spitten **3** graveren: *ins Gedächtnis gegraben* in het geheugen gegrift
Graben *m*[12] **1** sloot **2** gracht **3** *(mil)* loopgraaf **4** *(geol)* trog; slenk **5** *(fig)* kloof
Grabenkrieg *m*[5] loopgravenoorlog
Grabesstille *v*[28] doodse stilte
Grabkranz *m*[6] grafkrans
Grabmal *o*[29], *o*[32] grafmonument
Grabstätte *v*[21] graf
Grabstein *m*[5] grafsteen

Gracht *v*[20] gracht; *(Belg)* rei
grad *zie* gerade
Grad *m*[5] **1** graad: *in gewissem (*of: *bis zu einem gewissen) ~e* tot op zekere hoogte **2** rang, titel, graad
Gradation *v*[20] **1** gradatie **2** graadverdeling
grade *zie* gerade
Gradmesser *m*[9] *(fig)* graadmeter
Graf *m*[14] graaf
Grafik *v*[20] **1** grafiek, grafische kunst **2** grafisch kunstwerk
Grafiker *m*[9] graficus, grafisch kunstenaar
Gräfin *v*[22] gravin
Grafit *m*[5] grafiet
gräflich grafelijk
Grafologe *m*[15] grafoloog, handschriftkundige
Grafschaft *v*[20] graafschap
gram: *jmdm ~ sein* boos op iem zijn
Gram *m*[19] verdriet, hartzeer, smart
[1]**grämen** *tr* verdrieten
[2]**grämen, sich** kniezen, treuren, tobben
gramerfüllt zeer verdrietig, zeer bedroefd
grämlich nors, nurks, zuur
Gramm *o*[29] gram
Grammatik *v*[20] grammatica, spraakkunst
grammatikalisch grammaticaal
gramvoll diepbedroefd
Granat *m*[5] **1** garnaal **2** granaat(steen)
Granate *v*[21] **1** granaat **2** *(sp)* keihard schot
Grandcafé *o*[36] grand café
grandios grandioos
Granit *m*[5] graniet
Grapefruit *v*[27] grapefruit, pompelmoes
Graphik *zie* Grafik
Graphiker *zie* Grafiker
Graphit *zie* Grafit
Graphologe *zie* Grafologe
grapschen grijpen, graaien
Gras *o*[32] **1** gras **2** *(inform)* marihuana, stuff || *ins ~ beißen* in het zand bijten
grasen **1** grazen, weiden **2** zoeken
Grashüpfer *m*[9] sprinkhaan
Grasmäher **1** grasmaaier **2** grasmaaimachine
grassieren[320] **1** *(mbt ziektes)* woeden, heersen **2** *(mbt gerucht)* de ronde doen
grässlich afschuwelijk, afgrijselijk, akelig: *~ dumm* vreselijk dom
Grat *m*[5] **1** kam *(van berg)* **2** braam *(op mes)* **3** graat, scherpe kant *(van gewelf)*
Gräte *v*[21] graat *(van vis)*
Gratifikation *v*[20] gratificatie, beloning
grätig **1** graterig **2** knorrig, prikkelbaar
gratinieren[320] gratineren
gratis gratis
Grätsche *v*[21] *(sp)* **1** spreidsprong **2** spreidstand
Gratulation *v*[20] gelukwens, felicitatie
gratulieren[320] feliciteren: *jmdm zu*[+3] *etwas ~* iem met iets gelukwensen, feliciteren
grau grijs, grauw: *alles ~ in ~ malen* pessimistisch zijn
Graubrot *o*[29] bruinbrood
Gräuel *m*[9] **1** gruwel **2** gruweldaad
Gräuelmärchen *o*[35] gruwelsprookje
Gräueltat *v*[20] gruweldaad
[1]**grauen** *intr* aanbreken, dagen: *der Morgen graut* het begint licht te worden
[2]**grauen, sich** huiveren, gruwen, griezelen: *ich graue mich vor ihm* ik griezel van hem
[1]**Grauen** *o*[39] afgrijzen, huivering: *ein ~ erregender Anblick* een huiveringwekkende aanblik
[2]**Grauen** *o*[35] schrikbeeld, gruwel
grauenerregend, grauenhaft, grauenvoll huiveringwekkend, afgrijselijk
[1]**graulen** *tr* verjagen
[2]**graulen, sich** huiveren
graulich **1** angstig, bang **2** griezelig
gräulich **1** grijsachtig **2** gruwelijk, afschuwelijk
Graupe *v*[21] gort, gepelde gerst
Graupel *v*[21] fijne hagelkorrel
graupeln fijn hagelen
Graus *m*[19] **1** afschuw **2** verschrikking, ontsteltenis
grausam **1** wreed(aardig), onmenselijk **2** bar *(van kou, winter)* **3** *(inform)* vreselijk
Grausamkeit *v*[28] wreedheid
[1]**grausen, sich** huiveren, griezelen
[2]**grausen** *onpers ww* huiveren, griezelen: *mir (*of: *mich) graust vor*[+3] ik huiver (*of:* griezel) van
Grausen *o*[39] huivering, afgrijzen
grausig huiveringwekkend, afgrijselijk
Grauzone *v*[21] onduidelijk overgangsgebied
gravieren[320] graveren
gravierend **1** belastend, verzwarend **2** ernstig
Gravitation *v*[28] gravitatie, zwaartekracht
gravitätisch deftig, statig, plechtstatig
Grazie *v*[21] **1** gratie, bevalligheid **2** schoonheid
grazil **1** slank, teer, broos **2** tenger
graziös gracieus, bevallig
greifbar **1** grijpbaar, tastbaar **2** beschikbaar, disponibel **3** concreet
greifen[181] grijpen, pakken, vatten: *Greifen spielen* krijgertje spelen; *diese Methode greift nicht* deze methode werkt niet; *(sp) hinter sich ~ müssen* de bal uit het net moeten halen; *ins Leere ~* misgrijpen; *zum Greifen nahe* vlakbij
Greifer *m*[9] grijper
greis *bn* oud, bejaard, grijs
Greis *m*[5] grijsaard, oude man, bejaarde
Greisenalter *o*[39] hoge ouderdom, hoge leeftijd
Greisin *v*[22] oude vrouw, grijze vrouw
grell **1** fel, schel *(van licht)* **2** schel, scherp, doordringend, schril *(van geluid)*
Gremium *o (2e nvl -s; mv Gremien)* college
Grenzabfertigung *v*[20] grenscontrole
Grenzbeamte(r) *m*[40a] douane(beambte)
Grenze *v*[21] grens: *einer Sache ~n setzen* aan iets paal en perk stellen; *über die grüne ~ gehen* illegaal de grens over gaan; *sich in ~n halten* binnen de perken blijven
grenzen (met *an*[+4]) grenzen aan

grenzenlos grenzeloos, onbegrensd
Grenzer *m*[9] **1** grensbewoner **2** grenswacht, douane(beambte)
Grenzfall *m*[6] grensgeval
Grenzgänger *m*[9] grensganger, grensarbeider
Grenzland *o*[32] **1** grensland **2** grensgebied
Grenzlinie *v*[21] **1** grenslijn **2** *(sp)* zijlijn, lijn
Grenzschutz *m*[19] **1** grenspolitie **2** grensbewaking
Grenzübergang *m*[6] grensovergang
Grenzübergangsstelle *v*[21] grenspost
Grenzzwischenfall *m*[6] grensincident
Gretchenfrage *v*[21] **1** netelige vraag **2** hamvraag
Greuel *oude spelling voor* Gräuel, *zie* Gräuel
greulich *oude spelling voor* gräulich, *zie* gräulich 2
Grieche *m*[15] Griek
Griechenland *o*[39] Griekenland
griechisch Grieks
Griesgram *m*[5] brompot, knorrepot
griesgrämig brommerig, knorrig
Grieß *m*[5] **1** gruis **2** gries(meel)
Grießmehl *o*[39] griesmeel
Griff *m*[5] **1** (hand)greep **2** knop, handvat, gevest, hengsel **3** klauw *(van roofvogel)* **4** hals *(van muziekinstrument)* || *einen guten ~ tun* een goede keus doen; *etwas im ~ haben: a)* de slag van iets te pakken hebben; *b)* iets onder controle hebben; *etwas in den ~ bekommen* (of: *kriegen)* iets onder de knie krijgen
griffbereit bij de hand, voor het grijpen
griffig **1** handzaam **2** stroef **3** stevig
Grill *m*[13] grill: *Hähnchen vom ~* kip van het spit
Grille *v*[21] **1** krekel **2** gril, kuur **3** hersenschim
[1]**grillen** *tr en intr* barbecueën, grillen
[2]**grillen, sich** zich bruin laten bakken
grillenhaft, grillig **1** nukkig **2** zonderling
Grimasse *v*[21] grimas, grijns
grimmig **1** grimmig, woedend **2** vreselijk
grinsen grijnzen
Grippe *v*[21] griep
Grippewelle *v*[21] griepgolf, griepepidemie
Grips *m*[5] verstand, hersens
grob[58] **1** grof, ruw **2** grof, algemeen, vaag **3** grof, ongemanierd, onbehouwen: *jmdn ~ anfahren* iem bars toesnauwen **4** onstuimig, ruw, woelig: *~e See* ruwe zee
Grobheit *v*[20] grofheid, ruwheid, lompheid
Grobian *m*[5] lomperd, vlegel
grobkörnig grofkorrelig
grobschlächtig grof, ruw, lomp
grölen **1** schreeuwen, brullen **2** hard zingen
Groll *m*[19] wrok, verbittering
grollen **1** (met *mit*[+3]) een wrok hebben, koesteren (tegen) **2** mokken **3** *(mbt donder)* rollen
Grönland *o*[39] Groenland
Grönländer *m*[9] Groenlander
[1]**Gros** *o*[29a] gros
[2]**Gros** *o*[39a] **1** *(mil)* gros **2** merendeel
Groschen *m*[11] **1** tienpfennigstuk: *er hat keinen ~* hij heeft geen cent **2** *(Oostenr)* $^{1}/_{100}$ schilling || *der ~ fällt* hij begrijpt het eindelijk
groß[60] groot: *~ schreiben* in grote letters schrijven; *~ und breit erzählen* uitvoerig vertellen; *im Großen (und) Ganzen* over het geheel genomen; *sich nicht ~ freuen* zich niet erg verheugen; *zie ook* großschreiben
großartig **1** groots, geweldig, enorm **2** arrogant, aanmatigend
Großartigkeit *v*[28] **1** grootsheid **2** opschepperij
Großaufnahme *v*[21] close-up
Großbank *v*[20] grote bank
Großbritannien *o*[39] Groot-Brittannië
großbritannisch Brits
Großbuchstabe *m*[18] hoofdletter
Größe *v*[21] **1** grootte, uitgestrektheid, omvang **2** grootsheid **3** maat *(van kleding, schoenen)* **4** grootheid *(ook wisk)*
Großeinkauf *m*[6] inkoop in het groot
Großeinsatz *m*[6] grootscheepse actie
Großeltern *mv* grootouders
Großenkel *m*[9] achterkleinkind, achterkleinzoon
Größenordnung *v*[20] orde van grootte
großenteils grotendeels
Größenverhältnis *o*[29a] proportie, verhouding
Größenwahn, Größenwahnsinn *m*[19] grootheidswaan(zin)
größer **1** vrij groot, nogal groot **2** groter
Großfahndung *v*[20] grootscheepse opsporingsactie
Großfeuer *o*[33] hevige brand, uitslaande brand
Großhändler *m*[9] groothandelaar, grossier
Großhandlung *v*[20] groothandel, grossierderij
großherzig **1** edelmoedig, grootmoedig **2** tolerant, ruimdenkend
Großherzog *m*[6] groothertog
Grossist *m*[14] grossier, groothandelaar
großjährig meerderjarig
Großjährigkeit *v*[28] meerderjarigheid
großkotzig opschepperig, ballerig
Großmacht *v*[25] grote mogendheid
Großmaul *o*[32] praatjesmaker, opschepper
Großmut *v*[28] grootmoedigheid, edelmoedigheid
großmütig grootmoedig, edelmoedig
Großmutter *v*[26] grootmoeder
Großneffe *m*[15] achterneef
Großnichte *v*[21] achternicht
Großonkel *m*[9] oudoom
Großpapa *m*[13] opa
Großraum *m*[6] **1** grote ruimte **2** groot gebied **3** agglomeratie
Großraumflugzeug *o*[29] jumbojet
großräumig **1** zich over een grote oppervlakte uitstrekkend **2** ruim
Großrechner *m*[9] mainframe
großschnauzig, großschnäuzig grootsprakig, snoevend
großschreiben[252] **1** met een hoofdletter schrijven **2** belangrijk vinden

Großsprecher *m*[9] grootspreker, snoever
Großsprecherei *v*[20] grootsprekerij, praatjes
großsprecherisch opschepperig
großspurig arrogant, verwaand
Großstadt *v*[25] **1** grote stad **2** *(in Duitsland)* stad van meer dan 100.000 inwoners
Großstädter *m*[9] grotestadsbewoner
großstädtisch grootsteeds
Großtante *v*[21] oudtante
Großteil *m*[5] grootste deel: *ein ~* een groot gedeelte
größtenteils grotendeels
größtmöglich zo groot mogelijk, optimaal
Großtuer *m*[9] opschepper, pocher, snoever
Großtuerei *v*[28] opschepperij, gepoch
großtuerisch opschepperig
großtun[295] opscheppen: *sich ~ mit*[+3] opscheppen over
Großunternehmen *o*[35] grote onderneming
Großvater *m*[10] grootvader
großziehen[318] **1** grootbrengen **2** opfokken, opkweken
großzügig 1 grootscheeps, breed opgezet **2** weids, ruim, royaal, ruimdenkend
Großzügigkeit *v*[28] royale manier van doen, gulheid
Grotte *v*[21] grot, hol
Grube *v*[21] **1** kuil, gat, put **2** hol **3** *(Bijb)* graf **4** *(mijnb)* mijn
Grübelei *v*[20] gepeins, gepieker, getob
grübeln peinzen, tobben, piekeren
Grubenarbeiter *m*[9] mijnwerker
Grübler *m*[9] **1** peinzer **2** piekeraar
grüblerisch 1 peinzend **2** tobberig
Gruft *v*[25] groeve, graf(kelder)
grün 1 groen **2** *(fig)* groen, erg jong, onervaren || *Grüner Donnerstag* Witte Donderdag; *~ Minna* gevangenwagen; *jmdn ~ und blau schlagen* iem bont en blauw slaan
Grün *o*[39] groen
Grünanlage *v*[21] plantsoen, park
Grünbrücke *v*[21] wildviaduct
Grund *m*[6] **1** reden, motief, grond: *~ zu*[+3] *etwas geben* aanleiding tot iets geven; *aus diesem ~e* om deze reden **2** grond, bodem: *~ und Boden* grond, landerijen **3** diepte, dal **4** onderlaag **5** basis, fundament, grondslag: *den ~ zu etwas legen* de grondslag leggen van iets **6** achtergrond, ondergrond || *auf ~ des Paragrafen 5* krachtens artikel 5; *auf ~ des Gesetzes* op grond van de wet; *einer Sache auf den ~ gehen* een zaak grondig onderzoeken; *im ~e (genommen)* eigenlijk; *mit gutem ~ behaupten* terecht beweren; *zu ~e gehen* te gronde gaan; *zu ~e legen* als grondslag nemen; *zu ~e liegen* ten grondslag liggen
Grundausbildung *v*[20] basisopleiding
Grundbedingung *v*[20] eerste voorwaarde
Grundbesitz *m*[19] grondbezit
Grundbesitzer *m*[9] grondbezitter
Grundbuch *o*[32] **1** kadaster **2** hypotheekregister
grundehrlich door en door eerlijk, doodeerlijk
[1]**gründen** *intr* berusten, gebaseerd zijn
[2]**gründen** *tr* **1** grondvesten **2** stichten; oprichten **3** baseren: *gegründet sein auf*[+3, +4] gebaseerd zijn op
[3]**gründen, sich** (met *auf*[+4]) steunen, berusten, gebaseerd zijn op
Gründer *m*[9] stichter, grondlegger, grondvester, oprichter
Gründeraktie *v*[21] oprichtersaandeel
grundfalsch totaal verkeerd
Grundfarbe *v*[21] grondverf
Grundgebühr *v*[20] **1** basistarief, vastrecht *(voor elektriciteit, gas)* **2** abonnementskosten *(van telefoon)*
Grundgedanke *m*[18] grondgedachte
Grundgehalt *o*[32] basissalaris
Grundgesetz *o*[29] grondwet
grundhässlich foeilelijk
grundieren[320] gronden
grundig gronderig, grondig
Grundkurs *m*[5] **1** elementaire cursus **2** verplicht vak
Grundlage *v*[21] grondslag, grondbeginsel, grond, basis
grundlegend fundamenteel
Grundlegung *v*[20] grondlegging, fundering
gründlich 1 grondig, degelijk **2** *(inform)* danig, behoorlijk
Gründlichkeit *v*[28] grondigheid, degelijkheid
Grundlinie *v*[21] **1** grondlijn, basis **2** hoofdlijn **3** *(sp)* baseline, achterlijn
grundlos 1 grondeloos **2** ongegrond **3** zonder reden **4** bodemloos
Grundlosigkeit *v*[28] ongegrondheid
Grundmauer *v*[21] fundament
Gründonnerstag *m*[5] Witte Donderdag
Grundrecht *o*[29] grondrecht
Grundregel *v*[21] grondregel, beginsel
Grundriss *m*[5] **1** plattegrond **2** schets, overzicht: *die deutsche Geschichte im ~* de Duitse geschiedenis in hoofdlijnen
Grundsatz *m*[6] beginsel, principe
grundsätzlich principieel, in beginsel
Grundschule *v*[21] basisschool *(vierjarig)*
Grundschüler *m*[9] leerling van de basisschool
Grundsicherung *v*[20] **1** basisgarantie, basiszekerheid **2** basisinkomen
grundsolid(e) oerdegelijk
Grundstein *m*[5] **1** eerste steen **2** basis
Grundsteuer *v*[21] grondbelasting
Grundstock *m*[6] basis, kern, grondkapitaal
Grundstoff *m*[5] **1** element **2** grondstof
Grundstück *o*[29] perceel; stuk (bouw)grond
Gründung *v*[20] **1** stichting, oprichting, vestiging **2** fundering
grundverschieden totaal verschillend
Grundwasser *o*[39] grondwater

Grundzahl v^{20} **1** grond(ge)tal **2** hoofdtelwoord
Grundzug m^{6} hoofdtrek, hoofdlijn
grünen **1** groenen, groen worden **2** *(fig)* ontbloeien, ontwaken
Grüne(r) m^{40a}, v^{40b} lid van de milieupartij
Grünkohl m^{5} boerenkool
grünlich groenachtig
Grünschnabel m^{10} melkmuil
Grünspan m^{19} kopergroen
Grünstreifen m^{11} (midden)berm
grunzen knorren, grommen
Grünzeug o^{39} **1** kruiden **2** sla, groente **3** jongelui, jongeren
Gruppe v^{21} groep

Gruppenaufnahme v^{21}, **Gruppenbild** o^{31} groepsfoto
Gruppenführer m^{9} **1** groepsleider **2** groepscommandant
gruppenweise groepsgewijs, in groepen
Gruppenzwang m^{6} groepsdruk
gruppieren^{320} groeperen
Gruppierung v^{20} groepering
Gruselfilm m^{5} griezelfilm
Gruselgeschichte v^{21} griezelverhaal
gruselig griezelig
gruseln griezelen: *mich* (of: *mir) gruselt es, ich grusle mich* ik griezel
Gruß m^{6} groet
grüßen groeten: *grüß dich!* dag!, hallo!; *(Z-Dui) grüß Gott!* goeiemorgen!, goeiemiddag!, goeienavond!
Grütze v^{21} grutten, gort, gortepap: *er hat ~ im Kopf* hij heeft hersens; *rote ~* watergruwel
GSM *afk van global system for mobile communication* gsm
gucken **1** kijken, zien **2** bekijken **3** uitsteken
Guckkasten m^{12} kijkkast
Guckloch o^{32} kijkgat
[1]**Guerilla** m^{13} guerrillastrijder
[2]**Guerilla** v^{27} guerrilla
Gulasch m^{5}, m^{13}, o^{29}, o^{36} goulash
gülden gulden, gouden
Gulden m^{11} gulden
Gully m^{13}, o^{36} rioolkolk, rioolput
gültig geldig, gangbaar, wettig, deugdelijk
Gültigkeit v^{28} geldigheid
Gültigkeitsdauer v^{28} geldigheidsduur
[1]**Gummi** m^{13}, o^{36} rubber, gummi
[2]**Gummi** m^{13} **1** condoom **2** (vlak)gom, (vlak)gum
[3]**Gummi** o^{6} elastiek(je)
Gummiband o^{32} elastieken band
Gummidichtung v^{20} rubberpakking
gummieren^{320} gommen, gommeren
Gummiknüppel m^{9} gummiknuppel
Gummireifen m^{11} rubberband
Gummistiefel m^{9} rubberlaars
Gunst v^{28} gunst, genegenheid: *zu ~en*$^{+2}$ ten gunste van, ten bate van
Gunstbeweis m^{5}, **Gunstbezeigung** v^{20} gunstbewijs, gunstbetoon
günstig gunstig, welgezind
Günstling m^{5} gunsteling
Gurgel v^{21} keel: *jmdm an die ~ fahren* (of: *springen)* iem naar de keel vliegen
gurgeln **1** gorgelen **2** kelig spreken
Gurke v^{21} **1** komkommer, augurk: *saure ~* augurk in het zuur **2** *(inform)* kokkerd *(neus)*
Gurkensalat m^{19} komkommersla
gurren kirren, koeren
Gurt m^{5} **1** gordel, riem, buikriem **2** patroongordel **3** (veiligheids)gordel **4** *(bouwk)* gording
Gurtband o^{32} tailleband
Gürtel m^{9} **1** gordel, riem, ceintuur **2** zone, gordel: *den ~ enger schnallen* de buikriem aanhalen
Gürtellinie v^{21} **1** taille **2** lijn, carrosserielijn
Gürtelreifen m^{11} radiaalband
Gürtelrose v^{28} *(med)* gordelroos
gurten **1** met een gordel vastmaken **2** de (veiligheids)gordel omdoen
gürten omgorden, aangorden
Guss m^{6} **1** (het) gieten **2** gietsel; gietstuk **3** gesmolten suiker, gesmolten chocola; glazuur **4** stortbui, straal
Gusseisen o^{39} gietijzer
gusseisern van gietijzer, gietijzeren
Gussregen m^{11} stortregen
Gussstein m^{5} gootsteen
gut^{60} goed: *~ gelaunt* goedgehumeurd; *~ situiert* welgesteld; *~ unterrichtet* goed geïnformeerd; *des Guten zu viel tun* overdrijven; *alles Gute!* het ga je goed!; *alles schön und ~* alles goed en wel; *kurz und ~* kort en bondig; *die ~e Stube* de mooie kamer; *im Guten abmachen* in der minne schikken; *schon ~!* (het is) goed!; *damit ~!* afgesproken!; *lassen Sie (das) ~ sein!* praat er maar niet meer over!; *es sich ~ sein lassen* een gemakkelijk leventje leiden; *~ und gern* vast en zeker; *alles hat sein Gutes* alles heeft zijn goede kant; *jmdm ~ sein* veel met iem op hebben; *eine ~e Stunde* ruim een uur; *(iron) da kam er aber ~ an!* maar toen was hij aan het verkeerde adres!; *du hast ~ lachen* jij kunt makkelijk lachen
Gut o^{32} **1** goed: *bewegliche Güter* roerende goederen, roerend goed **2** bezitting, landgoed, boerderij **3** want
gutachten een advies, rapport uitbrengen
Gutachten o^{35} **1** advies, rapport, expertise **2** *(med)* attest
Gutachter m^{9} expert, deskundige, adviseur
gutartig goedaardig, ongevaarlijk
Gutdünken o^{39} goeddunken
Güte v^{28} **1** goede hoedanigheid, deugdelijkheid, kwaliteit: *Ware erster ~* goederen van prima kwaliteit **2** goedheid, vriendelijkheid: *liebe ~!* (of: *du meine ~!)* lieve deugd!; *in ~* in der minne, langs minnelijke weg
Güteklasse v^{21} kwaliteitsklasse
Güterabfertigung v^{20} **1** expeditie(kantoor) **2** goederenkantoor

Güterbeförderung *v*[20] goederenvervoer
Güterstand *m*[6] huwelijkse voorwaarden *(mv)*
Güterverkehr *m*[19] goederenverkeer, goederentransport, goederenvervoer
Güterzug *m*[6] goederentrein
Gütezeichen *o*[35] kwaliteitsmerk
gutgelaunt goedgehumeurd
gutgläubig goedgelovig, te goeder trouw
Guthaben *o*[35] tegoed
gutheißen[187] goedkeuren, billijken
gutherzig goedhartig, goedig
Gutherzigkeit *v*[28] goedhartigheid
gütig goedig, vriendelijk, welwillend
gütlich minnelijk, vriendelijk: *etwas ~ beilegen* iets in der minne schikken; *sich ~ tun* zich te goed doen; *ein ~er Vergleich* een minnelijke schikking
gutmachen **1** goedmaken **2** verdienen, winnen
gutmütig goedmoedig, goedig
Gutmütigkeit *v*[28] goedmoedigheid
gutnachbarlich van (*of:* als) goede buren
Gutsbesitzer *m*[9] landheer, landeigenaar
Gutschein *m*[5] bon, waardebon, tegoedbon
gutschreiben[252] crediteren
Gutschrift *v*[20] **1** creditering **2** creditnota **3** tegoed
gutsituiert welgesteld
Gutsverwalter *m*[9] rentmeester, administrateur
gutunterrichtet goed geïnformeerd
gutwillig gewillig, van goede wil
Gymnasialbildung *v*[20] gymnasiale opleiding, vwo-opleiding
Gymnasialdirektor *m*[16] rector van een gymnasium, van een atheneum
Gymnasiallehrer *m*[9] leraar aan een gymnasium, aan een atheneum
Gymnasiast *m*[14] gymnasiast, leerling van een atheneum
Gymnasium *o (2e nvl -s; mv Gymnasien)* gymnasium, atheneum
Gymnastik *v*[28] gymnastiek
Gynäkologe *m*[15] gynaecoloog, vrouwenarts

h

ha *afk van Hektar* hectare
Haar o^{29} haar: *sich das ~ machen* zijn haar doen; *sich die ~e machen lassen* zijn haar laten doen; *jmd kein ~ krümmen* iem geen haar krenken; *etwas an den ~en herbeiziehen* iets met de haren erbij slepen; *kein gutes ~ an jmdm lassen* geen draad aan iem heel laten; *auf ein ~, aufs ~* precies; *sich aufs ~ gleichen* als twee druppels water op elkaar lijken; *sich in den ~en liegen* elkaar in het haar zitten; *sich in die ~e geraten* (of: *fahren, kriegen)* elkaar in het haar vliegen; *um kein ~ besser* geen haar beter; *um ein ~ wäre er gefallen* het scheelde niets of hij was gevallen; *(inform) jmdm die ~e vom Kopf fressen* iem de oren van het hoofd eten
Haarausfall m^{6} haaruitval
Haarbreit o^{39}: *(um) kein ~* geen duimbreed
Haarbürste v^{21} haarborstel
Haaresbreite *v: um ~* ternauwernood; *nicht um ~* geen haarbreed
Haarfarbe v^{21} **1** haarverf **2** haarkleur
Haarfestiger m^{9} haarversteviger
haargenau haarfijn, uiterst nauwkeurig
haarig **1** harig, behaard, ruig **2** hachelijk
Haarkamm m^{6} kam
haarklein haarfijn, haarklein, heel precies
Haarlack m^{5} haarlak
Haarnadelkurve v^{21} haarspeldbocht
Haarpflege v^{21} haarverzorging
haarscharf heel nauwkeurig, exact: *~ an jmdm vorbeifahren* rakelings langs iem heen rijden
Haarschleife v^{21} haarlint, haarstrik
Haarschnitt m^{5} kapsel
Haarschopf m^{6} kuif, haarbos
Haarspalterei v^{20} haarkloverij, muggenzifterij
Haarspange v^{21} haarspeld
Haarspray m^{13}, o^{36} haarspray
Haarsträhne v^{21} haarsliert, haarlok
haarsträubend vreselijk, verschrikkelijk
Haartracht v^{20} haardracht, kapsel
Haarverlängerung v^{20} extension, hairextension
Haarwuchs m^{19} **1** haargroei **2** haardos
Habe v^{28} have, bezitting, eigendom: *mein ganzes Hab und Gut* mijn hele hebben en houden
¹haben^{182} *tr* hebben: *ich habe noch eine Stunde zu fahren* ik moet nog een uur rijden; *zu ~ sein* te koop, verkrijgbaar zijn; *für etwas zu ~ sein* ergens voor te vinden zijn; *was hat es mit dem Hund auf sich?* wat is er met de hond aan de hand?; *das hat nichts auf sich* dat heeft niets te betekenen; *dich hat's wohl!* je bent niet goed wijs!; *(inform) hier alles wie gehabt* hier verder geen nieuws; *~ Sie Dank!* dank u zeer!; *das hat viel für sich* daar is veel voor te zeggen; *da ~ wir's!* daar heb je het nou!; *viel von*$^{+3}$ *etwas ~* veel aan iets hebben
²haben^{182}**, sich** zich aanstellen
³haben^{182} *hulpww*^{182} hebben: *ich habe gearbeitet* ik heb gewerkt
Haben o^{39} credit, tegoed
Habenichts m^{5} arme drommel
Habgier v^{28} hebzucht, inhaligheid
habgierig hebzuchtig, inhalig
habhaft: *einer Sache ~ werden* iets te pakken krijgen
Habicht m^{5} havik
habilitieren^{320}**, sich** (het) doceerrecht verkrijgen
Habseligkeiten *mv* v^{20} bezit, hebben en houden
Habsucht v^{28} hebzucht
habsüchtig hebzuchtig
Hackbraten m^{11} gebraden gehakt
Hacke v^{21} **1** (het) hakken **2** hak, houweel **3** hiel, hak
hacken **1** hakken *(ook fig)* **2** *(de grond)* ophakken **3** *(computer)* hacken, kraken || *auf jmdn ~* op iem afgeven
Hacken m^{11} hiel, hak
Hacker m^{9} hacker
Hackfleisch o^{39} gehakt
Hackordnung v^{20} *(dierk, ook fig)* pikorde
Häcksel m^{19}, o^{39} hakstro, haksel
Hader m^{19} **1** twist, ruzie **2** onvrede, wrok
hadern **1** twisten, ruzie maken **2** onvrede hebben, in opstand komen
Hadsch, Haddsch m^{19a} hadj
Hadschi, Haddschi m^{13} hadji
Hafen m^{12} haven *(ook fig)*
Hafenanlagen *mv* v^{21} havenwerken
Hafenarbeiter m^{9} havenarbeider
Hafengebühren *mv* v^{20} havengeld
Hafenkapitän m^{5} havenmeester; *(Belg)* havenkapitein
Hafenmeister m^{9} havenmeester
Hafenmole v^{21} havenhoofd, pier
Hafenstadt v^{25} havenstad
Hafer m^{19} haver
Haferbrei m^{5}, **Haferschleim** m^{19} havermoutpap
Haff o^{36}, o^{29} haf *(strandmeer)*
Haft v^{28} **1** hechtenis, arrest, detentie **2** gevangenisstraf
Haftanstalt v^{20} gevangenis
haftbar aansprakelijk, verantwoordelijk: *jmdn für etwas ~ machen* iem voor iets aansprakelijk stellen
Haftbefehl m^{5} arrestatiebevel
haften **1** kleven, plakken, hechten **2** (vast)kleven,

vastzitten, blijven zitten: *im Gedächtnis ~ bleiben* heugen, in herinnering blijven **3** grip hebben *(autobanden)* || *~ für*$^{+4}$ borg staan voor, instaan voor; aansprakelijk zijn voor
Haftentlassung v^{20} invrijheidstelling
Haftglas o^{32} contactlens
Häftling m^{5} arrestant; gevangene, gedetineerde
Haftpflicht v^{20} wettelijke aansprakelijkheid *(afk* WA)
haftpflichtig wettelijk aansprakelijk
Haftpflichtversicherung v^{20} WA-verzekering; *(Belg)* BA-verzekering
Haftrichter m^{9} rechter van instructie, rechter-commissaris
Haftschale v^{21} contactlens
Haftstrafe v^{21} hechtenis, gevangenisstraf
Haftsumme v^{21} waarborgsom
Haftung v^{28} **1** verbinding, contact, grip **2** aansprakelijkheid
Hagebutte v^{21} rozenbottel
Hagedorn m^{5} meidoorn, haagdoorn
Hagel m^{19} hagel; schroot
hageln hagelen *(ook fig)*
Hagelschaden m^{12} hagelschade
Hagelschauer m^{9} hagelbui
hager (lang en) mager, schraal, pezig
Häher m^{9} meerkol, Vlaamse gaai
Hahn m^{6} **1** haan *(ook van geweer)* **2** kraan *(aan een vat, aan een leiding)*
Hähnchen o^{35} *(dierk)* haantje: *(cul) ein halbes ~* een halve kip
Hahnenfuß m^{6} hanenpoot
Hahnenkamm m^{6} hanenkam *(ook plantk)*
Hahnenschrei m^{5} hanengekraai
Hai, Haifisch m^{5} haai
Hain m^{5} (heilig) bos, woud, bosschage
Hairextension v^{27} hairextension
Häkchen o^{35} haakje
^{1}**häkeln** *intr* vasthaken, blijven haken
^{2}**häkeln** *tr* haken
^{3}**häkeln, sich** elkaar plagen, steken onder water geven
Häkelnadel v^{21} haakpen, haaknaald
^{1}**haken** *intr* blijven haken
^{2}**haken** *tr* **1** haken **2** *(sp)* (pootje) haken, laten struikelen
Haken m^{11} **1** haak(je) **2** moeilijkheid, bezwaar: *die Sache hat einen ~* er schuilt een addertje onder het gras **3** plotselinge wending **4** *(boksen)* hoekstoot
Hakenkreuz o^{29} hakenkruis, swastika
halal halal
halb half: *nur ~ bei der Sache sein* er niet met zijn gedachten bij zijn; *auf ~em Wege* halverwege; *das ist ~ so schlimm* dat is helemaal niet zo erg; *etwas ~ tun* met de pet ernaar gooien; *~ und ~* half en half, bijna; *~ und ~* (of: *~e-halbe) machen* samsam doen; *(sp) er spielt ~ links* hij is linksbinnen; *(sp) er spielt ~ rechts* hij is rechtsbinnen
Halb..., halb... half..., halve ...
halbamtlich officieus
Halbbruder m^{10} halfbroer
halber^{+2} *vz* wegens, om, ter wille van
Halbfabrikat o^{29}, **Halbfertigware** v^{21} halffabricaat
Halbfinale o^{33} halve finale
halbherzig halfslachtig, aarzelend
halbieren^{320} halveren
Halbinsel v^{21} schiereiland
Halbjahr o^{29} halfjaar
halbjährlich halfjaarlijks
Halbleiter m^{9} *(elektr)* halfgeleider
Halblinke(r) m^{40a}, v^{40b} *(sp)* linksbinnen
halblinks: *(sp) er spielt ~* hij is linksbinnen
halbmast halfstok: *die Flagge ~* (of: *auf ~) setzen* de vlag halfstok hangen
halbpart voor de helft: *~ machen* samsam doen
Halbpension v^{28} halfpension
Halbrechte(r) m^{40a}, v^{40b} *(sp)* rechtsbinnen
halbrechts: *(sp) er spielt ~* hij is rechtsbinnen
Halbschlaf m^{19} dommel(ing), toestand tussen waken en slapen
Halbschranke v^{21} *(spoorw)* halve slagboom
Halbschuh m^{5} lage schoen
Halbschwester v^{21} halfzuster
halbseitig **1** van een halve bladzijde **2** *(med)* halfzijdig, aan één zijde
halbstaatlich *bn* semioverheids-; *(Belg)* parastataal
Halbstarke(r) m^{40a} nozem
halbstündig een half uur durend
halbstündlich om het halve uur
halbtags: *~ arbeiten* halve dagen werken
Halbtagsarbeit, Halbtagsbeschäftigung v^{20} betrekking voor halve dagen
halbwegs **1** halfweg, halverwege **2** enigszins
halbwüchsig halfvolwassen, onvolwassen
Halbwüchsige(r) m^{40a}, v^{40b} nog niet geheel volwassene; jongere
Halbzeit v^{20} *(sp)* **1** speelhelft **2** rust, pauze
Halbzeitergebnis o^{29a} *(sp)* ruststand
Halbzeitpfiff m^{5} *(sp)* rustsignaal
Halde v^{21} **1** (berg)helling **2** hoop, heuvel *(kolen)* **3** steenberg *(bij mijn)* **4** grote voorraad: *auf ~* in voorraad
Hälfte v^{21} helft: *zur ~* voor de helft
^{1}**Halfter** m^{9}, o^{33} halster
^{2}**Halfter** v^{21}, o^{33} holster *(voor pistool)*
Hall m^{5} **1** klank, galm **2** echo
Halle v^{21} **1** hal **2** lobby *(van een hotel)* **3** loods **4** stationshal
hallen (weer)klinken, galmen, schallen
Hallenbad o^{32} overdekt zwembad
Hallenfußball m^{19} zaalvoetbal
Hallenhandball m^{19} zaalhandbal
Hallenhockey o^{39} zaalhockey
Hallenschwimmbad o^{32} overdekt zwembad
Hallensport m^{19} zaalsport

ha

hallo *tw* hé daar!, hallo!
Hallo *o*[36] lawaai, drukte, opschudding
Halluzination *v*[20] hallucinatie
halluzinogen hallucinogeen, hallucinaties verwekkend: *~er Pilz* paddo
Halm *m*[5] halm
Hals *m*[6] hals *(ook fig);* nek; keel: *bis zum ~* (of: *über den ~) in Arbeit stecken* tot over zijn oren in het werk zitten; *einer Flasche den ~ brechen* een fles soldaat maken; *~ über Kopf* halsoverkop; *man hat ihm die Polizei auf den ~ geschickt* (of: *gehetzt)* men heeft de politie op z'n dak gestuurd; *das Wasser steht ihm bis zum ~* het water reikt hem tot (aan) de lippen; *jmdm den ~ abschneiden* iem *(economisch)* de nek omdraaien; *das kann ihm* (of: *ihn) den ~ kosten* dat kan hem zijn kop kosten; *sich*[3] *jmdn vom ~(e) halten* iem op een afstand houden; *sich*[3] *etwas vom ~(e) schaffen* zich van iets ontdoen; *er hat es in den falschen ~ bekommen* het is hem in het verkeerde keelgat geschoten
Halsabschneider *m*[9] *(ongunstig)* afzetter
Halsband *o*[32] **1** halsband **2** collier
halsbrecherisch halsbrekend, levensgevaarlijk
Halsentzündung *v*[20] keelontsteking
Halskette *v*[21] halsketting
Halskrankheit *v*[20] keelaandoening, keelziekte
Hals-Nasen-Ohren-Arzt *m*[6] keel-, neus- en oorarts
Halsschmerzen *mv m*[16] keelpijn
Halsschmuck *m*[5] halssieraad, halssnoer
halsstarrig *(ongunstig)* halsstarrig, hardnekkig
Halstuch *o*[32] sjaal, das, halsdoek
Hals- und Beinbruch: *jmdm ~ wünschen* iem succes, veel geluk wensen
Halsweh *o*[39] keelpijn
Halsweite *v*[21] halswijdte
Halswirbel *m*[9] halswervel
[1]**halt** *bw (Z-Dui, Oostenr, Zwits)* nu eenmaal, immers, toch
[2]**halt** *tw* halt!, stop!
Halt *m*[5], *m*[13] **1** houvast, steun(punt): *Mensch ohne inneren ~* onevenwichtig mens; *den ~ verlieren* het evenwicht verliezen **2** (het) stoppen, (het) stilstaan: *jmdm, einer Sache ~ gebieten* iem, iets een halt toeroepen; *~ machen* stoppen, halt houden
haltbar 1 houdbaar **2** duurzaam, stevig
Haltbarkeit *v*[28] houdbaarheid
Haltebucht *v*[20] parkeerhaven
Haltegriff *m*[5] **1** handvat, handgreep *(bijv in bus)* **2** *(sp)* houdgreep
Haltegurt *m*[5] veiligheidsgordel
[1]**halten**[183] *intr* **1** houden, stevig zijn, solide zijn: *seine Freundschaften ~ nie lange* zijn vriendschappen zijn nooit van lange duur **2** stilstaan, stoppen || *an sich ~* zich beheersen; *sehr auf*[+4] *etwas ~* zeer op iets gesteld zijn; *auf sich ~* zichzelf respecteren; *zu jmdm ~* achter iem staan
[2]**halten**[183] *tr* **1** houden, tegenhouden: *einen Ball ~* een bal stoppen **2** bevatten, inhouden: *das Fass hält 100 Liter* het vat heeft een inhoud van 100 liter **3** houden, zorgen, verzorgen: *Hühner ~* kippen houden; *jmdm die Treue ~* iem trouw blijven; *eine Zeitung ~* op een krant geabonneerd zijn; *große Stücke* (of: *viel) auf jmdn ~* veel met iem ophebben; *~ für* aanzien, houden voor; *es für gut ~, dass* het raadzaam achten dat; *ich halte dies für sehr wahrscheinlich* ik acht dit zeer waarschijnlijk; *wofür hältst du mich?* wat denk je wel van me?; *von jmdm nicht viel ~* geen hoge dunk hebben van iem
[3]**halten**[183]**, sich 1** zich houden, zich staande houden: *sich aufrecht ~* rechtop staan, lopen **2** standhouden, zich handhaven: *die Kartoffeln ~ sich nicht* de aardappelen blijven niet lang goed; *er hielt sich immer an ihrer Seite* hij bleef steeds aan haar zijde; *diese Theorie lässt sich nicht ~* deze theorie is niet houdbaar; *Sie müssen sich an Ihre Versicherung ~* u moet zich tot uw verzekering wenden; *wir müssen uns immer (nach) links ~* wij moeten steeds links aanhouden
Halter *m*[9] **1** houder, eigenaar **2** houder, klem **3** handgreep, handvat
Halterung *v*[20] houder, klem
Haltestelle *v*[21] halte, bushalte, tramhalte
Halteverbot *o*[29] stopverbod
haltlos 1 onevenwichtig, labiel, losgeslagen **2** onhoudbaar *(van bewering)*
Haltlosigkeit *v*[28] **1** onevenwichtigheid, labiliteit **2** onhoudbaarheid
haltmachen stoppen, halt houden
Haltung *v*[20] **1** houding **2** (het) houden
Halunke *m*[15] schurk; *(iron)* vlegel
Hamam *m*[13] *(2e nvl ook -)* hamam
hämisch geniepig, boosaardig, vals, gemeen
Hammelfleisch *o*[39] schapenvlees
Hammelkeule *v*[21] schapenbout
Hammer *m*[10] **1** hamer **2** *(muz)* hamertje **3** *(sp)* slingerkogel **4** grove fout **5** keihard schot || *die CD ist ein ~* die cd is grandioos, te gek
hämmern 1 hameren, kloppen **2** bonzen **3** hameren, rammen **4** knallen
Hammerwerfen *o*[39] *(sp)* (het) kogelslingeren
Hämorrhoiden, Hämorriden *mv v*[21] aambeien
Hampelmann *m*[8] **1** hansworst **2** marionet
Hamster *m*[9] hamster
hamstern hamsteren
[1]**Hand** *v*[25] hand: *etwas hat ~ und Fuß* iets zit goed in elkaar; *beide Hände voll zu tun haben* zijn handen vol hebben; *Hände hoch!* handen omhoog!; *keine ~ rühren* geen vinger uitsteken; *freie ~ haben* de vrije hand hebben; *die öffentliche ~* de staat, het rijk, de overheid; *eine ~ voll* een handvol; *~ an sich legen* de hand aan zichzelf slaan; *jmdm etwas an die ~ geben* iem iets aan de hand doen; *jmdm an die ~ gehen* iem een handje helpen; *das liegt auf der ~* het ligt voor de hand; *aus zweiter ~* tweedehands; *~ in ~ gehen mit*[+3] ge-

paard gaan met; *jmdm etwas in die ~ versprechen* iem ergens de hand op geven; *etwas in die ~ nehmen* iets ter hand nemen; *etwas mit der linken ~ machen* (of: *erledigen*) ergens zijn hand niet voor omdraaien; *unter der ~ verkaufen* onderhands verkopen; *etwas geht jmdm gut von der ~* iets gaat iem goed af; *zu Händen (von) Herrn Schmidt* ter attentie van de heer Schmidt; *jmdm zur ~ gehen* iem behulpzaam zijn

^{2}**Hand** v^{28} *(sp)* hands

Handarbeit v^{20} **1** handwerk, handwerkje **2** hand(en)arbeid **3** handwerkles

Handarbeiter m^{9} handarbeider

^{1}**Handball** m^{19} handbalspel

^{2}**Handball** m^{6} handbal

Handballen m^{11} bal van de hand, handbal

Handbesen m^{11} stoffer, handveger

Handbewegung v^{20} handbeweging, geste

Handbreit *v (2e nvl -; mv -)* handbreed(te)

Handbremse v^{21} handrem

Handbuch o^{32} handboek

Händchen o^{35} handje: *~ halten* elkaars handen verliefd vasthouden

Händedruck m^{6} handdruk

Händeklatschen o^{39} handgeklap, applaus

^{1}**Handel** m^{19} **1** handel, (het) zakendoen: *~ mit Käse* handel in kaas; *~ treibend* handeldrijvend **2** transactie, zaak

^{2}**Handel** m^{10} *(meestal mv)* ruzie, twist: *Händel suchen* ruzie zoeken

^{1}**handeln** *intr* **1** handelen **2** behandelen: *das Buch handelt von*$^{+3}$ het boek gaat over **3** (ver)handelen, verkopen: *mit*$^{+3}$ *etwas ~* ergens in handelen **4** afdingen

^{2}**handeln, sich** gaan (om): *es handelt sich um* het gaat om

Handelsabkommen o^{35} handelsverdrag

Handelsbeschränkung v^{20} handelsbeperking

Handelsbeziehungen *mv* v^{20} handelsbetrekkingen

Handelsbilanz v^{20} handelsbalans

handelseinig, handelseins: *~ sein, ~ werden* het (over een zaak, koop) eens zijn, worden

Handelsfirma *v (2e nvl -; mv -firmen)* handelsfirma

Handelsflotte v^{21} handelsvloot, koopvaardijvloot

Handelsgericht o^{29} handelsrechtbank; *(Belg)* handelskamer

Handelsgesellschaft v^{20} handel(s)maatschappij: *offene ~* vennootschap onder firma

Handelskammer v^{21} Kamer van Koophandel

Handelskorrespondenz v^{28} handelscorrespondentie

Handelsmarine v^{21} koopvaardijvloot

Handelsmarke v^{21} handelsmerk

Handelspartner m^{9} handelspartner

Handelsrecht o^{39} handelsrecht

handelsrechtlich volgens (*of:* van) het handelsrecht

Handelsregister o^{33} handelsregister

Handelsreisende(r) m^{40a}, v^{40b} handelsreiziger, vertegenwoordiger

Handelsspanne v^{21} winstmarge

handelsüblich in de handel gebruikelijk

Handelsunternehmen o^{35} handelsonderneming

Handelsverbindung v^{20} handelsrelatie, handelsbetrekking

Handelsvertrag m^{6} handelsverdrag

handeltreibend handeldrijvend

Handfeger m^{9} stoffer, handveger

Handfertigkeit v^{20} handvaardigheid, handigheid

Handfessel v^{21} handboei

handfest stevig; potig, robuust: *~er Beweis* afdoend bewijs; *~e Mahlzeit* stevig maal

Handfeuerlöscher m^{9} brandblusser

Handfeuerwaffe v^{21} handvuurwapen

Handfläche v^{21} vlakke hand, handpalm

handgearbeitet met de hand vervaardigd

Handgeld o^{39} handgeld

Handgelenk o^{29} handgewricht, pols: *aus dem ~ (heraus)* zonder moeite, voor de vuist weg

Handgelenkbändchen o^{35} polsbandje

handgemacht met de hand vervaardigd

Handgemenge o^{33} handgemeen

Handgepäck o^{39} handbagage

handgeschrieben met de hand, eigenhandig geschreven

Handgranate v^{21} handgranaat

handgreiflich duidelijk, evident, tastbaar || *~ werden* handtastelijk worden

^{1}**Handgreiflichkeit** v^{28} evidentie, duidelijkheid

^{2}**Handgreiflichkeit** v^{20} handtastelijkheid

Handgriff m^{5} **1** handgreep, kunstgreep, manipulatie **2** (hand)greep

Handhabe v^{21} **1** houvast, basis **2** aanleiding

handhaben **1** hanteren, behandelen **2** *(de wet)* toepassen; *(het recht)* uitoefenen

Handhabung v^{20} **1** hantering **2** toepassing

Handicap, Handikap o^{36} handicap

Handkuss m^{6} handkus: *etwas mit ~ annehmen, tun* iets graag aannemen, doen

Handlanger m^{9} **1** ongeschoold arbeider, opperman **2** handlanger, knecht

Händler m^{9} handelaar, koopman

handlich gemakkelijk (te hanteren), handig

Handlung v^{20} handeling, daad, actie

Handlungsfreiheit v^{28} vrijheid van handelen

Handlungsreisende(r) m^{40a}, v^{40b} handelsreiziger, vertegenwoordiger

Handlungsweise v^{21} handelwijze, (het) optreden

Handout, Hand-out o^{36} hand-out

Handreichung v^{20} **1** ondersteuning, hulp, handreiking **2** aanbeveling, richtlijn

Handrücken m^{11} handrug

Handschelle v^{21} handboei

Handschlag m^{6} handslag: *keinen ~ tun* geen klap uitvoeren

Handschrift *v*^{20} **1** handschrift **2** manuscript, hand(schrift)
handschriftlich 1 met de hand geschreven **2** schriftelijk
Handschuh *m*^{5} handschoen
Handspiel *o*^{39} *(sp)* hands
Handstreich *m*^{5} overrompeling, coup
Handtasche *v*^{21} handtas
Handteller *m*^{9} handpalm
Handtuch *o*^{32} handdoek
Handumdrehen *o*^{39}: *im ~* in een ommezien
Handvoll *v (2e nvl -; mv -)* handvol
Handwerk *o*^{29} **1** ambacht, vak, handwerk **2** broodwinning, beroep
Handwerker *m*^{9} handwerksman, ambachtsman, werkman
handwerklich 1 het handwerk betreffend, ambachtelijk, als handwerk **2** vakkundig
Handwerksmeister *m*^{9} meester, baas
Handy *o*^{36} mobieltje, gsm, zaktelefoon, draagbare telefoon
Handycam *v*^{27} handycam
Handykarte *v*^{21} belkaart, telefoonkaart
Handynummer *v*^{21} mobiel nummer
Handzeichen *o*^{35} **1** teken met de hand **2** kruisje *(als handtekening)*
hanebüchen ongehoord, schandalig, grof
Hanf *m*^{19} hennep
^{1}**Hang** *m*^{6} helling
^{2}**Hang** *m*^{19} hang, neiging
Hängebauchschwein *o*^{29} hangbuikzwijn
Hängebrücke *v*^{21} hangbrug
Hängelampe *v*^{21} hanglamp
Hängematte *v*^{21} hangmat
^{1}**hängen** *intr, st* **1** hangen: *der Prozess hängt* het proces is hangende; *~ bleiben: a)* blijven hangen, blijven steken, blijven plakken; *b) (op school)* blijven zitten; *c) (sp)* afgestopt worden; *~ lassen: a)* laten hangen; *b)* in de steek laten **2** (over)hellen
^{2}**hängen** *tr, zw* (op)hangen
^{3}**hängen, sich** *zw* **1** zich ophangen **2** (achter)volgen
hängenbleiben^{134} **1** blijven hangen, blijven steken, blijven plakken **2** *(op school)* blijven zitten **3** *(sp)* afgestopt worden
hängenlassen^{197} **1** (iets) laten hangen **2** (iem) in de steek laten
Hängepartie *v*^{21} afgebroken partij, hangpartij
Hänger *m*^{9} **1** swagger **2** aanhangwagen
Hanglage *v*^{21} ligging op een helling
hänseln plagen, voor de gek houden, pesten
Hansestadt *v*^{25} Hanzestad
Hanswurst *m*^{5} hansworst, harlekijn
Hantel *v*^{21} *(sp)* halter
hanteln *(sp)* met (de) halters oefenen, halteren
hantieren^{320} bezig zijn: *~ mit*$^{+3}$ gebruiken
hapern haperen, mankeren
Häppchen *o*^{35} hapje
Happen *m*^{11} hap, beet
happig overdreven; hoog; exorbitant
haram haram
Hardcore *m*^{13} hardcore
Hardliner *m*^{9} hardliner
Hardware [hadwe:r] *v*^{27} hardware
hären *bn* haren, van (geiten)haar
Harfe *v*^{21} harp
Harke *v*^{21} hark
harken harken, aanharken, bijeenharken
Harlekin *m*^{5} harlekijn
härmen, sich treuren, veel verdriet hebben
harmlos 1 eenvoudig **2** onschuldig, onschadelijk, ongevaarlijk **3** argeloos, naïef
Harmlosigkeit *v*^{28} onschuld, naïviteit; *zie ook* harmlos
Harmonie *v*^{21} harmonie, overeenstemming, goede verstandhouding, evenwichtigheid
harmonieren^{320} harmoniëren
Harmonika *v*^{36} *(mv ook -ken)* harmonica
harmonisch harmonisch; harmonieus
Harn *m*^{5} urine
Harnisch *m*^{5} harnas
Harpune *v*^{21} harpoen
harpunieren^{320} harpoeneren
harren^{+2} *(met ongeduld)* wachten op
harsch 1 hard, ruw **2** bars, onvriendelijk
Harsch *m*^{19} met een ijslaagje bedekte sneeuw
hart^{58} **1** hard, ruw, hevig: *~ gekochte* (of: *~ gesottene) Eier* hardgekookte eieren **2** hardvochtig, onbarmhartig, streng **3** moeizaam, zwaar **4** vlak(bij), dicht: *~ am Wege* vlak aan de weg || *~e Drogen* harddrugs
Härte *v*^{21} **1** hardheid **2** hardvochtigheid, gestrengheid **3** onbillijkheid: *soziale ~n* sociale onrechtvaardigheden
Härtefall *m*^{6} geval van onbillijkheid, schrijnend geval
Härteklausel *v*^{21} hardheidsclausule
^{1}**härten** *intr* hard worden
^{2}**härten** *tr* hardmaken, harden
^{3}**härten, sich** zich harden, hard worden
Hartfaserplatte *v*^{21} hardboard
hartgesotten 1 *(fig)* door de wol geverfd; keihard **2** hardleers; *zie ook* hart 1
hartherzig hardvochtig, onbarmhartig
Hartholz *o*^{39} hardhout
harthörig 1 hardhorig **2** *(fig)* Oost-Indisch doof
hartnäckig hardnekkig, halsstarrig, koppig
Härtung *v*^{28} harding, (het) harden
Harz *o*^{29} hars
harzig harsachtig
Hasardeur *m*^{9} gokker, waaghals
Hasch *o*^{39} hasj, hasjiesj
Haschee *o*^{36} hachee; *(Belg)* stoverij
^{1}**haschen** *intr* hasj roken
^{2}**haschen** *tr* vangen, grijpen, pakken
Haschen *o*^{39}: *~ spielen* krijgertje spelen
Hascher *m*^{9} **1** arme drommel **2** hasjroker
Haschisch *m*^{19}, *m*^{19a}, *o*^{39}, *o*^{39a} hasj, hasjiesj

Hase m^{15} haas *(ook fig)* || *(fig) ein alter ~* een oude rot; *falscher ~* gebraden gehakt
Haselnuss v^{25} hazelnoot
Hasenbraten m^{11} gebraden haas
Hasenfuß m^{6} *(fig)* bangerd
hasenfüßig bang
Hasenherz o^{37} *(2e nvl ev -ens; 3e nvl -en; 4e nvl -)* hazenhart, lafaard
Hasenklein o^{39}, **Hasenpfeffer** m^{9} hazenpeper
Hasenscharte v^{21} hazenlip
Haspel v^{21}, m^{9} **1** haspel **2** windas, lier
haspeln **1** haspelen **2** haastig werken
Hass m^{19} haat
hassen **1** haten **2** verfoeien
hassenswert **1** onuitstaanbaar **2** verfoeilijk
hasserfüllt vol haat
hässlich **1** lelijk **2** onaangenaam; gemeen
^{1}**Hässlichkeit** v^{28} lelijkheid
^{2}**Hässlichkeit** v^{20} gemeenheid
Hassmail v^{27} *(Z-Dui, Oostenr, Zwits)* o^{36} hatemail
Hassprediger m^{9} haatprediker
Hast v^{28} haast, gejaagdheid
hasten (zich) haasten
hastig haastig, gehaast, gejaagd
Hatemail v^{27} *(Z-Dui, Oostenr, Zwits)* o^{36} hatemail
hätscheln **1** vertroetelen **2** knuffelen
Hau m^{5} klap, slag
Haube v^{21} **1** kap, muts **2** motorkap *(van auto)* **3** kuif *(van vogel)* **4** helm **5** droogkap || *Mädchen unter die ~ bringen* meisjes aan de man brengen; *unter die ~ kommen* trouwen
Haubitze v^{21} houwitser
Hauch m^{5} **1** adem(haling, -tocht) **2** tochtje, zuchtje **3** geur **4** waas **5** *(fig)* spoor, zweem
hauchdünn ragfijn, zeer dun
hauchen **1** ademen **2** fluisteren
Haudegen m^{11} houwdegen, ijzervreter
^{1}**hauen**^{185} *intr (met wapen)* houwen; slaan
^{2}**hauen**^{185} *tr* **1** hakken, slaan: *Bäume ~* bomen kappen **2** kapotslaan **3** slaan, afranselen **4** gooien
^{3}**hauen**^{185}**, sich** neervallen, neerploffen
Hauer m^{9} **1** slagtand *(ve wild zwijn)* **2** *(Z-Dui)* wijnboer
Hauerei v^{20} kloppartij
häufeln **1** op hoopjes leggen **2** aanaarden
^{1}**häufen** *tr* **1** ophopen, opstapelen **2** verzamelen, bijeenbrengen
^{2}**häufen, sich** **1** zich ophopen **2** steeds talrijker worden
Haufen m^{11} **1** hoop, stapel: *einen ~ machen* een hoopje doen **2** hoop, massa **3** menigte **4** *(mil)* troep || *über den ~ rennen, fahren* omverrennen, omverrijden; *über den ~ schießen* neerschieten; *etwas über den ~ werfen* iets doen mislukken
haufenweise bij hopen; talrijk
^{1}**häufig** *bn* talrijk, veelvuldig
^{2}**häufig** *bw* vaak
Häufigkeit v^{20} veelvuldigheid, frequentie
Häufung v^{20} opeenhoping, cumulatie
Haupt o^{32} **1** hoofd, kop **2** *(fig)* hoofd, leider
Hauptaltar m^{6} hoogaltaar
hauptamtlich als hoofdbetrekking
Hauptanliegen o^{35} voornaamste wens
Hauptbahnhof m^{6} centraal station
hauptberuflich als hoofdbetrekking
Hauptdarsteller m^{9} hoofdrolspeler
Haupterbe m^{15} voornaamste erfgenaam
Haupterwerbsquelle v^{21} voornaamste bron van inkomsten
Hauptfach o^{32} hoofdvak
Hauptfigur v^{20} hoofdfiguur
Hauptfilm m^{5} hoofdfilm
Hauptgeschäft o^{29} hoofdkantoor
Hauptgewicht o^{39} grootste nadruk
Hauptgewinn m^{5} hoofdprijs
Häuptling m^{5} **1** stamhoofd, opperhoofd **2** *(iron)* aanvoerder, hoofd
Hauptmann *m (2e nvl -es; mv Hauptleute)* kapitein
Hauptperson v^{20} hoofdpersoon
Hauptquartier o^{29} hoofdkwartier
Hauptreisezeit v^{20} periode van de grootste vakantiedrukte
Hauptrolle v^{21} hoofdrol
Hauptsache v^{21} hoofdzaak
^{1}**hauptsächlich** *bn* voornaamst, belangrijkst
^{2}**hauptsächlich** *bw* hoofdzakelijk
Hauptsatz m^{6} **1** hoofdzin **2** hoofdstelling
Hauptschule v^{21} vijfjarige basisschool na de vierjarige *Grundschule*
Hauptstadt v^{25} hoofdstad
hauptstädtisch hoofdstedelijk
Hauptstraße v^{21} hoofdstraat, hoofdweg
Hauptverkehrsstraße v^{21} hoofdverkeersweg
Hauptverkehrszeit v^{21} spitsuur
Hauptwort o^{32} zelfstandig naamwoord
Hauruckverfahren o^{35}: *im ~* holderdebolder
Haus o^{32} **1** (woon)huis: *nach ~(e) kommen* thuiskomen; *zu ~(e) sein, bleiben* thuis zijn, blijven **2** handelshuis, zaak, firma **3** hotel **4** schouwburg: *ein ausverkauftes ~* een uitverkochte zaal || *altes ~!* ouwe jongen!; *ins ~ stehen* te wachten staan
Hausangestellte v^{40b} dienstmeisje, dienstbode
Hausanschluss m^{6} *(telecom)* huisaansluiting
Hausarbeit v^{20} **1** huishoudelijk werk **2** huiswerk
Hausarzt m^{6} huisarts
Hausaufgaben *mv* v^{21} huiswerk
hausbacken **1** *(fig)* alledaags, saai **2** eigengebakken
Hausbedarf m^{19} huishoudelijke behoefte
Hausbesetzer m^{9} kraker
Hausbesetzung v^{20} (het) kraken *(ve huis)*
Hausbesitzer m^{9} huiseigenaar
Häuschen o^{35} huisje: *aus dem ~ sein* buiten zichzelf van vreugde zijn; *(inform) aufs ~ gehen* naar de wc gaan
Hausdame v^{21} **1** gezelschapsdame **2** dame voor de huishouding

hausen 1 huizen **2** huishouden, tekeergaan
Häuserblock *m*^{6}, *m*^{13} huizenblok
Häuserflucht *v*^{20} rij huizen
Hausflur *m*^{5} hal, gang (en trappenhuis)
Hausfrau *v*^{20} huisvrouw, vrouw des huizes
Hausfreund *m*^{5} huisvriend
Hausfrieden *m*^{19} huisvrede, huiselijke vrede
Hausfriedensbruch *m*^{19} huisvredebreuk
Hausgebrauch *m*^{19} **1** huiselijk gebruik **2** *(fig)* (het) gewone doen
Hausgehilfin *v*^{22} hulp in de huishouding
hausgemacht eigengemaakt, zelf bereid
Hausgemeinschaft *v*^{20} **1** (de) huisgenoten **2** woongemeenschap
Hausgenosse *m*^{15} huisgenoot
Haushalt *m*^{5} **1** huishouding **2** begroting **3** huishouden, gezin
haushalten^{183} zuinig zijn: ~ *mit*$^{+3}$ zuinig zijn met
Haushälterin *v*^{22} huishoudster
haushälterisch zuinig, spaarzaam
Haushaltsartikel *m*^{9} huishoudelijk artikel
Haushaltsdebatte *v*^{21} begrotingsdebat
Haushaltsdefizit *o*^{29} begrotingstekort
Haushaltshilfe *v*^{21} hulp in de huishouding
Haushaltsloch *o*^{32} gat in de begroting, begrotingstekort
Haushaltsmittel *mv o*^{33} begrotingsgelden
Haushaltsplan *m*^{6} begrotingsontwerp
Haushaltsrolle *v*^{21} keukenrol, huishoudrol
Haushaltung *v*^{20} huishouding
Hausherr *m*^{14} *(2e, 3e, 4e nvl ev -n)* **1** heer des huizes **2** *(jur)* hoofdbewoner **3** *(sp)* thuisclub
Hausherrin *v*^{22} vrouw des huizes
haushoch huizenhoog
hausieren^{320} **1** venten **2** *(inform)* overal rondbazuinen
Hausierer *m*^{9} venter
häuslich 1 huiselijk **2** huishoudelijk
Häuslichkeit *v*^{28} **1** huiselijkheid **2** huishoudelijke kwaliteiten
Hausmann *m*^{8} huisman
Hausmarke *v*^{21} **1** eigen merk **2** huismerk
Hausmeister *m*^{9} conciërge, huismeester; *(Belg)* huisbewaarder
Hausnummer *v*^{21} huisnummer
Hausordnung *v*^{20} regels van het huis
Hausrat *m*^{19} huisraad
Hausratversicherung *v*^{20} inboedelverzekering
Hausschlüssel *m*^{9} huissleutel
Hausschuh *m*^{5} pantoffel
Hausstand *m*^{19} huishouding, gezin: *einen eigenen ~ gründen* een gezin stichten
Haussuchung *v*^{20} huiszoeking: *~ halten* (of: *machen)* huiszoeking doen
Haustier *o*^{29} huisdier
Haustür *v*^{20} huisdeur, voordeur
Hauswirt *m*^{5} huiseigenaar, huisbaas
Haut *v*^{25} **1** huid, vel, vlies: *nur noch ~ und Knochen* vel over been **2** velletje *(op melk)*; schil || *seine ~ zu Markte tragen* zijn leven wagen; *sich seiner ~ wehren* van zich afbijten; *sich auf die faule ~ legen* gaan luieren; *ihm ist wohl in seiner ~* hij voelt zich heel plezierig; *mit heiler ~* heelhuids
Hautabschürfung *v*^{20} ontvelling, schaafwond
Hautarzt *m*^{6} huidarts
Hautausschlag *m*^{6} huiduitslag
Hautcreme *v*^{27} huidcrème
^{1}**häuten** *tr* villen
^{2}**häuten, sich** vervellen
hauteng nauwsluitend, strak
Hautfarbe *v*^{21} huidkleur
Hautpflege *v*^{28} huidverzorging
Hautübertragung *v*^{20} huidtransplantatie
Häutung *v*^{20} **1** vervelling **2** (het) villen
Havarie *v*^{21} **1** averij **2** (machine)schade
Hbf. *afk van Hauptbahnhof* centraal station *(afk* CS)
Headset *o*^{36} *(2e nvl ook -)* headset
Hebamme *v*^{21} vroedvrouw
Hebebühne *v*^{21} hefbrug
Hebel *m*^{9} **1** hefboom **2** hendel || *er setzt alle ~ in Bewegung* hij stelt alles in het werk
^{1}**heben**^{186} *tr* **1** heffen, opheffen, (op)tillen, opbeuren: *den Zeigefinger ~* de vinger opsteken **2** verhogen, verbeteren, vergroten **3** *(een schat)* opgraven; *(een schip)* lichten **4** *(de stem)* verheffen || *einen ~* er eentje *(een borrel)* nemen
^{2}**heben**^{186}**, sich 1** (op)stijgen, omhooggaan, (op)rijzen **2** beter worden, stijgen, opbloeien
Heber *m*^{9} **1** hevel **2** *(sp)* gewichtheffer **3** krik
hebräisch Hebreeuws
^{1}**Hebung** *v*^{20} **1** (het) lichten *(van schip)* **2** (het) opgraven *(van een schat)* **3** *(geol)* (het) rijzen *(vd bodem)*
^{2}**Hebung** *v*^{28} verbetering, verhoging, vergroting, bevordering
hecheln 1 hekelen, over de hekel halen **2** hijgen
Hecht *m*^{5} **1** snoek **2** kerel, vent: *ein toller ~* een fantastische vent **3** snoeksprong
hechten een snoeksprong doen, duiken
Hechtsprung *m*^{6} *(sp)* snoeksprong, duik
Heck *o*^{29}, *o*^{36} **1** hek **2** achterschip **3** achterkant *(van auto)* **4** staart *(van vliegtuig)*
Heckantrieb *m*^{5} achterwielaandrijving
Hecke *v*^{21} heg, haag
Heckenschere *v*^{21} heggenschaar
Heckenschütze *m*^{15} sluipschutter
Heckfenster *o*^{33} achterruit
Heckmotor *m*^{16}, *m*^{5} achterin geplaatste motor
Heckscheibe *v*^{21} achterruit
Hecktür *v*^{20} achterklep
Heer *o*^{29} **1** leger *(ook fig)*; strijdkrachten **2** landmacht
Heeresdienst *m*^{19} krijgsdienst
Heeresgruppe *v*^{21} legergroep
Hefe *v*^{28} **1** gist **2** droesem, bezinksel
Hefekuchen *m*^{11} van gistdeeg gemaakte koek

Heft o^{29} **1** heft, handvat **2** *(fig)* heft, leiding **3** schrift, cahier **4** aflevering, nummer **5** boekje
^{1}**heften** *tr* **1** hechten, bevestigen **2** rijgen **3** *(een boek)* innaaien **4** *(de ogen)* vestigen, richten (op)
^{2}**heften, sich** strak gericht zijn: *sich ~ an*$^{+4}$ strak gericht zijn op
heftig **1** heftig, hevig **2** driftig **3** emotioneel, fel
Heftigkeit v^{20} **1** heftigheid, hevigheid **2** drift **3** emotionaliteit, felheid
Heftklammer v^{21} **1** nietje **2** paperclip
Heftmaschine v^{21} nietmachine
Heftpflaster o^{33} hechtpleister
Heftzwecke v^{21} punaise
Hege v^{28} *(bosbouw, jagerstaal)* verzorging
Hegemonie v^{21} hegemonie
hegen **1** *(bossen, wild)* verzorgen, beschermen **2** verzorgen, koesteren: *~ und pflegen* liefderijk verzorgen; *Zweifel ~* twijfel koesteren
Hehl m^{19}, o^{39} geheim: *ich mache daraus kein* (of: *keinen) ~* ik maak er geen geheim van
Hehler m^{9} heler
Hehlerei v^{20} heling
hehr verheven, groots, indrukwekkend
^{1}**Heide** m^{15} heiden
^{2}**Heide** v^{21} hei(de)
Heidekraut o^{39} hei(de)
Heideland o^{39} heide(land)
Heidelbeere v^{21} blauwe bosbes
Heidenangst v^{25} doodsangst
Heidenarbeit v^{28} heidens werk
Heidengeld o^{39}: *ein ~* een (hele) hoop geld
Heidenkrach, Heidenlärm m^{19} heidens lawaai
Heidentum o^{39} heidendom
heidnisch heidens
heikel netelig, hachelijk
heil *bn* **1** heel, gaaf, ongedeerd **2** genezen, beter: *die ~e Welt* de wereld die (nog) in orde is
Heil o^{39} **1** heil: *~ bringend* heilzaam **2** geluk: *~ bringend* gelukbrengend
Heiland m^{19} Heiland, Verlosser
Heilanstalt v^{20} **1** herstellingsoord **2** inrichting
heilbar geneeslijk
heilbringend **1** gelukbrengend **2** heilzaam
Heilbutt m^{5} heilbot
^{1}**heilen** *intr* beter worden, genezen
^{2}**heilen** *tr* genezen, beter maken, helen
heilfroh dolgelukkig, zielsblij
heilig heilig: *der Heilige Abend* kerstavond (24 december); *die Heilige Schrift* de Heilige Schrift
Heiligabend m^{5} kerstavond (24 december)
heiligen heiligen
Heiligenbild o^{31} heiligenbeeld
Heiligenschein m^{5} stralenkrans, aureool
Heilige(r) m^{40a}, v^{40b} heilige
Heiligkeit v^{28} heiligheid
heiligsprechen^{274} heilig verklaren
Heiligsprechung v^{20} heiligverklaring
Heiligtum o^{32} heiligdom
Heiligung v^{20} heiliging
Heilkraft v^{25} geneeskracht
heilkräftig geneeskrachtig
Heilkunde v^{28} geneeskunde
heilkundig ervaren in de geneeskunst
Heilkunst v^{28} heelkunde, geneeskunde
heillos ongelofelijk, enorm: *~ verschuldet sein* zwaar in de schulden zitten
Heilmethode v^{21} geneesmethode
Heilmittel o^{33} geneesmiddel
Heilpraktiker m^{9} geneeskundige *(erkend, maar zonder artsdiploma)*
Heilquelle v^{21} geneeskrachtige bron
heilsam heilzaam
Heilsarmee v^{28} Leger des Heils
Heilsbotschaft v^{28} blijde boodschap *(het evangelie)*
Heilstätte v^{21} sanatorium
Heilung v^{20} heling, genezing
Heilungsprozess m^{5} genezingsproces
Heilverfahren o^{35} geneesmethode, therapie
Heim o^{29} **1** woning, thuis **2** tehuis **3** herstellingsoord **4** clubhuis
Heimarbeit v^{20} **1** thuiswerk **2** thuis gemaakt product
Heimat v^{20} **1** geboorteland, vaderland, geboortestreek, geboorteplaats **2** land van herkomst
Heimathafen m^{12} thuishaven
Heimatkunde v^{28} heemkunde
Heimatkunst v^{28} volkskunst
Heimatland o^{32} geboorteland, land waar men thuishoort
heimatlich **1** vaderlands **2** zoals in de geboortestreek **3** vertrouwd
heimatlos ontheemd
Heimatlose(r) m^{40a}, v^{40b} ontheemde
Heimatort m^{5} woonplaats, domicilie
Heimatroman m^{5} streekroman
Heimatvertriebene(r) m^{40a}, v^{40b} ontheemde
heimbringen^{139} thuisbrengen
Heimcomputer m^{9} homecomputer
heimelig gezellig, knus(jes), intiem
heimfahren^{153} naar huis rijden, naar huis varen
Heimfahrt v^{20} thuisreis
heimführen naar huis brengen
heimgeben^{166} betaald zetten
heimgehen^{168} **1** naar huis gaan **2** *(fig)* heengaan, overlijden
heimisch **1** inheems, binnenlands, nationaal **2** vaderlands **3** eigen, (als) thuis, op zijn gemak
Heimkehr v^{28} terugkeer, thuiskomst
heimkehren naar huis terugkeren, thuiskomen
Heimkehrer m^{9} **1** repatriant **2** terugkerende krijgsgevangene
Heimkino o^{36} thuisbioscoop
heimkommen^{193} thuiskomen
Heimkunft v^{28} thuiskomst
heimlich **1** heimelijk, steels, stiekem **2** heimelijk, in het geheim, clandestien
Heimlichkeit v^{20} **1** heimelijkheid, geheim: *in aller*

~ in het geheim **2** verborgenheid
Heimlichtuer m^{9} stiekemerd
Heimlichtuerei v^{20} stiekem gedoe
Heimreise v^{21} terugreis, thuisreis
heimschicken naar huis sturen
Heimspiel o^{29} thuiswedstrijd
heimsuchen **1** bezoeken, binnendringen **2** beproeven, teisteren, treffen
Heimsuchung v^{20} bezoeking, beproeving
Heimtrainer m^{9} *(sp)* hometrainer
Heimtücke v^{28} valsheid, geniepigheid
heimtückisch **1** vals, geniepig, gemeen **2** verraderlijk
heimwärts huiswaarts, naar huis
Heimweg m^{5} weg naar huis, terugweg: *sich auf den ~ machen* op weg naar huis gaan
Heimweh o^{39} heimwee
Heimwerker m^{9} doe-het-zelver
heimzahlen *(fig)* betaald zetten
Heini m^{13} *(inform)* sukkel
Heirat v^{20} huwelijk
heiraten huwen, trouwen
Heiratsantrag m^{6} huwelijksaanzoek
Heiratsanzeige v^{21} **1** huwelijksaankondiging **2** huwelijksadvertentie
heiratsfähig huwbaar
Heiratsurkunde v^{21} trouwakte
heischen eisen, verlangen
heiser hees, schor
Heiserkeit v^{28} heesheid
heiß **1** heet, warm: *(telecom) der ~e Draht* de hotline **2** vurig, hartstochtelijk: *~ geliebt* vurig bemind || *~e Ware: a)* gestolen goed; *b)* smokkelwaar; *ein ~er Wagen* een snelle auto
heißblütig warmbloedig, driftig
[1]**heißen** *intr, st* **1** heten; luiden: *er heißt Wilfried* hij heet Wilfried **2** betekenen, beduiden: *das will viel* (of: *schon etwas*) *~* dat wil wat zeggen; *was heißt das?* (of: *was soll das ~?*) wat moet dat betekenen?; *das heißt (d.h.)* dat wil zeggen (d.w.z.); *es heißt* men zegt, er wordt gezegd || *wie heißt das auf Englisch?* hoe zegt men dat in het Engels?
[2]**heißen** *tr* **1** noemen: *er hieß mich einen Betrüger* hij noemde mij een bedrieger **2** bevelen: *er hieß mich bleiben* hij beval mij te blijven
heißhungrig uitgehongerd
Heißsporn m^{5} driftkop, heethoofd
Heißwasserspeicher m^{9} boiler
heiter **1** helder *(van weer, hemel)*; zonnig **2** vrolijk, blij, opgeruimd || *(iron) das ist ja ~!* dat is me wat moois!
Heiterkeit v^{28} **1** *(mbt weer, hemel)* helderheid **2** opgewektheid, blijheid, hilariteit
Heizanlage v^{21} verwarmingsinstallatie
heizen verwarmen, stoken
Heizer m^{9} stoker
Heizkörper m^{9} **1** verwarmingselement **2** radiator
Heizmaterial *o (2e nvl -s; mv -ien)* brandstof
Heizöl o^{29} huisbrandolie; stookolie
Heizsonne v^{21} straalkachel
[1]**Heizung** v^{20} verwarmingsinstallatie; radiator
[2]**Heizung** v^{28} verwarming
Heizungsanlage v^{21} verwarmingsinstallatie
Heizwert m^{5} calorische waarde
Hektar o^{29}, m^{5} hectare, bunder
Hektik v^{28} gejaagdheid, jachtigheid
hektisch hectisch, gejaagd, koortsachtig
Held m^{14} held
Heldengedicht o^{29} heldendicht, epos
heldenhaft heldhaftig
Heldenmut m^{19} heldenmoed, heldhaftigheid
heldenmütig heldhaftig
Heldenstück o^{29}, **Heldentat** v^{20} heldendaad
helfen[188+3] **1** helpen: *ihm ist nicht zu ~* hij is niet te helpen; *ich kann mir nicht ~, aber …* ik kan er niets aan doen, maar … **2** baten
Helfer m^{9} helper, hulp
Helfershelfer m^{9} handlanger, medeplichtige
Helikopter m^{9} helikopter
hell **1** helder, hel, licht: *in ~en Flammen* in lichterlaaie; *am ~en Tag* op klaarlichte dag **2** licht *(van kleur): ~es Bier* licht bier **3** helder *(van geluid)* **4** heel groot: *~e Empörung* hevige verontwaardiging; *~e Freude* grote vreugde **5** helder, pienter
helläugig met heldere ogen
hellblau lichtblauw
Helle v^{28} helderheid, licht
Heller m^{9} duit: *keinen roten* (of: *blutigen, lumpigen*) *~* geen rooie duit; *bis auf den letzten ~* tot op de laatste cent
Helle(s) o^{40c} glas licht bier
hellfarbig lichtkleurig, licht van kleur
hellgrau lichtgrijs
hellgrün lichtgroen
hellhörig **1** gehorig: *~ sein* gehorig zijn **2** goed horend
helllicht klaarlicht: *am* (of: *beim*) *~en Tag* op klaarlichte dag
hellrot lichtrood, helderrood
Hell's Angel m^{13} hell's angel
Hellseher m^{9} helderziende
hellseherisch helderziend
hellsichtig *(fig)* scherpziend
hellwach **1** klaarwakker **2** helder van geest
Helm m^{5} **1** helm **2** helm, koepel **3** roerpen **4** steel *(van bijl)*
Hemd o^{37} **1** hemd **2** overhemd
Hemdsärmel m^{9} hemdsmouw
hemdsärmelig in hemdsmouwen
hemmen **1** remmen **2** *(fig)* tegenhouden, stuiten, belemmeren, hinderen
Hemmschuh m^{5} **1** remschoen, remblok **2** *(fig)* hinderpaal, hindernis
Hemmung v^{20} **1** remming, geremdheid **2** belemmering, storing
hemmungslos ongeremd, onbeheerst
Hengst m^{5} hengst
Henkel m^{9} hengsel, oor, handvat

henken ophangen
Henker *m*[9] beul: *(inform) zum ~! (inform)* drommels!; *daraus werde der ~ klug!* daar begrijp ik niets van!
Henkersmahl *o*[29], *o*[32], **Henkersmahlzeit** *v*[20] galgenmaal
Henne *v*[21] hen, kip
her hierheen, hier: *nur ~ damit!* kom op daarmee!; *er soll gleich ~* hij moet dadelijk hier komen; *Geld ~!* hier met je geld!; *von da ~* van die kant; *von oben ~* van boven; *um mich ~* om mij heen; *hin und ~* heen en weer; *wo kommt er ~?* waar komt hij vandaan? || *von alters ~* van oudsher; *es ist schon lange, einen Monat ~* het is al lang, een maand geleden; *hinter jmdm, etwas ~ sein* achter iem, iets aanzitten
herab naar beneden, neer, omlaag
herabblicken naar beneden kijken: *(fig) ~ auf*[+4] neerkijken op
herabdrücken **1** omlaagdrukken **2** *(de kosten)* drukken
[1]**herablassen**[197] *tr* neerlaten, laten zakken
[2]**herablassen**[197]**, sich** zich verwaardigen
herablassend **1** minzaam, vriendelijk **2** neerbuigend, uit de hoogte
herabsehen[261] *zie* herabblicken
herabsetzen *(lonen, prijzen)* verminderen, verlagen: *jmdn ~* iem kleineren
Herabsetzung *v*[20] **1** vermindering, verlaging, reductie **2** kleinering
herabsinken[266] dalen, zakken; *(fig)* afzakken
[1]**herabwürdigen** *tr* vernederen, kleineren
[2]**herabwürdigen, sich** zich verlagen
[1]**herabziehen**[318] *intr* naar beneden gaan, naar beneden trekken
[2]**herabziehen**[318] *tr* neerhalen, naar beneden trekken; *(fig)* (iem) naar beneden halen
heran hierheen, nader: *nur ~!* kom maar hier!
[1]**heranbilden** *tr* opleiden, vormen
[2]**heranbilden, sich** zich vormen, zich ontwikkelen
heranfahren[153] aan komen rijden, aan komen varen
herangehen[168]: *an jmdn ~* naar iem toegaan, iem naderen; *an*[+4] *etwas ~* aan iets beginnen, iets aanpakken
herankommen[193] naderkomen, naderen, benaderen: *man kann an ihn nicht ~* hij is ongenaakbaar; *(inform) etwas an sich ~ lassen* iets rustig afwachten
heranlassen[197] dichterbij laten komen
heranmachen, sich **1** aanpakken **2** aanspreken: *er machte sich an das Mädchen heran* hij probeerde het meisje te versieren
heranreichen (met *an*[+4]) reiken tot: *(fig) nicht ~ an* zich niet kunnen meten met
heranreifen rijpen, zich ontwikkelen
heranschaffen aanbrengen, aanvoeren
herantragen[288] aandragen: *Wünsche ~* wensen voorleggen
herantreten[291] (met *an*[+4]) naderen: *an jmdn ~* iem benaderen, zich tot iem wenden; *an jmdn mit einer Bitte ~* een verzoek tot iem richten
heranwachsen[302] opgroeien
Heranwachsende(r) *m*[40a], *v*[40b] jeugdige, jongere
heranwagen, sich **1** in de buurt durven te komen **2** zich wagen (aan)
[1]**heranziehen**[318] *intr* naderen, dichterbij komen
[2]**heranziehen**[318] *tr* **1** aantrekken **2** erbij halen, erbij betrekken **3** opkweken, opleiden
herauf **1** naar boven, omhoog **2** *(inform)* naar het noorden toe
heraufbeschwören **1** bezweren, oproepen **2** *(onheil)* stichten; *(conflicten)* veroorzaken
heraufsetzen verhogen
[1]**heraufziehen**[318] *intr* opkomen, naderen
[2]**heraufziehen**[318] *tr* optrekken, omhoogtrekken
heraus (naar) buiten, (er)uit: *von innen ~* van binnen uit; *~ mit der Sprache!* spreek op!; *(nur) ~ damit!* voor de dag ermee!
[1]**herausarbeiten** *tr* duidelijk laten uitkomen, uitwerken
[2]**herausarbeiten, sich** zich bevrijden
herausbekommen[193] **1** (eruit) krijgen, loskrijgen **2** *(geld)* terugkrijgen **3** *(geheimen)* uitvissen, erachter komen; *(raadsels)* oplossen
[1]**herausbilden** *tr* ontwikkelen, vormen
[2]**herausbilden, sich** zich ontwikkelen, ontstaan
[1]**herausbrechen**[137] *intr* tot uitbarsting komen
[2]**herausbrechen**[137] *tr* **1** breken, uitbreken **2** uitbraken
herausbringen[139] **1** naar buiten brengen **2** eruit krijgen **3** oplossen **4** op de markt brengen, uitgeven **5** uitbrengen
herausfahren[153] **1** naar buiten rijden, varen **2** naar buiten, eruit vliegen, eruit stuiven: *es fuhr mir so heraus* het ontviel me zo opeens
[1]**herausfinden**[157] *intr* de weg, een uitweg vinden
[2]**herausfinden**[157] *tr* ontdekken, vinden
[3]**herausfinden**[157]**, sich** de uitgang, een uitweg vinden
Herausforderer *m*[9] uitdager
herausfordern **1** uitdagen **2** provoceren, uitlokken
Herausforderung *v*[20] **1** uitdaging **2** provocatie
Herausgabe *v*[21] **1** teruggave, restitutie **2** uitgave
herausgeben[166] **1** aangeven **2** teruggeven **3** terugbetalen **4** uitgeven, publiceren **5** *(een wet)* uitvaardigen **6** *(gevangene)* uitleveren
Herausgeber *m*[9] **1** uitgever **2** bewerker
herausgehen[168] **1** naar buiten gaan **2** *(mbt vlekken)* eruit gaan || *aus sich ~* ontdooien
herausgreifen[181] eruit pikken, eruit kiezen
heraushaben[182] **1** eruit hebben **2** erachter zijn
[1]**heraushalten**[183] *tr* naar buiten houden
[2]**heraushalten**[183]**, sich** zich erbuiten houden
herausholen eruit halen; *(fig)* behalen
herauskommen[193] **1** eruit komen, uitkomen, naar buiten komen: *dabei kommt nichts heraus*

dat leidt tot niets **2** uitkomen, verschijnen, bekend worden
herauskriegen *zie* herausbekommen
[1]**herauskristallisieren**[320] *tr* uitkristalliseren
[2]**herauskristallisieren**[320], **sich 1** zich aftekenen **2** uitkristalliseren
[1]**herausmachen** *tr* (eruit) halen, verwijderen
[2]**herausmachen, sich 1** herstellen *(van ziekte)* **2** iets bereiken
[1]**herausnehmen**[212] *tr* eruit nemen, eruit halen
[2]**herausnehmen**[212], **sich** zich aanmatigen
herausreißen[220] **1** trekken, rukken, scheuren uit **2** uit de nood helpen **3** weer goedmaken **4** bovenmatig prijzen
[1]**herausrücken** *intr* voor de dag komen: *mit der Wahrheit ~* de waarheid vertellen
[2]**herausrücken** *tr* naar buiten schuiven: *Geld ~* geld geven
herausschlagen[241] *(geld)* slaan uit; *(voordeel)* halen uit
herausspringen[276] springen uit: *für ihn springt dabei nichts heraus?* hem levert dit niets op?
[1]**herausstellen** *tr* **1** buiten plaatsen, buiten zetten **2** (duidelijk) naar voren brengen, benadrukken
[2]**herausstellen, sich** blijken: *es stellt sich heraus, dass ...* het blijkt, dat ...
herausstreichen[286] **1** wegstrepen **2** ophemelen
heraustreten[291] **1** naar buiten stappen **2** naar voren treden
herb 1 wrang; zurig; bitter: *~er Wein* droge wijn; *ein ~er Wind* een gure wind **2** *(fig)* bitter, hard, scherp **3** gesloten, stug, streng
herbei hierheen, hiernaartoe
herbeibringen[139] **1** hierheen brengen **2** verschaffen
herbeieilen toesnellen
herbeiführen teweegbrengen, veroorzaken
herbeilassen[197], **sich** zich verwaardigen
herbeischaffen[230] aanvoeren, verschaffen
herbeisehnen vurig verlangen naar
herbeiströmen toestromen
herbeiwünschen uitzien naar, verlangen naar
herbeiziehen[318] erbij halen, erbij trekken
herbeizitieren[320] erbij halen, ontbieden
herbekommen[193] hierheen krijgen: *wo soll ich es ~?* waar moet ik het vandaan halen?
[1]**herbemühen** *tr* (hierheen) laten komen
[2]**herbemühen, sich** (hierheen) komen
herbeordern ontbieden
Herberge *v*[21] herberg, logement
herbestellen laten komen, ontbieden
herbringen[139] (hierheen) brengen
Herbst *m*[5] herfst, najaar
herbstlich herfstachtig, herfst-
Herd *m*[5] **1** fornuis, oven **2** haard *(ook fig)*
Herde *v*[21] **1** kudde **2** troep, schare
herein (naar) binnen
hereinbrechen[137] **1** invallen, instorten **2** aanbreken, invallen **3** *(met über*[+4]*)* treffen
hereinfallen[154] **1** naar binnen vallen **2** *(fig)* erin lopen, bedrogen worden
hereinkommen[193] binnenkomen
hereinlassen[197] erin laten, binnenlaten
hereinlegen 1 naar binnen leggen, erin leggen **2** beetnemen, erin laten lopen
hereinplatzen plotseling verschijnen, zomaar binnenvallen
hereinschauen 1 naar binnen kijken **2** (bij iem) aankomen, aanlopen
hereinschneien onverwachts op bezoek komen, langskomen
hereinstürzen 1 naar binnen vallen **2** *(fig)* binnen komen hollen
[1]**herfahren**[153] *intr* hierheen rijden, hierheen varen: *hinter jmdm ~* achter iem aanrijden
[2]**herfahren**[153] *tr* hierheen rijden, hierheen varen
herfallen[154] *(op het eten)* aanvallen: *über jmdn ~: a)* iem aanvallen; *b)* heftig bekritiseren; *mit Fragen über jmdn ~* vragen op iem afvuren
[1]**herführen** *intr* hierheen leiden
[2]**herführen** *tr* hierheen brengen
Hergang *m*[19] verloop, toedracht
hergeben[166] **1** geven, verstrekken, opleveren: *sich zu*[+3] (of: *für*[+4]) *etwas ~* zich lenen tot iets **2** aangeven **3** teruggeven **4** presteren
hergebracht traditioneel, gebruikelijk, oud*; zie ook* herbringen
hergehen[168] **1** lopen: *hinter jmdm ~* achter iem aanlopen **2** *(onpers)* (eraan) toegaan: *es geht lustig* (of: *hoch) her* het is een vrolijke boel
hergehören erbij behoren
hergelaufen van de straat opgeraapt
herhaben[182] vandaan hebben, hebben van
[1]**herhalten**[183] *intr* ervoor opdraaien: *er muss immer ~* hij moet het altijd ontgelden
[2]**herhalten**[183] *tr* ophouden: *den Teller ~* het bord ophouden
herholen hier(heen) halen: *weit hergeholt* ver gezocht
herhören luisteren
Hering *m*[5] haring *(ook van tent)*
herkommen[193] **1** hier(heen) komen **2** vandaan komen, afkomstig zijn
Herkommen *o*[39] **1** afkomst, afstamming, oorsprong **2** gewoonte, gebruik, traditie
herkömmlich gebruikelijk, traditioneel
Herkunft *v*[25] **1** afstamming, afkomst **2** herkomst; oorsprong
Herkunftsland *o*[32] land van herkomst
herlaufen[198] **1** komen aanlopen **2** lopen
herleiten afleiden; herleiden
hermachen, sich aanpakken, aanvallen: *sich über jmdn ~* iem overvallen; *sich über*[+4] *etwas ~* op iets aanvallen
hermetisch hermetisch
hernehmen[212] vandaan halen, weghalen
Hernie *v*[21] hernia
hernieder naar beneden, neer, omlaag

Heroin *o*[39] heroïne
heroinsüchtig verslaafd aan heroïne
heroisch heroïsch, heldhaftig, groots
Herpeslippe *v*[21] koortslip
Herr *m*[14] *(2e, 3e, 4e nvl ev -n)* **1** heer, meester, eigenaar: *Sehr geehrte ~en!* Mijne heren **2** meneer: *~ Ober* ober **3** baas *(van hond)* **4** *(religie)* Heer, Here
Herrchen *o*[35] **1** baasje *(van hond)* **2** heertje
Herreise *v*[21] reis hierheen
Herrenausstatter *m*[9] herenmodezaak
Herrenbekleidung *v*[28] herenkleding
Herrendoppel *o*[33] *(tennis)* herendubbel
Herreneinzel *o*[33] *(tennis)* herenenkel
herrenlos onbeheerd: *~er Hund* zwerfhond
Herrenwitz *m*[5] schuine mop
Herrgott *m*[19] Heer, God, Onze-Lieve-Heer: *~ noch mal! (inform)* verdorie!
herrichten klaarmaken; opknappen
Herrin *v*[22] **1** meesteres, gebiedster **2** vrouwtje *(eigenares van hond)*
herrisch heerszuchtig, gebiedend, bazig
herrlich **1** heerlijk **2** prachtig, schitterend
Herrlichkeit *v*[20] heerlijkheid, pracht, majesteit
Herrschaft *v*[20] heerschappij, macht, bewind: *meine ~en!* dames en heren!
herrschaftlich deftig, voornaam
herrschen heersen, gebieden, regeren
Herrscher *m*[9] heerser, gebieder
herrschsüchtig heerszuchtig
herrühren afkomstig zijn, vandaan komen
hersagen **1** opzeggen **2** zomaar zeggen
hersehen[261] hier(heen) zien, hier(heen) kijken
hersein *oude spelling voor* her sein, *zie* her
herstellen **1** fabriceren, vervaardigen, maken **2** hier neerzetten
Hersteller *m*[9] producent, maker, fabrikant
Herstellung *v*[28] vervaardiging, fabricage
Herstellungskosten *mv* productiekosten
Herstellungspreis *m*[5] kostprijs
Herstellungsverfahren *o*[35] productiemethode
herüber hierheen, naar deze kant
herübergeben[166] aangeven, aanreiken
herüberholen hiernaartoe halen
herüberkommen[193] hierheen komen
herüberreichen aanreiken
herum om(heen), rond(om): *um 100 Euro ~* zo'n euro of 100; *um die Stadt ~* om de stad (heen); *um Ostern ~* omstreeks Pasen; *dort ~* in die buurt, daar ergens
herumbalgen, sich plukharen, stoeien
herumblättern bladeren
herumdoktern dokteren
herumfahren[153] **1** rondrijden, rondvaren, rondreizen **2** zich plotseling omdraaien
herumfragen rondvragen, op de rij af vragen
[1]**herumführen** *intr* lopen rond, lopen om
[2]**herumführen** *tr* rondleiden
herumgeben[166] rondgeven, doorgeven
herumgehen[168] **1** rondlopen, rondgaan: *~ lassen* doorgeven **2** *(de ronde doen)* (om iets) heen lopen **3** *(inform)* voorbijgaan
herumhorchen zijn oor te luisteren leggen
herumirren ronddwalen, ronddolen
herumkommen[193] **1** *(om iets)* heen komen: *um*[+4] *etwas nicht ~* ergens niet omheen kunnen **2** rondgaan, de ronde doen: *viel, weit (in der Welt) ~* veel, ver reizen
herumlaufen[198] **1** rondlopen **2** *(om iets)* heen lopen
herumliegen[202] **1** om iets heen liggen **2** rondslingeren
herumlümmeln, herumlungern **1** rondhangen **2** lanterfanten
herumreichen rondgeven, laten rondgaan
herumreißen[220] **1** omrukken: *das Steuer ~: a)* het stuur omgooien; *b) (fig)* plotseling van koers veranderen **2** schokken, hevig aangrijpen
[1]**herumschlagen**[241] *tr* om(heen) slaan, om(heen) doen
[2]**herumschlagen**[241]**, sich** ruzie maken, bakkeleien
herumsitzen[268] rondhangen, zitten te niksen
herumsprechen[274]**, sich** de ronde doen
herumstehen[279] **1** staan te niksen **2** in het rond staan: *um*[+4] *etwas ~* ergens omheen staan **3** hier en daar staan
[1]**herumtreiben**[290] *tr* ronddrijven
[2]**herumtreiben**[290]**, sich** **1** rondscharrelen **2** rondzwerven, rondhangen, lanterfanten
herumwerfen[311] **1** omwerpen, omgooien **2** *(zijn spullen)* laten rondslingeren
[1]**herumziehen**[318] *intr* **1** rondtrekken, rondzwerven, rondreizen **2** trekken (om)
[2]**herumziehen**[318] *tr* trekken (om), doen (om)
herunter naar beneden, af, neer, omlaag
herunterbringen[139] **1** (naar) beneden brengen **2** *(voedsel)* doorslikken, naar binnen krijgen **3** ruïneren, te gronde richten
herunterfallen[154] neervallen, naar beneden vallen: *von der Treppe ~* van de trap vallen
heruntergehen[168] **1** naar beneden gaan, dalen, zakken **2** *(de straat)* uitlopen
herunterhandeln afdingen, afpingelen
herunterkommen[193] **1** naar beneden komen **2** in verval raken, aan lagerwal raken, vervallen **3** verzwakken, achteruitgaan
herunterladen[196] downloaden
herunterlassen[197] neerlaten, laten zakken
herunterleiern *(ongunstig)* opdreunen, afdraaien
heruntermachen **1** (iem) een standje geven **2** kraken, afmaken
herunterrutschen naar beneden glijden
herunterschlucken *(inform)* slikken, doorslikken
herunterspielen **1** afraffelen **2** *(fig)* bagatelliseren
hervor naar voren, tevoorschijn, voor de dag

he

hervorbrechen[137] **1** plotseling tevoorschijn komen **2** uitbarsten, losbarsten
hervorbringen[139] **1** voortbrengen, doen ontstaan **2** uitbrengen **3** tevoorschijn brengen
hervorgehen[168] tevoorschijn komen, voortkomen: *daraus geht hervor* daaruit blijkt
hervorheben[186] doen uitkomen, accentueren: *etwas ~* iets onderstrepen
hervorholen tevoorschijn halen
hervorkommen[193] tevoorschijn komen, zich vertonen
hervorragen uitsteken (boven), uitblinken
hervorragend **1** (voor)uitstekend **2** in het oog lopend, uitstekend, uitnemend, voortreffelijk
hervorrufen[226] **1** *(theat)* terugroepen **2** *(verbazing)* wekken, oproepen
hervorspringen[276] **1** tevoorschijn springen **2** (voor)uitspringen
hervortreten[291] **1** naar voren treden, tevoorschijn komen **2** uitsteken; *(mbt ogen)* uitpuilen **3** in de publiciteit komen **4** op de voorgrond treden
hervortun[295]**, sich** zich onderscheiden
hervorziehen[318] tevoorschijn halen
[1]**Herz** *o (2e nvl ev -ens; 3e nvl ev -en; mv -en)* hart: *sich*[3] *ein ~ fassen* moed vatten; *jmdm etwas ans ~ legen* iem iets op het hart drukken; *jmdm am ~en liegen* iem ter harte gaan; *Hand aufs ~* met de hand op het hart; *von ganzem ~en* van ganser harte; *sich*[3] *etwas zu ~en nehmen* (zich) iets ter harte nemen
[2]**Herz** *o (mv Herz; zonder lw) (sp)* harten
Herzanfall *m*[6]**, Herzattacke** *v*[21] hartaanval
herzaubern tevoorschijn toveren
Herzbeschwerden *mv v*[21] hartklachten
Herzchen *o*[35] hartje, lieveling, schatje
herzeigen laten zien, tonen
Herzeleid *o*[39] hartenleed, diepe smart
herzen liefkozen, aan het hart drukken
herzensgut ingoed
Herzenslust *v*[28]: *nach ~* naar hartenlust
Herzenswunsch *m*[6] hartenwens
herzerfreuend hartverkwikkend
herzerschütternd hartverscheurend
Herzfehler *m*[9] hartafwijking
herzförmig hartvormig
Herzgegend *v*[28] hartstreek
herzhaft **1** moedig, dapper **2** flink, ferm, stevig **3** hartig, pittig
[1]**herziehen**[318] *intr* **1** hierheen komen **2** trekken, lopen **3** roddelen
[2]**herziehen**[318] *tr* hierheen trekken, meetrekken: *jmdn zu sich ~* iem naar zich toe trekken
herzig lief, schattig, alleraardigst
Herzinfarkt *m*[5] hartinfarct
herzinnig, herzinniglich innig; hartelijk
Herzklappe *v*[21] hartklep
Herzklopfen *o*[39] hartklopping(en)
herzkrank: *er ist ~* hij heeft het aan het hart
Herzkranzgefäß *o*[29] kransslagader
Herzlähmung *v*[20] hartverlamming
Herzleiden *o*[35] hartkwaal
herzlich hartelijk, oprecht, warm, innig: *~ gern* heel graag; *~ langweilig* erg vervelend
Herzlichkeit *v*[28] hartelijkheid
herzlos harteloos, gevoelloos
Herzlosigkeit *v*[20] harteloosheid, gevoelloosheid
Herz-Lungen-Maschine *v*[21] hart-longmachine
Herzog *m*[6]*, m*[5] hertog
Herzogin *v*[22] hertogin
herzoglich hertogelijk
Herzogtum *o*[32] hertogdom
Herzschlag *m*[6] **1** hartslag **2** hartverlamming
Herzschrittmacher *m*[9] *(med)* pacemaker
Herzstück *o*[29] kern, belangrijkste gedeelte
Herztransplantation, Herzverpflanzung *v*[20] harttransplantatie
herzzerreißend hartverscheurend
heterogen heterogeen, ongelijksoortig
heterosexuell heteroseksueel
Hetze *v*[28] **1** (het) jachten, gejacht, gejaagdheid **2** hetze, lastercampagne
[1]**hetzen** *intr* **1** haasten, jachten, jakkeren **2** stoken
[2]**hetzen** *tr* **1** opjagen, achtervolgen; *(bitter)* vervolgen **2** opruien, ophitsen
Hetzer *m*[9] opruier, ophitser
Hetzerei *v*[28] **1** ophitserij **2** gejakker, gejacht
hetzerisch ophitsend, opruiend
Hetzjagd *v*[20] **1** drijfjacht **2** klopjacht, achtervolging **3** (het) jachten, gejacht
Hetzkampagne *v*[21] hetze, lastercampagne
Heu *o*[39] hooi: *~ machen* hooien; *Geld wie ~* geld als water
Heuchelei *v*[20] huichelarij, veinzerij
heucheln huichelen, veinzen
Heuchler *m*[9] huichelaar, veinzer
heuchlerisch huichelachtig, schijnheilig
Heuer *v*[21] *(scheepv)* **1** gage **2** aanmonstering
heuern aanmonsteren
heulen **1** huilen, loeien, gieren **2** luid huilen, wenen, krijsen
Heuler *m*[9] **1** huiltoon **2** *(vuurwerk)* gillende keukenmeid **3** jonge zeehond **4** groot succes
Heulpeter *m*[9]**, Heulsuse** *v*[21] huilebalk
Heuschnupfen *m*[19] hooikoorts
Heuschrecke *v*[21] sprinkhaan
heute **1** heden, vandaag **2** tegenwoordig, heden ten dage
heutig huidig, hedendaags, tegenwoordig: *die ~e Zeitung* de krant van vandaag; *der ~e Tag* de dag van heden
heutzutage heden ten dage, tegenwoordig, vandaag de dag
Hexe *v*[21] heks
hexen toveren; heksen
Hexerei *v*[20] hekserij, toverij
hfl *afk van holländischer Gulden* gulden *(afk* fl*)*
hie: *~ und da: a)* hier en daar; *b)* nu en dan

Hieb *m*[5] **1** houw, slag, stoot **2** steek *(onder water)* **3** jaap, snee **4** *(mv)* slaag || *(inform) auf einen ~* in één keer
hiebfest: *hieb- und stichfest* onweerlegbaar
Hiebwaffe *v*[21] slagwapen
hier hier, alhier: *~ und da: a)* hier en daar; *b)* nu en dan; *von ~ an* vanaf nu; *(telecom) ~ P.!* (u spreekt) met P.!; *du bist wohl nicht von ~* je bent getikt
hieran hieraan
hierauf hierop, daarop, toen, daarna
hieraufhin hierop, dientengevolge
hieraus hieruit, daaruit
hierbei hierbij, daarbij
hierdurch **1** hierdoor, daardoor **2** bij dezen, hierbij, hiermede
hierfür hiervoor, daarvoor
hiergegen **1** hiertegen **2** in vergelijking hiermee
hierher hier(heen): *bis ~* tot nu toe
hierherum hieromheen, hier ergens
hierhin hier(heen)
hierin hier(in); in dit opzicht
hiermit hiermee; bij dezen
hiernach **1** hierna, daarna, vervolgens **2** hiernaar **3** hierop afgaand
hierneben hiernaast
hierüber **1** hierover, hierboven, daarover **2** ondertussen
hierum hierom, daarom
hierunter hieronder, daaronder
hiervon hiervan, daarvan, hierdoor, hier vandaan
hiervor hiervoor, daarvoor
hierzu **1** hiertoe, daartoe, hierbij **2** hierover, daarover
hierzulande, hier zu Lande hier te lande
hiesig alhier, van hier: *der ~e Bürgermeister* de burgemeester alhier
High Five *v*[27] high five
Hilarität *v*[28] hilariteit
Hilfe *v*[21] hulp, bijstand, ondersteuning, steun: *ärztliche ~* medische hulp; *erste ~* eerste hulp; *jmdm ~ leisten* iem hulp verlenen; *mit ~* [+2] met behulp van; *etwas zu ~ nehmen* zich van iets bedienen
Hilfeleistung *v*[20] hulp(verlening)
Hilferuf *m*[5] hulpgeroep, hulpkreet
hilflos **1** hulpeloos **2** onbeholpen
Hilflosigkeit *v*[28] **1** hulpeloosheid **2** onbeholpenheid
hilfreich behulpzaam, hulpvaardig
Hilfsarbeiter *m*[9] ongeschoold arbeider
hilfsbedürftig hulpbehoevend; noodlijdend
Hilfsbedürftigkeit *v*[28] hulpbehoevendheid
hilfsbereit bereid om te helpen, hulpvaardig
Hilfsbereitschaft *v*[20] hulpvaardigheid
Hilfskraft *v*[25] hulpkracht, assistent
Hilfsmaßnahmen *mv v*[21] hulp(verlening)
Hilfsmittel *o*[33] hulpmiddel
Himbeere *v*[21] framboos
Himmel *m*[9] **1** hemel **2** lucht, firmament, uitspansel
Himmelfahrt *v*[28] **1** hemelvaart: *Christi ~* Hemelvaartsdag **2** *(mil)* levensgevaarlijke opdracht
himmelhoch hemelhoog, tot in de hemel: *~ jauchzend* uitbundig
himmeln smachtend kijken (naar)
himmelschreiend hemeltergend, tenhemelschreiend
Himmelsgegend *v*[20] windstreek, hemelstreek
Himmelskörper *m*[9] hemellichaam
Himmelsrichtung *v*[20] windstreek
Himmelsstrich *m*[5] hemelstreek; zone
Himmelszelt *o*[39] uitspansel
himmelwärts hemelwaarts
himmlisch hemels, goddelijk, zalig: *eine ~e Geduld* een engelengeduld
hin heen: *nach Norden ~* naar het noorden toe; *bis zur Mauer ~* tot aan de muur; *wo wollen Sie ~?* waar wilt u heen?; *zum Herbst ~* tegen de herfst; *an der Grenze ~* langs de grens; *vor sich ~* voor zich uit; *sie weinte still vor sich ~* zij zat stilletjes te huilen; *~ sein: a)* kapot zijn; *b)* verdwenen zijn; *c)* versleten zijn; *d)* overleden zijn; *e)* weg zijn; *f)* uitgeput zijn; *g)* op de fles zijn || *einmal Köln ~ und zurück* een retour Keulen; *~ und wieder* zo nu en dan, af en toe; *~ und her* heen en weer
hinab (naar) beneden, af, omlaag: *den Fluss ~* de rivier af, stroomafwaarts
hinablassen[197] neerlaten
hinan naar boven, op, omhoog
hinarbeiten: *auf*[+4] *etwas ~* op iets aansturen
hinauf naar boven, omhoog: *den Fluss ~* de rivier op, stroomopwaarts
hinaufarbeiten, sich zich opwerken
[1]**hinauffahren**[153] *intr* stroomopwaarts varen; omhoogrijden, omhooggaan
[2]**hinauffahren**[153] *tr* naar boven rijden, brengen
hinaufgehen[168] naar boven gaan, omhooggaan, stijgen
hinaufschrauben omhoogschroeven, hoger draaien: *die Preise ~* de prijzen verhogen
hinaus naar buiten, eruit: *zur Tür ~* de deur uit; *nach vorn ~* aan de voorkant; *wo soll* (of: *will*) *das ~?* waar moet dat heen?; *darüber ~* bovendien, daarenboven; *er ist auf Jahre ~ verschuldet* hij zit voor jaren in de schuld
hinausbefördern **1** naar buiten brengen **2** eruit gooien
hinausbegleiten naar buiten begeleiden
hinausblicken **1** naar buiten kijken **2** *(op de tuin)* uitzien
hinausekeln wegpesten
hinausfahren[153] naar buiten rijden, varen
hinausgehen[168] naar buiten gaan, eruit gaan: *das geht über meine Kräfte hinaus* dat gaat boven mijn krachten; *mein Zimmer geht auf die Straße hinaus* mijn kamer kijkt op de straat uit

hinauskommen[193] naar buiten, eruit komen: *auf dasselbe* ~ op hetzelfde neerkomen; *über*[+4] *etwas* ~ verder komen dan iets

hinauslaufen[198] **1** naar buiten, eruit lopen **2** uitlopen, uitmonden

hinausragen uitsteken: *über jmdn, etwas* ~ boven iem, iets uitkomen, uitsteken

hinausschieben[237] **1** naar buiten, eruit schuiven, duwen **2** uitstellen

hinauswachsen[302]: *über*[+4] *etwas* ~ boven iets uitgroeien, aan iets ontgroeien

hinauswagen, sich zich naar buiten wagen

hinauswollen[315] naar buiten, eruit willen: *ich weiß, worauf Sie* ~ ik weet waar u heen wilt; *hoch* ~ hoge aspiraties hebben

[1]**hinausziehen**[318] *intr* naar buiten gaan, trekken

[2]**hinausziehen**[318] *tr* **1** naar buiten trekken, eruit trekken **2** uitstellen

[3]**hinausziehen**[318]**, sich 1** zich uitstrekken **2** uitgesteld worden, zich voortslepen

hinauszögern uitstellen

hinbegleiten erheen begeleiden

hinblättern neertellen

Hinblick *m*[5]: *im* (of: *in)* ~ *auf*[+4] met het oog op

hinblicken ernaar kijken

hinbringen[139] **1** erheen brengen **2** *(de tijd)* doorbrengen

hindenken[140]: *wo denken Sie hin?* wat denkt u wel?

hinderlich 1 hinderlijk, lastig **2** belemmerend

hindern storen, hinderen; beletten, verhinderen

Hindernis *o*[29a] hindernis, hinderpaal

Hindernislauf *m*[6] hindernisloop

hindeuten wijzen

hindösen: *vor sich* ~ (zitten, liggen te) suffen

hindurch doorheen, erdoor(heen): *durch den Wald* ~ door het bos heen; *den ganzen Tag* ~ de hele dag door; *Jahre* ~ jaren achtereen

hindurchgehen[168] (erdoor) gaan

hinein naar binnen, erin: *bis tief in den Wald* ~ tot diep het bos in

hineindenken[140]**, sich** zich indenken

hineinfinden[157]**, sich**: *sich* ~ *in*[+4] zich schikken in, thuisraken in, wennen aan

hineinfressen[162]**, sich 1** opvreten **2** zich vreten in: *den Ärger in sich* ~ zijn woede verkroppen

hineingehen[168] naar binnen gaan, erin gaan

hineinreden 1 zich bemoeien met, zich mengen in **2** in de rede vallen

hineinziehen[318] naar binnen trekken: *in eine Sache mit hineingezogen werden* betrokken worden in een zaak

[1]**hinfahren**[153] *intr* **1** erheen rijden, erheen varen: *ich bin hingefahren* ik ben erheen gereden, gevaren **2** wegrijden || *mit der Hand über*[+4] *etwas* ~ met de hand over iets strijken

[2]**hinfahren**[153] *tr* erheen rijden, varen, brengen: *ich habe ihn hingefahren* ik heb hem erheen gereden, gevaren, gebracht

Hinfahrt *v*[20] heenreis, heenrit

hinfallen[154] neervallen

hinfällig 1 *(mensen)* zwak, gebrekkig; *(gebouwen)* vervallen, bouwvallig, wrak; *(beweringen)* ongegrond **2** *(jur)* vervallen, nietig

Hinfälligkeit *v*[20] **1** zwakheid, broosheid **2** bouwvalligheid **3** nietigheid

hinfort voortaan, in het vervolg, van nu af

Hingabe *v*[28] overgave, toewijding

[1]**hingeben**[166] *tr* (af-, over)geven, afstaan, opofferen

[2]**hingeben**[166]**, sich** zich (over)geven, zich wijden: *sich der Hoffnung* ~ zich vleien met de hoop

hingegen daarentegen

hingehen[168] **1** erheen gaan **2** weggaan **3** heengaan, overlijden **4** verstrijken, voorbijgaan **5** (met *über*[+4]) gaan over: *sein Blick ging über die Landschaft hin* zijn blik ging over het landschap || *das geht gerade noch hin* dat kan er nog net mee door; *so etwas kann ich nicht* ~ *lassen* zoiets kan ik niet laten passeren

hingehören (thuis)horen

hingelangen er komen

hingerissen verrukt; *zie ook* hinreißen

hinhalten[183] **1** toesteken, aanreiken **2** ophouden, vertragen: *jmdn* ~ iem aan het lijntje houden

[1]**hinhauen**[185] *intr* **1** een succes worden: *(inform) die Sache wird schon* ~ dat zal wel lukken **2** voldoende zijn

[2]**hinhauen**[185] *tr* **1** neerslaan **2** neergooien, neersmijten: *den (ganzen) Kram* ~ het bijltje erbij neergooien **3** op de grond gooien **4** schokken, verbluffen, verrassen **5** vluchtig doen, maken

[3]**hinhauen**[185]**, sich** gaan liggen

hinhorchen, hinhören scherp luisteren

hinken hinken, kreupel zijn; *(fig)* mank gaan

hinkommen[193] er(heen) komen: *wo kommen die Bücher hin?* waar moeten die boeken heen?; *wo ist das Buch hingekommen?* waar is het boek gebleven?; *mit seinem Geld* ~ met zijn geld uitkomen; *wo kämen wir hin, wenn …?* waar blijven we, als …?

hinkriegen voor elkaar krijgen; in orde brengen

hinlänglich voldoende, toereikend

[1]**hinlegen** *tr* **1** (neer)leggen **2** betalen

[2]**hinlegen, sich** gaan liggen

hinnehmen[212] aannemen; aanvaarden, accepteren, zich laten welgevallen

[1]**hinreichen** *intr* **1** reiken tot **2** toereikend, voldoende zijn

[2]**hinreichen** *tr* aanreiken

hinreichend toereikend, voldoende

Hinreise *v*[21] heenreis

hinreisen erheen reizen

hinreißen[220] **1** erheen slepen, erheen trekken **2** in vervoering brengen, enthousiast maken: *sich* ~ *lassen* zich laten meeslepen

hinrichten terechtstellen

Hinrichtung *v*[20] terechtstelling

hinscheiden[232] overlijden, heengaan
hinschicken erheen sturen
hinsehen[261] ernaar kijken; toekijken
hinsein *oude spelling voor* hin sein, *zie* hin
[1]**hinsetzen** *tr* neerzetten, plaatsen
[2]**hinsetzen, sich** gaan zitten
Hinsicht *v*[20] opzicht: *in ~ auf*[+4] met het oog op
hinsichtlich[+2] met betrekking tot
Hinspiel *o*[29] *(sp)* uitwedstrijd
[1]**hinstellen** *tr* neerzetten, voorzetten: *etwas ~ als* iets voorstellen als
[2]**hinstellen, sich 1** gaan staan **2** zich noemen
hintansetzen op de achtergrond plaatsen, terzijde stellen; veronachtzamen
hinten achter: *von ~* van achteren, van achter
hintendrauf achterop: *was ~ bekommen* voor zijn broek krijgen
hintenherum 1 achterom: *~ erfahren* langs een omweg te weten komen **2** clandestien
hintenhin aan de achterkant
hintenüber achterover
hintenüberkippen, hintenüberstürzen achterovervallen
[1]**hinter** *bn* achterst: *die ~e Seite* de achterkant
[2]**hinter**[+3, +4] *vz* achter: *etwas ~ sich bringen* iets tot een goed eind brengen; *etwas ~ sich haben* iets achter de rug hebben
Hinterbliebenenfürsorge *v*[28], **Hinterbliebenenrente** *v*[21] weduwen-en-wezenpensioen; *(Belg)* overlevingspensioen
Hinterbliebene(r) *m*[40a], *v*[40b] nabestaande
hinterbringen[139] verklappen, verraden
hinterdrein 1 achterna, erachteraan **2** achteraf, later, naderhand
hintereinander achter elkaar, achtereen
Hintergedanke *m*[18] bijgedachte, bijbedoeling
hintergehen[168] **1** bedriegen **2** omzeilen
Hintergrund *m*[6] achtergrond
hintergründig 1 ondoorgrondelijk **2** achterbaks
Hinterhalt *m*[5] hinderlaag
hinterhältig achterbaks, stiekem
Hinterhand *v*[28] achterhand: *etwas in der ~ haben* iets achter de hand hebben
hinterher 1 achteraf, later, naderhand **2** achterna, erachteraan
hinterlassen[197] **1** nalaten, vermaken **2** achterlaten
Hinterlassenschaft *v*[20] nalatenschap, erfenis
Hinterlassung *v*[28] achterlating, nalating
hinterlegen in bewaring, in depot geven, deponeren, storten
Hinterlegung *v*[20] deposito, bewaargeving, (het) deponeren, deponering
Hinterlist *v*[20] (arg)list, sluwheid, slinkse streek
hinterlistig (arg)listig, sluw
Hintern *m*[11] achterste, achterwerk
Hinterrad *o*[32] achterwiel
Hinterreifen *m*[11] achterband
hinterrücks 1 verraderlijk **2** heimelijk
Hinterseite *v*[21] achterzijde, achterkant
Hintersinn *m*[19] **1** diepere betekenis **2** bijbedoeling
hintersinnig 1 diepzinnig **2** dubbelzinnig **3** zwaarmoedig
Hinterteil *o*[29] **1** achterdeel **2** achterste
Hintertreffen *o*[39] achterhoede: *ins ~ geraten (*of: *kommen)* achteropraken, een achterstand oplopen; *im ~ sein, sich im ~ befinden* in een nadelige positie verkeren
hintertreiben[290] tegenwerken, dwarsbomen
Hintertreppenroman *m*[5] keukenmeidenroman
Hintertür *v*[20] achterdeur
hinterziehen[318] ontduiken
Hinterziehung *v*[20] ontduiking
Hinterzimmerpolitik *v*[28] achterkamertjespolitiek
hintun[295] neerleggen, neerzetten || *(fig) ich weiß nicht, wo ich ihn ~ soll* ik kan hem niet thuisbrengen
hinüber naar de andere kant, naar de overkant: *~ sein: a)* aan de overkant zijn; *b)* stuk, kapot, bedorven zijn; *c)* dood zijn; *d)* verloren zijn, naar de maan zijn
hinüberbringen[139] naar de overkant brengen
hinübergehen[168] **1** naar de overkant gaan, lopen **2** overlopen **3** heengaan, overlijden
hinübergreifen[181] *(fig)* op het terrein komen van, ook betrekking hebben op
hinüberreichen 1 overreiken **2** zich uitstrekken tot (aan de overkant)
hinüberretten in veiligheid brengen
hinübersein *oude spelling voor* hinüber sein, *zie* hinüber
hinüberwechseln gaan naar
hinunter naar beneden, neer, omlaag
hinweg 1 weg **2** *(over iets)* heen
hinweggehen[168] **1** heengaan **2** geen rekening houden (met)
hinweghören doen alsof men (iets) niet hoort
hinwegsehen[261] **1** heenkijken (over) **2** negeren **3** door de vingers zien
hinwegsetzen: *über*[+4] *etwas ~* over iets heen springen; *sich über*[+4] *etwas ~* zich ergens niets van aantrekken
hinwegtäuschen: *jmdn über*[+4] *etwas ~* iets voor iem verdoezelen
Hinweis *m*[5] **1** verwijzing, aanwijzing, tip: *unter ~ auf*[+4] met verwijzing naar **2** opmerking
hinweisen[307] wijzen (naar), verwijzen (naar): *auf*[+4] *etwas ~* ergens op wijzen
Hinweisgeber *m*[9] tipgever; klokkenluider
hinwelken verwelken, wegkwijnen
hinwerfen[311] **1** neergooien: *den Kram ~* het bijltje erbij neergooien **2** toegooien **3** *(een opmerking)* terloops maken **4** snel op papier zetten
[1]**hinziehen**[318] *intr* **1** erheen trekken **2** zich vestigen
[2]**hinziehen**[318] *tr* **1** trekken naar **2** uitstellen, rekken, vertragen
[3]**hinziehen**[318]**, sich 1** zich uitstrekken **2** eindeloos lang duren

hinzu **1** daarheen, erheen **2** erbij, daarbij
hinzufügen eraan toevoegen *(ook fig)*; erbij doen
hinzugehören erbij (be)horen
hinzukommen^{193} erbij komen
hinzusetzen **1** eraan toevoegen **2** erbij zetten
Hinzutun o^{39}: *ohne mein ~* buiten mijn toedoen
hinzuzählen erbij tellen
hinzuziehen^{318} consulteren, raadplegen
Hiobsbotschaft v^{20} jobstijding
hip hip
Hirn o^{29} hersenen, brein
Hirnblutung v^{20} hersenbloeding
Hirngespinst o^{29} hersenschim
Hirnhaut v^{25} hersenvlies
hirnlos dom
Hirnschlag m^{6} attaque, beroerte
Hirntumor m^{16} hersentumor
hirnverbrannt krankzinnig, dwaas
Hirsch m^{5} hert
Hirschkalb o^{32} jong hert
Hirschkuh v^{25} hinde
Hirse v^{28} gierst
Hirt m^{14}, **Hirte** m^{15} herder
Hirtenbrief m^{5} *(r-k)* herderlijk schrijven
hissen (op)hijsen
Historiker m^{9} historicus, geschiedkundige
historisch historisch, geschiedkundig
Hitze v^{28} **1** hitte **2** *(fig)* vuur, drift, woede
Hitzewelle v^{21} hittegolf
hitzig **1** heet, koortsig **2** driftig, heetgebakerd **3** *(dierk)* bronstig, loops
Hitzkopf m^{6} driftkop, heethoofd
hitzköpfig driftig, heethoofdig, heetgebakerd
Hitzschlag m^{6} zonnesteek
Hoax *m (2e nvl -; mv -e en -es)* hoax
Hobby o^{36} hobby, liefhebberij
Hobel m^{9} schaaf
hobeln (af)schaven
Hobelspan m^{6} houtkrul
hoch^{60,61} hoog, groot, verheven, voornaam: *hoher Eid* heilige eed; *ein hoher Fünfziger* een man van ver in de vijftig; *sie kamen drei Mann ~* ze kwamen met drie man sterk; *auf hoher See* in volle zee; *eine hohe Strafe* een zware straf, een hoge boete; *~ hinauswollen* hogerop willen; *wenn es ~ kommt* op zijn hoogst; *das ist mir einfach zu ~!* dat gaat boven mijn pet!; *(wisk) a ~ drei* a tot de derde (macht); *~ achten* hoogachten; *~ dotiert* goed betaald; *~ gestellt* hooggeplaatst; *~ gestellte Persönlichkeiten* hooggeplaatste persoonlijkheden; *~ gewachsen* lang, rijzig; *~ qualifiziert* hooggekwalificeerd; *~ schätzen* hoogschatten, hoogachten
Hoch o^{36} **1** toost, heildronk: *ein ~ auf jmdn ausbringen* op iem toosten; *ein ~ dem Jubilar!* (lang) leve de jubilaris! **2** *(weerk)* hogedrukgebied
hochachten hoogachten
Hochachtung v^{20} hoogachting, eerbied: *mit vorzüglicher ~* met de meeste hoogachting
hochachtungsvoll hoogachtend
hochaktuell zeer actueel
Hochamt o^{32} hoogmis
hochanständig zeer fatsoenlijk
^{1}**Hochbau** *m (2e nvl -(e)s; mv -ten)* hoog bouwwerk
^{2}**Hochbau** m^{19} **1** hoogbouw **2** bovengrondse werken
hochbeinig met lange benen, poten
hochbetagt hoogbedaagd, hoogbejaard
Hochbetrieb m^{19} grote drukte
Hochblüte v^{21} bloeitijd, bloeiperiode
hochbringen^{139} **1** tot bloei brengen **2** grootbrengen **3** nijdig maken
Hochburg v^{20} centrum, bolwerk
hochdeutsch Hoogduits
Hochdeutsch o^{41} Hoogduits
hochdienen, sich zich opwerken
hochdotiert goed betaald
Hochdruck m^{19} **1** hoge druk **2** reliëfdruk: *unter ~ arbeiten* onder hoogspanning werken
Hochdruckgebiet o^{29}, **Hochdruckzone** v^{21} hogedrukgebied
Hochebene v^{21} hoogvlakte, plateau
hocherfreut zeer verheugd, erg blij
hochfahren^{153} **1** naar boven rijden **2** opvliegen **3** opschrikken
hochfahrend arrogant
hochfliegend **1** hoogvliegend **2** vermetel
Hochflut v^{20} **1** hoge vloed, springvloed **2** geweldig aanbod, stroom
Hochform v^{28} *(sp)*: *in ~* in topvorm
Hochgebirge o^{33} hooggebergte
Hochgefühl o^{29} geweldig gevoel (van trots)
hochgehen^{168} **1** omhooggaan **2** *(fig)* opvliegen, opstuiven **3** gearresteerd worden **4** exploderen, ontploffen
Hochgenuss m^{19} intens genot
Hochgeschwindigkeitsstrecke v^{21} hogesnelheidslijn *(afk* hsl)
Hochgeschwindigkeitszug m^{6} hogesnelheidstrein, hst, tgv
hochgestellt hooggeplaatst: *~e Persönlichkeiten* hooggeplaatste persoonlijkheden
hochgewachsen lang, rijzig
Hochglanzmagazin o^{29} glossy
hochgradig hevig, zeer
hochhalten^{183} **1** omhooghouden **2** *(fig)* hooghouden, in ere houden
Hochhaus o^{32} **1** torenflat **2** hoog flatgebouw
hochheben^{186} omhoog heffen, hoog optillen; *(zijn arm)* omhoogsteken, opsteken
hochherzig nobel
hochinteressant zeer interessant
hochklappen opklappen; *(zijn kraag)* opzetten
hochkommen^{193} **1** omhoogkomen, opkomen **2** zich opwerken **3** overeind komen **4** opknappen, er weer bovenop komen
Hochkonjunktur v^{20} hoogconjunctuur
hochkrempeln *(mouwen)* opstropen

hochleben: *jmdn ~ lassen* 'lang zal hij leven' roepen, zingen; *er lebe hoch!* lang zal hij leven!
Hochleistung *v*[20] geweldige prestatie
Hochleistungssport *m*[5] topsport
hochmodern zeer modern
hochmodisch zeer modieus
Hochmut *m*[19] hoogmoed, trots
hochmütig hoogmoedig, trots
hochnäsig verwaand, aanmatigend
hochnehmen[212] optillen: *jmdn ~: a)* iem afzetten; *b)* iem voor de gek houden; *c)* iem arresteren
Hochofen *m*[12] hoogoven
hochoffiziell zeer officieel
hochpäppeln er bovenop helpen
hochqualifiziert hooggekwalificeerd
hochrechnen een berekening van het vermoedelijke eindresultaat maken op basis van eerste gegevens
Hochrechnung *v*[20] berekening van het vermoedelijke eindresultaat op basis van eerste gegevens
Hochsaison *v*[27], *v*[20] hoogseizoen; topdrukte
hochschätzen hoogschatten, hoogachten
Hochschätzung *v*[28] hoogachting
[1]**hochschaukeln** *tr* opkloppen, opblazen
[2]**hochschaukeln, sich** zich opfokken
[1]**hochschlagen**[241] *intr (mbt vlammen)* hoog oplaaien
[2]**hochschlagen**[241] *tr (kraag)* opslaan
hochschnellen opspringen, opvliegen
hochschrauben **1** omhoogdraaien **2** *(prijzen)* opdrijven; *(eisen)* opschroeven
Hochschulabschluss *m*[6] **1** diploma van universiteit **2** diploma van hogeschool
Hochschule *v*[21] hogeschool, universiteit, academie
Hochschulreife *v*[21] recht op toelating tot het hoger onderwijs
Hochschulwesen *o*[39] hoger onderwijs
Hochseefischerei *v*[28] zeevisserij
Hochsitz *m*[5] wildkansel
Hochspannung *v*[20] hoogspanning
hochspielen opblazen, veel ophef maken van
Hochsprache *v*[21] standaardtaal, (het) algemeen beschaafd
Hochsprung *m*[6] **1** (het) hoogspringen **2** sprong
höchst hoogst, zeer, ten zeerste: *am ~en* het hoogst; *aufs Höchste* (of: *aufs ~e*) ten zeerste
Hochstapelei *v*[20] oplichterij
Hochstapler *m*[9] gentleman-oplichter
Höchstbelastung *v*[20] maximale belasting
Höchstbetrag *m*[6] maximum, maximumbedrag
hochsteigen[281] **1** opgaan **2** opstijgen **3** opklimmen **4** naar boven komen
hochstellen **1** (op tafel) zetten **2** *(kraag)* opzetten
höchstens hoogstens, op zijn hoogst
Höchstfall *m*[19]: *im ~* op zijn hoogst
Höchstform *v*[28] topvorm
Höchstgeschwindigkeit *v*[20] maximumsnelheid
Hochstimmung *v*[20] feestelijke stemming
Höchstleistung *v*[20] **1** record **2** topprestatie **3** maximumvermogen *(van machine)*
höchstwahrscheinlich hoogstwaarschijnlijk
Hochtour *v*[20] tocht door het hooggebergte: *die Industrie arbeitet* (of: *läuft) auf ~en* de industrie werkt op volle toeren
hochtrabend hoogdravend
Hochwasser *o*[33] hoogwater
Hochwassergefahr *v*[20] overstromingsgevaar
Hochwasserkatastrophe *v*[21] overstromingsramp
hochwertig hoogwaardig, uitstekend
Hochwild *o*[39] grof wild
Hochzeit *v*[20] **1** bruiloft, huwelijk **2** hoogtij, bloeitijd
Hochzeitsfeier *v*[21], **Hochzeitsfest** *o*[29] bruiloftsfeest, huwelijksfeest
Hochzeitsgesellschaft *v*[20] bruiloftspartij
Hochzeitskleid *o*[31] bruidskleed, bruidsjapon
Hochzeitsreise *v*[21] huwelijksreis
Hochzeitstag *m*[5] bruiloftsdag, trouwdag
Hochzeitszug *m*[6] bruiloftsstoet
[1]**hochziehen**[318] *intr (mbt onweer)* opkomen
[2]**hochziehen**[318] *tr* omhoogtrekken, naar boven trekken
hocken **1** gehurkt zitten **2** *(fig)* zitten, zijn
Hocker *m*[9] kruk *(om op te zitten)*
Höcker *m*[9] **1** bult, bochel **2** knobbel
Hockey *o*[39] hockey
Hockeyschläger *m*[9] hockeystick
Hode *m*[15], *v*[21], **Hoden** *m*[11] zaadbal, teelbal, testikel
Hodensack *m*[6] balzak, scrotum
Hof *m*[6] **1** hof **2** hofhouding **3** (binnen)plaats **4** hofstede, hoeve **5** erf **6** kring *(om de zon, maan)*
hoffähig beschaafd, goede manieren hebbend
hoffärtig hovaardig, hoogmoedig, ijdel
hoffen hopen, verwachten
hoffentlich hopelijk
Hoffnung *v*[28] hoop, verwachting: *der ~ Ausdruck geben* de hoop uitspreken; *sich ~ auf*[+4] *etwas machen* op iets hopen; *seine ~ auf jmdn setzen* zijn hoop op iem vestigen; *guter ~ sein* in blijde verwachting zijn
Hoffnungslauf *m*[6] *(sp)* herkansing
hoffnungslos hopeloos
hoffnungsreich hoopvol
Hoffnungsrunde *v*[21] herkansing
Hoffnungsträger *m*[9] coming-man, belofte
hoffnungsvoll **1** hoopvol **2** veelbelovend
Hofhaltung *v*[28] hofhouding
Hofhund *m*[5] waakhond
hofieren[320] (iem) paaien, het hof maken
höfisch hoofs, ridderlijk
höflich beleefd, hoffelijk, wellevend
Höflichkeit *v*[20] beleefdheid, hoffelijkheid
Hofmarschall *m*[6] hofmaarschalk
hohe *zie* hoch
Höhe *v*[21] **1** hoogte: *eine Summe in ~ von*[+3] een be-

drag ter grootte van; *in die ~ gehen* stijgen **2** heuvel, berg **3** toppunt: *das ist ja die ~!* dat is het toppunt! || *auf der ~ von A.* ter hoogte van A.
Hoheit v^{28} **1** hoogheid, verhevenheid **2** Hoogheid *(titel)* **3** soevereiniteit
hoheitlich 1 soeverein **2** van overheidswege
Hoheitsbereich m^{5}, **Hoheitsgebiet** o^{29} grondgebied, territorium
Hoheitsgewässer *mv* territoriale wateren
hoheitsvoll statig, verheven
Hoheitszeichen o^{35} nationaal embleem
Höhenflug m^{6} **1** hoogtevlucht **2** *(fig)* hoge vlucht
Höhenlage v^{21} hoogteligging
Höhenluft v^{28} berglucht
Höhenluftkurort m^{5} herstellingsoord in de bergen
Höhenunterschied m^{5} hoogteverschil
Höhenweg m^{5} bergweg
Höhenzug m^{6} bergketen
Höhepunkt m^{5} hoogtepunt, toppunt
höher hoger: *~e Schule* vwo-school
hohl hol: *~er Kopf* leeghoofd
Höhle v^{21} hol, grot; gat, holte
Hohlkopf m^{6} leeghoofd, stommeling
Hohlmaß o^{29} inhoudsmaat
Hohn m^{19} hoon, smaad, spot; aanfluiting
höhnen honen
Hohngelächter o^{39} hoongelach
höhnisch honend, smadelijk
hold 1 (toe)genegen, vriendelijk gezind **2** lief(lijk), bevallig, lieftallig
Holdinggesellschaft v^{20} houdstermaatschappij, holdingcompany, holding
holdselig lieflijk, bekoorlijk, bevallig
holen halen: *sich einen Schnupfen ~* een verkoudheid oplopen
Holland o^{39} Holland, Nederland
Holländer m^{9} **1** Hollander, Nederlander **2** Hollandse kaas
holländisch Hollands, Nederlands
Hölle v^{21} hel || *jmdm die ~ heißmachen* iem het vuur na aan de schenen leggen
Höllenangst v^{25} dodelijke angst
Höllenlärm, Höllenspektakel m^{19} hels lawaai
Höllentempo o^{39} noodgang
höllisch hels, duivels: *~e Angst* dodelijke angst; *~ kalt* verduiveld koud
Hologramm o^{29} hologram
holperig 1 oneffen, hobbelig **2** stuntelig, stotterend, gebrekkig
holpern 1 strompelen **2** hobbelen **3** hakkelen
holprig *zie* holperig
Holunder m^{9} vlier
Holz o^{32} **1** hout **2** *(jagerstaal)* bos **3** stuk hout, houten voorwerp **4** houtsoort
Holzart v^{20} houtsoort
Hölzchen o^{35} stokje, houtje
holzen 1 bomen kappen **2** *(sp)* ruw spelen
Holzer m^{9} *(sp)* ruwe speler
Holzerei v^{20} **1** kloppartij **2** *(sp)* ruw spel
hölzern 1 houten **2** *(fig)* houterig, stijf
Holzhammer m^{10} houten hamer: *er hat eins mit dem ~ abgekriegt* hij is getikt
Holzhammermethode v^{21} grove methode
holzig houtig, stokkerig
Holzklotz m^{6}, m^{8} houtblok
Holzkohle v^{28} houtskool
Holzkopf m^{6} ezel, stommeling
Holzschneidekunst v^{25} houtsnijkunst
Holzschnitt m^{5} houtsnede
Holzschnitzer m^{9} houtsnijder
Holzschuh m^{5} klomp
Holzweg m^{5}: *auf dem ~ sein* het mis hebben
Holzwolle v^{28} houtwol
Homo m^{13} homo
Homo-Ehe, Homoehe v^{21} homohuwelijk
homogen homogeen
homonym homoniem, gelijkluidend
Homonym o^{29} homoniem, gelijkluidend woord
Homöopath m^{14} homeopaat
Homöopathie v^{28} homeopathie
homöopathisch homeopathisch
homophil homofiel
Homophilie v^{28} homofilie
Homosexualität v^{28} homoseksualiteit
homosexuell homoseksueel
Homoszene v^{21} homowereld, gayscene
Honig m^{19} honing
Honigwabe v^{21} honingraat
Honorar o^{29} honorarium
Honoratioren *mv* notabelen
honorieren^{320} honoreren, belonen, betalen
Hooligan m^{13} hooligan
Hopfen m^{11} hop
hoppeln 1 huppelen **2** *(mbt voertuig)* hobbelen
Hops m^{5} sprong
hopsen springen
Hopser m^{9} sprong
Hörapparat m^{5} gehoorapparaat
hörbar hoorbaar
Hörbehinderte(r) m^{40a}, v^{40b} slechthorende
Hörbereich m^{5} **1** gehoorsafstand **2** zendbereik
Hörbild o^{31} klankbeeld
Hörbuch o^{32} luisterboek, audioboek
horchen (ingespannen) luisteren
Horcher m^{9} luisteraar, luistervink
Horde v^{21} **1** horde, bende, troep **2** latwerk
[1]**hören** *intr* **1** horen **2** luisteren: *auf jmds Rat ~* naar iems raad luisteren
[2]**hören** *tr* **1** luisteren naar, horen: *Rundfunk ~* naar de radio luisteren **2** *(college)* volgen
Hörensagen o^{39}: *vom ~* van horen zeggen
Hörer m^{9} **1** (toe)hoorder **2** radioluisteraar **3** hoorn *(van telefoon)*
Hörerschaft v^{20} toehoorders
Hörfolge v^{21} serie radioprogramma's
Hörfunk m^{19} radio, radio-omroep
Hörgerät o^{29} gehoorapparaat

Horizont m^{5} horizon, gezichtseinder: *das geht über meinen ~* dat gaat mijn begrip te boven
horizontal horizontaal, waterpas
Horizontale v^{21} horizontale lijn
Hormon o^{29} *(biol)* hormoon
¹Horn o^{32} **1** *(muz, dierk)* hoorn **2** bergspits
²Horn o^{39} *(stofnaam)* hoorn: *eine Brille aus ~* een hoornen bril
hornartig hoornachtig
Hörnchen o^{35} **1** hoorntje **2** *(gebak)* halvemaantje
hörnern hoornen, van hoorn
Hornhaut v^{25} **1** hoornvlies **2** eelt
hornig **1** hoornachtig **2** van hoorn, hoornen
Hornisse v^{21} horzel
Hornist m^{14} hoornist, hoornblazer
Hörorgan o^{29} gehoororgaan
Horoskop o^{29} horoscoop
horrend **1** verschrikkelijk **2** buitensporig
Horror m^{19} afkeer, afgrijzen, afschuw
Horrorfilm m^{5} griezelfilm
Hörsaal m^{6} *(mv -säle)* collegezaal
Hörspiel o^{29} luisterspel, hoorspel
Horst m^{5} **1** roofvogelnest **2** *(mil)* vliegbasis **3** *(geol)* horst
Hort m^{5} **1** *(literair)* schat **2** toevluchtsoord **3** kinderdagverblijf
horten oppotten, een voorraad aanleggen van
Hörverständnis o^{29a} *(geen mv)* luistervaardigheid
Hörweite v^{21} gehoorsafstand
Höschen o^{35} broekje
Hose v^{21} broek: *sich in die ~n machen* het in zijn broek doen; *die ~n voll haben* het in zijn broek gedaan hebben || *eine tote ~ sein* een fiasco, een flop zijn
Hosenanzug m^{6} broekpak
Hosenbein o^{29} broekspijp
Hosenboden m^{12} zitvlak *(van broek)*
Hosenrock m^{6} broekrok
Hosenschlitz m^{5} gulp
Hosentasche v^{21} broekzak
Hosenträger *mv* m^{9} bretels
Hospital o^{29}, o^{32} ziekenhuis
Hospitant m^{14} toehoorder *(aan universiteit)*
hospitieren^{320} als toehoorder college lopen
Host m^{13} *(comp)* host
Hostess v^{20} **1** hostess **2** stewardess
Hostie v^{21} hostie
Hosting o^{39} *(comp)* hosting
Hotel o^{36} hotel
Hotel- und Gaststättengewerbe o^{39} horeca
Hotspot, Hot Spot m^{13} hotspot
House m^{19a} house
Houseparty v^{27} houseparty
Hub m^{6} **1** *(mbt zuiger)* slag **2** (het) heffen, (het) tillen
hüben aan deze kant: *~ und drüben* (of: *~ wie drüben)* aan deze en aan gene kant, hier en ginds
Hubraum m^{6} cilinderinhoud *(van motor)*
hübsch **1** leuk, knap, mooi **2** aardig, prettig **3** behoorlijk, aanzienlijk
Hubschrauber m^{9} helikopter
Hubstapler m^{9} heftruck
Hucke v^{21} op de rug gedragen last || *jmdm die ~ vollhauen* iem op zijn falie geven
Huf m^{5} hoef
Hüfte v^{21} heup
Hügel m^{9} **1** heuvel, hoogte **2** hoop
hügelig, hüglig heuvelachtig
Huhn o^{32} **1** hoen, kip **2** mens, figuur: *famoses ~* geweldig type
Hühnchen o^{35} hoentje, kippetje: *mit jmdm ein ~ zu rupfen haben* een appeltje met iem te schillen hebben
Hühnerauge o^{38} eksteroog, likdoorn
Hühnerbrühe v^{21} kippenbouillon
Hühnergrippe v^{21} vogelgriep
Hühnerpest v^{28} vogelpest
Hühnerstall m^{6} kippenhok
Hühnersuppe v^{21} kippensoep
Hühnerzucht v^{28} kippenfokkerij
Huld v^{28} **1** minzaamheid, gunst **2** genade
huldigen^{+3} **1** *(een vorst)* huldigen, de eed van trouw afleggen **2** (iem) hulde bewijzen **3** *(een mening)* toegedaan zijn, aanhangen
Huldigung v^{20} **1** huldiging **2** eed van trouw
huldreich, huldvoll goedgunstig, genadig
Hülle v^{21} **1** omhulsel: *die fleischliche* (of: *irdische, leibliche)* ~ het lichaam; *die sterbliche ~* het stoffelijk omhulsel **2** hoes **3** enveloppe **4** kledingstuk: *wärmende ~n* warme kleding || *in ~ und Fülle* (of: *die ~ und Fülle)* in overvloed
hüllen (met *in*$^{+4}$) hullen in
Hülse v^{21} **1** huls **2** peul, schil, dop
Hülsenfrucht v^{25} peulvrucht
human humaan, menslievend, menselijk
Humanismus m^{19a} humanisme
humanistisch humanistisch
humanitär humanitair, menslievend
Hummel v^{21} hommel: *wilde ~* uitgelaten meisje
Hummer m^{9} (zee)kreeft
Humor m^{19} **1** humor **2** humeur
humoristisch, humorvoll humoristisch
humpeln **1** hompelen **2** hobbelen *(voertuig)*
Humpen m^{11} grote beker, bokaal
Humvee m^{13} humvee
Hund m^{5} **1** hond **2** mens, man **3** schoft, schurk || *ein dicker ~: a)* een ongelofelijke brutaliteit; *b)* een stomme fout; *auf den ~ kommen* aan lagerwal raken; *vor die ~e gehen* naar de haaien gaan
hundeelend hondsberoerd
Hundefraß m^{19} *(fig)* ellendige kost
Hundehütte v^{21} hondenhok
Hundekuchen m^{11} hondenbrokken, hondenbrood
Hundemarke v^{21} **1** hondenpenning **2** *(inform)* politiepenning
hundemüde hondsmoe

hundert honderd: *einige Hundert* (of: *einige ~) Bücher* een paar honderd boeken
[1]**Hundert** v^{20} getal, cijfer honderd
[2]**Hundert** o^{29} honderd(tal): *~e* (of: *hunderte) von Menschen* honderden mensen; *zu ~en* (of: *zu hunderten)* bij honderden
Hunderter m^{9} **1** honderdtal **2** briefje van honderd
Hunderteuroschein, Hundert-Euro-Schein m^{5} briefje van 100 euro
hundertste honderdste: *vom Hundertsten ins Tausendste kommen* van de hak op de tak springen
Hundertstel o^{33} honderdste (deel)
Hundestaupe v^{21} hondenziekte
Hundewetter o^{39} hondenweer
Hundezucht v^{28} hondenfokkerij
Hündin v^{22} teef
hündisch **1** honds, vuil, gemeen **2** slaafs, kruiperig
hundsgemein ingemeen
hundsmiserabel beroerd slecht
hundsmüde hondsmoe
Hüne m^{15} reus
hünenhaft reusachtig
Hunger m^{19} **1** honger **2** hongersnood
Hungerlohn m^{6} hongerloon
hungern honger lijden; *(fig)* hongeren
Hungersnot v^{25} hongersnood
Hungerstreik m^{13} hongerstaking
Hungertod m^{19} hongerdood
hungrig hongerig
Hunne m^{15} **1** Hun **2** barbaar
Hupe v^{21} claxon
hupen claxonneren
Hüpfburg v^{20} springkasteel
hüpfen huppelen: *Hüpfen spielen* hinkelen
Hürde v^{21} **1** *(sp)* horde **2** gevlochten omheining
Hürdenlauf m^{6} hordeloop
Hure v^{21} *(inform)* hoer, prostituee
Hurensohn m^{6} *(scheldw)* schoft
Hurenviertel o^{33} *(inform)* hoerenbuurt
hurtig vlug, snel, gauw
Hurtigkeit v^{28} vlugheid, snelheid
Husar m^{14} huzaar
Husarenstreich m^{5}, **Husarenstück** o^{29}, **Husarenstückchen** o^{35} *(fig)* huzarenstuk(je)
husch *tw* vooruit!, vlug!, snel!: *im Husch* (of: *in einem Husch)* in een oogwenk; *komme auf einen Husch herein* wip even binnen
huschen glippen, glijden
hüsteln kuchen
husten hoesten: *auf*$^{+4}$ *etwas ~* maling aan iets hebben; *ich werde dir eins ~!* je kunt me nog meer vertellen!
Husten m^{11} hoesten: *(den) ~ haben* verkouden zijn, hoesten
Hustensirup m^{5} hoestsiroop
[1]**Hut** m^{6} hoed: *(inform) ~ ab!* daar neem ik mijn petje voor af! || *unter einen ~ bringen* op een lijn krijgen
[2]**Hut** v^{28} hoede: *auf der ~ sein* op zijn hoede zijn
Hutablage v^{21} hoedenplank
[1]**hüten** *tr* hoeden, passen op: *das Bett ~* het bed houden; *das Haus ~* ziek thuis blijven
[2]**hüten, sich** zich wachten: *sich ~ vor*$^{+3}$ zich in acht nemen, zich wachten voor
Hüter m^{9} **1** hoeder, beschermer **2** *(sp)* keeper
Hütte v^{21} **1** hut **2** berghut **3** hoogoven **4** glasfabriek
Hüttenbetrieb m^{5}, **Hüttenwerk** o^{29} hoogovenbedrijf, smelterij
Hütung v^{20} (het) behoeden, (het) beschermen
hutzelig **1** verschrompeld **2** gerimpeld
Hutzelmännchen o^{35} **1** kabouter **2** verschrompeld oud mannetje
hutzlig **1** verschrompeld **2** gerimpeld
Hyäne v^{21} hyena
Hyazinthe v^{21} hyacint
Hybridauto o^{36} hybrideauto
Hydrant m^{14} brandkraan
hydraulisch hydraulisch
Hydrotechnik v^{28} waterbouwkunde
Hydrotherapie v^{21} hydrotherapie
Hygiene v^{28} hygiëne, gezondheidsleer
hygienisch hygiënisch
Hymne v^{21}, **Hymnus** *m (2e nvl -; mv Hymnen)* **1** hymne, lofzang **2** volkslied
Hype m^{13} hype, rage
hypen hypen
hyperaktiv hyperactief
Hyperlink m^{13} *(comp)* hyperlink
Hypnose v^{21} hypnose
hypnotisieren^{320} hypnotiseren *(ook fig)*
Hypokrit m^{14} hypocriet, huichelaar
Hypothek v^{20} hypotheek
Hypothekarkredit m^{5} hypothecair krediet; *(Belg)* woningkrediet
Hypothekenbank v^{20} hypotheekbank
Hypothekenbrief m^{5} hypotheekakte
Hypothekengläubiger m^{9} hypotheeknemer
Hypothekenschuldner m^{9} hypotheekgever
Hypothekenzins m^{16} hypotheekrente
Hypothekenzinsenabzug m^{6} hypotheekrenteaftrek
Hypothese v^{21} hypothese, onderstelling

i

i: *i bewahre!* (of: *i wo!*) geen kwestie van!, niks hoor!
i.A., I.A. *afk van im Auftrag(e)* namens, voor deze
iahen balken
Icetea, Ice-Tea m^{13} icetea
ich *pers vnw* ik
Icon o^{36} *(comp)* icoon
ICT v^{21} *afk van Informations- und Kommunikationstechnologie* ICT, informatie- en communicatietechnologie
ideal *bn* ideaal
Ideal o^{29} ideaal
idealisieren^{320} idealiseren
Idealismus m^{19a} idealisme
Idealist m^{14} idealist
idealistisch idealistisch
Idee v^{21} **1** (de) idee **2** idee, denkbeeld: *eine fixe ~* een idee-fixe **3** idee, gedachte, inval || *eine ~ mehr nach rechts* een tikje meer naar rechts
ideell ideëel
Identifikation v^{20} identificatie
identifizieren^{320} identificeren
identisch *(met mit^{+3})* identiek (met, aan)
Identität v^{28} identiteit
Ideologie v^{21} ideologie
ideologisch ideologisch
Idiom o^{29} idioom, taaleigen
Idiot m^{14} idioot
idiotensicher **1** doodsimpel, foolproof **2** hufterproof
Idiotie v^{21} idiotie
idiotisch idioot
Idol o^{29} idool, afgod
Idyll o^{29}, **Idylle** v^{21} idylle
idyllisch idyllisch
IG **1** *afk van Interessengemeinschaft* belangengemeenschap **2** *afk van Industriegewerkschaft* industriebond
Igel m^{9} egel
Ignoranz v^{28} onwetendheid
ignorieren^{320} ignoreren, negeren
IHK *afk van Industrie- und Handelskammer* Kamer van Koophandel en Fabrieken
ihm *pers vnw* hem
ihn *pers vnw* hem
ihnen *pers vnw* hun, (aan) hen, ze
Ihnen *pers vnw* u, aan u
¹ihr *pers vnw*^{82} **1** jullie, gij **2** (aan) haar
²ihr *bez vnw*^{80} **1** haar **2** hun
Ihr *bez vnw* uw
ihrer *pers vnw* **1** (van) haar **2** (van) hen
Ihrer *pers vnw* (van) u
ihrerseits **1** van haar kant **2** van hun kant
Ihrerseits van uw kant
ihrethalben, ihretwegen ter wille van haar, hen
Ihrethalben, Ihretwegen ter wille van u
ihretwillen: *um ~: a)* om harentwille, voor haar; *b)* om hunnentwille, voor hen
Ihretwillen: *um ~* om uwentwille; voor u
ihrige *(der, die, das)* **1** (de, het) hare **2** (de, het) hunne
Ihrige *(der, die, das)* (de, het) uwe
i.J. *afk van im Jahre* in het jaar
Ikone v^{21} icoon
illegal illegaal, onwettig
Illusion v^{20} illusie
Illustration v^{20} illustratie
illustrieren^{320} illustreren
Illustrierte v^{40b} geïllustreerd tijdschrift
im *samentr van in dem* in de, in het
Imbiss m^{5} **1** kleine maaltijd **2** hapje **3** snackbar
Imbissbar v^{27}, **Imbisshalle** v^{21}, **Imbissstand** m^{6}, **Imbissstube** v^{21} snackbar
Imitat o^{29} imitatie
Imitation v^{20} imitatie, nabootsing, nepper
imitieren^{320} imiteren
Imker m^{9} imker, bijenhouder
Immatrikulation v^{20} inschrijving *(van studenten)*
immatrikulieren^{320} inschrijven
immens immens, onmetelijk
immer altijd, immer, steeds, aanhoudend, almaar door: *auf* (of: *für*) *~* voor altijd; *es wird ~ heller* het wordt al lichter en lichter; *was ~ er tun mag* wat hij ook doet; *~ mit der Ruhe!* kalm aan!; *~ wenn er kommt* telkens als hij komt; *~ wieder* telkens weer
immerdar, immerfort almaar, steeds
immerhin **1** tenminste, in ieder geval **2** desondanks **3** tenslotte
immerzu voortdurend
Immigrant m^{14} immigrant
Immigration v^{20} immigratie
immigrieren^{320} immigreren
Immobilien *mv* onroerende goederen; *(Belg)* immobiliën
immun *(pol)* onschendbaar; *(med)* immuun
I-Mode v^{28} i-mode
Imperialismus m^{19a} imperialisme
impertinent impertinent, onbeschaamd
impfen **1** enten **2** inenten, vaccineren
Impfling m^{5} iem die gevaccineerd wordt, is
Impfschein m^{5} vaccinatiebewijs
Impfstoff m^{5} entstof, vaccin
Impfung v^{20} **1** enting **2** inenting, vaccinatie

Impfzeugnis o^{29a} vaccinatiebewijs
Implementierung v^{20} implementatie
implizieren^{320} impliceren
imponieren^{320+3} imponeren
Import m^{5} import, invoer
Importeur m^{5} importeur
Importhandel m^{19} invoerhandel
importieren^{320} importeren
Importwaren *mv* v^{21} importartikelen
imposant imposant, indrukwekkend
impotent impotent
Impotenz v^{28} impotentie
Impressionismus m^{19a} impressionisme
impressionistisch impressionistisch
Improvisation v^{20} improvisatie
improvisieren^{320} improviseren
Impuls m^{5} impuls
impulsiv impulsief
imstand, imstande: ~ *sein* in staat zijn

^{1}**in** *bn: das ist in* dat is in *(de mode)*
^{2}**in**$^{+3,+4}$ *vz* **1** in: *in Assen* in, te Assen; *30 km in der Stunde* 30 km per uur; *in kurzer Zeit* in korte tijd; *im Zimmer sein* in de kamer zijn **2** bij: *im Voraus* bij voorbaat **3** op: *in einer Abteilung tätig sein* op een afdeling werkzaam zijn; *im Alter von … Jahren* op …jarige leeftijd; *im ersten Stock wohnen* op de eerste verdieping wonen; *in freundlichem Ton* op vriendelijk toon; *in dieser Weise* op die manier; *in jmdn verliebt* op iem verliefd **4** voor: *in Geschäften reisen* voor zaken reizen **5** met: *in*$^{+3}$ *etwas begriffen sein* met iets bezig zijn **6** over: *heute in vierzehn Tagen* vandaag over veertien dagen **7** onder: *etwas in Worte fassen* iets onder woorden brengen **8** naar: *in die Schule gehen* naar school gaan; *in die Schweiz reisen* naar Zwitserland reizen
Inangriffnahme v^{21} start, aanpak
Inanspruchnahme v^{21} **1** (het) beslag leggen op, belasting **2** *(techn)* belasting **3** gebruikmaking van
Inbegriff m^{5} **1** zuivere belichaming; summum, prototype **2** *(fil)* wezen, zuiver begrip
inbegriffen inbegrepen, inclusief
Inbetriebnahme v^{21} **1** inbedrijfstelling **2** ingebruikneming
Inbetriebsetzung v^{20} inbedrijfstelling
Inbox v^{20} *(mv ook -es)* inbox
Inbrunst v^{28} vuur, gloed, innigheid
inbrünstig vurig, innig, hartstochtelijk
^{1}**indem** *bw* intussen, ondertussen
^{2}**indem** *vw* **1** doordat **2** terwijl
Inder m^{9} Indiër
^{1}**indes, indessen** *bw* **1** intussen, ondertussen **2** evenwel, nochtans
^{2}**indes, indessen** *vw* terwijl
Index m^{5} *(mv ook Indizes en Indices)* index
Indianer m^{9} indiaan
Indien o^{39} India
Indikation v^{20} indicatie
indirekt indirect, niet rechtstreeks
indisch Indisch
indiskret indiscreet, onbescheiden
Indiskretion v^{20} indiscretie
individualisieren^{320} individualiseren
Individualismus m^{19a} individualisme
Individualität v^{20} individualiteit
individuell individueel
Individuum *o (2e nvl -s; mv Individuen)* individu
Indiz *o (2e nvl -es; mv Indizien)* indicatie, teken, aanwijzing
indoktrinieren^{320} indoctrineren
Indonesien o^{39} Indonesië
Indonesier m^{9} Indonesiër
indonesisch Indonesisch
Induktion v^{20} *(elektr, fil)* inductie
industrialisieren^{320} industrialiseren
Industrie v^{21} industrie, nijverheid
Industrieanlage v^{21} fabriekscomplex
Industriegewerkschaft v^{20} industriebond
industriell industrieel
Industrielle(r) m^{40a}, v^{40b} industrieel
Industrie- und Handelskammer v^{21} Kamer van Koophandel en Fabrieken
ineinander in elkaar, ineen
infam **1** infaam, schandelijk **2** vreselijk
Infanterie, Infanterie v^{21} infanterie
Infektion v^{20} infectie, besmetting; ontsteking
infektiös besmettelijk
Infiltrant m^{14} infiltrant
Infiltration v^{20} infiltratie
infiltrieren^{320} infiltreren
infizieren^{320} infecteren, besmetten
Inflation v^{20} inflatie
inflationär, inflatorisch inflatoir
Info v^{27} info, informatie
^{1}**infolge** *bw* (met *von*$^{+3}$) ten gevolge van
^{2}**infolge**$^{+2}$ *vz* ten gevolge van
infolgedessen dientengevolge, daardoor
Infoline v^{27} infolijn
Infonummer v^{21} infonummer, infolijn
Informant m^{14} informant: *anonymer* ~ anonieme informant, klokkenluider
Informatik v^{28} informatica
Informatiker m^{9} informaticus
Information v^{20} informatie: *~en* inlichtingen
Informationstechnologe, Informationsexperte m^{15} IT'er
Informationsträger m^{9} informatiedrager
Informations- und Kommunikationstechniker m^{9} ICT'er
informell informeel
^{1}**informieren**^{320} *tr* informeren, inlichten
^{2}**informieren**^{320}, **sich** zich informeren, zich op de hoogte stellen
infrage: *etwas ~ stellen* iets in twijfel trekken; *etwas kommt ~* iets komt in aanmerking; *das kommt nicht ~* daar is geen sprake van
Infrastruktur v^{20} infrastructuur
Infusion v^{20} *(med)* infuus

Ingenieur [inzjeenieeu:r] *m*[5] **1** ingenieur **2** hts'er
Ingredienz *v*[20] ingrediënt, bestanddeel
Ingwer *m*[19] gember
Inhaber *m*[9] **1** bezitter, eigenaar; *(Belg)* uitbater **2** houder, toonder **3** drager *(van onderscheiding)*
Inhaberaktie *v*[21] aandeel aan toonder
inhaftieren[320] in hechtenis nemen
Inhaftierung *v*[20] inhechtenisneming
inhalieren[320] inhaleren, inademen
Inhalt *m*[5] inhoud
inhaltlich wat de inhoud betreft
Inhaltsangabe *v*[21] inhoudsopgave
inhaltsleer, inhaltslos 1 leeg **2** waardeloos
inhaltsreich, inhaltsschwer rijk aan inhoud
Inhaltsverzeichnis *o*[29a] inhoud(sopgave); register
inhuman inhumaan, onmenselijk
Initiale *v*[21] initiaal, beginletter
Initiative *v*[21] **1** initiatief **2** *(pol)* recht van initiatief **3** actiegroep
Initiator *m*[16] initiatiefnemer
Injektion *v*[20] injectie
injizieren[320] inspuiten, injecteren
Inkjet *m*[13] *(2e nvl ook -)* inkjet
inkl. *afk van inklusive* inclusief *(afk* incl.)
inklusive[+2] inclusief, met inbegrip van
inkonsequent inconsequent
inkorrekt incorrect, onjuist
Inkraftsetzung *v*[28], **Inkrafttreten** *o*[39] inwerkingtreding
Inland *o*[39] binnenland
inländisch binnenlands, inlands, inheems
Inlandsgeschäft *o*[29] binnenlandse handel
Inlandsmarkt *m*[6] binnenlandse markt
Inliner *m*[9], **Inlineskate** *m*[13], **Inlineskater** *m*[9] inlineskate; skeeler
inlineskaten 1 inlineskaten **2** skaten, skeeleren
inmitten[+2] *vz* te midden van
innehaben[182] **1** bezitten **2** *(een ambt, positie)* bekleden, innemen
innehalten[183] ophouden, onderbreken: *in* (of: *mit) der Arbeit* ~ het werk onderbreken
innen binnen, aan de binnenkant, van binnen
Innenarchitekt *m*[14] binnenhuisarchitect
Innenausstattung *v*[20], **Inneneinrichtung** *v*[20] woninginrichting
Innenhandel *m*[19] binnenlandse handel
Innenminister *m*[9] minister van Binnenlandse Zaken
Innenpolitik *v*[20] binnenlandse politiek
innenpolitisch van de binnenlandse politiek, de binnenlandse politiek betreffend
Innenraum *m*[6] binnenruimte, inwendige ruimte
Innenstadt *v*[25] binnenstad
inner 1 binnenst, inwendig, innerlijk: *im ~sten Herzen* in het diepst van het hart; *~e Medizin* interne geneeskunde **2** binnenlands, intern: *Minister des Inner(e)n* minister van Binnenlandse Zaken
innerbetrieblich binnen het bedrijf
innerdeutsch in, binnen Duitsland
Innereien *mv* inwendige organen en ingewanden *(van dieren)*
Innere(s) *o*[40c] binnenste, inwendige, kern: *im Inneren Afrikas* in het hartje van Afrika
[1]**innerhalb** *bw* binnen: ~ *von zwei Jahren* binnen twee jaar
[2]**innerhalb**[+2] *vz*[90] binnen: ~ *eines Jahres* binnen een jaar
innerlich innerlijk, inwendig
innewerden[310] zich realiseren
innewohnen[+3] zich bevinden in, zijn in, eigen zijn (aan)
innig innig, hartelijk, teder
Innovation *v*[20] innovatie
Innung *v*[20] vakbond
inoffiziell officieus, niet officieel
ins *samentr van in das* in de, in het
Insasse *m*[15] **1** bewoner, inwoner **2** inzittende *(van voertuig)*
insbesondere in het bijzonder, vooral
Inschrift *v*[20] opschrift, inschrift, inscriptie
Insekt *o*[37] insect
Insektenbekämpfungsmittel *o*[33] insecticide
Insektenfresser *m*[9] insecteneter
Insel *v*[21] eiland
Inselgruppe *v*[21] eilandengroep
Insemination *v*[20] **1** inseminatie, bevruchting **2** ki, kunstmatige bevruchting
Inserat *o*[29] advertentie
inserieren[320] adverteren
insgeheim in het geheim, heimelijk
insgesamt 1 gezamenlijk, samen **2** in totaal, over het geheel genomen
Insider [insajder] *m*[9] insider
[1]**insofern** *bw* in zover(re)
[2]**insofern** *vw* voor zover, indien
[1]**insoweit** *bw* in zover(re)
[2]**insoweit** *vw* voor zover
Inspektion *v*[20] **1** inspectie **2** beurt *(van auto in garage)*
Inspektor *m*[16] **1** *(belastingen)* inspecteur **2** opzichter
Inspiration *v*[20] inspiratie
inspirieren[320] inspireren
inspizieren[320] inspecteren
Installateur *m*[5] installateur
Installation *v*[20] installatie
installieren[320] installeren
instand: ~ *halten* in orde, in goede staat houden; ~ *setzen: a)* in staat stellen; *b)* (weer) in orde brengen, herstellen
Instandhaltung *v*[20] onderhoud
inständig 1 dringend, nadrukkelijk **2** smekend
Instandsetzung *v*[20] herstel
Instanz *v*[20] **1** instantie, overheidsorgaan **2** *(jur)* instantie: *in erster* ~ in eerste instantie; *in letzter* ~ in hoogste instantie

Instanzenweg m^{5} hiërarchieke weg
Instinkt m^{5} instinct
instinktiv, instinktmäßig instinctief
Institut o^{29} instituut, instelling
Institution v^{20} institutie, instelling
instruieren^{320} instrueren, onderrichten
Instrukteur m^{5} instructeur
Instruktion v^{20} instructie
instruktiv instructief, leerzaam, leerrijk
Instrument o^{29} instrument
inszenieren^{320} in scène zetten, ensceneren
intakt intact, onaangeroerd, onbeschadigd
Integration v^{20} integratie
Integrationskurs m^{5} inburgeringscursus
integrieren^{320} integreren
Integrität v^{28} integriteit
Intellekt m^{19} intellect, verstand
intellektuell intellectueel, verstandelijk
intelligent intelligent: *~es Design* intelligent design
Intelligenz v^{28} **1** intelligentie **2** intelligentsia
Intendant m^{14} intendant, toneeldirecteur, leider van radio-omroep, van televisieomroep
Intensität v^{20} intensiteit
intensiv intensief
Intensivpflegestation, Intensivstation v^{20} intensivecareafdeling
Intention v^{20} intentie, bedoeling
Intercity m^{13}, **Intercityzug** m^{6} intercity(trein)
interessant interessant, belangwekkend
Interesse o^{38} **1** belangstelling: *~ an*$^{+3}$ *etwas haben* belangstelling voor iets hebben **2** belang: *im öffentlichen ~* in het algemeen belang
Interessenbereich m^{5}, **Interessengebiet** o^{29} gebied waarvoor iem bijzondere belangstelling heeft, interessesfeer
Interessengemeinschaft v^{20} belangengemeenschap
Interessent m^{14} **1** geïnteresseerde, belangstellende **2** gegadigde **3** belanghebbende
interessieren^{320} interesseren: *jmdn an einem* (of: *für ein) Geschäft ~* iem voor een zaak interesseren; *sich ~ für*$^{+4}$ belangstellen in
interessiert geïnteresseerd, belangstellend: *~ sein an*$^{+3}$ belangstelling hebben voor
Interjektion v^{20} interjectie, tussenwerpsel
intern intern, inwendig; inwonend
Internat o^{29} internaat, kostschool
international internationaal
Internet o^{39} internet: *im ~* op het internet
Internetadresse v^{21} internetadres, webadres
Internetauktion v^{20} internetveiling
Internetcafé o^{36} internetcafé
Internetforum *o (2e nvl -s; mv -foren, -fora)* internetforum: *sich an einem ~ beteiligen* forumen
Internetnutzer m^{9} internetgebruiker
Internetportal o^{29} internetportaal
Internetprovider m^{9} internetprovider
Internetseite v^{21} internetpagina
Internettelefonie v^{28} internettelefonie
Internet-TV o^{39} internettelevisie
Internetuser m^{9} internetgebruiker
Internetversteigerung v^{20} internetveiling
internieren^{320} interneren
Internierungslager o^{33} interneringskamp
Internist m^{14} internist
interpellieren^{320} interpelleren
Interpret m^{14} **1** verklaarder **2** vertolker
Interpretation v^{20} interpretatie
interpretieren^{320} interpreteren
Interpunktion v^{20} interpunctie
intervenieren^{320} interveniëren, tussenbeide komen
Intervention v^{20} interventie
Interview o^{36} interview
interviewen interviewen
Interviewer m^{9} interviewer
intim intiem: *ein ~es Lokal* een gezellige gelegenheid
Intimbereich m^{5} **1** genitale streek **2** intieme levenssfeer
Intimität v^{20} intimiteit
intolerant intolerant, onverdraagzaam
Intonation v^{20} intonatie
intonieren^{320} intoneren
Intranet o^{36} intranet
Intrigant m^{14} intrigant
Intrige v^{21} intrige
Introduktion v^{20} introductie
introduzieren^{320} introduceren
introvertiert introvert
Intuition v^{20} intuïtie
intuitiv intuïtief
Invalide m^{15} invalide
Invalidität v^{28} invaliditeit
Invasion v^{20} invasie
Inventar o^{29} **1** inventaris **2** boedelbeschrijving || *lebendes und totes ~* levende en dode have
inventarisieren^{320} inventariseren
Inventur v^{20} inventarisatie
investieren^{320} **1** investeren: *~ in*$^{+3, +4}$ investeren in **2** installeren
Investition v^{20} investering
Investor m^{16} belegger, investeerder
inwendig inwendig, (van) binnen
inwiefern, inwieweit in hoever(re)
Inzucht v^{20} inteelt
inzwischen intussen, ondertussen
i.R. *afk van im Ruhestand* gepensioneerd
Irak m^{19} Irak
Iraker m^{9} Irakees, Irakiër, Iraki
irakisch Irakees, Iraaks
Iran m^{19} Iran, Perzië
Iraner m^{9} Iraniër, Pers
iranisch Iraans, Perzisch
irden aarden, stenen: *~es Geschirr* aardewerk
irdisch aards
Ire m^{15} Ier

irgend ook (maar); enigszins: *wenn ich ~ kann* als ik maar enigszins kan; *zie ook* irgendetwas, irgendjemand
irgendein een of ander
irgendeiner *zie* irgendwelcher
irgendetwas wat ook, het een of ander
irgendjemand de een of ander, iemand, wie ook
irgendwann eens, ooit
irgendwas het een of ander, wat ook
irgendwelcher, irgendwer de een of ander, iemand, wie ook
irgendwie op de een of andere manier, hoe dan ook; ergens
irgendwo ergens, waar ook
irgendwoher ergens vandaan
irgendwohin ergens heen, waarheen ook
Irin *v*[22] Ierse
irisch Iers
Iriserkennung *v*[28] irisherkenning
Irisscan *m*[13], *o*[36] irisscan
Irland *o*[39] Ierland
Ironie *v*[21] ironie
irrational, irrationell irrationeel
irre 1 geestesziek, gek, gestoord **2** in de war, onzeker **3** bijzonder **4** buitengewoon, ontzettend; *zie ook* irrewerden
Irre *v*[28]: *in die ~ führen* op een dwaalspoor brengen
irreal irreëel, onwerkelijk
irreführen op een dwaalspoor brengen, misleiden
Irreführung *v*[20] misleiding
irregehen[168] **1** verdwalen, op de verkeerde weg raken **2** zich vergissen
irreleiten misleiden
irremachen van de wijs brengen
[1]**irren** *intr* **1** dwalen, zwerven **2** niet juist zijn **3** zich vergissen
[2]**irren, sich** zich vergissen, het mis hebben
Irrenanstalt *v*[20] psychiatrisch ziekenhuis
Irre(r) *m*[40a], *v*[40b] krankzinnige
irrewerden gek worden: *an jmdm ~* niet weten wat men aan iem heeft
Irrfahrt *v*[20] zwerftocht
Irrgarten *m*[12] doolhof, labyrint
irrig verkeerd, onjuist
irritieren[320] **1** irriteren **2** van de wijs brengen
Irrlehre *v*[28] dwaalleer
Irrlicht *o*[31] dwaallicht
Irrsinn *m*[19] krankzinnigheid, waanzin
irrsinnig krankzinnig, waanzinnig
Irrtum *m*[8] dwaling, vergissing, abuis: *im ~ sein* (of: *sich im ~ befinden)* zich vergissen
irrtümlich 1 onjuist **2** abusievelijk
Irrung *v*[20] vergissing, dwaling, misverstand
Irrweg *m*[5] dwaalweg
Islam *m*[19], *m*[19a] islam
islamisch islamitisch
Islamismus *m*[19a] islamisme
Islamit *m*[14] islamiet
islamitisch islamitisch
Island *o*[39] IJsland
Isolation *v*[20] **1** isolatie **2** isolement
isolieren[320] isoleren, afzonderen
Isolierung *v*[20] **1** isolering, isolatie **2** isolement
Israel *o*[39] Israël
Israeli *m*[13] *(2e nvl ook -; mv ook -)* Israëli
israelisch Israëlisch
Israelit *m*[14] Israëliet
israelitisch Israëlitisch
IT *afk van Informationstechnologie* informatietechnologie *(afk* IT)
Italien *o*[39] Italië
Italiener *m*[9] Italiaan
italienisch Italiaans
IT-Branche *v*[21] IT-branche
i-Tüpfelchen *o*[35] puntje op de i

j

j [jot] *o (2e nvl -; mv -) (letter en klank)* j

ja 1 ja: *ich glaube ja* ik denk van wel **2** immers, toch: *das ist ja richtig, aber …* dat is wel waar, maar …; *es muss ja sein* het moet immers gebeuren **3** in ieder geval: *ja freilich* jazeker; *tu das ja nicht!* doe dat in geen geval! || *da bist du ja!* daar ben je eindelijk!; *da kommt er ja* daar is hij al

Jacht *v*^{20} *(scheepv)* jacht

Jacke *v*^{21} **1** (colbert)jasje **2** (dames)vest || *jmdm die ~ vollhauen* iem een pak slaag geven

Jackenkleid *o*^{31} deux-pièces

Jackett *o*^{36}, *o*^{29} colbertjasje

Jagd *v*^{20} jacht, jachtgebied: *hohe ~* jacht op grof wild; *niedere ~* jacht op klein wild

Jagdaufseher *m*^{9} jachtopziener; *(Belg)* jachtwachter

jagdberechtigt jachtrecht bezittend

Jagdbomber *m*^{9} jachtbommenwerper

Jagdfrevel *m*^{9} stroperij

Jagdhund *m*^{5} jachthond

Jagdrevier *o*^{29} jachtterrein, jachtveld

Jagdschein *m*^{5} jachtakte; *(Belg)* jachtvergunning

^{1}**jagen** *intr* op jacht gaan, zijn; jachten, rennen

^{2}**jagen** *tr* **1** jagen, vervolgen **2** jacht maken op

Jäger *m*^{9} jager

Jägerei *v*^{28} **1** jachtwezen **2** jagerij

jäh 1 steil *(van afgrond)* **2** plotseling **3** heftig *(van toorn)*

Jahr *o*^{29} jaar: *ein Mann in seinen ~en* een man van zijn leeftijd

jahraus: *~, jahrein* jaar in jaar uit

jähren, sich een jaar geleden zijn

Jahresabschluss *m*^{6} **1** *(handel)* jaarrekening **2** afsluiting van het (school)jaar

Jahresbericht *m*^{5} jaarverslag

Jahresende *o*^{38} einde van het jaar

Jahresergebnis *o*^{29a} jaarcijfers

Jahresfrist *v*^{20} jaartermijn: *binnen ~* binnen een jaar; *nach ~* na verloop van een jaar; *vor ~* een jaar geleden

Jahresgehalt *o*^{32} jaarsalaris

Jahreswechsel *m*^{9} jaarwisseling: *den ~ feiern* oud en nieuw vieren

Jahreszahl *v*^{20} jaartal

Jahreszahlen *mv (econ)* jaarcijfers

Jahreszeit *v*^{20} jaargetijde, seizoen

Jahrfünft *o*^{29} (tijdperk van) 5 jaar, lustrum

Jahrgang *m*^{6} **1** jaargang **2** *(mil)* lichting

Jahrhundert *o*^{29} eeuw

Jahrhundertwende *v*^{21} eeuwwisseling

jährlich jaarlijks

Jahrmarkt *m*^{6} jaarmarkt; kermis

Jahrtausend *o*^{29} (tijdperk van) 1000 jaar, millennium

Jahrzehnt *o*^{29} (tijdperk van) 10 jaar, decennium

Jähzorn *m*^{19} drift, opvliegendheid, woede

jähzornig driftig, opvliegend

Jammer *m*^{19} **1** ellende, verdriet **2** gejammer, geweeklaag || *es ist ein ~* het is vreselijk

Jammergeschrei *o*^{39} geweeklaag, gejammer

Jammergestalt *v*^{20} **1** smartelijk figuur **2** sukkel

Jammerlappen *m*^{11} sukkel

jämmerlich 1 jammerlijk, ellendig, erbarmelijk **2** armzalig **3** ontzettend, heel erg

jammern jammeren, klagen

jammerschade (erg) jammer, doodjammer

Jammertal *o*^{39} tranendal

jammervoll jammerlijk, ellendig, erbarmelijk

Januar *m*^{5} *(2e nvl ook -)* januari

Japan *o*^{39} Japan

Japaner *m*^{9} Japanner, Japannees

Japanerin *v*^{22} Japanse, Japannese

japanisch Japans, Japannees

Jasmin *m*^{5} jasmijn

Jastimme *v*^{21} **1** stem voor **2** voorstemmer

jäten wieden

jauchzen juichen, jubelen

Jauchzer *m*^{9} juichkreet

jaulen janken, huilen

jawohl ja, jawel

Jazzband *v*^{27} jazzband

je ooit: *warst du je in Berlin?* ben je ooit in Berlijn geweest? || *je Kilogramm* per kilo; *auf je drei Mann* op elke drie man; *je Tag* per dag; *je nach den Umständen* al naar de omstandigheden; *je nachdem* dat hangt ervan af; *je länger, je lieber* hoe langer hoe liever

Jeans [dzjienz] *mv* spijkerbroek

jedenfalls in ieder geval, stellig

jeder, jede, jedes ieder, elk, iedereen: *ohne jeden Zweifel* zonder enige twijfel; *ein ~* iedereen; *er besuchte mich jeden zweiten Tag* hij bezocht mij om de andere dag; *jede 7 Minuten* alle 7 minuten; *jedes Mal* telkens

jedermann ieder(een)

jederzeit steeds, te allen tijde

jedesmal *oude spelling voor* jedes Mal, *zie* jeder

jedoch echter, maar, evenwel, toch

jeglich elk, ieder

jeher: *von ~* vanouds, van oudsher

jemals ooit

jemand iemand

jener, jene, jenes$^{68, 77}$ die, dat, gene, gindse

jenseitig aan de overkant

jenseits^{+2} *vz* aan de andere zijde, aan de overkant

Jenseits *o*[39a] (de) andere wereld; hiernamaals
Jesuit *m*[14] jezuïet
Jetski *m*[13], *m*[7] *(2e nvl ook -; mv ook -)* jetski; waterscooter
jetten [dzjeten] (met een jet) vliegen
jetzig tegenwoordig, van nu, huidig
jetzt nu, thans, tegenwoordig
Jetztzeit *v*[28] tegenwoordige tijd, heden
jeweilig van het ogenblik, van dat ogenblik: *die ~e Politik* de politiek van het ogenblik
jeweils **1** telkens, steeds **2** op een gegeven ogenblik
jobben een tijdelijk baantje hebben
Jobber *m*[9] iem met een tijdelijk baantje
Joch *o*[29] **1** juk *(ook fig)* **2** bergpas
Jochbein *o*[29] jukbeen
Jockey, Jockei *m*[13] *(sp)* jockey
Jod *o*[39] jodium
Joghurt, Jogurt *m, o (2e nvl -(s); mv -(s))*, *v*[27] yoghurt
Johannisbeere *v*[21] aalbes
johlen joelen, schreeuwen
Joint *m*[13] **1** joint, stickie **2** *(jeugdtaal)* sigaret
jonglieren[320] jongleren
Joppe *v*[21] jopper, jekker
Jordanien *o*[39] Jordanië
Jordanier *m*[9] Jordaniër
jordanisch Jordaans
Jot *o (2e nvl -; mv -)* j *(letter, klank)*
Journalist *m*[14] journalist
Journalistik *v*[28] journalistiek
jovial joviaal
Jovialität *v*[28] jovialiteit
Jubel *m*[19] **1** gejubel, gejuich **2** feestvreugde
jubeln jubelen, juichen
Jubelpaar *o*[29] bruidspaar, jubilerend paar
Jubelruf *m*[5] jubelkreet, juichkreet
Jubilar *m*[5] jubilaris
Jubiläum *o (2e nvl -s; mv Jubiläen)* jubileum
jubilieren[320] **1** *(iron)* jubileren **2** jubelen
juchhe, juchhei, juchheisa *tw* hoera!
[1]**jucken** *tr en intr* jeuken: *es juckt mich: a)* ik heb jeuk; *b)* ik heb zin
[2]**jucken, sich** zich krabben
Jucken *o*[39] jeuk
Jude *m*[15] jood, Jood
Jüdin *v*[22] jodin, Jodin
jüdisch joods, Joods
Judo *o*[39], *o*[39a] judo
Jugend *v*[28] jeugd *(ook fig)*: *von ~ an* (of: *auf*) van jongs af aan
Jugendamt *o*[32] Kinderbescherming
Jugendarbeit *v*[28] **1** kinderarbeid **2** jeugdzorg
jugendfrei (toegang) voor alle leeftijden
Jugendgericht *o*[29] kinderrechtbank; *(Belg)* jeugdrechtbank
Jugendherberge *v*[21] jeugdherberg
Jugendhilfe *v*[28] kinderbescherming
Jugendjahre *mv o*[29] jeugdjaren
Jugendleiter *m*[9] jeugdleider; *(Belg)* monitor
Jugendleiterin *v*[22] jeugdleidster; *(Belg)* monitrice
jugendlich jeugdig, jong, jeugd-
Jugendliche(r) *m*[40a], *v*[40b] jeugdige persoon *(van 14 t/m 17 jaar)*; jongere
Jugendrichter *m*[9] kinderrechter; *(Belg)* jeugdrechter
Jugendschutz *m*[19] kinderbescherming
Jugendstil *m*[19] jugendstil, art nouveau
Jugendszene *v*[21] jongerencircuit
Jugendzeit *v*[20] (tijd der) jeugd
Jugoslawe *m*[15] Joegoslaaf; Joegoslaviër
Jugoslawien *o*[39] Joegoslavië
jugoslawisch Joegoslavisch
Juli *m*[13] *(2e nvl ook -)* juli
jung[58] jong: *ein jüngerer Mann* een tamelijk jonge man
Junge *m*[15] *(mv ook Jungs, Jungens) (volkstaal)* **1** jongen **2** boer *(in kaartspel)*
Jüngelchen *o*[35] jongetje, ventje, kereltje
jungenhaft jongensachtig
Jünger *m*[9] discipel, volgeling, aanhanger
Jüngerschaft *v*[28] discipelen, volgelingen
Junge(s) *o*[40c] jong *(van dier)*
Jungfer *v*[21] juffrouw, juffer
Jungfernfahrt *v*[20] eerste reis *(van schip)*
Jungfrau *v*[20] **1** maagd **2** *(astrol)* Maagd
jungfräulich maagdelijk, rein
Junggeselle *m*[15] vrijgezel
Junglehrer *m*[9] beginnend leraar
Jüngling *m*[5] jongeman, jongeling
[1]**jüngst** *bn* jongst, laatst
[2]**jüngst** *bw* laatst, onlangs
Jungtier *o*[29] jong dier, jong
Juni *m*[13] *(2e nvl ook -)* juni
Junior *m*[16] junior
Jura: *~ studieren* rechten studeren
Jurist *m*[14] **1** jurist, rechtsgeleerde **2** rechtenstudent
juristisch juridisch, rechtskundig
Jury, Jury *v*[27] jury
Justiz *v*[28] justitie
Justizbehörde *v*[21] rechterlijke macht
Justizkanzlei *v*[20] griffie
Justizrat *m*[6] raadsheer, rechter *(ook eretitel)*
Justizverwaltung *v*[20] rechterlijke macht
Jute *v*[28] jute: *aus ~, ~...* juten
[1]**Juwel** *o*[37], *m*[16] juweel, kleinood
[2]**Juwel** *o*[29] *(fig)* juweel, kroonjuweel, parel
Juwelier *m*[5] juwelier
Jux *m*[5] scherts, grap
juxen gekheid maken

k

Kabale v^{21} intrige, list
Kabarett o^{36}, o^{29} cabaret
Kabarettist m^{14} cabaretier
Kabel o^{33} kabel
Kabelanbieter m^{9} kabelexploitant
Kabelbetreiber m^{9} kabelexploitant
Kabelfernsehen o^{39} kabeltelevisie
Kabeljau m^{5}, m^{13} kabeljauw
Kabine v^{21} **1** cabine **2** *(scheepv)* hut **3** badhokje, kleedhokje
Kabinenbahn v^{20} kabelbaan *(met cabines)*
Kabinett o^{29} kabinet
Kachel v^{21} (geglazuurde) tegel
kacheln betegelen
Kachelofen m^{12} tegel-, faiencekachel
Kacke v^{28} *(inform)* kak, poep: *so eine ~!* wat een shit!
kacken *(inform)* kakken, poepen
Kader m^{9} **1** kader, leiding **2** *(sp)* selectie
Kadett m^{14} *(mil)* cadet
Käfer m^{9} kever, tor
Kaffee m^{19} koffie: *~ aufbrühen* (of: *kochen)* koffiezetten
Kaffeebohne v^{21} koffieboon
Kaffeemaschine v^{21} koffiezetapparaat
Kaffeepad o^{36} pad, coffeepad
Kaffeeservice o^{33} *(2e nvl ook -)* koffieservies
Kaffeetisch m^{5} koffietafel
Kaffeewärmer m^{9} theemuts
Koffein o^{39} cafeïne, coffeïne
Käfig m^{5} kooi, hok; kooitje
kahl kaal
Kahlkopf m^{6} kaal hoofd, kaalkop
Kahlschlag m^{6} kaalslag
Kahn m^{6} **1** bootje, roeiboot **2** aak **3** *(inform)* schuit
Kai m^{13}, m^{5} kade, wal
Kaiman m^{5} *(dierk)* kaaiman
Kaiser m^{9} keizer
Kaiserbrötchen o^{35} rond broodje
kaiserlich keizerlijk
Kaiserreich o^{29} keizerrijk
Kaiserschmarren m^{11} zoete omelet
Kaiserschnitt m^{5} *(med)* keizersnede
Kajak m^{13}, o^{36} kajak
Kajüte v^{21} kajuit, hut
Kakao [kaakau, kaakaoo] m^{13} cacao: *jmdn durch den ~ ziehen* iem belachelijk maken
kakeln kakelen *(ook fig)*
Kakerlak m^{14}, m^{16} kakkerlak
Kaktee v^{21}, **Kaktus** *m (2e nvl -; mv Kakteen)* cactus
Kalamität v^{20} calamiteit
Kalauer m^{9} flauwe mop
Kalb o^{32} **1** kalf **2** kalfsvlees **3** *(fig)* onnozele hals
kalben kalven
Kalbsbraten m^{11} gebraden kalfsvlees
Kalbsbries o^{29} (kalfs)zwezerik
Kalbsschnitzel o^{33} kalfsschnitzel, kalfslapje
Kalender m^{9} kalender, almanak
Kaliber o^{33} kaliber
Kalk m^{5} kalk: *bei ihm rieselt (schon) der ~* hij begint af te takelen
kalken kalken, witten
kalkhaltig kalkhoudend
kalkig **1** kalkachtig, krijtwit **2** kalkhoudend
Kalkstein m^{5} kalksteen
Kalkül m^{5}, o^{29} berekening, overleg
Kalkulation v^{20} calculatie, (prijs)berekening
Kalkulator m^{16} calculator
kalkulieren^{320} calculeren, berekenen
Kalme v^{21} windstilte, kalmte
Kalorie v^{21} calorie
kalorienarm caloriearm
kalt^{58} **1** koud, koel, kil: *mir ist ~* ik heb het koud; *~e Miete* kale huur, huur exclusief verwarmingskosten; *~ stellen* op een koele plaats zetten **2** koel, nuchter **3** afwijzend, onvriendelijk
kaltblütig **1** koudbloedig **2** koelbloedig
Kälte v^{28} **1** kou **2** kilte, koelheid **3** kilheid
Kälteeinbruch m^{6} kou-inval, koudegolf
Kältewelle v^{21} koudegolf
Kaltfront v^{20} koufront
kaltherzig koud, ongevoelig, harteloos
Kaltluft v^{28} koude lucht
kaltmachen koud maken, ombrengen
Kaltmiete v^{21} kale huur, huur exclusief verwarmingskosten
kaltschnäuzig gevoelloos, meedogenloos, bot
kaltstellen uitrangeren; uitschakelen
Kalzium o^{39} calcium
Kamel o^{29} **1** kameel **2** *(fig)* stommeling, ezel
Kamera v^{27} camera
Kamerad m^{14} kameraad, makker, maat
Kameradin v^{22} vriendin, kameraad
Kameradschaft v^{20} kameraadschap
kameradschaftlich kameraadschappelijk
Kameramann m^{8} *(mv ook -leute)* cameraman
Kamille v^{21} kamille
Kamin m^{5} **1** schoorsteen **2** open haard
Kaminfeuer o^{33} haardvuur
Kamm m^{6} kam
kämmen kammen
Kammer v^{21} **1** kamer, (zij)kamertje **2** berging **3** hut, kajuit **4** *(pol, jur)* kamer **5** *(mil)* wapenkamer **6** kamer *(van hart, schutsluis, vuurwapen)*

Kämmerei *v*[20] gemeentekas
Kämmerer *m*[9] gemeenteontvanger
Kammermusik *v*[28] kamermuziek
Kammerorchester *o*[33] kamerorkest
Kammerspiel *o*[29] toneelstuk voor een klein theater
Kammgarn *o*[29] kamgaren
Kampagne *v*[21] campagne
Kampf *m*[6] **1** strijd, gevecht **2** *(sp)* wedstrijd, match
kampfbereit gevechtsklaar, paraat
kämpfen **1** vechten, strijden **2** *(sp)* een wedstrijd houden, spelen
Kampfer *m*[19] kamfer
Kämpfer *m*[9] **1** strijder, vechter **2** vechtersbaas **3** voorvechter, verdediger
kämpferisch **1** strijdlustig **2** de strijd, het gevecht betreffend
kampffähig in staat om te vechten
Kampfflugzeug *o*[29] gevechtsvliegtuig
Kampfhandlung *v*[20] gevechtshandeling
Kampfpause *v*[21] gevechtspauze
Kampfplatz *m*[6] arena, strijdperk
Kampfrichter *m*[9] kamprechter, jurylid
Kampfstoff *m*[5] *(mil)* ABC-wapen
kampfunfähig niet in staat om te vechten: *~ machen* buiten gevecht stellen
Kampfverband *m*[6] gevechtsformatie
Kanada *o*[39] Canada
Kanadier *m*[9] Canadees
kanadisch Canadees
Kanaille *v*[21] schoft, schurk, schooier
Kanal *m*[6] **1** kanaal; *(Belg)* rei **2** gracht **3** riool
Kanaldeckel *m*[9] riooldeksel
Kanalisation *v*[20] **1** kanalisatie **2** riolering
kanalisieren[320] **1** kanaliseren **2** van een riool voorzien
Kanaltunnel *m*[19] Kanaaltunnel
Kanarienvogel *m*[10] kanarie(vogel)
kanarisch: *Kanarische Inseln* Canarische Eilanden
Kandare *v*[21] gebitstang, bit: *jmdn an der ~ haben* (of: *halten)* iem in toom houden
Kandidat *m*[14] kandidaat
Kandidatur *v*[20] kandidatuur
kandidieren[320] zich kandidaat stellen, kandidaat zijn
Kandis *m*[19a], **Kandiszucker** *m*[19] kandij(suiker)
Känguru *o*[36] kangoeroe
Känguruh *oude spelling voor* Känguru, *zie* Känguru
Kaninchen *o*[35] konijn(tje)
Kaninchenbau *m*[5] konijnenhol
Kanister *m*[9] bus, jerrycan, (benzine)tankje
Kännchen *o*[35] kannetje
Kanne *v*[21] kan, pot, kruik: *es gießt wie mit* (of: *aus) ~n* het regent, dat het giet
Kannibale *m*[15] **1** kannibaal **2** *(fig)* onmens
kannibalisch **1** kannibaals **2** wreed **3** geweldig
Kanon *m*[13] canon
Kanone *v*[21] **1** kanon **2** *(sp)* crack **3** *(fig)* kei, kopstuk **4** *(iron)* revolver
Kanonenboot *o*[29] kanonneerboot
Kanonendonner *m*[9] kanongebulder
Kanonenfutter *o*[39] kanonnenvlees
Kantate *v*[21] *(muz)* cantate
Kante *v*[21] **1** *(meetk)* ribbe **2** scherpe kant **3** kant, rand, zoom, boord **4** scherpe bergkam || *auf die hohe ~ legen* opzijleggen
kanten **1** *(skiën)* kanten; de kanten naar binnen draaien **2** op z'n kant zetten, kantelen
kantig kantig, met scherpe kanten, hoekig
Kantine *v*[21] kantine
Kanton *m*[5] kanton
Kantor *m*[16] cantor, voorzanger
Kantorei *v*[20] cantorij, kerkkoor
Kanu *o*[36] kano
Kanzel *v*[21] **1** kansel *(ook fig)* **2** cockpit
Kanzlei *v*[20] **1** kanselarij, griffie, secretarie **2** kantoor *(van advocaat, notaris)*
Kanzler *m*[9] kanselier, minister-president
Kanzlerin *v*[22] vrouwelijke kanselier, vrouwelijke minister-president
Kap *o*[36] kaap
kapabel capabel, geschikt, bekwaam
Kapazität *v*[20] **1** capaciteit, vermogen **2** autoriteit, expert
Kapelle *v*[21] **1** kapel **2** *(hist)* kerkkoor **3** orkestje
Kapellmeister *m*[9] **1** kapelmeester **2** dirigent
Kaper *m*[9] *(hist)* **1** kaperschip **2** kaper
kapern kapen: *sich einen Mann ~* een man aan de haak slaan
kapieren[320] begrijpen, snappen
kapital kapitaal, geweldig, enorm (groot)
Kapital *o*[29] *(mv ook -ien)* kapitaal: *~ aus*[+3] *etwas schlagen* munt uit iets slaan
Kapitalbuchstabe *m*[18] hoofdletter
Kapitalismus *m*[19a] kapitalisme
Kapitalist *m*[14] kapitalist
kapitalistisch kapitalistisch
kapitalkräftig kapitaalkrachtig
Kapitalmarkt *m*[6] kapitaalmarkt
Kapitalverbrechen *o*[35] zeer ernstig misdrijf
Kapitän *m*[5] **1** *(scheepv)* kapitein **2** *(luchtv)* gezagvoerder **3** *(sp)* aanvoerder, captain
Kapitel *o*[33] **1** kapittel **2** hoofdstuk: *(fig) ein trauriges ~* een droeve zaak
kapiteln kapittelen, de les lezen
Kapitulation *v*[20] capitulatie, overgave
kapitulieren[320] capituleren
Kaplan *m*[6] kapelaan
Kappe *v*[21] **1** muts, kap, pet **2** kapje *(van brood)* **3** kap *(van gewelf)* **4** neus, punt *(van schoen)* **5** dop: *es geht* (of: *kommt) auf seine ~* het is voor zijn rekening; *etwas auf seine ~ nehmen* iets voor zijn verantwoording nemen
kappen **1** kappen, doorsnijden, afsnijden **2** snoeien, toppen **3** castreren
Kapriole *v*[21] capriool

Kapsel v^{21} **1** *(med)* kapsel **2** foedraal, etui, huls **3** zaaddoos **4** capsule
kaputt **1** kapot, stuk, defect **2** moe, uitgeput
Kapuze v^{21} kap, capuchon
Karabiner m^{9} **1** karabijn **2** karabijnhaak
Karaffe v^{21} karaf
Karambolage v^{21} **1** *(sp)* carambole **2** botsing
karambolieren^{320} **1** caramboleren **2** botsen
Karaoke o^{39}, o^{39a} karaoke
Karat o^{29} karaat
Karawane v^{21} karavaan
Kardan m^{5} cardanas
Kardangelenk o^{29} cardankoppeling
Kardanwelle v^{21} cardanas
kardinal kardinaal, fundamenteel
Kardinal m^{6} kardinaal
Kardinalfehler m^{9} kardinale fout
Kardinalzahl v^{20} **1** hoofdtelwoord **2** grondgetal
Kardiologe m^{15} cardioloog
Kardiologie v^{28} cardiologie
Karenz v^{20} **1** *(med)* onthouding **2** wachttijd
Karenzfrist, Karenzzeit v^{20} wachttijd
Karfreitag m^{5} Goede Vrijdag
karg^{59} **1** karig, schraal: ~ *mit Worten* karig met woorden **2** armelijk, armoedig **3** sober
kargen zuinig, spaarzaam zijn: *mit*$^{+3}$ *etwas* ~ karig, zuinig met iets zijn
Kargheit v^{28} karigheid; *zie ook* karg
kärglich karig, schamel, armoedig
Karibik v^{28} Caraïbische Zee
kariert geruit: ~ *reden* verward praten
Karies v^{28} cariës, tandbederf
Karikatur v^{20} karikatuur
karikieren^{320} karikaturiseren
karitativ charitatief, liefdadig
Karkasse v^{21} karkas
Karneval m^{5}, m^{13} carnaval
Karnevalist m^{14} carnavalsvierder
Karnickel o^{33} **1** konijn(tje) **2** zondebok
Kärnten o^{39} Karinthië
[1]**Karo** *o (2e nvl -s; mv Karo)* ruiten *(bij kaartspel)*
[2]**Karo** o^{36} ruit, vierkant
Karosse v^{21} **1** karos, koets **2** carrosserie
Karosserie v^{21} carrosserie, koetswerk
Karotte v^{21} peen, wortel
Karpfen m^{11} karper
Karre v^{21} **1** kar, (krui)wagen **2** oude rammelkast || *die ~ aus dem Dreck ziehen* de zaak opknappen; *die ~ war total verfahren* de zaak was hopeloos in de war
Karree o^{36} **1** carré **2** ribstuk **3** (huizen)blok
karren kruien; karren
Karren m^{11} *zie* Karre
Karriere v^{21} carrière
Karrierefrau v^{20} carrièrevrouw
Karsamstag m^{5} paaszaterdag
Karte v^{21} **1** kaart: *~n spielen* kaarten; *nach der ~ essen* à la carte eten; *alle ~n in der Hand haben* alle troeven in handen hebben; *(sp) die Gelbe, gelbe, Rote, rote ~* de gele, rode kaart **2** (visite)kaartje **3** ansicht, briefkaart **4** kaartje, biljet **5** landkaart
Kartei v^{20} kaartsysteem, cartotheek
Kartell o^{29} kartel
Kartellamt o^{32}, **Kartellbehörde** v^{21} kartelbureau
karten kaarten, kaartspelen
Kartenguthaben o^{35} **1** beltegoed **2** tegoed op chipkaart
Kartenhaus o^{32} kaartenhuis *(ook fig)*
Kartenspiel o^{29} kaartspel
Kartenspieler m^{9} kaartspeler
Kartoffel v^{21} **1** aardappel **2** *(neus)* kokkerd **3** *(in kous)* knol, groot gat **4** knol, groot horloge
Kartoffelbrei m^{19} aardappelpuree
Kartoffelklößchen o^{35} aardappelknoedel
Kartoffelpuffer m^{9} aardappelpannenkoek
Kartoffelpüree o^{39} aardappelpuree
Kartoffelsalat m^{5} aardappelsalade
Karton m^{13}, m^{5} **1** karton **2** kartonnen doos
Kartothek v^{20} cartotheek, kaartsysteem
Karussell o^{29}, o^{36} carrousel, draaimolen
Karwoche v^{21} goede week, stille week
karzinogen carcinogeen, kankerverwekkend
Karzinom o^{29} carcinoom, tumor
kaschieren^{320} verbergen, verhelen
Käse m^{9} **1** kaas **2** onzin, nonsens
Käsebrot o^{29} boterham met kaas
Käseglocke v^{21} kaasstolp
Käsekuchen m^{11} kwarktaart
käsen kazen, kaas maken
Käserei v^{20} **1** kaasmakerij **2** kaasbereiding
Käserinde v^{21} kaaskorst
Kaserne v^{21} kazerne
Kasernenhof m^{6} binnenplaats van de kazerne
käsig **1** kaasachtig **2** vaalbleek
Kasino o^{36} **1** casino **2** *(mil)* mess **3** kantine
Kaskade v^{21} cascade
Kasko m^{13} casco
Kaskoschaden m^{12} blikschade
kaskoversichern een cascoverzekering sluiten
Kaskoversicherung v^{20} cascoverzekering
Kasper m^{9} Jan Klaassen
Kaspertheater o^{33} poppenkast
Kasse v^{21} **1** kas: *die ~ führen* de kas houden; ~ *machen* de kas opmaken **2** kassa **3** ziekenfonds **4** spaarbank || *zur ~ gebeten werden* moeten betalen; *gegen* (of: *per*) ~ contant; *getrennte ~ führen* (of: *haben*) elk voor zichzelf betalen
Kassenarzt m^{6} ziekenfondsarts
Kassenbestand m^{6} bedrag in kas, kassaldo
Kassenbon m^{13} kassabon
Kassenbrille v^{21} ziekenfondsbril(letje)
Kassenerfolg m^{5} kasstuk
Kassenführer m^{9} kassier; penningmeester
Kassenpatient m^{14} fondspatiënt; *(Belg)* mutualist
Kassenschlager m^{9} kasstuk
Kassensturz m^{6} (het) opmaken van de kas: ~

machen de kas opmaken
Kassenwart m^{5} penningmeester
Kassenzettel m^{9} kassabon
Kassette v^{21} **1** cassette, cartridge, houder **2** hoes *(voor boek, plaat)* **3** huls *(voor filmrolletje)*
Kassettenrekorder, Kassettenrecorder m^{9} cassetterecorder
Kassettenspieler m^{9} cassettespeler
Kassiber m^{9} geheim briefje
kassieren^{320} **1** incasseren, beuren **2** *(inform)* arresteren **3** in beslag nemen, inpikken
Kassierer m^{9} kassier; penningmeester
Kassiererin v^{22} kassière
Kastanie v^{21} kastanje
Kästchen o^{35} **1** cassette **2** hokje, vakje
Kaste v^{21} kaste
kasteien, sich zich kastijden, zich tuchtigen
Kastell o^{29} fort, citadel
Kasten $m^{12,\ \text{zelden}\ 11}$ **1** kist, bak, krat, doos: *ein ~ Bier* een krat bier **2** *(Z-Dui, Oostenr, Zwits)* kast **3** brievenbus **4** *(sp)* doel **5** *(sp)* springkast **6** *(mil)* bak **7** laadbak **8** kast *(lelijk gebouw)* || *etwas auf dem ~ haben* iets in z'n mars hebben
kastrieren^{320} castreren
Kasus *m (2e nvl -; mv -)* **1** geval **2** naamval
Kasusendung v^{20} naamvalsuitgang
Kat m^{13} *verk van Katalysator* **1** katalysator **2** auto met katalysator
Katalog m^{5} **1** catalogus **2** *(fig)* waslijst
katalogisieren^{320} catalogiseren
Katalysator m^{16} katalysator
Katalysatorauto o^{36} auto met katalysator
katapultieren^{320} met een katapult lanceren, katapulteren
Kataster m^{9}, o^{33} kadaster
Katasteramt o^{32} kadaster *(het gebouw)*
katastrophal catastrofaal, noodlottig
Katastrophe v^{21} catastrofe, ramp
Katastrophendienst m^{5} rampendienst
Katastrophenschutz m^{19} **1** rampendienst **2** maatregelen ter voorkoming van rampen
Katechese v^{21} catechese, catechisatie
Katechismus *m (2e nvl -; mv -men)* catechismus
Kategorie v^{21} categorie, soort, klasse
Kater m^{9} *(ook fig)* kater
Kathedrale v^{21} kathedraal, domkerk
Katheter m^{9} *(med)* katheter
katheterisieren^{320} katheteriseren
Katholik m^{14} katholiek
Katholikin v^{22} katholieke vrouw
katholisch katholiek
Katholizismus m^{19a} katholicisme
Kätzchen o^{35} katje *(ook plantk)*
Katze v^{21} kat, poes: *die ~ aus dem Sack lassen* met iets voor de dag komen
katzenartig katachtig
Katzenauge o^{38} **1** kattenoog **2** katoog *(halfedelsteen)* **3** reflector
Katzenbuckel m^{9} kromme rug
Katzendreck m^{19} kattenpoep || *das ist kein ~* dat is niet niks
Katzenjammer m^{19} *(fig)* kater, katterigheid
Kauderwelsch o^{39} koeterwaals
kauen 1 kauwen: *an den Nägeln ~* op de nagels bijten **2** *(tabak)* pruimen
[1]**kauern** *intr* hurken
[2]**kauern, sich** (neer)hurken
Kauf m^{6} koop, aankoop: *zum ~ anbieten* te koop aanbieden; *etwas in ~ nehmen* iets op de koop toe nemen
kaufen kopen
Käufer m^{9} koper, klant
Kaufhalle v^{21}, **Kaufhaus** o^{32} warenhuis
Kaufkraft v^{28} koopkracht
kaufkräftig koopkrachtig
Kaufleute *mv* kooplieden
käuflich 1 te koop: *~ erwerben* aankopen **2** omkoopbaar
Käuflichkeit v^{28} omkoopbaarheid
Kauflust v^{28} kooplust
kauflustig kooplustig
Kaufmann *m (2e nvl -(e)s; mv -leute)* koopman, zakenman, handelaar: *er ist ~* hij is in de handel
kaufmännisch commercieel, handels-: *~e Lehre* handelsopleiding; *~er Unterricht* handelsonderwijs; *~er Angestellter* employé
kaufsüchtig koopziek
Kaufvertrag m^{6} koopcontract
Kaugummi m^{13}, o^{36} kauwgom
kaum 1 nauwelijks, bijna niet **2** pas, net **3** vermoedelijk niet
kausal causaal, oorzakelijk
Kautabak m^{5} pruimtabak
Kaution v^{20} cautie, borgstelling, borgtocht
Kautschuk m^{5} rubber
Kauz m^{6} uil: *ein wunderlicher ~* een vreemde vogel
Kavalier m^{5} **1** gentleman, heer: *ein ~ am Steuer* een heer in het verkeer **2** aanbidder, cavalier
Kavallerie v^{21} cavalerie, ruiterij
Kavallerist m^{14} cavalerist
Kaviar m^{5} kaviaar
keck 1 koen, gedurfd, stoutmoedig **2** vrijpostig, brutaal **3** kwiek, vlot: *ein ~es Hütchen* een vlot hoedje
Keckheit v^{20} **1** koenheid, gedurfdheid **2** vrijpostigheid; *zie ook* keck
Kegel m^{9} kegel: *~ schieben* (of: *spielen)* kegelen || *mit Kind und ~* met de hele familie
Kegelbahn v^{20} kegelbaan
kegelförmig kegelvormig
Kegelkugel v^{21} kegelbal
kegeln 1 kegelen **2** vallen, tuimelen
Kegler m^{9} kegelaar
Kehle v^{21} **1** keel, hals, strot: *aus voller ~* luidkeels; *in die falsche ~ bekommen* in het verkeerde keelgat schieten **2** groef
kehlen *(vissen)* uithalen; *(haring)* kaken

Kehlkopf *m*[6] strottenhoofd
Kehllaut *m*[5] keelklank
Kehraus *m*[19a] slotdans: *(den) ~ machen: a)* ophouden; *b)* opruimen
Kehre *v*[21] **1** scherpe bocht **2** draai, wending **3** *(sp)* (het) keren
[1]**kehren** *intr* **1** keren, wenden **2** omkeren **3** terugkeren: *in sich gekehrt* in zichzelf gekeerd
[2]**kehren** *tr* **1** *(vooral Z-Dui)* vegen **2** keren, wenden
[3]**kehren, sich** zich keren: *sich ~ an*[+4] zich storen aan, zich bekommeren om
Kehricht *m*[19], *o*[39] veegsel, vuilnis, afval: *(inform) das geht ihn einen feuchten ~ an* dat gaat hem geen bliksem aan
Kehrichthaufen *m*[11] vuilnishoop
Kehrseite *v*[21] **1** keerzijde **2** rug, achterwerk
kehrtmachen rechtsomkeert maken
Kehrtwendung *v*[20] **1** wending **2** *(fig)* ommezwaai
Keil *m*[5] **1** wig, spie **2** wigvormige formatie **3** geer, spie *(bij naaiwerk)*
[1]**keilen** *tr* **1** aanwerven, winnen **2** kloven, splijten **3** duwen
[2]**keilen, sich** **1** vechten **2** dringen
Keiler *m*[9] ever(zwijn)
Keilerei *v*[20] vechtpartij, kloppartij
keilförmig wigvormig
Keilhose *v*[21] skibroek
Keilriemen *m*[11] V-snaar
Keim *m*[5] kiem: *~e treiben* uitlopen; *etwas im ~ ersticken* iets in de kiem smoren
keimen (ont)kiemen, uitlopen
keimfrei kiemvrij; steriel
kein geen: *~er* niemand; *~er (keine, ~(e)s) von beiden* geen van beide(n); *~ bisschen* helemaal niet, helemaal niets
keinerlei generlei, geen enkel(e)
keinerseits van geen enkele zijde, van niemand
keinesfalls in geen geval, volstrekt niet
keineswegs geenszins, volstrekt niet
keinmal nooit, geen enkele maal
Keks *m, o (2e nvl -(es); mv -(e))* biscuit, biscuitje
Kelch *m*[5] kelk, beker
Kelle *v*[21] **1** troffel **2** pollepel **3** soeplepel **4** *(verkeer, spoorw)* spiegelei, pannenkoek
Keller *m*[9] kelder
Kellerassel *v*[21] pissebed
Kellergeschoss *o*[29] souterrain
Kellner *m*[9] kelner, ober
Kellnerin *v*[22] kelnerin, serveerster
kellnern als kelner werken
Kelter *v*[21] wijnpers, druivenpers
keltern *(wijn)* persen
Kennel *m*[9] kennel, hondenhok
kennen[189] kennen, herkennen: *ich kenne ihn am Gang* ik herken hem aan zijn gang; *ich kenne den Rummel* dat ken ik; *er kennt sich nicht vor Wut* hij is buiten zichzelf van woede
kennenlernen, kennen lernen leren kennen
Kenner *m*[9] kenner
Kennerblick *m*[5], **Kennermiene** *v*[21] kennersblik
kenntlich (her)kenbaar: *~ sein* te herkennen zijn; *~ machen* kenbaar maken
Kenntnis *v*[24] kennis: *seine ~se sind gering* zijn kennis is gering; *ich habe ihn davon in ~ gesetzt* ik heb hem daarvan in kennis gesteld; *~ von etwas haben* van iets op de hoogte zijn; *~ von etwas nehmen* nota van iets nemen; *etwas zur ~ nehmen* iets voor kennisgeving aannemen
Kenntnisnahme *v*[28] kennisneming
Kennwort *o*[32] **1** *(mil)* wachtwoord **2** toegangscode, password
Kennzahl *v*[20] *(telecom)* netnummer
Kennzeichen *o*[35] kenteken, kenmerk: *amtliches ~* kenteken *(van motorvoertuig)*
kennzeichnen kenmerken, karakteriseren
kennzeichnend kenmerkend, karakteristiek
Kennziffer *v*[21] **1** *(nat, econ)* kencijfer, kengetal **2** *(telecom)* netnummer
[1]**kentern** *(haben) (mbt tij)* kenteren; *(mbt wind)* draaien
[2]**kentern** *(sein) (scheepv)* kapseizen
Keramik *v*[28] keramiek
Kerbe *v*[21] kerf, keep
kerben kerven, inkepen
Kerbholz *o*[32] kerfstok: *etwas auf dem ~ haben* iets op z'n kerfstok hebben
Kerker *m*[9] kerker
Kerl *m*[5] **1** kerel, vent **2** prachtexemplaar **3** *(inform)* meid, meisje
Kerlchen *o*[35] kereltje, ventje
Kern *m*[5] **1** kern **2** pit **3** korrel **4** hart *(van hout, sla)*
Kernenergie *v*[21] kernenergie
Kernexplosion *v*[20] kernexplosie
Kernfach *o*[32] hoofdvak
Kernfrage *v*[21] kernprobleem
Kernfusion *v*[20] kernfusie
Kerngehäuse *o*[33] klokhuis
kerngesund kerngezond
kernig **1** vol pitten **2** pittig, kernachtig, krachtig, sterk **3** sportief
Kernkraft *v*[25] kernenergie
Kernkraftwerk *o*[29] kerncentrale
kernlos zonder pitten
Kernmannschaft *v*[20] kernploeg
Kernphysik *v*[28] kernfysica
Kernpunkt *m*[5] kern, hoofdpunt
Kernreaktor *m*[16] kernreactor
Kernspaltung *v*[20] kernsplitsing
Kernwaffe *v*[21] kernwapen, atoomwapen
Kernwaffenversuch *m*[5] kernproef
Kerosin *o*[39] kerosine
Kerze *v*[21] **1** kaars **2** bougie **3** *(sp)* steil schot
kerzengerade kaarsrecht
Kerzenleuchter *m*[9] kandelaar
Kerzenlicht *o*[39] kaarslicht
kess **1** aardig, leuk, vlot **2** elegant **3** brutaal
Kessel *m*[9] **1** ketel **2** keteldal **3** *(mil)* omsingeld gebied

Kette *v*[21] **1** keten, ketting **2** slinger *(van bloemen)* **3** reeks, aaneenschakeling
ketten ketenen, boeien, binden
Kettenfahrzeug *o*[29] rupsvoertuig
Kettenraucher *m*[9] kettingroker
Kettenreaktion *v*[20] kettingreactie
Kettensäge *v*[21] kettingzaag
Kettenschloss *o*[32] kettingslot
Ketzer *m*[9] ketter
Ketzerei *v*[20] ketterij
keuchen 1 hijgen **2** hijgend spreken **3** puffen
Keuchhusten *m*[19] kinkhoest
Keule *v*[21] **1** knots **2** bout *(van geslacht vee)*
keusch kuis, rein, zedig
Keuschheit *v*[28] kuisheid, reinheid
Keycard *v*[27], **Keykarte** *v*[21] keycard
Kfz *afk van Kraftfahrzeug* motorvoertuig
kg *afk van Kilogramm* kilogram *(afk* kg)
KG *afk van Kommanditgesellschaft* commanditaire vennootschap *(afk* CV)
kichern giechelen
Kick *m*[13] *(2e nvl ook -)* **1** *(sp)* trap, schot, kick **2** kick, opmontering
kicken 1 voetballen **2** trappen, schoppen
Kicker *m*[9] voetballer
Kiebitz *m*[5] kieviet
[1]**Kiefer** *m*[9] kaak
[2]**Kiefer** *v*[21] den, pijnboom
kiefern dennen, grenen
Kiefernholz *o*[39] grenenhout
Kiefernwald *m*[8] dennenbos
Kiefernzapfen *m*[11] dennenappel
Kiel *m*[5] **1** schacht *(van veer)* **2** kiel *(van schip)*
kielholen *(scheepv)* **1** kielen **2** kielhalen
Kieme *v*[21] kieuw
Kien *m*[19] grenenhout
Kies *m*[5] **1** kiezel, grind **2** *(inform)* poen, geld
Kiesel *m*[9] kiezel, kiezelsteen(tje), kei
Kieselstein *m*[5] kiezelsteen
Kiesgrube *v*[21] grindgroeve
kiesig grindachtig, met grind bedekt
Kif *m*[19], *m*[19a] hasj, marihuana
kiffen hasj, marihuana roken
kikeriki *tw* kukeleku!
Kilo *o*[36] *(mv ook -)* kilo
Kilogramm *o*[29] kilogram
Kilometer *m*[9] kilometer
Kilometergeld *o*[39] kilometervergoeding
Kimm *v*[28] *(scheepv)* kim, horizon
Kimme *v*[21] **1** vizierkeep **2** keep, inkeping
Kimono *m*[13] kimono
Kind *o*[31] kind: *von ~ an* (of: *auf)* van jongs af
Kindbett *o*[37] kraambed
Kinderarbeit *v*[28] kinderarbeid
Kinderarzt *m*[6] kinderarts
Kinderbeihilfe *v*[21] kinderbijslag
Kindergarten *m*[12] kleuterschool
Kindergärtnerin *v*[22] kleuterleidster
Kindergeld *o*[39] kinderbijslag, kindertoelage
Kinderheim *o*[29] kindertehuis
Kinderhort *m*[5] kinderdagverblijf, crèche; *(Belg)* peutertuin
Kinderkriegen *o*[39]: *das ist zum ~* dat is om gek van te worden
Kinderkrippe *v*[21] crèche
Kinderlähmung *v*[28] kinderverlamming
kinderleicht doodgemakkelijk
kinderlieb van kinderen houdend
kinderlos kinderloos
Kindermädchen *o*[35] kindermeisje
Kinderporno *m*[13] kinderporno
Kinderschutz *m*[19] kinderbescherming
kindersicher veilig voor kinderen
Kindersoldat *m*[14] kindsoldaat
Kinderspiel *o*[29] kinderspel
Kinderstube *v*[21] kinderkamer: *(fig) eine gute ~ gehabt haben* goede manieren hebben
Kindertagesstätte *v*[21] kinderdagverblijf, crèche; *(Belg)* peutertuin
Kinderwagen *m*[11] kinderwagen
Kinderzeit *v*[20] kindertijd, jeugd
Kinderzulage *v*[21], **Kinderzuschlag** *m*[6] kinderbijslag
Kindesalter *o*[39] kinderleeftijd
Kindesbeine: *von ~n an* van kindsbeen af
Kindesmisshandlung *v*[20] kindermishandeling
kindhaft kinderlijk
Kindheit *v*[28] kinderjaren: *von ~ an* van kinds af
kindisch 1 kinderachtig **2** kinds
kindlich kinderlijk, naïef
Kinkerlitzchen *mv* flauwekul, onzin
Kinn *o*[29] kin
Kinnbart *m*[6] sik
Kinnhaken *m*[11] hoekslag op de kin *(boksen)*
Kino *o*[36] **1** bioscoop **2** filmvoorstelling
Kinobesucher, Kinogänger *m*[9] bioscoopbezoeker
Kiosk *m*[5] kiosk
Kippe *v*[21] **1** peuk(je) **2** vuilstortplaats
kippeln wankelen, wiebelen
[1]**kippen** *intr* **1** kantelen, (om)kiepen **2** vallen
[2]**kippen** *tr* **1** kantelen, (om)kiepen: *einen ~* er een *(een borrel)* achteroverslaan **2** ontslaan: *eine Zigarette ~* een sigaret uitdrukken
Kipper *m*[9] kieper, kiepwagen
Kippschalter *m*[9] tuimelschakelaar
Kippwagen *m*[11] kiepwagen, kiepkar, kieper
Kirche *v*[21] kerk
Kirchenälteste(r) *m*[40a], *v*[40b] ouderling
Kirchenamt *o*[32] kerkelijk ambt
Kirchenbuch *o*[32] kerkregister
Kirchendiener *m*[9] koster
Kirchengemeinde *v*[21] *(r-k)* parochie; *(prot)* gemeente
Kirchenrat *m*[6] **1** kerkenraad, consistorie **2** lid van de kerkenraad
Kirchenrecht *o*[39] kerkelijk recht
Kirchensteuer *v*[21] kerkelijke belasting

Kirchentag m^{5} kerkelijk congres

Kirchenvorstand m^{6} kerkbestuur; *(Belg)* kerkfabriek

Kirchenvorsteher m^{9} *(r-k)* kerkmeester; *(prot)* ouderling

Kirchgang m^{6} kerkgang

Kirchgänger m^{9} kerkganger

kirchlich **1** kerkelijk **2** kerks

Kirchturm m^{6} kerktoren

Kirmes *v (mv Kirmessen)* kermis

kirre **1** tam, mak **2** gedwee, handelbaar

Kirsch *m (2e nvl -(e)s; mv -)* kirsch

Kirschbaum m^{6} kersenboom

Kirsche v^{21} **1** kers **2** kersenboom

Kirschkern m^{5} kersenpit

Kirschwasser o^{33} kirsch

Kissen o^{35} kussen

Kissenbezug m^{6} kussensloop

Kiste v^{21} **1** kist: *eine ~ Zigarren* een kistje sigaren **2** *(luchtv)* kist, toestel **3** schip, auto, wagen || *eine schwierige ~* een moeilijk geval

Kitesurfen o^{39} kitesurfen

Kitsch m^{19} kitsch

kitschig kitscherig, smakeloos, waardeloos

Kitt m^{5} **1** kit **2** rommel

Kittchen o^{35} bak, nor, gevangenis

Kittel m^{9} **1** kiel, bloes **2** stofjas

kitten **1** kitten **2** lijmen

Kitzel m^{9} **1** kriebel **2** jeuk **3** *(fig)* streling **4** lust, verlangen, zin

Kitzelhusten m^{19} kriebelhoest

kitzelig **1** kriebelig, gevoelig *(voor kietelen)* **2** netelig, lastig

kitzeln **1** kietelen **2** strelen: *es kitzelt mich, das zu tun* de lust bekruipt me om dat te doen

Kitzler m^{9} *(anat)* kittelaar, clitoris

^{1}**Kiwi** m^{13} kiwi *(vogel)*

^{2}**Kiwi** v^{27} kiwi *(vrucht)*

Kladde v^{21} **1** klad(boek, -schrift) **2** concept

kladderadatsch *tw* krak!, pats!, klets!

klaffen gapen, wijd openstaan

kläffen keffen, blaffen

klagbar vervolgbaar

Klage v^{21} **1** klacht **2** *(jur)* klacht, eis: *~ auf Schadenersatz* eis tot schadevergoeding; *persönliche ~* persoonlijke rechtsvordering; *~ erheben* een klacht indienen; *eine ~ anhängig machen* een zaak aanhangig maken; *die ~ fallen lassen* van verdere vervolging afzien

Klagelied o^{31} klaaglied

klagen **1** klagen, zich beklagen, jammeren, treuren **2** *(jur)* een klacht indienen **3** *(jur)* een rechtsvordering aanhangig maken: *auf Schadenersatz ~* schadevergoeding eisen

Kläger m^{9} *(jur)* **1** klager **2** eiser

Klägerin v^{22} *(jur)* **1** klaagster **2** eiseres

kläglich **1** klaaglijk **2** beklagenswaardig, treurig, ellendig **3** armzalig **4** jammerlijk

klaglos **1** zonder te klagen **2** zonder klachten

Klamauk m^{19} drukte, herrie, opwinding

klamm **1** stijf van kou **2** klam

Klamm v^{20} diepe kloof *(met beek)*

Klammer v^{21} **1** wasknijper **2** beugel *(voor tandregulatie)* **3** kram, niet **4** haak(je): *in ~n* tussen haakjes

Klammeraffe m^{15} *(comp)* apenstaart, apenstaartje, at-teken

^{1}**klammern** *tr* **1** hechten, krammen **2** (vast)klemmen

^{2}**klammern, sich** zich vastklemmen

klammheimlich stiekem, in het geheim

Klamotten *mv* v^{21} **1** kleren **2** spullen

Klampfe v^{21} gitaar

Klang m^{6} klank, geluid

Klangfarbe v^{21} timbre, klankkleur

klanglich wat de klank betreft

klanglos klankloos, dof

klangvoll **1** klankvol **2** klinkend

Klappbett o^{37} opklapbed

Klappbrücke v^{21} ophaalbrug, basculebrug

Klappe v^{21} **1** klep **2** vliegenmepper **3** schuif *(van kachel)* **4** bed, kooi || *(inform) halt die ~!* houd je mond!

klappen **1** kleppen, slaan, klappen **2** lukken: *es hat geklappt* het is gelukt

Klappentext m^{5} flaptekst

Klapper v^{21} ratel, rammelaar

klapperdürr broodmager

klapperig gammel, wrak

Klapperkasten m^{12} rammelkast

klappern klapperen, klepperen, rammelen

Klapperschlange v^{21} ratelslang

Klappfahrrad o^{32} vouwfiets

Klappfenster o^{33} tuimelraam

Klappmesser o^{33} knipmes

Klapprad o^{32} vouwfiets

klapprig *zie* klapperig

Klaps m^{5} klap *(ook fig)*; slag, tik: *(fig) er hat einen ~* hij is getikt

klapsen slaan, tikken

klar **1** helder, doorzichtig, zuiver **2** duidelijk: *(na) ~!* natuurlijk!; *sich über etwas im Klaren sein* iets duidelijk inzien; *~ wie dicke Tinte* (of: *wie Kloßbrühe)* zo klaar als een klontje || *alles ~!* oké!; *alles ~?* gaat het goed?; *ich bin mir darüber nicht ~: a)* het is me niet duidelijk; *b)* ik ben het er met mijzelf niet over eens; *~ zum Gefecht* gevechtsklaar

Kläranlage v^{21} zuiveringsinstallatie

^{1}**klären** *intr (sp)* de bal wegwerken

^{2}**klären** *tr* **1** klaren **2** ophelderen **3** *(een probleem)* oplossen **4** zuiveren: *Abwasser ~* afvalwater zuiveren

^{3}**klären, sich** **1** helder, klaar worden **2** opgehelderd worden

Klare(r) m^{40a} borrel, klare

klargehen[168] in orde komen

Klarheit v^{20} helderheid, duidelijkheid; *zie ook* klar

Klarinette *v*[21] klarinet
klarkommen[193] overweg kunnen; snappen
klarkriegen in orde brengen, klaarspelen
klarlegen duidelijk maken, aantonen
klarmachen duidelijk maken
Klarsichtpackung *v*[20] cellofaanverpakking
klarstellen een misverstand uit de weg ruimen, rechtzetten
Klartext *m*[5] *(fig) im ~* duidelijk gezegd
Klärung *v*[20] **1** zuivering **2** opheldering **3** oplossing
klasse *(inform)* fijn, prima
Klasse *v*[21] klas(se) *(alle bet): ein Spieler erster ~* een eersteklas speler; *eine ~ für sich* een klasse apart
Klassenarbeit *v*[20] proefwerk, repetitie
Klassenbuch *o*[32] klassenboek
Klassenfahrt *v*[20] schoolreis(je)
Klassenlehrer *m*[9] klassenleraar
Klassenlotterie *v*[21] klassenloterij
Klassenspiegel *m*[9] plattegrond *(van klas)*
Klassentreffen *o*[35] klassenreünie
Klassenunterschied *m*[5] klassenverschil
Klassenzimmer *o*[33] schoollokaal
klassifizieren[320] classificeren
Klassik *v*[28] **1** klassieke periode **2** klassieke stijl **3** antieke kunst en cultuur
Klassiker *m*[9] **1** klassiek schrijver **2** klassiek kunstenaar **3** klassiek werk
klassisch klassiek
Klassizismus *m*[19a] classicisme
Klatsch *m*[5] **1** klap, tik **2** geklets, praatjes
[1]**klatschen** *intr* **1** *(in de handen)* klappen **2** roddelen **3** *(mbt regen)* kletteren **4** babbelen
[2]**klatschen** *tr* kletsen, smijten
klatschenass kletsnat
Klatscherei *v*[20] **1** geklets **2** kwaadsprekerij
Klatschmohn *m*[19] klaproos
klatschnass kletsnat
Klatschspalte *v*[21] roddelkolom
Klatschtante *v*[21] kletstante
Klaue *v*[21] **1** klauw, nagel, poot **2** hoef
klauen gappen, stelen
Klause *v*[21] **1** kluis, cel, hut **2** kleine, rustige woning **3** bergpas, bergengte
Klausel *v*[21] clausule
Klausner *m*[9] kluizenaar
Klausur, Klausurarbeit *v*[20] schriftelijk tentamen
Klausurtag *m*[5] heidedag
Klausurtagung *v*[20] besloten zitting; heidedag
Klaviatur *v*[20] toetsenbord
Klavier *o*[29] piano
Klavierbegleitung *v*[28] pianobegeleiding
Klavierhocker *m*[9] pianokruk
Klavierspieler *m*[9] pianist
Klavierstunde *v*[21] pianoles
Klavizimbel *o*[33] klavecimbel
Klebeband *o*[32] plakband
Klebebild *o*[31] plakplaatje
Klebemittel *o*[33] plakmiddel
kleben kleven, plakken: *jmdm eine ~* iem er een *(een klap)* geven
Kleber *m*[9] lijm
Klebestreifen *m*[11] plakband
klebrig kleverig, taai
Klebstoff *m*[5] kleefstof, lijm
kleckern kliederen, morsen, knoeien: *die Arbeit kleckert* het werk vordert langzaam
Klecks *m*[5] **1** (inkt-, verf)vlek **2** klets, klodder
klecksen **1** vlekken maken **2** knoeien
Kleckserei *v*[20] geklad, geknoei
Klee *m*[19] klaver || *jmdn über den grünen ~ loben* iem ophemelen
Kleeblatt *o*[32] klaverblad
Kleid *o*[31] **1** jurk, japon **2** kleed **3** *(mv)* kleding, kleren: *~er machen Leute* de kleren maken de man
kleiden kleden, aankleden: *das kleidet dich nicht* dat staat je niet; *Probleme in Worte ~* problemen in woorden uitdrukken
Kleiderablage *v*[21] garderobe
Kleiderbügel *m*[9] kleerhanger
Kleiderschrank *m*[6] kleerkast *(ook fig)*
Kleiderständer *m*[9] kapstok
Kleidung *v*[20] kleding, kleren *(mv)*
Kleidungsstück *o*[29] kledingstuk
Kleie *v*[21] zemel(en)
klein klein, gering, onbeduidend: *das ist mir ein Kleines* dat is voor mij een kleinigheid; *ein ~ wenig* een klein beetje; *von ~ auf* van jongs af aan; *~ denken* bekrompen denken; *~ von jmdm denken* min over iem denken; *~ gewachsen* klein, klein van postuur; *es ~ haben* kleingeld hebben; *~ müssen* moeten plassen; *zie ook* kleinschreiben
Kleinarbeit *v*[20] minutieus werk, peuterwerk
Kleinbahn *v*[20] lokaalspoor
Kleinbauer *m*[15] keuterboer
Kleinbetrieb *m*[5] **1** kleinbedrijf **2** kleine boerderij
Kleinbildkamera *v*[27] kleinbeeldcamera
Kleinbürger *m*[9] **1** kleine burgerman **2** *(ongunstig)* bekrompen burger
kleinbürgerlich kleinburgerlijk
Kleinbus *m*[5] *(2e nvl -ses; mv -se)* minibus
Kleinchen *o*[35] kleintje, dreumes
Kleine(r) *m*[40a], *v*[40b], *o*[40c] kleintje, baby: *die ~* het meisje
Kleingeld *o*[39] kleingeld
kleingewachsen klein, klein van postuur
kleingläubig kleingelovig; kleinmoedig
Kleingolf *o*[39] *(sp)* midgetgolf, minigolf
Kleinhandel *m*[19] kleinhandel, detailhandel
Kleinhändler *m*[9] kleinhandelaar, detaillist
Kleinigkeit *v*[20] kleinigheid, eitje, bagatel, beetje
Kleinigkeitskrämer *m*[9] muggenzifter
kleinkariert *(fig)* kleingeestig, bekrompen
Kleinkind *o*[31] kleuter
klein-klein *(sp): ~ spielen* het spel te kort houden
Kleinkram *m*[19] **1** rommel **2** onbelangrijke dingen
kleinkriegen kleinkrijgen; kapotmaken
Kleinkunst *v*[28] **1** kunstnijverheid **2** cabaret

kleinlaut schuchter, bedeesd
kleinlich 1 kleingeestig, bekrompen **2** krenterig, gierig
Kleinmut *m*[19] kleinmoedigheid
kleinmütig kleinmoedig, bang
Kleinod *o*[29] *(mv ook -ien)* kleinood
kleinreden bagatelliseren
kleinschreiben met een kleine letter schrijven
Kleinschreibung *v*[28] (het) schrijven met een kleine letter
Kleinstadt *v*[25] kleine stad *(minder dan 20.000 inwoners);* provinciestad
Kleinstädter *m*[9] provinciaal
kleinstädtisch 1 kleinsteeds **2** bekrompen
Kleinstlebewesen *o*[35] micro-organisme
Kleintier *o*[29] klein (huis)dier
Kleinvieh *o*[39] kleinvee
Kleinwagen *m*[11] kleine auto
Kleister *m*[9] **1** stijfsel, plaksel **2** *(fig)* dikke brij
kleistern 1 stijfselen **2** plakken
Klemme *v*[21] klem(haak, -schroef); kram
klemmen 1 klemmen **2** *(inform)* gappen || *sich hinter die Arbeit ~* zich op het werk storten
Klempner *m*[9] loodgieter
klerikal klerikaal, kerkelijk
Kleriker *m*[9] clericus, geestelijke
Klerus *m*[19a] clerus, geestelijkheid
Klette *v*[21] **1** klis, klit **2** *(fig)* klit
Kletterei *v*[20] geklauter, klimpartij
Klettereisen *o*[35] klimijzer, klimspoor
Kletterer *m*[9] klimmer, bergbeklimmer
klettern 1 klauteren, klimmen **2** stijgen
Kletterpartie *v*[21] klauterpartij, klimpartij
Kletterpflanze *v*[21] klimplant
Kletterwand *v*[25] klimmuur; klimwand
Klettverschluss *m*[6] klittenbandsluiting
klicken klikken
Klient *m*[14] cliënt *(van advocaat e.d.)*
Klima *o*[36] *(mv ook Klimate)* **1** klimaat **2** sfeer
Klimaanlage *v*[21] airconditioning
klimatisch klimatisch, klimatologisch
Klimawandel *m*[19] klimaatverandering
Klimbim *m*[19] **1** drukte **2** feest **3** rommel
klimmen[190] klimmen, klauteren
klimpern 1 rinkelen **2** *(op piano)* tingelen **3** *(op gitaar)* tokkelen
Klinge *v*[21] kling, lemmet, staal, degen
Klingel *v*[21] bel, schel, fietsbel
klingeln 1 bellen, aanbellen: *das Telefon klingelt* de telefoon gaat; *es klingelt* er wordt gebeld **2** *(mbt benzinemotor)* pingelen || *endlich hat es bei ihm geklingelt* eindelijk heeft hij het begrepen
Klingelton *m*[6] beltoon, ringtone
klingen[191] klinken, luiden: *die Ohren ~ mir* mijn oren tuiten
Klinik *v*[20] kliniek
klinisch klinisch
Klinke *v*[21] **1** deurkruk **2** pal, hendel
klinken de deurklink, de hendel bewegen
Klinker *m*[9] klinker *(een steen)*
klipp: *~ und klar* heel duidelijk
Klipp *m*[13] clip, klem, broche
Klippe *v*[21] klip: *eine ~ umgehen* (of: *umschiffen)* een klip omzeilen *(ook fig)*
klirren rammelen, rinkelen, kletteren: *~der Frost* strenge vorst
Klischee *o*[36] cliché
Klischeevorstellung *v*[20] stereotiepe voorstelling
Klitoris *v (mv - en Klitorides) (anat)* kittelaar, clitoris
klitschenass kletsnat
klitschig klef, ongaar *(van brood)*
klitschnass kletsnat
klittern samenflansen
Klo *o*[36] *verk van Klosett* wc
Kloake *v*[21] **1** riool, zinkput **2** cloaca
Kloben *m*[11] **1** houtblok **2** onbehouwen vent
klobig plomp, lomp
Klon *m*[5] *(biol)* kloon
klonen, klonieren kloneren, klonen
klopfen kloppen, slaan, tikken: *es klopft* er wordt geklopt; *der Specht klopft* de specht hamert
Klopfer *m*[9] (deur)klopper
Klopfjagd *v*[20] klopjacht
Klöppel *m*[9] **1** klepel **2** klos *(ve kantwerkster)*
klöppeln kantklossen
Klosett *o*[29], *o*[36] closet, wc
Klosettbecken *o*[35] closetpot
Klosettbürste *v*[21] closetborstel
Klosettpapier *o*[29] toiletpapier, closetpapier
Kloß *m*[6] **1** klont, kluit **2** bal *(van deeg, vlees)*
Klößchen *o*[35] balletje
Kloster *o*[34] klooster
Klotz *m*[6] **1** blok *(ook fig)* **2** lomperd, lummel **3** remschoen
klotzig 1 zeer veel; enorm **2** lomp, grof
Klub *m*[13] **1** club **2** clubhuis, sociëteit
Klubgarnitur *v*[20] bankstel
Klubsessel *m*[9] clubfauteuil
kluckern klokken *(bij het drinken)*
[1]**Kluft** *v*[25] kloof *(ook fig);* spleet
[2]**Kluft** *v*[20] pak, uniform, kleding
klug[58] **1** wijs, verstandig: *nicht ~ werden aus* niet wijs worden uit; *er ist nicht recht ~* hij is niet goed wijs **2** knap, intelligent
Klügelei *v*[20] haarkloverij
Klugheit *v*[28] **1** wijsheid, verstand **2** schranderheid, intelligentie
Klugredner, Klugscheißer, Klugschwätzer *m*[9] betweter
Klümpchen *o*[35] **1** stukje, klontje **2** klonter
klumpen klonteren
Klumpen *m*[11] **1** homp, klomp **2** kluit *(aarde)* **3** klonter *(bloed)* **4** klont
klümperig, klumpig, klümprig klonterig
Klüngel *m*[9] kliek
km/h, km/st *afk van Kilometer pro Stunde* kilometer per uur *(afk km/u)*

knabbern knabbelen, knagen
Knabe *m*[15] knaap, jongen
knabenhaft jongensachtig
Knäckebrot *o*[29] knäckebröd
[1]**knacken** *intr* **1** knappen, kraken **2** slapen
[2]**knacken** *tr* **1** kraken **2** *(vlooien)* dooddrukken **3** *(raadsels)* oplossen
Knacker *m*[9]: *ein alter ~* een oude knar
knackig **1** knapperig **2** aantrekkelijk, sexy
Knacks *m*[5] **1** knak **2** breuk, barst **3** knauw
knacksen kraken, knakken, knappen
Knackwurst *v*[25] knakworst
Knall *m*[5] **1** knal **2** klap **3** slag **4** schandaal || *(auf) ~ und Fall* op staande voet, op stel en sprong
knallen **1** knallen, ploffen **2** *(met de zweep)* klappen **3** schieten || *jmdm eine ~* iem een mep geven
Knallfrosch *m*[6] voetzoeker
knallhart keihard
knallheiß loeiheet
knallig **1** *(hoed)* opvallend; *(kleuren)* schreeuwend, hard, fel **2** zeer, erg
Knallkörper *m*[9] stuk vuurwerk
knapp **1** nauw(sluitend), krap **2** bondig *(van stijl): in ~en Worten* kort gezegd **3** klein, gering **4** amper, nauwelijks **5** krap, schaars, karig: *~ bei Kasse sein* krap bij kas zitten; *~e 100 Schritte* nog geen 100 pas; *~ vor der Abfahrt* vlak voor het vertrek
Knappe *m*[15] **1** edel-, schildknaap **2** mijnwerker
knapphalten[183] kort houden
Knappheit *v*[28] **1** schaarste **2** bondigheid
Knappschaft *v*[20] **1** (de) mijnwerkers **2** mijnwerkersbond
Knarre *v*[21] **1** ratel **2** *(inform)* geweer
knarren knarsen, kraken
Knast *m*[5] **1** knoest **2** ouwe kerel **3** bajes
Knaster *m*[9] **1** tabak **2** *(fig)* brompot
knattern knetteren, ratelen
Knäuel *m*[9], *o*[33] kluwen *(ook fig)*
Knauf *m*[6] knop
Knauser *m*[9] vrek, gierigaard
knauserig gierig, krenterig
knausern gierig zijn, krenterig zijn
knautschen kreuken, verkreukelen
Knautschfalte *v*[21] kreuk
Knautschzone *v*[21] kreukelzone *(ve auto)*
Knebel *m*[9] **1** knevel **2** prop **3** spanstok
knebeln knevelen, aan banden leggen
Knecht *m*[5] knecht, dienaar, bediende
knechten knechten, onderwerpen
knechtisch slaafs, kruiperig
kneifen[192] **1** knijpen **2** knellen || *er hat gekniffen* hij heeft zich gedrukt
Kneifer *m*[9] lorgnet, knijpbril
Kneifzange *v*[21] nijptang
Kneipe *v*[21] kroeg, tent
kneipen pimpelen, zuipen
Knete *v*[28] poen
kneten **1** kneden **2** masseren
Knick *m*[5] **1** knik **2** barst, knak **3** knie *(in buis)* **4** bocht, buiging
knicken **1** knikken **2** knakken **3** buigen
knickerig krenterig, gierig
knickern gierig, krenterig zijn, schrapen
Knicks *m*[5] reverence, kniebuiging
knicksen een reverence maken
Knie *o (2e nvl -s; mv -)* knie: *(fig) in die ~ gehen* door de knieën gaan; *jmdn auf* (of: *in) die ~ zwingen* iem eronder krijgen; *etwas übers ~ brechen* iets forceren; *weiche ~* knikkende knieën
Kniebeuge *v*[21] kniebuiging
Kniefall *m*[6] knieval, voetval
Kniehose *v*[21] kniebroek
Kniekehle *v*[21] knieholte
knien knielen
Kniescheibe *v*[21] knieschijf
Knieschoner, Knieschützer *m*[9] kniebeschermer
Kniestrumpf *m*[6] kniekous
Kniff *m*[5] **1** kneep **2** truc, kunstgreep **3** vouw
kniffelig *zie* knifflig
kniffen vouwen
knifflig **1** lastig, ingewikkeld **2** netelig
Knips *m*[5] knip
knipsen **1** knippen **2** fotograferen
Knirps *m*[5] **1** dreumes, peuter **2** kriel
knirschen knarsen, kraken: *mit den Zähnen ~* knarsetanden
knistern knetteren, kraken; *(mbt papier)* ritselen
Knitter *m*[9] kreuk, kreukel
knitterfrei kreukvrij
knitterig verfrommeld, verkreukeld
knittern kreuken
knittrig *zie* knitterig
knobeln **1** dobbelen **2** knobbelen, piekeren
Knoblauch *m*[19] knoflook
Knoblauchzehe *v*[21] knoflookteentje
Knöchel *m*[9] **1** enkel **2** knokkel
Knochen *m*[11] been, bot, knook: *er ist nur noch Haut und ~* hij is vel over been; *er hat keinen Mumm in den ~* hij heeft geen fut in zijn lijf; *der Schreck fuhr ihm in die ~* de schrik sloeg hem om het hart
Knochenarbeit *v*[20] heel zwaar werk
Knochenbruch *m*[6] beenbreuk, botbreuk
knochendürr broodmager
knochenhart zo hard als een bikkel
Knochenmark *o*[39] beenmerg
knochentrocken kurkdroog
knöchern benen; benig
knochig benig, knokig
Knödel *m*[9] (meel)bal, knoedel
Knolle *v*[21], **Knollen** *m*[11] **1** knol **2** knobbel **3** *(regionaal, iron)* bekeuring
Knollengewächs *o*[29] knolgewas
Knopf *m*[6] **1** knoop **2** knop **3** *(inform)* vent, kerel
knöpfen knopen
Knopfloch *o*[32] knoopsgat
Knorpel *m*[9] kraakbeen
Knorren *m*[11] **1** kwast, knoest **2** stronk
knorrig **1** knoestig **2** onbehouwen

kn

Knospe v^{21} (blad-, bloem-, vrucht)knop
knospen knoppen krijgen, uitlopen
knoten knopen, een knoop leggen
Knoten m^{11} **1** knoop **2** knooppunt **3** knobbel **4** knot
Knotenpunkt m^{5} knooppunt
knotig 1 knoestig **2** lomp, onbehouwen
Knuff m^{6} stoot, stomp
knuffen een stomp, por geven
knüllen verkreuken, verfrommelen; kreuken
Knüller m^{9} **1** sensationeel artikel, sensationeel boek **2** succesnummer, kasstuk
^{1}**knüpfen** *tr* knopen, (ver)binden; *(das)* strikken: *Beziehungen* ~ relaties aanknopen
^{2}**knüpfen, sich** zich verbinden, verbonden worden
Knüppel m^{9} **1** knuppel **2** stuurknuppel **3** versnellingspook
knüppelhart zeer hard
knüppeln slaan, knuppelen
Knüppelschaltung v^{20} vloerschakeling
knurren 1 knorren **2** brommen **3** rommelen
knurrig knorrig, brommerig
knusperig knappend, bros, krokant: *ein ~es Mädchen* een aantrekkelijk meisje
knuspern knabbelen
knusprig *zie* knusperig
Knute v^{21} knoet
knutschen knuffelen
k.o. *afk van knock-out, knockout* knock-out *(afk* k.o.): *ich war* ~ ik was uitgeput
koalieren, koalisieren een coalitie aangaan
Koalition v^{20} coalitie, verbond
Kobold m^{5} kobold, (boze) kabouter
Kobra v^{27} cobra
Koch m^{6} kok
Kochbuch o^{32} kookboek
kochen 1 *(ook fig)* koken **2** *(koffie)* zetten
Kocher m^{9} kook(toe)stel
Köcher m^{9} **1** (pijl)koker **2** foedraal
kochfertig panklaar
Kochherd m^{5} fornuis
Köchin v^{22} kokkin
Kochlöffel m^{9} pollepel
Kochmütze v^{21} koksmuts
Kochnische v^{21} kooknis, kitchenette
Kochsalz o^{39} keukenzout
Kochtopf m^{6} kookpot, kookpan
Kode m^{13} *zie* Code
Kodein o^{39} codeïne
Köder m^{9} (lok)aas, lokmiddel
ködern lokken: *(fig) jmdn* ~ iem strikken
Kodizill o^{29} codicil
Koexistenz v^{28} co-existentie
Koffein o^{39} cafeïne
koffeinfrei cafeïnevrij: *~er Kaffee* decafé
Koffer m^{9} **1** koffer **2** *(wegenbouw)* fundering
Kofferfernseher m^{9} draagbaar televisietoestel
Kofferradio o^{36} draagbare radio
Kofferraum m^{6} bagageruimte *(van auto)*
Kognak m^{13} cognac
Kognakschwenker m^{9} cognacglas
^{1}**Kohl** m^{5} *(plantk)* kool
^{2}**Kohl** m^{19} onzin, flauwekul || *das ist aufgewärmter* ~ dat weten wij allang
Kohldampf m^{19} honger: ~ *schieben* (of: *haben)* honger lijden
Kohle v^{21} **1** (steen)kool, houtskool **2** *(inform)* centen, geld
kohlen 1 verkolen **2** kolen innemen, bunkeren **3** *(fig)* jokken
Kohlenbergwerk o^{29} kolenmijn
Kohlenförderung v^{20} steenkoolwinning
Kohlengrube v^{21} kolenmijn
Kohlenhalde v^{21} berg steenkool
Kohlenhydrat o^{29} koolhydraat
Kohlenmonoxid, Kohlenmonoxyd o^{39} koolmonoxide
Kohlenrevier o^{29} kolendistrict
Kohlensäure v^{28} koolzuur
Kohlenstoff m^{19} koolstof
Kohlenzeche v^{21} kolenmijn
Kohlepapier o^{39} carbonpapier
Kohlezeichnung v^{20} houtskooltekening
Kohlkopf m^{6} *(plantk)* kool
Kohlmeise v^{21} koolmees
Kohlpflanze v^{21} koolplant
kohlrabenschwarz pikzwart
Kohlrabi m^{13} *(ook 2e nvl -; mv -)* koolrabi
Kohlrübe v^{21} koolraap
kohlschwarz pikzwart, gitzwart
Koi m^{13} koikarper
Koitus *m (2e nvl -; mv -(se))* coïtus
Koje v^{21} **1** kooi **2** hokje **3** bed
Kojote m^{15} coyote
Kokain o^{39} cocaïne
kokett koket
kokettieren^{320} koketteren
Kokon m^{13} cocon
Kokosnuss v^{25} kokosnoot
Kokospalme v^{21} kokospalm, klapperboom
^{1}**Koks** m^{19} **1** cocaïne **2** onzin **3** geld
^{2}**Koks** m^{5} cokes
koksen 1 cocaïne gebruiken **2** pitten, slapen
Kokser m^{9} cocaïneverslaafde
Kolben m^{11} **1** kolf *(ook fig)* **2** distilleerkolf **3** zuiger *(van machine, motor)* **4** neus, kokker
Kolik v^{20} koliek
Kolk m^{5} **1** kolk *(diep gat)* **2** veenplas
Kollaborateur m^{5} collaborateur; *(Belg)* inciviek
Kollaboration v^{20} collaboratie
kollaborieren^{320} **1** collaboreren **2** samenwerken
Kollaps, Kollaps m^{5} **1** *(med)* collaps, flauwte **2** debacle, catastrofe
Kollateralschaden m^{19} **1** *(leger)* nevenschade **2** *(verzekering)* nevenschade
Kolleg o^{36} college
Kollege m^{15} collega, confrère *(bij advocaten);*

(inform) vriend, makker
kollegial collegiaal
Kollegin *v*[22] *(vrouwelijke)* collega
Kollegium *o (2e nvl -s; mv Kollegien)* **1** college **2** lerarenkorps
Kollekte *v*[21] collecte
Kollektion *v*[20] collectie
kollektiv collectief
Kollektiv *o*[29], *o*[36] collectief
Koller *m*[9] kolder; woedeaanval
kollidieren[320] botsen: *mit den Gesetzen ~* in conflict komen met de wetten; *die Vorlesungen ~ (miteinander)* de colleges vallen samen
Kollier [koljee] *o*[36] collier
Kollision *v*[20] **1** botsing **2** conflict
Köln *o*[39] Keulen
[1]**Kölner** *m*[9] Keulenaar
[2]**Kölner, kölnisch** *bn* Keuls: *kölnisch(es) Wasser* eau de cologne
Kölnischwasser *o*[33] eau de cologne
kolonial koloniaal
Kolonialismus *m*[19a] kolonialisme
Kolonie *v*[21] kolonie *(alle bet)*
Kolonisation *v*[20] kolonisatie
kolonisieren[320] **1** koloniseren **2** ontginnen
Kolonne *v*[21] **1** *(mil)* colonne **2** ploeg *(arbeiders)*
kolorieren[320] kleuren
Kolorit *o*[29], *o*[36] coloriet, kleurschakering
Koloss *m*[5] kolos
kolossal kolossaal
Kolportage *v*[21] colportage
Kolporteur *m*[5] colporteur
kolportieren[320] colporteren
Kolumbianer *m*[9] Colombiaan
kolumbianisch Colombiaans
Kolumbien *o*[39] Colombia
Kolumbier *m*[9] Colombiaan
Kolumne *v*[21] **1** kolom **2** column, cursiefje
Kolumnist *m*[14] columnist
Koma *o*[36] *(mv ook Komata)* coma
Kombi *m*[13] *(2e nvl ook -)* stationcar
Kombination *v*[20] combinatie
kombinieren[320] combineren
Kombiwagen *m*[11] stationcar
Komet *m*[14] komeet, staartster
kometenhaft pijlsnel
Komfort *m*[19] comfort, gemak
komfortabel comfortabel, gerieflijk
Komik *v*[28] komisch effect, (het) komische
Komiker *m*[9] komiek
komisch **1** komisch, grappig **2** vreemd, raar
komischerweise merkwaardigerwijs
Komitee *o*[36] comité
Komma *o*[36] *(mv ook Kommata)* komma
Kommandant *m*[14] commandant
Kommandantur *v*[20] bureau van de commandant
Kommandeur *m*[5] **1** commandant *(van bataljon, regiment)* **2** commandeur *(van ridderorde)*
kommandieren[320] commanderen, bevelen
Kommanditgesellschaft *v*[20] commanditaire vennootschap
Kommando *o*[36] commando
Kommandobrücke *v*[21] commandobrug
Kommandostelle *v*[21] commandopost
kommen[193] **1** (aan)komen: *ihm kam ein Gedanke* hij kreeg een idee; *er kommt geflogen, gegangen, geritten* hij komt aanvliegen, aanlopen, aanrijden; *er kam und sagte* hij kwam zeggen; *es kam ganz anders* het liep heel anders; *wie es gerade kommt* al naar het uitkomt; *jmdm frech ~* brutaal tegen iem zijn; *kommst du mir so?* begin je op die manier?; *auf seinen Freund lässt er nichts ~* van zijn vriend kan hij geen kwaad horen; *in die Schule ~* op school komen; *das ist wieder im Kommen* dat wordt weer modern; *~ Sie gut nach Hause!* wel thuis!; *ein Gefühl der Verzweiflung kam über mich* ik werd door een gevoel van wanhoop overmeesterd; *um sein Geld, sein Glück, ums Leben ~* zijn geld, zijn geluk, het leven verliezen; *nicht von der Stelle* (of: *vom Fleck) ~* niet opschieten; *zu Kräften* op krachten komen; *wieder zu sich ~* weer tot bewustzijn komen **2** *(inform)* klaarkomen *(het orgasme bereiken)*
kommend komend, aanstaand: *er galt als der ~e Mann* hij gold als de coming man
Kommentar *m*[5] commentaar
Kommentator *m*[16] commentator
kommentieren[320] (be)commentariëren, commentaar geven
Kommerz *m*[19] handel, commercie
kommerziell commercieel, handels-
Kommilitone *m*[15] medestudent, studiegenoot
Kommilitonin *v*[22] medestudente, studiegenote
Kommiss *m*[19] militaire dienst
Kommissar, Kommissär *m*[5] **1** commissaris **2** inspecteur van politie
Kommissariat *o*[29] commissariaat
Kommission *v*[20] commissie
Kommissionär *m*[5] commissionair
Kommode *v*[21] commode
Kommodore *m*[17], *m*[13] commodore
kommun **1** gemeen(schappelijk) **2** alledaags
kommunal gemeentelijk, gemeente-
Kommunalbehörde *v*[21] gemeentelijke overheid
Kommunalverwaltung *v*[20] gemeenteadministratie
Kommunalwahl *v*[20] gemeenteraadsverkiezing
Kommune *v*[21] **1** gemeente **2** commune
Kommunikation *v*[20] communicatie
Kommunion *v*[20] *(r-k)* communie
Kommunismus *m*[19a] communisme
Kommunist *m*[14] communist
kommunistisch communistisch
kommunizieren[320] communiceren
Komödiant *m*[14] komediant; toneelspeler
Komödie *v*[21] komedie; blijspel
Kompagnon *m*[13] compagnon
kompakt compact, gedrongen

Kompanie v^{21} compagnie
Komparativ m^{5} vergrotende trap
Kompass m^{5} kompas
^{1}**kompatibel** compatibel
^{2}**kompatibel** compatibel
Kompendium *o (2e nvl -s; mv -dien)* compendium, handboek
Kompensation v^{20} compensatie
kompensieren^{320} compenseren
kompetent competent, bevoegd
Kompetenz v^{20} **1** competentie, bevoegdheid **2** deskundigheid
Kompilation v^{20} compilatie
komplett compleet, volledig
komplettieren^{320} completeren, aanvullen
komplex *bn* complex
Komplex m^{5} complex
Komplexität v^{28} complexiteit
Komplikation v^{20} complicatie
Kompliment o^{29} compliment
komplimentieren^{320} complimenteren
Komplize m^{15} medeplichtige
komplizieren^{320} ingewikkeld maken
kompliziert ingewikkeld, gecompliceerd
Komplott o^{29} complot
Komponente v^{21} component
komponieren^{320} componeren
Komponist m^{14} componist
Komposition v^{20} compositie
Kompost m^{5} compost
Kompott o^{29} compote
Kompresse v^{21} kompres, gaaskompres
Kompression v^{20} compressie, samenpersing
Kompressionsstrumpf m^{6} elastieken kous
Kompressor m^{16} compressor
komprimieren^{320} comprimeren
Kompromiss m^{5}, o^{29} compromis
Kompromissler m^{9} compromissenmaker
kompromittieren^{320} compromitteren
Kondensation v^{20} condensatie
Kondensator m^{16} condensator
kondensieren^{320} condenseren
Kondensmilch v^{28} gecondenseerde melk
Kondition v^{20} conditie
konditionieren^{320} conditioneren
Konditionstraining o^{36} *(sp)* conditietraining
Konditor m^{16} banketbakker
Konditorei v^{20} banketbakkerszaak; lunchroom
Kondolenz v^{20} **1** deelneming **2** rouwbeklag
Kondolenzbrief m^{5}, **Kondolenzschreiben** o^{35} condoleancebrief
kondolieren^{320} condoleren: *jmdm ~ zu*$^{+3}$ … iem condoleren met …
Kondom m^{5}, o^{29}, m^{13}, o^{36} condoom
Konfekt o^{29} bonbons, pralines
Konfektion v^{28} **1** confectie **2** confectiekleding
Konferenz v^{20} conferentie
Konferenzzimmer o^{33} conferentiekamer
konferieren^{320} confereren, beraadslagen
Konfession v^{20} **1** confessie, geloofsbelijdenis **2** kerkgenootschap
konfessionell confessioneel
konfessionslos niet-confessioneel, neutraal
Konfessionsschule v^{21} confessionele school
Konfirmand m^{14} *(prot)* aannemeling
Konfirmandenunterricht m^{19} catechisatie
Konfirmation v^{20} bevestiging, confirmatie
konfirmieren^{320} confirmeren, bevestigen
Konfiskation v^{20} confiscatie
konfiszieren^{320} confisqueren
Konfitüre v^{21} jam (met vruchten)
Konflikt m^{5} conflict
Konföderation v^{20} confederatie
konform conform, overeenstemmend, gelijkluidend: *~ gehen* (of: *~ sein) mit jmds Vorschlag* akkoord gaan met iems voorstel
Konfrontation v^{20} confrontatie
konfrontieren^{320} confronteren
konfus confuus, verward
Konglomerat o^{29} conglomeraat
Kongregation v^{20} *(r-k)* congregatie
Kongress m^{5} congres
Kongresshalle v^{21} congreszaal
Kongressmitglied o^{31} congreslid
Kongressteilnehmer m^{9} congresganger
kongruent congruent
Kongruenz v^{20} congruentie
Konifere v^{21} conifeer
König m^{5} **1** koning **2** heer *(in het kaartspel)*
Königin v^{22} koningin
königlich **1** koninklijk **2** *(fig)* vorstelijk
Königreich o^{29} koninkrijk
Königswürde v^{21} koninklijke waardigheid
Königtum o^{32} **1** koningschap **2** koninkrijk
konisch conisch
Konjugation v^{20} conjugatie, vervoeging
konjugieren^{320} *(taalk)* vervoegen
Konjunktion v^{20} voegwoord
Konjunktiv m^{5} aanvoegende wijs
Konjunktur v^{20} conjunctuur
Konjunkturabschwächung v^{20} recessie
Konjunkturanstieg m^{5}, **Konjunkturaufschwung** m^{6} opleving van de conjunctuur
konjunkturbedingt conjunctuurafhankelijk
konjunkturell conjunctureel
Konjunkturrückgang m^{6} dalende conjunctuur; recessie
Konjunkturschwankung v^{20} conjunctuurschommeling
konkret concreet
konkretisieren^{320} concretiseren
Konkurrent m^{14} concurrent
^{1}**Konkurrenz** v^{20} concours, wedstrijd
^{2}**Konkurrenz** v^{28} **1** concurrentie: *jmdm ~ machen* iem beconcurreren **2** (de) concurrent(en)
konkurrenzfähig in staat om te concurreren
Konkurrenzkampf m^{6} concurrentiestrijd
konkurrieren^{320} concurreren, wedijveren

Konkurs *m*[5] bankroet, faillissement; *(Belg)* faling: *~ machen* (of: *in ~ gehen)* failliet gaan; *~ anmelden* zich failliet laten verklaren; *den ~ beantragen* het faillissement aanvragen; *den ~ über jmdn eröffnen* iem failliet verklaren
Konkursverwalter *m*[9] curator
können[194] kunnen: *auswendig ~* van buiten kennen; *Französisch ~* Frans kennen
Könner *m*[9] deskundige, expert; uitblinker
Konsens *m*[5] consensus, overeenstemming
konsequent consequent
Konsequenz *v*[20] consequentie
Konservatismus *m*[19a] conservatisme
konservativ conservatief
Konservator *m*[16] conservator
Konserven *mv v*[21] conserven
Konservenbüchse, Konservendose *v*[21] conservenblik(je)
konservieren[320] conserveren
Konservierungsmittel *o*[33] conserveringsmiddel; *(Belg)* bewaarmiddel
Konsignation *v*[20] consignatie
konsistent consistent
Konsistenz *v*[28] consistentie
Konsistorium *o (2e nvl -s; mv -torien)* consistorie
Konsole *v*[21] **1** console **2** kraagsteen
Konsolidation *v*[20] consolidatie
konsolidieren[320] consolideren
Konsonant *m*[14] consonant, medeklinker
Konsorte *m*[15] medeplichtige; *(mv)* consorten
Konsortium *o (2e nvl -s; mv -tien)* consortium
Konspiration *v*[20] conspiratie
konspirieren[320] conspireren, samenzweren
konstant constant, standvastig
Konstanz *v*[28] onveranderlijkheid
konstatieren[320] constateren
Konstellation *v*[20] constellatie
Konsternation *v*[20] consternatie
konsternieren[320] van zijn stuk brengen
konsterniert uit het veld geslagen, in de war
[1]**konstituieren**[320] *tr* constitueren
[2]**konstituieren**[320]**, sich** zich constitueren
Konstitution *v*[20] constitutie
konstitutionell constitutioneel
konstruieren[320] construeren
Konstrukteur *m*[5] constructeur
Konstruktion *v*[20] constructie
konstruktiv constructief
Konsul *m*[17] consul
Konsulat *o*[29] consulaat
Konsultation *v*[20] *(med)* consult, consultatie
konsultieren[320] consulteren, raadplegen
[1]**Konsum** *m*[13] coöperatieve winkel
[2]**Konsum** *m*[19] consumptie, verbruik
[3]**Konsum** *m*[19] coöperatieve vereniging
Konsument *m*[14] consument, verbruiker
Konsumgüter *mv o*[32] consumptiegoederen
konsumieren[320] consumeren
Kontakt *m*[5] contact: *~ herstellen* contact tot stand brengen; *~ aufnehmen* contact opnemen
kontaktarm contactarm
Kontaktbildschirm *m*[5] aanraakscherm, touchscreen
kontakten 1 als contactpersoon optreden **2** contact opnemen
kontaktfreudig goede contactuele eigenschappen bezittend
Kontaktglas *o*[32]**, Kontaktlinse** *v*[21] contactlens
Kontaktschale *v*[21] contactlens
kontemplativ contemplatief
Konter *m*[9] *(sp)* counter
Konterbande *v*[28] contrabande
kontern 1 *(sp)* counteren **2** van repliek dienen
[1]**Kontinent** *m*[19] vasteland
[2]**Kontinent** *m*[5] continent
kontinental, Kontinental- continentaal
kontinuieren[320] continueren
kontinuierlich continu, voortdurend
Kontinuität *v*[28] continuïteit
Konto *o*[36] *(mv ook Konten en Konti)* rekening, conto: *(fig) das geht auf mein ~* dat komt voor mijn rekening; *(inform) etwas auf dem ~ haben* iets op zijn geweten hebben
Kontoauszug *m*[6] rekeningafschrift, bankafschrift
Kontoinhaber *m*[9] rekeninghouder
Kontokorrent *o*[29] rekening-courant
Kontonummer *v*[21] rekeningnummer
kontra contra, tegen
Kontrahent *m*[14] tegenstander
Kontrakt *m*[5] contract
Kontraktbruch *m*[6] contractbreuk
kontraktbrüchig: *~ werden* contractbreuk plegen
kontraktlich contractueel, volgens contract
konträr contrair, tegenstrijdig, tegengesteld
Kontrast *m*[5] contrast
kontrastieren[320] contrasteren
Kontrollabschnitt *m*[5] controlestrook
Kontrolle *v*[21] controle
Kontrolleur *m*[5] controleur
kontrollieren[320] **1** controleren **2** onder controle hebben; beheersen
kontrovers 1 controversieel **2** tegenstrijdig
Kontroverse *v*[21] controverse
Kontur *v*[20] contour, omtrek
Konvention *v*[20] conventie, overeenkomst
konventionell conventioneel
Konversation *v*[20] conversatie
konversieren[320] converseren
Konvoi *m*[13] konvooi
Konzentrat *o*[29] concentraat
Konzentration *v*[20] concentratie
Konzentrationslager *o*[33] concentratiekamp
Konzentrationsschwäche *v*[21] gebrek aan concentratie
[1]**konzentrieren**[320] *tr* concentreren
[2]**konzentrieren**[320]**, sich** zich concentreren

Konzept o^{29} concept, ontwerp, schets; plan, program: *aus dem ~ kommen* (of: *geraten*) van de wijs raken
Konzern m^{5} concern
Konzert o^{29} concert
Konzerthalle v^{21} concertzaal
konzertieren ^{320} concerteren
konzertiert op elkaar afgestemd: *~e Aktion* door alle partijen onderschreven actie
Konzertsaal m^{6} *(mv -säle)* concertzaal
Konzession v^{20} concessie
Konzil o^{29} *(mv ook Konzilien)* concilie
konzipieren ^{320} concipiëren
Kooperation v^{20} coöperatie
kooperationsbereit coöperatief
kooperieren ^{320} coöpereren
Koordination v^{20} coördinatie
koordinieren ^{320} coördineren
Kopf m^{6} **1** kop, hoofd: *mir raucht der ~* ik zit me suf te denken; *den ~ für jmdn hinhalten* zijn nek voor iem uitsteken; *(fig) ihm schwirrt der ~* het duizelt hem; *ich weiß nicht, wo mir der ~ steht* mijn hoofd loopt om; *jmdm den ~ verdrehen* iem het hoofd op hol brengen; *(fig) jmdm den ~ waschen* iem de mantel uitvegen; *~ und Kragen riskieren* (of: *wagen*) alles op het spel zetten; *seinen ~ durchsetzen* zijn zin doordrijven; *~ hoch!* kop op!; *~ an ~ stehen* mannetje aan mannetje staan; *nicht auf den ~ gefallen sein* niet op zijn achterhoofd gevallen zijn; *er stellt alles auf den ~: a)* hij gooit alles ondersteboven; *b) (fig)* hij zet alles op zijn kop; *c) (fig)* hij geeft een totaal verkeerde voorstelling van zaken; *aus dem ~ hersagen* uit het hoofd opzeggen; *das will mir nicht in den ~* dat wil er bij mij niet in; *im ~ rechnen* uit het hoofd rekenen; *von ~ bis Fuß* van top tot teen; *jmdn vor den ~ stoßen* iem kwetsen **2** krop *(sla)*; struik *(andijvie)*
Kopf-an-Kopf-Rennen o^{35} nek-aan-nekrace
Kopfarbeit v^{28} hoofdwerk, hersenwerk
Kopfarbeiter m^{9} intellectueel, hoofdarbeider
Kopfball m^{6} *(sp)* kopbal
Köpfchen o^{35} kopje, hoofdje: *~ haben* bij de pinken zijn
köpfen **1** onthoofden: *ein Ei ~* het kopje van een ei afslaan **2** *(sp)* koppen **3** *(planten)* toppen, kappen **4** *(sla)* kroppen
Kopfgeld o^{31} uitgeloofde premie
Kopfhörer m^{9} hoofdtelefoon, koptelefoon
Kopfkissen o^{35} hoofdkussen
Kopflaus v^{25} hoofdluis
kopflos **1** paniekerig; overhaast **2** zonder hoofd || *~e Angst* radeloze angst
Kopfnicken o^{39} hoofdknik
Kopfpauschale v^{21} vaste nominale premie
Kopfrechnen o^{39} (het) hoofdrekenen
kopfscheu kopschuw, schichtig
Kopfschmerzen *mv* m^{16} hoofdpijn
Kopfschmuck m^{19} hoofdtooi(sel)
kopfschüttelnd hoofdschuddend
Kopfsprung m^{6} duiksprong
Kopfsteinpflaster o^{33} kinderhoofdjes *(plaveisel)*
Kopfstoß m^{6} kopstoot
Kopfstütze v^{21} hoofdsteun
Kopftuch o^{32} hoofddoek
kopfüber **1** voorover **2** *(fig)* halsoverkop
Kopfweh o^{39} hoofdpijn
Kopfweide v^{21} knotwilg
Kopfwunde v^{21} hoofdwond
Kopfzahl v^{20} aantal dieren, aantal personen
Kopfzerbrechen o^{39} (het) hoofdbreken
Kopie v^{21} kopie
kopieren ^{320} **1** kopiëren **2** *(foto)* afdrukken
Kopierer m^{9} kopieerapparaat
Kopiermaschine v^{21} kopieermachine
Kopierschutz m^{19} kopieerbeveiliging
Kopilot m^{14} tweede piloot
[1]**Koppel** v^{21} **1** koppel *(honden, paarden)* **2** omheind stuk land
[2]**Koppel** o^{33} koppelriem
koppeln koppelen, aankoppelen
Kopplung v^{20} koppeling
Kopula v^{27} *(mv ook -lae)* koppelwerkwoord
kopulieren ^{320} copuleren
Koralle v^{21} koraal
Koran m^{5} Koran
Korb m^{6} **1** korf, mand **2** beugel *(aan een degen)* || *einen ~ bekommen* (of: *sich einen ~ holen*) een blauwtje lopen; *jmdm einen ~ geben* iem afwijzen
Korbball m^{19} *(sp)* korfbal
Körbchen o^{35} **1** *(inform)* bed **2** cup *(van bustehouder)*
Korbmöbel *mv* o^{33} rieten meubels
Kord m^{5}, m^{13} ribfluweel, corduroy
Kordel v^{21} **1** touwtje **2** koord
Kordhose v^{21} ribfluwelen broek
Kordon m^{13} kordon
Korea o^{39} Korea
Koreaner m^{9} Koreaan
koreanisch Koreaans
Korinthe v^{21} krent
Korinthenbrot o^{29} krentenbrood
Kork m^{5} kurk
korken *bn* van kurk, kurken
Korken m^{11} kurk *(stop)*
Korkenzieher m^{9} kurkentrekker
Kormoran m^{5} aalscholver
[1]**Korn** m^{19} (koren)brandewijn, jenever
[2]**Korn** o^{39} *(foto)* korrel(ing)
[3]**Korn** o^{32} **1** (zaad)korrel, zaadje, graantje **2** korrel, kruimel
[4]**Korn** o^{29} *(zelden mv)* **1** koren, graan **2** rogge **3** (vizier)korrel: *jmdn aufs ~ nehmen: a)* iem op de korrel nemen; *b)* iem in de gaten houden
Kornähre v^{21} korenaar
Kornblume v^{21} korenbloem
Kornbranntwein m^{5} korenbrandewijn, jenever
Körnchen o^{35} korreltje, greintje

ko

körnen korrelen, granuleren
körnig gekorreld, korrelig
Kornkammer v^{21} koren-, graanschuur
Körper m^{9} lichaam
körperbehindert (lichamelijk) gehandicapt
Körperbehinderte(r) m^{40a}, v^{40b}, **Körperbeschädigte(r)** m^{40a}, v^{40b} invalide, gehandicapte
körperlich lichamelijk, fysiek
Körperpflege v^{28} lichaamsverzorging
Körperschaft v^{20} *(jur)* **1** lichaam; vennootschap; genootschap **2** bestuur(slichaam), (maatschappelijke) instelling, college: *gesetzgebende ~* wetgevend lichaam
Körperschaftssteuer v^{21} vennootschapsbelasting
Körperspray m^{13}, o^{36} deodorant
Körperstrafe v^{21} lijfstraf
Körperteil m^{5} lichaamsdeel
Körperverletzung v^{20} *(jur)* (het) toebrengen van lichamelijk letsel
Korporation v^{20} vereniging, corporatie
Korps [koor] *o (2e nvl -; mv -)* **1** *(mil)* korps **2** corps
korpulent corpulent, gezet, zwaarlijvig
Korpulenz v^{28} corpulentie, zwaarlijvigheid
korrekt correct
Korrektheit v^{28} correctheid
Korrektion v^{20} correctie
Korrektur v^{20} correctie, verbetering
Korrespondent m^{14} correspondent
Korrespondentin v^{22} correspondente
Korrespondenz v^{28} correspondentie
Korridor m^{5} corridor, gang
korrigieren^{320} corrigeren, verbeteren
Korrosion v^{20} corrosie
korrupt corrupt
Korruption v^{20} corruptie
Korsett o^{29}, o^{36} korset
Korso m^{13} corso
Koryphäe v^{21} coryfee, ster
Kosak m^{14} Kozak
koscher koosjer, koosjer
[1]**kosen** *intr* minnekozen, vrijen
[2]**kosen** *tr* liefkozen, strelen
Kosename m^{18} koosnaam(pje), troetelnaam
Kosmetik v^{28} cosmetiek
Kosmetikerin v^{22} schoonheidsspecialiste
Kosmetikkoffer m^{9} beautycase
Kosmonaut m^{14} kosmonaut, ruimtevaarder
Kosmos m^{19a} kosmos, heelal
Kost v^{28} **1** kost, spijs, voedsel **2** kost, voeding: *~ und Logis* kost en inwoning
kostbar waardevol, kostbaar, duur
[1]**Kostbarkeit** v^{20} kleinood
[2]**Kostbarkeit** v^{28} kostbaarheid
kosten **1** *(spijs, drank)* proeven **2** kosten: *sich*^{3} *of* ^{4} *eine Sache etwas ~ lassen* veel geld voor iets uitgeven
Kosten *mv* (on)kosten: *auf ~ seiner Gesundheit* ten koste van zijn gezondheid; *auf seine ~ kommen (fig)* aan zijn trekken komen
Kostenanschlag m^{6} kostenbegroting, -raming
Kostenaufwand m^{19} (on)kosten
Kostenfrage v^{21} geldkwestie
kostenfrei, kostenlos kosteloos, gratis
kostenpflichtig tegen verplichte betaling van de (on)kosten
Kostenpunkt m^{5} (de) kosten, prijs
Kostensteigerung v^{20} kostenstijging
Kostenvoranschlag m^{6} *zie* Kostenanschlag
köstlich kostelijk
[1]**Köstlichkeit** v^{28} kostelijkheid, heerlijkheid
[2]**Köstlichkeit** v^{20} lekkernij, delicatesse
Kostprobe v^{21} hapje, proefje
kostspielig kostbaar, duur
Kostüm o^{29} **1** (mantel)pakje **2** kostuum
Kostümball m^{6} gekostumeerd bal
Kot m^{19} **1** uitwerpselen, excrementen **2** modder, slijk
Kotblech o^{29} spatbord
Kotelett o^{29}, o^{36} kotelet, karbonade
Koteletten *mv* bakkebaarden
Köter m^{9} mormel, rothond
Kotflügel m^{9} spatbord
kotig **1** *(inform)* vol stront **2** modderig, vuil
kotzen braken, overgeven, kotsen
Krabbe v^{21} **1** krab **2** garnaal **3** dreumes, hummel **4** leuk grietje
[1]**krabbeln** *intr* kruipen
[2]**krabbeln** *tr* kriebelen
krach *tw* krak!, pats-boem!, bom!
[1]**Krach** m^{19} lawaai, herrie
[2]**Krach** m^{6} **1** klap, dreun, bons **2** ruzie **3** krach, debacle, economische ineenstorting
[1]**krachen** *intr* **1** dreunen; *(mbt kanonnen)* bulderen; *(mbt schoten)* knetteren **2** krakend kapotgaan **3** botsen (tegen)
[2]**krachen** *tr* smijten
Krachsalat m^{5} ijsbergsla
krächzen **1** *(mbt vogels)* krassen; *(fig)* hees spreken **2** kuchen, hoesten
kraft^{+2} *vz* krachtens, op grond van
Kraft v^{25} **1** kracht, sterkte, macht: *wieder bei Kräften sein* weer gezond zijn; *jmdm viel ~ wünschen* iem veel sterkte (toe)wensen **2** kracht, werking **3** arbeids-, werkkracht **4** *(techn)* kracht **5** *(mv)* (de) strijdkrachten || *in, außer ~ setzen* in, buiten werking stellen
Kraftakt m^{5} krachttoer
Kraftanstrengung v^{20} krachtsinspanning
Kraftaufwand m^{6} inspanning
Kraftausdruck m^{6} krachtterm
Kraftbrühe v^{21} bouillon
Kraftfahrer m^{9} chauffeur; automobilist
Kraftfahrzeug o^{29} motorvoertuig
Kraftfahrzeugsteuer v^{21} motorrijtuigenbelasting; *(Belg)* rijtaks
Kraftfutter o^{39} krachtvoer

kräftig krachtig, sterk, stevig, flink
kräftigen (ver)sterken, krachtig maken
Kräftigung *v*[20] (ver)sterking
kraftlos **1** krachteloos, zwak **2** ongeldig
Kraftmeier *m*[19] krachtpatser
Kraftmeierei *v*[20] krachtvertoon
Kraftprobe *v*[21] krachtproef
Kraftprotz *m*[5], *m*[14] krachtpatser
Kraftrad *o*[32] tweewielig motorvoertuig
Kraftsport *m*[19] krachtsport
Kraftstoff *m*[5] motorbrandstof
kraftstrotzend potig, fors
Kraftverkehr *m*[19] gemotoriseerd verkeer
kraftvoll vol kracht, krachtig, krachtdadig
Kraftwagen *m*[11] auto
Kraftwerk *o*[29] elektrische centrale
Kragen *m*[11] kraag, boord || *jmdm platzt der ~* iem heeft er genoeg van
Kragenweite *v*[21] boordwijdte
Krähe *v*[21] kraai
krähen kraaien
Krähenfüße *mv m*[6] kraaienpootjes
Krake *m*[15] *(dierk)* kraak, achtarmige inktvis
Krakeel *m*[19] (ge)krakeel, gekijf
krakeelen kijven, krakelen
krakeln krabbelen
Kralle *v*[21] klauw, nagel: *jmdm die ~n zeigen* iem zijn tanden laten zien
[1]**krallen** *tr* **1** (vast)grijpen, krampachtig vasthouden **2** *(vingers)* krommen **3** jatten
[2]**krallen, sich** zich vastklampen, zich vastklemmen
krallig **1** met klauwen, nagels **2** klauwvormig
Kram *m*[19] **1** rommel, troep **2** handel, zaak, santenkraam || *den ganzen ~ hinschmeißen* het bijltje erbij neergooien; *jmdm (nicht) in den ~ passen* (niet) in iems kraam te pas komen
kramen (rond)snuffelen, rommelen
Krampe *v*[21] kram
krampen krammen
[1]**Krampf** *m*[6] kramp, stuiptrekking
[2]**Krampf** *m*[19] gedoe
Krampfader *v*[21] spatader
krampfartig krampachtig
[1]**krampfen** *tr* vastklemmen, omknellen
[2]**krampfen, sich** zich krampachtig samentrekken
krampfhaft krampachtig
Kran *m*[5], *m*[6] kraan
Kranführer *m*[9] kraandrijver
Kranich *m*[5] kraanvogel
krank[58] ziek; *zie ook* krankschreiben
kränkeln met de gezondheid sukkelen
kranken lijden: *~ an*[+3] lijden aan *(ook fig)*
[1]**kränken** *tr* krenken, grieven, beledigen
[2]**kränken, sich** verdriet hebben
Krankenanstalt *v*[20] ziekenhuis
Krankenbesuch *m*[5] ziekenbezoek
Krankenbett *o*[37] ziekbed
Krankenhaus *o*[32] ziekenhuis
Krankenkasse *v*[21] ziekenfonds
Krankenpfleger *m*[9] verpleger
Krankenpflegerin *v*[22] verpleegster
Krankenschein *m*[5] **1** ziekenfondskaart **2** verwijskaart, doktersattest
Krankenschwester *v*[21] verpleegkundige, verpleegster
Krankenträger *m*[9] ziekendrager; *(Belg)* ambulancier
Krankenversicherer *m*[9] ziektekostenverzekeraar, zorgverzekeraar
Krankenversichertenkarte *v*[21] ziekenfondskaart, zorgpas
Krankenversicherung *v*[20] **1** ziekteverzekering **2** zorgverzekering **3** ziekteverzekeringsmaatschappij, zorgverzekeringsmaatschappij
Krankenwagen *m*[11] ziekenwagen, ambulance
Krankenwärter *m*[9] verpleger, ziekenverzorger
krankfeiern *(inform)* niet gaan werken onder het voorwendsel van ziekte
krankhaft ziekelijk
Krankheit *v*[20] ziekte
Krankheitsbild *o*[31] ziektebeeld
Krankheitserreger *m*[9] ziekteverwekker
krankheitshalber wegens ziekte
kränklich ziekelijk, sukkelend
krankmelden, sich zich ziek melden
krankschreiben[252] **1** ziek verklaren **2** ziek naar huis sturen
Kränkung *v*[20] krenking; *zie ook* kränken
Kranz *m*[6] krans
Kranzniederlegung *v*[20] kranslegging
krass kras, sterk, overdreven
Krater *m*[9] krater
kratzbürstig weerspannig, vinnig, kattig
Krätze *v*[28] schurft
Kratzeisen *o*[35] voetenschrapper
kratzen **1** krabben, krassen **2** kriebelen: *das kratzt mich nicht* dat kan mij niet schelen **3** prikkelen
Kratzer *m*[9] **1** krab, kras, schram **2** krabber
Kratzfuß *m*[6] buiging, strijkage
Kraul *o*[39] crawl(slag)
kraulen **1** krauwen, krabben **2** *(sp)* crawlen
Krauler *m*[9] crawlzwemmer
kraus **1** kroes, krullend **2** verward, warrig **3** gekreukt
Krause *v*[21] krul, slag *(in haar)*
[1]**kräuseln** *tr* **1** krullen, kroezen **2** fronsen, rimpelen: *die Lippen ~* de lippen krullen
[2]**kräuseln, sich** **1** rimpelen **2** kroezen
krausen *zie* kräuseln
Kraushaar *o*[39] krulhaar, kroeshaar
kraushaarig kroesharig
Krauskopf *m*[6] **1** krullenbol **2** warhoofd
krausziehen[318] *tr: die Stirn ~* het voorhoofd fronsen
[1]**Kraut** *o*[32] **1** kruid **2** geneeskrachtig kruid **3** tabak
[2]**Kraut** *o*[39] loof: *wie ~ und Rüben* wanordelijk, chaotisch

Kräuterkäse *m*[9] kruidkaas
Kräutertee *m*[13] kruidenthee
[1]**Krawall** *m*[19] lawaai
[2]**Krawall** *m*[5] opstootje, relletje
Krawatte *v*[21] **1** (strop)das **2** *(med)* gipskraag
Kreation *v*[20] creatie
kreativ creatief
Kreativität *v*[28] creativiteit
Kreatur *v*[20] creatuur, schepsel
Krebs *m*[5] **1** *(dierk)* (rivier)kreeft **2** kanker: *~ erregend* (of: *~ erzeugend)* kankerverwekkend
krebsartig kankerachtig
krebserregend, krebserzeugend kankerverwekkend: *stark ~e Stoffe* sterk kankerverwekkende stoffen
Krebsforschung *v*[20] kankeronderzoek
Krebsgeschwulst *v*[25] kankergezwel
Krebsgeschwür *o*[29] kankerzweer
krebsig kankerachtig
krebskrank aan kanker lijdend
Krebskranke(r) *m*[40a], *v*[40b] kankerpatiënt
krebsrot zo rood als een kreeft
[1]**Kredit** *m*[19] krediet, uitstel van betaling: *auf ~* op krediet
[2]**Kredit** *m*[5] krediet, lening
[3]**Kredit** *o*[36] credit
Kreditanstalt *v*[20] kredietinstelling
Kreditbank *v*[20] kredietbank
kreditfähig kredietwaardig, solvent
kreditieren[320] crediteren
Kreditinstitut *o*[29] kredietinstelling
Kreditkarte *v*[21] creditcard
Kreditkauf *m*[6] koop op krediet
Kreditor *m*[16] crediteur, schuldeiser
kreditwürdig kredietwaardig, solvent
Kreide *v*[21] krijt(je)
kreidebleich doodsbleek, krijtwit
kreiden 1 met krijt markeren, met krijt noteren **2** *(keu)* krijten
kreieren[320] creëren, scheppen
Kreis *m*[5] **1** cirkel, kring **2** kring, groep, laag, milieu **3** reeks, rij, cyclus **4** domein, gebied **5** district **6** *(techn)* circuit
kreischen 1 krijsen, gillen **2** *(mbt remmen)* knarsen, gieren, piepen
Kreisel *m*[9] **1** tol **2** rotonde
Kreiselkompass *m*[5] gyrostatisch kompas
kreiseln 1 tollen, (rond)draaien **2** *(voetbal)* rondspelen
Kreiselpumpe *v*[21] centrifugaalpomp
Kreiselverdichter *m*[9] turbocompressor
kreisen cirkelen, (rond)draaien
kreisförmig cirkelvormig, kringvormig
Kreislauf *m*[6] **1** kringloop **2** bloedsomloop
Kreislaufkollaps *m*[5] *(med)* collaps
Kreislaufstörung *v*[20] circulatiestoornis
Kreislaufversagen *o*[39] collaps
Kreissäge *v*[21] cirkelzaag
Kreisstadt *v*[25] hoofdplaats van een district
Kreisverkehr *m*[19] rondgaand verkeer
Krem *v*[27], *m*[5], *m*[13] crème
Kremation *v*[20] crematie
Krematorium *o (2e nvl -s; mv -torien)* crematorium
Kreml *m*[19], *m*[19a] Kremlin
Krempe *v*[21] hoedrand
Krempel *m*[19] rommel
krempeln op-, omslaan; *(mouwen)* opstropen
krepieren[320] **1** creperen, verrekken **2** *(mbt projectiel)* ontploffen
Kreppapier *o*[39] crêpepapier
Kreppsohle *v*[21] crêpezool, spekzool
Kresse *v*[21] tuinkers, sterrenkers
kreuz: *~ und quer* kriskras
[1]**Kreuz** *o*[29] **1** kruis: *jmdn aufs ~ legen* iem bij de neus nemen **2** *(muz)* kruis, verhogingsteken
[2]**Kreuz** *o (2e nvl -es; mv -) (kaartspel)* klaveren
[3]**Kreuz** *o*[39] **1** kruis, beproeving **2** klaverblad *(ve autosnelweg)*
[1]**kreuzen** *intr* kruisen; laveren
[2]**kreuzen** *tr* kruisen
[3]**kreuzen, sich 1** elkaar kruisen **2** indruisen tegen
Kreuzer *m*[9] *(scheepv)* kruiser
Kreuzfahrer *m*[9] kruisvaarder
Kreuzfahrt *v*[20] **1** kruistocht **2** *(scheepv)* cruise
Kreuzgelenk *o*[29] kruiskoppeling
kreuzigen kruisigen
Kreuzigung *v*[20] kruisiging
Kreuzritter *m*[9] kruisridder
Kreuzschlitzschraube *v*[21] kruiskopschroef
Kreuzschlüssel *m*[9] kruissleutel
Kreuzstich *m*[5] *(handwerken)* kruissteek
Kreuzung *v*[20] kruising
Kreuzverhör *o*[29] kruisverhoor
Kreuzweg *m*[5] **1** *(godsd)* kruisweg **2** kruispunt
kreuzweise kruisgewijs, kruiselings
Kreuzworträtsel *o*[33] kruiswoordpuzzel, -raadsel
Kreuzzeichen *o*[35] kruisteken
Kreuzzug *m*[6] kruistocht
kribbelig prikkelbaar, kribbig, nerveus
kribbeln 1 kriebelen **2** krioelen
kriechen[195] kruipen
Kriecher *m*[9] kruiper *(ook fig)*
Kriecherei *v*[20] kruiperij
kriecherisch kruiperig
Kriechspur *v*[20] *(verkeer)* kruipstrook
Krieg *m*[5] oorlog: *der Kalte ~* de koude oorlog; *~ führend* oorlogvoerend
kriegen krijgen: *jmdn ~* iem te pakken krijgen; *den Bus ~* de bus halen; *es mit der Angst zu tun ~* bang worden; *lass dich nicht ~!* laat je niet snappen! || *es nicht über sich ~* het niet over zijn hart kunnen verkrijgen
Krieger *m*[9] krijger, krijgsman, soldaat
kriegerisch 1 oorlogszuchtig, krijgshaftig **2** oorlogs-, militair
kriegführend oorlogvoerend
Kriegführung *v*[20] oorlogvoering

Kriegsausbruch *m*[19] (het) uitbreken van de oorlog
Kriegsbeschädigte(r) *m*[40a], *v*[40b] oorlogsinvalide
Kriegsdienst *m*[5] krijgsdienst
Kriegsdienstverweigerer *m*[9] dienstweigeraar
Kriegsentschädigung *v*[20] herstelbetaling
Kriegserklärung *v*[20] oorlogsverklaring
Kriegsfuß *m*[6]: *mit jmdm auf (dem) ~ leben* (of: *stehen)* met iem op voet van oorlog staan
Kriegsgefangene(r) *m*[40a], *v*[40b] krijgsgevangene
Kriegsgericht *o*[29] krijgsraad
kriegsgeschädigt door de oorlog getroffen
Kriegsherr *m*[14] *(2e, 3e, 4e nvl ev -n)* krijgsheer
Kriegsmarine *v*[28] marine, vloot
Kriegsmaschine *v*[21] oorlogsapparaat
Kriegsopfer *o*[33] oorlogsslachtoffer
Kriegsrat *m*[6] krijgsraad
Kriegsschaden *m*[12] oorlogsschade
Kriegsschauplatz *m*[6] oorlogstoneel
Kriegsschiff *o*[29] oorlogsschip
Kriegsstärke *v*[28] oorlogssterkte
Kriegsverbrecher *m*[9] oorlogsmisdadiger
Kriegsverletzte(r), Kriegsversehrte(r) *m*[40a], *v*[40b] oorlogsinvalide
Kriegszeit *v*[20] oorlogstijd
Kriegszustand *m*[6] oorlogstoestand
Krimi *m (2e nvl -(s); mv -(s))* **1** detectiveroman **2** detectivefilm **3** thriller
kriminal strafrechtelijk
Kriminalbeamte(r) *m*[40a], **Kriminale(r)** *m*[40a], **Kriminaler** *m*[9] rechercheur
Kriminalfilm *m*[5] detectivefilm, misdaadfilm
kriminalisieren[320] criminaliseren
Kriminalist *m*[14] rechercheur
Kriminalität *v*[28] criminaliteit
Kriminalkommissar *m*[5] inspecteur bij de recherche
Kriminalpolizei *v*[28] recherche; *(Belg)* opsporingsbrigade
Kriminalroman *m*[5] detective(roman)
kriminell crimineel
Kriminelle(r) *m*[40a], *v*[40b] misdadiger, misdadigster
Krimskrams *m*[19], *m*[19a] rommel
Kringel *m*[9] **1** krul **2** *(cul)* kransje, krakeling
[1]**kringeln** *tr* (op)krullen
[2]**kringeln, sich** zich krullen
Kripo *v*[27] *verk van Kriminalpolizei* recherche
Krippe *v*[21] **1** kribbe **2** crèche
Krise *v*[21] crisis
kriseln: *es kriselt* er dreigt een crisis
krisenfest bestand tegen crises
Krisenmanager *m*[9] crisismanager
Krisenstab *m*[6] crisisstaf
[1]**Kristall** *m*[5] kristal
[2]**Kristall** *o*[39] kristal(glas)
kristallen kristallen
kristallisieren[320] kristalliseren
kristallklar kristalhelder
Kriterium *o (2e nvl -s; mv Kriterien)* criterium
Kritik *v*[20] kritiek: *unter aller* (of: *jeder) ~* schandalig slecht
Kritikaster *m*[9] criticaster, muggenzifter
Kritiker *m*[9] criticus
kritiklos kritiekloos, onkritisch
kritisch **1** kritisch **2** hachelijk, kritiek
kritisieren[320] (be)kritiseren
Krittelei *v*[20] vitterij, kleingeestige kritiek
krittelig vitterig
kritteln vitten
Krittler *m*[9] vitter, criticaster
krittlig vitterig
[1]**Kritzelei** *v*[28] gekras
[2]**Kritzelei** *v*[20] krabbel
kritzelig kriebelig, onleesbaar
kritzeln kriebelen, krabbelen
kritzlig *zie* kritzelig
Krokette *v*[21] kroket(je)
Krokodil *o*[29] krokodil
Krokodilstränen *mv v*[21] krokodillentranen
Krokus *m (2e nvl -; mv -(se))* krokus
[1]**Krone** *v*[21] **1** kroon *(ook fig)* **2** krans **3** *(plantk)* (bloem)kroon **4** (boom)kruin, top **5** kruin *(ve dijk)* **6** kroon *(munteenheid)*
[2]**Krone** *v*[28] kroon, toppunt: *das setzt allem die ~ auf!* dat is het toppunt!
krönen **1** kronen **2** bekronen: *von Erfolg gekrönt* met succes bekroond
Kronenkorken *m*[11] kroonkurk
Kronjuwel *m*[16], *o*[37] kroonjuweel
Kronleuchter *m*[9] (licht)kroon, kroonluchter
Kronprinz *m*[14] kroonprins
Kronprinzessin *v*[22] kroonprinses
Krönung *v*[20] **1** kroning **2** bekroning
Kronzeuge *m*[15] kroongetuige
Kropf *m*[6] **1** krop *(van vogel)* **2** struma
Kröte *v*[21] **1** *(dierk)* pad **2** *(fig)* slang, loeder **3** *(fig)* nest **4** *(mv)* poen, duiten
Krücke *v*[21] **1** kruk: *an ~n gehen* op krukken lopen **2** kruk, handvat *(ve wandelstok)*
Krug *m*[6] **1** kruik, kan **2** *(N-Dui)* kroeg, café
Krume *v*[21] **1** kruimel **2** kruim *(van brood)*
Krümel *m*[9] **1** kruimel **2** peuter, dreumes
krümelig **1** kruimelig **2** vol kruimels
krümeln kruimelen
krumm[59] **1** krom **2** krom, verkeerd, slecht: *~e Finger machen* gappen, jatten; *er geht ~* hij loopt (voorover)gebogen
[1]**krümmen** *tr* krommen, buigen
[2]**krümmen, sich** **1** zich krommen, zich buigen, zich kronkelen **2** *(van pijn)* krimpen: *sich vor Lachen ~* zich krom lachen
krummgehen[168] misgaan
krummlachen, sich zich krom lachen: *sich krumm- und schieflachen* zich krom lachen
krummnehmen[212] kwalijk nemen
Krümmung *v*[20] kromming, winding, bocht
Krüppel *m*[9] verminkte, invalide, gebrekkige: *jmdn zum ~ schlagen* iem ongelukkig slaan

krüppelhaft, krüpplig gebrekkig, mismaakt
Kruste v^{21} **1** korst **2** roof *(op wond);* korstje
krustig korstig
Kruzifix o^{29} crucifix, kruisbeeld
Kryptogramm o^{29} cryptogram
Kübel m^{9} bak, emmer, kuip, tobbe
Kubik *m, o* kubieke meter, kubieke centimeter
Kubikmeter o^{33}, m^{9} kubieke meter, m³
Kubus *m (2e nvl -; mv - en Kuben)* kubus
Küche v^{21} keuken *(ook fig): warme und kalte ~* warme en koude spijzen
Kuchen m^{11} **1** gebak, taart, cake **2** *(techn)* koek
Küchenabfälle *mv* m^{6} keukenafval
Kuchenblech o^{29} bakblik
Küchenchef m^{13} chef-kok
Küchenfee v^{21} keukenprinses
Kuchenform v^{20} cakevorm, bakvorm
Kuchengabel v^{21} gebakvorkje
Küchengerät o^{29} keukenapparaat
Küchenherd m^{5} fornuis
Küchenmaschine v^{21} keukenmachine
Küchenpapier o^{39} keukenpapier
Küchenrolle v^{21} keukenrol, huishoudrol
Kuchenteller m^{9} gebakschaal, gebakschoteltje
Küchentisch m^{5} keukentafel
Kuckuck m^{5} **1** koekoek **2** deurwaarderszegel || *(das) weiß der ~* Joost mag het weten!; *das Geld ist zum ~* het geld is naar de maan; *zum ~!* voor de drommel!; *geh* (of: *scher) dich zum ~!* loop naar de maan!
Kuckucksei o^{31} **1** koekoeksei **2** koekoeksjong
Kuddelmuddel m^{19}, o^{39} warboel, allegaartje
Kufe v^{21} **1** glijijzer *(van slee, van schaats)* **2** slede *(van helikopter)*
Kugel v^{21} **1** kogel **2** bol, bal; kerstbal **3** knikker || *eine ruhige ~ schieben* zich niet inspannen
kugelfest kogelvrij
kugelförmig kogelvormig, bolvormig
Kugelgelenk o^{29} kogelgewricht
kugelig kogelvormig, bolrond
Kugellager o^{33} kogellager
[1]**kugeln** *intr* rollen: *das ist zum Kugeln* dat is om je slap te lachen
[2]**kugeln, sich** rollen: *sich vor Lachen ~* zich slap lachen
Kugelschreiber m^{9} balpen, ballpoint
kugelsicher kogelvrij
Kugelstoßen o^{39} *(sp)* (het) kogelstoten
Kuh v^{25} koe: *(fig) dumme ~* domme gans; *blöde ~* stom wijf
Kuhblume v^{21} paardenbloem
Kuhfladen m^{11} koeienvlaai
Kuhfuß m^{6} breekijzer, koevoet
Kuhhandel m^{19} *(fig)* gesjacher, koehandel
Kuhhaut v^{25} koehuid: *das geht auf keine ~!* dat is ongehoord!
kühl **1** koel, fris **2** koel(tjes), kil
Kühlanlage v^{21} koelinstallatie
Kühle v^{28} **1** koelheid, frisheid, koelte **2** koelheid, onhartelijkheid, kilte
kühlen (af)koelen, verfrissen
Kühler m^{9} **1** koeler **2** radiateur
Kühlschrank m^{6} koelkast
Kühltruhe v^{21} (diep)vrieskist
Kühlturm m^{6} koeltoren
Kühlung v^{20} **1** (af)koeling **2** koelinstallatie
Kühlwasser o^{34} koelwater
Kuhmilch v^{28} koemelk
kühn dapper, koen, gedurfd, gewaagd
Kühnheit v^{20} koenheid*; zie ook* kühn
Kuhstall m^{6} koestal
Küken o^{35} **1** kuiken **2** *(inform)* meisje
kulant coulant
Kulanz v^{28} coulantheid, coulance
Kuli m^{13} **1** koelie **2** *(inform)* balpen
kulinarisch culinair
Kulisse v^{21} coulisse, (toneel)decor: *einen Blick hinter die ~n werfen* (of: *tun)* achter de schermen kijken; *das ist doch nur ~* dat is maar schijn
Kulleraugen *mv* o^{38}: *~ machen* grote ogen opzetten
kullern rollen: *sich ~ vor Lachen* zich krom lachen
Kulmination v^{20} culminatie, hoogtepunt
kulminieren ^{320} culmineren
Kult m^{5} cultus, rite, ceremonie
kultig hip
kultivieren ^{320} cultiveren
kultiviert **1** beschaafd **2** gecultiveerd
[1]**Kultur** v^{20} cultuur, beschavingsvorm
[2]**Kultur** v^{28} **1** cultuur, beschaving **2** cultuur, verbouw, kweek
kulturell cultureel
Kulturleben o^{39} cultureel leven
Kulturpflanze v^{21} cultuurplant
Kulturstufe v^{21} trap van beschaving
Kulturvolk o^{32} cultuurvolk, beschaafd volk
Kultus m^{19a} **1** cultus **2** culturele zaken
Kultusminister m^{9} minister van Onderwijs en Wetenschappen
Kümmel m^{9} **1** karwij, komijn **2** kummel *(een likeur)*
Kümmelkäse m^{9} komijnekaas
Kummer m^{19} kommer, leed, verdriet
kümmerlich **1** gebrekkig **2** armzalig, behoeftig
[1]**kümmern** *intr* slecht gedijen, verkommeren
[2]**kümmern** *tr* aangaan, betreffen: *was kümmert mich das?* wat kan mij het schelen?
[3]**kümmern, sich** (met *um*$^{+4}$) zich bekommeren om, zich bemoeien met, zich bezighouden met
Kümmernis v^{24} zorg, verdriet, leed
kummervoll kommervol, zorgvol, treurig
Kumpan m^{5} maat, makker, gabber
Kumpel m^{9}, m^{13} **1** kompel, mijnwerker **2** kameraad, makker
kumulieren ^{320} cumuleren, ophopen
kund bekend, openbaar
kündbar opzegbaar
[1]**Kunde** m^{15} klant, cliënt: *Dienst am ~n* service || *dufter ~* toffe jongen

^{2}**Kunde** v^{21} bericht, tijding
künden bekendmaken, verkondigen
^{1}**Kundendienst** m^{19} (klanten)service
^{2}**Kundendienst** m^{5} serviceafdeling
Kundenkartei v^{20} klantenbestand
Kundenkreis m^{5} clientèle, klantenkring
Kundgabe v^{21} bekendmaking, kennisgeving
kundgeben^{166} bekendmaken, meedelen
Kundgebung v^{20} manifestatie, betoging
kundig kundig, bekend met, ervaren: *einer Fremdsprache ~ sein* een vreemde taal meester zijn
kündigen opzeggen: *jmdm* (of: *jmdn*) *~* iem opzeggen (*of:* ontslaan)
Kündigung v^{20} opzegging, ontslag
Kündigungsfrist v^{20} opzeg(gings)termijn
Kündigungsschutz m^{19} ontslagbescherming
Kündigungsvergütung v^{20} ontslagvergoeding
Kundin v^{22} klant, cliënte
^{1}**Kundschaft** v^{28} clientèle, klanten
^{2}**Kundschaft** v^{20} informatie, inlichting
Kundschafter m^{9} verkenner
kundtun^{295} bekendmaken, kond doen
kundwerden^{310} bekend worden
^{1}**künftig** *bn* toekomstig, aanstaand
^{2}**künftig** *bw* voortaan, in het vervolg
künftighin voortaan, in het vervolg
Kunst v^{25} **1** kunst **2** kunststuk, kunstwerk **3** kunst, kunde, vaardigheid || *mit seiner ~ am Ende sein* aan het eind van zijn Latijn zijn; *was macht die ~?* hoe gaat het?
Kunstakademie v^{21} kunstacademie
Kunstdünger m^{9} kunstmest
Kunsteisbahn v^{20} kunstijsbaan
Künstelei v^{20} gemaaktheid, gekunsteldheid
Kunsterzeugnis o^{29a} kunstproduct
Kunstfaser v^{21} kunstvezel
Kunstfreund m^{5} kunstminnaar, kunstvriend
Kunstgegenstand m^{6} kunstvoorwerp
kunstgemäß, kunstgerecht volgens de regels van de kunst, vakkundig
Kunstgeschichte v^{28} kunstgeschiedenis
kunstgeschichtlich kunsthistorisch
Kunstgewerbe o^{33} kunstnijverheid
kunstgewerblich kunstnijverheids-; *(Belg)* artisanaal
Kunstgriff m^{5} kunstgreep
Kunsthalle v^{21} kunstgalerij, museum
Kunsthändler m^{9} kunsthandelaar
Kunstkenner m^{9} kunstkenner
Künstler m^{9} kunstenaar, artiest
künstlerisch artistiek, kunst-, kunstzinnig
künstlich 1 kunstmatig, kunst-: *~es Bein* kunstbeen, prothese; *~es Hüftgelenk* kunstheup; *~e Atmung* kunstmatige ademhaling; *~e Befruchtung* ki, kunstmatige inseminatie; *~es Gebiss* kunstgebit **2** gekunsteld, onnatuurlijk
kunstlos eenvoudig, zonder versieringen
Kunstmaler m^{9} kunstschilder
Kunstmarkt m^{6} kunstmarkt
kunstreich 1 kunstrijk, kunstig **2** handig
Kunstreiter m^{9} kunstrijder *(te paard)*
Kunstsammlung v^{20} kunstverzameling
Kunstschätze *mv* m^{6} kunstschatten
Kunstseide v^{21} kunstzijde, rayon
kunstsinnig kunstzinnig, artistiek
Kunstspringen o^{39} (het) schoonspringen *(zwemsport)*
Kunststoff m^{5} kunststof, plastic
Kunststück o^{29} kunststuk, prestatie
Kunstturnen o^{39} (het) kunstturnen
kunstvoll kunstvol, kunstig, vernuftig
Kunstwerk o^{29} kunstwerk
kunterbunt 1 kakelbont, veelkleurig **2** ongeordend; kriskras door elkaar
^{1}**Kupfer** o^{39} **1** koper **2** koperen vaatwerk **3** kopergeld
^{2}**Kupfer** o^{33} kopergravure
Kupfererz o^{29} kopererts
kupferfarben, kupferfarbig koperkleurig
kupfern koperen, van koper
Kupferschmied m^{5} koperslager, kopersmid
Kupferstich m^{5} (koper)gravure
Kupon m^{13} coupon *(ook van stoffen)*
Kuppe v^{21} **1** ronde bergtop **2** kop *(van speld)* **3** vingertop
Kuppel v^{21} koepel
Kuppeldach o^{32} koepeldak
Kuppelei v^{28} koppelarij
kuppeln 1 koppelen, bij elkaar brengen **2** *(techn)* (aan elkaar) koppelen
Kuppelzelt o^{29} koepeltent
Kuppler m^{9} koppelaar
Kupplerin v^{22} koppelaarster
Kupplung v^{20} **1** koppeling **2** koppelingspedaal
Kupplungsautomat m^{14} automatische koppeling
Kupplungspedal o^{29} koppelingspedaal
Kur v^{20} kuur: *eine ~ machen* een kuur doen
Kür v^{20} *(sp)* kür, vrij gekozen figuur
Kurator m^{16} curator
Kurbel v^{21} **1** kruk, zwengel **2** slinger
Kurbelwelle v^{21} krukas
Kürbis *m (2e nvl -bisses; mv -bisse)* pompoen
kuren een kuur doen, kuren
Kurfürst m^{14} *(hist)* keurvorst
Kurfürstentum o^{32} keurvorstendom
Kurgast m^{6} (bad)gast in een kuuroord
Kurhaus o^{32} badhotel, kurhaus
Kurie v^{21} *(r-k)* curie
Kurier m^{5} koerier, ijlbode
kurieren^{320} genezen, beter maken
kurios curieus, zonderling, merkwaardig
Kuriosität v^{20} curiositeit
Kurort m^{5} kuuroord
Kurpfuscher m^{9} kwakzalver
Kurs m^{5} **1** koers **2** cursus, leergang **3** *(sp)* parcours **4** (wissel)koers || *in ~ setzen* in omloop brengen;

hoch im ~ stehen (hoog) in aanzien zijn
Kursanstieg m^{5} koersstijging
Kursbuch o^{32} spoorboekje
Kürschner m^{9} bontwerker, pelswerker
kursieren^{320} in omloop zijn, circuleren
kursiv cursief, schuin
Kursrückgang m^{6} koersdaling
Kursschwankung v^{20} koersschommeling
Kurssteigerung v^{20} koersstijging
Kurssturz m^{6} koersval
Kursteilnehmer m^{9} cursist
Kursus *m (2e nvl -; mv Kurse)* cursus, leergang
Kurswagen m^{11} *(spoorw)* doorgaand rijtuig
Kurswert m^{5} koerswaarde
^{1}**Kurve** v^{21} **1** curve, kromme *(lijn)* **2** bocht, kromming: *das Auto wurde aus der ~ getragen* de auto vloog uit de bocht
^{2}**Kurve** *mv* v^{21} lichaamsvormen, vrouwelijke rondingen
kurven een bocht nemen, bochten maken
kurvenreich bochtig, vol bochten
Kurventechnik v^{28} *(sp)* bochtenwerk
kurz^{58} **1** kort: *ein ~es Gedächtnis haben* kort van memorie zijn; *in kürzester Zeit* in de kortst mogelijke tijd; *sich ~ entschließen* snel besluiten; *seit Kurzem* (of: *~em)* sedert kort; *binnen Kurzem* (of: *~em)* binnenkort; *vor Kurzem* (of: *~em)* onlangs; *den Kürzeren ziehen* aan het kortste eind trekken; *~ halten* kort houden; *das ist zu ~ gedacht (fig)* dat is (erg) kort door de bocht **2** beknopt, bondig: *~ gesagt* om kort te gaan **3** kortom || *über ~ oder lang* vroeg of laat
Kurzarbeit v^{20} arbeidstijdverkorting
kurzarbeiten korter werken in verband met arbeidstijdverkorting
kurzärmelig, kurzärmlig met korte mouwen
kurzatmig kortademig
Kürze v^{28} **1** kortheid **2** korte duur **3** bondigheid, beknoptheid || *in ~* binnenkort; *in aller ~* in een paar woorden
Kürzel o^{33} afkorting
kürzen **1** (af-, be-, in-, ver)korten, verminderen **2** *(breuk)* vereenvoudigen **3** korter maken
Kurze(r) m^{40a} *(inform)* **1** kortsluiting **2** borreltje
kurzerhand kortweg, zonder meer, resoluut
kurzfassen, sich kort zijn, het kort maken
Kurzfassung v^{20} verkorte versie
Kurzform v^{20} verkorte vorm
kurzfristig **1** op korte termijn **2** kortlopend
Kurzgeschichte v^{21} kort verhaal
kurzhaarig kortharig
kurzhalten *(fig)* (iem) kort houden
kurzlebig **1** korte tijd levend **2** van korte duur
^{1}**kürzlich** *bn* recent
^{2}**kürzlich** *bw* onlangs, kortgeleden
Kurznachrichten *mv* v^{20} nieuws in het kort
Kurzparker m^{9} kortparkeerder
Kurzschluss m^{6} kortsluiting
Kurzschrift v^{20} stenografie
kurzsichtig **1** bijziend **2** *(fig)* kortzichtig
Kurzstreckenlauf m^{6} *(sp)* korteafstandsloop
kurzum kortom
Kürzung v^{20} **1** ver-, af-, be-, inkorting **2** verlaging
Kurzwaren *mv* v^{21} fournituren
kurzweg kortweg, zonder meer
Kurzweil v^{28} tijdverdrijf, vermaak
kurzweilig vermakelijk, amusant
Kurzwelle v^{21} *(telecom)* korte golf
Kurzwort o^{32} letterwoord
Kurzzeitgedächtnis o^{29a} kortetermijngeheugen
kusch *tw* koest!; af!
kuschelig knus
^{1}**kuscheln** *tr* aanhalen
^{2}**kuscheln, sich** behaaglijk gaan liggen, zich neervlijen: *sich ~ an*$^{+4}$ zich aanvlijen tegen
Kuscheltier o^{29} knuffel(dier)
kuschen **1** *(fig)* zich koest houden **2** *(mbt honden)* stil gaan liggen
Kusine v^{21} nicht *(dochter van oom of tante)*
Kuss m^{6} kus, zoen
küssen kussen, zoenen
Kusshand v^{25} kushand: *mit ~* heel graag
Küste v^{21} kust
Küstengewässer o^{33} kustwateren; territoriale wateren
Küstenschutz m^{19} kustverdediging
Küstenstreifen m^{11} kuststrook
Küstenstrich m^{5} kuststrook
Küstenwacht v^{20} *(mil)* kustwacht
Küster m^{9} koster
Kutsche v^{21} **1** koets, rijtuig **2** *(inform)* vehikel
Kutscher m^{9} koetsier
kutschieren^{320} rijden; toeren, karren
Kutte v^{21} (monniks)pij
Kuttel v^{21} *(Z-Dui, Zwits)* ingewanden, pens
Kutter m^{9} kotter
Kuvert o^{29}, o^{36} couvert
kW *afk van Kilowatt* kilowatt *(afk* kW)
KZ *afk van Konzentrationslager* concentratiekamp

l

l. *afk van links* links

labberig, labbrig **1** zwak, week, slap **2** flauw, smaakloos, laf

Labe *v^{28}* lafenis, verkwikking

^{1}**laben** *tr* laven, verkwikken, verfrissen

^{2}**laben, sich** zich verkwikken

labil labiel

Labilität *v^{20}* labiliteit

Labor *o^{29}, o^{36}* lab(oratorium)

Laborant *m^{14}* laborant

Laborantin *v^{22}* laborante

Laboratorium *o (2e nvl -s; mv -rien)* laboratorium

Labsal *o^{29}* lafenis, laving, verkwikking

Lache *v^{21}* **1** plas, poel **2** lach

lächeln glimlachen

Lächeln *o^{39}* glimlach, lachje

lachen lachen: *aus vollem Halse ~* schaterend lachen; *sich bucklig ~* zich ziek lachen; *sich^{3} einen Ast* (of: *Bruch*) *~* zich een breuk lachen; *das Glück lacht ihm* het geluk lacht hem toe; *sich vor Lachen biegen* dubbel liggen van het lachen; *ich lachte in mich hinein* ik moest in mezelf lachen; *dass ich nicht lache!* laat me niet lachen!; *das wäre ja gelacht* dat zou belachelijk zijn

Lacher *m^{9}* **1** lacher **2** lach, gelach

lächerlich belachelijk, bespottelijk

Lächerlichkeit *v^{28}* belachelijkheid

Lachmuskel *m^{17}* lachspier

Lachs *m^{5}* zalm: *geräucherter ~* gerookte zalm

Lachsalve *v^{21}* lachsalvo

Lachsschinken *m^{11}* fijne lichtgerookte rauwe ham

Lack *m^{5}* lak: *der ~ ist ab* het mooie is er af

lacken lakken

Lackfarbe *v^{21}* lakverf

lackieren^{320} **1** lakken **2** *(fig)* verlakken

Lackiererei *v^{20}* lakkerij

Lackschuh *m^{5}* lakschoen

Ladebühne *v^{21}* laadperron

Ladefähigkeit *v^{28}* laadvermogen, capaciteit

Ladegewicht *o^{29}* laadvermogen, -gewicht

laden^{196} **1** laden, beladen, inladen **2** uitnodigen: *nur für geladene Gäste* slechts voor genodigden **3** *(jur)* oproepen: *jmdn als Zeugen ~* iem als getuige oproepen; *vor Gericht ~* dagvaarden

^{1}**Laden** *m^{19}* zaak, aangelegenheid, onderneming: *den ~ hinschmeißen* het boeltje erbij neergooien

^{2}**Laden** *m^{12}* **1** winkel, zaak: *einen ~ aufmachen* een zaak, winkel beginnen **2** vensterluik, rolluik **3** *(sp)* doel

Ladenangestellte(r) *m^{40a}, v^{40b}* winkelbediende, verkoper, verkoopster

Ladenbesitzer *m^{9}* winkelier

Ladendieb *m^{5}* winkeldief

Ladendiebstahl *m^{6}* winkeldiefstal

Ladenhüter *m^{9}* winkeldochter *(oude waar)*

Ladeninhaber *m^{9}* winkelier

Ladenkette *v^{21}* grootwinkelbedrijf, winkelketen

Ladentisch *m^{5}* toonbank

Ladeplatz *m^{6}* laad-, los-, aanlegplaats

Laderampe *v^{21}* goederen-, laadperron

Laderaum *m^{6}* laadruimte

Ladung *v^{20}* **1** lading, last **2** dagvaarding

Lage *v^{21}* **1** ligging, positie: *Frost in höheren ~n* vorst in de hogere gebieden **2** houding, stand: *400 m ~n* 400 m wisselslag *(zwemmen)* **3** toestand, situatie: *nach ~ der Dinge* de omstandigheden in aanmerking genomen; *in der ~ sein, etwas zu tun* in staat zijn iets te doen **4** laag **5** *(mil)* salvo **6** rondje *(bier)* **7** *(muz)* toonhoogte, register

Lagebericht *m^{5}* overzicht van de toestand

Lagenschwimmen *o^{39} (sp)* wisselslag

Lagenstaffel *v^{20} (sp)* **1** wisselslagestafette **2** wisselslagestafetteploeg

Lageplan *m^{6}* situatieschets, -tekening

Lager *o^{33}* **1** kampement, kamp, legerplaats **2** leger(stede), rustplaats, bed **3** opslagruimte, magazijn, pakhuis: *am* (of: *auf*) *~* in voorraad **4** voorraad **5** strafkamp, concentratiekamp

Lagerbestand *m^{6}* magazijnvoorraad

Lagerfeuer *o^{33}* kampvuur

Lagerhalle *v^{21}*, **Lagerhaus** *o^{32}* pakhuis, magazijn, entrepot, veem, depot

^{1}**lagern** *intr* **1** in voorraad zijn, opgeslagen liggen **2** kamperen, legeren, liggen **3** *(geol)* voorkomen

^{2}**lagern** *tr* opslaan, (neer)leggen

^{3}**lagern, sich** **1** gaan zitten, gaan liggen, zich legeren, zich uitstrekken **2** liggen

Lagerplatz *m^{6}* **1** legerplaats **2** opslagplaats

Lagerraum *m^{6}* opslagruimte, magazijn

Lagerstätte *v^{21}* **1** legerstede **2** vindplaats

Lagerung *v^{20}* **1** (het) legeren, legering **2** ligging **3** (het) opslaan, opslag **4** (kogel)lager

Lagerverwalter *m^{9}* magazijnmeester

lahm **1** lam, verlamd **2** kreupel, mank **3** doodop, loom, moe **4** zwak, slap, sloom || *ein ~er Witz* een flauwe mop; *~er Geschäftsgang* kwijnende handel

lahmen kreupel zijn, mank zijn, hinken

lähmen verlammen *(ook fig)*

Lahmheit *v^{28}* **1** lamheid **2** kreupelheid **3** slapheid, lamlendigheid

lahmlegen *(fig)* lamleggen, verlammen

Lähmung *v^{20}* verlamming

Laib *m^{5}* rond brood, ovaal brood *(vorm): ein ~*

Brot een brood; *ein ~ Käse* een kaas
Laich *m*[5] (vis)kuit
laichen kuit schieten
Laie *m*[15] leek
laienhaft als een leek, dilettantisch
Lakai *m*[14] lakei
Lake *v*[21] pekel
Laken *o*[35] (bedden)laken
lakonisch laconiek
Lakritze *v*[21] drop
lallen stamelen, lallen
Lametta *o*[39] **1** lamette **2** *(iron)* lintjes
Lamm *o*[32] lam: *~ Gottes* Lam Gods
Lammfleisch *o*[39] lamsvlees
lammfromm zo mak als een lam
Lampe *v*[21] lamp
Lampenfieber *o*[39] plankenkoorts
Lampenschirm *m*[5] lampenkap
Lampion *m*[13], *o*[36] lampion
lancieren[320] lanceren, introduceren
Land *o*[32] **1** land, staat, gewest **2** deelstaat: *aus aller Herren Länder(n)* overal vandaan; *außer ~es gehen* naar het buitenland gaan
Landarbeit *v*[20] landarbeid, veldarbeid
Landarzt *m*[6] plattelandsdokter
landauf: *~, landab* overal (in het land)
Landbevölkerung *v*[20] plattelandsbevolking
Landebahn *v*[20] landingsbaan
Landeerlaubnis *v*[24] toestemming om te landen
landeinwärts landinwaarts
Landekapsel *v*[21] landingscapsule
[1]**landen** *intr* **1** landen **2** meren, aanleggen **3** belanden, terechtkomen
[2]**landen** *tr* **1** aan land zetten; *(een vliegtuig)* aan de grond zetten **2** droppen, neerlaten, aanvoeren
Landepiste *v*[21] landingsbaan
Landeplatz *m*[6] landingsplaats, -terrein
Ländereien *mv v*[20] landerijen
Länderkampf *m*[6] interlandwedstrijd, interland
Länderspiel *o*[29], **Ländertreffen** *o*[35] interland(wedstrijd)
Landesbrauch *m*[6] volksgebruik
Landesebene *v*[21]: *auf ~* op deelstaatniveau
landeseigen **1** inheems, karakteristiek **2** aan een deelstaat toebehorend; door een deelstaat
Landesfarben *mv v*[21] nationale kleuren
Landesfürst *m*[14] landsheer
Landeshauptmann *m*[8] *(mv ook -leute) (Oostenr)* minister-president van een deelstaat
Landeshauptstadt *v*[25] **1** hoofdstad van het land **2** hoofdstad van een deelstaat
Landeskunde *v*[28] kennis van land en volk
Landesmeister *m*[9] landskampioen
Landesparlament *o*[29] parlement van een deelstaat
Landespolitik *v*[28] **1** politiek van een deelstaat **2** politiek met betrekking tot een deelstaat
Landesregierung *v*[20] **1** landsregering **2** deelstaatregering
Landessitte *v*[21] volksgebruik
Landessprache *v*[21] landstaal
Landestelle *v*[21] landingsplaats, -terrein
Landestracht *v*[20] nationale klederdracht
landesüblich in een, het land gebruikelijk
landesweit **1** in het hele land **2** in de hele deelstaat
Landeverbot *o*[29] landingsverbod
Landfrau *v*[20] boerin, plattelandsvrouw
landfremd vreemd (in het land)
Landgemeinde *v*[21] plattelandsgemeente
Landgericht *o*[29] arrondissementsrechtbank
Landgewinnung *v*[28] landaanwinning
Landgut *o*[32] landgoed
Landhaus *o*[32] landhuis, villa
Landkarte *v*[21] landkaart
Landklima *o*[39] landklimaat
landläufig gebruikelijk, gewoon, gangbaar
Landleben *o*[39] buitenleven
Landleute *mv* boeren
ländlich landelijk, eenvoudig
Landmann *m (2e nvl -(e)s; mv -leute)* boer
Landmaschine *v*[21] landbouwmachine
Landmesser *m*[9] landmeter
Landmine *v*[21] landmijn
Landschaft *v*[20] **1** landschap **2** streek, gewest
landschaftlich **1** landschappelijk **2** gewestelijk
Landschaftspflege *v*[28], **Landschaftsschutz** *m*[19] landschapsbescherming
Landschaftsschutzgebiet *o*[29] beschermd natuurgebied
Landser *m*[9] soldaat
Landsitz *m*[5] buiten(verblijf), landgoed
Landsmann *m (2e nvl -(e)s; mv -leute)* landgenoot
Landsmännin *v*[22] landgenote
Landstraße *v*[21] (straat)weg
Landstreicher *m*[9] landloper, zwerver
Landstreitkräfte *mv v*[25] landstrijdkrachten, leger
Landstrich *m*[5] landstreek
Landtag *m*[5] **1** landdag **2** parlement van een deelstaat **3** parlementsgebouw van een deelstaat
Landtagsabgeordnete(r) *m*[40a], *v*[40b] lid van het deelstaatparlement
Landung *v*[20] landing
Landungsbrücke *v*[21], **Landungssteg** *m*[5] aanlegsteiger
Landungsstelle *v*[21] landingsplaats
landwärts landwaarts, naar het land toe
Landweg *m*[5] **1** landweg **2** weg over land: *auf dem ~ zurückkehren* over land terugkeren
Landwirt *m*[5] landbouwer, boer
[1]**Landwirtschaft** *v*[20] boerenbedrijf
[2]**Landwirtschaft** *v*[28] **1** landbouw **2** landbouwkunde
landwirtschaftlich landbouw-, landbouwkundig
Landwirtschaftsminister *m*[9] minister van Landbouw
[1]**lang** *bn*[58] lang: *längere Zeit* tamelijk lang; *vor*

Langem (of: *vor ~em* of: *vor ~er Zeit)* lang geleden; *seit Langem, seit ~em* sedert lang; *seit Längerem, seit längerem* sedert geruime tijd; *~ gezogen* langgerekt
²**lang** *bw* langs: *am Deich ~* langs de dijk
³**lang**[+4] *vz* langs: *er ging den Deich ~* hij liep langs de dijk
langatmig langdradig
lange *bw (länger, am längsten)* lang, lange tijd: *er braucht ~* hij heeft lang werk; *das ist noch ~ nicht genug* dat is nog lang niet genoeg
¹**Länge** *v*[21] lengte: *der ~ nach durchschneiden* overlangs doorsnijden; *der ~ nach hinfallen* languit neervallen
²**Länge** *v*[28] duur: *auf die ~* op den duur; *in die ~ ziehen* uitstellen, rekken; *sich in die ~ ziehen: a)* langer duren dan gedacht; *b)* zich voortslepen
langen **1** voldoende zijn: *jetzt langt's mir!* nu is het genoeg! **2** reiken **3** halen, grijpen
Langeweile *v*[28] verveling: *aus ~* uit verveling
Langfinger *m*[9] langvinger, dief
langfristig **1** langlopend **2** op lange termijn
langgehen[168] *(inform)* langs iets lopen: *er weiß* (of: *erkennt, sieht), wo es langgeht* hij weet van wanten
langgezogen langgerekt
langhaarig langharig, met lange haren
langjährig langjarig, veeljarig, jarenlang
Langlauf *m*[19] *(sp)* langlauf, (het) skilopen
Langläufer *m*[9] langlaufer
langlebig **1** langlevend **2** duurzaam: *~e Güter* duurzame goederen
länglich langwerpig: *~ rund* ovaal
länglichrund *oude spelling voor* länglich rund, *zie* länglich
Langmut *v*[28] lankmoedigheid
langmütig lankmoedig, geduldig
¹**längs** *bw* in de lengte
²**längs**[+2, soms +3] *vz* langs
Längsachse *v*[21] lengteas
¹**langsam** *bn* langzaam, traag
²**langsam** *bw* **1** langzaam, traag **2** langzamerhand
Langschläfer *m*[9] langslaper, slaapkop
Langspielplatte *v*[21] langspeelplaat, elpee
Längsrichtung *v*[20] lengterichting
längsschiffs langsscheeps
Längsschnitt *m*[5] lengtedoorsnede
Längsseite *v*[21] lange zijde
¹**längsseits** *bw* langszij
²**längsseits**[+2] *vz* langszij
längst allang, sedert lang: *~ nicht* lang niet
längstens **1** op zijn langst, hoogstens **2** op zijn laatst **3** allang
Langstreckenflug *m*[6] langeafstandsvlucht
Langstreckenlauf *m*[6] *(sp)* langeafstandsloop
Langstreckenrakete *v*[21] langeafstandsraket
Languste *v*[21] langoest
Langweile *v*[28] *zie* Langeweile
¹**langweilen** *tr* vervelen
²**langweilen, sich** zich vervelen
langweilig vervelend; langdradig, eentonig
Langweiligkeit *v*[28] vervelendheid
Langwelle *v*[21] *(nat, telecom)* lange golf
langwierig langdurig; moeizaam
Langzeitarbeitslose(r) *m*[40a], *v*[40b] langdurig werkloze
Langzeitgedächtnis *o*[29a] langetermijngeheugen
Lanze *v*[21] lans
lapidar lapidair, kort en kernachtig
Lappalie *v*[21] kleinigheid, bagatel
Läppchen *o*[35] lapje, vodje
Lappen *m*[11] **1** lap, doek **2** vod, lor **3** kwab *(van long)* **4** bankbiljet || *jmdm durch die ~ gehen* iem ontsnappen
läppern slurpen: *es läppert sich* het loopt op
lappig **1** *(van stoffen, papier)* slap **2** flauw
läppisch flauw, kinderachtig
Laptop *m*[13] laptop, schootcomputer
Lärche *v*[21] lariks, lork
Larifari *o*[39] onzin, geklets
Lärm *m*[19] lawaai, drukte, spektakel: *ruhestörender ~* burengerucht; *~ schlagen* alarm slaan
Lärmbelästigung *v*[20] geluidshinder
lärmen **1** leven maken, lawaai maken **2** luid protesteren: *~d* rumoerig
Lärmschutz *m*[19] **1** geluidswal, -wand, -muur **2** bescherming tegen geluidsoverlast
Lärvchen *o*[35] **1** (lief) snoetje **2** (lief) meisje
lasch slap, laks
Lasche *v*[21] **1** lipje **2** lip **3** *(techn)* las, tussenzetsel
Laschheit *v*[20] slapheid, laksheid
Laser [leezer] *m*[9] laser
lasergesteuert lasergestuurd
Laserpistole *v*[21] lasergun
Lasershow *v*[27] lasershow
Laserstrahl *m*[16] laserstraal
Laserwaffe *v*[21] laserwapen
lassen[197] laten: *er wusste sich vor Freude nicht zu ~* hij was buiten zichzelf van vreugde; *das Leben ~* het leven laten; *Wasser ~* urineren, wateren; *~ wir das!: a)* laten we er niet meer over praten!; *b)* laten we ermee ophouden; *das lässt sich denken* dat is te begrijpen; *er lässt grüßen* je (u) moet de groeten van hem hebben; *das lässt sich hören* dat is een goed idee; *jmdn hinter sich ~* iem overtreffen; *man muss ihm ~, dass …* men moet hem nageven, dat …; *etwas sein ~* iets laten, van iets afzien; *hier lässt es sich leben* hier is het goed; *von*[+3] *etwas ~* iets opgeven; *einen ~* een wind laten; *das lasse ich mir nicht gefallen!* dat neem ik niet!; *es lässt sich nicht leugnen* het valt niet te ontkennen
lässig **1** nonchalant **2** gemakkelijk **3** te gek
Lässigkeit *v*[28] nonchalance
lässlich vergeeflijk
Lasso *m*[13], *o*[36] lasso
Last *v*[20] **1** last, vracht, druk; lading: *jmdm zur ~ fallen* (of: *werden)* iem lastigvallen; *jmdm etwas zur ~ legen* iem iets ten laste leggen; *zu ~en* voor

rekening van, ten laste van **2** *(techn)* belasting **3** last, verplichting: *soziale ~en* sociale lasten; *zu ~en des Verkehrs* ten koste van het verkeer

Lastauto o^{36} vrachtauto

lasten drukken: ~ *auf*$^{+3}$ drukken op

lastenfrei vrij van lasten, onbezwaard

[1]**Laster** m^{9} vrachtauto

[2]**Laster** o^{33} ondeugd, zonde

Lästerer m^{9} lasteraar, kwaadspreker

lasterhaft verdorven, slecht

Lasterhaftigkeit v^{28} verdorvenheid, slechtheid

lästerlich (gods)lasterlijk, schandelijk

Lästermaul o^{32} lasteraar

lästern roddelen: *Gott ~* God lasteren

Lästerung v^{20} lastering, smaad

Lastfahrer m^{9} vrachtwagenchauffeur

lästig lastig, hinderlijk, naar

Lästigkeit v^{20} lastigheid, hinderlijkheid

Lastkahn m^{6} vrachtschip

Lastkraftwagen m^{11} vrachtauto

Lastkraftwagenfahrer m^{9} vrachtwagenchauffeur

Lastschriftverfahren o^{39} automatische afschrijving

Lastwagen m^{11} vrachtwagen

Lastzug m^{6} vrachtwagencombinatie

Latein o^{39} Latijn

Lateinamerika o^{39} Latijns-Amerika

lateinisch Latijns

Lateinisch o^{41} Latijn

lateral lateraal, zijdelings

Laterne v^{21} lantaarn

Laternenpfahl m^{6} lantaarnpaal

Latsche v^{21}, **Latschen** m^{11} **1** slof **2** uitgelopen schoen

latschig slungelig

Latte v^{21} **1** lat **2** *(mv)* ski's || *lange ~* lang eind *(persoon); eine ~ von Schulden* veel schulden

Lattenkiste v^{21} krat *(voor verpakking)*

Lattenschuss m^{6} *(sp)* schot tegen de lat

Lattenzaun m^{6} schutting, hek

Latz m^{6} **1** slabbetje **2** klep *(aan broek)* **3** lijfje

Lätzchen o^{35} slabbetje

Latzhose v^{21} tuinbroek

lau 1 lauw **2** zacht, aangenaam

Laub o^{39} loof, gebladerte

Laube v^{21} **1** prieel, tuinhuisje **2** loge *(in theater)* **3** galerij

Laubengang m^{6} **1** pergola **2** galerij

Laubgebläse o^{33} bladblazer

Laubhüttenfest o^{29} Loofhuttenfeest

Laubsäge v^{21} figuurzaag

Laubwald m^{8} loofbos

Lauch m^{5} *(plantk)* look, prei

Lauer v^{28}: *auf der ~ liegen* op de loer liggen

lauern 1 loeren: *eine ~de Gefahr* een dreigend gevaar **2** *(met ongeduld)* wachten

[1]**Lauf** m^{19} loop: *der obere ~ des Flusses* de bovenloop van de rivier; *im ~(e) des Tages* in de loop van de dag; *100-m-Lauf* 100 meter hardlopen; *den Dingen ihren (freien) ~ lassen* de zaken op hun beloop laten; *seinen Tränen, Gedanken freien ~ lassen* aan zijn gedachten, tranen de vrije loop laten

[2]**Lauf** m^{6} **1** *(muz)* loopje **2** *(sp)* ronde, serie, manche **3** (geweer)loop

Laufbahn v^{20} loopbaan

Laufbrett o^{31} loopplank

[1]**laufen**^{198} *intr* **1** (hard) lopen **2** lekken, stromen, lopen **3** geldig zijn **4** aanstaan *(van radio, tv)* || *ins Geld ~* erin hakken; *da läuft ein Film* daar draait een film; *was läuft hier?* wat gebeurt hier?

[2]**laufen**^{198} *tr* lopen: *Ski ~, Schi ~* skiën

[3]**laufen**^{198}**, sich** lopen: *hier läuft es sich gut* hier kun je goed lopen

laufend 1 lopend: *~es Band* lopende band; *(fig) am ~en Band* zonder onderbreking **2** voortdurend; doorlopend || *auf dem Laufenden sein, bleiben* op de hoogte zijn, blijven; *jmdn auf dem Laufenden halten* iem op de hoogte houden

Läufer m^{9} **1** loper **2** *(techn)* rotor **3** hardloper **4** *(sp)* middenspeler

Lauffeuer o^{33} *(fig)* lopend vuurtje

Laufgitter o^{33} babybox, box

läufig loops: *~ sein* loops zijn

Laufmasche v^{21} ladder *(in kous)*

Laufpass m^{6}: *jmdm den ~ geben* iem de bons geven

Laufschritt m^{5} looppas

Laufstall m^{6} **1** babybox **2** loopstal *(voor vee)*

Laufwerk o^{29} *(comp)* drive

Lauge v^{21} **1** loog **2** zeepsop

laugen logen

Lauheit v^{28} **1** lauwheid **2** *(fig)* onverschilligheid

Laune v^{21} **1** luim, humeur, stemming: *bei ~* (of: *in ~, guter ~) sein* goedgehumeurd zijn; *das macht ~* dat brengt de stemming erin **2** *(meestal mv)* gril, kuur

launenhaft humeurig, nukkig, wispelturig: *~es Wetter* grillig weer

launig grappig, leuk, humoristisch

launisch humeurig, wispelturig

Laus v^{25} luis: *es ist ihm eine ~ über die Leber gelaufen* hij heeft een pestbui

Lausbub m^{14} kwajongen

lauschen 1 luisteren: *der Musik ~* naar de muziek luisteren **2** afluisteren

lauschig behaaglijk, knus, intiem

Lausebengel m^{9}, **Lausejunge** m^{15} kwajongen

Lausekerl m^{5} schoft, waardeloze vent

lausen luizen: *jmdn gehörig ~* iem flink afzetten

lausig onaangenaam, naar: *die paar ~en Pfennige* die paar onnozele centen; *~ kalt* bar koud

[1]**laut** *bn* **1** luid(ruchtig), druk: *~ werden* bekend worden; *es wurden Stimmen ~* er gingen stemmen op; *~ lesen* hardop lezen **2** gehorig

[2]**laut**$^{+2,\ \text{zelden}\ +3}$ *vz* luidens, volgens: *~ des Vertrags* volgens het contract

Laut m^{5} geluid, klank: *er gab keinen ~ von sich* hij gaf geen kik
Laute v^{21} luit
lauten klinken, luiden: *das Urteil lautet auf einen Monat Freiheitsstrafe* het vonnis luidt een maand gevangenisstraf; *auf den Namen X ~* op naam staan van X
läuten **1** *(mbt klok)* luiden: *die Glocken ~* de klokken luiden **2** bellen: *hat es geläutet?* is er gebeld?
[1]**lauter** *bn (onverbogen)* louter, enkel, alleen
[2]**lauter** *bn* **1** louter, zuiver **2** oprecht, eerlijk
läutern **1** louteren **2** zuiveren
Läuterung v^{20} **1** loutering **2** zuivering
lauthals luid(keels)
lautlos stil, geluidloos, onhoorbaar
Lautlosigkeit v^{28} stilte, geluidloosheid
Lautsprecher m^{9} luidspreker
Lautsprecheranlage v^{21} geluidsinstallatie
lautstark heel luid, luidruchtig
Lautstärke v^{21} geluidssterkte, volume
lauwarm lauwwarm, lauw
Lava *v (mv Laven)* lava
lavieren^{320} laveren
Lawine v^{21} lawine
Lawinengefahr v^{20} lawinegevaar
lawinengefährdet met lawinegevaar, waar lawinegevaar bestaat
Lawinenkatastrophe v^{21} lawineramp
lax laks, slap, los
Laxheit v^{20} laksheid
laxieren^{320} laxeren
Lazarett o^{29} lazaret, militair hospitaal
LCD o^{36} *afk van liquid crystal display* lcd
LCD-Bildschirm m^{5} lcd-scherm
LCD-Screen m^{13} lcd-scherm
leasen [lie:zen] leasen
Leasing [lie:zing] o^{36} leasing, (het) leasen
Lebehoch o^{36} hoera, lang zal hij leven
leben **1** leven **2** wonen: *seiner (of: für seine) Familie ~* zich helemaal aan zijn gezin wijden; *hier lebt es sich gut* hier kun je goed leven; *leb(e) wohl!* vaarwel!
Leben o^{35} **1** leven: *das ~ lassen* sterven; *am ~ bleiben, sein* in leven blijven, zijn; *mit dem ~ davonkommen* het er levend afbrengen; *ums ~ kommen* omkomen **2** leven, drukte || *das tue ich für mein ~ gern* dat doe ik dolgraag
lebend levend: *die ~en Sprachen* de levende talen
lebendig **1** levend **2** levendig, opgewekt
Lebendigkeit v^{28} levendigheid
Lebensalter o^{39} leeftijd
Lebensart v^{20} leefwijze, levenswijze: *er hat keine ~* hij weet zich niet te gedragen
lebensbejahend optimistisch
Lebensbejahung v^{28} levensaanvaarding, optimisme
Lebensbereich m^{5} levenssfeer
Lebensdauer v^{28} levensduur
lebensecht levensecht, realistisch
lebensfähig levensvatbaar
Lebensfreude v^{28} levensvreugde
lebensfroh levenslustig, vrolijk, opgewekt
Lebensführung v^{28} levenswijze, -wandel
Lebensgefahr v^{28} levensgevaar
lebensgefährlich levensgevaarlijk
Lebensgefährte m^{15} levensgezel
Lebensgefährtin v^{22} levensgezellin
Lebenshaltung v^{28} **1** levensonderhoud **2** levensstandaard
Lebenshaltungskosten *mv* kosten van levensonderhoud
Lebenskraft v^{25} levenskracht, vitaliteit
lebenslang levenslang, zijn (haar) leven lang
lebenslänglich **1** levenslang **2** voor het leven
Lebenslauf m^{6} levensloop
lebenslustig levenslustig, opgewekt
Lebensmittel o^{33} *(meestal mv)* levensmiddel
Lebensmittelgeschäft o^{29} levensmiddelenzaak
lebensnotwendig van levensbelang
Lebensqualität v^{28} kwaliteit van het leven
Lebensregel v^{21} leefregel
Lebensstandard m^{13} levensstandaard
Lebensstil m^{5} levensstijl
Lebensumstände *mv* m^{6} levensomstandigheden
Lebensunterhalt m^{19} levensonderhoud
Lebensversicherung v^{20} levensverzekering
Lebensweise v^{21} leefwijze, levenswijze
lebenswichtig van levensbelang, absoluut noodzakelijk
Lebenswille m^{18} levenswil
Lebenszeit v^{20} levensduur: *auf ~* voor het (gehele) leven
Leber v^{21} lever: *frisch (of: frei) von der ~ weg sprechen* vrijuit spreken
Leberkäse m^{19} leverkaas
Leberwurst v^{25} leverworst
Lebewesen o^{35} levend wezen; organisme
Lebewohl o^{29}, o^{36} vaarwel, afscheid
lebhaft **1** levendig, opgewekt **2** druk: *~er Verkehr* druk verkeer; *ich bedaure es ~, dass ...* het spijt me zeer, dat ...
Lebhaftigkeit v^{28} levendigheid*; zie ook* lebhaft
Lebkuchen m^{11} peper-, honingkoek, taaitaai
leblos levenloos, dood
Lebzeiten *mv* v^{20}: *bei (of: zu) ~* tijdens het leven
lechzen snakken, smachten
leck lek
Leck o^{36} lek
[1]**lecken** *intr* lekken, lek zijn
[2]**lecken** *tr* likken
lecker lekker
Leckerbissen m^{11} lekker hapje, lekkernij
Leder o^{33} **1** leer **2** vel: *jmdm das ~ gerben (of: versohlen)* iem een pak slaag geven **3** zeem(lap) **4** bal
Lederhandschuh m^{5} leren handschoen
[1]**ledern** *bn* **1** leren **2** *(fig)* droog, saai
[2]**ledern** *tr* zemen, lappen
Lederriemen m^{11} leren riem

ledig ongehuwd, vrijgezel: *er ist seiner Sorgen ~* hij is van zijn zorgen bevrijd
lediglich enkel (en alleen), slechts
leer leeg: *~ ausgehen* niets krijgen; *~e Behauptungen* nietszeggende beweringen; *~es Gerede* geleuter, gezwam; *~e Hoffnungen* ijdele hoop; *~e Phrasen* holle frasen; *~er Trost* schrale troost; *~e Worte* holle woorden; *~es Zimmer* ongemeubileerde kamer
¹**Leere** *v*[28] leegte
²**Leere** *o*[39]: *er starrte ins ~* hij staarde voor zich uit
¹**leeren** *tr* ledigen, legen; *(brievenbus)* lichten
²**leeren, sich** leeglopen
Leergut *o*[39] verpakking, emballage; *(Belg)* leeggoed
Leerlauf *m*[6] **1** (het) stationair draaien *(van motor);* (het) onbelast lopen *(van machine): im ~* met ontkoppelde motor, in de vrij(loop) **2** *(fig)* nutteloos werk, leegloop
leerlaufen[198] **1** leeglopen **2** stationair lopen *(van motor)* **3** onbelast lopen *(van machine)* **3** *(fig)* leegloop hebben, onproductief zijn, freewheelen
Leerung *v*[20] **1** (het) legen, lediging **2** lichting *(van brievenbus)*
Leerzimmer *o*[33] ongemeubileerde kamer
legal legaal, wettig
Legalisation *v*[20] legalisatie
legalisieren[320] legaliseren
¹**legen** *tr* **1** leggen, neerleggen: *(sp) jmdn ~* iem onderuit halen **2** *(erwten, aardappels)* poten
²**legen, sich** **1** gaan liggen **2** *(mbt storm, opwinding)* afnemen, bedaren
legendär legendarisch
Legende *v*[21] legende
legendenhaft legendarisch
leger [leezje:r] **1** ongedwongen **2** nonchalant **3** gemakkelijk **4** oppervlakkig
Legierung *v*[20] legering
Legion *v*[20] legioen
Legionär *m*[5] legioensoldaat, legionair
Legislative *v*[21] **1** wetgevende vergadering **2** legislatieve macht
Legislatur *v*[20] **1** legislatuur, wetgeving **2** zittingsperiode
Legislaturperiode *v*[21] zittingsperiode
legitim legitiem, wettig; rechtmatig; gegrond
Legitimation *v*[20] legitimatie
Legitimationskarte *v*[21] legitimatiebewijs
legitimieren[320] *tr* **1** legitimeren **2** wettigen
legitimieren[320]**, sich** zich legitimeren
Lehm *m*[5] leem
lehmig **1** lemig **2** met leem bedekt
Lehne *v*[21] leuning
lehnen *intr* leunen: *der Stock lehnt an der Wand* de stok staat tegen de muur
lehnen *tr* leunen, zetten, plaatsen: *das Fahrrad an* (of: *gegen) die Wand ~* de fiets tegen de muur zetten
lehnen, sich leunen: *sich aus dem Fenster ~* zich uit het raam buigen
Lehramt *o*[32] onderwijs-, leraarsbetrekking
Lehranstalt *v*[20] onderwijsinstelling
Lehrbuch *o*[32] leerboek
¹**Lehre** *v*[21] **1** leer, leerstelling **2** leer, lering, les **3** leer(tijd)
²**Lehre** *v*[28] onderwijs
lehren[+4] leren, onderwijzen, doceren
Lehrer *m*[9] **1** leraar, onderwijzer, docent **2** leermeester
Lehrerkollegium *o (2e nvl -s; mv -kollegien)* lerarenkorps, docentenkorps, team
Lehrerkonferenz *v*[20] leraars-, teamvergadering
Lehrerschaft *v*[20] leraren-, docentenkorps, team
Lehrgang *m*[6] leergang, cursus
Lehrgeld *o*[31]: *~ zahlen* (of: *geben)* leergeld betalen
lehrhaft **1** didactisch, lerend, tot lering strekkend **2** schoolmeesterachtig
Lehrling *m*[5] **1** leerling, leerjongen **2** leerlinge, leermeisje
lehrreich leerrijk, leerzaam
Lehrstelle *v*[21] plaats als leerjongen, als leermeisje
Lehrstoff *m*[5] leerstof
Lehrvertrag *m*[6] leercontract, leerovereenkomst
Lehrweg *m*[5] (natuur)leerpad
Lehrzeit *v*[28] leertijd
Lei *v*[20] (lei)rots, lei
Leib *m*[7] **1** lijf, lichaam: *etwas am eigenen ~ erfahren* iets aan den lijve ondervinden; *jmdm auf den ~ rücken* iem met iets lastigvallen; *einem Übel zu ~e gehen* (of: *rücken)* een kwaad te lijf gaan **2** lijf, buik **3** romp: *der ~ eines Schiffes* de romp van een schip **4** leven: *~ und Gut für etwas wagen* zijn leven voor iets wagen
Leibarzt *m*[6] lijfarts
Leibeigene(r) *m*[40a], *v*[40b] lijfeigene
Leibesfrucht *v*[25] vrucht, kind in de moederschoot
Leibesfülle *v*[28] corpulentie
Leibeskraft *v*[25] lichaamskracht: *aus* (of: *nach) Leibeskräften* uit alle macht
Leibgericht *o*[29] lievelingsgerecht
¹**leibhaftig** *bn* in levenden lijve
²**leibhaftig** *bw* werkelijk, wis en waarachtig
leiblich **1** lichamelijk, stoffelijk **2** lijfelijk: *mein ~er Bruder* mijn lijfelijke broer; *die ~e Mutter* de biologische moeder
Leibschmerzen *mv m*[16] buikpijn
Leibwache *v*[21] lijfwacht
Leibwächter *m*[9] lijfwacht
Leibwäsche *v*[28] ondergoed
Leibweh *o*[39] buikpijn
Leiche *v*[21] lijk
Leichenbegängnis *o*[29a] begrafenis
Leichenbestattung *v*[20] teraardebestelling
leichenblass doodsbleek
Leichenhalle *v*[21], **Leichenhaus** *o*[32] mortuarium
Leichenschau *v*[28] lijkschouwing
Leichenzug *m*[6] begrafenisstoet, lijkstoet

Leichnam *m*[5] lijk
leicht 1 licht: ~ *bekleidet* licht gekleed; ~ *entzündlich* licht ontvlambaar; ~ *verderblich* bederfelijk; ~ *verletzt* licht gewond; ~ *verständlich* gemakkelijk te begrijpen **2** gemakkelijk: ~*en Herzens* (of: ~*en Sinnes*) onbezorgd, opgewekt
Leichtathlet *m*[14] atleet
Leichtathletik *v*[28] atletiek
leichtbekleidet licht gekleed
leichtentzündlich licht ontvlambaar
Leichter *m*[9] *(scheepv)* lichter
leichtfallen[154] gemakkelijk vallen
leichtfertig 1 lichtvaardig **2** lichtzinnig
Leichtfertigkeit *v*[28] **1** lichtvaardigheid **2** lichtzinnigheid
leichtfüßig lichtvoetig, vlug, snel
Leichtgewichtler *m*[9] *(sp)* lichtgewicht
leichtgläubig lichtgelovig
leichtherzig luchthartig
leichthin licht, luchtigjes, gemakkelijk, losjes
Leichtigkeit *v*[28] lichtheid; gemakkelijkheid; nonchalance: *mit* ~ met gemak
leichtlebig zorgeloos, luchthartig
leichtnehmen[212] gemakkelijk opnemen
Leichtsinn *m*[19] lichtzinnigheid
leichtsinnig lichtzinnig, onbezonnen, zorgeloos; roekeloos
leichtverderblich bederfelijk
leichtverletzt licht gewond
leichtverständlich gemakkelijk te begrijpen
leid: *etwas* ~ *sein* ergens genoeg van hebben; *es tut mir* ~ het spijt me; *er tut mir* ~ ik heb met hem te doen; *zie ook* leidtun
Leid *o*[39] **1** leed, smart, droefenis, verdriet **2** leed, ongeluk, kwaad: *jmdm ein* ~ *tun* (of: *zufügen*) iem kwaad doen; *jmdm etwas zu* ~*(e) tun* iem kwaad doen; *zie ook* leidtun
Leideform *v*[20] *(taalk)* lijdende vorm
[1]**leiden**[199] *intr* lijden: *er leidet an einer Krankheit* hij lijdt aan een ziekte
[2]**leiden**[199] *tr* lijden: *Schaden* ~ schade lijden; *die Sache leidet keinen Aufschub* de zaak duldt geen uitstel; *ich kann ihn nicht* ~ ik kan hem niet uitstaan; *wohl gelitten sein* gezien zijn
Leiden *o*[35] **1** lijden **2** aandoening, ziekte, kwaal
leidend lijdend, ziekelijk
Leidenschaft *v*[20] hartstocht
leidenschaftlich hartstochtelijk
Leidensgefährte, Leidensgenosse *m*[15] lotgenoot
Leidensgeschichte *v*[21] **1** lijdensgeschiedenis **2** lijdensverhaal
leider helaas, ongelukkig genoeg: ~ *Gottes!* tot mijn grote spijt!, helaas!
leidig naar, ellendig, vervelend
leidlich tamelijk, redelijk, vrij behoorlijk
Leidtragende(r) *m*[40a], *v*[40b] **1** rouwende **2** gedupeerde
leidtun[295] **1** spijten: *es tut mir leid* het spijt me **2** te doen hebben (met), meelij hebben (met): *er tut mir leid* ik heb met hem te doen; *du kannst mir* ~*!* ik heb meelij met je!
leidvoll droevig, treurig, vol leed
Leidwesen *o*[39] leedwezen, spijt
Leier *v*[21] **1** *(muz)* lier **2** slinger **3** liedje: *(fig) die alte* ~ het oude liedje
Leierkasten *m*[12] draaiorgel
leiern 1 draaien, zwengelen **2** *(gedicht)* opdreunen
Leiharbeit *v*[28] uitzendarbeid, uitzendwerk
Leiharbeiter *m*[9] uitzendkracht
Leihauto *o*[36] huurauto
Leihbibliothek, Leihbücherei *v*[20] leesbibliotheek
Leihe *v*[21] **1** lening **2** lommerd
leihen[200] **1** *(iem iets, iets van iem)* lenen **2** verlenen: *jmdm seine Aufmerksamkeit* ~ iem aandacht schenken
Leihgebühr *v*[20] huurprijs
Leihhaus *o*[32] lommerd
Leihkraft *v*[25] uitzendkracht
Leihmutter *v*[25] draagmoeder
Leihwagen *m*[11] huurauto, huurwagen
leihweise bij wijze van lening, te leen, in leen
Leim *m*[5] lijm: *aus dem* ~ *gehen: a)* loslaten, stukgaan; *b) (fig)* kapotgaan, beëindigd worden; *(jmdm) auf den* ~ *gehen* (of: *kriechen*) er (bij iem) inlopen
leimen lijmen: *jmdn* ~ iem erin laten lopen
leimig 1 lijmachtig **2** kleverig *(ook fig)*
Leine *v*[21] lijn, reep, touw: *jmdn an der* ~ *haben* (of: *halten*) iem in het gareel laten lopen
leinen *bn* linnen
Leinen *o*[35] linnen
Leinsaat *v*[28], **Leinsamen** *m*[19] lijn-, vlaszaad
Leinwand *v*[25] **1** linnen, lijnwaad **2** doek *(van schilder)* **3** witte doek *(in bioscoop)*: *auf die* ~ *bringen* (of: *übertragen*) verfilmen
Leinwandheld *m*[14] filmheld
leis(e) 1 zacht, zachtjes **2** licht *(van slaap, twijfel)* **3** fijn *(van geur, gehoor)* **4** flauw *(van vermoeden)* **5** zwak, gering *(van hoop, wind)*
Leisetreter *m*[9] **1** slapjanus **2** stiekemerd
Leiste *v*[21] **1** lijst, richel **2** zelfkant, rand **3** *(anat)* lies
[1]**leisten** *tr* **1** presteren, tot stand brengen **2** *(een dienst)* bewijzen; *(hulp)* verlenen || *Widerstand* ~ verzet plegen; *einen Eid* ~ een eed afleggen; *einen Beitrag* ~ een bijdrage leveren; *Gesellschaft* ~ gezelschap houden; *eine Zahlung* ~ betalen
[2]**leisten, sich** zich veroorloven: *heute leiste ich mir eine Flasche Wein* vandaag trakteer ik me op een fles wijn
Leisten *m*[11] leest
Leistenbruch *m*[6] liesbreuk
Leistung *v*[20] **1** prestatie **2** vermogen *(van machine)* **3** (het) afleggen *(van eed)* **4** betaling, bijdrage, uitkering: *soziale* ~*en* sociale uitkeringen
Leistungsbezieher *m*[9] uitkeringsgerechtigde, uitkeringstrekker

Leistungsbilanz v^{20} goederen- en dienstenbalans
Leistungsdruck m^{19} prestatiedruk
leistungsfähig **1** in staat veel te presteren, sterk, productief **2** met groot vermogen
Leistungsfähigkeit v^{28} productievermogen, capaciteit, werkkracht, productiviteit; *(techn)* nuttig vermogen
Leistungskatalog m^{5} vergoedingenlijst *(van zorgverzekeraar)*
Leistungskurs m^{5} (onderwijs in een) keuzevak
Leistungslohn m^{6} prestatieloon
leistungsorientiert op prestatie gericht
leistungsschwach **1** zwak **2** *(techn)* met een klein vermogen
Leistungssport m^{19} wedstrijdsport
Leistungssportler m^{9} beoefenaar van wedstrijdsport
leistungsstark **1** sterk, uitstekend **2** *(techn)* met een groot vermogen
Leistungsträger m^{9} **1** uitkeringsorgaan **2** *(sp)* dragende speler **3** *(politiek)* sterke schouders, sociaal sterke
Leitartikel m^{9} hoofdartikel
Leitbild o^{31} ideaal, voorbeeld
leiten **1** (ge)leiden, voeren, brengen **2** *(sp)* leiden, fluiten
leitend leidend: *~e Angestellte* leidinggevend personeel; *die ~en Kreise* de toonaangevende kringen
^{1}**Leiter** m^{9} **1** leider, directeur, chef **2** *(elektr)* geleider
^{2}**Leiter** v^{21} ladder
Leitfaden m^{12} leidraad, beknopte handleiding
leitfähig geleidend
Leitgedanke m^{18} hoofdgedachte
Leithammel m^{9}, m^{10} *(ook fig)* belhamel
Leitkegel m^{9} pylon, verkeerskegel
Leitlinie v^{21} **1** *(wisk)* richtlijn: *~n der Politik* beleid **2** onderbroken streep, lijn op de weg
Leitmotiv o^{29} *(muz)* leidmotief, grondthema
Leitplanke v^{21} vangrail
Leitsatz m^{6} grondbeginsel; stelling
Leitseite v^{21} *(comp)* startpagina
Leitspruch m^{6} motto
Leitstelle v^{21} centrale, hoofdbureau
Leitung v^{20} **1** leiding, bestuur, directie **2** leiding || *die ~ ist besetzt* het toestel is in gesprek; *die ~ ist frei* de lijn is vrij; *(inform) er hat eine lange ~* hij is traag van begrip
Leitwerk o^{29} **1** besturing, stuurinrichting **2** *(computer)* besturingsorgaan
Lektion v^{20} les
Lektor m^{16} **1** lector *(van uitgeverij)* **2** docent *(aan hogeschool)* **3** *(kerk)* lector, voorlezer
Lektüre v^{21} lectuur; (het) lezen
Lende v^{21} lende
Lendenbraten m^{11} ossenhaas
Lendenschmerzen *mv* m^{16} pijn in de lenden
lenkbar **1** bestuurbaar **2** gewillig, meegaand
Lenkbombe v^{21} geleide bom
lenken (be)sturen, mennen, leiden: *gelenkte Wirtschaft* geleide economie; *die Aufmerksamkeit auf etwas ~* de aandacht op iets vestigen; *die Aufmerksamkeit auf sich ~* de aandacht trekken
Lenker m^{9} **1** bestuurder **2** leider **3** stuur
Lenkflugkörper m^{9} geleid projectiel
Lenkrad o^{32} stuurrad; stuur
Lenkradschaltung v^{20} stuurschakeling
lenksam meegaand, gewillig, gedwee
Lenkstange v^{21} stuur *(van fiets)*
Lenkung v^{20} **1** leiding, sturing **2** besturing, (het) besturen **3** bestuur, directie **4** stuurinrichting
Lenkwaffe v^{21} geleid wapen
Lenz m^{5} lente
Leopard m^{14} luipaard
Lepra v^{28} lepra, melaatsheid
Lerche v^{21} leeuwerik
lernbegierig leergierig
lernbehindert moeilijk lerend
lerneifrig leergierig
lernen leren: *ein gelernter Arbeiter* een geschoold arbeider
Lernende(r) m^{40a}, v^{40b} leerling, leerlinge
Lernprozess m^{5} leerproces
Lernschwester v^{21} leerling-verpleegster
Lesart v^{20} **1** versie, lezing **2** variant, lezing
lesbar leesbaar
Lesbe v^{21}, **Lesbierin** v^{22} lesbienne
lesbisch lesbisch
Lese v^{21} **1** (wijn)oogst **2** bloemlezing
Lesebrille v^{21} leesbril
Lesebuch o^{32} leesboek
^{1}**lesen**^{201} *intr* **1** lezen **2** college geven: *heute wird nicht gelesen* er is vandaag geen college
^{2}**lesen**^{201} *tr* **1** lezen: *ein Gesetz ~* een wet behandelen **2** lezen, verzamelen, sorteren: *Erbsen ~* erwten lezen
^{3}**lesen**^{201}**, sich** te lezen zijn
lesenswert lezenswaardig
Leser m^{9} lezer
Leserbrief m^{5} ingezonden brief
leserlich leesbaar, duidelijk
Lesestoff m^{5} leesstof, lectuur
Leseunterricht m^{19} leesonderwijs
Lesung v^{20} **1** lezing, behandeling *(van wetsontwerp)* **2** *(godsd)* les, lezing **3** lezing, variant
letzt laatst: *mit der ~en Genauigkeit* met de uiterste nauwkeurigheid; *die ~e Ursache* de eigenlijke oorzaak; *~en Endes* uiteindelijk; *~es Jahr* het afgelopen jaar; *die ~e Sorte* de slechtste soort; *bis aufs Letzte* helemaal; *bis ins Letzte* tot in alle details; *bis zum Letzten* tot het uiterste; *sein Letztes (her)geben* zijn uiterste krachten inspannen; *die ~e Neuheit* het nieuwste snufje
Letzt v^{28}: *zu guter ~* ten langen leste, eindelijk
letztenmal *zie* ^{1}Mal
letztens **1** laatst, onlangs **2** ten laatste

Letztere(r) m^{40a}, v^{40b} **1** laatstgenoemde **2** (het, de) laatste *(van twee)*
Letztgenannte(r) m^{40a}, v^{40b} laatstgenoemde
letzthin **1** ten slotte **2** onlangs, kortgeleden
letztjährig van het laatste jaar
letztlich uiteindelijk
letztmalig laatst, van de laatste maal
letztmals voor de laatste maal, voor het laatst
letztwillig testamentair, bij testament
Leuchtbake v^{21} lichtbaken
Leuchtboje v^{21} lichtboei
Leuchtbuchstabe m^{18} lichtgevende letter
Leuchte v^{21} licht, fakkel, lantaarn, lamp
leuchten lichten, schijnen; schitteren, stralen: *jmdm ~* iem bijlichten
Leuchter m^{9} **1** luchter **2** kandelaar
Leuchtfeuer o^{33} baken, kustvuur
Leuchtreklame v^{21} lichtreclame
Leuchtröhre v^{21} neonbuis
Leuchtschiff o^{29} lichtschip
Leuchtturm m^{6} vuurtoren
leugnen loochenen, ontkennen
Leugnung v^{20} loochening, ontkenning
Leumund m^{19} reputatie, naam
Leumundszeugnis o^{29a} bewijs van goed gedrag
Leutchen *mv* o^{35} luitjes: *liebe ~!* beste mensen!
Leute *mv* **1** lieden, mensen, volk **2** *(vero)* personeel **3** mannen, manschappen
Leutnant m^{5}, m^{13} tweede luitenant; *(Belg)* onderluitenant
leutselig vriendelijk, minzaam
Lex *v (mv Leges)* wet
Lexikon *o (2e nvl -s; mv Lexika en Lexiken)* **1** lexicon, encyclopedie **2** *(vero)* lexicon, woordenboek
Lezithin o^{29} lecithine
Liane v^{21} liaan, liane
Libelle v^{21} **1** waterpas **2** *(dierk)* libel
liberal liberaal, vrijzinnig
Liberale(r) m^{40a}, v^{40b} liberaal
liberalisieren ^{320} liberaliseren
Liberalisierung v^{28} liberalisering, liberalisatie
Liberalismus m^{19a} liberalisme
Libero m^{13} *(sp)* libero, vrije verdediger
licht **1** licht, hel(der), stralend **2** open, doorzichtig **3** binnenwerks: *~e Stelle im Wald* open plek in het bos; *~e Höhe* binnenwerkse hoogte; doorrijhoogte
¹**Licht** o^{31} **1** licht *(ook fig)*: *grünes ~ geben* groen licht geven; *das ~ der Welt erblicken* het levenslicht aanschouwen **2** glans **3** hemellicht: *bei ~ besehen* op de keper beschouwd; *jmdn hinters ~ führen* iem misleiden, bedriegen
²**Licht** o^{31}, o^{29} kaars
Lichtanlage v^{21} lichtinstallatie
Lichtbild o^{31} (pas)foto
Lichtblick m^{5} *(fig)* lichtpuntje
Lichte v^{28} **1** *(techn)* binnenwerkse breedte **2** doorrijbreedte
lichtecht lichtecht
lichtempfindlich (licht)gevoelig
¹**lichten** *tr* **1** helder, licht maken **2** verlichten **3** *(het bos)* (uit)dunnen **4** *(het anker)* lichten
²**lichten, sich** **1** helder worden **2** dunner worden
Lichter m^{9} *(scheepv)* lichter
Lichterbaum m^{6} kerstboom
Lichterfest o^{29} lichtjesfeest
lichterloh: *~ brennen* in lichte(r)laaie staan
Lichthupe v^{21} lichtsignaalschakelaar
Lichtjahr o^{29} lichtjaar
Lichtmaschine v^{21} dynamo
Lichtmast m^{5}, m^{16} lichtmast
Lichtmesser m^{9} lichtmeter, fotometer
Lichtpunkt m^{5} lichtpunt
Lichtschalter m^{9} lichtschakelaar
Lichtschein m^{5} lichtschijnsel
Lichtspielhaus o^{32}, **Lichtspieltheater** o^{33} *(vero)* bioscoop
Lichtung v^{20} open plek *(in het bos)*
lichtvoll **1** vol licht **2** *(fig)* helder **3** gelukkig
Lid o^{31} (oog)lid
lieb **1** lief: *am ~sten würde ich hier bleiben* het liefst zou ik hier blijven; *~ behalten* (blijven) houden van; *~ gewinnen* lief krijgen, gaan houden van; *~ haben* liefhebben, houden van, beminnen **2** vriendelijk, aardig || *seine ~e Not mit jmdm haben* heel wat te stellen hebben met iem; *~er Vater!* beste, lieve vader!; *~er Freund!* beste vriend!; *meine Lieben!* vrienden!; beste mensen!
liebäugeln **1** flirten, lonken **2** graag willen hebben
liebbehalten ^{183} (blijven) houden van
Liebchen o^{35} liefje
Liebe v^{21} liefde: *tun Sie mir die ~!* doet u mij het genoegen!; *~ machen* de liefde bedrijven; *~ auf den ersten Blick* liefde op het eerste gezicht
Liebelei v^{20} flirt, flirtation, avontuurtje
lieben **1** liefhebben, houden van, beminnen: *was sich liebt, das neckt sich* wie van elkaar houden, plagen elkaar; *die Liebenden* de geliefden; *~ lernen* gaan waarderen, gaan houden van **2** de liefde bedrijven || *~d gern* dolgraag
liebenlernen *oude spelling voor* lieben lernen, *zie* lieben 1
liebenswert beminnelijk
liebenswürdig vriendelijk, aardig
Liebenswürdigkeit v^{20} vriendelijkheid
lieber *bw* **1** liever **2** beter
Liebesbeziehung v^{20} liefdesbetrekking
Liebesbrief m^{5} liefdesbrief
Liebespaar o^{29}, **Liebespärchen** o^{35} verliefd paar
Liebesverhältnis o^{29a} (liefdes)verhouding
liebevoll liefdevol
liebgewinnen ^{174} lief krijgen, gaan houden van
liebhaben ^{182} liefhebben, houden van, beminnen
Liebhaber m^{9} **1** minnaar **2** liefhebber **3** *(vero)* amateur
Liebhaberei v^{20} liefhebberij
liebkosen liefkozen

Liebkosung *v*[20] liefkozing
lieblich 1 liefelijk, bekoorlijk **2** mild, zacht
Liebling *m*[5] lieveling
lieblos liefdeloos, harteloos
Liebreiz *m*[19] bekoorlijkheid, charme, gratie
Liebschaft *v*[20] liefdesaffaire, verhouding
Liebste(r) *m*[40a], *v*[40b] liefste, geliefde
Lied *o*[31] lied: *er kann ein ~ davon singen* hij kan ervan meepraten
liederlich 1 slordig, slonzig **2** schandelijk, slecht **3** losbandig, liederlijk
Liederlichkeit *v*[20] **1** slordigheid **2** losbandigheid
Liedermacher *m*[9] liedjesmaker
Lieferant *m*[14] leverancier
lieferbar leverbaar
Lieferbedingung *v*[20] leveringsvoorwaarde
Lieferer *m*[9] leverancier
Lieferfrist *v*[20] leveringstermijn
liefern leveren: *ins Haus ~* thuisbezorgen; *er ist geliefert* hij is verloren
Lieferort *m*[5] plaats van levering
Liefertermin *m*[5] tijdstip van levering
Lieferung 1 leverantie **2** levering **3** aflevering *(ve boek)*
Lieferungsbedingung *v*[20] leveringsvoorwaarde
Lieferungsfrist *v*[20] leveringstermijn
Lieferungszeit *v*[20] lever(ings)tijd
Lieferwagen *m*[11] bestelwagen
Liege *v*[21] **1** ligstoel **2** stretcher
liegen[202] liggen, gelegen zijn: *wie die Dinge ~* zoals de zaken staan; *es liegt mir viel daran* er is mij veel aan gelegen; *(sp) vorn ~* aan kop liggen; *an mir soll es nicht ~* aan mij zal het niet liggen; *die tägliche Produktion liegt bei …* de dagelijkse productie is ongeveer …; *das liegt bei ihm* dat ligt aan hem; *das Zimmer liegt nach dem Garten* de kamer ziet op de tuin uit; *zur Straße ~* aan de straatkant liggen
Liegenschaft *v*[20] onroerend goed
Liegeplatz *m*[6] ligplaats, ankerplaats
Liegerad *o*[32] ligfiets
Liegesitz *m*[5] slaapstoel; *(spoorw)* couchette
Liegestuhl *m*[6] ligstoel
Liegewagen *m*[11] *(spoorw)* ligrijtuig, ligwagen
Liegewiese *v*[21] ligweide
Liese *v*[28]: *dumme ~* domme gans
[1]**Lift** *m*[13], *o*[36] facelift
[2]**Lift** *m*[5], *m*[13] lift
[1]**liften** *intr* met de skilift gaan
[2]**liften** *tr* **1** *(tarieven)* verhogen **2** faceliften **3** optillen
Liga *v (mv Ligen)* **1** liga, verbond **2** *(sp)* divisie
Lightrail, Light Rail *v*[28] lightrail
liieren[320] liëren, (nauw) verbinden
Likör *m*[5] likeur
lila 1 lila **2** matig: *es geht mir ~* het gaat me matig
Lila *o*[39] lila
Lilie *v*[21] lelie
Liliputaner *m*[9] lilliputter
Limit *o*[29], *o*[36] limiet
limitieren[320] limiteren
Limo *v, o (2e nvl -; mv -(s))*, **Limonade** *v*[21] limonade
Limone *v*[21] limoen; *(zelden)* citroen
Limousine *v*[21] limousine
lind 1 zacht **2** zoel
Linde *v*[21] linde
lindern verzachten, verlichten, lenigen
Linderung *v*[20] verzachting, leniging
Lineal *o*[29] liniaal
linear lineair
Linedancing, Line-dancing *o*[39] lijndansen
Linie *v*[21] **1** lijn, streep: *auf die gleiche* (of: *auf eine*) *~ stellen* op één lijn stellen **2** linie, evenaar **3** *(mil)* linie **4** lijn *(van bus, tram)* **5** (slanke) lijn: *in erster, zweiter ~* in de eerste, tweede plaats
Linienbus *m*[5] *(2e nvl -busses; mv -busse)* lijnbus
Linienflug *m*[6] lijnvlucht
Linienrichter *m*[9] *(sp)* lijnrechter, grensrechter
linientreu trouw aan de partijlijn
Linienverkehr *m*[19] lijnverkeer; lijndienst
linieren, liniieren liniëren
link 1 linker: *die ~e Hand* de linkerhand **2** *(pol)* links **3** link; onbetrouwbaar
Link *m*[13] *(2e nvl ook -)* **1** link **2** hyperlink
[1]**Linke** *m*[40a] linksbuiten
[2]**Linke** *v*[40b] **1** linkerhand **2** *(boksen)* linkse **3** *(pol)* linkerzijde, links, linkse partij(en), linkervleugel
linkisch links, onhandig
[1]**links** *bw* **1** links **2** binnenstebuiten
[2]**links**[+2] *vz* links van
Linksabbieger *m*[9] iem die links afslaat, links afslaand verkeer
Linksaußen *m*[11] *(sp)* linksbuiten
linkshändig links(handig)
linksherum linksom
Linkspartei *v*[20] linkse partij
Linksruck *m*[19] *(pol)* verschuiving naar links
linksseitig aan de linkerzijde, links
linksum linksom
Linoleum *o*[39] linoleum
Linse *v*[21] **1** *(plantk)* linze **2** lens
Lipgloss *o (2e nvl -; mv -)* lipgloss
Lippe *v*[21] lip
Lippenbekenntnis *o*[29a] lippendienst
Lippengloss *o (2e nvl -; mv -)* lipgloss
Lippenstift *m*[5] lippenstift
liquidieren[320] **1** liquideren; afwikkelen, opheffen **2** (iem) liquideren, uit de weg ruimen **3** *(kosten)* declareren, in rekening brengen
lispeln lispelen *(ook fig)*; suizen, murmelen
List *v*[20] list
Liste *v*[21] (naam)lijst, register
Listenpreis *m*[5] catalogusprijs
listig listig
Litanei *v*[20] **1** litanie **2** klaagzang
Liter *m*[9], *o*[33] liter
literarisch literair, letterkundig

Literatur v^{20} literatuur
literweise **1** per liter **2** met liters
Litfaßsäule v^{21} aanplakzuil
Liturgie v^{21} liturgie
liturgisch liturgisch
Livesendung, Live-Sendung v^{20} directe uitzending
Livree v^{21} livrei
Lizenz v^{20} licentie, vergunning
Lizenzspieler m^{9} *(sp)* contractspeler
Lkw, LKW m^{13} *(2e nvl -(s); mv ook -) afk van Lastkraftwagen* vrachtwagen
Lob o^{29} lof, loftuiting
loben loven, prijzen
lobenswert prijzenswaardig, loffelijk
Lobgesang m^{6} lofzang
lobhudeln ophemelen
löblich loffelijk
Loblied o^{31} loflied, lofzang
lobpreisen^{216} *ook zw* loven, prijzen
Lobrede v^{21} lofrede
Lobspruch m^{6} lofrede, loftuiting
Loch o^{32} **1** gat, opening **2** hole *(golfspel)* **3** hol **4** krot **5** *(inform)* bak, gevangenis: *er pfeift auf dem letzten ~* het loopt met hem op een eind; *aus einem andern ~ pfeifen* een andere toon aanslaan; *jmdm ein ~* (of: *Löcher) in den Bauch fragen* iem honderduit vragen
lochen doorboren, ponsen, perforeren; *(kaartjes)* knippen
Locher m^{9} perforator
löcherig vol gaten
Lochkarte v^{21} ponskaart
Lochung v^{20} **1** perforatie **2** (het) ponsen **3** (het) knippen
Lochzange v^{21} kniptang
Locke v^{21} krul, lok
locken lokken, (aan)trekken
Lockenkopf m^{6} krullenbol
Lockenwickel, Lockenwickler m^{9} krulspeld
locker **1** los, losjes, soepel **2** *(van houding)* slap **3** luchtig **4** los, losbandig: *~e Sitten* losse zeden; *ein ~er Bruder* (of: *Vogel, Zeisig)* een losbol
lockerlassen^{197} toegeven: *nicht ~* het niet opgeven
lockermachen: *bei jmdm Geld ~* van iem geld los weten te krijgen; *die Regierung muss mehr Geld ~* de regering moet meer geld op tafel leggen
^{1}**lockern** *tr* **1** los(ser) maken **2** verslappen, versoepelen
^{2}**lockern, sich** **1** losraken, losgaan **2** losser worden: *der Nebel lockert sich* de mist wordt minder dik
lockig gekruld
Lockruf m^{5} lokroep
Lockspeise v^{21} lokspijs, lokaas
Lockung v^{20} (ver)lokking, aantrekking, verleiding
Lockvogel m^{10} lokvogel *(ook fig)*
Loden m^{11} loden *(dichte wollen stof)*
lodern (op)vlammen, (op)laaien
Löffel m^{9} **1** lepel **2** oor *(van haas, konijn): jmdm eins hinter die ~ hauen* (of: *geben)* iem een draai om zijn oren geven
Löffelbagger m^{9} shovel
löffeln lepelen
löffelweise bij lepels (vol); lepel voor lepel
Logbuch o^{32} logboek, scheepsjournaal
Loge v^{21} loge
Logik v^{28} logica
Logis *o (2e nvl -; mv -)* logies
logisch logisch
Logistik v^{28} logistiek
logistisch logistiek
logo *(jeugdtaal)* logisch
Logo m^{13}, o^{36} logo
Lohn m^{6} **1** loon, arbeidsloon **2** beloning
Lohnausfall m^{6} loonderving
Lohnausgleich m^{5} looncompensatie, aanvulling van het ziekengeld
Lohnempfänger m^{9} loontrekkende, loontrekker
^{1}**lohnen** *tr* **1** (be)lonen **2** de moeite waard zijn
^{2}**lohnen, sich** de moeite waard zijn
lohnend **1** lonend *(ook fig);* winstgevend **2** de moeite waard
Lohnerhöhung v^{20} loonsverhoging
Lohnforderung v^{20} looneis
Lohnfortzahlung v^{20} doorbetaling van het loon
Lohnkürzung v^{20} korting, inhouding op het loon
Lohnnebenkosten, Lohnzusatzkosten *mv* indirecte (loon)kosten
Lohnskala v^{27} *(mv ook -skalen)* loonschaal; *(Belg)* barema
Löhnung v^{20} **1** uitbetaling van het loon **2** loon **3** soldij, wedde
Lohnwelle v^{21} loongolf
Lohnzurückhaltung v^{28} loonmatiging
Loipe v^{21} *(sp)* loipe, langlaufroute
Lok v^{27} *verk van Lokomotive* locomotief
lokal *bn* lokaal, plaatselijk
Lokal o^{29} **1** lokaal **2** gebouw **3** café, restaurant, gelegenheid
lokalisieren^{320} lokaliseren
Lokalität v^{20} **1** lokaliteit **2** wc
Lokführer m^{9} machinist
Lokomotive v^{21} locomotief
Lokomotivführer m^{9} machinist
Lokus *m (2e nvl -(ses); mv -(se))* zekere plaats, toilet
London o^{39} Londen
^{1}**Londoner** m^{9} Londenaar
^{2}**Londoner** *bn* Londens
Longlist v^{27} longlist
Lorbeer m^{16} **1** laurier(boom) **2** laurierblad **3** lauwer: *~en ernten* lauweren oogsten
Lore v^{21} lorrie
los los, niet vast: *etwas ~ sein* van iets af zijn, iets kwijt zijn; *was ist ~?* wat is er aan de hand?; *es ist mit ihm nicht viel ~* hij presteert niet veel; *~!*

vooruit! schiet op!; *(sp) fertig, ~!* klaar, af!

Los *o*^{29} **1** lot, loterijbriefje: *das große ~* de hoofdprijs **2** (nood)lot **3** partij, kavel

losballern beginnen te schieten

lösbar oplosbaar

losbekommen^{193} loskrijgen

losbinden^{131} losmaken, losbinden

losbrechen^{137} losbreken; *(mbt onweer, storm)* losbarsten

Löschapparat *m*^{5} brandblusapparaat

Löscharbeit *v*^{20} *(vaak mv)* blussingswerk

Löschblatt *o*^{32} vloeiblad

löschen 1 *(brand, kalk)* blussen **2** *(licht, vuur)* doven, uitdoen **3** *(dorst)* lessen **4** *(schuld)* aflossen, delgen: *eine Hypothek ~* een hypotheek doorhalen; *ein Konto ~* een rekening opheffen **5** *(goederen)* lossen **6** afvloeien **7** *(geluidsband e.d.)* wissen

Löscher *m*^{9} **1** brandblusser **2** vloeier

Löschgerät *o*^{29} brandblusapparaat

Löschpapier *o*^{29} vloeipapier

Löschung *v*^{20} **1** (het) blussen **2** (het) lessen **3** (het) lossen **4** delging; *zie ook* löschen

losdonnern 1 wegscheuren **2** losbarsten

losdrehen losdraaien

lose 1 los, niet vast **2** niet verpakt, los || *ein ~s Mädchen* een lichtzinnig meisje

Lösegeld *o*^{31} losgeld, losprijs

losen loten

^{1}**lösen** *tr* **1** losmaken **2** *(verloving)* verbreken, uitmaken; *(huwelijk)* ontbinden **3** *(moeilijkheid)* oplossen **4** *(kaartje)* nemen, kopen **5** *(chem)* oplossen **6** *(schot)* lossen

^{2}**lösen, sich 1** losgaan, losraken **2** opgelost worden **3** verbroken worden **4** zich losmaken **5** *(mbt schot)* afgaan **6** oplossen

Loser *m*^{9} loser

losfahren^{153} wegvaren, wegrijden: *auf etwas ~* op iets toerijden

losgehen^{168} **1** beginnen **2** *(mbt wapen)* afgaan **3** weggaan **4** afgaan: *auf jmdn ~* op iem afstormen **5** losraken

loskaufen vrijkopen, loskopen

loskommen^{193} **1** loskomen, losraken **2** wegkomen: *auf jmdn ~* op iem afkomen

loskriegen 1 loskrijgen **2** kwijtraken

loslassen^{197} **1** loslaten **2** vrijlaten

loslegen beginnen, van wal steken

löslich oplosbaar: *~er Kaffee* oploskoffie

loslösen 1 losmaken **2** losweken

^{1}**losmachen** *intr* **1** opschieten **2** van wal steken

^{2}**losmachen** *tr* losmaken

losplatzen 1 uitbarsten, losbarsten **2** het uitproesten *(vh lachen)*

losreißen^{220} losscheuren, losrukken

lossagen: *sich von*$^{+3}$ *etwas, von jmdm ~* met iets, met iem breken

losschicken 1 versturen **2** erop uitsturen

losschießen^{238} *(sein)* **1** *(op iem)* toeschieten **2** wegschieten

^{2}**losschießen**^{238} *(haben)* beginnen te schieten; beginnen: *schieß nur los!* begin maar!

^{1}**losschlagen**^{241} *intr* aanvallen

^{2}**losschlagen**^{241} *tr* **1** losslaan **2** *(waren)* van de hand doen, verkopen

lossprechen^{274} **1** vrijspreken (van) **2** de absolutie geven

Lossprechung *v*^{20} **1** (het) vrijspreken **2** *(r-k)* absolutie

lossteuern afstevenen, afgaan (op)

losstürzen 1 (op iem) afstormen **2** wegstormen

lostrennen lostornen

Losung *v*^{20} **1** wachtwoord, parool **2** leus **3** *(handel)* dagopbrengst

Lösung *v*^{20} **1** oplossing *(ve som, in de chemie)* **2** ontbinding *(ve verdrag)* **3** (het) losmaken

loswerden^{310} kwijtraken: *jmdn ~* van iem afkomen; *Waren ~* goederen verkopen

losziehen^{318} erop uittrekken: *gegen jmdn ~* tegen iem uitvaren

Lot *o*^{29} **1** *(meetk)* loodlijn: *im ~ stehen* (of: *sein)* loodrecht staan **2** schietlood **3** *(scheepv)* dieplood **4** soldeer(sel): *(fig) im ~ sein* in orde zijn; *(fig) etwas ins ~ bringen* iets in orde maken

loten loden, peilen

löten solderen

Lötkolben *m*^{11} soldeerbout

Lotos *m (2e nvl -; mv -) (plantk)* lotus

Lotse *m*^{15} loods

lotsen loodsen

Lotterie *v*^{21} loterij

Lotto *o*^{36} **1** loterij, lotto **2** kienspel, lotto, bingo

Lounge *v*^{27} lounge

Loverboy *m*^{13} loverboy

Löwe *m*^{15} leeuw

Löwenbändiger *m*^{9} leeuwentemmer

Löwenmaul *o*^{39}, **Löwenmäulchen** *o*^{35} *(plantk)* leeuwenbek(je)

Löwenzahn *m*^{19} paardenbloem

Löwin *v*^{22} leeuwin

loyal loyaal

Loyalität *v*^{20} loyaliteit

Luchs *m*^{5} lynx

luchsen zeer scherp opletten, loeren

Lücke *v*^{21} **1** leemte, hiaat, gaping, lacune **2** opening **3** bres

Lückenbüßer *m*^{9} noodhulp, invaller

lückenhaft onvolledig, gebrekkig

lückenlos volmaakt, volledig

Luder *o*^{33} bitch, loeder, kreng: *armes ~* arme drommel

Luft *v*^{25} **1** lucht: *an die ~ gehen* naar buiten gaan; *in die ~ fliegen* (of: *gehen)* in de lucht vliegen **2** *(fig)* sfeer, atmosfeer || *seinem Herzen ~ machen* zijn hart luchten; *da ist* (of: *herrscht) dicke ~* er heerst daar een gespannen sfeer; *die ~ bleibt mir weg* ik ben gewoon paf; *halt die ~ an!* houd je mond!; *jmdn an die (frische) ~ setzen* (of: *befördern:): a)* iem de deur uitzetten; *b)* iem op straat zetten, ontslaan

Luftabwehr v^{28} luchtafweer
Luftalarm m^{5} luchtalarm
Luftangriff m^{5} luchtaanval
Luftballon m^{5}, m^{13} luchtballon
Luftbefeuchter m^{9} luchtbevochtiger
Luftbild o^{31} luchtopname, luchtfoto
Lüftchen o^{35} luchtje, briesje, zuchtje wind
luftdicht luchtdicht
Luftdruck m^{19} luchtdruk
Luftdruckbremse v^{21} luchtdrukrem
luftdurchlässig lucht doorlatend
lüften 1 luchten, ventileren **2** *(gordijnen)* omhoogdoen **3** *(sluier)* optillen **4** *(geheimen)* prijsgeven **5** *(hoed)* afnemen
Lüfter m^{9} ventilator
Luftfahrt v^{28} luchtvaart
Luftfracht v^{20} luchtvracht
luftig 1 luchtig *(van kleding)* **2** winderig
Luftkissen o^{35} luchtkussen
Luftkissenfahrzeug o^{29} hovercraft
Luftkrankheit v^{20} luchtziekte
Luftkurort m^{5} luchtkuuroord
Luftlandetruppen *mv* v^{21} luchtlandingstroepen
luftleer luchtledig
Luftlinie v^{21}: *in ~ 10 km* hemelsbreed 10 km
Luftloch o^{32} **1** luchtgat **2** *(luchtv)* luchtzak
Luftmatratze v^{21} luchtbed
Luftnummer v^{21}: *das ist eine ~* dat is gebakken lucht
Luftpirat m^{14} vliegtuigkaper, luchtpiraat
Luftpost v^{28} luchtpost
Luftraum m^{6} luchtruim
Luftsack m^{6} **1** luchtzak **2** airbag
Luftschloss o^{32} luchtkasteel
Luftschutz m^{19} luchtbescherming
Luftschutzbunker m^{9}, **Luftschutzkeller** m^{9}, **Luftschutzraum** m^{6} schuilkelder
Luftstreitkräfte *mv* v^{25} luchtstrijdkrachten
Luftstützpunkt m^{5} *(mil)* vliegbasis
Lüftung v^{20} **1** luchtverversing, ventilatie **2** (het) oplichten **3** ontsluiering; *zie ook* lüften
Luftverkehr m^{19} luchtverkeer
Luftverschmutzung, Luftverunreinigung v^{20} luchtvervuiling; *(Belg)* luchtbezoedeling
Luftwaffe v^{21} luchtmacht
Luftweg m^{5} luchtweg: *auf dem ~* per vliegtuig; *(med) ~e* luchtwegen
Luftwiderstand m^{6} luchtweerstand
Luftzug m^{6} tocht, trek
Lug m^{19}: *~ und Trug* leugen en bedrog
Lüge v^{21} leugen: *eine fromme ~* een leugentje om bestwil; *jmdn ~n strafen* iem logenstraffen
lugen 1 kijken **2** tevoorschijn komen
lügen^{204} liegen, jokken
lügenhaft leugenachtig
Lügenhaftigkeit v^{28} leugenachtigheid
Lügner m^{9} leugenaar
lügnerisch leugenachtig, vals
Luke v^{21} **1** *(scheepv)* luik(gat) **2** dakraam

lu

lukrativ lucratief, winstgevend
Lümmel m^{9} lummel, vlegel
Lump m^{14} schoft, smeerlap
lumpen boemelen, fuiven: *sich nicht ~ lassen* zich niet laten kennen, royaal zijn
Lumpen m^{11} lomp, vod, lor: *jmdn aus den ~ schütteln* iem uitkafferen
Lumpengesindel, Lumpenpack o^{39} gespuis
Lumperei v^{20} **1** kleinigheid **2** gemene streek
lumpig 1 haveloos **2** ellendig **3** armzalig
Lunch m^{5}, m^{13} *(2e nvl ook -)* lunch
Lunge v^{21} long: *aus voller ~* luidkeels
Lungenentzündung v^{20} longontsteking
Lungenkrebs m^{19} longkanker
lungern lanterfanten, rondhangen
Lunte v^{21} lont: *~ riechen* lont ruiken
Lupe v^{21} loep, vergrootglas
lupfen, lüpfen oplichten, optillen
Lurch m^{5} amfibie
Lust v^{25} **1** plezier, genoegen, genot: *~ an*$^{+3}$ *etwas haben* plezier in iets hebben; *~ auf*$^{+4}$ *etwas haben* zin in iets hebben; *ich habe keine ~ dazu* ik heb er geen zin in **2** lust, wellust, begeerte || *ganz wie du ~ hast* net zoals je wilt
Lustbarkeit v^{20} vermakelijkheid, amusement
Lüster m^{9} luster, kroon
lüstern 1 begerig **2** wellustig, wulps; *(inform)* geil: *~ auf*$^{+4}$ (of: *nach*$^{+3}$) *etwas sein* tuk op iets zijn
Lustgarten m^{12} park, lusthof
lustig vrolijk, grappig, plezierig: *sich ~ über jmdn machen* zich vrolijk over iem maken
Lustigkeit v^{20} vrolijkheid, plezier
lustlos lusteloos *(ook beursterm)*
Lustspiel o^{29} blijspel
Lutheraner m^{9} lutheraan
lutherisch luthers
lutschen zuigen: *ein Eis ~* een ijsje likken
Lutscher m^{9} **1** lolly **2** speen
Lüttich o^{39} Luik
luxuriös luxueus, weelderig, luxe-
Luxus m^{19a} luxe, weelde, pracht
Luxusartikel m^{9} luxeartikel
Lymphe v^{21} lymfe
Lymphknoten m^{11} lymfklier
Lyrik v^{28} lyriek
Lyriker m^{9} lyricus, lyrisch dichter
lyrisch lyrisch

M *afk van Mark* mark
Mäander m^{9} meander
Maar o^{29} maar, mare *(kratermeer)*
machbar realiseerbaar, uitvoerbaar, maakbaar
Mache v^{28} **1** aanstellerij, gemaaktheid **2** structuur, vorm: *das ist ~* dat is schijn; *etwas in der ~ haben* ergens aan werken
^{1}**machen** *tr* **1** maken, doen: *jmdm Freude* (of: *Vergnügen) ~* iem plezier doen; *was ist zu ~?* wat te doen?; *so wird's gemacht* zo doe je dat; *nichts zu ~* niets aan te doen; *mach, dass du fertig wirst!* zorg ervoor, dat je klaar komt!; *Examen ~* examen doen; *eine Reise ~* een reis maken **2** *(bed)* opmaken **3** *(licht)* aandoen, aansteken; *(vuur)* aanmaken **4** *(koffie, thee)* zetten **5** *(muziek)* uitvoeren, maken || *2 und 3 macht 5* 2 en 3 is 5; *das macht zusammen 7 Euro* dat is samen 7 euro; *es jmdm recht ~* het iem naar de zin maken; *was macht das Studium?* hoe gaat het met de studie?; *(das) macht nichts* dat hindert niet; *wird gemacht!* (of: *~ wir!)* komt in orde!; *sie hat etwas aus dem Kind gemacht* ze heeft iets van het kind gemaakt; *ins Bett, in die Hose ~* het in zijn bed, zijn broek doen
^{2}**machen, sich**: *das lässt sich ~* dat is te doen; *wie geht's?, es macht sich* hoe gaat het?, het gaat nogal; *das Wetter macht sich* het weer wordt goed; *sich an $^{+4}$ etwas ~* met iets beginnen; *ich mache mir nichts daraus: a)* ik geef er niets om; *b)* ik trek me er niets van aan
Machenschaft v^{20} kuiperij, intrige
Macher m^{9} **1** maker **2** aanstoker, drijvende kracht **3** krachtig leider
Machete v^{21} machete
Macht v^{25} **1** macht, vermogen **2** geweld **3** gezag: *aus eigener ~* op eigen gezag **4** mogendheid
Machtbasis *v (mv -basen)* machtsbasis
Machtbefugnis v^{24} bevoegdheid, wettig gezag
Machtbereich m^{5} invloedssfeer, machtsgebied
Machtentfaltung v^{28} machtsontplooiing
Machtergreifung v^{28} greep naar de macht
Machthaber m^{9} machthebber
mächtig machtig, krachtig, sterk, geweldig, imposant, kolossaal: *einer Sprache ~ sein* een taal beheersen
machtlos machteloos
Machtlosigkeit v^{28} machteloosheid, onmacht
Machtmissbrauch m^{19} machtsmisbruik
Machtmittel o^{33} machtsmiddel
Machtposition, Machtstellung v^{20} machtspositie
Machwerk o^{29} maakwerk, knoeiwerk
Macke v^{21} **1** mankement, fout **2** tic, afwijking
Mädchen o^{35} **1** meisje: *sein ~* zijn meisje, zijn verloofde **2** (dienst)meisje: *~ für alles* manusje-van-alles
mädchenhaft meisjesachtig *(ook fig)*
Made v^{21} *(dierk)* made
Mädel o^{33}, o^{36}, o^{38} (dienst)meisje
madig **1** vol maden **2** *(fruit)* aangestoken
madigmachen *(fig)*: *jmdn ~* iem zwartmaken; *jmdm etwas ~* iems plezier in iets bederven
Magazin o^{29} **1** magazijn *(ook ve vuurwapen)* **2** magazine
Magd v^{25} (dienst)meid
Magen m^{12}, m^{11} maag
Magenbeschwerden *mv* v^{21} maagklachten
Magengeschwür o^{29} maagzweer
Magenknurren o^{39} (het) knorren van de maag
Magenkrankheit v^{20} maagkwaal
Magenkrebs m^{19} maagkanker
Magenleiden o^{35} maagkwaal
Magenverstimmung v^{20} indigestie
mager mager, schraal, karig
Magermilch v^{28} taptemelk, ondermelk
Magie v^{28} magie, toverkunst
magisch magisch
Magistrat m^{5} magistraat, college van Burgemeester en Wethouders, stadsbestuur; *(Belg)* schepencollege
Magnat m^{14} magnaat
Magnet m^{5}, m^{14} magneet
magnetisieren^{320} magnetiseren
Magnetismus m^{19a} magnetisme
Magnetkissenzug m^{6} zweeftrein
Magnetresonanztomografie v^{21} MRI-scan
Magnetschwebebahn v^{20} magneetzweeftrein
Magnolie v^{21} magnolia
Mahagoni o^{39} mahonie
Mähdrescher m^{9} maaidorser, combine
^{1}**mähen** *intr* blaten
^{2}**mähen** *tr* maaien
Mäher m^{9} **1** maaier **2** maaimachine
Mahl o^{32}, o^{29} maal(tijd)
mahlen malen
Mahlzeit v^{20} maaltijd: *(gesegnete) ~!* eet smakelijk!; *(prost) ~!* dat is me wat moois!
Mähmaschine v^{21} maaimachine
Mahnbrief m^{5} maanbrief
Mähne v^{21} **1** manen *(van dier)* **2** lange haren *(van mens)*
mahnen **1** manen, waarschuwen **2** herinneren **3** aanmanen
Mahnmal o^{29}, o^{32} gedenkteken
Mahnung v^{20} (aan)maning, herinnering
Mahnverfahren o^{35} gerechtelijke aanmaning

Mahnwache v^{21} protestwake
Mai m^{5} *(2e nvl ook -)* mei
Maifeier v^{21} een-meiviering
Maiglöckchen o^{35} lelietje-van-dalen
Mail v^{27} *(Z-Dui, Zwits, Oostenr)* o^{36} mail, mailtje
Mailadresse v^{21} mailadres
Mailand o^{39} Milaan
Mailbomb v^{27}, **Mailbombe** v^{21} mailbom
Mailbox v^{20} mailbox
mailen mailen
Mailing o^{36} *(2e nvl ook -)* mailing
Mailingliste v^{21} mailinglijst
Mais m^{5} mais
Maiskolben m^{11} maiskolf
Majestät v^{20} majesteit
majestätisch **1** majestueus **2** verheven
Majestätsbeleidigung v^{20} majesteitsschennis
Majonäse v^{21} mayonaise
Major m^{5} majoor
majorisieren^{320} majoriseren, overstemmen
Majorität v^{20} majoriteit, meerderheid
Majuskel v^{21} hoofdletter
Makel m^{9} smet, (schand)vlek
Mäkelei v^{20} vitterij, gekanker
makellos smetteloos, onberispelijk
mäkeln aanmerken, vitten, kankeren
Make-up o^{36} make-up
Makkaroni *mv* macaroni
Makler m^{9} makelaar
Maklergebühr v^{20} makelaarsloon, courtage
Makrele v^{21} makreel
makrobiotisch macrobiotisch
mal **1** keer, maal: *2 ~ 9* 2 keer 9, 2 maal 9 **2** eens: *es ist nun ~ so* het is nu eenmaal zo; *~ …, ~ …* nu eens …, dan weer …; *komm ~ her* kom eens hier
[1]**Mal** o^{29} maal, keer: *zum letzten ~* voor de laatste keer; *beim letzten ~* bij de laatste keer; *ein für alle ~(e)* eens voor al; *ein ~ über das andere* keer op keer; *mit einem ~(e)* opeens; *von ~ zu ~* telkens
[2]**Mal** o^{29}, o^{32} **1** vlek, merk, (gedenk-, grens-, herkennings)teken, monument **2** moedervlek **3** *(sp)* honk
Malaria v^{28} malaria, moeraskoorts
[1]**malen** *tr en intr* **1** schilderen *(ook fig)*; afschilderen **2** *(lippen, wenkbrauwen)* verven
[2]**malen, sich** zich weerspiegelen, zich aftekenen
Maler m^{9} (kunst)schilder
Malerei v^{20} **1** schilderkunst **2** (het) schilderen **3** schilderstuk
malerisch **1** schilderachtig **2** van een, als schilder
Malheur o^{29}, o^{36} malheur, ongeluk
malnehmen^{212} vermenigvuldigen
malochen zwoegen, hard werken
Malteser *bn: Malteser-Hilfsdienst* EHBO
malträtieren^{320} maltraiteren, mishandelen
Malz o^{39} mout
Malzbier o^{29} moutbier
Malzeichen o^{35} maalteken
Mama v^{27} mama
Mammut o^{29}, o^{36} mammoet
mampfen schrokken, smullen
Mamsell v^{20}, v^{27} **1** buffetjuffrouw **2** juffrouw
man *vnw* men, je
Managementteam o^{36} mt; managementteam
managen [menidzjen] **1** managen **2** fiksen
Managerkrankheit v^{28} managerziekte
manch^{68} **1** menig: *~ einer* menigeen; *~es Mal* dikwijls, menigmaal **2** sommige
mancherlei allerlei, velerlei
manchmal soms, af en toe
Mandant m^{14} cliënt *(ve advocaat)*
Mandarine v^{21} mandarijn *(een vrucht)*
Mandat o^{29} mandaat
Mandel v^{21} amandel
Mandelaugen *mv* o^{38} amandelvormige ogen
Mandoline v^{21} mandoline
Manege v^{21} **1** manege **2** piste *(van circus)*
Mangan o^{39} mangaan
[1]**Mangel** m^{10} mankement, gebrek
[2]**Mangel** m^{19} nood, tekort, gebrek: *aus ~ an* (of: *wegen ~s an) Beweisen* bij gebrek aan bewijs
[3]**Mangel** v^{21} mangel
mangelfrei vrij van gebreken
mangelhaft **1** gebrekkig, onvolledig, onvoldoende **2** onvoldoende *(op rapport)*
[1]**mangeln** *intr* ontbreken: *es mangelt mir an Geld* het ontbreekt mij aan geld
[2]**mangeln** *tr* mangelen *(wasgoed)*
Mängelrüge v^{21} *(handel)* reclame, klacht
mangels$^{+2,\ soms\ +3}$ *vz* bij gebrek aan
Mangelware v^{21} schaars artikel
Mango v^{27} *(mv ook Mangonen)* mango
Manie v^{21} manie
Manier v^{20} **1** manier, wijze, trant **2** gekunsteldheid **3** stijl
manieriert gemaniëreerd, gekunsteld
manierlich welopgevoed; netjes
Manifestation v^{20} manifestatie
[1]**manifestieren**^{320} *tr* manifesteren
[2]**manifestieren**^{320}**, sich** zich manifesteren
[1]**Maniküre** v^{21} **1** manicure-etui **2** manicuurster
[2]**Maniküre** v^{28} manicure
maniküren manicuren
Manipulation v^{20} manipulatie
manipulieren^{320} manipuleren
Manko o^{36} tekort, manco
[1]**Mann** m^{8} **1** man: *der ~ auf der Straße* de gewone man; *alle ~ an Deck!* alle hens aan dek; *der schwarze ~* de boeman **2** echtgenoot: *ihr geschiedener ~* haar ex
[2]**Mann** m^{16} vazal, leenman
mannbar **1** huwbaar *(ve meisje)* **2** geslachtsrijp *(ve jongen)*
Männchen o^{35} mannetje: *~ machen* opzitten *(ve dier)*
Männerchor m^{6} mannenkoor
Mannesalter o^{39} mannelijke leeftijd: *im besten ~* in de bloei des levens

mannhaft manhaftig, manmoedig
Mannhaftigkeit *v*[28] manhaftigheid
mannigfach, mannigfaltig menigvuldig, menigvoudig, velerlei
Mannigfaltigkeit *v*[28] menigvuldigheid, verscheidenheid
Männlein *o*[35] mannetje
männlich mannelijk
Männlichkeit *v*[28] mannelijkheid
Mannsbild *o*[31] *(inform)* manspersoon
Mannschaft *v*[20] **1** manschappen, bemanning **2** *(sp)* ploeg, team, elftal **3** *(algem)* ploeg
Mannschaftsführer *m*[9] **1** *(sp)* ploegleider **2** *(sp)* captain
Mannschaftskapitän *m*[5] *(sp)* aanvoerder, captain
Mannschaftswertung *v*[20] *(sp)* ploegenklassement
Manöver *o*[33] manoeuvre: *ins ~ ziehen* (of: *rücken)* op manoeuvre gaan
Manövrierfähigkeit *v*[28] manoeuvreerbaarheid
Mansarde *v*[21] zolderkamer
Manschette *v*[21] manchet *(ook techn)*
Mantel *m*[10] **1** mantel, overjas **2** *(techn)* mantel, bekleding, omhulsel **3** buitenband **4** *(mil)* huls
Manteltarifvertrag *m*[6] collectieve arbeidsovereenkomst
Manual *o*[29] manuaal
manuell manueel
Manufakturwaren *mv v*[21] manufacturen
Manuskript *o*[29] **1** manuscript **2** handschrift
Mappe *v*[21] **1** map, portefeuille **2** aktetas
Märchen *o*[35] **1** sprookje **2** leugen, verzinsel
Märchenbuch *o*[32] sprookjesboek
märchenhaft sprookjesachtig
Marder *m*[9] marter
Margarine *v*[28] margarine
Marge *v*[21] marge, verschil, speelruimte
Margerite *v*[21] margriet
marginal marginaal
Marienbild *o*[31] Mariabeeld
Marienkäfer *m*[9] lieveheersbeestje
Marihuana *o*[39] marihuana
Marinade *v*[21] marinade
Marine *v*[21] marine
marinieren[320] marineren
Marionette *v*[21] marionet
maritim maritiem, zee-
[1]**Mark** *v (mv - en Markstücke)* mark *(geldstuk)*
[2]**Mark** *v*[20] *(hist)* mark, grensgewest
[3]**Mark** *o*[39] **1** merg: *jmdn bis aufs ~ quälen* iem erg pesten; *bis ins ~ erschüttert* diep geschokt; *jmdm das ~ aus den Knochen saugen* iem uitbuiten **2** kern, pit *(ook fig)*; kracht **3** moes van vruchtvlees
Marke *v*[21] **1** merk(teken): *gesetzlich geschützte ~* wettig gedeponeerd handelsmerk **2** plakzegel, postzegel **3** kaartje, bon *(voor levensmiddelen)* **4** penning, fiche **5** merk, soort || *das ist eine ~!* dat is me d'r een!
Markenartikel *m*[9], **Markenware** *v*[21] merkartikel
markerschütternd hartverscheurend
Marketing *o*[39], *o*[39a] marketing
markieren[320] **1** aangeven, markeren, een teken zetten bij **2** accentueren, doen uitkomen **3** *(inform)* doen alsof: *den Tauben ~* zich doof houden || *(sp) einen Spieler ~* een speler dekken; *(sp) ein Tor ~* scoren
markig pittig, kernachtig, krachtig
Markise *v*[21] markies, zonnescherm
Markklößchen *o*[35] mergballetje
Markknochen *m*[11] mergpijp, mergbeen
Markstein *m*[5] mijlpaal
Markstück *o*[29] mark *(munt)*
Markt *m*[6] **1** markt **2** marktplein
Marktanteil *m*[5] marktaandeel
Marktbude *v*[21] marktkraam
Marktforschung *v*[20] marktonderzoek
Marktfrau *v*[20] marktvrouw
Marktführer *m*[9] marktleider
marktgängig goed verkoopbaar, gangbaar
Markthändler *m*[9] marktkoopman
Marktlage *v*[28] marktsituatie, marktpositie
Marktlücke *v*[21] gat in de markt
Marktordnung *v*[20] **1** marktreglement **2** *(econ)* marktordening
Marktplatz *m*[6] marktplein
Marktwirtschaft *v*[20] markteconomie, vrijemarkteconomie, marktwerking: *freie ~* vrijemarkteconomie, markteconomie, marktwerking
Marmelade *v*[21] jam
Marmeladenbrot *o*[29] boterham met jam
Marmeladenglas *o*[32] jampot
Marmorbild *o*[31] marmeren beeld
Marmorbruch *m*[6] marmergroeve
marmorn marmeren, van marmer
Marmorplatte *v*[21] marmeren plaat
Marokkaner *m*[9] Marokkaan
marokkanisch Marokkaans
Marone *v*[21] tamme kastanje
Marotte *v*[21] kuur, tic, gril
Marquis [markie:] *m (2e nvl -; mv -)* markies
marsch *tw* mars!: *~, ins Bett!* hup, je bed in!
[1]**Marsch** *m*[6] mars: *jmdn in ~ setzen* iem in actie brengen; *sich in ~ setzen* zich in beweging zetten
[2]**Marsch** *v*[20] mars, marsland
Marschall *m*[6] maarschalk
marschbereit, marschfertig marsvaardig
Marschflugkörper *m*[9] *(mil)* kruisraket
marschieren[320] marcheren
Marschland *o*[32] marsland
Marschroute *v*[21] *(ook fig)* marsroute
Marter *v*[21] marteling, foltering; kwelling
martern martelen, folteren, kwellen
Martinshorn *o*[32] sirene *(van brandweer, politie, ziekenauto)*
Märtyrer *m*[9] martelaar
Märtyrerin *v*[22] martelares

Märtyrertum o^{39} martelaarschap

Märtyrin v^{22} martelares

Marxismus m^{19a} marxisme

Marxist m^{14} marxist

marxistisch marxistisch

März m^{5} *(2e nvl ook -)* maart

Marzipan o^{29}, m^{5} marsepein

Masche v^{21} **1** steek **2** maas *(van net): die ~n des Gesetzes* de mazen van de wet **3** ladder *(in kous)* **4** truc, handigheid: *das ist die ~!* daar zit 'm de kneep

Maschendraht m^{19} ijzergaas, kippengaas

Maschine v^{21} **1** machine: *~ schreiben* typen **2** motor, vliegtuig || *ist das eine ~!* dat is me een dikke tante!

maschinegeschrieben getypt

maschinell machinaal

Maschinenbau m^{19} **1** machinebouw, machineconstructie **2** werktuigbouwkunde

Maschinenbauingenieur m^{5} werktuigbouwkundig ingenieur

maschinengeschrieben getypt

Maschinengewehr o^{29} mitrailleur, machinegeweer

Maschinenpark m^{13}, m^{5} machinepark

Maschinenschlosser m^{9} machinebankwerker

Maschinenschreiberin v^{22} typiste

Maschinerie v^{21} machinerie

maschineschreiben *oude spelling voor* Maschine schreiben, *zie* Maschine 1

Maser v^{21} vlam *(in het hout)*

Masern *mv* mazelen

Maske v^{21} masker, mom

Maskenball m^{6} gemaskerd bal

maskieren^{320} maskeren

Maskottchen o^{35}, **Maskotte** v^{21} mascotte

maskulin mannelijk, masculien

Masochismus m^{19a} masochisme

Maß o^{29} **1** maat: *Anfertigung nach ~* kleding naar maat **2** graad, mate: *ohne ~ und Ziel* mateloos; *weder ~ noch Ziel kennen* geen grenzen kennen; *~ halten* maathouden, matig zijn; *über jedes ~ hinausgehen* alle perken te buiten gaan; *in hohem ~e* in hoge mate; *über die* (of: *über alle) ~en* buitengewoon

Massage v^{21} massage

Massaker o^{33} bloedbad, slachting

massakrieren^{320} **1** afmaken, afslachten **2** *(inform)* verknoeien

Maßanzug m^{6} maatkostuum

Masse v^{21} **1** massa, menigte, boel, hoop **2** boedel *(bij faillissement)*

Massenaufgebot o^{29} massale inzet (van)

Massengrab o^{32} massagraf

massenhaft massaal, in massa

Massenkarambolage v^{21} kettingbotsing

Massenkundgebung v^{20} massademonstratie

Massenmedium *o (2e nvl -s; mv -medien)* massamedium

Massenspektakel o^{33} massaspektakel

Massenstreik m^{13} algemene staking

Massentierhaltung v^{28} bio-industrie

Massenvernichtungswaffe v^{21} massavernietigingswapen

massenweise bij hopen, massaal

Masseur m^{5} masseur

Masseurin v^{22} masseuse

Maßgabe v^{21} mate, maat(staf): *nach ~ seiner Kräfte* naar de mate van zijn krachten; *nach ~ des Par. 2* volgens art. 2; *mit der ~* mits

maßgebend beslissend, toonaangevend: *das ist nicht ~* dat is geen maatstaf

maßgeblich belangrijk, doorslaggevend

maßgerecht op maat: *(sp) eine ~e Vorlage* een zuivere pass

maßgeschneidert op maat gesneden

maßhalten^{183} maathouden, matig zijn

massieren^{320} **1** masseren **2** *(troepen)* samentrekken, concentreren

massig imposant, omvangrijk, massaal

mäßig matig, sober; middelmatig

^{1}**mäßigen** *tr* matigen, beteugelen, verminderen

^{2}**mäßigen, sich** **1** zich matigen **2** bedaren

Mäßigung v^{20} matiging

massiv **1** massief **2** stevig, fors **3** grof, hevig

Massiv o^{29} (berg)massief

Maßkrug m^{6} bierpul *(inhoud één liter)*

Maßliebchen o^{35} madeliefje

maßlos mateloos; verregaand, uiterst

Maßlosigkeit v^{28} mateloosheid

Maßnahme, Maßregel v^{21} maatregel: *~n treffen* (of: *ergreifen)* maatregelen nemen

maßregeln disciplinair straffen

Maßregelung, Maßreglung v^{20} disciplinaire straf

Maßstab m^{6} **1** maatstaf, norm **2** schaal: *etwas in kleinerem ~ zeichnen* iets op verkleinde schaal tekenen **3** meetlat, meetlint

maßstab(s)gerecht, maßstab(s)getreu op schaal

maßvoll gematigd, matig

^{1}**Mast** m^{5}, m^{16} **1** *(scheepv)* mast **2** mast, paal

^{2}**Mast** v^{20} (het) vetmesten

Mastdarm m^{6} endeldarm

mästen (vet)mesten

Master m^{9} master

Masterplan m^{6} masterplan

Masturbation v^{20} masturbatie

masturbieren^{320} masturberen

Match [metsj] o^{29}, o^{36}, m^{5}, m^{13} match

Matchball m^{6} *(sp)* matchpoint

Material *o (2e nvl -s; mv -ien)* materiaal, materieel

Materialismus m^{19a} materialisme

Materialist m^{14} materialist

materialistisch materialistisch

Materie v^{21} materie

materiell materieel, stoffelijk

ma

Mathe v^{28} *(pop)* wiskunde
Mathematik v^{28} wiskunde
Mathematiker m^{9} wiskundige
Matinee v^{21} matinee
Matjeshering m^{5} maatjesharing
Matratze v^{21} matras
Matrikel v^{21} inschrijvingsregister
Matrix *v (mv Matrizen, Matrizes en Matrices)* matrix
Matrize v^{21} matrijs
Matrose m^{15} matroos
matsch **1** rot, bedorven **2** doodmoe, bekaf
Matsch m^{19} **1** modder, blubber **2** brij, prut
matschig **1** beurs, rot *(fruit)* **2** modderig
Matschwetter o^{39} plensweer
matt **1** mat, moe, zwak **2** mat, dof *(van verf)* **3** *(beurs)* flauw, lusteloos: *(sp) jmdn ~ setzen* iem schaakmat zetten
Matte v^{21} **1** alpenweide **2** (vloer)mat
mattieren^{320} matteren, dof maken
Mattigkeit v^{28} afmatting, matheid
Mattscheibe v^{21} **1** matglazen plaat **2** *(inform)* beeldscherm
mattsetzen schaakmat zetten
Mätzchen o^{35} **1** *(mv)* onzin, gekheid **2** truc, foefje
Mauer v^{21} muur; *(sp)* muurtje
mauern **1** metselen **2** *(sp)* uiterst defensief spelen
Mauerstein m^{5} bouwsteen
Mauerwerk o^{39} metselwerk
Mauerziegel m^{9} baksteen
Maul o^{32} muil, bek, mond, waffel: *ein grobes* (of: *loses, ungewaschenes) ~ haben* ruw in de mond zijn
Maulbeerbaum m^{6} moerbeiboom
Maulbeere v^{21} moerbei
Mäulchen o^{35} mondje, bekje, snoetje
maulen mopperen
Maulesel m^{9} muilezel
Maulkorb m^{6} muilkorf, muilband
Maultier o^{29} muildier
Maul- und Klauenseuche v^{28} mond-en-klauwzeer *(afk* MKZ)
Maulwurf m^{6} **1** *(dierk)* mol **2** spion, infiltrant
Maure m^{15} Moor
Maurer m^{9} metselaar
Maurerarbeit v^{20} metselwerk
Maurerei v^{28} **1** (het) metselen **2** metselaarsvak
Maurerhandwerk o^{39} metselaarsvak
maurisch Moors
Maus v^{25} **1** muis *(ook deel vd hand; ook van computer)* **2** lieveling, snoesje **3** *(mv)* geld
Mausarm m^{5} muisarm
mauscheln *(inform)* ritselen, foefelen, vals spelen
Mäuschen o^{35} **1** muisje **2** lieveling, snoesje
mäuschenstill muisstil, doodstil
Mausefalle, Mäusefalle v^{21} muizenval
mausen gappen, pikken
Mauser v^{28} rui: *in der ~ sein* in de rui zijn
mausern, sich **1** ruien **2** in zijn voordeel veranderen
mausetot zo dood als een pier, morsdood
mausig: *sich ~ machen* een grote mond hebben
Mausklick m^{13} muisklik
Mausmatte v^{21} *(comp)* muismat
Mausoleum *o (2e nvl -s; mv -leen)* mausoleum
Mauszeiger m^{9} muiscursor
Maut v^{20} *(Z-Dui, Oostenr)* **1** tol **2** tolkantoor
Mautstelle v^{21} tolkantoor
Mautstraße v^{21} tolweg
m. a. W. *afk van mit anderen Worten* met andere woorden *(afk* m.a.w.)
Max *m: strammer ~* uitsmijter *(eiergerecht)*
maximal maximaal: *(jeugdtaal) das ist ja ~!* dat is super!
Maximalstrafe v^{21} maximumstraf
Maxime v^{21} maxime, grondstelling
Maximum *o (2e nvl -s; mv Maxima)* maximum
Mayonnaise v^{21} mayonaise
Mäzen [metseen] m^{5} mecenas
MB *afk van Megabyte* megabyte *(afk* mb)
Md. *afk van Milliarde(n)* miljard(en) *(afk* mld)
Mechanik v^{20} **1** mechanica, werktuigkunde **2** mechaniek; *(fig)* automatisme
Mechaniker m^{9} werktuigkundige, monteur
mechanisch mechanisch
mechanisieren^{320} mechaniseren
Mechanisierung v^{20} mechanisatie
^{1}**Mechanismus** *m (2e nvl -; mv Mechanismen)* mechanisme
^{2}**Mechanismus** m^{19a} mechaniek
Meckerer m^{9}, **Meckerfritze** m^{15} kankeraar
meckern **1** blaten, mekkeren **2** kankeren
Medaille v^{21} medaille
Medaillon o^{36} medaillon
Media *mv* media
Mediator m^{16} mediator; bemiddelaar
Medien *mv* media
Medienberater m^{9} media-adviseur, spindoctor
Medienstar m^{13} mediaster
Medikament o^{29} medicament
Meditation v^{20} **1** meditatie **2** overpeinzing
meditieren^{320} mediteren
Medium *o (2e nvl -s; mv Medien, Media)* medium
^{1}**Medizin** v^{20} medicijn, geneesmiddel
^{2}**Medizin** v^{28} medicijnen, geneeskunde
Mediziner m^{9} **1** medicus, arts **2** medisch student
medizinisch geneeskundig, medisch
Medizinmann m^{8} medicijnman
Medizinstudent m^{14} medisch student
Meer o^{29} zee
Meeraal m^{5} zeepaling
Meerenge v^{21} zee-engte
Meeresboden m^{12}, **Meeresgrund** m^{19} zeebodem
Meeresspiegel m^{19} zeespiegel
Meeresströmung v^{20} zeestroming
Meerfrau v^{20} zeemeermin

Meerrettich *m*[5] mierikwortel, mierikswortel
Meerschweinchen *o*[35] cavia
Meeting *o*[36] meeting, openbare bijeenkomst
Megabyte *o*[36] *(2e nvl ook -; mv ook -)* megabyte
Megafon, Megaphon *o*[29] megafoon
Mehl *o*[29] meel
mehlig **1** meelachtig, melig **2** mul **3** met meel bedekt **4** vaalbleek
Mehlschwitze *v*[21] bloemsaus, roux
Mehlspeise *v*[21] meelkost, meelspijs
Mehlsuppe *v*[21] meelpap; meelsoep
mehr meer: *~ oder minder* (of: *~ oder weniger)* min of meer; *immer ~* hoe langer hoe meer
Mehr *o*[39], *o*[39a] **1** overschot, surplus **2** hoger bedrag **3** *(Zwits)* meerderheid *(van stemmen)*
Mehrarbeit *v*[28] meerwerk, overwerk
Mehraufwand *m*[19], **Mehrausgabe** *v*[21] hogere uitgave, meerkosten
mehrdeutig dubbelzinnig, voor verschillende uitlegging vatbaar
Mehreinnahme *v*[21] hogere inkomsten *(mv)*
[1]**mehren** *tr* vermeerderen
[2]**mehren, sich** toenemen
mehrere verscheidene, enkele: *ich habe noch ~s zu tun* ik heb nog allerlei dingen te doen
mehrerlei velerlei
mehrfach meervoudig, veelvuldig, herhaaldelijk
Mehrfachtäter *m*[9] veelpleger
Mehrheit *v*[20] meerderheid
mehrheitlich voor het merendeel, in meerderheid; met meerderheid van stemmen
mehrjährig meerjarig
Mehrkosten *mv* meerkosten, extra kosten
mehrmalig herhaald
mehrmals herhaaldelijk, meermaals
Mehrpreis *m*[5] meerprijs, hogere prijs
mehrsilbig meerlettergrepig
mehrstöckig van verscheidene verdiepingen
Mehrstufenrakete *v*[21] meertrapsraket
mehrstufig met verscheidene fasen, trappen
mehrteilig meerdelig
Mehrung *v*[28] vermeerdering
Mehrwahlfragen *mv* multiplechoicevragen
Mehrwegflasche *v*[21] fles voor meermalig gebruik
Mehrwert *m*[19] meerwaarde, overwaarde
Mehrwertsteuer *v*[21] belasting op de toegevoegde waarde *(afk* btw)
[1]**Mehrzahl** *v*[28] meerderheid: *in der ~* voor het merendeel
[2]**Mehrzahl** *v*[20] meervoud
Mehrzweckgerät *o*[29] multifunctioneel apparaat
Mehrzweckhalle *v*[21] multifunctionele hal
meiden[206] (ver)mijden, ontwijken
Meile *v*[21] mijl
Meilenstein *m*[5] mijlpaal
Meiler *m*[9] **1** meiler *(voor houtskool)* **2** kernreactor
mein[69] mijn: *~ Freund* mijn vriend; *die Meinen, die ~en* de mijnen; *das Meine, das ~e* het mijne
Meineid *m*[5] meineed
meineidig meinedig
meinen **1** menen, denken, geloven: *was ~ Sie dazu?* hoe denkt u daarover? **2** bedoelen: *wie ~ Sie?* hoe bedoelt u?; *wen ~ Sie?* wie bedoelt u?; *damit sind Sie gemeint!* dat slaat op u!; *das will ich ~!* dat zou ik denken! **3** zeggen
meiner van mij, mijner, mij
meinerseits mijnerzijds, van mijn kant
meinetwegen **1** mijnentwege, wat mij aangaat: *~!* voor mijn part! **2** ter wille van mij
meinetwillen: *um ~* om mijnentwille, voor mij
meinige *(der, die, das)* (de, het) mijne: *die Meinigen, die ~n* mijn familie, de mijnen
Meinung *v*[20] mening, gevoelen, oordeel, opinie: *meiner ~ nach* volgens mijn mening; *ich bin der ~* ik ben van mening; *ganz meine ~!* zo zie ik het ook!
Meinungsäußerung *v*[20] meningsuiting
Meinungsaustausch *m*[19] gedachtewisseling
meinungsbildend opinievormend
Meinungsforscher *m*[9] opiniepeiler
Meinungsforschung *v*[28] opinieonderzoek
Meinungsfreiheit *v*[28] vrijheid van meningsuiting
Meinungsumfrage *v*[21] opinieonderzoek
Meinungsverschiedenheit *v*[20] **1** meningsverschil **2** onenigheid
Meise *v*[21] mees: *(inform) eine ~ haben* niet goed snik zijn
Meißel *m*[9] beitel
meißeln **1** beitelen **2** beeldhouwen
meist **1** meest **2** meestal: *am ~en* het meest
meistens, meistenteils meestal
Meister *m*[9] **1** meester, baas, patroon: *einer Sache ~ sein, werden* iets onder de knie hebben, krijgen **2** *(sp)* kampioen
Meisterarbeit *v*[20] meesterstuk *(ook fig)*
Meisterbrief *m*[5] vakdiploma
meisterhaft meesterlijk
Meisterin *v*[22] **1** bazin **2** meesteres **3** kampioene
meistern de baas worden, onder de knie krijgen, beheersen
Meisterschaft *v*[20] **1** meesterschap **2** *(sp)* kampioenschap
Meistertitel *m*[10] **1** meestertitel **2** *(sp)* kampioenstitel
meistgekauft meest gekocht
Melancholie *v*[21] melancholie, zwaarmoedigheid
melancholisch melancholiek, zwaarmoedig
Meldeamt *o*[32], **Meldebehörde** *v*[21] bevolkingsbureau
Meldefrist *v*[20] aanmeldingstermijn
Meldegänger *m*[9] ordonnans
[1]**melden** *tr* **1** melden, berichten, mededelen **2** *(bezoek)* aandienen **3** *(iem bij de politie)* aanmelden **4** registreren, inschrijven **5** *(weer)* voorspellen
[2]**melden, sich** **1** zich aanmelden **2** zich melden *(ook mil)*; de vinger opsteken *(in school)*: *sich zu*

Wort ~ het woord vragen **3** zich aanmelden, zich opgeven **4** zich vervoegen, zich presenteren **5** zich aankondigen **6** de telefoon aannemen
Meldepflicht *v*[20] (aan)meldplicht
Melder *m*[9] ordonnans
Melderegister *o*[33] bevolkingsregister
Meldeschluss *m*[6] sluiting van de aanmeldingstermijn
Meldezettel *m*[9] inschrijvingsformulier
Meldung *v*[20] **1** melding, aanmelding **2** mededeling, bericht
meliert gemêleerd
Melkanlage *v*[21] melkmachine, melkinstallatie
melken[207] **1** melken **2** geld te leen vragen
Melodie *v*[21] melodie
melodisch melodisch, melodieus
Melone *v*[21] **1** meloen **2** bolhoed
Membran *v*[20], **Membrane** *v*[21] membraan
Memoiren *mv* memoires, gedenkschriften
Memorystick *m*[13] geheugenstick
Menge *v*[21] **1** menigte, massa, hoop **2** hoeveelheid, kwantiteit: *Geld die* ~ een hele hoop geld **3** *(wisk)* verzameling: *Arbeit gibt es jede* ~ er is heel veel werk
[1]**mengen** *tr* (ver)mengen
[2]**mengen, sich** zich (ver)mengen: *sich in*[+4] *etwas* ~ zich met iets bemoeien; *sich* ~ *unter*[+4] zich begeven onder
Mengenlehre *v*[28] *(wisk)* verzamelingenleer
mengenmäßig kwantitatief
Mengenrabatt *m*[5] kwantumkorting
Mennige *v*[28] menie
[1]**Mensch** *m*[14] mens
[2]**Mensch** *o*[31] **1** mens **2** slet
Menschenaffe *m*[15] mensaap
Menschenalter *o*[39] mensenleeftijd, generatie
menschenfreundlich menslievend
Menschengedenken *o*[39]: *seit* ~ sinds mensenheugenis
Menschengeschlecht *o*[39] mensdom, mensheid, menselijk geslacht
Menschengestalt *v*[20] menselijke gestalte
menschenleer leeg, eenzaam, verlaten
Menschenliebe *v*[28] mensenliefde
Menschenmasse *v*[21] mensenmassa
Menschenmenge *v*[21] mensenmenigte
menschenmöglich ter wereld mogelijk: *das Menschenmögliche tun* alles doen, wat menselijkerwijs gesproken mogelijk is
Menschenopfer *o*[33] slachtoffer
Menschenrecht *o*[29] *(meestal mv)* mensenrecht
Menschenrechtler *m*[9] mensenrechtenactivist
Menschenrechtsorganisation *v*[20] mensenrechtenorganisatie
Menschenrechtsverletzung *v*[20] schending van de rechten van de mens
menschenscheu mensenschuw
Menschenschlag *m*[19] slag mensen
Menschenseele *v*[21] menselijke ziel: *keine* ~ geen sterveling
Menschenskind *tw* mensenkinderen!
Menschensohn *m*[19] *(Bijb)* Mensenzoon
menschenunwürdig mensonwaardig
Menschheit *v*[28] mensheid, mensdom
menschlich **1** menselijk, als mens **2** humaan
Menschlichkeit *v*[28] menselijkheid
Menschwerdung *v*[28] menswording
Menstruation *v*[20] menstruatie
menstruieren[320] menstrueren
Mensur *v*[20] **1** studentenduel **2** afstand bij het schermen **3** maatglas
mental mentaal
Mentalcoach, Mental Coach *m*[13] *(2e nvl ook -)* mental coach
Mentalität *v*[20] mentaliteit
Mentor *m*[16] mentor, leidsman
Menü *o*[36] menu
Menübalken *m*[11] *(comp)* menubalk
Menuett *o*[29], *o*[36] menuet
Menüleiste *v*[21] *(comp)* menubalk
Meridian *m*[5] meridiaan
merkbar merkbaar, waarneembaar, duidelijk
Merkblatt *o*[32] blad met toelichtingen
[1]**merken** *tr* (be)merken
[2]**merken, sich** onthouden: *merk dir das!* onthoud dat goed!; *wohl gemerkt!* let wel!
Merkfähigkeit *v*[28] opmerkingsgave
merklich **1** merkbaar, waarneembaar **2** aanmerkelijk, beduidend
Merkmal *o*[29] kenmerk, kenteken
merkwürdig merkwaardig, vreemd, zonderling
merkwürdigerweise merkwaardigerwijs
Merkwürdigkeit *v*[20] merkwaardigheid
Merkzeichen *o*[35] merkteken, kenteken
Messband *o*[32] meetlint
messbar meetbaar
Messbuch *o*[32] misboek, missaal
Messe *v*[21] **1** mis **2** (jaar)beurs **3** *(scheepv)* mess(room)
Messegelände *o*[33] jaarbeursterrein
messen[208] meten; opnemen: *sich mit jmdm* ~ zich met iem meten
[1]**Messer** *m*[9] meter *(persoon en toestel)*
[2]**Messer** *o*[33] mes: *Kampf bis aufs* ~ gevecht op leven en dood; *jmdn ans* ~ *liefern* iem verraden
Messerbänkchen *o*[35] messenlegger
Messergriff *m*[5], **Messerheft** *o*[29] messenheft
Messerklinge *v*[21] lemmet
messerscharf messcherp, vlijmscherp
Messerscheide *v*[21] messchede
Messerspitze *v*[21] mespunt
Messerstecher *m*[9] messentrekker
Messerstecherei *v*[20] messentrekkerij, steekpartij
Messerstich *m*[5] messteek
Messestand *m*[6] stand *(op de jaarbeurs)*
Messgerät *o*[29] meetinstrument
Messgewand *o*[32] *(r-k)* misgewaad
Messing *o*[29] messing, geelkoper
Messinstrument *o*[29] meetinstrument

Messung v^{20} meting
Messverfahren o^{35} meetmethode
Metall o^{29} metaal
Metallarbeiter m^{9} metaalarbeider, metaalbewerker
Metalldetektor m^{16} metaaldetector
Metalldraht m^{6} metaaldraad
metallen metalen
Metaller m^{9} metaalarbeider, metaalbewerker
Metallermüdung v^{20} metaalmoeheid
Metallfassung v^{20} metalen montuur *(van bril)*
metallisch **1** metaalachtig, metalliek **2** metalen, van metaal
Metamorphose v^{21} metamorfose
Metapher v^{21} metafoor, overdrachtelijke uitdrukking
metaphorisch metaforisch, overdrachtelijk
Metaphysik v^{28} metafysica
Metastase v^{21} metastase, uitzaaiing
metastasieren^{320} metastaseren, zich uitzaaien
Meteor m^{5}, o^{29} meteoor
meteorhaft pijlsnel
Meteorit m^{5}, m^{14} meteoriet, meteoorsteen
Meteorologe m^{15} meteoroloog
meteorologisch meteorologisch
Meter m^{9}, o^{33} meter
Meterband o^{32} meetlint
meterdick **1** een meter dik **2** meters dik
meterhoch **1** een meter hoog **2** meters hoog
meterlang **1** een meter lang **2** meters lang
Metermaß o^{29} **1** duimstok **2** meetlint
meterweise bij de meter; heel veel
Methode v^{21} **1** methode **2** manier van doen
Methodik v^{20} methodiek
Metier o^{36} beroep, vak, metier
Metrik v^{20} metriek
metrisch **1** metrisch **2** metriek
Metro v^{27} metro
Metzger m^{9} *(regionaal)* slager
Metzgerei v^{20} *(regionaal)* slagerij
Meuchelmord m^{5} sluipmoord
Meuchelmörder m^{9} sluipmoordenaar
meuchlerisch, meuchlings verraderlijk
Meuterer m^{9} muiter
meutern **1** muiten **2** protesteren, mopperen
miauen miauwen, mauwen
mich mij, me
mickerig, mickrig armetierig, zwak, min
Mieder o^{33} **1** korset **2** keurslijfje
Miederhose v^{21} panty
Miederwaren *mv* v^{21} foundations
Mief m^{19} **1** *(inform)* stank; benauwde lucht **2** *(fig)* benauwde, bekrompen atmosfeer
miefen muf ruiken, stinken
Miene v^{21} gezichtsuitdrukking, gezicht: *~ machen, etwas zu tun* aanstalten maken om iets te doen; *ohne eine ~ zu verziehen* zonder een spier te vertrekken
Mienenspiel o^{29} mimiek
mies rot, beroerd, ellendig, slecht, miserabel: *mir ist ~* ik voel me rot
Mietauto o^{36} **1** taxi **2** huurauto
Mietbeihilfe v^{21} huursubsidie
Miete v^{21} **1** huur, huurprijs: *kalte ~* huur exclusief verwarming; *warme ~* huur inclusief verwarming **2** (het) huren **3** hoop, stapel, mijt **4** kuil *(voor aardappelen e.d.)*
Mieteinnahme v^{21} huuropbrengst
mieten huren
Mieter m^{9} huurder
Mieterschutz m^{19} huurbescherming
Mietertrag m^{6} huuropbrengst
Mietling m^{5} huurling
Mietpreis m^{5} huurprijs
Mietskaserne v^{21} huurkazerne
Mietvertrag m^{6} huurcontract
Mietwagen m^{11} huurauto
Mietwohnung v^{20} huurhuis, huurwoning
Mieze v^{21} **1** poes **2** stuk, griet
Migräne v^{21} migraine
Migration v^{20} migratie
Mikrofon, Mikrophon o^{29} microfoon
Mikroprozessor m^{16} microprocessor, chip
Mikroskop o^{29} microscoop
Mikrowellengerät o^{29}, **Mikrowellenherd** m^{5} magnetron
Milbe v^{21} mijt
Milch v^{28} **1** melk **2** *(plantk)* melksap **3** hom
Milchbar v^{27} melksalon, melkbar
Milchbart m^{6} melkmuil
Milchbrei m^{5} (melk)pap
Milchkuh v^{25} melkkoe
Milchstraße v^{28} Melkweg
Milchwirtschaft v^{20} zuivelbedrijf
Milchzahn m^{6} melktand
mild, milde **1** mild, zacht **2** mild, humaan
Milde v^{28} **1** mildheid, zachtheid **2** clementie
[1]**mildern** *tr* **1** *(straf, vonnis, pijn)* verzachten, verlichten **2** *(een oordeel)* matigen **3** *(woede)* beteugelen
[2]**mildern, sich** **1** milder worden, minder worden **2** zich matigen
Milderung v^{20} verzachting; *zie ook* mildern
Milderungsgrund m^{6} verzachtende omstandigheid
Milieu o^{36} milieu
[1]**Militär** m^{13} hoge officier
[2]**Militär** o^{39} **1** krijgsmacht, leger **2** militairen, soldaten: *beim ~ sein* in dienst zijn; *zum ~ müssen* in dienst moeten
Militärakademie v^{21} militaire academie
Militärdienst m^{19} militaire dienst
Militärgericht o^{29} krijgsraad; *(Belg)* auditoraat
Militärgewalt v^{28} **1** militair gezag **2** militair geweld
militärisch militair
Militarismus m^{19a} militarisme
Militärzeit v^{28} diensttijd: *seine ~ abdienen* zijn

dienstplicht vervullen

Miliz *v*[20], **Milizheer** *o*[29] **1** (volks)leger **2** militie

Milliardär *m*[5] miljardair

Milliarde *v*[21] miljard

Million *v*[20] miljoen

Millionär *m*[5] miljonair

millionenschwer schatrijk

millionstel, milliontel miljoenste

Millionstel, Milliontel *o*[33] miljoenste

Milz *v*[20] milt

Milzbrand *m*[19] miltvuur, antrax

mimen 1 spelen **2** voorwenden, doen alsof men … is

Mimik *v*[28] mimiek, expressie

Mimose *v*[21] **1** mimosa **2** gevoelig iemand

mimosenhaft zeer gevoelig, zeer sensibel

Minarett *o*[29] minaret

[1]**minder** *bn* **1** minder **2** gering

[2]**minder** *bw* minder

minderbegabt zwakbegaafd

Minderbemittelte(r) *m*[40a], *v*[40b] minder draagkrachtige

Minderheit *v*[20] minderheid

minderjährig minderjarig

Minderjährigkeit *v*[28] minderjarigheid

[1]**mindern** *tr* verminderen, minderen

[2]**mindern, sich** verminderen, afnemen

Minderung *v*[20] vermindering

minderwertig minderwaardig, inferieur

Minderzahl *v*[28] minderheid

mindest minst, geringst: *nicht das Mindeste* helemaal niets; *nicht im Mindesten* niet in het minst; *zum Mindesten* op z'n minst

mindestens 1 minstens **2** op zijn minst

Mindestlohn *m*[6] minimumloon

Mindestmaß *o*[29] minimumlengte: *auf das ~ beschränken* tot het minimum beperken

Mindestsatz *m*[6] minimumtarief

Mine *v*[21] **1** *(mijnb)* mijn, mijngang **2** *(mil)* mijn **3** stift *(van ballpoint, potlood)*

Minenfeld *o*[31] mijnenveld

Minensuchgerät *o*[29] mijndetector

Mineral *o*[29] *(mv ook Mineralien)* mineraal, delfstof

mineralisch mineraal

Mineralöl *o*[29] minerale olie

Mineralwasser *o*[34] mineraalwater, bronwater

[1]**Mini** *m*[13] minirok

[2]**Mini** *o*[36] mini-jurk

Miniatur *v*[20] miniatuur

Minibar *v*[27] minibar

Minigolf *o*[39] *(sp)* midgetgolf, minigolf

minimal minimaal, uiterst gering, uiterst laag

Minister *m*[9] minister

Ministerebene: *auf ~* op ministerieel niveau

ministerial, ministeriell ministerieel

Ministerium *o (2e nvl -s; mv Ministerien)* ministerie, departement

Ministerpräsident *m*[14] **1** minister-president, premier **2** regeringsleider van een Duitse deelstaat

Minitaschenlampe *v*[21] penlight

Minne *v*[28] hoofse liefde, min, minne

Minorität *v*[20] minderheid

minus minus, min

Minus *o*[39a] **1** tekort **2** nadeel, minpunt

Minuskel *v*[21] kleine letter

Minuspunkt *m*[5] **1** punt aftrek **2** *(fig)* minpunt

Minuszeichen *o*[35] minusteken, minteken

Minute *v*[21] minuut: *auf die ~* precies op tijd

Minutenzeiger *m*[9] grote wijzer

-minutig, -minütig 1 van … minuut, van … minuten **2** … minuut durend, … minuten durend

minutiös minutieus

-minutlich, -minütlich om de … minuten

minuziös *zie* minutiös

Minze *v*[21] *(plantk)* munt

Mio. *afk van Million(en)* miljoen(en) *(afk* mln)

mir aan mij, mij: *von ~ aus* wat mij betreft; *~ nichts, dir nichts* zonder zich om iem of iets te bekommeren; *wie du ~, so ich dir* leer om leer

Mirakel *o*[33] **1** mirakel, wonder **2** mirakelspel

mischbar mengbaar

Mischbatterie *v*[21] mengkraan

Mischehe *v*[21] gemengd huwelijk

[1]**mischen** *tr* **1** mengen, vermengen **2** *(kaarten)* schudden **3** *(film, tv)* mixen

[2]**mischen, sich** zich (ver)mengen: *sich ~ in*[+4] zich bemoeien met

Mischfutter *o*[39] mengvoe(de)r

Mischgetränk *o*[29] mixdrank

Mischling *m*[5] **1** halfbloed **2** *(biol)* hybride

Mischmasch *m*[5] mengelmoes, rommeltje

Mischung *v*[20] **1** mengsel, melange **2** mengeling

miserabel miserabel, ellendig

Misere *v*[21] misère, ellende

missachten 1 niet letten op, zich niet houden aan **2** minachten, geringschatten

Missachtung *v*[28] minachting

missbehagen mishagen, misnoegen

Missbehagen *o*[39] onbehagen

missbilligen afkeuren

Missbilligung *v*[20] afkeuring

Missbrauch *m*[6] misbruik: *~ treiben mit*[+3] misbruik maken van

missbrauchen misbruiken

missbräuchlich 1 verkeerd **2** ongeoorloofd

missen missen

Misserfolg *m*[5] fiasco, mislukking, flop

Missernte *v*[21] misoogst

Missetat *v*[20] **1** misdaad **2** ondeugende streek

missfallen[154] mishagen, niet bevallen

Missfallen *o*[39] misnoegen, ontevredenheid

Missgeburt *v*[20] **1** misgeboorte, misvormd wezen **2** *(scheldw)* klier, misbaksel

missgelaunt slecht geluimd, slecht gemutst

Missgeschick *o*[29] tegenspoed, ongeluk, pech

missgestaltet misvormd, wanstaltig

mi

missgestimmt slecht gestemd, ontstemd
Missgriff *m*^{5} misgreep, vergissing
Missgunst *v*^{28} afgunst, nijd
missgünstig afgunstig, jaloers
misshandeln mishandelen
Mission *v*^{20} missie *(ook fig)*
Missionar *m*^{5} missionaris, zendeling
Missklang *m*^{6} *(fig)* wanklank, dissonant
Misskredit *m*^{19} diskrediet
misslich hachelijk, netelig
missliebig niet erg gezien, impopulair
misslingen^{209} mislukken
Missmut *m*^{19} mismoedigheid, wrevel
missmutig mismoedig, wrevelig
missraten^{218} mislukken, slecht uitvallen: *~es Kind* bedorven kind
Missstand *m*^{6} misstand, wantoestand
Missstimmung *v*^{20} ontstemming, misnoegen
Misston *m*^{6} wanklank
misstrauen^{+3} wantrouwen
Misstrauen *o*^{39} wantrouwen, argwaan: *~ gegen jmdn haben* (of: *hegen)* wantrouwen tegen iem koesteren
Misstrauensantrag *m*^{6} motie van wantrouwen
Misstrauensvotum *o*^{39} (aangenomen) motie van wantrouwen
misstrauisch wantrouwend, achterdochtig
missvergnügt misnoegd, ontevreden
Missverhältnis *o*^{29a} wanverhouding
missverständlich onduidelijk, dubbelzinnig
Missverständnis *o*^{29a} misverstand
missverstehen^{279} misverstaan, verkeerd verstaan, verkeerd begrijpen
Misswirtschaft *v*^{28} wanbeheer
Mist *m*^{19} **1** mest **2** mesthoop **3** rommel, troep: *ich habe mit dem ~ nichts zu schaffen* ik heb met dat zaakje niets te maken; *so ein ~!* wat een ellende!; *~ machen* drukte maken; *~ reden* (of: *verzapfen)* onzin vertellen; *~ bauen* er een puinhoop van maken
misten **1** uitmesten **2** (be)mesten
Mistfink *m*^{14} **1** viezerik **2** smeerlap
Mistkerl *m*^{5}, **Miststück** *o*^{29} smeerlap
Mistvieh *o*^{39} **1** rotbeest **2** smeerlap
^{1}**mit** *bw* mee, mede, ook: *~ dabei sein* ook meedoen; *~ sein* mee zijn, van de partij zijn
^{2}**mit**$^{+3}$ *vz* **1** met: *Sprudel ~* mineraalwater met een smaakje; *Zimmer ~ Frühstück* kamer met ontbijt **2** bij: *jmdn ~ Namen nennen* iem bij zijn naam noemen **3** in: *~ Dank annehmen* in dank aannemen; *~ einem Mal(e)* ineens; *~ einem Wort* in één woord **4** op: *~ zwanzig Jahren* op twintigjarige leeftijd; *jmdn ~ etwas bewirten* iem op iets onthalen **5** over: *ich bin ~ ihm zufrieden* ik ben tevreden over hem **6** te; tot: *~ Feuer und Schwert* te vuur en te zwaard; *~ Recht* terecht; *~ knapper Not* ternauwernood **7** van: *~ einem Sohn niederkommen* van een zoon bevallen
mitarbeiten meewerken, samenwerken
Mitarbeiter *m*^{9} medewerker
mitbekommen^{193} **1** meekrijgen **2** opvangen, getuige zijn van **3** begrijpen **4** meemaken
mitbestimmen medezeggenschap hebben, mede bepalen
Mitbestimmung *v*^{28} medezeggenschap
Mitbewerber *m*^{9} **1** mededinger, concurrent **2** medesollicitant
Mitbewohner *m*^{9} medebewoner
mitbringen^{139} meebrengen
Mitbringsel *o*^{33} cadeautje
miteinander **1** met elkaar **2** samen
mitempfinden^{157} meevoelen, begrijpen
Mitesser *m*^{9} **1** vetpuistje, mee-eter **2** gast
mitfahren^{153} meerijden, meevaren
Mitfahrer *m*^{9} passagier, meerijder
mitfühlen meevoelen
mitführen meevoeren; bij zich hebben
mitgeben^{166} meegeven
Mitgefühl *o*^{29} medegevoel, sympathie
mitgehen^{168} **1** meegaan **2** meegesleept worden, meegenomen worden **3** zich laten meeslepen: *etwas ~ heißen* (of: *lassen)* iets gappen, iets meenemen
mitgenommen **1** meegenomen **2** beschadigd **3** uitgeput, vermoeid
mitgerechnet meegerekend
Mitgift *v*^{20} bruidsschat
Mitglied *o*^{31} lid
Mitgliederschaft *v*^{28} (de) leden, ledenbestand
Mitgliedsbeitrag *m*^{6} contributie
Mitgliedschaft *v*^{20} lidmaatschap: *~ in einer Partei* lidmaatschap van een partij
Mitgliedskarte *v*^{21} lidmaatschapskaart
mithaben^{182} bij zich hebben
mithalten^{183} **1** meedoen, deelnemen **2** volhouden, uithouden
mithelfen^{188+3} meehelpen, steunen
mithilfe^{+2} met behulp van
Mithilfe *v*^{28} hulp, steun
mithin derhalve, bijgevolg, dus
mithören **1** toevallig horen **2** meeluisteren
Mitinhaber *m*^{9} **1** mede-eigenaar **2** firmant
mitkämpfen meevechten, meestrijden
Mitkämpfer *m*^{9} medestrijder
mitkommen^{193} **1** meekomen **2** meegaan **3** meekunnen, kunnen bijhouden || *da komme ich nicht mehr mit!* dat kan ik niet meer volgen!
mitkönnen^{194} **1** mee kunnen **2** kunnen volgen
mitkriegen **1** meekrijgen **2** begrijpen **3** horen
mitlaufen^{198} meelopen: *etwas ~ lassen* iets jatten
Mitläufer *m*^{9} meeloper
Mitleid *o*^{39} medelijden: *ein (viel) ~ erregendes Kind* een meelijwekkend kind
Mitleidenschaft *v*^{20}: *in ~ ziehen: a)* eveneens beschadigen; *b)* mede schade toebrengen
mitleiderregend meelijwekkend: *ein äußerst ~es Geschehen* een uiterst meelijwekkend gebeuren

mitleidig medelijdend
mitleidlos, mitleidslos zonder medelijden
mitleidvoll, mitleidsvoll vol medelijden
mitlesen^{201} meelezen
^{1}**mitmachen** *intr* **1** meemaken, meewerken **2** functioneren
^{2}**mitmachen** *tr* **1** meedoen aan, deelnemen aan **2** meemaken, beleven
Mitmensch *m*^{14} medemens, naaste
mitmenschlich medemenselijk
mitmischen **1** zich met iets bemoeien **2** *(inform)* zich volledig inzetten
mitmüssen^{211} mee moeten
Mitnahme *v*^{28} (het) meenemen
mitnehmen^{212} **1** meenemen **2** aangrijpen, aanpakken **3** havenen *(vooral fig)*
mitnichten volstrekt niet, geenszins
mitrauchen **1** meeroken **2** passief roken
mitreden meespreken, meepraten
mitsamt^{+3} *vz* benevens, samen met
mitschneiden^{250} (op de band) opnemen
Mitschnitt *m*^{5} (band)opname
mitschreiben^{252} opschrijven, bijhouden
Mitschuld *v*^{28} medeplichtigheid
mitschuldig medeschuldig, medeplichtig
Mitschüler *m*^{9} medescholier, medeleerling
mitschwingen^{259} **1** meezwaaien, meeslingeren **2** meeklinken, meetrillen
mitsein *oude spelling voor* mit sein, *zie* ^{1}mit
mitsollen^{269} mee moeten
mitspielen meespelen, meedoen: *jmdm übel* (of: *arg, böse, hart) ~: a)* iem een lelijke poets bakken; *b)* iem slecht behandelen
Mitspieler *m*^{9} medespeler
Mitsprache *v*^{28} inspraak
Mitspracherecht *o*^{39} recht van inspraak
mitsprechen^{274} **1** meespreken, meepraten **2** *(fig)* mede een rol spelen
^{1}**Mittag** *m*^{5} **1** twaalf uur, middag: *gegen ~* tegen twaalf uur; *gestern ~* gistermiddag; *heute ~* vanmiddag; *morgen ~* morgenmiddag **2** middagpauze **3** zuiden: *die Sonne steht im ~* de zon staat in het zuiden
^{2}**Mittag** *o*^{39} *(inform)* middageten: *zu ~ essen* het middagmaal gebruiken
mittägig gedurende de middag, middag-
mittäglich **1** iedere middag **2** middag-
mittags **1** tussen de middag **2** 's middags
Mittagsbrot *o*^{29} twaalfuurtje
Mittagspause *v*^{21} middagpauze
Mittäter *m*^{9} medeplichtige, mededader
Mittäterschaft *v*^{28} medeplichtigheid
Mitte *v*^{21} **1** midden **2** centrum, middelpunt
mitteilen *tr* **1** meedelen **2** (af)geven
mitteilen, sich overslaan op: *sich jmdm ~* openhartig over zichzelf praten
mitteilsam mededeelzaam
Mitteilung *v*^{20} mededeling, kennisgeving
Mittel *o*^{33} **1** middel **2** gemiddelde: *im ~* gemiddeld **3** *(mv)* geldmiddelen; middelen
mittelalt *(van kaas)* belegen
Mittelalter *o*^{39} middeleeuwen
mittelalterlich middeleeuws
mittelbar indirect
Mittelbetrieb *m*^{5} middelgroot bedrijf: *Klein- und ~e* midden- en kleinbedrijf *(afk* mkb)
Mitteldeutschland *o*^{39} Midden-Duitsland
Mittelding *o*^{29} tussending
Mittelfeld *o*^{39} *(sp)* middenveld
mittelfristig van, op middellange termijn
Mittelgebirge *o*^{33} middelgebergte
Mittelgewichtler *m*^{9} *(sp)* (de) middengewicht
mittelgroß middelgroot
mittelgut van gemiddelde kwaliteit
Mittelklasse *v*^{21} **1** middenklasse **2** gemiddelde kwaliteit
Mittellinie *v*^{21} **1** *(sp)* middenlijn **2** middenstreep *(ve verkeersweg)*
mittellos zonder middelen, onbemiddeld
Mittellosigkeit *v*^{28} onbemiddeldheid
mittelmäßig middelmatig
Mittelmäßigkeit *v*^{28} middelmatigheid
Mittelmeer *o*^{39} Middellandse Zee
Mittelpunkt *m*^{5} middelpunt
mittels^{+2} *vz* door middel van, door, per
Mittelschicht *v*^{20} middenstand, middenklasse
Mittelschule *v*^{21} school op mavo-, havoniveau
mittelschwer **1** middelmatig zwaar **2** niet al te moeilijk
Mittelsmann *m*^{8} *(mv ook -leute),* **Mittelsperson** *v*^{20} bemiddelaar, tussenpersoon
Mittelstadt *v*^{25} middelgrote stad
Mittelstand *m*^{19} middenstand
mittelständisch **1** middenstands-, tot de middenstand behorend **2** middelgroot
Mittelstreckenläufer *m*^{9} hardloper op de middenafstand
Mittelstreckenrakete *v*^{21} middellangeafstandsraket
Mittelstreifen *m*^{11} middenberm
Mittelstufe *v*^{21} middelste klassen van het voortgezet onderwijs
Mittelstürmer *m*^{9} *(sp)* middenvoor, midvoor
Mittelwert *m*^{5} gemiddelde (waarde)
mitten midden
mittendrin (er) middenin
mittendurch (er) middendoor
Mitternacht *v*^{25} middernacht
mitternächtlich middernachtelijk
mittler **1** middelst: *der Mittlere Osten* het Midden-Oosten **2** gemiddeld, middelbaar, middelgroot: *ein Mann ~en Alters* een man van middelbare leeftijd; *die ~e Jahrestemperatur* de gemiddelde jaartemperatuur; *ein ~er Betrieb* een middelgroot bedrijf; *die ~e Reife (ongev)* mavo-, havodiploma **3** modaal: *ein ~es Einkommen* een modaal inkomen
Mittler *m*^{9} bemiddelaar, middelaar

mittlerweile ondertussen, inmiddels
mittschiffs midscheeps
Mittsommer *m*[9] midzomer
Mittwoch *m*[5] woensdag
mittwochs ('s) woensdags
mitunter van tijd tot tijd, soms, nu en dan
mitverantwortlich medeverantwoordelijk
Mitwelt *v*[28] tijdgenoten, medemensen
mitwirken **1** medewerken **2** *(theat)* meespelen
Mitwirkende(r) *m*[40a], *v*[40b] *(theat)* speler
Mitwirkung *v*[28] medewerking
Mitwisser *m*[9] medeweter, ingewijde
mitwollen[315] meewillen
mitzählen meetellen, meerekenen
[1]**mitziehen**[318] *(haben)* **1** *(sp)* meegaan, volgen **2** meedoen
[2]**mitziehen**[318] *(sein)* meegaan, meetrekken
mixen mixen, mengen
MKS *v*[28] *afk van Maul- und Klauenseuche* MKZ, mond-en-klauwzeer
MMS *m, o (2e nvl -; mv -s) afk van Multimedia Message Service* mms, multimedia message service
mobben mobben
Mobbing *o*[39] mobbing
Möbel *o*[33] meubel, meubilair: *altes ~ (fig)* oud meubel(stuk)
Möbelspediteur *m*[5], **Möbelträger** *m*[9] verhuizer
Möbelwagen *m*[11] verhuiswagen
mobil **1** mobiel **2** *(inform)* levendig, kwiek
Mobiliar *o*[29] inboedel, huisraad, meubilair
Mobilien *mv* roerende goederen
mobilisieren[320] **1** mobiliseren **2** *(geld, kapitaal)* losmaken
Mobilisierung *v*[20] mobilisatie
Mobilität *v*[28] mobiliteit
mobilmachen *(mil)* mobiliseren
Mobilmachung *v*[20] *(mil)* mobilisatie
Mobilnetz *o*[29] mobiel netwerk
Mobiltelefon *o*[29] mobieltje, gsm, zaktelefoon, draagbare telefoon
Mobiltelefonkarte *v*[21] belkaart, telefoonkaart
möblieren[320] meubileren: *möbliert wohnen* op kamers wonen
Modalität *v*[20] *(jur, taalk)* modaliteit
Modalverb *o*[37] modaal hulpwerkwoord, hulpwerkwoord van wijze
Mode *v*[21] mode: *etwas ist ~* (of: *ist in ~)* iets is in de mode; *in ~ kommen, bringen* in de mode komen, brengen
Modeartikel *m*[9] modeartikel
Model *o*[36] fotomodel
Modell *o*[29] **1** model, voorbeeld, ontwerp **2** (foto)model **3** maquette
modellieren[320] **1** modelleren, vormen **2** boetseren **3** ontwerpen
Modellversuch *m*[5] proefproject
modeln **1** vormen, vorm geven **2** omvormen, veranderen
Modem *o*[36], *m*[13] modem
Modenschau *v*[20] modeshow
Moder *m*[19] verrotting, vermolming
Moderator *m*[16] *(telecom)* presentator
moderieren[320] *(telecom)* presenteren
moderig muf, bedorven
[1]**modern** modern, hedendaags
[2]**modern** vergaan, vermolmen, (ver)rotten
modernisieren[320] moderniseren
Modeschau *v*[20] modeshow
Modeschöpfer *m*[9] modeontwerper
Modifikation *v*[20] modificatie; verandering, wijziging
modifizieren[320] modificeren
modisch naar de mode, modieus
modrig *zie* moderig
Modul *o*[29] module
modular modulair
Modulation *v*[20] modulatie; (het) moduleren
modulieren[320] moduleren; wijzigen
Modus *m (2e nvl -; mv Modi)* modus; manier
Mofa *o*[36] lichte bromfiets, snorfiets
Mogelei *v*[20] kleine oneerlijkheid, gespiek, gesjoemel
mogeln stechelen, sjoemelen, spieken
[1]**mögen**[210] *zelfst ww* **1** houden van, lusten, zin hebben in: *Eis mag ich nicht* ik houd niet van ijs **2** willen **3** mogen (lijden), aardig vinden: *ich mag ihn sehr* ik mag hem graag
[2]**mögen**[210] *hulpww* **1** mogen, kunnen, mogelijk zijn: *das mag sein* 't is mogelijk; *er mag wohl krank sein* hij kan wel ziek zijn; *sie mochten ihn übersehen haben* ze hadden hem misschien over het hoofd gezien; *wer mag ihm das gesagt haben?* wie zou (*of:* kan, mag) hem dat hebben gezegd? **2** graag willen: *ich mag nichts wissen* ik wil niets weten; *ich möchte alles erfahren* ik zou graag alles willen horen; *man möchte meinen, dass ...* men zou geneigd zijn te denken dat ... **3** mogen *(als toegeving);* laten: *er mag es ruhig tun* laat het hem maar rustig doen; *er mag noch so reich sein* hij mag nog zo rijk zijn; *es möchte besser sein ...* het zou misschien beter zijn ... || *er mag sehen, wie er damit fertig wird* hij moet maar zien, hoe hij dat klaarspeelt
Mogler *m*[9] sjoemelaar, valsspeler, spieker
möglich mogelijk: *nicht ~!* hoe is het mogelijk!; *wenn ~* zo mogelijk; *~st früh* zo vroeg mogelijk; *so bald wie ~* zo spoedig mogelijk; *das Mögliche* (of: *alles Mögliche) tun* al het mogelijke doen; *sein Möglichstes tun* zijn uiterste best doen; *sich ~st beeilen* zich zoveel mogelijk haasten
möglichenfalls als het mogelijk is
möglicherweise mogelijkerwijze, misschien
Möglichkeit *v*[20] mogelijkheid; gelegenheid, kans: *nach ~* indien mogelijk; zoveel mogelijk
Mohammedaner *m*[9] mohammedaan, moslim
mohammedanisch mohammedaans
Mohn *m*[5] **1** papaver **2** klaproos **3** maanzaad

Mohnsamen *m*^{11} maanzaad
Möhre *v*^{21} wortel, peen
mokieren^{320}: *sich ~ über*$^{+4}$ zich vrolijk maken over, de draak steken met
Mokka, Mokkakaffee *m*^{13} mokka(koffie)
Molch *m*^{5} **1** salamander **2** *(jongerentaal)* vent
Mole *v*^{21} pier, havenhoofd
Molekül *o*^{29} molecule
Molkerei *v*^{20} zuivelfabriek, melkfabriek
Molkereiprodukt *o*^{29} zuivelproduct
mollig **1** mollig **2** behaaglijk, aangenaam warm
[1]**Moment** *m*^{5} moment, ogenblik: *im ~* op het moment; *~!* (of: *~ mal!*) een ogenblikje!
[2]**Moment** *o*^{29} **1** gezichtspunt, kenmerk, factor **2** *(nat)* moment
momentan **1** huidig **2** op het ogenblik, momenteel **3** kortstondig, voorbijgaand
Momentaufnahme *v*^{21} momentopname
Monarch *m*^{14} monarch
Monarchie *v*^{21} monarchie
Monat *m*^{5} maand
monatlich maandelijks
Monatsbinde *v*^{21} maandverband
Monatsblutung *v*^{20} menstruatie
Monatserste(r) *m*^{40a} eerste van de maand
Monatsheft *o*^{29} maandblad
Monatsrate *v*^{21} maandelijkse termijn
Mönch *m*^{5} monnik
Mond *m*^{5} maan: *hinter* (of: *auf*) *dem ~ leben* van niets op de hoogte zijn
mondän mondain
Mondfinsternis *v*^{24} maansverduistering
mondhell door de maan verlicht: *es ist ~* de maan schijnt helder
Mondlicht *o*^{39} maanlicht
mondlos maanloos
Mondphase *v*^{21} maangestalte
Mondschein *m*^{19} maneschijn
monetär monetair
Moneten *mv (inform)* poen, duiten
monieren^{320} aanmerkingen maken op, laken
Monitor *m*^{16} monitor
monofon monofoon
Monofon *o*^{29} monofoon
Monokel *o*^{33} monocle
Monolog *m*^{5} monoloog
monophon monofoon
Monophon *o*^{29} monofoon
Monopol *o*^{29} monopolie
monopolisieren^{320} monopoliseren
Monopolstellung *v*^{20} *(econ)* monopoliepositie
monoton monotoon, eentonig; vervelend
Monotonie *v*^{21} monotonie, eentonigheid
Monster *o*^{33} monster
Monstranz *v*^{20} *(r-k)* monstrans
monströs monstrueus, monsterachtig
Monstrum *o (2e nvl -s; mv Monstren en Monstra)* monster, gedrocht, monstrum
Monsun *m*^{5} moesson
Monsunregen *m*^{11} moessonregen
Montag *m*^{5} maandag
Montage *v*^{21} **1** montage **2** assemblage
Montanindustrie *v*^{21} mijnindustrie
Monteur *m*^{5} monteur
montieren^{320} **1** monteren **2** assembleren
Montur *v*^{20} werkkleding, uitmonstering, outfit
Moor *o*^{29} veen, moeras
Moorbad *o*^{32} modderbad
Moorboden *m*^{12} veengrond
moorig veenachtig, moerassig, drassig
[1]**Moos** *o*^{29} mos: *(fig) ~ ansetzen* verouderen, achterhaald zijn
[2]**Moos** *o*^{39} *(inform)* geld
[3]**Moos** *o*^{29} *(mv ook Möser) (Z-Dui, Zwits)* moeras, veen
moosbedeckt met mos begroeid
moosig **1** bemost, met mos begroeid **2** *(Z-Dui, Zwits)* moerassig
Mop *oude spelling voor* Mopp, *zie* Mopp
Moped *o*^{36} bromfiets
Mopedroller *m*^{9} bromscooter
Mopp *m*^{13} zwabber
moppen zwabberen
Mops *m*^{6} **1** mopshond **2** dikkerd(je)
[1]**mopsen** *tr* pikken, jatten, gappen
[2]**mopsen, sich** zich vervelen
mopsig **1** dik en klein **2** saai, vervelend
Moral *v*^{20} **1** moraal **2** moreel
moralisch **1** moreel, zedelijk **2** deugdzaam
moralisieren^{320} moraliseren
Moralist *m*^{14} moralist; zedenmeester
Moralpauke *v*^{21}, **Moralpredigt** *v*^{20} zedenpreek
Moräne *v*^{21} morene
Morast *m*^{5}, *m*^{6} moeras; modderpoel; modder
morastig moerassig, drassig, modderig
Mord *m*^{5} moord: *der ~ an jmdm* de moord op iem
[1]**morden** *intr* moorden
[2]**morden** *tr* vermoorden
Mörder *m*^{9} moordenaar
mörderisch **1** moorddadig **2** vreselijk
Mordfall *m*^{6} geval van moord, moordzaak
Mordkommission *v*^{20} afdeling moordzaken *(vd politie)*
Mordsdurst *m*^{19} enorme dorst
Mordsgaudi *v*^{28}, *o*^{39} dikke pret, reuzelol
Mordshunger *m*^{19} honger als een paard
Mordskerl *m*^{5} reuzekerel, moordvent
mordsmäßig verschrikkelijk, geweldig
Mordsspaß *m*^{19} reuzeplezier, geweldige lol
Mordsspektakel *m*^{19} hels lawaai
Mordtat *v*^{20} moord
Mordverdacht *m*^{19}: *unter ~ stehen* verdacht worden van moord
Mordversuch *m*^{5} poging tot moord
Mordwaffe *v*^{21} moordwapen
Morelle *v*^{21} morel
morgen *bw* morgen: *~ früh* morgenochtend; *~ Abend* morgenavond

Morgen m^{11} **1** morgen, ochtend: *heute ~* vanmorgen; *früh am ~* vroeg in de ochtend; *am frühen ~* in de vroege morgen **2** morgen *(oude landmaat)*
Morgenandacht v^{20} **1** morgengebed **2** morgenwijding
Morgenausgabe v^{21} ochtendeditie
Morgendämmerung v^{20} ochtendschemering
morgendlich in de ochtend, morgen-, ochtend-
Morgengrauen o^{39} ochtendschemering
Morgenkaffee m^{19} **1** ontbijt **2** koffie bij het ontbijt
Morgenmantel m^{10}, **Morgenrock** m^{6} ochtendjas
morgens 's morgens, 's ochtends
Morgenstunde v^{21} morgenstond, morgenuur
Morgenzeitung v^{20} ochtendkrant, -blad
morgig *bn* van morgen; komend, toekomstig
Mormone m^{15} mormoon
Morphin, Morphium o^{39} morfine
morsch 1 half vergaan, vermolmd, verrot **2** gammel, bouwvallig
morsen seinen met morsetekens
Mörser m^{9} **1** vijzel **2** *(mil)* mortier
Mörsergranate v^{21} mortiergranaat
Mortalität v^{28} mortaliteit, sterfte(cijfer)
Mörtel m^{9} mortel, specie
Mörtelkelle v^{21} troffel
mörteln (be)pleisteren
Mosaik o^{37}, o^{29} mozaïek
Moschee v^{21} moskee
Mosel v^{28} *(rivier)* Moezel
Moselwein m^{5} moezelwijn
Moskito m^{13} muskiet
[1]**Moslem** m^{13} moslim, islamiet
[2]**Moslem** m^{5}, m^{13} *(2e nvl ook -)* moslim, islamiet
Moslemin v^{22} moslima
moslemisch moslims, islamitisch
Moslime v^{21} moslima
Most m^{5} **1** most **2** *(Z-Dui)* vruchtenwijn
Motel o^{36} motel
Motette v^{21} motet
Motiv o^{29} motief
Motivation v^{20} motivatie
motivieren^{320} motiveren
Motivierung v^{20} **1** motivering **2** motivatie
Motocross, Moto-Cross o^{39a} *(sp)* motorcross
Motor m^{16}, **Motor** m^{5} motor
Motorboot o^{29} motorboot
Motorfahrzeug, Motorfahrzeug o^{29} motorvoertuig
Motorhaube v^{21} motorkap
Motorik v^{28} motoriek
motorisch motorisch
motorisieren^{320} motoriseren
Motorleistung v^{20} motorvermogen
Motorrad o^{32} motor(fiets)
Motorradrennen o^{35} motorrace
Motorroller m^{9} scooter: *leichter ~* snorscooter
Motte v^{21} **1** mot **2** levenslustig meisje
mottenecht, mottenfest motecht
Mottenfraß m^{19} motgaatjes, (de) mot
Mottenkiste v^{21}: *aus der ~* uit de oude doos
Motto o^{36} motto, zinspreuk, devies
motzen *(inform)* mopperen, kankeren
Mousepad o^{36} *(comp)* muismat
Möwe v^{21} meeuw
MP, MPi *afk van Maschinenpistole* machinepistool
MP3 mp3
MP3-Spieler m^{9} mp3-speler
Mrd. *afk van Milliarde(n)* miljard *(afk* mld)
MSN o^{39}, o^{39a} *afk van Microsoft Network* MSN, Microsoft Network: *chatten über ~* msn'en
Mucke v^{21} gril, kuur: *die Sache hat ihre ~n* die zaak heeft zijn moeilijkheden
Mücke v^{21} **1** mug; *(regionaal)* vlieg **2** *(mv)* duiten: *zehn ~n* tien euro, tien mark
Muckefuck m^{19} slootwater *(koffie)*
mucken *(inform)* tegensputteren, mokken
Mückenstich m^{5} muggenbeet
Mucker m^{9} *(ongunstig)* stiekemerd, gluiper; stuk chagrijn
Mucks m^{5} kik: *keinen ~ sagen* (of: *tun, von sich geben)* geen kik geven
mucksen tegensputteren: *nicht ~* geen kik geven
mucksmäuschenstill muisstil
müde moe, vermoeid: *ich bin es ~!* ik ben het zat!
Müdigkeit v^{28} moeheid, vermoeidheid
[1]**Muff** m^{19} *(N-Dui)* muffe lucht, bedompte lucht
[2]**Muff** m^{5} (hand)mof
Muffe v^{21} *(techn)* mof, sok
Muffel m^{13} **1** norse vent, stuk chagrijn **2** iem die ergens niets van moet hebben
muffelig 1 chagrijnig **2** muf ruikend
muffeln 1 *(inform)* chagrijnig zijn, mopperen **2** muf ruiken **3** voortdurend kauwen
muffig 1 chagrijnig **2** muf ruikend
mufflig *zie* muffelig
Mühe v^{21} moeite, last: *mit Müh und Not* met grote moeite, ternauwernood; *die ~n der Reise* de vermoeienissen van de reis; *sich ~ geben* (of: *sich ~ machen)* moeite doen
mühelos gemakkelijk, moeiteloos
muhen loeien, bulken
mühen, sich 1 moeite doen, zijn best doen **2** zich bekommeren
mühevoll moeilijk, moeizaam
Mühewaltung v^{28} moeite
Mühle v^{21} **1** molen **2** *(inform)* roestbak, oude auto, oud vliegtuig
Mühlenflügel m^{9} molenwiek
Mühlenrad o^{32} molenrad
Mühsal v^{23} moeite, last, plaag
mühsam moeizaam, moeilijk, lastig
mühselig moeizaam, moeilijk, met veel moeite
Mühseligkeit v^{20} last, moeite, beslommering
Mulde v^{21} **1** bak, trog, vat **2** kuil, kom, inzinking **3** (duin)pan

Müll *m*[19] vuilnis, afval
Müllabfuhr *v*[20] **1** vuilafvoer **2** vuilophaaldienst
Müllabladeplatz *m*[6], **Müllabladestelle** *v*[21] vuilstortplaats; vuilnisbelt
Müllbeutel *m*[9] vuilniszak
Mullbinde *v*[21] zwachtel
Mülldeponie *v*[21] vuilstortplaats
Mülleimer *m*[9] vuilnisemmer, vuilnisbak
Müller *m*[9] molenaar
Müllfahrer *m*[9] vuilnisman
Müllkasten *m*[12] vuilnisbak
Müllkippe *v*[21] vuilstortplaats; illegale stortplaats
Müllschlucker *m*[9] (vuilnis)stortkoker *(in flat)*
Müllverbrennung *v*[28] vuilverbranding
Müllverwertung *v*[28] vuilverwerking
Müllwagen *m*[11] vuilnisauto
Mulm *m*[19] **1** houtmolm **2** humus, teelaarde
mulmig **1** *(mbt teelaarde)* rul **2** *(regionaal)* vermolmd **3** bedenkelijk, gevaarlijk
Multi *m*[13] multinational
multifunktional multifunctioneel
multikulti multiculti, multicultureel
multikulturell multicultureel: *~e Gesellschaft* multiculturele samenleving
Multiplikation *v*[20] vermenigvuldiging
[1]**multiplizieren**[320] *tr* **1** vermenigvuldigen **2** vermeerderen
[2]**multiplizieren**[320], **sich** sterk toenemen
Multivitamine *v*[21] multivitamine
Mumie *v*[21] mummie
Mumm *m*[19] **1** energie, fut **2** moed, durf
Mumpitz *m*[19] onzin, flauwekul
Mumps *m*[19] *(med)* bof
Mund *m*[8] **1** mond: *einige ~ voll: a)* een paar hapjes; *b)* een paar slokjes **2** opening, ingang, toegang
Mundart *v*[20] streektaal, tongval, dialect
mundartlich dialectisch
Mündel *o*[33], *m*[9] pupil, pleegkind
munden smaken
münden uitmonden, uitlopen: *diese Straßen ~ auf den* (of: *dem) Markt* deze straten komen op de markt uit
mundfaul niet erg spraakzaam
mundfertig welbespraakt
mundgerecht **1** hapklaar **2** smakelijk
Mundgeruch *m*[6] slechte adem
Mundhöhle *v*[21] mondholte
mündig mondig; meerderjarig: *~ sprechen* mondig verklaren, meerderjarig verklaren
Mündigkeit *v*[28] mondigheid
mündigsprechen mondig verklaren, meerderjarig verklaren
mündlich mondeling
Mundschutz *m*[5] **1** *(med)* mondmasker, mondkapje **2** *(sp)* mondbeschermer
mundtot monddood: *jmdn ~ machen* iem de mond snoeren
Mündung *v*[20] monding, mond
Mundvoll *v (2e nvl -; mv -): einige ~: a)* een paar hapjes; *b)* een paar slokjes
Mundwerk *o*[39] mondwerk, mond
Mundwinkel *m*[9] mondhoek
Mund-zu-Mund-Beatmung *v*[28] mond-op-mondbeademing
Mund-zu-Nase-Beatmung *v*[28] mond-op-neusbeademing
Munition *v*[28] munitie
munkeln smoezen, kletsen, fluisteren
Münster *o*[33] dom(kerk)
munter **1** opgewekt, vrolijk, levendig, monter **2** flink, gezond **3** wakker: *schon ~?* al wakker?
Münze *v*[21] **1** munt *(gebouw, geldstuk): etwas für bare ~ nehmen* iets geloven; *etwas in bare* (of: *klingende) ~ umsetzen* munt uit iets slaan **2** (gedenk)penning
münzen munten, geld slaan
Münzfälscher *m*[9] valsemunter
Münzsammlung *v*[20] muntenverzameling
Münzstätte *v*[21] munt *(het gebouw)*
mürbe **1** mals, zacht **2** *(gebak)* bros **3** half vergaan, broos **4** murw
Mürbeteig *m*[5] zandtaartdeeg
murksen knoeien, prutsen
Murmel *v*[21] knikker
murmeln **1** mompelen, prevelen **2** zacht ruisen, murmelen
Murmeltier *o*[29] marmot
murren morren, pruttelen, mopperen
mürrisch nors, korzelig, wrevelig
Mus *o*[29] moes, brij
Muschel *v*[21] **1** mossel **2** schelp **3** hoorn, mond-, hoorstuk *(van telefoon)*
Muse *v*[21] muze: *die leichte ~* de lichte muze
Museum *o (2e nvl -s; mv Museen)* museum
Museumskatalog *m*[5] museumcatalogus
Museumswärter *m*[9] zaalwachter, suppoost
Musical *o*[36] musical
[1]**Musik** *v*[28] muziek: *in ~ setzen* op muziek zetten
[2]**Musik** *v*[28, zelden 20] muziekkorps
Musikalien *mv* gedrukte muziek, geschreven muziek
musikalisch muzikaal
Musikant *m*[14] muzikant
Musikbox *v*[20] jukebox
Musiker *m*[9] musicus
Musikinstrument *o*[29] muziekinstrument
Musikkapelle *v*[21] muziekkapel, band
Musikologe *m*[15] musicoloog
musisch muzisch, kunstzinnig, met gevoel voor kunst, artistiek
musizieren[320] musiceren
Muskat *m*[5] nootmuskaat
Muskatblüte *v*[21] foelie
Muskateller *m*[9] muskaatwijn
Muskatnuss *v*[25] nootmuskaat
Muskel *m*[17] spier
Muskelkater *m*[9] spierpijn
Muskelkraft *v*[25] spierkracht

Muskelpaket o^{29} krachtpatser; *(fig)* kleerkast
Muskelriss m^{5} gescheurde spier
Muskelschmerz m^{16} spierpijn
Muskelzerrung v^{20} spierverrekking
Muskulatur v^{20} spierstelsel
muskulös gespierd, krachtig, sterk
Müsli *o (2e nvl -s; mv -)* muesli
Muslim m^{5}, m^{13} *(2e nvl ook -)* moslim, islamiet
Muslima v^{27} *(mv ook Muslimen)*, **Muslime** v^{21}, **Muslimin** v^{27} moslima
Muss o^{39a} (het) moeten, dwang, noodzaak
Muße v^{28} **1** vrije tijd **2** innerlijke rust: *in* (of: *mit*) ~ op zijn gemak
Mussehe v^{21} gedwongen huwelijk, moetje
müssen^{211} **1** moeten: *muss das sein?* moet dat nou?; *ich muss mal* ik moet even naar de wc; *er müsste denn krank sein* of hij moest ziek zijn **2** (be)hoeven
Mußestunde v^{21} rustig uurtje, vrije tijd
müßig **1** nietsdoend, werkeloos: ~ *zusehen* werkeloos toezien **2** nodeloos, nutteloos, zinloos
Müßiggang m^{19} (het) nietsdoen, lediggang
Müßiggänger m^{9} leegloper, nietsdoener
müßiggehen^{168} luieren
Muster o^{33} **1** monster, staal: *nach* ~ op staal, op monster; ~ *ohne Wert* monster zonder waarde **2** voorbeeld **3** tekening, dessin **4** patroon, model
Musterbeispiel o^{29} voorbeeld bij uitnemendheid, schoolvoorbeeld
Musterbetrieb m^{5} modelbedrijf
mustergerecht, mustergetreu volgens monster
mustergültig, musterhaft voorbeeldig
Musterknabe m^{15} modelkind; modelmens
Musterkollektion v^{20} monstercollectie
mustern **1** monsteren, grondig onderzoeken, onderzoekend aankijken **2** *(mil)* keuren **3** *(de troepen)* inspecteren
Musterprozess m^{5} proefproces
Musterrolle v^{21} *(scheepv)* monsterrol
Mustersammlung v^{20} monster-, stalencollectie
Musterschüler m^{9} voorbeeldige leerling
Musterung v^{20} **1** monstering, grondig onderzoek **2** *(mil)* keuring **3** *(mil)* inspectie **4** patroon, dessin
Mut m^{19} moed: *jmdm* ~ *machen* iem moed geven; *guten* (of: *frischen, ruhigen*) *~es* welgemoed; *frohen ~es* blijmoedig; *zie ook* zumute
Mutation v^{20} mutatie
mutig moedig, dapper
mutlos moedeloos
Mutlosigkeit v^{28} moedeloosheid
mutmaßen vermoeden, gissen
mutmaßlich vermoedelijk
Mutmaßung v^{20} vermoeden
Mutprobe v^{21} bewijs van moed
Muttchen o^{35} moesje, moedertje
¹**Mutter** v^{26} **1** moeder: *leibliche* ~ eigen moeder **2** matrijs
²**Mutter** v^{21} *(techn)* moer
Mütterberatungsstelle v^{21} consultatiebureau voor zuigelingenzorg
Mutterboden m^{19} teelaarde
Mütterchen o^{35} moedertje; moeder de vrouw; oudje
Muttererde v^{28} teelaarde
Mutterfreuden *mv* v^{21}: ~ *entgegensehen* in blijde verwachting zijn; ~ *genießen* de vreugden van het moederschap genieten
Mutterglück o^{39} moedergeluk
Mutterkuchen m^{11} nageboorte, moederkoek, placenta
Mutterleib m^{7} moederschoot
mütterlich **1** moederlijk **2** van moederszijde
mütterlicherseits van moederszijde
Mütterlichkeit v^{28} moederlijkheid
Muttermal o^{29}, o^{32} moedervlek
Muttermilch v^{28} moedermelk
Mutterschaftsgeld o^{31}, **Mutterschaftshilfe** v^{28} kraamgeld
Mutterschoß m^{6} moederschoot
mutterseelenallein moederziel alleen
Muttersprache v^{21} moedertaal
Mutterstelle v^{28}: *bei* (of: *an*) *jmdm* ~ *vertreten* voor iem een tweede moeder zijn
Mutterwitz m^{19} **1** gezond verstand **2** gezonde humor **3** gevatheid
Mutti v^{27} **1** mama, mams, moeder **2** moeke
Mutwille m^{18} *(geen mv)* **1** moedwil, (boze) opzet **2** baldadigheid: *an jmdm seinen ~n auslassen* zijn moedwil op iem botvieren
mutwillig moedwillig, met (boze) opzet, baldadig
Mütze v^{21} pet, muts: *etwas* (of: *eins*) *auf die* ~ *bekommen: a)* een standje krijgen; *b)* een nederlaag lijden
MwSt., Mw.-St. *afk van Mehrwertsteuer* belasting toegevoegde waarde *(afk* btw)
Myrre, Myrrhe v^{21} mirre
Myrte v^{21} mirte
mysteriös mysterieus
Mysterium *o (2e nvl -s; mv Mysterien)* mysterie
Mystifikation v^{20} mystificatie
mystifizieren^{320} mystificeren
Mystik v^{28} mystiek
Mystiker m^{9} mysticus
mystisch mystiek, geheimzinnig
Mythe v^{21} mythe
mythenhaft, mythisch mythisch
Mythos, Mythus *m (2e nvl -; mv Mythen)* mythe

mu

n

Nabel *m*[9] navel
nabelfrei tot boven de navel reikend: *ein ~es T-Shirt* een naveltruitje
Nabelschnur *v*[25], **Nabelstrang** *m*[6] navelstreng
[1]**nach** *bw* na: *wir ihm ~* wij hem (achter)na; *~ und ~* langzamerhand, geleidelijk aan; *~ wie vor* nog steeds
[2]**nach**[+3] *vz* **1** na: *~ dem Essen* na het eten **2** naar: *~ Hause gehen* naar huis gaan; *~ Hause kommen* thuiskomen **3** volgens: *meiner Ansicht ~* volgens mij **4** bij: *~ dem Gewicht verkaufen* bij het gewicht verkopen **5** om: *er schickt ~ dem Arzt* hij stuurt om de dokter **6** op: *das Zimmer liegt ~ dem Hof* de kamer komt uit op de binnenplaats **7** over: *ein Viertel ~ neun* kwart over negen **8** van: *dem Namen ~ kennen* van naam kennen || *wenn es ~ mir ginge* als ik het voor het zeggen had
nachäffen na-apen, nadoen
nachahmen **1** nadoen, nabootsen **2** namaken
nachahmenswert navolgenswaardig
Nachahmung *v*[20] **1** nabootsing **2** namaak
nacharbeiten *(een voorbeeld)* namaken: *das Versäumte ~* het verzuimde inhalen; *etwas mit der Hand ~* iets met de hand bijwerken
Nachbar *m*[15], *m*[17] buur(man)
Nachbarin *v*[22] buurvrouw
Nachbarort *m*[5] naburige plaats
Nachbarschaft *v*[20] **1** buren **2** nabuurschap **3** buurt, omgeving
nachbehandeln nabehandelen
nachbezahlen nabetalen
nachbilden namaken, kopiëren
Nachbildung *v*[20] namaak, kopie
nachbleiben[134] **1** achterblijven **2** schoolblijven
nachblicken nakijken, nazien
nachdem nadat
nachdenken[140] nadenken
nachdenklich **1** nadenkend, peinzend **2** bedachtzaam, bezonnen
Nachdruck *m*[19] nadruk, klem: *einer Forderung ~ verleihen* een eis kracht bijzetten
Nachdruck *m*[5] **1** nadruk, (het) nadrukken **2** heruitgave
nachdrucken nadrukken
nachdrücklich nadrukkelijk, met klem
nacheinander na elkaar
nachempfinden[157] meevoelen, navoelen
Nachen *m*[11] schuitje, bootje
nacherzählen navertellen
Nachfahr *m*[14], **Nachfahre** *m*[15] nakomeling
nachfahren[153] achternarijden
nachfassen **1** opnieuw beetpakken **2** dieper doorvragen
Nachfolge *v*[21] **1** opvolging **2** navolging
nachfolgen **1** opvolgen **2** navolgen, volgen
nachfolgend (na)volgend, onderstaand: *der ~e Verkehr* het achteropkomende verkeer
Nachfolger *m*[9] opvolger, erfgenaam, erve
nachforschen naspeuren, onderzoeken
Nachforschung *v*[20] navorsing, onderzoek(ing)
Nachfrage *v*[21] **1** (na)vraag, verzoek om inlichtingen: *~ halten* navraag doen **2** *(handel)* vraag
nachfragen navraag doen, informeren
Nachfrist *v*[20] **1** uiterste termijn **2** uitstel
nachfühlen navoelen, meevoelen
nachfüllen bijvullen, aanvullen, bijgieten
[1]**nachgeben**[166] *intr* **1** toegeven **2** meegeven: *der Boden gibt nach* de bodem geeft mee **3** *(mbt koers, prijzen)* dalen, zakken
[2]**nachgeben**[166] *tr* onderdoen voor: *er gibt seinem Bruder an Fleiß nichts nach* hij doet, wat zijn ijver betreft, niet onder voor zijn broer
Nachgeburt *v*[20] nageboorte
nachgehen[168] **1** volgen, (achter)nagaan: *es geht mir nach* het laat me niet los **2** nagaan, onderzoeken, controleren **3** *(genoegens)* najagen **4** *(zijn werk)* verrichten, doen **5** *(mbt apparaten, uurwerk)* achterlopen
nachgerade langzamerhand, geleidelijk aan
nachgiebig **1** toegevend, meegaand **2** soepel
nachgrübeln piekeren, peinzen
nachgucken nakijken
nachhallen nagalmen
nachhaltig duurzaam, blijvend
nachhängen[184+3] zich overgeven aan, met weemoed terugdenken aan
nachhelfen[188] een handje helpen
nachher later, naderhand, daarna: *bis ~!* tot straks!
Nachhilfestunden *mv v*[21] bijles(sen)
nachhinken achteraankomen, achterblijven
Nachholbedarf *m*[19] tekort, (inhaal)behoefte
nachholen **1** laten nakomen **2** inhalen
Nachholspiel *o*[29] *(sp)* inhaalwedstrijd
Nachhut *v*[20] achterhoede
nachjagen najagen, nazitten
Nachklang *m*[6] **1** naklank, nagalm **2** nawerking
Nachkomme *m*[15] nakomeling, afstammeling
nachkommen[193] **1** achternakomen, achternalopen **2** volgen, nakomen: *nicht ~ können* het niet kunnen bijhouden **3** *(bevel)* opvolgen; *(belofte, verplichting)* nakomen
Nachkommenschaft *v*[28] nakomelingschap
Nachkömmling *m*[5] nakomertje
Nachkriegszeit *v*[20] naoorlogse tijd

Nachlass *m*^{5}, *m*^{6} **1** nalatenschap, erfenis **2** nagelaten werken **3** korting, reductie
^{1}**nachlassen**^{197} *intr* minder worden, afnemen, zwakker worden
^{2}**nachlassen**^{197} *tr* **1** vieren: *die Zügel ~* de teugels vieren **2** kwijtschelden: *etwas vom Preis ~* iets van de prijs laten vallen **3** korting geven
Nachlassenschaft *v*^{20} *(vero)* nalatenschap
nachlässig **1** nonchalant **2** onverschillig
^{1}**Nachlässigkeit** *v*^{20} slordigheid
^{2}**Nachlässigkeit** *v*^{28} nonchalance
nachlaufen^{198} nalopen: *einer Illusion ~* een illusie koesteren
nachlesen^{201} nalezen, overlezen
nachmachen namaken, nadoen
nachmalen **1** naschilderen **2** overschilderen
Nachmittag *m*^{5} middag, namiddag
nachmittags 's middags
Nachnahme *v*^{21} rembours: *gegen* (of: *mit, per, unter) ~ schicken* onder rembours sturen
Nachname *m*^{18} familienaam
nachprüfen **1** nagaan, controleren **2** later examineren
Nachprüfung *v*^{20} **1** controle **2** herexamen
nachrechnen narekenen
Nachrede *v*^{21} **1** epiloog, narede **2** (roddel)praatjes: *üble ~ über jmdn führen* van iem kwaadspreken; *(jur) üble ~* smaad, laster
nachreden napraten: *jmdm übel* (of: *Übles) ~* kwaadspreken van iem
Nachricht *v*^{20} bericht, nieuws: *~en* nieuwsuitzending
Nachrichtenagentur *v*^{20} nieuwsagentschap
Nachrichtendienst **1** nieuwsdienst **2** persbureau **3** *(mil)* inlichtingendienst
Nachrichtensatellit *m*^{14} communicatiesatelliet
Nachrichtensendung *v*^{20} nieuwsuitzending
Nachrichtensprecher *m*^{9} nieuwslezer
nachrücken **1** opschuiven, aansluiten **2** promotie maken
Nachruf *m*^{5} in memoriam; gedenkrede
nachrüsten **1** achteraf voorzien van **2** de bewapening versterken, uitbreiden
nachsagen nazeggen: *jmdm etwas ~* van iem iets beweren, zeggen, vertellen
nachschauen nakijken, nazien
nachschenken bijschenken
nachschicken nazenden, nasturen
^{1}**nachschlagen**^{241} *intr* aarden naar
^{2}**nachschlagen**^{241} *tr (een passage in een boek)* naslaan, opzoeken
Nachschlagewerk *o*^{29} naslagwerk
Nachschlüssel *m*^{9} valse sleutel, loper
Nachschrift *v*^{20} **1** naschrift, postscriptum **2** dictaat
Nachschub *m*^{6} **1** ravitaillering, bevoorrading, aanvoer **2** materieel
nachsehen^{261} **1** nazien, nakijken **2** *(in een boek iets)* nakijken, opzoeken **3** *(huiswerk)* nakijken, corrigeren **4** *jmdm etwas ~* iets van iem door de vingers zien
Nachsehen *o*^{39} (het) nakijken: *ich hatte das ~* ik kon ernaar fluiten
nachsenden^{263} nazenden
nachsetzen *(een dief)* achtervolgen
Nachsicht *v*^{28} toegevendheid, geduld, inschikkelijkheid: *~ üben* consideratie hebben
nachsichtig toegevend, inschikkelijk, geduldig
nachsinnen^{267} nadenken, napeinzen
nachsitzen^{268} nablijven, schoolblijven
Nachsommer *m*^{9} nazomer
Nachsorge *v*^{28} nazorg
Nachspeise *v*^{21} nagerecht, dessert, toetje
Nachspiel *o*^{29} naspel: *die Sache wird noch ein ~ haben* de zaak zal nog een staartje hebben
^{1}**nachspielen** *intr (sp)* tijd bijtellen, in blessuretijd spelen
^{2}**nachspielen** *tr* naspelen
nachsprechen^{274} nazeggen
nachspringen^{276} naspringen
nachspülen naspoelen
nachspüren naspeuren
^{1}**nächst** *bn* **1** naast: *meine ~en Verwandten* mijn naaste verwanten **2** aanstaand, (eerst)volgend: *der ~e Beste* de eerste de beste; *am ~en Tag* de volgende dag; *der Nächste, bitte!* wie volgt!; *fürs Nächste* voorlopig; *zie ook* Nächste(r)
^{2}**nächst**$^{+3}$ *vz* **1** naast, na **2** vlak bij
nächstbest: *die ~e Gelegenheit* de eerste de beste gelegenheid
nachstehen^{279} onderdoen voor: *jmdm an*$^{+3}$ *Intelligenz ~* in intelligentie voor iem onderdoen
nachstehend (na)volgend, onderstaand
^{1}**nachstellen** *intr* **1** (iem, iets) achtervolgen, nazitten, belagen **2** *(een meisje)* nalopen
^{2}**nachstellen** *tr* **1** *(een klok)* achteruitzetten **2** *(techn)* bijstellen
Nächstenliebe *v*^{28} naastenliefde
nächstens eerstdaags, binnenkort, spoedig
Nächste(r) *m*^{40a} naaste, medemens
Nacht *v*^{25} nacht: *gestern ~* gisternacht; *heute ~* vannacht; *bei ~ und Nebel* heimelijk, stilletjes; *des ~s* 's nachts; *eines ~s* op een nacht; *in der ~* 's nachts; *über ~ verschwinden* plotseling verdwijnen; *über ~ bleiben* blijven slapen; *bei ~* 's nachts; *gute ~!* goede nacht!
Nachtasyl *o*^{29} onderdak (voor daklozen)
Nachteil *m*^{5} nadeel
nachteilig nadelig
Nachtfrost *m*^{6} nachtvorst
Nachtigall *v*^{20} nachtegaal
nächtigen de nacht doorbrengen
Nachtisch *m*^{5} nagerecht, dessert, toetje
nächtlich nachtelijk
Nachtlokal *o*^{29} nachtclub
Nachtrag *m*^{6} bijvoegsel, aanhangsel, aanvulling
nachtragen^{288} **1** nadragen **2** achteraf bijvoegen, aanvullen **3** lang kwalijk nemen

nachträglich achteraf, naderhand
nachtrauern 1 treuren over **2** met weemoed denken aan
Nachtruhe v^{28} nachtrust
nachts 's nachts, in de nacht
Nachtschicht v^{20} **1** nachtploeg **2** nachtdienst
Nachtschwärmer m^{9} nachtbraker
Nachtschwester v^{21} nachtzuster
nachtsüber 's nachts
Nachttopf m^{6} nachtspiegel, po
nachtun^{295} nadoen
Nachtwächter m^{9} **1** nachtwaker **2** *(fig)* suffer(d)
nachtwandeln slaapwandelen
Nachtzeug o^{39} nachtgoed
Nachtzug m^{6} nachttrein
nachvollziehbar te volgen, te begrijpen
nachvollziehen^{318} volgen, begrijpen
Nachwahl v^{20} tussentijdse verkiezing
Nachwehen *mv* v^{21} naweeën
Nachweis m^{5} bewijs
nachweisbar aantoonbaar
nachweisen^{307} aantonen, bewijzen: *jmdm eine Arbeitsstelle ~* iem opgeven, waar een vacature is
nachweislich zoals is aangetoond, zoals is bewezen; aantoonbaar
Nachwelt v^{28} nageslacht
nachwerfen^{311} **1** nagooien **2** *(een diploma)* cadeau geven **3** erbij werpen, erbij gooien
nachwirken nawerken
Nachwirkung v^{20} nawerking
Nachwort o^{29} narede, epiloog
Nachwuchs m^{19} **1** *(inform)* kinderen **2** opgroeiende generatie, komende generatie **3** jong personeel, jonge vakmensen: *akademischer ~* jonge academici
Nachwuchsmangel m^{19} tekort aan jong personeel, aan jonge vakmensen; *(sp)* tekort aan jonge spelers
Nachwuchsspieler m^{9} *(sp)* jeugdspeler
nachzahlen nabetalen, bijbetalen
nachzählen natellen
Nachzahlung v^{20} nabetaling
nachzeichnen natekenen
nachziehen^{318} *intr* **1** (achter)natrekken **2** het voorbeeld volgen
nachziehen^{318} *tr* **1** naslepen **2** *(schroeven)* aandraaien **3** *(lijnen)* na-, overtrekken
Nachzügler m^{9} **1** achterblijver, treuzelaar, laatkomer **2** *(fig)* nakomertje
Nacken m^{11} nek: *den ~ beugen* zich onderwerpen; *jmdm den ~ beugen* iem onderwerpen
Nackenschlag m^{6} nekslag *(ook fig)*
nackt 1 naakt, bloot: *mit ~em Auge* met het blote oog **2** kaal *(van boom, tak)* **3** kaal, naakt *(van muur, rots)* || *das ~e Leben retten* het vege lijf redden; *die ~e Wahrheit* de zuivere waarheid
Nacktheit v^{28} naaktheid
Nadel v^{21} **1** naald **2** speld || *an der ~ hängen* aan drugs verslaafd zijn; *(wie) auf ~n sitzen* op hete kolen zitten
Nadelbaum m^{6} naaldboom
Nadelholz o^{32} naaldhout
Nadelkissen o^{35} speldenkussen
Nadelloch o^{32}, **Nadelöhr** o^{29} oog van de (een) naald
Nadelspitze v^{21} naaldpunt, speldenpunt
Nadelstich m^{5} **1** naald(en)steek **2** speldenprik
Nagel m^{10} **1** nagel: *sich die Nägel schneiden* zijn nagels knippen **2** nagel, spijker: *etwas an den ~ hängen* iets opgeven, met iets ophouden
nagelfest: *niet- und ~* spijkervast
Nagelhaut v^{25} nagelriem
Nägelkauen o^{39} (het) nagelbijten
Nagellack m^{5} nagellak
Nagellackentferner m^{9} remover
nageln 1 spijkeren **2** met nagels verbinden
nagelneu fonkelnieuw
Nagelpilz m^{5} schimmelnagel
Nagelschere v^{21} nagelschaar
nagen knagen *(ook fig)*
Nager m^{9}, **Nagetier** o^{29} knaagdier
nah *zie* nahe
Näharbeit v^{20} naaiwerk
Nahaufnahme v^{21} close-up, opname van dichtbij
nahe^{60} na, nabijgelegen, naburig, dichtbij, nabij: *~ am (of: beim) Bahnhof* dicht bij het station; *~ Freundschaft* nauwe vriendschap; *einer Ohnmacht ~ sein* op het punt staan flauw te vallen; *die nähere Umgebung* de nabije omgeving; *sie sind ~ Verwandte* ze zijn nauw met elkaar verwant; *dem Weinen ~ sein* bijna beginnen te huilen; *die ~ Zukunft* de nabije toekomst; *er ist ~ an die dreißig* hij is dicht bij de dertig; *wir waren ~ daran zu verzweifeln* we waren de wanhoop nabij; *aus (of: von) nah und fern* van heinde en ver
Nähe v^{21} nabijheid, buurt: *ganz in der ~* vlakbij; *in nächster ~* in de onmiddellijke nabijheid; *aus nächster ~* van zeer nabij
nahebei dichtbij
nahegehen^{168} aan het hart gaan
nahelegen: *jmdm etwas ~* iem iets aanraden; *das legt die Vermutung nahe* dat doet vermoeden
naheliegen^{202} *(fig)* voor de hand liggen
nahen naderen
nähen 1 naaien **2** *(med)* hechten
näher nader: *~ auf etwas eingehen* nader op iets ingaan; *Näheres, das Nähere* verdere bijzonderheden; *bis auf Näheres* tot nader order; *~ liegen* dichterbij gelegen; *~ stehen* dichterbij staan; *zie ook* nah
Näherin v^{22} naaister
näherkommen^{193+3} nader komen
näherliegen^{202} meer voor de hand liggen
nähern^{+3}, **sich 1** contact zoeken met **2** (be)naderen, dichterbij komen
näherstehen^{279} **1** overeenkomen met **2** een tamelijk nauwe relatie hebben met
nähertreten^{291+3} in nader contact komen met

nahestehen[279+3] nauwe relaties onderhouden met
nahetreten[291+3] nader komen
nahezu bijna, nagenoeg
Nähkasten *m*[12, zelden 11] naaidoos
Nähmaschine *v*[21] naaimachine
Nahost *m*[19] Nabije Oosten; Midden-Oosten
Nährboden *m*[12] voedingsbodem
[1]**nähren** *intr* voedzaam zijn
[2]**nähren** *tr* **1** voeden: *eine Frau ~* een vrouw onderhouden **2** *(verdenking)* koesteren
[3]**nähren, sich** zich voeden
nahrhaft voedzaam
Nährmittel *o*[33] voedings-, levensmiddel
Nahrung *v*[28] voedsel *(ook fig)*; voeding
Nahrungsmangel *m*[19] gebrek aan voedsel
Nahrungsmittel *o*[33] voedings-, levensmiddel
Nährwert *m*[5] voedingswaarde
Naht *v*[25] naad
nahtlos zonder naad: *~es Rohr* naadloze buis; *~e Strümpfe* kousen zonder naad
Nahtoderfahrung *v*[20] bijna-doodervaring
Nahverkehr *m*[19] buurtverkeer, regionaal verkeer
Nähzeug *o*[39] **1** naaigerei **2** naaiwerk
Nahziel *o*[29] **1** nabijgelegen doel **2** doel voor de nabije toekomst
naiv naïef
Name *m*[18], **Namen** *m*[11] **1** naam: *im ~n*[+2], *im ~n von*[+3] in naam van, namens; *auf den ~n ... (lautend* (of: *laufend))* ten name van ... **2** goede naam, reputatie: *sich einen ~n machen* naam maken
namenlos 1 naamloos **2** onuitsprekelijk
[1]**namens** *bw* genaamd
[2]**namens**[+2] *vz* namens
Namensaktie *v*[21] aandeel op naam
Namensschild *o*[31] naambordje
Namensvetter *m*[17] naamgenoot
Namenszeichen *o*[35] paraaf
Namenszug *m*[6] handtekening
namentlich 1 voornamelijk, vooral **2** met naam: *~e Abstimmung* hoofdelijke stemming
Namenverzeichnis *o*[29a] naamlijst
namhaft 1 van naam, bekend, vermaard: *~ machen* noemen **2** aanzienlijk, belangrijk
nämlich *bw* namelijk, te weten
Napf *m*[6] nap, bak, kom
Narbe *v*[21] **1** litteken **2** nerf
Narkose *v*[21] narcose
Narkosearzt *m*[6] anesthesist
Narr *m*[14] **1** nar, gek, dwaas: *jmdn zum ~en haben* (of: *halten)* iem voor de gek houden **2** carnavalsvierder || *einen ~en an jmdm gefressen haben* met iem weglopen, dwepen
narren voor de gek houden, bedriegen
narrenhaft dwaas, gek
Narrenstreich *m*[5] dwaze streek, zotternij
Närrin *v*[22] **1** gekkin, zottin **2** malle
närrisch 1 gek, dwaas, zot, dol **2** carnavalesk
Narzisse *v*[21] narcis
naschen snoepen
Näschen *o*[35] neusje
Nascher, Näscher *m*[9] snoeper
Nascherei *v*[20] **1** (het) snoepen **2** snoep(goed)
naschhaft snoepachtig
Nase *v*[21] **1** neus: *(fig) jmdm etwas auf die ~ binden* iem iets aan zijn neus hangen; *(fig) jmdn mit der ~ auf*[+4] *etwas stoßen* iem met de neus op iets duwen **2** neus *(van auto, schip, vliegtuig)* **3** aflopende druppel verf, zakker **4** vooruitstekend gedeelte, punt || *immer der ~ nach* steeds rechtdoor; *pro ~* per persoon
näseln door de neus spreken
Nasenbein *o*[29] neusbeen
Nasenbluten *o*[39] **1** neusbloeding **2** bloedneus
Nasenlänge *v*[21] neuslengte
Nasenloch *o*[32] neusgat
Nasentropfen *mv m*[11] neusdruppels
naseweis waanwijs, wijsneuzig
Nashorn *o*[32] neushoorn
nass[59] nat
Nass *o*[39] **1** water **2** regen **3** drank, nat
Nässe *v*[28] nat(tig)heid, vochtigheid
nässen 1 nat maken: *das Bett ~* het in zijn bed doen **2** *(mbt wond)* dragen
nasskalt kil
Nation *v*[20] natie, volk: *die Vereinten ~en* de Verenigde Naties
national nationaal
Nationalhymne *v*[21] volkslied
nationalisieren[320] **1** nationaliseren **2** naturaliseren
Nationalismus *m*[19a] nationalisme
Nationalität *v*[20] nationaliteit
Nationalmannschaft *v*[20] *(sp)* nationaal team
Nationalsozialismus *m*[19a] nationaalsocialisme
Nationalsozialist *m*[14] nationaalsocialist
Nationalspieler *m*[9] *(sp)* international
Natter *v*[21] slang; ringslang
Natur *v*[20] **1** natuur: *das ist ~* dat is echt **2** gestel, constitutie: *eine eiserne ~* een ijzeren gestel **3** natuur, aard, karakter: *es liegt in der ~ der Sache, dass ...* het volgt uit de aard van de zaak, dat ...
naturalisieren[320] naturaliseren
Naturalisierung *v*[20] naturalisatie
Naturalismus *m*[19a] naturalisme
naturalistisch naturalistisch
Naturereignis *o*[29a], **Naturerscheinung** *v*[20] natuurverschijnsel
Naturerzeugnis *o*[29a] natuurproduct
Naturfreund *m*[5] natuurvriend, -liefhebber
naturgegeben 1 natuurlijk **2** onafwendbaar
[1]**naturgemäß** *bn* natuurlijk
[2]**naturgemäß** *bw* uit de aard der zaak, uiteraard, natuurlijk
naturgetreu natuurgetrouw
Naturgewalt *v*[20] natuurkracht
Naturheilkunde *v*[28] natuurgeneeskunde
Naturheilverfahren *o*[35] natuurgeneeswijze

Naturkatastrophe v^{21} natuurramp
Naturkostladen m^{12} natuurvoedingswinkel
Naturlandschaft v^{20} natuurlijk landschap, natuurgebied
^{1}**natürlich** *bn* natuurlijk
^{2}**natürlich** *bw* vanzelfsprekend
Naturpark m^{5}, m^{13} natuurreservaat
Naturprodukt o^{29} natuurproduct
naturrein zuiver, onversneden, onvervalst
Naturschutz m^{19} natuurbescherming
Naturschutzgebiet o^{29} natuurreservaat
naturwidrig tegennatuurlijk, onnatuurlijk
Naturwissenschaft v^{20} natuurwetenschap
Navigation v^{28} navigatie
navigieren^{320} navigeren, sturen
Nazi m^{13} nazi, nationaalsocialist
Nazismus m^{19a} nazisme, nationaalsocialisme
nazistisch nazistisch, nationaalsocialistisch
n.Chr. *afk van nach Christus, nach Christo* n.C.; n.Chr., na Christus
Neapel o^{39} Napels
Nebel m^{9} mist; nevel
Nebelbank v^{25} mistbank
Nebelglocke v^{21} dichte mist, mistgordijn
Nebelgranate v^{21} rookgranaat, rookbom
nebelhaft 1 nevelachtig **2** vaag, wazig
Nebelhorn o^{32} misthoorn
nebelig nevelig, mistig
nebeln nevelen, misten
Nebelrückleuchte v^{21} mistachterlicht
Nebelscheinwerfer m^{9} mistlamp, breedstraler
Nebelschlussleuchte v^{21} mistachterlicht
Nebelschwaden m^{11} nevelsliert
neben$^{+3, +4}$ *vz* **1** naast: *sie sitzt ~ ihrem Freund* zij zit naast haar vriend **2** behalve, benevens, naast **3** naast, vergeleken met, in vergelijking met
Nebenabsicht v^{20} bijbedoeling
nebenan hiernaast, daarnaast
Nebenausgabe v^{21} **1** regionale editie *(ve krant)* **2** extra uitgave
Nebenausgang m^{6} zijuitgang
Nebenbau *m (2e nvl -(e)s; mv -ten)* bijgebouw
Nebenbedeutung v^{20} bijbetekenis
nebenbei 1 bovendien, tevens, daarnaast **2** terloops: *~ bemerkt* tussen haakjes
Nebenberuf m^{5} bijbetrekking, bijbaantje
nebenberuflich als bijbetrekking, parttime
Nebenbeschäftigung v^{20} bijbaantje
Nebenbuhler m^{9} rivaal
nebeneinander 1 naast elkaar **2** tegelijkertijd
nebeneinanderstellen naast elkaar zetten, met elkaar vergelijken
Nebeneinkünfte *mv* v^{25}, **Nebeneinnahmen** *mv* v^{21} bijverdiensten, neveninkomsten
Nebenerwerb m^{5} bijverdienste; bijbaan
Nebenfach o^{32} **1** bijvak **2** zijvak
Nebenfluss m^{6} zijrivier
Nebengeräusch o^{29} bijgeluid
Nebengeschmack m^{19} bijsmaak
Nebengleis o^{29} zijspoor
nebenher 1 bovendien, tevens, daarnaast **2** terloops
nebenhin terloops
Nebenjob m^{13} bijbaantje
Nebenklage v^{21} civiele eis
Nebenkläger m^{9} civiele partij
Nebenkosten *mv* bijkomende kosten
Nebenmann m^{8} *(mv ook -leute)* buurman
Nebenprodukt o^{29} bijproduct
Nebenraum m^{6} **1** zijkamer **2** bijvertrek
Nebenrolle v^{21} bijrol
Nebensache v^{21} bijzaak
nebensächlich bijkomstig, ondergeschikt, van minder belang: *das ist ~* dat is bijzaak
Nebensatz m^{6} *(taalk)* bijzin
Nebenstelle v^{21} filiaal, bijkantoor
Nebenstraße v^{21} zijstraat
Nebenstrecke v^{21} **1** *(spoorw)* zijspoor, zijlijn **2** secundaire weg
Nebenwirkung v^{20} bijwerking
Nebenzimmer o^{33} **1** kamer hiernaast, ernaast **2** zijkamer
Nebenzweck m^{5} bijbedoeling
neblig nevelig, mistig
nebst^{+3} *vz* benevens, en, (samen) met
necken plagen, foppen, voor de gek houden
neckisch 1 plagerig, plagend **2** leuk, vlot
Neffe m^{15} neef *(zoon van broer of zuster)*
Negation v^{20} negatie, ontkenning
negativ, negativ negatief: *~e Gefühle* onderbuikgevoelens, negatieve gevoelens
Neger m^{9} neger
Negerin v^{22} negerin
nehmen^{212} **1** nemen, vatten, (aan)pakken, grijpen **2** aannemen, accepteren, aanvaarden **3** nemen, wegnemen, afnemen: *sich^{3} das Leben ~* zich van het leven beroven; *das lasse ich mir nicht ~* dat laat ik me niet ontnemen; *etwas an sich ~* iets bij zich steken; zich iets toe-eigenen **4** nemen, gebruiken **5** nemen, opnemen **6** vragen: *hohe Preise ~* hoge prijzen berekenen **7** nuttigen, gebruiken **8** opvatten: *wie man's nimmt* 't is maar hoe je het bekijkt **9** *(mil)* veroveren **10** *(muz)* opnemen: *etwas auf Band ~* iets op de band opnemen
Neid m^{19} nijd, afgunst, na-ijver
neiden misgunnen, benijden: *jmdm etwas ~* iem iets misgunnen, benijden
neidisch afgunstig: *~ auf^{+4}* afgunstig op
neidvoll jaloers, afgunstig, vol jaloezie
Neige v^{21} rest, bezinksel: *auf die* (of: *zur) ~ gehen* opraken; *ein Glas bis zur* (of: *bis auf die) ~ leeren* een glas tot de laatste druppel leegdrinken; *das Jahr geht zur ~* het jaar loopt ten einde
^{1}**neigen** *intr* neigen, de neiging hebben: *er neigt zum Geiz* hij heeft neiging tot gierigheid; *man neigt zu der Annahme …* men is geneigd te veronderstellen …
^{2}**neigen** *tr* **1** neigen, buigen **2** schuin houden

[3]**neigen, sich 1** neigen, (over)hellen **2** afhellen **3** nijgen, een buiging maken; *zie ook* geneigt
Neigung *v*[20] **1** glooiing, helling **2** nijging, buiging **3** neiging, aanleg, drang **4** genegenheid **5** voorkeur, voorliefde
nein neen: *aber ~!* wel nee!; *~, so was!* nee maar!
Nelke *v*[21] **1** anjelier, anjer **2** kruidnagel
[1]**nennen**[213] *tr* noemen
[2]**nennen**[213], **sich** zich noemen, heten
nennenswert noemenswaard(ig)
Nenner *m*[9] *(rekenen)* noemer: *verschiedene Sachen auf einen (gemeinsamen) ~ bringen* verschillende zaken onder één noemer brengen
Nennwert *m*[5] nominale waarde
Neofaschismus *m*[19a] neofascisme
Neofaschist *m*[14] neofascist
Neonazi *m*[13], **Neonazist** *m*[14] neonazi
Neonröhre *v*[21] neonbuis
Nepp *m*[19] nep, afzetterij, bedrog
neppen neppen, afzetten, bedriegen
Nepper *m*[9] nepper; afzetter; bedrieger
Nerv *m*[16] zenuw: *den ~ haben, etwas zu tun* de moed hebben iets te doen; *jmdm auf die ~en gehen* op iems zenuwen werken; *die ~en verlieren* overstuur raken; *die ~en behalten* (of: *bewahren)* zijn kalmte bewaren
nerven: *jmdn ~* op iems zenuwen werken
Nervenarzt *m*[6] zenuwarts
nervenaufreibend zenuwslopend
nervenberuhigend zenuwstillend
Nervenbündel *o*[33] **1** zenuwbundel **2** *(fig)* zenuwpees
nervenkrank zenuwziek
Nervenschmerz *m*[16] zenuwpijn
nervenschwach met zwakke zenuwen
nervenstärkend zenuw(ver)sterkend
Nervensystem *o*[29] zenuwstelsel, zenuwgestel
nervenzerfetzend, nervenzerreißend zenuwslopend
Nervenzucken *o*[39] zenuwtrekking, tic
Nervenzusammenbruch *m*[6] zenuwinzinking
nervig gespierd, krachtig
nervlich psychisch
nervös nerveus, zenuwachtig
Nervosität *v*[28] nervositeit
nervtötend zenuwslopend
Nerz *m*[5] **1** nerts **2** nerts(bont) **3** nertsmantel
Nessel *v*[21] (brand)netel
Nest *o*[31] **1** nest **2** nest, bed: *ins ~ gehen* naar zijn nest gaan **3** gehucht, gat
[1]**nesteln** *intr* frunniken, frommelen
[2]**nesteln** *tr* frunnikend los-, vastmaken
Net *o*[39] internet, web
Netiquette *v*[28] nettiquette
nett 1 aardig, leuk, vriendelijk **2** aardig, flink: *ein ~er Profit* een flinke winst **3** mooi, fraai
netto netto
Nettopreis *m*[5] nettoprijs
Netz *o*[29] **1** net: *jmdm ins ~ gehen* in de val lopen **2** netwerk **3** internet, web **4** spinnenweb
Netzadresse *v*[21] **1** IP-nummer **2** internetadres, webadres
Netzball *m*[6] *(sp)* netbal
Netzbetreiber *m*[9] kabelexploitant
netzen bevochtigen, nat maken
Netzhaut *v*[25] netvlies
Netzwerk *o*[29] netwerk
netzwerkeln, netzwerken netwerken
Netzwerker *m*[9] netwerker
[1]**neu** *bn* nieuw, modern: *die ~en* (of: *die ~eren) Sprachen* de moderne talen; *der Neue (ein Neuer): a)* de nieuweling; *b)* de nieuwe wijn; *was gibt es Neues?* is er nog nieuws?; *von Neuem, von ~em, aufs Neue* opnieuw; *~ gebacken* nieuwbakken; *~ vermählt* opnieuw gehuwd
[2]**neu** *bw* opnieuw: *der Sessel ist ~ überzogen* de stoel is opnieuw bekleed
Neuankömmling *m*[5] nieuwaangekomene, nieuwkomer
neuartig nieuw (in zijn soort), modern
Neuauflage *v*[21] herdruk, nieuwe druk
Neuausrichtung *v*[20] heroriëntatie
Neubau *m (2e nvl -(e)s; mv -ten)* **1** nieuwbouw **2** huis in aanbouw **3** nieuw gebouw, nieuw huis
Neubearbeitung *v*[20] nieuwe bewerking
Neubildung *v*[20] **1** *(med)* nieuwvorming **2** *(taalk)* neologisme **3** (het) opnieuw vormen
Neueinsteiger *m*[9] nieuwkomer, nieuweling
neuerdings (in) de laatste tijd, sinds kort
Neuerer *m*[9] hervormer, vernieuwer
[1]**neuerlich** *bn* nieuw, recent
[2]**neuerlich** *bw* opnieuw
Neuerung *v*[20] vernieuwing, hervorming
neuestens in de laatste tijd
neugebacken nieuwbakken
neugeboren pasgeboren: *wie ~* als herboren
Neugestaltung *v*[20] hervorming, reorganisatie, herstructurering
Neugier, Neugierde *v*[28] nieuwsgierigheid
neugierig nieuwsgierig
Neuheit *v*[20] **1** nieuwheid, nieuwe **2** nieuwigheid, nieuw product, nouveauté
Neuigkeit *v*[20] **1** nieuwtje, nieuws **2** nieuwheid **3** nieuwigheid, nieuw product
Neujahr *o*[39] nieuwjaar: *prosit ~!* gelukkig nieuwjaar!
Neuland *o*[39] **1** nieuw (ontdekt) land **2** ontginning **3** *(fig)* onontgonnen gebied
neulich onlangs
Neuling *m*[5] nieuweling, nieuwkomer
neumodisch modern, nieuwerwets
Neumond *m*[19] nieuwemaan
neun negen
neunmalklug betweterig
neunzehn negentien
neunzig negentig
Neuordnung *v*[20] herstructurering, reorganisatie
Neuorientierung *v*[28] heroriëntering

ne

Neureiche(r) m^{40a}, v^{40b} nieuwe rijke
Neurologe m^{15} neuroloog
Neurologie v^{28} neurologie
Neuschnee m^{19} verse sneeuw
neusprachlich van de moderne talen: *~er Unterricht* onderwijs in de moderne talen
neutral 1 neutraal **2** *(taalk)* onzijdig
Neutralität v^{20} neutraliteit
neuvermählt pasgehuwd
Neuwert m^{5} nieuwwaarde
neuwertig zogoed als nieuw
Neuzeit v^{28} nieuwe tijd, moderne tijd
neuzeitlich modern, hedendaags
Neuzulassung v^{20} eerste registratie *(van auto)*
NGO v^{27}, v^{20} *afk van non-governmental organization, Nichtregierungsorganisation* niet-gouvernementele organisatie *(afk* ngo)
nicht niet: *wenn ~, dann ...* zo niet, dan ...; *~ doch!* alsjeblieft niet!; *~ amtlich* officieus; *~ befugt, ~ berechtigt* onbevoegd; *~ Zutreffendes bitte streichen* doorhalen wat niet van toepassing is
Nichtachtung v^{28} **1** geringschatting, minachting **2** veronachtzaming
nichtamtlich officieus
Nichtbeachtung v^{28} (het) niet respecteren, (het) negeren, veronachtzaming
Nichtbefolgung v^{28} niet-naleving, veronachtzaming, (het) niet opvolgen
nichtberechtigt onbevoegd
Nichte v^{21} nicht *(dochter van broer of zuster)*
Nichteinmischung v^{20} niet-inmenging
nichtig 1 nietig, ongeldig: *~ werden* vervallen; *für ~ erklären* nietig verklaren **2** *(mbt hoop)* ijdel **3** nietig, nietszeggend, onbeduidend
Nichtraucher m^{9} **1** niet-roker **2** *(spoorw)* (coupé) niet-roken
nichts niets: *~ da!* geen sprake van!; *mir ~, dir ~* zomaar, zonder meer; *für ~ und wieder ~* volkomen zinloos
Nichts o^{39a} **1** niets **2** niemendal, bijna niets, kleinigheid **3** *(fig)* nul
Nichtschwimmer m^{9} niet-zwemmer
Nichtschwimmerbecken o^{35} ondiepe
nichtsdestoweniger (desal)niettemin
Nichtsnutz m^{5} nietsnut
nichtsnutzig onnut
Nichtstuer m^{9} nietsdoener, luiaard, leegloper
Nichtstun o^{39} (het) nietsdoen, (het) luieren
nichtswürdig nietswaardig, schandelijk
Nichtzutreffende(s) o^{40c}: *~ bitte streichen* doorhalen wat niet van toepassing is
Nickel o^{39} nikkel
nicken 1 knikken **2** knikkebollen **3** *(sp)* koppen
Nickerchen o^{35} dutje
nie nooit: *~ und nimmer* nooit ofte nimmer
[1]**nieder** *bn* **1** laag, lager **2** laag, gemeen
[2]**nieder** *bw* neer, neerwaarts, omlaag: *auf und ~* heen en weer
[1]**niederbrennen** ^{138} *intr* afbranden
[2]**niederbrennen** ^{138} *tr* platbranden
niederfahren ^{153} **1** neerdalen **2** naar beneden schieten
niederfallen ^{154} neervallen
Niedergang m^{6} **1** ondergang **2** verval
niedergehen ^{168} **1** neergaan **2** naar beneden komen, dalen, landen **3** ondergaan; ten einde lopen **4** *(mbt regen)* neervallen
niedergeschlagen terneergeslagen, neerslachtig, mismoedig
niederhalten ^{183} **1** laag houden, op de grond houden **2** onderdrukken
niederhauen ^{185} **1** neerhouwen **2** afslachten
niederkämpfen 1 overwinnen, verslaan **2** *(gevoelens)* onderdrukken, bedwingen
niederkommen ^{193} **1** neerkomen, naar beneden komen, neervallen **2** baren: *mit einem Mädchen ~* van een meisje bevallen
Niederlage v^{21} **1** nederlaag **2** depot **3** pakhuis, magazijn
Niederlande *mv* Nederland
Niederländer m^{9} Nederlander
niederländisch Nederlands
niederlassen ^{197}**, sich 1** gaan zitten, plaatsnemen, neerstrijken **2** zich vestigen
Niederlassung v^{20} **1** vestiging, filiaal **2** nederzetting
[1]**niederlegen** *tr* **1** neerleggen: *die Waffen ~* de wapens neerleggen **2** opgeven, afstand doen van **3** noteren, vastleggen **4** *(een kind)* naar bed brengen
[2]**niederlegen, sich** gaan liggen, naar bed gaan
niedermachen afmaken, afslachten
niedermetzeln afmaken, afslachten
niederprasseln 1 neerkletteren **2** *(fig)* neerkomen
niederreißen ^{220} afbreken, slopen *(ook fig)*
niederschießen ^{238} neerschieten
Niederschlag m^{6} **1** neerslag **2** (het) neerslaan **3** neerslag, bezinksel **4** knockdown *(bij boksen)*
[1]**niederschlagen** ^{241} *tr* **1** neerslaan *(ook chem)* **2** tegen de grond slaan **3** *(een proces)* staken, seponeren **4** *(jur)* vernietigen, kwijtschelden **5** smoren, onderdrukken: *Widerstand ~* verzet breken
[2]**niederschlagen** ^{241}**, sich 1** zijn neerslag vinden, tot uitdrukking komen **2** neerslaan; *zie ook* niedergeschlagen
niederschlagsfrei *(weerk)* zonder neerslag
niederschmettern 1 neersmakken **2** terneerslaan, ontmoedigen
niederschreiben ^{252} opschrijven, op papier zetten
Niederschrift v^{20} **1** (het) opschrijven **2** verslag, protocol, versie
[1]**niedersetzen** *tr* neerzetten
[2]**niedersetzen, sich** gaan zitten, zich neerzetten
niedersinken ^{266} neerzinken
niederstimmen afstemmen, verwerpen
[1]**niederstrecken** *tr* neerleggen, vellen

^{2}**niederstrecken, sich** zich uitstrekken, gaan liggen
Niedertracht v^{28} laagheid, gemeenheid
niederträchtig **1** laag, gemeen **2** vreselijk, bar
Niederträchtigkeit v^{20} laagheid, gemeenheid
Niederung v^{20} **1** laagland, laagvlakte **2** laagte *(ook fig)*; dieptepunt
niederwärts neerwaarts, naar beneden
^{1}**niederwerfen**^{311} *tr* **1** neerwerpen, neergooien **2** op het ziekbed werpen **3** overwinnen **4** onderdrukken
^{2}**niederwerfen**^{311}**, sich** op de knieën vallen
niedlich aardig, lief, lieftallig, beeldig, schattig
niedrig **1** laag *(ook fig)*; gemeen **2** eenvoudig
Niedriglohnland o^{32} lagelonenland
niemals nooit
niemand niemand: ~ *Besseres* geen beter mens
Niere v^{21} nier || *das geht mir an die ~n* dat grijpt me erg aan
Nierenentzündung v^{20} nierontsteking
Nierenstein m^{5} niersteen
Nierensteinzertrümmerer m^{9} niersteenvergruizer
nieseln motregenen
Nieselregen m^{11} motregen
niesen niezen
Niete v^{21} **1** niet *(in loterij)* **2** klinknagel **3** mislukkeling **4** fiasco, flop, mislukking
nieten (vast)klinken
Nietenhose, Niethose v^{21} spijkerbroek

niet- und nagelfest spijkervast
Nikab m^{13} nikab
Nikotin o^{39} nicotine
nikotinfrei nicotinevrij
nikotinhaltig nicotine bevattend
Nilbarsch m^{5} nijlbaars
Nilpferd o^{29} nijlpaard
nimmer *(vero)* nooit, nimmer
nimmermehr *(vero)* nooit, nimmer(meer)
Nimmerwiedersehen o^{39}: *auf ~!* ik hoop je nooit meer te zien!
nippen nippen
Niqab m^{13} nikab
nirgends, nirgendwo nergens
Nische v^{21} nis
Niss v^{23}, **Nisse** v^{21} neet, luizenei
nisten nestelen
Nitrat o^{29} nitraat
Niveau o^{36} niveau, peil
nivellieren^{320} nivelleren
Nivellierung v^{20} (het) nivelleren, nivellering
nix *(inform) zie* nichts
nobel **1** nobel, edel **2** royaal, vrijgevig **3** *(iron)* luxe, chic, elegant, deftig
Nobelhotel o^{36} chic hotel
Nobelpreis m^{5} Nobelprijs
Nobelpreisträger m^{9} Nobelprijswinnaar
Nobelviertel o^{34} chique wijk
noch **1** nog: *er wird schon ~ kommen* hij zal nog wel komen; *wie hieß er ~?* hoe heette hij ook alweer? **2** noch: *weder reich ~ arm* (noch) rijk noch arm
nochmalig herhaald, tweede
nochmals nogmaals, nog eens, opnieuw
Nocken m^{11} nok
Nockenscheibe v^{21} nokschijf, nokkenschijf
Nockenwelle v^{21} nokkenas
No-go-Area v^{27} no-goarea
Nomade m^{15} nomade
Nominalwert m^{5} nominale waarde
Nomination v^{20} benoeming, nominatie
Nominativ m^{5} nominatief, eerste naamval
nominieren^{320} **1** benoemen **2** *(sp)* opstellen
Nonne v^{21} non
Nonstop-Flug, Nonstopflug m^{6} non-stopvlucht
Noppe v^{21} nop(je)
Nord m^{19} noord(en)
Norden m^{19} noorden
Nordicwalking, Nordic Walking o^{39} nordic walking
nordisch **1** noords **2** *(1933-1945)* arisch
^{1}**nördlich** *bn* noordelijk; noorder-: *~e Breite* noorderbreedte
^{2}**nördlich**$^{+2}$ *vz* ten noorden van
Nordlicht o^{31} noorderlicht
Nordost m^{19} noordoost(en)
Nordosten m^{19} noordoosten
^{1}**nordöstlich** *bn* noordoostelijk
^{2}**nordöstlich**$^{+2}$ *vz* ten noordoosten van
Nordpol m^{19} noordpool
Nordsee v^{28} Noordzee
Nordwest m^{19} noordwest(en)
Nordwesten m^{19} noordwesten
^{1}**nordwestlich** *bn* noordwestelijk
^{2}**nordwestlich**$^{+2}$ *vz* ten noordwesten van
Nordwind m^{5} noordenwind
Nörgelei v^{20} gemopper, gekanker, gevit
nörgeln mopperen, kankeren, vitten
Nörgler m^{9} mopperaar, kankeraar, vitter
Norm v^{20} norm, richtsnoer, regel
normal normaal
Normal o^{39}, **Normalbenzin** o^{39} normale benzine
normalerweise gewoonlijk, normaliter
normalisieren^{320} normaliseren
Normalo m^{13} **1** burgermannetje, buma **2** (burger)trut
Normalverbraucher m^{9} **1** gemiddelde consument **2** *(ongunstig)* doorsneemens
normen, normieren normaliseren, standaardiseren
Normierung, Normung v^{20} normalisatie, standaardisering
normwidrig in strijd met de normen
Norwegen o^{39} Noorwegen
Norweger m^{9} Noor
norwegisch Noors
Not v^{25} **1** nood: *in ~* (of: *in Nöten) sein* in nood verkeren; *mit genauer* (of: *mit knapper) ~* ternau-

wernood **2** noodzaak **3** moeite || *seine (liebe) ~ mit jmdm, etwas haben* veel met iem, iets te stellen hebben; *zur ~* desnoods
Notar m^{5} notaris
Notariatskanzlei v^{20} notariskantoor
notariell, notarisch notarieel
Notarzt m^{6} **1** dienstdoende arts **2** arts op een ziekenauto
Notausgang m^{6} nooduitgang
Notbehelf m^{5} hulpmiddel, redmiddel
Notbremse v^{21} noodrem
Notdurft v^{28} behoefte: *seine ~ verrichten* zijn behoefte doen
notdürftig behoeftig, armoedig, gebrekkig
Note v^{21} **1** *(muz)* noot **2** aantekening, opmerking **3** *(school, sport)* cijfer **4** (diplomatieke) nota **5** bankbiljet **6** *(mv) (geschreven, gedrukte)* muziek: *in ~n setzen* op muziek zetten
Notenbank v^{20} circulatiebank
Notenblatt o^{32} muziekblad
Notenständer m^{9} muziekstandaard
Notfall m^{6} geval van nood
notfalls desnoods, in geval van nood
notgedrungen noodgedwongen
notieren^{320} noteren, aantekenen
Notierung v^{20} **1** notering **2** *(muz)* notatie
nötig nodig: *ich brauche es ~* ik heb het dringend nodig; *für ~ halten* nodig vinden; *wenn ~* zo nodig
nötigen 1 noodzaken, verplichten, dwingen **2** dringend verzoeken
nötigenfalls desnoods
Nötigung v^{28} **1** dwang, bedreiging met geweld **2** dringend verzoek **3** noodzaak
Notiz v^{20} **1** notitie, aantekening **2** (kort) bericht **3** *(handel)* notering || *~ nehmen von*$^{+3}$ nota nemen van
Notizblock m^{6}, m^{13} notitieblok
Notlage v^{21} **1** hachelijke positie **2** noodsituatie
notlanden een noodlanding maken
Notlandung v^{20} noodlanding
Notoperation v^{20} spoedoperatie
Notruf m^{5} **1** *(telecom)* alarmnummer **2** dringend verzoek om hulp **3** noodschreeuw *(van dier)*
Notrufnummer v^{21} alarmnummer
Notrufsäule v^{21} praatpaal
Notschrei m^{5} noodkreet, noodroep
Notsignal o^{29} noodsein, noodsignaal
Notstand m^{6} **1** noodtoestand **2** noodsituatie
Notstandsgebiet o^{29} rampgebied
Nottür v^{20} nooddeur, nooduitgang
Notwehr v^{28} noodweer
notwendig 1 noodzakelijk **2** onvermijdelijk
Notwendigkeit v^{20} noodzakelijkheid
Notzeichen o^{35} noodsein, noodsignaal
Novelle v^{21} **1** novelle **2** wijzigingswet, aanvullende wet
November m^{9} *(2e nvl ook -)* november
Novität v^{20} noviteit, nieuwigheid
Nu m^{19}: *im* (of: *in einem) Nu* in een oogwenk
Nuance v^{21} nuance, schakering
nuancieren^{320} nuanceren
nüchtern 1 nuchter **2** zakelijk
Nüchternheit v^{28} **1** nuchterheid **2** zakelijkheid
Nucke, Nücke v^{21} nuk, kuur, gril
Nudel v^{21} **1** knoedel, meelbal **2** *(mv)* deegwaren; macaroni, spaghetti, vermicelli **3** mens, tante, meid
Nudelsuppe v^{21} vermicellisoep
nuklear nucleair, kern-
Nuklearkrieg m^{5} nucleaire oorlog, kernoorlog
null 1 nul: *~ und nichtig* van nul en gener waarde **2** *(pop)* geen: *~ Ahnung haben* geen idee hebben; *~ Komma nichts* nul komma nul
Null v^{20} nul*; zie ook* null
Null-Null *o (2e nvl -; mv -(s))* nummer 100, toilet, wc
Nulltarif m^{5} nultarief; *(bij openbaar vervoer)* gratis openbaar vervoer
Nulltoleranz v^{28} zero tolerance
numerieren *oude spelling voor* nummerieren, *zie* nummerieren
Nummer v^{21} **1** nummer; *(sp)* rugnummer **2** maat **3** *(inform)* nummertje || *~ null* toilet, wc; *er ist eine ~ für sich* hij is een eigenaardig nummer; *das ist eine ~* (of: *einige ~n, ein paar ~n) zu groß für ihn* hij grijpt te hoog; *auf ~ Sicher* (of: *auf ~ sicher) gehen* geen enkel risico nemen
nummerieren^{320} nummeren
Nummernscheibe v^{21} *(telecom)* kiesschijf
Nummernschild o^{31} nummerbord, -plaat
nun nu; nou: *~ denn!* vooruit!; *~ erst recht!* juist nu!; *von ~ an* van nu af aan
nunmehr 1 nu, thans **2** voortaan
nur alleen, slechts, maar: *~ schade* jammer; *~ Geduld!* heb maar geduld!; *er sagt das ~ so* hij zegt dat zomaar; *wenn er ~ käme!* kwam hij nu maar!; *nicht ~ …, (sondern) auch* niet alleen …, (maar) ook; *was du ~ hast!* wat heb je toch?; *~ dass …* alleen maar, dat …; *~ zu!* vooruit!
Nuss v^{25} **1** noot **2** fricandeau **3** kop **4** mens
Nusskern m^{5} pit, binnenste van een noot
Nussknacker m^{9} notenkraker
Nussschale v^{21} notendop
Nüster v^{21} neusgat *(van mens, paard)*
Nut v^{20}, **Nute** v^{21} groef, sponning, sleuf
Nutte v^{21} *(inform)* hoer
Nutz m^{19}: *sich etwas zu ~e machen* zich iets ten nutte maken
nutzbar 1 nuttig, bruikbaar **2** vruchtbaar
Nutzbarkeit v^{28} nut, voordeel
nutzbringend nuttig, winstgevend
Nutzeffekt m^{5} nuttig effect, rendement
[1]**nutzen, nützen** *intr* helpen, baten, van nut zijn
[2]**nutzen, nützen** *tr* **1** gebruikmaken van, exploiteren **2** benutten
Nutzen m^{11} nut, voordeel, winst, profijt: *von etwas ~ haben* profijt van iets hebben; *von ~ sein* nuttig zijn

Nutzfahrzeug *o*[29] bedrijfsauto, vrachtauto, autobus
Nutzfläche *v*[21] **1** cultuurgrond **2** bedrijfsruimte
Nutzgarten *m*[12] moestuin
Nutzlast *v*[20] **1** *(bouwk)* nuttige belasting **2** nuttige last
Nutzleistung *v*[20] rendement
nützlich nuttig, voordelig, bruikbaar: *du warst mir sehr* ~ je hebt me erg geholpen
Nützlichkeit *v*[28] nuttigheid, nut
nutzlos nutteloos, overbodig
Nutzlosigkeit *v*[28] nutteloosheid, overbodigheid
nutznießen profiteren
[1]**Nutznießung** *v*[28] vruchtgebruik
[2]**Nutznießung** *v*[20] (het) profiteren
Nutztier *o*[29] nuttig dier
Nutzung *v*[20] gebruikmaking, gebruik, exploitatie
Nylon *o*[39], *o*[39a] nylon

Oase *v*^{21} oase

^{1}**ob** *vz* **1** *(met 3e nvl)* boven **2** *(met 2e nvl)* wegens, om

^{2}**ob** *vw* **1** of **2** al, hoewel **3** alsof: *ob Groß, ob Klein, alle waren krank* hetzij groot, hetzij klein, allen waren ziek; *und ob!* en of!

Obacht *v*^{28} oplettendheid, zorg: *~ geben* (of: *haben) auf*$^{+4}$ letten, passen op

Obdach *o*^{39} onderdak, onderkomen

obdachlos dakloos, onbehuisd

Obdachlosenzeitung *v*^{20} daklozenkrant

Obdachlose(r) *m*^{40a}, *v*^{40b} dakloze

Obduktion *v*^{20} lijkschouwing, sectie

oben *bw* boven: *~ am Tisch sitzen* aan het hoofd van de tafel zitten; *~ ohne* topless; *von ~ herab* uit de hoogte; *~ erwähnt* bovengenoemd; *~ genannt* bovengenoemd

obenan bovenaan

obenauf bovenop: *immer ~ sein* altijd goedgehumeurd zijn

obendrein bovendien, daarenboven

obenerwähnt, obengenannt bovengenoemd

obenhin oppervlakkig, vluchtig

obenhinaus hogerop, naar boven

ober hoger, bovenst: *der ~e Flusslauf* de bovenloop

Ober *m*^{9} ober, kelner

Oberarm *m*^{5} bovenarm

Oberarzt *m*^{6} plaatsvervangend chef-arts

Oberbefehl *m*^{5} opperbevel

Oberbefehlshaber *m*^{9} opperbevelhebber

Oberbegriff *m*^{5} samenvattend begrip

Oberbekleidung *v*^{20} bovenkleding

Oberbett *o*^{37} dekbed

Oberbürgermeister *m*^{9} burgemeester *(van grote stad)*

Oberfläche *v*^{21} oppervlak(te)

oberflächlich oppervlakkig

Obergeschoss *o*^{29} bovenverdieping

Obergrenze *v*^{21} bovengrens

oberhalb^{+2} *vz* boven

Oberhand *v*^{28} *(fig)* overhand

Oberhaupt *o*^{32} **1** hoofd *(van kerk, staat, gezin)* **2** aanvoerder

Oberhemd *o*^{37} overhemd

Oberherrschaft *v*^{28} soevereiniteit

Oberin *v*^{22} **1** directrice *(hoofd verpleging, van tehuis)* **2** *(r-k)* overste *(van klooster)*

Oberinspektor *m*^{16} hoofdinspecteur

oberirdisch bovengronds

Oberkante *v*^{21} bovenkant

Oberkellner *m*^{9} **1** eerste kelner **2** ober, kelner

Oberkiefer *m*^{9} bovenkaak

Oberkleidung *v*^{20} (boven)kleding

Oberkommando *o*^{36} opperbevel

Oberkörper *m*^{9} bovenlichaam

Oberlandesgericht *o*^{29} gerechtshof

Oberlauf *m*^{6} bovenloop

Oberleitung *v*^{20} **1** hoofdleiding, hoofdbestuur **2** bovenleiding

Oberleutnant *m*^{13} eerste luitenant

^{1}**Oberlicht** *o*^{39} bovenlicht

^{2}**Oberlicht** *o*^{31} bovenraam

Oberliga *v (mv -ligen) (sp)* eerste divisie

Oberlippe *v*^{21} bovenlip

Oberprima *v (mv -primen)* hoogste klas *(van Duits gymnasium)*

Oberschenkel *m*^{9} dij, dijbeen

Oberschicht *v*^{20} bovenlaag

Oberschule *v*^{21} middelbare school

Oberschüler *m*^{9} middelbare scholier

Oberschwester *v*^{21} hoofdzuster, hoofdverpleegster

Oberseite *v*^{21} bovenzijde

oberst *bn* opperst, bovenst, hoogst

Oberst *m*^{5}, *m*^{14} kolonel

Oberstock *m*^{6} bovenverdieping

Oberstübchen *o*^{35}: *er ist nicht (ganz) richtig im ~* hij is niet goed bij zijn hoofd

Oberstudiendirektor *m*^{16} rector *(bij het vwo)*

Oberstudienrat *m*^{6} *(oudere)* leraar *(bij het vwo)*

Oberstufe *v*^{21} bovenbouw

Oberteil *m*^{5}, *o*^{29} bovendeel

Oberwasser *o*^{39} *(fig): ~ haben* in het voordeel zijn

Oberweite *v*^{21} bovenwijdte

Obesitas, Obesität *v*^{28} obesitas

obgleich ofschoon, hoewel, al

Obhut *v*^{28} hoede, bescherming

obig bovenstaand, bovengenoemd

Objekt *o*^{29} object, voorwerp

objektiv objectief, zakelijk

Objektiv *o*^{29} objectief

objektivieren ^{320} objectiveren

Objektivität *v*^{28} objectiviteit

obliegen, obliegen rusten op, opgedragen zijn aan, berusten bij

Obliegenheit *v*^{20} verplichting, plicht, taak

obligat obligaat, verplicht

Obligation *v*^{20} obligatie

obligatorisch obligatoir, verplicht

Obmann *m*^{8} *(mv ook Obleute)* **1** voorzitter **2** vertrouwensman **3** voorzitter van de jury

Oboe *v*^{21} hobo

Obrigkeit *v*^{20} overheid, regering

obschon ofschoon, hoewel
Observation *v*[20] observatie, waarneming
Observatorium *o (2e nvl -s; mv -torien)* observatorium; sterrenwacht
obsiegen, obsiegen zegevieren, overwinnen
obskur obscuur
Obst *o*[39] fruit, vruchten
Obstbaum *m*[6] vruchtboom
Obstgarten *m*[12] boomgaard
Obsthändler *m*[9] fruithandelaar
obstinat obstinaat, koppig, eigenzinnig
Obstkuchen *m*[11] vruchtentaart
Obstmesser *o*[33] fruitmesje
Obstsaft *m*[6] vruchtensap
Obstsalat *m*[5] vruchtenslaatje, -salade
Obstschale *v*[21] **1** fruitschaal **2** vruchtenschil
obszön obsceen, schunnig
Obus *m*[5] *(2e nvl -ses; mv -se) verk van Oberleitungsomnibus* trolleybus
obwohl, obzwar ofschoon, hoewel
Ochse *m*[15] **1** os **2** stomkop
ochsen blokken, vossen
Ochsenschwanzsuppe *v*[21] ossenstaartsoep
Ochsenzunge *v*[21] ossentong
od. *afk van oder* of
Ode *v*[21] ode
öde 1 woest **2** eenzaam, verlaten **3** vervelend, saai, geestdodend
Öde *v*[21] **1** woestenij **2** eenzaamheid, verlatenheid **3** saaiheid, leegte
Ödem *o*[29] oedeem
oder of: ~ *aber* ofwel; *du bist doch der gleichen Ansicht, ~?* je bent het toch met me eens, nietwaar?
Ofen *m*[12] **1** kachel, oven **2** *(inform)* auto, motorfiets: *ein heißer ~* een razendsnelle auto, motor || *immer hinter dem ~ hocken* altijd thuis zitten
Ofenröhre *v*[21] oven *(in fornuis)*
Ofenschirm *m*[5] haardscherm
offen 1 open, toegankelijk: *auf ~er See* in open zee; *ein ~es Haus haben* zeer gastvrij zijn; *mit ~er Hand geben* vrijgevig zijn; *~e Stelle* vacature; *für*[+4] (of: *gegenüber*[+3]) *etwas ~ sein* voor iets openstaan; *~er Wein: a)* wijn uit het vat; *b)* wijn per glas; *der Zug hielt auf ~er Strecke* de trein stopte in het open veld; ~ *bleiben* open blijven; ~ *halten* openhouden; *die Tür ~ (stehen) lassen* de deur openlaten **2** open, openhartig, eerlijk: ~ *gesagt* (of: *gestanden)* eerlijk gezegd || *~e Handelsgesellschaft (OHG)* vennootschap onder firma
offenbar, offenbar 1 blijkbaar, klaarblijkelijk **2** duidelijk
[1]**offenbaren** *tr* openbaren, onthullen
[2]**offenbaren, sich 1** zich openbaren **2** blijken te zijn
Offenbarung *v*[20] openbaring, onthulling
offenbleiben[134] onbeantwoord blijven
offenhalten[183]**, sich**: *sich etwas ~* zich iets voorbehouden
Offenheit *v*[28] open(hartig)heid, oprechtheid
offenherzig openhartig
offenkundig, offenkundig 1 duidelijk **2** blijkbaar, klaarblijkelijk
offenlassen[197] openlaten
offenlegen blootleggen
offensichtlich, offensichtlich 1 blijkbaar, klaarblijkelijk **2** duidelijk
offensiv offensief, aanvallend
Offensive *v*[21] offensief
[1]**öffentlich** *bn* **1** openbaar *(van proces, veiling): der ~e Dienst* de overheid; *die ~e Hand* de overheid; *die ~e Meinung* de openbare mening **2** publiek
[2]**öffentlich** *bw* in het openbaar
Öffentlichkeit *v*[28] **1** openbaarheid, publiciteit: *in aller ~* publiekelijk; *unter Ausschluss der ~* met gesloten deuren; *an die ~ treten* in de publiciteit komen **2** publiek: *die breite ~* het brede publiek
Öffentlichkeitsarbeit *v*[28] public relations
öffentlich-rechtlich publiekrechtelijk
offerieren[320] **1** offreren **2** *(handel)* aanbieden
Offerte *v*[21] *(handel)* offerte, aanbieding
Officemanager *m*[9] officemanager
offiziell officieel
Offizier *m*[5] officier
Offizierskasino *o*[36] officiersmess
offline offline
[1]**öffnen** *tr* openen, opendoen
[2]**öffnen, sich** opengaan, zich openen
Öffner *m*[9] opener
[1]**Öffnung** *v*[28] (het) openen, (het) opengaan
[2]**Öffnung** *v*[20] opening
Öffnungszeit *v*[20] openingstijd
Offshoring *o*[39] offshoring
oft[65] dikwijls, vaak
öfter, des Öfteren, öfters vrij vaak, herhaaldelijk
oftmals dikwijls, vaak, herhaaldelijk
OHG *afk van offene Handelsgesellschaft* vennootschap onder firma
[1]**ohne**[+4] *vz* zonder, behalve, buiten: ~ *Weiteres* (of: *weiteres)* zonder bezwaar; *das ist nicht ~!* dat is niet gek!
[2]**ohne** *vw* zonder: ~ *zu sprechen* zonder te spreken
ohnedies toch al
ohnegleichen zonder weerga, weergaloos
ohnehin toch al, toch nog
Ohnmacht *v*[20] **1** machteloosheid, onmacht **2** flauwte, bewusteloosheid
ohnmächtig 1 machteloos **2** bewusteloos, buiten kennis: ~ *werden* flauw vallen
oho *tw* oho!: *klein, aber ~!* klein maar dapper
Ohr *o*[37] oor: *sich aufs ~ legen* (of (inform): *hauen)* op één oor gaan liggen; *auf den ~en sitzen* niet luisteren; *schreib dir das hinter die ~en!* knoop dat in je oor!; *jmdm eins* (of: *ein paar) hinter die ~en geben* iem een oorvijg geven; *zu ~en kommen* ter ore komen || *auf einem ~ taub sein* aan een oor doof zijn; *jmdm in den ~en liegen* iem

aan het hoofd zeuren; *die ~en steifhalten* de moed niet verliezen; *jmdn übers ~ hauen* iem bedriegen, afzetten
Öhr *o*[29] **1** oog *(van naald)* **2** oor *(van kan)*; hengsel
Ohrenarzt *m*[6] oorarts
ohrenbetäubend oorverdovend
Ohrenentzündung *v*[20] oorontsteking
Ohrensausen *o*[39] oorsuizing
Ohrenschmalz *o*[39] oorsmeer
Ohrenschmaus *m*[19] genot voor het oor
Ohrenschmerz *m*[16] oorpijn
Ohrenschützer *mv m*[9] oorwarmers
Ohrfeige *v*[21] oorvijg
ohrfeigen: *jmdn ~* iem een oorvijg geven; *ich kann mich ~!* ik kan me wel voor mijn kop slaan!
Ohrhörer *m*[9] oortje; oortelefoon
Ohrläppchen *o*[35] oorlelletje
Ohrmuschel *v*[21] oorschelp
o.k., O.K., okay oké, goed
okkult occult, geheim, verborgen
Ökologe *m*[15] ecoloog
Ökologie *v*[28] ecologie
ökologisch ecologisch
Ökonom *m*[14] econoom
[1]**Ökonomie** *v*[21] economie
[2]**Ökonomie** *v*[28] zuinigheid
ökonomisch **1** economisch **2** zuinig
Ökosystem *o*[29] ecosysteem
Oktanzahl *v*[20] octaangetal
Oktober *m*[9] *(2e nvl ook -)* oktober
Ökumene *v*[28] oecumene
ökumenisch oecumenisch
Öl *o*[29] olie: *~ fördern* (aard)olie winnen
Ölbaum *m*[6] olijfboom
Ölbehälter *m*[9] **1** olievat **2** olietank, -reservoir
Ölbekämpfung *v*[20] oliebestrijding
Ölbild *o*[31] olieverfportret, -schilderij
Ölbohrung *v*[20] olieboring
ölen oliën; smeren
Ölfarbe *v*[21] olieverf
Ölfeld *o*[31] olieveld
Ölfeuerung *v*[28] oliestook, (het) stoken met olie
Ölfilm *m*[5] oliefilm, olielaagje
Ölfleck *m*[5] olievlek
Ölförderung *v*[20] oliewinning
Ölgemälde *o*[33] olieverfschilderij
Ölgesellschaft *v*[20] (aard)oliemaatschappij
Ölheizung *v*[20] oliestook
ölig **1** olieachtig, vettig **2** *(fig)* zalvend, glad
Ölindustrie *v*[21] (aard)olie-industrie
Olive *v*[21] **1** olijf **2** olijfboom
Olivenöl *o*[29] olijfolie
olivgrün olijfgroen
Ölkonzern *m*[5] olieconcern
Ölkrise *v*[21] oliecrisis
Ölleitung *v*[20] **1** olieleiding **2** oliepijpleiding
Ölmalerei *v*[20] olieverfschilderij
Ölmessstab *m*[6] oliepeilstok
Ölpest *v*[28] ernstige olievervuiling
Ölplattform *v*[20] boorplatform
Ölquelle *v*[21] oliebron
Ölraffinerie *v*[21] (aard)olieraffinaderij
Ölsardine *v*[21] sardine in olie
Ölstand *m*[6] oliepeil
Öltank *m*[13], *m*[5] oliereservoir, olietank
Öltanker *m*[9] (olie)tanker, (olie)tankschip
Ölung *v*[20] (het) oliën, zalving
Ölvorkommen *o*[35] (in de grond aanwezige) olievoorraad, vindplaats van olie
Ölwanne *v*[21] carter
Ölwechsel *m*[9] het olieverversen
Olympiade *v*[21] **1** olympiade **2** Olympische Spelen
Olympiasieger *m*[9] olympisch kampioen
olympisch olympisch: *Olympische Spiele* Olympische Spelen
Ölzeug *o*[39] oliegoed
Ölzweig *m*[5] olijftak
Oma *v*[27] oma
Omelett *o*[29], *o*[36] omelet
Omen *o*[35] *(mv ook Omina)* omen, voorteken
Omi *v*[27] oma
ominös omineus, onheilspellend
Omnibus *m (2e nvl -busses; mv -busse)* autobus
Oneliner *m*[13] oneliner
Onkel *m*[9] **1** oom **2** man, snuiter
online online
Onlinebanking *o*[39], *o*[39a] internetbankieren
Onlinedienst *m*[5] onlinedienst
Onlinegeschäft *o*[29] **1** onlinewinkel **2** e-commerce
Onlineladen *m*[12] onlinewinkel
Onlineshop *m*[13] onlineshop, onlinewinkel
Onlineshopping *o*[39] onlineshopping
OP *m (2e nvl -s; mv -säle) afk van Operationssaal* operatiekamer *(afk* ok)
Opa *m*[13] opa, grootvader
Oper *v*[21] opera
Operateur *m*[5] **1** chirurg, operateur **2** filmoperator **3** computeroperator
Operation *v*[20] operatie
Operationssaal *m*[6] *(mv -säle)* operatiekamer
Operationstisch *m*[5] operatietafel
operativ operatief
Operette *v*[21] operette
operieren[320] opereren
Opernglas *o*[32], **Operngucker** *m*[9] toneelkijker
Opernhaus *o*[32] operagebouw
Opernsänger *m*[9] operazanger
Opfer *o*[33] **1** offer **2** slachtoffer
opferbereit offervaardig
Opferbereitschaft *v*[28] offervaardigheid
Opferfeier *v*[21], **Opferfest** *o*[29] Offerfeest
Opfergabe *v*[21] offergave
[1]**opfern** *tr* **1** offeren **2** opofferen
[2]**opfern, sich** zich opofferen
Opferschale *v*[21] offerschaal
Opfersinn *m*[19] offervaardigheid
Opferstock *m*[6] offerblok
opferwillig offervaardig

Opium *o*[39] opium
Opiumraucher *m*[9] opiumschuiver
Opiumsucht *v*[28] opiumverslaving
Opponent *m*[14] opponent
opponieren[320] opponeren
opportun opportuun
Opportunismus *m*[19a] opportunisme
Opportunist *m*[14] opportunist
Opposition *v*[20] oppositie
Oppositionsführer *m*[9] oppositieleider
Oppositionspartei *v*[20] oppositiepartij
optieren[320] opteren, kiezen
Optik *v*[28] **1** optica **2** optiek
Optiker *m*[9] opticien
optimal optimaal
optimieren[320] optimaliseren
Optimismus *m*[19a] optimisme
Optimist *m*[14] optimist
optimistisch optimistisch
Option *v*[20] optie
optisch optisch, gezichts-: *~e Täuschung* gezichtsbedrog
Opus *o (2e nvl -; mv Opera)* opus, (kunst)werk
Orakel *o*[33] orakel
orakeln orakelen, in orakeltaal spreken
oral oraal; door, via, met de mond
orange oranje(kleurig)
Orange *v*[21] sinaasappel
orangefarben, orangefarbig oranje(kleurig)
Orangensaft *m*[6] jus d'orange, sinaasappelsap
Orangenschale *v*[21] sinaasappelschil
Orang-Utan *m*[13] orang-oetang
Oratorium *o (2e nvl -s; mv Oratorien)* oratorium
Orchester *o*[33] **1** orkest **2** orkestbak, -ruimte
Orchidee *v*[21] orchidee
Orden *m*[11] **1** (klooster-, ridder)orde **2** orde(teken), lintje, onderscheiding
Ordensband *o*[32] ordeband
Ordensbruder *m*[10] ordebroeder
Ordenskleid *o*[31] ordekleed
Ordensschwester *v*[21] kloosterlinge, religieuze
Ordenstracht *v*[20] ordekleed
ordentlich **1** ordelievend **2** geordend, net(jes), ordelijk **3** behoorlijk, fatsoenlijk, rechtschapen **4** gewoon **5** stevig, flink
Order *v*[21], *v*[27] order
ordern bestellen, een order plaatsen
Ordinalzahl *v*[20] rangtelwoord
ordinär **1** ordinair, onbeschaafd **2** gewoon
Ordinarius *m (2e nvl -; mv Ordinarien)* gewoon hoogleraar
[1]**ordnen** *tr* **1** ordenen **2** regelen, afhandelen
[2]**ordnen, sich** zich opstellen, zich formeren
Ordner *m*[9] **1** ordner **2** lid van de ordedienst, ordebewaarder, suppoost
Ordnung *v*[28] **1** orde: *die öffentliche ~* de openbare orde; *in ~ gehen* in orde komen; *in ~!* in orde!; *der ~ halber* (of: *wegen)* voor de goede orde **2** (het) ordenen, (het) regelen **3** systeem, stelsel **4** voorschrift, verordening
ordnungsgemäß reglementair, zoals voorgeschreven
ordnungshalber voor de goede orde
ordnungsliebend ordelievend
Ordnungspolizei *v*[28] geüniformeerde politie
Ordnungsstrafe *v*[21] disciplinaire straf; boete
ordnungswidrig in strijd met de voorschriften, tegen de regels
Ordnungswidrigkeit *v*[20] *(jur)* overtreding, strafbaar feit
Ordnungszahl *v*[20] rangtelwoord
Ordonanz, Ordonnanz *v*[20] *(mil)* ordonnans
Organ *o*[29] **1** orgaan **2** stem
Organisation *v*[20] organisatie
Organisator *m*[16] organisator
organisatorisch organisatorisch
organisch organisch
[1]**organisieren**[320] *tr* **1** organiseren **2** *(inform)* organiseren, versieren
[2]**organisieren**[320]**, sich** zich organiseren
Organisierte(r) *m*[40a], *v*[40b] georganiseerde
Organismus *m (2e nvl -; mv -men)* organisme
Organist *m*[14] organist
Organspende *v*[21] orgaandonatie
Organspender *m*[9] orgaandonor
Organtransplantation, Organübertragung, Organverpflanzung *v*[20] orgaantransplantatie
Orgasmus *m (2e nvl -; mv Orgasmen)* orgasme
Orgel *v*[21] orgel
Orgelkonzert *o*[29] orgelconcert
orgeln orgel spelen
Orgelspiel *o*[29] orgelspel
Orgie *v*[21] orgie
Orient *m*[19] Oriënt, Oosten
Orientale *m*[15] oosterling
orientalisch oosters, oriëntaals
[1]**orientieren**[320] *tr* oriënteren
[2]**orientieren**[320]**, sich** zich oriënteren
Orientierung *v*[28] oriëntering, oriëntatie
Orientierungssinn *m*[19] oriëntatievermogen
Orientierungsstufe *v*[21] brugjaar, brugperiode
original **1** origineel, oorspronkelijk, uniek **2** rechtstreeks, live
Original *o*[29] **1** origineel **2** type, origineel mens
Originalausgabe *v*[21] originele uitgave
originalgetreu in overeenstemming met het origineel
Originalität *v*[20] originaliteit
originell **1** origineel **2** eigenaardig
Orkan *m*[5] orkaan
Ornat *m*[5] ornaat, ambtsdracht
Ort *m*[5] **1** plaats, plek: *an ~ und Stelle* ter plaatse; *vor ~* ter plaatse; *fehl am ~* misplaatst **2** plaats, dorp, oord, stad
Örtchen *o*[35] wc, toilet
orten **1** peilen **2** de koers, de positie bepalen
Orthografie, Orthographie *v*[21] spelling
Orthopäde *m*[15] orthopedist, orthopeed
örtlich plaatselijk, lokaal: *das ist ~ verschieden*

dat verschilt van plaats tot plaats
Örtlichkeit *v*[20] **1** plaats, terrein, streek **2** wc
Ortsangabe *v*[21] vermelding van plaats
ortsansässig ter plaatse gevestigd, ter plaatse wonend; plaatselijk
Ortsausgang *m*[6] einde van de bebouwde kom
Ortsbestimmung *v*[20] plaats-, positiebepaling
Ortschaft *v*[20] plaats(je), dorp: *Geschwindigkeit in geschlossenen ~en* snelheid binnen de bebouwde kom
ortsfest vast, niet verplaatsbaar, ingebouwd
Ortsgespräch *o*[29] *(telecom)* lokaal gesprek
ortskundig ter plaatse bekend
Ortsname *m*[18] plaatsnaam
Ortsnetz *o*[29] plaatselijk net
Ortsnetzkennzahl *v*[20] *(telecom)* netnummer
Ortspolizei *v*[28] plaatselijke politie
Ortsteil *m*[5] wijk
ortsüblich ter plaatse gebruikelijk
Ortsverkehr *m*[19] lokaal verkeer
Ortung *v*[20] positiebepaling, plaatsbepaling
Ortungssystem *o*[29] positiebepalingssysteem, plaatsbepalingssysteem
OS *mv, afk van Olympische Spiele* Olympische Spelen *(afk* OS)
Ossi *m*[13] Oost-Duitser
Ost *m*[19] oost(en)
Ostasien *o*[39] Oost-Azië
Osten *m*[19] oosten: *der Mittlere ~* het Midden-Oosten; *der Nahe ~* het Nabije Oosten; *der Ferne ~* het Verre Oosten
Osterbrauch *m*[6] paasgebruik
Osterei *o*[31] paasei
Osterferien *mv* paasvakantie
Osterfest *o*[29] paasfeest
österlich paas-: *die ~e Zeit* de paastijd
Ostermontag *m*[5] paasmaandag, tweede paasdag
Ostern *o (2e nvl -; mv -)* Pasen: *an* (of: *zu*) *~* met Pasen
Österreich *o*[39] Oostenrijk
Österreicher *m*[9] Oostenrijker
österreichisch Oostenrijks
Ostersonntag *m*[5] paaszondag, eerste paasdag
Osterwoche *v*[21] paasweek, week vóór Pasen
[1]**östlich** *bn* **1** oostelijk, oost- **2** oosters: *~e Völker* oosterse volkeren
[2]**östlich**[+2] *vz* ten oosten van
Östrogen *o*[29] oestrogeen
Ostsee *v*[28] Oostzee
Ostseite *v*[21] oostzijde, oostkant
ostwärts oostwaarts
Ostwind *m*[5] oostenwind
[1]**Otter** *m*[9] otter
[2]**Otter** *v*[21] adder
Outbox *v*[20] *(mv ook -es)* outbox
Outlet *o*[36] outlet
Outplacement *o*[36] outplacement
outsourcen outsourcen, uitbesteden
Outsourcing *o*[39] outsourcing, uitbesteding
Ouvertüre *v*[21] ouverture
öV *mv, afk van öffentliche Verkehrsmittel* openbaar vervoer *(afk* ov)
oval ovaal
Oval *o*[29] ovaal
Ovation *v*[20] ovatie
Ovulation *v*[20] ovulatie
Oxid, Oxyd *o*[29] oxide, zuurstofverbinding
Oxidation, Oxydation *v*[20] oxidatie
oxidieren, oxydieren oxideren
Ozean *m*[5] oceaan
Ozeandampfer *m*[9] oceaanstomer
Ozon *m*[19], *o*[39] ozon
Ozonloch *o*[32] gat in de ozonlaag
Ozonschicht *v*[28] ozonlaag

p

p.A. *afk van per Adresse* per adres *(afk* p.a.)
paar paar, weinige, enkele: *ein ~ Tage* een paar, enige, enkele dagen
Paar o^{29} paar: *ein ~ Schuhe* een paar schoenen; *ein junges ~* een jong paar
^{1}**paaren** *tr* **1** *(dieren)* laten paren **2** paren, verenigen: *es wurden zwei Mannschaften gepaart* er werden twee ploegen gevormd
^{2}**paaren, sich** paren
paarig paarsgewijs
Paarlauf m^{19} *(sp)* (het) kunstrijden voor paren
Paarung v^{20} **1** paring **2** verbinding, combinatie
paarweise paarsgewijs, twee aan twee
Pacht v^{20} pacht
pachten pachten
Pächter m^{9} pachter
Pächterin v^{22} pachtster, pachteres
Pachtgeld o^{31} pachtgeld, pacht
Pachtgut o^{32}, **Pachthof** m^{6} pachtboerderij
Pachtzins m^{16} pacht(prijs), pachtsom
^{1}**Pack** m^{5}, m^{6} pak, bundel, pakket: *mit Sack und ~* met pak en zak
^{2}**Pack** o^{39} gepeupel, gespuis
Päckchen o^{35} pakje, pakket
Packeis o^{39} pakijs
^{1}**packen** *tr* **1** pakken, inpakken: *Koffer ~* koffers (in)pakken **2** grijpen, vatten **3** boeien, aangrijpen, ontroeren
^{2}**packen, sich** ophoepelen || *~ wir's noch?* halen we het nog?; *hast du's endlich gepackt?* heb je het eindelijk gesnapt?
Packen m^{11} pak, bundel, pakket
packend boeiend, spannend, pakkend
Packer m^{9} inpakker, emballeur
Packesel m^{9} pakezel
Packpapier o^{29} pakpapier
Packung v^{20} **1** pak(je), doosje; verpakking **2** *(techn)* pakking **3** *(med)* kompres **4** *(sp)* nederlaag, verlies
Packzettel m^{9} pakbon
Pad o^{36} pad, coffeepad
Pädagoge m^{15} pedagoog
Pädagogik v^{28} pedagogie
pädagogisch pedagogisch: *~e Hochschule* pedagogische academie
Paddel o^{33} peddel
Paddelboot o^{29} kano
paddeln peddelen
paffen paffen, roken
Page m^{15} **1** *(hist)* page **2** piccolo
pah *tw* bah!, poeh!
Paket o^{29} pakket, pak(je), bundel
Paketannahme v^{21} loket voor pakketpost
Paketpost v^{28} pakketpost
Pakt m^{5} pact, verdrag
paktieren ^{320} **1** een verdrag sluiten **2** gemene zaak maken, heulen, samenspannen
Palais *o (2e nvl -; mv -)* paleis
Palast m^{6} **1** paleis **2** *(inform)* villa, paleis
Palästina o^{39} Palestina
Palästinenser m^{9} Palestijn
palästinensisch, palästinisch Palestijns
Palaver o^{33} palaver, eindeloze onderhandelingen; oeverloos geklets
Palette v^{21} **1** palet **2** pallet, laadbord **3** *(fig)* assortiment
paletti *(jeugdtaal): alles ~* alles oké
Palisade v^{21} palissade, omheining
Palme v^{21} **1** palm: *jmdn auf die ~ bringen* iem op de kast jagen **2** zege, overwinning
Palmöl o^{29} palmolie
Palmsonntag m^{5} palmzondag
Palmtop m^{13} *(comp)* palmtop
Pampelmuse v^{21} pompelmoes, grapefruit
pampern pamperen
Pamphlet o^{29} pamflet
Panda m^{13} panda, bamboebeer
Panflöte v^{21} panfluit, pansfluit
panieren ^{320} paneren
Paniermehl o^{39} paneermeel
Panik v^{20} paniek
panikartig paniekachtig, in paniek, paniekerig
Panikmache v^{28} paniekzaaierij
panisch panisch
Panne v^{21} **1** panne, pech **2** defect, storing, mankement
Pannendienst m^{5} Wegenwacht
Panorama *o (2e nvl -s; mv Panoramen)* panorama
^{1}**panschen** *intr* poedelen, plassen
^{2}**panschen** *tr (wijn)* vervalsen; *(melk)* met water verdunnen
Panscher m^{9} knoeier
Pansen m^{11} pens
Panter, Panther m^{9} panter
Pantoffel m^{17} pantoffel: *(fig) den ~ schwingen* de broek aan hebben; *unter dem ~ stehen* onder de pantoffel zitten
^{1}**Pantomime** m^{15} pantomimespeler
^{2}**Pantomime** v^{21} pantomime
Panzer m^{9} **1** pantser **2** harnas **3** tank **4** pantsering, pantserplaten
Panzerabwehrkanone v^{21} antitankgeschut
Panzerabwehrrakete v^{21} antitankraket
Panzerdivision v^{20} tankdivisie

Panzerfaust *v*[25] pantservuist
Panzergraben *m*[12] tankgracht
Panzergrenadiere *mv m*[5] gemechaniseerde infanterie
panzern pantseren, bepantseren
Panzerschrank *m*[6] brandkast
Panzersperre *v*[21] tankversperring
Panzerung *v*[20] pantsering, bepantsering
Papagei *m*[14], *m*[5] papegaai
Papaya *v*[27], **Papaye** *v*[21] papaja
Papi *m*[13] pappie
Papier *o*[29] **1** papier: *zu ~ bringen, aufs ~ werfen* op papier zetten **2** papier, stuk, document, akte **3** waardepapier **4** *(meestal mv)* legitimatie, pasje, persoonsbewijs
papieren papieren
Papiergeld *o*[39] papiergeld
Papiergeschäft *o*[29], **Papierhandlung** *v*[20] kantoorboekhandel, papeterie
Papierkorb *m*[6] prullenmand, papiermand
Papierkram *m*[19] *(fig)* papierwinkel
Papiermaché, Papiermaschee *o*[36] papier-maché
Papierschlange *v*[21] serpentine
Papierschnitzel *m*[9] papiersnipper
Papierserviette *v*[21] papieren servet(je)
Papierstreifen *m*[11] strook papier
Papiertaschentuch *o*[32] papieren zakdoek(je)
Pappbecher *m*[9] kartonnen beker
Pappdeckel *m*[9] kartonnen deksel, kartonnetje
Pappe *v*[21] **1** karton **2** *(regionaal)* pap, brij || *das ist nicht von* (of: *aus) ~* dat is niet mis
Pappel *v*[21] populier
päppeln voeren *(van kinderen, zieken)*
pappen plakken, kleven
Pappenstiel *m*[19] kleinigheid, bagatel: *für* (of: *um) einen ~* voor een prikje; *das ist kein ~* dat is niet niks
pappig 1 pappig **2** kleverig **3** klef
Pappkarton *m*[13], *m*[5] kartonnen doos
Pappmaché, Pappmaschee *o*[36] papier-maché
Pappschachtel *v*[21] kartonnen doos
Paprika *m*[13] paprika
Papst *m*[6] paus
päpstlich pauselijk
Parabel *v*[21] **1** parabel, gelijkenis **2** *(meetk)* parabool
Parabolantenne *v*[21] paraboolantenne; schotelantenne
Parade *v*[21] **1** parade **2** *(sp)* parade, afwerende slag, stoot **3** *(sp)* save, redding
Paradebeispiel *o*[29] schoolvoorbeeld
Paradeiser *m*[9] *(Oostenr)* tomaat
paradieren[320] paraderen
Paradies *o*[29] paradijs
paradiesisch paradijselijk
paradox paradoxaal, (schijnbaar) tegenstrijdig
Paraffin *o*[29] paraffine
Paragraf, Paragraph *m*[14] **1** paragraaf **2** (wets)artikel
parallel parallel, evenwijdig: *~ mit*[+3] (of: *zu*[+3]) evenwijdig met
Parallele *v*[21] parallel
Parallelogramm *o*[29] *(meetk)* parallellogram
Parallelstraße *v*[21] parallelweg
Paralympics *mv* Paralympics, Paralympische Spelen
Paralyse *v*[21] *(med)* paralyse, verlamming
Paramilitär *m*[13] paramilitair
paramilitärisch paramilitair
paranoid paranoïde
Paranuss *v*[25] paranoot
paraphieren[320] paraferen
Paraphrase *v*[21] parafrase
paraphrasieren[320] parafraseren
Parasit *m*[14] **1** *(biol)* parasiet **2** *(fig)* klaploper
parat paraat, gereed, beschikbaar
Paratyphus *m*[19a] *(med)* paratyfus
Pärchen *o*[35] paartje
Pareo *m*[13] pareo
Parfum [parfũ] *o*[36], **Parfüm** *o*[29], *o*[36] parfum
Parfümerie *v*[21] parfumerie
parfümieren[320] parfumeren
Paria *m*[13] paria, verstoteling
parieren[320] **1** pareren, afweren **2** *(een paard)* tot stilstand brengen
Paris *o*[39] Parijs
[1]**Pariser** *m*[9] **1** Parijzenaar **2** condoom
[2]**Pariser** *bn* Parijs
Parität *v*[28] pariteit, gelijkheid
paritätisch paritair, op voet van gelijkheid
Park *m*[5], *m*[13] **1** park **2** machine-, wagenpark
Parka *m*[13], *v*[27] parka
Parkanlage *v*[21] park, plantsoen
Parkbucht *v*[20] parkeerhaven
parken parkeren
Parkett *o*[29], *o*[36] **1** parket **2** parketvloer
Parkettboden *m*[12] parketvloer
Parkhaus *o*[32] parkeergarage
Parkkralle *v*[21] wielklem, parkeerklem
Parkleuchte *v*[21], **Parklicht** *o*[31] parkeerlicht
Parklücke *v*[21] parkeerruimte, gaatje
Parkplatz *m*[6] **1** parkeerplaats **2** parkeerterrein
Parkscheibe *v*[21] parkeerschijf
Parkuhr *v*[20] parkeermeter
Parkverbot *o*[29] parkeerverbod
Parlament *o*[29] parlement
Parlamentarier *m*[9] parlementariër
parlamentarisch parlementair
Parlamentsferien *mv* reces
Parlamentsgebäude *o*[33] parlementsgebouw
Parlamentsmitglied *o*[31] parlementslid
Parmesan *m*[19], *m*[19a] Parmezaanse kaas
Parodie *v*[21] parodie
parodieren[320] parodiëren
Parole *v*[21] **1** parool, leus **2** *(mil)* wachtwoord
[1]**Part** *m*[16] *(handel)* deel, part
[2]**Part** *m*[5], *m*[13], *m*[16] **1** *(muz)* stem, partij **2** *(theat)* rol
Partei *v*[20] **1** (politieke) partij **2** *(jur)* partij, tegen-

pa

partij: *in diesem Haus wohnen fünf ~en* in dit huis wonen vijf huurders, gezinnen
Parteichef m^{13} partijvoorzitter
Parteifreund m^{5} partijgenoot
Parteiführer m^{9} partijleider, partijvoorzitter
Parteigänger m^{9} *(vaak ongunstig)* partijganger
Parteigenosse m^{15} partijgenoot
parteilich 1 van, door de partij, volgens de partijlijn **2** partijdig
Parteilinie v^{21} partijlijn
parteilos partijloos; tot geen partij behorend
parteimäßig volgens de partijlijn
Parteipolitik v^{28} partijpolitiek
Parteitag m^{5} **1** partijcongres **2** partijdag
Parteiversammlung v^{20} partijcongres
Parterre o^{36} parterre
Parterrewohnung v^{20} benedenwoning
Partie v^{21} **1** *(sp)* partij, potje **2** *(handel)* partij **3** gedeelte, stuk, part **4** *(muz)* stem, partij **5** *(theat)* rol
[1]**Partikel** v^{21} partikel
[2]**Partikel** o^{33}, v^{21} deeltje, partikel
Partisan m^{14}, m^{16} partizaan, guerrillastrijder
Partitur v^{20} partituur
Partizip *o (2e nvl -s; mv -ien)* participium, deelwoord: *erstes ~* tegenwoordig deelwoord; *zweites ~* verleden deelwoord
Partizipation v^{20} participatie, deelneming
partizipieren ^{320} participeren, deelnemen
Partner m^{9} partner, deelgenoot
Partnerschaft v^{20} samenwerking, partnerschap
Partnerstadt v^{25} stad waarmee men door een stedenband verbonden is
Party v^{27} party, partijtje, feestje
Partydroge v^{21} partydrug
Parzelle v^{21} perceel, kavel
parzellieren ^{320} verkavelen
Pass m^{6} **1** (berg)pas **2** pas(poort) **3** *(sp)* pass
Passabfertigung v^{20} pascontrole
Passage v^{21} passage
Passagier m^{5} passagier: *blinder ~* blinde passagier, verstekeling
Passagierdampfer m^{9} passagiersboot
Passagierflugzeug o^{29} passagiersvliegtuig
Passant m^{14} passant
Passat m^{5} passaat(wind)
Passbild o^{31} pasfoto
[1]**passen** *intr* **1** passen *(ook fig)*: *zueinander ~* bij elkaar passen; *das passt mir nicht in den Kram* dat komt ongelegen **2** bevallen, aanstaan **3** *(sp)* een pass geven
[2]**passen, sich** passen, horen: *das passt sich nicht* dat hoort niet
passend 1 passend **2** gepast
Passform v^{20} pasvorm
Passhöhe v^{21} pashoogte
[1]**passieren** ^{320} *intr* **1** gebeuren, plaatsvinden **2** overkomen: *ihm ist etwas Schlimmes passiert* hem is iets ergs overkomen
[2]**passieren** ^{320} *tr* **1** passeren **2** zeven
Passierschein 1 pasje **2** entreekaartje
Passion v^{20} passie
passioniert gepassioneerd
Passionsgeschichte v^{21} lijdensverhaal
Passionszeit v^{20} passietijd
passiv, passiv *bn* **1** passief, lijdend **2** passief, lijdelijk: *~er Widerstand* lijdelijk verzet
Passiv o^{29} *(taalk)* passief, lijdende vorm
Passiva, Passiven *mv* passiva, schulden
Passivität v^{28} passiviteit
Passkontrolle v^{21} pascontrole
Passstraße v^{21} weg over een bergpas
Passus *m (2e nvl -; mv -)* passus, zinsnede
[1]**Passwort** o^{32} password, toegangscode
[2]**Passwort** o^{32} wachtwoord, parool
Passzwang m^{19} verplichting een geldige pas te bezitten
Pasta *v (mv Pasten)*, **Paste** v^{21} pasta
Pastell o^{29} pastel(tekening)
Pastete v^{21} **1** pastei **2** paté
pasteurisieren ^{320} pasteuriseren
Pastille v^{21} pastille
Pastor, Pastor m^{16}, m^{5} **1** dominee, predikant **2** pastoor
pastoral pastoraal, herderlijk
Patch o^{36} *(2e nvl ook -) (comp)* patch
Pate m^{15} **1** peetoom **2** petekind
Patenkind o^{31} petekind
patent *bn* **1** patent, prima, flink **2** bruikbaar
Patent o^{29} **1** patent, octrooi: *etwas zum ~ anmelden* op iets octrooi aanvragen **2** diploma **3** benoemingsakte
Patentamt o^{32} Octrooiraad
patentgeschützt door een octrooi beschermd
patentieren ^{320} octrooieren
Patentinhaber m^{9} octrooihouder
Pater m^{9} *(mv ook Patres) (r-k)* pater
[1]**Paternoster** m^{9} paternosterlift
[2]**Paternoster** o^{33} paternoster, onzevader
pathetisch pathetisch, hoogdravend
Pathologe m^{15} patholoog
Pathos o^{39a} pathos
Patient m^{14} patiënt
Patientenlift m^{5}, **Patientenlifter** m^{9} tillift
Patientin v^{22} patiënte
Patin v^{22} peettante
Patriarch m^{14} patriarch
Patriot m^{14} patriot
patriotisch patriottisch
Patriotismus m^{19a} patriottisme
Patron m^{5} **1** patroon, beschermheilige **2** beschermheer **3** *(iron)* kerel, vent
Patronat o^{29} patronaat
Patrone v^{21} **1** patroon **2** cartridge, houder, cassette
Patronengurt m^{5}, **Patronengürtel** m^{9} patroonriem, patroongordel
Patronenhülse v^{21} patroonhuls
Patronentasche v^{21} patroontas

pa

Patrouille v^{21} patrouille
patrouillieren^{320} patrouilleren
patsch *tw* pats!, klets!
Patsche v^{21} **1** hand(je) **2** narigheid || *in der ~ sein (of: sitzen, stecken)* in de narigheid zitten
patschen **1** slaan **2** poedelen, spartelen
patschenass, patschnass kletsnat
patt *(schaken)* pat
Patt o^{36} pat(stelling)
patzen knoeien, prutsen
Patzer m^{9} **1** knoeier, prutser **2** fout, foutje
patzig brutaal, onbeschoft
Pauke v^{21} **1** pauk, keteltrom **2** uitbrander || *mit ~n und Trompeten durchfallen* zakken als een baksteen; *auf die ~ hauen: a) (fig)* de bloemetjes buiten zetten; *b)* opscheppen; *c)* tekeergaan; *mit ~n und Trompeten empfangen* met overdreven eerbetoon ontvangen
pauken **1** op de pauken slaan **2** blokken **3** schermen **4** slaan, beuken: *Englisch ~* Engels erin stampen
Pauker m^{9} **1** paukenist **2** schoolmeester **3** blokker
pauschal alles bij elkaar genomen, globaal
Pauschalbetrag m^{6}, **Pauschale** v^{21} bedrag ineens, totaalbedrag, vast bedrag
Pauschalgebühr v^{20} vast tarief
Pauschalpreis m^{5} all-inprijs, totaalprijs
Pauschalreise v^{21} all-inreis, reis all-in
Pauschalsumme v^{21} som, bedrag ineens
¹Pause v^{21} **1** pauze **2** *(muz)* rust
²Pause v^{21} kopie
pausenlos onafgebroken
Pausenstand m^{6} *(sp)* ruststand
pausieren^{320} pauzeren
Pavian m^{5} baviaan
Pavillon m^{13} paviljoen
Paycard v^{27} chipknip, chippas: *mit der ~ bezahlen* chippen
Pay-per-View o^{39} pay-per-view
Pay-TV o^{39}, o^{39a} pay-tv, betaaltelevisie, abonneetelevisie
Pazifik m^{19} Grote Oceaan, Stille Oceaan
Pazifist m^{14} pacifist
pazifistisch pacifistisch
pazifizieren^{320} pacificeren
PC *afk van Personal Computer* personal computer, pc
¹Pech o^{29} pek, pik
²Pech o^{39} pech, ongeluk: *~ haben* pech hebben
pechrabenschwarz, pechschwarz pikzwart
Pechsträhne v^{21} periode van tegenslag: *eine ~ haben* voortdurend pech hebben
Pechvogel m^{10} pechvogel, ongeluksvogel
Pedal o^{29} pedaal
Pedant m^{14} pedant, pietlut
Pedanterie v^{21} pietluttig gedoe
pedantisch overdreven precies, pietluttig
Pediküre v^{21} pedicure
Pegel m^{9} peil(schaal)
Pegelhöhe v^{21} peilhoogte, waterstand
Pegelstand m^{6} waterstand
peilen peilen: *die Sonne ~* de zon schieten
Peilstange v^{21}, **Peilstock** m^{6} peilstok
Peilung v^{20} peiling
Pein v^{20} **1** pijn, smart, lijden **2** straf
peinigen pijnigen, kwellen
Peiniger m^{9} pijniger, beul
Peinigung v^{20} pijniging, kwelling
peinlich **1** pijnlijk, smartelijk **2** pijnlijk, angstvallig: *~ genau* angstvallig precies
Peitsche v^{21} zweep
peitschen **1** met de zweep slaan **2** aandrijven, opzwepen **3** *(fig)* geselen
Peitschenhieb m^{5} zweepslag
pekuniär geldelijk, financieel
Pelikan, Pelikan m^{5} pelikaan
Pelle v^{21} **1** vlies, schil: *Kartoffeln in der ~ kochen* aardappels in de schil koken **2** vel, huid: *jmdm auf die ~ rücken: a)* iem op zijn lip zitten; *b)* iem het vuur na aan de schenen leggen; *jmdm nicht von der ~ gehen* als een klit aan iem hangen
pellen pellen, schillen
Pellkartoffel v^{21} in de schil gekookte aardappel
Peloton o^{36} *(mil, wielrennen)* peloton
Pelz m^{5} **1** pels, vacht **2** bontmantel **3** lijf || *jmdm auf den ~ rücken* iem het vuur na aan de schenen leggen
pelzig **1** pelsachtig, harig **2** beslagen *(vd tong)* **3** droog, vezelig
Pelzjacke v^{21} bontjasje
Pelzmantel m^{10} bontmantel, bontjas
Pendel o^{33} slinger
Pendelbus *m (2e nvl -busses; mv -busse)* pendelbus, shuttlebus
Pendeldienst m^{5} pendeldienst
pendeln **1** slingeren, schommelen, bungelen **2** een pendeldienst onderhouden, pendelen
Pendelverkehr m^{19} pendelverkeer
Pendler m^{9} **1** pendelaar **2** forens
Pendlerpauschale v^{21} belastingaftrek voor forenzen
penetrant **1** doordringend **2** opdringerig
penibel **1** zeer nauwkeurig **2** penibel, pijnlijk
Penis *m (2e nvl -; mv -se en Penes)* penis
Penlight o^{36} penlight
Pennbruder m^{10} landloper, zwerver
Penne v^{21} **1** hok, school **2** logement
pennen maffen, slapen
Penner m^{9} **1** landloper **2** slaapkop
Pension v^{20} **1** pensioen: *in ~ gehen* met pensioen gaan **2** pension
Pensionär m^{5} **1** gepensioneerde **2** pensiongast
Pensionat o^{29} pensionaat, kostschool
pensionieren^{320} pensioneren
Pensionsalter o^{39} pensioengerechtigde leeftijd
Pensionsanspruch m^{6} recht op pensioen
pensionsberechtigt pensioengerechtigd
Pensionspreis m^{5} pensionprijs

Pensum *o (2e nvl -s; mv Pensen en Pensa)* **1** werk, taak **2** pensum, opgegeven lesstof
Pepmittel *o*[33] pepmiddel
per[+4] *vz* per: ~ *Kasse* à contant; ~ *Bahn* per spoor; ~ *sofort* direct
perfekt *bn* perfect, volmaakt: *das Abkommen ist* ~ het verdrag is rond
Perfekt *o*[29] *(taalk)* perfectum, voltooid tegenwoordige tijd
Perfektion *v*[20] perfectie
perfektionieren[320] perfectioneren
Perfektionist *m*[14] perfectionist
Perforation *v*[20] perforatie
Perforator *m*[16] perforator
perforieren[320] perforeren
Pergament *o*[29] perkament
Periode *v*[21] **1** periode **2** menstruatie
Peripherie *v*[21] periferie
Periskop *o*[29] periscoop
Perle *v*[21] **1** parel *(ook fig)* **2** bolletje, blaasje
perlen parelen *(ook fig)*
Perlenhalsband *o*[32], **Perlenkette** *v*[21], **Perlenkollier** *o*[36], **Perlenschnur** *v*[25] parelsnoer
Perlhuhn *o*[32] parelhoen
Perlmutt *o*[39], **Perlmutter** *v*[28], *o*[39] paarlemoer
perlweiß parelwit
permanent permanent
Permanenz *v*[28] permanentie: *in* ~ permanent
Permutation *v*[20] permutatie
Peroxid, Peroxyd *o*[29] peroxide
Perser *m*[9] **1** Pers *(persoon)* **2** pers *(Perzisch tapijt)*
Perserteppich *m*[5] Perzisch tapijt
Persien *o*[39] Perzië
Persiflage *v*[21] persiflage
Person *v*[20] **1** persoon, individu: *eine junge* ~ een jonge vrouw; *juristische* ~ rechtspersoon; *ich für meine* ~ ik voor mij; *Angaben zur* ~ personalia **2** figuur, gestalte, personage
Personal *o*[39] personeel
Personalabbau *m*[19] vermindering van personeel
Personalabteilung *v*[20] afdeling personeelszaken
Personalakte *v*[21] personeelsdossier
Personalausweis *m*[5] legitimatiebewijs, persoonsbewijs, identiteitsbewijs
Personalbeschreibung *v*[20] signalement
Personalbestand *m*[6] personeelssterkte
Personalchef *m*[13] personeelschef
Personal Computer *m*[9] personal computer
Personaleinsparung *v*[20] personeelsinkrimping
Personalien *mv* personalia
Personalmangel *m*[19] personeelsgebrek
Personalpronomen *o*[35] *(mv ook -pronomina)* persoonlijk voornaamwoord
Personenaufzug *m*[6] personenlift
Personenbeförderung *v*[20] personenvervoer
Personenbeschreibung *v*[20] persoonsbeschrijving
Personenkraftwagen *m*[11] personenauto
Personenkreis *m*[5] kring van personen
Personenkult *m*[5] persoonsverheerlijking
Personenname *m*[18] persoonsnaam
Personenregister *o*[33] persoonsregister
Personenstand *m*[19] burgerlijke staat
Personenstandsregister *o*[33] register van de burgerlijke stand, bevolkingsregister
Personenverkehr *m*[19] reizigersverkeer
Personenwaage *v*[21] personenweegschaal
Personenwagen *m*[11] **1** personenauto **2** personenrijtuig
Personenzug *m*[6] **1** personentrein **2** stoptrein
Personifikation *v*[20] personificatie
personifizieren[320] personifiëren
persönlich persoonlijk
Persönlichkeit *v*[20] **1** persoonlijkheid **2** persoon
Perspektive *v*[21] perspectief
Perücke *v*[21] pruik
pervers pervers, verdorven
Perzeption *v*[20] perceptie, waarneming
Pessimismus *m*[19a] pessimisme
Pessimist *m*[14] pessimist
pessimistisch pessimistisch
Pest *v*[28] pest *(ook fig)*
Pesto *o*[36], *m*[13] pesto
Peter *m*[9] Peter, Piet: *dummer* ~ domoor, stommeling; *langweiliger* ~ saaie piet
Petersilie *v*[21] peterselie
Petrochemie *v*[28] petrochemie
Petroleum *o*[39] petroleum
Petroleumkocher *m*[9] petroleumstel
Petunie *v*[21] petunia
petzen (ver)klikken, verraden
Petzer *m*[9] verklikker, verrader
Pf *afk van Pfennig* pfennig
Pfad *m*[5] pad
Pfadfinder *m*[9] padvinder
Pfaffe *m*[15] priester; *(ongunstig)* paap
Pfahl *m*[6] paal, staak, stijl
Pfahlbau *m (2e nvl -(e)s; mv -ten)* paalwoning
pfählen **1** *(een boom)* stutten **2** heien
[1]**Pfalz** *v*[20] palts, paleis
[2]**Pfalz** *v*[28] *(aardr)* (de) Palts
Pfand *o*[32] **1** (onder)pand **2** statiegeld
Pfandbrief *m*[5] pandbrief
pfänden panden, beslag leggen op
Pfandgeld *o*[31] statiegeld
Pfandhaus *o*[32], **Pfandleihe** *v*[21] lommerd
Pfandleiher *m*[9] pandjesbaas
Pfandrecht *o*[29] pandrecht
Pfändung *v*[20] panding, beslaglegging
Pfanne *v*[21] **1** pan **2** pan, kom, vallei **3** kom, gewrichtsholte **4** dakpan **5** ondersteek
Pfannkuchen *m*[11] pannenkoek
Pfarramt *o*[32] pastorie
Pfarrbezirk *m*[5], **Pfarrgemeinde** *v*[21], **Pfarre** *v*[21], **Pfarrei** *v*[20] **1** parochie **2** gemeente
Pfarrer *m*[9] **1** dominee **2** pastoor
Pfarrhaus *o*[32] pastorie
Pfarrkirche *v*[21] parochiekerk

Pfau *m*[16] pauw
Pfeffer *m*[9] peper
Pfefferkorn *o*[32] peperkorrel
Pfefferkuchen *m*[11] peperkoek
Pfefferminz *o*[29] pepermuntje
pfeffern **1** peperen **2** smijten, gooien
Pfeffernuss *v*[25] pepernoot
Pfefferspray *m*[13], *o*[36] pepperspray
Pfeife *v*[21] **1** pijp; orgelpijp **2** fluit **3** sukkel
pfeifen[214] **1** fluiten: *~des Geräusch* fluittoon **2** fluiten, een fluitsignaal geven: *wer hat dir das gepfiffen?* wie heeft je dat verraden?; *auf*[+4] *etwas ~* maling aan iets hebben
Pfeifenkopf *m*[6] pijpenkop
Pfeifentabak *m*[5] pijptabak
Pfeifer *m*[9] **1** fluitist, fluitspeler **2** fluiter
Pfeifkessel *m*[9] fluitketel
Pfeil *m*[5] pijl
Pfeiler *m*[9] pijler, pilaar, stijl
Pfeilerbrücke *v*[21] pijlerbrug
pfeilschnell pijlsnel
Pfeilspitze *v*[21] pijlpunt
Pfennig *m*[5] pfennig
Pfennigabsatz *m*[6] naaldhak
pferchen opeenpakken
Pferd *o*[29] paard: *ihm gehen die ~e durch* hij verliest zijn zelfbeheersing; *das ~ am* (of: *beim*) *Schwanz aufzäumen* de paarden achter de wagen spannen; *mit ihm kann man ~e stehlen* hij is overal voor te vinden
Pferdeapfel *m*[10] paardenvijg
Pferderennbahn *v*[20] renbaan
Pferderennen *o*[39] *(sp)* race, harddraverij
Pferdeschlitten *m*[11] arrenslee
Pferdeschwanz *m*[6] paardenstaart
Pferdestall *m*[6] paardenstal
Pferdestärke *v*[21] paardenkracht
Pferdezucht *v*[28] paardenfokkerij
Pferdezüchter *m*[9] paardenfokker
Pferdsprung *m*[6] paardsprong *(bij turnen)*
Pfiff *m*[5] **1** gefluit, fluitsignaal, fluitje **2** kunstje, kneep, truc **3** finishing touch
Pfifferling *m*[5] cantharel: *keinen ~* geen zier
pfiffig slim, leep
Pfingsten *o*[35] *(2e nvl ook -)* Pinksteren
Pfingstmontag *m*[5] tweede pinksterdag
Pfingstsonntag *m*[5] eerste pinksterdag
Pfirsich *m*[5] perzik *(vrucht en boom)*
Pflanze *v*[21] plant: *(fig) eine kesse* (of: *nette*) *~* een mooi nummer
[1]**pflanzen** *tr* planten, poten
[2]**pflanzen, sich** breeduit gaan zitten
Pflanzenfett *o*[29] plantaardig vet
Pflanzenfresser *m*[9] herbivoor, planteneter
Pflanzengift *o*[29] plantengif
Pflanzenkunde *v*[28] plantkunde
Pflanzenwelt *v*[28] flora, plantenwereld
Pflanzer *m*[9] **1** planter **2** plantagebezitter
Pflanzgut *o*[39] plantgoed, pootgoed
Pflanzkartoffel *v*[21] pootaardappel
pflanzlich plantaardig
Pflänzling *m*[5] stek, loot, pootplant
Pflaster *o*[33] **1** pleister **2** plaveisel, bestrating
pflastern **1** een pleister doen op **2** bestraten, plaveien
Pflasterstein *m*[5] straatsteen
Pflasterung *v*[20] **1** plaveisel **2** bestrating
Pflaume *v*[21] **1** pruim **2** *(inform)* vent van niks
Pflaumenbaum *m*[6] pruimenboom
Pflaumenkuchen *m*[11] pruimentaart
Pflaumenmus *o*[39] pruimenmoes
Pflege *v*[28] **1** verpleging, verzorging **2** onderhoud || *~ der Wissenschaften* beoefening van de wetenschappen
pflegebedürftig hulpbehoevend
Pflegebedürftige(r) *m*[40a], *v*[40b] hulpbehoevende
Pflegeeltern *mv* pleegouders
Pflegefall *m*[6] hulpbehoevende persoon
Pflegeheim *o*[29] verpleeghuis
Pflegekind *o*[31] pleegkind
pflegeleicht weinig onderhoud vragend
Pflegemutter *v*[26] pleegmoeder
[1]**pflegen** *zw* **1** verplegen, verzorgen **2** goed onderhouden **3** beoefenen, bevorderen: *Musik ~* musiceren; *Sprachen ~* aan talen doen **4** plegen, gewoon zijn: *er pflegte zu sagen* hij placht te zeggen
[2]**pflegen** *st: Rats ~* beraadslagen; *der Ruhe ~* rusten
Pflegepersonal *o*[39] verplegend personeel
Pfleger *m*[9] **1** verpleger, verzorger **2** beheerder, bewindvoerder **3** voogd
Pflegerin *v*[22] verpleegster, verzorgster
Pflegesohn *m*[6] pleegzoon
Pflegestätte *v*[21] kweekplaats, bakermat
Pflegetochter *v*[26] pleegdochter
Pflegevater *m*[10] pleegvader
Pflegling *m*[5] **1** pupil **2** pleegkind
Pflicht *v*[20] **1** plicht **2** *(scheepv)* plecht **3** *(sp)* verplichte figuren
Pflichtbeitrag *m*[6] verplichte bijdrage
pflichtbewusst met plichtsbesef, nauwgezet
Pflichtbewusstsein *o*[39] plichtsbesef
Pflichterfüllung *v*[28] plichtsbetrachting
Pflichtfach *o*[32] verplicht vak
pflichtgemäß plichtmatig, overeenkomstig de plicht
Pflichtkür *v*[20] *(kunstrijden)* verplicht programma
Pflichtlauf *m*[19], **Pflichtlaufen** *o*[39] *(sp)* verplichte figuren *(kunstrijden)*
Pflichtlektüre *v*[21] verplichte lectuur
pflichtmäßig plichtmatig
Pflichtteil *m*[5] wettelijk erfdeel
Pflichtübung *v*[20] verplichte oefening
Pflichtverletzung *v*[20] plichtsverzuim
Pflichtversicherte(r) *m*[40a], *v*[40b] verplicht verzekerde
Pflichtversicherung *v*[20] verplichte verzekering
Pflichtverteidiger *m*[9] *(jur)* toegevoegd raadsman

pf

Pflock *m*[6] **1** *(houten)* pin, tentharing **2** paaltje
pflocken, pflöcken vastpinnen
pflücken plukken
Pflug *m*[6] ploeg *(ook fig)*
pflügen 1 ploegen **2** *(de golven)* klieven
Pflugschar *v*[20] ploegschaar
Pforte *v*[21] poort, deur, ingang
Pförtner *m*[9] portier
Pfosten *m*[11] **1** post, stijl **2** paal
Pfostenschuss *m*[6] schot tegen de paal
Pfötchen *o*[35] **1** pootje **2** handje *(van kind)*
Pfote *v*[21] **1** poot **2** *(inform)* poot, hand
Pfriem *m*[5] priem, els
Pfropf *m*[5] **1** prop **2** bloedprop **3** dot watten
pfropfen 1 enten **2** proppen, stoppen **3** kurken
Pfropfen *m*[11] kurk, stop
Pfuhl *m*[5] poel, modderplas
pfui *tw* foei, bah!: ~ *Teufel!* verdraaid nog aan toe!
Pfund *o*[29] pond
pfundig reusachtig, geweldig
Pfundskerl *m*[5] reuzekerel, prima kerel
pfundweise 1 per pond **2** bij ponden tegelijk
Pfusch *m*[19] *(inform)* knoeiwerk
pfuschen knoeien, slordig werken, beunhazen, beunen: *jmdm ins Handwerk ~: a)* beunhazen, beunen; *b)* onder iems duiven schieten
Pfuscher *m*[9] knoeier, beunhaas
Pfuscherei *v*[20] **1** knoeiwerk, knoeierij **2** beunhazerij
Pfütze *v*[21] plas, poel
Phänomen *o*[29] fenomeen, verschijnsel
Phantasie *v*[21] **1** fantasie **2** *(mv)* koortsdromen
phantasieren 1 fantaseren **2** ijlen
Phantast *m*[14] fantast, dromer
phantastisch fantastisch
Phantom *o*[29] fantoom, schim, drogbeeld
Phantombild *o*[31] montagetekening
Pharao *m (2e nvl -s; mv -nen)* farao
Pharmaindustrie *v*[21] farmaceutische industrie
Pharmakologie *v*[28] farmacologie
Pharmazeut *m*[14] farmaceut, apotheker
pharmazeutisch farmaceutisch
Pharmazie *v*[21] farmacie
Phase *v*[21] fase
Philanthrop *m*[14] filantroop
philanthropisch filantropisch
Philatelie *v*[28] filatelie
Philatelist *m*[14] filatelist
philharmonisch filharmonisch
Philister *m*[9] filister, bekrompen mens
philisterhaft bekrompen, benepen
Philologe *m*[15] filoloog
Philologie *v*[21] filologie
philologisch filologisch
Philosoph *m*[14] filosoof, wijsgeer
Philosophie *v*[21] filosofie, wijsbegeerte
philosophieren[320] filosoferen
philosophisch filosofisch
Phlegma *o*[39] flegma, onverstoorbaarheid
Phlegmatiker *m*[9] flegmaticus, flegmatiek iem
phlegmatisch flegmatisch, flegmatiek
Phonetik *v*[28] fonetiek
phonetisch fonetisch
Phosphat *o*[29] fosfaat
Phosphor *m*[5] fosfor
Photo…, photo… *zie* Foto…, foto…
Photo *o*[36] *zie* Foto
Phrase *v*[21] frase: *~n dreschen* holle frasen verkopen
phrasenhaft bombastisch, hol
Physik *v*[28] fysica, natuurkunde
physikalisch natuurkundig, fysisch
Physiker *m*[9] fysicus, natuurkundige
Physiklehrer *m*[9] natuurkundeleraar
Physiologe *m*[15] fysioloog
Physiologie *v*[28] fysiologie
Physiotherapeut *m*[14] fysiotherapeut
physiotherapeutisch fysiotherapeutisch
Physiotherapie *v*[28] fysiotherapie
physisch 1 fysisch, natuurkundig **2** fysiek, lichamelijk
Pianist *m*[14] pianist
[1]**Piccolo** *m*[13] piccolo, jonge hotelbediende
[2]**Piccolo** *o*[36] piccolofluit
picheln pimpelen
Pichler *m*[9] pimpelaar
Picke *v*[21] pikhouweel
Pickel *m*[9] **1** pikhouweel **2** ijshouweel **3** pukkel, puist
pickeln *(regionaal)* uithouwen, hakken
picken pikken, oppikken
Picknick *o*[29], *o*[36] picknick
piekfein piekfijn
pieksauber brandschoon
Piep *m*[5] piep: *er hat einen ~* hij is niet goed snik; *keinen ~ mehr sagen* geen kik meer geven
piepen piepen: *bei dir piept's wohl?* ben je niet goed snik?
Piepen *mv (inform)* geld: *hundert ~* honderd euro, honderd mark; *keine ~ haben* geen centen hebben
piepsen piepen
Piepser *m*[9] **1** piep **2** pieper, semafoon
piercen piercen
piesacken plagen, treiteren, pesten
Pietät *v*[28] piëteit
Pietismus *m*[19a] piëtisme
Pigment *o*[29] pigment, kleurstof
[1]**Pik** *m*[5], *m*[13] piek, bergspits
[2]**Pik** *m*[19] wrok: *einen ~ auf jmdn haben* de pik op iem hebben
[3]**Pik** *o*[36] schoppen *(in het kaartspel)*
pikant pikant
Pike *v*[21] piek, spies: *von der ~ auf dienen* (of: *lernen)* onderaan beginnen
Pikkolo *zie* Piccolo
Piktogramm *o*[29] pictogram

Pilger *m*[9] pelgrim
Pilgerfahrt *v*[20] pelgrimstocht, bedevaart
pilgern 1 een bedevaart doen, een pelgrimstocht maken **2** trekken, te voet gaan
[1]**Pille** *v*[21] pil
[2]**Pille** *v*[28] anticonceptiepil
Pilot *m*[14] **1** piloot **2** coureur
Pilotfilm *m*[5] trailer, trekfilm
Pils *o (2e nvl -; mv -)*, **Pilsener, Pilsner** *o*[33] pils, pilsener
Pilz *m*[5] **1** *(plantk)* paddenstoel **2** *(med)* schimmel
Pilznagel *m*[10] kalknagel
Pimmel *m*[9] piemel, penis
pimpen pimpen
Pinakothek *v*[20] pinacotheek, kunstkabinet
pingelig pietluttig
Pinguin *m*[5] pinguïn
Pinie *v*[21] pijnboom
Pinke *v*[28] poen, pingping, geld
Pinkel *m*[9] **1** onbenul **2** dandy, fat: *feiner ~* ijdele bal
Pinkelbecken *o*[35] pisbak, urinoir
pinkeln *(inform)* plassen, piesen
Pinkelpause *v*[21] sanitaire stop
Pinne *v*[21] **1** helmstok, roerpen **2** pin
pinnen (vast)pinnen
Pinnwand *v*[25] prikbord
Pinsel *m*[9] **1** penseel, kwast **2** sukkel, sul **3** piemel, penis
Pinselei *v*[20] geklodder, geklad
pinseln 1 penselen **2** schilderen, verven
Pinzette *v*[21] pincet
Pionier *m*[5] pionier *(ook fig)* || *~e* genietroepen
Pipeline [pajplajn] *v*[27] pijpleiding, pijplijn
Pipi *o*[39] plasje: *~ machen* een plasje doen
Pirat *m*[14] piraat, zeerover
Piraterie *v*[21] zeeroverij
Pirsch *v*[28] sluipjacht
pirschen op sluipjacht gaan, zijn; sluipen
Piss *m*[19], **Pisse** *v*[28] pis
pissen 1 pissen **2** *(inform)* stortregenen
Pistazie *v*[21] pistache
Piste *v*[21] **1** piste **2** skipiste **3** onverharde weg **4** *(luchtv)* landingsbaan, startbaan
Pistole *v*[21] pistool: *wie aus der ~ geschossen* snel, zonder te aarzelen
pitschenass, pitschepatschenass, pitschnass, pitschpatschnass kletsnat
Pixel *o*[33] *(2e nvl ook -)* pixel
Pizza *v*[27] *(mv ook Pizzen)* pizza
Pizzakurier *m*[5] pizzakoerier
Pkw, PKW *m (2e nvl -(s); mv -(s)) afk van Personenkraftwagen* personenauto
placieren *(vero) zie* platzieren
placken, sich zwoegen, hard werken
Plackerei *v*[20] gezwoeg, vermoeiend werk
plädieren[320] pleiten, een pleidooi houden
Plädoyer [pledwaajee] *o*[36] pleidooi
Plage *v*[21] plaag, kwelling
[1]**plagen** *tr* plagen, kwellen
[2]**plagen, sich** zich aftobben, zwoegen, hard werken
Plagiat *o*[29] plagiaat
Plakat *o*[29] plakkaat, aanplakbiljet
Plakatsäule *v*[21] aanplakzuil
Plakette *v*[21] **1** plaquette **2** badge
plan vlak, plat
Plan *m*[6] **1** plan **2** ontwerp **3** plattegrond **4** veld, strijdperk: *auf den ~ treten* (of: *auf dem ~ erscheinen)* ten tonele verschijnen
Plane *v*[21] **1** dekzeil **2** wagenzeil
planen 1 plannen maken, plannen **2** van plan zijn
Planer *m*[9] planoloog; *(ongunstig)* plannenmaker
Planet *m*[14] planeet
planetarisch planetair
Planetensystem *o*[29] planetenstelsel
plangemäß *zie* planmäßig
planieren[320] egaliseren, vlak maken
Planierraupe *v*[21] bulldozer
Planimetrie *v*[28] planimetrie
Planke *v*[21] **1** dikke plank **2** schutting
plänkeln 1 schermutselen **2** kibbelen
planlos systeemloos, zonder een bepaald plan
planmäßig 1 stelselmatig, planmatig **2** volgens het plan, het programma, de dienstregeling
Planschbecken *o*[35] pierenbad, kikkerbad
planschen *(in water)* plassen, poedelen
Planstelle *v*[21] formatieplaats: *(volle) ~* fulltime-equivalent *(afk* fte)
Plantage *v*[21] plantage
Plantschbecken *zie* Planschbecken
plantschen *zie* planschen
Planung *v*[20] planning, ontwerp
Planwirtschaft *v*[28] geleide economie
Plapperei *v*[20] geklets, gewauwel
Plapperer *m*[9] kletsmajoor, kletsmeier
Plapperliese *v*[21], **Plappermaul** *o*[32] kletskous
plappern babbelen, kletsen
Plappertasche *v*[21] kletskous, babbelkous
plärren blèren, schreeuwen; huilen
Plasmabildschirm *m*[5], **Plasmascreen** *m*[13] plasmascherm
Plasma-TV *o*[39a] plasma-tv
plastifizieren[320] plastificeren
[1]**Plastik** *v*[20] **1** beeldhouwwerk, plastiek **2** plastische operatie
[2]**Plastik** *v*[28] **1** plastiek, beeldhouwkunst **2** beeldende kracht
[3]**Plastik** *o*[36] plastic
Plastikbombe *v*[21] plasticbom, kneedbom
plastisch plastisch
Platane *v*[21] plataan
Plateau *o*[36] plateau, hoogvlakte
Platin *o*[39] platina
platschen 1 *(inform)* plonzen **2** *(in water)* plassen, poedelen **3** kletteren, spetteren
plätschern 1 *(mbt beek)* kabbelen **2** *(mbt een fontein)* klateren **3** *(in water)* plassen, poedelen

pl

platt vlak, plat: *ich war ~* ik was stomverbaasd; *einen Platten haben* een lekke band hebben
Platt *o*[39], *o*[39a] Platduits
plattdeutsch Platduits
Plattdeutsch *o*[41] Platduits
Platte *v*[21] **1** plaat *(van glas, metaal, steen)* **2** gedenkplaat **3** gladde rots **4** grammofoonplaat: *ständig die alte ~* steeds hetzelfde verhaal **5** blad *(van tafel)* **6** kookplaat **7** (platte) schotel **8** kaal hoofd, kale knikker **9** grafzerk
plätten strijken, persen
Plattenhülle *v*[21] platenhoes
Plattenspieler *m*[9] platenspeler
platterdings *(inform)* volstrekt, ronduit
Plattfisch *m*[5] platvis
Plattform *v*[20] **1** platform **2** balkon *(van tram)* || *eine gemeinsame ~ finden* een gemeenschappelijk uitgangspunt vinden
Plattfuß *m*[6] **1** platvoet **2** lege band
Platz *m*[6] **1** plaats, ruimte **2** zitplaats, staanplaats **3** positie, betrekking **4** plein **5** plaats, stad **6** *(sp)* terrein, veld
Platzanweiserin *v*[22] ouvreuse
Plätzchen *o*[35] **1** plaatsje, plekje **2** koekje
Platzdeckchen *o*[35] placemat
platzen **1** openspringen, barsten, knappen: *~ vor Neugier* barsten van nieuwsgierigheid **2** ontploffen, exploderen: *der Reifen ist geplatzt* de band is geklapt **3** niet doorgaan, mislukken: *ins Haus ~* onverwachts binnenvallen
Platzherr *m*[14] *(2e, 3e, 4e nvl ev -n) (sp)* thuisclub
[1]**platzieren**[320] *tr* **1** plaatsen **2** *(handel)* plaatsen, beleggen
[2]**platzieren**[320]**, sich** *(sp)* zich plaatsen
Platzkarte *v*[21] plaatsbewijs
Platzkonzert *o*[29] openluchtconcert
Platzmangel *m*[19] plaatsgebrek
Platzpatrone *v*[21] losse flodder
Platzregen *m*[11] plasregen, stortregen
Platzverhältnisse *mv o*[29a] toestand van het veld
Platzverweis *m*[5] *(sp): jmdm ~ erteilen* iem het veld uit sturen
Plauderei *v*[20] praatje, causerie
Plauderer *m*[9] **1** causeur, prater **2** flapuit
Plauderin *v*[22] kletskous, babbelaarster
plaudern **1** babbelen, praten, beppen **2** verklappen: *aus der Schule ~* uit de school klappen
plazieren *oude spelling voor* platzieren*, zie* platzieren
pleite bankroet, failliet
Pleite *v*[21] **1** bankroet: *~ machen* bankroet gaan **2** fiasco, mislukking, flop
plemplem niet goed snik
Plenarsitzung, Plenarversammlung *v*[20] voltallige vergadering, vergadering in pleno
Plenum *o (2e nvl -s; mv Plenen)* plenum, plenaire vergadering
Pleonasmus *m (2e nvl -; mv -men)* pleonasme
Pleuel *m*[9]**, Pleuelstange** *v*[21] drijfstang
plissieren[320] plisseren
Plombe *v*[21] **1** (tand-, kies)vulling **2** loodje
plombieren[320] plomberen
Plötze *v*[21] voorn
plötzlich plotseling
plump **1** plomp; onhandig **2** lomp, onbehouwen, bot
[1]**Plumpheit** *v*[28] plompheid; onhandigheid
[2]**Plumpheit** *v*[20] lompheid, onbehouwenheid, botheid
plumpsen plompen, neerploffen
Plunder *m*[19] (oude) rommel
Plünderer *m*[9] plunderaar
plündern plunderen
Plünderung *v*[20] plundering
[1]**Plural** *m*[19] meervoud
[2]**Plural** *m*[5] meervoudsvorm
Pluralismus *m*[19a] pluralisme
[1]**plus** *bw* plus
[2]**plus**[+2] *vz* plus
[3]**plus** *vw* plus, en
Plus *o (2e nvl -; mv -)* **1** plus, overschot **2** plus, pluspunt, positief punt
Plüsch *m*[5] **1** pluche **2** badstof
Pluspunkt *m*[5] pluspunt
Plusquamperfekt *o*[29] voltooid verleden tijd
Pneumonie *v*[21] longontsteking
Po *m*[13] achterste, achterwerk
Pöbel *m*[19] gepeupel, plebs
pöbelhaft grof, gemeen, plat, laag
pochen kloppen, slaan || *(fig) auf*[+4] *etwas ~: a)* zich met klem op iets beroepen; *b)* op iets staan
pochieren[320] [posjieren] pocheren
Pocke *v*[21] pok: *~n* pokken
pockennarbig, pockig pokdalig, mottig
Podest *o*[29], *m*[5] **1** *(regionaal)* (trap)portaal, overloop **2** verhoging, klein podium, platform
Podium *o (2e nvl -s; mv Podien)* podium
Podiumsdiskussion *v*[20]**, Podiumsgespräch** *o*[29] forumdiscussie
Poesie *v*[21] poëzie
Poet *m*[14] poëet, dichter
poetisch poëtisch
Pokal *m*[5] bokaal, beker
Pokalspiel *o*[29] *(sp)* bekerwedstrijd
Pökel *m*[9] pekel
Pökelfleisch *o*[39] pekelvlees
pökeln pekelen, inpekelen
Poker *o*[39], *m*[19] poker *(een kaartspel)*
Pol *m*[5] pool
polar polair, pool-
Polareis *o*[39] poolijs
Polargebiet *o*[29] poolgebied
Polarisation *v*[20] polarisatie
polarisieren[320] polariseren
Polarisierung *v*[20] polarisatie
Polarkreis *m*[5] poolcirkel
Polarlicht *o*[31] poollicht, noorderlicht
Polarstern *m*[19] Poolster

Polder *m*[9] polder
Pole *m*[15] Pool
Polemik *v*[20] polemiek, pennenstrijd
polemisieren[320] polemiseren
Polen *o*[39] Polen
Polente *v*[28] *(dieventaal)* politie, smerissen *(mv)*
Police *v*[21] polis
polieren[320] **1** polijsten *(ook fig)* **2** poetsen
Poliklinik *v*[20] polikliniek
Polio *v*[28] polio, kinderverlamming
Politik *v*[20] **1** politiek **2** beleid
Politiker *m*[9] politicus
politisch politiek *(ook fig)*
politisieren[320] politiseren
Politologe *m*[15] politicoloog
Polizei *v*[20] politie: *er ist dümmer, als die ~ erlaubt* hij is oliedom
Polizeiaktion *v*[20] politionele actie
Polizeiamt *o*[32] politiebureau
Polizeiaufgebot *o*[29] politiemacht
Polizeibeamte(r) *m*[40a] ambtenaar van politie
Polizeibehörde *v*[21] politie, politieapparaat
Polizeichef *m*[13] hoofd van de politie
Polizeigewahrsam *m*[19]: *in ~* in verzekerde bewaring
polizeilich van de, bij de, door de politie, politie-: *~e Vorschriften* politieverordeningen
Polizeipräsidium *o (2e nvl -s; mv -präsidien)* hoofdbureau van politie
Polizeirevier *o*[29] **1** politiewijk **2** politiepost, politiebureau
Polizeischutz *m*[19] politiebescherming
Polizeistreife *v*[21] politiepatrouille
Polizeistunde *v*[21] sluitingsuur
Polizeiverordnung *v*[20] politieverordening
Polizist *m*[14] politieagent
Polizistin *v*[22] politieagente
Pollen *m*[11] pollen *(mv)*; stuifmeel
polnisch Pools
Polohemd *o*[37] poloshirt
Polster *o*[33] **1** kussen, zitkussen; peluw **2** *(plantk)* kussentje **3** bekleding *(van kussen, stoel)*; schoudervulling **4** *(fig)* reserve
Polsterer *m*[9] stoffeerder
Polstergarnitur *v*[20], **Polstergruppe** *v*[21] bankstel
Polstermöbel *mv o*[33] gestoffeerde meubelen
polstern 1 stofferen **2** bekleden, opvullen || *er ist gut gepolstert* hij zit goed in zijn vet
Polstersessel *m*[9] fauteuil
Polsterung *v*[20] **1** kussen **2** stoffering
Polterabend *m*[5] feestavond voor de bruiloftsdag
poltern 1 spektakel maken **2** stommelen **3** bulderen, donderen **4** ratelen, denderen
Polyäthylen *o*[29] *(chem)* polyethyleen
Polyester *m*[9] *(chem)* polyester
polyfon polyfoon
Polyfon *o*[29] polyfoon
Polyp *m*[14] **1** poliep **2** *(inform)* smeris
polyphon polyfoon
Polyphon *o*[29] polyfoon
Pomade *v*[21] pommade
Pommes frites patates frites
Pomp *m*[19] pracht, praal
pomphaft, pompös pompeus
Pontifikat *m*[5], *o*[29] pontificaat
Ponton *m*[13] ponton
Pontonbrücke *v*[21] pontonbrug
[1]**Pony** *m*[13] pony(haar)
[2]**Pony** *o*[36] *(dierk)* pony
Pop *m*[19], *m*[19a] **1** pop **2** popmuziek
Popmusik *v*[28] popmuziek
Popo *m*[13] achterste, billen *(mv)*
populär populair, popiejopie: *~e Gestalt, ~e Figur* populaire figuur, popiejopie
Popularität *v*[28] populariteit
Pop-up *o*[36] *(comp)* pop-up
Pore *v*[21] porie
Porno *m*[13] porno
Pornografie, Pornographie *v*[28] pornografie
porös poreus
Porree *m*[13] prei
Portal *o*[29] portaal
Portemonnaie *o*[36] portemonnee
Porti *mv, zie* Porto
Portier [portjee] *m*[13] portier
Portion *v*[20] portie: *(fig) halbe ~* klein mannetje
portionieren[320] in porties delen
Portmonee *zie* Portemonnaie
Porto *o*[36] *(mv ook Porti)* port, porto
portofrei portvrij, franco
Porträt *o*[36], *o*[29] portret
porträtieren[320] portretteren
Portugal *o*[39] Portugal
Portugiese *m*[15] Portugees
portugiesisch Portugees
Portwein *m*[5] port
Porzellan *o*[29] porselein
porzellanen porseleinen
Posaune *v*[21] **1** bazuin **2** trombone
[1]**posaunen** *intr* bazuin blazen, trombone spelen
[2]**posaunen** *tr (fig)* rondbazuinen, uitbazuinen
Pose *v*[21] pose, houding
Position *v*[20] **1** positie **2** *(handel)* post **3** standpunt
positiv, positiv positief, bevestigend, stellig
[1]**Positiv, Positiv** *m*[5] *(taalk)* positief, stellende trap
[2]**Positiv, Positiv** *o*[29] *(foto)* positief
Positivismus *m*[19a] positivisme
Posse *v*[21] klucht
Possen *m*[11] streek, poets: *jmdm einen ~ spielen* iem een poets bakken; *~ reißen: a)* moppen tappen; *b)* streken uithalen
Possenmacher, Possenreißer *m*[9] grapjas
Possessiv *o*[29], **Possessivpronomen** *o*[35] *(mv ook -mina)* bezittelijk voornaamwoord
possierlich grappig, komiek, potsierlijk
Post *v*[20] **1** posterijen **2** postkantoor: *etwas zur* (of: *auf die) ~ bringen* iets op de post doen; *auf die ~*

(of: *zur ~) gehen* naar het postkantoor gaan **3** post || *mit gleicher ~* separaat
postalisch postaal; per post
Postamt o^{32}, **Postanstalt** v^{20} postkantoor
Postanweisung v^{20} postwissel; *(Belg)* postassignatie
Postauto o^{36} postauto
Postbeamte(r) m^{40a} postbeambte
Postbote m^{15} postbode
Posten m^{11} **1** (wacht)post, schildwacht: *~ stehen: a)* posten; *b) (mil)* op post, op wacht staan; *auf verlorenem ~ stehen* (of: *kämpfen)* voor een verloren zaak vechten **2** politiepost **3** betrekking **4** partij *(waren)* **5** post *(van een rekening)*
Poster m^{9}, m^{13}, o^{33}, o^{36} poster
Postfach o^{32} postbus, postbox
Postgebühr v^{20} porto
posthum postuum
postieren ^{320} posteren, plaatsen
Postkarte v^{21} **1** briefkaart **2** ansichtkaart
postlagernd poste restante
Postleitzahl v^{20} postcode
Postmarke v^{21} postzegel
Postpaket o^{29} postpakket
Postscheck m^{13} postcheque
Postscheckkonto o^{36} *(mv ook -konten en -konti) (vero)* post(giro)rekening
Postscheckverkehr m^{19} postgiroverkeer
Postschließfach o^{32} postbus, postbox
Poststempel m^{9} poststempel
postulieren ^{320} **1** postuleren **2** (ver)eisen
postum postuum
postwendend per omgaande
Postwesen o^{39} posterijen
Postzug m^{6} posttrein
Postzustellung v^{20} postbestelling
potent **1** potent **2** machtig **3** kapitaalkrachtig
Potentat m^{14} potentaat, machthebber
potential *zie* potenzial
Potential *zie* Potenzial
potentiell *zie* potenziell
Potenz v^{20} **1** potentie **2** macht; kracht
potenzial potentieel, mogelijk
Potenzial o^{29} **1** potentiaal **2** potentieel
potenziell potentieel, mogelijk
potz Blitz *tw* drommels!
potztausend *tw (inform)* verdikkeme
PowerPoint-Präsentation v^{20} powerpointpresentatie
Prä o^{39} pre: *ein ~ haben* een pre hebben
Präambel v^{21} preambule
Pracht v^{28} pracht, staatsie, praal: *eine (wahre) ~ sein* schitterend zijn
Prachtbau *m (2e nvl -(e)s; mv -ten)* prachtig gebouw
prächtig **1** prachtig **2** geweldig, uitstekend
Prachtkerl m^{5}, **Prachtmensch** m^{14} fijne vent
Prachtstück o^{29} prachtstuk
prachtvoll *zie* prächtig
prädestinieren **1** *(godsd)* predestineren, voorbeschikken **2** voorbestemmen
Prädikat o^{29} **1** *(taalk)* gezegde **2** predicaat
Präfekt m^{14} prefect
Präfix o^{29} *(taalk)* prefix, voorvoegsel
Prag o^{39} Praag
prägen **1** *(munten)* slaan **2** indrukken, afdrukken **3** maken, vormen **4** stempelen **5** fixeren || *sich³ etwas ins Gedächtnis ~* iets in zijn geheugen prenten
¹Prager m^{9} Prager
²Prager *bn* Praags
pragmatisch pragmatisch
prägnant pregnant
Prägung v^{20} **1** (het) stempel(en), (het) aanmunten **2** *(fig)* karakter, signatuur, stempel **3** begrip, vorm
prähistorisch prehistorisch, voorhistorisch
prahlen pralen, snoeven, pochen: *~ mit* $^{+3}$ pochen op, zich laten voorstaan op
Prahler m^{9} praler, snoever, bluffer
prahlerisch blufferig, snoevend
Praktik v^{20} praktijk
praktikabel bruikbaar, doelmatig
Praktikant m^{14} stagiair, trainee
Praktikantin v^{22} stagiaire, trainee
Praktiker m^{9} **1** man uit de praktijk **2** huisarts
Praktikum *o (2e nvl -s; mv Praktika)* practicum, stage
praktisch praktisch: *~er Arzt* huisarts
praktizieren ^{320} **1** praktiseren, de praktijk uitoefenen **2** stage lopen, als trainee werken **3** praktiseren, in praktijk brengen
Prälat m^{14} *(r-k)* prelaat
Praline v^{21} bonbon
prall **1** strak, stevig, vol, rond **2** fel *(van zon)*
Prall m^{5} bons, stoot
prallen **1** botsen, bonzen, stuiten **2** *(mbt kogels)* afstuiten **3** *(mbt zon)* fel stralen
Prämie v^{21} premie
Prämienzahlung v^{20} premiebetaling
prämieren, prämiieren bekronen
prangen prijken, pralen, schitteren, stralen
Pranger m^{9} schandpaal, kaak
Pranke v^{21} **1** klauw, poot **2** poot, grote hand
Präparat o^{29} preparaat
Präparation v^{20} **1** preparatie **2** voorbereiding
präparieren ^{320} prepareren
Präposition v^{20} *(taalk)* voorzetsel
Prärie v^{21} prairie
Präsens *o (2e nvl -; mv Präsentia en Präsenzien)* presens, tegenwoordige tijd
präsent present, tegenwoordig
Präsentation v^{20} presentatie
Präsentator m^{16} *(telecom)* presentator
präsentieren ^{320} presenteren
Präsenz v^{28} aanwezigheid
Präser m^{9}, **Präservativ** o^{29} condoom
Präsident m^{14} president

Präsidentschaft v^{20} presidentschap
präsidial presidentieel
präsidieren^{320+3} presideren, voorzitten
Präsidium *o (2e nvl -s; mv Präsidien)* **1** presidium **2** hoofdbureau (van politie)
prasseln **1** knetteren, knapperen **2** kletteren
prassen brassen, zwelgen
^{1}**prätendieren**^{320} *intr* aanspraak maken (op)
^{2}**prätendieren**^{320} *tr* pretenderen
Prätention v^{20} pretentie
prätentiös pretentieus
Präteritum *o (2e nvl -s; mv -ta) (taalk)* verleden tijd
präventiv preventief
Praxis *v (mv Praxen)* **1** praktijk **2** praktijkruimte **3** praktijkervaring
praxisbezogen, praxisgerecht,, praxisorientiert op de praktijk gericht
Präzedenzfall m^{6} precedent
präzis, präzise precies
präzisieren^{320} preciseren
Präzision v^{28} precisie, nauwkeurigheid
PR-Berater m^{9} media-adviseur, spindoctor
predigen prediken, preken
Prediger m^{9} predikant, prediker: *ein ~ in der Wüste* een roepende in de woestijn
Predigt v^{20} preek *(ook fig);* predicatie
Preis m^{5} **1** prijs: *zum ~e von* tegen de prijs van; *um jeden ~* beslist; *um keinen ~* voor geen geld; *einen ~ aussetzen* een prijs uitloven **2** prijs, lof
Preisangabe v^{21} prijsopgave
Preisanstieg m^{5} prijsstijging
Preisauftrieb m^{19} (algemene) prijsstijging
Preisausschreiben o^{35} prijsvraag
Preisauszeichnung v^{20} (het) prijzen *(van artikelen)*
preisbewusst prijsbewust
Preisbildung v^{20} prijsvorming
Preisbrecher m^{9} prijsvechter
Preisdifferenz v^{20} prijsverschil
Preiselbeere v^{21} rode bosbes, vossenbes
Preisempfehlung v^{20} adviesprijs
preisen^{216} prijzen, loven, roemen
Preiserhöhung v^{20} prijsverhoging
Preisermäßigung v^{20} prijsverlaging
Preisfrage v^{21} **1** prijsvraag **2** kwestie van prijs
preisgeben^{166} prijsgeven, overleveren
preisgekrönt bekroond
Preisgestaltung v^{20} prijsvorming
preisgünstig voordelig
Preiskämpfer m^{9} prijsvechter
Preislage v^{21} prijsniveau, prijsklasse
Preisnachlass m^{5}, m^{6} korting
Preisrückgang m^{6} prijsdaling
Preisschild o^{31} prijskaartje
Preissenkung v^{20} prijsdaling, prijsverlaging
Preissteigerung v^{20} prijsverhoging, prijsstijging
Preisstopp m^{13} prijsstop
Preissturz m^{6} plotselinge prijsdaling
Preisträger m^{9} prijswinnaar
Preistreiberei v^{28} prijsopdrijving
Preisüberwachung v^{20} prijscontrole
Preisunterschied m^{5} prijsverschil
Preisvergleich m^{5} prijsvergelijking
Preisverleihung v^{20}, **Preisverteilung** v^{20} prijsuitreiking
Preisverzeichnis o^{29a} prijslijst, prijscourant
preiswert niet duur, goedkoop
prekär precair, bedenkelijk, hachelijk
^{1}**prellen** *intr* stuiten, botsen || *sich den Fuß ~* zijn voet kneuzen
^{2}**prellen** *tr* **1** bedriegen, afzetten **2** *(sp)* stuiteren **3** hard stoten
Preller m^{9} **1** bedrieger **2** harde klap
Prellung v^{20} kneuzing
Premier m^{13} premier, minister-president
Premiere v^{21} première
Premierminister m^{9} *zie* Premier
Prepaid- prepaid
Prepaidkarte v^{21} prepaidkaart
preschen **1** rennen **2** galopperen **3** stuiven
Presse v^{21} pers
Presseagentur v^{20} persagentschap
Pressebericht m^{5} persbericht, persverslag
Pressegespräch o^{29} gesprek met de pers
Pressemeldung v^{20} persbericht
pressen **1** persen, uitpersen **2** pressen, dwingen **3** drukken
Pressenotiz v^{20} kort persbericht
Pressesprecher m^{9} woordvoerder *(tegenover de pers)*
Pressestelle v^{21} voorlichtingsdienst
Pressholz o^{39} spaanplaat
Presskohle v^{21} briket
Pressluft v^{28} perslucht
Presslufthammer m^{10} pneumatische hamer
Prestige o^{39} prestige
Preuße m^{15} Pruis
Preußen o^{39} Pruisen
prickeln prikkelen, tintelen
Priem m^{5} pruim(pje) *(tabak)*
priemen pruimen
Priemtabak m^{5} pruimtabak
Priester m^{9} priester
Priesterin v^{22} priesteres
priesterlich priesterlijk
prima prima
primär primair: *~e Gesundheitsfürsorge* eerstelijns(gezondheids)zorg
Primas *m (2e nvl -; mv -se en Primaten)* primaat
^{1}**Primat** m^{5}, o^{29} **1** primaat **2** eerstgeboorterecht
^{2}**Primat** m^{14} primaat
Primel v^{21} primula, sleutelbloem
primitiv primitief
Printer m^{9} printer
Prinz m^{14} prins
Prinzessbohne v^{21} sperzieboon
Prinzessin v^{22} prinses

pr

Prinzip o^{29} *(mv meestal -ien)* principe, beginsel
prinzipiell principieel, in principe
Prinzipienfrage v^{21} principiële kwestie
Prinzipienreiter m^{9} doordrammer
Prinzipienreiterei v^{28} (het) doordrammen
prinzlich prinselijk
Priorität v^{20} prioriteit
Prise v^{21} **1** snuifje **2** prijs, buit
Prisma *o (2e nvl -s; mv Prismen)* prisma
Prismenfernrohr o^{29}, **Prismenglas** o^{32} prismakijker
Pritsche v^{21} **1** brits **2** laadbak *(van vrachtauto)*
Pritschenwagen m^{11} platte vrachtauto
privat 1 privé, particulier **2** privé, persoonlijk
Privatadresse v^{21} privéadres
Privatangelegenheit v^{20} privézaak
Privatbesitz m^{19} particulier bezit
Privatgespräch o^{29} privégesprek
Privatinitiative v^{21} particulier initiatief
Privatklage v^{21} *(jur)* civiele vordering
Privatleben o^{39} privéleven
Privatmann m^{8} *(mv meestal Privatleute)* **1** particulier **2** rentenier
Privatmensch m^{14} particulier
Privatpatient m^{14} particulier patiënt
Privatperson v^{20} particulier
Privatrecht o^{29} *(jur)* privaatrecht
privatrechtlich privaatrechtelijk
Privatsache v^{21} privézaak
Privatschule v^{21} particuliere school
Privatversicherung v^{20} particuliere verzekering
Privatwirtschaft v^{28} particulier bedrijfsleven
privatwirtschaftlich van het, met betrekking tot het particuliere bedrijfsleven
Privileg o^{29} *(mv meestal -ien)* privilege, voorrecht
[1]**pro** *bw* pro, voor
[2]**pro** $^{+4}$ *vz* per, pro
probat probaat, beproefd
Probe v^{21} **1** proef: *die ~ aufs Exempel* de proef op de som; *~ laufen* proefdraaien **2** repetitie **3** staal, monster, proef(je), proeve **4** proeverij **5** proeve, bewijs, blijk
Probearbeit v^{20} proefwerk
Probebohrung v^{20} proefboring
Probefahrt v^{20} proefrit, proefvaart
Probeflug m^{6} proefvlucht
probelaufen *oude spelling voor* Probe laufen, *zie* Probe 1
[1]**proben** *intr* repeteren
[2]**proben** *tr* instuderen
Probenummer v^{21} proefnummer
Probesendung v^{20} proefzending
Probestück o^{29} proefstuk, staal(tje)
probeweise bij wijze van proef, als proef
Probezeit v^{20} proeftijd
probieren ^{320} **1** proberen, testen **2** proeven
Probierstube v^{21} proeflokaal
Problem o^{29} probleem, vraagstuk
Problematik v^{28} problematiek
problematisch problematisch
problemorientiert probleemgericht
Produkt o^{29} product, voortbrengsel
Produktion v^{20} productie
Produktionsanlage v^{21} fabrieksinstallatie
Produktionskosten *mv* productiekosten
produktiv productief
Produktivität v^{28} productiviteit
Produzent m^{14} producent
[1]**produzieren** ^{320} *tr* **1** produceren **2** *(inform)* maken
[2]**produzieren** ^{320}, **sich** de aandacht trekken
Prof. *afk van Professor* professor *(afk* prof.)
profan profaan
professionell professioneel
Professor m^{16} professor
Professur v^{20} professoraat, leerstoel
Profi m^{13} *(sp)* professional, prof
Profifußballer m^{9} prof(voetballer)
Profil o^{29} profiel: *im ~* en profil
[1]**profilieren** ^{320} *tr* profileren
[2]**profilieren** ^{320}, **sich** zich profileren
profiliert 1 geprofileerd **2** markant
Profit m^{5} winst, profijt, voordeel, nut
Profitabilität v^{28} winstgevendheid
Profitgier v^{28} winstbejag
profitieren ^{320} profiteren
Profitstreben o^{39}, **Profitsucht** v^{28} winstbejag
Prognose v^{21} prognose
prognostizieren ^{320} prognosticeren, een prognose geven
Programm o^{29} programma
programmäßig *oude spelling voor* programmmäßig, *zie* programmmäßig
Programmhinweis m^{5} *(telecom)* programmatip
programmieren ^{320} programmeren
Programmierer m^{9} programmeur
Programmiersprache v^{21} programmeertaal
programmmäßig volgens het programma
Progression v^{20} progressie
progressiv progressief
Progressivsteuer v^{21} progressieve belasting
Projekt o^{29} project, ontwerp, plan
Projektemacher m^{9} plannenmaker
Projektentwickler m^{9} projectontwikkelaar
projektieren ^{320} projecteren, ontwerpen
Projektil o^{29} **1** projectiel **2** raket
Projektion v^{20} projectie
Projektionsapparat m^{5} projector, projectieapparaat
projizieren ^{320} projecteren
Proklamation v^{20} proclamatie
proklamieren ^{320} proclameren
Pro-Kopf-Einkommen o^{39} inkomen per hoofd van de bevolking, gemiddeld inkomen
Prokura *v (mv Prokuren)* procuratie, volmacht: *per ~* per procuratie
Prokurist m^{14} procuratiehouder
Prolet m^{14} proleet

Proletariat *o*²⁹ proletariaat
Proletarier *m*⁹ proletariër
Proll *m*¹³ popiejopie, proleet
prollig popiejopie
Prolog *m*⁵ proloog
Prolongation *v*²⁰ prolongatie
prolongieren³²⁰ prolongeren
Promenade *v*²¹ promenade
Promi *m*¹³ vip, bobo
pro mille pro mille, per duizend
Promille *o (2e nvl -(s); mv -)* promille
Promillesatz *m*⁶ promillage
prominent prominent, vooraanstaand
Prominente(r) *m*⁴⁰ᵃ, *v*⁴⁰ᵇ vooraanstaand persoon, prominent persoon
Prominenz *v*²⁰ **1** prominente, vooraanstaande personen **2** (het) prominent zijn
Promotion *v*²⁰ promotie
promovieren³²⁰ promoveren
prompt prompt, vlot
Pronomen *o*³⁵ *(mv ook -nomina)* pronomen, voornaamwoord
pronominal pronominaal, voornaamwoordelijk
prononciert geprononceerd
propädeutisch propedeutisch
Propaganda *v*²⁸ **1** propaganda **2** reclame
Propagandist *m*¹⁴ **1** propagandist **2** reclameman
propagandistisch propagandistisch
propagieren³²⁰ propageren
Propan *o*³⁹, **Propangas** *o*³⁹ propaangas
Propeller *m*⁹ **1** propeller **2** scheepsschroef
proper 1 proper, helder **2** degelijk
Prophet *m*¹⁴ profeet
prophezeien³²⁰ profeteren, voorspellen
Prophezeiung *v*²⁰ profetie, voorspelling
prophylaktisch profylactisch, preventief
Prophylaxe *v*²¹ profylaxe, voorkoming
Proportion *v*²⁰ proportie, verhouding
proportional proportioneel, evenredig
proportioniert geproportioneerd
Proporz *m*⁵ **1** evenredig kiesstelsel **2** evenredige verdeling *(van zetels, functies e.d.)*
Propst *m*⁶ **1** *(r-k)* proost **2** *(prot)* eerste geestelijke
Propylen *o*³⁹ *(chem)* propyleen
Prosa *v*²⁸ proza
prosaisch prozaïsch
Prosaist *m*¹⁴, **Prosaschriftsteller** *m*⁹ prozaïst, prozaschrijver
prosit *tw* proost!, gezondheid!, santé!: ~ *Neujahr!* gelukkig nieuwjaar!
Prospekt *m*⁵ **1** prospectus, folder **2** *(theat)* achterwand **3** stadsgezicht
Prostata *v (mv Prostatae)* prostaat
Prostituierte *v*⁴⁰ᵇ prostituee, publieke vrouw
Prostitution *v*²⁸ prostitutie
Protein *o*²⁹ proteïne, eiwitstof
Protektion *v*²⁰ protectie
Protektionismus *m*¹⁹ᵃ protectionisme
Protektorat *o*²⁹ protectoraat
Protest *m*⁵ protest: ~ *erheben* (of: *einlegen, anmelden)* protest aantekenen
Protestant *m*¹⁴ **1** protestant **2** protesterende
protestantisch protestants
Protestantismus *m*¹⁹ᵃ protestantisme
protestieren³²⁰ protesteren
Protestkundgebung *v*²⁰ protestdemonstratie
Protestler *m*⁹ protesteerder
Prothese *v*²¹ *(med)* prothese
Protokoll *o*²⁹ **1** protocol **2** notulen: *(das) ~ führen* de notulen maken, notuleren **3** proces-verbaal: *ein ~ aufnehmen über*⁺⁴ proces-verbaal opmaken van; *etwas zu ~ geben* iets in het proces-verbaal laten opnemen
Protokollant *m*¹⁴ secretaris *(in vergadering);* notulist
protokollarisch protocollair
Protokollführer *m*⁹ *zie* Protokollant
protokollieren³²⁰ notuleren
Protz *m*⁵, *m*¹⁴ **1** opschepper **2** opschepperij
protzen opscheppen, bluffen
protzenhaft, protzig 1 opschepperig **2** protserig
Provenienz *v*²⁰ herkomst, oorsprong
provenzalisch Provençaals
Proviant *m*⁵ proviand
proviantieren³²⁰ provianderen
Provider *m*⁹ provider
¹**Provinz** *v*²⁰ provincie
²**Provinz** *v*²⁸ platteland
Provinzbewohner *m*⁹ provinciaal
provinziell provinciaal
Provinzler *m*⁹ provinciaal
Provision *v*²⁰ provisie
provisorisch provisorisch
Provokation *v*²⁰ provocatie
provokativ, provokatorisch provocerend
provozieren³²⁰ provoceren; uitlokken
Prozedur *v*²⁰ procedure
Prozent *o*²⁹ procent, percent: *~e bekommen* korting krijgen
-prozentig van … procent
Prozentsatz *m*⁶ percentage
prozentual percentsgewijs, procentueel
Prozess *m*⁵ proces: *jmdm den ~ machen* (of: *einen ~ gegen jmdn anstrengen)* tegen iem een proces aanhangig maken; *mit jmdm, etwas kurzen ~ machen* met iem, iets korte metten maken
Prozessakte *v*²¹ procesakte, processtuk
prozessieren³²⁰ procederen
Prozession *v*²⁰ *(r-k)* processie
prozessual processueel, proces-
prüde preuts
Prudelei *v*²⁰ *(regionaal)* prutswerk, knoeiwerk
prudeln 1 knoeien **2** borrelen, pruttelen
Prüderie *v*²¹ preutsheid
prüfen 1 toetsen, onderzoeken, keuren, testen: *schwer geprüft* zwaar beproefd; *Milch auf den Fettgehalt ~* het vetgehalte van melk onderzoeken; *TÜV-geprüft* met keuringsbewijs; *amtlich*

geprüft officieel gekeurd **2** examineren **3** nagaan, nazien, controleren
Prüfer m^{9} **1** onderzoeker, toetser, keurder, controleur **2** examinator
Prüfling m^{5} **1** examinandus, examenkandidaat **2** te keuren (onder)deel, werkstuk
Prüfstand m^{6} proefbank, proefstand
Prüfstein m^{5} toetssteen
Prüfung v^{20} **1** onderzoek, examen: *in die ~ gehen* (inform: *steigen)* examen gaan doen **2** controle, verificatie **3** beproeving **4** toetsing, keuring, test
Prüfungsarbeit v^{20} examenwerk
Prüfungsfach o^{32} examenvak
Prüfungskandidat m^{14} examenkandidaat
Prüfungskommissar m^{5} (rijks)gecommitteerde
Prüfungszeugnis o^{29a} diploma
Prügel m^{9} **1** knuppel **2** *(mv)* slaag, ransel
Prügelei v^{20} kloppartij, vechtpartij
Prügeljunge, Prügelknabe m^{15} zondebok
^{1}**prügeln** *tr* slaan, (af)ranselen
^{2}**prügeln, sich** bakkeleien, vechten
Prügelstrafe v^{21} stokslagen (als straf)
Prunk m^{19} pronk, pracht, praal
prunken pronken, prijken, pralen
Prunkstück o^{29} pronkstuk *(ook fig)*
Prunksucht v^{28} pronkzucht, praalzucht
prunkvoll prachtig, schitterend
prusten proesten
^{1}**PS** *o, afk van Postskriptum* postscriptum *(afk* PS)
^{2}**PS** *o (2e nvl -; mv -) afk van Pferdestärke* paardenkracht *(afk* pk)
Psalm m^{16} psalm
Pseudonym o^{29} pseudoniem, schuilnaam
Psyche psyche, ziel
Psychiater m^{9} psychiater
^{1}**Psychiatrie** v^{28} psychiatrie
^{2}**Psychiatrie** v^{21} **1** psychiatrische kliniek **2** afdeling psychiatrie
psychisch psychisch
Psychologe m^{15} psycholoog
Psychologie v^{28} psychologie
psychologisch psychologisch
Psychopath m^{14} psychopaat
Psychose v^{21} psychose
pubertär puberaal
Pubertät v^{28} puberteit
publik publiek, openbaar
Publikation v^{20} publicatie
Publikum o^{39} publiek
Publikumspreis m^{5} publieksprijs
publizieren ^{320} publiceren
Publizist m^{14} publicist
Publizität v^{28} publiciteit, bekendheid
Puck m^{13} puck *(ijshockeyschijf)*
Pudding m^{5}, m^{13} pudding
Puddingpulver o^{33} puddingpoeder
Pudel m^{9} **1** *(hondenras)* poedel **2** *(sp)* misworp, misschot
pudelnackt spiernaakt
pudelnass kletsnat
pudelwohl kiplekker
Puder m^{9}, o^{33} poeder
Puderdose v^{21} poederdoos
pudern poederen
puff *tw* pof!, poef!, paf!
^{1}**Puff** m^{5} **1** poef *(om op te zitten)* **2** pof *(bolstaande plooi)*
^{2}**Puff** m^{6} **1** stoot, duw, por: *einen ~ vertragen (können)* tegen een stootje kunnen **2** doffe knal
^{3}**Puff** m^{13}, o^{36} bordeel
Puffärmel m^{9} pofmouw
puffen **1** puffen **2** een por geven **3** poffen
Puffer m^{9} **1** buffer **2** aardappelpannenkoek
Pufferspeicher m^{9} *(comp)* buffergeheugen
Pufferzone v^{21} bufferzone
Pulk m^{13}, m^{5} **1** *(sp)* peloton **2** formatie **3** zwerm
Pulle v^{21} *(inform)* fles: *volle ~ spielen* alles geven wat men kan; *volle ~ fahren* met plankgas rijden
Pulli m^{13} pullover
Puls m^{5} **1** pols(slag): *jmdm den ~ fühlen: a)* iems pols voelen; *b) (fig)* iem polsen **2** impuls
Pulsader v^{21} polsslagader, slagader
pulsieren ^{320} pulseren, kloppen, slaan
Pult o^{29} **1** lessenaar **2** muziekstandaard
Pulver o^{33} **1** poeder **2** (bus)kruit: *(fig) sein ~ trocken halten* zijn kruit drooghouden **3** (de) poeder, medicament **4** geld, centen
Pulverbrief m^{5} poederbrief
Pulverdampf m^{6} kruitdamp
pulverig poeierig, poedervormig
pulverisieren ^{320} verpulveren
Pulverkaffee m^{13} oploskoffie
pulvern *(inform)* schieten
Pulverschnee m^{19} poedersneeuw
Puma m^{13} poema
pummelig mollig
Pump m^{19} (het) lenen: *auf ~* op de pof
Pumpe v^{21} **1** pomp **2** hart, rikketik
pumpen **1** pompen **2** lenen, poffen
Pumpstation v^{20}, **Pumpwerk** o^{29} pompstation
Punkt m^{5} punt: *der ~ auf dem i* het puntje op de i; *~ 2 Uhr* precies om 2 uur; *in diesem ~* op dit punt; *(sp) nach ~en siegen* winnen op punten; *(fig) der wunde ~* het tere punt; *der springende ~* het punt waarom het gaat
punkten *(sp)* **1** scoren, punten maken **2** punten toekennen
Punktespiel o^{29} competitiewedstrijd
punktgleich met hetzelfde aantal punten
punktieren ^{320} **1** punteren, (be)stippelen **2** *(med)* een punctie uitvoeren
Punktierung, Punktion v^{20} *(med)* punctie
pünktlich stipt op tijd; precies: *~ sein* op tijd komen
Pünktlichkeit v^{28} stiptheid, nauwgezetheid
Punktsieg m^{5} overwinning op punten
Punktspiel o^{29} competitiewedstrijd
Punktum: *damit ~!* daarmee uit!, afgelopen!

Punktur *v*[20] *(med)* punctie
Punktzahl *v*[20] puntenaantal
Punsch *m*[5], *m*[6] punch *(drank)*
Punze *v*[21] **1** pons; *(stalen)* stempel **2** merk
punzen, punzieren 1 ponsen, stansen **2** stempelen
Pup *m*[5] *(inform)* wind, scheet
pupen een wind laten
Pupille *v*[21] pupil
Püppchen *o*[35] popje, liefje
Puppe *v*[21] **1** pop **2** poppetje, liefje
Puppenspiel *o*[29] poppenspel
Puppenspieler *m*[9] poppenkastspeler
Puppentheater *o*[33] poppenkast
pur puur, zuiver, onvermengd, louter
Püree *o*[36] puree, brij
purgieren[320] purgeren
Purgiermittel *o*[33] purgeermiddel
Purismus *m*[19a] purisme
Purist *m*[14] purist
Puritaner *m*[9] puritein
puritanisch puriteins
Purpur *m*[19] purper *(kleur, stof, gewaad)*
purpurfarben, purpurfarbig purperkleurig
purpurn purperen, purper-
Purzel *m*[9] dreumes, kereltje
Purzelbaum *m*[6] buiteling: *einen ~ machen* (of: *schlagen, schießen)* een buiteling maken
purzeln duikelen, buitelen
Puste *v*[28] lucht, adem: *ganz aus der ~* (of: *außer ~) sein* geheel buiten adem zijn
Pustel *v*[21] puistje, pukkel
pusten 1 ademen **2** blazen **3** hijgen
Pute *v*[21] kalkoen(se hen)
Puter *m*[9] kalkoen(se haan)
Putsch *m*[5] putsch, staatsgreep
putschen een staatsgreep uitvoeren
Putschist *m*[14] deelnemer aan een staatsgreep
Putz *m*[19] **1** opschik **2** pleisterlaag, -kalk **3** ruzie
putzen 1 poetsen **2** schoonmaken **3** versieren, mooi maken **4** *(kaars, neus)* snuiten **5** *(muur)* pleisteren
Putzfrau *v*[20] schoonmaakster, werkster
putzig koddig, grappig, komiek
Putzlappen *m*[11] poetsdoek
Putzmittel *o*[33] reinigingsmiddel
Putzsucht *v*[28] pronkzucht
Putztuch *o*[32] poetsdoek, poetslap
Putzwolle *v*[28] poetskatoen
Puzzle *o*[36] legpuzzel
Pyjama [puudzjaama, puuzjaama] *m*[13] pyjama
Pyramide *v*[21] piramide
pyramidenförmig piramidaal
Pyramidenspiel *o*[29] piramidespel
Pyrenäen *mv* Pyreneeën
Pyromane *m*[15] pyromaan
Pyrrhussieg *m*[5] pyrrusoverwinning

q

qm *afk van Quadratmeter* vierkante meter *(afk* m^{2})
quabbelig **1** kwabbig **2** week **3** geleiachtig
quabbeln lillen, trillen
quabbig, quabblig *zie* quabbelig
Quacksalber *m*^{9} kwakzalver
Quadrant *m*^{14} kwadrant
Quadrat *o*^{29} **1** kwadraat, vierkant **2** (huizen)blok: *eine Zahl ins ~ erheben* een getal tot de tweede macht verheffen
quadratisch vierkant: *~e Gleichung* vierkantsvergelijking
Quadratkilometer *m*^{9}, *o*^{33} vierkante kilometer
Quadratmeter *m*^{9}, *o*^{33} vierkante meter
Quadratwurzel *v*^{21} vierkantswortel
Quadratzahl *v*^{20} vierkant *(getal);* kwadraat
quadrieren^{320} in het kwadraat verheffen
Quadrofonie, Quadrophonie *v*^{28} quadrafonie
Quai [kee, ke:] *m*^{13}, *o*^{36} kade, wal
quaken kwaken; kletsen
quäken **1** jengelen **2** jammeren
Qual *v*^{20} kwelling, pijn, verdriet, ellende
^{1}**quälen** *tr* **1** kwellen, pijnigen **2** treiteren **3** zeuren, zaniken
^{2}**quälen, sich** zich af-, uitsloven || *ein gequältes Lächeln* een gedwongen lachje
quälend lastig, pijnlijk, martelend
Quäler *m*^{9} plager, kwelgeest
Quälerei *v*^{20} **1** plagerij, getreiter **2** kwelling
quälerisch kwellend
Quälgeist *m*^{7} plaaggeest
Qualifikation *v*^{20} **1** kwalificatie **2** kwalificatiewedstrijd
Qualifikationsspiel *o*^{29} kwalificatiewedstrijd
^{1}**qualifizieren**^{320} *tr* kwalificeren
^{2}**qualifizieren**^{320}**, sich** zich kwalificeren
qualifiziert gekwalificeerd; bekwaam: *~e Mehrheit* gekwalificeerde meerderheid
Qualität *v*^{20} kwaliteit
qualitativ kwalitatief
Qualitätsarbeit *v*^{20} kwaliteitswerk
Qualitätsware *v*^{21} kwaliteitsproduct
Qualle *v*^{21} kwal
Qualm *m*^{19} walm, vettige rook
qualmen **1** walmen, dampen **2** roken
qualmig **1** dampig **2** rokerig
qualvoll smartelijk, pijnlijk, martelend
Quäntchen *o*^{35} heel klein beetje, greintje
Quantität *v*^{20} kwantiteit, hoeveelheid
quantitativ kwantitatief
Quantum *o (2e nvl -s; mv Quanten)* kwantum
Quarantäne *v*^{21} quarantaine
^{1}**Quark** *m*^{19} **1** kwark *(zuivelproduct)* **2** bagatel **3** onzin
^{2}**Quark** *o*^{36} *(nat)* quark
Quarkkuchen *m*^{11} kwarktaart
Quart *v*^{20} *(muz)* kwart
Quartal *o*^{29} kwartaal
Quartalszahlen *mv* kwartaalcijfers
Quarte *v*^{21} *(muz)* (de) kwart
Quartett *o*^{29} **1** kwartet **2** kwatrijn
Quartier *o*^{29} kwartier, verblijfplaats: *~ nehmen* zijn intrek nemen
Quartiermeister *m*^{9} kwartiermeester
Quarz *m*^{5} kwarts
Quarzuhr *v*^{20} **1** kwartshorloge **2** kwartsklok
quasi quasi, zogoed als, als het ware
quasseln *(inform)* kletsen, leuteren
Quasselstrippe *v*^{21} *(inform)* **1** kletskous, kletsmajoor **2** telefoon
Quatsch *m*^{19} onzin
quatschen kletsen, leuteren
Quatschkopf *m*^{6} kletskous, kletsmeier
Quecke *v*^{21} *(plantk)* kweek
Quecksilber *o*^{39} kwik(zilver)
quecksilbern kwikzilverachtig
Quellbewölkung *v*^{28} stapelwolken
Quelle *v*^{21} bron, wel
^{1}**quellen** *intr, st* **1** zwellen, uitzetten: *die Augen quollen ihm fast aus dem Kopf* zijn ogen puilden uit **2** opwellen, ontspringen, opborrelen **3** *(mbt rook)* opstijgen
^{2}**quellen** *tr, zw* in de week zetten
Quellenangabe *v*^{21} bronvermelding
Quellenforschung *v*^{20} bronnenstudie
Quellensteuer *v*^{21} bronbelasting
Quellenstudium *o (2e nvl -s; mv -studien)* bronnenstudie
Quellgebiet *o*^{29} brongebied
Quellkartoffel *v*^{21} in de schil gekookte aardappel
Quellwasser *o*^{33} welwater, bronwater
Quellwolke *v*^{21} cumulus, stapelwolk
Quengelei *v*^{20} gejengel
quengelig jengelend, zeurderig
quengeln jengelen, drenzen
Quengler *m*^{9} **1** zeurpiet, drammer **2** mopperaar **3** vitter
Quentchen *oude spelling voor* Quäntchen, *zie* Quäntchen
quer dwars, schuin: *~ zu* haaks op
Querbalken *m*^{11} dwarsbalk
Quere *v*^{28} dwarste, breedte: *der ~ nach durchschneiden* in de dwarste, breedte doorsnijden; *jmdm in die ~ kommen* in iems vaarwater komen, iem dwarsbomen

Quereinsteiger *m*[9] zijinstromer
Querele *v*[21] conflict, geschil; ruzie
querfeldein het veld in, het land in
Querfeldeinlauf *m*[6] veldloop, crosscountry
Querfeldeinrennen *o*[35] cyclecross
Querflöte *v*[21] dwarsfluit
Querkopf *m*[6] dwarskop, dwarsdrijver
Querlatte *v*[21] **1** dwarslat **2** *(sp)* doellat, lat
querlegen, sich *(fig)* gaan dwarsliggen
Querlinie *v*[21] dwarslijn
Querpass *m*[6] *(sp)* breedtepass
Querprofil *o*[29] dwarsprofiel
querschießen[238] tegenwerken, dwarsbomen
Querschiff *o*[29] *(bouwk)* dwarsbeuk, -schip, transept
Querschnitt *m*[5] **1** dwarsdoorsnede **2** samenvatting
Querschnitt(s)lähmung *v*[20] *(med)* dwarslaesie
Querstraße *v*[21] dwarsstraat
Querstrich *m*[5] dwarsstreepje
Quersumme *v*[21] som van de cijfers
Quertreiber *m*[9] dwarsdrijver
Querulant *m*[14] querulant
Querverbindung *v*[20] dwarsverbinding
Quetsche *v*[21] **1** (blauwe) pruim, kwets **2** pers **3** klein bedrijf *(boerderijtje, cafeetje)*
[1]**quetschen** *tr* **1** kneuzen, platdrukken **2** persen; *(aardappels)* fijnstampen; *(neus tegen raam)* platdrukken **3** drukken
[2]**quetschen, sich** zich persen
Quetschkartoffeln *mv v*[21] aardappelpuree
Quetschung *v*[20] *(med)* kneuzing
quick kwiek, vlug
quicklebendig springlevend
quieken, quieksen piepen; kraaien
quietschen **1** piepen **2** gieren, knarsen: *vor Vergnügen ~* kraaien van plezier
quietschvergnügt heel vrolijk
Quilt *m*[13] quilt
quilten quilten
Quint *v*[20], **Quinte** *v*[21] *(muz)* kwint
Quintessenz *v*[20] kwintessens, kern van de zaak
Quintett *o*[29] kwintet
Quirl *m*[5] **1** garde **2** *(plantk)* krans **3** *(luchtv, inform)* propeller **4** ventilator **5** *(fig)* draaitol
quirlen **1** klutsen, kloppen **2** kolken **3** krioelen
quirlig beweeglijk, onrustig
quitt quitte, gelijk
Quitte [kwitə] *v*[21] kwee
quittieren[320] **1** kwiteren: *~ mit*[+3] beantwoorden met **2** *(ambt, functie)* neerleggen: *den Dienst ~* de dienst verlaten
Quittung *v*[20] kwitantie: *~ geben* kwijting verlenen
Quittungsblock *m*[13], *m*[6] kwitantieboekje
Quiz *o (2e nvl -; mv -)* quiz
Quizmaster *m*[9] quizmaster
Quorum *o (2e nvl -s; mv Quoren)* quorum
Quote *v*[21] quotum, aandeel
Quotenregelung *v*[20] regeling, die voorschrijft, dat een aantal functies door vrouwen bekleed moet worden
Quotient *m*[14] quotiënt

r

Rabatt m^{5} rabat, korting
Rabatte v^{21} rabat, border
Rabattmarke v^{21} spaarzegel
Rabatz m^{19} **1** herrie, rumoer, lawaai **2** luid protest, stennis
Rabbi m^{13} *(ook 2e nvl -; mv -nen)* rabbi, rabbijn
Rabbiner m^{9} rabbijn
Rabe m^{15} raaf
Rabeneltern *mv* ontaarde ouders
Rabenmutter v^{26} ontaarde moeder
Rabenvater m^{10} ontaarde vader
rabiat **1** driftig, woedend **2** gewelddadig
Rache v^{28} wraak: ~ *an jmdm üben* (of: *nehmen)* wraak op iem nemen
Racheakt m^{5} wraakoefening
rächen wreken: *sich ~ an* $^{+3}$ zich wreken op
Rachen m^{11} **1** muil **2** keelholte
Rachenhöhle v^{21} keelholte
Rächer m^{9} wreker
Rachgier v^{28} wraakzucht
rachgierig wraakgierig, wraakzuchtig
Rachsucht v^{28} wraakzucht
rachsüchtig wraakgierig, wraakzuchtig
Racker m^{9} rakker, bengel, vlegel
Rackerei v^{20} gezwoeg
rackern zwoegen
Racket [reket, raket] o^{36} *(sp)* racket
Rad o^{32} **1** wiel, rad **2** fiets: ~ *fahren* fietsen **3** *(Belg)* velo
Radar m^{5}, o^{29} radar
Radarfalle v^{21} snelheidscontrole met verdekt opgestelde radarapparatuur
Radarkontrolle v^{21} radarcontrole
Radau m^{19} herrie, kabaal
Radaubruder m^{10}, **Radaumacher** m^{9} herrieschopper
Raddampfer m^{9} raderboot
radebrechen ^{137} radbraken *(ook fig)*
radeln fietsen
rädeln **1** kartelen **2** *(een patroon)* uitraderen
Rädelsführer m^{9} raddraaier, belhamel
rädern radbraken
Räderwerk o^{29} raderwerk
radfahren *oude spelling voor* Rad fahren, *zie* Rad 2
Radfahrer m^{9} wielrijder, fietser
Radfahrweg m^{5} rijwielpad, fietspad
Radialreifen m^{11} radiaalband
Radiator m^{16} radiator
^{1}**radieren** ^{320} *intr* gommen, uitgommen
^{2}**radieren** ^{320} *tr* etsen
Radierer m^{9} etser
Radiergummi m^{13} gom
Radiernadel v^{21} etsnaald
Radierung v^{20} ets
Radieschen o^{35} radijs
radikal radicaal
Radikalenerlass m^{19} decreet tegen het aanstellen van leden van extremistische organisaties in overheidsdienst
Radikale(r) m^{40a}, v^{40b} radicaal, extremist
Radikalismus m^{19a} radicalisme
Radio o^{36} radio(toestel): ~ *hören* naar de radio luisteren; *im* ~ op de radio, over de radio
radioaktiv radioactief
Radioaktivität v^{28} radioactiviteit
Radioapparat m^{5}, **Radiogerät** o^{29} radiotoestel
Radiologe m^{15} radioloog
Radius *m (2e nvl -; mv Radien)* **1** *(meetk)* straal **2** actieradius
Radkappe v^{21} wieldop
Radler m^{9} wielrijder, fietser
Radrennbahn v^{20} wielerbaan
Radrennen o^{35} **1** (het) wielrennen **2** wielerwedstrijd
Radsport m^{19} wielersport
Radsportler m^{9} wielrenner
Radstand m^{6} wielbasis *(ve auto)*
Radtour, Radwanderung v^{20} fietstocht
Radweg m^{5} rijwielpad, fietspad
raffen **1** pakken, grijpen: *das Abendkleid* ~ de avondjapon opnemen **2** kort samenvatten: *gerafft* beknopt **3** *(inform)* begrijpen
raffgierig, raffig hebzuchtig
Raffinement o^{36} raffinement
Raffinerie v^{21} raffinaderij
Raffinesse v^{21} **1** sluwheid, geraffineerdheid **2** finesse
raffinieren ^{320} raffineren
raffiniert geraffineerd, sluw, doortrapt
Raffiniertheit v^{20} geraffineerdheid, geslepenheid
Rage v^{28} woede: *in ~ kommen* woedend worden; *in ~ bringen* woedend maken
ragen oprijzen
Ragout o^{36} ragout
Rah v^{20}, **Rahe** v^{21} *(scheepv)* ra
Rahm m^{19} *(Z-Dui)* room
rahmen inlijsten
Rahmen m^{11} **1** lijst, raam **2** kozijn **3** kader, bestek: *den ~ überschreiten* buiten het bestek gaan **4** frame, chassis
Rahmenabkommen o^{35} raamovereenkomst
Rahmenbedingung v^{20} algemene voorwaarde
Rahmenerzählung v^{20} raamvertelling
Rahmengesetz o^{29} raamwet, machtigingswet

Rahmenrichtlinie v^{21} algemene richtlijn
rahmig romig
Rahmkäse m^{9} roomkaas
Rahmsoße v^{21} roomsaus
Rain m^{5} akkergrens
räkeln *zie* rekeln
Rakete v^{21} **1** raket **2** vuurpijl: *dreistufige ~* drietrapsraket
Raketenabschussrampe v^{21} lanceerplatform
Raketenantrieb m^{5} raketaandrijving
Raketenschild m^{5} raketschild
Rakett o^{29}, o^{36} *(sp)* racket
Rallye v^{27} rally
Ramadan m^{19}, m^{19a} ramadan
Rammbär m^{16} heiblok
Rammbock m^{6} **1** heimachine, heibok **2** ram
rammdösig **1** versuft **2** suf, dom
Ramme v^{21} heimachine, heibok
[1]**rammeln** *intr* **1** rammelen, schudden **2** dringen
[2]**rammeln, sich** **1** vechten **2** zich stoten || *gerammelt voll* stampvol
rammen **1** heien **2** rammen
Rammklotz m^{6} heiblok
Rampe v^{21} **1** laadperron **2** oprit **3** *(opstaande)* rand aan de voorzijde van het podium
Rampenlicht o^{39} *(theat)* voetlicht
ramponieren beschadigen, toetakelen
Ramsch m^{5} **1** ramsj, ongeregeld goed **2** rommel
ramschen ramsjen, tegen afbraakprijzen kopen
Ramschgeschäft o^{29}, **Ramschladen** m^{12} ramsjzaak, dumpwinkel
Ramschware v^{21} ramsjgoed
ran(-) *zie* heran(-)
Rand m^{8} **1** rand, zoom, kant **2** kring *(onder het oog)* || *außer ~ und Band* buiten zichzelf, uitgelaten; *mit seiner Weisheit am ~e sein* aan het einde van zijn wijsheid zijn; *dies sei nur am ~e vermerkt* dit zij slechts terloops vermeld
randalieren^{320} **1** herrie schoppen, tekeergaan **2** vernielingen aanrichten
Randalierer m^{9} **1** herrieschopper **2** vandaal **3** hooligan
Randbemerkung v^{20} kanttekening
Randbezirk m^{5} randgebied
rändeln kartelen
rändern randen, van een rand voorzien
Randgruppe v^{21} randgroep
Randstein m^{5} trottoirband
randvoll boordevol
Rang m^{6} **1** rang, positie: *alles, was ~ und Namen hat* de hele elite; *(fig) jmdm den ~ ablaufen* iem de loef afsteken **2** kwaliteit, niveau: *ein Gelehrter von ~* een prominent geleerde **3** *(theat)* rang
rangältest oudst in rang, eerstaanwezend
Range m^{15} kwajongen
Range v^{21} deugniet
rangeln **1** stoeien **2** vechten
Rangfolge v^{21} rangorde, volgorde, hiërarchie
[1]**rangieren**^{320} *intr* komen, staan: *die Mannschaft rangiert an erster Stelle* het elftal staat op de eerste plaats
[2]**rangieren**^{320} *tr* rangeren
-rangig van de … rang
Rangliste v^{21} ranglijst
Rangstufe v^{21} trap, graad
rank rank, tenger, slank
Ränke *mv* m^{6} listen, intriges, kuiperijen
[1]**ranken** *intr* ranken schieten, ranken
[2]**ranken, sich** zich slingeren, zich (vast)hechten
Rankengewächs o^{29} rankende klimplant
Ränkeschmied m^{5} intrigant
ränkesüchtig, ränkevoll intrigerend, vol listen en streken
Ranunkel v^{21} boterbloem, ranonkel
Ranzen m^{11} **1** *(op rug gedragen)* schooltas **2** *(inform)* buik **3** *(inform)* rug
ranzig ranzig
rapid(e) vlug, snel
Rappe m^{15} zwart paard
Rappel m^{9} vlaag van waanzin
rappelig **1** druk, nerveus **2** gek
Rappelkasten m^{12}, **Rappelkiste** v^{21} rammelkast
rappeln ratelen, rammelen, klepperen
Rappen m^{11} *(Zwits)* rappen, centime
Raps m^{5} raapzaad, koolzaad
Rapunze v^{21}, **Rapunzel** v^{21} veldsla
rar zeldzaam, schaars
Rarität v^{28} rariteit, curiositeit
rasant **1** *(mil)* bestrijkend, rasant **2** pijlsnel
rasch ras, snel, vlug, rap
rascheln ritselen
rasen **1** razen, woeden **2** racen, snellen, stuiven
Rasen m^{11} grasveld, gazon; grasmat
rasend **1** razend, enorm **2** razend, onstuimig
Rasenmäher m^{9}, **Rasenmähmaschine** v^{21} grasmaaier
Rasenmähermethode v^{21} kaasschaafmethode
Rasenplatz m^{6} **1** gazon **2** *(sp)* veld
Rasensprenger m^{9} gras-, tuinsproeier
Rasenstück o^{29} gazon
Raser m^{9} snelheidsmaniak
[1]**Raserei** v^{28} razernij, woede
[2]**Raserei** v^{20} (het) razen, gejaag, gejakker
Rasierapparat m^{5} scheerapparaat
rasieren^{320} **1** scheren **2** met de grond gelijkmaken, wegvagen
Rasierer m^{9} elektrisch scheerapparaat
Rasierklinge v^{21} scheermesje
Rasiermesser o^{33} scheermes
Räson v^{28} rede, verstand
Raspel v^{21} rasp
raspeln raspen, schrappen
Rasse v^{21} ras, soort
Rassel v^{21} **1** ratel **2** rammelaar
Rasselbande v^{21} groep herrieschoppers, groep uitgelaten kinderen
rasseln ratelen; rammelen: *durchs Examen ~* zakken, stralen, sjezen

Rassendiskriminierung *v*[28] rassendiscriminatie
Rassentrennung *v*[28] rassenscheiding, apartheid
rasserein raszuiver
rassig 1 van (goed) ras **2** pittig
rassisch van het ras, ras-
Rassismus *m*[19a] racisme
Rassist *m*[14] racist
rassistisch racistisch
Rast *v*[20] rust, pauze: ~ *machen* uitrusten, pauzeren
rasten (uit)rusten, stilhouden, pauzeren
[1]**Raster** *m*[9] raster
[2]**Raster** *o*[33] *(telecom)* raster, testbeeld
Rasterfahndung *v*[20] fijnmazig onderzoek
Rasthaus *o*[32], **Rasthof** *m*[6] motel; wegrestaurant
rastlos rusteloos, onvermoeid
Rastlosigkeit *v*[28] rusteloosheid, onrust
Rastplatz *m*[6] parkeerplaats *(langs autosnelweg)*
Raststätte *v*[21] wegrestaurant; motel
Rasur *v*[20] **1** (het) weggommen **2** radering **3** (het) scheren
[1]**Rat** *m*[19] raad, raadgeving: *jmdn zu ~e ziehen* iem raadplegen
[2]**Rat** *m*[6] **1** raadscollege, raad **2** raadsheer, raadslid
Rate *v*[21] **1** termijn *(bij betaling)* **2** percentage
raten[218] **1** raden, gissen **2** (aan)raden, raad geven, adviseren
Ratengeschäft *o*[29] koop op afbetaling
ratenweise in termijnen, op afbetaling
Ratenzahlung *v*[20] **1** betaling in termijnen, afbetaling **2** termijnbetaling
Ratgeber *m*[9] raadgever, adviseur
Rathaus *o*[32] raadhuis
Ratifikation *v*[20] ratificatie, bekrachtiging
ratifizieren[320] ratificeren, bekrachtigen
Ration *v*[20] rantsoen, portie
rational rationeel
Rationalisierung *v*[20] rationalisering
Rationalismus *m*[19a] rationalisme
rationell rationeel, doelmatig
rationieren rantsoeneren
ratlos radeloos; wanhopig
Ratlosigkeit *v*[28] radeloosheid
ratsam raadzaam, wenselijk
Ratschlag *m*[6] raad, raadgeving, advies
ratschlagen beraadslagen, bespreken
Rätsel *o*[33] raadsel, puzzel: ~ *raten* raadsels oplossen
rätselhaft raadselachtig; onbegrijpelijk
rätseln almaar raden, gissen
Ratsherr *m*[14] *(2e, 3e, 4e nvl ev -n)* gemeenteraadslid
Ratte *v*[21] **1** rat **2** rotzak, gemene kerel
Rattenfalle *v*[21] rattenval
Rattenfänger *m*[9] rattenvanger
Rattengift *o*[29] rattengif
rattern ratelen; *(van motor)* ronken
rau 1 rauw, ruw, bar **2** ruig, behaard **3** hees, schor **4** lomp, onvriendelijk, nors **5** guur
Raub *m*[19] **1** roof **2** buit, prooi: *ein ~ der Flammen* een prooi der vlammen
Raubbau *m*[19] roofbouw: ~ *treiben mit*[+3] roofbouw plegen op
rauben 1 roven, stelen **2** beroven van: *jmdm jede Hoffnung ~* iem alle hoop ontnemen
Räuber *m*[9] rover
Raubgier *v*[28] roofzucht, roofgierigheid
raubgierig roofgierig, roofziek
Raubkopie *v*[21] roofkopie
raubkopieren roofdrukken, illegaal kopiëren
Raubmord *m*[5] roofmoord
rauborstig 1 onbehouwen, lomp **2** *(sp)* ruw
Raubtier *o*[29] roofdier
Raubzug *m*[6] rooftocht
Rauch *m*[19] rook
Rauchbombe *v*[21] rookbom
rauchen roken
Raucher *m*[9] roker
Raucherabteil *o*[29] rookcoupé
Räucherei *v*[20] **1** rokerij **2** (het) roken
Raucherhusten *m*[11] rokershoest
räuchern roken *(van vlees, vis)*
Räucherspeck *m*[19] gerookt spek, rookspek
Raucherzone *v*[21] rokersgedeelte
Rauchfahne *v*[21] rookpluim
Rauchfleisch *o*[39] rookvlees
rauchig rokerig, vol rook
Rauchpilz *m*[5] paddenstoelwolk
Rauchschwaden *m*[11] rookwolk
Rauchware *v*[21] **1** pelswerk, pelterijen **2** *(mv)* rookwaar
Rauchwerk *o*[39] pelswerk, pelterijen
Rauchwolke *v*[21] rookwolk
Räude *v*[21] schurft
räudig schurftig
Raufaser *v*[21] structuurbehang, -verf
Raufbold *m*[5] vechtersbaas
Raufe *v*[21] ruif
[1]**raufen** *intr* stoeien, ravotten, vechten
[2]**raufen** *tr* (uit)trekken, (uit)rukken, plukken
Rauferei *v*[20] vechtpartij
rauh *oude spelling voor* rau, *zie* rau
rauhborstig *oude spelling voor* rauborstig, *zie* rauborstig
Rauheit *v*[20] **1** ruwheid **2** heesheid **3** guurheid; *zie ook* rau
Rauhfaser *oude spelling voor* Raufaser, *zie* Raufaser
Rauhreif *oude spelling voor* Raureif, *zie* Raureif
[1]**Raum** *m*[19] **1** ruimte, heelal **2** ruimte, plaats **3** gelegenheid, kans **4** *(sp)* speelruimte
[2]**Raum** *m*[6] **1** ruimte, vertrek, kamer, lokaal, lokaliteit **2** ruimte, regio, gebied **3** *(scheepv)* ruim
Raumanzug *m*[6] ruimtepak
Raumaufteilung *v*[20] indeling *(van gebouw)*
Raumausstatter *m*[9] woninginrichter
räumen 1 ontruimen, vrij maken **2** (weg-, op)ruimen **3** leeghalen, leegmaken

ra

Räumer m^{9} ruimer
Raumfähre v^{21} ruimteveer
Raumfahrer m^{9} kosmonaut, ruimtevaarder
^{1}**Raumfahrt** v^{28} ruimtevaart
^{2}**Raumfahrt** v^{20} ruimtevlucht
Raumfahrzeug o^{29} ruimtevaartuig
Raumflug m^{6} ruimtevlucht
Raumgestaltung v^{28} binnenhuisarchitectuur
Raumkapsel v^{21} ruimtecapsule
Raumlehre v^{28} geometrie
räumlich ruimtelijk, qua ruimte
^{1}**Räumlichkeit** v^{20} ruimte, vertrek
^{2}**Räumlichkeit** v^{28} ruimtelijkheid
Raummangel m^{19} plaatsgebrek
Raumordnung v^{28} ruimtelijke ordening, planologie
Raumpflegerin v^{22} werkster, interieurverzorgster
Raumplanung v^{28} ruimtelijke ordening, planologie
Raumschiff o^{29} ruimteschip
Raumsonde v^{21} ruimtesonde
Raumstation v^{20} ruimtestation
Räumung v^{20} ontruiming; *zie ook* räumen
raunen **1** ruisen, murmelen **2** fluisteren
Raupe v^{21} **1** rups **2** rupsband **3** gril, kuur
Raupenfahrzeug o^{29} rupsvoertuig
Raureif m^{19} rijp, rijm
raus eruit; *zie ook* heraus, hinaus
Rausch m^{6} roes, bedwelming, dronkenschap: *einen ~ haben* aangeschoten zijn
rauschen ruisen, bruisen
Rauschgift o^{29} verdovend middel, narcoticum, drug
Rauschgiftsüchtige(r) m^{40a}, v^{40b} drugsverslaafde
Rauschmittel o^{33} *zie* Rauschgift
räuspern, sich de keel schrapen, kuchen
Rausschmeißer m^{9} *(inform)* uitsmijter
Rausschmiss m^{5} **1** het naar buiten gooien **2** ontslag op staande voet
Rauswurf m^{6} **1** het naar buiten gooien **2** ontslag op staande voet
Raute v^{21} **1** *(meetk)* ruit **2** *(comp)* hekje *(op toetsenbord)* **3** *(plantk)* (wijn)ruit
Rautetaste v^{21} *(op toetsenbord)* toets met het teken van hekje
Rave m^{13}, o^{36} rave
Razzia v^{27} *(mv Razzien)* razzia
R&B *afk van Rhythm and Blues* rhythm-and-blues *(afk* r&b)
Reagenzglas o^{32}, **Reagenzröhrchen** o^{35} reageerbuisje
reagieren^{320} reageren
Reaktion v^{20} reactie
reaktionär reactionair
reaktivieren^{320} **1** reactiveren **2** weer aanstellen, weer in dienst nemen
Reaktor m^{16} reactor
real reëel, werkelijk, zakelijk
Realeinkommen o^{35} reëel inkomen
Realisation v^{20} **1** realisering, verwezenlijking **2** realisatie, productie *(ve film e.d.)*
realisieren^{320} **1** realiseren, verwezenlijken **2** zich realiseren, inzien **3** te gelde maken
Realisierung v^{28} **1** realisatie, (het) realiseren **2** (het) te gelde maken
Realismus m^{19a} realisme
realistisch realistisch
Realität v^{20} realiteit
Realitysoap, Reality-Soap v^{27} realitysoap
Reallifesoap, Real-Life-Soap v^{27} reallifesoap, realitysoap
Realpolitik v^{20} pragmatische politiek
Realschule v^{21} *(ongev)* mavoschool
Realwert m^{5} reële waarde
Reanimation v^{20} reanimatie
Rebe v^{21} **1** wijnrank **2** wijnstok
Rebell m^{14} rebel, oproerling
rebellieren^{320} rebelleren, in opstand komen
Rebellion v^{20} rebellie, oproer, opstand
rebellisch rebels, oproerig
Rebhuhn o^{32} patrijs, veldhoen
Rebound m^{13} rebound
Rebstock m^{6} wijnstok
rechen harken
Rechen m^{11} hark
Rechenanlage v^{21} computer
Rechenaufgabe v^{21} rekenopgave, som
Rechenautomat m^{14} rekenmachine: *elektronischer ~* computer
Rechenbrett o^{31} telraam
Rechenschaft v^{28} rekenschap: *jmdn zur ~ ziehen* iem ter verantwoording roepen
Rechenschieber m^{9}, **Rechenstab** m^{6} rekenliniaal, rekenlat
Rechenzentrum *o (2e nvl -s; mv -zentren)* rekencentrum, computercentrum
Recherche v^{21} onderzoek, nasporing
Rechercheur m^{5} onderzoeker
recherchieren^{320} navorsen, onderzoeken
^{1}**rechnen** *intr* **1** rekenen, cijferen: *im Kopf ~* hoofdrekenen **2** rekenen, vertrouwen: *auf jmdn ~* op iem bouwen **3** rekening houden met
^{2}**rechnen** *tr* **1** schatten, ramen, taxeren **2** meerekenen, meetellen
Rechner m^{9} **1** rekenaar **2** computer
rechnergesteuert computergestuurd
rechnerisch **1** door berekening verkregen **2** rekenkundig
rechnerunterstützt met behulp van een computer
Rechnung v^{20} **1** berekening **2** rekening, nota, factuur **3** rekening: *etwas auf seine ~ nehmen* iets voor zijn rekening nemen; *einer Sache ~ tragen* rekening houden met iets; *jmdm etwas in ~ stellen* iem iets in rekening brengen **4** *(Zwits)* rekenschap

Rechnungsamt o^{32} Rekenkamer
Rechnungseinheit v^{20} rekeneenheid
Rechnungshof m^{6} Rekenkamer; *(Belg)* Rekenhof
Rechnungsjahr o^{29} boekjaar
Rechnungsnummer v^{21} factuurnummer, rekeningnummer
Rechnungsposten m^{11} post *(op rekening)*
Rechnungsprüfer m^{9} accountant
Rechnungsprüfung v^{20} controle van de boekhouding
Rechnungswesen o^{39} bedrijfsadministratie
recht *bn, bw* **1** rechts, rechter-; recht; goed: *das ~e Bein* het rechterbeen **2** *(wisk)* recht: *ein ~er Winkel* een rechte hoek **3** juist, goed; echt, waar, werkelijk: *eine ~e Freude* een ware vreugde; *an den Rechten geraten* aan het goede adres komen; *nach dem Rechten sehen* kijken of alles in orde is; *kein ~es Vertrauen zu*$^{+3}$ *etwas haben* niet veel vertrouwen in iets hebben; *zur ~en Zeit kommen* juist op tijd komen; *es ist mir ~!* mij best! **4** heel, zeer: *~ nett* heel vriendelijk; *nun erst ~!* nu juist! **5** rechtvaardig
Recht o^{29} recht: *~ sprechen* rechtspreken; *öffentliches ~* publiekrecht; *~ haben* gelijk hebben; *~ behalten* gelijk krijgen; *im ~ sein* het recht aan zijn kant hebben; *mit ~* met recht, terecht; *von ~s wegen* van rechtswege; *zu ~* terecht
Rechte v^{40b} **1** rechterhand: *sie saß an* (of: *zu) seiner ~n* ze zat aan zijn rechterzijde **2** *(boksen)* rechtse **3** *(pol)* rechterzijde, rechts, rechtse partij(en)
rechteckig rechthoekig
rechtens **1** rechtens **2** terecht, met recht
rechtfertigen rechtvaardigen
Rechtfertigung v^{20} rechtvaardiging
rechtgläubig rechtzinnig, orthodox
Rechtgläubigkeit v^{28} rechtzinnigheid, orthodoxie
Rechthaber m^{9} betweter
rechthaberisch betweterig, eigenwijs, star
rechtlich **1** juridisch, wettelijk **2** rechtmatig, wettig
rechtlos rechteloos
Rechtlosigkeit v^{28} rechteloosheid
rechtmäßig rechtmatig, wettig
[1]**rechts** *bw* rechts
[2]**rechts**$^{+2}$ *vz* rechts van
Rechtsanwalt m^{6} advocaat en procureur
Rechtsanwältin v^{22} advocate
Rechtsanwaltschaft v^{28} advocatuur, balie
Rechtsaußen m^{11} *(sp)* rechtsbuiten
Rechtsberater m^{9} rechtskundig adviseur
Rechtsbeugung v^{20} rechtsverkrachting
Rechtsbruch m^{6} rechtsschennis
rechtschaffen **1** rechtschapen **2** groot, flink
Rechtschaffenheit v^{28} rechtschapenheid
Rechtschreibung v^{28} spelling
Rechtsfall m^{6} rechtszaak, rechtsgeding
Rechtsgang m^{19} juridische procedure
rechtsgängig rechtsdraaiend
Rechtsgefühl o^{39} rechtsgevoel
Rechtsgeschäft o^{29} rechtshandeling
rechtsgültig rechtsgeldig, wettig
rechtshändig rechts, rechtshandig
Rechtshilfe v^{28} rechtsbijstand, rechtshulp
Rechtsirrtum m^{8} rechtsdwaling
Rechtskraft v^{28} rechtskracht
rechtskräftig rechtsgeldig
rechtskundig rechtskundig, rechtsgeleerd
Rechtslage v^{28} rechtspositie
Rechtsordnung v^{20} rechtsorde
Rechtsperson v^{20} rechtspersoon
Rechtspflege v^{28} rechtspleging, rechtspraak
Rechtsprechung v^{28} rechtspraak
Rechtssache v^{21} rechtszaak
Rechtsschutzversicherung v^{20} rechtsbijstandsverzekering; *(Belg)* tegenverzekering
Rechtsspruch m^{6} vonnis
Rechtsstaat m^{16} rechtsstaat
Rechtsstreit m^{5} rechtsgeding, proces
rechtsum rechtsom
rechtsverbindlich bindend
Rechtsverfahren o^{35} rechtsgeding, procedure
Rechtsverkehr m^{19} rechts (rijdend) verkeer
Rechtsverletzung v^{20} rechtsverkrachting, schending van het recht
Rechtsweg m^{5} gerechtelijke weg: *auf dem ~* langs gerechtelijke weg
rechtswidrig onwettig, in strijd met het recht, in strijd met de wet
rechtswirksam rechtsgeldig
rechtwinkelig, rechtwinklig rechthoekig
rechtzeitig tijdig, op tijd
Reck o^{29} rekstok
Recke m^{15} koene krijger, held
[1]**recken** *tr* (uit)rekken, (uit)strekken, (uit)steken
[2]**recken, sich** zich uitrekken
Reckstange v^{21} rekstok
Recorder m^{9} recorder
Recruiter m^{9} recruiter
Recycling o^{39} recycling
Redakteur m^{5} redacteur
Redakteurin v^{22} redactrice
Redaktion v^{20} redactie, (het) redigeren
redaktionell redactioneel
Rede v^{21} **1** rede(voering), voordracht **2** woord, gesprek, mening: *die ~ bringen auf*$^{+4}$ het gesprek brengen op; *es ist nicht der ~ wert* het is de moeite niet waard **3** rede, stijl, taal || *jmdm ~ (und Antwort) stehen* iem rekenschap geven; *davon ist nicht die ~, davon kann keine ~ sein* daar is geen sprake van; *jmdn zur ~ stellen* iem ter verantwoording roepen
Redefluss m^{19} woordenvloed, woordenstroom
redegewaltig zeer welsprekend
redegewandt welbespraakt
Redekunst v^{28} redekunst, welsprekendheid
Redekünstler m^{9} redenaar

reden spreken, praten, een redevoering houden: *er lässt mit sich ~* er valt met hem te praten; *von sich ~ machen* van zich doen spreken
Redensart v^{20} **1** uitdrukking, zegswijze **2** *(mv)* holle frasen, praatjes
Rederei v^{20} gebabbel, geklets
Redeschwall m^{19}, **Redestrom** m^{19} woordenvloed, woordenstroom
Redeverbot o^{29} spreekverbod
Redeweise v^{21} manier van spreken
Redewendung v^{20} zinswending; uitdrukking
Redezeit v^{20} spreektijd
redigieren^{320} redigeren
redlich **1** eerlijk, braaf, trouw, rechtschapen **2** flink, behoorlijk, erg
Redlichkeit v^{28} eerlijkheid, braafheid
Redner m^{9} redenaar, spreker
Rednerbühne v^{21} spreekgestoelte
rednerisch oratorisch, redenaars-
Rednerpult o^{29} spreekgestoelte
redselig spraakzaam, praatlustig, babbelziek
Redseligkeit v^{28} spraakzaamheid
Reduktion v^{20} reductie
reduplizieren^{320} redupliceren
reduzieren^{320} reduceren
Reede v^{21} rede, ankerplaats
Reeder m^{9} reder
Reederei v^{20} rederij
reell **1** reëel, werkelijk **2** betrouwbaar, eerlijk
Reep o^{29} reep, (scheeps)touw
REFA-Fachmann *m (2e nvl -(e)s; mv -Fachleute)* arbeidsanalist
Referat o^{29} **1** referaat, voordracht **2** verslag **3** afdeling
Referendar m^{5} aankomend hoger ambtenaar
Referent m^{14} **1** referent **2** ter zake bevoegd ambtenaar, adviseur
Referenz v^{20} referentie
^{1}**referieren**^{320} *intr* een inleiding, een referaat houden
^{2}**referieren**^{320} *tr* refereren, samenvatten
reflektieren^{320} reflecteren
Reflektor m^{16} reflector
Reflex m^{5} reflex
Reflexion v^{20} **1** reflectie, terugkaatsing **2** reflectie, overdenking
reflexiv *(taalk)* reflexief, wederkerend
Reflexiv o^{29}, **Reflexivpronomen** o^{35} *(mv ook -nomina)*, **Reflexivum** *o (2e nvl -s; mv -va)* wederkerend voornaamwoord
Reform v^{20} hervorming
Reformation v^{20} Reformatie, Hervorming
reformieren^{320} reformeren, hervormen
Reformkost v^{28} reformvoeding
Refrain m^{13} refrein
Regal o^{29} **1** (boeken)plank, rek, schap **2** *(muz)* regaal
rege **1** levendig, druk, bedrijvig **2** actief
Regel v^{21} **1** regel **2** menstruatie: *sie hat ihre ~* zij is ongesteld
Regelfall m^{19} normaal geval
regellos regelloos, ordeloos, ongeregeld
regelmäßig **1** regelmatig; geregeld: *~er Kunde* vaste klant **2** regelmatig, gelijkmatig
Regelmäßigkeit v^{20} regelmatigheid
^{1}**regeln** *tr* **1** regelen, in orde brengen **2** regelen, reguleren
^{2}**regeln, sich** in orde komen
regelrecht **1** volgens de regels **2** echt, flink
Regelung v^{20} **1** regeling **2** regelgeving **3** regulering
Regelverletzer m^{9} overtreder (van regels)
Regelverstoß m^{6} *(sp)* overtreding van de spelregels
regelwidrig in strijd met de regels
^{1}**regen** *tr* bewegen, in beweging brengen
^{2}**regen, sich** **1** (zich) bewegen, zich verroeren **2** opkomen, ontstaan
Regen m^{11} regen: *aus dem* (of: *vom) ~ in die Traufe kommen* van de regen in de drop komen
Regenanlage v^{21} beregeningsinstallatie
Regenbogen m^{11} regenboog
Regeneration v^{20} regeneratie
^{1}**regenerieren**^{320} *tr* regenereren
^{2}**regenerieren**^{320}, **sich** regenereren
Regenfall m^{6} regenval
Regenguss m^{6} stortbui, stortregen
Regenhaut v^{25} plastic regenjas
Regenmantel m^{10} regenmantel, regenjas
Regenmontur v^{20} regenpak
Regenrinne v^{21} dakgoot
Regenschauer m^{9} regenbui
Regenschirm m^{5} paraplu
Regent m^{14} regent
Regentag m^{5} regendag
Regentropfen m^{11} regendruppel
Regenwetter o^{39} regenweer
Regenwurm m^{8} regenworm, pier
Regie v^{21} **1** *(theat)* regie **2** regie, beheer
regieren^{320} regeren
Regierung v^{20} regering, kabinet
Regierungsantritt m^{5} aanvaarding van de regering
Regierungsbezirk m^{5} district *(van een deelstaat)*
Regierungsbildung v^{20} kabinetsformatie
Regierungschef m^{13} regeringsleider
regierungsfähig in staat om te regeren
Regierungsgewalt v^{28} regeringsmacht, staatsgezag
Regierungssprecher m^{9} regeringswoordvoerder
Regierungsumbildung v^{20} kabinetswijziging
Regierungsvorlage v^{21} wetsontwerp van de regering
^{1}**Regiment** o^{31} *(mil)* regiment
^{2}**Regiment** o^{29} heerschappij, bewind
Region v^{20} streek, gebied, regio: *in höheren ~en schweben* in hoger sferen zijn
regional gewestelijk, regionaal
Regisseur m^{5} regisseur

Register o^{33} register
Registratur v^{20} **1** registratie **2** archief **3** *(muz)* registratuur
registrieren^{320} registreren
reglementarisch reglementair
reglementieren^{320} reglementeren
Regler m^{9} **1** regelaar **2** regulateur
reglos onbeweeglijk, roerloos
Reglung v^{20} *zie* Regelung
regnen regenen
regnerisch regenachtig
Regression v^{20} regressie
regressiv regressief
regsam levendig, bedrijvig, beweeglijk, actief
Regsamkeit v^{28} levendigheid, activiteit
regulär regulier, regulair, geregeld
Regulator m^{16} regulator, regulateur
regulieren^{320} reguleren
Regulierung v^{20} regulering
Regung v^{20} **1** beweging **2** gevoel, opwelling
regungslos onbeweeglijk, roerloos
Regungslosigkeit v^{28} onbeweeglijkheid
Reh o^{29} *(dierk)* ree
Reha v^{27} revalidatie, revalidatiekliniek
Rehabilitation v^{20} **1** rehabilitatie **2** revalidatie
Rehabilitationsklinik v^{20} revalidatiekliniek
rehabilitieren^{320} **1** rehabiliteren **2** revalideren
Rehaklinik v^{20} revalidatiekliniek
Rehbock m^{6} reebok
Rehbraten m^{11} gebraden reerug
rehfarben, rehfarbig reekleurig, reebruin
Rehkeule v^{21} reebout
Rehkitz o^{29} reekalf
Rehrücken m^{11} *(cul)* reerug
Reibe v^{21} rasp
Reibekuchen m^{11} aardappelpannenkoekje
[1]**reiben**^{219} *tr* **1** wrijven, schuren **2** raspen, schaven
[2]**reiben**^{219}**, sich** wrijving hebben
Reiberei v^{20} wrijving, conflict, geharrewar
Reibkäse m^{9} geraspte kaas
Reibung v^{20} wrijving *(ook fig)*
reibungslos **1** zonder wrijving **2** vlot
reich **1** rijk **2** kostbaar, prachtig
Reich o^{29} rijk, gebied
[1]**reichen** *intr* **1** reiken, zich uitstrekken **2** toereikend zijn, voldoende zijn || *mir reicht es!* ik heb er genoeg van!
[2]**reichen** *tr* reiken, aanbieden
reichhaltig rijk *(van inhoud);* veelomvattend; goed voorzien, ruim voorzien, uitgebreid
reichlich **1** rijk, overvloedig, rijkelijk **2** nogal **3** ruim, meer dan
Reichstag m^{5} **1** rijksdag **2** rijksdaggebouw
Reichtum m^{8} rijkdom *(ook fig)*
Reichweite v^{21} **1** reikwijdte, draagwijdte: *in ~ sein* binnen het bereik zijn **2** *(luchtv)* vliegbereik, actieradius; *(telecom)* zendbereik
reif rijp
[1]**Reif** m^{5} **1** ring **2** diadeem
[2]**Reif** m^{19} rijp, rijm
Reife v^{28} rijpheid, rijping
[1]**reifen** *intr* rijpen, rijp worden
[2]**reifen** *tr* doen rijpen
Reifen m^{11} **1** hoepel **2** (buiten)band **3** ring, diadeem
Reifendruck m^{6} bandenspanning
Reifenpanne v^{21} bandenpech, lekke band
Reifenplatzer m^{9} klapband
Reifenwechsel m^{9} (het) verwisselen van een band
Reifeprüfung v^{20} eindexamen *(vwo)*
Reifezeit v^{20} **1** rijpingsperiode **2** puberteit
Reifezeugnis o^{29a} einddiploma *(vwo)*
reiflich rijpelijk, zorgvuldig
Reigen m^{11} rei, rondedans
Reihe v^{21} **1** rij: *in Reih und Glied* in het gelid; *in dichten ~n* rijendik, in (*of:* met) dicht op elkaar staande rijen **2** reeks, serie **3** beurt: *an die ~ kommen* aan de beurt komen; *der ~ nach* op volgorde; *an der ~ sein* aan de beurt zijn **4** *(mv)* gelederen
[1]**reihen** *tr* **1** (rang)schikken, scharen **2** rijgen
[2]**reihen, sich** (met *am*$^{+4}$) volgen op
Reihenbau *m (2e nvl -(e)s; mv -ten)* **1** *(bouwk)* rijenbouw **2** rijtjeshuis
Reihenfolge v^{21} volgorde, rangorde
Reihenhaus o^{32} rijtjeshuis
reihenweise **1** in rijen, in serie **2** bij de vleet
Reiher m^{9} reiger
reihum om de beurt: *etwas ~ gehen lassen* iets rond laten gaan
Reiki o^{39} reiki
Reim m^{5} **1** rijm **2** vers, rijm(pje)
[1]**reimen** *tr en intr* rijmen *(ook fig)*
[2]**reimen, sich** rijmen, overeenstemmen
reimlos rijmloos, blank
Reimwort o^{32} rijmwoord
rein **1** rein: *etwas ins Reine bringen* iets in het reine brengen **2** helder, schoon **3** puur, zuiver: *~er Zufall* puur toeval || *mit jmdm im Reinen sein* met iem overeenstemming bereikt hebben; *~ verrückt* stapelgek; *das ist ~ unmöglich* dat is totaal onmogelijk
rein(-) *zie* herein(-), hinein(-)
Reinemachefrau v^{20} schoonmaakster, werkster
reineweg **1** totaal **2** gewoon(weg)
Reinfall m^{6} miskleun, strop
reinfallen^{154} erin lopen
Reinheit v^{28} reinheid, zuiverheid*; zie ook* rein
reinigen **1** schoonmaken, reinigen **2** zuiveren
Reinigung v^{20} **1** reiniging; zuivering **2** schoonmaak **3** stomerij
Reinkarnation v^{20} reïncarnatie
reinlich **1** schoon, proper, zindelijk **2** keurig, netjes, scherp, zorgvuldig, grondig
Reinlichkeit v^{28} zindelijkheid*; zie ook* reinlich
Reinmachefrau v^{20} schoonmaakster, werkster
Reinschrift v^{20} netschrift, net
[1]**Reis** m^{5} rijst

[2]**Reis** o^{31} rijs, twijg, takje, loot

Reisbrei m^{5} rijstebrij, rijstepap

Reise v^{21} **1** reis: *auf ~n* (of: *auf der ~) sein* op reis zijn **2** *(bij druggebruik)* trip

Reiseandenken o^{35} souvenir

Reisebericht m^{5} reisverslag; reisverhaal

Reisebüro o^{36} reisbureau

Reisebus m^{5} *(2e nvl -ses; mv -se)* touringcar

reisefertig reisvaardig

Reiseführer m^{9} **1** reisgids, gids **2** reisgids *(boek)*

Reisegefährte m^{15} reisgenoot

Reisegeschwindigkeit v^{20} kruissnelheid

Reisegesellschaft v^{20}, **Reisegruppe** v^{21} reisgezelschap

Reiseleiter m^{9} reisleider

reisen reizen, op reis gaan, op reis zijn

Reisende(r) m^{40a}, v^{40b} **1** reiziger, passagier **2** (handels)reiziger, vertegenwoordiger

Reiseomnibus m^{5} *(2e nvl -ses; mv -se)* touringcar

Reisepass m^{6} reispas, paspoort

Reiseplaner m^{9} reisplanner

Reisescheck m^{13} reischeque, travellerscheque

Reiseveranstalter m^{9} touroperator

Reiseverkehr m^{19} reizigersverkeer

Reisewelle v^{21} vakantie-uittocht

Reisezeit v^{20} **1** vakantietijd **2** reistijd

Reiseziel o^{29} **1** reisdoel **2** vakantiebestemming

Reisezug m^{6} reizigerstrein

Reisfeld o^{31} rijstveld

Reisholz, Reisig o^{39} rijshout, sprokkelhout

Reißaus: ~ *nehmen* ervandoor gaan

Reißbrett o^{31} tekenbord

[1]**reißen**[220] *intr* **1** scheuren, breken, losgaan **2** trekken, rukken: *der Hund riss an der Leine* de hond rukte aan zijn riem

[2]**reißen**[220] *tr* **1** scheuren, verscheuren; doden **2** trekken, rukken **3** *(gewichtheffen)* trekken; *(hoogspringen)* afspringen || *sich um* [+4] *etwas ~* elkaar iets betwisten, om iets vechten

Reißen o^{39} reumatiek, spierpijn

reißend verscheurend *(van dier);* snijdend *(van pijn);* snelstromend, onstuimig *(van rivier): ~en Absatz finden, ~ abgehen* gretig aftrek vinden

Reißer m^{9} **1** kasstuk, succesfilm, succesnummer **2** bestseller; succesartikel

reißerisch op effect berekend, schreeuwerig

Reißfeder v^{21} trekpen, tekenpen

reißfest scheurvast, trekvast

Reißnagel m^{10} punaise

Reißschiene v^{21} tekenhaak

Reißstift m^{5} punaise

Reißverschluss m^{6} ritssluiting

Reißwolf m^{6} versnipperaar, papiervernietiger

Reißzwecke v^{21} punaise

Reitbahn v^{20} manege, rijbaan

[1]**reiten**[221] *intr* rijden, paardrijden

[2]**reiten**[221] *tr* berijden, rijden

Reiter m^{9} **1** ruiter, berijder **2** ruitertje

[1]**Reiterei** v^{20} ruiterij

[2]**Reiterei** v^{28} (het) paardrijden

Reitgerte v^{21}, **Reitpeitsche** v^{21} rijzweep

Reitschule v^{21} rijschool, manege

Reitsport m^{19} ruitersport

Reiz m^{5} **1** prikkel(ing) **2** bekoorlijkheid, charme **3** aantrekkingskracht, attractie

reizbar **1** prikkelbaar **2** overgevoelig

reizen **1** prikkelen, opwekken **2** prikkelen, tergen, irriteren **3** strelen, bekoren **4** opbieden *(bij kaartspel)*

reizend charmant, bekoorlijk, aantrekkelijk, verrukkelijk

reizlos **1** weinig aantrekkelijk **2** flauw

Reizmittel o^{33} opwekkend middel

Reizung v^{20} **1** prikkeling, prikkel **2** irritatie

reizvoll bekoorlijk, aantrekkelijk, verrukkelijk

Rekapitulation v^{20} recapitulatie

rekapitulieren[320] recapituleren

rekeln, sich zich uitrekken

Reklamation v^{20} reclamatie, bezwaar(schrift)

Reklame v^{21} reclame

Reklamefeldzug m^{6} reclamecampagne

reklamieren[320] reclameren

rekonstruieren[320] reconstrueren

rekonvaleszieren[320] herstellen

Rekord m^{5} record: *einen ~ einstellen* (of: *egalisieren)* een record evenaren

Rekorder m^{9} recorder

Rekordhalter, Rekordinhaber m^{9} recordhouder

Rekordleistung v^{20} topprestatie, record

Rekordler m^{9} recordhouder

Rekrut m^{14} rekruut

rekrutieren[320] rekruteren

rektal rectaal

Rektifikation v^{20} rectificatie

rektifizieren[320] rectificeren

Rektor m^{16} **1** rector magnificus **2** directeur *(van school)* **3** *(r-k)* rector

Relation v^{20} relatie, betrekking

relativ *bn* relatief

relativieren[320] relativeren

Relativität v^{20} relativiteit

Relativpronomen o^{35} *(mv ook -pronomina)* betrekkelijk voornaamwoord

relevant relevant, van betekenis

Relevanz v^{20} gewicht, belang, relevantie

Religion v^{20} religie, geloof, godsdienst

Religionsbekenntnis o^{29a} geloofsbelijdenis

Religionsgemeinschaft v^{20} geloofsgemeenschap

[1]**Religionslehre** v^{28} godsdienstonderwijs

[2]**Religionslehre** v^{21} geloofsleer

religionslos areligieus, ongodsdienstig

religiös religieus, godsdienstig

Relikt o^{29} overblijfsel, relict

Reling v^{23}, v^{27} *(scheepv)* verschansing, reling

Reliquie v^{21} relikwie

Remedium *o (2e nvl -s; mv -dien en -dia)* remedie

re

Remigrant *m*[14] remigrant
Reminiszenz *v*[20] reminiscentie
remis [remie] *(sp)* remise, onbeslist
Remoulade *v*[21] remouladesaus
Rempelei *v*[20] **1** *(sp)* (het) hard van de bal zetten *(ve tegenstander)* **2** (het) duwen
rempeln wegduwen: *(sp) jmdn ~* iem hard van de bal zetten
Rempler *m*[9] *(sp)* por, duw
Renaissance *v*[21] renaissance
Rendite *v*[21] rendement
renitent weerspannig
Renitenz *v*[20] weerspannigheid, verzet
Rennauto *o*[36] raceauto, racewagen
Rennbahn *v*[20] renbaan, racebaan
Rennboot *o*[29] raceboot
[1]**rennen**[222] *intr* rennen, snellen, hollen
[2]**rennen**[222] *tr* **1** rennen, lopen **2** stoten
Rennen *o*[35] wedren, race: *das ~ gewinnen* (of: *machen)* winnen; *jmdn aus dem ~ werfen* iem uitschakelen
Renner *m*[9] **1** eersteklas renpaard **2** succesartikel, topper
Rennfahrer *m*[9] **1** wielrenner **2** autocoureur, motorcoureur
Rennrad *o*[32] racefiets
Rennstrecke *v*[21] *(sp)* circuit
Rennwagen *m*[11] raceauto, racewagen
renommiert gerenommeerd, vermaard
renovieren[320] renoveren
Renovierung *v*[20] renovatie, vernieuwing
rentabel rendabel, winstgevend
Rentabilität *v*[28] rentabiliteit
Rente *v*[21] **1** pensioen, uitkering *(van sociale verzekering)* **2** rente *(van belegging);* lijfrente
Rentenempfänger *m*[9] gepensioneerde
Rentenkasse *v*[21] pensioenfonds
Rentenversicherung *v*[20] pensioenverzekering
[1]**Rentier** [rentjee] *m*[13] **1** rentenier **2** gepensioneerde
[2]**Rentier** *o*[29] rendier
rentieren[320]**, sich** renderen, lonend zijn
Rentner *m*[9] **1** gepensioneerde, pensioentrekker **2** *(zelden)* rentenier
Reorganisation *v*[20] reorganisatie
reorganisieren[320] reorganiseren
Reparationen *mv v*[20] herstelbetalingen
Reparatur *v*[20] reparatie
reparaturanfällig snel defect
Reparaturwerkstatt *v (mv -stätten)* reparatie-inrichting, reparatiewerkplaats
reparieren[320] repareren
repatriieren[320] repatriëren
repetieren[320] **1** repeteren **2** *(ond)* doubleren
Repetition *v*[20] herhaling
Replik *v*[20] repliek, weerwoord
replizieren[320] repliceren, antwoorden
Report *m*[5] verslag
Reporter *m*[9] reporter, verslaggever
Repräsentant *m*[14] **1** representant, vertegenwoordiger **2** afgevaardigde
Repräsentantenhaus *o*[32] *(pol)* Huis van Afgevaardigden
[1]**Repräsentanz** *v*[20] *(handel)* vertegenwoordiging
[2]**Repräsentanz** *v*[28] representativiteit
Repräsentation *v*[20] representatie
repräsentativ representatief
repräsentieren[320] representeren
Repressalien *mv v*[21] represailles
Repression *v*[20] repressie
Reproduktion *v*[20] reproductie
reproduzieren[320] reproduceren
Reptil *o*[29] *(mv ook -ien)* reptiel
Republik *v*[20] republiek
Republikaner *m*[9] republikein
republikanisch republikeins
Reputation *v*[20] reputatie
requirieren[320] rekwireren, vorderen
Requisit *o*[37] **1** *(theat)* rekwisiet **2** vereiste
Reservat *o*[29] reservaat
[1]**Reserve** *v*[21] reserve
[2]**Reserve** *v*[28] gereserveerdheid
Reservetruppen *mv v*[21] reservetroepen
reservieren[320] **1** reserveren **2** bespreken
reserviert gereserveerd, terughoudend
Residenz *v*[20] **1** residentie **2** residentiestad
residieren[320] resideren
Resignation *v*[20] resignatie, berusting
resignieren[320] resigneren, berusten in
resigniert geresigneerd, berustend
resistent resistent
Resistenz *v*[20] **1** weerstand, verzet **2** weerstandsvermogen
resolut resoluut, doortastend
Resolution *v*[20] resolutie, besluit
Resonanz *v*[20] resonantie; *(fig)* weerklank, echo: *~ finden* respons krijgen
resp. *afk van respektive* respectievelijk *(afk* resp.)
Respekt *m*[19] respect
respektabel respectabel
respektieren[320] respecteren
respektierlich respectabel
respektive respectievelijk
respektlos oneerbiedig, zonder respect
Respektlosigkeit *v*[20] gebrek aan respect
Respektsperson *v*[20] respectabel iemand
Respekttage *mv m*[5] respijtdagen
respektvoll eerbiedig
Ressort *o*[36] ressort, ambtsgebied: *das fällt in mein ~* dat behoort tot mijn taak
ressortieren[320] ressorteren
Ressource *v*[21] hulpbron
Rest *m*[5] rest, overblijfsel, overschot, restant: *die sterblichen* (of: *die irdischen) ~e* het stoffelijk overschot
Restant *m*[14] restant
Restaurant *o*[36] restaurant
Restauration *v*[20] restauratie, herstel

re

restaurieren^{320} restaureren, herstellen
Restbestand m^{6} restant
Restbetrag m^{6} resterend bedrag
restituieren^{320} restitueren, teruggeven
Restitution v^{20} restitutie, teruggave
restlich resterend, overig
restlos volkomen, finaal, totaal
Restposten m^{11} restant
Restriktion v^{20} restrictie, beperking
Resultat o^{29} resultaat, uitkomst
resultieren^{320} resulteren: ~ *aus*$^{+3}$ voortvloeien uit; ~ *in*$^{+3}$ uitlopen op
Resümee o^{36} resumé, samenvatting
resümieren^{320} resumeren, samenvatten
Retorte v^{21} retort, distilleerkolf, -vat
Retortenbaby o^{36} reageerbuisbaby
retournieren^{320} retourneren, terugzenden
^{1}**retten** *tr* redden: *jmdn vor dem Tod ~* iem van de dood redden
^{2}**retten, sich** zich redden, zich in veiligheid brengen
Retter m^{9} redder
Rettich m^{5} rammenas
Rettung v^{20} **1** redding **2** *(Oostenr)* ambulance
Rettungsdienst m^{19} eerste hulp bij ongelukken
Rettungsgürtel m^{9} zwem-, reddingsgordel
Rettungshubschrauber m^{9} traumahelikopter
rettungslos reddeloos, hopeloos
Rettungsmannschaft v^{20} reddingsploeg
Rettungswagen m^{11} ambulancewagen, ziekenauto
Retusche v^{21} *(foto)* retouche
retuschieren^{320} retoucheren
Reue v^{28} berouw, spijt
reuen berouw, spijt hebben, berouwen: *es reut mich* ik heb er berouw over, het spijt me
reuevoll berouwvol
reuig berouwvol
reumütig berouwvol, boetvaardig
Reuse v^{21} fuik
Revanche v^{21} revanche
Revanchespiel o^{29} revanchewedstrijd
revanchieren^{320}**, sich** zich revancheren: *sich für*$^{+4}$ *etwas ~: a)* zich voor iets revancheren, iets terugdoen; *b)* iets vergelden
Reverenz v^{20} reverentie
Revers *o (2e nvl -; mv -)* revers
revidieren^{320} herzien
Revier o^{29} **1** district, gebied, terrein **2** *(dierk)* territorium **3** afdelingsbureau *(van politie)* **4** *(mil)* ziekenboeg **5** jachtgebied
Revision v^{20} **1** cassatie *(van vonnis)* **2** revisie *(van drukproef)*; verandering, herziening *(van mening)* **3** controle
Revisor m^{16} accountant
Revolte v^{21} revolte, oproer, opstand
revoltieren^{320} revolteren
Revolution v^{20} revolutie, omwenteling
revolutionär revolutionair
Revolutionär m^{5} revolutionair
revolutionieren^{320} revolteren
Revolver m^{9} revolver
Rezensent m^{14} recensent
rezensieren^{320} recenseren
Rezension v^{20} recensie
Rezept o^{29} recept
rezeptfrei zonder recept verkrijgbaar
Rezeptgebühr v^{20} eigen bijdrage
Rezeption v^{20} receptie
rezeptiv **1** ontvangend, opnemend **2** ontvankelijk, receptief
rezeptpflichtig alleen op recept verkrijgbaar
Rezeptur v^{20} receptuur
Rezession m^{5} recessie
Rezitation v^{20} voordracht
Rezitativ o^{29} *(muz)* recitatief
rezitieren^{320} voordragen, reciteren
R-Gespräch o^{29} collect call
Rhabarber m^{19} rabarber
Rhein m^{19} Rijn
rheinisch van de Rijn, aan de Rijn, Rijn-
Rheinkahn m^{6} rijnaak
Rhetorik v^{28} retorica
Rhetoriker m^{9} redekunstenaar, retoricus
rhetorisch retorisch
Rheuma o^{39} reumatiek
Rheumatiker m^{9} reumapatiënt
rheumatisch reumatisch
Rheumatismus *m (2e nvl -; mv -men)* reumatiek
Rhythmik v^{28} ritmiek
rhythmisch ritmisch
Rhythmus *m (2e nvl -; mv Rhythmen)* ritme
Ribeyesteak, Ribeye-Steak o^{36} ribeye
Richtblei o^{29} schiet-, paslood
^{1}**richten** *tr* **1** *(een antenne, het geschut, het oog)* richten **2** *(bed, kamer)* in orde maken: *den Tisch ~* de tafel dekken
^{2}**richten, sich** **1** zich richten: *sich in die Höhe ~* zich oprichten **2** zich schikken: *sich nach den Umständen ~* zich naar de omstandigheden schikken
Richter m^{9} rechter
richterlich rechterlijk
Richtfest o^{29} pannenbier
Richtgeschwindigkeit v^{28} aanbevolen (maximum)snelheid
richtig juist, goed, in orde, waar, echt, werkelijk: *(iron) du bist mir der* (of: *die*) *Richtige!* je bent me een mooie!; *die Uhr geht ~* de klok loopt gelijk; *~ gehend (van een uurwerk)* goed lopend, precies lopend; *die Uhr ~ stellen* de klok gelijkzetten; *und ~!* en jawel!
richtiggehend **1** *(mbt uurwerk)* goed lopend, precies lopend **2** *(fig)* echt, werkelijk; *zie ook* richtig
Richtigkeit v^{28} juistheid: *damit hat es seine ~* dat is juist
richtigstellen **1** *(mbt klok)* gelijkzetten **2** *(fig)* verbeteren, rechtzetten, rectificeren

Richtlinie *v*[21] richtsnoer, gedragslijn, richtlijn
Richtpreis *m*[5] richtprijs
Richtsatz *m*[6] norm, normbedrag
Richtschnur *v*[25] richtlijn; *(fig)* richtsnoer
Richtstrahler *m*[9] straalzender
Richtung *v*[20] richting: *(fig) in dieser ~* in dit opzicht
Richtungsanzeiger *m*[9] richtingaanwijzer
richtungslos stuurloos, doelloos
Richtwaage *v*[21] waterpas
ridikül ridicuul, belachelijk
[1]**riechen**[223] *intr* ruiken, geuren, stinken
[2]**riechen**[223] *tr* ruiken: *jmdn nicht ~ können* iem niet kunnen uitstaan
Riecher *m*[9] neus
Ried *o*[29] **1** riet **2** rietland, moeras
Riege *v*[21] team, ploeg
Riegel *m*[9] **1** grendel, schuif: *einer Sache einen ~ vorschieben* ergens een stokje voor steken **2** regel, dwarshout *(in vakwerkbouw)* **3** reep: *ein ~ Schokolade* een reep chocolade **4** schoot, tong *(ve slot)*
Riemen *m*[11] **1** riem *(ook roeiriem);* gordel **2** drijfriem
Riese *m*[15] **1** reus **2** briefje van duizend
rieseln 1 vloeien, stromen, kabbelen, murmelen **2** sijpelen, druppelen **3** neervallen
Riesenarbeit *v*[28] reuzenwerk
riesengroß, riesenhaft reusachtig
Riesenschritt *m*[5] reuzenstap
Riesenslalom *m*[13] *(sp)* reuzenslalom
riesenstark reusachtig sterk
riesig 1 reusachtig, geweldig, kolossaal, giga **2** fantastisch
Riesin *v*[22] reuzin
Riesling *m*[5] riesling
Riff *o*[29] rif, klip
rigoros rigoureus, onverbiddelijk, hard
Rille *v*[21] **1** groef(je), voor, geul **2** gleuf
rillen groeven, canneleren
Rimesse *v*[21] remise
Rind *o*[31] **1** rund **2** *(inform)* rundvlees
Rinde *v*[21] **1** schors, bast **2** korst
Rinderbraten *m*[11] **1** gebraden (stuk) rundvlees **2** rosbief
Rinderfilet *o*[36] biefstuk
Rinderwahn *m*[19] gekkekoeienziekte
Rinderwahnsinn *m*[19] gekkekoeienziekte
Rindfleisch *o*[39] rundvlees
Rindsbraten *m*[11] *zie* Rinderbraten
Rindsfilet *o*[36], **Rindstück** *o*[29] biefstuk
Rindvieh *o*[39] **1** rundvee **2** *(fig)* stom rund
Ring *m*[5] **1** ring **2** kring, cirkel **3** schakel, schalm **4** syndicaat, trust, club **5** bende **6** *(sp)* strijdperk **7** ringweg, rondweg
Ringbahn *v*[20] ringweg, rondweg
Ringbuch *o*[32] ringband, multomap
Ringel *m*[9] **1** ringetje, kringetje **2** krul **3** krakeling
ringelig krullend, gekruld
Ringellocke *v*[21] gekrulde lok, pijpenkrul
[1]**ringeln** *tr* krullen
[2]**ringeln, sich 1** (zich) krullen **2** *(mbt rook)* kringelen
Ringelnatter *v*[21] ringslang
Ringelreigen, Ringelreihen *m*[11] rondedans
Ringeltaube *v*[21] houtduif
[1]**ringen**[224] *intr* worstelen: *nach Atem ~* naar adem snakken; *mit den Tränen ~* zijn tranen nauwelijks kunnen bedwingen
[2]**ringen**[224] *tr* (handen)wringen: *die Hände ~* handenwringen
Ringer *m*[9] worstelaar
Ringfinger *m*[9] ringvinger
ringförmig ringvormig
Ringkampf *m*[6] **1** worsteling **2** worstelwedstrijd
Ringkämpfer *m*[9] worstelaar
ringlig krullend, gekruld
Ringrichter *m*[9] *(sp)* scheidsrechter *(boksen)*
rings, ringsherum rondom, in het rond, overal
Ringstraße *v*[21] ringweg, rondweg
ringsum rondom, in de hele omgeving, overal
Rington *m*[6] beltoon, ringtone
Ringtone *m*[13] ringtone, beltoon
Rinne *v*[21] **1** geul, greppel, goot **2** (afvoer-, regen)-pijp **3** gleuf, sleuf
rinnen[225] vloeien, stromen, lopen
Rinnsal *o*[29] **1** beekje, stroompje **2** straaltje
Rinnstein *m*[5] **1** (straat)goot **2** stoeprand
Rippe *v*[21] **1** rib **2** bladnerf **3** stukje van een reep
Rippenstoß *m*[6] stoot, por *(in de zij)*
Rippenstück *o*[29] ribstuk
Risiko *o*[36] *(mv ook Risiken)* risico, gevaar
Risikowettkampf *m*[6] risicowedstrijd
riskant riskant
riskieren[320] riskeren, wagen
Rispe *v*[21] pluim *(bloeiwijze)*
Riss *m*[5] **1** scheur, barst, spleet, breuk **2** schram *(in de huid)* **3** scheuring, tweedracht **4** *(techn)* schets, plan, tekening
rissig 1 gescheurd, gebarsten **2** gesprongen *(lippen, handen)*
Rist *m*[5] **1** wreef; handrug **2** schoft *(ve paard)*
Ritt *m*[5] rit, tocht te paard: *in einem* (of: *auf einen*) *~* in één ruk
Ritter *m*[9] ridder: *~ des Pedals* wielrenner
ritterlich ridderlijk *(ook fig)*
Ritterlichkeit *v*[28] ridderlijkheid
Rittersporn *m*[5] *(plantk)* ridderspoor
Rittertum *o*[39] **1** ridderschap **2** de ridders
rittlings schrijlings
Ritual *o*[29] *(mv ook -ien)* ritueel, rite, ceremonie
rituell ritueel
Ritz *m*[5], **Ritze** *v*[21] **1** kras, schram, snee **2** spleet, naad, kier
ritzen 1 krassen **2** schrammen, schaven
Ritzer *m*[9] schram, schaafwond
Rivale *m*[15] rivaal, concurrent
rivalisieren[320] rivaliseren, wedijveren
Rivalität *v*[20] rivaliteit

Roastbeef *o*[36] rosbief
Robbe *v*[21] rob, zeehond
robben *(mil)* robben *(zich op zijn buik voortbewegen)*
Robe *v*[21] **1** robe, kleed, (avond)japon **2** toga
Roboter *m*[9] robot
robust robuust, stevig, sterk
röcheln rochelen, reutelen
Rochen *m*[11] rog
Rock *m*[6] **1** rok **2** *(regionaal)* jasje **3** (uniform)jas
rocken **1** rocken, rock spelen **2** op rockmuziek dansen
Rockschoß *m*[6] jaspand
Rockzipfel *m*[9] slip, tip van een rok
Rodel *m*[9] *(Z-Dui)* slee
Rodelbahn *v*[20] *(sp)* rodelbaan
rodeln **1** *(sp)* rodelen **2** sleetje rijden
Rodelschlitten *m*[11] slee
roden **1** rooien **2** ontginnen
Rodung *v*[20] **1** (het) rooien **2** ontginning **3** ontgonnen land
Rogen *m*[11] (vis)kuit
Roggen *m*[19] rogge
roh **1** rauw **2** ruw, onbewerkt **3** ruw, grof, onbeschaafd **4** niets ontziend
Rohbau *m (2e nvl -(e)s; mv -ten)* ruwbouw
Roheit *oude spelling voor* Rohheit, *zie* Rohheit
Rohertrag *m*[6] bruto-opbrengst
Rohheit *v*[20] **1** rauwheid **2** ruwheid, onbeschaafdheid, grofheid; *zie ook* roh
Rohkost *v*[28] rauwkost
Rohling *m*[5] **1** ruwe kerel, bruut **2** onbewerkt stuk ijzer
Rohmaterial *o (2e nvl -s; mv -ien)* ruw materiaal
Rohöl *o*[29] ruwe olie
Rohprodukt *o*[29] ruw product, grondstof
Rohr *o*[29] **1** buis, pijp **2** *(mil)* loop: *volles ~ fahren* plankgas rijden **3** riet(stengel)
Rohrbruch *m*[6] leidingbreuk
Röhre *v*[21] **1** buis, pijp, koker **2** buisje, kokertje **3** (bak)oven **4** *(telecom)* buis, lamp **5** neonbuis, tl-buis **6** beeldscherm, beeldbuis: *vor der ~ sitzen* voor de buis zitten
röhren **1** *(mbt hert)* burlen **2** brullen, huilen
Röhrenleitung *v*[20] (pijp)leiding
Rohrflöte *v*[21] rietfluit, schalmei, herdersfluit
Röhricht *o*[29] riet, biezen *(mv)*; rietland
Rohrleitung *v*[20] pijpleiding
Rohrnetz *o*[29] buizennet
Rohrsänger *m*[9] karekiet, rietzanger
Rohrspatz *m*[14], *m*[16] grote karekiet: *schimpfen wie ein ~* schelden als een viswijf
Rohrstock *m*[6] rotting
Rohrstuhl *m*[6] rieten stoel, rotan stoel
Rohrzucker *m*[19] rietsuiker
Rohstahl *m*[19] ruw staal
Rohstoff *m*[5] grondstof
Rohstoffmangel *m*[19] grondstoffenschaarste
Rohzucker *m*[19] ruwe, ongeraffineerde suiker
Rokoko *o*[39], *o*[39a] rococo
Rolladen *oude spelling voor* Rollladen, *zie* Rollladen
Rollator *m*[16] rollator
Rollbahn *v*[20] **1** *(luchtv)* start- en landingsbaan; runway **2** *(mil)* weg *(voor troepenverplaatsing)*
Rollbraten *m*[11] rollade
Rollbrett *o*[31] skateboard: *~ fahren* skateboarden
Röllchen *o*[35] rolletje; (garen)klosje
Rolle *v*[21] **1** rol, lijst **2** *(theat)* rol **3** scheepsrol **4** rol, klos(je) **5** wieltje **6** katrol **7** *(luchtv)* rolvlucht **8** *(sp)* (kop)rol
[1]**rollen** *intr* **1** rollen, draaien **2** donderen, dreunen, bulderen **3** rijden; taxiën
[2]**rollen** *tr* rollen, draaien, wentelen
Rollenbesetzung *v*[20] *(theat)* rolbezetting
Rollenmodell *o*[29] rolmodel
Rollenverteilung *v*[20] rolverdeling
Roller *m*[9] **1** roller, breker *(zware golf)* **2** autoped, step **3** scooter **4** *(sp)* rolsprong **5** *(sp)* schuiver
Rollerbrett *o*[31] skateboard: *~ fahren* skateboarden
Rollfeld *o*[31] *(luchtv)* landingsterrein, -banen
Rollfilm *m*[5] rolfilm
Rollgeld *o*[31] vracht, transportkosten
Rollhockey *o*[39] rolhockey
Rollkommando *o*[36] **1** oproerpolitie; commando **2** knokploeg
Rollkragen *m*[11] rolkraag, col
Rollkragenpullover *m*[9] coltrui
Rollladen, Roll-Laden *m*[12], *m*[11] **1** rolluik **2** jaloezie
Rollo *o*[36] rouleau, rolgordijn
Rollschuh *m*[5] rolschaats
Rollsplitt *m*[19] steenslag, split
Rollstuhl *m*[6] rolstoel
Rolltreppe *v*[21] roltrap
Rom *o*[39] Rome
Roman *m*[5] roman
Romancier *m*[13], **Romanschriftsteller** *m*[9] romanschrijver, romancier
Romantik *v*[28] romantiek
Romantiker *m*[9] romanticus
romantisch romantisch
Römer *m*[9] **1** Romein **2** roemer *(wijnglas)*
Römerbrief *m*[19] brief (van Paulus) aan de Romeinen
römisch **1** Romeins **2** rooms
römisch-katholisch rooms-katholiek
Rondell *o*[29] **1** rond bloemperk **2** rondeel
röntgen röntgenen, doorlichten
Röntgenaufnahme *v*[21], **Röntgenbild** *o*[31] röntgenfoto
Röntgenologe *m*[15] röntgenoloog
rosa, rosafarben, rosafarbig roze
Röschen *o*[35] **1** roosje **2** rozet
Rose *v*[21] **1** roos, rozet **2** roosvenster **3** windroos, kompasroos **4** wondroos
Rosenbeet *o*[29] rozenbed, rozenperk

rosenfarben, rosenfarbig rooskleurig, roze
Rosenkohl *m*[19] spruitjes, spruitkool
Rosenmontag *m*[5] carnavalsmaandag
rosenrot roze, rozenrood
Rosenstock *m*[6] rozenstruik, stamroos
Rosenstrauch *m*[8] rozenstruik, struikroos
Rosenstrauß *m*[6] boeket rozen
Rosette *v*[21] rozet, roos
rosig rooskleurig, roze, rozerood
Rosine *v*[21] rozijn: *(große) ~n im Kopf haben* grote plannen hebben
Rosinenbrot *o*[29] rozijnenbrood
Rosmarin *m*[19] rozemarijn
[1]**Ross** *o*[29] rijpaard
[2]**Ross** *o*[32] **1** *(Z-Dui, Oostenr, Zwits)* paard **2** sukkel, rund
Rossapfel *m*[10] paardenvijg
Rössel *o*[33] **1** paard(je) **2** paard *(schaken)*
Rösselsprung *m*[6] paardensprong *(schaken)*
Rosskur *v*[20] paardenmiddel, paardenkuur
[1]**Rost** *m*[19] roest
[2]**Rost** *m*[5] rooster
rostanfällig gauw roestend
rostbeständig roestvrij, roestvast
Rostbildung *v*[28] roestvorming
Rostbraten *m*[11] rosbief, roastbeef
rosten roesten
rösten **1** roosteren **2** *(koffie)* branden
Röster *m*[9] broodrooster
rostfarben, rostfarbig roestkleurig
rostfrei roestvrij
rostig roestig, verroest
Röstkartoffeln *mv v*[21] gebakken aardappelen
Röstkastanien *mv v*[21] gepofte kastanjes
Rostschutzmittel *o*[33] roestwerend middel
Röstung *v*[28] **1** (het) roost(er)en **2** (het) branden
Röstzwiebeln *mv v*[21] gefruite uitjes
rot[59] rood: *keinen ~en Heller* geen rooie cent; *~ werden* rood worden, blozen
Rot *o*[39] **1** rood **2** rouge
Rotang *m*[5] rotan
Rotarmist *m*[14] militair van het Rode Leger
Rotation *v*[20] rotatie, draaiing
rotbackig, rotbäckig roodwangig
Rotbarsch *m*[5] roodbaars
rotblond rossig, roodblond
rotbraun roodbruin
Rotbuche *v*[21] (gewone) beuk
Rotdorn *m*[5] rode meidoorn
Röte *v*[28] **1** (rode) kleur, blos **2** roodheid
Rötel *m*[9] roodkrijt, roodaarde
Röteln *mv* rodehond
[1]**röten** *tr* rood kleuren
[2]**röten, sich** rood worden
rotfleckig roodgevlekt, roodgespikkeld
Rotfuchs *m*[6] **1** vos **2** roodvos *(paard)*
rotieren[320] roteren, ronddraaien
Rotkäppchen *o*[39] Roodkapje
Rotkehlchen *o*[35] roodborstje
Rotkohl *m*[19], **Rotkraut** *o*[39] rodekool
rötlich roodachtig, rossig
Rotor *m*[16] rotor
Rotschwänzchen *o*[35] roodstaartje
rotsehen[261] door het lint gaan
Rotstift *m*[5] rood potlood: *den ~ ansetzen* geplande uitgaven schrappen; bezuinigen
Rotte *v*[21] **1** bende, horde, troep **2** *(mil)* rot
Rötung *v*[28] roodkleuring, roodheid
rotwangig roodwangig, met rode wangen
Rotwein *m*[5] rode wijn
Rotwelsch *o*[39], *o*[39a] dieventaal, Bargoens
Rotwurst *v*[25] bloedworst
Rotz *m*[19] snot || *der ganze ~* de hele rotzooi
rotzen *(plat)* **1** zijn neus snuiten **2** snot ophalen
Rotzgöre *v*[21] snotaap, snotneus, blaag
rotzig **1** snotterig **2** brutaal, onbeschoft
Rotzlöffel *m*[9] snotneus, snotaap
Rotznase *v*[21] snotneus *(ook fig)*
Roulade *v*[21] rollade
Rouleau *o*[36] rouleau, rolgordijn
Roulett *o*[29], **Roulette** *o*[36] roulette
roulieren[320] rouleren, in omloop zijn
Route *v*[21] route
Routenplaner *m*[9] routeplanner
Routine *v*[28] routine
routiniert geroutineerd, ervaren
Rowdy [raudie] *m*[13] rowdy, raddraaier
RSI, RSI-Syndrom *o*[39a], *o*[39] *afk van repetitive strain injury* RSI
Rübe *v*[21] **1** raap, knol: *Gelbe ~* wortel, peen; *Rote ~* biet, kroot **2** kop, kanis, raap || *wie Kraut und ~n* wanordelijk, door elkaar
Rubel *m*[9] roebel
Rübenzucker *m*[19] bietsuiker
rüber- *zie* herüber-, hinüber-
Rubin *m*[5] robijn
Rubrik *v*[20] rubriek
rubrizieren[320] rubriceren
ruchbar bekend, ruchtbaar, wereldkundig
ruchlos laag, snood, gewetenloos
Ruchlosigkeit *v*[20] **1** laagheid, snoodheid **2** gemene daad, gewetenloze daad
Ruck *m*[5] ruk: *mit einem ~* ineens, plotseling
Rückantwort *v*[20] repliek; antwoord
ruckartig met een ruk, schokkend
Rückäußerung *v*[20] antwoord, repliek
Rückbank *v*[25] achterbank
Rückbeförderung *v*[20] terugzending
rückbezüglich wederkerend, reflexief
Rückbildung *v*[20] verschrompeling, wegkwijning, degeneratie, atrofie
Rückblende *v*[21] flashback, terugblik
Rückblick *m*[5] terugblik
rückdatieren[320] antidateren
[1]**rücken** *intr* **1** opschuiven, plaatsmaken, zich verplaatsen: *an jmds Stelle ~* iems plaats innemen; *in den Mittelpunkt ~* centraal komen te staan **2** *(mil)* uitrukken, (op)trekken, gaan

²rücken *tr* rukken, (ver)zetten, (ver)plaatsen; (ver)schuiven
Rücken *m*[11] rug *(ook fig): sich den ~ freihalten* zijn rug vrijhouden; *(sp) 100 m ~* 100 m rugslag
Rückendeckung *v*[28] rugdekking
Rückenflosse *v*[21] rugvin
Rückenlage *v*[21] rugligging
Rückenlehne *v*[21] rugleuning
Rückenmark *o*[39] ruggenmerg
Rückenschmerzen *mv m*[16] rugpijn
rückenschwimmen[257] rugzwemmen
Rückenschwimmen *o*[39] *(sp)* rugslag
Rückenwind *m*[19] wind in de rug
Rückenwirbel *m*[9] rugwervel
Rückeroberung *v*[20] herovering
Rückerstattung *v*[20] teruggave, restitutie
Rückfahrkarte *v*[21], **Rückfahrschein** *m*[5] retourbiljet
Rückfahrt *v*[20] terugtocht, -reis, -weg
Rückfall *m*[6] **1** terugval, (weder)instorting **2** herhaling, recidive
rückfällig: *~ werden: a)* in de oude fout vervallen; *b) (jur)* recidiveren
Rückfälligkeit *v*[28] recidive, recidief
Rückfalltäter *m*[9] recidivist
Rückflug *m*[6] retourvlucht
Rückfrage *v*[21] **1** wedervraag **2** vraag om nadere inlichtingen, navraag
rückfragen om nadere inlichtingen vragen, navraag doen
Rückfront *v*[20] achterkant *(ve gebouw)*
Rückführung *v*[28] **1** terugbrenging **2** repatriëring
Rückgabe *v*[21] **1** teruggave **2** *(sp)* terugspeelbal
Rückgang *m*[6] **1** achteruitgang, teruggang, recessie **2** daling, vermindering, afname
rückgängig achteruitgaand, dalend *(van prijs): eine Verlobung ~ machen* een verloving verbreken; *einen Kauf ~ machen* een koop ongedaan maken, annuleren; *einen Vertrag ~ machen* een contract ontbinden
Rückgrat *o*[29] ruggengraat
Rückhalt *m*[5] **1** (ruggen)steun **2** terughoudendheid, reserve: *ohne ~* zonder voorbehoud
rückhaltlos **1** zonder enige terughouding, openhartig, onverbloemd **2** zonder voorbehoud
Rückhand *v*[28] *(sp)* backhand
Rückkehr *v*[28] terugkeer, terugkomst
rückkoppeln terugkoppelen
Rückkoppelung, Rückkopplung *v*[20] terugkoppeling, feedback
Rückkunft *v*[28] terugkeer, terugkomst
Rücklage *v*[21] **1** reserve(fonds) **2** spaargeld
rückläufig teruglopend, achteruitgaand, dalend
Rücklehne *v*[21] rugleuning
Rückleuchte *v*[21], **Rücklicht** *o*[31] achterlicht
rücklings **1** ruggelings, achterover **2** van achteren **3** achterstevoren
Rücknahme *v*[21] terugneming
Rückporto *o*[36] porto voor antwoord
Rückprall *m*[19] terugkaatsing, terugstoot
Rückreise *v*[20] terugreis, thuisreis
Rückruf *m*[5] **1** terugroeping **2** *(telecom)* (het) terugbellen
Rückrufaktion *v*[20] terugroepactie
Rucksack *m*[6] rugzak
Rucksacktourist *m*[14] rugzaktoerist, backpacker
Rückschau *v*[28] terugblik
Rückschlag *m*[6] **1** terugslag **2** terugstoot **3** (het) terugslaan **4** tegenspoed
Rückschluss *m*[6] gevolgtrekking, conclusie
Rückschritt *m*[5] **1** stap achterwaarts **2** achteruitgang
rückschrittlich reactionair
Rückseite *v*[21] achterzijde, achterkant
Rücksicht *v*[20] **1** consideratie, inachtneming, overweging: *~ nehmen auf*[+4] rekening houden met; *mit ~ auf seine Jugend* met het oog op zijn jeugd; *ohne ~ auf* zonder te letten op **2** achting, eerbied, respect **3** *(mv)* redenen
Rücksichtnahme *v*[28] consideratie, respect
rücksichtslos **1** niets ontziend, onverbiddelijk, meedogenloos **2** genadeloos, onbarmhartig **3** grof
Rücksichtslosigkeit *v*[20] **1** wijze van optreden, waarbij niets en niemand ontzien wordt **2** onverbiddelijkheid, meedogenloosheid **3** grofheid
rücksichtsvoll vol egards, kies, attent
rücksiedeln repatriëren
Rücksitz *m*[5] achterbank
Rückspiegel *m*[9] achteruitkijkspiegel
Rückspiel *o*[29] *(sp)* return(wedstrijd)
Rücksprache *v*[21] ruggespraak, overleg
Rückstand *m*[6] **1** achterstand: *im ~ sein: a)* een achterstand hebben; *b)* in gebreke zijn *(met betalingen); Rückstände* achterstallige schuld, schulden **2** *(chem)* residu, rest, overblijfsel
rückständig **1** achtergebleven, onderontwikkeld **2** achterhaald, verouderd, met ouderwetse opvattingen **3** achterstallig
Rückständigkeit *v*[28] **1** achterstand, (het) achterstallig zijn **2** achterlijkheid
Rückstau *m*[13], *m*[5] **1** opstuwing **2** verkeersopstopping, file
Rückstrahler *m*[9] reflector
Rücktritt *m*[5] **1** (het) aftreden, ontslagneming: *der Minister hat seinen ~ erklärt* (of: *angeboten, eingereicht)* de minister heeft zijn ontslag aangeboden **2** (het) zich terugtrekken *(bij contract)* **3** terugtraprem
Rücktrittbremse *v*[21] terugtraprem
Rücktrittsgesuch *o*[29] ontslagaanvraag
rückversichern herverzekeren
Rückwanderer *m*[9] repatriant, remigrant
rückwärts **1** achterwaarts, achteruit; terug **2** van achteren naar voren, achterstevoren
Rückwärtsgang *m*[6] achteruit *(ve auto)*
Rückweg *m*[5] terugweg
ruckweise met rukken, met schokken, met horten en stoten, met sprongen, bij vlagen

rückwirkend terugwerkend, met terugwerkende kracht
Rückwirkung *v*^{20} terugwerking, terugwerkende kracht; gevolg, reactie
Rückzieher *m*^{9} **1** *(voetbalterm)* omhaal **2** *(biljartterm)* trekbal || *(fig) einen ~ machen* terugkrabbelen
ruck, zuck in een mum van tijd, heel vlug
Rückzug *m*^{6} terugtocht
rüde *bn* ruw, lomp, grof
Rüde *m*^{15} reu, rekel
Rudel *o*^{33} roedel, kudde, troep; grote groep
Ruder *o*^{33} **1** riem, roeispaan **2** roer, stuur
Ruderblatt *o*^{32} riemblad; roerblad
Ruderboot *o*^{29} roeiboot
rudern roeien
rudimentär rudimentair
^{1}**Ruf** *m*^{5} **1** roep, schreeuw, kreet, geroep, uitroep **2** benoeming, beroep, uitnodiging
^{2}**Ruf** *m*^{19} **1** roep, oproep **2** reputatie, naam **3** telefoonnummer
rufen^{226} **1** roepen **2** noemen: *sie wird Spatz gerufen* zij wordt Spatz genoemd **3** (op)bellen: *ein Taxi ~* een taxi (op)bellen
Rüffel *m*^{9} standje, uitbrander
rüffeln een uitbrander, standje geven
Rufmord *m*^{5} *(ongev)* eerroof: *das ist ~* dat is dodelijk voor iems reputatie
Rufnummer *v*^{21} telefoonnummer
Rufnummernanzeige *v*^{21} **1** nummermelder **2** nummerweergave
Rufsäule *v*^{21} praatpaal
Rufweite *v*^{28}: *in ~* op gehoorsafstand
Rüge *v*^{21} berisping, standje
Rügefrist *v*^{20} reclametermijn
rügen **1** berispen, een standje geven, terechtwijzen **2** laken, afkeuren
Ruhe *v*^{28} **1** rust, stilte: *angenehme ~!* welterusten! **2** kalmte, bedaardheid: *die ~ bewahren* de kalmte bewaren **3** rust, stilstand || *ich möchte meine ~ haben* ik wil met rust gelaten worden; *die öffentliche ~* de openbare orde; *lassen Sie mich damit in ~* praat me daar niet van; *immer mit der ~* kalmpjes aan; *sich zur ~ begeben* (of: *legen)* naar bed gaan; *sich zur ~ setzen* stil gaan leven
Ruhegehalt *o*^{32} pensioen
Ruhegeld *o*^{31} ouderdomspensioen, AOW
ruhelos rusteloos
ruhen **1** (uit)rusten **2** rusten, steunen, liggen: *die Arbeit, der Verkehr ruht* het werk, het verkeer ligt stil
Ruhepause *v*^{21} rustpauze
Ruhestand *m*^{19} rust, stil leven, pensioen: *in den ~ gehen* (of: *treten, versetzt werden)* met pensioen gaan; *jmdn in den ~ versetzen* iem pensioneren
Ruheständler *m*^{9} gepensioneerde
Ruhestatt *v (mv -stätten)*, **Ruhestätte** *v*^{21} **1** rustplaats, rustoord **2** graf
ruhestörend rustverstorend
Ruhestörung *v*^{20} rustverstoring, burengerucht: *~en* ongeregeldheden
Ruhetag *m*^{5} rustdag: *montags ~* maandags gesloten
^{1}**ruhig** *bn* **1** rustig, stil, ongestoord: *~ stellen (med)* fixeren **2** kalm, bedaard **3** kalm *(van markt)*
^{2}**ruhig** *bw* rustig, gerust
Ruhm *m*^{19} roem, glorie
rühmen roemen, prijzen: *sich einer Sache^{2} ~* zich op iets beroemen
rühmenswert prijzenswaardig
rühmlich **1** prijzenswaardig **2** roemrijk
ruhmlos roemloos, oneervol
ruhmredig blufferig, grootsprekerig, snoevend
ruhmreich roemrijk
ruhmvoll roemvol, roemrijk
ruhmwürdig roemenswaardig
Ruhr *v*^{28} *(med)* dysenterie
Rührei *o*^{31} *(zelden mv)* roerei
^{1}**rühren** *intr* **1** voortspruiten, ontstaan **2** (aan)raken: *(fig) rühre nicht daran!* praat er niet over!
^{2}**rühren** *tr* **1** (om)roeren, bewegen, verroeren: *keinen Finger ~* geen hand uitsteken **2** ontroeren, aandoen **3** treffen, slaan: *der Schlag hat ihn gerührt* hij heeft een beroerte gehad
^{3}**rühren, sich** zich verroeren, zich bewegen: *(mil) rührt euch!* op de plaats rust!
rührend roerend, aandoenlijk
rührig druk, bedrijvig, actief
Rührlöffel *m*^{9} pollepel
rührselig sentimenteel
Rührstück *o*^{29} *(theat)* sentimenteel stuk
Rührung *v*^{28} ontroering, aandoening
Ruin *m*^{19} ondergang, verderf
Ruine *v*^{21} ruïne *(ook fig)*; bouwval
ruinieren^{320} ruïneren, te gronde richten
ruinös **1** bouwvallig **2** ruïneus
rülpsen oprispen, boeren
Rülpser *m*^{9} **1** oprisping, boer **2** iem die boert
rum(-) *zie* herum(-)
Rum *m*^{13} rum
Rumäne *m*^{15} Roemeen
Rumänien *o*^{39} Roemenië
rumänisch Roemeens
Rummel *m*^{19} **1** drukte **2** *(N-Dui)* kermis **3** rommel || *ich habe den ~ gründlich satt!* ik heb er schoon genoeg van!
rummeln rommelen, dof rollen
Rummelplatz *m*^{6} *(N-Dui)* kermis(terrein)
Rumor *m*^{19} rumoer, lawaai
rumoren rumoer maken, lawaai maken
Rumpelkammer *v*^{21} rommelkamer
rumpeln **1** rommelen **2** hotsen, hobbelen
Rumpf *m*^{6} romp *(ook van schip, vliegtuig)*
rümpfen *(de neus)* optrekken
Rumpsteak *o*^{36} entrecote
^{1}**rund** *bn* **1** rond: *~e Augen machen* grote ogen opzetten **2** mollig **3** vol: *ein ~es Jahr* een vol jaar

ru

^{2}**rund** *bw* **1** rondom, in het rond **2** circa, ongeveer

Rund o^{29} rond, kring

Rundbau *m (2e nvl -(e)s; mv -ten)* **1** rotonde **2** rond gebouw

Rundblick m^{5} panorama

Rundbrief m^{5} rondschrijven, circulaire

Runde v^{21} **1** groep **2** rondte, kring **3** rondje: *eine ~ geben* (of: *ausgeben)* een rondje geven **4** ronde: *die ~ machen* de ronde doen **5** *(sp)* ronde, rondje **6** *(handwerken)* toer || *(fig) über die ~n kommen* het redden

runden (af)ronden, rond maken: *die Teile ~ sich zum Ganzen* de delen vormen een geheel

Rundenzeit v^{20} *(sp)* rondetijd

Rundfahrt v^{20} rondvaart, rondrit

Rundfrage v^{21} enquête

Rundfunk m^{19} **1** radio-omroep **2** radio: *im ~ sprechen* voor de radio spreken; *~ hören* naar de radio luisteren

Rundfunkansager m^{9} radio-omroeper

Rundfunkanstalt v^{20} omroepvereniging

Rundfunkapparat m^{5}, **Rundfunkempfänger** m^{9} radiotoestel

Rundfunkgebühr v^{20} luistergeld

Rundfunkgerät o^{29} radiotoestel

Rundfunkhörer m^{9} luisteraar

Rundfunksender m^{9} **1** radiozender **2** omroepstation

Rundfunksendung v^{20} radio-uitzending

Rundfunksprecher m^{9} radio-omroeper

Rundfunkwerbung v^{28} radioreclame

Rundfunkzeitschrift v^{20} omroepgids

rundheraus ronduit, rondweg

rundherum **1** rondom, in het rond **2** helemaal

rundlich **1** enigszins rond **2** gevuld, mollig

Rundreise v^{21} rondreis

Rundschau v^{28} panorama; rondblik

Rundschlag m^{6} uitval

Rundschreiben o^{35} rondschrijven, circulaire

rundum **1** rondom **2** helemaal

Rundumbetreuung v^{28} vierentwintiguurszorg

Rundumschlag m^{6} uitval

Rundung v^{20} ronding

Rundverkehr m^{19} verkeer op een, de rotonde

rundweg rondweg, ronduit: *etwas ~ ablehnen* iets onomwonden afwijzen

Rune v^{21} rune

runter(-) *zie* herunter(-), hinunter(-)

Runzel v^{21} rimpel, plooi

runzelig rimpelig, gefronst, gerimpeld

runzeln rimpelen, kreuken, plooien; *(het voorhoofd)* fronsen

runzlig *zie* runzelig

Rüpel m^{9} lomperd, vlegel

Rüpelei v^{20} lompheid, onbehouwenheid

rüpelhaft lomp, onbehouwen, vlegelachtig

rupfen **1** uittrekken **2** *(gevogelte)* plukken **3** *(fig)* afzetten, plukken

ruppig **1** onbeschoft **2** ruig, onverzorgd

Rüsche v^{21} ruche

Rush m^{13} *(sp)* rush; snelle ren

Ruß m^{19} roet

Russe m^{15} Rus

Rüssel m^{9} **1** slurf **2** snuit *(van varken)* **3** *(inform)* neus **4** roltong *(van insect)*

rußen roeten; walmen

rußig roetig, roetachtig, zwart van het roet

Russland o^{39} Rusland

Rüstbalken m^{11}, **Rüstbaum** m^{6} steigerpaal

^{1}**rüsten** *intr* zich bewapenen

^{2}**rüsten** *tr* gereedmaken, toebereiden

^{3}**rüsten, sich** toebereidselen maken, zich klaarmaken

Rüster v^{21} olm, iep

rüstig krachtig, kras

rustikal rustiek

^{1}**Rüstung** v^{20} wapenrusting

^{2}**Rüstung** v^{28} bewapening

Rüstungsabbau m^{19} ontwapening

Rüstungsbegrenzung, Rüstungsbeschränkung v^{20} wapenbeperking

Rüstungskontrolle v^{21} (internationale) controle op de bewapening

Rüstungswettlauf m^{19} wapenwedloop

Rüstzeug o^{39} **1** gereedschap **2** (vak)kennis

Rute v^{21} **1** twijg, teen **2** roede, roe **3** vishengel **4** *(jagerstaal)* staart **5** roede, penis *(van dieren)*

Rutengänger m^{9} (wichel)roedeloper

Rutsch m^{5} **1** (het) glijden, schuiven **2** (aard)verschuiving **3** uitstapje || *in einem* (of: *auf einen) ~* in één keer; *guten ~ ins neue Jahr!* gelukkig nieuwjaar

Rutschbahn v^{20} glijbaan *(in speeltuin)*

Rutsche v^{21} glijgoot

rutschen **1** schuiven, glijden: *das Essen rutscht schlecht* het eten wil niet zakken **2** uitglijden, slippen **3** *(inform)* opschuiven || *mal nach Köln ~* even overwippen naar Keulen

rutschfest antislip

Rutschgefahr v^{28} slipgevaar

rutschig glad

Rüttelbeton m^{5}, m^{13} trilbeton

rütteln **1** schudden, schokken **2** *(aan een deur)* rukken, rammelen || *daran ist nicht zu ~* daar valt niet aan te tornen

Rüttelschwelle v^{21} verkeersdrempel

S

Saal m^{6} *(mv Säle)* zaal
^{1}**Saat** v^{20} pootgoed; gezaaide, gewas
^{2}**Saat** v^{28} **1** (het) zaaien **2** zaad *(ook fig)*
Saatgut o^{39} zaaigoed
Saatkartoffel v^{21} pootaardappel
Sabbatical o^{36} sabbatical (year)
Sabbatjahr o^{29} sabbatical (year)
Säbel m^{9} sabel
Säbelhieb m^{5} sabelhouw
säbeln snijden, hakken
Säbelrasseln o^{39} *(fig)* wapengekletter
Sabotage v^{21} sabotage
Saboteur m^{5} saboteur
sabotieren^{320} saboteren
Sachbearbeiter m^{9} bevoegd ambtenaar, bevoegd medewerker, contactpersoon
Sachbereich m^{5} gebied, terrein
Sachbeschädigung v^{20} *(jur)* zaakbeschadiging
sachbezogen zakelijk, inhoudelijk
Sachbezüge *mv* m^{6} inkomsten in natura
Sachbuch o^{32} populairwetenschappelijk boek
sachdienlich ter zake dienend, doelmatig
Sachdiskussion v^{20} zakelijke discussie
Sache v^{21} zaak, ding: *es ist beschlossene ~* dat is afgesproken; *seine ~n* zijn spullen, zijn kleren; *das ist seine ~ nicht* dat is niets voor hem; *das ist nicht jedermanns ~* dat valt niet bij iedereen in de smaak; *das ist so eine ~!* dat zijn zo van die dingen!; *ich muss wissen, was an der ~ ist* ik moet weten hoe de zaak zit; *bei der ~ bleiben* niet afdwalen; *er fuhr mit 100 ~n* hij reed (met een snelheid van) 100 km; *gemeinsame ~ mit jmdm machen* gemene zaak met iem maken; *das tut nichts zur ~* dat doet er niet toe
Sachfrage v^{21} zakelijke kwestie
sachgemäß, sachgerecht **1** met de feiten overeenstemmend, objectief **2** doelmatig, juist **3** vakkundig, deskundig
Sachkenntnis v^{24} kennis van zaken, deskundigheid
sachkundig ter zake kundig, deskundig
Sachlage v^{28} **1** stand van zaken **2** situatie
sachlich **1** zakelijk, objectief **2** feitelijk
sächlich *(taalk)* onzijdig
Sachlichkeit v^{28} zakelijkheid, objectiviteit
Sachschaden m^{12} materiële schade
Sachse m^{15} Saks, Sakser
sacht zacht
sachte **1** zachtjes **2** kalm aan, rustig
Sachverhalt m^{5} **1** stand van zaken **2** toedracht, feiten
Sachversicherung v^{20} schadeverzekering
Sachverstand m^{19} kennis van zaken, deskundigheid
sachverständig deskundig
Sachverständige(r) m^{40a}, v^{40b} deskundige, expert
Sachwalter m^{9} **1** zaakwaarnemer **2** pleitbezorger
^{1}**Sachwert** m^{19} reële waarde, zakelijke waarde
^{2}**Sachwert** m^{5} *(meestal mv)* waardevaste goederen, goederenkapitaal
Sachwörterbuch o^{32} encyclopedie
Sachzwang m^{6} door de situatie bepaalde noodzaak
Sack m^{6} **1** zak **2** wal, zak *(onder de ogen)*
^{1}**sacken** *intr* zinken, zakken, dalen
^{2}**sacken** *tr* in zakken doen
Sackgasse v^{21} doodlopende straat, doodlopende weg: *in eine ~ geraten* in een impasse geraken
Sackhüpfen, Sacklaufen o^{39} zaklopen
Sackpfeife v^{21} doedelzak
Sadismus m^{19a} sadisme
Sadist m^{14} sadist
säen zaaien: *dünn gesät* dun gezaaid
Safe m^{13}, o^{36} **1** safe, kluis **2** safeloket
Safran m^{5} saffraan
Saft m^{6} **1** sap **2** vleesnat **3** *(fig)* kracht, energie || *(inform) roter ~* bloed; *ohne ~ und Kraft* zonder pit, slap
saftgrün sappig groen
saftig **1** sappig **2** flink, stevig **3** pikant, schuin *(van mop)*
saftlos **1** saploos, zonder sap, uitgedroogd **2** krachteloos
sagbar zegbaar, te zeggen, uit te drukken
Sage v^{21} sage: *es geht die ~* men zegt
Säge v^{21} zaag
Sägemehl o^{39} zaagsel
sagen zeggen: *lass dir das gesagt sein!* onthoud dat!; *gesagt, getan* zo gezegd, zo gedaan; *wie gesagt* zoals ik al zei
sägen **1** zagen **2** *(iron)* snurken
Sagen o^{39}: *das ~ haben* het voor het zeggen hebben
sagenhaft **1** legendarisch **2** ongelofelijk, geweldig, fantastisch
sagenumwoben in het middelpunt van sagen staand
Sägespäne *mv* m^{6} zaagsel
Sägewerk o^{29} (hout)zagerij
Sahne v^{28} **1** room **2** slagroom
Sahneeis o^{39} roomijs
sahnig met (slag)room, romig
Saison v^{27} seizoen
saisonal seizoen-: *~e Arbeitslosigkeit* seizoenwerkloosheid

Saisonarbeit *v*[28] seizoenarbeid
Saisonausverkauf *m*[6] seizoenopruiming
saisonbedingt afhankelijk van het seizoen, samenhangend met het seizoen
[1]**Saisonbetrieb** *m*[5] seizoenbedrijf
[2]**Saisonbetrieb** *m*[19] seizoendrukte
Saite *v*[21] snaar: *(fig) gelindere* (of: *mildere) ~n aufziehen* water in de wijn doen; *andere* (of: *strengere) ~n aufziehen* uit een ander vaatje tappen
Sakko *m*[13], *o*[36] colbert(jasje)
Sakrament *o*[29] sacrament
Sakristei *v*[20] sacristie
säkular **1** seculair, honderdjarig **2** *(fig)* uniek, buitengewoon **3** wereldlijk, seculier
Salamander *m*[9] salamander
Salami *v*[27] *(mv ook -)* salami
[1]**Salat** *m*[19] sla
[2]**Salat** *m*[5] slaatje, salade || *der ganze ~* de hele boel; *da haben wir den ~ (plat)* daar hebben we het gelazer
Salatbesteck *o*[29] slacouvert
Salatkopf *m*[6] krop sla
Salatplatte *v*[21] **1** slaatje, salade **2** slabak
Salatsoße *v*[21] dressing, slasaus
Salbe *v*[21] **1** zalf **2** smeersel
salben **1** zalven **2** (in)smeren
Salbung *v*[20] zalving
Saldo *m*[13] *(mv ook Salden en Saldi)* saldo
Salm *m*[5] zalm
Salon *m*[13] salon
salonfähig beschaafd, met goede manieren
salopp **1** ongedwongen, nonchalant **2** informeel
Salut *m*[5] saluut: *~ schießen* saluutschoten lossen
salutieren[320] salueren: *vor jmdm ~* iem salueren
Salve *v*[21] salvo: *eine ~ abgeben* een salvo geven
[1]**Salz** *o*[39] zout *(ook fig)*
[2]**Salz** *o*[29] *(chem)* zout
Salzbad *o*[32] zoutbad
Salzbergwerk *o*[29] zoutmijn
Salzbrühe *v*[21] pekel
salzen[227] zouten
Salzfleisch *o*[39] pekelvlees
salzhaltig zouthoudend
Salzhering *m*[5] zoute haring, pekelharing
salzig zoutig, zilt
Salzkartoffel *v*[21] gekookte aardappel
salzlos zoutloos
Salznäpfchen *o*[35] zoutvaatje
Salzsäure *v*[21] zoutzuur
Salzstange *v*[21] zoute stengel
Salzstreuer *m*[9] zoutstrooier
Samen *m*[11] zaad
Samenbank *v*[20] spermabank
Samenerguss *m*[6] zaadlozing
Sämerei *v*[20] **1** *(mv)* zaadgoed **2** zaadhandel
sämig gebonden *(van soep)*
Sammelband *m*[6] verzamelwerk
Sammelbecken *o*[35] vergaarbak, reservoir
Sammelbüchse *v*[21] collectebus
Sammelfahrschein *m*[5] **1** groepskaartje **2** strippenkaart
Sammellager *o*[33] verzamelkamp
Sammelliste *v*[21] intekenlijst *(bij collecte)*
[1]**sammeln** *tr* **1** verzamelen, bijeenbrengen **2** *(troepen)* concentreren, samentrekken **3** *(geld)* collecteren, inzamelen
[2]**sammeln, sich** **1** bijeenkomen, zich verzamelen **2** bedaren, tot kalmte komen, kalmeren **3** zich beheersen, zich concentreren
Sammelplatz *m*[6] verzamelplaats
Sammelsurium *o (2e nvl -s; mv -surien)* mengelmoes, rommeltje, allegaartje
Sammler *m*[9] **1** verzamelaar **2** hoofdriolering **3** collectant **4** accumulator **5** vergaarbak
Sammlung *v*[20] **1** (het) verzamelen **2** verzameling **3** inzameling, collecte **4** bundel *(gedichten)* **5** museum **6** bloemlezing **7** concentratie
Samstag *m*[5] *(Z-Dui, Oostenr, Zwits)* zaterdag
samstags zaterdags
[1]**samt** *bw: ~ und sonders* allen zonder uitzondering
[2]**samt**[+3] *vz* met, benevens
Samt *m*[5] fluweel
samtartig fluweelachtig
samten fluwelen
sämtlich[68] al, al de, al het, alle(n), allemaal
samtweich fluweelzacht
Sanatorium *o (2e nvl -s; mv -torien)* sanatorium
[1]**Sand** *m*[19] zand: *etwas in den ~ setzen* iets verknoeien
[2]**Sand** *m*[5], *m*[6] zandbank || *im ~ verlaufen* op niets uitlopen
Sandale *v*[21] sandaal
Sandalette *v*[21] sandaaltje
Sandbank *v*[25] zandbank
Sandboden *m*[12] zandgrond
sandfarben, sandfarbig zandkleurig
Sandgrube *v*[21] zandgroeve, zandgat
sandig zandig, zanderig
Sandkasten *m*[12] zandbak
Sandkorn *o*[32] zandkorrel
Sandkuchen *m*[11] zandgebak
Sandmann *m*[8], **Sandmännchen** *o*[35] zandmannetje, Klaas Vaak
Sandpapier *o*[29] schuurpapier
sandreich rijk aan zand, veel zand bevattend
Sandsack *m*[6] **1** zandzak **2** *(sp)* stootzak
sandstrahlen zandstralen
Sanduhr *v*[20] zandloper
sanft zacht: *eine ~e Steigung* een lichte helling; *~ entschlafen* vredig sterven
Sänfte *v*[21] draagstoel
Sanftheit *v*[28] zachtheid; zachtmoedigheid
Sanftmut *v*[28] zachtmoedigheid, zachtaardigheid
sanftmütig zachtaardig, zachtmoedig
Sang *m*[19] zang, gezang
Sänger *m*[9] zanger

Sängerchor *m*[6] zangkoor
Sängerin *v*[22] zangeres
sanglos: *sang- und klanglos* met stille trom
sanieren[320] saneren
Sanierung *v*[20] sanering
sanitär sanitair
Sanitäranlagen *mv v*[21], **Sanitäreinrichtungen** *mv v*[20] sanitaire voorzieningen
Sanitäter *m*[9] **1** hospitaalsoldaat **2** EHBO'er
Sanitätsauto *o*[36] *zie* Sanitätswagen
Sanitätsdienst *m*[19] geneeskundige dienst
Sanitätskasten *m*[12] verbandkist
Sanitätstruppe *v*[21] geneeskundige troepen
Sanitätswache *v*[21] EHBO-post
Sanitätswagen *m*[11] ziekenauto, -wagen
Sankt Sint: ~ *Peter* Sint-Pieter
Sanktion *v*[20] sanctie
sanktionieren[320] **1** sanctioneren **2** bestraffen
Sardelle *v*[21] ansjovis
Sardine *v*[21] sardine
Sardinenbüchse *v*[21] blikje sardines
Sarg *m*[6] doodkist, lijkkist
[1]**Sarkasmus** *m (2e nvl -; mv Sarkasmen)* sarcastische opmerking
[2]**Sarkasmus** *m*[19] sarcasme
sarkastisch sarcastisch
SARS, Sars *o*[39a], *o*[39] *afk van severe acute respiratory syndrome, schweres akutes respiratorisches Syndrom* SARS
Satellit *m*[14] satelliet
Satellitenaufnahme *v*[21] satellietopname
Satellitenbild *o*[31] satellietfoto
Satellitenübertragung *v*[20] *(telecom)* uitzending via een satelliet
Satin *m*[13] satijn
Satire *v*[21] satire
satt 1 zat, verzadigd: ~ *sein* verzadigd zijn; dronken zijn; *sich ~ essen* zijn buikje rond eten; *ein ~es Lächeln* een zelfvoldaan lachje **2** *(chem)* verzadigd || *ich bin* (of: *habe) es* ~ ik heb er genoeg van
sattbekommen[193] genoeg krijgen (van), beu worden
sattblau diepblauw
Sattel *m*[10] **1** zadel **2** inzinking, pas *(in gebergte)*
satteln zadelen
Sattelschlepper *m*[9] truck, trekker
Sattelzug *m*[6] truck met oplegger
Sattheit *v*[28] **1** verzadigdheid, zatheid **2** zelfvoldaanheid **3** volheid, intensiteit
sättigen 1 verzadigen **2** *(honger)* stillen **3** *(nieuwsgierigheid)* bevredigen
Sättigung *v*[28] verzadiging
sattrot dieprood
sattsam voldoende, genoegzaam
sattsehen[261], **sich**: *sich an*[+3] *etwas nicht ~ können* naar iets niet genoeg kunnen kijken
Saturn *m*[19] Saturnus *(planeet, god)*
[1]**Satz** *m*[6] **1** *(taalk)* zin **2** stelling, these **3** deel *(van symfonie, sonate)* **4** *(muz)* zetting **5** *(muz)* periode **6** *(computer)* record **7** nest *(schalen)*; serie *(postzegels)*; set *(gereedschap)*; stel *(gewichten)* **8** sprong **9** bezinksel **10** *(sp)* set **11** tarief, percentage
[2]**Satz** *m*[19] **1** *(typ)* (het) zetten **2** *(typ)* zetsel
Satzanalyse *v*[21] zinsontleding
Satzball *m*[6] setpoint *(tennis)*
Satzbau *m*[19] zinsbouw
Satzteil *m*[5] zinsdeel
Satzung *v*[20] statuut
satzungsgemäß volgens de statuten, statutair
Satzzeichen *o*[35] leesteken
[1]**Sau** *v*[25] **1** zeug **2** *(fig)* zwijn, smeerlap
[2]**Sau** *v*[20] *(jagerstaal)* wild zwijn
Sauarbeit *v*[28] **1** rotwerk **2** knoeiwerk
sauber 1 schoon, proper: ~ *halten* schoonhouden; ~ *machen* schoonmaken **2** zindelijk *(van kind)* **3** keurig, net, onberispelijk: ~ *gekleidet* keurig gekleed || *(iron) eine ~e Geschichte* een fraai verhaal; *(iron) ein ~er Bursche* een mooie kerel; *eine ~e Lösung* een keurige oplossing
Sauberkeit *v*[28] **1** properheid **2** (het) zindelijk zijn *(van kind)*; *zie ook* sauber
säuberlich net(jes), keurig, zorgvuldig
säubern 1 zuiveren **2** reinigen, schoonmaken
Säuberung *v*[20] **1** zuivering **2** reiniging
saublöd, saublöde oerstom
Sauce *v*[21] saus, jus
Saucischen *o*[35] saucijsje
saudumm oliedom, oerstom
sauer 1 zuur: *(fig) das wird ihm ~ aufstoßen* dat zal hem opbreken; *in den sauren Apfel beißen* door de zure appel (heen) bijten **2** zwaar, moeilijk: *es kam ihn ~ an* het viel hem zwaar; *das wird mir ~* dat valt me zwaar **3** geërgerd, ontstemd **4** *(sp)* uitgeput
Sauerbraten *m*[11] gemarineerd gestoofd vlees
Sauerbrunnen *m*[11] **1** koolzuurhoudende minerale bron **2** koolzuurhoudend mineraalwater, bronwater
Sauerei *v*[20] **1** zwijnerij, vuiligheid **2** knoeiboel
Sauerkirsche *v*[21] zure kers, morel
Sauerkraut *o*[39] zuurkool
säuerlich zuurachtig, zurig; *(fig)* zuur
[1]**säuern** *intr* zuur worden
[2]**säuern** *tr* zuren, zuur maken
Sauerstoff *m*[19] zuurstof
sauerstoffhaltig zuurstofhoudend
sauersüß zoetzuur, zuurzoet
Sauerteig *m*[5] zuurdeeg, zuurdesem
Sauertopf *m*[6] zuurpruim
saufen[228] **1** zuipen, drinken **2** *(mbt dieren)* drinken
Säufer *m*[9] zuiplap, dronkaard
Sauferei *v*[20] zuiperij, (het) zuipen
Saufraß *m*[19] varkenskost
saugen[229] zuigen
säugen zogen
Sauger *m*[9] **1** zuiger **2** speen **3** stofzuiger

Säuger m^{9}, **Säugetier** o^{29} zoogdier
Saugfähigkeit v^{28} absorptievermogen
Saugflasche v^{21} zuigfles
Säugling m^{5} zuigeling
Säuglingspflege v^{28} zuigelingenzorg
Säuglingsschwester v^{21} kraamverpleegster
Saugnapf m^{6} zuignap
Sauhaufen m^{11} bende
Sauhund m^{5} rotvent, rotzak
säuisch **1** smerig, schunnig **2** enorm
saukalt beestachtig koud
Saukerl m^{5} rotvent
Säule v^{21} **1** zuil, pilaar, kolom **2** *(fig)* steunpilaar **3** *(mil)* colonne **4** benzinepomp
Saum m^{6} zoom, rand
saumäßig **1** zeer slecht **2** geweldig, enorm
^{1}**säumen** *intr* aarzelen, dralen
^{2}**säumen** *tr* **1** (om)zomen **2** omzomen
säumig langzaam, traag: *ein ~er Schuldner* (of: *Zahler)* een wanbetaler
Säumigkeit v^{28} **1** getalm **2** nalatigheid
saumselig traag
Sauna v^{27} *(mv ook -nen)* sauna
Säure v^{21} **1** zuurheid *(ook fig)* **2** *(chem)* zuur
säurebeständig, säurefest zuurbestendig, zuurvast
Saus m^{19}: *in ~ und Braus leben* een leventje van plezier leiden
sauschlecht bar slecht
säuseln **1** suizelen, ruisen **2** *(iron)* fluisteren
sausen **1** suizen; gieren **2** zoeven **3** vliegen, rennen, hollen: *~ lassen* opgeven
sausenlassen^{197} opgeven
Sauwetter o^{39} hondenweer, rotweer
sauwohl kiplekker
Saxofon, Saxophon o^{29} saxofoon
SB *afk van Selbstbedienung* zelfbediening
S-Bahn **1** *verk van Schnellbahn* snelspoor **2** *verk van Stadtbahn* stadsspoor
Schabe v^{21} **1** kakkerlak **2** schaafmes
schaben **1** schrappen, schrapen **2** raspen **3** schuren **4** schaven
Schaber m^{9} schraper, schrapper, schraapijzer
Schabernack m^{5} lelijke poets, (kwajongens)streek: *jmdm einen ~ spielen* iem een poets bakken
schäbig **1** kaal, sjofel, shabby, armzalig **2** gemeen, laag **3** gierig, kleinzielig
Schäbigkeit v^{20} **1** kaalheid, sjofelheid, armzaligheid **2** gemeenheid **3** gierigheid
Schablone v^{21} **1** sjabloon **2** cliché, vast schema, vast patroon
Schach o^{36} schaak(spel): *~ spielen* schaken; *~ bieten, geben* schaak zetten, geven; *jmdn im* (of: *in)* *~ halten* iem in toom houden; *jmdm ~ bieten* iem het hoofd bieden
Schachbrett o^{31} schaakbord
Schacherer m^{9} sjacheraar
Schachfeld o^{31} veld *(bij schaakspel)*
Schachfigur v^{20} schaakstuk
schachmatt **1** schaakmat *(ook fig)* **2** uitgeput
Schachmeister m^{9} **1** schaakmeester **2** schaakkampioen
Schachspieler m^{9} schaakspeler, schaker
Schacht m^{6} schacht
Schachtel v^{21} doos, doosje: *(fig) alte ~* ouwe taart
schachteln in, over elkaar schuiven
Schachturnier o^{29} schaaktoernooi
Schachzug m^{6} (schaak)zet *(ook fig)*
schade jammer: *~ um ihn* jammer voor, van hem; *es ist ~ um die Zeit* het is zonde van de tijd; *dafür ist er mir zu ~* daarvoor acht ik hem te goed
Schädel m^{9} schedel
Schädelbasisbruch m^{6} schedelbasisfractuur
schaden^{+3} schaden, benadelen, schade toebrengen: *das schadet nichts* dat hindert niets
Schaden m^{12} **1** schade, nadeel: *den ~ ersetzen, für den ~ aufkommen* de schade vergoeden; *~ erleiden* (of: *nehmen)* schade lijden; *jmdm ~ zufügen* iem schade berokkenen **2** schade, beschadiging || *es soll* (of: *wird) dein ~ nicht sein* je zult er wel bij varen; *zu ~ kommen: a)* verlies lijden; *b)* gewond raken
Schadenbegrenzung v^{20} schadebeperking
Schadenersatz m^{19} schadevergoeding
Schadenersatzanspruch m^{6}, **Schadenersatzklage** v^{21} eis tot schadevergoeding
Schadenfreude v^{28} leedvermaak
schadenfroh vol leedvermaak
Schadens- *zie* Schaden-
schadhaft **1** beschadigd, bedorven **2** kapot, stuk **3** slecht, aangestoken *(van tanden)*
Schadhaftigkeit v^{28} slechte toestand
schädigen^{+4} **1** benadelen, schaden, schade toebrengen **2** duperen
Schädiger m^{9} veroorzaker van (de) schade
Schädigung v^{20} schade; benadeling, (het) berokkenen van schade
schädlich schadelijk, nadelig
Schädlichkeit v^{28} schadelijkheid
Schädling m^{5} **1** schadelijk dier **2** schadelijke plant **3** schadelijk individu
schadlos schadeloos: *sich ~ halten an*$^{+3}$ zijn schade verhalen op
Schadstoff m^{5} schadelijke stof
Schadstoffemission v^{20} uitstoot van schadelijke stoffen
Schaf o^{29} schaap
Schafbock m^{6} ram
Schäfchen o^{35} **1** schaapje **2** schapenwolkje
Schäfer m^{9} **1** schaapherder **2** herder
Schäferhund m^{5} herdershond
Schaffell o^{29} schapenvel, schapenvacht
^{1}**schaffen** *zw* **1** werken, bezig zijn **2** brengen: *jmdn ins Krankenhaus ~* iem naar het ziekenhuis vervoeren **3** *(ook sterk)* zorgen voor, verschaffen: *Abhilfe ~* uitkomst brengen **4** (iets) klaarspelen || *jmdn aus dem Weg* (of: *aus der Welt) ~* iem uit de

weg ruimen; *ich habe nichts mit ihm zu ~* ik heb niets met hem te maken; *er macht mir viel zu ~* hij bezorgt me veel last
[2]**schaffen** *st* scheppen, maken, in het leven roepen: *er ist zum Lehrer wie geschaffen* hij is geknipt voor leraar
Schaffen o^{39} **1** oeuvre, werk **2** schepping
Schaffner m^{9} conducteur
Schaffnerin v^{22} conductrice
Schaffung v^{28} (het) creëren, (het) scheppen
Schafherde v^{21} kudde schapen
Schafhirt m^{14}, **Schafhirte** m^{15} schaapherder
Schafkäse m^{9} schapenkaas
Schafkopf m^{6} *zie* Schafskopf
Schafott o^{29} schavot
Schafpelz m^{5} schapenvacht
Schafskopf m^{6} **1** schapenkop **2** stommeling
Schafstall m^{6} schaapskooi, schapenstal
Schaft m^{6} **1** schacht **2** lade, kolf *(van geweer)* **3** steel **4** stengel **5** stam
Schaftstiefel m^{9} kaplaars
Schafwolle v^{28} schapenwol
Schafzucht v^{28} schapenfokkerij
Schafzüchter m^{9} schapenfokker
Schah m^{13} sjah
Schakal m^{5} jakhals
Schäker m^{9} **1** grappenmaker **2** flirt *(persoon)*
schäkern **1** gekheid maken **2** flirten **3** stoeien
schal **1** verschaald, flauw, laf **2** *(fig)* flauw
Schal m^{5}, m^{13} sjaal
Schale v^{21} **1** schaal, schotel **2** kom, beker **3** schil *(van vrucht)*; vel *(van worst)*; dop, schaal *(van ei)*; schelp *(van oester)*; schaal *(van kreeft)*; cup *(van bh)* **4** *(techn)* romp || *in ~ sein* er piekfijn uitzien
schalen bekisten
[1]**schälen** *tr* **1** schillen **2** *(ei, noten)* pellen **3** wegsnijden
[2]**schälen, sich** vervellen
Schalk m^{5}, m^{6} schalk, grapjas
schalkhaft guitig, schalks
Schall m^{5}, m^{6} **1** geluid **2** galm *(van klok)* **3** geschal *(van trompet)* **4** klank
Schalldämmung v^{20} geluidsisolatie
Schalldämpfer m^{9} **1** geluiddemper **2** knalpot
Schalldämpfung v^{20} geluiddemping
schalldicht geluiddicht
schallen^{231} klinken, (weer)galmen, schallen: *~der Beifall* daverend applaus; *~des Gelächter* schaterend gelach
Schallgeschwindigkeit v^{20} geluidssnelheid
Schallisolation v^{28} geluidsisolatie
Schallmauer v^{21} geluidsbarrière
schallos zonder schaal, schelp, schil, dop
Schallplatte v^{21} grammofoonplaat
Schallplattenhülle v^{21} platenhoes
schallschluckend geluidsabsorberend, geluiddempend
Schallschutz m^{19} geluidsisolatie, -wering
Schallwelle v^{21} geluidsgolf
Schalotte v^{21} *(plantk)* sjalot
Schaltanlage v^{21} schakelinstallatie
Schaltbrett o^{31} schakelbord
schalten schakelen *(ook elektr)*: *(fig) schnell ~* vlug begrijpen; *(fig) nicht rechtzeitig ~* niet op tijd reageren
Schalter m^{9} **1** loket **2** schakelaar
Schalterbeamte(r) m^{40a} loketbeambte
Schalterhalle v^{21}, **Schalterraum** m^{6} loketruimte, hal *(waar de loketten zijn)*
Schalthebel m^{9} **1** versnellingshendel *(in auto)* **2** schakelhefboom
Schaltier o^{29} schaaldier
Schaltjahr o^{29} schrikkeljaar
Schaltpult o^{29} schakelpaneel
Schalttafel v^{21} schakelbord
Schaltung v^{20} **1** schakeling **2** schakelschema **3** versnelling *(auto)* **4** overschakeling
Schaltvorrichtung v^{20} schakelaar
Schalung v^{20} *(bouwk)* **1** bekisting **2** formeel
Schaluppe v^{21} sloep
Scham v^{28} **1** schaamte **2** schaamstreek
Schambein o^{29} schaambeen
schämen, sich zich schamen: *sich vor jmdm ~* zich voor (tegenover) iem schamen; *sich für jmdn ~* zich voor *(wegens)* iem schamen; *sich einer Sache*[2] (of: *wegen einer Sache*) *~* zich over iets schamen
Schamgegend v^{28} schaamstreek
schamhaft beschaamd; bedeesd; zedig
Schamhaftigkeit v^{28} beschaamdheid; bedeesdheid; zedigheid
Schamlippe v^{21} schaamlip
schamlos schaamteloos, onfatsoenlijk
Schampon o^{36} shampoo
schamponieren^{320} shampooën
Schampun o^{36} shampoo
schampunieren shampooën
Schamröte v^{28} schaamrood
schandbar **1** schandelijk **2** heel slecht
Schande v^{28} schande, oneer: *jmdm ~ machen* iem schande aandoen; *zu ~n* stuk, kapot
schänden **1** schenden, ontheiligen **2** schandvlekken **3** verkrachten **4** ontsieren
Schänder m^{9} **1** schender **2** verkrachter
Schandfleck m^{5} schandvlek
schändlich schandelijk, schandalig
Schandpfahl m^{6} schandpaal
Schandtat v^{20} schanddaad
Schändung v^{20} **1** schennis **2** schending **3** verkrachting; *zie ook* schänden
Schänke v^{21} café
Schankerlaubnis v^{24}, **Schankkonzession** v^{20} tapvergunning
Schankraum m^{6}, **Schankstube, Schänkstube** v^{21} **1** café **2** gelagkamer
Schanktisch, Schänktisch m^{5} buffet, tap
Schankwirt, Schänkwirt m^{5} caféhouder
Schankwirtschaft, Schänkwirtschaft v^{20} café

SC

Schanze v^{21} **1** schans **2** *(sp)* springschans
[1]**Schar** v^{20} schaar, groep, menigte
[2]**Schar** v^{20}, o^{29} ploegschaar
scharen scharen, verenigen
scharenweise in scharen, in drommen
scharf[58] **1** scherp *(ook fig): ~ schießen* met scherp schieten **2** fel *(van licht, discussie)* **3** sterk *(van bril, drank, geur)* **4** geweldig, fantastisch **5** *(inform)* geil, zinnelijk, wellustig **6** snel || *~ bremsen* krachtig remmen; *~ auf etwas sein* iets dolgraag willen hebben
Scharfblick m^{19} scherpzinnigheid
Schärfe v^{21} **1** scherpte *(van sabel, mes)* **2** doordringendheid *(van reuk)* **3** scherpheid *(van smaak)* **4** gestrengheid *(van wet)* **5** scherpte, scherpzinnigheid
schärfen 1 scherpen, slijpen **2** *(het verstand)* scherpen **3** scherp stellen *(munitie)*
Scharfmacher m^{9} **1** ophitser **2** scherpslijper
Scharfrichter m^{9} scherprechter, beul
Scharfschießen o^{39} (het) met scherp schieten
Scharfschütze m^{15} scherpschutter
Scharfsinn m^{19} scherpzinnigheid
scharfsinnig scherpzinnig
Scharia v^{28} sharia
[1]**Scharlach** m^{5}, o^{29} scharlaken
[2]**Scharlach** m^{19} roodvonk
Scharlatan m^{5} charlatan
Scharm m^{19} charme
scharmant charmant
Scharmützel o^{33} schermutseling
Scharnier o^{29} scharnier
Schärpe v^{21} sjerp
scharren 1 *(met poot)* graven, krabben **2** scharrelen, wroeten **3** *(van misnoegen)* schuifelen **4** schrapen, schrappen
Scharte v^{21} **1** schaarde, kerf **2** insnijding, inkeping **3** schietgat
schassen *(inform)* **1** van school sturen **2** ontslaan, zijn congé geven
Schatten m^{11} schaduw: *~ unter den Augen* kringen onder de ogen; *nicht der ~ eines Verdachts* niet de minste verdenking
Schattenbild o^{31} **1** schaduw(beeld), silhouet **2** schaduw(beeld), schim
schattenhaft 1 schimmig **2** vaag
schattenlos schaduwloos
schattenreich schaduwrijk, lommerrijk
Schattenriss m^{5} schaduwbeeld, silhouet
Schattenseite v^{21} schaduwzijde
schattieren[320] **1** schaduwen **2** schakeren, nuanceren **3** tegen de zon beschermen
schattig schaduwrijk, lommerrijk
Schatulle v^{21} **1** bijouteriekistje **2** geldkistje
Schatz m^{6} **1** schat *(ook fig)* **2** vrijer **3** liefje
schätzbar te schatten, te taxeren
Schätzchen o^{35} schatje, liefje
schätzen 1 schatten, taxeren, waarderen **2** achten, op prijs stellen **3** denken, vermoeden
schätzenswert achtenswaardig
Schätzer m^{9} taxateur, schatter
Schatzgräber m^{9} schatgraver
Schatzmeister m^{9} **1** penningmeester **2** schatbewaarder, thesaurier
Schätzung v^{20} schatting, taxatie: *nach meiner ~* naar mijn mening
schätzungsweise volgens, naar schatting
Schätzwert m^{5} geschatte waarde
Schau v^{20} **1** expositie, tentoonstelling: *zur ~ stellen: a)* tentoonstellen; *b)* tonen; *zur ~ tragen* tonen, tentoonspreiden **2** show **3** (het) schouwen, (het) geestelijk zien **4** visie
Schaubude v^{21} kermistent, kijkspel
Schauder m^{9} huivering, rilling: *eine (heftigen) ~ erregende Gestalt* een erg huiveringwekkende gestalte
schaudererregend huiveringwekkend: *das Wimmern war äußerst ~* het gekerm was uiterst huiveringwekkend
schauderhaft huiveringwekkend; verschrikkelijk
schaudern huiveren, rillen
schaudervoll huiveringwekkend
schauen zien, kijken: *schau, schau!* kijk, kijk!
Schauer m^{9} **1** bui **2** huivering, rilling
schauerartig in de vorm van een bui
Schauergeschichte v^{21} griezelverhaal
schauerlich 1 huiveringwekkend **2** vreselijk
schauern huiveren, rillen: *es schauert mir* (of: *mich), ich schau(e)re, mir* (of: *mich) schauert* ik huiver, ik ril
Schauerroman m^{5} griezelroman
schauervoll ijzingwekkend, afgrijselijk
Schaufel v^{21} **1** schep, schop **2** (vuilnis)blik **3** schoep *(aan rad)* **4** blad *(van roeispaan)*
Schaufelbagger m^{9} graafmachine
schaufeln scheppen; graven, delven
Schaufenster o^{33} etalage
Schaufensterscheibe v^{21} etalageruit
Schaugeschäft o^{39} showbusiness
Schaukasten m^{12} vitrine
Schaukel v^{21} schommel
schaukeln schommelen, dobberen, wiegen, hobbelen, waggelen, wippen
Schaukelpferd o^{29} hobbelpaard
Schaukelstuhl m^{6} schommelstoel
Schaulust v^{28} kijklust
schaulustig nieuwsgierig, kijklustig, kijkgraag
Schaum m^{6} **1** schuim **2** illusie: *Träume sind Schäume* dromen zijn bedrog
schäumen schuimen, mousseren
Schaumgummi m^{13} schuimrubber
schaumig schuimend, vol schuim
Schaumlöscher m^{9}, **Schaumlöschgerät** o^{29} schuimblusser
Schaumschläger m^{9} **1** garde *(in keuken)* **2** *(fig)* opschepper, druktemaker
Schaumwein m^{5} **1** mousserende wijn **2** *(inform)* champagne

SC

Schaupackung v^{20} lege etalageverpakking, dummy
Schauplatz m^{6} toneel, schouwplaats
Schauprozess m^{5} showproces
schaurig **1** ijselijk, griezelig, huiveringwekkend **2** afschuwelijk, vreselijk
Schauseite v^{21} front, voorgevel, voorkant: *jmdm seine ~ zukehren* zich mooi voordoen
Schauspiel o^{29} **1** toneelstuk **2** schouwspel
Schauspieldichter m^{9} toneelschrijver
Schauspieler m^{9} toneelspeler, acteur
schauspielern *(ook fig)* toneelspelen, komedie spelen
Schauspielhaus o^{32} schouwburg
Schausteller m^{9} kermisreiziger, kermisklant
Schaustück o^{29} pronkstuk
Scheck m^{13} cheque: *ein ~ über*$^{+4}$ *100 DM* een cheque van 100 DM; *mit*$^{+3}$ *~ bezahlen* per cheque betalen
Scheckbuch o^{32} chequeboek
Scheckkarte v^{21} betaalpas; *(Belg)* waarborgkaart
scheel **1** scheel **2** afgunstig
scheffeln vergaren
Scheibe v^{21} **1** schijf, plak, snee **2** (schiet)schijf **3** (venster)ruit, raam(pje) **4** grammofoonplaat **5** puck *(ijshockey)* **6** riemschijf **7** draaischijf
Scheibenbremse v^{21} schijfrem
Scheibenwaschanlage v^{21}, **Scheibenwascher** m^{9} ruitensproeier *(van auto)*
scheibenweise bij, in schijven, in sneetjes
Scheibenwischer m^{9} ruitenwisser *(van auto)*
Scheich m^{5}, m^{13} **1** sjeik **2** *(inform)* vrijer
Scheide v^{21} **1** schede **2** scheiding, grens
Scheidelinie v^{21} scheidslijn, scheidingslijn
^{1}**scheiden**^{232} *intr* scheiden, heengaan: *aus dem Amt* (of: *Dienst*) *~* ontslag nemen; *aus dem Leben ~* sterven, overlijden
^{2}**scheiden**^{232} *tr* scheiden: *wir sind geschiedene Leute* het is uit tussen ons
^{3}**scheiden**^{232}, **sich** (zich) scheiden, uiteengaan
Scheidewand v^{25} scheidsmuur *(ook fig)*
Scheideweg m^{5} tweesprong
Scheidung v^{20} scheiding
Scheidungsgrund m^{6} reden tot echtscheiding
Scheidungsklage v^{21} eis, vordering tot echtscheiding
Schein m^{5} **1** schijnsel, licht **2** schijn: *dem ~e nach* schijnbaar **3** document, bewijsstuk, tentamenbriefje **4** bankbiljet
Scheinangriff m^{5} schijnaanval
scheinbar schijnbaar
Scheinehe v^{21} schijnhuwelijk
scheinen^{233} **1** schijnen, lichten **2** blinken, schitteren **3** schijnen, lijken
scheinfromm schijnvroom, schijnheilig
scheinheilig schijnheilig
scheintot schijndood
Scheinwerfer m^{9} **1** zoeklicht, schijnwerper **2** koplamp

scheiß-, Scheiß- rot-, pokken-
Scheiß m^{19a} **1** troep, rotzooi, rommel **2** onzin
Scheißding o^{31} rotding
Scheißdreck m^{19} *(inform)* **1** stront **2** troep, rotzooi
Scheiße v^{28} *(inform)* schijt, stront: *in der ~ sitzen* (of: *stecken*) in de narigheid zitten; *~!* shit!; *alles ~!* het is allemaal niks!
scheißegal: *das ist mir ~!* dat kan me geen barst schelen!
scheißen^{234} *(plat)* schijten: *ich scheiße darauf!* ik heb er schijt aan!
Scheißkerl m^{5}, **Scheißer** m^{9} *(inform)* waardeloze vent; *(scheldw, inform)* zak
Scheißkram m^{19} troep, rotzooi
Scheißwetter o^{39} rotweer, pokkenweer
Scheitel m^{9} **1** kruin *(van berg, hoofd)*: *vom ~ bis zur Sohle* van top tot teen **2** toppunt **3** hoekpunt **4** scheiding *(in het haar)*
scheiteln een scheiding maken
Scheiterhaufen m^{11} brandstapel
scheitern **1** schipbreuk lijden, stranden *(ook fig)* **2** mislukken
Schelle v^{21} **1** schel, bel, klokje **2** *(regionaal)* oorveeg **3** *(mv)* boeien **4** beugel, klem
schellen schellen, bellen
Schellfisch m^{5} schelvis
Schelm m^{5} **1** schelm, schurk **2** deugniet || *ihm sitzt der ~ im Nacken, er hat den ~ im Nacken* hij is een grappenmaker
schelmisch schelms, schalks, guitig
Schelte v^{21} standje: *~ bekommen* een standje krijgen
schelten^{235} schelden, tekeergaan: *~ über*$^{+4}$ (of: *auf*$^{+4}$) kankeren op; *jmdn ~* iem berispen; *jmdn einen Dummkopf ~* iem voor ezel uitmaken
Schema o^{36} *(mv ook Schemata, Schemen)* **1** schema, overzicht **2** model, voorschrift
schematisch schematisch; volgens voorschrift
Schemel m^{9} **1** kruk **2** *(Z-Dui)* voetenbankje
Schemen m^{11}, o^{35} schim, schaduwbeeld
schemenhaft vaag, schimmig
Schenke v^{21} café
Schenkel m^{9} **1** dijbeen, dij **2** been *(van hoek, magneet, passer)*
schenken **1** schenken: *etwas geschenkt bekommen* iets ten geschenke krijgen **2** (in)schenken **3** *(straf)* kwijtschelden
Schenkstube v^{21} **1** café **2** gelagkamer
Schenktisch m^{5} buffet, tap
Schenkung v^{20} schenking, gift, donatie
scheppern rammelen, rinkelen
Scherbe v^{21} scherf
Schere v^{21} schaar
^{1}**scheren** *st* scheren, snoeien: *den Rasen ~* het gazon maaien
^{2}**scheren** *zw* kunnen schelen: *es schert mich nicht* het kan me niet schelen
^{3}**scheren, sich** **1** weggaan, verdwijnen: *scher dich*

zum Henker! loop naar de maan! **2** zich aantrekken, zich bekommeren: *er schert sich nicht um mich* hij trekt zich niets van mij aan
Scherenschleifer *m*[9] scharenslijper
Schererei *v*[20] last, drukte, gezeur
Scherflein *o*[35] steentje, kleine bijdrage
Scherge *m*[15] **1** beulsknecht **2** handlanger
Scheria *v*[28] sharia
Scherkopf *m*[6] scheerkop
Scherz *m*[5] scherts, grap, aardigheid: *ohne* ~ (of: ~ *beiseite)* zonder gekheid; *aus* (of: *zum, im)* ~ voor de grap
scherzen schertsen, gekheid maken
scherzhaft grappig, schertsend, komisch
Scherzname *m*[18] spotnaam
Scherzwort *o*[29] kwinkslag
scheu 1 schuw, vreesachtig, bang **2** schichtig
Scheu *v*[28] **1** schuwheid, vrees, schroom, angst **2** ontzag, eerbied
Scheuche *v*[21] vogelverschrikker
scheuchen opjagen, wegjagen, verjagen
[1]**scheuen** *intr (mbt een paard)* schichtig worden
[2]**scheuen** *tr* schuwen, vrezen: *keine Kosten, keine Mühe* ~ geen kosten, geen moeite sparen
[3]**scheuen, sich** terugschrikken: *sich ~ vor*[+3] terugschrikken voor
Scheuerlappen *m*[11] dweil, poetslap
scheuern 1 schuren, wrijven: *die Haut wund* ~ de huid stuk schuren **2** *(vloer)* schrobben
Scheuertuch *o*[32] dweil
Scheuklappe *v*[21], **Scheuleder** *o*[33] oogklep
Scheune *v*[21] schuur, loods
Scheusal *o*[29], *o*[32] monster, gedrocht
scheußlich afschuwelijk, verschrikkelijk
Schi *zie* Ski
Schi- *zie* Ski-
Schicht *v*[20] **1** laag **2** laag, klasse **3** ploeg *(groep arbeiders)* **4** werktijd, dienst, ploegendienst
Schichtarbeit *v*[28] ploegendienst
schichten in lagen leggen, opstapelen
Schichtung *v*[20] **1** (het) in lagen leggen, (het) opstapelen **2** gelaagdheid, stratificatie
Schichtwechsel *m*[9] ploegenwisseling
schichtweise 1 in lagen **2** in ploegen
schick 1 chic, deftig **2** knap, vlot **3** *(inform)* te gek; geweldig
Schick *m*[19] elegantie, chic: *diese Dame hat* ~ deze dame is zeer elegant
[1]**schicken** *tr* sturen, zenden: *nach dem Arzt* ~ de dokter laten halen
[2]**schicken, sich 1** passen, betamelijk zijn **2** zich schikken, zich voegen
Schickeria *v*[28] chic, jetset
schicklich passend, betamelijk, fatsoenlijk
Schicklichkeit *v*[28] gepastheid, betamelijkheid
Schicksal *o*[29] **1** lot **2** noodlot **3** *(mv)* lotgevallen
schicksalhaft 1 noodlottig **2** beslissend
Schicksalsfrage *v*[21] beslissende vraag
Schicksalsfügung *v*[20] lotsbeschikking
Schicksalsgefährte *m*[15] lotgenoot
Schickung *v*[20] bestiering, (lots)beschikking
Schiebedach *o*[32] schuifdak
Schiebefenster *o*[33] schuifraam
[1]**schieben**[237] *tr en intr* **1** schuiven, duwen **2** knoeien, zwendelen, zwarte handel drijven || *(mil) Dienst* ~ dienst hebben; *Wache* ~ wacht kloppen; *Kegel* ~ kegelen
[2]**schieben**[237]**, sich** zich (langzaam) (voort)bewegen
Schieber *m*[9] **1** schuiver **2** duwer **3** schuif **4** afsluiter **5** grendel **6** knoeier, zwendelaar
Schiebetür *v*[20] schuifdeur
Schiebewand *v*[25] harmonicawand
Schiebung *v*[20] bedrog, zwendel, knoeierij
Schiedsgericht *o*[29] scheidsgerecht
schiedsgerichtlich door arbitrage
Schiedsrichter *m*[9] scheidsrechter, arbiter
Schiedsspruch *m*[6] scheidsrechterlijk vonnis, scheidsrechterlijke uitspraak, arbitrage
schief 1 scheef, schuin, krom **2** verkeerd: *auf die ~e Bahn* (of: *Ebene) geraten* op het verkeerde pad raken
Schiefe *v*[21] **1** scheefheid, schuinte **2** helling, hellend vlak
Schiefer *m*[9] lei(steen)
Schieferdach *o*[32] leiendak
schiefgehen[168] mislopen, verkeerd lopen
schieflachen, sich zich krom lachen
Schieflage *v*[21] onevenwichtige situatie; *(sterker)* wantoestand
schielen 1 scheel zien, loensen **2** gluren
Schienbein *o*[29] *(anat)* scheenbeen
Schienbeinschoner, Schienbeinschützer *m*[9] *(sp)* scheenbeschermer
Schiene *v*[21] **1** rail, spoorstaaf **2** *(med)* spalk **3** geleider *(in machine)* **4** tekenhaak
schienen spalken
Schienenfahrzeug *o*[29] railvoertuig
Schienenstrang *m*[6] spoorlijn, spoorrails
Schienenverkehr *m*[19] railverkeer
Schienenweg *m*[5] spoorweg
schier 1 rein, zuiver **2** welhaast, bijna
Schießbefehl *m*[5] schietbevel
[1]**schießen**[238] *intr* **1** schieten, schoten lossen **2** schieten, zich snel bewegen
[2]**schießen**[238] *tr* **1** schieten **2** *(drugs)* spuiten
Schießen *o*[39] **1** (het) schieten **2** schietwedstrijd
Schießerei *v*[20] **1** geschiet **2** schietpartij
Schießplatz *m*[6] schietterrein, schietbaan
Schießpulver *o*[33] buskruit
Schießstand *m*[6] **1** schietbaan **2** schiettent
Schießübung *v*[20] schietoefening
Schifahren *zie* Skifahren
Schiff *o*[29] schip *(ook van kerk);* schuit, boot
Schiffahrt *oude spelling voor* Schifffahrt, *zie* Schifffahrt
schiffbar bevaarbaar
Schiffbau *m*[19] scheepsbouw

Schiffbruch *m*[6] schipbreuk
Schiffbrüchige(r) *m*[40a], *v*[40b] schipbreukeling
Schiffchen *o*[35] **1** scheepje, bootje **2** *(mil)* veldmuts
schiffen pissen: *(inform) es schifft* het giet
Schiffer *m*[9] schipper
Schifffahrt, Schiff-Fahrt *v*[28] scheepvaart
Schiffsagent *m*[14] cargadoor
Schiffsarzt *m*[6] scheepsarts
Schiffsbau *m*[19] scheepsbouw
Schiffsbrücke *v*[21] schipbrug
Schiffseigner *m*[9] scheepseigenaar
Schiffsfahrt *v*[20] scheepsreis
Schiffsführer *m*[9] **1** schipper **2** kapitein
Schiffskatastrophe *v*[21] scheepsramp
Schiffskörper *m*[9] scheepsromp
Schiffsladung *v*[20] scheepslading
Schiffsmakler *m*[9] scheepsmakelaar
Schiffsmannschaft *v*[20] (scheeps)bemanning
Schiffsraum *m*[6] **1** scheepsruim **2** scheepsruimte
Schiffsrumpf *m*[6] scheepsromp, casco
Schiffsschraube *v*[21] scheepsschroef
Schiffsverkehr *m*[19] scheepvaartverkeer
Schiffswerft *v*[20] scheepswerf
Schigebiet *zie* Skigebiet
Schikane *v*[21] chicane: *(fig) mit allen ~n* met alles wat erbij hoort, met de laatste snufjes
schikanieren[320] **1** chicaneren **2** treiteren, pesten
schikanös chicanerend, chicaneus
[1]**Schild** *m*[5] **1** schild: *was führt er im ~e?* wat voert hij in zijn schild? **2** wapenschild
[2]**Schild** *o*[31] **1** schild, uithangbord **2** naamplaat *(op deur)* **3** etiket, insigne **4** label *(aan koffer)*
Schildbürger *m*[9] onnozele hals; bekrompen burgerman
Schilddrüse *v*[21] schildklier
schildern schilderen, beschrijven
Schilderung *v*[20] schildering, beschrijving
Schildknappe *m*[15] schildknaap
Schildkröte *v*[21] schildpad
Schildwache *v*[21] schildwacht: *~ stehen* op wacht staan
Schilf *o*[29] riet
Schilfdach *o*[32] rieten dak
schilfig **1** rietachtig **2** met riet bedekt
Schilfrohr *o*[29] riet
schillern een weerschijn vertonen, schitteren: *~de Begriffe* vage begrippen
Schilling *m*[5] **1** schilling *(Oostenrijkse munt)* **2** shilling *(Engelse munt)*
schilpen sjilpen
Schimäre *v*[21] hersenschim, illusie
Schimmel *m*[9] *(dierk, plantk)* schimmel
schimmelig schimmelig, beschimmeld
schimmeln (be)schimmelen
Schimmelpilz *m*[5] schimmel
Schimmer *m*[9] schijnsel, matte glans || *kein ~ von Hoffnung* geen sprankje hoop; *keinen ~ von*[+3] *etwas haben* geen flauw idee van iets hebben
schimmern (zwak) schijnen, zacht glanzen
schimmlig *zie* schimmelig
Schimpanse *m*[15] chimpansee
Schimpf *m*[5] smaad, hoon, schande
[1]**schimpfen** *intr* schelden, kankeren
[2]**schimpfen** *tr* uitmaken voor: *jmdn einen Feigling ~* iem voor lafaard uitmaken
schimpflich smadelijk, schandelijk, onterend
Schimpfname *m*[18] scheldnaam, spotnaam
Schimpfwort *o*[29], *o*[32] scheldwoord
[1]**schinden**[239] *tr* **1** *(dieren, mensen)* afbeulen **2** *(motor)* afjakkeren **3** niet betalen: *das Eintrittsgeld ~* geen entree betalen
[2]**schinden**[239]**, sich** zich afbeulen
Schinder *m*[9] uitzuiger, beul
Schinderei *v*[20] (het) afbeulen
Schindluder *o*[33]: *~ mit jmdm treiben* iem schandelijk behandelen
Schinken *m*[11] **1** ham **2** *(inform)* bil **3** dik boek; groot (en lelijk) schilderij
Schinkenbrot *o*[29] boterham met ham
Schinkenspeck *m*[19] rauwe ham
Schippe *v*[21] schop, schep: *jmdn auf die ~ nehmen* iem voor de gek houden; *eine ~ machen* (of: *ziehen)* de lip laten hangen
schippen scheppen, graven
Schirm *m*[5] **1** paraplu **2** parasol **3** klep *(van pet)* **4** lampenkap **5** scherm **6** bescherming
schirmen beschermen, beschutten
Schirmherr *m*[14] *(2e, 3e, 4e nvl ev -n)* beschermheer
Schirmherrschaft *v*[20] beschermheerschap
Schirmständer *m*[9] paraplubak
schirren tuigen: *ein Pferd an* (of: *vor) den Wagen ~* een paard voor de wagen spannen
Schiss *m*[5] *(inform)* **1** schijt, stront **2** (het) schijten: *~ haben vor*[+3] bang zijn voor
schizophren schizofreen
Schizophrenie *v*[21] schizofrenie
Schlabberlook *m*[13] slobberkleding
schlabbern **1** slurpen, smakken **2** morsen **3** kakelen, kletsen **4** slobberen
Schlacht *v*[20] (veld-, zee)slag
Schlachtbank *v*[25] *(ook fig)* slachtbank
schlachten **1** slachten **2** afmaken: *eine Flasche Wein ~* een fles wijn soldaat maken
Schlachtenbummler *m*[9] *(sp)* supporter, die zijn ploeg overal volgt
Schlachter, Schlächter *m*[9] *(N-Dui)* slager
Schlachterei, Schlächterei *v*[20] *(N-Dui)* **1** slagerij **2** *(fig)* bloedbad, slachting
Schlachtfeld *o*[31] slagveld
Schlachthaus *o*[32]**, Schlachthof** *m*[6] slachthuis, abattoir
Schlachtopfer *o*[33] slachtoffer, offerdier
Schlachtordnung *v*[20] slagorde
Schlachtschiff *o*[29] slagschip
Schlachttier *o*[29] slachtdier: *~e* slachtvee
Schlachtung *v*[20] slachting, (het) slachten
Schlachtvieh *o*[39] slachtvee

SC

Schlacke v^{21} **1** slak *(afval)* **2** sintel **3** harde lava **4** *(mv, med)* ballaststoffen
schlackerig slobberig, slap hangend
schlackern fladderen, klapperen, slingeren, knikken
Schlaf m^{19} slaap
Schlafanzug m^{6} pyjama
Schläfchen o^{35} slaapje, dutje
Schlafcouch v^{20} slaapbank
Schläfe v^{21} slaap *(aan het hoofd)*
schlafen^{240} slapen: *~ gehen, sich ~ legen* naar bed gaan
Schlafenszeit v^{20} bedtijd, tijd om te slapen
Schläfer m^{9} slaper
schlaff 1 slap **2** laks
Schlaffheit v^{28} **1** slapheid **2** laksheid
schlaflos slapeloos
Schlaflosigkeit v^{28} slapeloosheid
Schlafmittel o^{33} slaapmiddel
schläfrig slaperig
Schläfrigkeit v^{28} slaperigheid *(ook fig)*
Schlafrock m^{6} ochtendjas, peignoir
Schlafsaal m^{6} *(mv -säle)* slaapzaal
Schlafsack m^{6} slaapzak
schlaftrunken slaapdronken
Schlafwagen m^{11} slaapwagen
schlafwandeln slaapwandelen
Schlafzimmer o^{33} slaapkamer
Schlag m^{6} **1** slag, klap: *mit einem ~* plotseling; *~ zwei (Uhr)* klokslag twee; *(fig) ein ~ ins Wasser* een slag in de lucht **2** beroerte, attaque **3** slag, soort: *ein Mann vom alten ~* een man van de oude stempel **4** (het) portier *(van auto)* **5** blikseminslag **6** *(elektr)* schok **7** duiventil **8** gekapt bos **9** slag, (het) slaan *(van kanarie, vink)* **10** *(inform)* schep: *ein ~ Suppe* een schep soep
Schlagabtausch m^{6} *(boksen)* serie slagen
Schlagader v^{21} slagader
Schlaganfall m^{6} beroerte, attaque, CVA
schlagartig met één slag, plotseling
Schlagball m^{19} *(sp)* slagbal(spel)
Schlagbaum m^{6} slagboom
Schlagbohrmaschine v^{21} klopboormachine
Schlägel m^{9} **1** sleg, slegge **2** trommelstok
schlagen^{241} *intr* slaan; inslaan; treffen: *mit dem Kopf auf einen Stein ~* met het hoofd op een steen terechtkomen; *der Blitz ist in das Haus geschlagen* de bliksem is in het huis geslagen; *das schlägt nicht in mein Fach* dat behoort niet tot mijn vak; *nach dem Vater ~* naar zijn vader aarden
schlagen^{241} *tr* **1** slaan; verslaan; vellen: *Bäume ~* bomen vellen; *die Gitarre ~* de gitaar bespelen; *einen Kreis ~* een cirkel trekken; *die Saiten ~* tokkelen; *Schaum ~: a)* schuim kloppen *(van eiwit); b) (fig)* dik doen, bluffen; *sich geschlagen geben* zich gewonnen geven; *schlage dir das aus dem Kopf* (of: *aus dem Sinn)!* zet dat maar uit je hoofd! **2** toevoegen: *die Zinsen zum Kapital ~* de rente bij het kapitaal voegen
[3]**schlagen**^{241}**, sich** vechten, duelleren, strijden; zich weren || *er schlug sich zu uns* hij voegde zich bij ons
schlagend treffend, afdoend: *ein ~er Beweis* een afdoend bewijs
Schlager m^{9} **1** *(muz)* schlager, hit, succesnummer **2** bestseller, kasstuk, topper
Schläger m^{9} **1** vechtersbaas **2** rapier **3** (tennis)racket **4** (hockey)stick **5** club, golfstok **6** slaghout **7** bat *(bij tafeltennis)* **8** *(sp)* slagman
Schlägerei v^{20} vechtpartij
Schlagerparade v^{21} *(muz)* hitparade
Schlagerspiel o^{29} *(sp)* topwedstrijd
schlagfertig slagvaardig
Schlagfertigkeit v^{28} slagvaardigheid
Schlagholz o^{32} *(sp)* slaghout
Schlagkraft v^{28} **1** *(mil, sp)* stootkracht **2** *(fig)* overtuigende kracht **3** *(fig)* slagvaardigheid
schlagkräftig 1 *(mil, sp)* met grote stootkracht **2** *(fig)* overtuigend **3** *(fig)* slagvaardig
Schlaglicht o^{31} slaglicht
schlaglichtartig als in een flits
Schlagloch o^{32} gat in het wegdek
Schlagring m^{5} boksbeugel
Schlagsahne v^{28} slagroom
Schlagschatten m^{11} slagschaduw
Schlagseite v^{21} slagzij
Schlagstock m^{6} gummiknuppel, wapenstok
[1]**Schlagwort** o^{32} trefwoord, lemma
[2]**Schlagwort** o^{29} **1** leus, slagzin, slogan **2** (loze) kreet
Schlagzeile v^{21} vette kop *(in een krant)*
Schlagzeug o^{39} slagwerk, drumstel
Schlagzeuger m^{9} drummer, slagwerker
schlaksig slungelig
Schlamassel m^{9} ellende; penarie
Schlamm m^{5}, m^{6} **1** modder, slijk **2** slib
schlammen slib afzetten
Schlampe v^{21} **1** slons, sloddervos **2** *(scheldw, inform)* slet
[1]**Schlamperei** v^{20} slordigheid
[2]**Schlamperei** v^{28} janboel
schlampig 1 slordig **2** slonzig
Schlange v^{21} **1** slang **2** rij: *~ stehen* in de rij staan *(voor loket)* **3** file
schlängelig kronkelend, bochtig, slingerend
schlängeln, sich slingeren, kronkelen
schlangenartig slangachtig, als een slang
Schlangenbiss m^{5} slangenbeet
Schlangenlinie v^{21} kronkelende lijn
Schlangestehen o^{39} (het) in de rij staan
schlänglig *zie* schlängelig
schlank slank: *im ~en Trab* in snelle draf
Schlankheit v^{28} slankheid
Schlankheitskur v^{20} vermageringskuur
schlankweg 1 zonder meer **2** gewoonweg
schlapp slap, krachteloos
Schlappe v^{21} nederlaag, echec
schlappen 1 (lopen te) sloffen **2** slobberen

Schlappen m^{11} *(inform)* pantoffel, slof
schlappmachen 1 flauwvallen **2** (het) opgeven; *(sp)* uitvallen
Schlappschwanz m^{6} slapjanus
Schlaraffenland o^{39} Luilekkerland
schlau 1 slim, handig, leep **2** sluw || *nicht ~ werden aus*$^{+3}$ niet wijs kunnen worden uit
Schlauberger m^{9} goochemerd, slimmerik
Schlauch m^{6} **1** slang *(voor gas, water)* **2** binnenband **3** (leren) zak
Schlauchboot o^{29} rubberboot
schlauchen 1 door een slang laten lopen **2** (iem) afknijpen, afbeulen
schlauchlos tubeless, zonder binnenband
Schlauchreifen m^{11} tube, band met binnenband
Schläue v^{28} slimheid, sluwheid
Schlaufe v^{21} **1** lus **2** polsriem
Schlaufuchs m^{6} slimmerd, leperd
Schlauheit v^{28} sluwheid, slimheid
Schlaukopf m^{6}, **Schlaumeier** m^{9} slimmerd
schlecht slecht: *ein ~er Witz* een misplaatste grap; *das ist nicht ~!* dat is niet gek!; *mir ist ~* ik voel mij niet goed; *~ gelaunt* slechtgehumeurd
schlechterdings 1 beslist **2** gewoonweg
schlechtgelaunt slechtgehumeurd
schlechthin 1 eenvoudigweg, gewoon(weg), bepaald **2** bij uitstek
Schlechtigkeit v^{28} slechtheid
schlechtweg *zie* schlechthin
schlecken 1 likken **2** snoepen
Schlecker m^{9} snoeper, lekkerbek
Schleckerei v^{20} snoep, lekkers
Schlegel *oude spelling voor* Schlägel, *zie* Schlägel
schleichen^{242} sluipen; kruipen
schleichend sluipend, geniepig: *eine ~e Krankheit* een slepende ziekte
Schleicher m^{9} gluiper, huichelaar
Schleicherei v^{28} gluiperigheid, huichelarij
Schleichhandel m^{19} sluikhandel
Schleichweg m^{5} sluipweg
Schleichwerbung v^{28} sluikreclame
Schleier m^{9} sluier, voile: *einen ~ vor den Augen haben* een waas voor de ogen hebben
schleierhaft raadselachtig, duister
Schleifapparat m^{5} slijpapparaat
Schleife v^{21} **1** lus **2** strik **3** strikje, vlinderdasje **4** wijde bocht, meander
^{1}**schleifen** *st* **1** slijpen **2** polijsten **3** *(rekruten)* drillen
^{2}**schleifen** *zw* **1** slepen, sleuren **2** *(muz)* slepen **3** slopen, slechten || *(techn) mit ~der Kupplung* met slippende koppeling
Schleifpapier o^{29} schuurpapier
Schleifscheibe v^{21} slijpschijf
Schleifstein m^{5} slijpsteen
Schleim m^{5} **1** slijm **2** pap
Schleimabsonderung v^{20} slijmafscheiding
schleimen 1 slijmen, flikflooien **2** slijm vormen
Schleimhaut v^{25} slijmvlies
schleimig 1 slijmerig, slijmig **2** *(fig)* kruiperig
schlemmen smullen
Schlemmer m^{9} smulpaap
Schlemmerei v^{20} braspartij, smulpartij
schlendern kuieren, slenteren
Schlendrian m^{19} sleur
Schlenker m^{9} slingering, zwaai
schlenkern 1 slingeren, zwaaien **2** bengelen
schlenzen *(sp)* een zacht tikje geven
Schlepp m^{19}: *in ~ nehmen* op sleeptouw nemen; *im ~ haben* op sleeptouw hebben
Schleppdampfer m^{9} sleepboot
Schleppe v^{21} sleep *(aan japon)*
^{1}**schleppen** *tr* **1** (voort)slepen **2** (mensen) smokkelen
^{2}**schleppen, sich** zich (voort)slepen
schleppend 1 slepend **2** traag
Schlepper m^{9} **1** sleepboot **2** tractor, trekker **3** runner **4** mensensmokkelaar
Schleppkabel o^{33}, **Schleppseil** o^{29} sleepkabel
Schlepptau o^{29} sleeptouw: *ins ~ nehmen* op sleeptouw nemen
Schlesien o^{39} Silezië
Schleuder v^{21} **1** slinger, katapult **2** centrifuge
^{1}**schleudern** *intr* slippen, slingeren: *ins Schleudern geraten* (of: *kommen)* beginnen te slippen
^{2}**schleudern** *tr* **1** slingeren, werpen **2** centrifugeren
Schleuderpreis m^{5} spotprijs, afbraakprijs
Schleudersitz m^{5} *(luchtv)* schietstoel
Schleuderware v^{21} heel goedkoop spul
schleunig snel, spoedig, vlug
schleunigst onmiddellijk; zo spoedig mogelijk
Schleuse v^{21} sluis
schleusen 1 schutten **2** *(fig)* loodsen **3** (mensen) smokkelen
Schleusenkammer v^{21} sluiskolk, schutkolk
Schleuser m^{9} mensensmokkelaar
Schlich m^{5} kneep, truc, list: *er kennt alle ~e* hij kent alle kunstjes
schlicht 1 eenvoudig **2** *(van haar)* glad, sluik **3** gewoonweg, eenvoudig(weg)
schlichten 1 gladmaken, polijsten **2** *(een strijd)* beslechten, bijleggen
Schlichter m^{9} bemiddelaar
Schlichtung v^{20} **1** (het) polijsten, (het) gladmaken **2** beslechting, bemiddeling, bijlegging
schlichtweg gewoonweg, eenvoudigweg
Schlick m^{5} slijk, slik
^{1}**schließen**^{245} *intr* sluiten: *ich schließe mit dem Wunsch ...* ik eindig met de wens ...; *daraus schließe ich* daaruit maak ik op, concludeer ik
^{2}**schließen**^{245} *tr* sluiten
^{3}**schließen**^{245}**, sich 1** zich sluiten, dichtgaan **2** zich aansluiten, volgen op: *sich ~ an*$^{+4}$ volgen op, aansluiten bij
Schließer m^{9} **1** portier, conciërge **2** huismeester **3** cipier **4** deursluiter
Schließfach o^{32} **1** postbus **2** safeloket
schließlich 1 eindelijk **2** ten slotte

Schließmuskel m^{17} sluitspier
Schließung v^{20} (af)sluiting, beëindiging
^{1}**Schliff** m^{5} slijpsel: *der letzte ~* de finishing touch
^{2}**Schliff** m^{19} **1** (het) slijpen **2** (het) geslepen zijn **3** goede manieren **4** *(mil)* (het) drillen
schlimm 1 erg, onaangenaam, vervelend, slecht: *eine ~e Lage* een netelige positie **2** erg, ernstig, zwaar **3** slecht, kwaad(willend), gemeen **4** zeer, ontstoken, pijnlijk
schlimmstenfalls in het ergste geval
Schlinge v^{21} **1** strik, lus, strop **2** draagverband, mitella
Schlingel m^{9} lummel, deugniet
^{1}**schlingen**^{246} *intr* schrokken
^{2}**schlingen**^{246} *tr* **1** winden, slaan; vlechten **2** schrokken, verslinden
schlingern *(mbt schepen)* slingeren
Schlingpflanze v^{21} slingerplant, klimplant
Schlips m^{5} das, zelfbinder: *(fig) jmdm auf den ~ treten* iem op z'n tenen trappen
Schlitten m^{11} **1** slee: *~ fahren* sleeën **2** *(techn, scheepv)* slede
schlittern glijden, uitglijden; slippen
Schlittschuh m^{5} schaats: *~ laufen* (of:) *fahren* schaatsen
Schlittschuhläufer m^{9} schaatser
Schlitz m^{5} **1** spleet, split, sleuf **2** gulp
Schlitzauge o^{38} spleetoog
schlohweiß hagelwit, sneeuwwit
Schloss o^{32} **1** slot **2** kasteel, slot
Schlosser m^{9} **1** bankwerker **2** monteur **3** slotenmaker
Schlosserei v^{20} **1** bankwerkerij **2** slotenmakerij
Schlot m^{5}, m^{6} schoorsteen
schlotterig 1 bevend, bibberend **2** slobberig
schlottern 1 beven, bibberen: *~de Knie* knikkende knieën **2** *(mbt kleren)* slobberen
schlottrig *zie* schlotterig
Schlucht v^{20} kloof, ravijn
schluchzen snikken
Schluchzer m^{9} snik
Schluck m^{5}, m^{6} **1** slok, teug **2** borrel
Schluckauf m^{19} hik
schlucken 1 slikken *(ook fig)* **2** opslokken **3** drinken: *das Auto schluckt Benzin* de auto zuipt benzine
Schlucken m^{19} hik
schluckweise slok voor slok
schluderig slordig, slonzig
schludern 1 slordig werken **2** slordig omgaan
schludrig slordig, slonzig
Schlummer m^{19} sluimering, dutje
schlummern sluimeren *(ook fig);* dutten
Schlund m^{6} **1** keelgat **2** muil **3** afgrond
schlüpfen slippen, glippen, glijden: *in die Schuhe ~* de schoenen aantrekken
Schlüpfer m^{9} slip, slipje
schlüpfrig 1 glad, glibberig **2** dubbelzinnig
Schlupfwespe v^{21} sluipwesp
Schlupfwinkel m^{9} schuilhoek, schuilplaats
schlurfen sloffen
schlürfen 1 slurpen **2** met kleine slokjes drinken
^{1}**Schluss** m^{6} **1** gevolgtrekking, conclusie **2** besluit
^{2}**Schluss** m^{19} slot, einde: *~ damit!* (of: *~ jetzt!*) afgelopen!, uit!; *kurz vor ~* vlak voor sluitingstijd
Schlussabstimmung v^{20} *(pol)* eindstemming
Schlussakkord m^{5} *(muz)* slotakkoord
Schlüssel m^{9} **1** sleutel: *elektronischer ~* keycard **2** schroefsleutel
Schlüsselanhänger m^{9} sleutelhanger
Schlüsselband o^{32} keycord
Schlüsselbein o^{29} sleutelbeen
Schlüsselbund m^{5}, o^{29} sleutelbos
Schlüsselfigur v^{20} sleutelfiguur
Schlüssellochoperation v^{20} kijkoperatie
Schlüsselposition v^{20} sleutelpositie
Schlüsselroman m^{5} sleutelroman
Schlüsselstellung v^{20} sleutelpositie
Schlussfolge v^{21} gevolgtrekking, conclusie
schlussfolgern concluderen
Schlussfolgerung v^{20} gevolgtrekking, conclusie
Schlussformel v^{21} slotformule
schlüssig overtuigend, dwingend, sluitend: *sich^{3} ~ sein* besloten hebben; *sich^{3} ~ werden* het met zichzelf eens worden
Schlussleuchte v^{21}, **Schlusslicht** o^{31} achterlicht
Schlusspfiff m^{5} *(sp)* eindsignaal
Schlussphase v^{21} slotfase
Schlusspunkt m^{5} **1** punt **2** einde
Schlussstrich m^{5} streep *(aan het einde): einen ~ ziehen unter^{+4}...* een streep zetten onder ...
Schlussverkauf m^{6} opruiming
Schlusswort o^{29} slotwoord
Schmach v^{28} smaad, schande, hoon
schmachten smachten
schmächtig tenger
schmachvoll smadelijk, schandelijk
schmackhaft smakelijk, lekker; *(fig)* aanlokkelijk
schmähen smaden, honen, beschimpen
schmählich smadelijk, schandelijk, erg
Schmährede v^{21} smaadrede
Schmähschrift v^{20} smaadschrift
Schmähung v^{20} smaad, hoon, beschimping
schmal^{59} **1** smal, nauw **2** karig, gering, schraal **3** mager
schmälern 1 verkleinen, verminderen; besnoeien **2** benadelen, tekortdoen
Schmälerung v^{20} **1** vermindering **2** benadeling
Schmalheit v^{28} **1** smalheid, smalte **2** schraalheid
^{1}**Schmalz** m^{19} *(inform)* **1** sentimentaliteit **2** *(muz)* smartlap
^{2}**Schmalz** o^{29} reuzel, vet, smout
schmalzen, schmälzen m^{5} **1** met reuzel, vet bereiden **2** met boter bedruipen
schmalzig 1 vet, vettig **2** sentimenteel
schmarotzen klaplopen, parasiteren
Schmarotzer m^{9} klaploper, parasiet
Schmarre v^{21} **1** litteken **2** schram **3** striem

Schmarren *m*^{11} **1** *(Z-Dui)* pannenkoek **2** waardeloos toneelstuk, waardeloos muziekstuk, waardeloos boek **3** onzin
Schmatz *m*^{5}, *m*^{6} zoen, klapzoen
^{1}**schmatzen** *intr* smakken
^{2}**schmatzen** *tr* een klapzoen geven
schmauchen roken
Schmaus *m*^{6} *(vero)* heerlijk maal, feestmaal
schmausen smullen
^{1}**schmecken**$^{+3}$ *intr* smaken: *lassen Sie sich's gut ~!* eet smakelijk!
^{2}**schmecken** *tr* proeven
Schmeichelei *v*^{20} vleierij, compliment
schmeichelhaft **1** vleiend **2** geflatteerd
schmeicheln^{+3} vleien, strelen: *dem Gaumen ~* het gehemelte strelen; *sich in jmds Gunst ~* zich door vleierij in iems gunst dringen; *mit jmdm ~* met iem knuffelen
Schmeichler *m*^{9} vleier
schmeichlerisch vleiend, vleierig
^{1}**schmeißen**^{247} *intr* smijten, werpen, gooien
^{2}**schmeißen**^{247} *tr* **1** smijten, werpen, gooien **2** opgeven, afbreken **3** *(theat)* verknoeien: *eine Runde ~* een rondje geven; *die Sache* (of: *den Laden*) *~* iets voor elkaar brengen
Schmelz *m*^{5} **1** email **2** glazuur **3** welluidendheid **4** zachte glans
Schmelze *v*^{21} **1** (het) smelten **2** gesmolten massa
^{1}**schmelzen**^{248} *intr* smelten
^{2}**schmelzen**^{248} *tr* (doen) smelten, vloeibaar maken
Schmelzerei *v*^{20} **1** smelterij **2** (het) smelten
Schmelzkäse *m*^{9} smeerkaas
Schmelzofen *m*^{12} smeltoven
Schmelzpunkt *m*^{5} smeltpunt
Schmelzsicherung *v*^{20} *(elektr)* smeltveiligheid, stop, zekering
Schmelztiegel *m*^{9} smeltkroes
Schmelzung *v*^{20} (het) smelten
Schmerz *m*^{16} **1** pijn **2** *(fig)* smart, leed, verdriet
schmerzen **1** pijn doen **2** verdriet doen
Schmerzensgeld *o*^{39} smartengeld
Schmerzensschrei *m*^{5} kreet van pijn
schmerzfrei zonder pijn, pijnloos
schmerzhaft pijnlijk, smartelijk
schmerzlich smartelijk, pijnlijk
schmerzlindernd pijnstillend
schmerzlos pijnloos
Schmerzmittel *o*^{33}, **Schmerztablette** *v*^{21} pijnstiller
schmerzvoll smartelijk, pijnlijk
Schmetterball *m*^{6} *(sp)* smash
^{1}**Schmetterling** *m*^{5} vlinder: *~e im Bauch haben* vlinders in de buik hebben
^{2}**Schmetterling** *m*^{19} *(zwemmen)* vlinderslag
schmettern **1** smijten, gooien, kwakken **2** slaan **3** *(sp)* smashen **4** *(mbt trompet)* schetteren **5** *(mbt vogels)* zingen, kwetteren
Schmied *m*^{5} smid

Schmiede *v*^{21} smederij, smidse
schmiedeeisern smeedijzeren
schmieden smeden *(ook fig)*
^{1}**schmiegen** *tr* leunen, vlijen
^{2}**schmiegen, sich** **1** zich vlijen **2** zich voegen, als gegoten zitten
schmiegsam **1** buigzaam, soepel **2** lenig **3** *(fig)* meegaand
^{1}**Schmiere** *v*^{28} *(inform): ~ stehen* op de uitkijk staan
^{2}**Schmiere** *v*^{21} **1** vet, smeer(middel) **2** blubber
schmieren **1** smeren **2** omkopen **3** kladden
Schmierer *m*^{9} **1** knoeier **2** kladschrijver
Schmiererei *v*^{20} knoeiwerk, geknoei
Schmierfink *m*^{14}, *m*^{16} **1** smeerpoets **2** knoeier
Schmiergelder *mv o*^{31} steekpenningen
schmierig **1** smerig, vuil **2** vettig, glibberig
Schmieröl *o*^{29} smeerolie
Schminke *v*^{21} **1** grimeersel **2** make-up
schminken **1** grimeren **2** make-up gebruiken
schmirgeln schuren, polijsten
Schmiss *m*^{5} litteken (van een duel) || *die Musik hat ~* het is pittige muziek; *diese Zeichnung hat ~* deze tekening is knap werk
schmissig **1** vlot **2** pittig *(van muziek)*
schmollen pruilen, mokken
Schmorbraten *m*^{11} gestoofd vlees
^{1}**schmoren** *intr* **1** stoven, sudderen **2** *(elektr)* ongewenste hitte ontwikkelen
^{2}**schmoren** *tr* smoren, stoven
Schmorfleisch *o*^{39} gestoofd vlees
Schmortopf *m*^{6} **1** stoofpan **2** gestoofd vlees
schmuck *bn* knap, mooi, keurig, fraai
^{1}**Schmuck** *m*^{5} sieraad
^{2}**Schmuck** *m*^{19} **1** sieraden *(mv)*; tooi **2** versiering
schmücken **1** tooien, versieren, mooi maken **2** *(ook fig)* opsmukken
Schmuckkästchen *o*^{35} bijouteriekistje
schmucklos onopgesmukt, eenvoudig
Schmucksachen *mv v*^{21} sieraden
Schmuckstück *o*^{29} sieraad, pronkstuk
schmuddelig vuil, smerig
schmuddeln knoeien
Schmuggel *m*^{19}, **Schmuggelei** *v*^{20} smokkel
schmuggeln smokkelen
Schmuggelware *v*^{21} smokkelwaar
Schmuggler *m*^{9} smokkelaar
schmunzeln fijntjes lachen, gnuiven
Schmus *m*^{19} **1** mooie praatjes, mooipraterij **2** geleuter, geklets
schmusen **1** vleien **2** vrijen **3** knuffelen
Schmuser *m*^{9} **1** knuffelaar, vrijkont **2** vleier
Schmutz *m*^{19} vuil, smeerboel: *(fig) jmdn mit ~ bewerfen* iem uitschelden, belasteren
schmutzen vuil worden
Schmutzfink *m*^{14}, *m*^{16} smeerpoets, viezerik
Schmutzfleck *m*^{5} vuile vlek
schmutzig **1** vuil, vies, smerig **2** schunnig
^{1}**Schmutzigkeit** *v*^{28} vuil(ig)heid

SC

[2]**Schmutzigkeit** *v*[20] smeerlapperij
Schnabel *m*[10] **1** snavel, bek **2** *(muz)* mondstuk **3** tuit **4** mond || *reden* (of: *sprechen) wie einem der ~ gewachsen ist* geen blad voor de mond nemen
Schnalle *v*[21] gesp
schnallen gespen, losgespen, vastgespen: *den Gürtel enger ~* de buikriem aanhalen
schnalzen **1** *(met de vingers)* knippen **2** *(met de tong)* klakken
[1]**schnappen** *intr* **1** dichtvallen, dichtklappen **2** openspringen **3** snappen, happen **4** snakken
[2]**schnappen** *tr (inform)* pakken, grijpen: *frische Luft ~* een frisse neus halen
Schnaps *m*[6] **1** jenever, brandewijn **2** borrel
schnarchen snurken, ronken
schnarren *(mbt wekker)* ratelen; *(mbt telefoon)* rinkelen; *(mbt zoemer)* zoemen
schnattern **1** snateren **2** *(inform)* babbelen
schnauben[249] snuiven, blazen, briesen
schnaufen snuiven, hijgen
Schnaufer *m*[9] ademhaling, ademtocht
Schnauzbart *m*[6] **1** grote snor **2** snorrenbaard
Schnauze *v*[21] **1** snuit, snoet *(ve dier)* **2** bek, smoel **3** tuit *(ve kan)* **4** neus *(ve auto)*
schnauzen **1** snauwen **2** opspelen
[1]**schnäuzen** *tr* snuiten
[2]**schnäuzen, sich** zijn neus snuiten
Schnecke *v*[21] **1** *(dierk)* slak **2** slakkenhuis *(in oor)* **3** schroef zonder einde **4** krul *(van strijkinstrument)* **5** haarvlecht **6** bolus *(spiraalvormig gebak)*
Schneckengang *m*[6] *(ook fig)* slakkengang
Schneckengehäuse *o*[33] slakkenhuis
Schneckentempo *o*[39]: *im ~* met een slakkengang(etje)
Schnee *m*[19] **1** sneeuw **2** stijf geklopt eiwit **3** sneeuw, cocaïne
Schneeball *m*[6] sneeuwbal *(ook plantk)*
Schneebesen *m*[11] garde *(keukengerei)*
schneeblind sneeuwblind
Schneedecke *v*[21] sneeuwlaag
Schneefall *m*[6] sneeuwval
Schneeflocke *v*[21] sneeuwvlok
Schneefräse *v*[21] *(techn)* sneeuwfrees
Schneegestöber *o*[39] sneeuwjacht
Schneeglätte *v*[28] gladheid ten gevolge van sneeuwval
Schneeglöckchen *o*[35] sneeuwklokje
schneeig **1** sneeuwwit **2** met sneeuw bedekt
Schneekette *v*[21] sneeuwketting
Schneemann *m*[8] sneeuwpop, sneeuwman
Schneematsch *m*[19] vuile, smeltende sneeuw
Schneepflug *m*[6] sneeuwploeg
Schneeräumer *m*[9], **Schneeräumgerät** *o*[29] sneeuwploeg, sneeuwruimer
Schneereifen *m*[11] sneeuwband, winterband
Schneeschauer *m*[9] sneeuwbui
Schneesturm *m*[6] sneeuwstorm
Schneetreiben *o*[39] sneeuwjacht
Schneeverhältnisse *mv o*[29] sneeuwomstandigheden
Schneewehe *v*[21] hoop opgewaaide sneeuw
schneeweiß sneeuwwit
Schneewittchen *o*[39] Sneeuwwitje
Schneid *m*[19] **1** moed, durf **2** energie
Schneide *v*[21] **1** snede, scherp *(ve mes)* **2** lemmet, kling **3** bergkam
[1]**schneiden**[250] *intr* snijden
[2]**schneiden**[250] *tr* **1** snijden **2** maaien **3** snoeien **4** *(haar, nagels, kleding)* knippen **5** *(dieren)* castreren **6** zagen, vellen **7** *(een film)* monteren **8** *(gezicht)* trekken
schneidend **1** snijdend, scherp *(van wind, kou)* **2** bijtend *(van spot)*
Schneider *m*[9] **1** kleermaker **2** snijapparaat
Schneiderei *v*[20] kleermakerij
Schneiderin *v*[22] naaister, coupeuse
schneidern *(kleding)* naaien, maken
Schneidezahn *m*[6] snijtand
schneidig **1** flink, kranig, energiek **2** vlot, sportief **3** *(muz)* pittig
schneien sneeuwen: *jmdm ins Haus ~* bij iem onverwachts komen binnenvallen
Schneise *v*[21] **1** sleuf, tra *(in bos)* **2** *(luchtv)* aanvliegroute; luchtcorridor
schnell snel, gauw, vlug: *mach ~!* maak voort!
Schnellbahn *v*[20] snelspoor; sneltram
Schnellboot *o*[29] motortorpedoboot
Schnelldrucker *m*[9] regeldrukker, printer
[1]**Schnelle** *v*[21] (stroom)versnelling
[2]**Schnelle** *v*[28] snelheid: *auf die ~* heel vlug
schnellebig *oude spelling voor* schnelllebig, *zie* schnelllebig
[1]**schnellen** *intr* opspringen, schieten: *(fig) die Preise schnellten in die Höhe* de prijzen vlogen omhoog
[2]**schnellen** *tr* wegschieten; slingeren, keilen
schnellfüßig snelvoetig, lichtvoetig, vlug
Schnellgang *m*[6] overdrive *(van auto)*
Schnellgericht *o*[29] **1** snelrecht, snelle berechting **2** snel te bereiden gerecht
Schnellhefter *m*[9] opbergmap
Schnelligkeit *v*[20] snelheid, vlugheid, vaart
Schnellimbiss *m*[5] **1** snelbuffet, snackbar, cafetaria **2** snelle hap
Schnellkocher *m*[9], **Schnellkochtopf** *m*[6] snelkookpan
Schnellkurs *m*[5] stoomcursus, spoedcursus
schnelllebig **1** kort levend **2** jachtig
schnellstens zo snel mogelijk, zo vlug mogelijk
Schnellstraße *v*[21] snelweg, autoweg
Schnellverfahren *o*[35] **1** snel procedé **2** *(jur)* snelrechtprocedure, snelrecht
Schnellverkehr *m*[19] snelverkeer
Schnellzug *m*[6] sneltrein
Schnepfe *v*[21] *(dierk)* snip
schneuzen *oude spelling voor* schnäuzen, *zie* schnäuzen
Schnickschnack *m*[19] **1** geleuter, gezwam, onzin **2** tierelantijntjes, prullaria

schniegeln, sich zich piekfijn kleden
Schnippchen *o*[35] knip *(met de vingers): (fig) jmdm ein ~ schlagen* iem te slim af zijn
Schnippel *m*[9], *o*[33] snipper
schnippeln **1** kleinsnijden **2** knippen
schnippen **1** *(met de vingers)* knippen **2** een knippend geluid maken **3** tikken
schnippisch snibbig, bits, vinnig
Schnipsel *m*[9], *o*[33] snipper
schnipseln *zie* schnippeln
Schnitt *m*[5] **1** snee **2** (het) snijden, (het) snoeien, (het) maaien **3** montage *(van film)* **4** snit, coupe, vorm **5** knippatroon **6** doorsnede **7** gemiddelde: *im ~* gemiddeld
Schnittchen *o*[35] toastje
Schnitte *v*[21] *(regionaal)* sneetje *(brood);* schijfje *(worst);* plakje *(kaas)*
schnittfest goed te snijden
Schnittfläche *v*[21] snijvlak
schnittig **1** sierlijk, rank, elegant **2** rijp
Schnittkäse *m*[9] gesneden kaas
Schnittlauch *m*[19] bieslook
Schnittlinie *v*[21] snijlijn
Schnittmuster *o*[33] **1** knippatroon **2** raderblad
Schnittpunkt *m*[5] **1** *(meetk)* snijpunt **2** kruispunt *(van wegen)*
Schnitzarbeit *v*[20] (hout)snijwerk
[1]**Schnitzel** *o*[33] schnitzel
[2]**Schnitzel** *o*[33], *m*[9] **1** snipper, afsnijsel **2** spaan
schnitzeln **1** snipperen, klein snijden **2** (hout)snijden
schnitzen (hout)snijden, beeldsnijden
Schnitzer *m*[9] **1** houtsnijder **2** fout, blunder
[1]**Schnitzerei** *v*[28] houtsnijkunst
[2]**Schnitzerei** *v*[20] (hout)snijwerk
schnöd *zie* schnöde
schnodderig brutaal, vrijpostig, onbeschoft
schnöde **1** snood, naar, laag, gemeen **2** minachtend, smadelijk
schnorcheln snorkelen
Schnörkel *m*[9] krul(lijn), versiering
schnörkeln met krullen versieren
Schnüffler *m*[9] **1** snuffelaar **2** (politie)spion
Schnuller *m*[9] **1** speen *(voor fles)* **2** fopspeen
Schnulze *v*[21] *(muz)* smartlap
schnupfen **1** snuiven **2** snotteren
Schnupfen *m*[11] verkoudheid
schnuppe: *es ist ihm ~* het laat hem koud
schnuppern snuffelen, opsnuiven
Schnur *v*[25] touw; koord; snoer
Schnürchen *o*[35] snoertje, koordje: *er kann es wie am ~* hij kent het op zijn duimpje; *das geht* (of: *läuft, klappt) wie am ~* dat gaat van een leien dakje
schnüren **1** (vast)binden, (dicht)rijgen, snoeren **2** vastmaken
schnurgerade lijnrecht, kaarsrecht
schnurlos snoerloos
Schnurrbart *m*[6] snor
schnurren **1** snorren, gonzen, zoemen, brommen, ronken **2** *(mbt katten)* spinnen
Schnurrhaare *mv o*[29] snor *(van haas, kat)*
Schnürriemen *m*[11] **1** schoenveter **2** riem
Schnürsenkel *m*[9] *(regionaal)* schoenveter
schnurstracks lijnrecht, rechtstreeks
Schober *m*[9] **1** mijt *(van hooi, hout, ongedorst graan, stro)* **2** veldschuur
Schock *m*[13], *m*[5] shock *(zenuwschok)*
schocken **1** *(sp)* werpen **2** *(med)* shocktherapie toepassen **3** choqueren
schockieren[320] aanstoot geven, choqueren
schofel **1** laag, min **2** sjofel **3** miezerig
Schöffengericht *o*[29] lekenrechtbank
Schofför *m*[5] *zie* Chauffeur
Schoko *v*[27], **Schokolade** *v*[21] chocolade
Schokoladenfabrik *v*[20] chocoladefabriek
Schokoladenseite *v*[21] beste, zonnige kant
Scholle *v*[21] **1** *(dierk, geol)* schol **2** aardkluit, klomp aarde **3** (stukje) grond **4** ijsschots
schon **1** al, reeds: *~ gut* oké **2** wel: *das ist ~ möglich* dat is wel mogelijk **3** nou, nu: *nun rede doch ~!* zeg toch eindelijk eens iets! **4** alleen al: *~ der Name genügte* alleen de naam al was voldoende **5** ook weer: *wie hieß er ~?* hoe heette hij ook alweer?
schön mooi, schoon, knap: *die ~en Künste* de schone kunsten; *eines ~en Morgens* op een goede morgen; *~ schmecken, riechen* lekker smaken, ruiken; *bitte ~!* alstublieft!; *danke ~!* dank u wel!; *er lässt ~ grüßen!* u moet de hartelijke groeten van hem hebben!; *~ der Reihe nach* netjes op volgorde; *sich ~ wundern* erg verwonderd zijn
Schonbezug *m*[6] overtrek, hoes
Schöne *v*[40b] schoonheid, knap meisje
schonen sparen, ontzien, voorzichtig behandelen: *auf ~de Weise* (of: *~d)* voorzichtig
Schoner *m*[9] hoes, beschermer
Schönfärberei *v*[20]: *ohne ~* onopgesmukt
Schongang *m*[6] **1** programma voor de fijne was **2** *(techn)* overdrive
Schönheit *v*[20] schoonheid
Schönheitsfehler *m*[9] schoonheidsfout(je)
Schönheitspflege *v*[28] schoonheidsverzorging
Schönheitssalon *m*[13] schoonheidssalon
Schonkost *v*[28] dieetvoeding
[1]**schönmachen** *intr* opzitten *(ook mbt hond)*
[2]**schönmachen** *tr* verfraaien
[3]**schönmachen, sich** zich mooi maken
Schönrederei *v*[20] vleierij, mooipraterij
Schönredner *m*[9] mooiprater, vleier
Schönschrift *v*[20] **1** schoonschrift **2** netschrift
Schöntuer *m*[9] mooiprater, vleier
schöntun[295] lief doen, vleien
Schonung *v*[20] **1** voorzichtigheid, zorg **2** consideratie, toegeeflijkheid **3** jonge aanplant
schonungslos meedogenloos, niets ontziend
Schönwetterlage *v*[21] aanhoudend mooi weer
Schopf *m*[6] **1** kuif *(ook van vogels)* **2** haardos, bosje *(haar)* || *jmdn beim ~ fassen* (of: *packen)* iem bij zijn kraag pakken

SC

schöpfen 1 scheppen, putten: *Atem ~* adem scheppen; *Verdacht ~* verdenking opvatten 2 hozen

Schöpfer m^{9} 1 schepper 2 schepvat

schöpferisch scheppend, creatief, vruchtbaar

Schöpfkelle v^{21}, **Schöpflöffel** m^{9} scheplepel

Schöpfrad o^{32} scheprad

Schöpfung v^{20} schepping *(ook fig);* creatie

Schoppen m^{11} 1 glas *(1/4 l wijn);* potje *(1/4 l bier)* 2 *(Z-Dui)* halve liter

Schorf m^{5} korst, roof *(op wond)*

Schornstein m^{5} schoorsteen

Schornsteinfeger m^{9} schoorsteenveger

Schoss m^{5} *(plantk)* loot, scheut

Schoß m^{6} 1 schoot 2 pand *(van jas)*

Schoßkind o^{31} schootkind, troetelkind

Schössling m^{5} scheut, loot, spruit

Schote v^{21} 1 peul(vrucht) 2 *(regionaal)* (jonge, groene) erwt 3 schoot *(touw aan zeil)*

Schotte m^{15} Schot

Schotter m^{9} 1 steengruis, split, steenslag 2 grind

schottisch Schots: *~es Zeug* Schotse stof

schraffieren^{320} arceren

schräg 1 schuin, scheef 2 hellend 3 cursief

Schräge v^{21} 1 schuinte 2 schuine wand

schrägen schuin afwerken, afschuinen

Schrägheit v^{28} schuinte, scheefheid

Schräglage v^{21} schuine ligging, schuine stand

Schrägstrich m^{5} slash, schuine streep

Schramme v^{21} schram; kras

schrammen schrammen, schampen, krassen

Schrank m^{6} kast

Schranke v^{21} 1 slag-, spoorboom 2 balie *(van rechtbank): vor die ~n des Gerichts laden* voor het gerecht dagen 3 *(fig)* barrière, grens 4 *(mv)* hek *(om renbaan)* || *jmdn in die ~n fordern* iem uitdagen; *einer Sache ~n setzen* paal en perk stellen aan iets

schrankenlos grenzeloos, onbeperkt

Schrankenwärter m^{9} baan-, overwegwachter

Schrankwand v^{25} 1 kastenwand 2 wandmeubel

Schraubdeckel m^{9} schroefdeksel, -dop

Schraube v^{21} schroef: *bei ihm ist eine ~ los* (of: *lose, locker)* aan hem is een steekje los

schrauben 1 schroeven: *die Preise in die Höhe ~* de prijzen opdrijven 2 draaien; *zie ook* geschraubt

Schraubenbolzen m^{11} schroefbout

Schraubenfeder v^{21} spiraalveer, schroefveer

Schraubengewinde o^{33} schroefdraad

Schraubenschlüssel m^{9} schroefsleutel

Schraubenwelle v^{21} *(scheepv)* schroefas

Schraubenzieher m^{9} schroevendraaier

Schraubstock m^{6} bankschroef

Schrebergarten m^{12} volkstuintje

Schreck m^{5} schrik

Schreckbild o^{31} schrikbeeld

schrecken *st* schrikken

schrecken *zw* 1 doen schrikken, laten schrikken 2 opschrikken

Schrecken m^{11} 1 schrik 2 verschrikking: *der ~ fuhr ihm in die Glieder* (of: *in die Knochen)* de schrik sloeg hem om het hart; *der ~ steckte* (of: *lag) ihm noch in den Gliedern* de schrik zat hem nog in de benen; *jmdn in ~ (ver)setzen* iem schrik aanjagen; *ein ~ erregender Vorfall* een schrikwekkend voorval

schreckenerregend schrikwekkend: *das war äußerst ~* dat was uiterst schrikwekkend

Schreckensherrschaft v^{28} schrikbewind, terreur

Schreckensnachricht v^{20} verschrikkelijke tijding

Schreckenstat v^{20} verschrikkelijke daad, gruweldaad

Schreckenszeit v^{20} verschrikkelijke tijd

Schreckgespenst o^{31} schrikbeeld

schreckhaft schrikachtig, schichtig

schrecklich verschrikkelijk, vreselijk

Schrecknis o^{29a} verschrikking

Schredder m^{9} 1 shredder, mokermolen 2 versnipperaar

Schrei m^{5} schreeuw, kreet, gil: *der letzte ~* de nieuwste mode

Schreibaby o^{36} huilbaby

Schreibbedarf m^{19} schrijfbehoeften *(mv)*

Schreibblock m^{6}, m^{13} schrijfblok

schreiben^{252} schrijven: *ins Konzept ~* in het klad schrijven; *ins Reine ~* in het net schrijven; *jmdm* (of: *an jmdn) ~* iem schrijven; *auf* (of: *mit) der Maschine ~* typen; *wie ~ Sie sich?* hoe is uw naam?

Schreiben o^{35} schrijven, brief

Schreiber m^{9} schrijver *(ook apparaat)*

Schreiberei v^{20} schrijverij, geschrijf

schreibfaul: *~ sein* een hekel hebben aan brieven schrijven

Schreibfehler m^{9} schrijffout

Schreibgerät o^{29} schrijfgerei

Schreibheft o^{29} schrift

Schreibmaschine v^{21} typemachine

Schreibpapier o^{29} schrijfpapier

Schreibtisch m^{5} bureau, schrijfbureau

Schreibung v^{20} schrijfwijze, spelling

Schreibzeug o^{39} schrijfgerei

schreien^{253} 1 schreeuwen, roepen: *zum Schreien* om te gillen 2 *(mbt een ezel)* balken

Schreier m^{9} schreeuwer, schreeuwlelijk

Schreierei v^{20} geschreeuw, gegil

Schreihals m^{6} schreeuwlelijk

Schrein m^{5} schrijn, kist

Schreiner m^{9} *(Z-Dui)* meubelmaker

schreiten^{254} stappen, schrijden: *zum Angriff, zur Wahl ~* tot de aanval, tot stemming overgaan

Schrift v^{20} 1 (hand)schrift 2 schrift, lettertekens 3 geschrift, publicatie

Schriftart v^{20} lettersoort

Schriftauslegung v^{20} exegese; Bijbelverklaring

Schriftführer m^{9} 1 secretaris 2 griffier

Schriftgelehrte(r) m^{40a} Schriftgeleerde

schriftlich schriftelijk: *etwas ~ niederlegen* iets

op schrift stellen; *das gebe ich Ihnen ~!* dat geef ik u op een briefje!
Schriftsprache *v*[21] schrijftaal
Schriftsteller *m*[9] schrijver, auteur
schriftstellerisch als schrijver, schrijvers-
schriftstellern als schrijver werkzaam zijn, schrijven
Schriftstück *o*[29] geschrift, stuk, akte, papier
Schrifttum *o*[39] **1** literatuur **2** geschriften
Schriftverkehr *m*[19], **Schriftwechsel** *m*[9] briefwisseling, correspondentie
Schriftzeichen *o*[35] letter, letterteken
schrill schril, schel
schrillen 1 schel klinken, schril klinken **2** *(mbt telefoon)* rinkelen, gaan
Schritt *m*[5] schrede, stap, pas: *die Hose kneift im ~* de broek is in het kruis te nauw; *auf ~ und Tritt* overal; *mit jmdm ~ halten* gelijke tred houden met iem; *~ fahren* (of: *im ~ fahren)* stapvoets rijden
Schrittempo *oude spelling voor* Schritttempo, *zie* Schritttempo
Schrittmacher *m*[9] **1** *(sp)* gangmaker **2** *(med)* pacemaker **3** *(atletiek)* haas
Schritttempo, Schritt-Tempo *o*[39]: *im ~* stapvoets
[1]**schrittweise** *bn* geleidelijk
[2]**schrittweise** *bw* stap voor stap, geleidelijk
schroff 1 steil, ontoegankelijk **2** ruw, bars, stroef **3** plotseling, bruusk: *ein ~er Übergang* een abrupte overgang
Schroffheit *v*[20] **1** steilte **2** ruwheid, barsheid, stroefheid **3** barse opmerking; *zie ook* schroff
schröpfen bloed aftappen || *(fig) jmdn ~* iem afzetten, laten bloeden
Schrot *o*[29], *m*[5] **1** schroot, hagel **2** grof gemalen koren
Schrotbüchse *v*[21] jachtgeweer
schroten *(koren)* grof malen
Schrotflinte *v*[21] jachtgeweer
Schrott *m*[5] schroot, schrot, oud ijzer: *zu ~ fahren* in de prak rijden
schrottreif rijp voor de schroothoop, slooprijp: *~ fahren* in de prak rijden
schrubben 1 schrobben **2** schuren
Schrulle *v*[21] gril, kuur, raar idee
schrullenhaft, schrullig grillig, zonderling
schrumpelig 1 rimpelig **2** gekreukt
schrumpeln, schrumpfen 1 krimpen **2** (ver)schrompelen, rimpelen **3** slinken, dalen
Schrumpfung *v*[20] inkrimping, (het) krimpen
Schrund *m*[6] (gletsjer-, rots)spleet; scheur, kloof, barst
Schrunde *v*[21] *(Z-Dui) zie* Schrund
schrundig vol scheuren, vol kloven
Schub *m*[6] **1** stoot, duw **2** worp *(met kegelbal)* **3** portie, partij, lading, vracht **4** groep, drom **5** *(techn)* voortstuwingskracht, stuwkracht **6** *(med)* aanval

sc

Schubfach *o*[32] la(de)
Schubkarre *v*[21], **Schubkarren** *m*[11] kruiwagen
Schubkasten *m*[12], **Schublade** *v*[21] la(de)
Schubs *m*[5] duw, por
schubsen stoten, duwen, porren
schüchtern schuchter, verlegen, bedeesd
Schuft *m*[5] schoft, schurk
schuften zwoegen, hard werken, ploeteren
schuftig schofterig, gemeen
Schuh *m*[5] schoen
Schuhanzieher *m*[9] schoenlepel
Schuhcreme *v*[27] schoensmeer
Schuhgeschäft *o*[29] schoenenzaak
Schuhgröße *v*[21] schoenmaat
Schuhlöffel *m*[9] schoenlepel
Schuhmacher *m*[9] schoenmaker
Schuhsenkel *m*[9] schoenveter
Schuhwerk *o*[39] schoeisel, schoenen
Schulabbrecher *m*[9] voortijdig schoolverlater
Schulabgänger *m*[9] schoolverlater
Schulabschluss *m*[6] school-, einddiploma
Schularbeit *v*[20], **Schulaufgabe** *v*[21] huiswerk
Schulbank *v*[25] schoolbank: *(noch) die ~ drücken* (nog) op school zitten
Schulbehörde *v*[21] **1** onderwijsinspectie **2** schoolbestuur
Schulbildung *v*[28] schoolopleiding
schuld schuldig: *ich bin nicht ~ daran* het is mijn schuld niet
Schuld *v*[20] schuld: *die ~ liegt an* (of: *bei) ihm* het is zijn schuld; *ich habe nicht ~ daran* het is mijn schuld niet; *sich etwas zu ~en kommen lassen* zich aan iets schuldig maken
schulden 1 schuldig zijn, verschuldigd zijn **2** te danken hebben (aan)
schuldenfrei 1 vrij van schulden **2** onbelast
Schuldenlast *v*[20] schuldenlast
schuldhaft 1 schuldig **2** door eigen schuld, opzettelijk
schuldig schuldig, verschuldigd: *jmdm Dank ~ sein* iem dank verschuldigd zijn; *eines Verbrechens ~ sein* schuldig zijn aan een misdaad; *jmdn ~ sprechen* iem veroordelen
Schuldigkeit *v*[28] plicht, verplichting
Schuldirektor *m*[16] directeur, rector
schuldlos onschuldig
Schuldlosigkeit *v*[28] onschuld
Schuldner *m*[9] schuldenaar
Schuldschein *m*[5] schuldbekentenis
Schuldspruch *m*[6] schuldigverklaring
schuldunfähig ontoerekeningsvatbaar
Schuldunfähigkeit *v*[28] ontoerekeningsvatbaarheid
Schule *v*[21] **1** school *(ook van vissen): höhere ~* middelbare school *(vwo, havo); konfessionelle ~* bijzondere school; *~ machen* navolging vinden; *bei jmdm in die ~ gehen* bij iem in de leer gaan **2** boomkwekerij
schuleigen school-, bij de school behorend

schulen **1** scholen, opleiden **2** dresseren
Schüler m^{9} scholier, leerling
Schüleraustausch m^{5} uitwisseling van scholieren
schülerhaft onvolwassen, schooljongensachtig
Schülerlotse m^{15} verkeersbrigadiertje
Schülermitverwaltung v^{20} **1** inspraak van de leerlingen **2** leerlingenraad
Schülerschaft v^{28} (de) leerlingen
Schülerzeitung v^{20} schoolkrant
Schulferien *mv* schoolvakantie
Schulfreund m^{5} schoolvriend, -kameraad
Schulfunk m^{19} schooluitzending, schoolradio
Schulhof m^{6} speelplaats, schoolplein
schulisch school-, schools
Schuljahr o^{29} schooljaar
Schulleiter m^{9} schoolleider
schulmäßig volgens de regels van de school, schools
Schulpflicht v^{28} leerplicht
schulpflichtig leerplichtig
Schulpraxis *v (mv -praxen)* schoolpraktijk
Schulprojekt o^{29} schoolproject
Schulter v^{21} schouder || *jmdm die kalte ~ zeigen* iem de rug toekeren; *etwas auf die leichte ~ nehmen* iets te licht opnemen
Schulterblatt o^{32} schouderblad
schultern *(geweer)* schouderen; op de schouders nemen
Schulterpolster o^{33} schoudervulling
Schulung v^{20} **1** oefening, scholing, training **2** vaardigheid, geoefendheid **3** cursus
Schulwesen o^{39} onderwijs(stelsel)
Schulzeit v^{20} schooltijd
Schulzimmer o^{33} schoollokaal
schummeln bedriegen, sjoemelen
schummerig schemerachtig, schemerdonker
schummern **1** *(regionaal)* schemeren **2** arceren
Schund m^{19} bocht, uitschot, rommel, troep
schunkeln **1** schommelen, deinen **2** arm in arm heen en weer deinen op de muziek
Schupo m^{13} *(vero) verk van Schutzpolizist* politieagent
Schupo v^{28} *verk van Schutzpolizei* politie
Schuppe v^{21} **1** schub **2** schilfer *(op huid)* **3** *(mv)* roos op het hoofd
Schuppen m^{11} **1** loods **2** schuur(tje) **3** garage **4** (lelijk) gebouw **5** danstent
schuppig geschubd
Schups m^{5} *(Z-Dui)* duw, por
schupsen *(Z-Dui)* stoten, duwen, porren
Schur v^{20} **1** (het) scheren *(van schapen)* **2** (het) maaien **3** (het) knippen *(van heg)*
Schüreisen o^{35} pook
schüren **1** oppoken **2** *(fig)* aanwakkeren
schürfen **1** schrammen, schaven **2** *(bruinkool)* winnen **3** exploreren
Schürfung v^{20} **1** schaafwond **2** *(mijnb)* exploratie
Schürfwunde v^{21} schaafwond, ontvelling
schurigeln sarren, treiteren
Schurke m^{15} schurk, schoelje
Schurkenstaat m^{16} schurkenstaat
schurkisch schurkachtig; laaghartig
Schurwolle v^{21} scheerwol
Schurz m^{5} voorschoot, schort
Schürze v^{21} **1** schort **2** *(regionaal)* voorschoot
schürzen **1** opnemen, optillen **2** *(de lip)* optrekken **3** *(een knoop)* leggen
Schürzenjäger m^{9} rokkenjager
Schuss m^{6} **1** schot **2** schotwond, kogelwond **3** *(mijnb)* explosie **4** shot: *der goldene ~* de opzettelijke overdosis **5** *(skiën)* volle vaart: *im* (of: *in*) *~ sein: a)* op dreef zijn, opschieten; *b)* gezond, actief, in orde zijn **6** scheut: *Cola mit ~* cola met een tic
schussbereit **1** gereed om te schieten, te fotograferen **2** schietklaar
Schüssel v^{21} **1** schotel, schaal **2** schotel, gerecht **3** schotelantenne
Schüsselantenne v^{21} schotelantenne
Schussfahrt v^{20} *(skiën)* snelle, rechte afdaling
Schussfeld o^{31} schootsveld
schussfertig *zie* schussbereit
Schusslinie v^{21} schiet-, vuur-, schootslijn
Schusswaffe v^{21} vuurwapen
Schussweite v^{28} draagwijdte, dracht, schootsafstand: *außer ~* buiten schot
Schusswunde v^{21} schotwond
Schuster m^{9} **1** schoenmaker **2** prutser
schustern **1** schoenen maken **2** prutsen
Schutt m^{19} **1** puin **2** afval, vuilnis
Schuttabladeplatz m^{6} vuilstortplaats
Schüttelfrost m^{6} koude rillingen, koortsrillingen
[1]**schütteln** *tr* schudden
[2]**schütteln, sich** huiveren
schütten storten, doen, gieten: *es schüttet* het giet
schütter **1** dun, ijl **2** zwak, schamel
schüttern **1** schudden, schokken **2** trillen
Schüttgut o^{32} stortgoed, bulk
Schutthalde v^{21} **1** steenberg **2** puinhelling
Schutthaufen m^{11} **1** puinhoop **2** afvalberg
Schutz m^{19} **1** bescherming, hoede **2** beschutting **3** *(techn)* beveiliging(sinstallatie)
Schutzanzug m^{6} overall
Schutzblech o^{29} **1** *(techn)* afschermkap **2** spatbord
Schutzbrief m^{5} **1** vrijgeleide **2** reis- en kredietbrief
Schutzbrille v^{21} veiligheidsbril
Schutzdamm m^{6} (binnen)dijk, keerdam
Schütze m^{15} schutter
schützen **1** (met vor^{+3}) beschermen, beschutten (tegen): *gesetzlich geschützt* wettig gedeponeerd **2** (op)stuwen
Schützenfest o^{29} **1** schuttersfeest **2** *(sp)* doelpuntenfestijn
Schützengraben m^{12} loopgraaf

Schützenkönig m^{5} **1** schutterskoning **2** *(sp)* topscorer
Schützenpanzer m^{9} gepantserd personeelsvoertuig
Schützer m^{9} beschermer
Schutzfaktor m^{9} beschermingsfactor
Schutzfarbe v^{21} schutkleur, camouflagekleur
Schutzfilm m^{5} beschermend laagje
Schutzgebiet o^{29} beschermd gebied
Schutzgebühr v^{20} prijs, bijdrage
Schutzhaft v^{28} preventieve hechtenis
Schutzheilige(r) m^{40a}, v^{40b} beschermheilige
Schutzhelm m^{5} veiligheidshelm
Schutzhülle v^{21} beschermend omhulsel; hoes
Schutzhütte v^{21} schuilhut
Schutzimpfung v^{20} preventieve inenting
Schützling m^{5} beschermeling; pupil
schutzlos onbeschermd, weerloos
Schutzmacht v^{25} beschermende mogendheid
Schutzmann m^{8} *(mv ook Schutzleute)* politieagent
Schutzmaßnahme v^{21} veiligheidsmaatregel
Schutzpolizei v^{28}, **Schutzpolizist** m^{14} *zie* Schupo
Schutzraum m^{6} **1** schuilplaats **2** schuilkelder
Schutzrecht o^{29} octrooirecht
Schutzscheibe v^{21} schutglas; voorruit
Schutzumschlag m^{6} boekomslag
Schutzweste v^{21} kogelvrij vest
schwabbelig **1** drillerig, lillend **2** vet
schwabbeln wiebelen, trillen, lillen
schwach[58] **1** zwak, teer, broos: *ein ~er Trost* een schrale troost **2** dun, slap: *~er Tee* slappe thee **3** flauw, matig, gering **4** slap, toegevend || *mir wird ~* ik word niet goed
Schwäche v^{21} **1** zwakte, zwakheid, slapheid: *eine ~ für jmdn haben* een zwak voor iem hebben **2** gebrek, zwak punt, tekortkoming
Schwächeanfall m^{6} aanval van zwakte
schwächen verzwakken; afbreuk doen aan
Schwachheit v^{20} zwakheid
schwächlich zwakkelijk, teer, slap
Schwächling m^{5} zwakkeling
schwachsichtig slechtziend
Schwachsinn m^{19} **1** zwakzinnigheid **2** onzin
schwachsinnig **1** zwakzinnig **2** onnozel
Schwachstelle v^{21} zwakke plek
Schwachstrom m^{6} zwakstroom
Schwächung v^{20} verzwakking, aantasting
Schwaden m^{11} **1** damp, wasem, walm, rook **2** sliert, flard
Schwadron v^{20} *(mil)* eskadron
schwafeln bazelen, kletsen, zwammen
Schwager m^{10} zwager
Schwägerin v^{22} schoonzuster
Schwalbe v^{21} **1** zwaluw **2** *(sp)* schwalbe
Schwall m^{5} stroom, (stort)vloed, golf, plens
Schwamm m^{6} **1** spons *(ook de diersoort): ~ drüber!* zand erover! **2** *(Z-Dui, Oostenr)* paddenstoel **3** huiszwam, schimmel
schwammig **1** sponzig; voos **2** vaag, onduidelijk **3** (op)gezwollen **4** schimmelig
Schwan m^{6} zwaan
Schwanengesang m^{6} zwanenzang
Schwang m^{19}: *im ~e sein* in zwang zijn; *(zelden) in ~ kommen* in zwang komen
schwanger zwanger: *(fig) mit*[+3] *etwas ~ gehen* iets van plan zijn
schwängern **1** zwanger maken **2** bezwangeren
Schwangerschaft v^{20} zwangerschap
Schwangerschaftsabbruch m^{6} abortus provocatus; zwangerschapsonderbreking
Schwängerung v^{20} **1** (het) zwanger-maken **2** bezwangering
Schwank m^{6} **1** klucht **2** grappig verhaal
schwanken **1** schommelen, heen en weer bewegen **2** wankelen, waggelen **3** weifelen, aarzelen
Schwankung v^{20} schommeling; veranderlijkheid, onbestendigheid
Schwanz m^{6} **1** staart **2** sleep **3** *(stud)* herexamen **4** serie, reeks **5** *(plat)* lul
schwänzeln **1** kwispelstaarten **2** flikflooien
schwänzen spijbelen, verzuimen: *die Schule ~* spijbelen
Schwapp m^{5} **1** pets, klap **2** plens, scheut
[1]**schwappen** *intr* klotsen
[2]**schwappen** *tr* morsen
Schwäre v^{21} zweer, verzwering
schwären zweren, etteren
Schwarm m^{6} **1** zwerm, vlucht **2** school *(vissen)* **3** schaar, drom **4** vlam, idool **5** hartenwens
schwärmen **1** zwermen, uitzwermen **2** dwepen: *~ für*[+4] dwepen met
Schwärmer m^{9} **1** pijlstaartvlinder **2** fantast, dromer; dweper **3** voetzoeker
Schwärmerei v^{20} gedweep, dweperij
schwärmerisch dweepziek, dweperig
Schwarmgeist m^{7} dweper, fantast
Schwarte v^{21} **1** zwoerd **2** *(iron)* vel, huid **3** oud dik boek; prulboek
schwarz[58] **1** zwart: *~ gekleidet* in het zwart gekleed **2** zeer donker, duister: *~es Brot* roggebrood **3** vuil, vies, smerig **4** gemeen, slecht, laag **5** zwart, verboden, clandestien, illegaal **6** somber, duister
Schwarzarbeit v^{28} zwartwerk
schwarzarbeiten zwartwerken, beunen
Schwarzarbeiter m^{9} zwartwerker
Schwarzbrot o^{29} roggebrood
Schwarze v^{40b} negerin
[1]**Schwärze** v^{28} zwart(heid), donkerheid, duisternis
[2]**Schwärze** v^{21} zwartsel
schwärzen **1** zwart maken, zwart kleuren **2** *(Z-Dui, Oostenr)* smokkelen
Schwarze(r) m^{40a} neger
Schwarze(s) o^{40c} zwart(e), roos: *ins Schwarze treffen* in de roos schieten
schwarzfahren[153] zwartrijden

Schwarzfahrer *m*[9] zwartrijder
Schwarzfahrt *v*[20] **1** clandestiene rit **2** (het) rijden zonder rijbewijs
Schwarzhandel *m*[19] zwarte handel
Schwarzhändler *m*[9] zwarthandelaar
Schwarzhörer *m*[9] clandestiene luisteraar
Schwarzkünstler *m*[9] tovenaar
schwärzlich zwartachtig, zwartig
schwarzmalen **1** zwart schilderen **2** *(fig)* somber afschilderen
Schwarzmarkt *m*[6] zwarte markt
schwarzsehen[261] **1** zwartkijken **2** somber inzien, pessimistisch zijn
Schwarzseher *m*[9] **1** zwartkijker, pessimist **2** zwartkijker, iem die geen kijkgeld betaalt
Schwarzseherei *v*[28] pessimisme
schwarzseherisch pessimistisch
Schwarzwald *m*[19] Zwarte Woud
Schwatz *m*[5] praatje, babbeltje
Schwatzbase *v*[21] kletstante
schwatzen, schwätzen **1** praten, babbelen, beppen, keuvelen **2** zwammen **3** kletsen
Schwätzer *m*[9] kletsmajoor, kletser
Schwätzerei *v*[20] **1** gepraat **2** geklets
Schwätzerin *v*[22] kletskous
schwatzhaft praatziek, kletserig
Schwatzliese *v*[21], **Schwatzmaul** *o*[32] kletskous
Schwebe *v*[28] onzekerheid: *der Prozess ist noch in der* ~ het proces is nog hangende; *das bleibt hier in* ~ dat blijft nog open
Schwebebahn *v*[20] **1** zweefspoor; kabelbaan **2** zweeftrein
Schwebebalken *m*[11] *(sp)* evenwichtsbalk
schweben **1** zweven, drijven **2** hangende zijn *(van proces): in Lebensgefahr* ~ in levensgevaar verkeren
schwebend zwevend, hangend; *(van proces)* hangend: *die ~en Geschäfte* de lopende zaken
Schwebezug *m*[6] zweeftrein
Schwede *m*[15] Zweed: *alter* ~ ouwe jongen
Schweden *o*[39] Zweden
schwedisch Zweeds
Schwefel *m*[19] zwavel
schwefelig zwavelachtig, zwavelig
Schwefelsäure *v*[28] zwavelzuur
Schweif *m*[5] *(lange)* staart; *(fig)* sliert, staartje
schweifen *intr* zwerven, trekken, dolen, dwalen: *seine Gedanken ~ lassen* zijn gedachten laten gaan
schweifen *tr* uitbuigen, welven
schweifwedeln kwispelstaarten
Schweigegeld *o*[31] zwijggeld
Schweigemarsch *m*[6] stille tocht
Schweigeminute *v*[21] minuut stilte
schweigen[255] zwijgen
Schweigen *o*[39] (het) zwijgen, stilte
Schweigepflicht *v*[28] zwijgplicht
Schweiger *m*[9] zwijger
schweigsam zwijgzaam, stil
Schwein *o*[29] zwijn, varken: ~ *haben* boffen
Schweinebande *v*[28] zwijnenboel, troep
Schweinebraten *m*[11] (gebraden) varkensvlees
Schweinefleisch *o*[39] varkensvlees
Schweinefraß *m*[19] varkensvoer
Schweinegeld *o*[39] smak geld
Schweinehackfleisch *o*[39] varkensgehakt
Schweinehund *m*[5] smeerlap, zwijn
Schweinelende *v*[21] varkenshaas
Schweinepest *v*[28] varkenspest
Schweinerei *v*[20] **1** zwijnenboel, rotzooi **2** gemene streek **3** vuile praat **4** smeerlapperij
Schweinestall *m*[6] **1** varkenshok **2** troep
Schweinezucht *v*[20] varkensfokkerij
schweinisch **1** smerig **2** schunnig **3** gemeen
Schweinshaxe *v*[21] varkenspoot(je)
Schweiß *m*[5] zweet, transpiratie
Schweißapparat *m*[5] lasapparaat
Schweißband *o*[32] zweetband
Schweißbrenner *m*[9] lasbrander
Schweißbrille *v*[21] lasbril
Schweißdrüse *v*[21] zweetklier
schweißen lassen
Schweißer *m*[9] lasser
schweißig bezweet, klam, transpirerend
Schweißnaht *v*[25] lasnaad
schweißnass nat van het zweet, bezweet
schweißtriefend druipend van het zweet
Schweißtropfen *m*[11] zweetdruppeltje
Schweißung *v*[20] (het) lassen
Schweiz *v*[28] Zwitserland
[1]**Schweizer** *m*[9] Zwitser
[2]**Schweizer** *bn* Zwitsers: ~ *(Käse)* Zwitserse kaas
Schweizerin *v*[22] Zwitserse
schweizerisch Zwitsers
schwelen smeulen, broeien
schwelgen zwelgen, brassen
Schwelger *m*[9] zwelger, brasser
schwelgerisch zwelgend, overdadig
Schwelle *v*[21] **1** drempel, dorpel **2** dwarsligger, biel(s) **3** ligger, draagbalk
[1]**schwellen** *st* **1** zwellen, opzwellen, opzetten **2** (aan)zwellen, wassen, stijgen
[2]**schwellen** *zw* doen zwellen
Schwellenangst *v*[28] drempelvrees
Schwellung *v*[20] zwelling; ronding, welving
Schwemme *v*[21] **1** wed, drenkplaats **2** overproductie, te groot aanbod, overvloed
schwemmen spoelen, drijven
Schwengel *m*[9] **1** zwengel **2** klepel
Schwenk *m*[13], *m*[5] **1** zwenk(ing), ommezwaai **2** *(foto)* draai, beweging *(vd camera)*
schwenken **1** zwenken, zwaaien, wuiven **2** zwenken, draaien, zwaaien **3** *(glazen)* spoelen
Schwenker *m*[9] cognacglas
Schwenkung *v*[20] zwenking, zwaai, draai
schwer **1** zwaar **2** zwaar, lastig, moeilijk; moeizaam, hard: ~ *erziehbar* moeilijk opvoedbaar; ~ *fallen* zwaar vallen **3** zwaar, hevig, heftig, ern-

stig: ~ *behindert* invalide; ~ *beschädigt: a)* zwaar beschadigd; *b)* invalide; ~ *verletzt*, ~ *verwundet* zwaargewond; *ich werde mich ~ hüten* ik kijk wel uit!

Schwerarbeit v^{28} zwaar werk; *(Belg)* labeur

Schwerathletik v^{28} krachtsport

schwerbehindert, schwerbeschädigt invalide

Schwere v^{28} **1** zwaarte, gewicht **2** moeilijkheid **3** sterkte, intensiteit, hevigheid **4** ernst **5** zwaartekracht

schwerelos gewichtloos

Schwerelosigkeit v^{28} gewichtloosheid

schwererziehbar moeilijk opvoedbaar

schwerfallen[154] zwaar vallen

schwerfällig onbeholpen, onhandig; sloom, traag: ~ *sprechen* moeilijk spreken

Schwerfälligkeit v^{28} **1** traagheid van begrip **2** onbeholpenheid, onhandigheid

[1]**Schwergewicht** o^{29} *(sp)* zwaargewicht *(persoon)*

[2]**Schwergewicht** o^{39} **1** zwaargewicht(klasse) **2** zwaartepunt, nadruk

Schwergewichtler m^{9} zwaargewicht *(persoon)*

schwerhörig hardhorend, hardhorig

Schwerindustrie v^{21} zware industrie

Schwerkraft v^{28} zwaartekracht

schwerlich nauwelijks, amper, waarschijnlijk niet, wel niet, bezwaarlijk

Schwermut v^{28} zwaarmoedigheid

schwermütig zwaarmoedig

schwernehmen[212] zwaar opnemen, zwaar opvatten

Schweröl o^{29} zware olie

Schwerpunkt m^{5} **1** zwaartepunt **2** accent

schwerreich schatrijk

Schwert o^{31} zwaard

schwertun[295]**, sich** moeite hebben (met); moeilijk overweg kunnen (met)

Schwerverbrecher m^{9} gevaarlijk misdadiger

schwerverletzt, schwerverwundet zwaargewond

schwerwiegend zwaarwegend, belangrijk

Schwester v^{21} **1** zuster, zus **2** non **3** verpleegster

Schwiegereltern *mv* schoonouders

Schwiegermutter v^{26} schoonmoeder

Schwiegersohn m^{6} schoonzoon

Schwiegertochter v^{26} schoondochter

Schwiegervater m^{10} schoonvader

Schwiele v^{21} **1** eelt(knobbel, -plek) **2** litteken

schwielig eeltig, vereelt

schwierig moeilijk, lastig, gecompliceerd

Schwierigkeit v^{20} moeilijkheid, probleem

Schwimmanzug m^{6} zwempak

Schwimmbad o^{32} zwembad

Schwimmbassin o^{36}, **Schwimmbecken** o^{35} zwembassin

schwimmen[257] **1** zwemmen **2** drijven: *ein ~des Hotel* een drijvend hotel **3** vervagen, vervloeien: *~de Konturen* vage contouren **4** drijven, overstroomd zijn

Schwimmer m^{9} **1** zwemmer **2** dobber **3** vlotter **4** drijver

Schwimmerbecken o^{35} diepe, diep bassin

Schwimmflosse v^{21} zwemvlies

Schwimmgürtel m^{9} zwemgordel, reddingsboei

Schwimmhalle v^{21} overdekt zwembad

Schwimmhose v^{21} zwembroek

Schwimmmeister m^{9} badmeester

Schwimmsand m^{19} drijfzand

Schwimmsport m^{19} zwemsport

Schwimmweste v^{21} zwemvest

Schwindel m^{19} **1** duizeling, duizeligheid **2** bedrog, leugen; zwendel, oplichterij || *was kostet der ganze ~?* wat kost het hele zootje?; *in ~ erregender Höhe* op duizelingwekkende hoogte

Schwindelei v^{20} oplichterijtje; bedrog

schwindelerregend duizelingwekkend: *das ist äußerst ~* dat is buitengewoon duizelingwekkend

schwindelfrei vrij van hoogtevrees

Schwindelgefühl o^{29} gevoel van duizeligheid

schwindelig duizelig

schwindeln **1** bedriegen, oplichten, zwendelen **2** liegen **3** duizelen: *mir* (of: *mich) schwindelt* ik word duizelig

schwinden[258] **1** slinken, verminderen, afnemen, krimpen **2** verdwijnen; voorbijgaan

Schwindler m^{9} **1** zwendelaar, oplichter, bedrieger **2** fantast, leugenaar

schwindlig duizelig

Schwindsucht v^{28} tering, tbc

Schwinge v^{21} vleugel, vlerk, wiek

[1]**schwingen**[259] *intr* **1** zwaaien, slingeren, schommelen **2** trillen, vibreren

[2]**schwingen**[259] *tr* zwaaien (met); slingeren: *die Glocke ~* bellen; *Fahnen ~* vendelzwaaien

[3]**schwingen**[259]**, sich** (zich) slingeren: *sich aufs Pferd ~* te paard springen

Schwingtür v^{20} klapdeur

Schwingung v^{20} **1** (het) zwaaien, zwaai, (het) slingeren, slinger, schommeling **2** trilling

Schwips m^{5} lichte roes: *einen ~ haben* aangeschoten zijn

schwirren **1** zoemen, gonzen, brommen **2** snorren, zoeven, suizen **3** zwermen, fladderen

Schwitze v^{21} roux

[1]**schwitzen** *intr* **1** transpireren, zweten, uitwasemen **2** *(mbt muren)* uitslaan, zweten **3** *(mbt ruiten)* beslaan

[2]**schwitzen** *tr* **1** zweten, afscheiden **2** fruiten

schwitzig bezweet, zweterig, zwetend

schwören[260] zweren, een eed afleggen

schwul homoseksueel

schwül zwoel, drukkend, benauwd

Schwüle v^{28} zwoelte, drukkende hitte, benauwde atmosfeer

Schwulenszene v^{21} homowereld, gayscene

Schwule(r) m^{40a}, **Schwuli** m^{13} homo(seksueel)

Schwulst m^{6} bombast, gezwollenheid

schwulstig opgezwollen, opgezet

schwülstig hoogdravend, bombastisch
Schwund *m*[19] **1** (het) verdwijnen, wegvallen; (het) afnemen, vermindering **2** krimp **3** *(handel)* gewichtsverlies, verlies **4** *(telecom)* sluiering, fading
[1]**Schwung** *m*[19] **1** vaart, gang, beweging **2** elan, vuur, gloed, bezieling, fut **3** zwik, heleboel
[2]**Schwung** *m*[6] **1** zwaai, sprong, draai **2** boog, welving, gebogen lijn
schwunghaft krachtig, levendig, energiek
Schwungkraft *v*[25] veerkracht, energie, elan
schwunglos zonder elan, slap, futloos
schwungvoll 1 sierlijk, zwierig **2** vurig, gloedvol, met verve, energiek
Schwur *m*[6] eed, belofte, gelofte
Schwurgericht *o*[29] juryrechtbank, rechtbank van gezworenen
Science-Fiction *v*[28], **Sciencefiction** *v*[28] science-fiction
Screensaver *m*[9] screensaver
scrollen scrollen
sechs zes: *zu ~en* met z'n zessen
Sechs *v*[20] **1** *(het cijfer)* zes **2** lijn zes *(van tram, bus)* **3** *(als rapportcijfer)* zeer onvoldoende
sechsfach zesvoudig
sechsmonatig zesmaands
sechsmonatlich halfjaarlijks, zesmaandelijks
sechst: *zu ~* met z'n zessen
Sechstagerennen *o*[35] *(sp)* zesdaagse
sechste zesde: *der ~ Sinn* het zesde zintuig
Sechstel *o*[33] zesde (deel)
sechstens ten zesde
sechzehn zestien
sechzig zestig
sechziger 1 van (uit) het jaar zestig **2** tussen '60 en '70: *die ~ Jahre* de jaren zestig
Sechziger *m*[9] zestiger
[1]**See** *m*[17] meer: *der Genfer ~* het meer van Genève
[2]**See** *v*[21] **1** zee: *auf hoher* (of: *offener*) *~* in volle zee; *an die ~ fahren* naar zee gaan **2** zeegang, deining **3** golf, baar
Seeadler *m*[9] zeearend
Seebarsch *m*[5] zeebaars
[1]**Seefahrt** *v*[28] zeevaart
[2]**Seefahrt** *v*[20] zeereis
seefest 1 zeevast **2** zeewaardig
Seefisch *m*[5] zeevis
Seehafen *m*[12] zeehaven
Seeherrschaft *v*[28] zeeheerschappij
Seehund *m*[5] zeehond, rob
Seejungfer *v*[21] **1** waterjuffer **2** zeemeermin
Seejungfrau *v*[20] zeemeermin
seekrank zeeziek
Seeküste *v*[21] zeekust
Seele *v*[21] **1** ziel, gemoed, gevoel; psyche: *mit Leib und ~* met hart en ziel **2** ziel **3** mens: *eine ~ von Mensch* een edel mens; *keine ~* geen sterveling || *er hat mir aus der ~ geredet* (of: *gesprochen*) hij heeft geheel naar mijn hart gesproken
Seelenarzt *m*[6] **1** psychiater **2** psycholoog
seelenlos zielloos, gevoelloos
Seelenruhe *v*[28] gemoedsrust, zielenrust
seelenvergnügt zielsvergenoegd, zielsblij
Seelenzustand *m*[6] gemoeds-, zielstoestand
seelisch ziels-, innerlijk, psychisch
Seelsorge *v*[28] zielzorg, geestelijke verzorging
Seelsorger *m*[9] zielzorger
seelsorgerisch, seelsorgerlich, seelsorglich zielzorgelijk, pastoraal
Seeluft *v*[28] zeelucht
Seemacht *v*[25] zeemacht; zeemogendheid
Seemeile *v*[21] zeemijl
Seenot *v*[28] (het) in nood verkeren op zee
Seeräuber *m*[9] zeerover, piraat
Seereise *v*[21] zeereis
Seeschiff *o*[29] zeeschip
Seeschlacht *v*[20] zeeslag
Seestreitkräfte *mv v*[25] zeestrijdkrachten, marine
seetüchtig zeewaardig
Seeunfall *m*[6] scheepsongeval
seewärts zeewaarts
Seeweg *m*[5] zeeweg, scheepvaartroute
Seezunge *v*[21] (zee)tong
Segel *o*[33] zeil: *die ~ aufziehen* (of: *hissen, setzen*) de zeilen hijsen
Segelboot *o*[29] zeilboot
Segelfahrt *v*[20] zeiltocht
segelfliegen[159] zweefvliegen
[1]**Segelflug** *m*[6] zweefvlucht
[2]**Segelflug** *m*[19] (het) zweefvliegen
Segelflugzeug *o*[29] zweefvliegtuig
Segeljacht *v*[20] zeiljacht
segellos zonder zeil(en)
segeln 1 zeilen, varen, stevenen **2** vliegen, vallen **3** zweven **4** *(mbt wolken)* drijven **5** sjezen, bakken
Segelregatta *v (mv -regatten)* zeilwedstrijd
Segelschiff *o*[29] zeilschip
Segeltuch *o*[29] zeildoek
Segen *m*[19] **1** zegen **2** overvloed, boel
segensreich 1 zegenrijk **2** heilzaam
Segler *m*[9] **1** zeiler **2** zeilschip **3** zweefvliegtuig
segnen zegenen
Segnung *v*[20] zegening, zegen
sehbehindert slechtziend
[1]**sehen**[261] *intr* zien, kijken: *sieh da!* zie daar!, kijk eens aan!; *sieh mal (einer) an!* nee maar!; *siehst du, siehste* zie je wel; *das Fenster sieht auf den Garten* het raam ziet op de tuin uit; *auf die Kinder ~* op de kinderen letten
[2]**sehen**[261] *tr* zien: *siehe Seite 8* zie blz. 8; *bessere Zeiten gesehen haben* betere tijden gekend hebben
sehenswert, sehenswürdig bezienswaardig
Sehenswürdigkeit *v*[20] bezienswaardigheid
Seher *m*[9] ziener, profeet
seherisch profetisch
Sehfehler *m*[9] oogafwijking
Sehkraft *v*[28] gezichtsvermogen
Sehne *v*[21] **1** pees, zeen **2** koord, boogpees

sehnen, sich verlangen, snakken, hunkeren
Sehnenriss *m*[5] gescheurde pees
Sehnerv *m*[16] gezichtszenuw
sehnig 1 zenig, pezig **2** gespierd, pezig
sehnlich vurig, hartstochtelijk, smachtend
Sehnsucht *v*[25] (vurig, smachtend) verlangen
sehnsüchtig, sehnsuchtsvoll verlangend, smachtend, met smart, hunkerend
Sehorgan *o*[29] gezichtsorgaan
sehr[65] zeer, erg, heel: *danke ~!* dank u zeer!; *bitte ~!: a)* tot uw dienst!; *b)* alstublieft!
Sehrohr *o*[29] periscoop
Sehschärfe *v*[21] gezichtsscherpte
sehschwach slechtziend
Sehstörung *v*[20] gezichtsstoornis
Sehweite *v*[28] gezichtsafstand
seicht 1 ondiep **2** oppervlakkig, banaal
Seide *v*[21] zijde
Seidel *o*[33] bierglas, bierpul
seiden zijden, van zijde; zijdeachtig
seidenweich zo zacht als zijde
seidig zijdeachtig, zijig
Seife *v*[21] zeep
seifen 1 inzepen, zepen **2** (erts) uitwassen
Seifenblase *v*[21] zeepbel
Seifenhalter *m*[9], **Seifennapf** *m*[6] zeepbakje
Seifenoper *v*[21] soap
Seifenpulver *o*[33] zeeppoeder
Seifenschaum *m*[19] zeepschuim
seifig zepig, zeepachtig; met zeep bedekt
seihen filteren, filtreren
Seil *o*[29] **1** touw, koord, lijn **2** kabel
Seilbahn *v*[20] kabelbaan, hangspoor
seilen 1 *(met touw)* vastbinden **2** touw slaan
Seilschaft *v*[20] **1** groep bergbeklimmers *(door touw verbonden)* **2** *(meestal ongunstig)* groep personen die (politiek) nauw samenwerken
Seilschwebebahn *v*[20] kabelbaan
Seilspringen *o*[39] (het) touwtjespringen
seiltanzen koorddansen
Seiltänzer *m*[9] koorddanser
[1]**sein** *ww*[262] zijn, bestaan: *mir ist (es) warm* ik heb het warm; *was ist dir?* wat scheelt je?; *mir ist besser* ik voel me beter; *hier ist es gut ~* het is hier goed; *es sei denn, (dass)* tenzij; *dem ist nicht so* dat is niet zo; *wie dem auch sei* hoe het ook zij; *lass das ~!* laat dat!; *das darf nicht ~* dat mag niet; *das kann doch nicht ~!* dat kan toch niet!; *das wär's* dat is het; *die Waren sind sofort zu versenden* de goederen moeten onmiddellijk verzonden worden
[2]**sein** *vnw* zijn: *er tut das Seine* (of: *das ~e)* hij doet het zijne
[3]**sein** *pers vnw (vero)* (van) hem
Sein *o*[39] zijn, bestaan: *~ oder Nichtsein* to be or not to be
seiner *pers vnw* (van) hem
seinerseits zijnerzijds, van zijn kant
seinerzeit destijds, indertijd
seinerzeitig toenmalig
seinesgleichen zijns gelijke(n): *~ nicht haben* ongeëvenaard zijn
seinethalben, seinetwegen ter wille van hem
seinetwillen: *um ~* om zijnentwil, voor hem
seinige *(der, die, das)* (de, het) zijne: *die Seinigen, die ~n* de zijnen, zijn familie
[1]**seit**[+3] *vz* sedert, sinds: *~ alters* (of: *~ jeher)* van oudsher
[2]**seit** *vw* sedert, sinds
seitab zijwaarts; terzijde
[1]**seitdem** *bw* sedert die tijd
[2]**seitdem** *vw* sedert, sinds
Seite *v*[21] **1** zijde, kant: *auf der einen ~* aan de ene kant; *auf ~n des Parlaments* aan de kant van het parlement; *sich auf jmds ~ schlagen* zich aan iems zijde scharen; *jmdn auf die ~ nehmen* iem terzijde nemen; *jmdm nicht von der ~ gehen* (of: *weichen)* niet van iems zijde wijken; *zu beiden ~n des Tores* aan beide kanten van het doel; *jmdm zur ~ stehen* iem terzijde staan **2** bladzijde: *Gelbe ~n* Gouden Gids **3** site || *jmdn auf die ~ schaffen* iem uit de weg ruimen
Seitenansicht *v*[20] zijaanzicht
Seitenblick *m*[5] zijdelingse blik
Seitendeckung *v*[28] *(mil)* flankdekking
Seitendruck *m*[6] zijdelingse druk
Seiteneinsteiger *m*[9] zijinstromer
Seitengewehr *o*[29] bajonet
Seitenhieb *m*[5] steek onder water
Seitenlehne *v*[21] zijleuning
Seitenlinie *v*[21] **1** zijlijn, zijspoor **2** zijlinie
seitens[+2] *vz* van de kant van; door
Seitenschiff *o*[29] zijbeuk *(van kerk)*
Seitensprung *m*[6] **1** zijsprong **2** *(fig)* slippertje
Seitenstreifen *m*[11] berm, vluchtstrook: *~ nicht befahrbar!* zachte berm!
Seitental *o*[32] zijdal, dwarsdal
Seitenwagen *m*[11] zijspan
Seitenwahl *v*[20] *(sp)* toss
Seitenwechsel *m*[9] *(sp)* (het) wisselen van speelhelft
Seitenweg *m*[5] zijweg
Seitenzahl *v*[20] **1** aantal bladzijden **2** nummer van de bladzijde
seither sedert, sindsdien; tot nu toe
[1]**seitlich** *bn* zijdelings; zij-
[2]**seitlich**[+2] *vz* naast
seitwärts zijwaarts; terzijde
Sekret *o*[29] afscheiding
Sekretär *m*[5] **1** secretaris **2** commies **3** secretaire
Sekretariat *o*[29] secretariaat, secretarie
Sekretärin *v*[22] secretaresse
Sekt *m*[5] (Duitse) champagne
Sekte *v*[21] sekte
Sektion *v*[20] sectie
Sektkübel, Sektkühler *m*[9] champagnekoeler
Sektor *m*[16] sector
sekundär secundair, ondergeschikt

Sekunde *v*[21] seconde
Sekundenkleber *m*[5] secondelijm
Sekundenzeiger *m*[9] secondewijzer
sekundieren[320+3] **1** (iem) seconderen **2** *(muz)* begeleiden
selber zelf
selbig dezelfde, hetzelfde; deze, die, dit, dat: *zu ~er Stunde* (of: *zur ~en Stunde)* terzelfder ure
selbst 1 zelf: *um seiner ~ willen* in zijn eigen belang; *er hat's aus sich ~ getan* hij heeft het uit zichzelf gedaan; *~ gemacht* eigengemaakt **2** zelfs
Selbstachtung *v*[28] zelfrespect
selbständig *zie* selbstständig
Selbständigkeit *zie* Selbstständigkeit
Selbstanklage *v*[21] zelfbeschuldiging
Selbstauslöser *m*[9] *(foto)* zelfontspanner
Selbstbedienung *v*[28] zelfbediening
Selbstbedienungsladen *m*[12] zelfbedieningswinkel
Selbstbeherrschung *v*[28] zelfbeheersing
Selbstbeteiligung *v*[20] eigen risico *(bij verzekering)*
selbstbewusst zelfbewust
Selbstbewusstsein *o*[39] zelfbewustzijn
Selbstdisziplin *v*[28] zelfdiscipline
Selbstentfaltung *v*[28] zelfontplooiing
Selbsterhaltung *v*[28] zelfbehoud
Selbsterkenntnis *v*[28] zelfkennis
selbstgefällig zelfingenomen
Selbstgefühl *o*[39] gevoel van eigenwaarde
selbstgemacht eigengemaakt
selbstgenügsam zelfgenoegzaam, sober
selbstgerecht zelfingenomen
Selbstgespräch *o*[29] monoloog, alleenspraak
selbstherrlich autoritair, eigenmachtig
Selbsthilfe *v*[28] **1** eigen hulp **2** *(jur)* eigenrichting
Selbstjustiz *v*[28] eigenrichting
selbstklebend zelfklevend
Selbstkostenpreis *m*[5] kostende prijs, kostprijs
selbstlos onbaatzuchtig, belangeloos
Selbstlosigkeit *v*[28] onbaatzuchtigheid
Selbstmord *m*[5] zelfmoord
Selbstmordattentat *o*[29] zelfmoordaanslag
Selbstmordattentäter *m*[9] zelfmoordterrorist
Selbstmörder *m*[9] zelfmoordenaar
selbstmörderisch 1 tot zelfmoord leidend **2** *(fig)* levensgevaarlijk
selbstsicher zelfverzekerd, assertief
selbstständig zelfstandig, onafhankelijk: *sich ~ machen: a)* een eigen zaak beginnen; *b) (fig)* weglopen, ervandoor gaan; pootjes krijgen
Selbstständigkeit *v*[28] zelfstandigheid
Selbststeuerung *v*[20] **1** automatische piloot **2** *(techn)* geautomatiseerde bediening
Selbststudium *o (2e nvl -s; mv -studien)* zelfstudie
Selbstsucht *v*[28] zelfzucht, egoïsme
selbstsüchtig zelfzuchtig, egoïstisch
selbsttätig 1 automatisch **2** zelfstandig
Selbsttäuschung *v*[20] zelfbedrog
Selbstüberhebung *v*[28] aanmatiging
selbstvergessen in zichzelf gekeerd
selbstverschuldet aan eigen schuld te wijten
selbstverständlich vanzelfsprekend
Selbstverständlichkeit *v*[20] vanzelfsprekendheid
Selbstverständnis *o*[29a] *(geen mv)* zelfbesef
Selbstverstümmelung *v*[20] zelfverminking
Selbstverteidigung *v*[20] zelfverdediging
Selbstvertrauen *o*[39] zelfvertrouwen
Selbstverwaltung *v*[20] zelfbestuur
Selbstwählferndienst *m*[5], **Selbstwählfernverkehr** *m*[19] automatisch interlokaal telefoonverkeer
Selbstwertgefühl *o*[29] gevoel van eigenwaarde
selbstzufrieden zelfvoldaan
Selbstzweck *m*[19] doel op zichzelf
selektieren[320] selecteren
Selektion *v*[20] selectie
selektiv selectief
selig zalig, gelukzalig: *Gott hab ihn ~!* God hebbe zijn ziel!; *mein ~er Vater* (of: *mein Vater ~)* mijn vader zaliger
Seligkeit *v*[20] (geluk)zaligheid, geluk
Sellerie *m*[13], *v*[21] *(mv ook Sellerie)* selderie, selderij
Sellotape *o*[36] sellotape
[1]**selten** *bn* **1** zeldzaam **2** merkwaardig, raar
[2]**selten** *bw* **1** buitengewoon **2** zelden
Seltenheit *v*[20] **1** zeldzaamheid **2** rariteit
seltsam vreemd, eigenaardig, zonderling
seltsamerweise vreemd genoeg, eigenaardig genoeg
Seltsamkeit *v*[20] eigenaardigheid
Semester *o*[33] semester, halfjaar: *ein älteres* (of: *ein höheres) ~* een ouderejaars *(student)*
Seminar *o*[29] **1** werkcollege **2** instituut *(van universiteit)* **3** seminar **4** *(r-k)* seminarie
Seminarübung *v*[20] werkcollege
Semmel *v*[21] kadetje, broodje
Senat *m*[5] **1** senaat **2** regering *(van de deelstaten Bremen, Hamburg, Berlijn)*
Senator *m*[16] **1** senator **2** minister *(Bremen, Hamburg, Berlijn)*
Sendeanlage *v*[21] *(telecom)* zendinstallatie
Sendebereich *m*[5] zendbereik
Sendefolge *v*[21] **1** radioprogramma, tv-programma **2** aflevering **3** radioserie, tv-serie
[1]**senden** *zw (telecom)* zenden, uitzenden
[2]**senden** *st* zenden, sturen
Sendepause *v*[21] zendpauze
Sender *m*[9] zender
Senderaum *m*[6] studio
Sendereihe *v*[21] reeks uitzendingen, serie
Sendeschluss *m*[6] *(telecom)* einde van de uitzending(en)
Sendezeit *v*[20] zendtijd
Sendung *v*[20] **1** zending **2** toezending **3** *(telecom)* uitzending: *durch die ~ führt …* de uitzending

wordt gepresenteerd door ...

Senf *m*[5] mosterd

sengen zengen, schroeien, blakeren

senil seniel

senior senior

Senior *m*[16] **1** senior **2** (vijfen)zestigplusser

Seniorenheim *o*[29] bejaardentehuis

Seniorenpass *m*[6] vijfenzestigpluskaart, seniorenkaart, bejaardenpas

Seniorenwohnanlage *v*[21] wooncomplex voor senioren (*of:* voor ouderen)

Seniorenwohnheim *o*[29] bejaardentehuis

Senke *v*[21] laagte, inzinking, dal

Senkel *m*[9] veter, rijgsnoer

[1]**senken** *tr* **1** neerlaten, laten zakken, laten zinken: *die Augen ~* de ogen neerslaan **2** verlagen, laten dalen: *Preise, Steuern ~* prijzen, belastingen verlagen; *die Stimme ~* de stem laten dalen

[2]**senken, sich** **1** (ver)zakken, (neer)dalen **2** afhellen

Senker *m*[9] *(plantk)* loot, stek

Senkfuß *m*[6] doorgezakte voet

Senkfußeinlage *v*[21] steunzool

Senkgrube *v*[21] zinkput, beerput

Senkkasten *m*[12] caisson

senkrecht loodrecht

Senkrechtstarter *m*[9] **1** verticaal opstijgend vliegtuig **2** iem met een bliksemcarrière

Senkung *v*[20] **1** inzinking **2** (het) laten zakken, (het) neerlaten **3** *(med)* verzakking **4** verlaging **5** bloedbezinking

Senn *m*[5] *(Oostenr, Z-Dui, Zwits)* alpenherder

[1]**Senne** *m*[15] alpenherder

[2]**Senne** *v*[21] alpenweide

Senner *m*[9] alpenherder

Sennerei *v*[20] alpenboerderij

Sennhütte *v*[21] herdershut in de Alpen

Sensation *v*[20] sensatie

sensationell sensationeel, opzienbarend

Sense *v*[21] zeis

sensibel sensibel, (fijn)gevoelig

Sensibilität *v*[28] sensibiliteit

sensitiv sensitief, zeer gevoelig

Sensorbildschirm *m*[5] aanraakscherm, touchscreen

Sensualität *v*[28] sensualiteit, zinnelijkheid

sensuell sensueel, zinnelijk

sentimental sentimenteel

separat separaat, afzonderlijk

Separatismus *m*[19a] separatisme

Separatist *m*[14] separatist

September *m*[9] *(2e nvl ook -)* september

septisch septisch, niet steriel, besmet

Serbe *m*[15] Serviër

Serbien *o*[39] Servië

serbisch Servisch

Serenade *v*[21] serenade

Serie *v*[21] serie, reeks

Serienbau *m*[19] seriebouw

serienmäßig **1** in serie **2** tot de standaarduitrusting behorend, standaard, standaard-

Serienmörder *m*[9] seriemoordenaar

Serienproduktion *v*[20] serieproductie

serienweise **1** in serie **2** massaal

seriös **1** serieus, ernstig **2** degelijk **3** plechtig

Serpentine *v*[21] haarspeldbocht

Server *m*[9] server

[1]**Service** *o (2e nvl -(s); mv -)* servies

[2]**Service** *m, o (2e nvl -; mv -s)* **1** service, dienstbetoon **2** serviceafdeling **3** *(sp)* service

servieren[320] **1** serveren, opdienen **2** *(sp)* serveren

Serviererin *v*[22] serveerster

Serviette *v*[21] servet

Servobremse *v*[21] (rem met) rembekrachtiging

Servolenkung *v*[20] stuurbekrachtiging

Servus *tw (Oostenr)* goedendag!

Sessel *m*[9] **1** zetel **2** fauteuil, leunstoel

Sesselbahn *v*[20], **Sessellift** *m*[5] stoeltjeslift

sesshaft **1** woonachtig, gevestigd: *sich ~ machen* zich (metterwoon) vestigen **2** honkvast

Session *v*[20] sessie, zitting(speriode)

[1]**setzen** *intr* **1** oversteken, springen **2** gokken, inzetten, wedden || *gesetzt (den Fall), er kommt nicht* gesteld (het geval), dat hij niet komt; *jmdm eine Frist ~* iem een termijn stellen; *es setzt Prügel* er vallen klappen; *sich ein Ziel ~* zich iets ten doel stellen; *seine Hoffnung auf jmdn ~* zijn hoop op iem vestigen; *jmdn instand* (of: *in Stand*) *~* iem in staat stellen

[2]**setzen** *tr* **1** zetten, plaatsen, stellen **2** poten **3** *(jagerstaal)* jongen, werpen **4** oprichten **5** stellen, aannemen **6** *(bij spel)* inzetten **7** opstapelen **8** *(zeilen)* hijsen

[3]**setzen, sich** **1** gaan zitten, plaatsnemen **2** *(mbt vloeistoffen)* neerslaan **3** *(bouwk)* zich zetten, inklinken, verzakken

Setzerei *v*[20] zetterij

Setzfehler *m*[9] zetfout, drukfout

Setzling *m*[5] **1** pootplant **2** pootvis

Setzwaage *v*[21] waterpas

Seuche *v*[21] besmettelijke ziekte, epidemie

Seuchenherd *m*[5] besmettingshaard

seufzen zuchten

Seufzer *m*[9] zucht

Sex *m*[19], *m*[19a] **1** seks **2** sekse **3** sexappeal

sexual seksueel, geslachtelijk, geslachts-

Sexualdelikt *o*[29] zedenzaak

Sexualität *v*[28] seksualiteit

Sexualkunde *v*[28] seksuele voorlichting

Sexualstraftat *v*[20] zedenzaak

Sexualtäter *m*[9] zedendelinquent

Sexualtrieb *m*[5] geslachtsdrift

Sexualverbrechen *o*[35] zedenmisdrijf

sexuell seksueel, geslachtelijk, geslachts-

sezieren[320] opensnijden, ontleden *(ook fig)*

SF *v*[28] *afk van Sciencefiction, Science-Fiction* sciencefiction *(afk* sf)

Shampoo, Shampoon *o*[36] shampoo

Shanty *o*[36] shanty
Shortlist *v*[27] shortlist
Show *v*[27] show
Showdown, Show-down *m*[13] showdown
Showgeschäft *o*[39] showbusiness
Shuttle *m*[13] shuttle
sich[88] **1** zich: ~ *schämen* zich schamen; *er dachte bei* ~ hij dacht bij zichzelf; *an* ~ (of: *an und für* ~) op zichzelf (beschouwd) **2** elkaar || *die ist nicht bei* ~*: a)* die is er niet bij; *b)* die is niet goed snik; *an* ~ eigenlijk, als zodanig; *es hat nichts auf* ~ het heeft niets te betekenen
Sichel *v*[21] sikkel
sicher 1 zeker: *seiner Sache* ~ *sein* zeker van zijn zaak zijn **2** veilig: ~ *vor*[+3] veilig voor; ~ *sein* in veiligheid zijn **3** zelfbewust *(van gedrag)* **4** vast *(van hand, blik)* **5** betrouwbaar: *aus ~er Quelle* uit betrouwbare bron **6** geoefend *(zwemmer, schutter)*
sichergehen[168] geen risico nemen
Sicherheit *v*[20] **1** veiligheid **2** zekerheid **3** betrouwbaarheid **4** zelfbewustheid **5** waarborg, garantie, borgstelling: ~ *leisten* zekerheid stellen
Sicherheitsabstand *m*[6] veilige afstand
Sicherheitsbindung *v*[20] veiligheidsbinding *(aan ski)*
Sicherheitsdienst *m*[5] *(mil)* veiligheidsdienst, bewakingsdienst
Sicherheitsglas *o*[32] veiligheidsglas
Sicherheitsgurt *m*[5], **Sicherheitsgürtel** *m*[9] veiligheidsgordel, -riem
sicherheitshalber veiligheidshalve
Sicherheitsleistung *v*[20] waarborgsom
Sicherheitsmaßnahme *v*[21] veiligheidsmaatregel
Sicherheitsrat *m*[19] Veiligheidsraad *(UNO)*
Sicherheitsschloss *o*[32] veiligheidsslot
Sicherheitsverwahrung *v*[20] tbs
Sicherheitsvorkehrungen *mv v*[20] veiligheidsmaatregelen
sicherlich zeker, vast en zeker
sichern 1 beveiligen; afsluiten; *(vuurwapen)* in de rust zetten: *das Fahrrad* ~ de fiets op slot zetten **2** waarborgen, verzekeren; *(bergbeklimmen)* zekeren **3** vaststellen: *Spuren* ~ sporen vaststellen || *sich einen Sitzplatz* ~ een zitplaats reserveren
sicherstellen 1 garanderen, waarborgen **2** in veiligheid brengen **3** bewijzen, aantonen
Sicherstellung *v*[20] **1** beveiliging, vrijwaring **2** waarborging **3** inbeslagneming
Sicherung *v*[20] **1** verzekering, garantie, (het) waarborgen **2** *(elektr)* stop, smeltveiligheid **3** zekerheid, cautie **4** *(mil)* beveiliging **5** veiligheidspal
Sicherungsverwahrung *v*[20] tbs
Sicht *v*[20] **1** zicht, uitzicht: *Politik auf lange* ~ politiek op lange termijn **2** standpunt, visie: *aus* (of: *in) unserer* ~ in onze visie
sichtbar 1 zichtbaar **2** duidelijk
sichten 1 in zicht krijgen, waarnemen **2** *(papieren)* ordenen, selecteren
sichtlich zichtbaar, klaarblijkelijk, duidelijk
Sichtung *v*[20] schifting, onderzoek, ordening
Sichtvermerk *m*[5] visum
Sichtweite *v*[21] gezichtsafstand: *in, außer* ~ in het, buiten het gezicht
sickern sijpelen, lekken; doorlekken
sie[82] **1** zij, haar **2** hen, hun **3** men, ze
[1]**Sie** *zn, v*[27] **1** zij **2** vrouwtje, wijfje
[2]**Sie** *pers vnw*[82] u
Sieb *o*[29] zeef, filter
[1]**sieben** *ww* zeven, ziften
[2]**sieben** *telw* zeven
Sieben *v*[21] *(mv ook Sieben)* **1** *(het cijfer)* zeven **2** lijn zeven *(van tram, bus)*: *eine böse* ~ een feeks
siebengescheit betweterig, waanwijs
Siebenmeter *m*[9], **Siebenmeterwurf** *m*[6] *(sp)* strafworp
Siebensachen *mv v*[21] boeltje, spullen
siebente, siebte zevende
siebzehn zeventien
siebzig zeventig
siech (voortdurend) ziek; ziekelijk
siechen sukkelen, (weg)kwijnen
Siechtum *o*[39] langdurige ziekte
siedeheiß kokend heet, gloeiend heet
Siedehitze *v*[28] kookpunt
siedeln 1 zich vestigen **2** *(biol)* zich nestelen
sieden[264] zieden, koken: *~d heiß* kokendheet
siedendheiß *oude spelling voor* siedend heiß, *zie* sieden
Siedepunkt *m*[5] kookpunt
Siedler *m*[9] kolonist, bewoner
Siedlung *v*[20] **1** nederzetting, vestiging: ~ *in Übersee* kolonie **2** wijk
Sieg *m*[5] overwinning, zege: *einen* ~ *erringen* (of: *davontragen)* een overwinning behalen
Siegel *o*[33] zegel, stempel
siegeln (ver)zegelen, waarmerken
Siegelring *m*[5] zegelring
siegen overwinnen, winnen: ~ *über*[+4] zegevieren over, de overwinning behalen op
Sieger *m*[9] overwinnaar
Siegerehrung *v*[20] *(sp)* cérémonie protocolaire
Siegesfeier *v*[21], **Siegesfeierlichkeit** *v*[20], **Siegesfest** *o*[29] zege-, overwinningsfeest
siegesfroh zegepralend, triomfantelijk
siegesgewiss zeker van de overwinning
Siegestor *o*[29] **1** winnend doelpunt **2** triomfboog
Siegestreffer *m*[9] winnend doelpunt
siegestrunken in een overwinningsroes
siegreich zegevierend, (over)winnend
siezen met 'Sie' aanspreken
Signal *o*[29] signaal, sein
Signalflagge *v*[21] seinvlag, signaalvlag
signalisieren[320] **1** signaleren **2** seinen **3** melden, aankondigen **4** te verstaan geven
Signallampe *v*[21] seinlamp, signaallamp
signifikant significant
Silbe *v*[21] lettergreep, syllabe: *er hat keine* ~ *davon gesagt* hij heeft er geen woord van gezegd

Silber o^{39} zilver, zilverwerk
Silberbarren m^{11} staaf zilver, baar zilver
Silberfaden m^{12} zilverdraad
silberfarben, silberfarbig zilverkleurig
silberhaltig zilverhoudend
Silberhochzeit v^{20} zilveren bruiloft
silberig zilverachtig
Silberling m^{5} zilverling
Silbermünze v^{21} zilveren munt
silbern zilveren, van zilver
Silbertanne v^{21} zilverspar
silbrig zilverachtig
Silhouette v^{21} silhouet
Silizium o^{39} silicium, kiezel
Silo m^{13}, o^{36} silo
Silvester o^{33}, m^{9} oudejaar(sdag)
Silvesterabend m^{5} oudejaarsavond
SIM-Karte v^{21} simkaart
simpel **1** simpel **2** eenvoudig **3** onnozel
simplifizieren^{320} vereenvoudigen
Sims m^{5}, o^{29} lijst, kroonlijst
simsen sms'en
Simulation v^{20} simulatie
simulieren^{320} simuleren
^{1}**simultan** simultaan, gelijktijdig
^{2}**simultan** simultaan: ~ *(Schach) spielen* simultaanschaken
Sinfonie v^{21} symfonie *(ook fig)*
Sinfonieorchester o^{33} symfonieorkest
Sinfoniker m^{9} **1** componist van symfonieën **2** *(mv)* leden van een symfonieorkest
sinfonisch symfonisch
singen^{265} **1** zingen **2** doorslaan, bekennen
Singer-Songwriter *m (2e nvl - -s; mv - -)* singer-songwriter
^{1}**Single** m^{13} *(2e nvl ook -)* alleenstaande
^{2}**Single** v^{27} *(mv ook -)* single *(grammofoonplaat)*
^{3}**Single** *o (2e nvl -(s); mv -(s)) (sp)* single
Singsang m^{19} **1** gezing, gezang **2** liedje
Singstimme v^{21} **1** zangstem **2** zangpartij
Singular m^{19} singularis, enkelvoud
Singvogel m^{10} zangvogel
sinken^{266} zinken, dalen, zakken, vallen: *vor jmdm auf* (of: *in die Knie*) ~ voor iem (neer)knielen; *zu Boden* (of: *zur Erde*) ~ ter aarde zinken; *den Mut ~ lassen* de moed laten zakken; *Kurse, Preise ~* koersen, prijzen dalen
Sinn m^{5} **1** zin, zintuig: *die fünf ~e* de vijf zintuigen; *seine fünf ~e nicht beisammenhaben* ze niet alle vijf op een rijtje hebben; *seine fünf ~e zusammennehmen* zich concentreren **2** zin, waarnemingsvermogen, bewustzijn, (het) denken, verstand: *die ~e vergingen* (of: *schwanden*) *mir* ik verloor het bewustzijn; *er ist nicht bei ~en* hij is niet goed snik; *von ~en sein* buiten zichzelf zijn **3** zin, lust, drift **4** zin, gevoel, begrip: *keinen ~ für Humor haben* geen gevoel voor humor hebben **5** zin, mening, gedachte, geest: *sein ~ ist auf*$^{+4}$ *etwas gerichtet* zijn gedachten zijn op iets gericht; *anderen ~es sein* een andere mening hebben; *was hat er im ~?* wat is hij van plan?; *in jmds ~ handeln* in iems geest handelen; *das war nicht nach seinem ~* dat beviel hem niet **6** gezindheid, aard, instelling, mentaliteit **7** zin, betekenis, inhoud: *im ~e des Gesetzes* in de zin der wet
Sinnbild o^{31} zinnebeeld, symbool
sinnbildlich zinnebeeldig, symbolisch
sinnen^{267} (na)denken, peinzen: *auf Rache ~* op wraak zinnen
^{1}**Sinnenfreude** v^{28} (zinnelijke) levensvreugde
^{2}**Sinnenfreude** v^{21} *(mv)* zinnelijk genot
Sinnesänderung v^{20} verandering van mening
Sinnesart v^{20} gezindheid
Sinnesorgan o^{29} zintuig
Sinnestäuschung v^{20} zinsbedrog, zinsbegoocheling
sinnfällig duidelijk, aanschouwelijk, beeldend
sinngemäß **1** inhoudelijk **2** zinvol
sinnieren^{320} peinzen, mijmeren, piekeren
sinnig **1** zinvol, zinrijk **2** nuttig **3** verstandig
sinnlich **1** zintuiglijk **2** zinnelijk
Sinnlichkeit v^{28} zinnelijkheid
sinnlos **1** zinloos, nutteloos **2** zinneloos: ~ *betrunken* stomdronken
^{1}**Sinnlosigkeit** v^{20} zinloze daad
^{2}**Sinnlosigkeit** v^{28} zinloosheid
sinnreich **1** zinvol, doelmatig **2** diepzinnig
Sinnspruch m^{6} zinspreuk
sinnvoll **1** zinvol, nuttig **2** doelmatig **3** zinnig
sinnwidrig ongerijmd, onlogisch
Sintflut v^{28} **1** zondvloed **2** *(fig)* stortvloed
sintflutartig als een zondvloed, enorm
Sippe v^{21} familie
Sippenforschung v^{28} genealogie
Sippschaft v^{20} **1** familie: *(min) die ganze ~* de hele familie **2** *(min)* bende, gepeupel
sirren gonzen, zoemen, snorren
Sirup m^{5} siroop, stroop
Site v^{27} site
Sitte v^{21} **1** zede, gebruik, gewoonte: *andere Länder, andere ~n* 's lands wijs, 's lands eer **2** zedelijkheid, moraal, fatsoen **3** gedrag, manieren: *gute ~n haben* goede manieren hebben
Sittenlehre v^{28} zedenleer, ethica, ethiek
sittenlos zedeloos, losbandig
Sittenlosigkeit v^{28} zedeloosheid
Sittenprozess m^{5} zedenzaak
Sittenstrolch m^{5} zedendelinquent
sittenwidrig in strijd met de goede zeden
Sittich m^{5} parkiet
sittlich **1** zedelijk, moreel **2** zedig, ingetogen
Sittlichkeit v^{28} zedelijkheid, moraal
Sittlichkeitsdelikt o^{29}, **Sittlichkeitsverbrechen** o^{35} zedendelict, zedenmisdrijf
Sittlichkeitsverbrecher m^{9} zedendelinquent
sittsam **1** zedig, ingetogen, kuis **2** welgemanierd, met goede manieren
Sittsamkeit v^{28} **1** zedigheid **2** welgemanierdheid

Situation v^{20} situatie
situiert gesitueerd: *gut ~* goed gesitueerd
Sitz m^{5} **1** zitting *(van stoel)* **2** (zit)plaats, stoel **3** zetel: *seinen ~ haben* gevestigd zijn **4** zit *(van ruiter)* **5** *(techn)* houder, klem **6** zitvlak *(van broek)* || *das Kleid hat einen guten ~* de japon zit goed
Sitzbad o^{32}, **Sitzbadewanne** v^{21} zitbad
Sitzbank v^{25} zitbank
Sitzecke v^{21} zithoek
sitzen^{268} zitten: *die Henne sitzt* de kip zit te broeden; *der Hieb, der Schuss hat gesessen* de slag, het schot was raak; *einem Maler ~* poseren; *~ bleiben* blijven zitten; *auf*$^{+3}$ *etwas ~ bleiben* met iets blijven zitten; *~ lassen* laten zitten
sitzenbleiben^{134} blijven zitten || *auf*$^{+3}$ *etwas ~* met iets blijven zitten
Sitzenbleiber m^{9} zittenblijver
sitzenlassen^{197} laten zitten
Sitzfläche v^{21} **1** zitting **2** *(iron)* zitvlak
Sitzplatz m^{6} zitplaats
Sitzstreik m^{13} sitdownstaking
Sitzung v^{20} **1** zitting, vergadering **2** (het) poseren *(voor schilder)* **3** *(med)* behandeling
Sitzungsbericht m^{5} notulen, verslag van de vergadering
Sitzverteilung v^{20} zetelverdeling
Sizilien o^{39} Sicilië
Skala v^{27} *(mv ook Skalen)* **1** schaal **2** toonladder **3** scala
skalpieren^{320} scalperen
Skandal m^{5} schandaal
skandalös schandalig, schandelijk
Skandalpresse v^{28} sensatiepers
Skandinavien o^{39} Scandinavië
Skandinavier m^{9} Scandinaviër
Skat m^{19} skaat *(kaartspel voor drie personen)*
Skate m^{13} skate
Skateboard o^{36} *(sp)* skateboard
skateboarden skateboarden
^{1}**skaten** skaat spelen
^{2}**skaten** **1** skateboarden **2** (inline)skaten **3** rolschaatsen **4** skeeleren
Skelett o^{29} skelet, geraamte
Skepsis v^{28} scepsis, twijfel
Skeptiker m^{9} scepticus
skeptisch sceptisch
Ski *m (2e nvl -s; mv -(er))* ski: *~ fahren* (of: *laufen)* skiën
Skifahren o^{39} (het) skiën
Skigebiet o^{29} skigebied
Skilauf m^{19}, **Skilaufen** o^{39} (het) skiën
Skiläufer m^{9} skiër
Skischuh m^{5} skischoen
Skischule v^{21} skischool
Skistiefel m^{9} skischoen
Skistock m^{6} skistok
Skitour v^{20} skitocht
Skizze v^{21} **1** schets **2** concept
skizzenhaft schematisch, schetsmatig
skizzieren^{320} **1** schetsen **2** ontwerpen
Sklave m^{15} slaaf
Sklavenarbeit v^{20} slavenarbeid, slavenwerk
Sklavin v^{22} slavin
sklavisch slaafs
Skonto m^{13}, o^{36} *(mv ook Skonti)* korting (voor contant)
Skooter m^{9} botsauto *(op kermis)*
Skorpion m^{5} schorpioen
Skrupel m^{9} scrupule, gewetensbezwaar
skrupellos gewetenloos
Skrupellosigkeit v^{28} gewetenloosheid
Skulptur v^{20} sculptuur
skurril zot, lachwekkend, potsierlijk
Slalom m^{13}, **Slalomlauf** m^{6} *(sp)* slalom
Slawe m^{15} Slaaf
slawisch Slavisch
Slip m^{13} slipje, broekje
Smaragd m^{5} smaragd
smaragden **1** smaragden **2** van smaragd
Smartdrug, Smart Drug v^{27} smartdrug
Smiley o^{36} smiley
SMS *v (2e nvl -; mv -) (Oostenr en Zwits ook) o (2e nvl -; mv -) afk van Short Message Service* short message service *(afk* sms)
Snobismus m^{19a} snobisme
snobistisch snobistisch
^{1}**so** *vnw* zo: *so ein Pech!* wat een pech!; *so hör doch!* luister dan toch!; *nein, so etwas!* nee maar!
^{2}**so** *bw* zo: *so genannt* zogenaamd; *(iron) so siehst du aus!: a)* dat geloof je zelf toch niet!; *b)* dat had je gedacht!; *noch einmal so viel* nog eens zoveel; *so viel wie* (of: *als) möglich* zoveel mogelijk; *so oder so* in ieder geval; *ach so!* zit dat zo!; *so der Minister* verklaarde de minister
^{3}**so** *vw* zo, als, hoe: *sie kamen zu spät, so dass sie nichts bekamen* ze kwamen te laat, zodat ze niets kregen; *so leid es mir tut* hoezeer het me ook spijt; *so arm er auch ist* hoe arm hij ook is; *es dauerte nicht lange, so kam er* het duurde niet lang, of hij kwam; *so Gott will* als God wil
s.o. *afk van sieh(e) oben* zie boven
Soap v^{27} soap
Soapie m^{13} soapie
Soapstar m^{13} soapster
sobald zodra
Socke v^{21} sok: *(inform) sich auf die ~n machen* op weg gaan, vertrekken
Sockel m^{9} **1** sokkel **2** plint
^{1}**Soda** v^{28}, o^{39} soda
^{2}**Soda** o^{39} sodawater
sodann dan, daarna, vervolgens
sodass, so dass zodat
Sodawasser o^{34} sodawater, spuitwater
Sodbrennen o^{39} maagzuur
soeben zo-even, zojuist
Sofa o^{36} sofa, canapé
sofern als, wanneer, indien, voor zover
sofort dadelijk, onmiddellijk: *ab ~* met ingang

van heden; *per* ~ direct, onmiddellijk
Sofortbildkamera *v*[27] instantcamera
Soforthilfe *v*[28] onmiddellijke hulp
sofortig onmiddellijk, dadelijk, direct
Sofortprogramm *o*[29] urgentieprogramma
Softball *m*[19] softbal: ~ *spielen* softballen
Softdrink, Soft Drink *m*[13] softdrink
Softie *m*[13] softie
Software [softwe:r] *v*[27] software
Softwarepaket *o*[29] softwarepakket
sog. *afk van sogenannt, so genannt* zogenaamd
Sog *m*[5] **1** zog, kielzog, kielwater **2** *(luchtv)* zuigkracht, zuiging **3** *(fig)* aantrekkingskracht
sogar (ja) zelfs, nog wel
sogenannt zogenaamd
sogleich dadelijk, aanstonds, onmiddellijk
Sohle *v*[21] **1** (inleg-, schoen-, voet)zool: *vom Scheitel bis zur* ~ van top tot teen **2** bodem *(van dal, schacht, rivier)* **3** zoolplaat *(van strijkijzer)*
Sohn *m*[6] zoon
Sojabohne *v*[21] **1** sojaboon **2** sojaplant
solang(e) zolang (als)
solar solair, zonne-
Solarenergie *v*[28] zonne-energie
Solarkollektor *m*[16] zonnecollector
Solarzelle *v*[21] zonnecel
solch[68] zulk, zo, zo een, zo'n: ~ *eine Tat* (of: *eine ~e Tat)* zo'n daad; *~e Kraft* zulke, zo'n kracht; ~ *schönes Wetter* (of: *~es schöne Wetter)* zulk mooi weer; *als ~e, als ~er, als ~es* als zodanig
[1]**solcherart** *aanw vnw* zulk, dergelijk
[2]**solcherart** *bw* dusdanig, zodanig, aldus
solcherlei zulk, dergelijk
solchermaßen, solcherweise zodanig, dusdanig, aldus
Soldat *m*[14] soldaat: *bei den ~en sein* in dienst zijn; ~ *auf Zeit* kortverbander
Soldatenfriedhof *m*[6] oorlogskerkhof
soldatisch van, als (een) soldaat, militair
Söldling *m*[5], **Söldner** *m*[9] huursoldaat
Sole *v*[21] water uit, van een zoute bron
solid solide, stevig, degelijk, betrouwbaar
solidarisch solidair, saamhorig, eensgezind: ~ *haftend* hoofdelijk aansprakelijk
solidarisieren[320]**, sich** zich solidair verklaren
Solidarität *v*[28] solidariteit, saamhorigheid
solide *zie* solid
Solist *m*[14] solist
solistisch solistisch
Soll *o (2e nvl -(s); mv -(s))* **1** debet: *im ~ verbuchen* aan de debetzijde boeken **2** verplichte productie, norm
[1]**sollen**[269] *zelfst ww: du willst nicht? du sollst!* je wilt niet?, je moet!
[2]**sollen**[269] *hulpww* **1** moeten, zullen *(wil van een ander): er soll sofort kommen!* hij moet direct komen!; ~ *wir gehen?* zullen we gaan?; *du sollst nicht stehlen* gij zult niet stelen **2** moeten, behoren: *er hätte das nicht tun ~* hij had dat niet moeten doen; *ich sollte eigentlich böse sein* ik moest eigenlijk boos zijn **3** zullen: *du sollst alles haben* je zult alles krijgen **4** zullen, mogen: *um sechs Uhr sollten wir uns treffen* om zes uur zouden we elkaar ontmoeten; *er weiß nicht, was er tun soll* hij weet niet, wat hij doen moet; *was soll das heißen?* wat heeft dat te betekenen?; *sollte er noch kommen, (dann)* ... mocht hij nog komen, dan ...; *man sollte glauben, sagen ...* men zou denken, zeggen ...; *niemals sollte er seine Heimat wiedersehen* nooit zou hij zijn vaderland terugzien **5** moeten *(naar men zegt): er soll gestern abgereist sein* hij moet gisteren vertrokken zijn
Sollzinsen *mv m*[16] debetrente
Solo *o*[36] *(mv ook Soli)* solo
Sologesang *m*[6] solozang
solvent solvent, in staat om te betalen
somit, somit dus, bijgevolg
Sommer *m*[9] zomer
Sommerferien *mv* zomervakantie
Sommerfrische *v*[21] **1** zomervakantie: *sie ist hier zur ~* ze is hier op zomervakantie **2** vakantieoord *(in de zomer)*
Sommerhaus *o*[32] zomerhuis(je)
sommerlich zomers
Sommerpause *v*[21] *(pol)* zomerreces
Sommersprosse *v*[21] zomersproet
sommersprossig vol zomersproeten, sproet(er)ig
Sommertag *m*[5] zomerdag
Sommerwetter *o*[39] zomerweer
Sommerzeit *v*[20] zomertijd
sonach dus, derhalve, bijgevolg
Sonde *v*[21] sonde
Sonderabdruck *m*[5] overdruk(je)
Sonderangebot *o*[29] speciale aanbieding
Sonderausgabe *v*[21] **1** extra editie, extra nummer **2** speciale uitgave *(van boek)* **3** *(mv)* buitengewone uitgaven, buitengewone lasten
sonderbar zonderling, vreemd, raar
sonderbarerweise vreemd genoeg
Sonderbeitrag *m*[6] extra bijdrage
Sonderberichterstatter *m*[9] speciale verslaggever
Sondererlaubnis *v*[24] speciale vergunning
Sonderfall *m*[6] bijzonder geval, speciaal geval
sondergleichen weergaloos, ongeëvenaard
Sonderinteressen *mv o*[38] particuliere belangen
sonderlich **1** *(met ontkenning)* bijzonder, veel: *ohne ~e Mühe* zonder veel moeite **2** zonderling, raar, vreemd
Sonderling *m*[5] zonderling
Sondermeldung *v*[20] extra bericht
Sondermüll *m*[19] gevaarlijke afvalstoffen
[1]**sondern** *ww* scheiden, afzonderen
[2]**sondern** *vw* maar: *nicht nur ...,* ~ *auch* niet alleen ..., maar ook
Sonderpreis *m*[5] speciale prijs
Sonderrabatt *m*[5] extra korting; speciale korting

Sonderrecht o^{29} privilege, voorrecht
sonders: *samt und ~* allen zonder uitzondering
Sonderschicht v^{20} extra ploegendienst
Sonderschule v^{21} school voor buitengewoon lager onderwijs
Sondersendung v^{20} extra uitzending
Sonderung v^{20} scheiding, afzondering
Sonderzug m^{6} extra trein, speciale trein
sondieren^{320} sonderen, polsen, peilen
Sonett o^{29} sonnet
Sonnabend m^{5} *(N-Dui)* zaterdag
Sonne v^{21} **1** zon; *(fig)* zonnetje: *in* (of: *an) der ~ schmelzen* in de zon smelten **2** straalkachel **3** hoogtezon
sonnen, sich 1 *(fig)* zich koesteren **2** zonnebaden, (zich) zonnen: *sich in der Hoffnung ~* de hoop koesteren
Sonnenanbeter m^{9} *(iron)* zonaanbidder
Sonnenaufgang m^{6} zonsopgang
Sonnenbad o^{32} zonnebad
sonnenbaden zonnebaden
Sonnenbank v^{25} zonnebank
Sonnenbrille v^{21} zonnebril
Sonnenenergie v^{28} zonne-energie
Sonnenfinsternis v^{24} zonsverduistering
sonnengebräunt door de zon gebruind
Sonnenkollektor m^{16} zonnecollector
Sonnenlicht o^{39} zonlicht
Sonnenschein m^{19} zonneschijn: *sie ist der ~ der Familie* ze is het zonnetje in huis
Sonnenschirm m^{5} parasol
Sonnenseite v^{21} zonzijde
Sonnenstrahl m^{16} zonnestraal
Sonnenstudio o^{36} zonnestudio, zonnecentrum
Sonnenuhr v^{20} zonnewijzer
Sonnenuntergang m^{6} zonsondergang
sonnenverbrannt door de zon verbrand
Sonnenwärme v^{21} zonnewarmte
Sonnenzelle v^{21} zonnecel
sonnig 1 zonnig **2** *(iron)* naïef
Sonntag m^{5} zondag
sonntäglich 1 op, van zondag, zondags **2** op zijn zondags
sonntags ('s) zondags
Sonntagsfahrer m^{9} zondagsrijder
sonst 1 anders: *wer ~?* wie anders?; *wie ~?* hoe anders?; *~ nichts* verder niets **2** vroeger, voorheen: *wie ~* zoals altijd **3** anders, overigens, verder: *~ noch etwas?* anders nog iets?; *kommt ~ noch jemand?* komt er verder nog iemand?; *~ einer* (of: *jemand)* iemand anders; *~ was* iets anders; *~ wer* iemand anders; *~ wie* op een andere wijze; *~ wo* (heel) ergens anders; *~ wohin* ergens anders heen
sonsteiner *oude spelling voor* sonst einer, *zie* sonst 3
sonstig overig, verder, ander
sonstjemand, sonstwas, sonstwer, sonstwie, sonstwo, sonstwohin *oude spelling voor* sonst jemand, was, wer, wie, wo, wohin, *zie* sonst 3
sooft zo dikwijls, zo vaak (als)
Sopran m^{5} sopraan
Sorbet m^{13}, o^{36}, **Sorbett** m^{5}, o^{29} sorbet
Sorge v^{21} zorg, bezorgdheid, ongerustheid: *keine ~!* wees maar niet bezorgd!; *das macht mir ernstlich ~* (of: *~n)* dat baart me grote zorgen; *~ tragen für*$^{+4}$ zorg dragen voor; *das ist meine geringste ~* daarover maak ik mij in het geheel niet ongerust; *lassen Sie das meine ~ sein!* laat dat maar aan mij over!
[1]**sorgen** *intr* zorgen, zorg dragen
[2]**sorgen, sich** zich zorgen maken, bezorgd zijn
sorgenfrei vrij van zorgen, onbezorgd
sorgenlos onbezorgd, zonder zorgen
sorgenvoll 1 bezorgd, vol zorgen **2** zorgelijk
Sorgfalt v^{28} **1** zorgvuldigheid, nauwgezetheid: *ohne ~* onzorgvuldig **2** zorg: *~ auf*$^{+4}$ *etwas verwenden* zorg aan iets besteden
sorgfältig zorgvuldig, nauwkeurig
Sorgfältigkeit v^{28} *zie* Sorgfalt
sorglos 1 zorgeloos **2** onbekommerd
Sorglosigkeit v^{28} zorgeloosheid
sorgsam zorgzaam, zorgvuldig
Sorgsamkeit v^{28} zorg(vuldigheid)
Sorte v^{21} **1** soort: *eine seltsame ~ (Mensch)* een vreemde figuur **2** *(mv)* deviezen
sortieren^{320} sorteren
Sortierung v^{20} **1** assortiment **2** sortering
Sortiment o^{29} **1** assortiment, keuze **2** voorraad
sosehr hoezeer
soso zozo, niet erg best
SOS-Ruf m^{5} SOS-bericht
Soße v^{21} **1** saus, jus **2** *(inform)* vuil water
Soßenlöffel m^{9} juslepel
soufflieren^{320} souffleren; *(fig)* voorzeggen
soundso zo en zo: *Herr Soundso* meneer Dinges; *~ viel* zo en zoveel; *~ oft* zo vaak
Souvenir o^{36} souvenir
souverän 1 soeverein **2** *(fig)* superieur
Souveränität v^{28} **1** soevereiniteit **2** superioriteit
soviel *vw* **1** voor zoveel, (voor) zover: *~ ich weiß* voor zoveel, zover ik weet **2** hoe(zeer); *zie ook* viel
soweit *vw* voor zoveel, (voor) zover, (in) zover: *~ ich weiß* voor zoveel, zover ik weet
sowenig *vw* hoe weinig … ook
sowie 1 evenals, zowel als, alsmede **2** zodra
sowieso toch al, in elk geval
Sowjet, Sowjet m^{13} sovjet: *die ~s* de Russen
sowjetisch sovjet-, Sovjet-Russisch
Sowjetunion v^{28} Sovjet-Unie
sowohl zowel: *~ als* (of: *wie) (auch)* zowel … als (ook)
sozial sociaal, maatschappelijk
Sozialabbau m^{19} sociale afbraak
Sozialabgaben *mv* v^{21} sociale lasten
Sozialamt o^{32} gemeentelijke sociale dienst
Sozialarbeiter m^{9} maatschappelijk werker
Sozialbeiträge *mv* m^{6} *zie* Sozialabgaben
Sozialdemokrat m^{14} sociaaldemocraat

Sozialgesetzgebung *v*[28] sociale wetgeving
Sozialhilfe *v*[28] (sociale) bijstand
Sozialhilfeempfänger *m*[9] bijstandstrekker
sozialisieren[320] socialiseren
Sozialismus *m*[19a] socialisme
Sozialist *m*[14] socialist
sozialistisch socialistisch
Soziallasten *mv v*[20] sociale lasten
Sozialleistungen *mv v*[20] sociale uitkeringen
Sozialpartner *m*[9] sociale partner
Sozialplan *m*[6] sociaal plan
Sozialpolitik *v*[28] sociale politiek
Sozialstaat *m*[16] verzorgingsstaat, democratische staat met sociale voorzieningen
Sozialversicherung *v*[20] sociale verzekering
Sozialwohnung *v*[20] woningwetwoning
Soziologe *m*[15] socioloog
Soziologie *v*[28] sociologie
[1]**Sozius** *m (2e nvl -; mv -se)* **1** duopassagier **2** duozitting
[2]**Sozius** *m (2e nvl -; mv Sozii)* compagnon
Soziussitz *m*[5] duo(zitting)
sozusagen (om) zo te zeggen
Spachtel *m*[9], *v*[21] **1** spatel **2** plamuurmes **3** plamuur
spachteln **1** spatelen **2** plamuren **3** smullen
Spagat *m*[5], *o*[29] spagaat
spähen spieden, gluren, uitkijken: *nach*[+3] *etwas* ~ naar iets speuren
Späher *m*[9] **1** verspieder, spion **2** verkenner
Spähtrupp *m*[13] *(mil)* verkenningspatrouille
Spalier *o*[29] **1** spalier, latwerk **2** erehaag
Spalt *m*[5] spleet, reet, kier
spaltbar splijtbaar
Spalte *v*[21] **1** kloof, spleet **2** kolom *(in krant)*
[1]**spalten**[270] *tr* **1** splijten, klieven, kloven **2** scheiden, verdelen **3** *(chem)* splitsen; *(olie)* kraken; *(atoomkernen)* splijten
[2]**spalten**[270]**, sich** splijten, barsten, zich splitsen
Spaltpilz *m*[5] splijtzwam *(ook fig)*
Spaltung *v*[20] **1** splijting **2** *(fig)* scheuring *(in partij, kerk)* **3** *(chem)* splitsing; (het) kraken *(van olie)*; *(nat)* splijting *(van atoomkernen)*
Spam *o*[36] spam
Spamfilter *m*[9], *o*[33] spamfilter
spammen spammen
Span *m*[6] **1** spaan(der): *wo gehobelt wird, (da) fallen Späne* waar gehakt wordt vallen spaanders **2** (hout)krul
Spanferkel *o*[33] speenvarken
Spange *v*[21] **1** gesp, spang, sierspeld, haarspeld **2** schoenriem **3** armband
Spanien *o*[39] Spanje
Spanier *m*[9] Spanjaard
spanisch Spaans: *~er Pfeffer* Spaanse peper
Spann *m*[5] wreef
Spannbetttuch *o*[32] hoeslaken
Spanne *v*[21] **1** spanne, tijdspanne: *eine kurze* ~ een spanne tijds **2** marge **3** handbreedte

[1]**spannen** *intr* spannen; strak zitten, knellen
[2]**spannen** *tr* spannen; klemmen
[3]**spannen, sich** **1** zich spannen **2** zich welven; *zie ook* gespannt
Spanner *m*[9] **1** spanner, klem **2** gluurder **3** uitkijk
Spannkraft *v*[28] **1** spankracht **2** *(fig)* veerkracht
Spannlaken *o*[35] hoeslaken
Spannung *v*[20] spanning
Spannweite *v*[21] spanwijdte
Spanplatte *v*[21] spaanplaat, spaanderplaat
Sparauto *o*[36] zuinige auto
Sparbetrag *m*[6] gespaard bedrag
Sparbuch *o*[32] spaarbankboekje
Sparbüchse *v*[21] spaarpot
Spareinlage *v*[21] inleg
[1]**sparen** *intr* sparen, bezuinigen; zuinig zijn: *mit*[+3] *etwas nicht* ~ royaal zijn met iets
[2]**sparen** *tr* sparen: *die Mühe kannst du dir* ~ die moeite kun je je besparen
Sparer *m*[9] spaarder
Sparflamme *v*[28] spaarvlam: *auf* ~ op een laag pitje
Spargel *m*[9] asperge
Sparguthaben *o*[35] spaartegoed
Sparkasse *v*[21] spaarbank
Sparkassenbuch *o*[32] spaarbankboekje
Sparkonto *o*[36] *(mv ook -konten, -konti)* spaarrekening
spärlich karig, schaars, schraal; spaarzaam *(van verlichting)*; dun *(van haar)*
Spärlichkeit *v*[28] schaarsheid; *zie ook* spärlich
Sparmaßnahme *v*[21] bezuinigingsmaatregel
Sparprogramm **1** *(pol)* bezuinigingsbeleid **2** *(elektr)* energiebesparend programma
Sparren *m*[11] **1** dakspar **2** eigenaardigheid
sparsam **1** spaarzaam, zuinig, economisch **2** schaars, sober, karig
Sparsamkeit *v*[28] **1** spaarzaamheid, zuinigheid **2** soberheid, karigheid
Sparschwein *o*[29] spaarvarken
Sparstrumpf *m*[6] *(fig)* oude sok
Sparte *v*[21] **1** afdeling, tak **2** rubriek, kolom
[1]**Spaß** *m*[19] plezier, pret: *aus* (of: *im, zum)* ~ voor de grap; *das macht mir* ~ dat vind ik leuk; *da hört (für mich) der* ~ *auf* dat gaat me te ver || ~ *beiseite!* zonder gekheid!
[2]**Spaß** *m*[6] scherts, grap, gekheid, aardigheid: *keinen* ~ *verstehen* niet tegen een grapje kunnen
spaßen gekheid maken, schertsen: *damit ist nicht zu* ~ daarmee valt niet te spotten
spaßeshalber voor de grap
Spaßgesellschaft *v*[20] vrijetijdsmaatschappij
spaßhaft grappig
spaßig grappig, lollig
Spaßmacher *m*[9], **Spaßvogel** *m*[10] grapjas
spät laat: *wir sind* ~ *dran* we zijn laat
Spatel *m*[9], *v*[21] **1** spatel **2** plamuurmes
Spaten *m*[11] spade, schop
später later: *früher oder* ~ vroeg of laat

späterhin later
spätestens op zijn laatst, uiterlijk: ~ *bis zum 22. Januar* uiterlijk (op) 22 januari
Spätherbst *m*5 late herfst, naherfst
Spätlese *v*21 late oogst, late pluk
Spätling *m*5 nakomertje
Spätnachrichten *mv v*20 late nieuwsberichten
Spätschicht *v*20 avondploeg
Spätsommer *m*9 nazomer
Spätvorstellung *v*20 late voorstelling
Spatz *m*14 **1** mus **2** *(inform)* vogeltje, tenger kind **3** schatje, liefje
Spätzeit *v*20 late periode, nafase
Spätzle *(regionaal)* deegwaren, soort macaroni
Spätzli *mv (Zwits) zie* Spätzle
Spätzünder *m*9 *(fig)* laatbloeier
spazieren320 wandelen: ~ *fahren* een tochtje maken, toeren; ~ *führen* gaan wandelen met; *den Hund ~ führen* de hond uitlaten; ~ *gehen* gaan wandelen
spazierenfahren, spazierenführen, spazierengehen *oude spelling voor* spazieren fahren, führen, gehen, *zie* spazieren
Spazierfahrt *v*20 tochtje, toertje
Spaziergang *m*6 wandeling
Spaziergänger *m*9 wandelaar
SPD *afk van Sozialdemokratische Partei Deutschlands*
Specht *m*5 specht
Speck *m*5 spek: ~ *ansetzen* dik worden
speckig **1** vettig **2** dik, vet
Speckschwarte *v*21 spekzwoerd
Spediteur *m*5 expediteur
Spedition *v*20 **1** expeditie **2** expeditiebedrijf **3** expeditieafdeling
Speer *m*5 speer, spies
Speerwerfen *o*39 (het) speerwerpen
Speerwerfer *m*9 speerwerper
Speiche *v*21 **1** spaak **2** spaakbeen
Speichel *m*19 speeksel, spuug
Speichellecker *m*9 hielenlikker, slijmbal
speicheln kwijlen
Speicher *m*9 **1** opslagplaats, magazijn, pakhuis, entrepot **2** voorraadschuur **3** silo **4** reservoir, spaarbekken **5** *(comp)* geheugen
Speicherbecken *o*35 spaarbekken, reservoir
Speicherkapazität *v*20 **1** opslagcapaciteit **2** *(comp)* geheugencapaciteit
Speicherkarte *v*21 *(comp)* geheugenkaart
speichern opslaan, bergen
Speicherwerk *o*29 *(comp)* werkgeheugen
speien271 **1** spuwen, spugen **2** overgeven
1Speise *v*28 mortel, specie
2Speise *v*21 spijs, eten, gerecht, maal, schotel; voedsel
Speiseeis *o*39 consumptie-ijs
Speisegaststätte *v*21 restaurant
Speisekammer *v*21 provisiekamer
Speisekarte *v*21 spijskaart, menu(kaart): *nach der ~ essen* à la carte dineren
Speisekartoffel *v*21 consumptieaardappel
Speiselokal *o*29 restaurant
1speisen *intr* eten: *(ich) wünsche wohl zu ~!* eet smakelijk!
2speisen *tr* voeden *(ook fig)*; spijzigen, te eten geven; *(techn)* voeden
Speiseöl *o*29 spijsolie, slaolie, tafelolie
Speisepilz *m*5 eetbare paddenstoel
Speiseröhre *v*21 slokdarm
Speisesaal *m*6 *(mv -säle)* eetzaal
Speisewagen *m*11 restauratierijtuig
Speisezettel *m*9 spijskaart, menu
Speisezimmer *o*33 eetkamer
Speisung *v*20 spijziging, voeding
speiübel kotsmisselijk
Spektakel *m*9 **1** spektakel, lawaai **2** ruzie
spektakulär spectaculair, opzienbarend
Spektrum *o (2e nvl -s; mv -tren en -tra)* spectrum
Spekulant *m*14 speculant
Spekulation *v*20 speculatie
Spekulatius *m (2e nvl -; mv -)* speculaas
spekulieren320 speculeren
Spelunke *v*21 **1** krot, hol **2** kroeg
Spende *v*21 gave, gift, schenking, donatie
spenden **1** geven, schenken: *Blut ~* bloed geven **2** uitdelen: *jmdm Lob ~* iem lof toezwaaien
Spender *m*9 **1** gever, schenker **2** (bloed)donor
Spenderorgan *o*29 donororgaan
spendieren320 trakteren, geven
Spendierhosen *mv: die ~ anhaben* een royale bui hebben
Sperber *m*9 sperwer
Sperling *m*5 mus
Sperma *o (2e nvl -s; mv Spermata, Spermen)* sperma, zaad
sperrangelweit wagenwijd
Sperrbaum *m*6 slagboom, sluitboom
Sperre *v*21 **1** afsluiting, sluitboom, versperring, hek **2** toegang, controle **3** blokkade **4** (in-, uitvoer)verbod, embargo **5** *(sp)* schorsing: *über jmdn eine ~ verhängen* iem schorsen
1sperren *intr (regionaal)* klemmen: *die Tür sperrt* de deur klemt
2sperren *tr* **1** (af)sluiten, versperren: *eine Straße ~* een straat afzetten **2** blokkeren: *jmdm das Gas ~* bij iem het gas afsluiten; *gesperrt!* afgesloten rijweg! **3** verbieden: *die Einfuhr ~* de invoer verbieden **4** *(typ)* spatiëren **5** *(sp)* schorsen **6** *(sp)* afhouden **7** opsluiten
3sperren, sich zich verzetten, tegenstribbelen
Sperrfeuer *o*39 *(mil)* spervuur
Sperrfrist *v*20 schorsingstermijn
Sperrgebiet *o*29 verboden gebied
Sperrgut *o*32 goederen die veel ruimte innemen
Sperrholz *o*39 triplex, multiplex
sperrig volumineus, veel ruimte innemend
Sperrkette *v*21 sperketting, deurketting, sluitketting

Sperrmüll *m*[19] grofvuil
Sperrsitz *m*[5] *(theat)* stalles
Sperrstunde *v*[21] sluitingsuur
Sperrung *v*[20] **1** afsluiting **2** sluiting **3** (in- of uitvoer)verbod **4** blokkering; *zie ook* sperren
sperrweit wagenwijd
Sperrzone *v*[21] verboden zone
Spesen *mv* (on)kosten
Spezialarzt *m*[6] specialist
spezialisieren[320] specialiseren: *sich ~ auf*[+4] zich specialiseren in
Spezialisierung *v*[20] specialisering, specialisatie
Spezialist *m*[14] specialist *(ook med)*
Spezialität *v*[20] specialiteit
speziell speciaal, (in het) bijzonder
Spezies *v (mv -)* species, soort
Spezifikation *v*[20] specificatie
spezifisch specifiek: *~es Gewicht* soortelijk gewicht
spezifizieren[320] specificeren
Sphäre *v*[21] **1** hemelbol **2** sfeer
[1]**spicken** *intr (regionaal)* spieken
[2]**spicken** *tr* **1** larderen, (door)spekken **2** rijkelijk voorzien: *eine mit Zitaten gespickte Rede* een speech vol met citaten; *eine gut gespickte Brieftasche* een goed gevulde portefeuille **3** omkopen
Spickzettel *m*[9] spiekbriefje
Spiegel *m*[9] spiegel
Spiegelbild *o*[31] spiegelbeeld
Spiegelei *o*[31] spiegelei
[1]**Spiegelglas** *o*[39] spiegelglas
[2]**Spiegelglas** *o*[32] spiegel
spiegelig spiegelend, glanzend
[1]**spiegeln** *intr* spiegelen; schitteren
[2]**spiegeln** *tr* **1** weerspiegelen **2** *(med)* spiegelen
Spiegelreflexkamera *v*[27] spiegelreflexcamera
Spiegelung *v*[20] **1** spiegeling **2** spiegelbeeld
Spiel *o*[29] **1** spel: *wie im ~* spelenderwijs; *freies ~ haben* vrij spel hebben; *sein ~ mit jmdm treiben* iem voor de gek houden; *mit im ~ sein* meespelen; *(fig) ein gefährliches ~ treiben* een gevaarlijk spel spelen **2** wedstrijd **3** game *(bij tennis)* **4** *(techn)* speling **5** spel, toneelstuk || *lass mich aus dem ~* laat me erbuiten; *ein abgekartetes ~* doorgestoken kaart; *gewonnenes ~ haben* vrij spel hebben
Spielart *v*[20] speling, variëteit
Spielautomat *m*[14] speelautomaat
Spielball *m*[6] **1** speelbal *(ook fig)* **2** matchbal
Spielbank *v*[20] casino, speelbank
Spielbeginn *m*[19] begin van de wedstrijd
Spielbrett *o*[31] **1** speelbord **2** *(sp)* doelbord
[1]**spielen** *intr* **1** spelen: *(sp) fair ~* fair spelen; *seine Beziehungen ~ lassen* zijn connecties gebruiken **2** glinsteren, fonkelen **3** zwemen: *ins Rötliche ~* naar rood zwemen
[2]**spielen** *tr (toneel, viool, kaart)* spelen: *(fig) den feinen Mann ~* de mooie meneer uithangen
[3]**spielen, sich** (zich) spelen
Spielende *o*[39] einde, slot van de wedstrijd
Spieler *m*[9] speler
[1]**Spielerei** *v*[28] gespeel, spel
[2]**Spielerei** *v*[20] beuzelarij, spel(letje), aardigheidje
spielerisch speels, dartel, ludiek: *(sp) ~e Höchstleistung* topprestatie qua spel
Spielfeld *o*[31] speelveld, speelterrein
Spielfigur *v*[20] (schaak)stuk
Spielfilm *m*[5] speelfilm
Spielfläche *v*[21] speelveld, speelterrein
Spielführerbinde *v*[21] aanvoerdersband
Spielhälfte *v*[21] speelhelft
Spielhalle *v*[21] speelhal
Spielhölle *v*[21] speelhol
Spielklasse *v*[21] *(sp)* klasse
Spielleiter *m*[9] **1** spelleider **2** regisseur **3** showmaster, quizmaster
Spielmacher *m*[9] *(sp)* spelbepaler
Spielmannszug *m*[6] *(mil)* tamboerkorps
Spielplan *m*[6] **1** *(theat)* speelplan, repertoire **2** schouwburgagenda, toneelagenda **3** *(sp)* speelplan
Spielplatz *m*[6] speelplaats, speeltuin
Spielraum *m*[6] **1** *(fig)* speelruimte **2** *(techn)* speling
Spielregel *v*[21] spelregel
Spielsachen *mv v*[21] speelgoed
Spielstand *m*[19] *(sp)* stand *(van wedstrijd)*
Spielstein *m*[5] *(sp)* **1** damschijf **2** steen, stuk
spielsüchtig gokverslaafd
Spielverderber *m*[9] spelbederver, spelbreker
Spielvereinigung *v*[20] sportclub
Spielwaren *mv v*[21] speelgoed
Spielzeit *v*[20] **1** speeltijd **2** *(theat)* seizoen
Spielzeug *o*[39] **1** speelgoed **2** speeltje
Spieß *m*[5] **1** spies, lans, speer, piek **2** sergeant-majoor
Spießbürger *m*[9] bekrompen burgerman
spießbürgerlich bekrompen, kleinburgerlijk
Spießbürgertum *o*[39] bekrompenheid
spießen **1** spietsen **2** opprikken
Spießer *m*[9] bekrompen burgerman
spießerhaft, spießerisch, spießig bekrompen, kleinburgerlijk
Spießruten *mv v*[21]: *~ laufen* spitsroeden lopen
Spike [spajk] *m*[13] **1** stalen nagel **2** *(mv, sp)* spikes **3** *(mv)* spijkerbanden
Spin *m*[13] **1** spin, aswenteling **2** *(sp)* effect
Spinat *m*[5] spinazie
Spind *m*[5], *o*[29] kast
Spindel *v*[21] **1** spindel, klos **2** spil **3** spilboom
spindeldürr mager als een lat
Spin Doctor *m*[13] spindoctor
Spinne *v*[21] *(dierk)* spin: *pfui ~!* bah!
spinnefeind: *(mit) jmdm ~ sein* iem dodelijk haten
spinnen[272] **1** spinnen **2** fantaseren, kletsen: *du spinnst wohl!* je bent niet goed snik!
Spinnennetz *o*[29] spinnenweb
Spinner *m*[9] **1** spinner **2** fantast **3** gek, idioot
[1]**Spinnerei** *v*[28] **1** gespin **2** gefantaseer

[2]**Spinnerei** *v*[20] **1** spinnerij **2** verzinsel
Spinnerin *v*[22] **1** spinster **2** fantaste
spinnert *(Z-Dui)* geschift, gek
Spinngewebe *o*[33] spinnenweb
Spinnrad *o*[32] spinnewiel
spintisieren[320] piekeren, mijmeren
Spion *m*[5] **1** spion **2** spionnetje, kijkglas
Spionage [spie·oonazje] *v*[28] spionage
spionieren[320] spioneren
[1]**Spioniererei** *v*[20] geval van spionage
[2]**Spioniererei** *v*[28] gespioneer
Spionin *v*[22] spionne
Spirale *v*[21] spiraal
Spiritismus *m*[19a] spiritisme
Spiritualismus *m*[19a] spiritualisme
spirituell spiritueel, geestelijk
Spirituosen *mv* spiritualiën, sterkedrank
Spiritus *m (2e nvl -; mv -se)* spiritus, alcohol
Spirituskocher *m*[9] spiritus(toe)stel
Spital *o*[32], *m*[8] *(Zwits)* ziekenhuis
spitz **1** spits, puntig, scherp: *~er Ausschnitt* V-hals **2** schril, schel: *ein ~er Schrei* een schrille kreet **3** pips, smalletjes **4** bits, spits, vinnig: *eine ~e Antwort* een scherp, snibbig antwoord
Spitz *m*[5] keeshond
Spitzbart *m*[6] puntbaard, sik
spitzbekommen[193] *(inform)* doorhebben
Spitzbogen *m*[11] spitsboog
Spitzbube *m*[15] **1** schurk **2** kwajongen
spitzbübisch **1** schurkachtig **2** ondeugend
spitze *(inform)* geweldig, klasse
Spitze *v*[21] **1** spits **2** *(sp)* spitsspeler **3** punt *(van mes, naald, neus, pen, sigaar)*: *(fig) die ~ des Eisbergs* het topje van de ijsberg; *etwas auf die ~ treiben* iets op de spits drijven **4** top *(van berg, boom, driehoek, vinger, vleugel)* **5** nok *(van dak)* **6** hoofd, leiding, top: *die ~n der Behörden* de hoogste autoriteiten; *sein Name steht an der ~* zijn naam staat bovenaan; *an der ~ marschieren* vooraan marcheren; *an der ~ stehen* aan het hoofd staan; *sich an die ~ setzen* de leiding nemen; *(sp) an der ~ liegen* op kop liggen **7** steek, onaangename opmerking **8** kant: *~n klöppeln* kantklossen; *jmdm die ~ bieten* iem het hoofd bieden
Spitzel *m*[9] (politie)spion
spitzeln spioneren
[1]**spitzen** *intr* gluren, kijken
[2]**spitzen** *tr* **1** *(oren)* spitsen; *(lippen)* tuiten **2** slijpen, aanpunten
Spitzenathlet *m*[14] topatleet
Spitzeneinkommen *o*[39] topinkomen, topsalaris
Spitzenerzeugnis *o*[29a] kwaliteitsproduct
Spitzengehalt *o*[32] topsalaris
Spitzengeschwindigkeit *v*[20] topsnelheid
Spitzengruppe *v*[21] **1** *(sp)* topklasse **2** *(sp)* kopgroep
Spitzenkandidat *m*[14] lijstaanvoerder, lijsttrekker
Spitzenklasse *v*[20] **1** topklasse **2** topkwaliteit
Spitzenkleid *o*[31] kanten japon
Spitzenleistung *v*[20] topprestatie
Spitzenmannschaft *v*[20] topploeg
Spitzenreiter *m*[9] **1** topper, succesnummer **2** koploper, aanvoerder
Spitzenspiel *o*[29] *(sp)* topper, topwedstrijd
Spitzensport *m*[19] topsport
Spitzensportler *m*[9] topsporter
Spitzenverdiener *m*[5] iem met een topsalaris, grootverdiener
Spitzenzeit *v*[20] **1** spitsuur **2** *(sp)* recordtijd
spitzfindig spitsvondig
Spitzfindigkeit *v*[20] spitsvondigheid
spitzig *(vero)* **1** spits, puntig **2** vinnig, snibbig **3** pips, smalletjes
Spitzkehre *v*[21] **1** *(skiterm)* (het) omkeren op de plaats **2** haarspeldbocht
Spitzkohl *m*[5] spitskool
spitzkriegen *(inform)* doorhebben
Spitzname *m*[18] bijnaam
spitznasig met een spitse neus
spitzwinkelig, spitzwinklig scherphoekig
Spleen [sjplie:n] *m*[5], *m*[13] vreemde inval, tic, gril
spleenig zonderling, raar, grillig
Splitt *m*[5] steenslag, split
Splitter *m*[9] **1** splinter, schilfer **2** scherf
splitterfasernackt spiernaakt
splitterig **1** splinterig **2** vol splinters
splittern **1** splinteren **2** versplinteren
splitternackt spiernaakt
Splitterpartei *v*[21] splinterpartij
splittersicher **1** *(mil)* scherfvrij **2** splintervrij
Spoiler *m*[9] spoiler
sponsern *(sp)* sponsoren
Sponsor *m*[16], *m*[13] sponsor
Sponsoring *o*[39], **Sponsorschaft** *v*[20] sponsoring
spontan spontaan
Spontaneität, Spontanität *v*[28] spontaniteit
Spore *v*[21] spore
Sporenpflanze *v*[21] sporenplant
Sporn *m (2e nvl -(e)s; mv Sporen, (vaktaal) Spore)* **1** spoor *(van haan, ruiter)* **2** (scheeps)ram
spornen de sporen geven
spornstreichs spoorslags
Sport *m*[5] sport, liefhebberij, hobby
Sportanlage *v*[21] sportcomplex
Sportart, Sportdisziplin *v*[20] tak van sport
Sportfreund *m*[5] sportliefhebber; sportvriend
Sportgericht *o*[29] *(sp)* tuchtcommissie
Sportler *m*[9] sporter, sportbeoefenaar
Sportlerin *v*[22] sportbeoefenaarster
sportlich sportief, sport-
Sportlichkeit *v*[28] sportiviteit
sportmäßig sportief
Sportmedizin *v*[28] sportgeneeskunde
Sportplatz *m*[6] sportterrein
Sportstudio *o*[36] *(telecom)* studio sport
Sportverein *m*[5] sportvereniging
Sportwagen *m*[11] **1** sportwagen **2** wandelwagentje

Spott m^{19} spot, bespotting
Spottbild o^{32} spotprent
spottbillig spotgoedkoop
^{1}**Spöttelei** v^{20} spotternij
^{2}**Spöttelei** v^{28} gespot
spötteln spotten: ~ *über*$^{+4}$ de draak steken met
spotten **1** spotten: *das spottet jeder Beschreibung* dat is niet te beschrijven **2** *(dierk)* nabootsen, nadoen: ~$^{+2}$ (of: ~ *über*$^{+4}$) de spot drijven met
Spötter m^{9} spotter; spotvogel
Spötterei v^{20} spotternij, spot
Spottgeld o^{39} spotprijs
spöttisch spottend
Spottlust v^{28} spotlust
Spottpreis m^{5} spotprijs
Sprache v^{21} **1** taal: *in deutscher* ~ in het Duits **2** spraak: *er rückt* (of: *will) mit der ~ nicht heraus* hij wil niets zeggen; *heraus mit der ~!* voor de dag ermee!; *zur ~ bringen* ter sprake brengen; *zur ~ kommen* ter sprake komen
Sprachfähigkeit v^{28} spraakvermogen
Sprachfehler m^{9} **1** taalfout **2** spraakgebrek
Sprachfertigkeit v^{28} taalvaardigheid
Sprachführer m^{9} taalgids
sprachgewandt welbespraakt
Sprachgewandtheit v^{28} **1** bespraaktheid **2** taalvaardigheid
Sprachkenntnisse *mv* v^{24} talenkennis: *gute ~ haben* zijn talen kennen
sprachkundig verschillende talen beheersend
Sprachlabor o^{36}, o^{29} talenpracticum; *(Belg)* taallaboratorium
Sprachlehre v^{21} spraakkunst, grammatica
sprachlich taalkundig, taal-
sprachlos sprakeloos
Sprachlosigkeit v^{28} sprakeloosheid
sprachrichtig taalkundig juist
Sprachrohr o^{29} megafoon, scheepsroeper; *(fig)* spreekbuis
Sprachstörung v^{20} spraakgebrek
Sprachunterricht m^{19} taalonderwijs
Spray m^{13}, o^{36} spray
Spraydose v^{21} spuitbus
sprayen sprayen, verstuiven, spuiten
Sprechanlage v^{21} *(telecom)* intercom
Sprechblase v^{21} tekstballon
^{1}**sprechen**^{274} *intr* spreken: *frei ~* uit het blote hoofd spreken; *für jmdn ~: a)* voor iem opkomen; *b)* iem vertegenwoordigen; *das spricht für, gegen ihn* dat pleit voor, tegen hem
^{2}**sprechen**^{274} *tr* **1** spreken **2** uitspreken **3** *(een gedicht)* voordragen
sprechend sprekend
Sprecher m^{9} **1** spreker **2** woordvoerder **3** omroeper **4** klassenvertegenwoordiger
Sprechfunkgerät o^{29} portofoon, mobilofoon
Sprechkunst v^{28} retorica
Sprechmuschel v^{21} microfoon, mondstuk
Sprechstunde v^{21} spreekuur
Sprechverbot o^{29} spreekverbod
Sprechzimmer o^{33} spreekkamer
spreizbeinig wijdbeens
Spreize v^{21} **1** stut, stempel **2** *(sp)* spreidstand
^{1}**spreizen** *tr* **1** *(techn)* uit elkaar trekken **2** (wijd uiteen)spreiden
^{2}**spreizen, sich** **1** dik doen, een hoge borst opzetten, pronken **2** tegenstribbelen; *zie ook* gespreizt
^{1}**sprengen** *intr* galopperen
^{2}**sprengen** *tr* **1** opblazen, laten springen **2** *(deur)* forceren, openbreken **3** *(boeien)* verbreken **4** sproeien, sprenkelen **5** *(strijkgoed)* invochten || *den Rahmen ~* buiten het kader gaan; *eine Versammlung ~* een vergadering uiteendrijven
Sprenger m^{9} tuinsproeier
Sprengkörper m^{9} explosief
Sprengkraft v^{28} explosieve kracht
Sprengladung v^{20} springlading, explosieve lading
Sprengstoff m^{5} springstof
Sprengstoffanschlag m^{6} bomaanslag
Sprengung v^{20} **1** (het) opblazen **2** (be)sprenkeling; *zie ook* sprengen
Sprengwagen m^{11} sproeiwagen
sprenkeln (be)spikkelen
Spreu v^{28} kaf
Sprichwort o^{32} spreekwoord
sprichwörtlich spreekwoordelijk
Sprieße v^{21} stut, stempel
^{1}**sprießen** *st* ontspruiten, ontkiemen
^{2}**sprießen** *zw* steunen, stutten
Springbrunnen m^{11} fontein
springen^{276} **1** springen **2** (stuk)springen, barsten **3** *(regionaal)* hard lopen, rennen || *ein paar Flaschen ~ lassen* op een paar flessen trakteren; *viel Geld ~ lassen* veel geld uitgeven (*of:* spenderen); *der ~de Punkt* het punt, waarom het gaat
springenlassen^{197} **1** trakteren **2** uitgeven, spenderen
Springer m^{9} **1** springer **2** paard *(een schaakstuk)* **3** invaller: *junger ~* groentje
Springflut v^{20} springvloed
Springform v^{20} springvorm
Springseil o^{29} springtouw
Springstunde v^{21} tussenuur
Springzeit v^{20} springtij
Sprint m^{13} *(sp)* sprint
sprinten **1** sprinten **2** *(inform)* rennen
Sprit m^{19} **1** spiritus **2** *(inform)* benzine
Spritze v^{21} **1** sproeier; spuit **2** brandspuit **3** injectie, spuitje: *(inform) an der ~ hängen* verslaafd zijn **4** *(inform)* vuurwapen
^{1}**spritzen** *intr* **1** spuiten **2** *(inform)* met water spelen **3** motregenen **4** *(fig, inform)* rennen
^{2}**spritzen** *tr* **1** (be)sproeien, (be)sprenkelen **2** spuiten **3** *(techn)* spuitgieten **4** (be)spatten **5** injecteren
Spritzer m^{9} **1** spat **2** scheutje **3** spuiter **4** junk
spritzig **1** prikkelend **2** sprankelend, vlot || *ein ~er*

sp

Sportwagen een snelle sportwagen
spröd, spröde **1** bros **2** ruw, droog en gesprongen *(van huid): ~es Haar* stug haar **3** rauw, hees, schor *(van stem)* **4** stug, niet gemakkelijk te bewerken
Sprödigkeit *v*[28] **1** brosheid **2** ruwheid **3** rauwheid **4** stugheid; *zie ook* spröde
Spross *m*[5] **1** spruit, telg **2** *(plantk)* spruit, loot
Sprosse *v*[21] **1** sport *(van ladder)* **2** sproet
sprossen ontspruiten, ontkiemen, uitlopen
Sprössling *m*[5] spruit, telg
Spruch *m*[6] **1** spreuk **2** leus **3** oordeel, vonnis
Spruchband *o*[32] spandoek
Sprudel *m*[9] bronwater, mineraalwater
[1]**sprudeln** *(haben)* **1** (op)borrelen, schuimen: *das Wasser sprudelt im Topf* het water staat te borrelen in de pan; *vor Witz ~* sprankelen van geest **2** ratelen, rebbelen
[2]**sprudeln** *(sein)* klateren: *~ aus* borrelend komen uit
Sprudelwasser *o*[34] bronwater, mineraalwater
Sprühdose *v*[21] spuitbus
[1]**sprühen** *intr* spatten; *(fig)* fonkelen, tintelen
[2]**sprühen** *tr* sproeien; schieten
[3]**sprühen** *onpers ww: es sprüht* het motregent
Sprühregen *m*[11] motregen
Sprung *m*[6] **1** sprong **2** barst, scheur: *das Glas hat einen ~* het glas is gebarsten || *(fig) jmdm auf die Sprünge helfen* iem op weg helpen; *auf dem ~(e) sein* op het punt staan; *wir kommen auf einen ~* we komen eventjes overwippen
Sprungbrett *o*[31] springplank *(ook fig)*
Sprungfedermatratze *v*[21] springmatras
sprungfertig klaar om te springen
sprunghaft **1** met sprongen, sprongsgewijs **2** abrupt, plotseling **3** wispelturig
Sprungschanze *v*[21] *(sp)* springschans
Sprungseil *o*[29] springtouw
Sprungstab *m*[6] polsstok
Sprungtuch *o*[32] **1** springzeil **2** *(sp)* trampoline
Spucke *v*[28] speeksel, spuug: *jmdm bleibt die ~ weg* iem is met stomheid geslagen
spucken **1** spuwen **2** *(mbt motor)* sputteren
Spuk *m*[5] **1** spookbeeld **2** gespook **3** lawaai
spuken spoken, rondwaren *(ook fig)*
spukhaft spookachtig
Spülautomat *m*[14] afwasmachine
Spülbecken *o*[35] **1** spoelbak **2** gootsteen
Spule *v*[21] spoel, klos, filmspoel, haspel
Spüle *v*[21] aanrecht met spoelbak
spulen opwinden, spoelen
[1]**spülen** *intr* spoelen
[2]**spülen** *tr* **1** spoelen **2** afwassen **3** doorspoelen, doortrekken *(van wc)*
Spüler *m*[9] **1** doorspoelknop *(van spoeling)* **2** bordenwasser
Spülgang *m*[6] (het) spoelen *(van wasmachine)*
Spülmaschine *v*[21] vaatwasser
Spülmittel *o*[33] afwasmiddel
Spülschüssel *v*[21] afwasbak
Spültisch *m*[5] aanrecht
Spülwasser *o*[34] spoelwater, vaatwater
Spur *v*[20] spoor: *eine heiße ~* een veelbelovende tip; *die ~ wechseln* van rijstrook veranderen; *eine ~ Pfeffer* een snufje peper; *keine ~!* (of: *nicht die ~!)* geen zier
spürbar voelbaar, merkbaar, duidelijk
spuren **1** een spoor maken **2** *(mbt auto, fiets)* sporen **3** in het gareel lopen
spüren **1** bespeuren, gewaarworden, merken, voelen **2** speuren, zoeken
Spurensicherung *v*[28] **1** technische recherche **2** (het) opnemen van de sporen
Spürhund *m*[5] speurhond *(ook fig)*
spurlos spoorloos
Spürnase *v*[21] fijne neus, speurneus
Spurrille *v*[21] spoor: *(op bord) ~n!* spoorvorming!
Spürsinn *m*[19] speurzin, feeling
Spurt *m*[13], *m*[5] **1** *(sp)* spurt **2** sprint, run, ren
Spurweite *v*[21] spoorbreedte, spoorwijdte
sputen, sich zich haasten, zich spoeden
Spyware *v*[21] *(comp)* spyware
St. **1** *afk van Sankt* Sint *(afk* St.) **2** *afk van Stück* stuk **3** *afk van Stunde* uur
Staat *m*[16] **1** staat **2** staatsie, praal, pracht **3** *(biol)* staat, volk
Staatenbund *m*[6] statenbond
staatenlos staatloos, zonder nationaliteit
staatlich van de staat, van het rijk, staats-, rijks-, overheids-: *~ geprüft* rijksgediplomeerd; *~e Institutionen* rijksinstellingen; *~e Beihilfe* rijkssubsidie
Staatsangehörige(r) *m*[40a], *v*[40b] staatsburger
Staatsangehörigkeit *v*[20] nationaliteit
Staatsanwalt *m*[6] officier van justitie
Staatsanwaltschaft *v*[20] Openbaar Ministerie
Staatsanzeiger *m*[9] Staatscourant
Staatsbeamte(r) *m*[40a] rijksambtenaar
Staatsbürger *m*[9] staatsburger
Staatschef *m*[13] staatshoofd, president
staatseigen (in het bezit) van de staat, staats-
Staatseinnahmen *mv v*[21] staatsinkomsten
Staatsexamen *o*[35] doctoraal examen: *medizinisches ~* artsexamen
Staatsfinanzen *mv* openbare middelen, staatsfinanciën
Staatsführung *v*[20] staatsbestuur
staatsgefährdend staatsgevaarlijk
Staatsgewalt *v*[20] staatsgezag
Staatshaushalt *m*[5] rijksbegroting
Staatshoheit *v*[28] soevereiniteit
Staatshymne *v*[21] volkslied
Staatsinteresse *o*[38] staatsbelang
Staatskasse *v*[21] staatskas, schatkist
Staatsmann *m*[8] staatsman
staatsmännisch staatsmans-
Staatsminister *m*[9] minister
Staatsoberhaupt *o*[32] staatshoofd
Staatspräsident *m*[14] president

Staatsrat m^{6} **1** Raad van State **2** lid van de Raad van State **3** staatsraad *(titel)*
Staatsrecht o^{39} staatsrecht
staatsrechtlich staatsrechtelijk
Staatssekretär m^{5} staatssecretaris
Staatssicherheitsdienst m^{19} *(DDR)* binnenlandse veiligheidsdienst
Staatsstreich m^{5} staatsgreep
Staatswohl o^{39} welzijn van de staat
Stab m^{6} **1** staf, stok, stang; *(sp)* estafettestokje **2** staf, leiding **3** polsstok **4** dirigeerstok **5** spijl **6** balein *(van paraplu)*
Stabantenne v^{21} sprietantenne
Stäbchen o^{35} stokje, staafje
^{1}**Stabhochsprung** m^{6} polsstokhoogsprong
^{2}**Stabhochsprung** m^{19} (het) polsstokhoogspringen
stabil stabiel, vast, standvastig
Stabilisator m^{16} stabilisator
stabilisieren ^{320} stabiliseren
Stabilisierung v^{20} stabilisatie
Stabilität v^{28} stabiliteit, standvastigheid
Stabilitätspakt m^{5} stabiliteitspact
Stablampe v^{21} staaflamp
Stabreim m^{5} stafrijm, alliteratie
Stabsoffizier m^{5} hoofdofficier; stafofficier
Stachel m^{17} **1** stekel *(van plant, egel)* **2** angel *(van bij)* **3** tong *(van gesp)* **4** punt **5** prikkel
Stachelbeere v^{21} *(plantk)* kruisbes
Stacheldraht m^{6} prikkeldraad
Stacheldrahtverhau m^{5} prikkeldraadversperring
stachelig **1** stekelig **2** vol stekels, vol prikkels; *(fig)* scherp, vinnig
stacheln **1** steken **2** prikkelen, aansporen
Stachelschwein o^{29} *(dierk)* stekelvarken
stachlig *zie* stachelig
Stadion *o (2e nvl -s; mv Stadien)* stadion
Stadium *o (2e nvl -s; mv Stadien)* stadium
Stadt v^{25} **1** stad **2** gemeente
Stadtbahn v^{20} stadsspoor
Stadtbewohner m^{9} stadbewoner, stedeling
Stadtbezirk m^{5} stadsdeel
Stadtbummel m^{9} wandeling door de stad
Stadtdirektor m^{16} gemeentesecretaris
Städtebau m^{19} stedenbouw
städtebaulich stedenbouwkundig
Städtepartnerschaft v^{20} jumelage; *(Belg)* verzustering
Städter m^{9} stedeling, stadsmens
Stadtführer m^{9} stadsgids
Stadtgemeinde v^{21} stedelijke gemeente
Stadthaus o^{32} **1** huis in de stad **2** stadhuis
Stadtinnere(s) o^{40c} binnenstad, centrum
städtisch **1** steeds, stads-: *das ~e Leben* het stadsleven **2** stedelijk, urbaan, gemeentelijk, gemeente-: *~es Bauamt* gemeentewerken; *die ~en Behörden* het gemeentebestuur
Stadtkern m^{5} binnenstad, centrum
stadtkundig goed bekend in de stad
Stadtlicht o^{31} stadslicht *(van auto)*; *(Belg)* standlicht
Stadtmauer v^{21} stadsmuur, stadswal
Stadtmitte v^{28} stadscentrum
Stadtparlament o^{29} gemeenteraad
Stadtplan m^{6} (stads)plattegrond
Stadtplaner m^{9} stedenbouwkundig planoloog
Stadtplanung v^{20} stedenbouwkundige planning
Stadtrat m^{6} **1** gemeenteraad **2** gemeenteraadslid
Stadtteil m^{5} (stads)wijk, stadsdeel
Stadtteilzeitung v^{20} wijkblad
Stadttheater o^{33} stadsschouwburg
Stadttor o^{29} stadspoort
Stadtväter *mv* m^{10} vroede vaderen
Stadtverordnete(r) m^{40a}, v^{40b} gemeenteraadslid
Stadtverwaltung v^{20} stadsbestuur; *(inform)* gemeenteambtenaren *(mv)*
Stadtviertel o^{33} (stads)wijk, stadsdeel
Stadtvilla *v (mv -villen)* urbane villa
Staffel v^{21} **1** *(Z-Dui)* trede, sport **2** trap, graad **3** *(sp)* estafetteploeg; *(sp)* team, ploeg **4** squadron, eskader
Staffelei v^{20} (schilders)ezel
Staffellauf m^{6} *(sp)* estafetteloop
^{1}**staffeln** *tr* **1** *(boekh)* staffelen **2** *(mil)* echelonneren **3** formeren, opstellen
^{2}**staffeln, sich** trapsgewijze oplopen || *gestaffelte Steuern* progressieve belastingen
Staffelung v^{20} **1** progressie, opklimming **2** opstelling, inschaling
Stag o^{29}, o^{37} *(scheepv)* stag
Stagnation v^{20} stagnatie, stilstand
stagnieren ^{320} stagneren, stilstaan
Stahl m^{6}, m^{5} staal
Stahlbeton m^{13}, m^{5} gewapend beton
stahlblau staalblauw
Stahlblech o^{29} stalen plaat, staalplaat
stählen stalen, harden *(ook fig)*
stählern stalen, van staal
Stahlhelm m^{5} stalen helm
Stahlwerk o^{29} staalfabriek
stakig, staksig **1** stijf **2** houterig **3** dun
stalken stalken
Stalker m^{9} stalker
Stalking o^{39} stalking
Stall m^{6} **1** stal **2** renstal
Stalldung, Stalldünger m^{19} stalmest
stallen stallen
^{1}**Stamm** m^{6} **1** stam *(van boom, woord)* **2** *(biol)* geslacht, stam
^{2}**Stamm** m^{19} *(fig)* clientèle, (vaste) kern
Stammbaum m^{6} stamboom
stammeln stamelen, stotteren
Stammeltern *mv* stamouders
stammen stammen, afkomen, afkomstig zijn
Stammgast m^{6} stamgast
Stammgericht o^{29} dagschotel
Stammhalter m^{9} stamhouder

stämmig stevig gebouwd, potig
Stammkneipe *v*[21] stamkroeg
Stammkunde *m*[15] vaste klant
Stammler *m*[9] stotteraar, stamelaar
Stammlokal *o*[29] stamkroeg
Stammsitz *m*[5] **1** stamslot **2** centrale *(van firma);* moederbedrijf **3** vaste plaats
Stammspieler *m*[9] basisspeler
Stammtisch *m*[5] **1** stamtafel *(in café)* **2** clubje stamgasten **3** vaste borrelmiddag, -avond
Stammwähler *m*[9] vaste kiezer
Stammzelle *v*[21] stamcel
Stampfe *v*[21] stamper, heiblok
[1]**stampfen** *intr* stampen *(ook van schip);* klossen
[2]**stampfen** *tr* **1** aanstampen, fijnstampen **2** stampen; heien
Stampfer *m*[9] stamper
Stand *m*[6] **1** stand *(van barometer, water, zon)* **2** stand, staat, toestand *(van gezondheid, proces, vermogen, zaken): außer ~(e) sein* niet in staat zijn; *im ~(e) sein* in staat zijn; *gut im ~(e)* (of: *in gutem ~(e)) sein* in goede staat verkeren; *etwas auf den neuesten ~ bringen* iets updaten; *etwas in ~ halten* iets in orde, in goede staat houden; *etwas in ~ setzen* iets (weer) in orde brengen, herstellen; *jmdn in ~ setzen* iem in staat stellen; *zu ~e kommen* tot stand komen; *etwas zu ~e bringen* iets tot stand brengen **3** stand, klasse *(in maatschappij): der ~ der Ehe* de huwelijkse staat; *Name und ~* naam en burgerlijke staat **4** standplaats *(van taxi)* **5** stalletje, kraampje **6** stand *(op jaarbeurs, tentoonstelling)* **7** stuurcabine || *den Motor im ~ laufen lassen* de motor stationair laten lopen
Standard *m*[13] standaard, maat, richtsnoer
standardisieren[320] standaardiseren
Standbild *o*[31] standbeeld
Stander *m*[9] standaard, vaantje
Ständer *m*[9] **1** standaard, stander **2** staander **3** *(elektr)* stator **4** poot *(van vogel)*
Standesamt *o*[32] (bureau van de) burgerlijke stand
standesamtlich: *~ heiraten* voor de wet trouwen
Standesbeamte(r) *m*[40a] ambtenaar van de burgerlijke stand
Standesbewusstsein *o*[39] standsbesef
standesgemäß volgens, overeenkomstig de stand
Standesperson *v*[20] iem van (voorname) stand
Standesregister *o*[33] register van de burgerlijke stand
Standesunterschied *m*[5] standsverschil
standfest stabiel; duurzaam
Standgeld *o*[31] staangeld, marktgeld
standhaft standvastig
Standhaftigkeit *v*[28] standvastigheid
standhalten[183] standhouden, doorstaan
ständig blijvend, vast, permanent
ständisch de standen betreffend; van de standen: *~e Gliederung* indeling in standen
Standlicht *o*[39] stadslicht
Standort *m*[5] **1** standplaats **2** plaats van vestiging **3** *(mil)* garnizoen **4** positie *(van schip, vliegtuig)*
Standortbestimmung *v*[20] plaatsbepaling
Standpauke *v*[21] strafpreek
Standpunkt *m*[5] standpunt
standrechtlich standrechtelijk
Standspur *v*[20] vluchtstrook *(van autosnelweg)*
Standuhr *v*[20] staande klok
Stand-up-Comedian *m*[13] stand-upcomedian
Stange *v*[21] **1** stang, staaf, staak: *an der ~ tanzen* paaldansen; *eine ~ Zimt* een pijp kaneel; *eine ~ Zigaretten* een slof sigaretten **2** bit *(mondstuk van paard)* **3** roede *(van gordijn, op trap)* **4** stok *(in kippenhok)* || *ein Anzug von der ~* een confectiepak; *(inform) eine ~ Geld* een hoop geld; *jmdm die ~ halten* het voor iem opnemen
Stängel *m*[9] stengel, steel: *fast vom ~ fallen* steil achterovervallen
Stangenbohne *v*[21] stokboon, klimboon
Stangenbrot *o*[29] stokbrood
Stangentanzen *o*[39] paaldansen
Stänkerei *v*[20] ruzie, gekrakeel
stänkern **1** stoken, kankeren **2** de lucht verpesten
stanzen **1** ponsen **2** stansen **3** stempelen
Stapel *m*[9] **1** stapelplaats **2** stapel || *ein Schiff auf ~ legen* een schip op stapel zetten; *vom ~ lassen* van stapel laten lopen; *vom ~ laufen* van stapel lopen
Stapellauf *m*[6] tewaterlating
stapeln (op)stapelen
Stapelplatz *m*[6] stapelplaats
Stapelrecht *o*[29] stapelrecht
Stapelware *v*[21] stapelgoed, stapelproduct
Stapfe *v*[21], **Stapfen** *m*[11] stap, voetstap
stapfen stappen
Stapler *m*[9] vorkheftruck
[1]**Star** *m*[13] ster, star *(beroemdheid)*
[2]**Star** *m*[5] **1** *(med)* staar **2** *(dierk)* spreeuw
Starenkasten *m*[12] **1** nestkastje voor spreeuwen **2** flitspaal
stark[58] **1** sterk, krachtig: *~ erkältet* snipverkouden; *jmdn ~ im Verdacht haben* iem ernstig verdenken **2** flink, groot *(van omzet)* **3** zwaar *(van sigaret, slaap)* **4** hevig, intensief: *~er Verkehr* druk verkeer; *~e Schmerzen* hevige pijnen **5** talrijk, groot: *~e Beteiligung* grote belangstelling; *~ bevölkert* dichtbevolkt **6** goed, dik, ruim: *zwei ~e Stunden* ruim twee uur **7** dik: *ein 20 cm ~er Balken* een 20 cm dikke balk **8** groot *(van oplage, vraag, aanbod)* **9** dik, zwaarlijvig: *schlanke und ~e Damen* slanke en gezette dames **10** sterk, uitstekend **11** *(pop)* blits, geweldig || *er geht ~ auf die Vierzig* hij is bijna veertig; *das ist aber ~* dat is te gek; *sich für*[+4] *etwas, jmdn ~ machen* zich sterk maken voor iets, iem
Starkasten *m*[12] **1** nestkastje voor spreeuwen **2** flitspaal
starkbevölkert dichtbevolkt
Stärke *v*[21] **1** sterkte, kracht, macht; *(chem)* con-

centratie **2** dikte **3** kracht, sterke zijde **4** zetmeel **5** stijfsel(pap) **6** drukte, intensiteit
Stärkekleister *m*[9] stijfselpap
Stärkemehl *o*[29] maizena, zetmeel
[1]**stärken** *tr* **1** sterken, versterken **2** *(wasgoed)* stijven
[2]**stärken, sich** zich versterken
Stärkezucker *m*[19] druivensuiker
starkleibig zwaarlijvig, corpulent
starkmachen, sich: *sich für*[+4] *etwas, jmdn* ~ zich sterk maken voor iets, iem
Starkstrom *m*[19] sterkstroom
Stärkung *v*[20] **1** (ver)sterking **2** kleine maaltijd
Stärkungsmittel *o*[33] versterkend middel
starr 1 star, stijf **2** starend, strak *(van blik, oog)* **3** onbeweeglijk **4** verstijfd *(van kou, schrik)* **5** onbuigzaam, onverzettelijk, koppig
Starre *v*[28] *zie* Starrheit
starren 1 stijf staan: *vor* (of: *von*) *Schmutz* ~ stijf staan van het vuil **2** staren, turen **3** oprijzen, omhoogrijzen
Starrheit *v*[28] **1** stijfheid, onbeweeglijkheid **2** strakheid **3** koppigheid, onverzettelijkheid
Starrkopf *m*[6] stijfkop
starrköpfig koppig, eigenzinnig
Starrsinn *m*[19] koppigheid, stijfhoofdigheid
starrsinnig koppig, eigenzinnig
Start *m*[13], *m*[5] **1** start, beginpunt **2** lancering
Startautomatik *v*[20] automatische choke
Startbahn *v*[20] startbaan
startbereit startklaar
[1]**starten** *intr* starten, opstijgen *(mbt vliegtuig)*
[2]**starten** *tr* laten beginnen, starten: *eine Rakete* ~ een raket lanceren
Starterklappe *v*[21] choke
startklar *zie* startbereit
Startrampe *v*[21] lanceerplatform
Startschuss *m*[6] startschot
Startseite *v*[21] startpagina
[1]**Stasi** *m*[13] *(DDR)* agent van de binnenlandse veiligheidsdienst
[2]**Stasi** *m*[19], *v*[28] *(DDR) verk van Staatssicherheitsdienst* binnenlandse veiligheidsdienst
Statik *v*[28] statica, evenwichtsleer
Station *v*[20] **1** station, halte **2** *(wetenschappelijk)* station **3** afdeling *(in ziekenhuis)* **4** statie *(vd kruisweg)* **5** verblijfplaats **6** zender
stationär 1 stationair **2** klinisch
stationieren[320] stationeren
Stationsarzt *m*[6] afdelingsarts *(in ziekenhuis)*
Stationspfleger *m*[9] hoofdverpleger
Stationsschwester *v*[21] hoofdverpleegster
Statist *m*[14] figurant
Statistik *v*[20] statistiek
statistisch statistisch: *Statistisches Bundesamt* Centraal Bureau voor de Statistiek
Stativ *o*[29] statief
statt[+2] *vz* in plaats van: ~ *dass* in plaats dat; *an Eides* ~ plechtig; *Erklärung an Eides* ~ belofte; *an Kindes* ~ *annehmen* adopteren; *(vero) an Zahlungs* ~ bij wijze van betaling; *an meiner* ~ in mijn plaats; ~ *dessen* in plaats daarvan
Statt *oude spelling voor* statt, *zie* statt
stattdessen in plaats daarvan
Stätte *v*[21] plaats: *heilige ~n* heilige plaatsen
stattfinden[157] plaatshebben, plaatsvinden, gebeuren
stattgeben[166]: *einer Bitte* ~ een verzoek inwilligen, aan een verzoek voldoen
statthaben[182] plaatshebben, plaatsvinden
statthaft geoorloofd, toegestaan
stattlich 1 fors, groot en sterk **2** imposant, groot **3** statig, deftig
Statue *v*[21] (stand)beeld
Statur *v*[20] gestalte, postuur
Status *m (2e nvl -; mv -)* status, staat, toestand
Statusbalken *m*[11] statusbalk, statusregel
Statusleiste *v*[21] statusbalk, statusregel
Statut *o*[37] statuut, reglement
statutarisch, statutengemäß statutair, volgens de statuten
Stau *m*[5], *m*[13] **1** doodtij **2** verkeersopstopping, file **3** *(med)* stuwing **4** opstuwing
Stauanlage *v*[21] stuw
Staub *m*[5], *m*[6] stof: ~ *saugen* stofzuigen; ~ *wischen* stof afnemen; *(fig) in den ~ ziehen* (of: *zerren)* door de modder halen; *sich aus dem ~ machen* zich uit de voeten maken
Staubecken *o*[35] stuwbekken, stuwmeer
stauben stuiven
[1]**stäuben** *intr* stuiven
[2]**stäuben** *tr* **1** stoffen, stof afnemen **2** strooien, fijn verdelen
staubig stoffig, vol stof
staubsaugen stofzuigen
Staubsauger *m*[9] stofzuiger
Staubschicht *v*[20] stoflaag
staubtrocken kurkdroog
Staubtuch *o*[32] stofdoek
Staubwedel *m*[9] plumeau
Staubwolke *v*[21] stofwolk
Staudamm *m*[6] stuwdam, stuw
Staude *v*[21] heester, struik
Staudensellerie *v*[21] bleekselderij
[1]**stauen** *tr* **1** *(water)* stuwen, opstuwen **2** *(scheepslading)* stouwen
[2]**stauen, sich** opgestuwd worden, samenpakken, een opstopping veroorzaken
Staumauer *v*[21] stuwdam
staunen zich verbazen, zich verwonderen, verbaasd staan
Staunen *o*[39] verbazing, verwondering
staunenswert bewonderenswaardig
Stausee *m*[17] stuwmeer
Stauung *v*[20] **1** filevorming **2** stuwing, opstuwing
Stauwasser *o*[34] doodtij
Stauwehr, Stauwerk *o*[29] stuw
Steak *o*[36] steak, biefstuk

[1]**stechen**[277] *intr* **1** steken **2** *(sp)* een barrage rijden **3** klokken
[2]**stechen**[277] *tr* **1** steken, prikken **2** slachten **3** graveren **4** *(asperges, graszoden, turf)* steken **5** slaan *(bij het kaartspel)*
Stechfliege *v*[21] steekvlieg
Stechmücke *v*[21] steekmug, muskiet
Stechuhr *v*[20] prikklok
Steckbrief *m*[5] bevel tot aanhouding en voorgeleiding *(met signalement van de gezochte)*
Steckdose *v*[21] stopcontact
[1]**stecken** *intr, zw en st* steken, zitten: *der Schlüssel steckt im Schloss* de sleutel zit in het slot
[2]**stecken** *tr, altijd zw* **1** steken, stoppen, doen: *die Hand in die Tasche ~* zijn hand in de zak steken; *~ bleiben* blijven steken; *~ lassen* laten zitten **2** poten
steckenbleiben[134] blijven steken
steckenlassen[197] laten zitten
Steckenpferd *o*[29] stokpaard: *sein ~ reiten* zijn stokpaardje berijden
Stecker *m*[9] *(elektr)* stekker, steker
Steckling *m*[5] *(plantk)* stek(je)
Stecknadel *v*[21] speld
Steg *m*[5] **1** voetpad **2** loopplank, vlonder, bruggetje **3** kam *(van strijkinstrument)*
Stegreif: *aus dem ~* onvoorbereid
Stehbierhalle *v*[21] bierhal *(waar men het bier staande drinkt)*
[1]**stehen**[279] *intr* **1** staan: *~ bleiben* blijven staan; *wo sind wir ~ geblieben? (met gesprek, les)* waar zijn wij gebleven?; *~ lassen* laten staan **2** stilstaan **3** instaan: *~den Fußes* op staande voet; *~des Gewässer* stilstaand water; *die Uhr steht* de klok staat stil; *wie steht's?* hoe gaat het ermee?; *wie ~ Sie dazu?* hoe denkt u daarover?; *es steht bei dir* het hangt van jou af; *in der Ausbildung ~* in opleiding zijn; *es steht schlecht um die Sache* de zaak staat er slecht voor; *(fig) zu jmdm ~* achter iem staan; *zu seinem Wort ~* zijn woord gestand doen; *es steht zu erwarten, dass …* het is te verwachten, dat …; *zum Stehen bringen* tot staan brengen
[2]**stehen**[279]**, sich** verdienen: *er steht sich auf … Euro* hij heeft een inkomen van … euro; *er steht sich gut* het gaat hem (financieel) goed
stehenbleiben[134] blijven staan: *wo sind wir stehengeblieben? (met gesprek, les)* waar zijn wij gebleven?
stehenlassen[197] laten staan
Steher *m*[9] stayer
Stehlampe *v*[21] staande lamp
Stehleiter *v*[21] trapleer, trapladder
stehlen[280] *tr* stelen
stehlen[280]**, sich** sluipen: *sich aus dem Hause ~* het huis uit sluipen
Stehplatz *m*[6] staanplaats
Stehtisch *m*[5] statafel
steif **1** stijf: *~ vor Kälte* stijf van de kou **2** sterk *(van grog)* **3** stijf, gedwongen; stijfjes
[1]**Steife** *v*[21] *(bouwk)* stut
[2]**Steife** *v*[28] stijfheid, stijfte
steifen **1** *(wasgoed)* stijven **2** stutten, schoren
steifhalten[183] *tr: die Ohren* (of: *den Nacken*) *~* de moed niet verliezen
Steifheit, Steifigkeit *v*[28] stijfheid; *(techn)* sterkte, stevigheid
Steig *m*[5] steil pad, bergpad
Steigbügel *m*[9] stijgbeugel *(ook anat)*
Steigeisen *o*[35] klimspoor, klimijzer
steigen[281] **1** stijgen, toenemen, rijzen: *Drachen ~ lassen* vliegeren **2** klimmen: *in ein Auto ~* in een auto stappen; *auf einen Baum ~* in een boom klimmen **3** plaatsvinden || *auf die Bremse ~* hard remmen; *ins Examen ~* examen gaan doen
Steiger *m*[9] **1** mijnopzichter **2** aanlegplaats
[1]**steigern** *tr* **1** vergroten, opvoeren **2** *(huur)* verhogen **3** *(taalk)* de trappen van vergelijking vormen **4** op een veiling kopen
[2]**steigern, sich** groter worden, stijgen, toenemen: *der Verkehr steigert sich immer mehr* het verkeer neemt steeds meer toe
Steigerung *v*[20] **1** vergroting, opvoering **2** verhoging **3** *(taalk)* (het) vormen van de trappen van vergelijking **4** *(sp)* geleidelijke opvoering van het tempo
Steigerungsrate *v*[21] groeipercentage
Steigerungsstufe *v*[21] *(taalk)* trap van vergelijking: *erste ~* vergrotende trap; *zweite ~* overtreffende trap
Steigfähigkeit *v*[20] klim-, stijgvermogen
Steigung *v*[20] **1** stijging **2** helling
steil steil
Steilhang *m*[6] steile helling
Steilpass *m*[6] *(sp)* dieptepass
Stein *m*[5] **1** steen **2** (bak)steen **3** pit, steen *(van steenvrucht)* **4** steen, gal-, niersteen **5** steen, damschijf **6** schaakstuk || *mir fiel ein ~ vom Herzen* dat was een pak van mijn hart; *bei jmdm einen ~ im Brett haben* bij iem een wit voetje hebben
steinalt stokoud
Steinbruch *m*[6] steengroeve
Steinbutt *m*[5] *(dierk)* tarbot
steinern stenen, van steen
Steingrillen *o*[39] steengrillen
steinhart steenhard, keihard
Steinhauer *m*[9] steenhouwer
steinig steenachtig, vol stenen, stenig
Steinkohle *v*[21] steenkool
Steinkohlenbergwerk *o*[29] (steen)kolenmijn
Steinkohlenförderung *v*[20] steenkoolwinning
Steinkohlenzeche *v*[21] kolenmijn
Steinmetz *m*[14] steenhouwer
[1]**steinreich** schatrijk, steenrijk
[2]**steinreich** vol stenen, stenig
Steinschlag *m*[6] **1** steenslag, split **2** vallend gesteente
Steinwüste *v*[21] steenwoestijn
Steinzeit *v*[28] stenen tijdperk, steentijd

Steiß *m*[5] **1** *(anat)* stuit **2** zitvlak, achterste
Steißbein *o*[29] stuitbeen
Steißlage *v*[21] *(med)* stuitligging
Stelle *v*[21] **1** plaats, plek: *an Ihrer ~* in uw plaats; *an ~*[+2] (of: *an ~ von*[+3]) in plaats van; *an erster ~* in de eerste plaats; *zur ~ sein* aanwezig zijn **2** betrekking, baan: *freie ~* (of: *offene ~)* vacature **3** instantie: *die zuständige ~* de bevoegde instantie; *die militärischen ~n* de militaire autoriteiten **4** passage *(in boek)* || *die Zahl 1000 hat vier ~n* het getal 1000 heeft vier cijfers; *nicht von der ~ kommen* niet opschieten; *auf der ~* onmiddellijk; *er war auf der ~ tot* hij was op slag dood
[1]**stellen** *tr* **1** plaatsen, stellen, zetten: *die Uhr ~* de klok gelijkzetten; *den Wecker ~* de wekker zetten; *die Weiche ~* de wissel omzetten **2** zorgen voor, leveren: *einen Bürgen, einen Vertreter ~* voor een borg, voor een plaatsvervanger zorgen **3** arresteren, aanhouden: *einen Verbrecher ~* een misdadiger arresteren || *einen Antrag* (of: *ein Gesuch) ~* een verzoek indienen; *Bedingungen ~* voorwaarden stellen; *eine Kaution ~* een zekerheid stellen; *Speisen kalt ~* gerechten laten afkoelen; *warm ~* warm houden; *gut gestellt sein* in goeden doen zijn; *ein besser gestellter Arbeitnehmer* een beter verdienende werknemer; *jmdn an die Wand ~* iem tegen de muur zetten; *(fig) ganz auf sich (selbst) gestellt sein* helemaal op zichzelf aangewezen zijn; *etwas zur Debatte ~* iets ter discussie stellen
[2]**stellen, sich** **1** gaan staan, zich plaatsen **2** *(mil)* opkomen **3** zich aangeven || *der Minister stellte sich der Presse* de minister stond de pers te woord; *der Preis stellt sich auf 10 Euro* de prijs bedraagt 10 euro; *sich mit jmdm gut ~* het met iem kunnen vinden; *er wusste nicht, wie er sich dazu ~ sollte* hij wist niet welke houding hij daartegenover moest aannemen; *sich krank, taub ~* zich ziek, doof houden; *er stellt sich nur so* hij doet maar alsof
Stellenangebot *o*[29] aangeboden betrekking(en), vacature
stellenlos zonder betrekking
Stellenmarkt *m*[5] arbeidsmarkt
Stellenvermittler *m*[9] intercedent; arbeidsbemiddelaar
Stellenvermittlung *v*[20] arbeidsbemiddeling
Stellenwechsel *m*[9] verandering van betrekking
stellenweise hier en daar
Stellenwert *m*[5] betekenis, functie, waarde
-stellig van … cijfers
Stellplatz *m*[6] **1** parkeerplaats **2** verzamelplaats
Stellschraube *v*[21] *(techn)* stelschroef
Stellung *v*[20] **1** stand, stelling, plaats, positie: *für jmdn ~ nehmen* voor iem partij kiezen; *gegen jmdn ~ nehmen* zich tegen iem keren **2** positie, houding: *gesellschaftliche ~* maatschappelijke positie **3** standpunt, houding: *zu*[+3] *etwas ~ nehmen* zijn standpunt bepalen ten opzichte van iets **4** positie, betrekking
Stellungnahme *v*[21] **1** standpunt, positiebepaling **2** oordeel, mening
stellungslos zonder betrekking, werkloos
Stellungswechsel *m*[9] verandering van betrekking; *(mil)* verandering van positie
stellvertretend plaatsvervangend, waarnemend
Stellvertreter *m*[9] plaatsvervanger
Stellvertretung *v*[20] plaatsvervanging
Stelze *v*[21] **1** stelt: *wie auf ~n gehen* stijf lopen **2** houten been **3** kwikstaart
stelzen **1** steltlopen **2** stijf stappen
Stelzenhaus *o*[32] paalwoning
Stelzläufer *m*[9] steltloper
Stelzvogel *m*[10] *(dierk)* steltloper
Stemmeisen *o*[35] breekijzer, breekbeitel
[1]**stemmen** *intr* remmen *(bij het skiën)*
[2]**stemmen** *tr* **1** heffen, omhoogtillen: *Gewichte ~* gewichtheffen **2** *(inform)* stelen **3** duwen, drukken: *die Hände in die Seite ~* de handen in de zij zetten **4** breken: *ein Loch in die Wand ~* een gat in de muur breken
[3]**stemmen, sich**: *sich gegen*[+4] *etwas ~: a)* zich schrap zetten tegen iets; *b) (fig)* zich verzetten tegen iets
Stempel *m*[9] **1** stempel **2** waarmerk **3** keur **4** zegel **5** stamper *(van bloem)* **6** stut, schoor
[1]**stempeln** *intr* in de steun lopen, stempelen
[2]**stempeln** *tr* **1** stempelen **2** bestempelen, afstempelen
Stengel *oude spelling voor* Stängel, *zie* Stängel
Steno *v*[28] steno, stenografie
Stenograf stenograaf
stenografieren[320] stenograferen
Stenogramm *o*[29] stenogram
Stenograph *zie* Stenograf
stenographieren *zie* stenografieren
Stenotypistin *v*[22] stenotypiste
Stent *m*[13] stent
Steppdecke *v*[21] gestikte deken
Steppe *v*[21] steppe
steppen stikken, doorstikken
Stepps *mv* steps
Sterbefall *m*[6] sterfgeval
Sterbehilfe *v*[28] euthanasie
sterben[282] sterven, overlijden, doodgaan
Sterben *o*[35] sterven, dood, sterfte: *im ~ liegen* op sterven liggen; *zum ~ langweilig* stomvervelend; *zum ~ müde* doodmoe
Sterbensangst *v*[25] doodsangst
sterbenskrank doodziek
Sterbetag *m*[5] sterfdag
sterblich sterfelijk: *die ~en Überreste* (of: *die ~e Hülle)* het stoffelijk overschot
Sterblichkeit *v*[28] **1** sterfelijkheid **2** sterfte
Stereo *o*[36] stereo
Stereoanlage *v*[21] stereo-installatie
Stereometrie *v*[28] stereometrie
stereotyp stereotiep
steril steriel; onvruchtbaar

st

Sterilisation v^{20} sterilisatie
sterilisieren^{320} steriliseren
Stern m^{5} **1** ster: *sein guter ~* zijn goed gesternte **2** *(typ)* sterretje **3** lieveling
Sternbild o^{31} sterrenbeeld
Sternfahrt v^{20} *(sp)* rally, sterrit
sternhagelvoll stomdronken
Sternhimmel m^{19} sterrenhemel
Sternschnuppe v^{21} vallende ster
Sternstunde v^{21} beslissend uur
Sternwarte v^{21} sterrenwacht, observatorium
Sterz m^{5} **1** ploegstaart **2** *(regionaal)* staart **3** *(Z-Dui, Oostenr)* polenta
stet, stetig gestaag, constant, continu
Stetigkeit v^{28} vastheid, bestendigheid, continuïteit
stets steeds, voortdurend, altijd
[1]**Steuer** v^{21} belasting: *~n erheben* belastingen heffen; *etwas von der ~ absetzen* iets van de belasting aftrekken; *~n hinterziehen* belasting ontduiken
[2]**Steuer** o^{33} **1** stuur *(van auto): am ~* (of: *hinter dem ~) sitzen* achter het stuur zitten **2** roer
Steuerabzug m^{6} belastingaftrek
Steueraufkommen o^{39} belastingopbrengst
steuerbegünstigt met belastingfaciliteiten, met belastingvoordeel, fiscaal voordelig
Steuerbegünstigung v^{20} belastingfaciliteit
Steuerbehörde v^{21} belastingdienst
Steuerbemessungsgrundlage v^{21} belastinggrondslag
Steuerberater m^{9} belastingadviseur
Steuerbescheid m^{5} aanslagbiljet
Steuerbord o^{29} *(scheepv)* stuurboord
Steuereinnehmer m^{9} ontvanger der belastingen
Steuererklärung v^{20} belastingaangifte: *die ~ machen* het aangiftebiljet invullen
Steuererlass m^{5} ontheffing van het betalen van belasting
Steuererleichterung v^{20} belastingfaciliteit
Steuerermäßigung v^{20} belastingverlaging
Steuerfahndung v^{20} fiscale opsporingsdienst
steuerfrei vrij van belasting, belastingvrij
Steuerfreibetrag m^{6} belastingvrije voet
Steuergerät o^{29} tuner-versterker
Steuerhinterziehung v^{20} belastingontduiking
Steuerklasse v^{21} tariefgroep
Steuerknüppel m^{9} *(luchtv)* stuurknuppel
Steuerlast v^{20} belastingdruk
steuerlich fiscaal, belasting-: *~e Belastung* belastingdruk
steuerlos stuurloos
Steuermann m^{8} *(mv ook Steuerleute)* stuurman
steuern *intr* **1** (aan)sturen; stevenen, varen: *nach England ~* koers zetten naar Engeland **2** *(met 3e nvl)* optreden tegen, een eind maken aan
steuern *tr* **1** sturen, besturen: *ein Auto ~* een auto besturen; *eine Sache ~* een zaak beïnvloeden **2** *(techn)* regelen
steuerpflichtig belastingplichtig
Steuerpflichtige(r) m^{40a}, v^{40b} belastingplichtige
Steuerrad o^{32} stuurrad; stuurwiel
Steuerreform v^{20} belastinghervorming
Steuersatz m^{6} belastingtarief, -percentage
Steuerung v^{20} **1** (het) sturen, besturing **2** (het) tegengaan, bestrijding **3** stuurinrichting
Steuerveranlagung v^{20} belastingaanslag
Steuervergünstigung v^{20} belastingfaciliteit
Steuerzahler m^{9} belastingbetaler
Steuerzettel m^{9} belastingbiljet
Steven m^{11} *(scheepv)* steven
Steward [stjoe:ert] m^{13} steward
Stewardess [stjoe:erdes, -des] v^{20} stewardess
stibitzen gappen, jatten, pikken
Stich m^{5} **1** steek *(ook fig): ~ halten* steekhoudend zijn **2** gravure **3** *(scheepv)* steek, knoop *(in touw)* **4** slag *(in het kaartspel)*
Stichelei v^{20} hatelijke opmerking, hatelijkheid
sticheln **1** *(fig)* steken onder water geven, hatelijke toespelingen maken **2** priegelen
Stichflamme v^{21} steekvlam
stichhaltig steekhoudend
Stichling m^{5} stekelbaars
Stichprobe v^{21} steekproef
Stichtag m^{5} **1** teldatum, teldag **2** peildatum
Stichwahl v^{20} beslissende herstemming
[1]**Stichwort** o^{32} trefwoord, lemma
[2]**Stichwort** o^{29} **1** leus, parool **2** *(theat)* wachtwoord, claus
Stichwunde v^{21} steekwond
Stickarbeit v^{20} borduurwerk
sticken borduren
Stickerei v^{20} borduurwerk
stickig verstikkend, om te stikken, benauwd
Stickmuster o^{33} borduurpatroon
Sticknadel v^{21} borduurnaald
Stickstoff m^{19} stikstof
stieben^{283} stuiven, vliegen
Stiefbruder m^{10} stiefbroer
Stiefel m^{9} **1** laars **2** hoge schoen **3** bierglas: *einen guten* (of: *tüchtigen) ~ vertragen (of: trinken) können* een stevige borrel lusten
stiefeln met grote stappen lopen, marcheren
Stiefeltern *mv* stiefouders
Stiefkind o^{31} stiefkind
Stiefmutter v^{26} stiefmoeder
Stiefmütterchen o^{35} driekleurig viooltje
Stiefschwester v^{21} stiefzuster
Stiefsohn m^{6} stiefzoon
Stiefvater m^{10} stiefvader
Stiege v^{21} **1** steile trap **2** *(Z-Dui)* trap **3** kist, krat
Stiel m^{5} **1** steel: *Eis am ~* ijslolly **2** stengel
Stielauge o^{38} steeloog: *~n bekommen* (of: *machen, kriegen)* grote ogen opzetten, zijn ogen uitkijken
stier strak, wezenloos
Stier m^{5} stier
stieren staren

Stierkampf *m^{6}* stierengevecht
Stierkämpfer *m^{9}* stierenvechter
^{1}**Stift** *m^{5}* **1** stift, pin, pen **2** tong *(van gesp)* **3** stift, potlood, pen **4** dreumes **5** leerling *(in hotel, zaak)*
^{2}**Stift** *o^{29}* **1** gesticht **2** seminarie **3** *(hist)* sticht, (vrouwen)stift **4** *(Oostenr)* klooster
stiften **1** *(brand, kerk, vrede)* stichten **2** *(vereniging)* oprichten **3** *(verbond)* aangaan **4** schenken, geven: *einen Preis ~* een prijs uitloven; *den Wein ~* de wijn ter beschikking stellen || *~ gehen* 'm smeren
stiftengehen *oude spelling voor* stiften gehen, *zie* stiften
Stifter *m^{9}* **1** stichter **2** schenker, gever, donateur
Stiftung *v^{20}* **1** schenking, gift, donatie **2** stichting **3** inrichting, instelling
Stiftzahn *m^{6}* stifttand
Stil *m^{5}* stijl: *im großen ~* (of: *großen ~s)* groots (opgezet), op grote schaal
stilgerecht in stijl
stilisieren^{320} stileren
still **1** stil, stilletjes: *in ~er Trauer* diepbedroefd **2** plat, zonder koolzuur: *~es Wasser* plat water
Stille *v^{28}* stilte: *in der ~* (of: *in aller ~)* in (alle) stilte, stilletjes
stillegen *oude spelling voor* stilllegen, *zie* stilllegen
Stillegung *oude spelling voor* Stilllegung, *zie* Stilllegung
stillen **1** de borst geven **2** *(honger, wraak)* stillen **3** *(dorst)* lessen **4** *(bloed)* stelpen **5** *(tranen)* drogen **6** *(nood, smart)* lenigen **7** *(nieuwsgierigheid)* bevredigen
stillhalten^{183} rustig blijven, zich stilhouden
stilliegen *oude spelling voor* stillliegen, *zie* stillliegen
stilllegen buiten bedrijf stellen, stilleggen
Stilllegung *v^{20}* stopzetting, stillegging
stillliegen^{202} buiten bedrijf zijn, stilliggen
stillos stijlloos
stillschweigen^{255} stilzwijgen
Stillschweigen *o^{39}* (het) stilzwijgen
Stillstand *m^{19}* stilstand
stillstehen^{279} stilstaan
Stillung *v^{20}* (het) stillen*; zie ook* stillen
stilvoll stijlvol
Stimmabgabe *v^{21}* stemming
Stimmband *o^{32}* stemband
stimmberechtigt stemgerechtigd
Stimmberechtigung *v^{20}* stemrecht
Stimmbruch *m^{19}* stemwisseling
Stimme *v^{21}* **1** stem; *(muz ook)* partij **2** stemrecht: *sich der ~ enthalten* zich van stemming onthouden
stimmen **1** *(mbt kas, rekening)* kloppen, in orde zijn: *stimmt so!* laat maar zitten! *(als men een fooi geeft)* **2** stemmen **3** zijn stem uitbrengen
Stimmenanteil *m^{5}* stemmenpercentage
Stimmengewirr *o^{29}* geroezemoes
Stimmengleichheit *v^{28}* staking van stemmen
Stimmenmehrheit *v^{20}* meerderheid van stemmen
Stimmenthaltung *v^{20}* onthouding *(bij stemming)*
Stimmenverhältnis *o^{29a}* stemverhouding
Stimmenverlust *m^{5}* verlies aan stemmen
Stimmenzuwachs *m^{19}* stemmenwinst
stimmfähig stemgerechtigd
Stimmgabel *v^{21}* stemvork
Stimmlage *v^{21}* stemregister
stimmlos **1** *(fonetiek)* stemloos **2** zonder stem
Stimmrecht *o^{29}* stemrecht
Stimmung *v^{20}* stemming: *jmdm die ~ verderben* iems humeur bederven; *in ~ sein* goed gehumeurd zijn; *ich bin nicht in der ~, etwas zu tun* ik ben niet in de stemming iets te doen
stimmungsvoll **1** vol stemming, sfeervol **2** plechtig, stemmig
Stimmzettel *m^{9}* stembriefje, stembiljet
stimulieren^{320} stimuleren, prikkelen
stinken^{284} stinken: *die Sache stinkt* er zit een luchtje aan; *~d faul* aartslui
stinkfaul aartslui
stinkig **1** stinkend **2** rottig, smerig **3** kwaad, boos: *~ sein* de pest inhebben
stinklangweilig stomvervelend
Stinkmarder *m^{9}* bunzing
stinknormal doodnormaal
stinkreich stinkend rijk
stinksauer *(inform)* pisnijdig
Stinkwut *v^{28}* enorme woede: *eine ~ auf jmdn haben* laaiend op iem zijn
Stipendiat *m^{14}* stipendiaat, beursstudent
Stipendium *o (2e nvl -s; mv -pendien)* stipendium, (studie)beurs
stippen **1** dopen, dippen, soppen **2** tikken, even aanraken, een tikje geven
Stirn *v^{20}* **1** voorhoofd **2** *(bouwk)* front, voorzijde **3** rand van een gletsjertong || *jmdm, der Konkurrenz die ~ bieten* iem, de concurrentie het hoofd bieden
Stirnhöhle *v^{21}* voorhoofdsholte
Stirnrunzeln *o^{39}* (het) fronsen van het voorhoofd
Stirnseite *v^{21}* voorzijde
Stirnwand *v^{25}* voorgevel
stöbern **1** *(mbt sneeuw)* stuiven: *es stöbert* er valt fijne droge sneeuw **2** snuffelen: *in jmds Sachen ~* in iems zaken snuffelen **3** *(regionaal)* grondig schoonmaken
Stocher *m^{9}* **1** pook **2** tandenstoker
stochern **1** poken, porren **2** peuteren
^{1}**Stock** *m^{19}* verdieping, etage: *im zweiten ~ wohnen* op de tweede verdieping wonen
^{2}**Stock** *m^{6}* **1** stok *(ook bij kaartspel);* stick *(bij hockey);* (biljart)keu **2** boomstomp **3** blok **4** offerblok **5** bijenkorf **6** *(Z-Dui)* bergmassief
^{3}**Stock** *m^{13}* **1** stock, (goederen)voorraad **2** stamkapitaal

stockbetrunken stomdronken
Stockbett o^{37} stapelbed, etagebed
stockblind stekeblind
stockdumm aartsdom, oliedom
stockdunkel, stockduster stikdonker
Stöckel m^{9} hoge hak
stocken *(haben, sein) (Z-Dui, Oostenr)* stremmen, stollen
stocken *(haben)* stokken, blijven steken, stilstaan, haperen: *ins Stocken geraten* (of: *kommen*) blijven steken
stockfinster stikdonker, pikdonker
Stockfisch m^{5} **1** stokvis **2** *(inform)* dooie pier
stöckig met, van … verdiepingen
stockkonservativ oerconservatief
stocksauer *(inform)* spinnijdig, pisnijdig
stocksteif stokstijf
stocktaub stokdoof
Stockung v^{20} **1** stilstand, stagnatie **2** stremming *(van verkeer)* **3** hapering
Stockwerk o^{29} verdieping, etage
Stoff m^{5} **1** stof, materie **2** alcohol, drank **3** drugs, stuff **4** benzine
Stoffadjektiv o^{29} stoffelijk bijvoeglijk naamwoord
stofflich **1** stoffelijk **2** wat de stof betreft
Stoffwechsel m^{9} stofwisseling
stöhnen steunen, kreunen, zuchten
Stolle v^{21} kerstbrood, stol
Stollen m^{11} **1** (mijn)gang, tunnel **2** nop *(onder sportschoen)* **3** kerstbrood, stol
Stollenschuh m^{5} schoen met noppen
stolpern **1** struikelen **2** strompelen **3** tegen het lijf lopen
stolz **1** trots **2** imposant **3** fiks
Stolz m^{19} **1** trots, fierheid **2** trots, hoogmoed
stolzieren^{320} trots lopen, paraderen
stopfen **1** *(gat)* stoppen, dichtstoppen **2** vullen, opvullen: *jmdm den Mund* (of: *das Maul*) ~ iem de mond snoeren; *gestopft voll* prop-, stampvol
Stopfgarn o^{29} stopgaren
Stopp m^{13} stop, (het) stoppen
Stoppel v^{21} stoppel
stoppelig stoppelig, borstelig
stoppen *intr* stoppen
stoppen *tr* **1** stoppen, stopzetten **2** klokken, timen, opnemen **3** *(een bal)* stoppen, tegenhouden
Stopplicht o^{31} remlicht, stoplicht
Stoppschild o^{31} stopbord
Stoppuhr v^{20} stopwatch
Stöpsel m^{9} **1** stop, kurk **2** plug, stekker, stop
Stör m^{5} steur
Störaktion v^{20} storende actie
störanfällig gevoelig voor storingen
Storch m^{6} ooievaar
stören storen, verstoren
Störenfried m^{5} rustverstoorder, spelbreker
Störer m^{9} stoorder
Störfall m^{6} *(techn)* storing
störfrei storingvrij, zonder storingen
stornieren^{320} **1** storneren; terugboeken **2** annuleren
störrig, störrisch koppig, weerbarstig, stug
Störsender m^{9} stoorzender
Störung v^{20} storing, verstoring, stoornis
störungsfrei storingvrij
Stoß m^{6} **1** stoot *(ook med);* schok, ruk, por, trap **2** slag **3** stapel, hoop **4** slag, zwem-, roeislag **5** wolk, vlaag
Stoßdämpfer m^{9} schokbreker *(van auto)*
Stößel m^{9} stamper
^{1}**stoßen**^{285} *intr* **1** schokken, hobbelen **2** botsen **3** stuiten: *auf Widerstand ~* op tegenstand stuiten; *auf jmdn ~* iem tegen het lijf lopen; *zu jmdm ~* zich bij iem voegen; *~ an*$^{+4}$ grenzen aan
^{2}**stoßen**^{285} *tr* **1** stoten, duwen: *jmdn ins Elend ~* iem in het ongeluk storten **2** *(een bal)* schoppen, trappen **3** fijnstampen
^{3}**stoßen**^{285}**, sich:** *sich an*$^{+3}$ *etwas ~* zich aan iets stoten
Stößer m^{9} stamper
stoßfest schokvrij, shockproof
Stoßgebet o^{29} schietgebed
Stoßkraft v^{25} stootkracht, stuwkracht
stoßsicher schokvrij, shockproof
Stoßstange v^{21} bumper
Stoßtrupp m^{13} stoottroep
Stoßverkehr m^{19} grote verkeersdrukte, piekuur, spitsuur
stoßweise **1** schoksgewijs, met schokken, met horten en stoten **2** bij stapels, in stapels
Stoßzahn m^{6} slagtand
Stoßzeit v^{20} piekuur, spitsuur
Stotterer m^{9} stotteraar
stottern **1** stotteren, hakkelen **2** *(mbt motor)* sputteren, onregelmatig lopen
stracks **1** onmiddellijk, dadelijk **2** regelrecht
Strafanstalt v^{20} strafinrichting
Strafantrag m^{6} *(jur)* **1** klacht, aanklacht **2** eis, requisitoir
Strafanzeige v^{21} aangifte *(van een strafbaar feit): gegen jmdn (eine) ~ erstatten* aangifte doen tegen iem
Strafarbeit v^{20} strafwerk
Strafaufschub m^{6}, **Strafaussetzung** v^{20} strafopschorting
strafbar strafbaar: *~e Handlung* strafbaar feit; *sich ~ machen* zich aan een strafbaar feit schuldig maken
Strafbarkeit v^{28} strafbaarheid
Strafbefehl m^{5} boete, straf, vonnis
Strafe v^{21} **1** straf, bestraffing: *etwas unter ~ stellen* iets strafbaar stellen **2** vrijheidsstraf, hechtenis **3** boete
Strafecke v^{21} *(sp)* strafcorner
strafen (be)straffen
Strafentlassene(r) m^{40a}, v^{40b} ontslagen gevangene, ex-gedetineerde

st

Straferlass *m*[5] kwijtschelding van straf
straferschwerend strafverzwarend
straff 1 strak, glad, gespannen **2** rechtop, krachtig, stevig **3** *(fig)* straf, streng
straffällig crimineel, strafbaar: ~ *werden* zich aan een strafbaar feit schuldig maken
[1]**straffen** *tr* **1** strak maken, strak aantrekken, (strak) spannen **2** stroomlijnen
[2]**straffen, sich 1** zich spannen, strak gaan staan **2** zich oprichten
Straffheit *v*[28] **1** strafheid, strakheid, spanning **2** gestrengheid
straffrei vrij van straf, ongestraft, straffeloos
strafgerichtlich strafrechtelijk, straf-
Strafgesetz *o*[29] strafwet
Strafgesetzbuch *o*[32] wetboek van strafrecht
sträflich laakbaar, onvergeeflijk, onverantwoord
Sträfling *m*[5] (straf)gevangene, gestrafte
straflos straffeloos, ongestraft
Straflosigkeit *v*[28] straffeloosheid
Strafmandat *o*[29] bekeuring, boete
strafmildernd strafverminderend; verzachtend
Strafraum *m*[6] *(sp)* strafschopgebied
strafrechtlich strafrechtelijk; *(Belg)* correctioneel
Strafsache *v*[21] strafzaak
Strafstoß *m*[6] *(sp)* penalty, strafschop
Straftat *v*[20] strafbaar feit, delict, misdrijf
Straftäter *m*[9] delinquent, dader
Strafversetzung *v*[20] overplaatsing als straf
Strafvollstreckung *v*[28] strafvoltrekking
Strafvollzug *m*[6] strafvoltrekking
Strafvollzugsanstalt *v*[20] strafinrichting
strafweise bij wijze van straf, als straf
strafwürdig strafwaardig, strafbaar
Strafzettel *m*[9] boete, bekeuring
Strahl *m*[16] straal
strahlen 1 stralen **2** uitstralen
Strahlenbündel *o*[33] stralenbundel
strahlend stralend
Strahlenkrankheit *v*[20] *(med)* stralingsziekte
Strahlflugzeug *o*[29] straalvliegtuig
Strahlung *v*[20] (uit)straling
Strahlungsgefahr *v*[20] stralingsgevaar
Strähne *v*[21] **1** haarlok, piek **2** periode, fase
strähnig sprietig, piekerig, in slierten
Stramin *m*[5] stramien
stramm 1 strak, gespannen **2** stevig, potig, sterk **3** energiek, flink: *eine ~e Haltung annehmen* in de houding gaan staan **4** *(pol)* streng, radicaal, fel || *ein ~er Max* een uitsmijter *(een gerecht)*
strammstehen[279] in de houding staan
strampeln 1 trappelen **2** *(fietsen)* trappen **3** zwoegen
Strand *m*[6] strand
Strandburg *v*[20] kuil, zandwal
stranden 1 stranden **2** stranden, mislukken
Strandkorb *m*[6] strandstoel
Strandliege *v*[21] (opklapbare) strandstoel
Strandlokal *o*[29] strandtent
Strandung *v*[20] stranding
Strandwache *v*[21] kustwacht, kustbewaking
Strang *m*[6] **1** koord, touw **2** streng, knot; bundel **3** gareel, streng **4** strop: *zum ~ verurteilen* tot de strop veroordelen **5** lijn: *(spoorw) toter ~* dood spoor
Strapaze *v*[21] vermoeienis, grote inspanning
strapazieren[320] **1** te veel vermoeien, afmatten, afbeulen, uitputten **2** veel vergen, eisen (van), zwaar belasten **3** niet ontzien, verslijten
strapazierfähig oersterk, onverslijtbaar
strapaziös vermoeiend, zwaar
Straps *m*[5] jarretel
Straße *v*[21] **1** straat **2** (grote) weg: *auf offener ~* op de openbare weg **3** straat, zee-engte
Straßenarbeiten *mv v*[20] werkzaamheden aan de openbare weg
Straßenarbeiter *m*[9] stratenmaker, wegwerker
Straßenbahn *v*[20] tram
Straßenbahnfahrer *m*[9] **1** trambestuurder **2** trampassagier
Straßenbahnhaltestelle *v*[21] tramhalte
Straßenbau *m*[19] wegenbouw; stratenaanleg
Straßenbelag *m*[6] wegdek
Straßenbeleuchtung *v*[20] straatverlichting
Straßenbenutzungsgebühr *v*[20] tol, tolgeld
Straßenfahrer *m*[9] *(sp)* wegrenner
Straßenglätte *v*[28] gladheid van de weg
Straßengraben *m*[12] greppel
Straßenkampf *m*[6] straatgevecht
Straßenkarte *v*[21] wegenkaart
Straßenkehrer *m*[9] straatveger
Straßenkreuzer *m*[9] slee *(grote auto)*
Straßenkreuzung *v*[20] (weg)kruising, kruispunt
Straßenlage *v*[21] wegligging
Straßenlaterne *v*[21] straatlantaarn
Straßennetz *o*[29] wegennet
Straßenpflaster *o*[33] straatstenen, plaveisel
Straßenrand *m*[8] **1** stoeprand **2** berm
Straßenräuber *m*[9] straatrover
Straßenrennen *o*[35] *(sp)* wegwedstrijd
Straßenschäden *mv m*[12] slecht wegdek
Straßenschild *o*[31] straatnaambord
Straßensperre *v*[21] weg-, straatversperring
Straßenüberführung *v*[20] viaduct, brug
Straßenunterführung *v*[20] tunnel
Straßenverkehr *m*[19] wegverkeer
Straßenwacht *v*[20] Wegenwacht; *(Belg)* pechdienst
Straßenzoll *m*[6] tol, tolgeld
Strategie *v*[21] strategie
strategisch strategisch
Stratigrafie, Stratigraphie *v*[28] **1** *(geol)* stratigrafie **2** *(med)* tomografie
Stratosphäre *v*[28] stratosfeer
[1]**sträuben** *tr (manen, haren)* overeind zetten, opzetten
[2]**sträuben, sich** zich verzetten, tegenspartelen; overeind gaan staan

Strauch m^{8} struik, heester
strauchartig struikachtig, heesterachtig
straucheln **1** struikelen **2** *(fig)* mislukken
strauchig struikachtig; met struiken begroeid
Strauchtomate v^{21} trostomaat
^{1}**Strauß** m^{5} struisvogel
^{2}**Strauß** m^{6} **1** boeket, ruiker **2** strijd, gevecht
Strebe v^{21} **1** *(mijnb)* stut, schoor **2** schoorbalk
Strebebalken m^{11} steunbalk, schoorbalk
streben **1** streven **2** afstevenen, gaan naar
Streben o^{39} (het) streven
Streber m^{9} streber, eerzuchtig iemand
streberisch eerzuchtig, ambitieus
strebsam ambitieus, ijverig, vlijtig
Strebsamkeit v^{28} ambitie, ijver
Strecke v^{21} **1** eind, afstand, stuk weg: *auf der ~ bleiben: a)* het loodje leggen; *b)* verloren gaan, *(fig)* sneuvelen **2** traject, route, parcours **3** *(spoorw)* baanvak, traject **4** *(meetk)* lijnstuk: *zur ~ bringen: a)* doden, vellen; *b) (fig)* ten val brengen
^{1}**strecken** *tr* **1** strekken, uitrekken, uitsteken: *den Kopf aus dem Fenster ~* zijn hoofd buiten het raam steken **2** rekken **3** aanlengen, verdunnen **4** uitsmeren, zo lang mogelijk doen met **5** *(jagerstaal)* vellen
^{2}**strecken, sich** **1** zich neervlijen, zich uitstrekken **2** zich (uit)rekken
Streckenarbeiter m^{9} *(spoorw)* wegwerker
Streckennetz o^{29} luchtnet, spoorwegnet
Streckenwärter m^{9} *(spoorw)* baanwachter
streckenweise **1** op bepaalde plaatsen **2** hier en daar **3** af en toe
Streckung v^{20} **1** (het) strekken **2** (het) uitsmeren, verlenging; *zie ook* strecken
Streckverband m^{6} *(med)* rekverband
Streich m^{5} **1** slag, houw: *auf einen ~* met één klap **2** *(fig)* streek, geintje: *jmdm einen ~ spielen* iem een poets bakken
streicheln strelen, aaien
streichen^{286} *intr* **1** dwalen, zwerven, trekken **2** vliegen, scheren **3** strijken || *ein gestrichener Esslöffel* een afgestreken eetlepel
streichen^{286} *tr* **1** strijken **2** smeren **3** schilderen, verven **4** doorstrepen, doorhalen, schrappen: *einen Auftrag ~* een order annuleren
Streicher m^{9} *(muz)* strijker
Streichholz o^{32} lucifer(shoutje)
Streichinstrument o^{29} strijkinstrument
Streichkäse m^{9} smeerkaas
Streichorchester o^{33} strijkorkest, strijkje
Streichung v^{20} **1** (het) schrappen **2** doorhaling; *zie ook* streichen
Streife v^{21} patrouille
streifen *intr* **1** trekken, zwerven, dwalen, dolen **2** grenzen: *das streift ans Unglaubliche* dat grenst aan het ongelofelijke
streifen *tr* **1** even aanraken, rakelings gaan langs: *er hat dieses Thema nur gestreift* hij heeft dit onderwerp maar even aangeroerd **2** schampen **3** schuiven: *die Ärmel nach oben ~* de mouwen opstropen
Streifen m^{11} **1** strook, reep **2** banderol **3** streep **4** film
Streifendienst m^{5} patrouilledienst, surveillance
Streifenwagen m^{11} surveillancewagen, patrouillewagen
streifenweise in strepen, in stroken, in repen
streifig streperig; gestreept
Streiflicht o^{31} **1** strijklicht; slaglicht **2** schamplicht **3** korte toelichting
Streifschuss m^{6} schampschot
Streifzug m^{6} zwerftocht, speurtocht
Streik m^{13}, m^{5} staking: *in (den) ~ treten* in staking gaan
streiken **1** staken **2** ophouden **3** weigeren
Streikposten m^{11} poster, postende staker
Streikrecht o^{39} stakingsrecht
Streikwelle v^{21} stakingsgolf
Streit m^{5} **1** ruzie, woordenstrijd, twist, geschil, conflict **2** *(vero)* strijd, oorlog
streitbar strijdbaar, weerbaar, dapper
^{1}**streiten**^{287} *intr* **1** ruzie maken, ruziën **2** strijden, vechten
^{2}**streiten**^{287}**, sich** **1** ruzie maken **2** strijden
Streiter m^{9} **1** strijder **2** *(vero)* krijger
Streiterei v^{20} geruzie, getwist, gekibbel
Streitfall m^{6} geschil
Streitfrage v^{21} strijdvraag, kwestie, geschil
Streitgespräch o^{29} twistgesprek, discussie
streitig omstreden, betwist: *jmdm etwas ~ machen* iem iets betwisten
Streitigkeit v^{20} twist, onenigheid, geschil
Streitkräfte *mv* v^{25} strijdkrachten
streitlustig strijdlustig
Streitpunkt m^{5} twistpunt, geschilpunt
Streitsache v^{21} **1** twist-, geschilpunt **2** proces
streitsüchtig twistziek, strijdlustig
streng **1** streng: *aufs Strengste, aufs ~ste* zeer streng **2** scherp, sterk **3** streng, bar, ruw **4** strikt, precies: *~ genommen* strikt genomen
Strenge v^{28} **1** (ge)strengheid **2** barheid, ruwheid **3** scherpte; *zie ook* streng
strenggenommen streng
Stress m^{5} stress
stressen stressen, zwaar belasten
stressig enerverend
Streu v^{20} **1** stro, strooisel **2** stroleger
Streubüchse, Streudose v^{21} strooibus
^{1}**streuen** *intr* **1** strooien **2** *(med)* zich verspreiden
^{2}**streuen** *tr* **1** strooien **2** *(fig)* spreiden
Streuer m^{9} strooier, strooibus
streunen struinen, zwerven
Streuner m^{9} zwerver, landloper
Streusalz o^{39} strooizout
Streuselkuchen m^{9} kruimeltaart
Streuung v^{20} **1** strooiing **2** spreiding **3** verstrooiing, verspreiding

Strich *m*[5] **1** streek *(met kwast, strijkstok): keinen ~ tun* (of: *machen)* geen klap uitvoeren **2** streep, lijn, haal: *(fig) etwas in groben ~en umreißen* iets in grote lijnen schetsen; *einen ~ unter*[+4] *etwas machen* (of: *ziehen)* een streep onder iets zetten; *unter dem ~* per saldo, uiteindelijk **3** draad *(richting van weefsel): das geht mir gegen* (of: *wider) den ~* dat staat mij tegen **4** (land-, kust)streek, strook, zone **5** (vogel)trek, vlucht **6** zwerm *(vogels)* **7** prostitutie: *auf den ~ gehen* tippelen
Strichcode *m*[13] streepjescode
stricheln **1** stippelen **2** arceren
Strichregen *m*[11] plaatselijke bui
Strichvogel *m*[10] zwerfvogel
strichweise *(weerk)* plaatselijk, hier en daar
Strick *m*[5] **1** (stuk) touw, koord, snoer **2** strik, strop *(ook fig)* **3** deugniet, bengel
Strickarbeit *v*[20] **1** tricot **2** breiwerk
stricken breien: *(iron) an einem Roman ~* aan een roman werken
Strickerei *v*[20] **1** breiwerk **2** breierij
Strickjacke *v*[21] gebreid jasje, gebreid vest
Strickleiter *v*[21] touwladder
Strickmaschine *v*[21] breimachine
Stricknadel *v*[21] breinaald, breipen
Strickzeug *o*[39] breiwerk, breigoed
Striegel *m*[9] roskam
striegeln **1** roskammen **2** kammen **3** treiteren
Strieme *v*[21], **Striemen** *m*[11] striem
striemig vol striemen, met striemen bedekt
strikt *bn, bw* **1** strikt **2** uitdrukkelijk *(bevel)*
strikte *bw* strikt
Strippe *v*[21] **1** touw(tje), koord, snoer **2** veter **3** (telefoon)lijn
strippen strippen
Strippenzieher *m*[9] **1** elektricien **2** *(fig.)* machthebber, man die aan de touwtjes trekt
Stripperin *v*[22] stripteasedanseres
strittig omstreden, betwist
Stroh *o*[39] stro: *ein Ballen ~* een strobaal
Strohbund *o*[29] strobos, bos stro
Strohdach *o*[32] strodak
strohern **1** strooien, van stro **2** dor, droog
strohfarben, strohfarbig strokleurig
Strohhalm *m*[5] **1** strohalm **2** rietje
Strohhut *m*[6] strohoed, strooien hoed
Strohkopf *m*[6] stommeling, ezel
Strohlager *o*[33] stroleger, strobed
Strohmann *m*[8] **1** stropop **2** *(fig)* stroman **3** blinde *(bij het kaartspel)*
Strolch *m*[5] **1** landloper, schooier **2** schurk
strolchen zwerven
Strom *m*[6] stroom: *mit dem ~ schwimmen* met de stroom mee gaan; *gegen* (of: *wider) den ~ schwimmen* tegen de stroom in zwemmen; *den ~ sperren* de elektriciteit afsluiten
stromab stroomaf(waarts)
Stromabnehmer *m*[9] **1** stroomgebruiker, stroomafnemer **2** stroomafnemer, beugel
stroman, stromauf, stromaufwärts stroomop(waarts), tegen de stroom in
strömen stromen
Stromerzeuger *m*[9] **1** dynamo, generator **2** stroomproducent
Stromerzeugung *v*[20] stroomproductie, -opwekking
Stromkreis *m*[5] *(elektr)* stroomkring, -keten
Stromlinie *v*[21] stroomlijn
stromlinienförmig gestroomlijnd
Stromschnelle *v*[21] stroomversnelling
Stromsperre *v*[21] **1** stroomloze uren **2** stroomafsluiting
Stromstärke *v*[21] stroomsterkte
Stromstoß *m*[6] stroomstoot, impuls
Strömung *v*[20] stroming, stroom
Stromverbrauch *m*[6] stroomverbruik
Stromversorgung *v*[20] elektriciteitsvoorziening
Stromzähler *m*[9] elektriciteitsmeter
Strophe *v*[21] strofe, couplet
strotzen (bom)vol zijn, uitpuilen: *der Aufsatz strotzt von* (of: *vor) Fehlern* het opstel wemelt van de fouten; *sie strotzt von* (of: *vor) Energie* zij barst van de energie; *~ vor Schmutz* stijf staan van het vuil
strubbelig woest, verward, ruig
Strubbelkopf *m*[6] **1** woeste haardos **2** iem met een woeste haardos
strubblig *zie* strubbelig
Strudel *m*[9] **1** (draai)kolk, maalstroom **2** (appel)gebak
strudeln draaien, wervelen, kolken
Struktur *v*[20] structuur
Strumpf *m*[6] **1** kous: *auf Strümpfen* op kousenvoeten **2** gloeikousje
Strumpfband *o*[32] **1** kousenband **2** jarretelle
Strumpfhalter *m*[9] jarretelle
Strumpfhose *v*[21] panty; maillot
Strunk *m*[6] **1** boomstronk, stobbe **2** stronk
struppig stoppelig, borstelig, ruig, verward
Struwwelpeter *m*[9] Piet de smeerpoets
Stübchen *o*[35] kamertje
Stube *v*[21] kamer, vertrek: *die gute ~* de pronkkamer; *rein in die gute ~!* kom maar binnen!
Stubenälteste(r) *m*[40a], *v*[40b] kameroudste
Stubenarrest *m*[5] kamerarrest
Stubenhocker *m*[9] *(fig)* huismus
Stubenmädchen *o*[35] kamermeisje
Stuck *m*[19] **1** stuc, pleisterkalk **2** stucwerk
Stück *o*[29] **1** stuk: *zwei Euro das ~* twee euro per stuk; *zwei ~* (of: *~e) Torte* twee punten taart; *pro* (of: *je) ~* per stuk **2** muziek-, toneelstuk **3** *(handel)* stuk, effect || *aus freien ~en* uit eigen beweging; *in einem ~* aan één stuk door; *große ~e auf jmdn halten* veel met iem op hebben; *das ist ein starkes ~* dat is een sterk staaltje
Stuckarbeit *v*[20] stukadoorswerk, stucwerk
Stückarbeit *v*[20] stukwerk
Stuckarbeiter *m*[9] stukadoor

st

Stuckdecke v^{21} gestukadoord plafond
Stückgut o^{32} stukgoed
stückweise 1 per stuk **2** stuk voor stuk
Stückzahl v^{20} aantal stuks
Student m^{14} student: ~ *der Medizin, der Rechte* student in de medicijnen, in de rechten
Studentenausweis m^{5} collegekaart
Studentenbude v^{21} studentenkamer, kast
Studentenfutter o^{39} studentenhaver
Studentenheim o^{29} studentenhuis, -flat
Studentenschaft v^{20} studentengemeenschap, (de) studenten
Studentenverbindung v^{20} studentencorps
Studentenwohnheim o^{29} studentenflat
Studentin v^{22} studente
studentisch studentikoos, studenten-
Studie v^{21} studie
Studienanstalt v^{20} onderwijsinrichting, instituut
Studienassessor m^{16} aspirant-leraar bij het vwo
Studienberater m^{9} decaan; *(Belg)* monitor
Studienberatung v^{20} studiebegeleiding; *(Belg)* monitoraat
Studiendirektor m^{16} conrector
Studiengang m^{6} studierichting, opleiding
Studiengebühren *mv* collegegeld
studienhalber vanwege de studie, voor de studie, om studieredenen
Studienplatz m^{6} studieplaats
Studienrat m^{6} docent, leraar bij het vwo
Studienreferendar m^{5} kandidaat-leraar *(in proefjaar)*
Studienreise v^{21} studiereis
Studienzeit v^{20} studietijd
Studienzwecke *mv* m^{5}: *für* ~ (of: *zu ~n)* voor studiedoeleinden
studieren^{320} **1** studeren **2** bestuderen **3** instuderen, oefenen
Studierte(r) m^{40a}, v^{40b} academicus, intellectueel
Studierzimmer o^{33} studeerkamer
Studio o^{36} **1** studio **2** atelier
Studium *o (2e nvl -s; mv Studien)* studie
Stufe v^{21} **1** (trap)trede, sport *(van ladder)* **2** niveau, peil: *auf einer* (of: *auf der gleichen)* ~ *stehen* op één lijn staan **3** trap, graad, hoogte, rang **4** nuance
stufen 1 trapsgewijs aanleggen **2** rangschikken, classificeren, onderverdelen
stufenartig trapsgewijs
stufenförmig trapvormig
Stufenleiter v^{21} **1** (trap)ladder **2** opeenvolgende stadia **3** hiërarchie
stufenlos traploos
Stufenplan m^{6} gefaseerd plan
Stufentarif m^{5} progressief tarief
stufenweise trapsgewijze, in etappes
Stuhl m^{6} **1** stoel **2** stoelgang, ontlasting
Stuhlbein o^{29} stoelpoot
Stuhlentleerung v^{20}, **Stuhlgang** m^{19} stoelgang, ontlasting
Stulpe v^{21} **1** manchet **2** omgeslagen rand, omslag **3** kap *(van handschoen, laars)*
stülpen 1 stulpen, omkeren **2** zetten, halen
Stulpenstiefel m^{9} kaplaars
Stülpnase v^{21} wipneus
stumm 1 stom, zwijgend **2** zwijgzaam, stil
Stummel m^{9} **1** stomp(je) **2** eindje **3** peuk(je)
Stummfilm m^{5} stomme film
Stummheit v^{28} **1** stomheid **2** stilzwijgen
Stümper m^{9} knoeier, klungel, prutser
Stümperei v^{20} prulwerk, knoeiwerk
stümperhaft slordig, stuntelig, prullig
stümpern klungelen, knoeien, stuntelen
stumpf 1 stomp, bot **2** mat, dof: *ein ~er Mensch* een afgestompt mens
Stumpf m^{6} stomp(je), eindje, stukje; (boom)-stronk: *mit ~ und Stiel ausrotten* met wortel en tak uitroeien
Stumpfheit v^{28} **1** stompheid **2** stompzinnigheid
Stumpfsinn m^{19} stompzinnigheid
stumpfsinnig 1 stompzinnig **2** stupide
Stunde v^{21} **1** uur: *eine geschlagene* ~ een vol uur; *zur* ~ op dit ogenblik **2** les: *~n geben* les geven || *(pol) aktuelle* ~ vragenuurtje
stunden uitstel (van betaling) geven
Stundengeschwindigkeit v^{20} snelheid per uur
Stundenkilometer m^{9} kilometer per uur
stundenlang urenlang, uren aaneen
Stundenlohn m^{6} uurloon
Stundenplan m^{6} lesrooster, rooster
Stundentakt m^{5} uurdienst: *die Busse fahren im* ~ de bussen rijden om het uur
stundenweise 1 per uur **2** af en toe een uur
Stundenzeiger m^{9} uurwijzer, kleine wijzer
stündlich 1 elk uur **2** van uur tot uur
Stundung v^{20} uitstel (van betaling), respijt
Stunk m^{19} *(volkstaal)* ruzie, bonje, trammelant
Stupidität v^{20} stupiditeit, stompzinnigheid
Stups m^{5} *(volkstaal)* stootje, duwtje
stupsen *(volkstaal)* een stootje, duwtje geven
Stupsnase v^{21} wipneus
stur *(N-Dui)* **1** stijf, stug, strak **2** hardnekkig, onverzettelijk **3** koppig, stijfhoofdig
Sturm m^{6} **1** storm **2** stormaanval **3** *(sp)* voorhoede || ~ *auf die Banken* run op de banken
Sturmangriff m^{5} stormaanval, bestorming
[1]**stürmen** *intr* **1** stormen **2** rennen, vliegen **3** *(sp)* in de voorhoede spelen **4** aanvallen
[2]**stürmen** *tr* bestormen
Stürmer m^{9} *(sp)* voorhoedespeler, aanvaller
Sturmflut v^{20} stormvloed
stürmisch 1 stormachtig **2** onstuimig
Sturmlauf m^{6} stormloop
Sturmreihe v^{21} *(sp)* voorhoede
Sturmschritt m^{5} stormpas: *im* ~ in stormpas
Sturmspitze v^{21} *(sp)* aanvalsspits
Sturmtief o^{36} stormdepressie
Sturmwarnung v^{20} stormwaarschuwing
Sturz m^{6} val: ~ *der Kurse* (plotselinge) koersdaling

Sturzbach *m*^{6} stortbeek
^{1}**stürzen** *intr* **1** vallen, storten **2** snellen, vliegen, stormen: *ins Zimmer ~* de kamer binnenstormen **3** steil naar beneden lopen **4** (plotseling) zakken, dalen *(mbt prijzen, temperatuur)*
^{2}**stürzen** *tr* **1** storten, gooien, werpen **2** omkeren, kantelen **3** ten val brengen
^{3}**stürzen, sich** zich gooien, zich werpen
Sturzflug *m*^{6} duikvlucht
Sturzflut *v*^{20} stortvloed
Sturzgut *o*^{32} stortgoed, bulkgoed
Sturzhelm *m*^{5} valhelm
Sturzregen *m*^{11} stortregen
Sturzsee, Sturzwelle *v*^{21} stortzee, breker
Stute *v*^{21} merrie
Stützbalken *m*^{11} steunbalk
Stutzbart *m*^{6} kortgeknipte baard
Stütze *v*^{21} **1** stut, steun: *die ~n der Gesellschaft* de steunpilaren der maatschappij **2** hulp, bijstand, ondersteuning: *~ der Hausfrau* hulp in de huishouding
^{1}**stutzen** *intr* **1** versteld staan, raar opkijken **2** achterdocht krijgen **3** plotseling (even) blijven staan
^{2}**stutzen** *tr* **1** *(boom, heg)* snoeien; *(wilg)* knotten **2** *(oren, staart)* couperen **3** *(vogel)* kortwieken **4** *(baard)* knippen
^{1}**stützen** *tr* **1** stutten, steunen **2** ondersteunen
^{2}**stützen, sich 1** steunen: *sich auf*$^{+4}$ *etwas ~: a)* op iets steunen; *b) (fig)* zich op iets baseren **2** berusten op, gebaseerd zijn op
stutzig achterdochtig, wantrouwig: *jmdn ~ machen* iems achterdocht wekken
Stützpfeiler *m*^{9} steunpilaar
Stützpunkt *m*^{5} **1** steunpunt **2** *(mil)* basis
Stützstrumpf *m*^{6} steunkous
Stützung *v*^{20} steun
s.u. *afk van sieh(e) unten* zie beneden
Subjekt *o*^{29} **1** subject, onderwerp **2** *(ongunstig)* sujet, individu
subjektiv subjectief
sublim subliem; verfijnd, fijnzinnig
Submission *v*^{20} **1** aanbesteding **2** inschrijving *(bij leveranties)* **3** gunning, (het) verstrekken
submittieren^{320} inschrijven *(bij aanbesteding)*
subsidiär, subsidiarisch subsidiair
subskribieren^{320} intekenen
Subskription *v*^{20} intekening; inschrijving
Subskriptionspreis *m*^{5} intekenprijs
substantiell substantieel
Substantiv, Substantiv *o*^{29} *(taalk)* substantief, zelfstandig naamwoord
^{1}**Substanz** *v*^{20} substantie, stof, materie; *(fil)* wezen
^{2}**Substanz** *v*^{28} substantie, kern, hoofdzaak; *(handel)* kapitaal, vermogen, bezit: *von der ~ zehren* op het kapitaal interen
substanziell substantieel
substituieren^{320} substitueren, vervangen
subtil 1 subtiel, fijn **2** moeilijk
subtrahieren^{320} *(rekenk)* aftrekken
Subtraktion *v*^{20} *(rekenk)* aftrekking
Subunternehmer *m*^{9} onderaannemer; koppelbaas
Subvention *v*^{20} subsidie; *(Belg)* betoelaging: *staatliche ~* overheidssubsidie
subventionieren^{320} subsidiëren; *(Belg)* betoelagen
subversiv subversief
Suchaktion *v*^{20} zoekactie
Suchbegriff *m*^{5} *(comp)* zoekterm, zoekwoord, zoeksleutel
Suchbohrung *v*^{20} proefboring
Suchdienst *m*^{5} opsporingsdienst
Suche *v*^{21} (het) zoeken: *auf der ~ sein* op zoek zijn; *auf die ~ gehen* op zoek gaan
suchen 1 zoeken: *(in advertenties) gesucht* gevraagd; *Suchen spielen* verstoppertje spelen **2** trachten, pogen: *jmdm zu helfen ~* iem proberen te helpen
Sucher *m*^{9} zoeker *(ook van camera)*
Sucherei *v*^{20} gezoek
Suchhund *m*^{5} speurhond
Suchmaschine *v*^{21} zoekmachine
Suchmeldung *v*^{20} opsporingsbericht
Sucht *v*^{25}, *v*^{20} **1** verslaving, verslaafdheid: *~ nach Drogen* verslaafdheid aan drugs **2** zucht, ziekelijke neiging: *~ nach Geld* geldzucht
Suchtgefahr *v*^{20} gevaar verslaafd te raken
süchtig, suchtkrank verslaafd
Sud *m*^{5} **1** kookvocht, nat; braadjus **2** kooksel
Süd *m*^{19} zuiden, zuid
Sudelei *v*^{20} geknoei, knoeiwerk
sudelig knoeierig, slordig
sudeln 1 morsen **2** knoeien, kliederen
Süden *m*^{19} zuiden
Südfrüchte *mv v*^{25} zuidvruchten
Südhang *m*^{6} zuidelijke helling
südländisch zuidelijk, van zuidelijke landen
Sudler *m*^{9} knoeier
^{1}**südlich** *bn* zuidelijk: *~ von Paris* ten zuiden van Parijs
^{2}**südlich**$^{+2}$ *vz* ten zuiden van
sudlig knoeierig, slordig
Sudoku *o*^{36} sudoku
Südost *m*^{19} zuidoost(en)
Südosten *m*^{19} zuidoosten
^{1}**südöstlich** *bn* zuidoostelijk
^{2}**südöstlich**$^{+2}$ *vz* ten zuidoosten van
Südpol *m*^{19} zuidpool
Südsee *v*^{28} Zuidzee, Grote Oceaan, Stille Oceaan
Südseite *v*^{21} zuidzijde
Südstaaten *mv m*^{16} zuidelijke staten *(van USA)*
Südwest *m*^{19} zuidwest(en)
Südwesten *m*^{19} zuidwesten
Südwester *m*^{9} *(scheepv)* zuidwester
^{1}**südwestlich** *bn* zuidwestelijk
^{2}**südwestlich**$^{+2}$ *vz* ten zuidwesten van
Südwestwind *m*^{5} zuidwestenwind
Südwind *m*^{5} zuidenwind

Suff *m*[19] **1** dronkenschap **2** drankzucht, (het) drinken: *sich dem ~ ergeben* aan de drank raken **3** gezuip, gepimpel
süffig goed drinkbaar, lekker
süffisant 1 zelfgenoegzaam **2** laatdunkend
Suffix *o*[29] *(taalk)* suffix, achtervoegsel
suggerieren[320] suggereren
Suhle *v*[21] plas, poel
Sühne *v*[21] **1** boete(doening), verzoening **2** vergelding: *Schuld und ~* schuld en boete
Sühnegeld *o*[31] zoengeld, smartengeld
sühnen 1 boeten, boete doen **2** bestraffen
Sühneopfer, Sühnopfer *o*[33] zoenoffer
Sühnung *v*[20] **1** verzoening **2** boete
Sülze *v*[21] **1** vlees in gelei, vis in gelei, zult, hoofdkaas **2** gelei, aspic **3** liksteen *(voor vee)*
Summe *v*[21] **1** som, bedrag **2** uitkomst, totaal
summen *intr* zoemen: *die Bienen ~* de bijen gonzen; *es summt mir in den Ohren* mijn oren suizen
summen *tr* neuriën: *ein Liedchen ~* een liedje neuriën
Summer *m*[9] *(elektr)* zoemer
summieren[320] *tr* **1** optellen **2** samenvatten
summieren[320]**, sich** oplopen, stijgen
Sumpf *m*[6] **1** moeras **2** poel van verderf
Sumpfboden *m*[12] moerasgrond
Sumpffieber *o*[39] moeraskoorts, malaria
sumpfig moerassig
Sünde *v*[21] **1** zonde **2** misstap, fout, flater
Sündenbock *m*[6] zondebok
sündenfrei vrij van zonde
Sündengeld *o*[39] schandelijk veel geld
sündenlos zondeloos, vrij van zonde
Sünder *m*[9] zondaar
Sündflut *v*[28] zondvloed
sündhaft zondig: *~ teuer* schandalig duur
Sündhaftigkeit *v*[28] zondigheid
sündig zondig
sündigen zondigen
sündlos zondeloos, vrij van zonde
super geweldig, fantastisch, giga, te gek
Super *o*[39] superbenzine, super
Superding *o*[31] **1** iets enorms **2** kanjer, knaller
superfein superfijn, extra fijn
superklug superintelligent
Superlativ *m*[5] *(taalk)* superlatief
Supermacht *v*[25] supermogendheid
Supermarkt *m*[6] supermarkt
supermodern hypermodern
Superstar *m*[13] superster, supervedette
Suppe *v*[21] soep: *~ aus der Tüte* soep uit een pakje
Suppenfleisch *o*[39] soepvlees
Suppengemüse *o*[33]**, Suppengrün** *o*[39] soepgroente
Suppentasse *v*[21] soepkop
Suppenteller *m*[9] soepbord
Suppenwürfel *m*[9] soeptablet, bouillonblokje
Suppenwürze *v*[21] soeparoma, soepextract
Surfbrett [su:fbret] *o*[31] surfplank
surfen [su:fen] surfen
Surfing [su:fing] *o*[39] (het) surfen
Surrealismus *m*[19a] surrealisme
surren snorren, gonzen, zoemen
Surrogat *o*[29] surrogaat
Suse *v*[21] *(inform)* slome trien
Sushi *o*[36] sushi
suspendieren[320] **1** suspenderen, schorsen **2** vrijstellen, ontheffen **3** opschorten
süß 1 zoet **2** lief, liefelijk **3** beeldig, snoezig, schattig **4** zoetsappig
Süße *v*[28] zoet, zoetheid, liefelijkheid
süßen zoeten, zoet maken
Süßigkeit *v*[20] **1** zoetheid **2** zoetigheid, lekkernij
süßlich 1 zoetig **2** *(fig)* zoetsappig
süßsauer zoetzuur; *(fig)* zuurzoet
Süßspeise *v*[21] zoet dessert *(pudding, vla)*
Süßstoff *m*[5] zoetstof
Süßwaren *mv v*[21] zoetigheden, snoepgoed
Süßwasser *o*[33] zoet water
SUV *o*[36] *(2e nvl ook -; mv ook -), m*[13] *(2e nvl ook -; mv ook -) afk van Sports Utility Vehicle* SUV
SV *afk van Sportverein* sportvereniging
Sweater *m*[9] sweater, wollen trui
Symbol *o*[29] symbool
symbolhaft symbolisch
Symbolik *v*[28] symboliek
symbolisch symbolisch
symbolisieren[320] symboliseren
Symbolleiste *v*[21] werkbalk
Symmetrie *v*[21] symmetrie
symmetrisch symmetrisch
Sympathie *v*[21] sympathie
Sympathisant *m*[14] sympathisant
sympathisch sympathiek
Symptom *o*[29] symptoom, (ziekte)verschijnsel
symptomatisch symptomatisch
Synagoge *v*[21] synagoge
synchron synchroon, gelijktijdig
synchronisieren[320] synchroniseren
synonym synoniem
Synonym *o*[29] synoniem
Syntax *v*[20] syntaxis
Synthese *v*[21] synthese
synthetisch synthetisch
Syrien *o*[39] Syrië
System *o*[29] systeem, stelsel
Systemanalytiker *m*[9] systeemanalist
Systematik *v*[20] systematiek
Systematiker *m*[9] systematicus
systematisch systematisch, stelselmatig
systematisieren[320] systematiseren
Systembetreuer *m*[9] systeembeheerder
Systemverwalter *m*[9] systeembeheerder
Szenar *o*[29]**, Szenarium** *o (2e nvl -s; mv -narien) (theat)* scenario
Szene *v*[21] **1** *(theat)* toneel, scène: *Beifall bei offener ~* een open doekje; *hinter der ~* achter de coulissen; *in ~ setzen* ensceneren **2** toneel, tafereel,

scène **3** ruzie, scène **4** wereld *(van de drugsgebruikers)* **5** scene, wereld(je)
Szenenwechsel *m*[9] decorwisseling
Szenerie *v*[21] **1** mise-en-scène, toneelschikking **2** beeld, landschap
szenisch toneelmatig, scenisch
Szepter *o*[33] scepter

t

Tabak m^{5} tabak || *das ist starker ~* dat is kras, dat is sterk
Tabakgeruch m^{6} tabaksgeur, tabakslucht
Tabakhändler m^{9} **1** tabakshandelaar **2** sigarenwinkelier
Tabakschnupfer m^{9} snuiver
Tabaksdose v^{21} tabaksdoos
Tabakspfeife v^{21} tabakspijp
Tabakwaren *mv* v^{21} tabaksartikelen
Tabelle v^{21} **1** tabel **2** *(sp)* ranglijst, klassement
Tabellenführer m^{9} *(sp)* koploper, lijstaanvoerder
Tablett o^{36}, o^{29} presenteerblad, dienblad
Tablette v^{21} tabletje, pil
Tabloid v^{27} tabloid
Tabloidformat, Tabloid-Format o^{29} tabloidformaat
tabu taboe: *das ist ~!* dat is taboe!
Tachograf, Tachograph m^{14} tachograaf
Tachometer m^{9}, o^{33} **1** snelheidsmeter **2** kilometerteller
Tackling o^{36} *(sp)* tackle
Tadel m^{9} **1** berisping, standje, verwijt **2** smet: *niemand ist ohne ~* niemand is volmaakt
tadelfrei onberispelijk
tadelhaft laakbaar, afkeurenswaardig
tadellos 1 onberispelijk, keurig **2** geweldig
tadeln laken, berispen, afkeuren
tadelnswert, tadelnswürdig laakbaar, afkeurenswaardig
Tafel v^{21} **1** plaat *(van hout, metaal, steen)* **2** tablet, plak *(chocolade)* **3** tabel **4** bord **5** paneel *(schilderstuk op hout)* **6** lei **7** diner, tafel, dis **8** bedieningspaneel, schakelbord
Tafelbesteck o^{29} couvert, tafelbestek
tafelfertig gebruiksklaar, panklaar
Tafelgeschirr o^{29} eetservies, tafelservies
tafeln tafelen, dineren
täfeln betimmeren, lambriseren
Täfelung v^{20} lambrisering, betimmering
Tafelwasser o^{34} mineraalwater, tafelwater
Taft m^{5} taf
¹Tag m^{5} dag: *~ der offenen Tür* open dag, open huis; *dieser ~e* een dezer dagen; *eines ~es* op zekere dag; *eines schönen ~es* op een goede dag; *an diesem ~* (op) die dag; *am folgenden ~* de volgende dag; *bei ~(e)* overdag; *bei hellem ~e* op klaarlichte dag; *zie ook* zutage
²Tag o^{36} *(ook comp)* tag
tagaus: ~, *tagein* dag in, dag uit
Tagebau m^{5} *(mijnb)* dagbouw
Tageblatt o^{32} dagblad
Tagebuch o^{32} **1** dagboek **2** *(handel)* journaal
Tagedieb m^{5} dagdief, lanterfanter
Tagegeld o^{31} onkosten-, dagvergoeding
tagein: ~, *tagaus* dag in, dag uit
tagelang dagenlang, dagen achtereen
Tagelohn m^{6} dagloon
Tagelöhner m^{9} dagloner
Tagemarsch m^{6} dagmars
tagen 1 dagen, dag worden: *es tagt* het wordt dag **2** vergaderen: *das Gericht tagt* de rechtbank vergadert
Tagereise v^{21} dagreis
Tagesanbruch m^{19} dageraad: *bei ~* bij het aanbreken van de dag
Tagesarbeit v^{20} dagtaak, dagelijks werk
Tagesausflug m^{6} dagtocht
Tagesbericht m^{5} bulletin
Tageseinnahme v^{21} ontvangst(en) van één dag, dagopbrengst
Tagesfahrt v^{20} dagtocht; dagvaart
Tagesgericht o^{29} dagschotel
Tagesgespräch o^{29} gesprek van de dag
Tagesheim o^{29} kinderdagverblijf
Tageskarte v^{21} dagkaart
Tageslicht o^{39} daglicht: *ans ~ ziehen* (of: *bringen*) aan het licht brengen
Tagesmenü o^{36} dagmenu, dagschotel
Tagesordnung v^{20} agenda: *an der ~ sein: a)* aan de orde zijn; *b)* aan de orde van de dag zijn; *zur ~ übergehen* overgaan tot de orde van de dag
Tagespresse v^{28} dagbladpers
Tagesrückfahrkarte v^{21} dagretour
Tagesschau v^{28} *(telecom)* journaal
Tagesstätte v^{21} dagverblijf, crèche
Tagestour v^{20} dagtocht
Tageszeit v^{20} uur van de dag
Tageszeitung v^{20} dagblad
taggen *(ook comp)* taggen
Tagliatelle, Tagliati *mv* tagliatelle
täglich dagelijks: *dreimal ~* driemaal per dag
tags 1 daags: *~ darauf* daags daarna; *~ zuvor* (of: *davor)* daags tevoren **2** overdag
Tagschicht v^{20} dagploeg
tagsüber 1 overdag **2** de hele dag
tagtäglich dag aan dag; dag in, dag uit
Tagung v^{20} congres; vergadering, zitting
Tagungsort m^{5} vergaderplaats
Tai-Chi o^{39}, o^{39a} tai chi
Taille v^{21} taille
Takel o^{33} **1** takel **2** takelage, takelwerk
Takelage v^{21} takelage, takelwerk
takeln takelen
¹Takt m^{19} tact

[2]**Takt** *m*[5] **1** *(muz)* maat: *den ~ (ein)halten* de maat houden; *im ~* in de maat **2** metrum, versmaat **3** slag *(van motor)*
taktfest 1 regelmatig **2** *(muz)* maatvast
Taktgefühl *o*[29] **1** *(muz)* maatgevoel **2** tact, gevoel voor tact
taktieren[320] **1** de maat slaan **2** tactisch te werk gaan
Taktik *v*[20] tactiek
Taktiker *m*[9] tacticus
taktisch tactisch
taktlos tactloos
Taktstock *m*[6] *(muz)* maatstok, dirigeerstok
taktvoll tactvol, met veel tact
Tal *o*[32] dal, vallei
talabwärts naar beneden; stroomafwaarts
Talar *m*[5] talaar, toga
talaufwärts naar boven; stroomopwaarts
Talbrücke *v*[21] viaduct over een dal
Talent *o*[29] talent
talentiert, talentvoll talentvol, begaafd
Talfahrt *v*[20] **1** vaart stroomafwaarts **2** tocht, rit bergafwaarts, afdaling **3** inzinking, neergang
Talkpuder *m*[9], **Talkum** *o*[39] talkpoeder
Talsohle *v*[21] dalbodem; *(fig)* dieptepunt
Talsperre *v*[21] stuwdam
Talstation *v*[20] dalstation
Talüberführung *v*[20] viaduct over een dal
talwärts naar beneden; stroomafwaarts
Tambour *m*[5] tamboer
Tambourmajor *m*[5] tambour-maître
Tamburin *o*[29] tamboerijn
Tampon *m*[13] tampon
Tand *m*[19] prullaria, snuisterij(en), rommel
Tändelei *v*[20] **1** gebeuzel **2** geflirt
tändeln 1 klungelen **2** flirten
tangieren[320] raken, treffen
Tango *m*[13] *(muz)* tango
Tank *m*[13], *m*[5] tank
tanken tanken *(ook fig)*
Tanker *m*[9] tankschip
Tankerflotte *v*[21] tankvloot
Tankfahrzeug *o*[29] tankwagen
Tankschiff *o*[29] tankschip, tanker
Tankstelle *v*[21] tank-, benzinestation
Tankwart *m*[5], **Tankwärter** *m*[9] pompbediende
Tanne *v*[21] zilverspar; den
Tannenbaum *m*[6] **1** zilverden, spar **2** kerstboom
Tannenholz *o*[39] dennenhout
Tannennadel *v*[21] sparrennaald
Tannenwald *m*[8] sparrenbos
Tannenzapfen *m*[11] sparappel
Tante *v*[21] **1** tante **2** *(fig)* lastige tante
Tante-Emma-Laden *m*[12] buurtwinkel
Tantieme *v*[21] **1** tantième **2** royalty
Tanz *m*[6] **1** dans **2** dansavond **3** *(inform)* gedonder
Tanzbar *v*[27] dancing
Tanzbär *m*[14] dansbeer
Tanzbein *o*[39]: *das ~ schwingen* een dansje maken
Tanzboden *m*[12] danszaal, dansvloer
Tanzdiele *v*[21] dancing
tänzeln trippelen
tanzen dansen
Tänzer *m*[9] danser
Tänzerin *v*[22] danseres
tänzerisch choreografisch, dans-
Tanzfläche *v*[21] dansvloer
Tanzgarde, Tanzgruppe *v*[21] dansgroep
Tanzkurs *m*[5] danscursus
Tanzlehrer *m*[9] dansleraar
Tanzlokal *o*[29] dancing
tanzlustig danslustig
Tanzmariechen *o*[35] majorette, dansmarieke
Tanzmusik *v*[28] dansmuziek
Tanzorchester *o*[33] dansorkest
Tanzschritt *m*[5] danspas
Tanzstunde *v*[21] dansles
Tapa *v*[27], *m*[13] *(meestal mv)* tapa
Tapenade *v*[21] tapenade
Tapet *o*[29]: *aufs ~ bringen* te berde, ter sprake brengen; *aufs ~ kommen* ter sprake komen
Tapete *v*[21] behang(sel)
Tapetenrolle *v*[21] rol behang
Tapetenwechsel *m*[9] verandering (van omgeving, lucht, werk, woning)
tapezieren[320] behangen
Tapezierer *m*[9] behanger
tapfer 1 dapper **2** *(inform)* flink
Tapferkeit *v*[28] dapperheid, moed
tappen 1 tasten **2** (onzeker) lopen **3** stappen
täppisch schutterig, stuntelig
Taps *m*[5] **1** klap, tik(je) **2** lomperd, lummel
tapsen 1 klossen, stappen **2** (tastend) lopen
Tarif *m*[5] **1** tarief **2** cao
Tarifabkommen *o*[35] cao, cao-akkoord
Tariferhöhung *v*[20] tariefverhoging
Tarifermäßigung *v*[20] tariefverlaging
Tarifgruppe *v*[21] loongroep
tarifisch, tariflich 1 volgens tarief **2** volgens de cao
Tariflohn *m*[6] cao-loon
Tarifparteien *mv v*[20] partijen in de cao-onderhandelingen
Tarifpartner *mv m*[9] sociale partners
Tarifpolitik *v*[20] loonpolitiek
Tarifrunde *v*[21] loonronde
Tarifsatz *m*[6] **1** tarief **2** loon(tarief)
Tarifverhandlungen *mv v*[20] cao-onderhandelingen
Tarifvertrag *m*[6] collectieve arbeidsovereenkomst, cao
tarnen 1 camoufleren **2** verhullen, maskeren
Tarnfarbe *v*[21] **1** camouflagekleur **2** camouflageverf
Tarnname *m*[18] schuilnaam
Tarnnetz *o*[29] camouflagenet
Tarnung *v*[20] **1** camouflage **2** vermomming
Tasche *v*[21] **1** zak: *jmdm Geld aus der ~ ziehen* iem

geld uit de zak kloppen; *jmdm auf der ~ liegen* op iems zak leven; *tief in die ~ greifen* diep in de beurs tasten **2** handtasje, (boodschappen)tas
Taschenausgabe *v*21 pocketuitgave
Taschenbuch *o*32 **1** zakboekje **2** pocketboek
Taschendieb *m*5 zakkenroller
Taschengeld *o*31 zakgeld
Taschenlampe *v*21 zaklantaarn
Taschenmesser *o*33 zakmes
Taschenräuber *m*9 tasjesdief
Taschenrechner *m*9 zakrekenmachientje
Taschenspieler *m*9 goochelaar
Taschentuch *o*32 zakdoek
Taschenuhr *v*20 zakhorloge
Taschenwörterbuch *o*32 zakwoordenboek
Taskleiste *v*21 *(comp)* taakbalk
Tässchen *o*35 kopje, kommetje
Tasse *v*21 kopje: *nicht alle ~n im Schrank haben* niet goed snik zijn
Tastatur *v*20 toetsenbord, (de) toetsen
tastbar tastbaar, voelbaar
Taste *v*21 toets
[1]**tasten** *intr* tasten, voelen
[2]**tasten** *tr* intoetsen
[3]**tasten, sich** op de tast lopen
Tastendruck *m*19 druk op de knop, toets
Tastentelefon *o*29 druktoetstelefoon
Tastsinn *m*19 tastzin
Tat *v*20 daad: *in der ~* inderdaad; *jmdn auf frischer ~ ertappen* iem op heterdaad betrappen
tatauieren320 tatoeëren
Tatbericht *m*5 rapport, verslag, bericht
Tatbestand *m*19 **1** ware toedracht, feitelijke toestand **2** elementen van een strafbaar feit: *den ~ aufnehmen* proces-verbaal opmaken
Tatbeweis *m*5 feitelijk bewijs
Tatendrang *m*19 dadendrang, ondernemingslust
tatendurstig, tatenfroh vol ondernemingslust, actief, energiek
tatenlos werkeloos, passief
Tatenlust *v*28 dadendrang, ondernemingslust
Täter *m*9 dader
Täterprofil *o*29 daderprofiel
tätig werkzaam, actief: *~e Hilfe* daadwerkelijke hulp; *~ sein* bezig zijn
tätigen doen, verwezenlijken, bewerkstelligen, uitvoeren: *Einkäufe ~* inkopen doen
Tätigkeit *v*20 **1** werk, activiteit, bezigheid: *in ~ setzen* in werking stellen **2** werkzaamheden, functie
Tätigkeitsbereich *m*5 arbeids-, werkterrein
Tatkraft *v*28 energie, wils-, werk-, daadkracht
tatkräftig daadkrachtig, energiek, actief
tätlich handtastelijk: *~ werden* handtastelijk worden; *jmdn ~ angreifen* iem te lijf gaan
Tätlichkeit *v*20 handtastelijkheid: *es kam zu ~en* het kwam tot een handgemeen
Tatort *m*5 plaats van het misdrijf
tätowieren320 tatoeëren
Tatsache *v*21 feit: *vollendete ~* voldongen feit
Tatsachenbericht *m*5 verslag, reportage
Tatsachenmaterial *o*39 feitenmateriaal
tatsächlich, tatsächlich **1** feitelijk **2** werkelijk, echt **3** in feite, inderdaad
tätscheln liefkozende tikjes geven, aaien
Tattoo *m*13, *o*36 tattoo
Tatverdacht *m*19 verdenking: *unter ~ stehen* verdacht worden
Tatze *v*21 klauw, poot *(ook van mens)*
Tatzeit *v*20 tijdstip van het misdrijf
[1]**Tau** *m*19 dauw: *vor ~ und Tag* voor dag en dauw
[2]**Tau** *o*29 scheeps-, kabeltouw
taub **1** doof: *~ für* (of: *gegen) Bitten* doof voor verzoeken **2** verdoofd, gevoelloos: *~e Finger* dode vingers
Taube *v*21 duif: *~n halten* duiven houden
Taubenschlag *m*6 duiventil
Taubenzüchter *m*9 duivenmelker
Taube(r) *m*40a, *v*40b dove
Taubheit *v*28 doofheid; *zie ook* taub
taubstumm doofstom
Taubstummheit *v*28 doofstomheid
Tauchboot *o*29 duikboot, onderzeeboot
[1]**tauchen** *intr* duiken
[2]**tauchen** *tr* dopen, dompelen
Taucher *m*9 duiker
Taucheranzug *m*6 duikerpak
Taucherausrüstung *v*20 duikersuitrusting
Taucherkrankheit *v*28 duikers-, caissonziekte
[1]**tauen** *intr* **1** dooien, smelten: *es taut* het dooit **2** dauwen: *es taut* het dauwt
[2]**tauen** *tr* doen smelten
Taufbecken *o*35 doopbekken, doopvont
Taufe *v*21 doop(sel)
taufen dopen
Täufer *m*9 **1** doper **2** doopsgezinde, baptist
Taufformel *v*21 doopformule
Taufkleid *o*31 doopjurk, doopkleed
Täufling *m*5 dopeling
Taufname *m*18 doopnaam
Taufpate *m*15 peter, peetoom
Taufpatin *v*22 meter, peettante
taufrisch **1** bedauwd **2** heerlijk fris **3** heel vers
Taufschein *m*5 doopbewijs, doopakte
taugen deugen: *zu*+3 *etwas ~* voor iets geschikt zijn
Taugenichts *m*5 *(2e nvl ook -)* nietsnut
tauglich deugdelijk, geschikt
Taumel *m*19 duizeligheid, duizeling
taumelig **1** duizelig, bedwelmd **2** wankelend
taumeln **1** wankelen, waggelen, tuimelen **2** slingeren, zwaaien **3** dartelen
taumlig *zie* taumelig
Tausch *m*5 ruil
tauschen ruilen, (om)wisselen
[1]**täuschen** *tr* bedriegen, misleiden, op een dwaalspoor brengen
[2]**täuschen, sich** zich vergissen
täuschend bedrieglijk: *sie sind sich ~ ähnlich* ze

lijken sprekend op elkaar
Täuscher m^{9} bedrieger, misleider
Tauschgeschäft o^{29} ruil(transactie)
Tauschhandel m^{19} **1** ruil(transactie) **2** ruilhandel
Täuschung v^{20} **1** misleiding, bedrog **2** vergissing: *sich der ~ hingeben* de illusie koesteren
Tauschvertrag m^{6} ruilovereenkomst
Tauschwert m^{19} ruilwaarde
Tauschwirtschaft v^{28} ruilhandel
tausend duizend: *viele Tausende (*of: *viele ~e) Blumen* duizenden bloemen
^{1}**Tausend** v^{20} (getal, cijfer) duizend
^{2}**Tausend** o^{29} *(mv ook -)* duizend, duizendtal: *einige ~e, einige tausende* een paar duizend; *~e (*of: *tausende) (von) Menschen* duizenden mensen; *in die ~e (*of: *tausende) gehen* in de duizenden lopen; *fünf vom ~* vijf promille; *zu ~en, zu tausenden* met duizenden tegelijk
Tausender m^{9} **1** duizendtal **2** briefje van 1000 **3** berg van (meer dan) duizend meter
tausendfach duizendvoud(ig)
tausendste duizendste
Tausendstel o^{33} duizendste (deel)
Tautropfen m^{11} dauwdruppel
Tauwasser o^{33} smeltwater
Tauwerk o^{39} **1** touwwerk, touw **2** want
Tauwetter o^{39} **1** dooiweer **2** *(fig)* ontspanning
Tauziehen o^{35} (het) touwtrekken
Taxator m^{16} taxateur
Taxcard v^{27} *(Zwits)* belkaart, telefoonkaart
Taxe v^{21} **1** taxi **2** heffing, recht **3** taxatie, schatting **4** taxatieprijs
taxfrei vrij van kosten
Taxi o^{36} taxi
taxieren^{320} taxeren, (in)schatten
Taxierung v^{20} schatting, taxatie
Taxifahrer m^{9} taxichauffeur
Taxifahrt v^{20} taxirit
Taxistand m^{19} taxistandplaats
Taxwert m^{5} geschatte waarde, taxatiewaarde
Tb, Tbc *afk van Tuberkulose* tuberculose *(afk* tb, tbc)
Teak, Teakholz [tie:k-] o^{39} teak(hout)
Teamarbeit [tie:m-] v^{28} teamwork
Technik v^{20} techniek
Techniker m^{9} technicus
Technikum *o (2e nvl -s; mv -niken, ook -ka)* hogere technische school, hts
technisch technisch: *eine höhere ~e Lehranstalt* een hogere technische school, hts; *das Technische Hilfswerk* de rampendienst
Techno o^{39}, o^{39a}, m^{19}, m^{19a} techno
Technologie v^{21} technologie
technologisch technologisch
Teckel m^{9} dashond, teckel
Teddy m^{13}, **Teddybär** m^{14} teddybeer
Tee m^{13} **1** thee **2** theevisite
TEE *m (2e nvl -(s); mv -(s)) afk van Trans-Europ-Express* Trans-Europa-expres *(afk* TEE)
Teebeutel m^{9} theezakje
Teebutter v^{28} *(Oostenr)* kwaliteitsboter
Teekanne v^{21} theepot
Teelicht o^{31}, o^{29} theelichtje, waxinelichtje
Teelöffel m^{9} theelepeltje
Teer m^{5} teer
teeren **1** teren **2** asfalteren
teerig **1** teerachtig **2** geteerd, vol teer
Teeservice *o (2e nvl -(s); mv -)* theeservies
Teetasse v^{21} theekopje
Teewärmer m^{9} theemuts
Teich m^{5} vijver: *der große ~* de wijde plas *(Atlantische Oceaan)*
Teig m^{5} deeg, beslag
teigig **1** deegachtig **2** klef, pappig **3** melig
Teigwaren *mv* v^{21} deegwaren, pasta
^{1}**Teil** m^{5}, o^{29} aandeel, deel, portie: *(fig) jmdm sein(en) ~ geben: a)* iem zijn portie geven; *b)* iem zeggen waar het op staat
^{2}**Teil** m^{5} deel, gedeelte, stuk: *das ist für alle ~e peinlich* dat is voor alle partijen pijnlijk; *(jur) klagender ~* eisende partij; *zum ~* gedeeltelijk; *zum größten ~* voor het grootste deel
^{3}**Teil** o^{29} **1** *(techn)* onderdeel **2** stuk, deel: *ein gut ~* heel wat
teilbar deelbaar
Teilbereich m^{5} deelgebied
Teilbetrag m^{6} gedeeltelijk bedrag, gedeelte
Teilchen o^{35} **1** deeltje **2** *(regionaal)* gebakje
^{1}**teilen** *tr* delen, verdelen: *wir sind geteilter Ansicht (*of: *Meinung)* wij verschillen van mening
^{2}**teilen, sich** delen, zich splitsen: *sie ~ sich in den Gewinn* ze delen de winst (onder elkaar); *hier teilt sich der Weg* hier splitst de weg zich; *hier ~ sich die Ansichten* hier lopen de meningen uiteen
Teiler m^{9} *(rekenk)* deler
Teilerfolg m^{5} gedeeltelijk succes
Teilgebiet o^{29} deelgebied
teilhaben^{182} deelnemen, deelhebben: *~ an*$^{+3}$ deelnemen in
Teilhaber m^{9} compagnon, firmant; vennoot
teilhaftig: *einer Sache*^{2} *~ werden* iets deelachtig worden
Teillösung v^{20} gedeeltelijke oplossing
Teilnahme v^{28} **1** deelname, deelneming **2** deelneming, medeleven **3** *(jur)* deelneming
teilnahmslos ongeïnteresseerd, onverschillig
teilnahmsvoll vol belangstelling, belangstellend; medelevend
teilnehmen^{212} deelnemen
teilnehmend belangstellend; medelevend
Teilnehmer m^{9} **1** deelnemer **2** abonnee
Teilnehmerzahl v^{28} aantal deelnemers
teils deels, ten dele: *~ … ~ …* deels … deels …
Teilstrecke v^{21} **1** *(spoorw)* baanvak **2** traject **3** *(sp)* etappe **4** sectie *(van bus, tram)*
Teilstück o^{29} **1** onderdeel **2** gedeelte, stuk
Teilung v^{20} deling *(ook rekenk)*; verdeling
Teilungszeichen o^{35} afbrekingsteken

teilweise gedeeltelijk, ten dele
Teilzahlung v^{20} **1** betaling in termijnen, afbetaling **2** termijn: *auf ~* op afbetaling
Teilzeitarbeit v^{20} parttimewerk, deeltijdwerk
Teilzeitbeschäftigte(r) m^{40a}, v^{40b} parttimer
Teilzeitbeschäftigung v^{20} parttimewerk, deeltijdwerk
Teint m^{13} teint, gelaatskleur
T-Eisen o^{35} T-balk
Telefax *o (2e nvl -; mv -(e))* **1** faxapparaat **2** fax(bericht)
telefaxen faxen
Telefon o^{29} telefoon
Telefonanruf m^{5} telefoongesprek
Telefonanschluss m^{6} telefoonaansluiting
Telefonapparat m^{5} telefoontoestel
Telefonat o^{29} telefoongesprek, telefoontje
Telefonbuch o^{32} telefoonboek, -gids
Telefongebühren *mv* v^{20} telefoonkosten
Telefongespräch o^{29} telefoongesprek
Telefonguthaben o^{35} beltegoed
Telefonhörer m^{9} telefoonhoorn
telefonieren^{320} telefoneren, opbellen
telefonisch telefonisch
Telefonist m^{14} telefonist
Telefonkarte v^{21} belkaart, telefoonkaart
Telefonkonferenz v^{20} telefonische conferentie
Telefonminute v^{21} belminuut
Telefonnetz o^{29} telefoonnet
Telefonnummer v^{21} telefoonnummer
Telefonseelsorge v^{28} telefonische hulpdienst; *(Belg)* teleonthaal
Telefonwertkarte v^{21} *(Oostenr)* belkaart, telefoonkaart
Telefonzelle v^{21} telefooncel
Telefonzentrale v^{21} telefooncentrale
Telegraf m^{14} telegraaf
Telegrafenamt o^{32} telegraafkantoor
Telegrafie v^{28} telegrafie
telegrafieren^{320} telegraferen
telegrafisch telegrafisch
Telegramm o^{29} telegram
Telegrammadresse v^{21} telegramadres
Telegrammgebühr v^{20} telegramkosten
Telegraph(-) *zie* Telegraf(-)
Telekommunikation v^{28} telecommunicatie
Telekonferenz v^{20} video-, teleconferentie
telekopieren^{320} faxen
Telekopierer m^{9}, **Telekopiergerät** o^{29} faxapparaat
Telemarketing o^{39}, o^{39a} telemarketing
Telephon *oude spelling voor* Telefon, *zie* Telefon
Teleskop o^{29} telescoop
Television v^{28} televisie
Telex o^{39a} telexnet
Telex *o (2e nvl -; mv -(e))* telex
Teller m^{9} **1** bord **2** *(sp)* rozet, sneeuwkrans *(van skistok)* **3** (hand)palm
Tempel m^{9} **1** tempel **2** paviljoen *(in tuin)*
Temperament o^{29} temperament
temperamentvoll temperamentvol, levendig
Temperatur v^{20} **1** temperatuur: *gefühlte ~* gevoelstemperatuur **2** verhoging
Temperaturregler m^{9} thermostaat
Temperaturschwankung v^{20} temperatuurschommeling
Temperatursturz m^{6} plotselinge sterke daling van de temperatuur
temperieren^{320} **1** *(fig)* temperen, matigen **2** op temperatuur brengen **3** *(muz)* temperen
^{1}**Tempo** *o (2e nvl -s; mv Tempi) (muz)* tempo
^{2}**Tempo** o^{36} tempo, snelheid: *(inform) ein ~ draufhaben* hard rijden
Tempobegrenzer m^{9} snelheidsbegrenzer
Tempobegrenzung v^{20}, **Tempolimit** o^{29}, o^{36} snelheidsbeperking
Tempomat m^{14} snelheidsbegrenzer
Temposünder m^{9} snelheidsovertreder
Tempus *o (2e nvl -; mv Tempora)* tempus, tijd
Tendenz v^{20} tendens
tendenziös tendentieus
tendieren^{320} tenderen, neigen
Tenne v^{21} dorsvloer, deel
Tennis o^{39a} tennis: *~ spielen* tennissen
Tennisball m^{6} tennisbal
Tennisplatz m^{6} tennisbaan
Tennisschläger m^{9} tennisracket
Tennisspieler m^{9} tennisser
Tennisturnier o^{29} tennistoernooi
^{1}**Tenor** m^{19} **1** teneur **2** *(muz)* tenor
^{2}**Tenor** m^{6} tenor
Tentamen *o (2e nvl -s; mv -mina)* tentamen
Teppich m^{5} tapijt, vloerkleed, wandkleed
Teppichboden m^{12} vast tapijt, vaste vloerbedekking
Teppichfliese v^{21} tapijttegel
Teppichkehrer m^{9}, **Teppichkehrmaschine** v^{21} rolveger
Teppichklopfer m^{9} mattenklopper
Termin m^{5} **1** datum; tijd, tijdstip; termijn **2** *(jur)* zittingsdag, rechtszitting **3** afspraak
^{1}**Terminal** m^{13}, o^{36} terminal *(op vliegveld, station)*
^{2}**Terminal** o^{36} terminal *(van computer)*
termingemäß, termingerecht op het afgesproken tijdstip, volgens afspraak, op tijd
Terminkalender m^{9} agenda
Terminologie v^{21} terminologie
Termite v^{21} termiet
Terpentin o^{29}, m^{5} terpentijn
Terrain [terẽ] o^{36} terrein; *(fig ook)* gebied
Terrasse v^{21} terras
terrassenförmig terrasvormig
territorial territoriaal
Territorialgewässer *mv* o^{33} territoriale wateren
Territorium *o (2e nvl -s; mv -torien)* territorium
Terror m^{19} **1** terreur **2** grote angst **3** heibel
Terrorakt m^{5} terreurdaad
Terroralarm m^{5} terreuralarm

terrorisieren^{320} terroriseren
Terrorismus m^{19a} terrorisme
Terrorist m^{14} terrorist
terroristisch terroristisch
Terz v^{20} *(muz)* terts
Tesafilm m^{5} sellotape
Test m^{5}, m^{13} test, toets(ing)
Testament o^{29} testament: *das Alte und das Neue ~* het Oude en het Nieuwe Testament
testamentarisch testamentair, bij testament
Testamentseröffnung v^{20} opening van het testament
Testamentsvollstrecker m^{9} executeur-testamentair
Testbild o^{31} testbeeld
testen testen
Testfahrer m^{9} testrijder
Testfahrt v^{20} proefrit
Testfall m^{6} testcase
Teststrecke v^{21} testbaan
Testverfahren o^{35} testmethode
teuer **1** dierbaar **2** duur
Teuerung v^{20} **1** duurte **2** prijsstijging
Teuerungswelle v^{21} duurtegolf
Teuerungszulage v^{21}, **Teuerungszuschlag** m^{6} duurtetoeslag
Teufel m^{9} duivel: *kein ~* geen mens, niemand; *ein armer ~* een arme drommel; *da ist der ~ los* de hele boel staat daar op stelten
Teufelin v^{22} **1** duivelin, helleveeg **2** fel wijf
Teufelsbrut v^{28} hels gebroed, gespuis
Teufelskerl m^{5} duivelse kerel
Teufelskreis m^{5} vicieuze cirkel
Teufelszeug o^{39} gemeen spul
teuflisch **1** duivels **2** geweldig **3** *(plat)* verduiveld, erg
Text m^{5} tekst: *weiter im ~!* (ga maar) verder!; *aus dem ~ kommen* in de war raken
Textautomat m^{14} tekstverwerker
Textbuch o^{32} tekstboek(je)
Textdichter, Texter m^{9} tekstschrijver
Texterfassung v^{20} tekstverwerking
Textilfabrik v^{20} textielfabriek
Textilien, Textilwaren *mv* textiel(waren)
Textkritik v^{28} tekstkritiek
Textprogramm o^{29} tekstverwerkingsprogramma
Textverarbeitung v^{20} tekstverwerking
Textverarbeitungsgerät o^{29} tekstverwerker
TGV m^{13} *(2e nvl ook -) afk van train à grande vitesse* hogesnelheidstrein *(afk* tgv)
[1]**Theater** o^{33} theater, schouwburg, toneel
[2]**Theater** o^{39} **1** toneel(voorstelling): *ins ~ gehen* naar de schouwburg gaan **2** (schouwburg)publiek **3** *(ongunstig)* drukte, gedoe: *so ein ~!* wat een drukte (om niets)!
Theateraufführung v^{20} toneelvoorstelling
Theaterbesuch m^{5} schouwburgbezoek
Theaterdichter m^{9} toneelschrijver
Theaterkritiker m^{9} toneelcriticus, -recensent
Theaterraum m^{6} schouwburgzaal
Theaterstück o^{29} toneelstuk
Theatervorstellung v^{20} toneelvoorstelling
theatralisch theatraal; overdreven
Theke v^{21} **1** toonbank **2** buffet, tapkast, bar
Thema *o (2e nvl -s; mv Themen)* thema
Theologe m^{15} theoloog
Theologie v^{21} theologie
theologisch theologisch
Theoretiker m^{9} theoreticus
theoretisch theoretisch; in theorie
theoretisieren^{320} theoretiseren
Theorie v^{21} theorie
Therapeut m^{14} therapeut
Therapie v^{21} therapie
Thermalquelle, Therme v^{21} warmwaterbron
Thermik v^{28} thermiek
Thermosflasche v^{21} thermosfles
Thermostat m^{14}, m^{16} thermostaat
These v^{21} these, stelling
Thinktank, Think-Tank m^{13} denktank
Thron m^{5} troon
Thronanwärter m^{9} kroonpretendent
Thronbesteigung v^{20} troonsbestijging
thronen tronen, zetelen
Thronerbe m^{15} erfgenaam van de troon, troonopvolger
Thronfolge v^{28} troonopvolging
Thronfolger m^{9} troonopvolger
Thronrede v^{21} troonrede
Thunfisch m^{5} tonijn
THW o^{39a} *afk van Technisches Hilfswerk* rampendienst
Thymian m^{5} tijm
TIA v^{21} *afk van transitorische ischämische Attacke* transient ischaemic attack *(afk* TIA)
Tic m^{13} *(med)* tic *(onwillekeurige spiertrekking)*
Tick m^{13} **1** *(med)* tic **2** tic, aanwensel **3** tikje, heel klein beetje
ticken **1** tikken **2** denken **3** *(inform)* snappen
tief diep, laag: *~ bewegt* diep geroerd, diep bewogen; *~ dringend* doordringend, diepgaand; *~ gehend* diepgaand; *~ greifend* ingrijpend, diepgaand; *~ liegend: a)* diepgelegen, diepliggend *(ogen); b)* laag(gelegen); *~e Temperaturen* lage temperaturen; *~e Wolken* laaghangende wolken; *im ~en Winter* hartje winter
Tief o^{36} **1** diep, vaargeul **2** *(weerk)* depressie, lagedrukgebied: *(fig) seelische ~s* depressies
Tiefausläufer m^{9} *(weerk)* uitloper van een depressie
[1]**Tiefbau** *m (2e nvl -(e)s; mv -ten)* bouwwerken op de grond, onder de grond
[2]**Tiefbau** m^{19} (het) bouwen op, onder de grond
Tiefbauamt o^{32} dienst publieke werken
tiefbewegt diep geroerd, diep bewogen
tiefdringend doordringend, diepgaand
Tiefdruckgebiet o^{29} lagedrukgebied
Tiefe v^{21} diepte; *(fig ook)* diepgang

Tiefebene v^{21} laagvlakte
Tiefenmessung v^{20} dieptemeting
Tiefenpsychologie v^{28} dieptepsychologie
tiefernst zeer ernstig
tieffliegen[159] laagvliegen
Tiefflieger m^{9} laagvliegend vliegtuig
Tiefflug m^{6} *(luchtv)* scheervlucht
Tiefgang m^{19} diepgang
Tiefgarage v^{21} ondergrondse parkeergarage
tiefgehend diepgaand
tiefgreifend ingrijpend, diepgaand
tiefgründig *(fig)* diepzinnig, diepgaand
tiefkühlen diepvriezen, invriezen
Tiefkühlfach o^{32} diepvriesvakje
Tiefkühlkost v^{28} diepvriesproducten
Tiefkühltruhe v^{21} diepvrieskist
Tieflader m^{9}, **Tiefladewagen** m^{11} dieplader
Tiefland o^{29}, o^{32} laagland, laagvlakte
tiefliegend **1** diepgelegen, diepliggend *(ogen)* **2** laag(gelegen)
Tiefsee v^{21} diepzee
Tiefseeforschung v^{28} diepzeeonderzoek
Tiefsinn m^{19} **1** diepzinnigheid **2** melancholie, zwaarmoedigheid
tiefsinnig **1** diepzinnig **2** melancholiek, zwaarmoedig
Tiefstand m^{6} *(fig)* dieptepunt, laag peil
tiefstapeln in understatements spreken
Tiefstpreis o^{29} bodemprijs
Tiefsttemperatur v^{20} minimumtemperatuur
tieftraurig diepbedroefd
Tiegel m^{9} **1** smeltkroes **2** braadpan
Tier o^{29} dier, beest: *ein großes* (of: *hohes)* ~ een hoge piet
Tierart v^{20} diersoort
Tierarzt m^{6} dierenarts, veearts
Tierbändiger m^{9} dierentemmer, dompteur
Tierchen o^{35} diertje
Tierepos *o (2e nvl -; mv -epen)* dierenepos
Tierfabel v^{21} dierenfabel
Tierfreund m^{5} dierenvriend
Tiergarten m^{12} dierentuin
tierhaft dierlijk
Tierhaltung v^{28} (het) houden van (huis)dieren
Tierhandlung v^{20} dierenwinkel
Tierheilkunde v^{28} diergeneeskunde
Tierheim o^{29} dierenasiel
tierisch **1** dierlijk **2** *(fig)* beestachtig
Tierkreis m^{19} *(sterrenk)* dierenriem
Tierkunde v^{28} dierkunde, zoölogie
Tierpark m^{13}, m^{5} dierenpark
Tierpfleger m^{9} dierenverzorger
Tierquäler m^{9} dierenbeul
Tierreich o^{29} dierenrijk
Tierrettungsdienst m^{5} dierenambulance
Tierrettungswagen m^{11} dierenambulance
Tierschau v^{20} **1** dierententoonstelling **2** menagerie
Tierschutz m^{19} dierenbescherming
Tierschutzverein m^{5} vereniging tot bescherming van dieren
Tierversuch m^{5} dierproef
Tierwelt v^{28} dierenwereld
Tierzucht v^{28} dierenfokkerij
Tiger m^{9} tijger
Tigerfell o^{29} tijgervel
Tilapia m^{13} *(mv ook Tilapien)* tilapia
tilgbar aflosbaar *(van schuld)*
tilgen **1** schrappen **2** *(schande, sporen)* uitwissen **3** *(schulden)* aflossen
Tilgung v^{20} aflossing; *zie ook* tilgen
Tinte v^{21} inkt: *er sitzt in der* ~ hij zit in de knoei; *das ist klar wie dicke* ~ dat is zo klaar als een klontje
Tintenfisch m^{5} inktvis
Tintenfleck, Tintenklecks m^{5} inktvlek
Tintenkuli m^{13} balpen met inktpatroon
Tintenstrahler m^{9} inkjet
Tippelbruder m^{10} *(iron)* landloper, zwerver
tippeln **1** lopen, tippelen **2** trippelen
[1]**tippen** *intr* **1** tikken: ~ *an, auf, gegen*[+4] tikken aan, op, tegen **2** typen: *mit zwei Fingern* ~ met twee vingers typen **3** tippen, gokken, wedden
[2]**tippen** *tr* **1** tikken, typen **2** tippen, gokken, wedden
Tippfehler m^{9} tikfout
Tippfräulein o^{35} *(vero)* typiste
Tisch m^{5} **1** tafel: *am ~ sitzen* aan de tafel zitten; *(fig) reinen ~ mit*[+3] *etwas machen* met iets schoon schip maken; *jmdn zu ~ bitten* iem verzoeken aan tafel te gaan **2** (het) eten, maaltijd, dis: *bei ~ sitzen* aan tafel zitten
Tischbein o^{29} tafelpoot
Tischcomputer m^{9} personal computer
Tischdame v^{21} tafeldame
Tischdecke v^{21} tafelkleed
tischfertig kant-en-klaar
Tischgebet o^{29} tafelgebed
Tischgesellschaft v^{20} tafelgezelschap
Tischgespräch o^{29} tafelgesprek
Tischherr m^{14} *(2e, 3e, 4e nvl ev -n)* tafelheer
Tischlampe v^{21} tafellamp
Tischler m^{9} schrijnwerker, meubelmaker
Tischordnung v^{20} tafelschikking
Tischplatte v^{21} tafelblad
Tischtennis o^{39a} tafeltennis
Tischtennisschläger m^{9} bat, batje
Tischtuch o^{32} tafellaken
Titel m^{9} titel *(ook jur, sp)*
Titelblatt o^{32} **1** titelblad **2** frontpagina
Titelbogen m^{11} titelblad
Titelgeschichte v^{21} omslagverhaal
Titelkampf m^{6} *(sp)* titelgevecht
Titelseite v^{21} frontpagina, voorpagina
Titelverteidiger m^{9} *(sp)* kampioen, titelverdediger
Toast m^{5}, m^{13} **1** toast, sneetje geroosterd brood **2** toost *(heildronk)*

[1]**toasten** *intr* toosten
[2]**toasten** *tr* roosteren
Toaster m^{9} broodrooster
toben **1** tekeergaan, tieren **2** *(mbt kinderen)* dollen, ravotten **3** *(mbt brand, oorlog)* woeden; *(mbt wind, zee)* razen
Tobsucht v^{28} razernij
tobsüchtig razend, dol
Tochter v^{26} **1** dochter **2** dochtermaatschappij
Tochtergesellschaft v^{20} dochtermaatschappij
Tod m^{5} dood, (het) overlijden: *eines natürlichen ~es sterben* een natuurlijke dood sterven; *auf den ~ krank sein* doodziek zijn; *auf den ~ verwundet sein* levensgevaarlijk gewond zijn; *etwas mit dem ~(e) bezahlen* iets met de dood bekopen; *sich zu ~e langweilen* zich doodvervelen; *zu ~e erschrocken* dodelijk verschrikt; *zu ~e fallen* (of: *stürzen)* een dodelijke val maken
todblass, todbleich doodsbleek
todbringend dodelijk
todernst dodernstig, bloedserieus
Todesahnung v^{20} voorgevoel van de (naderende) dood
Todesangst v^{25} doodsangst
Todesanzeige v^{21} **1** overlijdensadvertentie **2** rouwkaart, overlijdensbericht
Todesfall m^{6} sterfgeval
Todesfurcht v^{28} doodsangst
Todesgefahr v^{20} doodsgevaar, levensgevaar
Todeskampf m^{6} doodsstrijd
Todeskandidat m^{14} iem die ten dode opgeschreven is
Todesnot v^{25} doodsangst, doodsnood
Todesopfer o^{33} slachtoffer, dode
Todesstoß m^{6} doodsteek *(ook fig)*
Todesstrafe v^{21} doodstraf
Todesstunde v^{21} sterfuur, doodsuur
Todestag m^{5} sterfdag
Todesursache v^{21} doodsoorzaak
Todesurteil o^{29} doodvonnis *(ook fig)*
Todesverachtung v^{28} doodsverachting
todfeind vijandig gezind: *sich* (of: *einander) ~ sein* doodsvijanden van elkaar zijn
Todfeind m^{5} doodsvijand
todgeweiht ten dode opgeschreven
todkrank doodziek
tödlich dodelijk: *(jur) Körperverletzung mit ~em Ausgang* lichamelijk letsel de dood tot gevolg hebbend; *~er Unfall* ongeval met dodelijke afloop
todsicher absoluut zeker
Todsünde v^{21} doodzonde
Toilette [too·alete] v^{21} toilet
Toilettenartikel m^{9} toiletartikel
Toilettenbecken o^{35} closetpot
Toilettenfrau v^{20} toiletjuffrouw
Toilettenpapier o^{39} toiletpapier, closetpapier
Toilettenseife v^{21} toiletzeep
toi, toi, toi **1** veel succes! **2** afkloppen!
tolerant tolerant
Toleranz v^{20} tolerantie
tolerieren[320] tolereren, dulden
toll **1** geweldig, fantastisch **2** gek, krankzinnig **3** enorm
tollen uitgelaten zijn, stoeien; (wild) rennen, dartelen
tollkühn roekeloos, doldriest
Tollpatsch m^{5} onhandig iem, sukkel
tollpatschig onhandig, sukkelig, stuntelig
Tollwut v^{28} hondsdolheid, rabiës
tollwütig dol, razend: *~er Hund* dolle hond
Tolpatsch *oude spelling voor* Tollpatsch, *zie* Tollpatsch
tolpatschig *oude spelling voor* tollpatschig, *zie* tollpatschig
Tölpel m^{9} onhandig iem, sukkel
Tölpelei v^{20} onhandigheid
tölpelhaft onhandig, lomp
Tomate v^{21} tomaat: *~n auf den Augen haben* ziende blind zijn
Tomatenmark o^{39} tomatenpuree
Tomatensoße v^{21} tomatensaus
[1]**Ton** m^{6} **1** toon, klank, geluid: *den richtigen ~ finden* de juiste toon weten te vinden; *den ~ steuern* het geluid regelen **2** toon, wijze van spreken: *in leisem ~* op zachte toon **3** toon, tint, schakering **4** klemtoon || *große* (of: *dicke) Töne reden* pochen; *keinen ~ sagen* (of: *von sich geben)* geen kik geven
[2]**Ton** m^{5} klei, leem
tonangebend toonaangevend
Tonarm m^{5} toonarm *(van platenspeler)*
Tonart v^{20} **1** toonaard, toonsoort **2** kleisoort
Tonausfall m^{6} (het) wegvallen van het geluid
Tonband o^{32} geluidsband
Tonbandaufnahme v^{21} bandopname
Tonbandgerät o^{29} bandrecorder
[1]**tönen** *intr* **1** luiden, klinken **2** opscheppen
[2]**tönen** *tr* verven, kleuren: *das Haar ~ lassen* het haar laten verven
tönern van klei, lemen, aarden
Tonfall m^{6} **1** stembuiging, intonatie **2** toon
Tonfilm m^{5} geluidsfilm
Tonhöhe v^{21} toonhoogte
Tonic o^{36} tonic
Toningenieur m^{5} geluidsingenieur, -technicus
Tonkrug m^{6} aarden kruik
Tonleiter v^{21} toonladder
tonlos toonloos
Tonmeister m^{9} geluidsingenieur, -technicus
Tönnchen o^{35} tonnetje, vaatje
Tonne v^{21} **1** ton, vat **2** ton *(1000 kg)* **3** registerton **4** boei **5** dikzak
tonnenweise bij tonnen
Tonqualität v^{28} geluidskwaliteit
Tonspur v^{20} geluidsspoor
Tontaube v^{21} kleiduif
Tontechniker m^{9} geluidsman
Tonträger m^{9} geluidsdrager

Tönung v^{20} nuance, tint, schakering
Tonware v^{21} aardewerk
Tonzeichen o^{35} **1** *(muz)* noot **2** (klem)toonteken, accent
Tonziegel m^{9} stenen dakpan
Top o^{36} topje *(kledingstuk)*
Topf m^{6} **1** pot, pan **2** po || *alles in einen ~ werfen* alles over één kam scheren
Töpfchen o^{35} **1** potje **2** po, pootje
Töpfer m^{9} pottenbakker
^{1}**Töpferei** v^{20} pottenbakkerij
^{2}**Töpferei** v^{28} aardewerk
^{1}**töpfern** *bn* aarden
^{2}**töpfern** *ww* aardewerk maken, pottenbakken
Töpferware v^{21} aardewerk
Topfgucker m^{9} pottenkijker
Topfkuchen m^{11} tulband
Topfpflanze v^{21} potplant
^{1}**Tor** m^{14} dwaas, gek
^{2}**Tor** o^{29} **1** poort, hek, deur **2** *(sp)* goal, doel: *ein ~ erzielen* (of: *schießen)* scoren, een doelpunt maken **3** *(bij slalom)* doorgang, poortje
Torbogen m^{11} overwelfde poort, poortgewelf
Torchance v^{21} kans op een doelpunt
Tordifferenz v^{20} *(sp)* doelsaldo
^{1}**Torf** m^{19} veengrond
^{2}**Torf** m^{5} turf
Torflügel m^{9} vleugel *(van poort)*
Torheit v^{20} dwaasheid, zotheid
Torhüter m^{9} *(sp)* keeper, doelverdediger
töricht dwaas, zot
Torjäger m^{9} *(sp)* topscorer
torkeln wankelen, waggelen
Torlatte v^{21} doellat
Torlauf m^{6} slalom
Torlinie v^{21} doellijn
Tormann m^{8} *(mv ook Torleute)* keeper, doelman
Tornister m^{9} **1** ransel **2** *(op de rug gedragen)* schooltas
torpedieren^{320} torpederen
Torpedo m^{13} torpedo
Torpfosten m^{11} *(sp)* doelpaal
Torraum m^{6} *(sp)* doelgebied
Torschuss m^{6} *(sp)* doelschot
Torschütze m^{15} doelpuntenmaker, scorer
Torschützenkönig m^{5} topscorer
Törtchen o^{35} taartje, gebakje
Torte v^{21} **1** taart **2** meisje, grietje
Tortenboden m^{12} taartbodem
Tortenheber m^{9} taartschep
Tortenplatte v^{21} gebakschaal
Tortur v^{20} tortuur, foltering, kwelling
Torverhältnis o^{29a} *(sp)* doelgemiddelde
Torwächter m^{9}, **Torwart** m^{5} *(sp)* keeper
tosen razen, donderen, bruisen; loeien, gieren: *~der Beifall* daverend applaus
tot dood, overleden: *sich ~ stellen* zich dood houden; *(sp) ~es Rennen* onbesliste race
total totaal, helemaal, volledig
totalitär totalitair
Totalität v^{20} totaliteit, geheel
Totalschaden m^{12}: *~ haben* total loss zijn
töten doden
Totenbett o^{37} doodsbed, sterfbed
totenblass doodsbleek
Totenblässe v^{28} dodelijke bleekheid
totenbleich doodsbleek
Totenehrung v^{20} herdenking van een dode; dodenherdenking
Totenfeier v^{21} **1** begrafenisplechtigheid, rouwdienst **2** herdenking van een dode; dodenherdenking
Totengräber m^{9} doodgraver
Totenkopf m^{6} doodshoofd, doodskop
Totenkult m^{5} dodencultus
Totenmesse v^{21} *(r-k)* uitvaartdienst, requiem(mis)
Totenschein m^{5} overlijdensakte
Totensonntag m^{5} *(prot)* dodenherdenkingsdag *(laatste zondag van het kerkelijk jaar)*
Totenstille v^{28} doodse stilte
Tote(r) m^{40a}, v^{40b} dode
totlachen, sich zich doodlachen
totmachen doodmaken, om zeep helpen
Toto m^{13}, o^{36} toto
Totoschein m^{5} totoformulier
Totschlag m^{19} doodslag
Totschlagargument o^{29} dooddoener
totschlagen^{241} doodslaan: *die Zeit ~* de tijd doden
Totschläger m^{9} **1** moordenaar **2** ploertendoder
totstellen, sich *oude spelling voor* sich tot stellen, *zie* tot
Tötung v^{20} (het) doden; doding: *fahrlässige ~* dood door schuld
Touchscreen m^{13} aanraakscherm, touchscreen
Tour v^{20} **1** uitstapje, tochtje: *auf ~ sein, gehen* op reis zijn, gaan **2** traject: *die ~ Kleve-Nimwegen radeln* het stuk Kleef-Nijmegen fietsen **3** figuur, draai *(bij het dansen)* **4** *(techn)* omwenteling, toer: *auf ~en bringen* op gang brengen || *etwas auf die krumme ~ versuchen* iets op slinkse wijze proberen
Tourenzahl v^{20} toerental
Tourenzähler m^{9} toerenteller
Tourismus m^{19a} toerisme
Tourist m^{14} toerist
Touristik v^{28} toeristenindustrie, toerisme
Trab m^{19} draf: *jmdn auf ~ bringen* iem achter de vodden zitten; *auf ~ sein: a)* druk bezig zijn; *b)* haast hebben; *ein Pferd in ~ setzen* een paard in draf zetten; *in scharfem ~* in gestrekte draf
Trabant m^{14} maan; satelliet, kunstmaan
traben draven
Traber m^{9} harddraver *(een paard)*
Trabrennbahn v^{20} drafbaan, renbaan
Trabrennen o^{39} harddraverij
Tracht v^{20} **1** kleding, klederdracht **2** vracht, last ||

eine ~ Prügel, eine ~ een pak slaag
trachten trachten, streven: *jmdm nach dem Leben ~* iem naar het leven staan
Trachtenfest *o*[29] folkloristisch feest
trächtig drachtig
Tradition *v*[20] traditie, overlevering
traditionell traditioneel
Trafik *v*[20] *(Oostenr)* sigaren-, tabakswinkel
Trafo *m*[13] *(2e nvl ook -)* trafo
Tragbahre *v*[21] draagbaar, brancard
tragbar **1** draagbaar, te dragen **2** *(fig)* aanvaardbaar
träge traag, lui
Trage *v*[21] **1** draagstel **2** draagbaar, brancard
[1]**tragen**[288] *tr en intr* **1** dragen: *für*[+4] *etwas Sorge ~* ergens voor zorgen; *etwas immer bei sich ~* iets altijd bij zich hebben **2** verduren, dragen: *an*[+3] *etwas zu ~ haben* onder iets lijden, gebukt gaan || *aus der Kurve getragen werden* uit de bocht vliegen
[2]**tragen**[288], **sich**: *sich mit Plänen ~* met plannen rondlopen; *der Stoff trägt sich gut* de stof blijft goed in het dragen
Träger *m*[9] **1** drager: *die ~ der gesetzlichen Krankenversicherung* de uitvoerende organen van het ziekenfonds; *der ~ einer Schule* het bevoegd gezag van een school **2** *(bouwk)* draagbalk, ligger **3** schouderbandje
tragfähig **1** sterk **2** *(fig)* solide, draagkrachtig
Tragfähigkeit *v*[28] draagvermogen; *(fig)* draagkracht
Tragfläche *v*[21], **Tragflügel** *m*[9] *(luchtv)* vleugel, draagvlak
Tragflügelboot *o*[29] draagvleugelboot
Traggestell *o*[29] draagstel
Trägheit *v*[28] traagheid *(ook nat)*
Tragik *v*[28] tragiek
Tragiker *m*[9] treurspeldichter
Tragikomödie *v*[21] tragikomedie
tragisch tragisch: *etwas ~ nehmen* ergens zwaar aan tillen
Tragkraft *v*[25] draagkracht
Tragödie *v*[21] tragedie, treurspel
Tragtier *o*[29] lastdier
Tragweite *v*[28] draagwijdte; *(mil)* dracht
Trainer *m*[9] trainer
Trainerbank *v*[25] dug-out
trainieren[320] trainen, oefenen
Training *o*[36] training
Trakt *m*[5] **1** vleugel, gedeelte (van een gebouw) **2** complex gebouwen **3** *(med)* tractus, kanaal
traktieren[320] trakteren: *jmdn mit Kuchen ~* iem op gebak trakteren
trällern neuriën
Tramp *m*[13] **1** zwerver, landloper **2** tramp, schip van de wilde vaart
trampeln **1** trappelen, stampvoeten **2** stampen
trampen **1** liften **2** zwerven
Tramper *m*[9] lifter
Trampfahrt *v*[20] wilde vaart
Trampolin *o*[29] trampoline
Trampschiff *o*[29] tramp, schip van de wilde vaart
Tran *m*[5] (vis)traan
[1]**Trance** *m*[19a] *(muz)* trance
[2]**Trance** *v*[21] *(droomtoestand)* trance
Träne *v*[21] traan: *~n der Freude* tranen van vreugde; *jmdm keine ~ nachweinen* geen traan om iem laten; *zu ~n gerührt* tot tranen bewogen
tränen tranen
Tränendrüse *v*[21] traanklier
Tränengas *o*[39] traangas
Trank *m*[6] drank
Tränke *v*[21] drenkplaats, drinkplaats, wed
tränken **1** drenken, laten drinken **2** doordrenken
Transaktion *v*[20] transactie
Transfer *m*[13] *(handel, sp)* transfer
Transferabkommen *o*[35] transferovereenkomst
Transferliste *v*[21] *(sp)* transferlijst
Transfersumme *v*[21] *(sp)* transfersom
Transformator *m*[16] transformator
transformieren[320] transformeren
Transfusion *v*[20] (bloed)transfusie
Transit, Transit *m*[5] transito, doorvoer
Transitgüter *mv* *o*[32] doorvoerwaren
Transithafen *m*[12] transitohaven
transitiv transitief, overgankelijk
Transitverkehr *m*[19] transitoverkeer
transparent transparant
Transparent *o*[29] **1** transparant **2** spandoek
Transpiration *v*[20] transpiratie
transpirieren[320] transpireren
Transport *m*[5] transport
Transporter *m*[9] **1** transportschip **2** transportvliegtuig **3** transportvoertuig
transportfähig transportabel, vervoerbaar
transportieren[320] transporteren
Transportmittel *o*[33] transport-, vervoermiddel
Transportunternehmen *o*[35] transportonderneming
Trapez *o*[29] **1** *(meetk)* trapezium **2** trapeze
trappeln trippelen, trappelen
trappen, trapsen klossen
Trara *o*[39] ophef, tamtam: *mit großem ~* met veel tamtam
Trasse *v*[21] tracé *(van weg, leiding)*
Tratsch *m*[19] geroddel, geklets
tratschen roddelen, kletsen
Tratte *v*[21] traite, getrokken wissel
Traube *v*[21] **1** druiventros **2** druif **3** *(plantk, fig)* tros **4** zwerm *(bijen)*
Traubenernte *v*[21] druivenoogst, druivenpluk
Traubensaft *m*[6] druivensap
Traubenzucker *m*[19] druivensuiker, glucose
[1]**trauen**[+3] *intr* vertrouwen: *ich konnte meinen Augen kaum ~* ik kon mijn ogen nauwelijks geloven; *jmdm ~* iem vertrouwen
[2]**trauen** *tr* in het huwelijk verbinden: *jmdn ~* iem in de echt verbinden, iem trouwen

[3]**trauen, sich** wagen, durven: *er traute sich in die Höhle des Löwen* hij waagde zich in het hol van de leeuw
Trauer *v*[28] **1** rouw **2** rouwkleding **3** droefheid, verdriet
Traueranzeige *v*[21] **1** overlijdensbericht **2** overlijdensadvertentie
Trauerbrief *m*[5] rouwbrief
Trauerfall *m*[6] sterfgeval
Trauerfeier *v*[21] rouwplechtigheid, rouwdienst
Trauergefolge *o*[33], **Trauergeleit** *o*[29] rouwstoet
Trauergemeinde *v*[21], **Trauergesellschaft** *v*[20] begrafenisgangers
Trauergottesdienst *m*[5] rouwdienst
Trauerhaus *o*[32] sterfhuis
Trauerkranz *m*[6] rouwkrans
Trauermusik *v*[28] treurmuziek
trauern 1 treuren, bedroefd zijn **2** rouw dragen, rouwen
Trauernachricht *v*[20] droevige tijding
Trauerrede *v*[21] lijkrede
Trauerspiel *o*[29] treurspel
Trauerweide *v*[21] treurwilg
Trauerzug *m*[6] rouwstoet, lijkstoet
Traufe *v*[21] dakgoot
[1]**träufeln, träufen** *intr* druipen, druppelen
[2]**träufeln, träufen** *tr* druppelen
traulich 1 gezellig, behaaglijk **2** vertrouwd
Traum *m*[6] droom: *Träume sind Schäume* dromen zijn bedrog
Traumbild *o*[31] droombeeld
Traumdeuter *m*[9] droomuitlegger
träumen 1 dromen **2** mijmeren
Träumer *m*[9] dromer
Träumerei *v*[20] (het) dromen, dromerij
träumerisch dromerig
Traumgesicht *o*[29] droomgezicht, visioen
traumhaft fantastisch, als in een droom
traumwandeln slaapwandelen
Traumwelt *v*[20] droomwereld, rijk der dromen
traurig 1 treurig, bedroefd, droevig **2** triest
Traurigkeit *v*[28] treurigheid, droefheid
Trauring *m*[5] trouwring
Trauschein *m*[5] huwelijksakte, trouwakte
traut lief, geliefd; intiem, gezellig
Trauung *v*[20] huwelijksvoltrekking
Trauzeuge *m*[15] getuige trouwgetuige
Trecker *m*[9] trekker, tractor
Treff *m*[13] **1** ontmoeting, bijeenkomst **2** trefpunt
[1]**treffen**[289] *tr en intr* **1** treffen, raken: *du hast es getroffen!* jij hebt het geraden! **2** treffen, ontmoeten || *Maßnahmen* ~ maatregelen nemen; *eine Wahl* ~ een keuze doen
[2]**treffen**[289]**, sich** elkaar treffen, elkaar ontmoeten: *es trifft sich gut, dass …* het komt goed uit, dat …
Treffen *o*[35] **1** ontmoeting, bijeenkomst **2** *(mil)* gevecht, treffen **3** *(sp)* wedstrijd, ontmoeting
treffend treffend, juist: *eine ~e Antwort* een raak antwoord
Treffer *m*[9] **1** prijs *(in loterij)* **2** treffer *(raak schot)* **3** *(sp)* doelpunt
trefflich voortreffelijk
Treffpunkt *m*[5] **1** plaats van samenkomst, ontmoetingspunt: ~ *von Jugendlichen* hangplek **2** *(wisk)* snijpunt; raakpunt
treffsicher trefzeker
Treibeis *o*[39] drijfijs
[1]**treiben**[290] *intr* **1** drijven: *das Eis treibt auf dem Fluss* het ijs drijft op de rivier **2** rijzen || *sie treibt es mit anderen Männern* zij houdt het met andere mannen; *jmdn zur Verzweiflung* ~ iem wanhopig maken; *Wucher* ~ woekeren
[2]**treiben**[290] *tr* **1** drijven, opjagen; aanzetten, aandrijven: *jmdn zur Eile* ~ iem tot haast aanzetten **2** drijven, slaan, boren **3** doen aan, beoefenen, uitoefenen, uitvoeren: *Handel* ~ handel drijven; *ein Handwerk* ~ een ambacht uitoefenen; *Sport* ~ aan sport doen **4** telen, kweken: *Pflanzen* ~ planten kweken **5** (al groeiend) krijgen: *Knospen* ~ knoppen krijgen
[1]**Treiben** *o*[35] drijfjacht
[2]**Treiben** *o*[39] **1** gedoe, bedrijvigheid, drukte **2** (het) doen en laten, gedrag
Treiber *m*[9] **1** *(jagerstaal)* drijver **2** (vee)drijver **3** *(fig)* doordrijver
Treibhaus *o*[32] broeikas
Treibholz *o*[39] drijfhout
Treibjagd *v*[20] drijfjacht, klopjacht
Treiböl *o*[29] olie *(als motorbrandstof)*
Treibstoff *m*[5] motorbrandstof *(benzine, olie)*
Treibstofftank *m*[13], *m*[5] brandstoftank
Trend *m*[13] trend, tendens
Trendsetter *m*[9] trendsetter
trennbar scheidbaar
Trennbarkeit *v*[28] scheidbaarheid
[1]**trennen** *tr* **1** scheiden: *ein Wort* ~ een woord afbreken **2** lostornen **3** *(telecom)* verbreken, onderbreken
[2]**trennen, sich 1** scheiden, uiteengaan **2** afscheid nemen, verlaten, laten varen
Trennung *v*[20] **1** scheiding **2** *(telecom)* verbreking, onderbreking **3** afbreking
Trennungsstrich *m*[5], **Trennungszeichen** *o*[35] afbrekingsteken
Treppe *v*[21] trap
Treppenabsatz *m*[6] overloop, trapportaal
Treppengeländer *o*[33] trapleuning
Tresor *m*[5] **1** kluis *(in bank)* **2** brandkast, safe
Tresse *v*[21] tres, galon
Tretauto *o*[36] trapauto, trapautootje
Treteimer *m*[9] pedaalemmer
[1]**treten**[291] *intr* **1** stappen, treden: *zur Seite* ~ opzijgaan **2** trappen: *gegen die Tür* ~ tegen de deur trappen, schoppen || *(fig) auf jmds Seite* ~ iems partij kiezen; *die Augen* ~ *aus ihren Höhlen* de ogen puilen uit de kassen; *die Tränen* ~ *ihm in die Augen* de tranen komen in z'n ogen
[2]**treten**[291] *tr (een bal, de maat, het orgel, water)*

trappen, treden: *einen Freistoß ~* een vrije schop nemen; *(fig) jmdn in den Schmutz ~* iem door de modder halen; *die Bremse ~* op de rem trappen
Tretmine *v*[21] landmijn
Tretmühle *v*[21] tredmolen
treu trouw, getrouw: *~ ergeben* zeer toegenegen, innig verbonden
Treu *v*[28], **Treue** *v*[28] trouw: *jmdm die ~ halten* iem trouw blijven
treuergeben zeer toegenegen, innig verbonden
Treuhandanstalt *v*[28] beheersinstelling
Treuhänder *m*[9] trustee *(vertrouwensman)*
Treuhandgesellschaft *v*[20] trustmaatschappij
treuherzig trouwhartig, oprecht, argeloos
treulich (ge)trouw, getrouwelijk
treulos trouweloos, ontrouw
Tribunal *o*[29] tribunaal
Tribüne *v*[21] tribune
Trichter *m*[9] trechter: *auf den (richtigen) ~ kommen* het doorhebben
trichterförmig trechtervormig
Trick *m*[5], *m*[13] truc, handigheid, foefje
Trickaufnahme *v*[21] trucopname
Trickfilm *m*[5] trucfilm
tricksen trucs gebruiken, handig opereren
Trieb *m*[5] **1** (aan)drift, drang, neiging **2** *(plantk)* loot, spruit **3** aandrijving, voortstuwing
Triebachse *v*[21] *(techn)* drijfas
Triebfeder *v*[21] drijfveer *(ook fig)*
triebhaft instinctief, instinctmatig
Triebhandlung *v*[20] instinctieve handeling
Triebkraft *v*[25] **1** drijfkracht *(ook fig)*; impuls **2** *(plantk)* groeikracht
Triebleben *o*[39] *(psych)* driftleven
triebmäßig instinctmatig, instinctief, drift-
Triebrad *o*[32] drijfwiel
Triebtäter *m*[9], **Triebverbrecher** *m*[9] seksuele misdadiger
Triebwagen *m*[11] motorwagen
Triebwerk *o*[29] *(techn)* drijfwerk
triefen[292] druipen, druipnat zijn
triefnass druipnat
triezen plagen, treiteren, pesten
triftig overtuigend, steekhoudend
[1]**Trikot, Trikot** *m*[13], *o*[36] tricot *(weefsel)*
[2]**Trikot, Trikot** *o*[36] **1** tricot, tricotje, maillot **2** sportshirt: *(sp) das Gelbe* (of: *gelbe*) *~* de gele trui
Trikotage *v*[21] tricotage
Trikotwerbung *v*[20] *(sp)* shirtreclame
trillern **1** zingen **2** tierelieren **3** fluiten
Trimester *o*[33] trimester
Trimm-dich-Pfad *m*[5] trimbaan
trimmen **1** *(scheepv, luchtv)* stuwen, trimmen **2** *(honden)* trimmen **3** *(sp)* trimmen **4** drillen, klaarstomen
Trinkbecher *m*[9] drinkbeker
trinken[293] drinken: *gern Bier ~* van bier houden; *abwarten und Tee ~!* maar rustig afwachten!
Trinker *m*[9] drinker, alcoholist
Trinkgeld *o*[31] fooi
Trinkglas *o*[32] drinkglas
Trinkhalle *v*[21] **1** drinkhal *(voor bronwater in badplaats)* **2** consumptietent, kiosk
Trinkhalm *m*[5] rietje *(voor limonade)*
Trinkmilch *v*[28] consumptiemelk
Trinkschokolade *v*[21] cacao
Trinkspruch *m*[6] toost
Trinkwasser *o*[39] drinkwater
Trinkwasserschutzgebiet *o*[29] waterwingebied
Trinkwasserversorgung *v*[28] drinkwatervoorziening
Trio *o*[36] trio
trippeln trippelen
trist triest, treurig, droevig
Tritt *m*[5] **1** (voet)stap, pas **2** voetspoor **3** trede, opstapje *(van rijtuig)* **4** trap, schop **5** trapje || *(fig) einen ~ kriegen* (of: *bekommen)* ontslagen worden; *aus dem ~ geraten* van slag raken
Trittbrett *o*[31] treeplank, opstapje *(van rijtuig)*
trittfest **1** stabiel **2** sterk
Trittleiter *v*[21] trapladder, trapleer
Triumph *m*[5] triomf, zege(praal)
triumphal triomfantelijk, triomfaal
Triumphator *m*[16] triomfator
Triumphbogen *m*[11] triomfboog, ereboog
triumphieren[320] triomferen, zegevieren
Triumphzug *m*[6] triomftocht
trivial triviaal, alledaags
trocken **1** droog *(alle bet)*; saai **2** droog, sec *(van wijn)*
Trockenautomat *m*[14] droogtrommel
Trockenblume *v*[21] droogbloem
Trockendock *o*[36], *o*[29] droogdok
trockenfallen[154] droogvallen
Trockenfutter *o*[39] droogvoer
Trockengemüse *o*[33] gedroogde groente
Trockenhaube *v*[21] droogkap
[1]**Trockenheit** *v*[28] droogheid
[2]**Trockenheit** *v*[20] droogte
trockenlegen **1** droogleggen *(ook fig)* **2** *(een baby)* een schone luier geven
Trockenlegung *v*[20] drooglegging *(ook fig)*
Trockenmilch *v*[28] melkpoeder
Trockenobst *o*[39] gedroogd fruit
Trockenrasierer *m*[9] **1** elektrisch scheerapparaat **2** iem die zich droog scheert
Trockenschleuder *v*[21] centrifuge; *(Belg)* droogzwierder
Trockenspinne *v*[21] droogmolen
[1]**trocknen** *intr* drogen, opdrogen
[2]**trocknen** *tr* drogen, droogmaken
Trockner *m*[9] **1** droogautomaat **2** droogtrommel **3** droogrek
Troddel *v*[21] kwast
Trödel *m*[19] **1** oude rommel **2** rommelmarkt
Trödelei *v*[20] getreuzel
Trödelladen *m*[12] uitdragerij
Trödelmarkt *m*[6] rommelmarkt

trödeln **1** teuten, treuzelen **2** slenteren
Trödler *m*[9] **1** uitdrager **2** treuzelaar
Trog *m*[6] trog, bak; *(aardr, weerk)* trog
[1]**trollen** *intr* slenteren
[2]**trollen, sich** afnokken
Trolleybus *m*[5] *(2e nvl -ses; mv -se)* trolleybus
Trombe *v*[21] (wind-, zand-, water)hoos
Trommel *v*[21] trommel; trom: *die ~ rühren* (of: *schlagen): a)* trommelen; *b) (fig)* de trom roeren
Trommelbremse *v*[21] trommelrem
Trommelfell *o*[29] **1** trommelvel **2** *(anat)* trommelvlies
trommeln trommelen, roffelen
Trommelschlag *m*[6] trommelslag
Trommelwirbel *m*[9] tromgeroffel
Trommler *m*[9] tamboer, trommelaar
Trompete *v*[21] *(muz)* trompet
trompeten **1** trompetten **2** *(fig)* tetteren
Trompetengeschmetter *o*[39], **Trompetenschall** *m*[19] trompetgeschal
Trompeter *m*[9] **1** trompettist **2** *(mil)* trompetter
Tropen *mv* tropen
Tropenfieber *o*[39] tropenkoorts
Tropenhelm *m*[5] tropenhelm
Tropenklima *o*[39] tropisch klimaat
Tropenkrankheit *v*[20] tropenziekte
Tropenpflanze *v*[21] tropische plant
[1]**Tropf** *m*[5] *(med)* infuus: *am ~ hängen* aan het infuus liggen
[2]**Tropf** *m*[6] *(inform)* sukkel, sul
tröpfeln, tropfen druppelen
Tropfen *m*[11] druppel: *steter ~ höhlt den Stein* de aanhouder wint
tropfenweise druppelsgewijs
Tropfsteinhöhle *v*[21] druipsteengrot
Trophäe *v*[21] trofee
tropisch tropisch
Tross *m*[5] **1** *(mil)* trein, tros **2** *(fig)* gevolg, meelopers **3** stoet
Trost *m*[19] troost: *ein schwacher* (of: *magerer) ~* een schrale troost; *er ist nicht (recht) bei ~(e)* hij is niet goed snik
trostbedürftig troostbehoevend
trösten troosten
Tröster *m*[9] **1** trooster **2** *(fig)* troost
tröstlich troostend
trostlos troosteloos; ontroostbaar
Trostlosigkeit *v*[28] troosteloosheid
Trostpreis *m*[5] troostprijs
trostreich troostrijk, troostvol
Trostspruch *m*[6] troostwoord
Tröstung *v*[20] vertroosting, troost: *versehen mit den ~en der Kirche* voorzien van het sacrament der zieken
Trott *m*[5] **1** sukkeldraf **2** sleur: *alles geht seinen gewohnten ~* alles gaat zijn gewone gangetje
Trottel *m*[9] sukkel, sufferd, idioot
trotteln, trotten sjokken
trotz[+2, soms +3] *vz* ondanks, trots: *~ alledem* toch, nochtans, desondanks
Trotz *m*[19] koppigheid, eigenzinnigheid: *jmdm ~ bieten* iem trotseren; *Ihnen zum ~* u ten spijt
[1]**trotzdem, trotzdem** *bw* toch, nochtans, niettemin: *er tat es ~* hij deed het toch
[2]**trotzdem, trotzdem** *vw* ofschoon: *~ es schneite, fuhren sie ab* ofschoon het sneeuwde, vertrokken ze
trotzen[+3] trotseren, het hoofd bieden aan
trotzig **1** koppig **2** stug *(antwoord)* **3** tartend, uitdagend **4** fier, trots
Trotzkopf *m*[6] stijfkop, dwarskop
trotzköpfig stijfkoppig, dwars
trüb(e) **1** troebel *(water): ein trüber Blick* een omfloerste blik **2** triest, droefgeestig *(weer);* betrokken *(lucht);* somber *(dag)* **3** wazig, dof: *trübe Augen* doffe ogen **4** *(fig)* droevig, treurig, somber, droefgeestig
Trübe *v*[28] troebelheid, wazigheid, somberheid
Trubel *m*[9] drukte, gedrang, gewoel
[1]**trüben** *tr* **1** troebel maken **2** doen betrekken, dof maken, verdonkeren **3** afbreuk doen aan, verstoren: *etwas trübt jmds Freude* iets verstoort iems vreugde **4** *(blik, oordeel)* vertroebelen, benevelen
[2]**trüben, sich** **1** *(mbt vloeistoffen)* troebel worden **2** dof worden **3** betrekken; *(mbt hemel, lucht)* donker worden **4** *(mbt geest)* verward raken
Trübheit *v*[28] *zie* Trübe
Trübnis *v*[24] somberheid, neerslachtigheid
Trübsal *v*[23] **1** droefenis **2** ellende
trübselig treurig, triest, somber, ongelukkig
Trübsinn *m*[19] droefgeestigheid, zwaarmoedigheid
trübsinnig triest, droefgeestig, zwaarmoedig
Trübung *v*[20] **1** (ver)troebeling **2** beneveling **3** verstoring
trudeln **1** rollen **2** slenteren, rondtuinen; *(met de auto)* rondtoeren
Trüffel *v*[21], *m*[9] truffel
Trug *m*[19] bedrog, bedriegerij
Trugbild *o*[31] drogbeeld, hersenschim
trügen[294] bedriegen, misleiden: *der Schein trügt* schijn bedriegt
trügerisch **1** bedrieglijk **2** verraderlijk
Trugschluss *m*[6] **1** verkeerde gevolgtrekking **2** drogreden
Truhe *v*[21] kist, dekenkist, hutkoffer
Trümmer *mv o*[32] overblijfselen, resten; *(ook fig)* puin, puinhopen: *die ~ eines Flugzeugs* de wrakstukken van een vliegtuig; *die Scheiben gingen in ~* de ruiten gingen aan diggelen
Trümmerfeld *o*[31] puinhoop
Trümmerhaufen *m*[11] puinhoop, ruïne
Trumpf *m*[6] troef: *~ sein* in zijn, in de mode zijn
trumpfen (af)troeven
Trumpfkarte *v*[21] troefkaart
Trunk *m*[6] **1** dronk, teug, slok **2** drankje, drank **3** dronkenschap
trunken dronken

Trunkenbold m^{5} dronkenlap, dronkenman, dronkaard
Trunkenheit v^{28} dronkenschap; *(fig)* roes
Trunksucht v^{28} drankzucht
trunksüchtig drankzuchtig
Trupp m^{13} **1** groep **2** *(mil)* afdeling
^{1}**Truppe** v^{28} krijgsmacht
^{2}**Truppe** v^{21} **1** *(mil)* troep, troepenafdeling **2** *(theat)* gezelschap, troep
Truppenabbau m^{19} vermindering van de troepensterkte
Truppenbewegung v^{20} troepenbeweging
Truppenführer m^{9} commandant
Truppenschau v^{20} militaire parade
Truppenstärke v^{28} troepensterkte
Truppenteil m^{5} legeronderdeel
Truppenübungsplatz m^{6} militair oefenterrein
truppweise troepsgewijze, troepsgewijs
Truthuhn o^{32} kalkoen
Tschador m^{13}, **Tschadyr** m^{13} chador
tschau *tw* ciao!, dag!, tot ziens!
tschüs, tschüss *tw* dag!, tot ziens!
T-Shirt [tiesje:t] o^{36} T-shirt
Tsunami *m (2e nvl -; mv -s)* tsunami
TU *afk van technische Universität* technische universiteit *(afk* TU)
Tube v^{21} tube: *auf die ~ drücken: a)* ergens vaart achter zetten; *b)* plankgas geven
Tuberkulose v^{21} tuberculose
^{1}**Tuch** o^{29} **1** laken *(weefsel)* **2** *(scheepv)* zeildoek
^{2}**Tuch** o^{32} doek, das, sjaaltje
tüchtig **1** bekwaam, knap **2** degelijk **3** flink: *~ arbeiten* flink, hard werken
Tüchtigkeit v^{28} bekwaamheid
^{1}**Tücke** v^{21} **1** valse streek, geniepigheid **2** nuk, kuur
^{2}**Tücke** v^{28} arglist, boosaardigheid
tuckern tjoeken, puffen, tuffen
tückisch arglistig, geniepig, gevaarlijk: *~e Krankheit* verraderlijke ziekte
Tüftelarbeit v^{20} peuterwerk, knutselwerk
Tüftelei v^{20} peuterwerk
tüfteln sleutelen, peuteren, knutselen
Tüftler m^{9} peuteraar, knutselaar
Tugend v^{20} deugd; goede eigenschap
Tugendbold m^{5} toonbeeld van deugd
tugendhaft deugdzaam, braaf
Tüll m^{5} tule *(een weefsel)*
Tulpe v^{21} **1** *(plantk)* tulp **2** tulpvormig drinkglas
Tulpenfeld o^{31} **1** tulpenveld **2** *(mv)* bloembollenvelden
Tulpenzwiebel v^{21} tulpenbol
^{1}**tummeln** *intr* dartelen, fladderen
^{2}**tummeln, sich** **1** ravotten **2** *(regionaal)* opschieten
Tummelplatz m^{6} speelplaats, speelweide; *(fig)* trefcentrum
Tumor m^{16} tumor, gezwel
Tümpel m^{9} plas, poel
Tumult m^{5} tumult, rumoer; ongeregeldheid, opschudding, oploop
^{1}**tun** ^{295} *tr en intr* doen: *er bekam es mit der Angst zu ~* hij werd bang; *alles an seinen Platz ~* alles op z'n plaats zetten, leggen; *einen Schrei ~* een gil geven; *das lässt sich nicht ~* dat gaat niet; *tu doch nicht so!* stel je niet zo aan!; *das hat mit dem Wetter zu ~* dat heeft met het weer te maken; *er hat es mit dem Herzen zu ~* hij heeft het aan het hart; *damit ist es nicht getan* dat helpt niet
^{2}**tun** ^{295}**, sich** gebeuren, aan de gang zijn: *da tut sich was!* er is daar wat aan de hand!
Tun o^{39} doen: *sein verbrecherisches ~* zijn misdadige handelwijze
^{1}**Tünche** v^{21} witkalk, kalk
^{2}**Tünche** v^{28} *(fig)* vernisje
tünchen **1** witten, kalken **2** sauzen
Tundra *v (mv Tundren)* toendra
Tunfisch m^{5} tonijn
Tunichtgut m^{5} *(2e nvl ook -)* kwajongen, deugniet
Tunke v^{21} jus, saus: *in der ~ sitzen* in de knoei zitten
tunken *(regionaal)* dopen, soppen
tunlich doenlijk, te doen, mogelijk: *~st* zo mogelijk; *~st bald* zo spoedig mogelijk
Tunnel m^{9}, m^{13} tunnel
Tunnelblick m^{5} tunnelvisie *(ook fig.)*
Tüpfchen o^{35}, **Tüpfel** m^{9}, o^{33}, **Tüpfelchen** o^{35} **1** stip, punt **2** vlekje
tüpfeln (be)spikkelen, stippelen
^{1}**tupfen** *intr* tikken, tippen
^{2}**tupfen** *tr* **1** betten, deppen **2** stippelen
Tupfen m^{11} stip, vlekje
Tupfer m^{9} **1** stip, vlek **2** propje, depper
Tür v^{20} deur, portier: *zwischen ~ und Angel* op de valreep, inderhaast; *offene ~en einrennen* open deuren intrappen; *jmdn vor die ~ setzen: a)* iem de deur uitzetten; *b)* iem ontslaan
Türangel v^{21} deurhengsel
Turban m^{5} tulband
Turbine v^{21} turbine
Turbulenz v^{20} turbulentie
Türgriff m^{5} deurknop, deurkruk
Türke m^{15} Turk
Türkei v^{28} Turkije
türkisch Turks
Türklinke v^{21} deurklink, deurkruk
Turm m^{6} **1** toren **2** toren, kasteel *(schaken)*
^{1}**türmen** *intr* ervandoor gaan, 'm smeren
^{2}**türmen** *tr* opstapelen, ophopen
^{3}**türmen, sich** zich opstapelen
Turmfalke m^{15} *(dierk)* torenvalk
Turmhahn m^{6} torenhaan
Turmuhr v^{20} torenklok
turnen turnen, gymmen
Turner m^{9} turner, gymnast
Turngerät o^{29} turntoestel
Turnhalle v^{21} gymnastieklokaal, gymzaal
Turnier o^{29} *(hist, sp)* toernooi
Turnierplatz m^{6} wedstrijdterrein

Turnlehrer *m*[9] gymnastiekleraar
Turnsaal *m*[6] *(mv -säle)* gymnastiekzaal
Turnschuh *m*[5] gymschoen
Turnstunde *v*[21] gymnastiekles, gym
Turnübung *v*[20] gymnastiekoefening
Turnunterricht *m*[19] gymles
Turnus *m (2e nvl -; mv -se)* **1** periode, fase **2** cyclus **3** rooster: *in dreijährigem ~* om de drie jaar; *im ~* op de beurt, volgens rooster
turnusgemäß volgens rooster
turnusmäßig periodiek
Turnverein *m*[5] gymnastiekvereniging
Türöffnung *v*[20] deuropening
Türpfosten *m*[11] deurpost, deurstijl
Türrahmen *m*[11] deurkozijn
Türspalt *m*[5], **Türspalte** *v*[21] kier van de deur
Turteltaube *v*[21] tortel(duif)
Tusch *m*[5] fanfare
Tusche *v*[21] **1** tekeninkt **2** mascara
tuscheln fluisteren, smoezen
Tüte *v*[21] **1** zakje **2** kwast, kwibus || *in die ~ blasen müssen* de blaastest moeten doen
tuten blazen, toeteren
TÜV *afk van Technischer Überwachungsverein* technische keuringsdienst *(voor o.a. auto's)*
TV 1 *afk van Television* televisie **2** *afk van Turnverein* gymnastiekvereniging **3** *afk van Tennisverein* tennisclub
[1]**Typ** *m*[16], *m*[14] vent, figuur
[2]**Typ** *m*[16] type
Type *v*[21] *(inform)* type, figuur
typisch typisch
typisieren[320] **1** typeren **2** indelen in typen
Typus *m (2e nvl -; mv Typen)* type
Tyrann *m*[14] tiran, dwingeland
Tyrannei *v*[20], **Tyrannenherrschaft** *v*[28] tirannie
tyrannisieren[320] tiranniseren

u

u. *afk van und* en
u. a. 1 *afk van unter anderem, unter anderen* onder andere(n) *(afk* o.a.) **2** *afk van und andere(s)* en andere(n) *(afk* e.a.)
u. Ä. *afk van und Ähnliche(s)* en dergelijke(n) *(afk* e.d.)
u. A. w. g. *afk van um Antwort wird gebeten* verzoeke antwoord
U-Bahn v^{20} *verk van Untergrundbahn* ondergrondse, metro
U-Bahnhof m^{6} metrostation
übel 1 slecht, onaangenaam, kwalijk: *ein übler Bursche* een nare kerel, een gemene vent; *~ dran sein* er slecht aan toe zijn; *~ nehmen* kwalijk nemen **2** onwel, naar, onpasselijk, misselijk: *mir wird ~* ik word niet goed
Übel o^{33} **1** kwaad **2** kwaal **3** euvel || *zu allem ~* tot overmaat van ramp
Übelkeit v^{20} misselijkheid, onpasselijkheid
übelnehmen^{212} kwalijk nemen
Übeltat v^{20} misdrijf, euveldaad
Übeltäter m^{9} boosdoener
Übelwollen o^{39} onwelwillendheid
üben 1 oefenen **2** *(op piano)* studeren; *(een lied)* instuderen **3** *(geduld, gerechtigheid)* oefenen **4** *(zijn plicht)* betrachten || *Kritik an jmdm ~* op iem kritiek uitoefenen
^{1}**über** *bw* meer: *~ die Hälfte* meer dan de helft; *Kinder ~ sechs Jahre* kinderen boven de zes; *~ eine Woche (lang) dauern* meer dan een week duren || *es war ~ und ~ mit Schmutz bedeckt* het zat dik onder het vuil; *jmdm ~ sein* iem de baas zijn; *den ganzen Tag ~ fleißig arbeiten* de hele dag ijverig werken
^{2}**über**$^{+3, +4}$ *vz* **1** boven: *das Bild hängt ~ dem Schrank* het schilderij hangt boven de kast; *~ alles Erwarten* boven alle verwachting **2** over: *die Brücke ~ den Rhein* de brug over de Rijn; *~s Jahr* over een jaar **3** door, ten gevolge van: *~ dem Lärm aufwachen* door het lawaai wakker worden **4** aan: *~ der Arbeit sitzen* aan het werk zijn **5** aan de overkant: *er wohnt ~ dem Flusse* hij woont aan de overzijde van de rivier; *~ den Bergen* aan de andere kant van de bergen **6** op: *das Gesetz ~ …* de wet op …; *sie fielen ~ ihn her* ze vielen op hem aan **7** tijdens, gedurende: *~ das Wochenende segeln* het weekend zeilen; *~ der Arbeit einschlafen* onder het werk in slaap vallen; *er fährt ~ Weihnachten in die Schweiz* hij gaat met Kerstmis naar Zwitserland || *eine Rechnung ~ 20 Euro* een rekening van 20 euro; *einmal ~s andere* steeds weer, keer op keer
überall overal: *sich ~ einmischen* zich overal mee bemoeien
überaltert 1 te oud **2** vergrijsd **3** verouderd
Überangebot o^{29} te groot aanbod
^{1}**überanstrengen** *tr* te veel vergen van
^{2}**überanstrengen, sich 1** zich te veel inspannen **2** zich overwerken
Überanstrengung v^{20} te grote inspanning
überantworten 1 overdragen **2** overleveren
^{1}**überarbeiten** overwerken, overuren maken
^{2}**überarbeiten** *tr* **1** opnieuw bewerken **2** herzien, omwerken
^{3}**überarbeiten, sich** zich overwerken
^{1}**Überarbeitung** v^{28} overspanning, (het) overwerkt zijn
^{2}**Überarbeitung** v^{20} omwerking
überaus zeer, bijzonder, buitengewoon
überbacken^{121} even bakken, gratineren
überbeanspruchen 1 te veel vragen, vergen van **2** overbelasten
Überbeanspruchung v^{20} overbelasting
überbekommen^{193} zat worden, genoeg krijgen van
überbelasten overbelasten
überbelegen te veel mensen onderbrengen in
überbelegt: *~e Klassen* overvolle klassen
Überbeschäftigung v^{20} overemployment
überbevölkert overbevolkt
Überbevölkerung v^{28} overbevolking
überbewerten overwaarderen
Überbewertung v^{20} overwaardering
^{1}**überbieten**^{130} *tr* **1** hoger bieden dan, overbieden **2** *(sp)* verbeteren **3** *(een prestatie)* overtreffen
^{2}**überbieten**^{130}**, sich** met elkaar wedijveren
überbleiben^{134} overblijven
Überbleibsel o^{33} overblijfsel, rest
überblenden faden, laten overlopen
Überblick m^{5} overzicht
überblicken overzien
überbringen^{139} overbrengen, overhandigen
Überbringer m^{9} (over)brenger
überbrücken 1 *(fig)* overbruggen **2** een brug bouwen over
Überbrückungskredit m^{5} overbruggingskrediet
überbürden overladen, overbelasten
Überbürdung v^{20} overbelasting
Überdach o^{32} afdak, luifel
überdachen overkappen, overdekken
überdauern overleven, doorstaan, trotseren
überdenken^{140} overdenken, overpeinzen
überdeutlich overduidelijk
überdies bovendien, daarenboven
Überdosierung v^{20} overdosering

Überdosis *v (mv -dosen)* overdosis
überdreht over zijn toeren, dolgedraaid
Überdruss *m*[19] verveling, afkeer: *bis zum ~* tot vervelens toe
überdrüssig[+2, zelden +4]: *jmds, jmdn ~ sein* genoeg van iem hebben
übereignen in eigendom geven
Übereignung *v*[20] eigendomsoverdracht
¹**übereilen** *tr* overhaasten
²**übereilen, sich** zich overhaasten
übereinander **1** boven elkaar, boven op elkaar **2** over elkaar
übereinanderlegen over elkaar leggen
übereinkommen[193] overeenkomen
Übereinkommen *o*[35], **Übereinkunft** *v*[25] overeenkomst, contract
übereinstimmen overeenstemmen, overeenkomen: *ich stimme vollkommen mit Ihnen überein* ik ben het volkomen met u eens
übereinstimmend overeenstemmend, overeenkomstig, eensluidend
Übereinstimmung *v*[20] overeenstemming
überempfindlich overgevoelig
¹**überessen**[152] tegeneten: *sich³ etwas ~* zich iets tegeneten
²**überessen**[152], **sich** zich overeten, te veel eten
¹**überfahren**[153] **1** overrijden, overvaren **2** negeren, over het hoofd zien **3** passeren **4** *(fig)* overdonderen **5** *(sp)* inmaken
²**überfahren**[153] *intr* overvaren, oversteken
³**überfahren**[153] *tr* overvaren, overbrengen, overzetten
Überfahrt *v*[20] overvaart, overtocht
Überfall *m*[6] overval, overrompeling
überfallen[154] overvallen, overrompelen
überfällig **1** vervallen **2** over tijd, te laat || *diese Maßnahme war seit Langem (*of: *seit langem) ~* deze maatregel was reeds lang noodzakelijk
überfein overdreven fijn, zeer fijn
überfliegen[159] **1** vliegen over **2** zeer haastig lezen
¹**überfließen**[161] overstromen
²**überfließen**[161] **1** overlopen **2** overlopen, overvloeien
überflügeln overvleugelen
Überfluss *m*[19] overvloed: *in (*of: *im) ~* in overvloed; *zu allem ~* tot overmaat van ramp
überflüssig overbodig, overtollig
überfluten overstromen, overspoelen
Überflutungsgebiet *o*[29] **1** overstromingsgebied **2** retentiegebied
überfordern te veel vragen van: *ein Kind ~* te veel vergen van een kind
¹**überführen** overbrengen, transporteren
²**überführen:** *jmdn einer Schuld ~* het overtuigend bewijs van iems schuld leveren
Überführung *v*[20] **1** overbrenging **2** (het) leveren van het overtuigend bewijs **3** viaduct
überfüllt overvol, stampvol
Übergabe *v*[21] **1** overgave *(van vesting)* **2** overhandiging; aflevering; overdracht
Übergang *m*[6] **1** overgang **2** (het) oversteken, overtocht; overschrijding **3** oversteekplaats; rivierovergang; bergpas **4** *(muz)* overgang **5** overgangsperiode **6** *(jur)* overdracht
Übergangsperiode *v*[21] overgangsperiode
¹**übergeben**[166] *tr* **1** overhandigen, overgeven **2** *(aan iem iets)* opdragen, overlaten **3** toevertrouwen, overdragen **4** openstellen voor
²**übergeben**[166], **sich** overgeven, braken || *dem Betrieb ~* in bedrijf stellen
¹**übergehen**[168] overgaan, overlopen: *zum Feind ~* naar de vijand overlopen; *in Verwesung ~* tot ontbinding overgaan
²**übergehen**[168] **1** over het hoofd zien, overslaan **2** negeren, passeren
übergeordnet geplaatst boven, hoger, van hogere waarde, van hogere orde
Übergepäck *o*[39] overbagage
übergeschnappt niet goed snik
Übergewicht *o*[29] **1** overwicht **2** hegemonie; overwicht, overhand
Übergewichtige(r) *m*[40a], *v*[40b] iem die te zwaar is
¹**übergießen**[175] **1** erover gieten, gieten over, begieten **2** morsen
²**übergießen**[175] begieten, overgieten
überglücklich overgelukkig
übergreifen[181] *(sp, muz)* overslaan
Übergriff *m*[5] **1** inbreuk, onrechtmatige ingreep **2** inmenging
überhaben[182] *(de jas)* omhebben, aanhebben || *ich habe es über* ik ben het zat
Überhandnahme *v*[28] (te) sterke toename
überhandnehmen[212] veld winnen, hand over hand toenemen
Überhang *m*[6] **1** overhangende **2** overhangende rots **3** overschot, teveel
¹**überhängen** omslaan, omdoen, omhangen
²**überhängen** *zw* doen over
³**überhängen** *st* bedekken
überhäufen overladen, overstelpen
Überhäufung *v*[20] overlading, overstelping
überhaupt **1** over het algemeen: *die Mieten sind hier ~ niedriger* de huren zijn hier over het algemeen lager **2** helemaal, hoegenaamd: *eine Änderung ist ~ nicht notwendig* een verandering is helemaal niet nodig **3** trouwens: *worüber sollte er sich ~ ängstigen?* trouwens, waarover zou hij zich ongerust maken? **4** vooral, (en) al helemaal || *wenn ich ~ reise* als ik al op reis ga; *was willst du ~* wat wil je eigenlijk; *wenn ~* als het dan al moet
überheblich aanmatigend, arrogant
Überheblichkeit *v*[28] aanmatiging, arrogantie
überhitzen oververhitten: *(fig) überhitzt* verhit; *überhitzte Konjunktur* oververhitte conjunctuur
überhöhen ophogen, verhogen || *überhöhte Geschwindigkeit* te grote snelheid; *überhöhte Gewinne* al te grote winsten; *überhöhte Preise* te hoge prijzen

Überhöhung *v*[20] **1** ver-, ophoging **2** verheffing
überholen **1** inhalen, passeren: *das ist überholt: a)* dat is uit de tijd; *b)* dat is achterhaald; *jmdn* ~ iem voorbijstreven, overtreffen **2** reviseren, grondig nakijken
Überholmanöver *o*[33] inhaalmanoeuvre
Überholspur *v*[20] inhaalstrook
Überholung *v*[20] revisie
überhören niet horen: *den Vorwurf* ~ doen alsof men het verwijt niet gehoord heeft
überirdisch bovenaards
überjährig **1** (meer dan een jaar) oud **2** overjarig
[1]**überkommen** *bn* traditioneel, overgeleverd
[2]**überkommen** *ww*[193] **1** aangrijpen, overvallen: *Angst überkommt jmdn* angst maakt zich van iem meester **2** *(ambt, recht)* erven
überladen[196] **1** overladen **2** te zwaar beladen
überlagern **1** liggen over, overdekken **2** overlappen
Überlandbus *m*[5] *(2e nvl -ses; mv -se)* streekbus
[1]**überlassen**[197] *tr* **1** overlaten, afstaan **2** toevertrouwen
[2]**überlassen**[197], **sich** zich overgeven aan
überlasten overladen, overbelasten
[1]**überlaufen**[198] overlopen
[2]**überlaufen**[198] **1** overvallen, aangrijpen: *es überläuft mich kalt* ik krijg er koude rillingen van **2** *(sp)* lopen over(heen) **3** *(sp)* lopen door, breken door, passeren **4** overlopen, de deur plat lopen: *der Arzt ist sehr* ~ de dokter heeft een drukke praktijk; *dieser Beruf ist* ~ te veel mensen oefenen dit beroep uit
Überläufer *m*[9] overloper
überlaut zeer luid, luidkeels
überleben overleven
Überlebende(r) *m*[40a], *v*[40b] overlevende
Überlebenschance *v*[21] overlevingskans
[1]**überlegen** leggen over: *jmdn* ~ iem over de knie leggen
[2]**überlegen** *bn* **1** superieur, beter: *er ist ihm an Begabung* ~ hij wint het van hem wat aanleg betreft; *jmdm* ~ *sein* iem overtreffen, de baas zijn **2** uit de hoogte
[3]**überlegen** *ww* overleggen, overwegen, overdenken
Überlegenheit *v*[28] **1** superioriteit **2** overwicht, overmacht, meerderheid
überlegt bedachtzaam, weloverwogen
Überlegung *v*[20] overleg, overweging
überleiten overgaan, een overgang maken
überlesen[201] **1** over het hoofd zien **2** doorlezen, overlezen
überliefern overleveren
überlisten verschalken, te slim af zijn
überm *samentr van über dem* over de, het; boven de, het
Übermacht *v*[28] overmacht
übermächtig overmachtig, oppermachtig
übermalen beschilderen, overschilderen
übermannen overmannen
Übermaß *o*[39] overmaat, teveel, overdaad
übermäßig overmatig, buitensporig
Übermensch *m*[14] übermensch
übermenschlich bovenmenselijk
übermitteln zenden, doen toekomen
übermorgen overmorgen
Übermüdung *v*[20] oververmoeidheid
Übermut *m*[19] **1** uitgelatenheid, baldadigheid **2** overmoed, vermetelheid
übermütig **1** uitgelaten **2** overmoedig, vermetel
übern *samentr van über den* over de, het; boven de, het
Übernachtung *v*[20] overnachting
Übernahme *v*[21] **1** overneming, overname **2** aanvaarding *(ve ambt)*
übernatürlich bovennatuurlijk
[1]**übernehmen**[212] omslaan, omdoen
[2]**übernehmen**[212] *tr* **1** overnemen, aanvaarden **2** zich belasten met, op zich nemen **3** *(scheepv)* overnemen, aan boord nemen
[3]**übernehmen**[212], **sich** te veel op zich nemen, te veel van zichzelf vergen
überordnen stellen boven, plaatsen boven
überproportional buiten (alle) proportie
überprüfen **1** controleren, nazien **2** herzien **3** (opnieuw) overdenken
Überprüfung *v*[20] **1** controle **2** herziening
überqueren **1** oversteken **2** kruisen
überragen uitsteken boven: *jmdn an Verstand* ~ iem qua verstand overtreffen
überragend buitengewoon, uitmuntend
überraschen verrassen
Überraschung *v*[20] verrassing
überreden overreden, overhalen
Überredung *v*[20] overreding
überregional landelijk
überreichen overhandigen, uitreiken
überreizen overprikkelen, overspannen
Überrest *m*[5] rest, overblijfsel: *die sterblichen ~e* het stoffelijk overschot
überrieseln overstromen, vloeien over
Überrock *m*[6] overjas
Überrollbügel *m*[9] rolbeugel *(in auto)*
überrollen **1** overrompelen **2** bedelven, meesleuren
überrumpeln overrompelen, verrassen
überrunden overtreffen: *(sp) jmdn* ~ een ronde voorsprong op iem krijgen, iem lappen
übers *samentr van über das* over de, het; boven de, het
übersät: ~ *von* (of: *mit*)[+3] bezaaid met
übersättigen oververzadigen
Überschallflugzeug *o*[29] supersonisch vliegtuig
Überschallgeschwindigkeit *v*[20] supersonische snelheid
überschätzen overschatten
überschaubar overzichtelijk, te overzien
überschauen overzien

überschäumen schuimend overlopen
überschießen[238] schieten over: *das Ziel ~* zijn doel voorbijschieten
Überschlag *m*[6] 1 overslag, berekening, raming 2 *(sp)* overslag 3 *(luchtv)* looping
[1]**überschlagen**[241] overslaan, overspringen: *die Beine ~* de benen over elkaar slaan
[2]**überschlagen**[241] *tr* 1 overslaan, over het hoofd zien 2 ramen, begroten 3 overwegen
[3]**überschlagen**[241], **sich** 1 *(mbt stem)* overslaan 2 over de kop slaan 3 snel op elkaar volgen
überschnappen 1 *(mbt een grendel)* uitschieten 2 *(mbt de stem)* overslaan 3 het verstand verliezen
überschneiden[250], **sich** 1 elkaar snijden, elkaar kruisen 2 elkaar overlappen
überschreiben[252] 1 van een titel voorzien 2 overschrijven: *jmdm* (of: *auf jmdn*) *etwas ~* iets op iems naam laten zetten
überschreiten[254] 1 overschrijden, overtrekken 2 *(de wet)* overtreden
Überschrift *v*[20] opschrift, titel, kop
überschuldet diep in de schulden zittend
Überschuldung *v*[20] te grote schuldenlast
Überschuss *m*[6] overschot
[1]**überschütten** 1 overgieten 2 morsen
[2]**überschütten** 1 overgieten, bedekken, bedelven 2 overstelpen; *(met eer, geschenken)* overladen
Überschwang *m*[19] overvloed, overdaad: *jugendlicher ~* jeugdige overmoed
überschwänglich overdreven, uitbundig
überschwappen 1 slaan over 2 overlopen
überschwemmen overstromen, overspoelen
Überschwemmung *v*[20] overstroming
überschwenglich *oude spelling voor* überschwänglich, *zie* überschwänglich
Übersee *v*[28] overzee: *nach ~* naar overzee
überseeisch overzees
übersehbar overzienbaar, te overzien
übersehen[261] 1 overzien 2 over het hoofd zien 3 negeren
übersenden[263] toesturen, toezenden
übersetzbar vertaalbaar
übersetzen 1 vertalen 2 omzetten
[1]**übersetzen** *intr* overvaren, oversteken
[2]**übersetzen** *tr* overzetten, overvaren
Übersetzer *m*[9] vertaler
Übersetzung *v*[20] 1 vertaling 2 (het) vertalen 3 overbrenging; versnelling
Übersicht *v*[20] overzicht
übersichtlich overzichtelijk, duidelijk, helder
übersiedeln, übersiedeln verhuizen
übersinnlich bovenzinnelijk, bovennatuurlijk
überspannen 1 te strak spannen, overspannen 2 (uit)spannen over, bespannen 3 *(bouwk)* overspannen, overwelven || *überspannte Forderungen* overdreven eisen
Überspanntheit *v*[20] overdrevenheid, overspannenheid
Überspannung *v*[20] overspanning
überspielen 1 trachten te verbergen 2 kopiëren 3 overnemen 4 *(sp)* overklassen
überspitzt overdreven, overtrokken
übersprechen[274] *(een film)* nasynchroniseren
[1]**überspringen**[276] overspringen
[2]**überspringen**[276] springen over: *eine Klasse ~* een klas overslaan
übersprudeln overstromen, overlopen
überspülen overspoelen
überstehen[279] doorstaan, te boven komen
übersteigen[281] 1 klimmen over 2 overtreffen, te boven gaan
überstellen overdragen, overleveren
überstimmen 1 overstemmen 2 verwerpen
überstreifen aantrekken, aanschieten
überstreuen bestrooien, strooien op
[1]**überströmen** overlopen, overstromen: *(fig) auf jmdn ~* op iem overgaan
[2]**überströmen** overstromen: *er ist von Schweiß überströmt* hij baadt in het zweet
Überstunden *mv v*[21] overuren, overwerk
[1]**überstürzen** *tr* overhaasten
[2]**überstürzen, sich** 1 zich overhaasten 2 over de kop slaan || *die Ereignisse ~ sich* de gebeurtenissen volgen (razend)snel op elkaar
Überstürzung *v*[28] overijling, overhaasting
übertariflich boven de cao liggend
überteuert peperduur, zeer duur
übertönen overstemmen
Übertrag *m*[6] transport *(ve bedrag)*
übertragbar 1 overdraagbaar 2 besmettelijk 3 vertaalbaar
[1]**übertragen** *bn* overdrachtelijk, figuurlijk
[2]**übertragen** *tr*[288] 1 overboeken, overschrijven, transporteren 2 overdragen, opdragen, toewijzen 3 *(iets op iem)* doen overgaan 4 vertalen 5 *(telecom)* uitzenden 6 *(een ziekte)* overbrengen
[3]**übertragen**[288], **sich** overgaan, overgedragen worden, overslaan
Übertragung *v*[20] 1 overbrenging 2 transport, overboeking 3 overdracht 4 vertaling; *(fig ook)* vertaalslag 5 *(telecom)* uitzending 6 besmetting, infectie
übertreffen[289] overtreffen, te boven gaan
übertreiben[290] overdrijven
[1]**übertreten**[291] 1 terechtkomen 2 *(tot een andere godsdienst, partij)* overgaan 3 buiten de oevers treden 4 *(sp)* over de lijn gaan
[2]**übertreten**[291] *(een gebod, wet)* overtreden
Übertretung *v*[20] overtreding
übertrieben overdreven
Übertritt *m*[5] overgang; *zie ook* übertreten
übertun[295] omdoen, omslaan
übervölkert overbevolkt, overvol
Übervölkerung *v*[28] overbevolking
übervoll overvol, propvol, afgeladen vol
übervorteilen bedriegen, afzetten, oplichten
Übervorteilung *v*[20] afzetterij, oplichterij
überwachen bewaken, waken over, controleren:

jmdn ~ iem observeren
Überwachung *v*[20] **1** bewaking, toezicht, controle **2** observering
Überwachungskamera *v*[27] bewakingscamera
überwältigen overmeesteren, overweldigen
überwechseln overgaan, wisselen: *auf die andere Straßenseite* ~ (een straat) oversteken
Überweg *m*[5] (voetgangers)oversteekplaats
überweisen[307] **1** overmaken, gireren **2** verwijzen, doorsturen
Überweisung *v*[20] **1** overschrijving, overmaking **2** verwijzing
Überweisungsschein *m*[5] *(med)* verwijsbriefje
[1]**überwerfen**[311] overgooien, omslaan, omdoen
[2]**überwerfen**[311]**, sich** ruzie krijgen: *sich mit jmdm* ~ met iem in conflict komen
[1]**überwiegen**[312] *intr* overwegen, overheersen
[2]**überwiegen**[312] *tr* het winnen van
[1]**überwiegend** *bn* overgroot
[2]**überwiegend** *bw* overwegend, voornamelijk, hoofdzakelijk
überwinden[313] **1** overwinnen **2** *(hinderpalen)* uit de weg ruimen **3** *(verlies)* te boven komen
überwintern overwinteren
überwuchern overwoekeren
überzählig overtollig, overcompleet
überzeugen overtuigen
Überzeugung *v*[20] overtuiging
[1]**überziehen**[318] *tr* **1** overtrekken, bekleden: *ein Bett frisch* ~ een bed verschonen **2** overschrijden: *sein Konto um 100 DM* ~ 100 DM rood staan op zijn rekening; *seinen Kredit* ~ zijn krediet overschrijden
[2]**überziehen**[318]**, sich** betrekken
Überzieher *m*[9] overjas
Überzug *m*[6] **1** hoes, sloop **2** laag, laagje
üblich gebruikelijk, gewoon
üblicherweise gewoonlijk, zoals gebruikelijk
U-Boot *o*[29] *verk van Unterseeboot* onderzeeër, duikboot
übrig overig, over(blijvend): *alles Übrige* al het overige; *im Übrigen* voor het overige; ~ *behalten* overhouden; *(lett en fig)* ~ *bleiben* overblijven
übrigbehalten *oude spelling voor* übrig behalten, *zie* übrig
übrigbleiben[134] *(fig)* overblijven
übrigens overigens, trouwens
Übung *v*[20] oefening: ~ *macht den Meister* oefening baart kunst; *aus der* ~ *kommen* de vaardigheid verliezen
Übungshang *m*[6] oefenhelling *(voor skiërs)*
Übungsleiter *m*[9] (hulp)trainer
Übungsmeister *m*[9] trainer, oefenmeester
u.dgl.(m.) *afk van und dergleichen (mehr)* en dergelijke(n) *(afk* e.d.)
u.E. *afk van unseres Erachtens* onzes inziens *(afk* o.i.)
Ufer *o*[33] **1** oever, wal **2** kust
uferlos **1** oeverloos **2** *(fig)* onbegrensd, grenzeloos, eindeloos
Ufermauer *v*[21] kademuur
Uferverbindung *v*[20] oeververbinding
U-Haft *verk van Untersuchungshaft* voorarrest
Uhr *v*[20] **1** uurwerk, horloge, klok: *rund um die* ~ 24 uur, dag en nacht **2** uur: *wie viel* ~ *ist es?* hoe laat is het?
Uhrmacher *m*[9] horlogemaker, klokkenmaker
Uhrzeiger *m*[9] wijzer *(van horloge, klok)*
Uhrzeigersinn *m*[19]: *im* ~ met (de wijzers van) de klok mee
Uhrzeit *v*[20] tijd: *die genaue* ~ de juiste tijd; *die* ~ *ablesen* klokkijken
Uhu *m*[13] oehoe
UKW *afk van Ultrakurzwelle* ultrakorte golf
UKW-Sender *m*[9] ultrakortegolfzender, FM-zender
Ulk *m*[5] grap, gekheid, lol
ulken grappen maken, gekheid maken
ulkig **1** grappig, komiek **2** eigenaardig, vreemd
Ulme *v*[21] olm, iep
Ultimatum *o*[36] *(mv ook -maten)* ultimatum
Ultrakurzwellensender *m*[9] ultrakortegolfzender, FM-zender
ultrarot infrarood, ultrarood
Ultraschallwellen *mv v*[21] ultrasone golven
[1]**um** *bw* om: *um sein* om zijn, afgelopen zijn
[2]**um**[+4] *vz* **1** om, om … heen, rond: *um das Haus gehen* om het huis lopen **2** rond, omtrent, omstreeks: *um die Mittagszeit* rond het middaguur **3** met: *um die Hälfte teurer sein* de helft duurder zijn; *um 10 Prozent ermäßigen* met 10 procent verlagen; *um zwei cm länger* twee cm langer || *es handelt sich um meine Erbschaft* het gaat om mijn erfenis; *wie steht es um Ihre Gesundheit?* hoe staat het met uw gezondheid?; *um Lohn arbeiten* voor loon werken; *um sein Geld kommen* zijn geld verliezen; *das hat er nicht um dich verdient* dat heeft hij niet aan jou verdiend; *es steht schlecht um ihn* het gaat slecht met hem
[3]**um** *vw* om, teneinde: *er kam, um mir zu gratulieren* hij kwam om mij te feliciteren; *zie ook* umso
umändern (geheel) veranderen, vermaken
umarbeiten **1** omwerken **2** veranderen
umarmen omarmen, omhelzen, huggen
Umbau *m*[5] *(mv ook -ten)* **1** verbouwing **2** *(theat)* changement, verandering **3** ombouw, omhulsel **4** reorganisatie
[1]**umbauen** verbouwen, ombouwen, veranderen
[2]**umbauen** inbouwen
umbehalten[183] omhouden
umbenennen[213] een andere naam geven
umbesetzen anders bezetten
umbetten **1** verbedden **2** *(rivier)* verleggen
[1]**umbiegen**[129] *intr* een bocht maken
[2]**umbiegen**[129] *tr* ombuigen, verbuigen
umbilden veranderen, wijzigen, reorganiseren
umblasen[133] **1** omblazen **2** neerknallen
umblättern ombladeren
umblicken, sich **1** omkijken **2** rondkijken

[1]**umbrechen**[137] *intr* **1** instorten, omvallen **2** (af)breken

[2]**umbrechen**[137] *tr* **1** omverhalen, omverwerpen, vellen **2** *(veld)* omploegen

umbringen[139] doden, vermoorden

Umbruch *m*[6] **1** omwenteling **2** *(fig)* wijziging, ommekeer, ingrijpende verandering **3** (het) omploegen

umbuchen overboeken; omboeken

umdenken[140] anders (gaan) denken, zich opnieuw bezinnen

umdrängen omstuwen, zich verdringen om

umdrehen omdraaien, omkeren

Umdrehung *v*[20] omdraaiing, omwenteling

umeinander om elkaar (heen); rond elkaar

[1]**umfahren**[153] rijden om, varen om

[2]**umfahren**[153] *intr* omrijden, omvaren, een omweg maken

[3]**umfahren**[153] *tr* omverrijden

umfallen[154] **1** omvallen: *tot* ~ dood neervallen; *ohnmächtig* ~ flauwvallen **2** *(fig)* instorten **3** van mening veranderen

Umfang *m*[6] **1** omvang: *in gewissem* ~ tot op zekere hoogte; *in vollem* ~ in volle omvang **2** omtrek

umfangen[155] **1** omhelzen, omarmen **2** omvatten

umfänglich, umfangreich omvangrijk

umfassen **1** omhelzen **2** omsingelen, omgeven, insluiten **3** omvatten

umfassend **1** omvangrijk **2** veelomvattend

Umfeld *o*[31] **1** milieu **2** omgeving

umfluten omspoelen, omgolven

umformen **1** omvormen, vervormen, veranderen **2** *(elektr)* transformeren, omzetten

Umfrage *v*[21] enquête, rondvraag: *eine* ~ *machen* (of: *veranstalten)* een enquête houden

umfrieden, umfriedigen omheinen

Umgang *m*[6] **1** omgang: *schlechten* ~ *haben* in slecht gezelschap verkeren **2** *(bouwk)* omloop, omgang **3** processie, omgang

umgänglich gezellig, prettig in de omgang

Umgangsformen *mv v*[20] omgangsvormen

Umgangssprache *v*[21] omgangstaal

[1]**umgeben**[166] omdoen

[2]**umgeben**[166] omgeven, omringen

Umgebung *v*[20] omgeving

Umgegend *v*[20] omstreken, omgeving

[1]**umgehen**[168] **1** omgaan: *gut mit dem Geld* ~ goed met zijn geld omspringen **2** rondgaan **3** rondwaren, rondspoken

[2]**umgehen**[168] **1** lopen om, gaan om **2** *(mil)* een omtrekkende beweging maken om **3** ontwijken, mijden **4** omzeilen, ontduiken

[1]**umgehend** *bn* onmiddellijk

[2]**umgehend** *bw* omgaand

Umgehung *v*[20] **1** *(mil)* omtrekkende beweging **2** vermijding, ontduiking: *unter* ~ *der Regierung* buiten de regering om

Umgehungsstraße *v*[21] rondweg, ringweg

umgekehrt omgekeerd: *das ist gerade* ~ dat is juist andersom

umgestalten wijzigen, veranderen, reorganiseren

umgießen[175] overgieten

umgraben[180] omspitten

umgrenzen **1** omgrenzen **2** *(fig)* afbakenen

umgruppieren[320] hergroeperen

umgucken, sich **1** omkijken **2** rondkijken

umhaben[182] omhebben, aanhebben

Umhang *m*[6] schoudermantel, cape

umhängen **1** omhangen, aandoen **2** verhangen, anders hangen

umhauen[185] **1** omhakken **2** vloeren: *(fig) das haut einen um!* ik sta perplex!

umhegen **1** omheinen **2** *(fig)* met zorgen omringen

umher rond, rondom, in het rond: *rings* ~ rondom, in het rond

umherblicken rondkijken, rondzien

umherfahren[153] **1** rondvaren **2** rondrijden

umhergehen[168] rondlopen

umherlaufen[198] rondlopen, rondrennen

umherliegen[202] rondslingeren

umherreisen rondreizen, rondtrekken

umherziehen[318] rondzwerven, rondtrekken

umhinkommen[193], **umhinkönnen**[194]: *nicht* ~ er niet onderuit kunnen

umhören, sich zijn oor te luisteren leggen: *sich nach*[+3] *etwas* ~ naar iets informeren

umhüllen omhullen, omwikkelen, inpakken

Umkehr *v*[28] **1** terugtocht **2** ommekeer

[1]**umkehren** *intr* omkeren, terugkeren

[2]**umkehren** *tr* **1** omkeren, omdraaien; keren **2** binnenstebuiten keren; ondersteboven halen

[1]**umkippen** *intr* **1** omvallen, omkiepen **2** flauwvallen **3** door de knieën gaan **4** omslaan

[2]**umkippen** *tr* omkiepen, omgooien

umklammern omklemmen, omknellen

[1]**umklappen** *intr* flauwvallen

[2]**umklappen** *tr* omklappen

Umkleidekabine *v*[21] kleedhokje

[1]**umkleiden** *tr* omkleden

[2]**umkleiden, sich** zich omkleden

Umkleideraum *m*[6] kleedkamer

umkommen[193] **1** om het leven komen **2** sterven **3** bederven, verloren gaan

Umkreis *m*[5] omtrek, omgeving

umkreisen draaien om, omcirkelen

umkrempeln **1** *(broekspijpen, mouwen)* omslaan, oprollen **2** totaal veranderen **3** binnenstebuiten keren

umladen[196] overladen, overslaan

Umland *o*[39] regio, omgeving

Umlauf *m*[6] omloop, circulatie, roulatie

Umlaufbahn *v*[20] *(sterrenk)* omloopbaan, baan

[1]**umlaufen**[198] *intr* **1** *(mbt gerucht)* de ronde doen **2** *(mbt de wind)* draaien, omlopen **3** *(sterrenk)* ronddraaien **4** *(mbt geld)* in omloop zijn; *(mbt bloed)* circuleren

[2]**umlaufen**[198] *tr* om(ver)lopen

Umlaut *m*[5] *(taalk)* umlaut
umlegen 1 omdoen, omslaan **2** omkeren, omslaan **3** (hoofdelijk) omslaan **4** vellen **5** verplaatsen **6** verleggen **7** platslaan
Umlegung *v*[20] **1** verplaatsing, verlegging **2** (hoofdelijke) omslag **3** moord*; zie ook* umlegen
umleiten *(het verkeer)* omleiden; *(een rivier)* omleggen
Umleitung *v*[20] **1** omleiding **2** wegomlegging
umliegend omliggend, omringend
ummodeln veranderen, omvormen
umnachten verduisteren: *geistig umnachtet sein* krankzinnig
Umnachtung *v*[20] geestelijke gestoordheid
umorganisieren[320] reorganiseren
umpacken 1 overpakken **2** anders verpakken
umparken op een andere plaats parkeren
umpflanzen over-, verplanten, verpoten
umrahmen omlijsten
umranken omranken
umrechnen omrekenen
Umrechnungskurs *m*[5] omrekeningskoers
[1]**umreißen**[220] **1** omrukken, omverhalen, omverlopen **2** afbreken, slopen
[2]**umreißen**[220] schetsen, in grote lijnen aangeven
umringen omringen, omgeven
Umriss *m*[5] omtrek, contour, lijn
umrühren omroeren
umrunden 1 rijden, lopen, varen om **2** ronden
ums *samentr van um das* om de, om het
umsatteln 1 omzadelen **2** (van beroep, studierichting) veranderen
Umsatz *m*[6] **1** omzet **2** *(med, chem)* omzetting
Umsatzsteuer *v*[21] omzetbelasting
[1]**umsäumen** omzomen
[2]**umsäumen 1** omzomen **2** omzomen
umschalten *(ook fig)* om-, overschakelen
Umschau *v*[20] (het) rondkijken: *~ halten* een kijkje nemen; *nach jmdm ~ halten* naar iem uitkijken
umschauen, sich 1 omkijken **2** rondkijken
[1]**Umschlag** *m*[6] **1** enveloppe **2** kaft, omslag *(van boek)* **3** *(med)* kompres, omslag
[2]**Umschlag** *m*[19] **1** (het) overladen, overslag *(van goederen)* **2** omslag, plotselinge verandering **3** *(econ)* omzet
[1]**umschlagen**[241] *intr* **1** *(mbt het weer)* omslaan **2** *(scheepv)* omslaan, kapseizen
[2]**umschlagen**[241] *tr* **1** omhakken **2** omdoen, omslaan **3** omslaan, omvouwen **4** *(goederen)* overslaan, overladen
umschließen[245] **1** omsluiten **2** omvatten
umschlingen[246] **1** omhelzen **2** omslingeren
umschnallen omgespen
[1]**umschreiben**[252] **1** herschrijven **2** overschrijven **3** wijzigen
[2]**umschreiben**[252] **1** omschrijven, definiëren **2** *(meetk)* schrijven om
umschulden *(leningen)* omzetten, converteren
umschulen 1 herscholen, omscholen **2** op een andere school plaatsen
Umschulung *v*[20] **1** herscholing, omscholing **2** overplaatsing *(naar een andere school)*
umschütten 1 overgieten **2** morsen
Umschweif *m*[5] omweg, omhaal: *ohne ~e* zonder omwegen, zonder omhaal
Umschwung *m*[6] **1** (om)draaiing, omwenteling **2** ommekeer, kentering
umsehen[261]**, sich 1** omzien, omkijken: *sich ~ nach*[+3] uitzien naar **2** rondkijken
umsein *oude spelling voor* um sein, *zie* [1]um
umseitig, umseits aan de ommezijde
umsetzen 1 verzetten, verplaatsen **2** verplanten, verpoten, verpotten **3** omzetten
Umsicht *v*[28] **1** omzichtigheid, voorzichtigheid **2** tact
umsichtig 1 omzichtig, voorzichtig **2** tactvol
[1]**umsiedeln** *intr* verhuizen
[2]**umsiedeln** *tr* naar elders overbrengen
Umsiedler *m*[9] **1** emigrant **2** evacué
umso des te: *~ besser* des te beter, zoveel te beter
umsonst 1 gratis, voor niets **2** (te)vergeefs
umsorgen met zorgen omgeven, verzorgen
umspringen[276] **1** omspringen, omgaan: *mit jmdm ~* met iem omspringen **2** *(mbt de wind)* omslaan **3** *(mbt verkeerslicht)* verspringen
Umstand *m*[6] **1** omstandigheid: *nähere Umstände* nadere bijzonderheden; *unter keinen Umständen* in geen geval; *unter Umständen* eventueel, misschien **2** toestand: *Umstände machen* drukte maken **3** omstandigheid, gesteldheid: *sie ist in anderen* (of: *in gesegneten) Umständen* ze is in verwachting
umständlich omstandig, omslachtig
umstandshalber wegens omstandigheden
Umstandskleid *o*[31] positiejapon
umstehend: *auf der ~en Seite* (of: *~)* aan ommezijde; *die ~en Leute* de omstanders
Umstehende(r) *m*[40a], *v*[40b] omstander, omstandster
umsteigen[281] *(ook fig)* overstappen
[1]**umstellen** insluiten, omsingelen
[2]**umstellen** *tr* **1** verzetten, verplaatsen **2** *(sp)* de opstelling wijzigen **3** reorganiseren **4** verzetten, overschakelen, omschakelen
[3]**umstellen, sich** (met *auf*[+4]) zich aanpassen (aan)
Umstellung *v*[20] **1** (het) verplaatsen **2** reorganisatie **3** omschakeling*; zie ook* umstellen
umstimmen 1 *(muz)* anders stemmen **2** *(fig)* tot andere gedachten brengen
umstoßen[285] **1** omgooien, omstoten **2** *(een plan)* doen mislukken
umstritten omstreden, betwist
umstrukturieren[320] herstructureren
Umstrukturierung *v*[20] herstructurering
Umsturz *m*[6] **1** omverwerping **2** *(ook fig)* omwenteling, revolutie
[1]**umstürzen** *intr* omvallen

[2]**umstürzen** *tr* omgooien, om(ver)werpen
Umstürzler *m*[9] revolutionair
umtaufen herdopen, een andere naam geven
Umtausch *m*[5] **1** omruil, ruil **2** (het) wisselen
umtauschen **1** (om)ruilen **2** (om)wisselen
Umtrunk *m*[6] (gemeenschappelijke) borrel: *einen ~ halten* samen een borrel drinken
UMTS *o*[39a] universal mobile telecommunications system *(afk* UMTS)
umwälzen **1** omwentelen **2** doen circuleren
Umwälzpumpe *v*[21] circulatiepomp
Umwälzung *v*[20] **1** omwenteling, revolutie **2** circulatie
[1]**umwandeln** *tr* **1** veranderen **2** omzetten **3** *(handel)* converteren
[2]**umwandeln, sich** veranderen
Umwandlung *v*[20] **1** verandering **2** omzetting **3** *(handel)* conversie
umwechseln omwisselen, wisselen
Umweg *m*[5] omweg *(ook fig)*
umwehen omwaaien
Umwelt *v*[28] milieu, omgeving; *(Belg)* leefmilieu
umweltfreundlich milieuvriendelijk
Umweltkatastrophe *v*[21] milieuramp
Umweltschutz *m*[19] milieubescherming
Umweltverschmutzung *v*[20] milieuvervuiling
[1]**umwenden**[308] *intr* draaien, wenden, keren
[2]**umwenden**[308] *tr* omwenden, omkeren; *(bladzijde)* omslaan
[3]**umwenden**[308]**, sich** zich omdraaien
umwerfen[311] **1** omgooien **2** omdoen **3** (iem) van zijn stuk brengen
umwerten herwaarderen
Umwertung *v*[20] herwaardering
umzäunen omheinen
[1]**umziehen**[318] *intr* verhuizen
[2]**umziehen**[318] *tr* omgeven, omringen
[3]**umziehen**[318]**, sich** zich omkleden
[4]**umziehen**[318]**, sich** betrekken, bewolken
Umzug *m*[6] **1** verhuizing **2** optocht **3** *(r-k)* processie
UN *afk van United Nations (Vereinte Nationen)* Verenigde Naties *(afk* VN)
unabänderlich onveranderlijk, onherroepelijk
unabhängig onafhankelijk
Unabhängigkeitserklärung *v*[20] onafhankelijkheidsverklaring
unabkömmlich onmisbaar
unablässig onophoudelijk, voortdurend
unabsehbar onafzienbaar
unabsetzbar onafzetbaar
unabsichtlich onopzettelijk, zonder opzet
unabweisbar, unabweislich onafwijsbaar, dwingend
unachtsam onachtzaam, slordig
Unachtsamkeit *v*[20] onachtzaamheid
unähnlich ongelijk, niet gelijkend
unangebracht ongepast, misplaatst
unangemessen **1** ongepast, misplaatst **2** niet passend (bij)
unangenehm onaangenaam, onplezierig
unannehmbar onaannemelijk, onaanvaardbaar
Unannehmlichkeit *v*[20] onaangenaamheid
unansehnlich **1** onooglijk **2** onaanzienlijk
unanständig onfatsoenlijk, onbehoorlijk
unappetitlich onappetijtelijk, onsmakelijk
Unart *v*[20] **1** hebbelijkheid, nare gewoonte **2** ondeugendheid
unartig stout, ondeugend
unaufdringlich **1** onopvallend **2** beschaafd
unauffällig onopvallend
unaufgefordert **1** ongevraagd **2** uit eigen beweging
unaufgeklärt onopgehelderd
unaufhaltbar, unaufhaltsam **1** gestaag **2** onstuitbaar
unaufhörlich onophoudelijk, aanhoudend
unauflösbar, unauflöslich **1** *(ook fig)* onoplosbaar **2** onontwarbaar
unaufmerksam **1** onoplettend **2** onattent
unaufrichtig onoprecht
unausgefüllt **1** niet ingevuld, blanco **2** *(fig)* leeg
unausgesetzt onafgebroken, onophoudelijk
unausstehlich onuitstaanbaar
unausweichlich onvermijdelijk
unbändig **1** onbeteugelbaar; onbedwingbaar, ontembaar **2** buitensporig, enorm
unbar zonder contant geld
unbarmherzig onbarmhartig, meedogenloos
unbeabsichtigt onopzettelijk
unbeantwortet onbeantwoord
unbedenklich zonder bezwaar
unbedeutend onbeduidend, onbelangrijk
[1]**unbedingt** *bn* onvoorwaardelijk
[2]**unbedingt** *bw* beslist, absoluut
unbefangen **1** onbevooroordeeld **2** onbevangen, ongedwongen, spontaan
Unbefangenheit *v*[28] **1** onbevooroordeeldheid **2** onbevangenheid; *zie ook* unbefangen
unbefestigt onverhard
unbefleckt **1** onbevlekt **2** vlekkeloos
unbefristet voor onbepaalde tijd
unbefugt onbevoegd, illegaal
unbegrenzt onbegrensd, onbeperkt
unbegründet ongegrond, ongemotiveerd
Unbehagen *o*[39] (gevoel van) onbehagen
unbehelligt ongehinderd, ongemoeid
unbeirrbar onverstoorbaar
unbeirrt onverstoorbaar, kalm
unbekannt onbekend
unbekleidet ongekleed, zonder kleren
unbekümmert onbekommerd, zorgeloos, onbezorgd
unbelebt levenloos, onbezield, doods
unbelehrbar niet voor rede vatbaar
unbeliebt niet geliefd, onbemind, impopulair
unbemittelt onvermogend, onbemiddeld
unbenutzt ongebruikt
unbeobachtet onopgemerkt: *in einem ~en Au-*

genblick in een onbewaakt ogenblik
unbequem 1 ongemakkelijk, ongeriefelijk 2 lastig
[1]**Unbequemlichkeit** *v*[28] last
[2]**Unbequemlichkeit** *v*[20] ongemak
unberechenbar onberekenbaar
unberechtigt onbevoegd, onrechtmatig
unberücksichtigt buiten beschouwing gelaten: *etwas ~ lassen* iets buiten beschouwing laten
unberührt 1 onaangeroerd 2 ongerept 3 onberoerd: *das ließ ihn ~* dat maakte geen indruk op hem
unbeschädigt 1 onbeschadigd 2 ongedeerd
unbescholten van onbesproken gedrag
Unbescholtenheitszeugnis *o*[29a] bewijs van goed gedrag
unbeschrankt onbewaakt *(van overweg)*
unbeschränkt onbeperkt, onbegrensd
unbeschreiblich onbeschrijfelijk
unbeschützt onbeschut, onbeschermd
unbeschwert onbezorgd, onbekommerd
unbesetzt 1 onbezet 2 vrij, vacant
unbesiegbar onoverwinnelijk
unbesiegt onoverwonnen
unbesonnen onbezonnen, onbesuisd
unbeständig onbestendig, wisselvallig
unbestechlich onomkoopbaar, integer
unbestimmt onbestemd, onbepaald, vaag, niet vast, onzeker
unbestritten onbetwist
unbeteiligt 1 niet betrokken 2 ongeïnteresseerd
unbetont onbeklemtoond
unbeugsam onbuigzaam, halsstarrig
unbewacht onbewaakt
unbewaffnet ongewapend
unbeweglich 1 onbeweeglijk 2 onbeweegbaar 3 onroerend *(van goederen)*
unbewegt onbewogen *(ook fig)*
unbewohnbar onbewoonbaar
unbewohnt onbewoond
unbewusst 1 onbewust, instinctief 2 onopzettelijk
unbezahlt onbetaald, niet betaald
Unbilden *mv* ongemakken, onaangenaamheid: *die ~ des Wetters* het barre weer
Unbill *v*[28] 1 onrecht, krenking 2 tegenspoed
unbotmäßig opstandig, weerspannig
unbrauchbar onbruikbaar
und en: *sie gingen zwei ~ zwei* zij liepen twee aan twee; *na ~?* nou, en!; *du musst es tun, ~ ist es noch so schwer* je moet het doen, ook al is het nog zo moeilijk; *~ zwar* en wel
Undank *m*[19] ondank
undankbar ondankbaar
undenkbar ondenkbaar
undicht niet dicht, lek: *die ~e Stelle* het lek
Unding *o*[39] onding
unduldsam onverdraagzaam, intolerant
undurchdringlich 1 ondoordringbaar 2 ondoorgrondelijk
undurchführbar onuitvoerbaar
undurchlässig ondoordringbaar: *ein für Wasser ~es Gefäß* een waterdichte bak
uneben oneffen, ongelijk
unecht onecht, nagemaakt, vals
unehelich onecht, onwettig, buitenechtelijk: *eine ~e Mutter* een ongehuwde moeder
Unehre *v*[28] oneer, schande
unehrlich oneerlijk
uneigennützig belangeloos, onbaatzuchtig
uneigentlich oneigenlijk
uneingeschränkt onbeperkt, onbegrensd
uneinig onenig, onderling verdeeld
uneins oneens, onderling verdeeld
unempfänglich *(met für*[+4]*)* onontvankelijk voor, onvatbaar voor
unempfindlich 1 ongevoelig 2 niet vatbaar, immuun 3 sterk, niet kwetsbaar
unendlich oneindig
unentbehrlich onmisbaar, onontbeerlijk
unentgeltlich kosteloos, gratis
unentrinnbar onontkoombaar
unentschieden 1 onbeslist 2 besluiteloos
Unentschieden *o*[35] gelijk spel
unentschlossen besluiteloos, weifelend
unentwegt 1 onverzettelijk, vastberaden 2 aanhoudend, onophoudelijk: *~ arbeiten* alsmaar werken
unerbittlich onverbiddelijk
unerfahren onervaren
unerforschlich ondoorgrondelijk
unerfreulich onaangenaam, onverkwikkelijk
unergiebig weinig opleverend, weinig vruchtbaar; *(fig)* onvruchtbaar
unerheblich onbelangrijk, onbeduidend, onbetekenend
[1]**unerhört** niet verhoord, onverhoord
[2]**unerhört** 1 ongehoord, enorm 2 schandalig
unerklärbar, unerklärlich onverklaarbaar
unerlässlich beslist nodig, beslist noodzakelijk
unerlaubt ongeoorloofd, ongepermitteerd
unerledigt onafgedaan, niet afgehandeld
unermesslich onmetelijk, immens, enorm
unermüdlich onvermoeibaar
unerquicklich onverkwikkelijk, onaangenaam
unerreichbar 1 onbereikbaar, ongenaakbaar 2 niet te evenaren
unersättlich 1 onverzadelijk 2 onverzadigbaar
unerschütterlich 1 onwankelbaar, onwrikbaar 2 onverstoorbaar
unerschwinglich niet op te brengen, onbetaalbaar
unersetzbar, unersetzlich 1 onvervangbaar 2 onherstelbaar
unerträglich 1 ondraaglijk 2 onuitstaanbaar
unerwartet onverwacht
unerwünscht ongewenst
unfähig ongeschikt, onbekwaam: *er ist ~ zu dieser Tat* hij is niet in staat tot deze daad

Unfall *m*[6] ongeval, ongeluk
Unfallbeteiligte(r) *m*[40a], *v*[40b] bij een ongeval betrokkene
Unfallflucht *v*[28] (het) doorrijden na een ongeval; *(Belg)* vluchtmisdrijf
Unfallhilfe *v*[28] eerste hulp bij ongelukken
Unfallopfer *o*[33] slachtoffer van een ongeval
Unfallstelle *v*[21] plaats van het ongeval
unfassbar, unfasslich **1** onbegrijpelijk **2** ongelofelijk
unfehlbar **1** onfeilbaar **2** stellig, beslist
unfein **1** onelegant **2** onbeschaafd, ordinair
unfern[+2] *vz* niet ver van
unflätig vuil, vies, obsceen, goor
unförmig wanstaltig, plomp, vormloos
unförmlich informeel
unfrei **1** onvrij **2** geremd **3** ongefrankeerd
unfreundlich **1** onvriendelijk **2** onaangenaam
Unfriede *m*[18] *(geen mv)*, **Unfrieden** *m*[19] onvrede, tweedracht, onenigheid
Unfug *m*[19] **1** straatschenderij: *grober ~* verstoring van de openbare orde **2** baldadigheid, kattenkwaad **3** onzin **4** misbruik: *mit*[+3] *etwas ~ treiben* misbruik van iets maken
Ungar *m*[15] Hongaar
ungarisch Hongaars
Ungarn *o*[39] Hongarije
ungastlich ongastvrij *(ook fig)*
[1]**ungeachtet**[+2] *vz* ondanks, niettegenstaande, in weerwil van
[2]**ungeachtet** *vw (vero)* niettegenstaande, ofschoon, hoewel
ungeahnt onvermoed, onverwacht
ungebärdig **1** wild **2** onhandelbaar
ungebeten ongevraagd, ongenood
ungebildet **1** onbeschaafd **2** onontwikkeld
ungebräuchlich ongebruikelijk
ungebührend, ungebührlich **1** onbetamelijk, onbehoorlijk, ongepast **2** onredelijk
Ungeduld *v*[28] ongeduld
ungeduldig ongeduldig
ungeeignet ongeschikt
ungefähr *bn* globaal, ruw
ungefähr *bw* ongeveer, circa, omstreeks: *von ~* bij toeval || *etwas im Ungefähren halten* iets in het vage laten
ungefährlich niet gevaarlijk, ongevaarlijk
ungehalten boos, verstoord
ungehemmt **1** onbelemmerd, vrij **2** ongeremd
ungeheuer reusachtig, ontzaglijk, enorm
Ungeheuer *o*[33] monster
ungeheuerlich **1** reusachtig **2** ongehoord, schandalig
ungehobelt **1** ongeschaafd, ruw **2** onbehouwen, lomp
ungehörig onbehoorlijk, ongepast
Ungehorsam *m*[19] ongehoorzaamheid
ungeklärt **1** onopgehelderd **2** ongezuiverd
ungekünstelt ongekunsteld
ungelegen ongelegen
ungelernt ongeschoold
Ungelernte(r) *m*[40a], *v*[40b] ongeschoolde
ungemein ongemeen, buitengewoon (groot)
ungemütlich **1** ongezellig **2** *(fig)* onbehaaglijk, onaangenaam **3** kwaad, nijdig
ungenau onnauwkeurig
ungenießbar **1** ongenietbaar, oneetbaar, ondrinkbaar **2** *(fig)* ongenietbaar
ungenügend onvoldoende
ungepflegt onverzorgd, slordig
ungeprüft **1** niet onderzocht **2** niet beproefd **3** niet geëxamineerd
ungerade oneven
ungerecht onrechtvaardig, onbillijk
ungereimt **1** rijmloos **2** ongerijmd, dwaas
ungesalzen niet gezouten, flauw
Ungeschick *o*[39], **Ungeschicklichkeit** *v*[20] onhandigheid
ungeschickt **1** onhandig **2** niet erg tactisch
ungeschliffen **1** ongeslepen, ruw **2** *(fig)* onbeschaafd, lomp
ungeschoren ongeschoren: *jmdn ~ lassen* iem met rust laten; *~ davonkommen* er zonder kleerscheuren afkomen
ungeschrieben ongeschreven
ungeschult **1** ongeschoold **2** ongeoefend
ungesittet onbeschaafd, ongemanierd
ungestört ongestoord
ungestüm onstuimig, heftig, hevig, wild
Ungestüm *o*[39] onstuimigheid
ungesund ongezond
ungetrübt ongestoord
Ungetüm *o*[29] monster, gedrocht
ungeübt ongeoefend, onbedreven
ungewandt onhandig
ungewaschen ongewassen, vuil
ungewiss onzeker, ongewis
ungewöhnlich ongewoon, ongebruikelijk: *~ groß* buitengewoon groot
ungewohnt ongewoon
ungewollt ongewild, zonder het te willen
Ungeziefer *o*[39] ongedierte
ungezogen stout, ondeugend
ungezwungen ongedwongen, natuurlijk
ungläubig ongelovig
Ungläubige(r) *m*[40a], *v*[40b] ongelovige
unglaubwürdig ongeloofwaardig
ungleich ongelijk, verschillend: *~ besser* veel beter
ungleichartig ongelijksoortig
Ungleichheit *v*[20] ongelijkheid
Unglück *o*[29] **1** ongeluk, ongeval **2** pech, tegenslag, tegenspoed
unglücklich ongelukkig
unglücklicherweise ongelukkig(erwijze)
Unglücksbotschaft *v*[20] ongeluks-, jobstijding
Unglücksfahrer *m*[9] bestuurder die een, het ongeluk veroorzaakt heeft

Unglücksfall *m*[6] **1** ongeluk, ongeval **2** ongelukkig voorval
Unglücksort *m*[5] plaats van het ongeluk
Ungnade *v*[28] ongenade
ungnädig 1 ongenadig, onbarmhartig **2** wrevelig, slecht gehumeurd
ungültig ongeldig, nietig
Ungunst *v*[28] **1** ongunst: *zu ~en*[+2] ten nadele van; *zu meinen ~en* in mijn nadeel **2** ruwheid, guurheid
ungünstig ongunstig
ungut 1 slecht, onbehaaglijk **2** onaangenaam || *nichts für ~!* neem mij niet kwalijk!
unhaltbar onhoudbaar
Unheil *o*[39] onheil, ramp, rampspoed
unheilbar ongeneeslijk
Unheilstifter *m*[9] onheilsstichter
unheilvoll rampzalig
unheimlich 1 akelig, griezelig, onheilspellend, naar, eng **2** reusachtig, enorm
unhöflich onbeleefd, onheus
Unhold *m*[5] **1** boze geest, demon **2** monster **3** schurk
Uni *v*[27] *verk van Universität* universiteit
Uniform *v*[20] uniform
uniformieren[320] **1** uniformeren, in uniform kleden **2** uniformeren, eenvormig maken
uninteressant oninteressant, niet interessant
uninteressiert ongeïnteresseerd
Union *v*[20] unie
universal universeel, algemeen
Universalmittel *o*[33] universeel middel
Universität *v*[20] universiteit
Unke *v*[21] **1** *(dierk)* pad **2** *(fig)* ongeluksprofeet
unkenntlich onherkenbaar
Unkenntlichkeit *v*[28] onherkenbaarheid: *bis zur ~* onherkenbaar
Unkenntnis *v*[28] onwetendheid
unklar 1 onduidelijk, vaag: *das ist mir völlig ~* dat is mij volkomen onbegrijpelijk; *sich*[3] *über*[+4] *etwas im Unklaren sein* niet weten wat men met iets aan moet **2** *(van vloeistof)* troebel
unklug onverstandig, niet slim
Unkosten *mv* (on)kosten
Unkraut *o*[39] onkruid
unkündbar 1 onopzegbaar **2** niet aflosbaar: *eine ~e Stelle* een vaste baan
unkundig 1 onkundig **2** ondeskundig: *einer Sache ~ sein* iets niet machtig zijn
unlängst onlangs, kort geleden
unlauter 1 oneerlijk, onzuiver **2** unfair
unleidlich 1 ondraaglijk **2** onuitstaanbaar
unlesbar onleesbaar
unleserlich onleesbaar, niet te ontcijferen
unleugbar onloochenbaar, onbetwistbaar
unlieb ongelegen: *es ist mir nicht ~* het komt me goed uit
unlogisch onlogisch
unlösbar, unlöslich 1 onoplosbaar **2** onontbindbaar, onscheidbaar

Unlust *v*[28] **1** onlust, onbehagen **2** tegenzin **3** lusteloosheid
Unmaß *o*[39] overmaat, teveel
Unmasse *v*[21] enorme massa
unmäßig 1 onmatig, buitensporig **2** buitengewoon: *~ schlau* buitengewoon slim
Unmenge *v*[21] enorme hoeveelheid
Unmensch *m*[14] onmens
unmenschlich 1 onmenselijk, barbaars **2** enorm, buitengewoon
unmissverständlich niet mis te verstaan, duidelijk
unmittelbar onmiddellijk, rechtstreeks, direct
unmöbliert ongemeubileerd
unmöglich onmogelijk
unmoralisch immoreel, onzedelijk
Unmut *m*[19] wrevel, ontstemming
unmutig, unmutsvoll wrevelig, ontstemd
unnachahmlich onnavolgbaar
unnachgiebig ontoegeeflijk; onverbiddelijk
unnachsichtig ontoegevend, onverbiddelijk
unnatürlich onnatuurlijk; gemaakt
unnötig onnodig, nodeloos
unnütz 1 nutteloos, waardeloos **2** onnodig
unordentlich 1 wanordelijk **2** ongeregeld **3** slordig
Unordnung *v*[28] wanorde: *in ~ geraten* in de war raken
unparteiisch onpartijdig
Unparteiische(r) *m*[40a], *v*[40b] scheidsrechter
unpässlich onpasselijk, misselijk, niet lekker
Unpässlichkeit *v*[20] onpasselijkheid
unpraktisch onpraktisch
unqualifiziert ongekwalificeerd
unrasiert ongeschoren
Unrast *v*[28] onrust, rusteloosheid
Unrat *m*[19] vuil, vuilnis, afval: *~ wittern* onraad bespeuren
unrecht 1 verkeerd **2** ongeschikt, ongelegen: *zur ~en Zeit* op een ongelegen tijdstip **3** onrechtvaardig, verkeerd
Unrecht *o*[39] **1** onrecht **2** ongelijk: *er hat ~* hij heeft ongelijk; *~ geben* ongelijk geven; *im ~ sein* ongelijk hebben **3** onrecht, onrechtvaardigheid
unredlich oneerlijk, onoprecht
unregelmäßig onregelmatig
unregierbar onbestuurbaar, onregeerbaar
unreif onrijp *(ook fig)*
unrein onrein, onzindelijk, onzuiver
unrentabel onrendabel
unrichtig onjuist, verkeerd, foutief
[1]**Unruhe** *v*[21] *(mv)* onlusten, troebelen
[2]**Unruhe** *v*[28] **1** ongerustheid **2** onrust
unruhig 1 onrustig **2** ongerust **3** druk
uns 1 ons: *sie kannten ~* zij kenden ons **2** elkaar: *wir treffen ~* we treffen elkaar
unsachgemäß ondeskundig, niet vakkundig
unsachlich onzakelijk, niet zakelijk
unsagbar, unsäglich onuitsprekelijk, onbeschrijfelijk

unsauber 1 vuil, vies *(ook fig)* **2** slordig **3** onzuiver **4** *(sp)* unfair
unschädlich onschadelijk
unschätzbar onschatbaar
unscheinbar onopvallend, onooglijk
unschicklich ongepast, onbehoorlijk
unschlüssig besluiteloos, weifelend
unschön 1 lelijk, niet mooi **2** onaardig
Unschuld *v*[28] onschuld: *(volkstaal) eine ~ vom Lande* een onnozel meisje
unschuldig onschuldig
Unschuldige(r) *m*[40a], *v*[40b] onschuldige
Unschuldsmiene *v*[21] onschuldig gezicht
[1]**unser** *pers vnw*[82] (van) ons: *dieser Garten ist ~* deze tuin is van ons
[2]**unser** *bez vnw*[80] ons, onze: *die Unseren, die ~en* de onzen
unsereiner, unsereins mensen als wij, iemand als wij
unserige *zie* unsrige
unsicher 1 onzeker, twijfelachtig; onbetrouwbaar **2** onvast *(van hand)* **3** onveilig
Unsicherheit *v*[28] **1** onzekerheid **2** onveiligheid
Unsinn *m*[19] onzin, nonsens
unsinnig 1 onzinnig, bespottelijk, dwaas **2** geweldig, ontzettend
Unsitte *v*[21] slechte gewoonte
unsozial asociaal
unsportlich onsportief
unsrige: *(der, die, das) Unsrige* (of: *~)* (de, het) onze; *die Unsrigen* (of: *~n)* de onzen
unstatthaft ongeoorloofd, niet toelaatbaar
unsterblich onsterfelijk
unstet, unstetig 1 onrustig, rusteloos **2** ongedurig
unstreitig onbetwistbaar, ontegenzeglijk
unstrittig onbetwist, ontegenzeglijk
Unsumme *v*[21] enorme som, enorm bedrag
unsympathisch onsympathiek
untadelig, untadlig onberispelijk
Untat *v*[20] wandaad, onmenselijke daad
untätig lijdzaam, lijdelijk, werkeloos
untauglich ondeugdelijk, ongeschikt
unteilbar ondeelbaar
unten beneden, onder, onderin, onderaan: *von ~* van onder af *(ook fig); bei jmdm ~ durch sein* bij iem eruit liggen; *~ erwähnt, ~ stehend* onderstaand
untenan onderaan, aan het benedeneind
untendurch (er)onderdoor
untenerwähnt onderstaand
untenher van beneden
untenhin naar beneden
untenstehend onderstaand
unter *bn* onderste, laagste, lager: *die ~en Klassen* de lagere klassen; *das ~e Stockwerk* de benedenverdieping; *der ~e Teil* het onderste deel, het benedengedeelte*; zie ook* unterst
unter *bw: ~ zwanzig (Jahre alt)* onder de twintig; *ein Kind von ~ 10 Jahren* een kind van onder de 10 jaar
[3]**unter**[+3, +4] *vz* **1** onder, beneden: *Kinder ~ 10 Jahren* kinderen onder, beneden de 10 jaar; *~ anderem* onder andere; *~ anderen* onder anderen; *~ sich* onder elkaar **2** op: *~ der Bedingung* op voorwaarde **3** tussen: *~ Mittag* tussen de middag **4** aan: *~ Kopfschmerzen leiden* aan hoofdpijn lijden **5** tot: *ich rechne ihn ~ meine Freunde* ik reken hem tot mijn vrienden **6** minder dan: *er verkauft es nicht ~ einem Euro* hij verkoopt het niet voor minder dan een euro
Unterarm *m*[5] onderarm
unterbauen 1 funderen **2** *(fig)* onderbouwen
Unterbekleidung *v*[20] onderkleding, ondergoed
unterbelegt, unterbesetzt onderbezet
unterbewerten onderwaarderen
unterbewusst onderbewust
Unterbewusstsein *o*[39] onderbewustzijn
unterbezahlen onderbetalen
unterbieten[130]: *einen Mitbewerber ~* een lagere prijs vragen dan een concurrent; *(sp) einen Rekord ~* onder een record blijven, een record verbeteren
unterbinden[131] **1** *(med)* afbinden **2** *(fig)* tegengaan, verhinderen, belemmeren
unterbleiben[134] niet gebeuren, niet plaatshebben, achterwege blijven
unterbrechen[137] **1** onderbreken, in de rede vallen **2** *(vergadering, zitting)* schorsen **3** verbreken **4** *(het verkeer)* stremmen
Unterbrechung *v*[20] **1** onderbreking **2** schorsing **3** verbreking **4** stremming
unterbreiten voorleggen
unterbringen[139] **1** bergen, plaatsen **2** huisvesten, onderbrengen, onder dak brengen **3** aan een baan helpen **4** *(een artikel)* geplaatst krijgen
Unterbringung *v*[20] **1** huisvesting; (het) onder dak brengen **2** plaatsing **3** onderdak*; zie ook* unterbringen
unterdrücken onderdrukken
Unterdrücker *m*[9] onderdrukker
Unterdrückung *v*[20] onderdrukking
untereinander onder elkaar, onderling
unterentwickelt onderontwikkeld, achtergebleven
Unterentwicklung *v*[20] onderontwikkeling
unterernährt ondervoed
Unterernährung *v*[28] ondervoeding
unterfangen[155]**, sich** zich verstouten, zich vermeten, wagen, durven
Unterfangen *o*[35] waagstuk, gedurfde onderneming
unterfassen 1 een arm geven **2** ondersteunen
unterführen onder (iets) door leiden
Unterführung *v*[20] onderdoorgang, tunnel
Untergang *m*[6] ondergang, val
Untergangsszenario *o*[36] doemscenario
untergeben *bn* ondergeschikt

Untergebene(r) *m*[40a], *v*[40b] ondergeschikte
untergefasst, untergehakt gearmd, arm in arm
untergehen[168] **1** ondergaan **2** ten onder gaan, te gronde gaan **3** *(mbt schip)* vergaan
untergeordnet ondergeschikt, lager
Untergeschoss *o*[29] souterrain
untergliedern onderverdelen
[1]**untergraben**[180] ondergraven, onderspitten
[2]**untergraben**[180] *(fig)* ondermijnen, ondergraven
Untergrenze *v*[21] ondergrens
[1]**Untergrund** *m*[6] **1** ondergrond **2** *(fig)* fundament
[2]**Untergrund** *m*[19] **1** *(pol)* underground **2** ondergrondse, illegaliteit, verzet(sbeweging)
Untergrundbahn *v*[20] ondergrondse, metro
Untergrundbewegung *v*[20] ondergrondse, verzet(sbeweging), illegaliteit
untergründig verborgen
unterhaken een arm geven; *zie ook* untergehakt
[1]**unterhalb** *bw* beneden, onder: ~ *von Köln* onder Keulen
[2]**unterhalb**[+2] *vz* beneden, onder
Unterhalt *m*[19] **1** levensonderhoud: *seinen ~ bestreiten* in zijn onderhoud voorzien **2** alimentatie **3** onderhoud
[1]**unterhalten**[183] houden onder, eronder houden
[2]**unterhalten**[183] *tr* **1** onderhouden, verzorgen **2** onderhouden, amuseren
[3]**unterhalten**[183]**, sich** zich onderhouden; zich amuseren
unterhaltend, unterhaltsam onderhoudend, gezellig, amusant
Unterhaltsanspruch *m*[6] recht op alimentatie
Unterhaltsbeitrag *m*[6] **1** alimentatie **2** toelage voor levensonderhoud
Unterhaltsberechtigte(r) *m*[40a], *v*[40b] wie recht heeft op alimentatie, op een toelage voor levensonderhoud
Unterhaltskosten *mv* onderhoudskosten
Unterhaltspflicht *v*[20] onderhoudsplicht
[1]**Unterhaltung** *v*[20] **1** conversatie, gesprek **2** amusement, ontspanning
[2]**Unterhaltung** *v*[28] onderhoud: *jmdm angenehme* (of: *gute) ~ wünschen* iem veel plezier wensen
Unterhaltungselektronik *v*[28] consumentenelektronica
Unterhaltungsfilm *m*[5] amusementsfilm
Unterhaltungsmusik *v*[28] amusementsmuziek
Unterhaltungsprogramm *o*[29]**, Unterhaltungssendung** *v*[20] amusementsprogramma
unterhandeln onderhandelen: *über*[+4] *etwas ~* over iets onderhandelen
Unterhändler *m*[9] onderhandelaar
Unterhandlung *v*[20] onderhandeling
Unterhemd *o*[37] onderhemd
unterhöhlen ondermijnen
Unterhose *v*[21] onderbroek
unterirdisch **1** onderaards, ondergronds **2** *(fig)* ondergronds, in het geheim
Unterkiefer *m*[9] onderkaak
unterkommen[193] onderdak vinden; een baan krijgen
Unterkommen *o*[35] **1** onderkomen, onderdak **2** *(vero)* betrekking
Unterkörper *m*[9] onderlichaam, onderlijf
unterkriegen *(fig)* eronder krijgen, kleinkrijgen
Unterkühlung *v*[20] onderkoeling
Unterkunft *v*[25] onderkomen, onderdak, logies: *freie ~* vrije huisvesting; *~ und Frühstück* logies met ontbijt; *~ und Verpflegung* kost en inwoning
Unterlage *v*[21] **1** onderlegger **2** ondergrond; *(fig)* basis **3** *(mv)* (bewijs)stukken, bescheiden
Unterlass: *ohne ~* zonder ophouden
unterlassen[197] (na)laten, achterwege laten
Unterlassung *v*[20] verzuim, (het) nalaten
Unterlauf *m*[6] benedenloop
[1]**unterlaufen**[198] *intr* **1** *(mbt fouten)* insluipen: *mir ist ein Fehler ~* ik heb een fout gemaakt **2** tegenkomen
[2]**unterlaufen**[198] *tr* omzeilen, ontwijken
[1]**unterlegen** **1** leggen onder **2** toedichten, toeschrijven
[2]**unterlegen** *bn* minder, zwakker: *jmdm ~ sein* iems mindere zijn
[3]**unterlegen** *ww* **1** bekleden, voeren, stofferen **2** voorzien van
Unterlegene(r) *m*[40a], *v*[40b] mindere, zwakkere
Unterlegenheit *v*[28] (het) minder, zwakker zijn
unterliegen[202+3] **1** onderworpen zijn aan **2** onderdoen voor, verliezen van || *Schwankungen ~* aan schommelingen onderhevig zijn; *es unterliegt keinem Zweifel* het lijdt geen twijfel; *zie ook* [2]unterlegen
Unterlippe *v*[21] onderlip
unterm *samentr van unter dem* onder de, onder het
untermalen *(een schilderij)* aanleggen, aanzetten: *mit Musik ~* muzikaal illustreren, begeleiden
Untermalung *v*[20] grond, fond: *musikalische ~* muzikale illustratie, begeleiding
untermauern *(fig)* (met bewijzen) staven, onderbouwen
Untermensch *m*[14] minderwaardig mens
Untermiete *v*[21] onderhuur: *in* (of: *zur) ~ wohnen* in onderhuur wonen
Untermieter *m*[9] onderhuurder
unternehmen[212] **1** ondernemen, maken, doen **2** op zich nemen
Unternehmen *o*[35] onderneming
Unternehmer *m*[9] ondernemer
Unternehmung *v*[20] onderneming
Unteroffizier *m*[5] onderofficier
unterordnen **1** onderschikken, ondergeschikt maken **2** stellen onder, plaatsen onder
Unterordnung *v*[20] **1** (het) ondergeschikt maken, onderwerping **2** *(dierk)* onderorde, suborde
Unterpfand *o*[32] onderpand
Unterprima *v (mv -primen) (vero)* op een na

hoogste klas *(van Duits gymnasium)*
Unterredung *v*[20] gesprek, onderhoud
Unterricht *m*[5] **1** onderwijs, onderricht **2** les: *während des ~s* gedurende de les
unterrichten[+4] **1** onderwijzen, onderwijs geven, les geven: *in Französisch ~* Frans geven **2** informeren, inlichten, op de hoogte brengen: *sich über*[+4] *etwas ~* zich van iets op de hoogte stellen
Unterrichtsanstalt *v*[20] onderwijsinstelling
Unterrichtsfilm *m*[5] instructieve film
unterrichtsfrei vrij (van school)
Unterrichtswesen *o*[39] onderwijs
Unterrichtung *v*[20] (het) informeren, (het) op de hoogte brengen, (het) inlichten
unters *(inform) verk van unter das* onder de, onder het
untersagen verbieden
Untersagung *v*[20] verbod
Untersatz *m*[6] **1** onderzetter, blad, treeftje **2** voetstuk, voet
unterschätzen onderschatten
[1]**unterscheiden**[232] *tr* **1** onderscheiden, onderscheid maken: *die Mädchen sind kaum zu ~* de meisjes zijn haast niet uit elkaar te houden **2** onderscheiden, waarnemen
[2]**unterscheiden**[232]**, sich** verschillen, zich onderscheiden
Unterscheidung *v*[20] onderscheiding
Unterscheidungsvermögen *o*[39] onderscheidingsvermogen
Unterschenkel *m*[9] onderbeen
Unterschicht *v*[20] **1** onderlaag **2** lagere klasse *(van de maatschappij)*
unterschieben[237] **1** *(kind, testament)* onderschuiven **2** toedichten
Unterschied *m*[5] onderscheid, verschil
unterschieden verschillend, onderscheiden
unterschiedlich verschillend
unterschlagen[241] **1** verduisteren, achterhouden **2** *(brief)* onderscheppen **3** verzwijgen
unterschlagen[241] *(armen, benen)* over elkaar slaan
Unterschlagung *v*[20] **1** verduistering **2** onderschepping **3** verzwijging
Unterschlupf *m*[5] onderkomen, schuilplaats
unterschreiben[252] **1** ondertekenen **2** *(fig)* onderschrijven
Unterschrift *v*[20] handtekening, ondertekening: *eine ~ leisten* een handtekening zetten
unterschwellig onbewust, verborgen
Unterseeboot *o*[29] duikboot, onderzeeboot
Unterseite *v*[21] onderzijde, onderkant
Untersetzer *m*[9] onderzetter, treeftje
untersetzt gedrongen
unterst onderst, laagst: *das Unterste zuoberst kehren* alles ondersteboven gooien
Unterstand *m*[6] **1** *(mil)* ondergrondse bunker **2** schuilplaats
unterstehen[279+3] *intr* **1** staan onder, ressorteren onder **2** onderworpen zijn aan
[2]**unterstehen**[279]**, sich** wagen, durven
[1]**unterstellen** **1** veronderstellen **2** plaatsen onder
[2]**unterstellen** *tr* **1** zetten, plaatsen (onder) **2** stallen
[3]**unterstellen, sich** schuilen
Unterstellraum *m*[6] stalling; berging
[1]**Unterstellung** *v*[20] **1** (het) plaatsen onder **2** verdachtmaking
[2]**Unterstellung** *v*[28] plaatsing, stalling, (het) neerzetten
unterstreichen[286] onderstrepen *(ook fig)*
Unterstufe *v*[21] onderbouw, lagere klassen
unterstützen (onder)steunen, helpen
Unterstützung *v*[20] steun, ondersteuning, hulp, bijstand: *staatliche ~* rijkssubsidie
Unterstützungsempfänger *m*[9] uitkeringsgerechtigde
Unterstützungsgeld *o*[39] steun, uitkering
untersuchen onderzoeken, nagaan
Untersuchung *v*[20] **1** onderzoek(ing): *ärztliche ~* geneeskundig onderzoek, keuring **2** (het) doorzoeken **3** (wetenschappelijk) onderzoek
Untersuchungsausschuss *m*[6] commissie van onderzoek
Untersuchungshaft *v*[28] voorlopige hechtenis, voorarrest: *in ~ sitzen* in voorarrest zitten
Untersuchungsrichter *m*[9] rechter van instructie, rechter-commissaris
Untersuchungsverfahren *o*[35] **1** onderzoekmethode **2** gerechtelijk onderzoek
Untertan *m*[14], *m*[16] onderdaan
untertänig onderdanig, onderworpen
Untertasse *v*[21] schoteltje *(onder kopje)*: *fliegende ~* vliegende schotel
[1]**untertauchen** *intr* onderduiken *(ook fig)*
[2]**untertauchen** *tr* onderdompelen
Unterteil *o*[29], *m*[5] onderste deel, onderste gedeelte, benedendeel
unterteilen indelen, onderverdelen
Untertitel *m*[9] ondertitel; *(Belg)* voettitel
untertiteln ondertitelen
Unterton *m*[6] ondertoon *(ook fig)*
untervermieten onderverhuren
unterwandern penetreren, infiltreren
Unterwanderung *v*[20] penetratie, infiltratie
Unterwäsche *v*[28] ondergoed: *die ~ wechseln* zich verschonen
unterwegs onderweg, op weg
unterweisen[307] onderwijzen, onderrichten
Unterweisung *v*[20] onderwijs, onderricht
Unterwelt *v*[28] onderwereld
unterwerfen[311] onderwerpen
unterwertig minderwaardig, van geringe waarde
unterwürfig onderworpen, onderdanig
unterzeichnen ondertekenen
Unterzeichnung *v*[20] ondertekening, handtekening
Unterzeug *o*[39] ondergoed
[1]**unterziehen**[318]: *jmdn einer Prüfung, einem Ver-*

hör ~ iem aan een examen, een verhoor onderwerpen; *sich einer Operation* ~ een operatie ondergaan
[2]**unterziehen**[318] 1 aandoen, aantrekken onder *(iets anders)* 2 mengen (door)
untief ondiep
Untiefe v^{21} 1 ondiepte 2 zeer diepe plaats
Untier o^{29} ondier, monster
untilgbar 1 *(fig)* onuitwisbaar 2 onaflosbaar
untreu ontrouw, trouweloos
Untreue v^{28} ontrouw, trouweloosheid
untröstlich ontroostbaar, troosteloos
untüchtig onbekwaam, ongeschikt
Untugend v^{20} slechte gewoonte, ondeugd
unüberlegt ondoordacht, onbezonnen
unübersehbar onafzienbaar
unübersichtlich onoverzichtelijk
unüblich ongebruikelijk
unumgänglich onvermijdelijk
unverändert onveranderd, ongewijzigd
unverantwortlich 1 onverantwoordelijk 2 onverantwoord
unverbindlich 1 vrijblijvend, niet bindend 2 weinig toeschietelijk, gereserveerd
unverdaulich onverteerbaar *(ook fig)*
unverdient onverdiend
unverdorben onbedorven *(ook fig)*
unvereinbar onverenigbaar
unverfroren driest, brutaal, ijskoud
unverheiratet ongehuwd, ongetrouwd
unverhofft onverhoopt
unverhohlen onverholen, onomwonden
unverhüllt 1 onbedekt 2 onverholen 3 open en bloot
unverkäuflich 1 onverkoopbaar 2 niet te koop (zijnd)
unverkennbar onmiskenbaar, onloochenbaar
unverletzlich onschendbaar, onaantastbaar
unverletzt ongedeerd, heelhuids
unvermeidbar, unvermeidlich onvermijdelijk
unvermittelt opeens, plotseling, abrupt
Unvermögen o^{39} onvermogen, onmacht
unvermögend onbemiddeld, arm
unvermutet onvermoed, onverwacht
unvernünftig onverstandig, dom, dwaas
unverschämt 1 onbeschaamd, brutaal, onbeschoft 2 *(inform)* schandalig
Unverschämtheit v^{20} brutaliteit, onbeschaamdheid
unversehens onvoorzien, onverwachts
unversehrt 1 ongedeerd 2 ongeschonden
unversöhnlich onverzoenlijk
unversorgt onverzorgd
Unverstand m^{19} onverstand, domheid
unverständlich 1 onverstaanbaar 2 *(fig)* onbegrijpelijk
Unverständnis o^{39} *(2e nvl -ses)* onbegrip
unverträglich 1 onverdraagzaam 2 onverenigbaar (met) 3 *(spijzen)* onverteerbaar
unverwandt onafgewend, strak
unverwechselbar onmiskenbaar, typerend
unverwundbar onkwetsbaar
unverwüstlich 1 onverwoestbaar 2 onverstoorbaar 3 onverslijtbaar *(stof)*
unverzagt onversaagd, onverschrokken
unverzeihbar, unverzeihlich onvergeeflijk
unverzüglich onmiddellijk, onverwijld
unvollendet onvoltooid
unvollkommen 1 onvolmaakt 2 onvolledig
unvollständig onvolledig, incompleet
unvorhergesehen onvoorzien
unvorsichtig onvoorzichtig
unvorstellbar onvoorstelbaar, ondenkbaar
unvorteilhaft onvoordelig
unwahr onwaar, vals, onjuist
Unwahrheit v^{20} onwaarheid
unwahrscheinlich 1 onwaarschijnlijk 2 enorm
unwegsam onbegaanbaar, ontoegankelijk
unweigerlich onvermijdelijk
[1]**unweit** *bw* niet ver: ~ *von hier* niet ver van hier
[2]**unweit**[+2] *vz* niet ver van
Unwesen o^{39} misstand, wantoestand: *sein ~ treiben: a)* huishouden; *b)* actief zijn
unwesentlich niet essentieel, onbelangrijk
Unwetter o^{33} noodweer
unwichtig onbelangrijk, onbeduidend
unwiderruflich onherroepelijk
Unwille m^{18} *(geen mv)*, **Unwillen** m^{19} misnoegen, ontstemming, wrevel
unwillig 1 misnoegd, wrevelig 2 met tegenzin
unwillkürlich onwillekeurig
unwirklich onwerkelijk, onwezenlijk, irreëel
unwirksam 1 niet effectief 2 ongeldig, nietig
unwirsch nors, stuurs
unwirtlich 1 ongastvrij 2 onherbergzaam
unwissentlich onopzettelijk
unwohl 1 niet lekker, niet goed 2 onbehaaglijk
Unzahl v^{28} zeer groot aantal
unzählbar, unzählig ontelbaar, talloos
unzerbrechlich onbreekbaar
unzerstörbar onverwoestbaar
Unzucht v^{28} ontucht
unzüchtig obsceen, ontuchtig, onkuis
unzufrieden ontevreden: ~ *mit*[+3] ontevreden over
unzugänglich 1 ontoegankelijk 2 *(fig)* ongenaakbaar
unzulänglich ontoereikend, onvoldoende
[1]**Unzulänglichkeit** v^{20} gebrek, tekort
[2]**Unzulänglichkeit** v^{28} ontoereikendheid
unzulässig ontoelaatbaar, ongeoorloofd
unzurechnungsfähig ontoerekeningsvatbaar
Unzurechnungsfähigkeit v^{28} ontoerekeningsvatbaarheid
unzutreffend onjuist, niet ter zake dienend
unzuverlässig onbetrouwbaar
unzweifelhaft 1 ontwijfelbaar 2 ongetwijfeld
Update o^{36} update

updaten updaten
Upgrade o^{36} upgrade
upgraden upgraden
Upload m^{13}, o^{36} upload
uploaden uploaden
üppig **1** welig, weelderig **2** overvloedig
Üppigkeit v^{28} weligheid, weelderigheid, luxe, overvloed
uralt oeroud, eeuwenoud
Uran o^{39} uranium
Uranerz o^{29} uraniumerts
uraufführen voor de allereerste maal opvoeren
Uraufführung v^{20} première, wereldpremière
urban urbaan, stedelijk
Urban m^{19a} urban
urbar: ~ *machen* ontginnen
Urbarmachung v^{20} ontginning
Urbewohner m^{9} oorspronkelijke bewoner
Ureltern *mv* voorouders, stamouders
Urenkel m^{9} achterkleinzoon, achterkleinkind
Urenkelin v^{22} achterkleindochter
urgemütlich echt gezellig, oergezellig
Urgestein o^{29} oergesteente
Urgewalt v^{20} oerkracht
Urgroßeltern *mv* overgrootouders
Urgroßmutter v^{26} overgrootmoeder
Urgroßvater m^{10} overgrootvader
Urheber m^{9} **1** veroorzaker, dader, initiatiefnemer, aanstichter **2** auteur, schrijver **3** maker, schepper, geestelijke vader, uitvinder
Urheberrecht o^{29} auteursrecht
Urin m^{5} urine
urinieren ^{320} urineren
Urinstinkt m^{5} oerdrift
Urkunde v^{21} oorkonde, document, akte
Urkundenfälschung v^{28} valsheid in geschrifte
urkundlich gedocumenteerd, met bewijzen gestaafd: *etwas ~ beweisen* iets met documenten staven
URL v^{27}, m^{13} uniform resource locator *(afk* URL)
Urlaub m^{5} vakantie, verlof *(ook mil): auf* (of: *in*) *~ fahren* met vakantie gaan
Urlauber m^{9} **1** vakantieganger **2** *(mil)* verlofganger
Urlaubsgeld o^{31} vakantiegeld
urlaubsreif: ~ *sein* aan vakantie toe zijn
Urne v^{21} **1** urn **2** stembus
urplötzlich heel plotseling
Ursache v^{21} **1** oorzaak **2** reden: *keine ~!* niets te danken!
ursächlich oorzakelijk, causaal
urspr. *afk van ursprünglich* oorspronkelijk
Ursprung m^{6} oorsprong, herkomst
ursprünglich **1** oorspronkelijk **2** echt
Ursprungszeugnis o^{29a} certificaat van oorsprong
Urteil o^{29} **1** *(jur)* vonnis, arrest, uitspraak **2** oordeel, beoordeling; mening
urteilen oordelen
Urteilsbegründung v^{20} *(jur)* motivering van het vonnis
Urteilsspruch m^{6} *(jur)* vonnis, uitspraak
Urteilsverkündung v^{20} *(jur)* uitspraak (van het vonnis)
Urteilsvermögen o^{39} oordeelsvermogen
Urteilsvollstreckung v^{20}, **Urteilsvollzug** m^{19} *(jur)* voltrekking, tenuitvoerlegging van het vonnis
Urtext m^{5} oorspronkelijke tekst
urtümlich **1** oorspronkelijk, origineel, authentiek **2** natuurlijk, onbedorven, ongerept
Ururenkel m^{9} achterachterkleinkind
Ururgroßmutter v^{26} betovergrootmoeder
Ururgroßvater m^{10} betovergrootvader
Urwald m^{8} oerwoud
urwüchsig **1** natuurlijk, onbedorven, ongerept **2** oorspronkelijk, echt, origineel
Urzeit v^{20} oertijd
usw. *afk van und so weiter* enzovoort *(afk* enz.)
Utensilien *mv* benodigdheden
Utopie v^{21} utopie, droombeeld
UV-Strahlen *mv* m^{16} ultraviolette stralen
u. zw. *afk van und zwar* en wel

V

v [fau] *o (2e nvl -; mv -) (letter en klank)* v
vag vaag, onbepaald, onzeker, onduidelijk
Vagabund *m*[14] vagebond, landloper
vage *zie* vag
Vagina *v (mv Vaginen) (anat)* vagina, schede
Vakanz *v*[20] vacature; *(Belg)* werkaanbieding
Vakzination *v*[20] vaccinatie, inenting
Vakzine *v*[21] vaccin
vakzinieren[320] vaccineren, inenten
Valuta *v (mv Valuten)* valuta
Van *m*[13] van
Vandalismus *m*[19a] vandalisme
Vanille *v*[28] vanille *(plant en specerij)*
Vanillezucker *m*[19] vanillesuiker
Variante *v*[21] variant
Variation *v*[20] variatie, afwisseling
Varietät *v*[20] variëteit, verscheidenheid
variieren[320] variëren
Vasall *m*[14] vazal, leenman
Vase *v*[21] vaas
Vaselin *o*[39], **Vaseline** *v*[28] vaseline
Vater *m*[10] vader
Vaterland *o*[32] vaderland
vaterländisch vaderlands
väterlich vaderlijk
Vaterschaft *v*[20] vaderschap
Vaterstadt *v*[25] vaderstad, geboortestad
Vaterstelle *v*[21]: *bei* (of: *an) einem Kind ~ vertreten* bij een kind de plaats van de vader innemen
Vaterunser *o*[33] onzevader
Vati *m*[13] pappie, papa
Vatikan *m*[19] Vaticaan
v. Chr. *afk van vor Christo, vor Christus* voor Christus *(afk* v.Chr.)
v.Chr. *afk van vor Christus, vor Christo* voor Christus *(afk* v.C., v.Chr.)
Veganer *m*[9] veganist
Vegetarier *m*[9] vegetariër
Vegetation *v*[20] vegetatie, plantengroei
vegetieren[320] vegeteren
Veilchen *o*[35] *(plantk)* viooltje
veilchenblau 1 vioolblauw **2** *(fig)* stomdronken
Vene *v*[21] *(anat)* ader
Venedig *o*[39] Venetië *(de stad)*
Ventil *o*[29] ventiel, klep
Ventilation *v*[20] ventilatie, luchtverversing
Ventilator *m*[16] ventilator
ventilieren[320] ventileren
verabfolgen toedienen, geven
[1]**verabreden** *tr* afspreken
[2]**verabreden, sich** afspreken, een afspraak maken
Verabredung *v*[20] afspraak
verabreichen geven, toedienen
verabscheuen verafschuwen, verfoeien
verabscheuenswert afschuwelijk, verfoeilijk
[1]**verabschieden** *tr* **1** afscheid nemen van **2** ontslaan, zijn ontslag geven **3** *(mil)* demobiliseren **4** *(wetsontwerp)* aannemen
[2]**verabschieden, sich** afscheid nemen
Verabschiedung *v*[20] **1** afscheid **2** ontslag **3** aanvaarding *(van wetsontwerp)*
verachten verachten; versmaden
verachtenswert verachtelijk
verächtlich 1 verachtelijk, minachtend **2** verwerpelijk
Verachtung *v*[28] verachting, minachting
veralbern voor de gek houden
verallgemeinern generaliseren
Verallgemeinerung *v*[20] generalisering
veralten verouderen
veraltet verouderd, ouderwets, uit de tijd
veränderbar veranderbaar
veränderlich 1 veranderlijk, onbestendig, wispelturig **2** veranderbaar
[1]**verändern** *tr* veranderen, wijzigen
[2]**verändern, sich 1** veranderen, anders worden **2** van betrekking veranderen
Veränderung *v*[20] **1** verandering, wijziging **2** (het) veranderen van baan
verängstigen bang maken, angstig maken
verankern verankeren
veranlagen *(belastingen)* aanslaan
veranlagt aangelegd: *künstlerisch ~ sein* artistiek aangelegd zijn
Veranlagung *v*[20] **1** (belasting)aanslag **2** aanleg, talent
veranlassen 1 aanleiding geven tot, noodzaken **2** zorgen voor: *das Nötige ~* de nodige maatregelen nemen; *jmdn ~, etwas zu tun* iem ertoe brengen iets te doen
Veranlassung *v*[20] **1** aanleiding, reden **2** initiatief, instigatie, toedoen
veranschaulichen aanschouwelijk voorstellen
veranschlagen ramen, schatten, begroten
Veranschlagung *v*[20] raming, taxatie
veranstalten op touw zetten, organiseren: *eine Umfrage ~* een enquête houden
Veranstalter *m*[9] organisator
Veranstaltung *v*[20] **1** organisatie, (het) organiseren **2** manifestatie
verantworten verantwoorden, rechtvaardigen
verantwortlich verantwoordelijk, aansprakelijk
[1]**Verantwortung** *v*[20] verantwoording
[2]**Verantwortung** *v*[28] verantwoordelijkheid

Verantwortungsbewusstsein o^{39} verantwoordelijkheidsbesef
verantwortungslos onverantwoordelijk
veräppeln in de maling nemen
verarbeiten **1** verwerken *(ook geestelijk): ein gut verarbeiteter Anzug* een goed gemaakt kostuum **2** verdragen
Verarbeitung v^{20} **1** verwerking **2** afwerking
verargen kwalijk nemen
verärgern nijdig maken, kwaad maken
Verärgerung v^{28} ergernis
verarzten (medisch) behandelen
verästeln, sich zich vertakken
[1]**verausgaben** *tr* uitgeven
[2]**verausgaben, sich** **1** al zijn geld uitgeven **2** zich tot het uiterste inspannen
verauslagen *(geld)* voorschieten
veräußern **1** verkopen **2** overdragen, vervreemden
Verb o^{37} werkwoord
verbal verbaal
Verband m^{6} **1** verband, zwachtel **2** bond, federatie, unie **3** verbinding **4** *(mil)* formatie
Verbandkasten m^{12} verbandtrommel
Verbandmull m^{5} verbandgaas
Verbands- *zie* Verband-
Verbandzeug o^{39} verbandmateriaal
verbannen (ver)bannen
Verbannte(r) m^{40a}, v^{40b} banneling, balling
Verbannung v^{20} verbanning, ballingschap
verbarrikadieren[320] barricaderen
verbauen **1** verbouwen **2** verkeerd bouwen **3** *(fig)* onmogelijk maken
verbeißen[125] *tr* **1** stukbijten **2** bijten *(op iets): die Lippen ~* op zijn lippen bijten **3** verbijten
verbeißen[125]**, sich** zich vastbijten
verbergen[126] verbergen, verstoppen
verbessern *tr* verbeteren, corrigeren: *seine Noten ~* zijn cijfers ophalen
verbessern, sich **1** zich verbeteren **2** zichzelf corrigeren **3** beter worden
Verbesserung v^{20} **1** verbetering **2** vooruitgang
verbesserungsfähig voor verbetering vatbaar
verbeugen, sich buigen, een buiging maken
Verbeugung v^{20} buiging, nijging
verbeulen deuken: *verbeult* vol deuken
verbiegen[129] *tr* ombuigen, verbuigen, krombuigen
verbiegen[129]**, sich** kromtrekken
verbieten[130] **1** verbieden **2** ontzeggen
verbilden **1** misvormen **2** verkeerd opvoeden
verbilligen *tr* goedkoper maken, in prijs doen dalen
verbilligen, sich goedkoper worden
Verbilligung v^{20} prijsverlaging
verbinden[131] *tr* verbinden *(ook med, telecom): ich verbinde* ik verbind u door; *ich bin Ihnen sehr verbunden* ik ben u zeer dankbaar
verbinden[131]**, sich** zich verbinden: *sich zu*[+3] *etwas ~* zich tot iets verplichten*; zie ook* verbunden
verbindlich **1** beleefd, vriendelijk: *~en* (of: *~sten) Dank!* dank u zeer! **2** bindend
[1]**Verbindlichkeit** v^{20} **1** verplichting **2** vriendelijke uiting, vriendelijkheid **3** *(mv, handel)* verplichtingen, schulden
[2]**Verbindlichkeit** v^{28} **1** vriendelijkheid **2** (het) bindend zijn
Verbindung v^{20} **1** verbinding; contact: *sich mit jmdm in ~ setzen* zich met iem in verbinding stellen **2** studentencorps **3** relatie, connectie **4** verbinding, combinatie **5** verband
Verbindungsbruder m^{10} *(stud)* corpslid
Verbindungsstudent m^{14} corpsstudent
verbissen **1** verbeten **2** bekrompen
Verbissenheit v^{28} verbetenheid
verbitten[132]**, sich**: *sich etwas ~* dringend verzoeken van iets verschoond te blijven; *das verbitte ich mir!* dat neem ik niet!
[1]**verbittern** *intr* bitter worden, verbitteren
[2]**verbittern** *tr* bitter maken, vergallen
Verbitterung v^{20} verbitterdheid
verblassen verbleken *(ook fig)*
verbläuen afranselen
Verbleib m^{19} **1** verblijfplaats **2** (het) verblijven
verbleiben[134] **1** verblijven, blijven **2** resteren, overblijven **3** *(ergens bij)* blijven **4** afspreken, overeenkomen
verbleichen[135] verbleken, bleek worden
verbleien lood toevoegen aan: *Super verbleit* gelode superbenzine
verblenden **1** verblinden **2** *(bouwk)* blinderen
verbleuen *oude spelling voor* verbläuen, *zie* verbläuen
verblichen **1** verbleekt **2** overleden
Verblichene(r) m^{40a}, v^{40b} overledene
[1]**verblöden** *intr* **1** dement worden **2** geestelijk aftakelen
[2]**verblöden** *tr* afstompen
verblühen **1** verwelken **2** 'm smeren
verblümt verbloemd, in bedekte termen
verbluten doodbloeden
verbohren, sich **1** zich vastbijten **2** koppig blijven bij
verbohrt stijfhoofdig, halsstarrig
[1]**verborgen** *bn* verborgen: *im Verborgenen bleiben* geheim blijven
[2]**verborgen** *ww* uitlenen
Verbot o^{29} verbod
verboten *(inform)* onmogelijk
Verbotsschild o^{31}, **Verbotstafel** v^{21} verbodsbord
Verbrauch m^{19} verbruik, consumptie
[1]**verbrauchen** *tr* **1** verbruiken, opmaken **2** verslijten: *verbrauchte Luft* bedompte lucht
[2]**verbrauchen, sich** zijn krachten uitputten
Verbraucher m^{9} verbruiker, consument
Verbraucheraufklärung v^{28}, **Verbraucherberatung** v^{20} consumentenvoorlichting

Verbraucherverband *m*[6], **Verbraucherzentrale** *v*[21] Consumentenbond
Verbrauchsgüter *mv o*[32] consumptiegoederen
Verbrauchssteuer, Verbrauchsteuer *v*[21] verbruiksbelasting, accijns
verbrechen[137] misdoen, misdrijven
Verbrechen *o*[35] misdrijf, misdaad; *(Belg)* wanbedrijf
Verbrecher *m*[9] misdadiger
verbrecherisch misdadig
[1]**verbreiten** *tr* **1** *(een bericht, gerucht, pamfletten)* verspreiden **2** *(denkbeelden)* verbreiden
[2]**verbreiten, sich** **1** uitweiden **2** zich verspreiden **3** zich uitbreiden
verbreitern verbreden
Verbreiterung *v*[20] verbreding
Verbreitung *v*[28] verspreiding
verbrennen[138] verbranden
Verbrennung *v*[20] verbranding
verbriefen schriftelijk vastleggen, beschrijven
verbringen[139] **1** doorbrengen, slijten **2** overbrengen
verbrüdern verbroederen
verbrühen, sich (ver)branden
verbuchen boeken
[1]**verbummeln** *intr* aan lagerwal raken
[2]**verbummeln** *tr (zijn tijd)* verlummelen
Verbund *m*[5] **1** eenheid **2** *(techn)* verbinding
verbunden *zie* verbinden
verbünden, sich een verbond sluiten
Verbundenheit *v*[28] verbondenheid
Verbündete(r) *m*[40a], *v*[40b] bondgenoot, bondgenote
Verbundglas *o*[32] gelaagd glas, veiligheidsglas
[1]**verbürgen** *tr* waarborgen, garanderen
[2]**verbürgen, sich** instaan, zich borg stellen
verbüßen *(een straf)* ondergaan, uitzitten
Verdacht *m*[5], *m*[6] verdenking, argwaan: *~ hegen* verdenking koesteren; *~ schöpfen* argwaan krijgen; *jmdn in* (of: *im*) *~ haben* iem verdenken; *in ~ geraten* (of: *kommen*) onder verdenking komen te staan
verdächtig verdacht: *des Diebstahls ~* verdacht van diefstal
verdächtigen verdenken, verdacht maken: ~ +2 verdenken van
Verdächtigte(r) *m*[40a], *v*[40b] verdachte
Verdächtigung *v*[20] verdachtmaking
verdammen **1** verdoemen **2** veroordelen **3** vervloeken, verwensen
Verdammnis *v*[28] verdoemenis
verdammt *(inform)* verdomd, vervloekt: *~er Idiot!* stomme idioot!; *~ noch mal!* verdorie!
Verdammung *v*[20] verdoemenis
[1]**verdampfen** *intr* verdampen
[2]**verdampfen** *tr* laten verdampen
verdanken te danken hebben: *jmdm sein Leben ~* aan iem zijn leven te danken hebben
verdaten *(comp)* in data omzetten
verdattert beteuterd, bedremmeld
verdauen **1** *(spijzen)* verteren **2** *(geestelijk)* verwerken
verdaulich verteerbaar, te verteren
Verdauung *v*[28] spijsvertering
Verdauungsbeschwerden *mv v*[21] gestoorde spijsvertering, indigestie
Verdeck *o*[29] **1** dek *(van schip)* **2** kap *(van auto)*
verdecken **1** bedekken **2** toedekken **3** verbergen
verdenken[140] kwalijk nemen
Verderb *m*[19] **1** ondergang, verderf **2** bederf
[1]**verderben**[297] *intr* bederven, tot bederf overgaan
[2]**verderben**[297] *tr* **1** *(maag, ogen, de stemming)* bederven **2** (iem, iets) kapot maken: *jmdn ~* iem te gronde richten; *es mit jmdm ~* het bij iem verbruien
verderblich **1** bederfelijk, aan bederf onderhevig **2** verderfelijk, fataal
verderbt **1** bedorven, verdorven **2** *(mbt tekst)* onleesbaar
verdeutlichen verduidelijken
verdeutschen **1** in het Duits vertalen **2** verduitsen **3** *(inform)* uitleggen
[1]**verdichten** *tr (damp, gas)* verdichten, samenpersen: *das Straßennetz ~* het wegennet dichter maken
[2]**verdichten, sich** **1** dichter worden **2** *(fig)* sterker worden, toenemen
Verdichtung *v*[20] verdichting, compressie
verdienen verdienen
[1]**Verdienst** *m*[5] verdienste *(loon, winst)*
[2]**Verdienst** *o*[29] verdienste, verdienstelijkheid
Verdienstausfall *m*[6] derving van inkomsten
verdienstvoll (zeer) verdienstelijk
verdient **1** *(sp)* verdiend **2** verdienstelijk
verdingen[141] aanbesteden
Verdingung *v*[20] aanbesteding
verdonnert onthutst
verdoppeln verdubbelen
verdorben *zie* verderben
Verdorbenheit *v*[28] verdorvenheid
verdorren verdorren, verdrogen
verdrängen **1** verdringen, wegdringen **2** *(scheepv)* een waterverplaatsing hebben van
Verdrängung *v*[20] **1** verdringing **2** *(scheepv)* waterverplaatsing
verdrecken vervuilen
verdrehen verdraaien: *die Augen ~* met de ogen rollen; *jmdm den Kopf ~* iem het hoofd op hol brengen
verdreht **1** gek, overspannen **2** verward: *er ist ganz ~* hij is stapelgek
Verdrehung *v*[20] verdraaiing
verdreifachen verdrievoudigen
verdreschen afranselen
verdrießen[298] ergeren, verdrieten, ontstemmen
verdrießlich **1** nors, korzelig, wrevelig, ontstemd **2** onaangenaam, naar, vervelend
[1]**Verdrießlichkeit** *v*[20] onaangenaamheid

[2]**Verdrießlichkeit** *v*[28] ontstemming
verdrossen **1** lusteloos **2** ontstemd
[1]**verdrücken** *tr (inform)* verorberen, naar binnen werken
[2]**verdrücken, sich** 'm smeren
Verdruss *m*[5] ergernis, narigheid
verduften *(inform)* 'm smeren
verdunkeln **1** donker maken; verduisteren **2** *(jur)* maskeren, verbergen
verdünnen verdunnen
verdunsten verdampen
verdursten verdorsten, versmachten
[1]**verdüstern** *tr* verduisteren, donker maken
[2]**verdüstern, sich** donker worden
verdutzt verbouwereerd, verbluft: ~ *sein* steil achterovervallen
verebben wegebben, langzaam verminderen
veredeln veredelen
verehren **1** vereren **2** eren, hoogachten: *unser verehrter Direktor* onze geachte directeur
Verehrer *m*[9] **1** vereerder **2** aanbidder
Verehrung *v*[28] **1** verering **2** bewondering
verehrungsvoll eerbiedig
verehrungswürdig eerbiedwaardig
vereidigen beëdigen
Vereidigung *v*[20] beëdiging
Verein *m*[5] vereniging
vereinbar verenigbaar
vereinbaren **1** afspreken, overeenkomen **2** *(met z'n geweten)* overeenbrengen
Vereinbarung *v*[20] overeenkomst, afspraak
vereinen verenigen: *mit vereinten Kräften* met vereende krachten; *die Vereinten Nationen (VN)* de Verenigde Naties (VN)
vereinfachen vereenvoudigen
vereinheitlichen eenheid brengen in
[1]**vereinigen** *tr* verenigen
[2]**vereinigen, sich** **1** zich verenigen **2** bij elkaar komen
Vereinigung *v*[20] vereniging
vereinsamen vereenzamen
Vereinshaus *o*[32] verenigingsgebouw
vereinzelt afzonderlijk, sporadisch
[1]**vereisen** *intr* bevriezen, met een ijslaag bedekt worden
[2]**vereisen** *tr (med)* bevriezen
vereiteln verijdelen, doen mislukken
vereitern veretteren
verelenden tot armoede vervallen, verpauperen
Verelendung *v*[28] verpaupering
verenden creperen, ellendig omkomen
verengen, verengern vernauwen
[1]**vererben** *tr* vermaken, nalaten: *jmdm etwas ~, etwas an jmdn ~* iem iets vermaken
[2]**vererben, sich** overgaan op
vererblich (over)erfelijk
Vererbung *v*[28] overerving, erfelijkheid
verewigen **1** vereeuwigen **2** bestendigen
verfahren *bn* vastgelopen
[2]**verfahren** *intr*[153] **1** handelen, te werk gaan **2** bejegenen, behandelen
[3]**verfahren** *tr*[153] *(benzine, geld)* verrijden
[4]**verfahren**[153]**, sich** verkeerd rijden, verkeerd varen
Verfahren *o*[35] **1** handelwijze, werkwijze, methode, procedé **2** *(jur)* proces, rechtsgeding, zaak
Verfall *m*[19] **1** verval **2** *(bankwezen)* vervaldag
verfallen[154] **1** vervallen, terechtkomen in **2** in verval geraken **3** verlopen **4** vervallen, verzwakken **5** verslaafd raken aan **6** komen op: *auf eine Idee ~* een inval krijgen **7** vervallen, toevallen aan
verfälschen vervalsen
[1]**verfangen**[155] *intr* helpen, baten
[2]**verfangen**[155]**, sich** verward, verstrikt raken
verfänglich netelig, pijnlijk, lastig
[1]**verfärben** *tr* verkleuren
[2]**verfärben, sich** verkleuren
verfassen schrijven
Verfasser *m*[9] schrijver, auteur
[1]**Verfassung** *v*[28] **1** gesteldheid, toestand **2** stemming
[2]**Verfassung** *v*[20] **1** grondwet, constitutie **2** statuten, reglement
verfassunggebend constituerend
verfassungsgemäß **1** grondwettig, constitutioneel **2** volgens de statuten
Verfassungsgericht *o*[29] constitutioneel hof
verfassungsmäßig *zie* verfassungsgemäß
verfassungsrechtlich staatsrechtelijk
Verfassungsschutz *m*[19] *(ongev)* Binnenlandse Veiligheidsdienst
verfaulen verrotten, vergaan
verfechten[156] voorstaan, bepleiten, verdedigen
Verfechter *m*[9] verdediger, voorvechter, pleitbezorger
verfehlen *(doel, trein)* missen; (iem) mislopen: *seinen Beruf ~* zijn roeping mislopen; *ein verfehltes Leben* een mislukt leven; *den Weg ~* de verkeerde weg nemen
Verfehlung *v*[20] misstap, fout
verfeinden, sich vijanden worden, ruzie krijgen
[1]**verfeinern** *tr* verfijnen
[2]**verfeinern, sich** meer verfijnd worden
verfertigen vervaardigen, maken, fabriceren
Verfertigung *v*[20] vervaardiging
[1]**verfestigen** *tr* verstevigen, versterken
[2]**verfestigen, sich** harder worden, vaster worden
verfilmen **1** verfilmen **2** microfilmen
verfilzen vervilten, viltig worden
[1]**verfinstern** *tr* donker maken
[2]**verfinstern, sich** **1** donker worden **2** versomberen
Verfinsterung *v*[20] **1** (het) duister worden **2** duisternis
[1]**verflachen** *intr* vlak worden, vervlakken
[2]**verflachen** *tr* vlak maken, plat maken
[3]**verflachen, sich** **1** vlak worden **2** *(fig)* vervlakken
verflechten[158] ineenvlechten, samenvlechten

Verflechtung *v*[20] verstrengeling, samenhang
verfließen[161] 1 verlopen, verstrijken 2 vervloeien 3 *(grenzen)* vervagen
verflixt *(inform)* 1 vervelend, rot, naar 2 *(plat)* verdomd, vervloekt
verflossen vroeger, gewezen*; zie ook* verfließen
verfluchen vervloeken, verwensen
[1]**verflüchtigen** *tr* doen vervliegen
[2]**verflüchtigen, sich** 1 vervliegen 2 (stilletjes) verdwijnen
Verfluchung *v*[20] vervloeking
[1]**verflüssigen** *tr* vloeibaar maken
[2]**verflüssigen, sich** vloeibaar worden
verfolgen 1 *(een vijand, zijn weg)* vervolgen 2 *(een weg)* volgen 3 *(gebeurtenissen)* volgen, nagaan 4 *(een doel)* op het oog hebben, beogen
Verfolger *m*[9] vervolger, achtervolger
Verfolgung *v*[20] vervolging, achtervolging
[1]**verformen** *tr* 1 vervormen 2 vormen
[2]**verformen, sich** een andere vorm aannemen
verfrachten vervrachten, transporteren
[1]**verfressen** *bn* gulzig, vraatzuchtig
[2]**verfressen** *tr*[162] *(zijn geld)* opmaken aan eten
Verfressenheit *v*[28] vraatzucht
verfroren 1 verkleumd 2 kouwelijk
verfrühen, sich vroeger komen
verfügbar beschikbaar, ter beschikking
[1]**verfügen** *intr: über Geld ~* over geld beschikken
[2]**verfügen** *tr* bepalen, vaststellen, beschikken
[3]**verfügen, sich** zich begeven, zich vervoegen
Verfügung *v*[20] beschikking, maatregel, besluit: *zur ~ stehen* ter beschikking staan; *per einstweiliger ~* door middel van een kort geding
verführen verleiden
Verführer *m*[9] verleider
verführerisch verleidelijk
Verführung *v*[20] verleiding, verlokking
Vergabe *v*[21] gunning, toewijzing: *die ~ eines Stipendiums* het verstrekken van een beurs
vergällen vergallen, bederven
[1]**vergammeln** *intr (mbt voedsel)* bederven
[2]**vergammeln** *tr* verlummelen
vergangen *zie* [1]vergehen 1
Vergangenheit *v*[20] 1 verleden 2 *(taalk)* verleden tijd
vergänglich vergankelijk, voorbijgaand
vergasen vergassen
Vergaser *m*[9] carburateur, vergasser
vergeben[166] 1 vergeven, vergiffenis schenken 2 *(sp)* weggeven: *einen Elfmeter ~* een strafschop missen 3 geven, gunnen, toekennen: *der Saal ist ~* de zaal is niet meer vrij || *~e Mühe* vergeefse moeite
vergebens (te)vergeefs
vergeblich vergeefs, nutteloos, vruchteloos
Vergebung *v*[20] 1 vergeving, vergiffenis 2 gunning, verstrekking, (het) geven
vergegenwärtigen, sich zich voorstellen, zich voor de geest halen
[1]**vergehen**[168] *intr* 1 *(mbt tijd)* voorbijgaan, verlopen: *vergangene Woche* afgelopen, verleden week 2 vergaan; *(van droefenis, verdriet)* verteerd worden; *(van angst)* vergaan
[2]**vergehen**[168]**, sich** zondigen: *sich an fremdem Eigentum ~* zich aan andermans eigendom vergrijpen
Vergehen *o*[35] vergrijp; *(jur)* misdrijf
vergelten[170] vergelden: *vergelts Gott!* God lone het u!, dank u wel!
Vergeltung *v*[20] vergelding
vergesellschaften socialiseren
[1]**vergessen**[299] *tr* vergeten
[2]**vergessen**[299]**, sich** zijn zelfbeheersing verliezen
Vergessenheit *v*[28] vergetelheid: *in ~ geraten* in het vergeetboek raken
vergesslich vergeetachtig
Vergesslichkeit *v*[28] vergeetachtigheid
vergeuden verkwisten, verspillen, verdoen
vergeuderisch verkwistend
Vergeudung *v*[20] verkwisting, verspilling
vergewaltigen 1 geweld aandoen, onderdrukken 2 verkrachten
Vergewaltiger *m*[9] verkrachter
Vergewaltigung *v*[20] 1 geweldpleging, onderdrukking 2 verkrachting
vergewissern, sich zich vergewissen: *sich der Hilfe ~* zich van hulp verzekeren
vergießen[175] morsen; *(bloed, tranen)* vergieten
vergiften vergiftigen
Vergiftung *v*[20] vergiftiging
vergilben geel worden, vergelen
Vergissmeinnicht *o*[29] vergeet-mij-nietje
vergittern traliën
verglasen beglazen: *die Tür neu ~* een nieuwe ruit in de deur zetten
Verglasung *v*[20] beglazing
Vergleich *m*[5] 1 vergelijking: *im ~ mit (*of: *zu)* in vergelijking met 2 vergelijk, schikking 3 compromis, akkoord
vergleichbar vergelijkbaar, te vergelijken
[1]**vergleichen**[176] *tr* vergelijken
[2]**vergleichen**[176]**, sich** het eens worden, tot overeenstemming komen
Vergleichskampf *m*[6] *(sp)* vriendschappelijke wedstrijd
Vergleichsuntersuchung *v*[20] vergelijkend onderzoek
vergleichsweise betrekkelijk, relatief
verglimmen[179] langzaam uitdoven
verglühen uitgloeien, ophouden te gloeien
[1]**vergnügen** *tr* vermaken, amuseren
[2]**vergnügen, sich** zich vermaken, zich amuseren
Vergnügen *o*[35] genoegen, plezier: *~ an*[+3] *etwas finden* plezier in iets hebben; *ich finde kein ~ daran* ik heb er geen plezier in
vergnügenshalber voor het plezier, voor de lol
vergnüglich 1 genoeglijk, plezierig 2 vrolijk
vergnügt vergenoegd, blij, vrolijk

Vergnügung v^{20} vermaak, amusement
Vergnügungsfahrt v^{20} uitstapje
Vergnügungspark m^{13}, m^{5} pretpark, attractiepark
Vergnügungsreise v^{20} plezierreisje
vergolden vergulden
Vergoldung v^{20} **1** (het) vergulden **2** verguldsel
vergönnen **1** vergunnen, toestaan **2** gunnen
vergöttern verafgoden
vergraben^{180} **1** *(schat)* begraven **2** verbergen
vergrämen ontstemmen, ergeren
vergrämt verbitterd, door verdriet verteerd
vergreifen^{181}**, sich** **1** misgrijpen **2** verkeerd kiezen: *sich ~ an*$^{+3}$ zich vergrijpen aan
vergriffen uitverkocht
vergröbern vergroven, grover maken
vergrößern vergroten
Vergrößerung v^{20} vergroting
Vergrößerungsglas o^{32} vergrootglas
Vergünstigung v^{20} **1** gunst, voordeel **2** korting
vergüten **1** vergoeden **2** *(metaal)* veredelen
Vergütung v^{20} vergoeding
verhaften arresteren, in hechtenis nemen
verhaftet verbonden: *einer Idee ~ sein* innig verbonden zijn met een idee
Verhaftete(r) m^{40a}, v^{40b} gearresteerde, arrestant
Verhaftung v^{20} arrestatie
verhallen *(mbt geluid)* wegsterven
^{1}**verhalten** *bn* **1** ingehouden **2** gereserveerd, terughoudend **3** *(geluid)* gedempt
^{2}**verhalten** *tr*^{183} **1** *(zijn adem, lachen, woede, tranen)* inhouden; *(urine)* ophouden **2** *(een zucht)* onderdrukken **3** *(zijn hartstochten)* beteugelen
^{3}**verhalten**^{183}**, sich** **1** zich gedragen, zich houden **2** gesteld zijn: *die Sache verhält sich so* de zaak zit zo **3** zich verhouden
Verhalten o^{39} gedrag, houding
Verhaltensregel v^{21} gedragsregel
Verhaltensweise v^{21} gedrag
Verhältnis o^{29a} **1** verhouding: *im ~ zu früher* in verhouding tot vroeger; *im umgekehrten ~ zu*$^{+3}$ *etwas stehen* omgekeerd evenredig zijn aan iets; *sie ist sein ~* hij heeft een verhouding met haar **2** *(mv)* omstandigheden, toestand: *er stammt aus einfachen ~sen* hij komt uit een eenvoudig milieu
verhältnismäßig **1** evenredig, naar verhouding **2** betrekkelijk
Verhältniswahl v^{20} evenredige verkiezing
Verhältniswort o^{32} voorzetsel
verhandeln **1** onderhandelen (over) **2** versjacheren, verkopen **3** *(een zaak)* behandelen
Verhandlung v^{20} **1** onderhandeling **2** *(jur)* behandeling van een zaak, zitting: *(jur) zur ~ stehen* behandeld worden
Verhandlungstag m^{5} zittingsdag
Verhandlungstisch m^{5} onderhandelingstafel
verhangen **1** bewolkt, bedekt **2** afgedekt
verhängen **1** uitvaardigen, opleggen: *die Sperre ~* de blokkade gelasten; *(sp) einen Elfmeter ~* een strafschop toekennen; *Hausarrest ~* huisarrest opleggen; *eine Strafe über jmdn ~* iem een straf opleggen **2** afdekken: *ein Fenster ~* het gordijn voor een raam dichtdoen
Verhängnis o^{29a} (nood)lot, ongeluk
verhängnisvoll noodlottig, fataal
Verhängung v^{20} afkondiging, uitvaardiging; *zie ook* verhängen
verharmlosen bagatelliseren
verhärmt door verdriet getekend
verharren **1** stil blijven staan **2** volharden
verharschen *(mbt wond)* droog worden: *der verharschte Hang* de verijsde sneeuwhelling; *der Schnee verharscht* de sneeuw wordt hard
^{1}**verhärten** *tr* verharden
^{2}**verhärten, sich** hard worden, ongevoelig worden
verhaspeln, sich in de war raken
verhasst gehaat
verhätscheln vertroetelen, verwennen
Verhau m^{5}, o^{29} versperring
^{1}**verhauen** *tr* **1** afranselen **2** *(geld)* erdoor jagen **3** verknoeien
^{2}**verhauen, sich** zich vergissen
^{1}**verheddern** *tr* in de war maken
^{2}**verheddern, sich** **1** verward raken **2** in de war raken
verheeren verwoesten
verheerend **1** verwoestend, vernietigend **2** vreselijk, afschuwelijk
Verheerung v^{20} verwoesting
verhehlen verbergen, verhelen
verheilen helen, genezen
verheimlichen verzwijgen, geheimhouden
verheiraten, sich trouwen, huwen
Verheiratete(r) m^{40a}, v^{40b} gehuwde
verheißen^{187} toezeggen, (vast) beloven
Verheißung v^{20} toezegging, belofte
verheißungsvoll veelbelovend
verheizen **1** verstoken **2** uitputten, afbeulen
verhelfen^{188}: *jmdm zu*$^{+3}$ *etwas ~* iem aan iets helpen
verherrlichen verheerlijken
verhetzen ophitsen, aanhitsen
verheult behuild
verhexen beheksen, betoveren
verhindern verhinderen, beletten
verhindert mislukt, gemankeerd: *ein ~er Pfarrer* een mislukte dominee; *ein ~er Rambo* een gemankeerde rambo
verhohlen *bn* verholen; *zie ook* verhehlen
verhöhnen bespotten, beschimpen, uitjouwen
verhökern verpatsen, verkopen
Verhör o^{29} verhoor: *ein ~ mit jmdm anstellen, jmdn ins ~ nehmen, jmdn einem ~ unterziehen* iem een verhoor afnemen
^{1}**verhören** *tr* verhoren, ondervragen
^{2}**verhören, sich** verkeerd horen, verkeerd verstaan

verhüllen bedekken, omhullen, hullen in
verhungern verhongeren
verhunzen verknoeien, bederven
verhüten verhoeden, verhinderen, voorkomen
Verhütung v^{20} voorkoming
Verhütungsmittel o^{33} voorbehoedmiddel
verhutzelt verschrompeld, rimpelig
verifizieren[320] verifiëren
verinnerlichen verinnerlijken
verirren, sich verdwalen
Verirrung v^{20} dwaling
verjagen verjagen, wegjagen, verdrijven
verjähren verjaren
Verjährungsfrist v^{20} verjaringstermijn
verjubeln *(geld)* erdoor jagen, verkwisten
[1]**verjüngen** *tr* verjongen
[2]**verjüngen, sich 1** jonger worden **2** *(mbt zuil)* geleidelijk dunner worden
verjuxen 1 verkwisten **2** voor de gek houden
verkabeln 1 kabels leggen (voor) **2** op een kabelnet aansluiten
verkalken 1 *(med)* verkalken **2** geestelijk aftakelen: *total verkalkt sein* helemaal dement zijn
verkalkulieren[320]**, sich** zich verrekenen
Verkalkung v^{20} **1** verkalking **2** seniele aftakeling
verkannt miskend; *zie ook* verkennen
[1]**Verkauf** m^6 verkoop: *etwas zum ~ anbieten* iets te koop aanbieden
[2]**Verkauf** m^{19} afdeling verkoop
[1]**verkaufen** *tr* verkopen: *zu ~* te koop
[2]**verkaufen, sich** verkopen, verkocht worden: *diese Platte verkauft sich gut* deze plaat wordt goed verkocht
Verkäufer m^9 verkoper
verkäuflich 1 verkoopbaar **2** te koop
Verkaufsbedingungen *mv* v^{20} verkoopvoorwaarden
Verkaufsleiter m^9 verkoopleider, salesmanager
verkaufsoffen geopend: *~er Sonntag* koopzondag
Verkaufspreis m^5 verkoopprijs
Verkaufsschlager m^9 verkoopsucces, topper
Verkaufsstand m^6 stalletje
Verkaufstisch m^5 toonbank
Verkehr m^{19} **1** verkeer: *starker* (of: *reger*) *~* druk verkeer **2** omgang, verkeer: *der geschäftliche ~* het handelsverkeer; *gesellschaftlicher ~* maatschappelijk verkeer **3** circulatie, omloop **4** geslachtsverkeer
[1]**verkehren** *intr* **1** verkeren, omgaan **2** *(mbt bus, trein)* rijden
[2]**verkehren** *tr* veranderen, verdraaien: *Worte ~* woorden verdraaien
[3]**verkehren, sich** veranderen, omslaan
Verkehrsader v^{21} verkeersader
Verkehrsampel v^{21} verkeerslicht
Verkehrsamt o^{32} VVV-kantoor
Verkehrsanbindung v^{20} aansluiting op het verkeersnet
Verkehrsaufkommen o^{39} verkeersaanbod
Verkehrsbetrieb m^5 vervoerbedrijf
Verkehrsbüro o^{36} VVV-kantoor
Verkehrsdelikt o^{29} verkeersovertreding
verkehrsgünstig gunstig ten opzichte van het verkeer
Verkehrshindernis o^{29a} verkeersobstakel
Verkehrsinsel v^{21} vluchtheuvel
Verkehrsmeldung v^{20} verkeersinformatie
Verkehrsnetz o^{29} verkeersnet
Verkehrsopfer o^{33} verkeersslachtoffer
Verkehrsordnung v^{28} verkeersregels
Verkehrspolizei v^{28} verkeerspolitie
verkehrsreich druk
Verkehrsschild o^{31} verkeersbord
Verkehrsstau m^5, m^{13} file
Verkehrssteuer v^{28} wegenbelasting
Verkehrsstockung v^{20} verkeersopstopping
Verkehrsstraße v^{21} verkeersweg
Verkehrssünder m^9 verkeersovertreder
Verkehrsteilnehmer m^9 weggebruiker
Verkehrsverein m^5 vereniging voor vreemdelingenverkeer, VVV-kantoor
Verkehrsvorschriften *mv* v^{20} verkeersregels
verkehrswidrig: *~es Verhalten* (het) zich gedragen in strijd met de verkeersregels
Verkehrszeichen o^{35} verkeersteken, verkeersbord
verkehrt verkeerd, omgekeerd, averechts: *~ herum: a)* op zijn kop; *b)* achterstevoren; *c)* binnenstebuiten
verkennen[189] miskennen: *den Ernst der Lage ~* de ernst van de situatie niet inzien
Verkennung v^{20} miskenning
[1]**verketten** *tr* **1** met kettingen, een ketting vastmaken **2** *(fig)* verbinden
[2]**verketten, sich 1** zich verbinden **2** verbonden zijn
Verkettung v^{20} verbinding; samenloop
verketzern verketteren
Verketzerung v^{20} verkettering
verkitten met kit dichtmaken, kitten
verklagen aanklagen: *jmdn ~ auf*[+4] ... een eis tot ... tegen iem instellen
verklammern klampen, krammen: *eine Wunde ~* een wond hechten
[1]**verklären** *tr* **1** verheerlijken, met een bovenaardse glans omgeven **2** *(van geluk)* doen stralen **3** idealiseren
[2]**verklären, sich** van vreugde, geluk stralen
verklärt gelukzalig, verheerlijkt
verklauseln, verklausulieren door clausules beperken
[1]**verkleben** *intr* vastplakken
[2]**verkleben** *tr* dichtplakken
verkleckern 1 verspillen **2** morsen
verkleiden 1 verkleden, vermommen **2** *(een oppervlak)* bekleden **3** *(fig)* omschrijven
Verkleidung v^{20} **1** verkleding, vermomming **2** be-

kleding; *zie ook* verkleiden

[1]**verkleinern** *tr* **1** verkleinen *(ook foto)* **2** *(iems verdiensten, werk)* kleineren

[2]**verkleinern, sich 1** kleiner worden **2** *(fig)* inkrimpen

Verkleinerungsform *v*[20] verkleinwoord

verkleistern 1 *(met plaksel)* dichtplakken **2** *(fig)* verdoezelen, maskeren

verklemmen, sich klem (gaan) zitten

verklemmt *(psych)* geremd, verkrampt

verklingen[191] **1** wegsterven **2** *(fig)* voorbijgaan

verkloppen 1 (iem) een pak slaag geven **2** (iets) verpatsen

verknacken veroordelen

verknacksen verstuiken

[1]**verknallen** *tr (munitie)* verschieten

[2]**verknallen, sich** (met *in*[+4]) verliefd worden op

[1]**verknappen** *tr* schaars maken, beperken

[2]**verknappen, sich** schaars worden

Verknappung *v*[20] (het) schaars worden

[1]**verkneifen**[192] *tr* samenknijpen

[2]**verkneifen**[192]**, sich 1** verbijten, onderdrukken **2** zich ontzeggen

verknöchern 1 verbenen, tot been worden **2** *(fig)* verstarren

[1]**verknoten** *tr* met een knoop vastmaken

[2]**verknoten, sich** in de knoop raken

[1]**verknüpfen** *tr* **1** *(fig)* verbinden **2** vastknopen

[2]**verknüpfen, sich** gepaard gaan, verbonden zijn

Verknüpfung *v*[20] **1** verbinding **2** *(comp)* snelkoppeling

[1]**verkochen** *intr* verkoken

[2]**verkochen** *tr* laten verkoken

verkommen[193] **1** verkommeren, in verval raken: *~ lassen* verwaarlozen **2** verlopen, aan lagerwal geraken **3** *(mbt levensmiddelen)* bederven

Verkommenheit *v*[28] **1** verdorvenheid **2** verval, verwaarlozing

verkoppeln (vast)koppelen, verbinden

verkorksen bederven, verknoeien

verkörpern belichamen, personifiëren

verköstigen de kost geven, onderhouden

verkrachen *intr* over de kop gaan: *eine verkrachte Existenz* een mislukkeling

verkrachen, sich ruzie krijgen: *verkracht sein* ruzie hebben

verkraften *(fig)* aankunnen, opgewassen zijn tegen

verkrampfen, sich zich krampachtig samentrekken

verkrampft: *~e Fäuste* krampachtig gebalde vuisten; *ein ~es Gesicht* een verwrongen gezicht

Verkrampfung *v*[20] **1** krampachtige samentrekking **2** *(fig)* krampachtigheid

verkratzen bekrassen

verkriechen[195]**, sich** wegkruipen, zich verbergen

verkrümeln *tr* verkruimelen

verkrümeln, sich stilletjes vertrekken

verkrümmen *intr* krom worden

[2]**verkrümmen** *tr* krom buigen

[3]**verkrümmen, sich** krom worden

[1]**verkrüppeln** *intr* vergroeien, kromgroeien

[2]**verkrüppeln** *tr* verminken

verkrüppelt 1 invalide **2** kromgegroeid, misvormd

verkümmern verkommeren; wegkwijnen

verkünden 1 verkondigen **2** afkondigen **3** bekendmaken

verkündigen 1 verkondigen **2** bekendmaken

Verkündigung *v*[20] verkondiging

verkupfern verkoperen

verkuppeln koppelen

Verkuppelung, Verkupplung *v*[20] **1** koppeling **2** koppelarij

verkürzen korter maken, verkorten: *die Zeit ~* de tijd korten

verlachen uitlachen

Verladebahnhof *m*[6] goederenstation

verladen[196] **1** inladen **2** inschepen **3** *(inform, fig)* verlakken; *(plat)* belazeren

Verladerampe *v*[21] laadperron

Verladung *v*[20] **1** (het) inladen **2** inscheping

Verlag *m*[5] uitgeverij, uitgeversmaatschappij

[1]**verlagern** *tr* verplaatsen

[2]**verlagern, sich** zich verplaatsen

Verlagsrecht *o*[29] auteursrecht, copyright

verlanden verlanden, tot land worden

Verlandung *v*[20] verlanding, (het) tot land worden

[1]**verlangen** *intr* verlangen: *nach Wasser ~* graag water willen hebben

[2]**verlangen** *tr* **1** verlangen, eisen, willen hebben **2** verlangen, vereisen, vragen **3** verlangen, willen zien **4** wensen

Verlangen *o*[35] verlangen: *auf ~ vorzeigen* desgevraagd tonen

verlängern 1 verlengen, langer maken **2** *(verblijf)* verlengen **3** *(met water)* aanlengen

Verlängerung *v*[20] **1** verlenging **2** verlengstuk **3** aanlenging

Verlängerungsschnur *v*[25] verlengsnoer

verlangsamen verlangzamen, vertragen

verläppern verknoeien, verspillen

Verlass *m*[19]: *auf ihn ist kein ~* op hem kun je niet vertrouwen

[1]**verlassen** *bn* verlaten, eenzaam, afgelegen

[2]**verlassen** *tr*[197] **1** verlaten **2** in de steek laten

[3]**verlassen**[197]**, sich** zich verlaten, vertrouwen: *sich ~ auf jmdn* op iem vertrouwen

Verlassenheit *v*[28] verlatenheid, eenzaamheid

verlässlich betrouwbaar

Verlässlichkeit *v*[28] betrouwbaarheid

verlästern belasteren

Verlaub *m*[19]: *mit ~* met (uw) permissie

Verlauf *m*[6] verloop, ontwikkeling

[1]**verlaufen**[198] *intr* **1** *(mbt grens, lijn)* lopen, zich uitstrekken **2** *(mbt feest, ziekte)* verlopen, aflopen **3** *(mbt tijd)* verlopen, voorbijgaan

²**verlaufen**[198]**, sich** 1 verkeerd lopen, verdwalen 2 doodlopen 3 uiteengaan
verlaust vol luizen
verlautbaren (officieel) bekendmaken
verlauten 1 bekendmaken 2 verluiden: *wie verlautet* naar verluidt 3 *(onpers) es verlautet* men zegt, beweert
verleben doorbrengen
verlebendigen 1 verlevendigen 2 tot leven brengen
¹**verlegen** *bn* verlegen, bleu
²**verlegen** *tr* 1 verleggen, verplaatsen, elders vestigen 2 *(een feest, zitting)* uitstellen, verplaatsen 3 (iets) ergens neerleggen, waar men het niet meer kan terugvinden 4 *(weg)* versperren, blokkeren 5 *(buizen, rails, parket, tapijt)* leggen 6 *(boeken)* uitgeven
³**verlegen, sich**: *sich ~ auf*[+4]*: a)* zich toeleggen (op); *b)* het proberen (met)
Verlegenheit *v*[20] verlegenheid
Verleger *m*[9] uitgever
Verlegung *v*[20] 1 verlegging, verplaatsing 2 uitstel 3 (het) leggen 4 versperring
verleiden *(iems plezier)* bederven, vergallen
¹**Verleih** *m*[19] (het) uitlenen, (het) verhuren
²**Verleih** *m*[5] verhuur-, uitleenbedrijf
Verleihbranche *v*[21] uitzendbranche
verleihen[200] 1 verlenen 2 uitlenen, verhuren
Verleiher *m*[9] verhuurder, uitlener
Verleihung *v*[20] 1 uitleen, verhuur 2 verlening
verleimen lijmen
verleiten 1 verleiden 2 verlokken
verlernen verleren
verlesen[201] 1 voorlezen 2 uitzoeken, selecteren
verletzbar kwetsbaar
¹**verletzen** *tr* 1 verwonden, blesseren 2 krenken, beledigen, kwetsen 3 *(z'n plicht)* verzaken 4 *(een wet)* overtreden 5 *(grens, luchtruim, verdrag)* schenden
²**verletzen, sich** zich bezeren, zich verwonden
verletzlich kwetsbaar, gevoelig
Verletzte(r) *m*[40a], *v*[40b] gewonde
Verletzung *v*[20] 1 verwonding, blessure 2 schending *(van grens, luchtruim, verdrag)* 3 krenking, belediging; *zie ook* verletzen
verleugnen verloochenen
verleumden (be)lasteren, kwaadspreken van
Verleumder *m*[9] lasteraar, kwaadspreker
verleumderisch lasterlijk
Verleumdung *v*[20] laster, belastering
verlieben, sich verliefd worden: *sich in jmdn ~* op iem verliefd worden
Verliebte(r) *m*[40a], *v*[40b] verliefde
Verliebtheit *v*[28] verliefdheid
¹**verlieren**[300] *intr* verliezen
²**verlieren**[300] *tr* verliezen: *die Fassung ~* van streek raken; *(fig) die Nerven ~* de zenuwen krijgen
³**verlieren**[300]**, sich** 1 verdwijnen: *er verlor sich in der Menge* hij verdween in de menigte 2 verdwalen 3 zich verliezen: *sich in Einzelheiten ~* zich in details verliezen; *zie ook* verloren
Verlierer *m*[9] verliezer
Verlies *o*[29] (onderaardse) kerker
verlinken *(comp)* linken
verloben, sich zich verloven
Verlobte(r) *m*[40a], *v*[40b] verloofde
Verlobung *v*[20] 1 verloving 2 verlovingsfeest
verlocken verlokken, verleiden
verlockend verlokkend, verleidelijk
verlogen 1 leugenachtig 2 onoprecht
verloren 1 verloren: *du hast hier nichts ~* je hebt hier niets te zoeken 2 vergeefs, nutteloos: *~e Mühe* vergeefse moeite 3 verloren, niet te redden: *jmdn ~ geben* iem opgeven; *~ gehen* verloren gaan || *~e Eier* gepocheerde eieren
verlorengeben[166] opgeven
verlorengehen[168] verloren gaan
¹**verlöschen** *intr, st* (uit)doven, uitgaan
²**verlöschen** *tr, zw* doven, uitmaken
verlosen verloten
Verlosung *v*[20] verloting, loterij
verlöten solderen
¹**verlottern, verludern** *intr* verloederen
²**verlottern, verludern** *tr* erdoor jagen, verkwisten
verlumpt haveloos
Verlust *m*[5] verlies
vermachen vermaken, nalaten
Vermächtnis *o*[29a] 1 nalatenschap 2 testament
vermählen, sich trouwen
Vermählung *v*[20] 1 huwelijk 2 huwelijksfeest
vermarkten 1 commercialiseren 2 op de markt brengen
vermasseln 1 bederven 2 verprutsen
¹**vermassen** *intr* in de massa opgaan
²**vermassen** *tr* massificeren
vermauern 1 vermetselen 2 dichtmetselen
¹**vermehren** *tr* vermeerderen, vermenigvuldigen
²**vermehren, sich** 1 toenemen 2 zich voortplanten
vermeidbar te vermijden, vermijdbaar
vermeiden[206] (ver)mijden, voorkomen
vermeidlich te vermijden, vermijdbaar
vermeinen menen, denken
vermeintlich vermeend, verondersteld
vermengen 1 (ver)mengen 2 *(fig)* door elkaar halen, verwarren
vermenschlichen 1 vermenselijken 2 personifiëren
Vermerk *m*[5] aantekening, notitie
vermerken 1 noteren, aantekenen: *(fig) das sei nur am Rande vermerkt* dat zij slechts terloops opgemerkt 2 kennisnemen van: *(jmdm) etwas übel ~* (iem) iets kwalijk nemen
¹**vermessen** *bn* vermetel, stoutmoedig
²**vermessen** *tr*[208] meten, opmeten
³**vermessen**[208]**, sich** 1 verkeerd meten 2 zich verstouten, het wagen
Vermessenheit *v*[20] vermetelheid

Vermesser *m*[9] opmeter, landmeter
Vermessung *v*[20] (op)meting
vermiesen verpesten, bederven
vermieten verhuren: *zu ~* te huur
Vermieter *m*[9] verhuurder; huisbaas
[1]**vermindern** *intr* verminderen
[2]**vermindern** *tr (prijzen)* verlagen
[3]**vermindern, sich** afnemen, minder worden
verminen: *einen Hafen ~* in een haven mijnen leggen
[1]**vermischen** *tr* vermengen, dooreenmengen
[2]**vermischen, sich** zich vermengen: *Vermischtes* gemengde berichten
vermissen missen, vermissen
vermittelbar 1 bemiddelbaar **2** verklaarbaar
[1]**vermitteln** *intr* bemiddelen
[2]**vermitteln** *tr* tot stand brengen: *jmdm Arbeit ~* iem aan werk helpen || *ein getreues Bild ~* een getrouw beeld geven; *Wissen ~* kennis overdragen
Vermittler *m*[9] bemiddelaar, tussenpersoon, mediator
Vermittlung *v*[20] **1** bemiddeling **2** (het) helpen (aan) **3** telefooncentrale
Vermittlungsamt *o*[32] **1** telefooncentrale **2** bemiddelingsinstantie
Vermittlungsausschuss *m*[6] bemiddelingscommissie *(tussen Bondsdag en Bondsraad)*
Vermittlungsgebühr *v*[20] courtage, provisie
vermöbeln afranselen
vermodern vergaan, verrotten
vermöge[+2] *vz* krachtens, door
vermögen[210] **1** vermogen, kunnen, in staat zijn **2** weten te bereiken
Vermögen *o*[35] vermogen
vermögend vermogend, welgesteld
Vermögenssteuer, Vermögensteuer *v*[21] vermogensbelasting
Vermögensverwaltung *v*[20] vermogensbeheer
vermorschen vermolmen, vergaan, verrotten
vermummen 1 vermommen **2** *(een kind)* inpakken
vermurksen bederven, verknoeien
vermuten vermoeden
vermutlich vermoedelijk, waarschijnlijk
Vermutung *v*[20] vermoeden, veronderstelling
vernachlässigen verwaarlozen
vernageln dichtspijkeren
vernagelt *(fig)* kortzichtig, bekrompen
vernähen 1 dichtnaaien **2** *(een wond)* hechten
vernarben 1 helen **2** een litteken worden
vernarbt met littekens, vol littekens
vernarren: *sich ~ in*[+4]*: a)* verliefd worden op; *b)* helemaal weg raken van; *vernarrt sein in*[+4] weg zijn van
vernaschen 1 versnoepen **2** *(een meisje)* versieren **3** *(sp) (de tegenstander)* inmaken
vernehmbar verneembaar, verstaanbaar
vernehmen[212] **1** vernemen, horen **2** verhoren, ondervragen
Vernehmen *o*[39]: *allem* (of: *dem*) *~ nach* naar verluidt, naar men zegt
vernehmlich verstaanbaar, duidelijk hoorbaar
Vernehmung *v*[20] verhoor, ondervraging
vernehmungsfähig in staat om verhoord te worden
Vernehmungsrichter *m*[9] rechter van instructie
verneigen, sich een buiging maken, buigen
verneinen 1 ontkennen **2** afwijzen
verneinend ontkennend *(ook taalk)*
vernetzen verbinden *(ook chem, techn)*
vernichten vernietigen, verdelgen, verwoesten
Vernichtung *v*[20] vernietiging, verdelging, verwoesting
Vernichtungskrieg *m*[5] vernietigingsoorlog
vernickeln vernikkelen
verniedlichen bagatelliseren, onschuldig voorstellen
vernieten *(techn)* klinken
Vernommene(r) *m*[40a], *v*[40b] verhoorde, ondervraagde
Vernunft *v*[28] verstand, rede, ratio: *jmdn zur ~ bringen* iem tot rede brengen; *gegen alle ~* tegen het gezond verstand in
vernunftbegabt met rede begaafd, redelijk
vernünftig 1 verstandig **2** behoorlijk
vernünftigerweise redelijkerwijs
veröden 1 verlaten worden **2** onvruchtbaar worden
veröffentlichen 1 publiceren, bekendmaken **2** *(boek)* uitgeven
Veröffentlichung *v*[20] **1** publicatie, bekendmaking **2** (het) uitgeven *(van boeken)*
verordnen 1 *(med)* voorschrijven **2** verordenen, gelasten
Verordnung *v*[20] **1** verordening, overheidsbesluit **2** *(med)* voorschrift: *die ~en (ook)* de regelgeving
verpachten verpachten
Verpachtung *v*[20] verpachting
verpacken verpakken, inpakken
Verpackung *v*[20] verpakking
verpäppeln verwennen, in de watten leggen
verpassen 1 *(de trein)* missen **2** *(de gelegenheid, een kans)* laten voorbijgaan **3** *(een injectie, klap)* geven
verpatzen bederven, verknoeien, verprutsen
verpesten verpesten
verpetzen verraden, verklikken
verpfänden verpanden, belenen
verpfeifen[214] verraden, aangeven, verlinken
verpflanzen 1 verplanten **2** *(med)* transplanteren
verpflegen te eten geven
Verpflegung *v*[28] kost, eten, maaltijden: *mit voller ~* met vol pension
Verpflegungssatz *m*[6] rantsoen
[1]**verpflichten** *tr en intr* **1** verplichten: *ich bin Ihnen zu Dank verpflichtet* ik ben u dank verschuldigd **2** *(theat)* engageren **3** plechtig laten beloven, beëdigen **4** *(sp)* contracteren

[2]**verpflichten, sich** zich verbinden, zich verplichten

Verpflichtung *v*[20] **1** verplichting **2** verbintenis: *eine ~ eingehen* een verbintenis aangaan

verpfuschen verknoeien, bederven, verprutsen

verplappern, sich zijn mond voorbijpraten

verplaudern verpraten, met praten doorbrengen

verplempern verknoeien, verkwisten

verplomben verzegelen

verpönt ontoelaatbaar, verboden

verprassen verbrassen

verprügeln een pak slaag geven, afranselen

verpuffen 1 met een doffe knal ontploffen **2** *(fig)* mislukken, geen effect sorteren

verpulvern *(fig)* verkwisten, verspillen

verpuppen, sich zich verpoppen

Verputz *m*[19] pleisterlaag

verputzen 1 *(een muur)* berapen, bepleisteren **2** *(inform)* eten, opeten **3** *(geld)* opmaken, verkwisten **4** *(sp)* inmaken

verquasseln, verquatschen verpraten

verquicken innig verbinden, samensmelten

verquirlen klutsen, door elkaar roeren

verquollen (op)gezwollen, opgezet

verrammeln, verrammen barricaderen

verramschen verramsjen, tegen afbraakprijzen verkopen

Verrat *m*[19] verraad

[1]**verraten**[218] *tr* verraden

[2]**verraten**[218]**, sich 1** zich verraden **2** duidelijk worden

Verräter *m*[9] verrader

verräterisch verraderlijk

[1]**verrauchen** *intr* **1** vervliegen, wegtrekken **2** *(fig)* bekoelen

[2]**verrauchen** *tr* verroken

verrauschen wegebben, langzaam afnemen

verrechnen verrekenen, vereffenen

Verrechnung *v*[20] verrekening, vereffening

verrecken *(mbt dieren)* verrekken, creperen

[1]**verregnen** *intr* verregenen

[2]**verregnen** *tr* sproeien

verreiben[219] uitsmeren, inwrijven

verreisen op reis gaan

verreißen[220] **1** afkraken, afmaken **2** *das Steuer ~* het stuur omgooien

verrenken verzwikken, verrekken, ontwrichten: *sich*[3] *den Hals ~, um alles zu sehen* zijn hals uitrekken om alles te zien

Verrenkung *v*[20] verzwikking; *zie ook* verrenken

verrennen[222]**, sich 1** *(fig)* vastlopen **2** *(fig)* zich vastbijten

verrichten verrichten, doen, uitvoeren

[1]**Verrichtung** *v*[20] bezigheid, werkzaamheid

[2]**Verrichtung** *v*[28] verrichting, uitvoering

verriegeln grendelen

Verriegelung *v*[20] vergrendeling

verringern verkleinen, verminderen; *(prijs, tempo)* verlagen

verrinnen[225] **1** wegsijpelen, wegstromen **2** *(mbt tijd)* verstrijken, vergaan

Verriss *m*[5] vernietigende kritiek

[1]**verrohen** *intr* verruwen, ruwer worden

[2]**verrohen** *tr* verruwen, ruwer maken

verrosten verroesten

verrotten verrotten, vergaan

verrucht 1 laaghartig, snood **2** zondig

verrücken verplaatsen, verschuiven, verzetten

verrückt 1 gek, krankzinnig **2** bespottelijk, mal, dwaas **3** buitengewoon, enorm

Verrückte(r) *m*[40a], *v*[40b] gek

Verrücktheit *v*[20] gekheid, dwaasheid, idioterie

Verrücktwerden *o*[39]: *das ist zum ~* dat is om gek van te worden

Verruf *m*[19] slechte naam, kwade reuk: *in ~ kommen* (of: *geraten)* een slechte reputatie krijgen

verrufen *bn* slecht bekendstaand, berucht

verrußen onder het roet komen te zitten

verrutschen verschuiven

Vers *m*[5] **1** vers, versregel **2** vers, couplet

versachlichen verzakelijken

versacken 1 wegzakken **2** *(mbt schip)* zinken **3** *(mbt fundamenten)* verzakken **4** *(fig)* doorzakken

[1]**versagen** *intr* **1** falen, tekortschieten, mislukken: *der Motor versagt* de motor begeeft het **2** weigeren

[2]**versagen** *tr* weigeren, niet toestaan

[3]**versagen, sich** zich ontzeggen

Versager *m*[9] **1** loser, nul, mislukkeling **2** flop, fiasco

Versagung *v*[20] **1** weigering **2** ontzegging

[1]**versalzen**[227] *intr* verzouten, zout worden

[2]**versalzen**[227] *tr* verzouten, te zout maken; *(fig)* bederven

[1]**versammeln** *tr* verzamelen, bijeenbrengen, bijeenroepen

[2]**versammeln, sich** bijeenkomen

Versammlung *v*[20] vergadering, bijeenkomst

Versand *m*[19] **1** verzending **2** expeditieafdeling **3** postorderbedrijf

versandbereit gereed voor verzending

versanden verzanden

versandfertig gereed voor verzending

Versandgeschäft *o*[29], **Versandhaus** *o*[32] postorderbedrijf

Versandung *v*[28] verzanding

versauen 1 smerig maken **2** bederven

versauern verzuren

versaufen[228] verzuipen, verdrinken

versäumen verzuimen, missen: *den Zug ~* de trein missen; *eine Gelegenheit ~* een gelegenheid voorbij laten gaan

Versäumnis *o*[29a] verzuim, nalatigheid

verschachern versjacheren, verkwanselen

verschachtelt 1 in elkaar geschoven: *~e Häuser* dicht op elkaar gebouwde huizen **2** gecompliceerd

verschaffen verschaffen, bezorgen

verschalen 1 bekisten 2 betimmeren
verschämt 1 beschaamd 2 verlegen
verschandeln bederven; ontsieren
verschanzen verschansen
[1]**verschärfen** *tr* 1 verscherpen 2 *(het tempo)* versnellen, opvoeren
[2]**verschärfen, sich** verscherpen, scherper worden, zich toespitsen
verscharren onder de grond stoppen, haastig begraven
[1]**verschätzen** *tr* verkeerd schatten
[2]**verschätzen, sich** verkeerd schatten
verschaukeln bedriegen; *(plat)* belazeren
verscheiden[232] overlijden, sterven
verschenken weggeven, schenken
verscherzen, sich verliezen, verspelen
verscheuchen verjagen, verdrijven, wegjagen
verscheuern verpatsen, versjacheren
verschicken versturen, verzenden
verschiebbar verplaatsbaar, verschuifbaar
Verschiebebahnhof *m*[6] rangeerstation
[1]**verschieben**[237] *tr* 1 verschuiven, verplaatsen 2 uitstellen, opschorten 3 clandestien verkopen
[2]**verschieben**[237]**, sich** 1 verschuiven 2 uitgesteld worden
verschieden 1 verschillend 2 verscheidene, enige, enkele
verschiedenartig verschillend, uiteenlopend
verschiedenerlei verschillend, allerlei
Verschiedenheit *v*[20] verscheidenheid, verschil
verschiedentlich meermalen, herhaaldelijk
[1]**verschießen**[238] *intr* verschieten, verkleuren
[2]**verschießen**[238] *tr* 1 *(munitie)* verschieten 2 *(sp)* misschieten: *einen Elfmeter* ~ een strafschop missen
verschiffen verschepen
verschimmeln beschimmelen
[1]**verschlafen** *bn* 1 slaperig 2 dromerig
[2]**verschlafen** *tr*[240] verslapen
[3]**verschlafen**[240]**, sich** zich verslapen
Verschlag *m*[6] 1 afschutting, schot 2 afgeschoten ruimte, kamertje; schuur, hok
[1]**verschlagen** *bn* sluw, listig, geraffineerd, geslepen
[2]**verschlagen** *intr*[241] helpen, baten
[3]**verschlagen** *tr*[241] 1 dichtspijkeren 2 *(een ruimte)* afschieten 3 *(sp)* misslaan, verkeerd slaan 4 benemen, beroven van 5 uit de koers drijven 6 terecht (doen) komen 7 *(cul)* erdoor kloppen, mengen
Verschlagenheit *v*[28] sluwheid
verschlammen dichtslibben
[1]**verschlampen** *intr* verslonzen, verwaarlozen
[2]**verschlampen** *tr* 1 kwijtraken, laten slingeren 2 vergeten
verschlechtern verslechteren, verergeren
verschleiern 1 sluieren *(ook foto)* 2 bemantelen 3 versluieren, verhullen, camoufleren
verschleiert 1 gevoileerd *(van stem)* 2 omfloerst, wazig *(van blik)* 3 gecamoufleerd
Verschleiß *m*[5] slijtage, (het) slijten
[1]**verschleißen**[244] *intr* slijten, verslijten
[2]**verschleißen**[244] *tr* verslijten
verschleißfest slijtvast, duurzaam
verschleppen 1 wegvoeren 2 wegslepen 3 zoekmaken 4 *(een ziekte)* verspreiden 5 onnodig rekken, traineren || *eine verschleppte Grippe* een verwaarloosde griep
Verschleppte(r) *m*[40a], *v*[40b] gedeporteerde
verschleudern 1 verkwisten, verspillen 2 *(waren)* onder de prijs verkopen
verschließbar (af)sluitbaar
[1]**verschließen**[245] *tr* sluiten, af-, wegsluiten
[2]**verschließen**[245]**, sich** zich afsluiten, ontoegankelijk zijn voor
verschlimmbessern (door correcties) verslechteren in plaats van verbeteren
verschlimmern verergeren, verslechteren
verschlingen[246] 1 ineenstrengelen, verstrengelen 2 verslinden, opslokken
verschlissen versleten
verschlossen 1 gesloten, op slot 2 gesloten, in zichzelf gekeerd
[1]**verschlucken** *tr* 1 doorslikken, inslikken 2 *(woorden)* inslikken 3 onderdrukken, inhouden 4 *(geluid)* dempen 5 opslokken, kosten
[2]**verschlucken, sich** zich verslikken
Verschluss *m*[6] 1 afsluiting 2 sluiting, slot 3 grendel, slot *(van geweer)* 4 *(med)* afsluiting 5 *(foto)* sluiter
verschlüsseln coderen
verschmachten versmachten: ~ *vor*[+3] versmachten van
verschmähen versmaden, verachten
verschmelzen[248] versmelten, samensmelten
verschmerzen *(een verlies)* te boven komen
verschmieren 1 versmeren 2 insmeren, besmeren 3 volsmeren 4 *(een gat)* dichtsmeren 5 uitlopen
verschmitzt slim, schalks, ondeugend
[1]**verschmutzen** *intr* vervuilen, vuil worden
[2]**verschmutzen** *tr* bevuilen, verontreinigen
Verschmutzung *v*[28] bevuiling, vervuiling
verschnaufen, sich uitblazen, op adem komen
Verschnaufpause *v*[21] adempauze
verschneiden[250] 1 *(een boom, heg)* snoeien 2 verknippen 3 aanlengen 4 castreren
verschneien besneeuwen, ondersneeuwen
verschnörkeln met krullen versieren
verschnupft 1 verkouden 2 gepikeerd
verschnüren 1 vast-, dichtbinden 2 dichtsnoeren
Verschnürung *v*[20] snoer, koord, touw
verschollen spoorloos verdwenen, vermist
verschonen sparen, ontzien
verschönen veraangenamen
verschönern verfraaien
Verschönerung *v*[20] verfraaiing
Verschonung *v*[20] (het) sparen, (het) ontzien
verschrammen schrammen

verschränken kruisen, over elkaar slaan
verschrauben vastschroeven, dichtschroeven
verschrecken schrik aanjagen, bang maken
[1]**verschreiben**[252] *tr* **1** *(medicijnen)* voorschrijven **2** bij testament vermaken **3** *(inkt)* verschrijven; *(papier)* volschrijven
[2]**verschreiben**[252]**, sich** zich verschrijven || *sich ganz der Musik ~* zich met hart en ziel aan de muziek wijden
verschreibungspflichtig *(apoth)* alleen op recept verkrijgbaar
verschreien[253] *(ongunstig)* in opspraak brengen, in diskrediet brengen
verschroben vreemd, zonderling, eigenaardig
verschroten, verschrotten tot schroot verwerken
verschrumpeln, verschrumpfen verschrompelen
verschüchtern bang maken, intimideren
verschüchtert bedeesd, schuw, angstig
[1]**verschulden** *intr* in de schulden raken
[2]**verschulden** *tr* **1** de schuld hebben van **2** *(een ongeluk)* veroorzaken
[3]**verschulden, sich** zich in de schuld steken
Verschulden *o*[39] schuld: *ohne mein ~* buiten mijn schuld
Verschuldung *v*[20] **1** schuldenlast **2** (het) schulden maken **3** schuld
verschütten **1** bedelven, bedekken, overdekken **2** dichtgooien, dempen **3** morsen
verschwägern verzwageren
verschweigen[255] verzwijgen, verheimelijken
verschweißen aan elkaar lassen
verschwelen **1** versmeulen **2** smeulend uitgaan
verschwenden verkwisten, verspillen
Verschwender *m*[9] verkwister
verschwenderisch **1** verkwistend **2** kwistig, overdadig
Verschwendung *v*[20] verkwisting, verspilling
Verschwendungssucht *v*[28] spilzucht
verschwiegen **1** zwijgzaam, gesloten, discreet **2** heimelijk, verborgen **3** stil, afgelegen
Verschwiegenheit *v*[28] **1** geheimhouding, stilzwijgendheid; discretie **2** (het) stilzwijgen
verschwimmen[257] **1** vervagen **2** *(tinten)* vervloeien, in elkaar overgaan
verschwinden[258] **1** verdwijnen **2** naar achteren gaan, naar de wc gaan || *~d klein* uiterst klein
verschwistern nauw verbinden: *verschwistert* nauw verwant
verschwitzen **1** doorzweten, nat zweten: *verschwitzt* bezweet **2** *(volkstaal)* vergeten
verschwollen (op)gezwollen
verschwommen vaag, wazig, onduidelijk
[1]**verschwören**[260] *tr* afzweren
[2]**verschwören**[260]**, sich** samenzweren, samenspannen
Verschworene(r) *m*[40a], *v*[40b], **Verschwörer** *m*[9] samenzweerder
Verschwörung *v*[20] samenzwering
[1]**versehen**[261] *tr* **1** vervullen, uitoefenen, waarnemen **2** voorzien, verzorgen: *~ mit*[+3] voorzien van **3** verzuimen, nalaten
[2]**versehen**[261]**, sich** **1** zich vergissen **2** zich verkijken
Versehen *o*[35] vergissing, abuis, fout: *aus ~* bij vergissing, per ongeluk
[1]**versehentlich** *bn* onopzettelijk
[2]**versehentlich** *bw* bij vergissing
Versehrte(r) *m*[40a], *v*[40b] invalide
versenden[263] verzenden, versturen
Versender *m*[9] verzender
Versendung *v*[20] verzending, transport
[1]**versenken** *tr* **1** doen zinken, laten zakken **2** *(schepen)* in de grond boren
[2]**versenken, sich** (met *in*[+4]) zich verdiepen in
Versenkung *v*[20] **1** (het) laten zakken **2** (het) in de grond boren
versessen (met *auf*[+4]) verzot, dol, gek op
[1]**versetzen** *tr* **1** verplaatsen, verzetten **2** verpoten, verplanten **3** overplaatsen **4** antwoorden **5** mengen, aanlengen **6** belenen, verpanden **7** bevorderen **8** geven, toedienen: *jmdm einen Schlag ~* iem een klap geven || *jmdn in Erstaunen ~* iem versteld doen staan; *jmdn in Wut ~* iem woedend maken; *jmdn in die Lage ~* iem in staat stellen
[2]**versetzen, sich** zich verplaatsen
Versetzung *v*[20] **1** verplaatsing **2** overplaatsing **3** bevordering*; zie ook* versetzen
Versetzungszeugnis *o*[29a] overgangsrapport
verseuchen **1** besmetten **2** *(fig)* verpesten
Verseuchung *v*[20] **1** epidemie **2** besmetting
Versfuß *m*[6] versvoet
Versicherer *m*[9] verzekeraar, assuradeur
[1]**versichern** *tr* verzekeren
[2]**versichern, sich** zich verzekeren: *sich ~*[+2] zich verzekeren van
Versichertenkarte *v*[21] ziekenfondskaart, zorgpas
Versicherte(r) *m*[40a], *v*[40b] verzekerde
Versicherung *v*[20] verzekering
Versicherungsanspruch *m*[6] schadeclaim
Versicherungsbeitrag *m*[6] verzekeringspremie
Versicherungsgesellschaft *v*[20] verzekerings-, assurantiemaatschappij
Versicherungskarte *v*[21] **1** verzekeringsbewijs, -kaart **2** groene kaart
versicherungspflichtig verzekeringsplichtig, verplicht verzekerd
Versicherungspolice *v*[21], **Versicherungsschein** *m*[5] verzekeringspolis
versickern wegdruppelen, wegsijpelen
versiegeln (ver)zegelen
versiegen op-, uitdrogen; uitgeput raken: *nie ~der Humor* onverwoestbare humor
versiert bedreven, ervaren
versilbern verzilveren
versimpeln versimpelen

versinken[266] **1** zinken, verzinken, wegzinken, wegzakken **2** *(fig)* opgaan in
versinnbildlichen verzinnebeelden, symboliseren
versinnlichen verzinnelijken, zinnelijk waarneembaar maken, aanschouwelijk voorstellen
Version *v*[20] versie
versippen verzwageren, vermaagschappen
versitzen[268] **1** *(zijn tijd)* verzitten, zittend doorbrengen **2** stuk zitten
Verslehre *v*[28] versleer, leer van de versbouw
versoffen verzopen, aan de drank verslaafd
versohlen afranselen
versöhnen verzoenen
versöhnlich **1** verzoenlijk **2** verzoenend
Versöhnung *v*[20] verzoening
versonnen in gedachten verzonken, dromerig
versorgen **1** verzorgen, zorgen voor **2** voorzien: *eine Stadt mit Gas ~* een stad van gas voorzien **3** ravitailleren
Versorger *m*[9] verzorger, kostwinner
Versorgung *v*[28] **1** verzorging **2** (het) voorzien van **3** voorziening, sociale voorzieningen
versorgungsberechtigt **1** uitkeringsgerechtigd **2** recht op bijstand hebbend
Versorgungslage *v*[21] ravitaillering: *die ~ ist schlecht* de voedselvoorziening is slecht
verspäten, sich **1** te laat komen **2** vertraging hebben
Verspätung *v*[20] vertraging
verspeisen opeten, oppeuzelen
versperren **1** versperren, barricaderen **2** *(kasten, deuren)* afsluiten **3** *(iem het uitzicht)* benemen
verspielen verspelen || *bei jmdm verspielt haben* het bij iem verbruid hebben
verspielt speels
verspotten bespotten, bespottelijk maken
Verspottung *v*[20] bespotting, spotternij
[1]**versprechen**[274] *tr* **1** beloven, toezeggen **2** doen verwachten
[2]**versprechen**[274]**, sich** zich verspreken
Versprechen *o*[35] belofte, toezegging
Versprecher *m*[9] verspreking
Versprechung *v*[20] belofte, toezegging
versprengen *(troepen)* uit elkaar slaan || *viel Wasser ~* veel water met sproeien gebruiken
verspritzen **1** versproeien, verstuiven **2** verspuiten **3** volspatten
versprochenermaßen zoals beloofd
verspüren (be)speuren, (ge)voelen
verstaatlichen nationaliseren
verstädtern verstedelijken, urbaniseren
Verstädterung *v*[20] verstedelijking, urbanisatie
Verstand *m*[19] verstand
verstandesmäßig verstandelijk
verständig verstandig, bezonnen
[1]**verständigen** *tr* op de hoogte brengen, informeren: *die Polizei ~* de politie waarschuwen
[2]**verständigen, sich** **1** zich verstaanbaar maken **2** het (met elkaar) eens worden
Verständigung *v*[20] **1** (het) zich verstaanbaar maken **2** vergelijk, overeenkomst **3** verwittiging
verständlich **1** begrijpelijk, duidelijk: *das ist mir nicht ~* dat begrijp ik niet **2** verstaanbaar
Verständlichkeit *v*[28] **1** duidelijkheid, begrijpelijkheid **2** verstaanbaarheid
Verständnis *o*[29a] begrip; gevoel
verständnislos niet begrijpend
verständnisvoll begrijpend, vol begrip
[1]**verstärken** *tr* versterken; intensiveren
[2]**verstärken, sich** sterker worden
Verstärker *m*[9] versterker
verstauben verstoffen: *verstaubt: a)* stoffig, met stof bedekt; *b)* ouderwets, achterhaald
verstäuben verstuiven, vernevelen
verstauchen verstuiken
Verstauchung *v*[20] verstuiking
verstauen **1** verstouwen **2** opbergen
Versteck *o*[29] schuilplaats, schuilhoek
[1]**verstecken** *tr* verbergen, verstoppen
[2]**verstecken, sich** zich verbergen: *(fig) sich vor* (of: *neben) jmdm ~ müssen (of: können)* niet in iems schaduw kunnen staan
versteckt **1** verborgen **2** bedekt **3** heimelijk
[1]**verstehen**[279] *tr* **1** verstaan **2** begrijpen **3** verstaan, beheersen **4** opvatten, verstaan **5** goed kunnen
[2]**verstehen**[279]**, sich** **1** elkaar verstaan, met elkaar overweg kunnen **2** gelden || *sich auf*[+4] *etwas ~* verstand van iets hebben; *das versteht sich (von selbst)* dat spreekt (vanzelf)
[1]**versteifen** *intr* verstijven, stijf worden
[2]**versteifen** *tr* stijf maken, (ver)stijven
[3]**versteifen, sich** **1** verstijven, stijf worden **2** sterker worden
versteigen[281]**, sich** **1** te hoog, te ver klimmen **2** zich verstouten; *zie ook* verstiegen
Versteigerer *m*[9] veiling-, vendumeester
versteigern veilen, bij opbod verkopen
Versteigerung *v*[20] verkoping, veiling
Versteigerungsseite *v*[21] veilingsite
versteinern **1** verstenen **2** verstijven
[1]**verstellen** *tr* **1** verplaatsen **2** verstellen, (anders, verkeerd) instellen **3** verzetten **4** *(gezicht, stem)* veranderen **5** *(deur, uitgang)* versperren
[2]**verstellen, sich** veinzen, simuleren, doen alsof
Verstellung *v*[20] **1** verplaatsing **2** versperring **3** veinzerij, huichelarij
versteuern belasting betalen over
verstiegen overdreven, overspannen
Verstiegenheit *v*[20] overdrevenheid
verstimmen ontstemmen: *sein Magen ist verstimmt* zijn maag is van streek
verstockt **1** koppig **2** verstokt, hardnekkig
verstohlen verstolen, heimelijk, steels
[1]**verstopfen** *intr* verstopt raken
[2]**verstopfen** *tr* **1** dichtstoppen, toestoppen: *die Straßen sind verstopft* het verkeer zit vast **2** *(scheuren)* stoppen

Verstopfung v^{20} **1** (het) dichtstoppen, toestoppen **2** verstopping **3** verkeersopstopping
verstorben overleden: *der ~e König* wijlen de koning
Verstorbene(r) m^{40a}, v^{40b} overledene
verstört ontsteld, ontdaan, overstuur
Verstörtheit v^{28} ontsteltenis
Verstoß m^{6} **1** fout **2** overtreding, vergrijp
^{1}**verstoßen**^{285} *intr* zondigen: *~ gegen*$^{+4}$ handelen in strijd met, zondigen tegen; overtreden
^{2}**verstoßen**^{285} *tr* verstoten
^{1}**verstreichen**^{286} *intr* verstrijken, verlopen, voorbijgaan
^{2}**verstreichen**^{286} *tr* **1** dichtsmeren, dichtstrijken **2** gebruiken; *(boter)* versmeren
verstreuen ver-, uit-, rondstrooien, verspreiden: *verstreut liegende Häuser* her en der verspreid liggende huizen
^{1}**verstricken** *tr* **1** *(wol)* opbreien **2** verstrikken, verwarren, verwikkelen
^{2}**verstricken, sich** zich verstrikken: *sich ~ in*$^{+4}$ verstrikt raken in
verströmen verspreiden, afgeven
verstümmeln verminken
verstummen **1** verstommen **2** ophouden
Versuch m^{5} **1** poging **2** proef(neming), test
versuchen **1** proberen, trachten, pogen: *versuchter Mord* poging tot moord **2** *(drank, spijzen)* proeven, proberen **3** *(een middel)* beproeven **4** in verzoeking brengen, verleiden, bekoren
Versuchsanstalt v^{20} proefstation
Versuchsperson v^{20} proefpersoon
versuchsweise bij wijze van proef, op proef
Versuchung v^{20} **1** verzoeking, verleiding, bekoring **2** beproeving
versumpfen **1** moerassig worden **2** (geestelijk) afstompen **3** aan lagerwal raken
versündigen, sich zondigen: *sich ~ an*$^{+3}$ zich bezondigen aan
versunken verzonken; *zie ook* versinken
versüßen **1** verzoeten **2** veraangenamen
vertäfeln betimmeren, lambriseren
vertagen verdagen, uitstellen
vertändeln verbeuzelen, verlummelen
vertauschen **1** verwisselen **2** verruilen
verteidigen verdedigen
Verteidiger m^{9} verdediger
Verteidigung v^{20} **1** verdediging **2** *(sp)* achterhoede **3** defensie
Verteidigungsminister m^{9} minister van Defensie
^{1}**verteilen** *tr* **1** verdelen, uitdelen **2** indelen
^{2}**verteilen, sich** **1** zich verdelen **2** (zich) verspreiden
Verteiler m^{9} **1** verdeler **2** verkoper **3** dealer
Verteilung v^{20} **1** verdeling **2** distributie
^{1}**verteuern** *tr* duurder maken, in prijs doen stijgen
^{2}**verteuern, sich** duurder worden
Verteuerung v^{20} prijsverhoging; prijsstijging
verteufeln verketteren, zwartmaken
verteufelt *(plat)* verduiveld; enorm, ontzettend
Verteufelung v^{20} verkettering
^{1}**vertiefen** *tr* **1** verdiepen, dieper maken, uitdiepen **2** *(fig)* dieper ingaan op, vergroten
^{2}**vertiefen, sich** dieper worden, intenser worden
vertilgen **1** verdelgen, uitroeien **2** opeten
vertippen, sich verkeerd typen
vertonen toonzetten, op muziek zetten
Vertonung v^{20} compositie, toonzetting
vertrackt **1** moeilijk, ingewikkeld **2** ellendig
Vertrag m^{6} **1** verdrag **2** overeenkomst **3** contract
^{1}**vertragen**^{288} *tr* **1** (iets) verdragen, kunnen tegen **2** dulden
^{2}**vertragen**^{288}**, sich** **1** elkaar verdragen **2** goed bij elkaar passen **3** verenigbaar zijn **4** overweg kunnen
vertraglich contractueel
verträglich **1** verdraagzaam, meegaand, inschikkelijk **2** goed te verdragen
vertragsgemäß, vertragsmäßig volgens contract, contractueel
Vertragsspieler m^{9} contractspeler
vertrauen vertrouwen: *jmdm ~* iem vertrouwen; *auf jmdn ~* op iem vertrouwen
Vertrauen o^{39} vertrouwen: *~ zu jmdm haben* iem vertrouwen
Vertrauensarzt m^{6} **1** controlerend geneesheer **2** vertrouwensarts
Vertrauenssache v^{21} kwestie van vertrouwen
vertrauenswürdig vertrouwenswaardig
vertraulich vertrouwelijk
verträumen verdromen
verträumt **1** dromerig **2** idyllisch
vertraut **1** vertrouwelijk **2** vertrouwd, intiem
Vertraute(r) m^{40a}, v^{40b} vertrouweling
Vertrautheit v^{20} vertrouwdheid
vertreiben^{290} **1** verdrijven, verjagen, wegjagen **2** *(waren)* verkopen, verhandelen
vertretbar **1** vervangbaar **2** verdedigbaar: *wirtschaftlich ~* economisch verantwoord
^{1}**vertreten**^{291} *tr* **1** vertegenwoordigen **2** vervangen **3** *(een mening)* verdedigen, voorstaan **4** *(een standpunt)* innemen **5** *(belangen)* behartigen **6** *(schoenen)* aftrappen; *(hakken)* scheeflopen
^{2}**vertreten**^{291}**, sich** zich verstappen: *sich den Fuß ~* zijn voet verstuiken; *sich die Beine ~* zich vertreden
Vertreter m^{9} **1** vertegenwoordiger, agent, (handels)reiziger **2** (plaats)vervanger, waarnemer **3** aanhanger, verdediger, voorvechter
Vertretung v^{20} **1** vertegenwoordiging **2** vervanging, waarneming: *in ~* namens, voor
Vertretungspool m^{13} vervangingspool
vertretungsweise als waarnemer, als invaller
Vertrieb m^{5} verkoop, omzet, debiet
Vertriebene(r) m^{40a}, v^{40b} verdrevene, ontheemde
vertrinken^{293} verdrinken

vertrocknen verdrogen, uitdrogen
vertrödeln *(zijn tijd)* verknoeien, verbeuzelen
vertrösten aan het lijntje houden, paaien
Vertröstung *v*[20] mooie belofte, zoethoudertje
[1]**vertun**[295] *tr* verdoen, verspillen, verkwisten
[2]**vertun**[295], **sich** zich vergissen
vertuschen verheimelijken, verdoezelen
verübeln *(iem iets)* kwalijk nemen
verüben plegen, begaan: *Selbstmord* ~ zelfmoord plegen
verulken voor de gek houden, bespotten
verunglimpfen belasteren, zwartmaken
Verunglimpfung *v*[20] laster, smaad
verunglücken **1** verongelukken **2** mislukken
Verunglückte(r) *m*[40a], *v*[40b] slachtoffer
verunreinigen **1** verontreinigen **2** bevuilen
verunsichern onzeker maken, verontrusten
Verunsicherung *v*[20] verontrusting
verunstalten misvormen, ontsieren
veruntreuen verduisteren, ontvreemden
verunzieren[320] ontsieren, lelijk maken
verursachen veroorzaken, teweegbrengen
verurteilen veroordelen
Verurteilte(r) *m*[40a], *v*[40b] veroordeelde
Verurteilung *v*[20] veroordeling
[1]**vervielfachen** *tr* **1** *(wisk)* vermenigvuldigen **2** sterk uitbreiden, sterk vergroten
[2]**vervielfachen, sich** sterk toenemen
[1]**vervielfältigen** *tr* vermenigvuldigen, reproduceren
[2]**vervielfältigen, sich** talrijker worden
Vervielfältigung *v*[20] **1** reproductie **2** vermenigvuldiging
vervollkommnen vervolmaken, perfectioneren
vervollständigen volledig maken, aanvullen
Vervollständigung *v*[20] aanvulling
[1]**verwachsen** *bn* vergroeid, misvormd
[2]**verwachsen** *intr*[302] **1** vergroeien, aan elkaar groeien **2** dichtgroeien; *(mbt wond)* dichtgaan
[3]**verwachsen**[302], **sich** vergroeien
verwackeln *(foto)* bewegen
verwählen, sich *(telecom)* een verkeerd nummer draaien
[1]**verwahren** *tr* zorgvuldig bewaren
[2]**verwahren, sich** van de hand wijzen, protesteren tegen
verwahrlosen verwaarlozen
Verwahrung *v*[28] **1** *(jur)* bewaring, hechtenis **2** bewaring: *in ~ geben* in bewaring geven; *in ~ haben* onder zijn berusting hebben **3** protest, verzet: *~ gegen*[+4] *etwas einlegen* verzet, protest tegen iets aantekenen
verwaisen wees worden: *verwaist* verweesd; *ein verwaistes Dorf* een verlaten dorp
verwalten **1** administreren **2** *(gemeente, staat)* besturen **3** beheren **4** *(ambt)* bekleden
Verwalter *m*[9] **1** administrateur **2** rentmeester *(van landgoed)* **3** beheerder, bewindvoerder **4** gerant, leider, chef
Verwaltung *v*[20] **1** administratie **2** bestuur, directie **3** bureau, kantoor **4** beheer **5** overheid, bestuur, bestuursorganen
Verwaltungsapparat *m*[5] bestuursapparaat
verwaltungsmäßig bestuurlijk
Verwaltungsorgan *o*[29] bestuursorgaan
Verwaltungsrat *m*[6] **1** raad van beheer **2** lid van de raad van beheer
[1]**verwandeln** *tr* **1** veranderen **2** *(sp) (een strafschop)* benutten
[2]**verwandeln, sich** veranderen
Verwandlung *v*[20] **1** verandering **2** gedaanteverwisseling
verwandt verwant: *er ist mit mir ~* hij is familie van mij; *eng* (of: *nahe*) ~ nauw verwant
Verwandte(r) *m*[40a], *v*[40b] bloedverwant, familielid
[1]**Verwandtschaft** *v*[20] verwantschap *(ook fig)*
[2]**Verwandtschaft** *v*[28] familie
verwandtschaftlich verwantschaps-, familie-
verwarnen vermanen, waarschuwen
Verwarnung *v*[20] vermaning, waarschuwing
Verwarnungsgeld *o*[31] (geld)boete
verwaschen **1** in de was verkleurd **2** vervaagd, uitgewist **3** flets, bleek **4** *(fig)* vaag
verwässern verwateren *(ook fig)*
verwechseln verwisselen, verwarren
Verwechselung, Verwechslung *v*[20] verwisseling, verwarring
verwegen vermetel, stout(moedig), roekeloos
Verwegenheit *v*[28] vermetelheid
[1]**verwehen** *intr* ver-, wegwaaien, uiteenwaaien
[2]**verwehen** *tr* **1** wegwaaien, wegblazen **2** *(al waaiende)* uitwissen, bedekken
verwehren *(iem iets)* beletten, verbieden
Verwehung *v*[20] (hoop) opgewaaide sneeuw
verweichlichen verwekelijken
verweigern weigeren
Verweigerung *v*[20] weigering, ontzegging
Verweigerungsfall *m*[19]: *im ~* bij weigering
verweilen blijven, verblijven, vertoeven
verweint behuild, betraand
Verweis *m*[5] **1** terechtwijzing, standje, berisping, vermaning **2** verwijzing
verweisen[307] **1** wegsturen: *jmdn des Landes ~* iem uitwijzen, verbannen; *(sp) einen Spieler des Feldes* (of: *vom Feld*) ~ een speler het veld uitsturen **2** verwijzen **3** terechtwijzen, een standje geven **4** wijzen: *auf die Vorschriften ~* op de voorschriften wijzen
verwelken verwelken, verleppen
[1]**verweltlichen** *intr* wereldss worden
[2]**verweltlichen** *tr* verwereldlijken
verwendbar bruikbaar, dienstig
[1]**verwenden**[308] *tr* gebruiken
[2]**verwenden**[308], **sich** zich inzetten, opkomen
Verwendung *v*[20] gebruik, toepassing: *~ finden* gebruikt worden
verwendungsfähig bruikbaar
verwerfen[311] verwerpen, afwijzen

verwerflich verwerpelijk
verwerten **1** gebruiken, verwerken **2** productief maken, te gelde maken
verwesen vergaan, verrotten
Verwesung v^{28} bederf, verrotting, ontbinding
verwetten verwedden
[1]**verwickeln** *tr* **1** verwikkelen **2** in de war brengen
[2]**verwickeln, sich** **1** in de war raken **2** verward raken
verwickelt ingewikkeld, gecompliceerd
verwildern verwilderen
verwinden[313] te boven komen, over iets heenkomen, verkroppen
verwirken verbeuren, verspelen
[1]**verwirklichen** *tr* verwezenlijken, realiseren
[2]**verwirklichen, sich** **1** zich ontplooien **2** in vervulling gaan
[1]**verwirren** *tr* in de war brengen, verwarren
[2]**verwirren, sich** in de war raken
Verwirrung v^{20} verwarring, warboel
[1]**verwischen** *tr* uitwissen, wegwissen
[2]**verwischen, sich** vervagen
verwittern verweren
verwitwet weduwnaar geworden, weduwe geworden
Verwitwete(r) m^{40a}, v^{40b} **1** weduwnaar **2** weduwe
verwöhnen verwennen
verwöhnt verwend, veeleisend, kieskeurig
verworfen laag, verdorven
verworren verward: *~es Zeug reden* wartaal uitslaan
Verworrenheit v^{28} verwarde toestand, verwarring
verwundbar kwetsbaar *(ook fig)*
Verwundbarkeit v^{28} kwetsbaarheid
verwunden **1** wonden, verwonden **2** kwetsen
verwunderlich (ver)wonderlijk
verwundern verwonderen, verbazen
Verwunderung v^{28} verwondering, verbazing
Verwundete(r) m^{40a}, v^{40b} gewonde
Verwundung v^{20} verwonding, kwetsuur
verwünschen verwensen, vervloeken
verwüsten verwoesten, vernielen
verzagen versagen, de moed verliezen
Verzagtheit v^{28} moedeloosheid
verzählen, sich zich vertellen
verzapfen **1** *(drank)* tappen **2** *(onzin)* verkopen, uitkramen
verzärteln vertroetelen, verwennen
verzaubern betoveren
verzäunen omheinen, afschutten
verzehnfachen vertienvoudigen
Verzehr m^{19} consumptie
[1]**verzehren** *tr* **1** (op)eten, consumeren, verorberen **2** *(geld)* verteren, opmaken **3** verteren, slopen, uitputten
[2]**verzehren, sich** verteerd worden
verzeichnen **1** vertekenen **2** registreren **3** noteren, aantekenen **4** *(succes)* boeken
Verzeichnis o^{29a} lijst, register, index, tabel
verzeihen[317] vergeven: *~ Sie!* neemt u mij niet kwalijk!
verzeihlich vergeeflijk
Verzeihung v^{28} vergeving, vergiffenis: *~!* neemt u mij niet kwalijk!, pardon!
verzerren **1** vertrekken, verwringen **2** *(geluid)* vervormen **3** *(beeld)* vertekenen
[1]**verzetteln** *tr* **1** op kaartjes zetten **2** versnipperen, verspillen
[2]**verzetteln, sich** zijn tijd verknoeien
Verzicht m^{5} (het) afstand doen (van): *~ üben* (of: *leisten)* afstand doen van, berusten
verzichten **1** afzien, afstand doen: *~ auf*[+4] afzien van, afstand doen van **2** berusten
[1]**verziehen**[318] *intr* verhuizen
[2]**verziehen**[318] *tr* **1** vertrekken **2** verwennen: *ein verzogener Bengel* een verwende deugniet **3** *(bal)* verkeerd plaatsen
[3]**verziehen**[318]**, sich** **1** vertrekken **2** scheef-, kromtrekken **3** wegtrekken
verzieren[320] versieren, opsieren, garneren
Verzierung v^{20} **1** versiering **2** ornament, versiersel **3** garnering
verzinnen vertinnen
verzinsbar rentegevend, rentedragend
[1]**verzinsen** *tr* rente betalen
[2]**verzinsen, sich** rente geven, rente opbrengen
verzinslich rentegevend, rentedragend
Verzinsung v^{20} **1** rente(betaling) **2** rendement
[1]**verzögern** *tr* **1** vertragen **2** uitstellen
[2]**verzögern, sich** vertraagd worden
Verzögerung v^{20} vertraging
Verzögerungszinsen *mv* rente wegens te late betaling
verzollen **1** invoerrechten betalen **2** aangeven
Verzollung v^{20} betaling van de invoerrechten, inklaring, (het) aangeven
verzücken verrukken, in vervoering brengen
verzückt in vervoering, in extase
Verzückung v^{20} vervoering, extase
Verzug m^{19} vertraging, achterstand, verzuim: *ohne ~* onverwijld; *im ~ sein* in gebreke zijn, achter zijn
Verzugszinsen *mv* m^{16} rente wegens te late betaling
verzweifeln vertwijfelen, wanhopig worden: *~ an*[+3] wanhopen aan
[1]**verzweifelt** *bn* **1** hopeloos **2** vertwijfeld, wanhopig
[2]**verzweifelt** *bw* zeer, uiterst
verzweigen, sich zich vertakken
Verzweigung v^{20} vertakking
verzwickt gecompliceerd, lastig: *~e Frage* instinker
Vestibül o^{29} vestibule, hal
Veteran m^{14} **1** veteraan **2** oldtimer
veterinär veterinair, veeartsenijkundig
Veterinär m^{5} veterinair, veearts, dierenarts

Veterinärmedizin *v*[28] diergeneeskunde
Veto *o*[36] veto
Vetter *m*[17] neef *(zoon van oom of tante)*
vgl. *afk van vergleiche* vergelijk *(afk* verg.)
v. H. *afk van vom Hundert* ten honderd, procent
via[+4] *vz* **1** via, over, langs **2** via, door
[1]**Viagra** *v*[27] *(pil)* viagra
[2]**Viagra** *o*[39] *(medicijn)* viagra
vibrieren[320] vibreren, trillen
Video *o*[36] video
Videoband *o*[32] videoband
Videoclip *m*[13] videoclip
Videofilm *m*[5] videofilm
Videogerät *o*[29] video, videorecorder
Videojockey *m*[13] videojockey
Videokamera *v*[27] videocamera
Videokassette *v*[21] videocassette
Videoplatte *v*[21] videoplaat, beeldplaat
Videorekorder, Videorecorder *m*[9] videorecorder
Videotext *m*[5] teletekst
Viech *o*[31] *(inform, ongunstig)* beest
Vieh *o*[39] **1** vee **2** dier, beest **3** schoft, ploert
Viehbestand *m*[6] veestapel
Viehzucht *v*[28] veeteelt
Viehzüchter *m*[9] veehouder, veefokker
[1]**viel** *bw* **1** veel, beduidend, zeer: ~ *beschäftigt* druk bezet, druk **2** veel, vaak, dikwijls: ~ *befahren* druk bereden, druk; ~ *besucht* druk bezocht; ~ *gereist* bereisd
[2]**viel** *telw* **1** veel, talrijk **2** veel, velerlei: *um ~es jünger sein als ...* veel jonger zijn dan ... **3** veel, een hoop, een heleboel: *(haben Sie) ~en Dank!* dank u wel!; *zu* ~ te veel
vielbefahren druk bereden, druk
vielbeschäftigt druk bezet, druk
vielbesucht druk bezocht
vieldeutig **1** voor velerlei uitleg vatbaar **2** dubbelzinnig
vielerlei **1** velerlei **2** veel, allerlei dingen
vielerorts op veel plaatsen
[1]**vielfach** *bn* veelvoudig, veelvuldig
[2]**vielfach** *bw* vaak
Vielfache(s) *o*[40c] veelvoud
Vielfalt *v*[28] diversiteit, variatie
vielfältig zeer gevarieerd, afwisselend
vielfarbig veelkleurig, bont
Vielfraß *m*[5] *(ook fig)* veelvraat
vielgereist bereisd
Vielheit *v*[28] veelheid, veelvuldigheid, menigte
vielleicht **1** misschien, wellicht **2** ongeveer || *(volkstaal) ich war ~ aufgeregt!* ik was me toch opgewonden!
vielmals **1** zeer, hartelijk: *danke ~!* dank u zeer! **2** vaak, vele malen
vielmehr, vielmehr **1** veeleer, integendeel **2** liever gezegd
vielseitig veelzijdig
vielsprachig veeltalig
vielstimmig **1** veelstemmig **2** *(muz)* polyfoon
Vielwisser *m*[9] veelweter
Vielzahl *v*[28] groot aantal
vier vier: *wir waren unser ~* wij waren met zijn, met ons vieren; *alle ~e von sich strecken: a)* languit gaan liggen; *b) (mbt dieren)* creperen; *auf allen ~en* op handen en voeten
Vier *v*[20] **1** *(het cijfer)* vier **2** lijn vier *(van tram, bus)* **3** *(als rapportcijfer)* voldoende
vierblätterig, vierblättrig vierbladig
Viereck *o*[29] **1** vierhoek **2** *(inform)* vierkant
viereckig **1** vierhoekig **2** *(inform)* vierkant
Vierer *m*[9] **1** *(kansspel)* vier winnende cijfers **2** *(sp)* vier *(boot met vier roeiers)* **3** *(regionaal) (als rapportcijfer)* voldoende
vierfach viervoudig, viermaal
Vierfüßer *m*[9] viervoeter
Viergespann *o*[29] vierspan
vierhändig vierhandig
vierkantig vierkant, met vier kanten
Vierling *m*[5] **1** vierling **2** vierloopsgeschut
viermal viermaal
Vierradantrieb *m*[5] vierwielaandrijving
vierräderig, vierrädrig vierwielig
vierschrötig robuust, potig
vierseitig **1** vierzijdig **2** van vier pagina's
viersilbig vierlettergrepig
Viersitzer *m*[9] **1** vierpersoonsauto **2** vierzitsbank
vierspurig vierbaans: *~e Straße* vierbaansweg
vierstellig van vier cijfers
vierstöckig met, van vier verdiepingen
viert: *zu* ~ met z'n vieren
viertel vierde, kwart: *um ~ eins* (om) kwart over twaalf; *um drei ~ eins* (om) kwart voor een
Viertel *o*[33] **1** vierde, vierde deel, kwart: *ein ~ Schinken* 125 gram ham; *ein ~ Wein* een kwart liter wijn **2** kwartier: *es ist (ein) ~ nach zwölf* het is kwart over twaalf **3** wijk, buurt
Vierteldrehung *v*[20] kwartslag
Vierteljahr *o*[29] kwartaal, trimester
vierteln in vieren delen
Viertelpfund *o*[29] 125 gram
Viertelstunde *v*[21] kwartier *(15 minuten)*
viertens ten vierde
vierzehn veertien
vierzehnte veertiende
vierzig veertig
vierziger **1** van (uit) het jaar veertig **2** tussen '40 en '50: *die ~ Jahre* de jaren veertig
Vierziger *m*[9] veertiger: *er ist in den ~n* hij is in de veertig
Vierzigerjahre *mv o*[29]: *die ~* de jaren veertig
vierzigste veertigste
vif levendig, vief
Vignette *v*[21] vignet
Vikar *m*[5] vicaris
Villa *v (mv Villen)* villa
Villengegend *v*[20], **Villenviertel** *o*[33] villawijk
Vinyl *o*[39] vinyl

Violine v^{21} viool
Viper v^{21} adder
Virenscanner m^{9} virusscanner
viril viriel, mannelijk
Virtuose m^{15} virtuoos
Virus *o, m (2e nvl -; mv Viren)* virus
Virusscanner m^{9} virusscanner
Vision v^{20} visioen
Visitation v^{20} visitatie, controle, onderzoek
Visite v^{21} *(med)* visite
Visitenkarte v^{21} visitekaartje
visitieren^{320} **1** visiteren **2** inspecteren
Visum *o (2e nvl -s; mv Visa en Visen)* visum
Visumzwang m^{6} visumplicht
vital vitaal
Vitalität v^{28} vitaliteit
Vitamin o^{29} vitamine
vitaminarm vitaminearm
Vitrine v^{21} vitrine
Vize m^{13} plaatsvervanger
Vizekanzler m^{9} vicekanselier
Vizekonsul m^{17} viceconsul
Vizemeister m^{9} nummer 2 *(bij een kampioenswedstrijd)*
Vizepräsident m^{14} vicepresident
v. J. *afk van vorigen Jahres* van het vorige jaar
VJ m^{13} *(2e nvl ook -) afk van Videojockey* videojockey *(afk* vj, veejay)
VN *afk van Vereinte Nationen* Verenigde Naties *(afk* VN)
Vogel m^{10} **1** vogel **2** snuiter, knakker: *ein komischer ~* een rare snuiter **3** vliegtuig || *er hat einen ~* hij is niet goed snik
vogelfrei vogelvrij: *jmdn für ~ erklären* iem vogelvrij verklaren
Vogelgrippe v^{21} vogelgriep
Vogelhaus o^{32} vogelhuis, volière
vögeln *(plat)* naaien, neuken
Vogelperspektive v^{21} vogelperspectief: *aus der ~ betrachten* in vogelvlucht bekijken
Vogelpest v^{28} vogelpest
Vogelscheuche v^{21} *(ook fig)* vogelverschrikker
Vogel-Strauß-Politik v^{28} struisvogelpolitiek
Vogelzug m^{19} vogeltrek
Vogt m^{6} voogd
Voicemail v^{27} voicemail
Vokabel v^{21} woordje
Vokabular o^{29} **1** vocabulaire, woordenlijst **2** vocabulaire, woordenschat
vokal *(muz)* vocaal
Vokal m^{5} klinker, vocaal
Vokativ m^{5} *(taalk)* vocatief
[1]**Volk** o^{32} **1** volk **2** *(jagerstaal)* vlucht, koppel *(patrijzen)* **3** volk, zwerm *(bijen)*
[2]**Volk** o^{39} menigte, volk, mensen
Völkerkunde v^{28} volkenkunde
Völkermord m^{5} genocide, volkenmoord
Völkerrecht o^{39} volkenrecht
völkerrechtlich volkenrechtelijk
Völkerschaft v^{20} volk, volksstam, volksgroep
Völkerverständigung v^{28} beter begrip tussen de volkeren
Völkerwanderung v^{20} volksverhuizing
Volksabstimmung v^{20} volksstemming
Volksbefragung v^{20} referendum
Volksbegehren o^{35} verzoek een referendum te houden
Volksbelustigung v^{20} volksvermaak
Volksbewegung v^{20} massabeweging
Volksbücherei v^{20} openbare bibliotheek
Volkseinkommen o^{35} nationaal inkomen
Volksentscheid m^{5} referendum
Volksfeind m^{5} volksvijand
Volksgruppe v^{21} nationale minderheid
Volksherrschaft v^{28} volksheerschappij, democratie
Volkshochschule v^{21} volkshogeschool
Volksküche v^{21} gaarkeuken
Volkskunde v^{28} volkskunde
Volksmusik v^{28} volksmuziek
Volkstracht v^{20} volksdracht, nationale dracht
Volkstum o^{39} volksaard, volkskarakter
volkstümlich **1** populair **2** volks-, overeenkomstig de volksaard: *~er Brauch* volksgebruik
Volkswirt m^{5} econoom
Volkswirtschaft v^{20} economie
Volkswirtschaftler m^{9} econoom
volkswirtschaftlich economisch
Volkswirtschaftslehre v^{28} staathuishoudkunde
Volkszählung v^{20} volkstelling
voll vol: *ein ~er Erfolg* een volledig succes; *ein ~es Haus* een volle zaal; *den Kopf ~ haben* veel aan het hoofd hebben; *~ (von) Menschen* vol mensen; *fünf nach ~* vijf over het hele uur; *(sp) nicht ~ spielen* niet met volle inzet spelen; *er ist ~* hij is dronken; *jmdn nicht für ~ nehmen* (of: *ansehen)* iem niet voor vol aanzien; *~ besetzt* geheel bezet, vol; *aus dem Vollen schöpfen* niet op geld hoeven te kijken; *aus dem Vollen leben* royaal leven; *~ und ganz* geheel en al
Vollakademiker m^{9} afgestudeerd academicus
vollauf volop, volledig, ten volle
vollautomatisch volautomatisch
Vollbart m^{6} volle baard
vollbeschäftigt **1** volop werk hebbend **2** een volledige betrekking hebbend
Vollbeschäftigung v^{28} volledige werkgelegenheid
vollbesetzt geheel bezet, vol
Vollbesitz m^{19}: *im ~* in het volle bezit
Vollblut o^{39}, **Vollblüter** m^{9} volbloed(paard)
vollblütig **1** volbloed **2** *(fig)* vitaal
vollbringen^{139} volbrengen, volvoeren, doen
vollenden voltooien, voleindigen
vollendet **1** voltooid **2** volmaakt
vollends **1** volkomen, geheel, totaal **2** ook nog
[1]**Vollendung** v^{28} volmaaktheid
[2]**Vollendung** v^{20} **1** voltooiing, voleindiging **2** bekroning

vi

voller vol
[1]**Volleyball** *m*[19] volleybal
[2]**Volleyball** *m*[6] volleybal
vollführen volbrengen, volvoeren, uitvoeren
Vollgas *o*[39] plankgas: *~ geben* vol gas geven
Vollgefühl *o*[39]: *im ~ seiner Würde* in het volle besef van zijn waardigheid
vollgültig ten volle geldig, volledig geldig
Vollgummireifen *m*[11] massieve rubberband
Vollidiot *m*[14] volslagen idioot
völlig volledig, volkomen, geheel, totaal
volljährig meerderjarig, mondig
Volljährigkeit *v*[28] meerderjarigheid
Volljurist *m*[14] meester in de rechten
Vollkasko *v*[28], **Vollkaskoversicherung** *v*[20] allriskverzekering; *(Belg)* omniumverzekering
vollkommen 1 volkomen, volmaakt **2** volledig, totaal
Vollkommenheit *v*[28] volmaaktheid
vollmachen vol maken, vullen *(ook inform): die Hose ~* het in de broek doen
Vollmacht *v*[20] volmacht: *in ~* bij volmacht
Vollmilch *v*[28] volle melk
Vollmilchschokolade *v*[21] melkchocolade
[1]**Vollmond** *m*[5] kale knikker
[2]**Vollmond** *m*[19] vollemaan
Vollnarkose *v*[21] *(med)* volledige narcose
Vollpension *v*[28] volledig pension
vollpfropfen volproppen, volstoppen
Vollreifen *m*[11] massieve band
vollschlagen[241]: *sich den Leib ~* zijn buik vullen
vollschlank volslank
vollständig volledig, compleet, helemaal
Vollständigkeit *v*[28] volledigheid
vollstreckbar *(jur)* uitvoerbaar
vollstrecken 1 *(jur)* voltrekken, ten uitvoer leggen **2** *(sp) (strafschop)* benutten
Vollstrecker *m*[9] voltrekker, uitvoerder
Vollstreckung *v*[20] voltrekking, executie
Volltreffer *m*[9] voltreffer
Vollverpflegung *v*[28] volledig pension
Vollversammlung *v*[20] plenaire vergadering
vollwertig volwaardig
vollzählig voltallig
vollziehen[318] *tr* voltrekken, uitvoeren, ten uitvoer brengen: *die ~de Gewalt* de uitvoerende macht
vollziehen[318], **sich** plaatshebben
Vollzug *m*[19] **1** voltrekking, uitvoering **2** strafvoltrekking **3** gevangenis
Vollzugsanstalt *v*[20] gevangenis
Volontär *m*[5] volontair
Volumen *o (2e nvl -s; mv Volumina)* boekdeel
Volumen *o*[35] **1** volume **2** omvang
vom *samentr van von dem* **1** van de, van het **2** door de, door het
von[+3] *vz* **1** van: *~ dem Tage an* vanaf die dag; *~ seiner Wohnung aus* vanuit zijn woning; *~ allein(e)* vanzelf **2** door: *~ einem Auto angefahren werden* door een auto aangereden worden **3** over: *reden ~* praten over **4** op: *eine Ausnahme ~ der Regel* een uitzondering op de regel; *~ Neuem, ~ neuem* opnieuw || *~ mir aus!* voor mijn part!
voneinander van elkaar, vaneen
vonnöten: *~ sein* (dringend) nodig zijn
vonstattengehen[168] plaatsvinden: *gut ~* goed vorderen, opschieten
[1]**vor** *bw: nach wie ~* nog steeds
[2]**vor**[+3, +4] *vz* **1** voor: *~ allen Dingen, ~ allem* voor alles, in de eerste plaats; *~ sich hin weinen* alsmaar huilen **2** boven: *Gewalt geht ~ Recht* geweld gaat boven recht **3** buiten: *er wohnt ~ der Stadt* hij woont buiten de stad **4** door: *(fig) er sieht den Wald ~ lauter Bäumen nicht* hij ziet door de bomen het bos niet meer **5** van: *er starb ~ Hunger* hij stierf van honger **6** in aanwezigheid van: *~ einer großen Menge* in aanwezigheid van een grote menigte || *~ drei Tagen* drie dagen geleden
vorab vooraf, van tevoren, eerst
Vorabend *m*[5] vooravond
voran 1 vooraan, voorop, aan het hoofd **2** *(inform)* vooruit, voorwaarts
voranbringen[139] vooruithelpen, bevorderen
vorangehen[168] **1** vooropgaan, vooroplopen, voorgaan **2** opschieten: *die Arbeit geht gut voran* het werk schiet goed op **3** voorafgaan
vorankommen[193] vooruitkomen, vorderen
voranmelden *(telecom)* een voorbericht geven
Voranmeldung *v*[20]: *Telefongespräch mit ~* telefoongesprek met voorbericht
Voranschlag *m*[6] kostenraming, schatting
voranstellen vooropzetten, vooropstellen
vorantreiben[290] bespoedigen
Vorarbeit *v*[20] voorbereidend werk
vorarbeiten 1 vooruitwerken **2** voorbereidend werk doen
Vorarbeiter *m*[9] voorman, ploegbaas
vorauf 1 voorop **2** vooruit **3** vooraf
voraufgehen[168] **1** vooropgaan **2** voorafgaan
voraus vooruit; voor; van tevoren: *seiner Zeit ~ sein* zijn tijd vooruit zijn; *im* (of: *zum) Voraus* bij voorbaat
vorauseilen haastig vooruitlopen
vorausfahren[153] vooruitrijden
vorausgehen[168] **1** vooruitgaan, vooruitlopen **2** voorafgaan
vorausgesetzt: *~, dass* aangenomen dat, mits
vorausshaben[182]: *jmdm* (of: *vor jmdm) etwas ~* iets op iem voor hebben
Vorauskasse *v*[21] vooruitbetaling
Voraussage *v*[21] voorspelling
voraussagen voorspellen
vorausschauen vooruitzien, voorzien
vorausschicken 1 vooruitzenden, vooruitsturen **2** vooraf laten gaan aan, vooropstellen
voraussehen[261] voorzien, vooruitzien
voraussetzen veronderstellen, vereisen
Voraussetzung *v*[20] **1** voorwaarde **2** verondersteI-

ling: *unter der ~, dass* mits
Voraussicht *v*[20] vooruitziende blik; vermoeden: *aller ~ nach* naar alle waarschijnlijkheid
voraussichtlich vermoedelijk, waarschijnlijk
vorauszahlen vooruitbetalen
Vorauszahlung *v*[20] vooruitbetaling
Vorbau *m (2e nvl -(e)s; mv -ten)* uitbouw
[1]**vorbauen** *intr* (tijdig) maatregelen nemen, (iets) voorkomen
[2]**vorbauen** *tr* uitbouwen, aanbouwen
Vorbedacht *m*[19] opzet, overweging: *mit ~* weloverwogen; *ohne ~* onopzettelijk
Vorbedingung *v*[20] (eerste) voorwaarde
Vorbehalt *m*[5] voorbehoud, beperking
[1]**vorbehalten**[183] *tr* voorbehouden
[2]**vorbehalten**[183]**, sich** zich voorbehouden
vorbei 1 voorbij, langs **2** voorbij, afgelopen: *es ist 6 Uhr ~* het is over zessen; *mit ihm ist es ~* het is met hem gebeurd
vorbeibringen[139] aanreiken
vorbeifahren[153] langsrijden, voorbijrijden
vorbeigehen[168] **1** voorbijgaan, langsgaan: *bei jmdm ~* bij iem langsgaan, aangaan **2** *(mbt een klap, schot)* langsgaan, missen, niet raken **3** *(mbt pijn)* overgaan **4** *(sp)* passeren
vorbeikommen[193] voorbijkomen, langskomen: *bei jmdm ~* bij iem langsgaan, aanlopen
vorbeilassen[197] voorbijlaten, laten passeren
Vorbeimarsch *m*[6] defilé
vorbeireden langs iets (iem) heen praten
vorbeischauen langskomen
vorbeiziehen[318] **1** langstrekken, voorbijtrekken; *(fig)* voorbijgaan **2** *(sp)* passeren
vorbelastet belast
Vorbemerkung *v*[20] inleidende opmerking
Vorberatung *v*[20] voorafgaand overleg
vorbereiten voorbereiden, prepareren
Vorbereitung *v*[20] voorbereiding
Vorbericht *m*[5] voorlopig verslag
vorbeten 1 voorbidden **2** *(inform)* oplepelen
[1]**vorbeugen** *intr* voorkomen, verhinderen
[2]**vorbeugen** *tr* vooroverbuigen
[3]**vorbeugen, sich** naar voren buigen
Vorbeugung *v*[20] voorkoming, verhindering
Vorbeugungsmaßnahme *v*[21] preventieve maatregel
Vorbild *o*[31] voorbeeld
vorbilden 1 een vooropleiding geven **2** voorbereidend vormen
vorbildhaft, vorbildlich voorbeeldig
Vorbildung *v*[28] vooropleiding
Vorbote *m*[15] **1** voorbode **2** voorteken
vorbringen[139] naar voren brengen, te berde brengen, aanvoeren, uiten
Vordach *o*[32] luifel, afdak
vordem 1 eerder, voorheen **2** vroeger
vorder voor-, voorste, eerste: *die ~en Räder* de voorwielen
Vorderachse *v*[21] vooras
Vordergrund *m*[6] voorgrond: *im ~ stehen* op de voorgrond staan
vordergründig oppervlakkig
vorderhand voorshands, voorlopig
Vorderhand *v*[28] voorhand
Vordermann *m*[8] **1** voorman *(in het gelid)* **2** voor iem rijdende auto || *jmdn auf ~ bringen* iem scherp terechtwijzen
Vorderpfote *v*[21] voorpoot
Vorderradantrieb *m*[19] voorwielaandrijving
Vorderteil *o*[29], *m*[5] voorste deel
[1]**vordrängen** *intr* naar voren dringen
[2]**vordrängen, sich 1** zich op de voorgrond dringen **2** voordringen
vordringen[143] doordringen
vordringlich 1 urgent, dringend **2** met voorrang
Vordruck *m*[5] formulier
vorehelich voorechtelijk
voreilig voorbarig, overhaast
voreinander voor elkaar
voreingenommen vooringenomen
Voreingenommenheit *v*[28] vooringenomenheid
vorenthalten[183] onthouden, niet geven
Vorentscheid *m*[5], **Vorentscheidung** *v*[20] voorlopige beslissing
vorerst *m*[5] vooreerst
vorerwähnt bovengenoemd
vorerzählen wijsmaken
Vorfahr *m*[14], **Vorfahre** *m*[15] voorvader
vorfahren[153] **1** *(een paar meter)* naar voren rijden **2** voorrijden **3** vooruitrijden: *jmdn ~ lassen* iem voorrang geven
Vorfahrt *v*[28] **1** voorrang: *(die) ~ haben* voorrang hebben **2** (het) voorrijden
Vorfahrtsrecht *o*[39] voorrang
Vorfahrtsstraße *v*[21] voorrangsweg
Vorfall *m*[6] voorval, gebeurtenis
vorfallen[154] voorvallen, gebeuren
Vorfeld *o*[31] *(mil)* voorterrein: *im ~ der Wahlen* in de periode voor de verkiezingen
Vorfilm *m*[5] voorfilm
vorfinden[157] aantreffen, vinden
Vorfreude *v*[21] voorpret
vorfristig voor de gestelde termijn, vervroegd
vorfühlen: *bei jmdm ~* iem polsen
vorführen 1 *(arrestant)* voorleiden **2** demonstreren, showen, laten zien **3** *(film)* vertonen; *(toneelstuk)* opvoeren
Vorführung *v*[20] **1** voorgeleiding **2** demonstratie **3** vertoning, opvoering, (het) optreden
Vorgabe *v*[21] **1** *(sp)* voorgift **2** richtlijn
Vorgang *m*[6] **1** gebeurtenis, voorval **2** proces
Vorgänger *m*[9] voorganger
vorgaukeln voorspiegelen, voortoveren
vorgeben[166] **1** naar voren doorgeven **2** *(sp)* voorgeven, een voorsprong geven **3** voorwenden, voorgeven **4** vastleggen, vaststellen
Vorgebirge *o*[33] **1** voorgebergte **2** kaap
vorgeblich zogenaamd, beweerd

vorgefasst vooropgezet: *~e Meinung* vooropgezette mening; *~es Urteil* vooroordeel
vorgehen[168] **1** naar voren gaan, vooropgaan **2** voorgaan, voorrang hebben **3** *(mbt klok)* voorlopen **4** *(mil)* aanvallen, oprukken **5** gebeuren, zich afspelen **6** handelen, optreden, te werk gaan: *energisch ~* krachtig optreden; *hart gegen jmdn ~* iem hard aanpakken || *gerichtlich gegen jmdn ~* gerechtelijke stappen tegen iem ondernemen
Vorgehen *o*[39], **Vorgehensweise** *v*[21] (het) handelen, handelwijze; *zie ook* vorgehen
Vorgelände *o*[33] voorterrein
Vorgelege *o*[33] *(techn)* overbrenging
vorgenannt voornoemd, bovengenoemd
Vorgeschmack *m*[19] voorproefje, voorsmaak
vorgeschritten *zie* vorschreiten
Vorgesetzte(r) *m*[40a], *v*[40b] meerdere, chef
Vorgespräch *o*[29] gesprek vooraf
vorgestern eergisteren
vorgestrig van eergisteren; *(fig)* ouderwets
vorgreifen[181] vooruitlopen op: *einem Urteil ~* op een vonnis vooruitlopen; *jmdm ~: a)* iem voor zijn; *b)* iems beslissing niet afwachten
Vorgriff *m*[5] (het) vooruitlopen: *im* (of: *in, unter*) *~ auf* vooruitlopend op
vorhaben[182] **1** van plan zijn **2** *(een schort)* voorhebben **3** (iem) onder handen nemen
Vorhaben *o*[35] plan, voornemen
¹**vorhalten**[183] *intr* voldoende zijn
²**vorhalten**[183] *tr* **1** voorhouden **2** voorhouden, verwijten
Vorhaltung *v*[20] verwijt
vorhanden voorhanden, voorradig, aanwezig
Vorhang *m*[6] **1** gordijn **2** *(theat)* doek, scherm
vorhängen hangen voor
Vorhängeschloss *o*[32] hangslot
Vorhaut *v*[25] *(anat)* voorhuid
vorher (van) tevoren, vooraf, eerst
vorherberechnen van tevoren berekenen
vorherbestimmen **1** vooraf bepalen **2** voorbeschikken, voorbestemmen
vorhergehen[168] voor(af)gaan: *am ~den Tag* de vorige dag
vorherig voor(af)gaand, vorig
Vorherrschaft *v*[28] hegemonie, overwicht, leidende rol, suprematie
vorherrschen **1** de hegemonie bezitten **2** overheersen, de overhand hebben
Vorhersage *v*[21] voorspelling
vorhersagen voorspellen
vorhersehen[261] voorzien
vorhin zo-even, zojuist, net
Vorhinein: *im ~* bij voorbaat, vooraf
Vorhof *m*[6] **1** *(med)* hartboezem **2** voorhof, voorportaal, voorplein
Vorhut *v*[20] voorhoede
vorig vorig, voorgaand
Vorjahr *o*[29] vorig jaar
vorjährig van het vorig jaar, in het vorig jaar
Vorkammer *v*[21] **1** *(med)* hartboezem **2** voorkamer *(van dieselmotor)*
Vorkämpfer *m*[9] voorvechter, kampioen
Vorkasse *v*[21] vooruitbetaling
vorkauen voorkauwen *(ook fig)*
Vorkaufsrecht *o*[29] optie, recht van voorkoop
Vorkehrung *v*[20] (voorzorgs)maatregel: *~en treffen* maatregelen nemen
Vorkenntnis *v*[24] vooropleiding, basiskennis
vorknöpfen *(inform): sich jmdn ~* iem onder handen nemen
vorkommen[193] **1** naar voren komen **2** voorkomen, gebeuren, zich voordoen **3** voorkomen, aangetroffen worden **4** voorkomen, toeschijnen
¹**Vorkommen** *o*[39] (het) voorkomen, aanwezigheid
²**Vorkommen** *o*[35] **1** vindplaats *(van mineralen)* **2** aanwezige hoeveelheid, voorraad
Vorkommnis *o*[29a] voorval, gebeurtenis
Vorkriegs- vooroorlogs, van voor de oorlog
vorladen[196] *(jur)* dagvaarden
Vorladung *v*[20] *(jur)* dagvaarding
¹**Vorlage** *v*[28] **1** (het) overleggen, (het) tonen, (het) aanbieden: *gegen* (of: *bei*) *~*[+2] op vertoon van **2** voorovergebogen houding *(bij roeien, skiën)*
²**Vorlage** *v*[21] **1** *(typ)* origineel **2** (wets)ontwerp **3** voorbeeld, model, patroon **4** *(sp)* voorzet
vorlagern liggen voor
Vorland *o*[39] **1** voor iets *(bijv de Alpen)* gelegen land **2** buitendijks land
vorlassen[197] **1** voor laten gaan **2** binnenlaten
Vorlauf *m*[6] **1** *(chem)* voorloop **2** *(sp)* serie
vorlaufen[198] **1** naar voren lopen **2** vooruitlopen
vorläufig voorlopig
vorlaut vrijpostig
vorleben voorleven, voordoen
vorlegen **1** *(een vraag)* voorleggen **2** op de deur doen; *(een slot)* erop doen **3** *(spijzen)* serveren **4** *(een ontwerp)* indienen **5** *(pas)* tonen, laten zien; *(diploma's)* overleggen **6** *(sp)* een pass geven **7** voorschieten || *(sp) ein scharfes Tempo ~* het tempo snel opvoeren
Vorleger *m*[9] kleedje, mat *(voor bed, deur)*
vorlehnen, sich vooroverleunen
vorlesen[201] voorlezen
¹**Vorlesung** *v*[20] college: *~en hören* college lopen, colleges volgen
²**Vorlesung** *v*[28] (het) voorlezen
vorletzt voorlaatst
Vorliebe *v*[21] voorliefde
vorliebnehmen[212]: *mit*[+3] *etwas ~* iets voor lief nemen, tevreden zijn met iets
vorliegen[202] aanwezig zijn, (er) zijn: *es liegen keine Gründe dazu vor* daarvoor zijn geen redenen aanwezig; *es liegt gegen ihn nichts vor* hij wordt nergens van verdacht; *es liegt ein Irrtum vor* er is sprake van een vergissing
vorliegend voorliggend, onderhavig, dit, deze: *der ~e Roman* deze roman
vorlügen[204] voorliegen

vorm *samentr van vor dem* voor de, voor het
vormachen 1 *(iem iets)* voordoen, demonstreren **2** wijsmaken
Vormacht, Vormachtstellung *v*^{28} hegemonie, overwicht, leidende rol, suprematie
vormalig *bn* voormalig, vroeger
vormals *bw* **1** vroeger, eertijds **2** voorheen
Vormarsch *m*^{6} opmars: *im ~ sein* oprukken
vormerken 1 noteren **2** *(bestelling)* opnemen: *sich ~ lassen* zich laten inschrijven
Vormerkung *v*^{20} **1** aantekening, notitie **2** (het) opnemen *(van bestelling)* **3** reservering
Vormittag *m*^{5} voormiddag, morgen, ochtend
vormittags 's morgens, 's ochtends
Vormonat *m*^{5} vorige maand
Vormund *m*^{5}, *m*^{8} voogd; curator
Vormundschaft *v*^{20} voogdij(schap); curatele
vorn *bw* voor(aan), (van) voren: *wieder von ~ anfangen* weer van voren af aan beginnen; *das Zimmer liegt nach ~* de kamer ligt aan de voorkant
Vornahme *v*^{28} (het) verrichten, (het) aanbrengen, uitvoering *(ve werk)*
Vorname *m*^{18} voornaam
vornan, vornan vooraan, voorop
vorne *zie* vorn
vornehm 1 voornaam, aanzienlijk **2** deftig, chic **3** voornaam, belangrijk **4** nobel, edel
^{1}**vornehmen**^{212} *tr* **1** *(schort)* voordoen **2** doen, verrichten, uitvoeren: *eine Berichtigung ~* een correctie aanbrengen; *eine Untersuchung ~* een onderzoek instellen **3** voor zijn beurt helpen
^{2}**vornehmen**^{212}**, sich** zich voornemen: *sich*^{3} *jmdn ~* iem onder handen nemen
Vornehmheit *v*^{28} voornaamheid, deftigheid
vornehmlich voornamelijk, vooral
vornherein: *von ~* van het begin af aan
vornüber voorover, naar voren
vornweg *zie* vorweg
Vorort *m*^{5} voorstad
Vorortverkehr *m*^{19} lokaal verkeer, lokaal vervoer
vorprogrammieren^{320} voorprogrammeren
Vorprüfung *v*^{20} schoolonderzoek, voorselectie, voortentamen
Vorrang *m*^{19} prioriteit, voorrang
vorrangig 1 belangrijker **2** met voorrang
Vorrat *m*^{6} voorraad
vorrätig voorradig, in voorraad
Vorratskammer *v*^{21}, **Vorratsraum** *m*^{6} voorraadkamer, provisiekamer
Vorraum *m*^{6} vestibule, hal; voorzaal
vorrechnen 1 voorrekenen **2** *(fig)* voorhouden
Vorrecht *o*^{29} voorrecht, privilege
Vorrede *v*^{21} **1** woord vooraf **2** inleiding
Vorredner *m*^{9} vorige spreker
vorrennen^{222} naar voren rennen, vooruitrennen
Vorrichtung *v*^{20} apparaat, toestel, installatie
^{1}**vorrücken** *intr* **1** vorderen: *in vorgerücktem Alter* op gevorderde leeftijd **2** *(mil)* oprukken **3** vooruitgaan *(mbt wijzer)*
^{2}**vorrücken** *tr* vooruitschuiven, naar voren schuiven
Vorruhestand *m*^{19} vervroegde uittreding, VUT
Vorruheständler *m*^{9} vutter
Vorruhestandsregelung *v*^{20} VUT-regeling
vorsagen voorzeggen
Vorsatz *m*^{6} **1** voornemen, plan, bedoeling **2** opzet **3** *(techn)* voorzetapparaat, hulpstuk
vorsätzlich opzettelijk, expres: *~er Mord* moord met voorbedachten rade
Vorschau *v*^{20} **1** *(telecom)* overzicht van het komende programma **2** *(film)* trailer
Vorschein *m*^{19}: *zum ~ kommen, bringen* tevoorschijn komen, brengen
vorschicken 1 vooruitzenden **2** naar voren sturen
vorschieben^{237} **1** ervoor schuiven **2** naar voren schuiven **3** voorwenden, voorgeven
Vorschlag *m*^{6} **1** *(muz)* voorslag **2** voorstel
vorschlagen^{241} **1** voorstellen **2** (iem) voordragen
vorschnell voorbarig, overhaast
vorschreiben^{252} voorschrijven
vorschreiten^{254} voortschrijden, vorderen: *im vorgeschrittenen Alter* op gevorderde leeftijd; *zu vorgeschrittener Stunde* laat op de avond
Vorschrift *v*^{20} voorschrift, instructie: *Dienst nach ~* stiptheidsactie; *die ~en (ook)* de regelgeving
vorschriftsgemäß, vorschriftsmäßig volgens voorschrift, reglementair
Vorschub *m*^{6}: *einer Sache ~ leisten* iets bevorderen, begunstigen, in de hand werken
Vorschulung *v*^{28} voorbereidende scholing
Vorschuss *m*^{6} voorschot
vorschützen voorgeven, voorwenden
vorschweben voor de geest staan
vorschwindeln wijsmaken
^{1}**vorsehen**^{261} *intr* zichtbaar zijn
^{2}**vorsehen**^{261} *tr* **1** op het oog hebben, bestemmen **2** van plan zijn, beogen, plannen **3** rekening houden met, voorzien in: *das war nicht vorgesehen* daar was niet op gerekend
^{3}**vorsehen**^{261}**, sich** op zijn hoede zijn, uitkijken
Vorsehung *v*^{28} voorzienigheid
vorsetzen 1 naar voren zetten, naar voren plaatsen, vooruitzetten **2** zetten, plaatsen voor
Vorsicht *v*^{28} voorzichtigheid: *~ üben* (of: *walten lassen)* voorzichtig te werk gaan; *~!* pas op!, voorzichtig!
vorsichtig voorzichtig, behoedzaam
vorsichtshalber voorzichtigheidshalve
Vorsilbe *v*^{21} *(taalk)* voorvoegsel, prefix
vorsingen^{265} voorzingen
vorsintflutlich 1 van voor de zondvloed **2** *(fig)* volkomen verouderd
Vorsitz *m*^{5} voorzitterschap: *den ~ haben* voorzitter zijn
vorsitzen^{268} voorzitten, presideren: *einer Versammlung ~* een vergadering voorzitten
Vorsitzende(r) *m*^{40a}, *v*^{40b} voorzitter, president; voorzitster, presidente: *Vorsitzender des Auf-*

vo

sichtsrates president-commissaris

Vorsorge *v*[28] voorzorg: *zur ~* uit voorzorg

vorsorgen van tevoren zorgen voor, voorzieningen treffen voor, zich indekken

vorsorglich uit voorzorg, voorzichtigheidshalve

Vorspann *m*[5] **1** voorspan **2** *(film)* titelrol **3** inleiding *(van een krantenartikel)*

Vorspeise *v*[21] voorgerecht, voorspijs

vorspiegeln voorspiegelen

Vorspiegelung *v*[20] voorspiegeling

Vorspiel *o*[29] **1** voorspel **2** *(sp)* voorwedstrijd

vorspielen **1** voorspelen **2** bedotten, voor de gek houden

vorsprechen[274] **1** voorzeggen **2** *(als voorbeeld)* voorspreken || *bei jmdm ~* iem bezoeken om iets te bespreken

vorspringen[276] **1** naar voren springen **2** verder springen **3** (voor)uitsteken

Vorsprung *m*[6] **1** voorsprong: *einen ~ vor jmdm gewinnen* een voorsprong op iem krijgen **2** (voor)uitstekend gedeelte

Vorstand *m*[6] **1** bestuur, directie **2** bestuurslid, directielid, directeur

Vorstandsmitglied *o*[31] bestuurslid, directielid

Vorstandssitzung *v*[20] bestuursvergadering

vorstecken **1** opspelden, voordoen **2** vooruitsteken

Vorstecknadel *v*[21] **1** broche **2** dasspeld

vorstehen[279] **1** (voor)uitsteken, uitspringen; *(mbt tanden)* naar voren staan **2** aan het hoofd staan van: *einem Heim ~* aan het hoofd staan van een tehuis

vorstehend bovenstaand

Vorsteher *m*[9] directeur, hoofd, chef, leider

vorstellen **1** zetten voor, plaatsen voor **2** naar voren zetten, schuiven **3** *(een klok)* voorzetten **4** voorstellen **5** *(theat)* de rol spelen van, uitbeelden **6** introduceren, presenteren, voorstellen

vorstellig: *bei jmdm ~ werden* zich tot iem wenden, bij iem bezwaar aantekenen

Vorstellung *v*[20] **1** (het) voorstellen, presentatie, introductie **2** voorstelling, denkbeeld **3** *(theat)* voorstelling **4** vermaning, bezwaar, protest

Vorstellung *v*[28] verbeelding, fantasie

Vorstellungsgespräch *o*[29] sollicitatiegesprek

Vorstoß *m*[6] **1** aanval, actie, (het) binnendringen **2** uitsteeksel, uitstekende rand *(aan wiel)* **3** boordsel, passement

vorstoßen[285] *intr* **1** aanvallen **2** doordringen, binnendringen

vorstoßen[285] *tr* naar voren stoten

Vorstrafe *v*[21] vroegere straf

vorstrecken **1** uitsteken; naar voren steken **2** *(geld)* voorschieten

Vorstudie *v*[21] voorstudie

vorstülpen tuiten

vorstürmen naar voren stormen

Vortag *m*[5] dag tevoren

vortäuschen **1** voorspiegelen **2** voorwenden

Vorteil *m*[5] voordeel, winst, profijt: *(sp) ~ gelten lassen* de voordeelregel toepassen

vorteilhaft **1** voordelig, winstgevend **2** gunstig

Vortrag *m*[6] **1** voordracht, lezing, referaat **2** transport, overboeking **3** mondeling verslag

vortragen[288] **1** naar voren brengen, naar voren dragen **2** voordragen, ten gehore brengen **3** verslag uitbrengen **4** (iets) uiteenzetten **5** transporteren, overboeken

vortrefflich voortreffelijk, uitstekend

vortreiben[290] naar voren drijven

vortreten[291] **1** naar voren treden **2** *(mbt ogen)* uitpuilen; *(mbt jukbeenderen)* uitsteken

Vortritt *m*[5] voorrang: *jmdm den ~ lassen* iem voor laten gaan

vorüber **1** voorbij, afgelopen **2** langs: *an Schlössern ~* langs kastelen

vorüberfahren[153] passeren, voorbijrijden

vorübergehen[168] voorbijgaan: *an jmdm ~* iem voorbijgaan, voorbijlopen

Vorübergehen *o*[39]: *im ~: a)* in het voorbijgaan; *b)* en passant, terloops

vorübergehend voorbijgaand, tijdelijk

Vorübergehende(r) *m*[40a], *v*[40b] voorbijganger

vorüberziehen[318] voorbijtrekken, langstrekken

Vorurteil *o*[29] vooroordeel

vorurteilsfrei, vorurteilslos onbevooroordeeld, onbevangen

Vorväter *mv m*[10] voorvaderen

Vorverhandlung *v*[20] vooroverleg

vorverlegen naar voren verplaatsen

vorwagen, sich zich naar voren wagen

Vorwahl *v*[20] **1** voorverkiezing **2** *(telecom)* (het) draaien van het netnummer **3** *(telecom)* kengetal, netnummer **4** voorselectie

vorwählen het netnummer draaien

Vorwählnummer *v*[21] netnummer, kengetal

Vorwand *m*[6] voorwendsel, uitvlucht

vorwärmen voorverwarmen

vorwarnen vroegtijdig waarschuwen

Vorwarnung *v*[20] **1** waarschuwende hint **2** tijdige waarschuwing

vorwärts voorwaarts, naar voren

Vorwärtsgang *m*[19] vooruit *(versnellingsstand)*

Vorwäsche *v*[21] voorwas

vorwaschen[304] voorwassen

vorweg **1** vooraf, om te beginnen **2** bij voorbaat **3** vooruit, voorop **4** vooral, speciaal

Vorwegnahme *v*[21] anticipatie, (het) vooruitlopen op

vorwegnehmen[212] anticiperen op, vooruitlopen op: *gleich das Wichtigste ~* meteen het belangrijkste maar zeggen

vorweisen[307] tonen, laten zien, overleggen

Vorweisung *v*[20] vertoon: *gegen ~* op vertoon

Vorwelt *v*[28] voorwereld, oertijd

vorwerfen[311] **1** toewerpen, toegooien **2** *(fig)* verwijten **3** *(mil)* inzetten, in de strijd werpen

vorwiegen[312] overheersen, prevaleren

vorwiegend overwegend, voornamelijk
Vorwissen *o*[39] voorkennis
Vorwitz *m*[5] **1** eigenwijsheid **2** vrijpostigheid **3** nieuwsgierigheid
vorwitzig 1 eigenwijs **2** vrijpostig **3** nieuwsgierig
Vorwoche *v*[21] vorige, voorafgaande week
Vorwurf *m*[6] **1** verwijt **2** thema, onderwerp
vorwurfsvoll verwijtend
vorzählen voortellen
Vorzeichen *o*[35] voorteken
vorzeichnen 1 voortekenen **2** *(fig)* uitstippelen
vorzeigen tonen, laten zien
Vorzeigeunternehmer *m*[9] modelondernemer
Vorzeit *v*[20] voortijd, oertijd, prehistorie
vorzeiten eens, lang geleden
vorzeitig voortijdig, te vroeg
vorzeitlich uit de voortijd, oertijd, prehistorisch
vorziehen[318] **1** naar voren trekken: *Truppen ~* troepen naar het front sturen **2** tevoorschijn halen **3** *(een gordijn)* dichttrekken **4** vervroegen: *vorgezogene Wahlen* vervroegde verkiezingen; *der vorgezogene Ruhestand* het vervroegd pensioen **5** de voorkeur geven aan: *Wein dem Bier ~* wijn boven bier verkiezen; *jmdn ~* iem voortrekken
Vorzimmer *o*[33] voorvertrek, wachtkamer
[1]**Vorzug** *m*[6] **1** *(spoorw)* extra trein, voortrein **2** voordeel **3** voorrecht
[2]**Vorzug** *m*[19] voorkeur
vorzüglich voortreffelijk, uitstekend: *mit ~er Hochachtung* met de meeste hoogachting
Vorzugsaktie *v*[21] preferent aandeel
Vorzugspreis *m*[5] speciale prijs
Vorzugsstellung *v*[20] bevoorrechte positie
vorzugsweise bij voorkeur, vooral
votieren[320] voteren, stemmen
Vulkan *m*[5] vulkaan
Vulkanausbruch *m*[6] vulkaanuitbarsting
VW *afk van Volkswagen* Volkswagen

W

Waage v^{21} **1** weegschaal **2** *(astrol)* Weegschaal **3** *(sp)* zweefstand **4** waterpas
waagerecht, waagrecht horizontaal, waterpas
Waagschale v^{21} waagschaal: *das fällt in die ~* dat legt gewicht in de schaal
wabbelig slap, lillend, trillend
Wabe v^{21} raat, honingraat
wach 1 wakker: *~ halten* in stand houden **2** levendig, alert, helder, pienter
Wachdienst m^{5} **1** wacht(dienst) **2** bewakingsdienst, beveiligingsdienst **3** personeel van de wacht
Wache v^{21} **1** wacht: *~ haben* waken; *~ halten* de wacht houden **2** politiebureau
wachen waken
Wachhund m^{5} waakhond
Wachmann m^{8} *(mv ook -leute)* bewaker
Wacholder m^{9} **1** jeneverbes, -struik **2** jenever
Wacholderbeere v^{21} jeneverbes
Wachposten m^{11} wachtpost
wachrufen^{226} **1** wakker maken **2** oproepen
wachrütteln wakker schudden
Wachs o^{29} was, wax
wachsam waakzaam, oplettend
Wachsamkeit v^{28} waakzaamheid
wachsbleich wasbleek, doodsbleek
wachsen *st* groeien, wassen; groter worden, stijgen, toenemen: *der Mond wächst* het is wassende maan; *jmdm, einer Sache gewachsen sein* tegen iem, iets opgewassen zijn
wachsen *zw* wassen, in de was zetten, waxen
Wachsfigur v^{20} wassen beeld
Wachskerze v^{21}, **Wachslicht** o^{31} waskaars
Wachstation v^{20} intensive care
Wachstube v^{21} wachtlokaal
Wachstuch o^{29} wasdoek
Wachstuch o^{32} tafelzeil
Wachstum o^{39} wasdom, groei, stijging
Wachstumsbranche v^{21} groeisector
Wachstumsrate v^{21} groeipercentage, groeicijfer
Wacht v^{20} wacht
Wächte *oude spelling voor* Wechte, *zie* Wechte
Wachtel v^{21} *(dierk)* kwartel
Wächter m^{9} bewaker, oppasser, suppoost
Wachtmeister m^{9} agent, wachtmeester
Wachtposten m^{11} wachtpost
Wachtturm, Wachturm m^{6} wachttoren
Wach- und Schließgesellschaft v^{20} nachtveiligheidsdienst
wackelig 1 wankel: *ein ~er Stuhl* een gammele stoel; *ein ~er Zahn* een loszittende tand **2** zwak, slap **3** onzeker, bedreigd
wackeln 1 wankelen **2** loszitten **3** trillen **4** waggelen **5** schudden: *mit den Hüften ~* heupwiegen **6** er slecht voor staan **7** rammelen
wacker *bn* **1** wakker, dapper **2** *(iron)* stevig, flink
wacklig *zie* wackelig
Wade v^{21} kuit *(van het been)*
Wadenbein o^{29} *(anat)* kuitbeen
Wadenkrampf m^{6} kuitkramp
Waffe v^{21} **1** wapen **2** *(jagerstaal)* klauw **3** *(jagerstaal)* slagtand *(van everzwijn)*
Waffel v^{21} wafel
Waffeleisen o^{35} wafelijzer
Waffenbesitz m^{19} wapenbezit
Waffenbruder m^{10} wapenbroeder, strijdmakker
Waffengattung v^{20} wapen, onderdeel
Waffengeklirr o^{39} wapengekletter
Waffengewalt v^{28} wapengeweld
Waffenlager o^{33} wapenmagazijn, wapendepot
Waffenruhe v^{28} tijdelijke wapenstilstand, bestand, staakt-het-vuren
Waffenschein m^{5} wapenvergunning
Waffenstillstand m^{6} wapenstilstand
^{1}**waffnen** *tr* (be)wapenen
^{2}**waffnen, sich** zich wapenen
Wagehals m^{6} waaghals
wagehalsig waaghalzig
Wagemut m^{19} moed, durf, lef
wagemutig moedig, stoutmoedig
wagen wagen, durven, riskeren
wägen^{303} **1** *(vaktaal)* wegen **2** overwegen
Wagen m^{11} wagen
Wagenführer m^{9} **1** trambestuurder **2** treinbestuurder
Wagenheber m^{9} (auto)krik
Wagenladung v^{20} wagenlading, wagonlading
Wagenpark m^{13}, m^{5} wagenpark
Wagenpflege v^{28} onderhoud van de, een auto
Wagenwäsche v^{28} (het) wassen van de auto
Waggon m^{13} wagon
waghalsig waaghalzig
Wagnis o^{29a} **1** waagstuk **2** risico
Wagon *zie* Waggon
Wahl v^{20} **1** keus, keuze: *eine gute ~ treffen* een goede keus doen **2** verkiezing: *sich zur ~ stellen* zich kandidaat stellen **3** stemming
Wahlausgang m^{6} uitslag van de verkiezing(en)
Wahlausländer m^{9} expat
wählbar verkiesbaar
Wahlberater m^{9} stemwijzer
Wahlberatung v^{28} stemadvies
wahlberechtigt kies-, stemgerechtigd
Wahlberechtigung v^{28} kiesrecht, kiesgerechtigdheid

Wahlbeteiligung v^{28} opkomst *(bij de verkiezingen)*
Wahlbezirk m^{5} kiesdistrict
^{1}**wählen** *intr* stemmen: ~ *gehen* gaan stemmen
^{2}**wählen** *tr* **1** kiezen, uitzoeken **2** *(telefoonnummer)* draaien
Wähler m^{9} kiezer
Wahlergebnis o^{29a} verkiezingsuitslag
wählerisch kieskeurig, veeleisend
Wählerliste v^{21} kiezerslijst, kiezersregister
Wählerschaft v^{20} kiezers, kiezerskorps
Wahlfach o^{32} keuzevak; *(Belg)* basisoptie
Wahlfeldzug m^{6} verkiezingscampagne
Wahlgang m^{6} stemming, verkiezing
Wahlkabine v^{21} stemhokje
Wahlkampf m^{6} verkiezingsstrijd
Wahlkreis m^{5} kiesdistrict, kieskring; *(Belg)* kiesarrondissement
Wahlkundgebung v^{20} verkiezingsbijeenkomst
Wahlliste v^{21} kandidatenlijst
Wahllokal o^{29} stembureau, stemlokaal
wahllos in het wilde weg, willekeurig
Wahlmann m^{8} kiesman
Wahlpflicht v^{28} opkomstplicht, stemplicht
Wahlplakat o^{29} verkiezingsaffiche
Wahlprogramm o^{29} verkiezingsprogramma; *(Belg)* kiesplatform
Wählscheibe v^{21} kiesschijf *(van telefoon)*
Wahlspruch m^{6} devies, zinspreuk, leus
Wahlsystem o^{29} kiesstelsel
Wahltagsbefragung v^{20} exitpoll
Wahlurne v^{21} stembus
Wahlverfahren o^{35} stem(mings)procedure
wahlweise naar keuze, naar eigen keuze
Wahlzettel m^{9} stembiljet, stembriefje; *(Belg)* kiesbrief(je)
Wahn m^{19} waan, dwaling, illusie, zelfbedrog
Wahnbild o^{31} waanidee, waanvoorstelling
wähnen wanen, menen, geloven
Wahnidee v^{21} waanidee, waandenkbeeld
Wahnsinn m^{19} waanzin
wahnsinnig waanzinnig
Wahnwitz m^{19} waanzin
wahnwitzig waanzinnig
wahr waar, juist, werkelijk, echt
wahren **1** behartigen, zorgen voor: *jmds Interessen ~* iems belangen behartigen **2** *(een geheim, stilte)* bewaren, in acht nemen **3** *(zijn rechten)* verdedigen, handhaven
währen duren, voortduren, aanhouden
^{1}**während**$^{+2,\ soms\ +3}$ *vz* gedurende, tijdens
^{2}**während** *vw* terwijl
währenddem, währenddes, währenddessen ondertussen, onderwijl, intussen
wahrhaben: *etwas nicht ~ wollen* iets niet willen toegeven, iets niet willen bekennen
wahrhaft waarachtig, echt, werkelijk: *ein ~er Freund* een echte vriend
^{1}**wahrhaftig** *bn* oprecht, waarachtig
^{2}**wahrhaftig** *bw* **1** inderdaad **2** echt, werkelijk
Wahrheit v^{20} waarheid: *in ~ verhält es sich so* in werkelijkheid is het zo
wahrheitsgemäß, wahrheitsgetreu waarheidsgetrouw, naar waarheid
wahrlich waarlijk, voorwaar
wahrnehmbar waarneembaar
wahrnehmen^{212} **1** waarnemen, (be)merken **2** behartigen: *jmds Interessen ~* iems belangen behartigen **3** waarnemen, gebruiken, benutten
Wahrnehmung v^{20} **1** waarneming, gewaarwording **2** behartiging; *zie ook* wahrnehmen
Wahrnehmungsvermögen o^{39} waarnemingsvermogen
wahrsagen waarzeggen, voorspellen
Wahrsagerin v^{22} waarzegster
Wahrsagung v^{20} waarzegging, voorspelling
wahrscheinlich waarschijnlijk
Wahrscheinlichkeit v^{20} waarschijnlijkheid
Wahrung v^{28} zorg, behartiging, handhaving; *zie ook* wahren
Währung v^{20} **1** valuta *(betaalmiddel, munteenheid)* **2** monetair stelsel, standaard
Währungseinheit v^{20} munteenheid
Währungsfonds *m (2e nvl -; mv -)* monetair fonds
Währungskrise v^{21} valutacrisis
Währungspolitik v^{28} monetaire politiek
Währungsreform v^{20} geldzuivering
Währungssystem o^{29} monetair stelsel
Wahrzeichen o^{35} karakteristiek bouwwerk, symbool, landmark
Waise v^{21} wees
Waisenhaus o^{32} weeshuis
Waisenkind o^{31} weeskind
Waisenrente v^{21} wezenpensioen
Wal m^{5} walvis
Wald m^{8} bos, woud
Waldbeere v^{21} bosbes
Waldbestand m^{6} **1** houtopstand **2** bosareaal
Waldbrand m^{6} bosbrand
Waldbrandgefahr v^{20} bosbrandgevaar
Walderdbeere v^{21} bosaardbei, wilde aardbei
Waldgebiet o^{29} bosgebied, boszone
Waldhorn o^{32} waldhoorn
waldig bosrijk, met bos begroeid, bebost
Waldkauz m^{6} bosuil
Waldlichtung v^{20} open plek (in het bos)
waldreich bosrijk
Waldsaum m^{6} zoom van het bos
Waldsterben o^{39} (het) afsterven van de bossen
Waldtaube v^{21} houtduif, bosduif
Waldung v^{20} bos, woud
Waldweg m^{5} bosweg
Walfang m^{19} walvisvangst
Walfänger m^{9} **1** walvisjager **2** walvisvaarder
Walfisch m^{5} walvis
Wall m^{6} wal, vestingmuur
wallen **1** koken, borrelen **2** golven

wallfahren een pelgrimstocht maken, op bedevaart gaan
Wallfahrer *m*[9] bedevaartganger, pelgrim
Wallfahrt *v*[20] pelgrimstocht, bedevaart
wallfahrten *zie* wallfahren
Wallfahrtsort *m*[5] bedevaartplaats
Wallone *m*[15] Waal
Wallonien *o*[39] Wallonië
wallonisch Waals
Wallung *v*[20] **1** (het) koken, (het) zieden **2** *(med)* opvlieging, bloedaandrang **3** opwinding
Walnuss *v*[25] **1** walnoot **2** walnotenboom
Walross *o*[29] **1** *(dierk)* walrus **2** os, rund
walten 1 heersen, besturen, beschikken **2** *(fig)* heersen: *seines Amtes ~* zijn ambt uitoefenen; *Gnade ~ lassen* clementie betrachten; *Vorsicht ~ lassen* voorzichtig te werk gaan
Walze *v*[21] **1** wals **2** walswerk, walserij **3** cilinder
[1]**walzen** *intr* walsen *(een wals dansen)*
[2]**walzen** *tr* walsen, pletten
[1]**wälzen** *tr* **1** wentelen, rollen **2** *(dossiers, boeken)* bestuderen
[2]**wälzen, sich** zich wentelen: *sich vor Lachen ~* dubbel liggen van het lachen
Walzer *m*[9] wals
Wälzer *m*[9] dik boek, pil
Walzstahl *m*[19] gewalst staal, plaatstaal
Walzwerk *o*[29] walserij
Wams *o*[32] wambuis
Wand *v*[25] **1** wand, muur: *die (eigenen) vier Wände* het eigen huis **2** rotswand **3** wolkenbank || *etwas gegen die ~ fahren* iets om zeep helpen
Wandalismus *m*[19a] vandalisme
Wandel *m*[19] **1** verandering, wijziging: *im ~ der Zeiten* in de wisseling der tijden **2** levenswandel
wandelbar veranderlijk, onstandvastig
[1]**wandeln** *intr* lopen, wandelen: *die ~de Güte* de goedheid in eigen persoon
[2]**wandeln** *tr* veranderen, wijzigen
[3]**wandeln, sich** veranderen
Wanderausstellung *v*[20] reizende tentoonstelling
Wanderbühne *v*[21] rondreizend toneelgezelschap
Wanderdüne *v*[21] stuifduin
Wanderer *m*[9] trekker, wandelaar
Wanderfahrt *v*[20] trektocht
Wanderkarte *v*[21] wandelkaart
Wanderleben *o*[39] zwervend leven
Wanderlied *o*[31] trekkerslied
Wanderlust *v*[28] treklust, reislust
wanderlustig reislustig, treklustig
wandern 1 een trektocht maken, trekken **2** wandelen, slenteren, kuieren **3** trekken **4** *(mbt blikken, gedachten)* dwalen || *in den Papierkorb ~* in de prullenmand verdwijnen
Wanderschaft *v*[20] **1** (het) rondtrekken als handwerksgezel **2** leertijd (van een rondtrekkende handwerksgezel) **3** trektocht: *er ist immer auf ~* hij is altijd onderweg
Wandersport *m*[19] wandelsport
Wandertrieb *m*[19] **1** treklust, zwerflust **2** *(biol)* trekdrift **3** *(med)* zwerfdrang
Wanderung *v*[20] **1** trektocht, voetreis **2** trek, (het) trekken **3** omzwerving, migratie
Wanderweg *m*[5] wandelpad
Wandkarte *v*[21] wandkaart
Wandlampe *v*[21], **Wandleuchte** *v*[21] wandlamp
Wandlung *v*[20] verandering, ommekeer
Wandmalerei *v*[20] muurschildering
Wandschrank *m*[6] muurkast, ingebouwde kast
Wandspiegel *m*[9] wandspiegel
Wandtafel *v*[21] (school)bord
Wandteller *m*[9] wandbord
Wandteppich *m*[5] wandtapijt
Wandverkleidung *v*[20] wandbekleding, wandbetimmering
Wandzeitung *v*[20] **1** muurkrant **2** prikbord
Wange *v*[21] **1** wang **2** *(bouwk)* wang, zijkant
Wankelmut *m*[19] besluiteloosheid, wankelmoedigheid
wankelmütig besluiteloos, wankelmoedig
wanken 1 wankelen, waggelen **2** *(fig)* weifelen
Wanken *o*[39] **1** (het) wankelen, (het) waggelen **2** weifeling, onzekerheid
wann *bw* wanneer: *dann und ~* nu en dan
Wanne *v*[21] **1** (bad)kuip **2** tobbe, bak **3** *(techn)* carter **4** politieauto
Wannenbad *o*[32] **1** kuipbad **2** badhuis
Wanst *m*[6] **1** pens, (dikke) buik **2** vetbuik
Want *v*[20] *(scheepv)* (scheeps)want, takelage
Wanze *v*[21] **1** wandluis, weegluis **2** *(biol)* wants **3** verborgen microfoon, afluisterapparatuur
Wappen *o*[35] wapen, blazoen
Wappenschild *m*[5] wapenschild
Wappenspruch *m*[6] wapenspreuk, devies
[1]**wappnen** *tr* wapenen
[2]**wappnen, sich** zich wapenen, zich voorbereiden
Ware *v*[21] (koop)waar; waren, goed, goederen
Warenaufzug *m*[6] goederenlift
Warenbestand *m*[6] (goederen)voorraad
Warenhaus *o*[32] warenhuis
Warenkorb *m*[6] goederenpakket
Warenlager *o*[33] pakhuis, magazijn
Warenmuster *o*[33], **Warenprobe** *v*[21] monster; *(textielbranche)* staal(tje)
Warentausch *m*[5] ruilhandel, goederenruil
Warenverkehr *m*[19] goederenverkeer
Warenverzeichnis *o*[29a] goederenlijst
Warenzeichen *o*[35] handels-, fabrieksmerk
warm[58] **1** warm: *mir ist (es) ~* ik heb het warm **2** hartelijk, vriendelijk, warm **3** homoseksueel
warmblütig warmbloedig
Warmduscher *m*[9] watje, slappeling, eitje
Wärme *v*[28] warmte
wärmebeständig tegen warmte bestand
Wärmedämmung *v*[20] warmte-isolatie
Wärmeeinheit *v*[20] warmte-eenheid, calorie
Wärmelehre *v*[28] warmteleer
Wärmeleiter *m*[9] warmtegeleider

[1]**wärmen** *intr* warmte geven
[2]**wärmen** *tr* **1** verwarmen, warmen **2** opwarmen, verhitten
Warme(r) *m*[40a] *(inform)* flikker, nicht; *(scheldw, inform)* poot
Wärmeregler *m*[9] thermostaat
Wärmeschutz *m*[19] warmte-isolatie
Wärmflasche *v*[21] (bed)kruik
Warmfront *v*[20] warmtefront
Warmhalteflasche *v*[21] thermosfles
warmherzig warm, hartelijk
Warmluft *v*[28] warme lucht, hete lucht
Warmluftheizung *v*[20] heteluchtverwarming
Warmwasserbereiter *m*[9] boiler, geiser
Warmwasserspeicher *m*[9] boiler
Warnanlage *v*[21] alarminstallatie, verklikker
Warnblinkanlage *v*[21] knipperlichtinstallatie
Warnblinker *m*[9] knipperlicht
Warndreieck *o*[29] gevarendriehoek
warnen waarschuwen: *ich warne dich vor dem Mann* ik waarschuw je voor die man; *vor*[+3] *Taschendieben wird gewarnt!* pas op voor zakkenrollers!
Warnlampe, Warnleuchte *v*[21] waarschuwingslampje
Warnruf *m*[5] waarschuwende kreet, alarmkreet
Warnschild *o*[31] waarschuwingsbord
Warnschuss *m*[6] waarschuwingsschot
Warnsignal *o*[29] waarschuwingssein
Warnstreik *m*[13], *m*[5] prikactie
Warntafel *v*[21] waarschuwingsbord
Warnung *v*[20] waarschuwing
Warnzeichen *o*[35] **1** waarschuwingsteken, -sein, -signaal **2** waarschuwingsbord
Warte *v*[21] **1** wachttoren, uitkijk(toren) **2** sterrenwacht, observatorium **3** *(fig)* visie
Wartehäuschen *o*[35] **1** wachthuisje **2** abri
Warteliste *v*[21] wachtlijst
[1]**warten** *intr* wachten
[2]**warten** *tr* **1** onderhouden **2** verzorgen
Wärter *m*[9] **1** wachter, oppasser, opzichter, suppoost **2** cipier **3** verpleger, verzorger
Warteraum *m*[6] wachtkamer
Wärterin *v*[22] **1** bewaakster, oppas **2** verzorgster, verpleegster
Wartesaal *m*[6] *(mv -säle)* wachtkamer
Wartezimmer *o*[33] wachtkamer
Wartung *v*[20] **1** *(techn)* onderhoud, service **2** verzorging
wartungsfrei *(techn)* geen onderhoud(sbeurten) nodig hebbend
wartungsfreundlich gemakkelijk te onderhouden
warum waarom: *~ nicht gar?* welja!
Warze *v*[21] **1** wrat **2** tepel
was wat?, wat, hetgeen, hetwelk: *~ für ein?* wat voor een?; *~ lachen Sie?* waarom lacht u?; *~ weiter?* hoe verder; *ach ~!* kom nou!; *~ weiß ich?* weet ik veel!

Waschanlage *v*[21] **1** wasstraat **2** wasinrichting
Waschautomat *m*[14] wasmachine
Waschbär *m*[14] *(dierk)* wasbeer
Waschbecken *o*[35] (vaste) wastafel
Wäsche *v*[21] **1** was, wasgoed **2** ondergoed, lingerie: *die ~ wechseln* zich verschonen **3** (het) wassen
waschecht **1** wasecht **2** *(fig)* rasecht
Wäscheklammer *v*[21] wasknijper
Wäschekorb *m*[6] wasmand
Wäscheleine *v*[21] waslijn
waschen[304] **1** wassen: *Geschirr ~* de vaat doen; *Wäsche ~* de was doen **2** wit maken, witten *(van geld)*
Wäscherei *v*[20] wasserij
Wäscheschleuder *v*[21] centrifuge; *(Belg)* droogzwierder
Wäscheschrank *m*[6] linnenkast
Wäschespinne *v*[21] droogmolen
Wäschetrockner *m*[9] **1** droogrek **2** (was)droger, droogtrommel
Waschhandschuh *m*[5] washandje
Waschkorb *m*[6] wasmand
Waschküche *v*[21] washok, waskeuken
Waschlappen *m*[11] **1** washandje **2** slappeling
Waschmaschine *v*[21] wasmachine
Waschmittel *o*[33] wasmiddel
Waschpulver *o*[33] waspoeder
Waschraum *m*[6] waslokaal, wasruimte
Waschsalon *m*[13] wasserette
Waschstraße *v*[21] autowasstraat
Waschung *v*[20] wassing, (het) wassen
Waschwasser *o*[39] waswater
[1]**Wasser** *o*[34] water(soorten): *kölnisch(es) ~* eau de cologne; *wohlriechende Wässer* welriekende wateren
[2]**Wasser** *o*[33] water: *~ lassen, sein ~ abschlagen* wateren; *(fig) ein Schlag ins ~* een slag in de lucht; *mit allen ~n gewaschen sein* uitgekookt zijn; *zu ~ und zu Land* te land en te water; *~ treten* watertrapp(el)en
Wasserarm *m*[5] rivierarm
Wasserbad *o*[32] waterbad, bain-marie: *im ~ kochen* au bain-marie koken
Wasserball *m*[19] waterpolo
Wasserbau *m*[19] waterbouwkunde
Wasserbecken *o*[35] waterbekken, bassin
Wasserbehälter *m*[9] waterreservoir
Wasserbett *o*[37] waterbed
Wasserdampf *m*[6] waterdamp
wasserdicht waterdicht, waterproof
Wasserdruck *m*[6], *m*[5] waterdruk
Wasserenthärtung *v*[20] waterontharding
Wasserfall *m*[6] waterval
Wasserfarbe *v*[21] waterverf
Wasserfläche *v*[21] watervlakte, wateroppervlak
Wasserflugzeug *o*[29] watervliegtuig
Wasserflut *v*[20] **1** overstroming **2** stortvloed
Wassergehalt *m*[5] watergehalte
wassergekühlt met water gekoeld

Wasserglätte *v*[28] aquaplaning
Wassergraben *m*[12] greppel, sloot, gracht
Wasserhahn *m*[6] waterkraan
Wasserhaushalt *m*[5] waterhuishouding
Wasserhuhn *o*[32] meerkoet
wässerig waterig, waterachtig: *~e Augen* fletse ogen
Wasserjungfer *v*[21] libel
Wasserkanne *v*[21] waterkan, lampetkan
Wasserkessel *m*[9] waterketel
wasserklar zuiver als water; kristalhelder
Wasserklosett *o*[29], *o*[36] watercloset, wc
Wasserkraftwerk *o*[29] waterkrachtcentrale
Wasserkühlung *v*[28] waterkoeling
Wasserlache *v*[21] plas water
Wasserlauf *m*[6] waterloop
Wasserleitung *v*[20] waterleiding
Wassermangel *m*[19] watergebrek, watertekort
Wassermelone *v*[21] watermeloen
Wassermenge *v*[21] watermassa
Wassermühle *v*[21] watermolen
[1]**wässern** *intr* wateren, waterachtig vocht afscheiden
[2]**wässern** *tr* **1** sproeien, besproeien, bevloeien, irrigeren **2** *(haring)* in het water leggen
Wasserpflanze *v*[21] waterplant
Wasserpfütze *v*[21] plas water
Wasserpistole *v*[21] waterpistool
Wasserpolizei *v*[20] rivierpolitie, waterpolitie
Wasserpumpe *v*[21] waterpomp
Wasserpumpenzange *v*[21] waterpomptang
Wasserquelle *v*[21] wel, bron
Wasserrad *o*[32] waterrad
Wasserratte *v*[21] waterrat *(ook fig)*
Wasserrohr *o*[29] waterbuis, waterleidingbuis
Wassersäule *v*[21] waterkolom, waterzuil
Wasserschaden *m*[12] waterschade
wasserscheu bang voor water, waterschuw
Wasserschi *zie* Wasserski
Wasserschlauch *m*[6] **1** waterslang **2** waterzak *(van leer)* **3** *(plantk)* blaasjeskruid
Wasserschutzgebiet *o*[29] **1** waterwingebied **2** beschermd watergebied
Wasserschutzpolizei *v*[20] rivier-, waterpolitie
[1]**Wasserski** *m (2e nvl -s; mv -skier en -)* waterski: *~ fahren* waterskiën
[2]**Wasserski** *o*[39] (het) waterskiën, waterskisport
Wassersportler *m*[9] watersporter
Wasserstand *m*[6] waterstand, waterpeil
Wasserstandsmeldung *v*[20] *(telecom)* opgave van de waterstand(en)
Wasserstoff *m*[19] *(chem)* waterstof
Wasserstoffbombe *v*[21] waterstofbom, H-bom
Wasserstrahl *m*[16] waterstraal
Wasserstraße *v*[21] waterweg
Wassertier *o*[29] waterdier
Wassertropfen *m*[11] waterdruppel
Wasserturm *m*[6] watertoren
Wasseruhr *v*[20] **1** wateruurwerk **2** watermeter
Wasserverdrängung *v*[28] waterverplaatsing
Wasserversorgung *v*[28] watervoorziening
Wasserwaage *v*[21] waterpas
Wasserweg *m*[5] waterweg: *auf dem ~* te water
Wasserwelle *v*[21] watergolf *(in het haar)*
Wasserwerfer *m*[9] waterkanon
Wasserwerk *o*[29] waterleidingbedrijf
Wasserwirtschaft *v*[28] waterhuishouding
Wasserzähler *m*[9] watermeter
Wasserzeichen *o*[35] watermerk
wässrig *zie* wässerig
waten waden
watscheln waggelen, schommelen
[1]**Watt** *o (2e nvl -s; mv -) (elektr)* watt
[2]**Watt** *o*[37] wad
Watte *v*[21] watten *(mv)*; watje: *(fig) jmdn in ~n packen* iem in de watten leggen
Wattebausch *m*[6] dot watten
Wattenmeer *o*[29] Waddenzee
wattieren[320] watteren
WC *o*[36] *(2e nvl ook -; mv ook -) afk van Wasserklosett* watercloset *(afk* wc)
WC-Papier *o*[39] toiletpapier, wc-papier
WDR *afk van Westdeutscher Rundfunk*
Web *o*[39], *o*[39a] *afk van World Wide Web* web
Webadresse *v*[21] webadres
Webbrowser *m*[9] webbrowser
Webcam *v*[27] webcam
[1]**weben** *zw* weven
[2]**weben** *st* **1** *(dichterlijk)* zich bewegen **2** *(fig)* weven
[3]**weben, sich** ontstaan
Weber *m*[9] wever
Weberei *v*[20] **1** weverij **2** weefsel
Webfehler *m*[9] weeffout
Webgeschäft *o*[29] **1** webwinkel **2** e-commerce
Webladen *m*[12] webwinkel
Weblink *m*[13] *(2e nvl ook -)*, *o*[36] *(2e nvl ook -)* weblink
Weblog *o*[36] weblog
webloggen webloggen
Webmaster *m*[9] webmaster
Webseite *v*[21] website
Webserver *m*[9] webserver
Webshop *m*[13] webwinkel
Website *v*[27] website
Webstuhl *m*[6] weefstoel, weefgetouw
Wechsel *m*[9] **1** wisseling, verwisseling, afwisseling, verandering **2** *(handel)* wissel **3** wissel *(vast pad van wild)*
Wechselbeziehung *v*[20] wederzijdse, onderlinge betrekking; wederzijdse, onderlinge relatie
Wechselfälle *mv m*[6] wisselvalligheden
Wechselgeld *o*[31] wisselgeld
Wechseljahre *mv o*[29] overgangsjaren
Wechselkurs *m*[5] wisselkoers
wechseln wisselen, ver-, afwisselen, omwisselen: *Öl ~* olie verversen; *den Platz ~* van plaats verwisselen; *die Schule ~* naar een andere school gaan; *die Stelle ~* van baan veranderen

Wechselschicht *v*[20] wisselende ploegendienst
wechselseitig wederzijds, wederkerig, onderling
Wechselsprechanlage *v*[21] *(telecom)* intercom
Wechselstelle *v*[21] wisselkantoor
Wechselstrom *m*[6] *(elektr)* wisselstroom
Wechselstube *v*[21] wisselkantoor
wechselweise afwisselend, beurtelings
Wechte *v*[21] overhangende sneeuwmassa
wecken **1** wekken, wakker maken **2** *(fig)* opwekken, wekken, doen ontstaan
Wecker *m*[9] wekker: *jmdm auf den gehen* (of: *fallen)* op iems zenuwen werken
Wedel *m*[9] **1** plumeau **2** bosje stro, bosje takken **3** *(plantk)* waaiervormig blad
wedeln **1** kwispelen, kwispelstaarten **2** waaieren, wapperen, wuiven **3** *(skiën)* wedeln, korte slalombewegingen maken
weder noch: ~ *Geld noch Gut* geld noch goed
weg [wek] *bw* weg, heen, verloren: *Hände (*of: *Finger) ~!* afblijven!; ~ *hier!* maak dat je weg komt!; *nichts wie ~!* wegwezen!; *in einem* ~ aan één stuk door
Weg [week] *m*[5] **1** weg, baan, pad: *seines ~es (*of: *seiner ~e) gehen* zijns weegs gaan; *Waren auf den ~ bringen* goederen verzenden; *er war auf dem besten ~(e), sich zu ruinieren* hij was aardig op weg om zich te ruïneren; *auf dem ~ der Besserung* aan de beterende hand; *etwas in die ~e leiten* iets aanzwengelen; *jmdm nicht über den ~ trauen* iem voor geen cent vertrouwen **2** manier, mogelijkheid, oplossing*; zie ook* zuwege
wegarbeiten wegwerken
wegbekommen[193] **1** weg krijgen **2** eruit krijgen **3** *(fig)* begrijpen **4** zich op de hals halen
Wegbereiter *m*[9] wegbereider, baanbreker
wegbleiben[134] **1** wegblijven **2** stagneren
wegblicken de andere kant opkijken
Wegegeld *o*[31] kilometervergoeding
Wegekarte *v*[21] wegenkaart, wandelkaart
Wegelagerer *m*[9] struikrover, straatrover
wegen[+2, soms +3] *vz* **1** wegens, vanwege: ~ *Geschäften* wegens zaken **2** omwille van: *von Rechts* ~ van rechtswege; ~ *mir* wat mij betreft; *von ~!* geen sprake van!, helemaal niet!
wegfahren[153] vertrekken, wegrijden, wegvaren
wegfallen[154] wegvallen, vervallen
wegfegen **1** wegvegen **2** wegvagen
weggehen[168] **1** weggaan, heengaan **2** *(mbt waren)* van de hand gaan
Weggenosse *m*[15] reisgenoot, metgezel
weghaben[182] **1** weg hebben, weg krijgen **2** krijgen: *(inform) er hat sein Fett* (of: *sein(en) Teil, seine Strafe) weg* hij heeft zijn verdiende loon; *einen ~: a)* hem om hebben; *b)* gek zijn **3** begrijpen, doorhebben
wegholen weghalen
weghören niet luisteren
wegkommen[193] **1** wegkomen, afkomen **2** weggaan **3** weg-, zoekraken **4** (over iets) heenkomen, (iets) te boven komen: *er ist gut dabei weggekommen* hij is er goed van afgekomen
wegkriegen *zie* wegbekommen
weglassen[197] **1** weglaten, achterwege laten **2** (weg) laten gaan
weglaufen[198] weglopen
weglegen wegleggen, opruimen
[1]**wegmachen** *tr* wegmaken, wegnemen, verwijderen
[2]**wegmachen, sich** zich uit de voeten maken, verdwijnen
wegmobben wegtreiteren
wegnehmen[212] **1** wegnemen, weghalen: *(das) Gas ~* gas terugnemen **2** afpakken **3** wegnemen, ontvreemden **4** *(veel plaats)* innemen
wegpacken wegpakken, opruimen
wegradieren[320] uitgommen, uitvlakken
wegräumen **1** wegruimen, opruimen **2** *(fig)* uit de weg ruimen
wegreißen[220] **1** wegrukken, afrukken **2** slopen
wegschaffen wegdoen, wegbrengen
wegscheren[236]**, sich** ophoepelen
wegschicken wegsturen
wegschieben[237] wegschuiven, wegduwen
wegschmeißen[247] wegsmijten, weggooien
wegschütten weggieten, weggooien
wegschwimmen[257] **1** wegzwemmen **2** wegdrijven
wegsehen[261] de blik afwenden, de andere kant opkijken
[1]**wegsetzen** *intr* springen
[2]**wegsetzen** *tr* **1** wegzetten, ergens anders neerzetten **2** opbergen
[3]**wegsetzen, sich** ergens anders gaan zitten
wegstecken **1** wegdoen, opbergen, wegstoppen **2** *(fig)* incasseren
wegstehlen[280]**, sich** wegsluipen
wegstellen wegzetten
wegstoßen[285] **1** wegduwen, wegstoten **2** *(een bal)* wegtrappen
Wegstrecke *v*[21] weggedeelte, traject
wegstreichen[286] **1** wegstrijken **2** schrappen
wegtreten[291] **1** wegtrappen, wegschoppen **2** *(mil)* inrukken: *weg(ge)treten!* ingerukt, mars!
wegtun[295] **1** wegdoen **2** opbergen
Wegweiser *m*[9] wegwijzer
wegwenden[308] afwenden, afkeren
wegwerfen[311] wegwerpen, weggooien
wegwerfend geringschattend, minachtend
Wegwerfware *v*[21] wegwerpartikel
wegwischen wegvegen
Wegzehrung *v*[20] proviand, mondvoorraad
[1]**wegziehen**[318] *intr* wegtrekken, weggaan, verhuizen
[2]**wegziehen**[318] *tr* wegtrekken
weh pijnlijk: *ein ~er Finger* een zere vinger*; zie ook* wehtun
Weh *o*[29] **1** pijn, leed **2** verdriet, smart
Wehe *v*[21] **1** opgewaaide sneeuw **2** opgewaaid zand,

zandverstuiving **3** wee

wehen 1 waaien **2** waaien, wapperen

Wehgeschrei o^{39} gejammer, geweeklaag

Wehklage v^{21} weeklacht, jammerklacht

wehklagen weeklagen, jammeren

wehleidig 1 huilerig **2** kleinzerig, overgevoelig

Wehmut v^{28} weemoed

wehmütig weemoedig

[1]**Wehr** v^{28} weerstand: *sich zur ~ setzen* zich te weer stellen

[2]**Wehr** o^{29} waterkering, stuw, dam

Wehrdienst m^{5} militaire dienst

wehrdienstpflichtig dienstplichtig

wehrdiensttauglich goedgekeurd voor de militaire dienst

Wehrdienstverweigerer m^{9} dienstweigeraar

[1]**wehren** *tr* weren, tegenhouden, beletten

[2]**wehren, sich 1** zich verdedigen, zich (ver)weren **2** tegenstribbelen

Wehrersatzdienst m^{5} vervangende dienstplicht

wehrlos weerloos

Wehrlosigkeit v^{28} weerloosheid

Wehrpflicht v^{28} dienstplicht; *(Belg)* militieplicht

wehtun pijn doen

Wehwehchen o^{35} *(iron)* pijn(tje)

Weib o^{31} **1** *(vero)* vrouw **2** *(inform)* wijf

Weibchen o^{35} vrouwtje, wijfje

weibisch verwijfd, wekelijk

weiblich vrouwelijk

Weiblichkeit v^{28} vrouwelijkheid

Weibsbild o^{31} wijf, mens

weich 1 zacht: *~e Drogen* softdrugs; *~es Fleisch* mals vlees; *~es Leder* soepel leer; *etwas ~ machen* iets zacht maken, soepel maken **2** zachtmoedig, (teer)gevoelig **3** week, slap

Weiche v^{21} **1** zachtheid, weekheid, malsheid **2** zijde, flank **3** *(spoorw)* wissel

Weichei o^{31} watje, slappeling, eitje

[1]**weichen** *zw* weken

[2]**weichen** *st* **1** wijken, weggaan **2** wijken, zwichten

Weichensteller, Weichenwärter m^{9} wisselwachter

Weichheit v^{20} **1** zachtheid, weekheid, malsheid **2** zachtmoedigheid; *zie ook* weich

weichherzig weekhartig, teerhartig

Weichkäse m^{9} zachte kaas

weichlich zacht; wekelijk, slap, verwijfd

Weichling m^{5} wekeling, slappeling

weichmachen 1 (iets) zacht maken, soepel maken **2** *(fig)* (iem) murw maken

Weichspüler m^{9}, **Weichspülmittel** o^{33} wasverzachter

Weichteile *mv* m^{5} weke delen

Weichtier o^{29} weekdier

Weide v^{21} **1** wilg(enboom) **2** weide, weiland

Weideland o^{39} weiland, weidegrond

weiden *intr* grazen

weiden *tr* weiden, hoeden

weiden, sich zich verlustigen (in): *sich ~ an*$^{+3}$ *etwas* zich in iets verlustigen

Weidenkätzchen o^{35} wilgenkatje

Weidenkorb m^{6} tenen mand

Weideplatz m^{6} weide, weiland, weideplaats

weidlich flink, behoorlijk, geducht, danig

Weidwerk o^{29} jacht(bedrijf)

weigern, sich weigeren

Weigerung v^{20} weigering

Weigerungsfall m^{19}: *im ~* in geval van weigering

Weihe v^{21} **1** (in)wijding, consecratie *(van kerk)* **2** wijding *(van priester)* **3** plechtige ingebruikneming

weihen 1 wijden **2** inwijden, consacreren **3** prijsgeven, overleveren

Weiher m^{9} vijver

weihevoll plechtig, vol wijding

weihnachten: *es weihnachtet* het loopt tegen Kerstmis

Weihnachten *o (2e nvl -; mv -)* Kerstmis: *schöne (of: fröhliche, frohe) ~!* vrolijk kerstfeest!; *zu ~* met Kerstmis

Weihnachtsabend m^{5} kerstavond

Weihnachtsbaum m^{6} kerstboom

Weihnachtsbescherung v^{20} **1** (het) geven van cadeaus op kerstavond **2** kerstcadeaus

Weihnachtsfeier v^{21} kerstviering

Weihnachtsfest o^{29} kerstfeest

Weihnachtsmann m^{8} **1** Kerstman **2** sukkel

Weihnachtsmarkt m^{6} kerstmarkt

Weihnachtsstolle v^{21}, **Weihnachtsstollen** m^{11} kerststol, kerstbrood

Weihnachtstag m^{5} kerstdag

Weihrauch m^{19} wierook

Weihung v^{20} wijding

Weihwasser o^{39} wijwater

weil omdat, daar, aangezien

Weilchen o^{35} poosje, tijdje

Weile v^{28} poos, tijd, tijdje: *aus langer ~* uit verveling

weilen vertoeven, verblijven, verwijlen

Weiler m^{9} gehucht

[1]**Wein** m^{5} wijn

[2]**Wein** m^{19} **1** wijn(stok) **2** druiven

Weinbau m^{19} wijnbouw

Weinbauer m^{9} wijnboer, wijnbouwer

Weinberg m^{5} **1** wijnberg **2** wijngaard

Weinbergschnecke v^{21} wijngaardslak

Weinbrand m^{6} Duitse cognac, brandewijn

weinen huilen, schreien, wenen

weinerlich huilerig, jammerend

Weinernte v^{21} wijnoogst

Weinessig m^{5} wijnazijn

Weingarten m^{12} wijngaard

Weingeist m^{19} spiritus, wijngeest

Weinglas o^{32} wijnglas

Weingut o^{32} (bezitting met) wijngaard(en)

Weinhändler m^{9} wijnkoper, wijnhandelaar

Weinhandlung v^{20} wijnhandel

Weinjahr o^{29} wijnjaar

Weinkarte *v*[21] wijnkaart
Weinkeller *m*[9] wijnkelder
Weinkrampf *m*[6] zenuwachtige huilbui
Weinkühler *m*[9] wijnkoeler
Weinlese *v*[21] wijnoogst, druivenpluk
Weinranke *v*[21] wijnrank
Weinrebe *v*[21] **1** wijnstok **2** *(zelden)* wijnrank
Weinstube *v*[21] wijnlokaal, bodega
Weintraube *v*[21] wijndruif
[1]**weise** *bn* wijs, verstandig
[2]**weise** *bw* wijselijk
Weise *v*[21] **1** manier, wijze: *auf diese* (of: *in dieser*) ~ op deze wijze; *in der ~, dass …* zodanig dat … **2** *(muz)* wijs, melodie
weisen[307] **1** wijzen: *etwas von sich ~* iets afwijzen **2** wegsturen, verwijderen: *jmdn von der Schule ~* iem van school verwijderen
Weise(r) *m*[40a, 40b] wijs iem, wijze
[1]**Weisheit** *v*[20] wijsheid, wijze raad
[2]**Weisheit** *v*[28] wijsheid, verstand
Weisheitszahn *m*[6] verstandskies
weismachen *(iem iets)* wijsmaken
weiß wit, blank: *einen Weißen trinken* een glas witte wijn drinken
weissagen voorspellen, profeteren
Weissagung *v*[20] voorspelling, profetie
Weißbrot *o*[29] wittebrood
Weiße(r) *m*[40a], *v*[40b] blanke
Weißfisch *m*[5] witvis
Weißkohl *m*[19], **Weißkraut** *o*[39] wittekool
weißlich witachtig
Weißling *m*[5] **1** koolwitje **2** wijting **3** albino
Weißwein *m*[5] witte wijn
Weisung *v*[20] **1** instructie, richtlijn, opdracht, order; *(mil)* consigne **2** *(jur)* voorwaarde
weit **1** wijd, ruim, uitgestrekt: *ein ~es Gewissen* een ruim geweten; *im ~esten Sinne* in de ruimste zin; *~ und breit* wijd en zijd; *~ bekannt* alom bekend **2** ver: *~ gereist* bereisd; *~ gehend, ~ reichend: a)* verreikend; *b)* verstrekkend *(gevolgen)*, uitgebreid; *~ verbreitet: a)* wijdverspreid, wijdverbreid; *b)* veel gelezen *(van boeken, krant); c)* op veel plaatsen voorkomend *(planten); eine ~ verbreitete Meinung* een veel voorkomende mening **3** veel: *~ besser* veel beter; *das ist ein ~es Feld* daar ben je niet gauw over uitgepraat; *bei Weitem* (of: *bei ~em) der Beste sein* verreweg de beste zijn; *bei Weitem* (of: *bei ~em) besser* veel beter; *bei Weitem* (of: *bei ~em) nicht so gut* lang niet zo goed
weitab veraf: *~ vom Dorf* ver van het dorp
weitaus verreweg, veruit, veel
weitbekannt alom bekend
Weitblick *m*[19] **1** verziende blik **2** vooruitziende blik
Weite *v*[21] **1** uitgestrektheid **2** wijdte, diameter: *lichte ~: a)* inwendige diameter, binnenwerkse breedte; *b)* doorrijbreedte **3** verte, afstand *(ook sp)*
[1]**weiten** *tr* wijder maken, verwijden
[2]**weiten, sich** zich verwijden, uitzetten, ruimer, wijder worden
weiter **1** verder **2** wijder, uitgestrekter, ruimer **3** verder, voorts: *niemand ~, nichts ~* niemand meer, niets meer; *~ nichts?* anders niets?; *was ~?* en toen?; *bis auf Weiteres* (of: *~es)* voorlopig, tot nader order; *ohne Weiteres* (of: *~es)* zonder meer; *und so ~* enzovoort
weiterarbeiten doorwerken
weiterbefördern doorsturen; verder vervoeren
[1]**weiterbilden** *tr* verder ontwikkelen, bijscholen
[2]**weiterbilden, sich** zich verder ontwikkelen
Weiterbildung *v*[28] bijscholing, verdere ontwikkeling
weiterempfehlen[147] bij anderen aanbevelen
weiterentwickeln verder ontwikkelen
Weiterentwicklung *v*[28] verdere ontwikkeling
weitererzählen **1** verder vertellen *(doorgaan)* **2** doorvertellen, rondvertellen
weiterfahren[153] verder rijden, verder varen; doorrijden, doorvaren
Weiterfahrt *v*[28] voortzetting van de reis
weiterführen **1** verder voeren, verder brengen: *~de Schulen* (scholen voor) voortgezet onderwijs, *(Belg)* (scholen voor) secundair onderwijs *(afk* so) **2** *(de zaken)* voortzetten
weitergeben[166] **1** doorgeven **2** *(kosten)* doorberekenen
weitergehen[168] **1** verder gaan, voortgaan: *~!* doorlopen! **2** voortduren: *so kann es nicht ~!* zo kan het niet langer!
weiterhelfen[188] vooruithelpen, verder helpen
weiterhin **1** verder, voorts, voortaan **2** nog steeds, aanhoudend **3** bovendien
weiterklicken doorklikken
weiterkommen[193] **1** verder komen **2** vooruitkomen
weiterkönnen[194] verder, vooruit kunnen
weiterlaufen[198] **1** doorlopen **2** doorgaan
weiterleiten **1** verder leiden **2** doorzenden
weitermachen doorgaan, doorwerken
weiterreisen doorreizen
weitersagen *(aan anderen)* verder vertellen
weiterschicken **1** doorsturen **2** wegsturen
weitersenden[263] doorzenden, doorsturen
weiterverbreiten verder verspreiden
[1]**weitgehend** *bn* verstrekkend, omvangrijk; uitgebreid
[2]**weitgehend** *bw* zoveel mogelijk
weitgereist bereisd
weither ver weg, van verre
weithin **1** ver, in de wijde omtrek **2** in belangrijke mate
weitläufig **1** breedvoerig, omstandig **2** groot, ruim **3** ver: *~e Verwandte* verre bloedverwanten
Weitläufigkeit *v*[28] omhaal
weiträumig zeer ruim
weitreichend **1** verreikend **2** verstrekkend *(gevolgen);* uitgebreid

we

Weitschuss m^{6} *(sp)* afstandsschot
weitschweifig omstandig, omslachtig
Weitsicht v^{28} **1** verziende blik **2** vooruitziende blik
weitsichtig 1 verziend **2** *(fig)* vooruitziend
[1]**Weitsprung** m^{19} *(sp)* (het) verspringen
[2]**Weitsprung** m^{6} sprong
weitverbreitet 1 wijdverspreid, wijdverbreid **2** veel gelezen *(boeken, krant)* **3** op veel plaatsen voorkomend *(planten)*: *eine ~e Meinung* een veel voorkomende mening
Weitwinkelobjektiv o^{29} groothoeklens
Weitwinkelspiegel m^{9} dodehoekspiegel
Weizen m^{9} tarwe
Weizenbrot o^{29} tarwebrood
Weizenmehl o^{39} tarwemeel
[1]**welch** *onbep vnw*^{68} sommige, een paar, enige: *ich habe kein Geld, hast du ~es?* ik heb geen geld, heb jij wat?
[2]**welch** *vrag vnw*^{68} welke, welk, wat: *~ schönes Wetter!* wat een mooi weer!
[3]**welch** *betr vnw*^{68} *(vero)* welke, die, dat: *der Mann, ~er das sagt* de man die dat zegt
welk 1 verwelkt **2** rimpelig *(van huid)* **3** dor
welken *(sein)* **1** verwelken **2** rimpelig worden, dor worden **3** verleppen
Wellblech o^{29} gegolfd plaatstaal, golfplaat
Wellblechbaracke v^{21} barak van golfijzer
Welle v^{21} **1** golf, deining: *~n schlagen: a)* golven; *b)* opzien baren; *c)* deining veroorzaken **2** *(mil)* aanvalsgolf **3** *(sp)* zwaai *(aan rek)* **4** *(techn)* as
wellen 1 golven: *gewellt* gegolfd, golvend **2** onduleren: *gewelltes Haar* gewatergolfd haar
Wellenbad o^{32} golfslagbad
Wellenbereich m^{5} *(telecom)* golfbereik
Wellenbrecher m^{9} golfbreker
wellenförmig golvend, golfvormig
Wellengang m^{19} golfslag
Wellenlänge v^{21} golflengte
Wellenreiten o^{39} *(sp)* (het) surfen
Wellenreiter m^{9} surfer
Wellensittich m^{5} parkiet
wellig golvend
Wellpappe v^{21} golfkarton
Welschkohl m^{5} savooiekool
Welt v^{20} wereld: *die Dritte ~* de derde wereld; *alle ~* iedereen; *auf die ~ kommen* ter wereld komen; *aus aller ~* uit de hele wereld, overal vandaan; *jmdn aus der ~ schaffen* iem naar de andere wereld helpen; *etwas aus der ~ schaffen* iets uit de weg ruimen
Weltall o^{39} wereldruim, heelal, kosmos
weltanschaulich wereldbeschouwelijk
Weltanschauung v^{20} wereldbeschouwing
weltbekannt 1 overal bekend **2** in de hele wereld bekend, alom bekend
weltberühmt wereldberoemd
Weltbestleistung v^{20} wereldrecord
Weltbestzeit v^{20} wereldrecordtijd
weltbewegend wereldschokkend
Weltbild o^{31} wereldbeeld
Welterbe o^{39} werelderfgoed
Welterfolg m^{5} wereldsucces
Welternährungsprogramm o^{29} wereldvoedselprogramma
welterschütternd wereldschokkend
weltfremd wereldvreemd
Weltführer m^{9} wereldleider
Weltgeschichte v^{28} wereldgeschiedenis: *da hört doch die ~ auf!* dat is toch al te gek!
Welthandel m^{19} wereldhandel
Weltherrschaft v^{28} wereldheerschappij
Weltkarte v^{21} wereldkaart
Weltklasse v^{28} topformaat, wereldtop, wereldklasse
weltklug wereldwijs
Weltkrieg m^{5} wereldoorlog
Weltkugel v^{21} wereldbol
weltlich 1 werelds *(eer, genot)* **2** wereldlijk *(macht, vorst)*
weltmännisch als (van een) man van de wereld, vlot (in zijn manieren)
Weltmarkt m^{6} wereldmarkt
Weltmeer o^{29} wereldzee, oceaan
Weltmeister m^{9} wereldkampioen
Weltmeisterschaft v^{20} wereldkampioenschap
weltoffen 1 met open oog voor de dingen van de wereld **2** internationaal ingesteld
Weltrang m^{19} wereldniveau: *ein Künstler von ~* een kunstenaar van wereldnaam
Weltraum m^{19} wereldruim, kosmos
Weltraumfahrer m^{9} ruimtevaarder
Weltraumfahrt v^{20} ruimtevaart
Weltraumflug m^{6} ruimtevlucht
Weltraumforschung v^{28} ruimteonderzoek
Weltraumkapsel v^{21} ruimtecapsule
Weltreich o^{29} wereldrijk
Weltreise v^{21} wereldreis
Weltrekord m^{5} wereldrecord
Weltrekordler m^{9} wereldrecordhouder
Weltruf m^{19} wereldfaam, wereldreputatie
Weltstadt v^{25} wereldstad
Weltteil m^{5} werelddeel, continent
Weltuntergang m^{6} einde van de wereld
Weltverbesserer m^{9} wereldhervormer
weltvergessen, weltverloren 1 in zichzelf gekeerd **2** eenzaam
weltweit wereldwijd, mondiaal, wereldomvattend; over de hele wereld
Weltwirtschaft v^{28} wereldeconomie
Weltwunder o^{33} wereldwonder
wem^{85} wie
wen^{85} wie
Wende v^{21} **1** wending, (omme)keer, keerpunt, draai, kentering **2** keerpunt, (het) keren
Wendekreis m^{5} **1** keerkring **2** draaicirkel *(van auto)*
Wendeltreppe v^{21} wenteltrap

[1]**wenden**[308] *tr* keren, wenden, draaien: *seine Aufmerksamkeit auf*[+4] *etwas ~* zijn attentie op iets richten; *jmdm den Rücken ~* iem de rug toekeren; *bitte ~!* zie ommezijde!

[2]**wenden**[308], **sich** zich omdraaien, zich wenden, zich keren: *der Wind hat sich gewendet* de wind is gedraaid; *sich an jmdn ~* zich tot iem wenden

Wendepunkt *m*[5] **1** keerpunt **2** buigpunt

wendig **1** beweeglijk, goed manoeuvreerbaar, gemakkelijk bestuurbaar **2** *(fig)* vlot, behendig, plooibaar

Wendung *v*[20] **1** wending, (omme)keer, draai, kromming **2** (zins)wending, zegswijze

wenig[60] weinig: *mit ~en Worten* met een paar woorden; *ein ~* een beetje; *~es genügt* weinig is voldoende; *zu ~* te weinig; *zie ook* weniger, wenigste

weniger minder: *er ist nichts ~ als dumm* hij is allesbehalve dom; *neun ~ zwei* negen min twee

Wenigkeit *v*[20] **1** geringheid, kleine hoeveelheid **2** kleinigheid, bagatel: *meine ~* mijn persoontje

wenigste *(der, die, das)* minste: *das wird in den ~n Fällen gelingen* dat zal in de meeste gevallen niet lukken; *die ~n Menschen denken an so etwas* slechts heel weinig mensen denken aan zoiets

wenigstens **1** minstens **2** tenminste, althans

wenn als, wanneer, indien: *~ möglich* zo mogelijk; *~ auch* (of: *~ gleich, ~ schon)* ofschoon, hoewel, ook al, al; *wie ~* alsof; *~ auch noch so wenig* hoe weinig ook; *~ er doch käme!* kwam hij maar!

wenngleich, **wennschon** hoewel, ofschoon, al

wer[85] **1** wie: *~ war das?* wie was, wie waren dat?; *~ alles ist dabei gewesen?* wie zijn er allemaal bij geweest?; *~ da?* wie daar? **2** iemand: *der Hund bellt, wenn ~ kommt* de hond blaft als er iem komt; *er ist ~* hij is iem

Werbeabteilung *v*[20] reclameafdeling

Werbeagentur *v*[20] reclamebureau

Werbeangebot *o*[29] reclameaanbieding

Werbebanner *o*[33] reclamebanner

Werbeberater *m*[9] reclameadviseur

Werbeblock *m*[6] reclameblok

Werbebüro *o*[36] reclamebureau

Werbefachman *m (2e nvl -(e)s; mv -fachleute)* reclame-expert

Werbefeldzug *m*[6] reclamecampagne

Werbefernsehen *o*[39] reclametelevisie

Werbefilm *m*[5] reclamefilm

Werbegeschenk *o*[29] relatiegeschenk

Werbekosten *mv* reclamekosten

[1]**werben**[309] *intr* reclame, propaganda maken: *~ um*[+4] dingen naar

[2]**werben**[309] *tr* werven, aanwerven

Werbepause *v*[21] reclameblok

Werbeslogan *m*[13] reclameslogan, slagzin

Werbespot *m*[13] *(telecom)* reclamespot

Werbespruch *m*[6] reclameslogan, slagzin

Werbetätigkeit *v*[20] propaganda, reclame

Werbetrommel *v*[28]: *die ~ rühren* (of: *schlagen)* reclame maken

Werbezwecke *mv m*[5] reclamedoeleinden

Werbung *v*[20] **1** (aan)werving **2** reclame, propaganda **3** reclameafdeling

Werbungskosten *mv* verwervingskosten

Werdegang *m*[6] **1** ontwikkeling(sgang), wordingsproces **2** loopbaan

werden[310] **1** worden, ontstaan: *der Kuchen wird* de cake lukt; *wird's bald?* komt er nog iets van? **2** zullen: *er wird morgen zahlen* hij zal morgen betalen

Werden *o*[39] (het) worden, ontwikkeling(sgang), (het) ontstaan

[1]**werfen**[311] *tr* **1** werpen, gooien, smijten: *(worstelterm) jmdn ~* iem leggen **2** *(dierk) (jongen)* werpen

[2]**werfen**[311], **sich** **1** zich werpen, zich gooien **2** *(mbt hout)* kromtrekken

Werfer *m*[9] werper; *(honkbal)* pitcher

Werft *v*[20] (scheeps)werf, helling

Werk *o*[29] **1** werk, arbeid: *sich ans ~ machen* aan het werk gaan; *ins ~ setzen* in het werk stellen **2** kunstwerk, boek **3** fabriek, bedrijf **4** vestingwerk

Werkarzt *m*[6] bedrijfsarts

werkeln knutselen, klussen, druk bezig zijn

werken werken, bezig zijn

Werken *o*[39] handvaardigheid *(een schoolvak)*

Werkgelände *o*[33] fabrieksterrein

Werkhalle *v*[21] fabriekshal

Werksarzt *m*[6] bedrijfsarts

Werkschule *v*[21] bedrijfsschool

Werkspionage *v*[28] bedrijfsspionage

Werkstatt *v (mv -stätten)*, **Werkstätte** *v*[21] **1** werkplaats **2** garage *(voor reparaties)* **3** atelier

Werkstilllegung *v*[28] sluiting van een fabriek

Werkstoff *m*[5] grondstof, ruw materiaal

Werkstudent *m*[14] werkstudent

werktags op werkdagen

werktätig werkend, in een beroep werkzaam

Werktätige(r) *m*[40a], *v*[40b] werkende, werknemer

Werkunterricht *m*[19] handvaardigheid *(een schoolvak)*

Werkzeug *o*[39] **1** werktuig **2** gereedschap **3** *(fig)* instrument

Werkzeugkasten *m*[12] gereedschapskist

Wermut *m*[19] **1** *(plantk)* alsem **2** vermout *(een drank)*

wert *bn* waard, geacht, dierbaar

Wert *m*[5] **1** (markt)waarde, prijs: *im ~ von* ter waarde van **2** *(handel, mv)* effecten

Wertangabe *v*[21] **1** aangifte van de waarde **2** aangegeven waarde

Wertarbeit *v*[20] kwaliteitswerk

wertbeständig waardevast

Wertbeständigkeit *v*[28] waardevastheid

Wertbestimmung *v*[20] waardebepaling, taxatie

Wertbrief *m*[5] brief met aangegeven waarde

werten **1** waarderen, schatten, taxeren **2** beoordelen, beschouwen **3** (mee)tellen

Wertgegenstand *m*[6] voorwerp van waarde

wertlos waardeloos
wertmäßig wat de waarde betreft, waarde-
Wertpapier *o*[29] waardepapier; *(mv)* effecten, waardepapieren
Wertsachen *mv v*[21] voorwerpen van waarde
wertschätzen (hoog)achten
Wertschätzung *v*[28] hoogachting, aanzien
Wertstück *o*[29] waardevol stuk
Wertung *v*[20] **1** waardering, schatting **2** beoordeling **3** *(sp)* klassement
Werturteil *o*[29] waardeoordeel
wertvoll kostbaar, waardevol
Wertzeichen *o*[35] frankeerzegel, postzegel
Wesen *o*[35] **1** wezen, essentie, kern: *das ~ der Sache* de kern van de zaak **2** natuur, aard, inborst **3** aard, manier van doen, gedrag **4** wezen, schepsel || *sein ~ treiben* huishouden, tekeergaan
Wesensart *v*[20] aard, karakter
wesensfremd wezensvreemd
Wesenszug *m*[6] karakteristieke trek
wesentlich 1 essentieel, wezenlijk: *das Wesentlichste* de kern, het voornaamste **2** aanmerkelijk, belangrijk: *die Lage hat sich ~ gebessert* de toestand is aanzienlijk verbeterd; *im Wesentlichen: a)* in de grond van de zaak; *b)* kort samengevat, kort gezegd
weshalb waarom, om welke reden
Wespe *v*[21] wesp
wessen[85] **1** wiens **2** welks, waarvan, waarover
Wessi *m*[13] West-Duitser
Weste *v*[21] vest: *eine reine* (of: *saubere, weiße) ~ haben* van onbesproken gedrag zijn
Westen *m*[19] westen
Westentasche *v*[21] vestzak: *etwas wie seine ~ kennen* iets als zijn broekzak kennen
westlich 1 westelijk **2** westers
Westmächte *mv v*[25] westerse mogendheden
westwärts westwaarts
Westwind *m*[5] westenwind
weswegen waarom, om welke reden
Wettbewerb *m*[5] **1** concurrentie, mededinging: *mit jmdm in ~ treten* met iem gaan concurreren **2** wedstrijd, concours: *außer ~ teilnehmen* buiten mededinging deelnemen
Wettbewerber *m*[9] concurrent, mededinger
wettbewerbsfähig concurrerend
Wettbewerbsverzerrung *v*[20] concurrentievervalsing
Wette *v*[21] weddenschap: *ich gehe jede ~ ein, dass …* ik verwed er alles onder dat …; *was gilt die ~?* waarom wedden we?; *um die ~ schreien* om het hardst schreeuwen
Wetteifer *m*[19] wedijver
wetteifern wedijveren
wetten (ver)wedden
[1]**Wetter** *m*[9] wedder, iem die wedt || *alle ~! (inform)* drommels!, nee maar!
[2]**Wetter** *o*[33] **1** weer **2** onweer, noodweer
Wetteramt *o*[32] meteorologisch instituut
Wetteransage *v*[21] weerbericht
Wetteraussichten *mv v*[20] weersverwachting
Wetterbericht *m*[5] **1** weeroverzicht **2** weerbericht
wetterbeständig weerbestendig, weervast
Wetterfahne *v*[21] windwijzer, weerhaan *(ook fig)*
wetterfest weerbestendig, weervast
Wetterhahn *m*[6] weerhaan
Wetterkarte *v*[21] weerkaart
Wetterkunde *v*[28] meteorologie, weerkunde
Wetterlage *v*[21] weersgesteldheid
wetterleuchten weerlichten
wettern 1 onweren **2** tekeergaan, razen, tieren
Wetterprognose *v*[21] weersvoorspelling
Wetterseite *v*[21] windkant, regenkant
Wetterstation *v*[20] weerstation
Wettersturz *m*[6], **Wetterumschlag** *m*[6], **Wetterumschwung** *m*[6] plotselinge weersverandering
Wetterverhältnisse *mv o*[29a] weersomstandigheden
Wettervoraussage, Wettervorhersage *v*[21] weersvoorspelling
Wetterwarte *v*[21] meteorologisch station
wetterwendisch wispelturig, grillig
Wettfahrt *v*[20] race *(bij kanoën, roeien, zeilen)*
Wettkampf *m*[6] wedstrijd
Wettkämpfer *m*[9] deelnemer aan een wedstrijd
Wettlauf *m*[6] wedloop
wettlaufen[198] wedlopen
Wettläufer *m*[9] hardloper
wettmachen 1 goedmaken, compenseren **2** iets terugdoen voor, zich revancheren voor
Wettrennen *o*[35] **1** wedren, wedloop **2** race
Wettrüsten *o*[39] bewapeningswedloop
Wettsegeln *o*[39] zeilwedstrijd
Wettspiel *o*[29] wedstrijd, spel(letje), match
[1]**wetzen** *intr (inform)* hollen, rennen
[2]**wetzen** *tr* wetten, slijpen, scherpen
Wichse *v*[21] **1** schoensmeer **2** boenwas **3** klappen, slaag
wichsen 1 *(schoenen)* poetsen **2** *(vloer)* boenen
Wicht *m*[5] **1** wicht, peuter **2** dwerg, kabouter **3** schurk
Wichtelmännchen *o*[35] kabouter, dwerg
wichtig gewichtig, belangrijk: *etwas ~ nehmen* iets au sérieux nemen; *sich ~ nehmen* een hoge dunk van zichzelf hebben
Wichtigkeit *v*[28] gewicht, belang
Wichtigtuer *m*[9] opschepper; grootdoener; nepper
Wichtigtuerei *v*[20] gewichtigdoenerij
wichtigtuerisch gewichtigdoenerig
Wickel *m*[9] **1** kluwen *(garen)*; wikkel, rolletje *(tabak)*; knot *(wol)* **2** krulspeld **3** luier **4** *(med)* kompres, omslag **5** *(plantk)* schicht || *jmdn am* (of: *beim) ~ kriegen* iem te pakken krijgen, iem bij de lurven pakken
Wickelkommode *v*[21] babycommode
wickeln 1 (in)wikkelen **2** zwachtelen **3** *(een kind)* een luier omdoen **4** *(garen)* opwinden, op een

kluwen winden: *die Haare* ~ krulspelden zetten
Wickelraum *m*[6] babyverzorgingsruimte
Wickeltisch *m*[5] babycommode
Wickler *m*[9] krulspeld
Widder *m*[9] **1** *(dierk)* ram **2** *(astrol)* Ram
wider[+4] *vz* tegen, in strijd met: ~ *Erwarten* tegen de verwachting in
widerfahren[153] **1** wedervaren, overkomen, gebeuren **2** te beurt vallen
widergesetzlich strijdig met de wet, onwettig, illegaal
Widerhaken *m*[11] weerhaak
Widerhall *m*[5] weerklank, weergalm, echo
widerhallen weerklinken, weergalmen
widerlegen weerleggen
Widerlegung *v*[20] weerlegging, dementi
widerlich **1** weerzinwekkend, afschuwelijk, walgelijk **2** laag, gemeen **3** ontzettend, vreselijk
widernatürlich tegennatuurlijk
widerrechtlich onrechtmatig, wederrechtelijk
Widerrede *v*[21] tegenspraak
Widerruf *m*[5] herroeping, opzegging: *(bis) auf* ~ tot wederopzeggens
widerrufen[226] **1** *(bevel)* herroepen **2** *(beschuldiging)* terugnemen **3** *(bericht)* tegenspreken **4** *(order)* annuleren, herroepen
Widersacher *m*[9] **1** tegenstander **2** vijand
Widerschein *m*[5] weerschijn, weerkaatsing
widersetzen, sich zich verzetten: *sich jmdm* ~ zich tegen iem verzetten
widersetzlich weerspannig
Widersinn *m*[19] onzin, absurditeit
widersinnig onzinnig, absurd
widerspenstig weerspannig, weerbarstig
widerspiegeln weerspiegelen
widersprechen[274] **1** tegenspreken **2** afkeuren, zich verzetten tegen **3** in strijd zijn met
Widerspruch *m*[6] **1** tegenspraak; verzet, protest: *sich in Widersprüche verwickeln* tegenstrijdige verklaringen afleggen; ~ *erheben gegen*[+4] protest aantekenen tegen **2** tegenspraak, tegenstrijdigheid
widersprüchlich tegenstrijdig
widerspruchslos zonder tegenspraak
widerspruchsvoll vol tegenstrijdigheden
[1]**Widerstand** *m*[19] *(elektr)* weerstand
[2]**Widerstand** *m*[6] tegenstand, weerstand, verzet
Widerstandsbewegung *v*[20] verzetsbeweging
widerstandsfähig **1** in staat weerstand te bieden **2** taai
Widerstandsfähigkeit *v*[28] weerstandsvermogen
Widerstandsgruppe *v*[21] verzetsgroep
Widerstandskämpfer *m*[9] verzetsstrijder
Widerstandskraft *v*[25] weerstandsvermogen
widerstandslos **1** zonder tegenstand te bieden **2** ongehinderd
widerstehen[279] **1** weerstaan, weerstand bieden **2** tegenstaan **3** doorstaan
widerstreben **1** weerstreven, weerstaan **2** tegenstaan
Widerstreit *m*[5] **1** tweestrijd **2** conflict **3** tegenstelling
widerwärtig walgelijk, afschuwelijk; uiterst onaangenaam
[1]**Widerwärtigkeit** *v*[28] walgelijkheid
[2]**Widerwärtigkeit** *v*[20] tegenslag; afschuwelijke aangelegenheid
Widerwille *m*[18] *(alleen ev)* weerzin, hekel
widerwillig **1** onwillig **2** met tegenzin
Widerwort *o*[29] weerwoord, tegenspraak
[1]**widmen** *tr* (toe)wijden, opdragen
[2]**widmen, sich** zich bezighouden met, zich wijden aan
Widmung *v*[20] **1** opdracht **2** schenking **3** openstelling
widrig **1** ongunstig: *~es Schicksal* ongunstig lot **2** naar, akelig, weerzinwekkend
[1]**wie** *bw* **1** hoe: ~ *viel* hoeveel **2** wat: ~ *bitte?* wat zegt u?; ~ *schade!* wat jammer!
[2]**wie** *vw* zoals, evenals, als: ~ *man sagt* naar men zegt; ~ *wenn* alsof
wieder weer, wederom, nog eens, opnieuw: ~ *und* ~ steeds weer, steeds opnieuw; *hin und* ~ nu en dan, af en toe; *nie* ~ nooit meer; ~ *aufnehmen: a)* hervatten; *b) (jur)* heropenen; ~ *beleben* doen herleven; ~ *sehen* weer (kunnen) zien; ~ *vereinigen* herenigen; ~ *verwenden* hergebruiken; ~ *wählen* opnieuw stemmen
Wiederanpfiff *m*[5] *(sp)* hervattingssignaal
Wiederaufbau *m*[19] wederopbouw, herbouw
Wiederaufbereitung *v*[20] opwerking *(van splijtstof)*
Wiederaufnahme *v*[21] **1** hervatting **2** *(jur)* revisie **3** heropening *(van faillissement)*
wiederaufnehmen[212] **1** hervatten **2** *(jur)* heropenen
Wiederaufrüstung *v*[28] herbewapening
wiederbeleben reanimeren
Wiederbelebungsversuch *m*[5] reanimatiepoging
Wiedereinführung *v*[20] herinvoering
wiedererkennen[189] herkennen
wiedererobern heroveren
wiedereröffnen heropenen
wiedererstatten vergoeden, restitueren
wiederfinden[157] terugvinden, hervinden
Wiedergabe *v*[21] **1** teruggave **2** weergave **3** vertolking **4** reproductie
wiedergeben[166] **1** teruggeven **2** weergeven **3** vertolken **4** reproduceren
Wiedergeburt *v*[20] wedergeboorte
Wiedergutmachung *v*[20] **1** schadeloosstelling, vergoeding **2** herstelbetaling
wiederherstellen **1** herstellen **2** genezen **3** repareren, restaureren
Wiederherstellung *v*[20] herstel, reparatie, restauratie
[1]**wiederholen** herhalen; doubleren: *eine Klasse* ~ blijven zitten

^{2}**wiederholen** terughalen
wiederholt herhaald, herhaaldelijk
Wiederholung v^{20} herhaling
wiederkäuen herkauwen *(ook fig)*
Wiederkäuer m^{9} herkauwer
Wiederkehr v^{28} terugkeer, terugkomst
wiederkehren **1** terugkeren, terugkomen **2** zich herhalen
wiederkennen^{189} herkennen
wiederkommen^{193} terugkomen
wiedersehen^{261} weerzien, terugzien
Wiedersehen o^{39} weerzien: *(auf) ~!* tot ziens!
Wiedertäufer m^{9} wederdoper
wiederum **1** opnieuw, nog eens **2** anderzijds
wiedervereinigen herenigen
Wiederverkäufer m^{9} wederverkoper
Wiederverkaufswert m^{19} inruilwaarde
wiederverwenden^{308} hergebruiken
Wiederwahl v^{20} herverkiezing: *auf eine ~ verzichten* zich niet herkiesbaar stellen
wiederwählen herkiezen
Wiege v^{21} **1** wieg **2** *(fig)* wieg, bakermat
^{1}**wiegen** *zw* **1** wiegen; schommelen **2** *(peterselie)* fijnhakken
^{2}**wiegen** *st* wegen: *der Koffer wog schwer* de koffer was zwaar
wiehern **1** hinniken **2** *(van het lachen)* schateren, gieren
Wien o^{39} Wenen
Wiese v^{21} weide
Wiesel o^{33} *(dierk)* wezel
wieselflink watervlug, pijlsnel
Wiesenblume v^{21} weidebloem
Wiesenland o^{39} weide-, grasland
wieso hoezo, waarom; hoe komt het, dat …
wieviel, wieviel *oude spelling voor* wie viel, *zie* ^{1}wie 1
wievielt, wievielt hoeveelste
wieweit in hoever(re)
wiewohl ofschoon, hoewel
wild **1** wild **2** woest *(niet in cultuur gebracht): ~es Land* woeste gronden **3** onstuimig, woest: *~e Fantasie* (of: *Phantasie)* ongebreidelde fantasie; *~ werden* woest worden **4** wild, ongeregeld
Wild o^{39} **1** wild **2** wildbraad, wild
Wildbach m^{6} stortbeek, bergbeek
Wildbestand m^{6} wildstand
Wildbraten m^{11} wildbraad
Wilddieb m^{5} stroper, wilddief
Wildente v^{21} wilde eend
Wilde(r) m^{40a}, v^{40b} **1** wilde **2** dolleman
Wilderer m^{9} stroper
wildern stropen
Wildgans v^{25} wilde gans, grauwe gans
Wildhüter m^{9} jachtopziener
Wildnis v^{24} wildernis
Wildpark m^{13}, m^{5} wildpark, reservaat
Wildpinkeln o^{35} *(geen mv)* wildplassen
Wildschwein o^{29} wild zwijn
Wildwuchs m^{6} wildgroei
Wille m^{18}, **Willen** m^{11} wil: *aus freiem ~n* vrijwillig, uit vrije wil; *beim besten ~n nicht* met de beste wil van de wereld niet
willen^{+2} *vz: um des lieben Friedens ~* ter wille van de lieve vrede; *um Gottes ~* om godswil; *um Himmels ~ (inform)* in hemelsnaam; *um seiner selbst ~* ter wille van hemzelf
willenlos willoos
willens: *~ sein* van plan zijn, voornemens zijn
Willensäußerung v^{20} wilsuiting
Willenserklärung v^{20} wilsverklaring
Willenskraft v^{28} wilskracht
willensschwach wilszwak
willensstark wilskrachtig, energiek
willfahren, willfahren: *einer Bitte ~* een verzoek inwilligen; *einem Wunsch ~* aan een wens voldoen; *jmdm ~* iems zin doen
willfährig, willfährig gewillig, gedwee, volgzaam: *jmdm ~ sein* iems zin doen
willig gewillig, bereidwillig, inschikkelijk: *ein ~es Kind* een meegaand kind
willigen: *in^{+4} etwas ~* in iets toestemmen
willkommen *bn* welkom
Willkommen o^{35}, m^{11} welkom, welkomstgroet, verwelkoming, ontvangst
Willkommensgruß m^{6} welkomstgroet
Willkür v^{28} willekeur
willkürlich **1** willekeurig **2** eigenmachtig
wimmeln wemelen, krioelen
wimmern klagen, jammeren, kermen
Wimper v^{21} wimper, ooghaar: *mit der ~ zucken* met de ogen knipperen; *(fig) er zuckte mit keiner ~* (of: *nicht mit der ~)* hij vertrok geen spier
Wimperntusche v^{21} mascara
Wind m^{5} wind: *~ machen* opscheppen; *viel ~ um etwas machen* een hoop drukte over iets maken; *(fig) jmdm ~ vormachen* iem iets wijsmaken; *(fig) ~ von^{+3} etwas bekommen* lucht van iets krijgen || *etwas in den ~ schreiben können* iets op zijn buik kunnen schrijven
Windbüchse v^{21} windbuks
Winde v^{21} **1** windas, lier **2** *(plantk)* winde
Windel v^{21} luier
Windelhöschen o^{35} luierbroekje
windeln een luier aandoen
windelweich **1** bont en blauw **2** boterzacht
^{1}**winden**^{313} *tr* **1** winden, ophijsen **2** winden, wikkelen **3** wringen **4** vlechten
^{2}**winden**^{313}**, sich** (zich) kronkelen, zich krommen, zich wringen: *er wand sich durch die Menge* hij baande zich een weg door de menigte; *er wand sich vor Schmerzen* hij kromp ineen van de pijn
Windenergie v^{28} windenergie
Windhose v^{21} windhoos
Windhund m^{5} **1** windhond **2** oppervlakkige vent
windig **1** winderig **2** onbetrouwbaar: *eine ~e Ausrede* een flauw smoesje

Windjacke *v*[21] windjak
Windkanal *m*[6] windtunnel
Windmacher *m*[9] opschepper, opsnijder
Windmühle *v*[21] windmolen
Windowdressing *o*[39] windowdressing
Windrichtung *v*[20] windrichting
Windschatten *m*[19] **1** luwte **2** slipstream
windschief 1 scheef, krom **2** windscheef
Windschirm *m*[5] windschut, windscherm
windschlüpfig, windschnittig gestroomlijnd
Windschutzscheibe *v*[21] voorruit
Windstärke *v*[21] windkracht
windstill windstil
Windstille *v*[28] windstilte
Windstoß *m*[6] **1** windvlaag **2** rukwind
Windsurfing *o*[39] (het) windsurfen
Windung *v*[20] **1** slingering, kromming, kronkel **2** kronkeling **3** bocht
Wink *m*[5] wenk, teken
Winkel *m*[9] **1** hoek **2** stil hoekje **3** hoekmeetinstrument, geodriehoek **4** *(mil)* chevron, armstreep
Winkeladvokat *m*[14] advocaat voor kwade zaken
Winkeleisen *o*[35] hoekstaal, hoekijzer
winkelförmig hoekvormig
winkelig 1 hoekig **2** *(van stad)* met veel kronkelige straatjes **3** *(van huis)* met veel hoeken
Winkelmaß *o*[29] **1** geodriehoek **2** hoekmaat
Winkelzug *m*[6] **1** draaierij **2** slinkse streek
winken 1 wenken, een teken geven: *dem Kellner ~* de kelner een teken geven **2** zwaaien, wuiven **3** wachten, te wachten staan
Winker *m*[9] richtingaanwijzer *(van auto)*
winke, winke: *mach mal ~!* zwaai eens (met je handje)!
winklig *zie* winkelig
winseln 1 *(mbt hond)* janken, huilen **2** kermen
Winter *m*[9] winter
Winterabend *m*[5] winteravond
winterfest 1 geschikt voor winters weer **2** *(plantk)* winterhard
winterhart *(plantk)* winterhard
winterlich winterachtig, winters, winter-
Wintermantel *m*[10] winterjas
Winterreifen *m*[11] winterband
Winterschlaf *m*[19] winterslaap
Winterschlussverkauf *m*[6] winteropruiming
Wintersport *m*[5] wintersport
Wintersportler *m*[9] wintersporter
Win-win-Situation *v*[20] win-winsituatie
Winzer *m*[9] wijnboer, wijnbouwer
winzig heel klein, piepklein, nietig
Wipfel *m*[9] top, kruin *(van boom)*
Wippe *v*[21] wip
wippen wippen
wir wij, we
Wirbel *m*[9] **1** werveling, draaiing, (d)warreling **2** draaikolk **3** roffel *(op de trom)* **4** *(anat)* wervel **5** kruin *(vh hoofd)*: *vom ~ bis zur Zehe* van top tot teen **6** *(fig)* drukte; maalstroom
Wirbelknochen *m*[11] *(anat)* wervel
wirbellos ongewerveld
wirbeln 1 draaien, (d)warrelen, wervelen **2** *(mbt danseres)* wervelen, in het rond tollen **3** roffelen, een roffel slaan
Wirbelsäule *v*[21] *(anat)* wervelkolom
Wirbelsturm *m*[6] wervelstorm
Wirbeltier *o*[29] gewerveld dier
Wirbelwind *m*[5] wervelwind
[1]**wirken** *intr* **1** werken, een (bepaalde) uitwerking hebben **2** werken, werkzaam zijn **3** er uitzien
[2]**wirken** *tr* **1** weven *(van wandkleden)*; machinaal breien **2** tot stand brengen || *Wunder ~* wonderen doen
[1]**wirklich** *bn* echt, werkelijk
[2]**wirklich** *bw* inderdaad; echt, werkelijk: *~ geschehen* waargebeurd
Wirklichkeit *v*[20] werkelijkheid, realiteit
wirklichkeitsfern, wirklichkeitsfremd irreëel, onwerkelijk, onwezenlijk
wirklichkeitsgetreu realistisch, overeenkomstig de werkelijkheid, natuurgetrouw
wirklichkeitsnah de werkelijkheid benaderend, natuurgetrouw, realistisch
wirksam doeltreffend, effectief: *~ werden* van kracht worden
Wirksamkeit *v*[28] doeltreffendheid, effectiviteit
Wirkung *v*[20] werking, uitwerking, invloed: *mit ~ vom 1. März* met ingang van 1 maart
Wirkungsbereich *m*[5] **1** ambtsgebied, ressort **2** werkkring, werkterrein
Wirkungskreis *m*[5] werkkring; invloedssfeer
wirkungslos zonder effect, zonder uitwerking
Wirkungslosigkeit *v*[28] gemis aan uitwerking
wirkungsvoll indrukwekkend
wirr verward, rommelig: *mir ist ganz ~ im Kopf* ik ben helemaal in de war; *~es Zeug reden* wartaal spreken
Wirren *mv* *v*[21] troebelen, onlusten
Wirrkopf *m*[6] warhoofd, chaoot
Wirrnis *v*[24], **Wirrsal** *o*[29], *v*[23] chaos, verwarring
Wirrwarr *m*[19] warboel, janboel, troep, wirwar
Wirsing, Wirsingkohl *m*[19] savooiekool
Wirt *m*[5] **1** gastheer **2** café-, hotel-, pensionhouder, waard **3** hospes
Wirtin *v*[22] **1** gastvrouw **2** café-, hotel-, pensionhoudster, waardin **3** hospita
wirtlich 1 gastvrij **2** vriendelijk
Wirtschaft *v*[20] **1** economie **2** bedrijfsleven **3** café **4** huishouding, huishouden **5** boerenbedrijf || *eine heillose ~* een vreselijke janboel; *das ist ja eine schöne* (of: *saubere*) *~* dat is een mooie boel
wirtschaften 1 *(in het huishouden)* bezig zijn **2** economisch handelen, huishouden **3** boeren: *gut ~* goed boeren
Wirtschafter *m*[9] **1** beheerder, rentmeester **2** ondernemer; leidende figuur uit het bedrijfsleven
Wirtschafterin *v*[22] huishoudster
Wirtschaftler *m*[9] **1** econoom **2** ondernemer

wirtschaftlich **1** economisch **2** financieel **3** spaarzaam, zuinig, economisch
Wirtschaftlichkeit *v*[28] **1** zuinigheid **2** rentabiliteit
Wirtschaftsabkommen *o*[35] handelsverdrag
Wirtschaftsasylant *m*[14] economische vluchteling
Wirtschaftsaufschwung *m*[6] economische opleving
Wirtschaftsberater *m*[9] economisch adviseur
Wirtschaftsblock *m*[6], *m*[13] economisch blok
Wirtschaftsgemeinschaft *v*[20] economische gemeenschap
Wirtschaftshochschule *v*[21] economische hogeschool
Wirtschaftsjahr *o*[29] boekjaar
Wirtschaftskrise *v*[21] economische crisis
Wirtschaftslage *v*[21] economische toestand
Wirtschaftslehre *v*[28] economie *(als vak)*
Wirtschaftsministerium *o (2e nvl -s; mv -rien)* ministerie van Economische Zaken
Wirtschaftspolitik *v*[28] economisch beleid
wirtschaftspolitisch met betrekking tot, op het gebied van de economische politiek
Wirtschaftsprüfer *m*[9] accountant
Wirtschaftsraum *m*[6] **1** economisch gebied **2** keuken, waskeuken, schuur
Wirtschaftszweig *m*[5] bedrijfstak
Wirtshaus *o*[32] **1** café **2** herberg
Wirtsleute *mv* **1** hospes en hospita **2** caféhouder en diens vrouw
Wirtsstube *v*[21] gelagkamer
Wisch *m*[5] prul, waardeloos geschrift
[1]**wischen** *intr* **1** wissen, vegen, wrijven **2** schieten, stuiven
[2]**wischen** *tr* (af)vegen, wissen
Wischer *m*[9] **1** ruitenwisser **2** *(mil)* schampschot **3** schrammetje
Wischiwaschi *o*[39] geleuter, kletskoek
wispern fluisteren, smiespelen
Wissbegier, Wissbegierde *v*[28] weetgierigheid
wissbegierig weetgierig
wissen[314] weten: *weiß Gott!* (of: *weiß der Himmel!)* God mag het weten!; *jmdn etwas ~ lassen* iem iets laten weten; *nicht dass ich wüsste* niet dat ik weet; *was weiß ich?* weet ik veel?
Wissen *o*[39] weten, kennis: *nach bestem ~ und Gewissen* naar eer en geweten; *meines ~s* voor zover ik weet, bij mijn weten; *wider* (of: *gegen) besseres ~* tegen beter weten in
Wissenschaft *v*[20] **1** wetenschap **2** kennis
Wissenschaftler *m*[9] wetenschapper
wissenschaftlich wetenschappelijk
Wissensdrang, Wissensdurst *m*[19] weetgierigheid, dorst naar kennis
Wissensgebiet *o*[29] gebied, terrein (van kennis)
Wissensgesellschaft *v*[20] kennismaatschappij
wissenswert wetenswaardig
wissentlich welbewust, willen en wetens
wittern *intr* ruiken, snuffelen
[2]**wittern** *tr* **1** ruiken **2** *(fig)* de lucht krijgen van, vermoeden **3** *(gevaar)* bespeuren
Witterung *v*[20] **1** weersgesteldheid, weer **2** reuk, lucht **3** neus, reukzin: *~ von*[+3] *etwas haben* de lucht van iets hebben, iets vermoeden
Witterungsverhältnisse *mv o*[29a] weersgesteldheid
Witwe *v*[21] weduwe
Witwengeld *o*[31], **Witwenrente** *v*[21] weduwepensioen
Witwer *m*[9] weduwnaar
Witz *m*[5] **1** mop: *~e reißen* moppen tappen; *ein fauler ~* een flauwe mop; *ein schlechter ~* een misplaatste grap **2** geestigheid **3** verstand, geest, esprit || *mach keine ~e!* vertel nou geen onzin!; *das ist (ja) gerade der ~!* dat is het hem nou net!
Witzbold *m*[5] grappenmaker
witzeln grapjes maken, spotten
witzig **1** geestig, humoristisch **2** eigenaardig
WM *afk van Weltmeisterschaft* wereldkampioenschap *(afk* WK)
wo **1** waar **2** waarop, toen: *am Tage, wo* op de dag, dat **3** indien, zo: *wo möglich* indien mogelijk **4** ergens || *ach wo!* (of: *i wo!)* kom nou!
woanders ergens anders
woandershin ergens anders heen
wobei waarbij
Woche *v*[21] week
Wochenbett *o*[37] kraambed
Wochenblatt *o*[32] weekblad
Wochenendbeziehung *v*[20] *(ongev)* latrelatie
Wochenende *o*[38] weekend, weekeinde: *übers ~* in het, met het weekend
Wochenendhaus *o*[32] weekendhuis(je)
wochenlang wekenlang
Wochenlohn *m*[6] weekloon
Wochentag *m*[5] weekdag, werkdag
wochentags doordeweeks
wöchentlich wekelijks
Wochenzeitung *v*[20] weekblad
Wöchnerin *v*[22] kraamvrouw
wodurch waardoor
wofür waarvoor
Woge *v*[21] golf
[1]**wogegen** *bw* waartegen
[2]**wogegen** *vw* terwijl
wogen **1** golven, deinen **2** *(mbt boezem)* op en neer gaan **3** *(mbt strijd)* heen en weer gaan
woher vanwaar, waarvandaan: *~ weißt du das?* hoe weet je dat?
wohin **1** waar(heen) **2** ergens heen
wohingegen terwijl
wohinter waarachter
wohl wel: *mir ist nicht ~* ik voel me niet goed; *ihm ist nicht ~ bei der Sache* hij vertrouwt het zaakje niet; *sich ~ fühlen* zich prettig voelen; *lebe ~!* vaarwel!; *er tut ~ daran …* hij doet er goed aan …; *schlaf ~!* welterusten!; *~ bekomm's!* proost!; *~ oder übel* goedschiks of kwaadschiks; *du bist*

~ *krank?* ben je soms ziek?; *er hat Sie ~ nicht verstanden* hij heeft u zeker niet verstaan; ~ *bekannt* welbekend; ~ *geraten: a)* goed gelukt, (wel)geslaagd; *b)* welopgevoed, welgemanierd; ~ *klingend,* ~ *lautend* welluidend; ~ *überlegt* weloverwogen; ~ *unterrichtet* goed geïnformeerd
Wohl *o*^{39} welzijn: *auf Ihr ~!, zum ~!* op uw gezondheid!, proost!; *das allgemeine* (of: *das öffentliche*) ~ het algemeen welzijn
wohlan welaan, welnu
wohlauf 1 gezond: *Mutter und Kind sind* ~ moeder en kind maken het goed **2** komaan!
Wohlbefinden *o*^{39} welzijn, goede gezondheid
Wohlbehagen *o*^{39} welbehagen, welgevallen, genoegen
wohlbehalten 1 behouden **2** onbeschadigd
wohlbekannt welbekend
wohlbeleibt corpulent, zwaarlijvig
Wohlergehen *o*^{39} welzijn, welbevinden
Wohlfahrt *v*^{28} **1** welvaart, welzijn **2** (dienst voor) sociale zaken
Wohlfahrtsamt *o*^{32} bureau, dienst voor sociale zaken
Wohlfahrtspflege *v*^{28} sociale zorg, maatschappelijk werk
Wohlfahrtspflegerin *v*^{22} sociaal werkster
Wohlfahrtsstaat *m*^{16} verzorgingsstaat
wohlfühlen, sich zich prettig voelen
Wohlgefallen *o*^{39} welgevallen, welbehagen: *sein ~ an*$^{+3}$ *etwas haben* genoegen in iets scheppen
wohlgefällig met welgevallen, zelfgenoegzaam
wohlgemerkt welteverstaan, let wel
wohlgemut welgemoed, opgeruimd
wohlgeraten 1 goed gelukt, (wel)geslaagd **2** welopgevoed, welgemanierd
Wohlgeruch *m*^{6} aangename geur
Wohlgeschmack *m*^{19} aangename smaak
wohlgesinnt welgezind
wohlhabend welgesteld
wohlig behaaglijk, aangenaam, weldadig
Wohlklang *m*^{6} welluidendheid
wohlklingend, wohllautend welluidend
Wohlsein *o*^{39} welzijn: *(zum) ~!* gezondheid!
Wohlstand *m*^{19} welvaart, welstand
Wohlstandsgesellschaft *v*^{20} welvaartsstaat
Wohltat *v*^{20} weldaad
Wohltäter *m*^{9} weldoener
wohltätig 1 liefdadig **2** heilzaam, weldadig
Wohltätigkeit *v*^{28} liefdadigheid
Wohltätigkeitsverein *m*^{5} liefdadigheidsvereniging
Wohltätigkeitszweck *m*^{5} liefdadig doel
wohltuend weldadig, aangenaam
wohltun$^{295\,3}$ **1** weldoen, weldaden bewijzen **2** weldadig werken
wohlüberlegt weloverwogen
wohlunterrichtet goed geïnformeerd
Wohlverhalten *o*^{39} goed gedrag
wohlwollen$^{315\,3}$ toegenegen zijn
Wohlwollen *o*^{39} welwillendheid, welgezindheid
wohlwollend welwillend, goedgunstig
Wohnanhänger *m*^{9} caravan
wohnen 1 wonen **2** logeren **3** *(fig)* huizen
Wohngebäude *o*^{33} woongebouw
Wohngeld *o*^{31} huursubsidie
Wohngemeinschaft *v*^{20} woongemeenschap, commune
wohnhaft woonachtig
Wohnhaus *o*^{32} woonhuis
Wohnlage *v*^{21} ligging van een huis: *gute* ~ goed gesitueerd; *in ruhiger* ~ rustig gelegen
wohnlich gerieflijk, behaaglijk, comfortabel
Wohnlichkeit *v*^{28} gerieflijkheid, comfort
Wohnmobil *o*^{29} kampeerwagen, camper; *(Belg)* mobilhome
Wohnort *m*^{5} woonplaats
^{1}**Wohnraum** *m*^{6} woonvertrek
^{2}**Wohnraum** *m*^{19} woonruimte
Wohnsitz *m*^{5} woonplaats, domicilie: ~ *N.* gevestigd te N.; *seinen ~ in A. nehmen* (of: *aufschlagen)* zich in A. vestigen; *den ~ wechseln* van woonplaats veranderen; *seinen ~ nach Köln verlegen* in Keulen gaan wonen
Wohnstube *v*^{21} huiskamer, woonkamer
Wohnturm *m*^{6} woontoren, torenflat
Wohnung *v*^{20} **1** woning **2** logies
Wohnungsamt *o*^{32} (gemeentelijk) huisvestingsbureau
Wohnungsmangel *m*^{19} woningtekort
Wohnungsmiete *v*^{21} huishuur
Wohnungsschlüssel *m*^{9} huissleutel
Wohnungssuche *v*^{28} (het) zoeken naar een woning
Wohnungstausch *m*^{19} woningruil
Wohnungswesen *o*^{39} volkshuisvesting
Wohnviertel *o*^{33} woonwijk
Wohnwagen *m*^{11} **1** caravan **2** woonwagen
Wohnwagenlager *o*^{33} woonwagenkamp
Wohnzimmer *o*^{33} huiskamer, woonkamer; *(Belg)* living
Wok *m (2e nvl -; mv -s)* wok
wokken wokken
wölben welven: *sich ~ über*$^{+3}$ zich welven boven; *sich ~ über*$^{+4}$ zich welven over
Wölbung *v*^{20} **1** welving **2** kromming, boog
Wolf *m*^{6} **1** wolf **2** vleesmolen
Wolke *v*^{21} wolk: *er war wie aus allen ~n gefallen* hij was geheel ontnuchterd
wölken, sich betrekken
Wolkenbruch *m*^{6} wolkbreuk
Wolkenhimmel *m*^{9} bewolkte hemel
Wolkenkratzer *m*^{9} wolkenkrabber
wolkenlos wolkeloos, onbewolkt
wolkig 1 bewolkt, betrokken, wolkig **2** *(fig)* onduidelijk, vaag **3** *(fig)* verward
Wolldecke *v*^{21} wollen deken
Wolle *v*^{21} wol: *reine ~* (of: *garantiert ~)* zuiver wol *(100% wol)* || *(warm) in der ~ sitzen* er warm-

pjes bij zitten; *jmdn in die ~ bringen* iem op de kast jagen

^{1}**wollen** *bn* wollen, van wol

^{2}**wollen** *tr*^{315} **1** willen: *er will uns morgen besuchen* hij is van plan ons morgen te bezoeken **2** zullen: *das will ich meinen* dat zou ik ook zo zeggen **3** beweren: *er will es nicht gewesen sein* hij zegt dat hij het niet geweest is **4** moeten: *so etwas will gelernt sein* zoiets moet je leren || *das will mir nicht gefallen* dat bevalt me niet; *das will mir nicht einleuchten* dat is me niet duidelijk

Wollkleid *o*^{31} wollen jurk, wollen japon

Wollust *v*^{28} **1** wellust, zingenot **2** genot, lust

wollüstig wellustig

womit **1** waarmee **2** ergens mee

womöglich misschien, wellicht

wonach **1** waarnaar **2** waarna, waarop

woneben waarnaast

Wonne *v*^{21} zaligheid, genot, verrukking

wonnevoll **1** uiterst gelukkig **2** verrukkelijk

wonnig **1** heerlijk, gelukzalig **2** schattig

woran waaraan

worauf **1** waarop **2** waarna

woraus waaruit

worein waarin

worin waarin

Work-out, Workout *o*^{36} work-out

^{1}**Wort** *o*^{32} *(losse woorden)* woord: *~ für ~* woord voor woord

^{2}**Wort** *o*^{29} *(in zinsverband)* **1** woord: *~e des Dankes* woorden van dank; *mir fehlen die ~e* ik ben sprakeloos; *jmdm das ~ abschneiden* iem in de rede vallen; *das ~ ergreifen* (of: *nehmen)* het woord nemen; *das große ~ haben* (of: *führen)* het hoogste woord voeren; *jmdm das ~ reden* voor iem opkomen; *auf ein ~!* kan ik u even spreken?; *in ~en* voluit, in letters; *jmdm ins ~ fallen* iem in de rede vallen; *mit einem ~* in één woord; *ums ~ bitten* het woord vragen; *nicht zu ~ kommen* niet aan het woord komen; *sich zu ~ melden* het woord vragen **2** citaat, uitspraak: *geflügelte ~e* gevleugelde woorden **3** *(godsd)* Woord

Wortakzent *m*^{5} woordaccent

Wortart *v*^{20} woordsoort

Wortbedeutung *v*^{20} woordbetekenis

Wortbildung *v*^{20} woordvorming

Wortbruch *m*^{6} woordbreuk

wortbrüchig ontrouw: *~ werden* (of: *sein)* zijn woord breken

Wörtchen *o*^{35} woordje

Wörterbuch *o*^{32} woordenboek

Wörterverzeichnis *o*^{29a} woordenlijst

Wortfolge *v*^{21} woordschikking, -volgorde

Wortführer *m*^{9} woordvoerder

wortgetreu woordgetrouw, letterlijk

wortgewandt welbespraakt

wortkarg **1** stil, zwijgzaam **2** kort

Wortklauber *m*^{9} woordenzifter

Wortlaut *m*^{19} woordelijke inhoud, tekst

wörtlich woordelijk: *~e Rede* directe rede

wortlos **1** woordloos, sprakeloos **2** zwijgend

wortreich **1** woordenrijk **2** breedsprakig

Wortschatz *m*^{6} woordenschat, vocabulaire

Wortschwall *m*^{19} woordenvloed

Wortsinn *m*^{19} woordbetekenis

Wortspiel *o*^{29} woordspeling

Wortstellung *v*^{20} woordschikking

Wortstreit *m*^{5} woordenstrijd, woordentwist

Wortverzeichnis *o*^{29a} woordenlijst

Wortwahl *v*^{28} woord(en)keus

Wortwechsel *m*^{9} woordenwisseling, discussie

wortwörtlich woordelijk, letterlijk

worüber **1** waarover **2** waarboven

worum om wat, waarom

worunter waaronder, waarbeneden

wovon waarvan

wovor waarvoor

wozu waartoe, waarvoor

wozwischen waartussen

wrack *bn* wrak, onbruikbaar; slecht

Wrack *o*^{29}, *o*^{36} wrak

Wrap *m*^{13}, *o*^{36} wrap

Wucher *m*^{19} woeker

Wucherei *v*^{28} woeker

Wucherer *m*^{9} woekeraar

wucherisch woekerachtig, woeker-

wuchern **1** woekeren **2** (voort)woekeren

Wucherung *v*^{20} *(med)* woekering, gezwel

Wucherzinsen *mv m*^{16} woekerrente

Wuchs *m*^{6} **1** groei **2** aanplant **3** gestalte, bouw

Wucht *v*^{28} kracht, gewicht, zwaarte, last, druk || *das ist eine ~!* dat is fantastisch!

^{1}**wuchten** *intr* **1** zich verheffen, staan **2** bewegen, razen, woeden

^{2}**wuchten** *tr* **1** tillen, zeulen **2** (ergens in) slaan: *den Ball ins Tor ~* de bal in het doel knallen

wuchtig **1** zwaar, massaal **2** hard *(van klap)* **3** imposant, indrukwekkend **4** krachtig *(van persoonlijkheid)*

wühlen woelen, wroeten, graven

Wühler *m*^{9} **1** opruier, agitator **2** harde werker

Wühlerei *v*^{20} **1** gewoel, gewroet **2** opruiing **3** (het) harde werken

Wulst *m*^{6}, *m*^{5}, *v*^{25} **1** dikte, verdikking **2** rol(letje)

wulstig opgezwollen, opgezet, opgeblazen, dik

wund **1** gewond, gekwetst: *eine ~e Stelle* een ontstoken plek **2** stuk: *sich die Füße ~ laufen* zijn voeten doorlopen; *sich ~ liegen* doorliggen; *(fig) der ~e Punkt* het tere punt

Wunde *v*^{21} wond *(ook fig)*; kwetsuur

Wunder *o*^{33} wonder: *die Arznei wirkt ~* de medicijn doet wonderen

wunderbar **1** wonderbaar **2** wonderbaarlijk **3** prachtig mooi, heerlijk, geweldig, fantastisch

Wunderding *o*^{29} wonder

Wunderdoktor *m*^{16} wonderdokter

wunderhübsch alleraardigst, allerliefst

Wunderkind *o*^{31} wonderkind

wunderlich **1** wonderlijk, vreemd, zonderling: *ein ~er Heiliger* (of: *ein ~er Kauz)* een rare snuiter **2** grillig
[1]**wundern** *tr* verwonderen, verbazen: *es wundert mich* (of: *mich wundert), dass …* het verbaast me, dat …
[2]**wundern, sich** **1** zich verwonderen, zich verbazen **2** benieuwd zijn
wundernehmen^{212} verwonderen, verbazen
wundersam wonderlijk, mysterieus
wunderschön wondermooi, prachtig
Wundertäter m^{9} wonderdoener
wundervoll **1** wonderbaarlijk **2** prachtig
Wundfieber o^{39} wondkoorts
Wundpflaster o^{33} wondpleister
Wunsch m^{6} **1** wens, verlangen: *auf ~* desgewenst, op aanvraag **2** gelukwens
Wunschbild o^{31} ideaal, wens-, droombeeld
wünschen wensen, verlangen
wünschenswert wenselijk, te wensen
wunschgemäß overeenkomstig uw wens
Wunschkonzert o^{29} verzoekprogramma
Wunschliste v^{21} verlanglijstje
wunschlos zonder wensen: *(inform) ~ glücklich* volmaakt gelukkig
Wunschtraum m^{6} wensdroom
Wunschzettel m^{9} verlanglijstje
Würde v^{21} waardigheid, rang: *das ist unter aller ~* dat is beneden peil
Würdenträger m^{9} waardigheidsbekleder
würdevoll waardig, statig, deftig
würdig waardig, plechtig, statig: *sie ist seines Vertrauens ~* zij is zijn vertrouwen waard
würdigen waarderen, naar waarde schatten, appreciëren: *jmdn keines Blickes ~* iem geen blik waardig keuren
Würdigkeit v^{28} waardigheid
Würdigung v^{20} **1** waardering, appreciatie **2** waarderende bespreking **3** erkenning
Wurf m^{6} **1** worp **2** gooi **3** val, plooi **4** succes, geslaagd (kunst)werk
Würfel m^{9} **1** dobbelsteen **2** kubus **3** blokje **4** klontje *(suiker)* **5** vierkant, ruit *(als dessin)*
[1]**würfeln** *intr* dobbelen
[2]**würfeln** *tr* in vierkantjes, in blokjes snijden
Würfelspiel o^{29} dobbelspel
Würfelzucker m^{19} klontjessuiker
Wurfsendung v^{20} door de post huis aan huis verspreid drukwerk
[1]**würgen** *intr* kokhalzen
[2]**würgen** *tr* wurgen
[1]**Wurm** m^{8} **1** worm, made **2** houtworm: *da ist* (of: *sitzt) der ~ drin!* daar klopt iets niet!
[2]**Wurm** o^{32} wurm, kind
wurmen hinderen, kwellen: *es wurmt mich* het ergert me, het zit me dwars
wurmig, wurmstichig wormstekig, wormig
Wurst, Wurscht v^{25} worst: *das ist mir wurst, wurscht* dat laat me koud; *~ wider ~* leer om leer
Wurstbrot o^{29} boterham met worst
Würstchen o^{35} **1** worstje **2** *(fig)* slappeling
Würstchenbude v^{21}, **Würstchenstand** m^{6} worstkraampje, worststalletje
wursteln klungelen
Wursthaut v^{25} vel(letje) van de worst
Würze v^{21} **1** kruiderij, specerij **2** aroma, smaak, bouquet **3** *(fig)* aantrekkelijkheid, bekoring
Wurzel v^{21} wortel: *~ schlagen* wortel schieten
wurzeln **1** wortelen, geworteld zijn, wortel schieten **2** zijn oorsprong vinden
Wurzelstock m^{6} wortelstok
Wurzelziehen o^{39} (het) worteltrekken
würzen kruiden *(ook fig)*
würzig kruidig, gekruid, geurig, pikant, pittig
Würzmischung v^{20} kruidenmix
Wuschelhaar o^{29} verwarde haardos
wuschelig krullig, verward
Wuschelkopf m^{6} krullenkop, verwarde haardos
wüst **1** woest, leeg, onherbergzaam **2** ordeloos, wanordelijk, verward: *ein ~es Durcheinander* een chaos **3** liederlijk, wild, losbandig **4** verschrikkelijk
Wust m^{5} warboel, rommel, chaos, zootje
Wüste v^{21} **1** woestijn **2** woestenij
Wüstenei v^{20} woestenij
Wüstensand m^{19} woestijnzand
Wüstenschiff o^{29} schip der woestijn, kameel
Wüstling m^{5} losbol, liederlijk iem
Wut v^{28} **1** woede, razernij, drift: *in ~ geraten* (of: *kommen)* in woede ontsteken; *~ auf jmdn haben* woedend op iem zijn; *mit ~ arbeiten* verwoed werken; *die ~ packte ihn* hij werd woedend **2** hondsdolheid
Wutanfall m^{6} woedeaanval
wüten **1** woeden, razen, tieren **2** tekeergaan
wütend **1** woedend, razend, woest **2** heel erg
Wüterich m^{5} **1** woesteling **2** wreedaard
Wutgeschrei o^{39} woedend geschreeuw
wutschäumend ziedend van woede
wutschen flitsen, glippen
wutschnaubend ziedend van woede
wutverzerrt van woede verwrongen
WWW o^{39}, o^{39a} *afk van World Wide Web* world wide web *(afk* www)

X: *jmdm ein X für ein U vormachen* iem knollen voor citroenen verkopen
X-Beine *mv o*[29] X-benen
x-beliebig willekeurig
x-fach veelvuldig, heel vaak
x-mal ontelbare malen, tig keer
X-Strahl *m*[16] röntgenstraal
XTC *o*[39a] *afk van Ecstasy* ecstasy *(afk* xtc)
x-te zoveelste: *das ~ Mal* de zoveelste keer; *zum ~n Mal* voor de zoveelste keer

Yacht *v*[20] *(scheepv)* jacht
Yen *m (2e nvl -(s); mv -(s))* yen
Ypsilon *o*[36] *(2e nvl ook -)* ypsilon *(een letter)*
Yuppie *m*[13] yuppie

Z

Z. **1** *afk van Zahl* getal **2** *afk van Zeile* regel
zack *tw* vlug!, schiet op!: *alles muss immer ~, ~ gehen* alles moet altijd vlug, vlug gaan
Zacke v^{21} **1** tand *(van vork, kam, kroon, zaag)* **2** piek, punt, spits **3** kanteel, tinne
Zackenlinie v^{21} zigzaglijn
zackig **1** puntig, getand **2** *(mil)* stram **3** energiek, kranig **4** *(muz)* pittig
zag **1** schuchter, bedeesd **2** weifelend
zagen schromen, weifelen, aarzelen
zaghaft **1** schuchter, bedeesd **2** weifelend
Zaghaftigkeit, Zagheit v^{28} schuchterheid, bedeesdheid
zäh **1** taai **2** dikvloeibaar, stroperig **3** *(fig)* taai, volhardend, hardnekkig **4** traag, stroef
Zäheit *oude spelling voor* Zähheit, *zie* Zähheit
zähflüssig dikvloeibaar, stroperig: *~er Verkehr* langzaamrijdend (tot stilstaand) verkeer
Zähheit v^{28} taaiheid, stroperigheid
Zahl v^{20} **1** getal, cijfer: *in die roten ~en geraten* in de rode cijfers komen **2** aantal, hoeveelheid: *zwanzig an der ~* met z'n twintigen; *in großer ~* in groten getale; *ohne ~* talloos, ontelbaar
zahlbar betaalbaar, te betalen
zählbar telbaar
zählebig taai, resistent, sterk
zahlen betalen, afrekenen
zählen tellen, rekenen: *wir ~ auf dich* we rekenen op je; *~ zu*$^{+3}$ behoren tot; *jmdn ~ zu*$^{+3}$ iem rekenen tot
Zahlenfolge v^{21} getallenreeks
zahlenmäßig getalsmatig, numeriek
Zahlenmaterial o^{39} cijfermateriaal
Zahlenschloss o^{32} cijferslot
Zahler m^{9} betaler: *schlechter ~* wanbetaler
Zähler m^{9} **1** teller *(ook van breuk)* **2** (gas-, elektriciteits)meter, teller **3** *(sp)* treffer; punt
Zahlkarte v^{21} stortingsformulier
zahllos talloos, ontelbaar
zahlreich **1** talrijk **2** in groten getale
Zahlstelle v^{21} **1** betaalkantoor **2** *(bankwezen)* domicilie
Zahltag m^{5} **1** betaaldag **2** vervaldag
Zahlung v^{20} betaling
Zählung v^{20} telling: *eine ~ durchführen* een telling houden
Zahlungsanweisung v^{20} betalingsopdracht
Zahlungsaufschub m^{6} uitstel van betaling
Zahlungsbedingung v^{20} betalingsvoorwaarde
Zahlungsbefehl m^{5} dwang-, betalingsbevel
Zahlungsbilanz v^{20} betalingsbalans
Zahlungseinstellung v^{20} staking van de betalingen
Zahlungsempfänger m^{9} begunstigde
Zahlungserleichterung v^{20} gemakkelijke betalingsvoorwaarde
zahlungsfähig solvent, betaalkrachtig
Zahlungsfähigkeit v^{28} solvabiliteit
Zahlungsfrist v^{20} betalingstermijn
zahlungskräftig betaalkrachtig
Zahlungsmittel o^{33} betaalmiddel
Zahlungstermin m^{5} vervaldag, vervaldatum
zahlungsunfähig insolvent, niet in staat om te betalen
Zahlungsverkehr m^{19} betalingsverkeer: *bargeldloser ~* giroverkeer
Zahlungsverzug m^{19} achterstallige betaling, te late betaling: *in ~ geraten sein* met de betaling ten achterraken
Zahlungsweise v^{21} wijze van betaling
Zählwerk o^{29} telwerk
Zahlwort o^{32} telwoord
zahm **1** tam, mak, bedaard **2** *(fig)* gedwee
zähmbar tembaar
zähmen **1** temmen, tam maken **2** beteugelen
Zahmheit v^{28} tamheid, makheid; bedaardheid
Zähmung v^{28} **1** (het) temmen **2** beteugeling
Zahn m^{6} tand: *(fig) jmdm auf den ~ fühlen* iem aan de tand voelen; *die dritten Zähne* het kunstgebit || *einen ~ draufhaben* zeer hard rijden; *einen ~ zulegen* er een schepje bovenop doen
Zahnarzt m^{6} tandarts
Zahnarzthelferin v^{22} tandartsassistente
Zahnbelag m^{6} tandaanslag, plaque, plak
Zahnbürste v^{21} tandenborstel
Zahncreme v^{27} tandpasta
Zähneklappern o^{39} (het) klappertanden
Zähneknirschen o^{39} tandengeknars
zähneknirschend tandenknarsend
zahnen tanden krijgen
zähnen tanden, van tanden voorzien
Zahnersatz m^{19} prothese, kunstgebit
Zahnfäule v^{28} tandbederf, cariës
Zahnfleisch o^{39} tandvlees
zahnig getand, puntig
Zahnlücke v^{21} opening, gat tussen de tanden
Zahnmedizin v^{28} tandheelkunde
Zahnpasta *v (mv -pasten)*, **Zahnpaste** v^{21} tandpasta
Zahnpflege v^{28} tandverzorging
Zahnrad o^{32} tandrad
Zahnradbahn v^{20} tandradbaan
Zahnschmelz m^{19} tandemail, tandglazuur
Zahnschmerzen *mv* m^{16} kiespijn, tandpijn
Zahntechniker m^{9} tandtechnicus

Zahnweh o^{39} tandpijn, kiespijn
Zange v^{21} **1** tang **2** *(dierk)* schaar
Zank m^{19} twist, ruzie, onenigheid
Zankapfel m^{10} twistappel
[1]**zanken** *intr* **1** ruzie maken **2** *(regionaal)* mopperen, schelden: *mit jmdm ~* iem op zijn kop geven
[2]**zanken, sich** ruzie hebben, ruzie maken
Zänker m^{9} ruziemaker
Zankerei v^{20} gekibbel, geruzie, getwist
Zänkerei v^{20} ruzietje
zänkisch twistziek
Zanksucht v^{28} twistzucht
zanksüchtig twistziek
Zäpfchen o^{35} **1** kegeltje, pegeltje **2** *(anat)* huig **3** *(med)* zetpil **4** stop, prop, tap
zapfen tappen, tanken
Zapfen m^{11} **1** *(techn)* pen-en-gatverbinding **2** kegel, pegel, dennenappel **3** tap, spon, stop **4** ashals
zapfenförmig kegelvormig, pegelvormig
Zapfenstreich m^{5} **1** *(mil)* taptoe **2** bedtijd
Zapfsäule v^{21} benzinepomp
zappeln spartelen, trappelen
Zar m^{14} tsaar
zart teer, zwak, tenger; zacht, fijn, teder, gevoelig: *~e Farben* zachte kleuren; *eine ~e Gestalt* een tengere gestalte; *eine ~e Gesundheit* een zwakke gezondheid; *auf ~e Weise* tactvol; *~es Fleisch* mals vlees; *~es Gemüse* jonge groente
Zartgefühl o^{39} **1** teerheid **2** tact
Zartheit v^{20} teerheid, tederheid*; zie ook* zart
zärtlich **1** liefkozend **2** liefdevol **3** teer, teder, innig **4** aanhalig
[1]**Zärtlichkeit** v^{28} tederheid
[2]**Zärtlichkeit** v^{20} liefkozing
Zäsur v^{20} **1** cesuur **2** wending, keerpunt
Zauber m^{19} **1** toverij: *~ treiben* aan toverij doen **2** betovering **3** bekoring, betovering, charme
[1]**Zauberei** v^{20} goochelkunst, goochelkunstje
[2]**Zauberei** v^{28} toverij, tovenarij, toverkunst
Zauberer m^{9} **1** tovenaar **2** goochelaar
Zauberflöte v^{21} toverfluit
Zauberformel v^{21} toverformule
zauberhaft betoverend, prachtig
Zauberin v^{22} **1** tovenares **2** goochelaarster
zauberisch betoverend, sprookjesachtig
[1]**Zauberkunst** v^{28} **1** toverkunst **2** goochelkunst
[2]**Zauberkunst** v^{25} goochelkunstje
Zauberkünstler m^{9} goochelaar
Zauberkunststück o^{29} goocheltoer
zaubern **1** toveren **2** goochelen
Zaubertrick m^{13} goocheltoer
Zauderer m^{9} draler, talmer, treuzelaar
zaudern dralen, aarzelen, talmen
Zaum m^{6} toom, hoofdstel
zäumen tomen
Zäumung v^{20} (het) optuigen, (het) tomen
Zaun m^{6} heining, hek, schutting, afrastering: *lebender ~* heg, haag
Zaungast m^{6} niet betalend toeschouwer; *(fig)* buitenstaander, toekijker
Zaunkönig m^{5} winterkoninkje
zausen trekken, plukken: *jmdm das Haar ~* iems haren in de war brengen
z. B. *afk van zum Beispiel* bijvoorbeeld *(afk* bijv.)
ZDF *afk van Zweites Deutsches Fernsehen*
Zebra o^{36} zebra
Zebrastreifen m^{11} zebra, oversteekplaats voor voetgangers
Zechbruder m^{10} drinkebroer
Zeche v^{21} **1** vertering, gelag, rekening: *(fig) die ~ bezahlen* het gelag betalen **2** mijn
zechen drinken, pimpelen
Zechenstilllegung v^{20} mijnsluiting
Zechkumpan m^{5} kroegkameraad
Zecke v^{21} teek
[1]**Zeder** v^{28} cederhout
[2]**Zeder** v^{21} ceder
Zeh m^{16}, **Zehe** v^{21} teen: *eine ~e Knoblauch* een teen(tje) knoflook
Zehenspitze v^{21} punt van de teen: *auf ~n gehen* op zijn tenen lopen
zehn tien
Zehn v^{20} **1** *(het cijfer)* tien **2** lijn tien *(tram, bus)*
Zehner m^{9} **1** tiental **2** munt van tien cent, biljet van tien euro; munt van tien pfennig, biljet van tien mark
zehnfach tienvoudig
Zehnkampf m^{6} *(sp)* tienkamp
Zehnmarkschein m^{5} biljet van tien mark
Zehnpfennigstück o^{29} tienpfennigstuk
zehnte tiende
Zehntel o^{33} tiende (deel)
zehren teren: *(fig) von seinen Erinnerungen ~* op zijn herinneringen teren; *Fieber zehrt* koorts ondermijnt het lichaam; *(fig) der Kummer zehrt an ihrem Herzen* het verdriet knaagt aan haar hart
Zeichen o^{35} **1** teken, merk: *das ~ des Löwen* het sterrenbeeld Leeuw; *unser ~* ons kenmerk *(boven brief)* **2** leesteken
Zeichenblock m^{6}, m^{13} tekenblok
Zeichenfilm m^{5} tekenfilm
Zeichensetzung v^{28} interpunctie
Zeichensprache v^{21} gebarentaal
Zeichenstift m^{5} tekenstift, tekenpotlood
Zeichentrickfilm m^{5} tekenfilm
zeichnen **1** tekenen; *(fig)* beschrijven, schetsen **2** (onder)tekenen: *einen Betrag von 10 € ~* voor €10 intekenen; *eine Anleihe ~* inschrijven op een lening
Zeichner m^{9} **1** tekenaar **2** ondertekenaar **3** intekenaar
zeichnerisch wat het tekenen betreft, grafisch
Zeichnung v^{20} **1** tekening; *(fig)* beschrijving **2** ondertekening **3** intekening, inschrijving
Zeigefinger m^{9} wijsvinger
[1]**zeigen** *intr* wijzen, aanwijzen: *er zeigte auf mich* hij wees naar mij
[2]**zeigen** *tr* laten zien, tonen, wijzen: *die Ampel*

zeigte Grün het verkeerslicht stond op groen; *die Uhr zeigt halb drei* de klok staat op half drie

^{3}**zeigen, sich 1** zich (ver)tonen; verschijnen **2** blijken: *er zeigte sich als guter Spieler* hij bleek een goed speler te zijn; *es zeigte sich, dass …* het bleek dat …

Zeiger m^{9} **1** wijzer *(ve klok e.d.)* **2** naald *(ve meetinstrument)*

zeihen^{317} betichten: *jmdn eines Vergehens ~* iem van een vergrijp betichten

Zeile v^{21} **1** regel **2** rij *(huizen, planten)*

Zeilenabstand m^{6} regelafstand

zeilenweise per regel, regel voor regel

Zeisig m^{5} sijsje: *ein lockerer ~* een losbol

zeit^{+2} *vz* gedurende: *~ meines Lebens* zolang ik leef

Zeit v^{20} tijd: *es ist hohe* (of: *die höchste, allerhöchste) ~* het is hoog tijd; *er lässt sich*^{3} *~* hij neemt de tijd; *eine ~ lang* een tijdlang; *es ist an der ~ zu handeln* het is tijd om te handelen; *auf ~* tijdelijk; *(sp) auf ~ spielen* het spel vertragen; *in dieser ~* ondertussen; *in letzter ~* in de laatste tijd; *in nächster ~* binnenkort; *mit der ~ gehen* met zijn tijd meegaan; *mit der ~* mettertijd; *zur ~ Luthers* in de tijd van Luther; *zu der ~* in die tijd, toen; *zu gegebener ~* te zijner tijd; *zur gleichen ~* tegelijkertijd; *zur rechten ~* op het juiste moment; *zie ook* zurzeit

Zeitabschnitt m^{5} tijdperk, periode

Zeitalter o^{39} tijdperk

Zeitangabe v^{21} opgave van de tijd

Zeitansage v^{21} *(telecom)* tijdmelding

Zeitarbeit v^{28} (het) werken als uitzendkracht, tijdelijk werk

Zeitarbeitsbranche v^{21} uitzendbranche

Zeitarbeitsfirma *v (mv -firmen)* uitzendbureau

Zeitaufnahme v^{21} *(foto)* tijdopname

Zeitaufwand m^{6} besteding van tijd, bestede tijd

zeitaufwendig tijdrovend

zeitbedingt met de tijd(somstandigheden) samenhangend

Zeitbombe v^{21} tijdbom

Zeitdauer v^{28} tijdsduur

Zeitersparnis v^{24} tijdsbesparing

Zeitfahren o^{39} *(sp)* tijdrit

Zeitfrage v^{21} **1** actuele kwestie **2** kwestie van tijd

zeitgemäß 1 bij een bepaalde tijd passend **2** van deze tijd, actueel, modern

Zeitgenosse m^{15} tijdgenoot

zeitgenössisch 1 van tijdgenoten **2** hedendaags

Zeitgeschehen o^{39} actuele gebeurtenis

Zeitgeschmack m^{19} smaak van de tijd

Zeitgewinn m^{19} tijdwinst, tijdsbesparing

zeitgleich gelijktijdig, synchroon

zeitig vroegtijdig, vroeg, bijtijds

zeitigen opleveren, ten gevolge hebben

Zeitkarte v^{21} *(spoorw)* abonnement(skaart)

Zeitlang v^{28}: *eine ~* een tijdlang

zeitlebens het hele leven lang

zeitlich 1 vergankelijk, tijdelijk **2** wat de tijd betreft, tijdelijk; chronologisch

zeitlos tijdloos, niet aan mode onderhevig

Zeitlupe v^{28} vertraagde weergave, slow motion: *in ~* in slow motion

Zeitmangel m^{19} tijdgebrek

Zeitmesser m^{9} tijdmeter, chronometer

zeitnah(e) actueel, van deze tijd

Zeitnehmer m^{9} *(sp)* tijdopnemer

Zeitplan m^{6} tijdschema

Zeitpunkt m^{5} tijdstip, moment, ogenblik

Zeitraffer m^{19} versnelde weergave *(van film)*

zeitraubend tijdrovend

Zeitraum m^{6} tijdsbestek, periode

Zeitrechnung v^{20} **1** tijdrekening, jaartelling **2** tijdberekening

zeitschnell snel

Zeitschrift v^{20} tijdschrift

Zeitspanne v^{21} periode

zeitsparend tijdsbesparend

Zeitung v^{20} krant, nieuwsblad

Zeitungsartikel m^{9} krantenartikel

Zeitungsausschnitt m^{5} krantenknipsel

Zeitungsausträger m^{9} krantenbezorger

Zeitungsbericht m^{5}, **Zeitungsmeldung, Zeitungsnotiz** v^{20} krantenbericht

Zeitungsträger m^{9} krantenbezorger

Zeitunterschied m^{5} tijdsverschil

Zeitvergeudung v^{28} tijdverspilling

Zeitverlust m^{5} tijdverlies

Zeitverschwendung v^{28} tijdverspilling

Zeitvertreib m^{5} tijdverdrijf: *zum ~* als tijdverdrijf

^{1}**zeitweilig** *bn* tijdelijk

^{2}**zeitweilig** *bw* zo nu en dan

zeitweise *bw* **1** tijdelijk **2** zo nu en dan

Zeitwert dagwaarde

Zeitwort o^{32} werkwoord

Zeitzeichen o^{35} tijdsein

zelebrieren^{320} **1** vieren **2** *(een mis)* opdragen

Zelle v^{21} cel

Zellteilung v^{20} celsplitsing, celdeling

Zelt o^{29} tent

Zeltbahn v^{20} tentdoek, tentzeil

zelten kamperen

Zeltlager o^{33} tentenkamp

Zeltler m^{9} kampeerder

Zeltplatz m^{6} kampeerplaats, camping

Zeltstange v^{21}, **Zeltstock** m^{6} tentstok

Zement m^{5} cement

zensieren^{320} **1** beoordelen, een cijfer geven **2** censureren

Zensor m^{16} censor, beoordelaar

^{1}**Zensur** v^{20} **1** cijfer *(op rapport e.d.)* **2** *(mv)* rapportcijfers, rapport

^{2}**Zensur** v^{28} censuur

Zentiliter m^{9}, o^{33} centiliter

Zentimeter m^{9}, o^{33} centimeter

Zentner m^{9} centenaar *(50 kg)*

zentnerschwer *(fig)* loodzwaar
zentral centraal
Zentralabitur *o*[29] centraal eindexamen *(vh vwo)*
Zentralbank *v*[20] centrale bank
Zentrale *v*[21] **1** centrale, centrum, hoofdkantoor **2** as **3** telefooncentrale
Zentralheizung *v*[28] centrale verwarming
zentralisieren[320] centraliseren
Zentralkomitee *o*[36] centraal comité
Zentralstelle *v*[21] hoofdkantoor, centrale
Zentralverband *m*[6] overkoepelende organisatie
Zentralverriegelung *v*[20] centrale vergrendeling
zentrieren[320] centreren
zentrifugal centrifugaal, middelpuntvliedend
Zentrifuge *v*[21] centrifuge
zentrifugieren[320] centrifugeren
Zentrum *o (2e nvl -s; mv Zentren)* centrum
Zeppelin *m*[5] zeppelin
Zepter *o*[33], *m*[9] scepter
zerbeißen[125] (stuk)bijten
zerbeulen deuken
zerbomben (plat)bombarderen
[1]**zerbrechen**[137] *intr* breken, stukgaan: *eine zerbrochene Ehe* een stukgelopen huwelijk
[2]**zerbrechen**[137] *tr* breken: *(fig) seine Ketten ~* zijn ketens verbreken
zerbrechlich **1** breekbaar **2** *(fig)* broos, zwak
[1]**zerbröckeln** *intr* afbrokkelen
[2]**zerbröckeln** *tr* verkruimelen
zerdrücken **1** platdrukken, fijndrukken **2** kreuken || *Tränen ~* tranen wegpinken
Zeremonie *v*[21] ceremonie, plechtigheid
zeremoniell *bn* ceremonieel, vormelijk
Zerfall *m*[19] **1** verval **2** verwering **3** afbrokkeling **4** *(nat)* splijting **5** ontbinding
zerfallen[154] **1** uiteenvallen; *(mbt lichaam)* vergaan **2** vervallen, verweren, afbrokkelen
zerfasern rafelen, uiteenrafelen
zerfetzen aan flarden scheuren
zerfleischen verscheuren
zerfließen[161] **1** smelten **2** *(mbt inkt)* uitvloeien **3** *(mbt contouren)* vervagen
zerfransen (uit)rafelen
zerfressen[162] **1** wegvreten, aanvreten **2** aantasten
zerfurchen doorploegen
zerfurcht doorgroefd
zergehen[168] smelten, oplossen
zergliedern **1** ontleden **2** *(fig)* analyseren
zerhauen[185] stukslaan, doorslaan
zerkleinern kleinmaken, fijnmaken, prakken
zerklüftet gespleten, vol spleten
zerknautschen kreuken, verfrommelen
zerknirscht berouwvol
zerknittern, zerknüllen verkreuken, verfrommelen
[1]**zerkochen** *intr* kapotkoken, te lang koken
[2]**zerkochen** *tr* te lang laten koken
zerkratzen (be)krassen: *zerkratzt* vol krassen
zerkrümeln verkruimelen
zerlassen[197] *(boter, vet)* laten smelten
zerlegbar ontleedbaar, demontabel
zerlegen **1** uit elkaar halen, demonteren **2** ontleden, analyseren **3** in stukken verdelen
zerlöchert vol gaten; doorzeefd
zerlumpt **1** haveloos, in lompen gehuld **2** afgedragen, versleten
zermahlen[205] fijnmalen, vermalen
zermalmen verbrijzelen, vermorzelen
zermürben murw maken, afmatten
zerpflücken uit elkaar plukken
zerplatzen uit elkaar barsten; exploderen
zerpulvern verpulveren, tot poeder maken
zerquetschen fijndrukken, verbrijzelen
Zerrbild *o*[31] karikatuur
zerreden *(een onderwerp)* doodpraten
zerreiben[219] **1** fijnwrijven, stukwrijven **2** *(fig)* in de pan hakken **3** afmatten, uitputten
[1]**zerreißen**[220] *intr* scheuren: *der Nebel zerreißt* de mist trekt op; *zie ook* zerrissen
[2]**zerreißen**[220] *tr* verscheuren, stukscheuren
Zerreißprobe *v*[21] **1** *(techn)* trekproef **2** *(fig)* beproeving, vuurproef
zerren **1** rukken, hard trekken **2** sleuren: *sich*[3] *eine Sehne ~* een pees verrekken
zerrinnen[225] **1** smelten, wegsmelten **2** *(fig)* verlopen, vergaan, vervliegen
zerrissen **1** gescheurd, verscheurd, stuk, kapot **2** ontredderd **3** *(fig)* verscheurd, verdeeld
Zerrissenheit *v*[28] verscheurdheid
Zerrspiegel *m*[9] lachspiegel
Zerrung *v*[20] verrekking *(van pees, spier)*
zerrütten **1** schokken, ondermijnen **2** ontredderen, ontwrichten
Zerrüttung *v*[20] ontreddering, ondermijning
zersägen in stukken zagen, doorzagen
zerschellen **1** te pletter slaan **2** *(fig)* schipbreuk lijden
zerschießen[238] stukschieten, kapotschieten
[1]**zerschlagen**[241] *tr* **1** stukslaan, kapotslaan: *ich bin wie ~* ik ben doodop **2** *(mil)* vernietigen
[2]**zerschlagen**[241]**, sich** mislukken, schipbreuk lijden
zerschmettern verbrijzelen, verpletteren
zerschneiden[250] doorsnijden, stuksnijden
zerschunden ontveld, geschaafd
[1]**zersetzen** *tr* **1** aantasten **2** *(fig)* ondermijnen, ontwrichten
[2]**zersetzen, sich** uiteenvallen, vergaan
zerspalten[270] **1** splijten, kloven **2** *(fig)* verdelen
zersplittern versplinteren; *(fig)* versnipperen
zersprengen **1** opblazen **2** *(fig)* uiteenslaan
zerspringen[276] springen, barsten
zerstampfen **1** (fijn)stampen **2** vertrappen
zerstäuben verstuiven, sproeien
Zerstäuber *m*[9] verstuiver
zerstieben[283] **1** uiteenstuiven **2** *(fig)* vervliegen
zerstören verwoesten, vernielen, vernietigen
Zerstörer *m*[9] **1** verwoester **2** *(mil)* torpedojager

zerstörerisch vernietigend
Zerstörung v^{20} verwoesting; *zie ook* zerstören
zerstörungssicher hufterproof
[1]**zerstreuen** *tr* **1** verstrooien, verspreiden **2** verstrooien; afleiding bezorgen **3** *(menigte)* uiteendrijven **4** *(bezwaren)* uit de weg ruimen; *(angst)* wegnemen; *(twijfel)* opheffen
[2]**zerstreuen, sich** **1** zich amuseren **2** uiteengaan
[1]**Zerstreuung** v^{20} verstrooiing, afleiding
[2]**Zerstreuung** v^{28} **1** (het) verspreiden **2** verstrooidheid
zerstückeln in stukjes breken, snijden
[1]**zerteilen** *tr* **1** verdelen, in stukken snijden **2** *(scheepv)* doorklieven
[2]**zerteilen, sich** **1** *(mbt wolken)* breken **2** *(mbt mist)* optrekken
Zertifikat o^{29} certificaat
zertrampeln stuktrappen, vertrappen
zertreten^{291} **1** vertrappen **2** doodtrappen
zertrümmern verbrijzelen, vernielen, kort en klein slaan
zerwühlen omwoelen, omwroeten
zerzausen **1** in de war brengen **2** toetakelen
zetern jammeren, tieren, tekeergaan
Zettel m^{9} **1** briefje, blaadje, papiertje **2** formulier **3** folder **4** kaart, fiche
[1]**Zeug** o^{29} stof, goed
[2]**Zeug** o^{39} **1** kleren, kleding **2** gereedschap, gerei **3** spullen, boel, dingen **4** troep, bocht, rommel **5** *(scheepv)* tuigage || *albernes* (of: *dummes*) *~ reden* onzin verkopen; *sich ins ~ legen* z'n uiterste best doen
Zeuge m^{15} getuige
[1]**zeugen** *intr* getuigen
[2]**zeugen** *tr (kinderen)* verwekken
Zeugenaussage v^{21} getuigenverklaring
Zeugenvernehmung v^{20} getuigenverhoor
Zeugin v^{22} getuige
Zeugnis o^{29a} **1** getuigenis **2** attest **3** (school)rapport **4** diploma **5** getuigschrift
Zeugungsakt m^{5} geslachtsdaad
z. H., z.Hd. *afk van zu Händen, zuhanden* ter attentie van *(afk* t.a.v.)
Zicke v^{21} **1** geit **2** *(inform)* trut
zickig **1** preuts **2** hysterisch
Zickzack m^{5} zigzag
Ziege v^{21} **1** geit **2** *(inform)* trut
Ziegel m^{9} **1** baksteen **2** dakpan
Ziegeldach o^{32} pannendak
Ziegelei v^{20} **1** steenfabriek **2** pannenbakkerij
ziegelrot steenrood
Ziegelstein m^{5} baksteen
Ziegenkäse m^{9} geitenkaas
Ziegenpeter m^{19} *(med)* bof
Zieheltern *mv (regionaal)* pleegouders
[1]**ziehen**^{318} *intr* **1** verhuizen, gaan wonen, (ver)trekken **2** trekken: *der Film zieht* de film trekt volle zalen; *in den Krieg ~* ten strijde trekken; *der Wagen zieht gut* de auto trekt goed op **3** tochten, trekken: *Tür zu, es zieht* deur dicht, het tocht
[2]**ziehen**^{318} *tr* **1** trekken: *die Aufmerksamkeit auf sich ~* de aandacht trekken **2** halen: *jmds Zorn auf sich ~* zich iems woede op de hals halen **3** *(kippen, varkens)* fokken **4** *(bloemen, groente)* kweken **5** opvoeden || *einen Graben ~* een sloot graven; *Wein auf*$^{+4}$ *Flaschen ~* wijn bottelen; *eine Lehre aus etwas ~* lering uit iets trekken; *Vorteil aus etwas ~* voordeel uit iets trekken; *jmdn ins Gespräch ~* iem in het gesprek betrekken; *in die Länge ~* slepende houden, rekken; *nach sich ~* tot gevolg hebben
[3]**ziehen**^{318}**, sich** lopen, verlopen: *die Grenze zieht sich quer durchs Land* de grens loopt dwars door het land
Ziehharmonika v^{27} trekharmonica
Ziehung v^{20} trekking
Ziel o^{29} **1** doel, doelwit, bestemming: *ans ~ gelangen* (of: *kommen)* zijn doel bereiken; *sich ein ~ setzen* (of: *stecken)* zich een doel stellen **2** *(sp)* finish; *(Belg)* eindmeet **3** betalingstermijn
zielbewusst doelbewust
Zieldatum *o (2e nvl -s; mv -daten)* streefdatum
zielen mikken, richten: *~ auf*$^{+4}$ mikken, richten op; *das zielt auf ihn* dat slaat op hem
Zielgerade v^{21} *(sp)* laatste rechte deel van de baan voor de finish
Zielgruppe v^{21} doelgroep
Ziellinie v^{21} finish, eindstreep; *(Belg)* eindmeet
ziellos doelloos
Zielscheibe v^{21} **1** schietschijf **2** mikpunt, doelwit *(ook fig)*
Zielsetzung v^{20} doelstelling
zielsicher **1** doelbewust **2** trefzeker
Zielsprache v^{21} doeltaal
zielstrebig doelbewust, vastberaden
Zielverkehr m^{19} bestemmingsverkeer
Zielvorgabe v^{21} doelstelling
ziemen, sich passen, gepast zijn
[1]**ziemlich** *bn* **1** tamelijk, vrij **2** aanzienlijk
[2]**ziemlich** *bw: ich bin ~ fertig* ik ben zogoed als klaar
Zierat *oude spelling voor* Zierrat, *zie* Zierrat
Zierde v^{21} sieraad, verfraaiing, versiering
[1]**zieren** *tr* sieren, tooien, versieren
[2]**zieren, sich** zich aanstellen
Ziererei v^{20} aanstellerij, gemaaktheid
Zierleiste v^{21} **1** sierlijst **2** sierstrip
zierlich **1** tenger, rank **2** sierlijk, elegant
Zierpflanze v^{21} sierplant
Zierrat m^{5} versiersel, versiering
Ziffer v^{21} cijfer, getal
Zifferblatt o^{32} wijzerplaat
zig tig, zeer veel: *~ Kinder* tig kinderen
Zigarette v^{21} sigaret
Zigarettenkippe v^{21} sigarettenpeuk
Zigarettenpapier o^{29} vloeitje
Zigarettenpause v^{21} rookpauze
Zigarettenstummel m^{9} sigarettenpeukje

Zigarre *v*[21] **1** sigaar **2** *(fig)* berisping
Zigeuner *m*[9] zigeuner
zigeunern rondzwerven
zigfach veelvuldig, veelvoudig
zigmal vaak, dikwijls, tig keer
Zimmer *o*[33] kamer, vertrek: *das ~ hüten müssen* binnen moeten blijven *(wegens ziekte)*
Zimmerbrand *m*[6] binnenbrand
[1]**Zimmerei** *v*[28] *(inform)* timmermansvak
[2]**Zimmerei** *v*[20] timmermanswerkplaats
Zimmereinrichtung *v*[20] kamerinrichting
Zimmerer *m*[9] timmerman
Zimmerhandwerk *o*[39] timmermansvak
Zimmermädchen *o*[35] kamermeisje
Zimmermann *m (2e nvl -(e)s; mv -leute)* timmerman
zimmern 1 timmeren **2** bouwen
Zimmernummer *v*[21] kamernummer
Zimmerpflanze *v*[21] kamerplant
Zimmerwerkstatt *v (mv -stätten)* timmermanswerkplaats
zimperlich 1 overgevoelig, kleinzerig **2** preuts
[1]**Zimt** *m*[19] **1** onzin **2** rommel, spul
[2]**Zimt** *m*[5] kaneel
Zimtstange *v*[21] kaneelpijp, pijp kaneel
Zink *o*[39] zink
Zinke *v*[21] tand *(van hark, kam, vork)*
zinken *bn* zinken, van zink
Zinn *o*[39] tin
Zinnbecher *m*[9] tinnen beker
Zinne *v*[21] **1** tinne, kanteel **2** piek, spits
zinnern tinnen, van tin
Zinnsoldat *m*[14] tinnen soldaat
[1]**Zins** *m*[5] **1** *(Z-Dui)* pacht, huur **2** heffing
[2]**Zins** *m*[16] *(meestal mv)* rente, interest
Zinseszins *m*[16] samengestelde interest, rente op rente
Zinsfuß *m*[6], **Zinssatz** *m*[6] rentevoet
Zionismus *m*[19a] zionisme
Zipfel *m*[9] **1** punt, slip, tip **2** eindje, stukje
Zipfelmütze *v*[21] puntmuts, slaapmuts
Zipphose, Zipp-Hose, Zipp-off-Hose *v*[21] afritsbroek
zirka circa, ongeveer
Zirkel *m*[9] **1** passer **2** kring, cirkel **3** gezelschap
[1]**zirkeln** *intr* passen en meten: *den Ball ins Tor ~* de bal afgepast in het doel leggen
[2]**zirkeln** *tr* nauwkeurig uitmeten
Zirkular *o*[29] circulaire, rondschrijven
Zirkulation *v*[20] **1** circulatie **2** bloedsomloop
zirkulieren[320] circuleren
Zirkus *m (2e nvl -; mv -se)* **1** circus **2** ophef
Zirpe *v*[21] krekel, cicade
zirpen tjirpen
zischeln 1 sissen, fluisteren **2** mompelen
zischen 1 sissen **2** *(mbt gans)* blazen
Zischlaut *m*[5] *(fonetiek)* sisklank
Zitadelle *v*[21] citadel
Zitat *o*[29] **1** citaat **2** gevleugeld woord
zitieren[320] **1** citeren **2** ontbieden
Zitronat *o*[29] sukade
Zitrone *v*[21] citroen
Zitrusfrucht *v*[25] citrusvrucht
zitterig beverig
zittern sidderen, trillen; rillen; beven
Zitze *v*[21] *(ongunstig)* tepel, mem
zivil 1 civiel, burgerlijk **2** redelijk, billijk
Zivil *o*[39] **1** burgerstand **2** burgerkleding
Zivilbevölkerung *v*[28] burgerbevolking
Zivildienst *m*[19] *(mil)* vervangende dienst(plicht)
Zivildienstleistende(r) *m*[40a, 40b] iem die vervangende dienstplicht verricht
Zivilehe *v*[21] burgerlijk huwelijk
Zivilflugzeug *o*[29] verkeersvliegtuig
Zivilisation *v*[20] civilisatie, beschaving
zivilisieren[320] civiliseren
Zivilist *m*[14] burger, niet-militair
Zivilkleidung *v*[20] burgerkleding
Zivilperson *v*[20] burger
Zivilprozess *m*[5] civiel proces
Zivilrecht *o*[39] burgerlijk recht, civiel recht
Zofe *v*[21] kamermeisje, kamenier
zögerlich afwachtend, voorzichtig
zögern talmen, dralen, aarzelen
Zögling *m*[5] leerling, pupil *(van een internaat)*
Zölibat *o*[39], *m*[19] celibaat
[1]**Zoll** *m (2e nvl -(e)s; mv -)* duim, inch
[2]**Zoll** *m*[6] **1** invoerrecht **2** tol **3** douane
Zollabfertigung *v*[20] **1** douanecontrole, visitatie *(aan grens)* **2** inklaring, uitklaring
Zollamt *o*[32] douanekantoor
Zollbeamte(r) *m*[40a] douanebeambte
Zollbehörde *v*[21] douane(autoriteiten)
Zollbreit *m (2e nvl -; mv -): keinen ~ weichen* geen duimbreed wijken
zollen betuigen, betonen: *jmdm Achtung ~* achting voor iem hebben
Zollerklärung *v*[20] douaneverklaring
zollfrei vrij van (invoer)rechten, tolvrij
Zollgrenzbezirk *m*[5] douanezone
Zollgut *o*[32] aan (invoer)rechten onderhevig goed
Zollhinterziehung *v*[20] smokkelarij
zollhoch een duim hoog
Zollkontrolle *v*[21] douanecontrole
zollpflichtig aan (invoer)rechten onderworpen
Zollstock *m*[6] duimstok
Zolltarif *m*[5] **1** douanetarief **2** toltarief
Zone *v*[21] **1** zone: *(hist) die ~* Oost-Duitsland, de DDR **2** zone, luchtstreek, gebied
Zonengrenze *v*[21] zonegrens
Zoo *m*[13] dierentuin
Zoologe *m*[15] zoöloog, dierkundige
zoologisch zoölogisch: *~er Garten* dierentuin
Zopf *m*[6] **1** (haar)vlecht **2** gevlochten brood
Zorn *m*[19] toorn, drift, woede
Zornausbruch *m*[6] uitbarsting van woede
zornig woedend, toornig, verbolgen
Zote *v*[21] schuine mop

zotig vuil, schunnig, obsceen
Zottel v^{21} **1** bosje (verward) haar, lok **2** kwast
zottelig, zottlig ruig; verward
z. T. *afk van zum Teil* ten dele, gedeeltelijk
^{1}**zu** *bw* toe, te: *ab und zu* af en toe; *nur* (of: *immer*) *zu!* vooruit maar!; *zu groß* te groot
^{2}**zu**$^{+3}$ *vz* **1** te: *zu Fuß* te voet **2** om te: *es ist zum Rasendwerden* het is om gek te worden **3** ten: *zum Vorteil der Kunden* ten voordele van de klanten **4** ter: *sich etwas zu Herzen nehmen* zich iets ter harte nemen **5** tot: *von Haus zu Haus* van huis tot huis **6** aan: *jmdm zu Füßen liegen* aan iems voeten liggen **7** bij: *zur Hand* bij de hand **8** in: *zu Anfang* in het begin **9** met: *zu Weihnachten* met kerst **10** naar: *zum Direktor gehen* naar de directeur gaan **11** op: *zu Boden stürzen* op de grond vallen **12** per: *zu Schiff* per schip **13** tegen: *zu 2 Euro das Dutzend* tegen 2 euro per dozijn **14** voor: *aus Liebe zu dir* uit liefde voor jou || *zu Hause sein* thuis zijn; *zu ebner Erde* gelijkvloers; *zur Not* desnoods
^{3}**zu** *vw* te: *das Haus ist zu verkaufen* het huis is te koop
zuallererst in de (aller)eerste plaats
zuallerletzt in de (aller)laatste plaats
zuallermeist het allermeest
zuarbeiten helpen bij het werk
Zuarbeiter m^{9} hulparbeider
Zubehör o^{29}, m^{5} **1** toebehoren: *mit allem ~* met alles wat erbij hoort **2** onderdelen *(van machine)* **3** accessoires
zubereiten (toe)bereiden
zubilligen toekennen, toestaan
zubinden^{131} toebinden, dichtbinden
zublinzeln knipoogjes geven
zubringen^{139} **1** *(tijd)* doorbrengen **2** *(koffer, raam)* dicht krijgen **3** *(bezit, kinderen)* ten huwelijk meebrengen
Zubringer m^{9} **1** brenger **2** transportband **3** pendelbus **4** verbindingsweg (tussen stad en autosnelweg), invalsweg, toegangsweg
Zubringerdienst m^{5} lijndienst, pendeldienst
Zubringerstraße v^{21} *zie* Zubringer 4
Zucht v^{20} **1** teelt, (het) fokken, (het) kweken, kweek: *das ist eine gute ~* dat is een goede soort **2** discipline, tucht
Zuchtbulle m^{15} fokstier, dekstier
züchten fokken, kweken, telen
Züchter m^{9} fokker, kweker
Zuchthaus o^{32} **1** tuchthuis **2** tuchthuisstraf
Zuchthengst m^{5} dekhengst, fokhengst
züchtig zedig, ingetogen, kuis
züchtigen tuchtigen, kastijden
Züchtigung v^{20} tuchtiging, kastijding
zuchtlos tuchteloos, ongedisciplineerd
Zuchttier o^{29} fokdier
Züchtung v^{20} teelt, (het) fokken, (het) kweken
Zuchtvieh o^{39} fokvee
zuck *tw* vlug!, vooruit!, hup!
Zuck m^{5} ruk, snelle beweging
zuckeln **1** sukkelen **2** sjokken
zucken **1** *(de schouders)* ophalen **2** (stuip)trekken, trillen **3** *(mbt bliksem)* flitsen, schieten || *es zuckte ihr in den Fingern (fig)* haar vingers jeukten; *um ihren Mund zuckte es* er kwam een pijnlijke trek om haar mond; *es zuckt mir in den Gliedern* ik heb pijn in mijn ledematen
zücken **1** *(pistool, zwaard)* trekken **2** voor de dag, tevoorschijn halen
Zucker m^{9} suiker
Zuckerdose v^{21} suikerpot
Zuckererbse v^{21} peultje *(een groentesoort)*
Zuckergehalt m^{19} suikergehalte
zuckerhaltig suikerhoudend
zuckerkrank suikerziek
Zuckerkrankheit v^{28} suikerziekte, diabetes
zuckern suikeren, zoeten
Zuckerplätzchen o^{35} borstplaatje; suikerkoekje
Zuckerrohr o^{29} suikerriet
Zuckerrübe v^{21} suikerbiet
Zuckertopf m^{6} suikerpot
Zuckung v^{20} (stuip)trekking, trekje
zudecken **1** toedekken, afdekken **2** *(mil)* bestoken, beschieten **3** *(fig)* overladen
zudem bovendien, daarenboven
zudenken^{140} toedenken, bestemmen voor
zudrehen toedraaien, dichtdraaien: *jmdm den Rücken ~* iem de rug toekeren
zudringlich opdringerig
zudrücken dichtdrukken, toedrukken, dichtduwen, toeduwen: *(fig) ein Auge ~* een oogje dichtknijpen
^{1}**zueignen** *tr* opdragen, toewijden
^{2}**zueignen, sich** zich toe-eigenen
zueinander naar, bij, tegen, tot, voor elkaar
zueinanderpassen bij elkaar passen
zuerkennen^{189} **1** toekennen **2** *(jur)* toewijzen
zuerst **1** eerst **2** aanvankelijk **3** voor het eerst
zufahren^{153} sneller rijden, doorrijden: *auf jmdn ~: a)* op iem af rijden; *b)* op iem afvliegen
Zufahrt v^{20} weg ergens naartoe, toegangsweg
Zufahrtsstraße v^{21} toerit, toegangsweg
Zufall m^{6} toeval: *durch ~* toevallig, bij toeval
zufallen^{154} **1** toe-, dichtvallen **2** ten deel vallen
zufällig toevallig
zufälligerweise toevallig, toevalligerwijs
Zufälligkeit v^{20} toevalligheid, toeval
Zufallstreffer m^{9} toevalstreffer
zufassen **1** meehelpen **2** toegrijpen
zufliegen^{159} **1** *(mbt deur, raam)* dichtslaan **2** toevliegen, vliegen naar; aanwaaien
zufließen^{161} **1** toestromen, toevloeien **2** ten goede komen
Zuflucht v^{25} toevlucht
Zufluchtsort m^{5}, **Zufluchtsstätte** v^{21} toevluchtsoord
Zufluss m^{6} **1** (het) binnenstromen, toevloed **2** watertoevoer
zuflüstern toefluisteren

zufolge[+3, +2] *vz* volgens, op grond van
zufrieden tevreden, tevree: ~ *sein mit*[+3] tevreden zijn met, over; ~ *stellen* tevredenstellen
zufriedengeben[166]**, sich** tevreden zijn, vrede hebben met: *sich mit seinem Schicksal* ~ in zijn lot berusten
Zufriedenheit *v*[28] tevredenheid
zufriedenlassen[197] met rust laten
zufriedenstellen tevredenstellen
zufrieren[163] toevriezen, dichtvriezen
zufügen **1** (er) bijvoegen **2** *(verliezen)* toebrengen **3** *(schade)* berokkenen
Zufuhr *v*[20] aanvoer, toevoer, levering
[1]**zuführen** *intr* lopen, leiden: ~ *auf*[+4] lopen naar, leiden naar
[2]**zuführen** *tr* toevoeren, aanvoeren, brengen, leveren
Zuführung *v*[20] toevoer, aanvoer
Zug *m*[6] **1** trein **2** stoet, optocht, stroom **3** (krijgs-, roof)tocht **4** tocht *(luchtstroom)* **5** trek *(van vissen, vogels)* **6** (het) trekken *(vd wolken)* **7** lijn, (gezichts-, karakter)trek **8** trek *(met net)* **9** *(mil)* peloton, sectie **10** school *(vissen);* koppel *(ossen);* vlucht *(vogels)* **11** haal *(met pen);* streek *(met penseel)* **12** zet *(bij dammen, schaken)* **13** teug, slok **14** trek *(bij het roken)* **15** slag *(bij het roeien)* **16** afdeling, richting, stream *(van onderwijs)* || *dem ~e der Zeit folgen* zich aanpassen aan de tijdgeest; *in ~ kommen* op slag, op dreef komen; *in den letzten Zügen liegen* op sterven liggen; *in großen* (of: *in groben) Zügen* in grote trekken; ~ *um* ~ zonder onderbreking; *zum ~(e) kommen* aan bod komen
Zugabe *v*[21] **1** *(handel)* cadeau, geschenk **2** *(muz)* toegift **3** toevoeging
Zugabteil *o*[29] treincoupé
Zugang *m*[6] **1** toegang **2** ingang **3** toename: *Zugänge: a)* nieuwe aanschaffingen; *b)* nieuw binnengekomen patiënten
zugänglich **1** toegankelijk **2** voor anderen openstaand **3** goed te begrijpen
Zugangsknoten *m*[11] inbelpunt
Zugangsstraße *v*[21] toegangsweg
Zugbrücke *v*[21] ophaalbrug
zugeben[166] **1** toegeven **2** toestaan **3** toegeven, bekennen, erkennen
zugegen aanwezig, tegenwoordig
zugehen[168] **1** toegaan, dichtgaan **2** toegaan, verlopen **3** *(op iem)* toegaan, afgaan: *auf jmdn, auf etwas* ~ op iemand, op iets toelopen; *spitz* ~ spits toelopen || *jmdm etwas ~ lassen* iem iets doen toekomen; *tüchtig* ~ stevig doorstappen
zugehören toebehoren
zugehörig bijbehorend, toebehorend
Zugehörigkeit *v*[28] **1** (het) toebehoren **2** lidmaatschap
zugeknöpft **1** toegeknoopt **2** *(fig)* gesloten
Zügel *m*[9] teugel, toom: *am ~ führen* bij de teugel voeren; *die ~ kurz halten* de teugel(s) kort houden
zügellos **1** zonder teugel **2** *(fig)* teugelloos
zügeln **1** de teugel aandoen **2** *(fig)* beteugelen, intomen
Zugereiste(r) *m*[40a], *v*[40b] vreemdeling
zugesellen: *sich jmdm* ~ zich bij iem voegen
Zugeständnis *o*[29a] concessie
zugestehen[279] **1** erkennen **2** toegeven, toestaan **3** *(korting)* verlenen **4** toekennen
zugetan toegedaan, genegen
Zugewinn *m*[5] aanwas, groei
Zugführer *m*[9] **1** *(spoorw)* hoofdconducteur **2** *(mil)* pelotonscommandant
zugießen[175] bijgieten, bijschenken
zugig tochtig
zügig snel, vlot
Zugkraft *v*[25] **1** trekkracht **2** aantrekkingskracht
zugkräftig in trek (zijnde), in de smaak vallend
zugleich tegelijk(ertijd), gelijktijdig, tevens
Zugluft *v*[28] tocht
Zugmaschine *v*[21] **1** tractor, trekker **2** truck
Zugmittel *o*[33] *(fig)* trekpleister
Zugnetz *o*[29] treknet, sleepnet
Zugnummer *v*[21] **1** treinnummer **2** publiekstrekker
Zugpferd *o*[29] trekpaard; *(fig)* trekpleister
Zugpflaster *o*[33] *(med)* trekpleister
zugreifen[181] **1** toegrijpen, toetasten **2** ingrijpen **3** aanpakken **4** zijn slag slaan
Zugriff *m*[5] **1** greep, (het) toegrijpen **2** (het) aanpakken
zugrunde: ~ *gehen* te gronde gaan; ~ *richten* ruïneren; ~ *legen* als grondslag nemen; ~ *liegen* ten grondslag liggen
Zugtier *o*[29] trekdier
zugucken toekijken
Zugunglück *o*[29] spoorwegongeluk
zugunsten[+2] *vz* ten gunste van, ten bate van
zugutehalten[183] niet kwalijk nemen: *sich viel auf*[+4] *etwas* ~ zich veel op iets laten voorstaan
zugutekommen[193+3] van pas komen
zugutetun[295]: *sich etwas* ~ zich een plezier doen; *sich etwas darauf ~, dass ...* zich erop laten voorstaan dat ...
Zugverbindung *v*[20] treinverbinding
Zugverkehr *m*[19] treinverkeer
Zugvogel *m*[10] trekvogel
Zugwind *m*[5] tocht, trek
zuhaben[182] *(mbt zaak)* gesloten zijn
zuhalten[183] toehouden, dichthouden: *auf*[+4] *etwas* ~ op iets afgaan, aanhouden
Zuhälter *m*[9] souteneur
zuhängen *zw* dichthangen, bedekken
zuhauen[185] **1** behouwen **2** toeslaan
zuhauf massaal, in massa, te hoop
Zuhause *o*[39] thuis
zuheilen *(mbt wonden)* dichtgaan
Zuhilfenahme *v*[28]: *unter ~ von* met behulp van
zuhinterst helemaal achteraan, het laatst
zuhöchst helemaal bovenaan, het hoogst

zuhören luisteren, toehoren
Zuhörer *m*[9] toehoorder, luisteraar
Zuhörerkreis *m*[5] gehoor, publiek
Zuhörerschaft *v*[28] toehoorders, publiek
zuinnerst in zijn binnenste
zujauchzen, zujubeln toejuichen, toejubelen
zukehren keren naar: *jmdm den Rücken ~* iem de rug toekeren
zukitten *(met kit)* dichten, dichtkitten
zukleben 1 dichtplakken **2** volplakken
zuklinken *(deur)* met de klink sluiten
zuknallen hard dichtslaan
zukneifen[192] dichtknijpen
zuknöpfen dichtknopen; *zie ook* zugeknöpft
zuknoten toeknopen, dichtknopen
zukommen[193] toekomen: *jmdm etwas ~ lassen* iem iets doen toekomen
zukriegen dicht krijgen
Zukunft *v*[25] *(meestal ev)* **1** toekomst: *in ~* in de toekomst, in het vervolg, voortaan; *in naher ~, in nächster ~* in de nabije toekomst; *mit, ohne ~* met, zonder toekomstperspectief **2** *(taalk)* toekomende tijd
zukünftig toekomstig
Zukünftige(r) *m*[40a], *v*[40b] aanstaande, verloofde
Zukunftsaussichten *mv v*[20] toekomstperspectieven
Zukunftshoffnung *v*[20] hoop op de toekomst
zukunftsträchtig veelbelovend
zukunftsweisend progressief
zulächeln: *jmdm ~* tegen iem glimlachen
zulachen: *jmdm ~* iem toelachen
Zulage *v*[21] toelage, toeslag, tegemoetkoming
zulangen 1 toetasten, zich bedienen **2** flink aanpakken, hard werken
zulänglich toereikend, genoeg, voldoende
zulassen[197] **1** toelaten, toestaan, tolereren: *ein Kraftfahrzeug ~* een kenteken afgeven voor een motorvoertuig **2** toelaten, dichtlaten
zulässig toelaatbaar, toegestaan
Zulassung *v*[20] **1** toelating, toestemming, vergunning **2** *(inform)* kentekenbewijs
Zulassungspapier *o*[29] kentekenbewijs
Zulassungsverfahren *o*[35] toelatingsprocedure
zulasten[+2] *vz* voor rekening van, ten laste van; *zie ook* Last
Zulauf *m*[6] toeloop
zulaufen[198] **1** toelopen, aanlopen: *der Hund ist uns zugelaufen* de hond is bij ons komen aanlopen; *auf jmdn ~* naar iem toelopen **2** doorlopen
zulegen *intr* doorwerken, voortmaken: *der Läufer hat tüchtig zugelegt* de loper heeft het tempo flink verhoogd
zulegen *tr* erbij doen, toevoegen: *sich etwas ~* iets aanschaffen
zuleid(e): *jmdm etwas ~ tun* iem kwaad doen
zuleiten 1 leiden naar, toevoeren **2** toezenden, doen toekomen
zuletzt 1 (het) laatst; ten slotte: *er kam ~* hij kwam als laatste **2** de laatste keer, voor het laatst
zulieb(e): *mir ~* ter wille van mij
Zulieferant *m*[14], **Zulieferer** *m*[9] toeleverancier
zuliefern 1 toeleveren **2** leveren **3** uitleveren
zum *samentr van zu dem, zie* zu
zumachen toedoen, dichtdoen, sluiten
zumal 1 vooral, bovenal **2** temeer daar
zumauern toemetselen, dichtmetselen
zumeist 1 meestal **2** voor het merendeel
zumessen[208] toemeten, toekennen, doseren
zumindest 1 op z'n minst **2** tenminste, althans
zumutbar wat gevergd kan worden, redelijk, passend: *~e Arbeit* passende arbeid
Zumutbarkeitsregelung *v*[20] regeling inzake passende arbeid
zumute te moede: *mir war nicht wohl ~* ik voelde me niet prettig
zumuten eisen van, vergen van
Zumutung *v*[20] onbehoorlijke eis, ongerechtvaardigd verlangen
[1]**zunächst** *bw* **1** in de eerste plaats, voor alles **2** eerst, aanvankelijk **3** voorlopig
[2]**zunächst**[+3] *vz* vlak bij
zunageln dichtspijkeren
zunähen dichtnaaien
Zunahme *v*[21] toename, stijging
Zuname *m*[18] **1** achternaam, familienaam **2** bijnaam
Zündanlage *v*[21] ontsteking *(van auto)*
zündbar ontbrandbaar, ontvlambaar
Zündblättchen *o*[35] klappertje
[1]**zünden** *intr* **1** ontbranden, ontsteken **2** inslaan, aanslaan, succes hebben: *bei jmdm hat es gezündet* iemand heeft het eindelijk begrepen
[2]**zünden** *tr* aan-, ontsteken
Zunder *m*[9] tonder, tondel
Zünder *m*[9] *(mil)* ontsteking
Zündholz *o*[32] lucifer
Zündhütchen *o*[35], **Zündkapsel** *v*[21] slaghoedje
Zündkerze *v*[21] bougie
Zündschlüssel *m*[9] contactsleuteltje
Zündschnur *v*[25] lont
Zündspule *v*[21] bobine
Zündstoff *m*[5] **1** ontvlambare stof **2** *(fig)* conflictstof
Zündung *v*[20] ontsteking: *die ~ einstellen* het contact aanzetten
[1]**zunehmen**[212] *intr* **1** toenemen; *(mbt dagen)* lengen; *(mbt maan)* wassen **2** dikker worden, aankomen
[2]**zunehmen**[212] *tr* **1** erbij nemen **2** *(bij het breien)* meerderen
zunehmend in toenemende mate, steeds meer
[1]**zuneigen** *intr* neigen naar, overhellen naar
[2]**zuneigen, sich** neigen naar, overhellen naar: *sich dem Ende ~* ten einde lopen; *sich jmdm ~* zich tot iem aangetrokken voelen
Zuneigung *v*[20] genegenheid, sympathie
Zunft *v*[25] gilde

zünftig 1 tot een gilde behorend, gilde- **2** behoorlijk, flink **3** professioneel
Zunge v^{21} tong *(alle bet): es brennt mir auf der ~* het brandt mij op de lippen
züngeln 1 de tong snel heen en weer bewegen **2** *(vlammen)* lekken
zungenfertig welbespraakt, rad van tong
Zungenkuss m^{6} tongzoen, tongkus
Zungenschlag m^{6} **1** tongslag **2** tongval, accent
Zungenspitze v^{21} punt van de tong
Zungenwurst v^{25} tongenworst
Zünglein o^{35} tongetje: *das ist das ~ an der Waage* dat geeft de doorslag
zunichtemachen tenietdoen, vernietigen, te gronde richten, verijdelen
zunichtewerden^{310} tenietgaan, op niets uitlopen
zunicken: *jmdm ~* iem toeknikken
zunutze: *sich etwas ~ machen* zich iets ten nutte maken
zuoberst bovenaan, geheel boven, bovenop
zuordnen indelen bij
zupacken 1 beetgrijpen, vastpakken **2** (flink) aanpakken
zuparken blokkeren, versperren
zupasskommen, zupassekommen^{193+3} van pas, te pas komen
zupfen 1 trekken **2** plukken **3** tokkelen op
zupressen dichtdrukken, dichtknijpen
zuprosten: *jmdm ~* op iems gezondheid drinken, op iem toosten
zur *samentr van zu der, zie* zu
zurate: *jmdn ~ ziehen* iem raadplegen
zurechnen 1 rekenen tot **2** aanrekenen, toerekenen: *jmdm etwas ~* iem iets toeschrijven
zurechnungsfähig toerekeningsvatbaar
zurechtbasteln in elkaar zetten
zurechtbringen^{139} in orde brengen
zurechtfinden^{157}**, sich 1** de weg vinden, zich oriënteren **2** wennen
zurechtkommen^{193} **1** klaarkomen: *mit^{+3} etwas ~* met iets klaarkomen; *mit jmdm ~* met iem overweg kunnen **2** op tijd komen
zurechtlegen 1 klaarleggen **2** bedenken
zurechtmachen 1 klaarmaken, gereedmaken; *(salade)* aanmaken; *(bed)* opmaken **2** opmaken, netjes aankleden
zurechtrücken 1 goed zetten, op zijn plaats zetten; *(bril, pet)* rechtzetten; *(das)* goed doen **2** in orde brengen
^{1}**zurechtsetzen** *tr* goed zetten
^{2}**zurechtsetzen, sich** goed gaan zitten
zurechtweisen^{307} terechtwijzen, berispen
zureden: *jmdm ~: a)* iem toespreken; *b)* er bij iem op aandringen; *c)* iem trachten te overreden
Zureden o^{39} aandrang; overreding
zureichen 1 *(regionaal)* voldoende zijn **2** aanreiken
zureichend toereikend, voldoende
^{1}**zureiten**^{221} *intr (op iem, iets)* toerijden
^{2}**zureiten**^{221} *tr (paard)* afrijden, africhten
zurichten 1 klaarmaken, gereedmaken, bereiden **2** toetakelen
zuriegeln (ver)grendelen
zürnen: *jmdm, mit jmdm ~* boos op iem zijn
zurück terug; achteruit: *hinter anderen ~ sein* bij anderen achter zijn; *hin und ~* heen en weer
zurückbehalten^{183} **1** (in)houden, achterhouden **2** overhouden
zurückbekommen^{193} terugkrijgen
zurückbeordern, zurückberufen terugroepen
zurückbleiben^{134} achterblijven: *hinter den Erwartungen ~* niet aan de verwachtingen beantwoorden; *hinter jmdm ~* bij iem achterblijven
zurückbringen^{139} **1** terugbrengen **2** achterop doen raken, een achterstand bezorgen
zurückdrängen terugdringen
zurückdrehen terugdraaien
zurückeilen terugsnellen
zurückerobern heroveren
zurückerstatten 1 terugbetalen **2** vergoeden
^{1}**zurückfahren**^{153} *intr* **1** terugrijden, terugvaren **2** terugdeinzen
^{2}**zurückfahren**^{153} *tr* **1** terugbrengen **2** *(techn)* de productie verminderen
zurückfallen^{154} **1** terugvallen **2** neervallen
^{1}**zurückfinden**^{157} *intr* de terugweg vinden: *zu sich selbst ~* weer zichzelf worden
^{2}**zurückfinden**^{157} *tr* terugvinden
zurückfliegen^{159} terugvliegen
^{1}**zurückführen** *intr* terugvoeren
^{2}**zurückführen** *tr* terugbrengen, terug(ge)leiden
zurückgeben^{166} **1** teruggeven **2** antwoorden, beantwoorden **3** *(sp)* terugspelen
zurückgeblieben 1 achtergebleven **2** geestelijk gehandicapt
zurückgehen^{168} **1** teruggaan, teruglopen: *~ lassen (een zending)* terugsturen; *~ auf^{+4}* afkomstig zijn van, afstammen van **2** achteruitgaan, achteruitwijken **3** *(mbt koersen, prijzen)* zakken, dalen; *(mbt export, omzet)* verminderen **4** *(mbt hoog water)* vallen, zakken **5** *(mbt gezwel)* slinken
zurückgezogen teruggetrokken
zurückgreifen^{181} teruggrijpen, teruggaan
^{1}**zurückhalten**^{183} *intr* terughoudendheid betrachten
^{2}**zurückhalten**^{183} *tr* **1** tegenhouden, weerhouden **2** *(z'n tranen)* inhouden **3** achterhouden
^{3}**zurückhalten**^{183}**, sich** zich bedwingen, zich inhouden
zurückhaltend terughoudend, gereserveerd
Zurückhaltung v^{28} terughoudendheid
zurückkehren terugkeren
zurückkommen^{193} terugkomen: *auf ein Thema ~* op een onderwerp terugkomen
zurücklassen^{197} **1** achterlaten **2** terug laten gaan
Zurücklassung v^{28} achterlating
^{1}**zurücklegen** *tr* **1** terugleggen **2** opzijleggen, sparen **3** opzijleggen, apart houden **4** *(een weg)* afleg-

gen **5** achteroverbuigen

[2]**zurücklegen, sich** achterover gaan liggen, achteroverleunen

[1]**zurücklehnen** *tr* achterover laten leunen

[2]**zurücklehnen, sich** achteroverleunen

zurückliegen[202] **1** geleden zijn **2** *(sp)* achterliggen, achterstaan

Zurücknahme *v*[21] **1** (het) terugnemen, terugneming **2** herroeping, intrekking

zurücknehmen[212] **1** terugnemen **2** herroepen, intrekken **3** *(troepen)* terugtrekken **4** verminderen

zurückpfeifen[214] terugfluiten *(ook fig)*

zurückprallen 1 terugspringen, terugkaatsen **2** *(mbt golven)* terugslaan **3** *(fig)* terugdeinzen

zurückrufen[226] **1** terugroepen **2** *(telecom)* terugbellen

zurückschalten terugschakelen: *einen Gang ~* naar een lagere versnelling terugschakelen, *(fig)* onthaasten

zurückschauen 1 omkijken **2** terugblikken

zurückschicken terugzenden, terugsturen

zurückschieben[237] **1** terugduwen, terugschuiven **2** opzijduwen, opzijschuiven

[1]**zurückschlagen**[241] *intr* terugslaan

[2]**zurückschlagen**[241] *tr* **1** *(een bal, de vijand)* terugslaan **2** *(een gordijn)* openschuiven: *die Bettdecke ~* het bed openslaan

[1]**zurückschrecken** *st, ook zw* terugschrikken, terugdeinzen

[2]**zurückschrecken** *zw* afschrikken

zurücksehnen: *sich ~ nach*[+3] (of: *zu*[+3]) terugverlangen naar

zurücksenden[263] terugzenden

zurücksetzen *intr* achteruitrijden

zurücksetzen *tr* **1** naar achteren verplaatsen **2** (iem) achterstellen

zurücksetzen, sich 1 meer naar achteren gaan zitten **2** weer gaan zitten

Zurücksetzung *v*[20] **1** terugplaatsing **2** achterstelling **3** krenking, benadeling

zurücksinken[266] **1** achteroverzakken, terugzakken **2** *(in ondeugd)* weer vervallen

zurückspielen terugspelen

zurückspringen[276] terugspringen

zurückstecken *intr (fig)* zijn eisen matigen

zurückstecken *tr* **1** naar achteren zetten, plaatsen **2** terugstoppen

zurückstehen[279] **1** *(mbt een huis)* naar achteren staan **2** *(bij iem)* achterblijven; *(voor iem)* onderdoen **3** achterblijven **4** wachten

zurückstellen 1 opzijzetten **2** terugplaatsen **3** *(verwarming)* lager zetten; *(klok)* terugzetten **4** achteruitzetten **5** uitstellen

zurückstrahlen *intr* terugstralen

zurückstrahlen *tr* terugkaatsen, reflecteren

zurücktreten[291] **1** terugtreden, achteruitgaan **2** *(mbt water)* zakken **3** aftreden, z'n ontslag nemen **4** op de achtergrond raken, aan betekenis inboeten

zurücktun[295] terugdoen, terugbrengen, terugzetten

zurückweichen[306] **1** terugwijken **2** ontwijken

zurückweisen[307] **1** van de hand wijzen, afwijzen **2** terugsturen **3** naar achteren wijzen

zurückwenden[308] omdraaien

zurückwerfen[311] **1** terugwerpen, teruggooien **2** weerkaatsen, terugkaatsen, reflecteren

zurückzahlen terugbetalen

[1]**zurückziehen**[318] *intr* terugtrekken, weer verhuizen

[2]**zurückziehen**[318] *tr* **1** terugtrekken **2** annuleren, intrekken, terugnemen

[3]**zurückziehen**[318], **sich** zich terugtrekken

Zuruf *m*[5] kreet, schreeuw

zurufen[226] toeroepen

zurzeit thans, op het ogenblik

Zusage *v*[21] toezegging, belofte

zusagen 1 beloven, toezeggen **2** bevallen

zusammen 1 samen, tezamen, gezamenlijk **2** in totaal

Zusammenarbeit *v*[28] samenwerking

zusammenarbeiten samenwerken

zusammenballen, sich *(mbt onweerswolken)* zich samenpakken; *(mbt menigte)* zich ophopen; zich concentreren

Zusammenballung *v*[20] concentratie

Zusammenbau *m*[5] montage, assemblage

zusammenbauen monteren, assembleren

zusammenbeißen[125] op elkaar bijten

zusammenbekommen[193] bijeenkrijgen

zusammenbrechen[137] **1** instorten, bezwijken, in elkaar zakken **2** ineenstorten: *das Geschäft brach zusammen* de zaak ging te gronde; *der Verkehr brach zusammen* het verkeer kwam tot stilstand

Zusammenbruch *m*[6] **1** ineenstorting, ondergang **2** krach **3** mislukking **4** *(med)* inzinking

zusammendrängen 1 samendringen, opeendringen **2** samenvatten

[1]**zusammenfahren**[153] *intr* **1** (tegen elkaar) botsen **2** *(van schrik)* ineenkrimpen

[2]**zusammenfahren**[153] *tr* in de prak rijden *(van auto)*

zusammenfallen[154] **1** instorten, in elkaar zakken **2** samenvallen **3** vermageren

zusammenfalten samenvouwen, opvouwen

zusammenfassen 1 samenvatten **2** samenvoegen

zusammenfinden[157], **sich** elkaar ontmoeten

zusammenflicken 1 oplappen **2** in elkaar flansen

[1]**zusammenfügen** *tr* samenvoegen

[2]**zusammenfügen, sich** een geheel vormen

zusammenführen bijeenbrengen

zusammengehen[168] **1** samengaan **2** samenkomen

zusammengehören bijeenhoren, bij elkaar horen

Zusammengehörigkeit *v*[28] saamhorigheid

Zusammenhalt *m*[19] **1** samenhang **2** verbondenheid, solidariteit

[1]**zusammenhalten**[183] *intr* **1** houden **2** elkaar trouw blijven
[2]**zusammenhalten**[183] *tr* **1** samenhouden, bij elkaar houden **2** tegen elkaar houden
Zusammenhang *m*[6] samenhang, verband: *in* (of: *im*) *~ mit*[+3] in verband met
zusammenhängen[184] **1** aan elkaar hangen **2** *(fig)* samenhangen, verband houden
zusammenhängend samenhangend
zusammenhanglos onsamenhangend
zusammenhauen[185] **1** kort en klein slaan **2** in elkaar flansen
[1]**zusammenklappen** *intr* afknappen, instorten
[2]**zusammenklappen** *tr* **1** dichtklappen, samenklappen **2** *(de hakken)* tegen elkaar slaan
[1]**zusammenkleben** *intr* aan elkaar vastkleven
[2]**zusammenkleben** *tr* aan elkaar plakken
zusammenkommen[193] samenkomen
Zusammenkunft *v*[25] samenkomst, bijeenkomst
zusammenläppern, sich bij stukjes en beetjes bijeenkomen
zusammenlaufen[198] **1** samenlopen **2** samenkomen, samenstromen, samenvloeien **3** *(mbt kleuren)* in elkaar lopen, doorlopen **4** *(mbt stof)* krimpen **5** *(mbt melk)* schiften
zusammenleben samenleven
zusammenlegbar opvouwbaar
zusammenlegen **1** bij elkaar leggen **2** geld bij elkaar leggen, lappen **3** opvouwen; samenvouwen **4** combineren
zusammenliegen[202] naast elkaar liggen
[1]**zusammennehmen**[212] *tr* bij elkaar nemen, vergaren
[2]**zusammennehmen**[212]**, sich** **1** zich beheersen, zich vermannen **2** opletten, zich concentreren
zusammenpferchen op elkaar proppen
Zusammenprall *m*[5] botsing
zusammenprallen botsen, op elkaar vliegen
zusammenpressen samenpersen
[1]**zusammenraffen** *tr* **1** *(geld)* vergaren **2** snel bij elkaar pakken
[2]**zusammenraffen, sich** zich vermannen
zusammenrechnen optellen
zusammenreimen, sich verklaren
zusammenreißen[220]**, sich** zich vermannen
zusammenrotten, sich samenscholen
[1]**zusammenrücken** *intr* dichter bij elkaar gaan zitten
[2]**zusammenrücken** *tr* bij elkaar schuiven, zetten
zusammenschießen[238] **1** in puin schieten **2** neerschieten
[1]**zusammenschlagen**[241] *intr* (met *über*[+3]) zich sluiten boven
[2]**zusammenschlagen**[241] *tr* **1** in elkaar slaan; kort en klein slaan **2** oprollen, opvouwen **3** tegen elkaar slaan
[1]**zusammenschließen**[245] *tr* aan elkaar vastmaken
[2]**zusammenschließen**[245]**, sich** zich aaneensluiten, zich verenigen; fuseren
Zusammenschluss *m*[6] **1** samengaan, vereniging **2** samensmelting, fusie
[1]**zusammenschmelzen**[248] *intr* wegsmelten, slinken
[2]**zusammenschmelzen**[248] *tr* samensmelten
zusammenschnüren **1** bundelen **2** samenbinden **3** *(de keel)* dichtsnoeren
zusammenschrauben aan elkaar schroeven
zusammenschrecken[251] ineenkrimpen van de schrik
zusammenschreiben[252] **1** aan elkaar schrijven **2** neerpennen **3** bij elkaar schrijven
zusammenschrumpfen slinken, krimpen
[1]**zusammensetzen** *tr* in elkaar zetten, monteren
[2]**zusammensetzen, sich** **1** bij elkaar gaan zitten **2** elkaar ontmoeten || *sich ~ aus*[+3] bestaan uit
[1]**Zusammensetzung** *v*[20] samenstelling, bouw
[2]**Zusammensetzung** *v*[28] (het) in elkaar zetten
zusammensinken[266] in elkaar zakken
[1]**zusammenstecken** *intr* bij elkaar zitten
[2]**zusammenstecken** *tr* aan elkaar spelden: *(fig) die Köpfe ~* de hoofden bij elkaar steken
zusammenstehen[279] **1** bij elkaar staan **2** één front vormen, elkaar helpen
zusammenstellen **1** *(lijst, menu)* samenstellen, opmaken **2** *(feiten)* op een rijtje zetten **3** bij elkaar plaatsen
Zusammenstellung *v*[20] **1** (het) samenstellen, samenstelling, samenvoeging **2** overzicht
zusammenstimmen overeenstemmen
Zusammenstoß *m*[6] **1** botsing **2** *(scheepv)* aanvaring **3** *(fig)* botsing, conflict
zusammenstoßen[285] **1** botsen, in botsing komen; *(scheepv)* in aanvaring komen: *mit jmdm ~* met iem in conflict komen **2** aan elkaar grenzen
zusammenstreichen[286] **1** sterk bekorten **2** bezuinigen op
Zusammensturz *m*[6] ineenstorting
zusammenstürzen instorten, ineenstorten
zusammensuchen bij elkaar zoeken
zusammentragen[288] bijeenbrengen, vergaren
zusammentreffen[289] *(mbt gebeurtenissen)* samenvallen: *mit jmdm ~* iem ontmoeten
Zusammentreffen *o*[39] **1** ontmoeting **2** (het) samenvallen **3** samenloop
[1]**zusammentreten**[291] *intr* bij elkaar komen, bijeenkomen
[2]**zusammentreten**[291] *tr* stuktrappen
Zusammentritt *m*[5] samenkomst, bijeenkomst
zusammentrommeln optrommelen
[1]**zusammentun**[295] *tr* bij elkaar doen
[2]**zusammentun**[295]**, sich** zich verenigen
zusammenwachsen[302] **1** aan elkaar groeien **2** *(fig)* naar elkaar toe groeien
zusammenwerfen[311] **1** op een hoop gooien **2** *(geld)* bij elkaar leggen
zusammenwickeln inpakken, inwikkelen
zusammenwirken samenwerken

zusammenzählen optellen
[1]**zusammenziehen**[318] *intr* gaan samenwonen
[2]**zusammenziehen**[318] *tr* **1** samentrekken: *die Augenbrauen ~* de wenkbrauwen fronsen **2** *(getallen)* optellen
[3]**zusammenziehen**[318]**, sich 1** krimpen **2** *(mbt wolken)* zich samenpakken **3** *(mbt onweer)* komen opzetten
zusammenzucken ineenkrimpen
Zusatz *m*[6] **1** toevoeging **2** toevoegsel **3** naschrift **4** bijvoegsel, bijlage, aanhangsel
zusätzlich bijkomend, extra, aanvullend
Zusatzzahl *v*[20] reservegetal *(bij lotto)*
zuschanden stuk, kapot: *sich ~ arbeiten* zich doodwerken
zuschauen toezien, toekijken
Zuschauer *m*[9] toeschouwer
Zuschauerpreis *m*[5] publieksprijs
Zuschauerraum *m*[6] *(theat)* zaal
zuschicken toezenden, toesturen
zuschieben[237] **1** dichtschuiven **2** *(iem iets)* toeschuiven: *jmdm die Schuld ~* iem de schuld in de schoenen schuiven
zuschießen[238] *intr (op iem)* afschieten
zuschießen[238] *tr* **1** *(geld)* bijpassen, bijleggen **2** *(de bal)* toeschieten
Zuschlag *m*[6] **1** toeslag, bijbetaling **2** toeslagbiljet, toeslagkaartje **3** toewijzing, toeslag *(op veiling)* **4** gunning *(bij aanbesteding)* **5** *(belasting)* opcenten **6** *(mbt mortel, erts)* toeslag
zuschlagen[241] *intr* **1** toeslaan, dichtslaan, dichtklappen **2** toeslaan
zuschlagen[241] *tr* **1** *(een boek, deur)* dichtslaan **2** *(een kist)* dichttimmeren **3** toeslaan **4** optellen bij **5** *(op veiling)* toewijzen **6** *(bij aanbesteding)* gunnen **7** verhogen **8** behouwen *(van stenen)*
zuschließen[245] op slot doen, afsluiten
zuschmeißen[247] dichtsmijten
zuschnallen dichtgespen
zuschnappen *(sein)* **1** *(mbt knipmes)* dichtslaan **2** in het slot vallen
zuschnappen *(haben)* toehappen, bijten
zuschneiden[250] **1** *(kleding)* snijden, knippen **2** *(fig)* afstemmen (op)
zuschneien dichtsneeuwen, insneeuwen
zuschnüren 1 dichtrijgen **2** dichtbinden
zuschrauben dichtschroeven
zuschreiben[252] **1** overschrijven naar, overboeken naar **2** *(bezit)* op iems naam zetten **3** *(een werk aan iem)* toeschrijven
zuschreien[253] toeschreeuwen, toeroepen
zuschreiten[254] **1** doorstappen **2** toelopen
Zuschrift *v*[20] schrijven, brief
zuschulden: *sich etwas ~ kommen lassen* zich aan iets schuldig maken
Zuschuss *m*[6] subsidie; hulp
zuschütten 1 erbij gieten **2** dichtgooien
zusehen[261] **1** toekijken, gadeslaan **2** zien, er voor zorgen
zusehends zichtbaar, zienderogen
zusenden[263] toezenden
[1]**zusetzen** *intr* **1** druk uitoefenen, aandringen: *jmdm mit Bitten ~* iem met verzoeken lastigvallen **2** aangrijpen
[2]**zusetzen** *tr* **1** toevoegen **2** *(geld)* er op toeleggen, er bij inschieten
zusichern verzekeren, vast beloven
Zusicherung *v*[20] verzekering, toezegging
zuspielen *(de bal)* toespelen, passen
[1]**zuspitzen** *tr* **1** toespitsen **2** *(fig)* nauwkeurig formuleren
[2]**zuspitzen, sich** *(fig)* zich toespitsen
[1]**zusprechen**[274] *intr* **1** toespreken **2** gebruiken
[2]**zusprechen**[274] *tr* **1** toespreken: *jmdm Mut ~* iem moed inspreken **2** *(jur)* toewijzen **3** toeschrijven
Zuspruch *m*[19] **1** goede raad, troost, vriendelijke woorden **2** toeloop **3** weerklank, bijval: *~ finden* weerklank, bijval vinden
Zustand *m*[6] toestand, staat: *in gut gepflegtem ~* in goede staat
zustande: *~ kommen* tot stand komen; *etwas ~ bringen* iets tot stand brengen
zuständig 1 bevoegd, competent **2** verantwoordelijk
Zuständigkeit *v*[20] bevoegdheid, competentie
zustattenkommen[193] van pas komen
zustecken 1 dichtspelden **2** toestoppen
zustehen[279] **1** recht hebben op, toekomen **2** passen, betamen
zusteigen[281] onderweg instappen
zustellen 1 afsluiten, barricaderen **2** bezorgen, bestellen *(van post)*
Zusteller *m*[9] postbode
Zustellgebühr *v*[20] porto, port
Zustellung *v*[20] bezorging, bestelling
[1]**zusteuern** *intr* aansturen, afstevenen
[2]**zusteuern** *tr* bijdragen *(in de kosten)*
zustimmen instemmen met: *jmdm ~* het met iem eens zijn; *einer Sache ~* met iets instemmen
Zustimmung *v*[20] **1** instemming **2** goedkeuring
[1]**zustoßen**[285] *intr* **1** overkomen, gebeuren **2** toestoten
[2]**zustoßen**[285] *tr* dichtstoten
zustreben afstevenen op
Zustrom *m*[19] **1** toevloed, toestroom **2** *(weerk)* aanvoer
zuströmen 1 stromen naar **2** *(fig)* toestromen
zutage: *~ kommen* (of: *treten*) aan het licht komen
zutanken bijtanken
Zutat *v*[20] **1** ingrediënt **2** toevoeging
zuteilen 1 opdragen, geven **2** distribueren, uitdelen **3** toewijzen
[1]**Zuteilung** *v*[28] distributie, toewijzing
[2]**Zuteilung** *v*[20] rantsoen, portie
zuteilwerden[310] ten deel vallen
zutiefst diep, ten zeerste, buitengewoon
[1]**zutragen**[288] *tr* **1** dragen naar **2** overbrengen

[2]**zutragen**[288]**, sich** gebeuren
Zuträger *m*[9] matennaaier; verklikker
zuträglich nuttig, bevorderlijk
zutrauen verwachten van, in staat achten tot: *jmdm einen Mord ~* iem tot een moord in staat achten
Zutrauen *o*[39] vertrouwen
zutraulich 1 vol vertrouwen **2** vertrouwelijk, niet eenkennig, niet schuw *(van dier)*
zutreffen[289] **1** kloppen, juist zijn **2** slaan *(op)*; van toepassing zijn *(op)*
zutreffend juist, raak
Zutritt *m*[19] toegang, entree: *vor ~ von Luft schützen* niet aan lucht blootstellen
zutun[295] **1** toedoen, dichtdoen, sluiten **2** toevoegen, erbij doen, bijvoegen
Zutun *o*[39] toedoen
zuungunsten[+2] *vz* ten nadele van
zuverlässig betrouwbaar
Zuverlässigkeit *v*[28] betrouwbaarheid
Zuversicht *v*[28] (vast) vertrouwen: *die feste ~ haben, dass …* er vast op vertrouwen dat …
zuversichtlich vol vertrouwen
Zuversichtlichkeit *v*[28] (vast) vertrouwen
zuviel *oude spelling voor* zu viel, *zie* [2]viel 3
zuvor eerst, vooraf; van tevoren: *im Jahr ~* in het voorgaande jaar
zuvorderst helemaal vooraan
zuvorkommen[193] **1** voorkomen **2** vóór zijn
zuvorkommend voorkomend, hulpvaardig
zuvortun[295] overtreffen
Zuwachs *m*[6] **1** toename, groei **2** vermeerdering *(van bezit)* **3** gezinsuitbreiding
zuwachsen[302] **1** dichtgroeien **2** ten deel vallen, toevallen
Zuwachsrate *v*[21] groei, groeipercentage
Zuwanderer *m*[9] nieuwe inwoner, immigrant
zuwandern 1 immigreren **2** zich als nieuwkomer vestigen
Zuwanderung *v*[20] **1** immigratie **2** vestiging
zuwege: *etwas ~ bringen* iets tot stand brengen
[1]**zuwehen** *intr* dichtwaaien
[2]**zuwehen** *tr* toewaaien
zuweilen af en toe, soms
zuweisen[307] opdragen, toewijzen
Zuweisung *v*[20] (het) opdragen, toewijzing
zuwenden[308] **1** toekeren, toewenden: *sich einem Problem ~* zich met een probleem gaan bezighouden **2** doen toekomen, geven **3** *(iem zijn vertrouwen, liefde)* schenken
[1]**Zuwendung** *v*[20] schenking, gift, bijdrage
[2]**Zuwendung** *v*[28] zorg, aandacht
zuwenig *oude spelling voor* zu wenig, *zie* wenig
zuwerfen[311] **1** *(deur)* dichtgooien **2** dempen **3** *(iem een bal)* toegooien **4** toewerpen
[1]**zuwider** *bw* tegen: *er ist mir ~* ik heb een hekel aan hem
[2]**zuwider**[+3] *vz* tegen, in strijd met: *dem Verbot ~* tegen het verbod in
zuwiderhandeln handelen in strijd met
Zuwiderhandlung *v*[20] overtreding
zuwiderlaufen[198+3] indruisen tegen, niet stroken met
zuwinken toezwaaien, toewuiven
zuzahlen bijbetalen
zuzählen 1 erbij tellen **2** rekenen tot
zuzeiten soms, af en toe
[1]**zuziehen**[318] *intr* **1** zich vestigen, ergens komen wonen **2** trekken naar: *sich*[3] *eine Krankheit ~* zich een ziekte op de hals halen
[2]**zuziehen**[318] *tr* **1** raadplegen, erbij halen **2** *(een gordijn, deur)* dichttrekken
Zuzug *m*[6] toeloop, toestroom, toevloed
Zuzügler *m*[9] nieuwe inwoner
zuzüglich[+2] *vz* vermeerderd met, plus
Zwang *m*[6] **1** dwang, druk, geweld **2** noodzaak
zwängen persen, dringen
zwanghaft dwangmatig, gedwongen
zwanglos ongedwongen, informeel
Zwangsarbeit *v*[28] dwangarbeid
Zwangsbeitrag *m*[6] verplichte bijdrage
Zwangsernährung *v*[28] dwangvoeding
Zwangsherrschaft *v*[28] dwingelandij
Zwangsjacke *v*[21] dwangbuis
zwangsläufig onvermijdelijk, noodzakelijk
Zwangsmaßnahme *v*[21] dwangmaatregel
Zwangsräumung *v*[20] gedwongen ontruiming
Zwangsverheiratung *v*[20] gedwongen huwelijk
zwangsversteigern openbaar verkopen
Zwangsversteigerung *v*[20] openbare verkoping
zwangsweise 1 gedwongen **2** onvermijdelijk
zwanzig twintig
zwanziger 1 uit het jaar twintig **2** tussen '20 en '30: *die ~ Jahre* de jaren twintig
Zwanziger *m*[9] twintiger
zwar weliswaar, wel: *und ~* en wel
Zweck *m*[5] doel, doeleinde: *zu diesem ~* met dat doel; *zum ~e*[+2] ten behoeve van; *zu welchem ~?* met welk doel?, waartoe?; *das hat keinen ~* dat heeft geen zin
Zweckbau *m (2e nvl -(e)s; mv -ten)* utiliteitsbouw, utiliteitsgebouw
zweckdienlich ter zake dienend, nuttig
zweckentfremden 1 aan de eigenlijke bestemming onttrekken **2** oneigenlijk gebruiken
Zweckentfremdung *v*[28] **1** het aan de eigenlijke bestemming onttrekken **2** oneigenlijk gebruik
zweckentsprechend doelmatig
zwecklos doelloos, zinloos, nutteloos
zweckmäßig doelmatig; zinvol
Zweckmäßigkeit *v*[28] doelmatigheid; zinvolheid
zwecks[+2] *vz* ten behoeve van, voor
zwei twee: *alle ~ Tage* om de andere dag; *einer von euch ~en* een van jullie tweeën; *ein Vater ~er Kinder* een vader van twee kinderen; *zu ~en* met z'n tweeën
Zwei *v*[20] **1** *(cijfer)* twee **2** lijn twee *(van tram, bus)* **3** *(als rapportcijfer)* goed

zweiarmig tweearmig
Zweibettzimmer o^{33} tweepersoonskamer
zweideutig dubbelzinnig
zweieinhalb twee-en-een-half
Zweier m^{9} **1** tweepfennigstuk **2** *(bus, tram)* lijn twee **3** boot voor twee roeiers
zweierlei tweeërlei, van twee soorten
zweifach tweevoudig, dubbel
Zweifel m^{9} twijfel: *eine Behauptung in ~ stellen* (of: *setzen, ziehen*) een bewering in twijfel trekken; *~ hegen* twijfel koesteren; *das unterliegt keinem ~* dat staat buiten kijf; *ohne ~* ongetwijfeld
zweifelhaft **1** twijfelachtig, onzeker **2** verdacht, dubieus
zweifellos ongetwijfeld, zonder twijfel
zweifeln twijfelen
Zweifelsfall m^{6}: *im ~* in geval van twijfel
zweifelsfrei ongetwijfeld, zonder twijfel
zweifelsohne zonder twijfel, ongetwijfeld
Zweifler m^{9} twijfelaar
Zweig m^{5} **1** twijg, tak **2** tak, afdeling **3** aftakking **4** zijtak, zijlinie *(van familie)*
Zweiggeschäft o^{29} filiaal; *(Belg)* bijhuis
zweigleisig dubbelsporig
zweigliederig, zweigliedrig tweeledig
Zweigstelle v^{21} filiaal; *(Belg)* bijhuis
Zweikampf m^{6} tweegevecht, duel
zweimal tweemaal
zweimalig tweemaal herhaald
Zweimarkstück o^{29} tweemarkstuk
zweimonatlich tweemaandelijks
zweimotorig tweemotorig
Zweirad o^{32} tweewieler, fiets, rijwiel
zweiräderig, zweirädrig tweewielig
zweischneidig **1** tweesnijdend **2** *(fig)* dubieus
zweiseitig tweezijdig, bilateraal
zweisilbig tweelettergrepig
Zweisitzer m^{9} tweezitter; tweepersoons auto
zweisitzig met twee zitplaatsen
zweisprachig tweetalig
zweispurig **1** dubbelsporig **2** tweebaans
zweistellig van twee cijfers
zweistimmig tweestemmig
zweistöckig van twee verdiepingen, met twee etages
zweistündig twee uur durend
zweit: *zu ~* met z'n tweeën
zweite tweede: *aus ~r Hand* tweedehands; *(fig) aus ~r Hand kennen* uit de tweede hand hebben
Zweiteilung v^{20} verdeling in tweeën
zweitens ten tweede, op de tweede plaats
zweitgrößt op één na de grootste
zweithöchst op één na de hoogste
zweitklassig tweederangs
zweitletzt op één na de laatste, voorlaatst
Zweitmeinung v^{20} second opinion
Zweitschrift v^{20} **1** doorslag **2** afschrift, kopie
Zweitwagen m^{11} tweede auto
zweizeilig tweeregelig
Zwerchfell o^{29} *(anat)* middenrif
Zwerg m^{5} dwerg
zwergartig, zwergenhaft dwergachtig
Zwerghuhn o^{32} krielkip
Zwetsche, Zwetschge v^{21} *(Z-Dui, Zwits)* **1** kwets *(een blauwe pruim)* **2** pruimenboom
zwicken **1** knijpen **2** knellen, pijn doen
Zwickmühle v^{21}: *in einer ~ sein* (of: *sitzen*) in de knoei, in de knel zitten
Zwieback m^{5}, m^{6} beschuit
Zwiebel v^{21} **1** ui **2** (bloem)bol **3** knol *(groot horloge)* **4** haarknoet, knotje
Zwiebelgewächs o^{29} bolgewas
zwiebeln treiteren, pesten
Zwiebelsuppe v^{21} uiensoep
Zwiebelturm m^{6} toren met uivormige koepel
Zwiegespräch o^{29} dialoog, tweegesprek
Zwielaut m^{5} tweeklank
Zwielicht o^{39} schemering, halfdonker
zwielichtig duister, dubieus, louche
Zwiespalt m^{5}, m^{6} **1** tweespalt, verdeeldheid **2** tweestrijd
zwiespältig verdeeld: *~e Gefühle* tegenstrijdige gevoelens; *ein ~er Mensch* een gespleten iem
Zwietracht v^{28} tweedracht, onenigheid
Zwilling m^{5} tweeling
Zwillingsbruder m^{10} tweelingbroer
Zwillingsschwester v^{21} tweelingzuster
Zwinge v^{21} **1** *(techn)* klemschroef **2** stalen ring, beslagring **3** rubberdop **4** stalen punt
zwingen ^{319} dwingen: *~de Gründe* dringende redenen
Zwinger m^{9} **1** kooi **2** kennel
zwinkern met de ogen knipperen
Zwirn m^{5} (getwijnd) garen
Zwirnsfaden m^{12} garen, draad
zwischen $^{+3,\ +4}$ *vz* tussen
Zwischenbemerkung v^{20} interruptie
Zwischenbericht m^{5} tussenrapport, voorlopig verslag
Zwischenbilanz v^{20} *(handel)* tussenbalans
zwischendurch **1** (er)tussendoor **2** ondertussen
Zwischenergebnis o^{29a} voorlopig resultaat
Zwischenfall m^{6} **1** voorval **2** incident
Zwischenfrage v^{21} tussenvraag, interruptie
Zwischengeschoss o^{29} tussenverdieping
zwischenlanden een tussenlanding maken: *das Flugzeug ist zwischengelandet* het vliegtuig heeft een tussenlanding gemaakt
Zwischenlandung v^{20} tussenlanding
Zwischenlösung v^{20} voorlopige oplossing
zwischenmenschlich intermenselijk
Zwischenpause v^{21} kleine pauze
Zwischenprüfung v^{20} tentamen
Zwischenraum m^{6} **1** tussenruimte **2** interval
Zwischenruf m^{5} interruptie
Zwischenrunde v^{21} *(sp)* tussenronde
Zwischenspiel o^{29} intermezzo, tussenspel
zwischenstaatlich internationaal

Zwischenstufe *v*[21] tussentrap, tussenstadium
Zwischenstunde *v*[21] tussenuur *(op school)*
Zwischenzeit *v*[20] tussentijd
zwischenzeitlich intussen, ondertussen
Zwist *m*[5], **Zwistigkeit** *v*[20] twist, onenigheid, geschil
zwitschern tjilpen, kwinkeleren
zwo twee
zwölf twaalf
Zwölf *v*[20] **1** *(het cijfer)* twaalf **2** lijn twaalf *(van tram, bus)*
Zyankali *o*[39] *(chem)* cyaankali
Zyklon *m*[5] cycloon, wervelstorm
Zyklus *m (2e nvl -; mv Zyklen)* cyclus
Zylinder *m*[9] **1** cilinder **2** hoge hoed
Zyniker *m*[9] cynicus
zynisch cynisch
Zynismus *m*[19a] cynisme
Zypresse *v*[21] cipres
Zyste *v*[21] cyste
zz., zzt. *afk van zurzeit* thans, op het ogenblik
z. Z., z.Zt. *afk van zur Zeit* ten tijde van *(afk* t.t.v.*)*; *zie ook* zz., zzt.

Inhoudsopgave supplement

Thematische woordgroepen

De tijd
Die Zeit

De jaargetijden
Die Jahreszeiten

de lente *der Frühling*
de zomer *der Sommer*
de herfst *der Herbst*
de winter *der Winter*

De dagen van de week
Die Tage der Woche

maandag *der Montag*
dinsdag *der Dienstag*
woensdag *der Mittwoch*
donderdag *der Donnerstag*
vrijdag *der Freitag*
zaterdag *der Samstag, der Sonnabend*
zondag *der Sonntag*

De maanden
Die Monate

januari *der Januar*
februari *der Februar*
maart *der März*
april *der April*
mei *der Mai*
juni *der Juni*
juli *der Juli*
augustus *der August*
september *der September*
oktober *der Oktober*
november *der November*
december *der Dezember*

Feestdagen
Feiertage

Nieuwjaarsdag *(der) Neujahrstag*
Pasen *Ostern*
Hemelvaartsdag *(der) Himmelfahrtstag*
Pinksteren *Pfingsten*
Kerstmis *Weihnachten*
oudejaarsavond *(der) Silvesterabend*

Hoe laat is het?
Wie spät ist es?

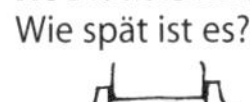

es ist ein Uhr

es ist Viertel nach eins

es ist halb zwei

es ist Viertel vor zwei

es ist fünf vor halb zwei

es ist fünf nach halb zwei

De belangrijkste tijdsaanduidingen

Die wichtigsten Zeitangaben

de seconde *die Sekunde*
de minuut *die Minute*
het kwartier *die Vierstelstunde*
het uur *die Stunde*

de dag *der Tag*
de week *die Woche*
de maand *der Monat*
het jaar *das Jahr*
de eeuw *das Jahrhundert*

de dag *der Tag*
de nacht *die Nacht*
de (vroege) morgen *der Morgen*
de (late) morgen *der Vormittag*
de (vroege) middag *der Mittag*
de (late) middag/de namiddag *der Nachmittag*
de avond *der Abend*

gisteren *gestern*
eergisteren *vorgestern*
vandaag *heute*
morgen *morgen*
overmorgen *übermorgen*
afgelopen week *letzte Woche*
vorige week *vorige Woche*
vorige week woensdag *(am) vergangenen Mittwoch*
(de) volgende maand *nächsten Monat*
volgende week zaterdag *nächsten* (of: *kommenden) Samstag*

's morgens (vroeg) *morgens*
's morgens (laat) *vormittags*
's middags (vroeg) *mittags*
's middags (laat) *nachmittags*
12 uur 's nachts *um Mitternacht*

De belangrijkste voorzetsels in verband met tijd

vóór morgen *vor*$^{+3}$ *morgen*
over tien minuten *in*$^{+3}$ *zehn Minuten*
na anderhalf uur *nach anderthalb Stunden*
om twee uur *um zwei Uhr*
gedurende vier weken *während*$^{+2}$ *vier Wochen*
tegen vijven *gegen fünf Uhr*
binnen een week *innerhalb*$^{+2}$ *einer Woche*
op zondag *am Sonntag*

in januari *im Januar*
in de lente *im Frühling*
op die dag *an diesem (of: an dem) Tag*
in de (vroege) ochtend *am Morgen*
op dit ogenblik *in diesem Augenblick*
met Kerstmis, Pasen, Pinksteren *zu Weihnachten, zu Ostern, zu Pfingsten*
op nieuwjaarsdag *am Neujahrstag*

Grammaticaal overzicht

Toelichting

Het volgende grammaticaal overzicht bevat de hoofdzaken van de Duitse grammatica, waarbij aan de structurele verschillen tussen het Nederlands en het Duits ruime aandacht wordt besteed.
Bij de opbouw van het overzicht is uitgegaan van de traditionele - ook in het woordenboek onderscheiden - woordsoorten: zelfstandig naamwoord, bijvoeglijk naamwoord, bijwoord, lidwoord, telwoord, voornaamwoord, voorzetsel en werkwoord. De informatie die bij elke woordsoort gegeven wordt, is in kleinere doorlopend genummerde eenheden ingedeeld. Vanuit het woordenboek wordt waar nodig door middel van een hoog gezet cijfer naar deze kleinere eenheden verwezen. Dit gebeurt consequent bij elk als trefwoord opgenomen zelfstandig naamwoord en bij elk sterk of onregelmatig werkwoord. Maar ook in andere gevallen waarin de gebruiker met informatie uit het grammaticaal overzicht gebaat is, vindt een rechtstreekse verwijzing plaats. Dit is bijvoorbeeld het geval bij de verbuiging van het lidwoord of het optreden van de umlaut in de vergrotende en overtreffende trap. Op deze manier functioneert het overzicht als een verlengstuk van het woordenboek. Het overzicht kan echter ook dienen als zelfstandig naslagwerk bij grammaticale problemen.

Naamvallen

In het Duits regeren veel voorzetsels en werkwoorden een naamval. In het woordenboek wordt deze door middel van een hoog gezet cijfer aangeduid. De betreffende cijfertjes worden hieronder verklaard. Een plustekentje voor het cijfer betekent dat het desbetreffende voorzetsel of werkwoord de aangegeven naamval regeert. Een cijfer zonder plustekentje betekent dat het desbetreffende woord in de aangegeven naamval staat.

1 1e naamval, nominatief
(deze komt als verwijzing niet in het woordenboek voor; het cijfer 1 wordt hier alleen volledigheidshalve gegeven)

2 2e naamval, genitief
Statt[+2] *eines Kuchens*[2] *hätte ich gerne einen Strudel*[4].

3 3e naamval, datief
Kommst du mit[+3] *mir*[3]?

4 4e naamval, accusatief
Der Hund und die Katze rannten um[+4] *den Baum*[4].

Verbuigingstabellen van het zelfstandig naamwoord

Mannelijke zelfstandige naamwoorden

5 ***-e***

	enkelvoud	meervoud
1	*der Tag*	*die Tage*
2	*des Tag(e)s*	*der Tage*
3	*dem Tag(e)*	*den Tagen*
4	*den Tag*	*die Tage*

7 ***-er***

	enkelvoud	meervoud
1	*der Geist*	*die Geister*
2	*des Geist(e)s*	*der Geister*
3	*dem Geist(e)*	*den Geistern*
4	*den Geist*	*die Geister*

Mannelijke zelfstandige naamwoorden

6 ***-e + umlaut***

	enkelvoud	meervoud
1	*der Baum*	*die Bäume*
2	*des Baum(e)s*	*der Bäume*
3	*dem Baum(e)*	*den Bäumen*
4	*den Baum*	*die Bäume*

8 ***-er + umlaut***

	enkelvoud	meervoud
1	*der Wald*	*die Wälder*
2	*des Wald(e)s*	*der Wälder*
3	*dem Wald(e)*	*den Wäldern*
4	*den Wald*	*die Wälder*

9 **onveranderd (zelfstandige naamwoorden op *-el, -er*)**

	enkelvoud	meervoud
1	*der Onkel*	*die Onkel*
2	*des Onkels*	*der Onkel*
3	*dem Onke*	*den Onkeln*
4	*den Onkel*	*die Onkel*

10 ***umlaut* (zelfstandige naamwoorden op *-el, -er*)**

	enkelvoud	meervoud
1	*der Apfel*	*die Äpfel*
2	*des Apfels*	*der Äpfel*
3	*dem Apfel*	*den Äpfeln*
4	*den Apfel*	*die Äpfel*

11 **onveranderd (zelfstandige naamwoorden op *-en*)**

	enkelvoud	meervoud
1	*der Posten*	*die Posten*
2	*des Postens*	*der Posten*
3	*dem Posten*	*den Posten*
4	*den Posten*	*die Posten*

12 ***umlaut* (zelfstandige naamwoorden op *-en*)**

	enkelvoud	meervoud
1	*der Hafen*	*die Häfen*
2	*des Hafens*	*der Häfen*
3	*dem Hafen*	*den Häfen*
4	*den Hafen*	*die Häfen*

13 ***-s***

	enkelvoud	meervoud
1	*der Chef*	*die Chefs*
2	*des Chefs*	*der Chefs*
3	*dem Chef*	*den Chefs*
4	*den Chef*	*die Chefs*

14 ***7 x -en***

	enkelvoud	meervoud
1	*der Mensch*	*die Menschen*
2	*des Menschen*	*der Menschen*
3	*dem Menschen*	*den Menschen*
4	*den Menschen*	*die Menschen*

15 ***7 x -n***

	enkelvoud	meervoud
1	*der Junge*	*die Jungen*
2	*des Jungen*	*der Jungen*
3	*dem Jungen*	*den Jungen*
4	*den Jungen*	*die Jungen*

16 ***4 x -en***

	enkelvoud	meervoud
1	*der Staat*	*die Staaten*
2	*des Staat(e)s*	*der Staaten*
3	*dem Staat(e)*	*den Staaten*
4	*den Staat*	*die Staaten*

17 ***4 x -n***

	enkelvoud	meervoud
1	*der Muskel*	*die Muskeln*
2	*des Muskels*	*der Muskeln*
3	*dem Muskel*	*den Muskeln*
4	*den Muskel*	*die Muskeln*

18 ***7 x -n + -s* in 2e naamval enkelvoud**

	enkelvoud	meervoud
1	*der Name*	*die Namen*
2	*des Namens*	*der Namen*
3	*dem Namen*	*den Namen*
4	*den Namen*	*die Namen*

19 **alleen enkelvoud**

1 *der Stahl*
2 *des Stahl(e)s*
3 *dem Stahl(e)*
4 *den Stahl*

19a **alleen enkelvoud**

1 *der Luxus*
2 *des Luxus*
3 *dem Luxus*
4 *den Luxus*

Vrouwelijke zelfstandige naamwoorden

20 ***-en***

	enkelvoud	meervoud
1	*die Frau*	*die Frauen*
2	*der Frau*	*der Frauen*
3	*der Frau*	*den Frauen*
4	*die Frau*	*die Frauen*

Vrouwelijke zelfstandige naamwoorden

21 ***-n***

	enkelvoud	meervoud
1	*die Lampe*	*die Lampen*
2	*der Lampe*	*der Lampen*
3	*der Lampe*	*den Lampen*
4	*die Lampe*	*die Lampen*

22 ***-nen***

	enkelvoud	meervoud
1	*die Freundin*	*die Freundinnen*
2	*der Freundin*	*der Freundinnen*
3	*der Freundin*	*den Freundinnen*
4	*die Freundin*	*die Freundinnen*

23 ***-e***

	enkelvoud	meervoud
1	*die Mühsal*	*die Mühsale*
2	*der Mühsal*	*der Mühsale*
3	*der Mühsal*	*den Mühsalen*
4	*die Mühsal*	*die Mühsale*

24 ***-se***

	enkelvoud	meervoud
1	*die Wildnis*	*die Wildnisse*
2	*der Wildnis*	*der Wildnisse*
3	*der Wildnis*	*den Wildnissen*
4	*die Wildnis*	*die Wildnisse*

25 ***-e + umlaut***

	enkelvoud	meervoud
1	*die Angst*	*die Ängste*
2	*der Angst*	*der Ängste*
3	*der Angst*	*den Ängsten*
4	*die Angst*	*die Ängste*

26 ***umlaut***

	enkelvoud	meervoud
1	*die Mutter*	*die Mütter*
2	*der Mutter*	*der Mütter*
3	*der Mutter*	*den Müttern*
4	*die Mutter*	*die Mütter*

27 ***-s***

	enkelvoud	meervoud
1	*die Kamera*	*die Kameras*
2	*der Kamera*	*der Kameras*
3	*der Kamera*	*den Kameras*
4	*die Kamera*	*die Kameras*

28 **alleen enkelvoud**

1 *die Milch*
2 *der Milch*
3 *der Milch*
4 *die Milch*

Onzijdige zelfstandige naamwoorden

29 ***-e***

	enkelvoud	meervoud
1	*das Brot*	*die Brote*
2	*des Brot(e)s*	*der Brote*
3	*dem Brot(e)*	*den Broten*
4	*das Brot*	*die Brote*

30 ***-e + umlaut***

	enkelvoud	meervoud
1	*das Floß*	*die Flöße*
2	*des Floßes*	*der Flöße*
3	*dem Floß(e)*	*den Flößen*
4	*das Floß*	*die Flöße*

32 ***-er + umlaut***

	enkelvoud	meervoud
1	*das Bad*	*die Bäder*
2	*des Bad(e)s*	*der Bäder*
3	*dem Bad(e)*	*den Bädern*
4	*das Bad*	*die Bäder*

Onzijdige zelfstandige naamwoorden

29a ***-se***

	enkelvoud	meervoud
1	*das Verhältnis*	*die Verhältnisse*
2	*des Verhältnisses*	*der Verhältnisse*
3	*dem Verhältnis(se)*	*den Verhältnissen*
4	*das Verhältnis*	*die Verhältnisse*

31 ***-er***

	enkelvoud	meervoud
1	*das Bild*	*die Bilder*
2	*des Bild(e)s*	*der Bilder*
3	*dem Bild(e)*	*den Bildern*
4	*das Bild*	*die Bilder*

33 **onveranderd (zelfstandige naamwoorden op *-el, -er, Ge-e*)**

	enkelvoud	meervoud
1	*das Mittel*	*die Mittel*
2	*des Mittels*	*der Mittel*
3	*dem Mittel*	*den Mitteln*
4	*das Mittel*	*die Mittel*

34 ***umlaut***

	enkelvoud	meervoud
1	*das Kloster*	*die Klöster*
2	*des Klosters*	*der Klöster*
3	*dem Kloster*	*den Klöstern*
4	*das Kloster*	*die Klöster*

35 **onveranderd (zelfstandige naamwoorden op *-en, -chen, -lein*)**

	enkelvoud	meervoud
1	*das Mädchen*	*die Mädchen*
2	*des Mädchens*	*der Mädchen*
3	*dem Mädchen*	*den Mädchen*
4	*das Mädchen*	*die Mädchen*

36 ***-s***

	enkelvoud	meervoud
1	*das Auto*	*die Autos*
2	*des Autos*	*der Autos*
3	*dem Auto*	*den Autos*
4	*das Auto*	*die Autos*

37 ***-en***

	enkelvoud	meervoud
1	*das Hemd*	*die Hemden*
2	*des Hemd(e)s*	*der Hemden*
3	*dem Hemd(e)*	*den Hemden*
4	*das Hemd*	*die Hemden*

38 ***-n***

	enkelvoud	meervoud
1	*das Auge*	*die Augen*
2	*des Auges*	*der Augen*
3	*dem Auge*	*den Augen*
4	*das Auge*	*die Augen*

39 **alleen enkelvoud**

1 *das Leid*
2 *des Leid(e)s*
3 *dem Leid(e)*
4 *das Leid*

39a **alleen enkelvoud**

1 *das Ethos*
2 *des Ethos*
3 *dem Ethos*
4 *das Ethos*

40 **Zelfstandig gebruikte bijvoeglijke naamwoorden** (▸ 56)

			na bepalend woord van de *der*-groep		na bepalend woord van de *ein*-groep		zonder bepalend woord	
			enkelvoud	meervoud	enkelvoud	meervoud	enkelvoud	meervoud
40a	mnl.	1	*der Kranke*	*die Kranken*	*ein Kranker*	*keine Kranken*	*Kranker*	*Kranke*
		2	*des Kranken*	*der Kranken*	*eines Kranken*	*keiner Kranken*	*Kranken*	*Kranker*
		3	*dem Kranken*	*den Kranken*	*einem Kranken*	*keinen Kranken*	*Krankem*	*Kranken*
		4	*den Kranken*	*die Kranken*	*einen Kranken*	*keine Kranken*	*Kranken*	*Kranke*
40b	vrl.	1	*die Kranke*	*die Kranken*	*eine Kranke*	*keine Kranken*	*Kranke*	*Kranke*
		2	*der Kranken*	*der Kranken*	*einer Kranken*	*keiner Kranken*	*Kranker*	*Kranker*
		3	*der Kranken*	*den Kranken*	*einer Kranken*	*keinen Kranken*	*Kranker*	*Kranken*
		4	*die Kranke*	*die Kranken*	*eine Kranke*	*keine Kranken*	*Kranke*	*Kranke*
40c	onz.	1	*das Kranke*	*die Kranken*	*ein Krankes*	*keine Kranken*	*Krankes*	*Kranke*
		2	*des Kranken*	*der Kranken*	*eines Kranken*	*keiner Kranken*	*Kranken*	*Kranker*
		3	*dem Kranken*	*den Kranken*	*einem Kranken*	*keinen Kranken*	*Krankem*	*Kranken*
		4	*das Kranke*	*die Kranken*	*ein Krankes*	*keine Kranken*	*Krankes*	*Kranke*

41 **Namen van de talen** (▸ 56)

onz.	1	*das Englische*	*mein Englisch*
	2	*des Englischen*	*meines Englisch(s)*
	3	*dem Englischen*	*meinem Englisch*
	4	*das Englische*	*mein Englisch*

42 **Het zelfstandig naamwoord**

Het zelfstandig naamwoord, dat met een hoofdletter geschreven wordt, komt in drie geslachten (mannelijk, vrouwelijk en onzijdig) voor en wordt verbogen.
▸ Voor het verbuigingsoverzicht zie 5-41.

43 De vormen van het enkelvoud

Vrouwelijke zelfstandige naamwoorden blijven in het enkelvoud in alle naamvallen onveranderd.
De mannelijke zelfstandige naamwoorden vallen uiteen in twee groepen:
- woorden die in de 2e, 3e en 4e naamval enkelvoud (en in het meervoud) de uitgang *-en* of *-n* krijgen (de zwakke zelfstandige naamwoorden; ▸ 14 en 15);
- woorden die in de 2e naamval *-(e)s* krijgen.

Een bijzondere groep vormt groep 18 die in de 2e naamval *-ns* en in de 3e en de 4e naamval een *-n* krijgt.
De onzijdige zelfstandige naamwoorden krijgen in de 2e naamval *-(e)s.*
De uitgang *-es* wordt altijd gebruikt bij Duitse mannelijke en onzijdige zelfstandige naamwoorden die eindigen op *-s, -ss, -ß, -x, -z:*
des Loses - des Bisses - des Fußes - des Nixes - des Kitzes
De uitgang *-s* wordt altijd gebruikt bij woorden op: *-el, -em, -en, -er:*
des Esels - des Atems - des Besens - des Leders
Voor de rest varieert het gebruik van *-(e)s,* waarbij meerlettergrepige woorden meestal een *-s* hebben:
des Anstrich(e)s - des Erfolg(e)s
De uitgang *-e* in de 3e naamval wordt behalve in een aantal vaste uitdrukkingen (bijv. *in etwas zu Hause sein*) bijna altijd weggelaten. De *-e* kan in ieder geval niet gebruikt worden:
- na woorden op *-el, -em, -en, -er:*
  dem Esel - dem Atem
- na woorden op een klinker:
  dem Tabu - dem Auto

Vreemde zelfstandige naamwoorden op een sisklank hebben in de 2e naamval vaak geen uitgang:
des Passus

44 De vormen van het meervoud

Zelfstandige naamwoorden die in het meervoud niet op een *-n* of een *-s* eindigen, krijgen in de 3e naamval een *-n:*
den Kindern - den Wildnissen, maar: *den Mädchen - den Kameras*
Veel zelfstandige naamwoorden krijgen in het meervoud een umlaut. Daarbij verandert *a* in *ä*, *o* in *ö*, *u* in *ü* en *au* in *äu.*

45 Woorden die **vrouwelijke personen, titels, beroepen** en **dieren** aanduiden, worden vaak van de mannelijke afgeleid door middel van de uitgang *-in:*
der Däne ⟶ *die Dänin*
der Schwimmer ⟶ *die Schwimmerin*
der Sportler ⟶ *die Sportlerin*
der Professor ⟶ *die Professorin*
der Schaffner ⟶ *die Schaffnerin*
Vaak krijgt het vrouwelijke woord een umlaut:
Arzt ⟶ *Ärztin*
Gott ⟶ *Göttin*
Om ruimte te besparen zijn vrouwelijke afleidingen die geen problemen bieden in het woordenboek vaak niet apart vermeld.

46 **Het bijvoeglijk naamwoord**

Het bijvoeglijk naamwoord dat vóór een zelfstandig naamwoord staat, wordt verbogen:
der gute Junge - reines Wasser

47 Er zijn drie mogelijkheden.
a) Het bijvoeglijk naamwoord staat na:
der, dieser, jener, jeder, mancher, solcher, welcher, aller, sämtlicher, beide.
De verbuiging luidt dan:

	mannelijk	vrouwelijk	onzijdig	meervoud
1	*der gute Mann*	*die junge Frau*	*das kleine Kind*	*die alten Leute*
2	*des guten Mann(e)s*	*der jungen Frau*	*des kleinen Kind(e)s*	*der alten Leute*
3	*dem guten Mann(e)*	*der jungen Frau*	*dem kleinen Kind(e)*	*den alten Leuten*
4	*den guten Mann*	*die junge Frau*	*das kleine Kind*	*die alten Leute*

48 b) Het bijvoeglijk naamwoord staat na:
ein, kein, mein, dein, sein, ihr, unser, euer, ihr, Ihr.
De verbuiging luidt dan:

	mannelijk	vrouwelijk	onzijdig	meervoud
1	*ein guter Mann*	*eine junge Frau*	*ein kleines Kind*	*keine alten Leute*
2	*eines guten Mann(e)s*	*einer jungen Frau*	*eines kleinen Kind(e)s*	*keiner alten Leute*
3	*einem guten Mann(e)*	*einer jungen Frau*	*einem kleinen Kind(e)*	*keinen alten Leuten*
4	*einen guten Mann*	*eine junge Frau*	*ein kleines Kind*	*keine alten Leute*

49 c) Het bijvoeglijk naamwoord heeft **geen voorafgaand bepalend woord**.
De verbuiging luidt dan:

	mannelijk	vrouwelijk	onzijdig	meervoud
1	*deutscher Wein*	*kalte Milch*	*kühles Bier*	*alte Leute*
2	*deutschen Wein(e)s*	*kalter Milch*	*kühlen Bier(e)s*	*alter Leute*
3	*deutschem Wein(e)*	*kalter Milch*	*kühlem Bier(e)*	*alten Leuten*
4	*deutschen Wein*	*kalte Milch*	*kühles Bier*	*alte Leute*

50 Twee of meer bijvoeglijke naamwoorden hebben dezelfde uitgang:
der gute, alte Mann - ein liebes, kleines Kind - erstklassiger, deutscher Wein - gute, alte, freundliche Menschen
Woorden als:
einige, mehrere, verschiedene, viele, wenige, zahllose, zahlreiche
worden als bijvoeglijke naamwoorden beschouwd. Een volgend bijvoeglijk naamwoord heeft dus dezelfde uitgangen:
mehrere kleine Kinder
mehrerer kleiner Kinder
mehreren kleinen Kindern
mehrere kleine Kinder

51 Bijvoeglijk gebruikte **voltooide deelwoorden** op *-en* **van sterke werkwoorden** worden in het Duits verbogen:
verdorbenes Fleisch - bedorven vlees

52 **Stoffelijke bijvoeglijke naamwoorden** worden in het Duits verbogen:
ein hölzerner Stuhl - een houten stoel

53 Bij bijvoeglijke naamwoorden op *-el* vervalt in de verbuiging en in de vergrotende trap de *-e* voor de *-l:*
dunkel ⟶ *ein dunkler Anzug* ⟶ *ein dunklerer Anzug*

54 Bij bijvoeglijke naamwoorden op *-er* na *-au* of *-eu* vervalt in de verbuiging en in de vergrotende trap de *-e* voor de *-r:*
teuer ⟶ *ein teurer Wagen* ⟶ *ein teurerer Wagen*

55 Van **aardrijkskundige namen** afgeleide bijvoeglijke naamwoorden op *-er* worden met een hoofdletter geschreven en blijven onverbogen:

die Frankfurter Buchmesse

56 Het zelfstandig gebruikt bijvoeglijk naamwoord

Een bijvoeglijk naamwoord kan zelfstandig gebruikt worden, d.w.z. zonder een volgend zelfstandig naamwoord. Het wordt dan met een hoofdletter geschreven, maar verbogen als een gewoon bijvoeglijk naamwoord:

der unglückliche Mann - der Unglückliche
eine arme Frau - eine Arme
ein helles Bier - ein Helles
reiche Leute - Reiche

▸ Voor de volledige verbuiging zie 40, a, b, c.

De **namen van de talen** zijn zelfstandig gebruikte bijvoeglijke naamwoorden.
Ze zijn onzijdig:

das Englische - das Französische - das Deutsche

Ze worden alleen verbogen als het bepaalde lidwoord (*das*) direct voor de naam van de taal staat en er geen nadere bepaling volgt:

Er übersetzte den Text aus dem Deutschen ins Französische.

▸ Voor de verbuiging van de namen van de talen zie 41.

57 De trappen van vergelijking

De **stellende trap** is het gewone bijvoeglijk naamwoord:

schön - klein - breit enz.

De **vergrotende trap** wordt gevormd met *-er:*

schön ⟶ schöner / klein ⟶ kleiner / breit ⟶ breiter

De **overtreffende trap** wordt meestal gevormd met *-st:*

schön ⟶ schönst / klein ⟶ kleinst

- Als het bijvoeglijk naamwoord echter eindigt op *-d*, *-t* of een sisklank (*-s, -ß, -sch, -x, -z*) en de laatste lettergreep heeft de klemtoon, dan wordt de overtreffende trap met *-est* gevormd:
  gesund ⟶ gesundest / breit ⟶ breitest / süß ⟶ süßest / frisch ⟶ frischest
- Heeft de laatste lettergreep echter niet de klemtoon, dan wordt de overtreffende trap met *-st* gevormd:
  gebildet ⟶ gebildetst / komisch ⟶ komischst

58 De volgende bijvoeglijke naamwoorden krijgen in de vergrotende en overtreffende trap een umlaut op de klinker: *alt (älter, ältest)*

alt, arg, arm, dumm, grob, hart, jung, kalt, klug, krank, kurz, lang, scharf, schwach, schwarz, stark, warm

59 De volgende bijvoeglijke naamwoorden komen **zowel met als zonder umlaut** in de vergrotende en in de overtreffende trap voor: *bang (bänger, bängst - banger, bangst)*

bang, blass, fromm, gesund, glatt, karg, krumm, nass, rot, schmal

60 Enkele bijvoeglijke naamwoorden hebben **onregelmatige vormen**:

groß ⟶ größer ⟶ größt / gut ⟶ besser ⟶ best / hoch ⟶ höher ⟶ höchst / nah ⟶ näher ⟶ nächst / viel ⟶ mehr ⟶ meist / wenig ⟶ weniger ⟶ wenigst en *wenig ⟶ minder ⟶ mindest*

61 Het bijvoeglijk naamwoord *hoch* verandert in verbogen vormen en in de vergrotende trap in *hoh-:*

das Gebäude ist hoch - ein hohes Gebäude - ein höheres Gebäude

62 Het Nederlandse *dan* na een vergrotende trap wordt in het Duits weergegeven door *als:*

hij is groter dan ik - *er ist größer als ich*

63 Als de overtreffende trap betrekking heeft op een **werkwoord**, gebruikt men *am* + overtreffende trap + *en*:

Die Preise sind im Sommer am niedrigsten.
Sie schreit am lautesten.

64 **Het bijwoord**

Bijwoorden zijn onveranderlijk, ze worden niet verbogen:
das Kind da - ich komme gern - eine sehr gute Antwort

65 Van de volgende bijwoorden komen trappen van vergelijking voor:
oft ⟶ *öfter* ⟶ *am öftesten*
bald ⟶ *eher* ⟶ *am ehesten*
gern(e) ⟶ *lieber* ⟶ *am liebsten*
sehr ⟶ *mehr* ⟶ *am meisten*
wohl ⟶ *besser* ⟶ *am besten*

Het lidwoord

en de woorden die als het lidwoord verbogen worden
Bepaald lidwoord (*der, die, das, die*) en onbepaald lidwoord (*ein, eine, ein*) begeleiden een zelfstandig naamwoord, waarmee ze in geslacht, getal en naamval overeenkomen.

66 **Verbuiging van het bepaald lidwoord**

	mannelijk	vrouwelijk	onzijdig	meervoud
1	*der Mann*	*die Frau*	*das Kind*	*die Leute*
2	*des Mann(e)s*	*der Frau*	*des Kind(e)s*	*der Leute*
3	*dem Mann(e)*	*der Frau*	*dem Kind(e)*	*den Leuten*
4	*den Mann*	*die Frau*	*das Kind*	*die Leute*

67 **Verbuiging van het onbepaald lidwoord**

	mannelijk	vrouwelijk	onzijdig	meervoud
1	*ein Mann*	*eine Frau*	*ein Kind*	*ein* komt
2	*eines Mann(e)s*	*einer Frau*	*eines Kind(e)s*	in het
3	*einem Mann(e)*	*einer Frau*	*einem Kind(e*	meervoud
4	*einen Mann*	*eine Frau*	*ein Kind*	niet voor

68 Zoals het bepaald lidwoord *der* worden ook verbogen:
dieser, jener, jeder, mancher, solcher, welcher, aller, sämtlicher, beide:

	mannelijk	vrouwelijk	onzijdig	meervoud
1	*dieser Mann*	*diese Frau*	*dieses Kind*	*diese Leute*
2	*dieses Mann(e)s*	*dieser Frau*	*dieses Kind(e)s*	*dieser Leute*
3	*diesem Mann(e)*	*dieser Frau*	*diesem Kind(e)*	*diesen Leuten*
4	*diesen Mann*	*diese Frau*	*dieses Kind*	*diese Leute*

69 Zoals het onbepaald lidwoord *ein* worden ook verbogen:
kein, mein, dein, sein, unser, euer, ihr, Ihr:

	mannelijk	vrouwelijk	onzijdig	meervoud
1	*kein Mann*	*keine Frau*	*kein Kind*	*keine Leute*
2	*keines Mann(e)s*	*keiner Frau*	*keines Kind(e)s*	*keiner Leute*
3	*keinem Mann(e)*	*keiner Frau*	*keinem Kind(e)*	*keinen Leuten*
4	*keinen Mann*	*keine Frau*	*kein Kind*	*keine Leute*

70 **Het telwoord**

Hoofdtelwoorden zijn onveranderlijk.
null, ein(s), zwei, drei, vier, fünf, sechs, sieben, acht, neun, zehn, elf, zwölf, dreizehn, vierzehn, fünfzehn, sechzehn, siebzehn, achtzehn, neunzehn, zwanzig, dreißig, vierzig, fünfzig, sechzig, siebzig, achtzig, neunzig, hundert, hundert(und)eins, hundert(und)zwei, zweihundert, dreihundert, tausend, siebentausendachthundertsiebenunddreißig

71 *Die Million, die Milliarde, die Billion* enz. zijn vrouwelijke zelfstandige naamwoorden.

72 *Eins* wordt gebruikt:
als het alleen staat:
eins und zwei ist drei
na hundert, tausend enz.:
hundert(und)eins

73 Het onveranderlijke *ein* wordt gebruikt:
in samenstellingen als:
einundzwanzig - einunddreißig - einhundert
als teller van breuken:
ein Viertel - ein Achtel
voor het woord *Uhr:*
kurz nach ein Uhr
in *ein paar* en *ein wenig:*
mit ein paar Cent - mit ein wenig Mühe

74 De **rangtelwoorden** van 1 tot en met 19 worden gevormd door achter het hoofdtelwoord een *-t* te plaatsen:
zweit - viert - fünft - neunzehnt
Vanaf 20 worden de rangtelwoorden gevormd door achter het hoofdtelwoord *-st* te plaatsen:
zwanzigst - einundzwanzigst - hundertst - fünftausendst
De rangtelwoorden worden als bijvoeglijke naamwoorden gebruikt en verbogen:
der zweite Schüler - die vierte Frage - das fünfte Kind - mein zwanzigstes Buch
Bij de hoofdtelwoorden *eins - drei - sieben* en *acht* horen de onregelmatig gevormde rangtelwoorden *erste - dritte - siebte* en *achte.*
Als rangtelwoorden in **cijfers** worden weergegeven staat er achter het cijfer een punt:
Wir haben heute den 4. Mai (den vierten Mai).

75 **Breuken** zijn onzijdige zelfstandige naamwoorden en worden dus met een hoofdletter geschreven:
ein Drittel - zwei Viertel - sechs Neuntel
De teller van een breuk wordt weergegeven door het hoofdtelwoord. De noemer van een breuk wordt gevormd door het rangtelwoord + *el:*
drei Viertel - sechs Neuntel

Het voornaamwoord

Voornaamwoorden zijn verbuigbare woorden. Een voornaamwoord begeleidt het zelfstandig naamwoord of staat hiervoor in de plaats.

76 **Het aanwijzend voornaamwoord**
De belangrijkste aanwijzende voornaamwoorden zijn:
der, dieser, jener en solcher

77 *Der, dieser, jener* en *solcher* worden verbogen als het bepaald lidwoord *der* (▸ 66).

78 **Het betrekkelijk voornaamwoord**

Het belangrijkste betrekkelijk voornaamwoord is *der*.
Der heeft altijd betrekking op een antecedent. Dit is een woord of een woordgroep in de zin waarvan de betrokken bijzin afhankelijk is. Het antecedent bepaalt het geslacht en het getal (enkelvoud of meervoud) van het betrekkelijk voornaamwoord. De naamval van het betrekkelijk voornaamwoord hangt af van de functie (onderwerp, lijdend voorwerp enz.) die het in de afhankelijke zin vervult:

Der Mann, den ich gerade grüßte, ist mein Nachbar.
Die Leute, denen ich das Paket brachte, kannte ich nicht.

79 Het betrekkelijk voornaamwoord *der* wordt als volgt verbogen:

	mannelijk	vrouwelijk	onzijdig	meervoud
1	*der*	*die*	*das*	*die*
2	*dessen*	*deren*	*dessen*	*deren*
3	*dem*	*der*	*dem*	*denen*
4	*den*	*die*	*das*	*die*

80 **Het bezittelijk voornaamwoord**

De bezittelijke voornaamwoorden zijn:

mein (mijn), *dein* (jouw), *sein* (zijn), *ihr* (haar), *unser* (ons, onze), *euer* (jullie), *ihr* (hun, haar), *Ihr* (uw).

▸ Voor de verbuiging zie 69.

81 **Het persoonlijk voornaamwoord**

De persoonlijke voornaamwoorden zijn:

ich (ik), *du* (jij), *er* (hij), *sie* (zij), *es* (het), *wir* (wij), *ihr* (jullie), *sie* (zij), *Sie* (u, de beleefdheidsvorm voor enkelvoud en meervoud). De verbuiging is als volgt:

82 Enkelvoud

	1e persoon	2e persoon vertrouwelijk	2e persoon beleefd	3e persoon mnl.	3e persoon vrl.	3e persoon onz.
1	*ich*	*du*	*Sie*	*er*	*sie*	*es*
2	*meiner*	*deiner*	*Ihrer*	*seiner*	*ihrer*	*seiner*
3	*mir*	*dir*	*Ihnen*	*ihm*	*ihr*	*ihm*
4	*mich*	*dich*	*Sie*	*ihn*	*sie*	*es*

Meervoud

	1e persoon	2e persoon vertrouwelijk	2e persoon beleefd	3e persoon
1	*wir*	*ihr*	*Sie*	*sie*
2	*unser*	*euer*	*Ihrer*	*ihrer*
3	*uns*	*euch*	*Ihnen*	*ihnen*
4	*uns*	*euch*	*Sie*	*sie*

83 De beleefdheidsvorm *Sie* en het bijbehorende bezittelijke voornaamwoord *Ihr* en de daarvan afgeleide vormen schrijft men altijd met een hoofdletter.

84 **Het vragend voornaamwoord**

De vragende voornaamwoorden zijn:

wer (wie), *was* (wat), *welcher* (welk(e)), *was für* (wat voor) *en was für ein* (wat voor een).

85 *Wer* wordt als volgt verbogen:

1 *wer*
2 *wessen*
3 *wem*
4 *wen*

Wer vraagt naar personen en heeft geen aparte vormen voor enkelvoud en meervoud en voor de verschillende geslachten:
Wer ist dieser Junge? - Wer ist diese Frau? - Wer ist dieses Mädchen? - Wer sind diese Leute?

86 *Was* wordt als volgt verbogen:

1 *was*
2 *wessen*
3 -
4 *was*

De 3e naamval ontbreekt. Deze wordt bij werkwoorden met de 3e naamval, bijvoorbeeld *verdanken*, omschreven met constructies als:
welchem Umstand - welcher Tatsache - welchem Glück:
Welchem Umstand (welcher Tatsache / welchem Glück) verdanke ich diese Belohnung?

87 *Welcher* wordt verbogen als *dieser* (▶ 68).

88 **Het wederkerend voornaamwoord**
Het wederkerend voornaamwoord slaat meestal terug op het onderwerp (*a*), soms op het (meewerkend of lijdend) voorwerp (*b*) van de zin:
a *Er wäscht sich.*
b *Ich bitte Sie, sich zu gedulden.*
Het wederkerend voornaamwoord komt bijna alleen maar in de 3e of de 4e naamval voor:
Ich hatte mir (3e naamval) *das anders vorgestellt.*
Ich habe mich (4e naamval) *nicht geirrt.*

De vormen van het enkelvoud

	1e persoon	2e persoon vertrouwelijk	2e persoon beleefd	3e persoon mnl.	3e persoon vrl.	3e persoon onz.
1	*mir*	*dir*	*sich*	*sich*	*sich*	*sich*
2	*mich*	*dich*	*sich*	*sich*	*sich*	*sich*

De vormen van het meervoud

	1e persoon	2e persoon vertrouwelijk	2e persoon beleefd	3e persoon mnl.
3	*uns*	*euch*	*sich*	*sich*
4	*uns*	*euch*	*sich*	*sich*

De vorm *sich* wordt altijd met een kleine letter geschreven.

89 **Het voorzetsel**

De meeste voorzetsels regeren een bepaalde naamval, dat wil zeggen dat het van het voorzetsel afhankelijke woord in een bepaalde naamval staat. In het woordenboek staat achter elk voorzetsel de naamval vermeld.

90 **Voorzetsels met de tweede naamval**
De tweede naamval regeren o.a.:
abseits, abzüglich, angesichts, anhand, anlässlich, anstatt, aufgrund (ook: *auf Grund), ausschließlich, außerhalb, betreffs, bezüglich, diesseits, einschließlich, exklusive, halber, hinsichtlich, infolge, inklusive, inmitten, innerhalb, jenseits, kraft, laut, mangels, oberhalb, seitens, statt, trotz, um ... willen, unterhalb, unweit, vermöge, während, wegen, zugunsten* (ook: *zu Gunsten), zuzüglich, zwecks*

91 In plaats van de 2e naamval wordt na bovengenoemde voorzetsels de 3e naamval gebruikt:
- als het voorzetsel gevolgd wordt door een zelfstandig naamwoord in het meervoud en de 2e naamval niet via de uitgangen van het begeleidende woord zichtbaar gemaakt kan worden.

Vergelijk:
innerhalb weniger Monate[2] - *innerhalb zweier Monat*[2] - *innerhalb vier Monate***n**[3]
- als het voorzetsel betrekking heeft op een persoonlijk voornaamwoord:
Wegen ihr tue ich es nicht.

92 **Voorzetsels met de derde naamval**
De belangrijkste voorzetsels met de 3e naamval zijn:
ab, aus, außer, bei, binnen, dank, entgegen, entsprechend, gegenüber, gemäß, mit, nach, nächst, nebst, samt, seit, von, zu, zuwider.

93 *Bei, von, zu* worden meestal met *dem* samengetrokken tot:
beim, vom, zum
Zu wordt ook met *der* samengetrokken tot *zur.*

94 *Entgegen, gegenüber, gemäß, zuwider* staan meestal achter het woord waarop ze betrekking hebben:
meinem Wunsch gemäß

95 **Voorzetsels met de vierde naamval**
De belangrijkste voorzetsels met de 4e naamval zijn:
bis, durch, entlang, für, gegen, ohne, per, pro, um, wider

96 *Durch, für* en *um* kunnen met *das* worden samengetrokken tot: *durchs, fürs, ums*

97 Als *entlang* achter het zelfstandig naamwoord staat, regeert het de 4e naamval; als het ervóór staat, regeert het de 3e naamval:
den Wald entlang - entlang dem Wald
daarnaast:
am Wald entlang

98 **Voorzetsels met de derde of de vierde naamval**
De voorzetsels
an, auf, hinter, in, neben, über, unter, vor, zwischen
regeren de 3e of de 4e naamval.
Als ze een **plaats** aanduiden regeren ze:
- de 3e naamval bij een rust of bij een beweging in een beperkte ruimte:
Er sitzt auf einem Stuhl - sie ging im Zimmer auf und ab.
- de 4e naamval bij een verandering van plaats of een beweging gericht op een doel:
Sie setzte sich auf den Stuhl - er trat ins Zimmer.

99 Ook als het voorzetsel niet letterlijk maar figuurlijk wordt gebruikt, gelden deze regels.
Letterlijk:
Der Nebel liegt über der Stadt.
Wir legen das Buch auf den Tisch.
Figuurlijk:
Der Preis liegt über dem üblichen Niveau.
Wir legen Wert auf Ihre Mitarbeit.

100 Als ze **geen plaats** aanduiden, wordt na *auf* en *über* de 2e naamval gebruikt:
Auf welche Weise hast du das erfahren?
Sie freute sich über seine Antwort.
Na andere voorzetsels staat in dit geval de 3e naamval:
In einer Stunde bin ich wieder da.

101 *An, auf, hinter, in, neben, über, unter, vor, zwischen,* voorafgegaan door *bis*, regeren de 4e naamval:
Er fuhr bis in (bis hinter, bis vor) die Garage.
Maar *bis vor* in een tijdsbepaling heeft de 3e naamval:
Bis vor einer Woche war sie krank.

102 Als er van een werkwoord **samengestelde en niet-samengestelde vormen** naast elkaar voorkomen, dan hebben de niet-samengestelde werkwoorden vaak de 4e en de samengestelde werkwoorden de 3e naamval:
Wir kommen in die Stadt.
Wir kommen in der Stadt an.
Wir kommen in der Stadt zusammen.

103 Ook bij de voorzetsels met de 3e of de 4e naamval vinden samentrekkingen met het bepaald lidwoord plaats:
An en *in* worden met *dem* samengetrokken tot *am* en *im.*
An, in en *auf* worden met *das* samengetrokken tot *ans, ins* en *aufs.*

104 **Het werkwoord**

De onregelmatige werkwoorden *haben, sein* en *werden*

105 onbep. wijs: *haben* (hebben)

o.t.t.	o.v.t.	volt. deelw.
ich habe	*hatte*	*gehabt*
du hast	*hattest*	
er hat	*hatte*	
wir haben	*hatten*	
ihr habt	*hattet*	
sie/Sie haben	*hatten*	
gebiedende wijs	enkelv.	*hab(e)*
	meerv.	*habt*
beleefdheidsvorm		*haben Sie*

106 onbep. wijs: *sein* (zijn)

o.t.t.	o.v.t.	volt. deelw.
ich bin	*war*	*gewesen*
du bist	*warst*	
er ist	*war*	
wir sind	*waren*	
ihr seid	*wart*	
sie/Sie sind	*waren*	
gebiedende wijs	enkelv.	*sei*
	meerv.	*seid*
beleefdheidsvorm		*seien Sie*

107 onbep. wijs: *werden* (zullen)

o.t.t.	o.v.t.	volt. deelw.
ich werde	*würde*	ontbreekt
du wirst	*würdest*	
er wird	*würde*	
wir werden	*würden*	
ihr werdet	*würdet*	
sie/Sie werden	*würden*	

onbep. wijs: *werden* (worden)

o.t.t.	o.v.t.	volt. deelw.
ich werde	*wurde*	1 *geworden*
du wirst	*wurdest*	2 *worden*
er wird	*wurde*	
wir werden	*wurden*	
ihr werdet	*wurdet*	
sie/Sie werden	*wurden*	

gebiedende wijs	enkelv.	*werd(e)*
	meerv.	*werdet*
beleefdheidsvorm		*werden Sie*

108 *Werden* heeft twee voltooide deelwoorden: *geworden* en *worden.*
Geworden wordt gebruikt als *werden* koppelwerkwoord is:
Er ist Arzt geworden - sie sind glücklich geworden
Worden wordt gebruikt als *werden* hulpwerkwoord van de lijdende vorm is:
Er ist von einem Hund gebissen worden.

109 Het gebruik van *haben* en *sein* bij het vormen van een voltooide tijd komt in het Nederlands en het Duits over het algemeen overeen.

110
- Afwijkend van het Nederlands gebruikt men *haben* o.a. bij:
  anfangen, beginnen, fortfahren, abnehmen, nachlassen, zunehmen, aufhören, enden, endigen, gefallen, heiraten, promovieren, vereinbaren:
  Wer hat angefangen?
  Wann habt ihr geheiratet?
- *Sein* wordt o.a. gebruikt bij:
  begegnen (ontmoeten), *eingehen, folgen:*
  Wir sind ihm gestern begegnet.

111 De hulpwerkwoorden
Dürfen, können, mögen, müssen, sollen, wollen en het werkwoord *wissen.*

onbep. wijs						
dürfen	*können*	*mögen*	*müssen*	*sollen*	*wollen*	*wissen*
o.t.t.						
ich darf	*kann*	*mag*	*muss*	*soll*	*will*	*weiß*
du darfst	*kannst*	*magst*	*musst*	*sollst*	*willst*	*weißt*
er darf	*kann*	*mag*	*muss*	*soll*	*will*	*weiß*
wir dürfen	*können*	*mögen*	*müssen*	*sollen*	*wollen*	*wissen*
ihr dürft	*könnt*	*mögt*	*müsst*	*sollt*	*wollt*	*wisst*
sie/Sie dürfen	*können*	*mögen*	*müssen*	*sollen*	*wollen*	*wissen*

o.v.t.

ich durfte	*konnte*	*mochte*	*musste*	*sollte*	*wollte*	*wusste*
du durftest	*konntest*	*mochtest*	*musstest*	*solltest*	*wolltest*	*wusstest*
er durfte	*konnte*	*mochte*	*musste*	*sollte*	*wollte*	*wusste*
wir durften	*konnten*	*mochten*	*mussten*	*sollten*	*wollten*	*wussten*
ihr durftet	*konntet*	*mochtet*	*musstet*	*solltet*	*wolltet*	*wusstet*
sie/Sie durften	*konnten*	*mochten*	*mussten*	*sollten*	*wollten*	*wussten*

volt. deelw.:

gedurft	*gekonnt*	*gemocht*	*gemusst*	*gesollt*	*gewollt*	*gewusst*

gebiedende wijs	enkelv.	*wisse*
	meerv.	*wisst*
beleefdheidsvorm		*wissen Sie*

112 De zwakke werkwoorden

I	II	III
Normale vervoeging	Stam op sisklank	Stam op *-d* of *-t*
onbep. wijs		
mach-en	*reis-en*	*meld-en*
o.t.t.		
ich mach-e	*reis-e*	*meld-e*
du mach-st	*reis-t*	*meld-est*
er mach-t	*reis-t*	*meld-et*
wir mach-en	*reis-en*	*meld-en*
ihr mach-t	*reis-t*	*meld-et*
sie/Sie mach-en	*reis-en*	*meld-en*
o.v.t.		
ich mach-te	*reis-te*	*meld-ete*
du mach-test	*reis-test*	*meld-etest*
er mach-te	*reis-te*	*meld-ete*
wir mach-ten	*reis-ten*	*meld-eten*
ihr mach-tet	*reis-tet*	*meld-etet*
sie/Sie mach-ten	*reis-ten*	*meld-eten*
volt. deelw.		
ge-mach-t	*ge-reis-t*	*ge-meld-et*
gebiedende wijs enkelv.		
mach-(e)	*reis-(e)*	*meld-e*
gebiedende wijs meerv.		
mach-t	*reis-t*	*meld-et*
beleefdheidsvorm		
mach-en Sie	*reis-en Sie*	*meld-en Sie*

113 **Kolom I**: deze vervoeging is de meest gangbare. Alle werkwoorden die niet volgens een van de andere kolommen vervoegd worden, hebben de onder I vermelde uitgangen. Deze uitgangen worden geplaatst achter de stam. De stam is de onbepaalde wijs van het werkwoord met weglating van *-en:*

machen, stam: *mach*

Bij werkwoorden op *-eln* of *-ern* wordt de stam gevormd door *-n* weg te laten:

wandeln, stam: *wandel*
zittern, stam: *zitter*

Kolom II: volgens deze kolom worden de werkwoorden vervoegd waarvan de stam op een van de sisklanken *-s, -ss, -ß, -x* of *-z* eindigt.

Kolom III: volgens deze kolom worden de werkwoorden vervoegd:
- waarvan de stam eindigt op een *-d* of een *-t;*
- waarvan de stam eindigt op een *-m* of een *-n* met voorafgaande medeklinker, mits dit geen *h, m, n, r* of *l* is:
  du atmest - du rechnest - er leugnet, maar: *du rühmst - du brummst*

114 • De volgende zwakke werkwoorden hebben in de onvoltooid verleden tijd en in het voltooid deelwoord klinkerverandering:

onbep. wijs	o.v.t.	volt. deelw.
brennen	*brannte*	*gebrannt*
kennen	*kannte*	*gekannt*
nennen	*nannte*	*genannt*
rennen	*rannte*	*gerannt*
senden	*sandte/sendete*	*gesandt/gesendet*
wenden	*wandte/wendete*	*gewandt/gewendet*
bringen	*brachte*	*gebracht*
denken	*dachte*	*gedacht*

115 **De sterke werkwoorden**

I	II	III	IV	V	
Normale vervoeging	Stam op sisklank (*-s, ss, ß,* of *-z*)	Stam op *-d* of *-t*	Stamklinker *a* (*Umlaut*)	Stamklinker *e* (*e-i Wechsel*)	
				Kort	Lang
onbep. wijs					
komm-en	*weis-en*	*find-en*	*fall-en*	*treff-en*	*stehl-en*
o.t.t.					
ich komm-e	*weis-e*	*find-e*	*fall-e*	*treff-e*	*stehl-e*
du komm-st	*weis-t* (zelden: *weis-est)*	*find-est*	*fäll-st*	*triff-st*	*stiehl-st*
er komm-t	*weis-t*	*find-et*	*fäll-t*	*triff-t*	*stiehl-t*
wir komm-en	*weis-en*	*find-en*	*fall-en*	*treff-en*	*stehl-en*
ihr komm-t	*weis-t*	*find-et*	*fall-t*	*treff-t*	*stehl-t*
sie/Sie komm-en	*weis-en*	*find-en*	*fall-en*	*treff-en*	*stehl-en*
o.v.t.					
ich kam	*wies*	*fand*	*fiel*	*traf*	*stahl*
du kam-st	*wies-est* (zelden: *wies-t)*	*fand-(e)st*	*fiel-st*	*traf-st*	*stahl-st*
er kam	*wies*	*fand*	*fiel*	*traf*	*stahl*
wir kam-en	*wies-en*	*fand-en*	*fiel-en*	*traf-en*	*stahl-en*
ihr kam-t	*wies-t*	*fand-et*	*fiel-t*	*traf-t*	*stahl-t*
sie/Sie kam-en	*wies-en*	*fand-en*	*fiel-en*	*traf-en*	*stahl-en*
volt. deelw.					
ge-komm-en	*ge-wies-en*	*ge-fund-en*	*ge-fall-en*	*ge-troff-en*	*ge-stohl-en*
geb. wijs enkelv.					
komm-(e)	*weis-(e)*	*find-(e)*	*fall-(e)*	*triff*	*stiehl*
geb. wijs meerv.					
komm-t	*weis-t*	*find-et*	*fall-t*	*treff-t*	*stehl-t*
beleefdheidsvorm					
komm-en Sie	*weis-en Sie*	*find-en Sie*	*fall-en Sie*	*treff-en Sie*	*stehl-en Sie*

116 Werkwoorden die een lijdend voorwerp bij zich kunnen hebben, worden **transitieve** of **overgankelijke werkwoorden** genoemd:

Wir trinken Wasser.

Werkwoorden die geen lijdend voorwerp bij zich kunnen hebben, worden **intransitieve** of **onovergankelijke werkwoorden** genoemd:

Sie spazieren.

117 **De Konjunktiv**

Evenals in het Nederlands komen ook in het Duits vormen van de aanvoegende wijs voor. De aanvoegende wijs heet in het Duits Konjunktiv. Om een vervulbare wens of een raad uit te drukken gebruikt men vormen van de Konjunktiv I:

Er lebe hoch! - Lang zal hij leven!
Man nehme drei Eier. - Men neme drie eieren.
Man sei auf der Hut. - Men zij op zijn hoede.

118 De Konjunktiv II wordt onder andere gebruikt:

- bij een onvervulbare wens:
  Wäre er nur geblieben. - Was hij maar gebleven.
- bij een niet-werkelijkheid
  Wenn du hier gewesen wärest, hätte ich das mit dir besprechen können. - Als jij hier geweest was, had ik dat met jou kunnen bespreken.

119 Ook in de indirecte rede wordt in het Duits vaak de Konjunktiv gebruikt:

Er erzählte, dass er einige Verwandte in Österreich habe. - Hij vertelde dat hij enige familieleden in Oostenrijk had.

120 De vormen van de Konjunktiv

De Konjunktiv I (= o.t.t. van de Konjunktiv) wordt bij alle werkwoorden (met uitzondering van *sein* (▶ 262) op dezelfde wijze gevormd, namelijk door achter de stam van het werkwoord de volgende uitgangen te plaatsen:

ich [stam]	*-e*
du	*-est*
er	*-e*
wir	*-en*
ihr	*-et*
sie / Sie	*-en*

De vormen van de Konjunktiv II (= o.v.t. van de Konjunktiv) zijn bij zwakke werkwoorden gelijk aan die van de normale o.v.t. De uitgangen van de Konjunktiv II bij sterke en onregelmatige werkwoorden zijn gelijk aan de uitgangen van de Konjunktiv I.

Voor de vormen van de Konjunktiv II bij deze werkwoorden, zie de kolom Konjunktiv II in de lijst van sterke en onregelmatige werkwoorden.

Lijst van sterke en onregelmatige werkwoorden

	Onbepaalde wijs	Onvoltooid tegenwoordige tijd 1e, 2e, 3e persoon enkelvoud	Onvoltooid verleden tijd 1e en eventueel 2e persoon enkelvoud
121	*backen*	*backe, bäckst, bäckt*	*buk, backte*
122	*befehlen*	*befehle, befiehlst, befiehlt*	*befahl*
123	*befleißen*	*befleiß/e, -(es)t, -t*	*befliss, beflissest/beflisst*
124	*beginnen*	*beginn/e, -st, -t*	*begann*
125	*beißen*	*beiß/e, -(es)t, -t*	*biss, bissest/bisst*
126	*bergen*	*berge, birgst, birgt*	*barg*
127	*bersten*	*berste, birst, birst*	*barst*
128	*bewegen*	*beweg/e, -st, -t*	*bewegte (bewog)*
	bewegen is sterk in de betekenis 'ertoe brengen'		
129	*biegen*	*bieg/e, -st, -t*	*bog*
130	*bieten*	*biet/e, -est, -et*	*bot, -(e)st*
131	*binden*	*bind/e, -est, -et*	*band, -(e)st*
132	*bitten*	*bitt/e, -est, -et*	*bat, -(e)st*
133	*blasen*	*blase, bläst, bläst*	*blies, -(es)t*
134	*bleiben*	*bleib/e, -st, -t*	*blieb*
135	*bleichen*	*bleich/e, -st, -t*	*bleichte (blich)*
	de sterke vormen van *bleichen* zijn tamelijk verouderd		
136	*braten*	*brate, brätst, brät*	*briet, -(e)st*
137	*brechen*	*breche, brichst, bricht*	*brach*
138	*brennen*	*brenn/e, -st, -t*	*brannte*
139	*bringen*	*bring/e, -st, -t*	*brachte*
140	*denken*	*denk/e, -st, -t*	*dachte*
141	*dingen*	*ding/e, -st, -t*	*dang (dingte)*
142	*dreschen*	*dresche, drischst, drischt*	*drosch, -(e)st*
143	*dringen*	*dring/e, -st, -t*	*drang*
144	*dünken*	*mich dünkt (deucht)*	*dünkte (deuchte)*
145	*dürfen*	*darf, -st, -; dürfen*	*durfte*
146	*empfangen*	*empfange, empfängst, empfängt*	*empfing*
147	*empfehlen*	*emp/fehle, -fiehlst, -fiehlt*	*empfahl*
148	*erbleichen*	*erbleich/e, -st, -t*	*erbleichte (erblich)*
149	*erkiesen*	*erkies/e, -(es)t, -t*	*erkor (erkieste)*
150	*erlöschen*	*erlösche, erlischst, erlischt*	*erlosch, -(e)st*
151	*erschrecken*	*erschrecke, erschrickst, erschrickt*	*erschrak*
	het transitieve *erschrecken* is zwak		
152	*essen*	*esse, isst, isst*	*aß, -(es)t*
153	*fahren*	*fahre, fährst, fährt*	*fuhr*
154	*fallen*	*falle, fällst, fällt*	*fiel*
155	*fangen*	*fange, fängst, fängt*	*fing*
156	*fechten*	*fechte, fichtst, ficht*	*focht, -(e)st*
157	*finden*	*find/e, -est, -et*	*fand, -(e)st*
158	*flechten*	*flechte, flichtst, flicht*	*flocht, -(e)st*
159	*fliegen*	*flieg/e, -st, -t*	*flog*
160	*fliehen*	*flieh/e, -st, -t*	*floh*
161	*fließen*	*fließ/e, -(es)t, -t*	*floss, flossest/flosst*
162	*fressen*	*fresse, frisst, frisst*	*fraß, -(e)st*
163	*frieren*	*frier/e, -st, -t*	*fror*
164	*gären*	*gär/e, -st, -t*	*gor (gärte)*
	gären is zwak in overdrachtelijke betekenis		
165	*gebären*	*gebäre, gebärst (gebierst), gebärt (gebiert)*	*gebar*
166	*geben*	*gebe, gibst, gibt*	*gab*
167	*gedeihen*	*gedeih/e, -st, -t*	*gedieh*
168	*gehen*	*geh/e, -st, -t*	*ging*
169	*gelingen*	*es gelingt*	*es gelang*
170	*gelten*	*gelte, giltst, gilt*	*galt, -(e)st*

Konjunktiv II 1e persoon enkelvoud	Gebiedende wijs enkelvoud	Voltooid deelwoord	
büke, backte	*back(e)*	*gebacken*	121
beföhle (befähle)	*befiehl*	*befohlen*	122
beflisse	*befleiß(e)*	*beflissen*	123
begönne (begänne)	*beginn(e)*	*begonnen*	124
bisse	*beiß(e)*	*gebissen*	125
bürge (bärge)	*birg*	*geborgen*	126
börste (bärste)	*birst*	*geborsten*	127
bewegte (bewöge)	*beweg(e)*	*bewegt (bewogen)*	128
böge	*bieg(e)*	*gebogen*	129
böte	*biet(e)*	*geboten*	130
bände	*bind(e)*	*gebunden*	131
bäte	*bitte*	*gebeten*	132
bliese	*blas(e)*	*geblasen*	133
bliebe	*bleib(e)*	*geblieben*	134
bleichte (bliche)	*bleich(e)*	*gebleicht (geblichen)*	135
briete	*brat(e)*	*gebraten*	136
bräche	*brich*	*gebrochen*	137
brennte	*brenn(e)*	*gebrannt*	138
brächte	*bring(e)*	*gebracht*	139
dächte	*denk(e)*	*gedacht*	140
dingte (dünge, dänge)	*ding(e)*	*gedungen (gedingt)*	141
drösche	*drisch*	*gedroschen*	142
dränge	*dring(e)*	*gedrungen*	143
dünkte (deuchte)	-	*gedünkt (gedeucht)*	144
dürfte	-	*gedurft*	145
empfinge	*empfang(e)*	*empfangen*	146
empföhle (empfähle)	*empfiehl*	*empfohlen*	147
erbleichte (erbliche)	*erbleich(e)*	*erbleicht (erblichen)*	148
erköre (erkieste)	*erkies(e)*	*erkoren*	149
erlösche	*erlisch*	*erloschen*	150
erschräke	*erschrick*	*erschrocken*	151
äße	*iss*	*gegessen*	152
führe	*fahr(e)*	*gefahren*	153
fiele	*fall(e)*	*gefallen*	154
finge	*fang(e)*	*gefangen*	155
föchte	*ficht*	*gefochten*	156
fände	*find(e)*	*gefunden*	157
flöchte	*flicht*	*geflochten*	158
flöge	*flieg(e)*	*geflogen*	159
flöhe	*flieh(e)*	*geflohen*	160
flösse	*fließ(e)*	*geflossen*	161
fräße	*friss*	*gefressen*	162
fröre	*frier(e)*	*gefroren*	163
göre (gärte)	*gär(e)*	*gegoren (gegärt)*	164
gebäre	*gebäre, gebier*	*geboren*	165
gäbe	*gib*	*gegeben*	166
gediehe	*gedeih(e)*	*gediehen*	167
ginge	*geh(e)*	*gegangen*	168
es gelänge	-	*gelungen*	169
gölte (gälte)	*gilt*	*gegolten*	170

	Onbepaalde wijs	Onvoltooid tegenwoordige tijd 1e, 2e, 3e persoon enkelvoud	Onvoltooid verleden tijd 1e en eventueel 2e persoon enkelvoud
171	*genesen*	*genes/e, -(es)t, -t*	*genas, -(es)t*
172	*genießen*	*genieß/e, -(es)t, -t*	*genoss, genossest/genosst*
173	*geschehen*	*es geschieht*	*es geschah*
174	*gewinnen*	*gewinn/e, -st, -t*	*gewann*
175	*gießen*	*gieß/e, -(es)t, -t*	*goss, gossest/gosst*
176	*gleichen*	*gleich/e, -st, -t*	*glich*
177	*gleißen*	*gleiß/e, -(es)t, -t*	*gleißte (gliss), glissest/glisst*
178	*gleiten*	*gleit/e, -est, -et*	*glitt, -(e)st*
179	*glimmen*	*glimm/e, -st, -t*	*glomm (glimmte)*
	de sterke vormen overheersen in overdrachtelijke betekenis		
180	*graben*	*grabe, gräbst, gräbt*	*grub*
181	*greifen*	*greif/e, -st, -t*	*griff*
182	*haben*	*habe, hast, hat*	*hatte*
183	*halten*	*halte, hältst, hält*	*hielt, -(e)st*
184	*hängen*	*häng/e, -st, -t*	*hing*
	het transitieve *hängen* is zwak		
185	*hauen*	*hau/e, -st, -t*	*hieb (haute)*
186	*heben*	*heb/e, -st, -t*	*hob (hub)*
187	*heißen*	*heiß/e, -(es)t, -t*	*hieß, -(es)t*
188	*helfen*	*helfe, hilfst, hilft*	*half*
189	*kennen*	*kenn/e, -st, -t*	*kannte*
190	*klimmen*	*klimm/e, -st, -t*	*klomm*
191	*klingen*	*kling/e, -st, -t*	*klang*
192	*kneifen*	*kneif/e, -st, -t*	*kniff*
193	*kommen*	*komm/e, -st, -t*	*kam*
194	*können*	*kann, -st, -; können*	*konnte*
195	*kriechen*	*kriech/e, -st, -t*	*kroch*
196	*laden*	*lade, lädst, lädt*	*lud, -(e)st*
197	*lassen*	*lasse, lässt, lässt*	*ließ, -(es)t*
198	*laufen*	*laufe, läufst, läuft*	*lief*
199	*leiden*	*leid/e, -est, -et*	*litt, -(e)st*
200	*leihen*	*leih/e, -st, -t*	*lieh*
201	*lesen*	*lese, liest, liest*	*las, -(es)t*
202	*liegen*	*lieg/e, -st, -t*	*lag*
203	*löschen*	*lösche, lischst, lischt*	*losch, -(e)st*
204	*lügen*	*lüg/e, -st, -t*	*log*
205	*mahlen*	*mahl/e, -st, -t*	*mahlte*
206	*meiden*	*meid/e, -est, -et*	*mied, -(e)st*
207	*melken*	*melk/e, -st, -t*	*melkte (molk)*
208	*messen*	*messe, misst, misst*	*maß, -(es)t*
209	*misslingen*	*es misslingt*	*es misslang*
210	*mögen*	*mag, -st, -; mögen*	*mochte*
211	*müssen*	*muss, -t, -; müssen, müsst, müssen*	*musste*
212	*nehmen*	*nehme, nimmst, nimmt*	*nahm*
213	*nennen*	*nenn/e, -st, -t*	*nannte*
214	*pfeifen*	*pfeif/e, -st, -t*	*pfiff*
215	*pflegen*	*pfleg/e, -st, -t*	*pflegte (pflog)*
	pflegen is bijna altijd zwak		
216	*preisen*	*preis/e, -(es)t, -t*	*pries, -(es)t*
217	*quellen*	*quelle, quillst, quillt*	*quoll*
	het transitieve *quellen* is zwak		
218	*raten*	*rate, rätst, rät*	*riet, -(e)st*
219	*reiben*	*reib/e, -st, -t*	*rieb*
220	*reißen*	*reiß/e, -(es)t, -t*	*riss, rissest/risst*
221	*reiten*	*reit/e, -est, -et*	*ritt, -(e)st*
222	*rennen*	*renn/e, -st, -t*	*rannte*
223	*riechen*	*riech/e, -st, -t*	*roch*

Konjunktiv II 1e persoon enkelvoud	Gebiedende wijs enkelvoud	Voltooid deelwoord	
genäse	*genes(e)*	*genesen*	171
genösse	*genieß(e)*	*genossen*	172
es geschähe	-	*geschehen*	173
gewönne (gewänne)	*gewinn(e)*	*gewonnen*	174
gösse	*gieß(e)*	*gegossen*	175
gliche	*gleich(e)*	*geglichen*	176
gleißte (glisse)	*gleiß(e)*	*gegleißt (geglissen)*	177
glitte	*gleit(e)*	*geglitten*	178
glömme (glimmte)	*glimm(e)*	*geglommen (geglimmt)*	179
grübe	*grab(e)*	*gegraben*	180
griffe	*greif(e)*	*gegriffen*	181
hätte	*hab(e)*	*gehabt*	182
hielte	*halt(e)*	*gehalten*	183
hinge	*häng(e)*	*gehangen*	184
hiebe (haute)	*hau(e)*	*gehauen*	185
höbe (hübe)	*heb(e)*	*gehoben*	186
hieße	*heiß(e)*	*geheißen*	187
hülfe (hälfe)	*hilf*	*geholfen*	188
kennte	*kenn(e)*	*gekannt*	189
klömme	*klimm(e)*	*geklommen*	190
klänge	*kling(e)*	*geklungen*	191
kniffe	*kneif(e)*	*gekniffen*	192
käme	*komm(e)*	*gekommen*	193
könnte	-	*gekonnt*	194
kröche	*kriech(e)*	*gekrochen*	195
lüde	*lad(e)*	*geladen*	196
ließe	*lass (lasse)*	*gelassen*	197
liefe	*lauf(e)*	*gelaufen*	198
litte	*leid(e)*	*gelitten*	199
liehe	*leih(e)*	*geliehen*	200
läse	*lies*	*gelesen*	201
läge	*lieg(e)*	*gelegen*	202
lösche	*lisch*	*geloschen*	203
löge	*lüg(e)*	*gelogen*	204
mahlte	*mahl(e)*	*gemahlen*	205
miede	*meid(e)*	*gemieden*	206
melkte (mölke)	*melk(e)*	*gemolken (gemelkt)*	207
mäße	*miss*	*gemessen*	208
es misslänge	-	*misslungen*	209
möchte	-	*gemocht*	210
müsste	-	*gemusst*	211
nähme	*nimm*	*genommen*	212
nennte	*nenn(e)*	*genannt*	213
pfiffe	*pfeif(e)*	*gepfiffen*	214
pflegte (pflöge)	*pfleg(e)*	*gepflegt (gepflogen)*	215
priese	*preis(e)*	*gepriesen*	216
quölle	*quill*	*gequollen*	217
riete	*rat(e)*	*geraten*	218
riebe	*reib(e)*	*gerieben*	219
risse	*reiß(e)*	*gerissen*	220
ritte	*reit(e)*	*geritten*	221
rennte	*renn(e)*	*gerannt*	222
röche	*riech(e)*	*gerochen*	223

	Onbepaalde wijs	Onvoltooid tegenwoordige tijd 1e, 2e, 3e persoon enkelvoud	Onvoltooid verleden tijd 1e en eventueel 2e persoon enkelvoud
224	*ringen*	*ring/e, -st, -t*	*rang*
225	*rinnen*	*rinn/e, -st, -t*	*rann*
226	*rufen*	*ruf/e, -st, -t*	*rief*
227	*salzen*	*salz/e, -(es)t, -t*	*salzte*
228	*saufen*	*saufe, säufst, säuft*	*soff*
229	*saugen*	*saug/e, -st, -t*	*sog (saugte)*
230	*schaffen*	*schaff/e, -st, -t*	*schuf*
	schaffen is zwak in de betekenis 'werken' en 'klaarspelen' en in *anschaffen* en *verschaffen*		
231	*schallen*	*schall/e, -st, -t*	*schallte (scholl)*
232	*scheiden*	*scheid/e, -est, -et*	*schied, -(e)st*
233	*scheinen*	*schein/e, -st, -t*	*schien*
234	*scheißen*	*scheiß/e, -(es)t, -t*	*schiss, schissest/schisst*
235	*schelten*	*schelte, schiltst, schilt*	*schalt, -(e)st*
236	*scheren*	*scher/e, -st, -t*	*schor (scherte)*
	scheren is zelden zwak		
237	*schieben*	*schieb/e, -st, -t*	*schob*
238	*schießen*	*schieß/e, -(es)t, -t*	*schoss, schossest/schosst*
239	*schinden*	*schind/e, -est, -et*	*schindete, (schund, -(e)st)*
240	*schlafen*	*schlafe, schläfst, schläft*	*schlief*
241	*schlagen*	*schlage, schlägst, schlägt*	*schlug*
242	*schleichen*	*schleich/e, -st, -t*	*schlich*
243	*schleifen*	*schleif/e, -st, -t*	*schliff*
	zwak in de betekenis 'slepen', 'sleuren', 'slopen', 'slechten'		
244	*schleißen*	*schleiß/e, -(es)t, -t*	*schliss, schlissest/schlisst*
245	*schließen*	*schließ/e, -(es)t, -t*	*schloss, schlossest/schlosst*
246	*schlingen*	*schling/e, -st, -t*	*schlang*
247	*schmeißen*	*schmeiß/e, -(es)t, -t*	*schmiss, schmissest/schmisst*
248	*schmelzen*	*schmelze, schmilzt, schmilzt*	*schmolz, -(es)t*
249	*schnauben*	*schnaub/e, -st, -t*	*schnob (schnaubte)*
	zwakke vormen in informele taal		
250	*schneiden*	*schneid/e, -est, -et*	*schnitt, -(e)st*
251	*schrecken*	*schrecke, schrickst, schrickt*	*schrak*
	Ook in samengestelde werkwoorden (*zurückschrecken* e.d.) bij intransitief gebruik sterk. Bij transitief gebruik (ook bij samengestelde werkwoorden) zwak.		
252	*schreiben*	*schreib/e, -st, -t*	*schrieb*
253	*schreien*	*schrei/e, -st, -t*	*schrie*
254	*schreiten*	*schreit/e, -est, -e*	*schritt, -(e)st*
255	*schweigen*	*schweig/e, -st, -t*	*schwieg*
256	*schwellen*	*schwelle, schwillst, schwillt*	*schwoll*
	het transitieve *schwellen* is zwak		
257	*schwimmen*	*schwimm/e, -st, -t*	*schwamm*
258	*schwinden*	*schwind/e, -est, -et*	*schwand, -(e)st*
259	*schwingen*	*schwing/e, -st, -t*	*schwang*
260	*schwören*	*schwör/e, -st, -t*	*schwor*
261	*sehen*	*sehe, siehst, sieht*	*sah*
262	*sein*	*bin, bist, ist; sind, seid, sind*	*war*
	Konjunktiv I: *sei, sei(e)st, sei; seien, seiet, seien*		
263	*senden*	*send/e, -est, -et*	*sandte (sendete)*
	zwak in de betekenis 'uitzenden van radio, televisie'		
264	*sieden*	*sied/e, -est, -et*	*sott, -(e)st*
	komt ook zwak voor		
265	*singen*	*sing/e, -st, -t*	*sang*
266	*sinken*	*sink/e, -st, -t*	*sank*
267	*sinnen*	*sinn/e, -st, -t*	*sann*
268	*sitzen*	*sitz/e, -(es)t, -t*	*saß, -(es)t*
269	*sollen*	*soll, -st, -; sollen*	*sollte*
270	*spalten*	*spalt/e, -est, -et*	*spaltete*

Konjunktiv II 1e persoon enkelvoud	Gebiedende wijs enkelvoud	Voltooid deelwoord	
ränge	*ring(e)*	*gerungen*	224
ränne (rönne)	*rinn(e)*	*geronnen*	225
riefe	*ruf(e)*	*gerufen*	226
salzte	*salz(e)*	*gesalzen*	227
söffe	*sauf(e)*	*gesoffen*	228
söge (saugte)	*saug(e)*	*gesogen (gesaugt)*	229
schüfe	*schaff(e)*	*geschaffen*	230
schallte (schölle)	*schall(e)*	*geschallt*	231
schiede	*scheid(e)*	*geschieden*	232
schiene	*schein(e)*	*geschienen*	233
schisse	*scheiß(e)*	*geschissen*	234
schölte	*schilt*	*gescholten*	235
schöre	*scher(e)*	*geschoren*	236
schöbe	*schieb(e)*	*geschoben*	237
schösse	*schieß(e)*	*geschossen*	238
schindete (schünde)	*schind(e)*	*geschunden*	239
schliefe	*schlaf(e)*	*geschlafen*	240
schlüge	*schlag(e)*	*geschlagen*	241
schliche	*schleich(e)*	*geschlichen*	242
schliffe	*schleif(e)*	*geschliffen*	243
schlisse	*schleiß(e)*	*geschlissen*	244
schlösse	*schließ(e)*	*geschlossen*	245
schlänge	*schling(e)*	*geschlungen*	246
schmisse	*schmeiß(e)*	*geschmissen*	247
schmölze	*schmilz*	*geschmolzen*	248
schnöbe (schnaubte)	*schnaub(e)*	*geschnoben*	249
schnitte	*schneid(e)*	*geschnitten*	250
schräke	*schrick*	*geschrocken*	251
schriebe	*schreib(e)*	*geschrieben*	252
schriee	*schrei(e)*	*geschrien*	253
schritte	*schreit(e)*	*geschritten*	254
schwiege	*schweig(e)*	*geschwiegen*	255
schwölle	*schwill*	*geschwollen*	256
schwömme (schwämme)	*schwimm(e)*	*geschwommen*	257
schwände	*schwind(e)*	*geschwunden*	258
schwänge	*schwing(e)*	*geschwungen*	259
schwüre (schwöre)	*schwör(e)*	*geschworen*	260
sähe	*sieh*, bij verwijzing: *siehe*	*gesehen*	261
wäre	*sei; seid*	*gewesen*	262
sendete	*send(e)*	*gesandt, gesendet*	263
sötte	*sied(e)*	*gesotten*	264
sänge	*sing(e)*	*gesungen*	265
sänke	*sink(e)*	*gesunken*	266
sänne (sönne)	*sinn(e)*	*gesonnen*	267
säße	*sitz(e)*	*gesessen*	268
sollte	-	*gesollt*	269
spaltete	*spalt(e)*	*gespalten (gespaltet)*	270

	Onbepaalde wijs	Onvoltooid tegenwoordige tijd 1e, 2e, 3e persoon enkelvoud	Onvoltooid verleden tijd 1e en eventueel 2e persoon enkelvoud
271	*speien*	*spei/e, -st, -t*	*spie*
272	*spinnen*	*spinn/e, -st, -t*	*spann*
273	*spleißen*	*spleiß/e, -(es)t, -t*	*spliss, splissest/splisst*
274	*sprechen*	*spreche, sprichst, spricht*	*sprach*
275	*sprießen*	*sprieß/e, -(es)t, -t*	*spross, sprossest/sprosst*
276	*springen*	*spring/e, -st, -t*	*sprang*
277	*stechen*	*steche, stichst, sticht*	*stach*
278	*stecken*	*steck/e, -st, -t*	*stak*
	het transitieve *stecken* is zwak		
279	*stehen*	*steh/e, -st, -t*	*stand, -(e)st*
280	*stehlen*	*stehle, stiehlst, stiehlt*	*stahl*
281	*steigen*	*steig/e, -st, -t*	*stieg*
282	*sterben*	*sterbe, stirbst, stirbt*	*starb*
283	*stieben*	*stieb/e, -st, -t*	*stob*
284	*stinken*	*stink/e, -st, -t*	*stank*
285	*stoßen*	*stoße, stößt, stößt*	*stieß, -(es)t*
286	*streichen*	*streich/e, -st, -t*	*strich*
287	*streiten*	*streit/e, -est, -et*	*stritt, -(e)st*
288	*tragen*	*trage, trägst, trägt*	*trug*
289	*treffen*	*treffe, triffst, trifft*	*traf*
290	*treiben*	*treib/e, -st, -t*	*trieb*
291	*treten*	*trete, trittst, tritt*	*trat, -(e)st*
292	*triefen*	*trief/e, -st, -t*	*troff (triefte)*
293	*trinken*	*trink/e, -st, -t*	*trank*
294	*trügen*	*trüg/e, -st, -t*	*trog*
295	*tun*	*tu(e), tust, tut; tun*	*tat, -(e)st*
296	*verbleichen*	*verbleich/e, -st, -t*	*verblich*
297	*verderben*	*verderbe, verdirbst, verdirbt*	*verdarb*
298	*verdrießen*	*verdrieß/e, -(es)t, -t*	*verdross, verdrossest/verdrosst*
299	*vergessen*	*vergesse, vergisst, vergisst*	*vergaß, -(es)t*
300	*verlieren*	*verlier/e, -st, -t*	*verlor*
301	*verlöschen*	*verlösche, verlischst, verlischt*	*verlosch, -(e)st*
302	*wachsen*	*wachse, wächst, wächst*	*wuchs, -(es)t*
303	*wägen*	*wäg/e, -st, -t*	*wog (wägte)*
304	*waschen*	*wasche, wäschst, wäscht*	*wusch, -(e)st*
305	*weben*	*web/e, -st, -t*	*webte (wob)*
	overdrachtelijk en plechtig sterk, anders zwak		
306	*weichen*	*weich/e, -st, -t*	*wich*
307	*weisen*	*weis/e, -(es)t, -t*	*wies, -(es)t*
308	*wenden*	*wend/e, -est, -et*	*wandte (wendete)*
	zwak in de betekenis 'keren', 'omkeren', 'omdraaien'		
309	*werben*	*werbe, wirbst, wirbt*	*warb*
310	*werden*	*werde, wirst, wird*	*wurde*, (verouderd) *ward*
311	*werfen*	*werfe, wirfst, wirft*	*warf*
312	*wiegen*	*wieg/e, -st, -t*	*wog*
313	*winden*	*wind/e, -est, -et*	*wand, -(e)st*
314	*wissen*	*weiß, -t, -; wissen, wisst, wissen*	*wusste*
315	*wollen*	*will, -st, -; wollen*	*wollte*
316	*wringen*	*wring/e, -st, -t*	*wrang*
317	*zeihen*	*zeih/e, -st, -t*	*zieh*
318	*ziehen*	*zieh/e, -st, -t*	*zog*
319	*zwingen*	*zwing/e, -st, -t*	*zwang*

320 Werkwoorden op *-ieren* hebben een voltooid deelwoord zonder *ge-*: *kondolieren, kondolierte, kondoliert / gratulieren, gratulierte, gratuliert*

Konjunktiv II 1e persoon enkelvoud	Gebiedende wijs enkelvoud	Voltooid deelwoord	
spiee	*spei(e)*	*gespien*	271
spönne (spänne)	*spinn(e)*	*gesponnen*	272
splisse	*spleiß(e)*	*gesplissen*	273
spräche	*sprich*	*gesprochen*	274
sprösse	*sprieß(e)*	*gesprossen*	275
spränge	*spring(e)*	*gesprungen*	276
stäche	*stich*	*gestochen*	277
stäke	*steck(e)*	*gesteckt*	278
stände (stünde)	*steh(e)*	*gestanden*	279
stöhle (stähle)	*stiehl*	*gestohlen*	280
stiege	*steig(e)*	*gestiegen*	281
stürbe	*stirb*	*gestorben*	282
stöbe	*stieb(e)*	*gestoben*	283
stänke	*stink(e)*	*gestunken*	284
stieße	*stoß(e)*	*gestoßen*	285
striche	*streich(e)*	*gestrichen*	286
stritte	*streit(e)*	*gestritten*	287
trüge	*trag(e)*	*getragen*	288
träfe	*triff*	*getroffen*	289
triebe	*treib(e)*	*getrieben*	290
träte	*tritt*	*getreten*	291
tröffe (triefte)	*trief(e)*	*getroffen (getrieft)*	292
tränke	*trink(e)*	*getrunken*	293
tröge	*trüg(e)*	*getrogen*	294
täte	*tu(e)*	*getan*	295
verbliche	*verbleich(e)*	*verblichen*	296
verdürbe	*verdirb*	*verdorben*	297
verdrösse	*verdrieß(e)*	*verdrossen*	298
vergäße	*vergiss*	*vergessen*	299
verlöre	*verlier(e)*	*verloren*	300
verlösche	*verlisch*	*verloschen*	301
wüchse	*wachs(e)*	*gewachsen*	302
wöge (wägte)	*wäg(e)*	*gewogen (gewägt)*	303
wüsche	*wasch(e)*	*gewaschen*	304
webte (wöbe)	*web(e)*	*gewebt (gewoben)*	305
wiche	*weich(e)*	*gewichen*	306
wiese	*weis(e)*	*gewiesen*	307
wendete	*wend(e)*	*gewandt (gewendet)*	308
würbe	*wirb*	*geworben*	309
würde	*werd(e)*	*geworden* (als hulpwerkwoord van de lijdende vorm: *worden*)	310
würfe	*wirf*	*geworfen*	311
wöge	*wieg(e)*	*gewogen*	312
wände	*wind(e)*	*gewunden*	313
wüsste	*wisse*	*gewusst*	314
wollte	-	*gewollt*	315
wränge	*wring(e)*	*gewrungen*	316
ziehe	*zeih(e)*	*geziehen*	317
zöge	*zieh(e)*	*gezogen*	318
zwänge	*zwing(e)*	*gezwungen*	319